国家出版基金项目
NATIONAL PUBLICATION FOUNDATION

續修四庫全書總目提要 史部

續修四庫全書總目提要編纂委員會 編

上海古籍出版社

圖書在版編目(CIP)數據

續修四庫全書總目提要·史部 / 續修四庫全書總目提要編纂委員會編. —上海：
上海古籍出版社,2014.12（2024.8重印）
ISBN 978-7-5325-7386-8

Ⅰ.①續… Ⅱ.①續… Ⅲ.①《續修四庫全書總目提要》 Ⅳ.①Z833

中國版本圖書館 CIP 數據核字(2014)第 187595 號

責任編輯　余鳴鴻
封面設計　何　暘
技術編輯　隗婷婷

續修四庫全書總目提要　史部
續修四庫全書總目提要編纂委員會　編

上海古籍出版社出版發行
（上海市閔行區號景路159弄A座5F　郵政編碼 201101）
(1) 網址：www. guji. com. cn
(2) E-mail：guji1@guji. com. cn
(3) 易文網網址：www. ewen. co
上海世紀嘉晋數字信息技術有限公司印刷
開本 787×1092　1/16　印張 37　插頁 5　字數 900 千字
2014 年 12 月第 1 版　2024 年 8 月第 5 次印刷
ISBN 978-7-5325-7386-8

K·1928　定價：298.00 元

ISBN 978-7-5325-7386-8

續修四庫全書總目提要
編纂委員會

主　編

傅璇琮　趙昌平　劉　石　高克勤

分卷主編

經部　單承彬

史部　劉韶軍

子部　劉　石

集部　謝思煒

續修四庫全書總目提要·史部

主　　編　劉韶軍

副主編　李勤合

撰寫人員(按姓氏筆畫排序)

田　君　李勤合　李曉明　李瀋陽　何　廣

余和祥　韋勇強　高　山　黄　河　張全曉

滑紅彬　楊　昶　趙國華　鄭連聰　劉固盛

劉韶軍　譚漢生

總　序

　　1994 年,中國出版工作者協會、深圳市南山區人民政府與上海古籍出版社合作,組建"《續修四庫全書》工作委員會"和"《續修四庫全書》編纂委員會",並邀請啟功、饒宗頤、程千帆、楊明照、任繼愈、李學勤等二十餘位著名學者爲學術顧問,正式開始《續修四庫全書》的編纂出版工作。在學術界、圖書館界的緊密合作下,上海古籍出版社歷經八年,於 2001 年完成全書精裝一千八百冊的出版。

　　《續修四庫全書》既補輯清朝乾隆以前有價值而爲《四庫全書》所未收的著作,更系統選輯清中期以後至 1911 年辛亥革命前各類代表性著作,共收書五千二百十三種,爲《四庫全書》所收量的一倍半。出版後,學術界反響很大,認爲這套大型叢書與《四庫全書》配套,中國古代的重要典籍大致齊備,構築起了一座中華基本典籍的大型書庫。

　　2002 年 5 月 9 日,在北京人民大會堂舉行《續修四庫全書》出版座談會,時任全國政協主席李瑞環同志出席,他在講話中充分肯定此書的歷史文化價值,稱"這是一項了不起的工程,對保存、研究和弘揚中華民族的傳統文化,必將産生重大影響"。2002 年下半年,此書獲國家圖書獎榮譽獎。

　　《續修四庫全書》開始編纂時,已計劃仿《四庫全書》之例,對所收之書逐篇撰寫提要,一些部類如《經部》易類、《集部》詩文評類等已請學者着手撰寫。但由於《續修四庫全書》提要工作量大,任務艱巨,編纂工作並未能正式展開。商務印書館於 2008 年出版的《四庫總目學史研究》一書(陳曉華著)指出:"《續修四庫全書》在學術界引起巨大反響,但這部叢書至今尚未編撰書目提要。如果有關此叢書的書目提要問世,那麼由它反映出來的對《四庫全書總目》續編的學術價值也必將是對《四庫總目》學的重大貢獻。"學術界對《續修四庫全書總目提要》編撰、出版的期望,由此可見一斑。

　　2008 年 4 月,上海古籍出版社與清華大學中國古典文獻研究中心磋商,正式啟動提要編纂工作。主編由清華大學中國古典文獻研究中心主任、《續修四庫全書》主編傅璇琮教授,上海古籍出版社時任總編輯趙昌平編審,清華大學中文系主任劉石教授,上海古籍出版社社長高克勤編審聯合擔任。又延請曲阜師範大學文學院院長單承彬教授擔任《經部》提要主編,華中師範大學歷史文化學院院長劉韶軍教授擔任《史部》提要主編,劉石教授擔任《子部》提要主編,清華大學中國古典文獻研究中心常務副主任謝思煒教授擔任《集部》提要主編。

　　2009 年 11 月,在清華大學舉辦"目錄學與《續修四庫全書總目提要》編纂"學術研討會,邀請二十餘位學者、出版工作者參加,在研討傳統目錄提要學的基礎上,就本書編纂的目的、方法和體例等進行了深入研討。

原《續修四庫全書》工作委員會領導也很關心提要編纂工作。2012 年 4 月,在上海古籍出版社召開《續修》提要編纂工作會議,宋木文、伍杰、王興康、李國章等同志參加,對加快編纂進度、保證提要質量認真研討,提出明確要求。

《續修四庫全書總目提要》包括所收全部五千二百十三種古籍的提要,每種提要的內容,均包含著者仕履、內容要旨、學術評價、版本情況等幾個方面。

著者仕履,凡本部首次出現的著者,均作生平簡要介紹,側重於: 姓名、生卒年、字號、別名、謚號、籍貫、科第出身、歷官及最高官爵;非仕宦者的職業或特長;經歷的主要生活事件;學術淵源、造詣,主要著作,生平傳記資料出處等。

內容要旨,包括著述緣起、成書過程、書名由來、體例結構、內容梗概、學術源流、序跋簡介等,以及若干書籍的特殊性所決定的必須介紹的方面。

學術評價,主要評價原書內容及形式特點、成就與貢獻,分析其欠缺與局限,在學術史上的地位。觀點力求公允平實,以公認的和較爲流行的説法爲主,個人的見解必須做到慎之又慎。

版本情況,主要介紹所收版本基本情況與版刻源流。有獨特價值的善本可述及流傳收藏的過程。爲説明所收版本在原書各版本中的地位,也可述及原書的版本系統。

《續修四庫全書》所收之書,不但數量衆多,而且類別繁細,許多書籍鮮有專門研究。這就要求提要撰寫者一方面要細讀原書,一方面要探索該書所屬學術類別的系統資料,將之置於學術史的視野下,考察其學術價值與地位,工作量和學術難度都是很大的。

在當今的學術考評制度下,《續修四庫全書總目提要》組織工作甚爲不易。全書主編和分部主編爲此付出很大努力,邀約許多國内外相關專業學有專長的學者參與其事。我們可以從參加《續修四庫全書總目提要》工作者的名單中發現,既有在學術界嶄露頭角的中青年學人,更有不同學術領域享有盛名的專家、學者,總共約有百餘位之多。上海古籍出版社更集中了十數位資深編審與骨幹編輯對來稿進行了認真細緻的審讀修訂,拾遺補闕,清暢文句,各部均費時近兩年。這些極大地保證了各提要撰寫的學術質量,也使這部《提要》成爲體現古典文獻學界集體力量的一個成果。

現在所撰寫的提要,很重視各書内容價值與版本情況,有的更以版本源流的闡述爲重點,對各書的内容介紹與評議,亦多能注意釐清其學術源流及其在學術史上的特點與價值。撰寫時充分參考和吸收已有成果,其間糾正前人及當代學人之誤者也時或可見,這也是體現這套提要學術質量的一個方面。

就《續修四庫全書》這部大書所收五千餘種古籍撰寫的《總目提要》,從規模看,是繼清乾隆時期官修《四庫全書總目提要》之後二百餘年來規模最大的目錄提要類著作,從内容看,將成爲對中國傳統學術最後二百年之重要典籍及藉此而呈現的學術脈絡加以梳理和總結的基本參考文獻。

　　今天的古典學術研究水平、學術環境和學術體制,較之過去有很大的不同。與乾隆時期官修《四庫全書總目提要》相比,《續修四庫全書總目提要》雖必定有自己的特點,然而出於衆手,百密一疏,當也有不足之處。但我們希望,《續修四庫全書總目提要》能够與清修《四庫全書總目提要》合在一起,對中國古代學術典籍構成的學術史作系統和全面的梳理與總結,並爲後世的古典學術研究搭建一個堅實的平臺。

　　　　　　　　　　　　　　　　　　　　　　　　《續修四庫全書總目提要》編纂委員會
　　　　　　　　　　　　　　　　　　　　　　　　2013 年 7 月

凡　　例

一、本書爲《續修四庫全書》(後簡稱《續修》)所收書之内容提要,依經、史、子、集四部各爲一册。

二、本書按《續修》四部所收書立目;原則上依照《續修四庫全書總目録 索引》(后簡稱《總目録》)所登録品種設立條目;個別品種,容有分合。

三、提要條頭包括書名、卷數、朝代、著者及著述方式等項,並注明《續修》所在册數;《總目録》所述有疑義者,除個別必需者,一般不作改動,而於正文中略作辨正。

四、提要正文内容大致包括著者生平、内容要旨、學術評價、版本情況四個方面。

五、著者生平大抵包括姓名、生卒年、常用字號及別名、籍貫、科第出身、主要宦歷,並擇要略及職業或特長、學術淵源造詣、公私謚號、主要著作。以上各項,視作者之具體情況有所側重或省略。

六、著者生卒年一般在其姓名後以圓括號注公元年,不注歷史年號。生卒年有一不詳者代以問號,有疑問或爲估計年代者前加"約"字。生卒年均不詳者,或注明"不詳",或不書;行事不詳者同之。

七、著者生平出處,若正史(二十五史)有傳,則徑出正史書名而略其卷次;見諸其他文獻者則注明卷次或篇章名。

八、同一部中同一著者有多部著作,其生平僅在首見時介紹,後見時僅注明參見條。

九、古代地名除著者籍貫、出生地、住地加注今地名或今屬、今治地名外,如非必需,一般不再加注。

十、内容要旨大致包括著述緣起、成書過程、書名由來、體例結構、内容梗概、學術源流、序跋簡介,以及若干書籍特殊性所決定的必須介紹的方面。以上各項視具體情況而有所側重或省略。

十一、學術評價主要點評原書内容及形式特點、成就與貢獻、欠缺與局限、在學術史上的地位等。觀點以公認的和較爲流行的説法爲主。

十二、版本情況主要介紹所收版本基本情況,或略及版刻源流、流傳收藏過程、是書其他重要版本。

十三、提要末段均舉此書在《續修》中所據底本,除上海古籍出版社所藏與藏家不願披露者外,並注明收藏單位。

十四、每一條目後用括弧標列撰稿人姓名。

十五、提要撰寫的本位是《續修》所收“此書此本”。“此書”,指《續修》所收之書,如程廷祚《論語說》(第 153 册),於《論語》與孔子不作介紹,《論語說》及其著者程氏才是提要撰寫主體。“此本”,指《續修》所收之版本,提要重點介紹此版本之内容特點,其刊刻、流傳、收藏等情況。

十六、提要不采用脚注或文後注形式,必需的注釋性文字融入正文中,用圓括號附於所注詞句後。

十七、本書原則上使用規範繁體字,唯古籍情況複雜,故異體、古今、通借等字之統一與否,依具體情況而酌定,不强求劃一。

十八、引用書名一般爲通行的規範全稱,簡稱使用必符合古籍整理或著述約定俗成之表述方式。

十九、公元紀年及《續修》所在册數采用阿拉伯數字,其他數字一般用漢字。

二十、中國歷史紀年及夏曆、回曆,一般加注公元紀年。唯同一篇提要中,同一年號内各年,一般只在第一次出現時加注公元紀年。

二十一、本書采用新式標點,唯古籍體例繁雜不一,本書又取近世文言,而作者行文簡繁更多有不同,故不免與頒定標點符號用法時相扞格。如原書引文不全者是否加引號;序、跋、凡例之屬,注、箋、疏證之類,一書中篇名、章節名、條目名是否用書名號或引號;並稱之地名、人名、器物名、朝代名等中間是否加頓號等等:或屬兩可,或隨文氣。故本書以文氣省净,符合習慣表述方式而不致滋生歧義爲原則,允許變通而不强行統一,以免削足適履。

前　　言

　　中國古代學者素來重視典籍分類並撰寫提要,以揭示其版本源流、體例、內容及學術價值等,這是中國古代學術的優良傳統之一。《續修四庫全書》(以下簡稱本書)史部提要的撰寫,正是繼承中國學術的這種傳統,由此呈現史部諸書的學術內容及其價值。史部諸書類別甚多,許多書籍迄今尚未有專門的研究,因而本書史部提要的撰寫難度極大,乃是一種獨特的學術研究工作,需要嚴謹的態度和扎實的工夫。

　　《四庫全書》(以下簡稱爲《四庫》)史部爲五百六十二種(存目一千五百四十種),本書史部共收書籍一千一百零六種,較前者史部多出近一倍。

　　《四庫·史部》分題十五類:正史、編年、紀事本末、別史、雜史、詔令奏議、傳記、史鈔、載記、時令、地理、職官、政書、目錄、史評。本書史部減去《載記》和《史鈔》,而由《目錄類》中析出《金石類》,凡十四類,其排序亦與《四庫·史部》略異,題爲正史、別史、編年、紀事本末、雜史、史評、詔令奏議、傳記、地理、職官、政書、時令、金石、目錄。

　　本書《正史類》收書四十五種,除《清史稿》一種外,均爲對各部正史進行考辨、補正、校勘之作。《別史類》收書三十六種,其中有關宋史、明史者,頗有卷帙浩繁之著,如萬斯同《明史》四百十六卷,於《明史》爲重要補充之作。《編年類》四十種,其中較重要者有嚴衍《資治通鑑補》、章鈺《胡刻通鑑正文校宋記》、畢沅《續資治通鑑》、夏燮《明通鑑》以及蔣良騏、王先謙、朱壽朋之《東華錄》。《紀事本末類》二十七種,合《四庫》所收,歷代紀事本末於焉大備。此外尚有記述專門史事者,如《平定羅刹方略》、《臺灣鄭氏始末》、《剿平粵匪方略》、《籌辦夷務始末》等,可藉以考察相關史事完整過程。《雜史類》一百二十六種,除考證補釋《國語》、《戰國策》者,多爲由宋至清的雜史著作,內容繁富,記事專而詳,可補前四類之所未備。《史評類》三十種,除《史通》、《文史通義》外,收錄各家評史著作,如王夫之《讀通鑑論》、《宋論》等,著名考史之作如《十七史商榷》、《廿二史劄記》、《廿二史考異》等,又收錢大昕《三史拾遺》、《諸史拾遺》,實爲《廿二史考異》之續補之作,而崔述《考信錄》則是關於古史之重要考辨著作。《詔令奏議類》七十三種,除宋、明、清代詔令制書,更收有太平天國詔書三種,此外多爲各種奏疏,有一代奏疏合集,有某大臣奏疏結集以及專就一事之奏疏,如《河防疏略》、《防河奏議》等,以明清兩朝奏疏爲多。《傳記類》一百五十二種,有學術等各類人物合傳、人物生卒年考證之作、一代人物言行錄、一代人物合傳、某地人物合傳、專人傳記,此外則爲年譜、日記。其中不乏重要或精彩之作,如《王荆公年譜考略》、《曾文正公年譜》、《求闕齋日記類抄》、《翁文恭公日記》等。《地理類》二百零九種,有天下或一代總志,省、府、州、縣以及鎮、村、衛、關專志,宮殿園林都城志,寺廟志,書院志,山川志,水經水道河流志,邊疆或少數民族地區志,地方名勝風景志,邊防海防志以及世界各國游記及志書。《職官類》四十五種,除記載歷代官制之書外,又有專官制度之書及官箴一類。《政書類》一百六十八種,内容豐富,有歷代會要、典章、會典、禮志、謚法、科舉、財政賦役、漕運海運、錢幣、鹽政、救荒、治河、水利、軍政、馬政、保甲、軍隊駐防、槍炮製造、刑律、造船、園林建築、工程礦業、木工營造、地方治理等文書。《時令類》十三種,有月令節氣、地方風景、歲時節序等。《金石類》六十六種、《目錄類》六十種,收録各類金石著作彙編、題跋款識,諸家書目考辨、藏書目録等。

《史部》收録部分《四庫存目》所録之書。此類《四庫》已有提要,然均較簡略。《史部》輯補及擇要收録,是對《四庫全書》史部的繼承和補充。

《史部》所收諸書,類別既多,内容也豐富翔實,涉及中國歷史各個時期、各個方面,與《四庫》史部合爲研究中國歷史的文獻寶庫。

《史部》提要之特色,首在重視各書版本情況與價值,有的更以版本源流的介紹爲重點。如《正史類》第一種《史記》提要,主要説明所録爲三家注合刻本,此本除最爲流行之南宋慶元二年(1196)黄善夫本外,其次則爲元至元二十五年(1288)彭寅翁崇道精舍刻本,本書的《史記》提要即着重介紹此一版本特點。此外尚有部分海内孤本,如《宋西事案》、《忠文王紀事實録》、《鴨江行部誌》等,其中《忠文王紀事實録》記述岳飛事跡,尤顯寶貴;他如經著名學者校勘、題跋之書亦有重要版本價值,此類在史部亦不少見。如《元朝秘史》、元代郭畀《雲山日記》、《宋會要》等都出自罕見鈔本,並經名家校勘題跋。凡此,提要均一一揭示。

《史部》提要特色之二,是注意清理史書之學術源流或資料來源。如《忠文王紀事實録》,編纂者謝起巖與岳飛諸孫爲太學同學,而當時太學所在地又爲岳飛王府舊址,此書内容源於岳珂《鄂國金陀粹編》。《粹編》宋本已佚,傳世元、明本多有闕失,傅增湘據《實録》校《粹編》,多有訂訛補闕,且書中所載史料可證岳飛確曾有“忠文”之謚。提要於此一一説明,以明二書源流關係,以及於岳飛研究之重要史料價值。又如錢大昕《廿二史考異》作爲史學名著爲人熟知,又有《三史拾遺》、《諸史拾遺》,撰成於《廿二史考異》之後,就《史記》、前後《漢書》,《三國志》以至《元史》復加考辨,可稱爲《考異》之續補,然其刊刻則在錢氏去世之後。提要即着重説明三書之源流關係,以全面反映錢氏史學研究情況。此外如周壽昌《漢書注校補》,參校同人有王先謙、朱一新、李慈銘、繆荃孫等,均爲飽學之士,皆曾協助周氏編纂此書;王先謙《漢書補注》,除引用隋蕭該以下四十餘家研究成果外,又有郭嵩燾、朱一新、李慈銘、繆荃孫、沈曾植、王闓運、葉德輝、皮錫瑞、蘇輿、陶紹曾、王先慎諸家參與編纂:二書提要説明了此種情況,由此顯示其書在學術上的源流關係。又如晚清出現的一批邊疆歷史地理名著,如徐松《漢書西域傳補注》、《西域水道記》、《西域水道記校補》、祁韻士等人之《西陲總統事略》、松筠《新疆識略》、祁韻士《皇朝藩部要略》、《皇朝藩部世系表》、張穆《蒙古游牧記》、何秋濤《朔方備乘》,以上著作存在前後相承、不斷補作之源流關係,提要均一一説明。又如黄遵憲的《日本國志》,提要着重揭示其材料來源,有姚文棟《日本國志》、日本内務省地理寮地志課塚本明毅等人之《日本地志提要》、日本村瀨之熙之《藝苑日涉》等。

《史部》提要特色之三,是重視説明各書學術特色與史料價值。古代史書有不少屬於編纂,以不同的體例分類彙集諸多文獻中相關資料,此類史書雖非獨創,然諸多文獻史料賴以留存,爲後人研究之必需,提要均根據各書的史料來源及其内容説明史料價值。對於學者積年研究心得之作,則着重説明其學術價值,如對前代史書作注釋、考證、校勘者,即屬此類。開創性的編纂著作,雖主要采用已有文獻史料,然其體例、編排每有創意,其學術價值也須在提要中説明。如祁韻士曾任国史館纂修官,編纂《蒙古回部王公表傳》,曾據大量檔案文獻資料整理成底稿數十册,後由其子委托毛嶽生、宋景昌編成《皇朝藩部要略》、《皇朝藩部世系表》,提要除説明其間的源流關係,更説明《蒙古回部王公表傳》仿《史記》紀傳體,《要略》仿《通鑑》編年體,從不同角度敘述蒙古各部歷史,且與世系表相配合,從而構成一套完整的蒙古各部綜合史書。

《史部》提要特色之四,是充分參考和吸取相關已有成果。如《四庫全書總目》中有存目書提要,凡收入《續修四庫全書》者,其原提要則必予參考,並在本提要中説明存目提要之相關觀點。此外,如阮元《四庫未收書目提要》、吴承仕《檢齋讀書提要》、胡玉縉《四庫未收書目提要續編》、《許廎經籍題跋》、朱希祖《明季史料題跋》、謝國楨《增訂晚明史籍考》、武新立《明清稀見史籍敘録》、民國時期編纂的《續修四庫全書提要》,以及近年整理出版的有關著作,如《影印珍本古籍文獻舉要》(北京圖書館出版社)、《國家圖書館文獻簡目》、《國家圖書館藏古籍題跋叢刊》、《中國歷史大辭典·史學史卷》及白壽彝《中國通史》等,均在參考之列。《史部》所收書近年已有研究論文或專著發表、出版者,也吸取其最新研究成果,如安平秋等關於《史記》版本之研究論著、王寶平關於黄遵憲《日本國志》、張其凡關於陳瓘《尊堯集》、王瑞來關於《御試備官日記》之論文以及諸家關於晚清多種日記之研究論著等均然。《史部》所收又有曾經收藏家、圖書館學家鑒識考證而予題跋者,提要亦擇要采納,如《忠文王紀事實録》即參考傅增湘先生之相關考證及題跋。

《史部》提要特色之五,是在撰寫上既注意説明該書體例與内容,又着重以具體例證説明其特點,盡量避免空話套語及主觀評述,使條目真正起到圖書與讀者間的津梁作用。

本部提要,最初主要由劉韶軍領衙華中師範大學歷史文獻學研究所承擔,此後情況變化,人員經過調整,共十七人,其中劉韶軍主編,李勤合副主編。劉韶軍、李曉明、譚漢生、楊昶、劉固盛、趙國華爲華中師範大學歷史文化學院現任教授或副教授,余和祥爲中南民族大學教授,均師從張舜徽先生,從事歷史文獻學或古代史研究多年。李勤合、田君、李瀋陽、高山、韋勇強、張全曉、黄河、鄭連聰爲研究所近年畢業之博士或碩士,現分别任教於各地大學。何廣任職於湖北辛亥革命紀念館,多年從事晚清與辛亥革命研究。滑紅彬爲九江學院圖書館研究人員,尤精於版本目録學。要之,撰寫者多爲張舜徽先生弟子或再傳弟子,於歷史文獻學修養頗豐,洵有特長。

然而由於史部一千多種書籍,絶大部分鮮經研究,故撰寫過程尤重程序,要求撰寫者通覽全書,認真研核,對是書作者、成書情況、編纂體例、内容、學術價值與特點等瞭然於胸,然後以淺顯的文言撰寫成稿,交分册主編統一修改定稿。

　　在撰寫過程中,參與人員對《史部》各種類型的典籍有了更爲深入而具體的瞭解。這是一種寶貴的學術積累,一次難忘的科研經歷。

劉韶軍

2013 年 1 月

目　　録

地理類

職官類

史　部

正史類

史記一百三十卷 　（漢）司馬遷撰（南朝宋）裴駰集解（唐）司馬貞索隱（唐）張守節正義（第261—262册）

司馬遷（前145—前87前後），字子長，西漢夏陽（今陝西韓城）人，生平見《史記·太史公自序》及《漢書·司馬遷傳》。

裴駰，字龍駒，裴松之之子，南朝宋河東聞喜（今山西聞喜）人，官至南中郎參軍，著有《史記集解》八十卷。《宋書》有傳。

司馬貞，字子正，唐河内（今河南沁陽）人，官至朝散大夫、弘文館學士，著有《史記索隱》三十卷。

張守節，唐玄宗開元間爲諸王侍讀宣議郎，守右清道率府長史，著《史記正義》三十卷。

是書爲《史記》三家注合刻本，現存最早者爲南宋慶元二年（1196）黄善夫本，其次即彭寅翁崇道精舍刻本，以是書有木記“安成郡彭寅翁刊于崇道精舍”，故稱彭寅翁本或崇道精舍本。此本據國家圖書館藏元至元二十五年彭寅翁崇道精舍刻本影印，原缺卷一百十七至卷一百二十二，傅增湘據蒙古中統二年（1261）段子成刻本配補（現藏國家圖書館）。國家圖書館更藏有另一彭寅翁本七十六卷，其中卷一百十七至一百二十二並未缺壞，臺灣“中央圖書館”亦藏彭寅翁本一部，僅缺八卷，其中卷一百十七至卷一百二十二完整無缺，日本宮内廳亦藏彭寅翁本一部，爲楓山文庫本，僅缺十葉，已據另一種彭寅翁本抄補。傅氏用段子成本補配，不如用上述數種彭寅翁本。

此本《目録》同黄善夫本，無《三皇紀》。黄本有《集解序》、《補史記序》、《索隱序》、《索隱後序》、《正義序》、《史記正義論例謚法解》，此本惟有《謚法解》。臺灣“中央圖書館”藏缺八卷之彭寅翁本、日本宮内廳書陵部藏原求古樓藏彭寅翁本、日本天理大學藏彭寅翁本均有諸序，知彭寅翁本原與黄善夫本同，列有諸序，而此本已缺諸序，非復原貌。此本祇存木記一枚，他種彭寅翁本有木記四枚，卷一百三十卷末木記最詳，云“至元戊子菖節吉州安福彭寅翁新刊于崇道精舍”。由此可知彭氏地望及刊刻時間。

黄善夫本目録及諸序均葉九行，惟《索隱後序》、《史記正義論例謚法解》葉十行，行十八大字、二十三小字。此本正文葉十行，行大小字均二十一，目録葉九行，知其仿自黄本，而内文則另行刻版，雖同爲一葉十行，而字間更疏朗。正文字體並不全部相同，一卷之内或隨葉而異，且版面時有缺壞漫漶，文字或有缺失不顯。所補段子成本爲葉十四行，行大小字均二十五，字跡模糊，不如彭本清晰。此本一卷之内，各葉均有耳題，提示傳主之名，甚便閲讀。

此本收三家注，注文多有散落，一般認爲乃刊刻時删削所致，且删削處時有增改。删削多者，如《周本紀》删削三家注八十四條，《秦本紀》删削一百十四條，《秦始皇本紀》删削二十七條，於正義删削最多，然非諸卷均有删削,故或以爲注文散落而非有意删削。

此本《五帝紀》卷末有"右述贊之體,深所不安"至"今並重爲一百三十篇之贊云"一段,黄善夫本、日本慶長元和間活字刊本亦有此段,通行本無此段文字。此乃《索隱》言述贊撰作之意,單行本《索隱》卷三十爲各卷述贊之文,末即此段文字,知其不可省。

彭寅翁本現在海内外共藏九部,皆非完本,當合諸本校勘補足。（劉詔軍）

史記志疑三十六卷 （清） 梁玉繩撰（第262—263册）

梁玉繩（1745—1819）,字曜北,號諫庵、鍊庵,浙江錢塘（今杭州）人。乾隆時增貢生,科舉八次不第,因自號"清白士",棄絶舉業而專心治學。更著有《瞥記》、《吕子校補》等書,合編爲《清白士集》。《清史稿》有傳。

梁氏謂《史記》自褚少孫補綴而正文漸亂,其後又有揚雄、班固之語竄入,又易"今上"爲"孝武",亦非原貌,而後世三家注所稱引正文亦不無互異,可知傳寫録刻頗多訛誤,故以《史記》所引用之《詩》、《書》、《左傳》、《國語》、《戰國策》、《吕氏春秋》、《楚漢春秋》以及先秦諸子、《風俗通義》、《白虎通》、《越絶書》、《説苑》、《新序》、《論衡》等與《史記》原文對照,並參考班固、荀悦等書,以及前人舊説和諸家論議,對原書訛誤以及三家注音義及詮釋之訛一一辨析,甄綜探討,耗時近二十年,五易其稿,乃成是書。

梁氏所據本爲明萬曆四年（1576）吴興凌稚隆《史記評林》本,即所謂湖本。此本刊刻不精,錯誤較多,而梁氏未曾參考更多的《史記》版本,故所謂《史記》之誤,多爲湖本之誤。中華書局1981年出版賀次君整理本,據金陵本與湖本對勘,所見異文附注於《志疑》各條之下,兩兩對照,可知梁氏對湖本之訂正,往往與金陵本合。

《志疑》又能從史學角度論述《史記》價值,

如錢大昕爲此書所作《序》所言,一論太史公修《史記》以繼《春秋》,其後經班氏父子繼承其例而有所損益,於是紀傳體成爲史書正宗。又論後人對《史記》之譏議不足爲據,後人因踵事之密而議草創之疏,不足爲太史公病,或又稱《史記》爲"謗書"亦不足爲據,《史記》不虚美不隱惡,美惡不掩,各從其實,不可視爲"謗書"。此二論皆可謂得當。然又論《史記》之短爲雜取百家,博采兼收,未免雜而不醇,此又墨守儒學一家之言,恐未爲篤論。

此本據中國科學院圖書館藏乾隆刻本影印。另有光緒十三年廣雅書局《史學叢書》本。（譚漢生）

史記考證七卷 （清） 杭世駿撰（第263册）

杭世駿（1696—1773）,字大宗,號堇浦,别號智光居士、秦亭老民、春水老人等,仁和（今浙江杭州）人。乾隆元年（1736）考取博學鴻詞科,後授翰林院編修、武英殿纂修等,校勘武英殿《十三經》、《二十四史》,纂修《三禮義疏》。因上《時務策》觸怒乾隆而革職,後復起,晚年主講廣東粤秀書院、揚州安定書院。更著有《兩漢書疏證》、《三國志補注》等,並補纂《金史》。另有《道古堂文集》、《道古堂诗集》等著作。《清儒學案》卷六五有傳。

本書收入《道古堂外集》,自卷七至卷十三。明萬曆時南北國子監均刻《史記》,而訛闕甚多,故清代命張照總裁校勘之事,杭氏因方苞之薦參與校書,故有《考證》之作。是書皆就監本《史記》正文及三家注各類訛誤作考辨,初非異同之排比,每能於常人忽略處剔抉謬誤,所論依據經史諸書,成理有據,成果不可忽視。如《五帝本紀》正義云"亭亭,在牟陰",諸家均無異詞,亦無版本異同,而杭氏指出:"牟陰,漢、唐皆無其縣,《漢·地理志》泰山郡鉅平縣下云有亭亭山祠,然則牟陰是鉅平二字之誤。"又如《五帝本紀》"黄帝居軒轅之丘"，《集解》云："《山海經》曰：在窮山之際，西射之南。"杭氏以爲《山海經·西山經》有軒轅之丘，而《海外西經》則有軒轅之國，《集解》所謂在窮山之際者乃指《海外西經》之軒轅之國，而非《西山經》之軒轅之丘，此與《五帝本紀》所説軒轅之丘已有不合；而《集解》又謂西射之南，以西射爲地名，則又有誤，《海外西經》云："窮山在其北，不敢西射，畏軒轅之丘。"郭璞注："言敬畏黄帝威靈，故不敢向西而射也。"可知西射本非地名也。此類考證，屢見不鮮，足見其價值之高。

此本據上海圖書館藏清乾隆五十三年補史亭刻《道古堂外集》本影印。（劉韶軍）

史記疏證六十卷　佚名撰（第264册）

此爲清代鈔本，不著撰人。卷前有藏書者蔣光焴題詞，以爲邵懿辰《四庫簡明目録標注》續録中有《漢書疏證》二十四卷，沈欽韓著，而此書與《漢書疏證》連續合鈔，行款體例亦復相同，故以此書亦欽韓作。按蔣光焴所稱"連續合鈔"之《漢書疏證》，本叢書亦已收入，唯此鈔本二十七卷，而邵懿辰《四庫簡明目録標注》題二十四卷，故藏書者以爲或沈欽韓傳稿有二，或過録邵書者誤七爲四，未能斷定。本叢書又收另一種《漢書疏證》，則題沈欽韓撰，兩相對照，知不盡相同，故仍未能遽斷兩種不著撰人之《疏證》爲沈欽韓著，而仍以佚名爲安。佚名《漢書疏證》及沈欽韓《漢書疏證》兩書情況詳後。

是書卷前爲《史記正義·謚法解》，將明程一枝《史詮》所校異文抄録文中。《疏證》自《三皇本紀》起，至《太史公自序》終。《三皇本紀》雖非太史公原文，所言三皇其人及其地望歷來説法不一，《疏證》引據諸家作辨析，於相關資料之匯集，自有價值。全書於唐宋以至明清諸書有關《史記》字句、史實者，均能廣徵博引，三家注後相關研究探討之成

果，由此可見一斑。間亦附以作者意見，以"愚按"標出。然徵引雖博，裁斷略少，此其美中不足也。又專以儒家爲正宗，於太史公所論六家要指多有微辭，如太史公以陰陽、儒、墨、名、法、道德六家並列，此書引真德秀曰："列儒者於陰陽、墨、名、法、道家之間，是謂儒者特六家之一爾，而不知儒者之道無所不該。五家之所長，儒者皆有之，其短者，吾道之所棄也。"此宋儒以後見解，未可據以非議太史公所論。

此本據國家圖書館藏清鈔本影印。（劉韶軍）

史記探源八卷　崔適撰（第264册）

崔適（1852—1924），字懷瑾，一字觶甫，吴興（今浙江湖州）人。初從俞樾習乾嘉學派之校勘訓詁學。康有爲《新學僞經考》出，受其影響而信奉今文經學。後執教於北京大學，下啟顧頡剛、錢玄同等疑古學派。更著有《春秋復始》、《四禘通釋》、《論語足徵記》等。生平事蹟見顧頡剛《記崔適先生》。

是書以爲太史公時尚未有古文經書，故《史記》當屬今文經學，其後劉歆據古文經學改竄《史記》，遂使羼雜古文經學之内容。蓋劉歆既改造《左傳》，則不得不復改《史記》相關内容。此外，《史記》亦有後人妄增及傳寫之衍倒脱誤等，故仔細考證判定，以求恢復《史記》原貌。

全書八卷，先爲《序證》一卷，就《春秋》古文、終始五德、十二分野、《古文尚書》、《書序》、《漢書》、麟止後語、補缺等事説明《史記》考辨之基本問題。其後對本紀、十表、八書、三十世家、七十列傳作考辨，除管蔡、蕭相國、留侯三篇世家及管晏、白起、樂毅等七篇列傳外，均有詳考。其中考證《史記》原文之衍脱倒誤者多有可從，而所謂劉歆竄改之處則多臆斷，未足爲據。於一些紀傳篇目則直接標出後人依《漢書》補、妄人録《漢書》某志

某傳、褚先生補、妄人所續録雜某書某篇、妄人所續等。是書承康有爲所倡今文經學,大膽疑古,爲當時風氣所尚,然先下結論,復覓證據,或不免牽强,唯於《史記》傳寫之種種錯誤多所是正,亦不無貢獻。

此本據復旦大學圖書館藏清宣統二年崔氏觶廬刻本影印。(劉詔軍)

漢書考正不分卷後漢書考正不分卷　佚名撰
(第265册)

此書以考正爲名,實僅鈔録宋人校勘訂正前後《漢書》之説,並無己見。《漢書考正》所引有劉攽、劉敞、劉奉世、宋祁、朱子文諸家,間及蕭該《音義》,《後漢書考正》則僅引劉攽、劉敞二家。諸家之説多爲《漢書》内容考論及異文訂正。按趙翼《廿二史劄記·史漢不同處》條稱,宋代"張泌有《漢書刊誤》、朱子文有《漢書辨正》、劉巨容有《漢書纂誤》,今皆不傳,現存者惟劉攽《漢書刊誤》、吳仁傑《兩漢刊誤補遺》,皆不過就本書中穿穴訂正,非於此二書外别有援據,以資辨駁",然就兩《漢書》校勘而言,宋人爲功甚鉅,若余靖、張泌、宋祁、劉攽、劉敞、劉奉世、劉之問、朱子文、劉巨容、吳仁傑諸家集合多種版本,相繼校勘刊誤,遂使明代監本有所因襲,而清人考證之學亦每多援據,如武英殿校本即多所采用,王先謙纂《漢書補注》於宋人校語亦必粲然具列,庶使覽者無憾。

又此本據元刻本影鈔,所録諸家之語,自較後來傳鈔者可珍。如王先謙《漢書補注·序例》列景祐刊誤本,引余靖上言曰"二年九月校書畢,凡增七百四十一字,損二百一十二字,改正一千三百三十九字",而此本卷末所録余靖上言則作"凡增五百一十二字,損一百四十三字,改正四百一十一字",與王氏所録差别甚大,足資參核。至所録諸家各條,以與清代學者所引用者對照,亦多有異同。《漢書考正》卷末録顏師古《前漢書敘例》及

景祐刊誤本余靖上言,《後漢書考正》卷末録余靖《景祐刊正劄子》,有"至元三年勤有堂刊"木記。

此本據南京圖書館藏清影鈔元至元三年余氏勤有堂刻本影印。(趙國華)

漢書疏證二十七卷　佚名撰　(第265册)

是書與前見《史記疏證》同爲清代鈔本。據藏家蔣光焴稱,二書連續合鈔,行款體例相同,當出自一手。蔣氏疑二書爲沈欽韓所作。按沈欽韓《漢書疏證》三十六卷,見後。二者卷數不同,内容亦有異。如佚名《漢書疏證》卷一題下有注,引《梁書·劉之遴傳》,云古本《漢書》稱永平十六年五月二十一日己酉郎班固上,而今本無上書年月日字,大德乙巳板及監本皆署正議大夫行秘書少監琅邪縣開國子顏師古注,而小宋板所題官銜則爲秘書監上護軍琅邪縣開國子,然沈氏《漢書疏證》卷一題下無此注。又如沈氏《疏證》卷一有《高祖紀弟一》條,佚名《疏證》則題爲"高帝紀第一上"。沈氏又有注,謂漢以來爲五經諸子作注者稱傳、注、學、章句等,其後變爲集注、集解等,而佚名本則無。又如佚名本《沛豐邑中陽里人也》條下有長篇疏證,先引劉攽《刊誤》,又引吳仁傑《刊誤補遺》,再引齊召南,疏解史家於紀傳中如何記載傳主爵里,辯之甚詳。而沈氏《疏證》於此僅據《太平寰宇記》謂古宅在徐州豐城縣内,即高祖故宅,並引《一統志》謂豐縣故城即今豐縣治,至於佚名疏解之事則全不涉及。又,是書卷首録顏師古《漢書敘例》,間附宋祁校語,並録宋余靖景祐刊誤本上言之文,而沈氏《疏證》不録。諸如此類,並非個例,足證二本並非一書。

又邵懿辰《四庫簡明目録標注》續録有《漢書疏證》二十四卷,稱爲沈欽韓所著,則又與此書卷數不同,不知邵氏是否親見其書,抑或僅據他書著録而録之?故亦未可遽定邵録與本書關係何如。

是書世無刊本，此本據國家圖書館藏清鈔本影印。（趙國華）

漢書疏證三十六卷 （清）沈欽韓撰（第266—267冊）

沈欽韓（1775—1831），字文起，又號小宛，吳縣（今屬江蘇蘇州）人。嘉慶十二年（1807）中舉，後授安徽寧國縣訓導。欽韓博通諸學，尤長於訓詁考證，更著有《幼學堂文集》、《兩漢書疏證》、《水經注疏證》、《春秋左氏傳補注》、《春秋左氏傳地名補注》、《韓昌黎集補注》、《王荊公詩集補注》、《蘇詩查注補正》、《范石湖詩集注》等。《清儒學案》卷一三五有傳。

是書疏證多據《一統志》、《讀史方輿紀要》等地理書，指明古地名在清時爲何地，或辨《漢書》所記地名有誤，如卷一“至陽城與杠里”條，據《史記》辨明當作成陽而非陽城。又注重疏證古時各種制度，如卷一“告歸之田”條考察漢代郡守與亭長告假歸家制度，“釁鼓”條論薦血之釁與釁廟塗鐘鼓祭器之釁不同，“里監門”條引何休《公羊》注辨明古時“里”及父老、監門之制，“係頸以組”條駁師古以組爲璽綬之誤，明辨組即朱絲，俘虜以組係頸項爲古時制度。諸如此類，所在甚多，王先謙《漢書補注》多有引用。

是書善釋字義以正本清源，如卷一“常以臣亡賴”條，引《孟子》趙岐注及《廣雅・釋詁》及王念孫《疏證》訓賴爲善，說明亡賴即亡善之義，誠是。後世所謂“無賴”者，當出於此，然不知其源甚古，亦昧其本義，多釋爲撒潑蠻橫、游手好閑之類，觀沈氏此解，可了然矣。然亦時見過於挑剔者，如卷一“公巨能入乎”條，以服虔已注巨音渠，而引《荀子》、《列子》、《國策》諸書，證明渠、巨、詎、鉅及遽字古通，不爲無理，然謂“師古俗儒乃解爲豈”，則有失公允，師古注：巨，讀曰詎，猶豈也。又指明巨與詎音同可互訓，故曰“猶豈也”，與《説文解字》“詎猶豈也”之解相合，則沈氏謂師古解巨作豈爲非，似不足取。

是書疏證往往雜引神奇怪異之説以釋史實，如卷一“拔劍斬蛇”條，引《三輔黃圖》謂劉邦之父曾佩一刀，乃殷高宗伐鬼方時所出，後於山中見人冶鑄，云爲天子鑄劍，即以此刀投爐中鑄爲一劍，所謂拔劍斬蛇即此劍。此類荒唐無稽，沈氏引以爲證，甚無謂也。

是書於《古今人表》、《藝文志》、《百官公卿表》最爲用力，疏證內容最多，而於《五行志》、《地理志》則闕疏證，未知何故。

此本據清光緒二十六年浙江官書局刻本影印。（趙國華）

漢書辨疑二十二卷 （清）錢大昭撰（第267冊）

錢大昭（1744—1813），字晦之，嘉定（今屬上海）人，錢大昕之弟。治學於經史皆有得，重視訓詁以釋經義，於兩漢正史尤爲熟諳。更著有《爾雅釋文補》、《廣雅疏義》、《説文統釋》、《兩漢書辨疑》、《三國志辨疑》、《後漢書補表》、《詩古訓》、《經説》、《補續漢書藝文志》等。《清史稿》有傳。

是書據福建本、汲古閣本、監本、閩本、南雍本校勘《漢書》文字，大抵僅列異同，時加辨析，則頗有見地。如辨《高帝紀》“常折券棄責”，謂券當從刀，從力者古倦字。責，南雍本、閩本並作負，尋注文義，負字爲是，惟《史記》作責。既辨券、券二字之異，又校責應作負，與《史記》不同，可資校勘。

錢氏長於訓詁之學，而《漢書》多用古字古言，故多據《説文解字》等字注音釋義，如辨《高帝紀》“臣與將軍戮力攻秦”，以閩本戮作勠，錢氏引《説文》辨明戮、勠非一字而義迥別，勠謂併力，而戮則爲殺。又引《尚書》、《左傳》作勠之例，辨明當作勠而不作戮，流俗戮、勠不分，錢氏此辨可破俗見。又如辨《高帝紀》“母媼”，引《説文》：“媼，女老偁也,讀若奧。"此即媪之常見義,解釋平實。按沈欽韓《漢書疏證》據《戰國策》左師觸龍見趙太后稱媪,而謂"臣稱其君母爲媪,史不得其姓氏,故復尊以媪"。沈釋似牽強,不如錢氏之引《説文》爲妥。

錢氏此類訓釋所在多有,爲後人讀書祛除不少疑惑,然時或舍平易求艱深,如辨《高帝紀》"夢與神遇",錢氏據《爾雅·釋言》釋遇爲偶,即對偶之義,謂"與神遇"亦即與神對偶之意,而以小顏釋爲不期而會爲失之。此釋似不足信服。亦或有前人已有詮釋而未及參引又別加疏證者,如辨《高帝紀》"嚐因譙讓羽",引《方言》"凡言相責讓曰譙讓",則未察《史記索隱》已注"譙,責也",又未見《説文》譙古文从肖作誚,並引《周書》"亦未敢誚公",似有遺憾。

是書考辨多以《漢書》紀表志傳爲内證,而取《論衡》、《西京雜記》諸書爲外證,於史事及地理、官制,多所辨正,如辨《郊祀志》"登禮灊之天柱山,號曰南嶽",引《白虎通》及《説文》諸書皆以霍山爲南嶽,蓋就漢制言之,《爾雅》亦曰霍山爲南嶽,而《風俗通義》謂衡山一名霍山,乃牽合漢制以傅會經義,則失之遠甚。此辨漢時南嶽非後世所謂南嶽甚明。又如《禮樂志》"采詩夜誦,有趙代秦楚之謳",師古謂夜誦者,其言詞或秘不可宣露,故於夜中歌誦,錢氏以爲此乃望文生義,夜誦實爲官名,有員五人,蓋宮掖之掖古亦作夜,因誦於宮掖之中,故謂之夜誦。下文云内有掖庭才人,外有上林樂府,以鄭聲施於朝廷,即此夜誦之官。諸如此類,於漢時制度一一考明,知錢氏《漢書》研究之細緻入微。

此本據復旦大學圖書館藏清橋李沈氏刻《銅熨斗齋叢書》本影印。(趙國華)

漢書注校補五十六卷　(清)周壽昌撰(第267册)

周壽昌(1814—1884),字應甫,一字荇農,號友生,晚號自庵,長沙(今湖南長沙)人。道光二十五年(1845)進士,擢爲侍讀,充日講起居注官,後任實録館纂修總校、侍講學士等,光緒時任内閣學士,署户部侍郎。後罷官居京師,以著述爲事,更著有《後漢書注補正》、《三國志注證遺》、《五代史證纂誤補續》及《思益堂日札》、《思益堂文集》、《思益堂詩集》等。《清史稿》有傳。

《漢書》多古字古訓,顏師古注素稱《漢書》功臣,取諸家之善而集其大成,然仍有不足,此書於師古注精心校補。周氏讀書廣博,尤嗜《漢書》,其自序稱自道光丁亥年(七年,1827)始讀《漢書》,成書則已爲光緒八年(1882),前後用功達五十五年之久,又稱稿凡十七易始抄定,最終成書五十六卷。其書前列參校同人,有王先謙、朱一新、李慈銘、繆荃孫等,均爲飽學之士,知是書又非特周氏一人之力。所校補者不限於顏注,於《漢書》正文文字異同以及音訓文義,皆能遍考諸書取引《漢書》史實者,考辨是非,斷以己意,頗有助於後之讀《漢書》者。如於《高帝紀》"沛豐邑中陽里人"句,以《藝文類聚》所引《述征記》所云"豐圻豐水西九十里有漢高祖宅"以證其事;於"則見交龍于上"句,引《史記》及荀悦《漢紀》以及《漢書·賈山傳》、《文選》所引《漢書》文,謂或作蛟或作交,而二字實爲古今字;於"高祖爲人隆準而龍顏"句,則引《史記》高帝、秦始皇二紀、《漢書》陳平、王莽二傳以證"蓋人猶狀也,爲人即爲狀也",更別引《漢書》周仁、公孫弘諸傳中"爲人陰重不泄"、"爲人談笑多聞"、"爲人沈静詳審"諸句,謂此類主性情行止,爲"爲人"之又一義。

音訓方面,每能就顏注作補正,如《高帝紀》"廷中吏無所不狎侮"句,顏注曰:"廷中,郡府之中,廷音定。"周氏引《風俗通》"廷,正也",以爲縣廷、郡廷、朝廷,皆取平正均直也。又據《廣韻》引此有"廷,平也"三字以實己意。復據諸多經傳證明古廷、庭二字通用,而據《爾雅》釋"廷,停也",意謂人所停集之處,凡此均當讀如本音,不必音定。諸如此類,皆廣博而能貫通,故每能於平實處讀出常人忽略之音義,此即是書獨特之處。

此本據上海辭書出版社圖書館藏光緒十年周氏思益堂刻本影印。另有廣雅書局刊本。(譚漢生)

漢書補注一百卷首一卷 (清)王先謙撰 (第268—270冊)

王先謙(1842—1917),字益吾,號葵園,長沙(今湖南長沙)人。同治四年(1865)進士,授翰林院庶吉士、編修、侍講、國子監祭酒,兼職國史館、實錄館,督江蘇學政,任城南書院山長,主講嶽麓書院等,兼湖南師範館館長,嘗為內閣學士。辛亥革命後,改名遯,閉門著書。著述甚富,編《續皇清經解》、《東華錄》等,更著有《後漢書集解》、《荀子集解》、《莊子集解》、《日本源流考》、《虛受堂詩文集》等。《清史稿》有傳。

是書以顏師古注雖集隋以前二十三家注釋之長,而號為《漢書》功臣,然於正文未作發明,而句讀訛誤、解釋踦駁之處尚多,而顏注之後,宋明學者於《漢書》校勘考證成果甚多,唯散見諸書,學者罕能通習,難以搜檢。故彙集之而總為《漢書補注》。其書體例,正文以汲古閣本為主,用官本校定,詳載文字異同,備錄前人考證及校勘,具列無遺。所引用者計有隋蕭該以下至清俞樾諸人,凡四十七家。與其事者有郭嵩燾、朱一新、李慈銘、繆荃孫、沈曾植、王闓運、葉德輝、皮錫瑞、蘇輿、陶紹曾、王先慎等,皆一時之選。是書以前人研究為基礎,重在詮釋疏理所載史事,於政治制度如禮制等考察尤為深入,於歷史地理,考證亦稱精審,文獻價值極高,學界視為顏注後《漢書》整理研究之第二位功臣。

是書《序例》總結唐宋以降歷代學者《漢書》整理研究之發展演變,脈絡清楚,足資參考。是書最大之功在薈集群言,而自為發明者則較少,故於《漢書》文本與解釋中諸多問題,仍未徹底解決。間有前人所改未是而繼續沿用者,如宋祁於原文多所改動,未必盡是,是書沿之而不作辨析。亦有前人部分成果未能引用者,如於杭世駿僅引其《漢書官本考證》,而未引其《漢書疏證》,則知其采摭未臻完善。

此本據上海辭書出版社圖書館藏光緒二十六年王氏虛受堂刻本影印。(趙國華)

漢書西域傳補注二卷 (清)徐松撰(第270冊)

徐松(1781—1848),字星伯,順天大興(今屬北京)人。嘉慶十年(1805)進士,後授編修,復任湖南學政,因科場案謫戍新疆伊犁。流放期間,留心新疆山川地理,著《西域水道記》以與《水經》相擬,又自為注釋,以比酈道元《水經注》。又奉伊犁將軍松筠之命,遍遊新疆,著書詳記地理及建置、錢糧、兵籍等事,並繪新疆總圖及伊犁全圖等,書成後松筠進奏,道光皇帝賜序並命名為《新疆識略》。道光間任內閣中書,轉吏部主事,補江西道監察御史,任江南道及榆林知府,入《全唐文》館任提調兼總纂官。更著有《新斠注地理志集釋》、《唐兩京城坊考》、《唐登科記考》等。《清史稿》有傳。

徐松撰著《新疆識略》時又撰三部西域史地著作:《新疆賦》、《漢書西域傳補注》、《西域水道記》,後人將此三書合刊,稱為"大興徐氏三種",其中尤以是書成就為最。按《漢書·西域傳》為中國古代正史西域文獻之最早記錄,班固所言西域地理雖得自親歷,然其時北疆為匈奴控制,故未能瞭解西域全貌。後人考察西域者多未能親履其地,耳食相襲而訛誤不少。如荀悅《漢紀》所言西域國名即與班書不同。《漢書》顏師古注精於音義訓詁,然於《西域傳》地名則注釋簡略。徐松親歷新疆南北路,熟知其山川道里風土,且能廣集史料文獻,吸納前人研究成果,故能於《漢書·西域傳》之古地名及其沿革考證古今,糾謬補缺,成一家之言,所論多有發明。是書初刻於道光九年(1829),後仍然校訂不輟,在新疆時因書不足,返籍後則不斷據史籍資料作補充,使全書考證更爲充實可信,多有向來未經考實之事,均予論定,故時人譽爲西北史地研究之"巨子"。

如於往出西域之道古今變遷,《漢書》以後記述不同,是書辨之甚詳。《西域傳》云"自玉門、陽關出西域有兩道",是書據《隋書·裴矩傳》謂自敦煌至於西海凡三道:北道從伊吾經蒲類海鐵勒部等達於西海,中道自高昌經焉耆等達於西海,南道從鄯善經于闐等達於西海。蓋漢時兩道皆在天山之南,山北爲匈奴占據,故無道。隋時於山南兩道外增山北一道,故稱三道。又《魏書·西域傳》稱出西域本有兩道,後更爲四道,是書則辨明其中兩道本爲入西域者徑行之處,爲《漢書》所不數,其餘二道皆經莎車,即漢之南道,然則所謂四道實唯一道而已。比勘今昔,所論甚是。王先謙撰《漢書補注》於徐氏此書一概采信。張琦序則稱"星伯之謫戍,乃星伯之厚幸,抑亦天下後世讀《漢書》者之厚幸"。

又,是書重視以實地目驗糾正前人之誤。如汗血馬,是書以親眼所見,説明今伊犁馬之強健者,前髆及脊往往有小瘡出血,名曰傷氣;必在前肩髆者,以用力多也。前賢未目驗,故不知其審。於當時學者成果,如王鳴盛《十七史商榷》、錢大昕《廿二史考異》、王念孫《讀書雜志》、段玉裁《説文解字注》等,是書均廣泛吸納,亦其特色。

此本據復旦大學圖書館藏道光九年張琦刻本影印。(趙國華)

後漢書補注二十四卷 (清)惠棟撰(第270册)

惠棟(1697—1758),字定宇,號松崖,其父稱紅豆先生,故學者稱之爲小紅豆先生。元和(今江蘇吳縣)人。一生讀書治學,終身未仕,晚年曾入揚州鹽運使盧見曾幕府。自其祖父以來,三代以治《易》學聞名。治學以漢儒爲宗,以昌明漢學爲己任。更著有《易漢學》、《周易述》、《古文尚書考》、《九經古義》、《松崖文鈔》、《松崖筆記》、《九曜齋筆記》等。《碑傳集》卷四六有傳。

惠氏三十以後專意經學,之前則專注於史學,撰是書及《左傳補注》。按范曄《後漢書》較之謝承《後漢書》及《東觀漢記》,所載人物削去十之四五而多所闕略,後雖有唐章懷太子召集衆人爲之作注,然非出於一手,缺疑亦多。惠氏以范書行而《東觀漢記》及謝承諸家書皆亡,乃仿裴松之注《三國志》之例,據諸書增補范史,乃取《初學記》、《藝文類聚》、《北堂書鈔》、《太平御覽》等類書,並尋繹諸家後漢史書,爲范書補注。顧棟高爲之序,稱其"約而不漏,詳而不繁,援據博而考覈精,一字不肯放過,亦一字不肯輕下,洵史志中絶無僅有之書也"。爲八志所作補注援引尤多,其中《天文》、《五行》兩志,惠氏貫串圖緯,精心考核,更稱精鑿不刊。其於脱字衍字及差訛者,復據顧炎武、何焯考評而一一較正之,使讀者一見易了,無復魯魚亥豕之訛。

是書爲惠氏早期所著,初未刊行。惠氏中年後在揚州客居兩淮鹽運使盧見曾處,時刑部員外郎汪棣好古嗜學,傾心惠氏,棟病於旅次,汪悉心照顧,費及千金,棟感其意而以是書稿本、繕本贈之,遂不自有。汪氏欲刊刻而絀於力,後家道中落,以繕本贈同里陳氏,自留稿本。後李保泰借得稿本,乃棟手書,粘紙累累,並未寫定,又借焦循據稿本所録者互相讎校,並從陳氏借得繕本,則尚有添注補録雜綴其中,兩相對校,書乃鑿然可讀。書仿司馬貞《史記索隱》格式,首列《後漢書》某句,句下爲之補注。全書分二十四卷,約三十餘萬言,稿本名《後漢書訓纂》,而繕本始定名

《後漢書補注》。錢大昕《潛研堂集》中有惠棟先生傳，稱是書十五卷，乃據惠棟所閱《後漢書》本輯錄排纂而爲十五卷者，並非惠氏繕本全書。孫星衍《孫氏祠堂書目》著錄惠棟《後漢書訓纂》二十六卷，卷數不符，名稱亦異，知非繕定之本。

是書引書偶有不謹之處，漢無名氏之《雜事秘辛》亡佚既久，而明代楊慎稱得之安寧州土知州董氏，學者皆以爲乃慎偽作，惠棟亦謂其書未可取信，然又多次引用，與史舛繆，爲學者所譏。又如鄭興等人傳中有“鄭、賈之學行乎數百年中，遂爲諸儒宗”之語，“爲諸儒宗”本指鄭興、賈逵言，而惠棟謂鄭爲康成，亦篤信鄭玄太甚之過。

此本據上海圖書館藏嘉慶九年馮集梧德裕堂刻本影印。（趙國華）

後漢書疏證三十卷　（清）　沈欽韓撰（第271冊）

沈欽韓，有《漢書疏證》，已著錄。

是書與《漢書疏證》同一體例，引《後漢書》之句，下即博引諸書爲句中字語疏證解釋，引書廣博，而於地名、水名、官名及典章制度著力尤多，無論時代歷久而情狀多變，皆一一考實。如《宗室四王三侯傳·齊武王縯傳》“使長安中官署及天下鄉亭皆畫伯升像於塾，且起射之”句，李賢注引《字林》謂“塾，門側堂也”，又引《東觀漢記》、《續漢書》皆作埻，引《說文》云“埻，射臬也”，《廣雅》云“埻，的也”。所注字爲二而義不同，並未斷定當作何字何義。沈氏爲之疏證曰：“塾，鄉亭所治處也。吏民投最，故畫其象，使人人得射之。《食貨志》里胥坐右塾，鄰長坐左塾。《周官·里宰》疏：漢時在街置室，檢彈一里之民，即此塾也。他書作埻者非。”較李賢注爲勝，唯《漢書·食貨志》原文謂“里胥平旦坐於右塾，鄰長坐於左塾”，此與《齊武王縯傳》所說“且起射之”相關，沈氏僅疏“塾”字而不

及“旦起射之”，故引文略去“平旦”二字，是其缺憾。又顏師古注曰“門側之堂曰塾”，李賢所引《字林》即此義也，宜將此類綜合言之，則“鄉亭所治處”曰“塾”並其位置及里胥等人坐於此塾時間益明。儘管間有此類不足，然沈氏《疏證》實可補李賢注之不足，使後之讀者於當時制度知之愈詳。

是書又多能糾李賢注之誤，如《齊武王縯傳》稱有司奏請免宗室劉晃等人爲庶人，徙丹陽。李賢注謂丹陽故城在今潤州江寧縣東南，沈氏《疏證》云：“漢諸侯王以罪廢徙，或房陵，或丹陽，此楚之丹陽也。楚丹陽亦有二：一爲熊繹始封之丹陽，在秭歸；一爲楚徙都之丹陽，在枝江。《水經注》可證。注以爲潤州江寧者非。”又如《成武侯順傳》云“使擊破六安賊”，李賢注：“六安即廬州也。”沈氏引《通鑑》胡三省注：“賢以唐之廬州爲漢之廬江郡可也，若漢之六安，實在唐之壽州界。劉昫《地理志》：漢六安國故城在縣南，此爲可據。”又引《桓譚傳》注“六安在壽州安豐縣南”，因謂“此乖異者，良以諸人分撰，學有優劣，不能加檢勘耳”。然引文時欠完整，於地理變遷仍有說明不足者，如引胡三省注僅曰漢六安國故城在縣南，而未說明爲何縣，其實胡注明言爲壽州安豐縣，則此處不當省“安豐縣”三字。而胡注又云：“此後章帝元和二年，徙江陵王恭爲六安王，以廬江郡爲國，卻可以用賢注。”則漢代六安地名又有如此變遷，沈氏《疏證》亦當有所說明。

此本據清光緒二十六年浙江官書局刻本影印。（趙國華）

後漢書辨疑十一卷　（清）　錢大昭撰（第272冊）

錢大昭，有《漢書辨疑》，已著錄。

是書體例同《漢書辨疑》，側重校勘《後漢書》及注中文字訛誤，疏明地名、官名及相關制度，並及有關史事。

是書多記各本異同,雖不加論斷,然於考辨《後漢書》原文及注文之誤頗有助益。如謂《順帝紀》"十月丁亥承福殿火",丁亥,《五行志》作丁未;《順帝紀》"封故濟北惠王壽子安爲濟北王",本傳安作安國;《桓帝紀》"詔在所賑給乏絶",在所,閩本作所在;《桓帝紀》"屯騎校尉梁驤",驤,閩本作讓,傳亦作讓。此類僅記異同,或證據不足,故未下按斷。

是書諸多考辨言之成理,如《順帝紀》李賢注"及撣國王雍田",錢氏謂《西南夷傳》作雍由。《順帝紀》"復置玄菟郡屯田六郡",錢氏以爲六郡當從《東夷傳》作六部。此二條均是。《韋彪傳》"封曹參後曹湛爲平陽侯",錢氏據《和帝紀》、《馮勤傳》證平陽爲容城之誤。《馮衍傳》"必懷周趙之憂",錢氏以爲周爲害字之誤,駁正李賢誤注。《班固傳》"橫被六合",錢氏以爲橫被即光被,而李賢注以關西爲橫則誤。《光武帝紀》李賢注謂清陽縣屬南郡,錢氏以兩漢志俱作育陽,屬南陽,此作南郡,亦誤。諸如此類,皆可訂正《後漢書》及李賢注之誤。亦有揭示史家微意者,如《桓帝紀》"太后猶臨朝政",錢氏以爲,猶臨者,不必臨也。

是書考辨亦多有欠妥者,如《光武帝紀》"王莽徵天下能爲兵法者六十三家數百人,並以爲軍吏"。錢氏據《漢書·王莽傳》"徵諸明兵法六十三家術者各持圖書,受器械",謂《帝紀》者字當在家字下。按二書述説不同,"能爲兵法者"與"諸明兵法六十三家術者"並可通,不必據《王莽傳》改《光武紀》。《陳俊傳》"嘉遣書薦俊",錢氏疑遣爲遺之誤,而《陳蕃傳》有大將軍梁冀"遣書詣蕃"之語,則遣字不誤。《祭遵傳》"又建爲孔子立後",錢氏疑建爲遵之誤,按建爲立議之義,《漢書·鄒陽傳》及《東平思王傳》中多有此類用法。《竇固傳》"來苗文穆至匈奴河上水",錢氏用劉貢父説,謂匈奴河當作匈河,其實《史記》、《漢書》、《後漢書》之《匈奴傳》皆作匈奴河,《漢書·趙破奴傳》止稱匈河,乃偶爾省稱,不可據此孤證盡改群書。《竇武傳》"張敞者太尉溫之弟",錢氏以爲太尉當作衛尉,而《靈帝紀》、《董卓傳》已明記溫爲太尉,並非衛尉。雖然,是書能據群書作考辨,列出諸多異同,不無可取。

後之王先謙《後漢書集解》,博采諸家,卻漏脱是書,王氏卒後由其弟子黃山撰校補,始多采是書,其中於錢氏多有駁議,有中錢氏之失者,亦有錢氏不誤而黃氏誤駁者,可參見。

此本據復旦大學圖書館藏清橋李沈氏銅熨斗齋刻《兩漢書辨疑》本影印。(趙國華)

續漢書辨疑九卷　(清)錢大昭撰(第272冊)

錢大昭,有《漢書辨疑》、《後漢書辨疑》,已著録。

西晉司馬彪作《續漢書》,其八志併入范曄《後漢書》,而其餘大都亡佚,後人據諸書所引輯出若干,仍非全書。錢氏是書與《漢書辨疑》、《後漢書辨疑》體例相同,對《續漢書》八志所涉史實及制度作考辨。其辨疑多據《後漢書》及他書相關內容爲之補注,或校勘異文。如《律曆志》"氣至者灰去",校閩本去作動;"用望平和曆時之義",校閩本平作正;"建星即令斗星也",校閩本令作今。此類皆列出異文而不作辨證。復有斷以己意而指出原文之誤者,如《律曆志》"建武八年中太僕朱浮",據《朱浮傳》七年轉太僕,云此中字衍,因下有太中大夫相涉而訛。"冬至之日日在斗二十二度",則據上文證之,當作二十一度。"及冬夏至斗一十一度四分一",則云一十當作二十。"十七得朔三日晦",則云日當作得。"日有光道",則云光當作九。

又或指出某種史實,爲前人所未道。如《律曆志》李賢注:"於是始作甲乙以名日,謂之幹,作子丑以名日(日字誤,當作月),謂之枝。"錢氏指出:幹枝之説始見於此。按《周官》馮相氏掌十有二辰、十日之位,注云:十二辰,子丑之等也,十日,甲乙之等也,並不言幹枝。然檢《史記·曆書》司馬貞《索隱》引《爾雅·釋天》則云:"歲陽者,甲乙丙丁戊己庚辛壬癸十干是也。"校之今本《爾雅·釋天》,則無此句,且《史記》作干不作幹,亦與此不同,以幹枝對稱,則以作幹爲是。唯錢氏引文不全,李賢乃引《月令章句》之文,謂"大橈探五行之情,占斗綱所建,於是始作甲乙以名日,謂之幹,作子丑以名月,謂之枝,枝幹相配,以成六旬"。則幹枝之說當始見於蔡邕《月令章句》,早於《續漢書》。

《律曆志》中涉及複雜數字,此類内容辨證,則多據錢大昕,有云:"此篇數理精微,非演於算學者不能考正,予兄校正本最精,今悉載之。其已刻在《考異》中者不列焉。"其轉錄未入《考異》者,則均以"詹事曰"提起,以示區別。其餘則多據諸書爲之補注,如《郡國志》"及《春秋》、三史會同征伐地名",錢氏引錢大昕《三史拾遺》曰:"三史謂《史記》、《漢書》及《東觀記》也。"此志"有陽人聚",則引《董卓傳》"孫堅屯陽人聚攻卓",又引李賢注"故城在縣西"。又有"有霍陽山"句,引李賢注:"霍陽山有霍陽聚,俗謂之張侯城,在縣西南。"有"陽武"句,引李賢注:"今鄭州縣。"是書此類補注最多。

此本據復旦大學圖書館藏橋李沈氏銅熨斗齋刻《兩漢書辨疑》本影印。(趙國華)

後漢書注補正八卷　(清) 周壽昌撰 (第272 册)

周壽昌,有《漢書注校補》,已著錄。

是書爲周氏早年讀《後漢書》時所作筆記,從中抄出自認不甚誤者二百餘條,復經李慈銘、朱蓉生、繆荃孫等悉心覆勘,其中與他書重複者删去數十條,復由繆氏再加别擇,最終成書八卷。據其前序,成書當在光緒八年(1882)秋,時周氏在北京小對竹軒。

其書考糾《後漢書》李賢原注失誤及劉攽《後漢書刊誤》之訛誤,於惠棟《後漢書補注》所未及者,則加以補注,有誤者亦加以考正,於其餘各家校訂之歧舛者加以辨正。周氏認爲李賢以章懷太子之高位,憑據帝王藏書以及屬下人才之盛,殫心萃力專注於《後漢書》注釋,本應精贍周密,然而翻不如顏師古以一人之力注《漢書》,蓋以唐以前注《漢書》者凡十數家,而於范書,僅兩三家略有音訓而已。南朝梁劉昭雖曾匯集各本《後漢書》校其異同,並注《後漢書》一百八十卷,吳均亦曾注《後漢書》九十卷,然《隋書·經籍志》均未著錄,恐二書在唐初已經亡佚,爲李賢所不及見。且李賢當時所招賓客,如張大安等才能庸下,無著作之材,故未能成就中秘注史之盛業。雖然,李賢此注得以傳留,附隨范書而行,後之讀書好古之士因得以闚尋書中之義,故可與《漢書》顏注並行於世,爲人重視,而後人不斷據以補訂,亦皆有功於《後漢書》云。

書中於《後漢書》之成書頗具考證,如據《後漢書》有關記載,知漢明帝曾親撰《光武本紀》,又令班固與睢陽令陳宗、長陵令尹敏、司隸從事孟異等共同撰成《世祖本紀》。唯范氏《後漢書》之《光武本紀》是否據此已有本紀撰成,則未詳。不過仍由此表明東漢明帝曾親自爲光武撰紀,此亦正史編纂史上一件大事,值得研究。周氏於書中諸多語詞多所考證,如《光武本紀》稱其兄伯升素結輕客,史稱伯升好俠養士,不事家人居業,傾身破產交結天下雄俊,皆爲伯升結客之證,惟"輕客"並無解釋,周氏以爲輕乃是"剽輕"之輕:剽謂兇猛勇悍,輕指輕狂妄舉。又引《漢書》、《後漢書》中"票輕""剽輕"之例,如輕狡無行之客、剽輕劍客之徒、剽輕不逞之徒、剽輕少年、剽輕游恣者、剽輕好作亂等,以證實之。漢代又有俠客一語,輕客於俠客爲等而下之者。此考可見漢代民風之一端,而光武之兄伯升之爲人亦於焉可見仿佛。此類考證,書中甚多,足見周氏讀史用心之密。

此本據上海辭書出版社圖書館藏光緒十年長沙周氏思益堂刻本影印。(趙國華)

後漢書集解九十卷卷首一卷續漢志集解三十卷 (清) 王先謙撰 黃山等校補 (第 272—273 册)

王先謙,有《漢書補注》,已著録。

書前有序,落款乙卯年,或以爲咸豐五年(1855),實誤,又或因此而云此書版本爲咸豐五年刻,更誤。王氏道光二十二年(1842)生,至咸豐五年僅十三歲,不可能於此時完成此書。此序中言"毛氏汲古閣刊范史時適當崇禎、順治之際,今余再刊,又丁國變",此指辛亥革命推翻清朝,因知此乙卯當爲民國四年(1915)。且此書在王氏生前並未刊畢,後由其弟子黃山及柳從辰校刊而成,亦可證此乙卯爲民國四年。

王氏於范氏《後漢書》推崇有加,稱其拔起衆家之後,衷尚學術,表彰節義,能不蹈前人所譏班馬之失,至於比類屬詞,則極才人之能事,其學識亦超邁古人。按唐李賢注成於衆手,不能無憾。清惠棟有《後漢書補注》,王氏因此而覆加推闡,廣徵古説,請益同人,復有發明,於是彙集衆人注説以及己見,成《集解》一書。是書在王氏生前並未全部完成,其弟子黃山於書後所附《校補跋》中稱,於乙卯前之甲寅年,曾隨王氏校刊《三家詩義集疏》,當時《集解》尚有列傳數卷未定稿,八志之中,禮儀、祭祀、輿服等志亦未成稿。王氏生前是書完成部分已有刊印,卒后王氏家屬委託黃氏負責總校,發現版刻訛奪,紕繆百出,底稿亦已亡佚十分三四,王氏所引諸書亦殘缺不全,黃山氏因據王氏《漢書補注》體例更予整理,重新收集群書,比校推考,分別改錯,唯《集解》漏刊者則無由悉補,僅寫成校記附於各卷之後。黃山己見則加案語附於各條之下。其書仍稱《後漢書集解》,附《續志

集解校補》。之後又請柳從辰賡續校勘,釐剔得失,疏其異同,更由黃山覆勘,彙入校記,其間二人往復函商,終由刊刻王氏詩文集時所設書局刊成,即所謂虛受堂刻本。黃山云刻書中且改且補,又三涉寒暑而後成,則刻書歷時三年。黃氏跋作於癸亥,則當刻成於1923 年。此與王氏生前刊印者已有不同,故不可籠統謂爲1915 年刻本。黃山云王氏晚歲所著諸書,兼營並進,此書雖付刊印,未及自校,將由弟子總校畢再由自己釐正,而生前未及完成,故遷延多年而後成。

是書以汲古閣本爲底本,收集宋代以降各種版本作校勘,又以殿本校勘考證最爲精審而全部録入,殿本與汲古閣本文字有異同者則詳加記録,於前人其他考釋成果則擇要采擷,其校勘文字、訂正訛誤及詮釋名物典章制度,均堪稱集大成者。亦多有獨到見解,爲後之研究《後漢書》及東漢歷史者所必備。

此本據上海辭書出版社圖書館藏民國王氏虛受堂刻本影印。(趙國華)

三國志注補六十五卷補遺一卷 (清) 趙一清撰 陶元珍補遺 (第 274 册)

趙一清(1710 或 1711—1764),字誠夫,號東潛,仁和(今浙江杭州)人。家學淵源,又師從全祖望,爲當世所重。更著有《東潛詩文稿》、《水經注釋》、《水經注刊誤》等。《清史稿》有傳。

陶元珍(1908—1980),字雲孫,安岳(今四川安岳)人。1934 年畢業於武漢大學史學系,後入北京大學文科研究所,歷任中山大學、浙江大學、西北大學、臺灣大學史學系教授。更著有《東漢末中國北部漢族南遷考》、《三國食貨志》、《三國志世系表補遺附訂訛》等。

是書对《三國志》裴注作補充,故名"注補"。卷數及篇目次序與《三國志》原書相同,不全録原文,惟以條目所涉字句爲題,按

原書篇次先後排列。於史事多引《後漢書》、《晉書》、《世說新語》充實印證，如《武帝紀》云太祖少時機警有權術，唯梁國橋玄、南陽何顒異之，而趙氏引《後漢書·李膺傳》，謂膺子瓚爲東平相，曹操早年即異其才，瓚臨終謂子宣等曰：“時將亂矣，天下英雄無過曹操。張孟卓與吾善，袁本初汝外親，雖爾勿依，必歸曹氏。”諸子從之，並免於亂世云云。以與橋玄、何顒以及許子將、汝南王儁等人評贊曹操語參看，以知曹操之爲人，此類於史實補充尤爲重要。

於裴注所引諸書，趙氏多據《隋書·經籍志》加以說明。如《魏書·武帝紀》裴注引王沈《魏書》，趙引《隋志》“《魏書》四十八卷，晉司空王沈撰”。同紀注司馬彪《續漢書》，趙引《隋志》“《續漢書》八十三卷，晉秘書監司馬彪撰”，同紀引張璠《漢紀》，趙引《隋志》載“《後漢紀》三十卷，張璠撰”，此類引證能補足裴注，以利瞭解當時諸書源流。

是書頗注意古代史書編纂義例問題，如於《魏書·武帝紀》之名，引劉知幾《史通·稱謂篇》謂，至曹氏祖名多濫，必無慚德，其惟武王，故陳壽《國志》呼武曰祖，至於文帝、明帝，則僅稱帝而不稱祖，以明正史稱祖、稱帝實有分別，不可一概而論。

趙氏精通地理之學，多取《水經注》、《讀史方輿紀要》等書詳爲詮注，是爲全書精粹。

《三國志注補》原稿舊藏錢塘丁氏八千卷樓，光緒間由廣雅書局鋟刻問世。陶元珍比照原稿與刊本，知稿本眉端校語簽識，爲刊本遺漏者頗多，廣雅本實爲節刻本，所遺漏者或由校官刪除，或係寫官誤遺。校者所刪除者皆趙氏所採前人論三國史事者，陶以爲空論而未補入，至寫官所誤遺者，則皆校所不刪而有關考證者，故輯錄之，以《廣雅書局刊本三國志注補補遺》之名刊行，全文一卷。

陶氏所補已由北京大學民國二十四年影印本補入，與趙氏原書並行，卷末有張允亮跋，

說明北京大學影印時，據所藏廣東廣雅書局刻本，並從陶氏借得其補遺，附於書後。張氏任校對之事，於趙氏所引諸書逐一勘核，其顯然訛脱者則逕爲改正，可以兩存或趙氏所據本與今本不同者，則不改以存其原貌。張氏並據影宋本《三國志》以校趙氏當時所用《三國志》，有趙氏謂宜作某字而影宋本正作某字者，如《武帝紀》“併十四州復爲九州”，趙引《後漢書·獻帝紀》注，疑其中兖州當爲交州，而影宋本則正作交州，可知趙氏考證之精。

此本據遼寧省圖書館藏民國二十四年北京大學影印清廣雅書局本影印。（黃河）

三國志辨疑三卷　（清）錢大昭撰（第274冊）

錢大昭，有《漢書辨疑》等，已著録。

大昭於正史尤精兩漢，嘗謂注史不同注經。注經以明理爲宗，理寓於訓詁，訓詁明而理自見；注史以達事爲主，事不明，訓詁雖精而無益。因有憾前人《史》、《漢》注詮糾纏於訓詁之間，未能會而通之，考異質疑，乃著《兩漢書辨疑》四十卷，於地理、官制最有心得。又依例著《三國志辨疑》三卷，承《三國志》魏、蜀、吳分志之例，各爲分卷。

卷首有乃兄大昕序，推崇陳《志》創前人未有之體例，可以懸諸日月而不刊。蓋晉承魏後，當時人士知有魏而不知有蜀，自陳《志》出，三國之名始正，且先蜀而後吳，又於《楊戲傳》末載“季漢輔臣贊”，見尊蜀之意，存季漢之名，以示蜀實承漢之意。其後習鑿齒作《漢晉春秋》，不過因此意而推闡之。而二人時勢又有難易之別，陳氏之時晉已滅蜀、吳，天下皆以蜀、吳爲僞朝，而陳氏不惟不僞之，且引魏以匹二國，其秉筆之公，可比南史、董狐。大昕又謂陳《志》敘事可信，《後漢書》、《晉書》有缺失者，往往賴以正之。而大昭則謂陳《志》彙實録、小說家之言，有條不紊，可稱善於敘事，有良史之才；而裴注收集群書爲

之作注，引據博洽而能會通諸書，增廣異聞，使天下後世讀者昭然共見，非服虔、應劭、裴駰、徐廣之注《漢書》、《史記》僅作訓詁而未能會通者可比。蓋大昭是書自稱不敢立議論以測古今，不敢妄褒貶以騁詞辯，故以增廣見聞之法，欲使史事疑義不待辨證而後明。其與大昕祁向不同甚明。

大昭於陳《志》、裴注多有考辯，以正其誤，如《呂布傳》云太祖攻圍雍丘數月而後斬張超。錢氏引《武帝紀》“雍丘潰，超自殺”，以證張超城潰自殺，非曹操所斬。又《陶謙傳》云陶謙“除盧令”，裴注則引《吳書》以爲除舒令。錢氏考張子布哀辭云陶謙“令舒及盧，遺愛於民”，以證陶謙於舒、盧皆曾爲令。其字義訓釋，則每能於常人忽略處點出其義，如《武帝紀》“遣信求割河以西請和”，信字爲前人忽略，大昭注“信謂使者也”，並引《史記》陳軫説楚王時遣發信臣，司馬相如《諭巴蜀檄》謂遣信使曉諭百姓等，以證信即信使，並非後世所稱書信。又能揭示陳壽史筆微意，如《文帝紀》僅稱帝而不稱祖，大昭以爲文帝爲高祖，明帝爲烈祖，皆爲史實，陳壽於文、明二紀，俱僅稱帝而不稱祖，蓋德不相副，且無功可録，何以言祖，故不得與曹操稱太祖相比並，是爲陳壽史筆謹嚴處。此論見於劉知幾《史通》，清代學者均受其影響而有此類見解。大昭精於文字學，如《文帝紀》裴注引《易運期》曰“鬼在山，禾女連，王天下”，此爲大臣勸曹丕稱帝時言，乃拆“巍”字而言讖緯，大昭謂古魏字作巍，故有是説，並引《説文》“從嵬，委聲”證之。蓋漢人作巍，高也，或姓或郡，皆有山字，見於洪氏《隸釋》者不可勝計。《三國志》文本有爲後人改動者，如《明帝紀》載景初二年帝曰“司馬懿臨危制變”，直呼司馬懿姓名，大昭認爲“司馬懿”三字必爲後人所改，陳壽作爲晉臣不可不避諱，復引齊王芳之詔書亦稱太尉而不稱司馬懿證實之。又能於史事作考論，如《明帝紀》景初

元年，有司奏請爲定廟號爲魏烈祖。大昭發揮裴注，以爲據禮制，祖有功而宗有德，當於身後定其廟號，豈有生前預擬廟號者，可知當時有司不學無術乃至於此。諸如此類，皆有助於考察三國人物與史事。

此本據上海圖書館藏道光二十四年錢氏得自怡齋刻本影印。（黃河）

三國志考證八卷　（清）潘眉撰（第274冊）

潘眉（1771—1841），字稚韓，號壽生，吳江（今屬江蘇蘇州）人。曾主講黃岡書院。更著有《孟子遊歷考》，與修《高州府志》。事見《清朝續文獻通考》卷二六一。

卷首有潘眉嘉慶十五年（1810）序，稱殿版正史未易購置，世所通行者有明代監本、陳仁錫本及毛氏汲古閣本，而文字訛舛較多，《四庫全書》雖有辨誤類書，唯常人不得入閣閱覽，所見惟錢大昕《廿二史考異》及陳景雲《三國志校誤》兩種，眉則疏其可知者，皆文字衍脱訛以及不同版本之文字異同之類，其淺顯易改者概不贅辨，間采傳記略爲駁解，定名《三國志考證》，凡八卷。

是書於曆日考證最詳，其自序後附月日考舊序，稱三國之時鼎足之勢雖成，而建國之規模未備，或不設史官，故陳《志》裴注所引諸書於朔望月日記載缺略甚多，而經史素重年月，如《春秋》首重王正，《史記》先載月表，別先後者繫乎日月，考盛衰者存乎歲年，此猶不知，其他可想，故尤重考證史事之月日。如《文帝紀》言文帝崩，裴注引曹植誄文云“惟黃初七年五月七日，大行皇帝崩”。眉考文帝崩在丁巳日，推是年五月十七日乃得丁巳，故今本“七日”前脱“十”字。又《明帝紀》載太和四年六月戊子太皇太后崩，錢大昕《廿二史考異》引《后妃傳》作五月，以明陳壽自相矛盾。眉推算太和四年五月無戊子，《后妃傳》誤，《明帝紀》爲是。潘眉長於曆算，多如此類。

其他考證亦多，如《齊王紀》載群臣共奏永

寧宮者四十六人，錢大昕《廿二史考異》考出三十八人。潘眉於錢氏之外復考出三人，且較錢氏詳實。又如《武帝紀》裴注“其道乃與中黃太乙同”，眉以爲太乙爲天之貴神，而黃巾張角自稱黃天，此中黃太乙當即黃巾之美號。又如《武帝紀》建安十八年“九月作金虎臺”，眉以爲凡受九錫者必有金虎符，操以是年受九錫，金虎臺之作，所以彰錫命也。又多參他篇、他書以考證之，如《武帝紀》“引用荊州名士韓嵩、鄧義等”，眉引《劉表傳》認爲鄧義當作鄧羲。《武帝紀》裴注“奮威將軍樂鄉侯劉展”，眉以爲當依《典論》作鄧展，所謂“願鄧將軍捐棄故伎，更受要道”者，即其人也。關於曹操生父曹嵩出身，眉以陳《志》於《武帝紀》但云“莫能審其生出本末”，而於列傳則以夏侯惇、夏侯淵、曹仁、曹洪、曹休、曹真、夏侯尚爲一卷，顯以夏侯氏爲宗室，即審其生出本末。又注意考證制度演變，如《武帝紀》云姓曹諱操，眉以爲班史帝紀不書諱。班氏以漢人撰《漢書》，故諱不書，《史記》前代本紀皆書名，至高祖但書字，此爲古例，而陳壽於易姓後修史，例得書諱，揭示此例，即知帝王避諱之史書應用亦在不斷演變。又注意考察風俗，如《武帝紀》裴注“賈人或假二千石輿服導從作倡樂”，眉以爲此即後世迎神賽會之類。又能在陳、裴之後補充專人傳記，如《吳志》本以是儀、胡綜、徐詳三人爲一卷，其卷末評語亦云徐詳與是、胡二人皆孫權之時幹興事業者，而傳中徐詳僅記姓字爵里，事跡闕如，眉以爲詳應有專傳而今佚，故摭拾聞見補其傳於後。

於文字亦多所考訂，如《魏書》之“魏”，據《說文》作巍，收於嵬部，徐鉉曰“今人省山以爲魏國之魏”，眉以爲魏、蜀、吳之魏本作巍，故《文帝紀》注引《易運期》曰：“鬼在山，禾女連，王天下。”此魏有山字之明證，即與錢大昭之見暗合。又如《武帝紀》“敗面喎口”，據《一切經音義》引《通俗文》謂喎爲俗字，正字

當爲咼，而許慎《說文》“咼，口戾不正也”，正其義。

又能糾正前人考證，如今本《武帝紀》“遷爲濟南相，國有十餘縣”，而《續漢郡國志》云“濟南國領十縣”，錢大昕《考異》以爲或漢末更有增置，眉以爲“餘”字爲衍文，據《御覽》九十三所引《魏志》爲“國有十縣”，知宋本《三國志》本作國有十縣，今本衍“餘”字，錢說未妥。此類據後之類書所引以定衍脫者頗多。

此本據中國科學院圖書館藏嘉慶十五年潘氏小遂初堂刻本影印。（黃河）

三國志旁證三十卷 （清）梁章鉅撰（第274冊）

梁章鉅（1775—1849），字閎中、苣林（林或作鄰），晚號退庵，長樂（今福建長樂）人。嘉慶七年（1802）進士，初任禮部主事，後考選軍機章京，官至江蘇巡撫兼署兩江總督。道光年間力主禁煙抗英。更著有《論語旁證》、《夏小正經傳通釋》、《樞垣紀略》、《文選旁證》、《浪跡叢談》、《制義叢話》、《楹聯叢話》、《稱謂錄》等，凡七十餘種。《清儒學案》卷一三四有傳。

是書廣引前人有關撰著，累輯各家之書，依篇附類，除引清代何焯、陳景雲、趙一清、錢大昭、洪亮吉、杭世駿、潘眉、沈欽韓、侯康、王鳴盛、錢大昕諸家之作外，復取宋、元、明各家考證之書以及同時師友撰著中有一二語訂明此書者，更博涉《後漢書》、《晉書》、《宋書》、《太平御覽》、《太平寰宇記》、《清一統志》、《水經注》等書，搜采甄擇，勘誤補闕，於文字、地理、典章制度、史事乃至史家微意皆能疏通證明，去疑存信，周壽昌稱之爲“網無脫鱗，倉無遺粒”。

書前有道光三十年（1850）楊文蓀序，稱是書不沿襲宋人褒貶空談，但默寓尊蜀抑魏之指，非特以博洽見稱者。如卷一《武帝紀》稱

太祖武皇帝,既引劉知幾《史通・稱謂篇》謂惟稱操爲祖,文、明僅稱帝,在祖與帝之間寓區別之意,又引李清植論操生前爲漢王公而卒後乃稱帝,則其爲篡也彰矣,陳壽仕晉而晉繼魏,故微其詞以寓其旨,而於蜀則始終稱先主,知陳壽隱以正統歸蜀。梁氏因謂陳《志》雖襲《史》、《漢》之舊而書法則合乎《春秋》。卷十九陳《志》評語謂劉備機權幹略不逮魏武,梁氏引張輔《名士優劣論》以爲備勝於操,若據中州,將與周室比隆,此皆寄托梁氏治史微意之所在。

是書於前人成果詳録其重要内容,有集注之功。如卷一裴注引司馬彪《續漢書》,梁氏既引《隋志》著録司馬彪《續漢書》,更引錢大昕所論裴注引書之多,一一詳列其書名目及作者時代、官職,計一百四十餘種,而與史家無涉者尚不在數内。亦能獨抒己見,補前人所未言,如卷二《劉備遣張飛馬超吳蘭等屯下辨》條,前人無注,梁氏據《水經・漾水注》補云:"武街城南,故下辨縣治也,即今陝西成縣。"又於熟語之來源演變多有發明,如卷一裴注謂"明君不官無功之臣,不賞不戰之士,論者之言一似管窺虎歟",梁氏謂此言"窺虎",而《晉書・王獻之傳》以避唐諱改爲"窺豹",今人遂但知"窺豹"矣。於史法,梁氏亦時有卓見,如卷一辨"天子以公領冀州牧",梁氏謂陳《志》皆謂天子以公爲丞相、爲魏公、爲魏王,而《後漢書・獻帝紀》則皆謂曹操自領冀州牧、自爲丞相、自立爲魏公、自進號魏王,以爲陳壽距曹魏僅百餘年,不得不有所回護,而范曄與曹魏已隔兩朝,可以據事直書。此類甚多,值得重視。

此本據上海圖書館藏道光三十年刻本影印。(黄河)

晉書校勘記五卷　(清)周家禄撰　(第274册)

周家禄(1846—1909),字彦昇,一字蕙修,晚號奥簃老人,海門(今江蘇海門)人。同治九年(1870)舉優貢生,歷任江浦、丹徒、鎮洋、荆溪、奉賢等縣訓導,後入吳長慶、張之洞幕府,又執教師山書院、白華書塾、湖北武備學堂、南洋公學。博通經史,擅長訓詁,更著有《壽愷堂集》、《朝鮮紀事詩》、《經史詩箋字義疏證》、《三國志校勘記》等。《碑傳集補》卷五二有顧錫爵撰《墓誌銘》。

是書卷末有陶濬宣光緒十六年(1890)跋,謂周氏自言從軍海防,隨身僅攜《晉書》,別無他書參證,閒暇時以《晉書》前後互相參校,隨筆寫就,而削稿未定,已經展轉傳抄。陶氏於瑞安訪得此書,發現其中頗有脱誤,於是重爲校正,以成完帙。

周氏雖僅用本校一法,他人成果利用不多,然於《晉書》仍多有匡正。如《晉書》目録卷三一列傳第一作"后妃傳上",卷三二列傳第二作"后妃傳下",而正文標題分別作"后妃上"、"后妃下",少"傳"字。周氏於《校勘記》卷一辨"后妃傳上"云:"當照本篇目録去傳字,下同。"此乃以正文校目録之誤。又如《晉書》卷一百《陳敏傳》有"丹陽太守王廣",周氏據《惠帝紀》及《顧榮傳》皆作"丹陽太守王曠",且《懷帝紀》及《王彌傳》有"淮南内史王曠",考定此人即《陳敏傳》所記丹陽太守,而廣乃曠字之誤。又如卷二辨《武帝紀》"幾爲燕王",周氏謂機誤幾,據《宣五王傳》清惠亭侯京薨,以文帝子機爲嗣,封燕王,薨無子,齊王冏表以子幾嗣,然則幾爲機之子也。此類皆一書各篇互證,以定去取。周氏自稱,所考有反復十餘次始定論者,如卷二辨《惠帝紀》永平元年,周氏謂當作元康元年,並論其故曰,志、傳多載惠帝元康年事而紀無元康年號,本紀永平年事,其載在志、傳者皆作元康,其始反復推勘,不得其故。今細按惠帝始即位之明年正月改元爲永平,三月壬辰改元爲元康,是年紀年以元康,故志、傳、載記是年之事皆書元康,本紀誤以永平冠年,遂使紀、志、傳記年號相歧。不知史書改元之例,但稱改元而不書年號者,必係冠年之元。又據其下永康、永寧、太安、永興、光熙改元皆不書年號等事綜合考證,最後論定本年三月改元不書年號,故知必係冠年之元也。冠年之元,本紀大書永平而志、傳、載記皆作元康,故知是年三月改元爲元康也。永平改元在前,元康改元在後,故知是年冠年當以元康也。

此本據遼寧省圖書館藏光緒十四年廣雅書局刻十六年補修本影印。(黄河)

晉書斠注一百三十卷 吴士鑑 劉承幹注
(第 275—277 册)

吴士鑑(1868—1933),字絅齋,號含嘉,別號式溪居士,錢塘(今浙江杭州)人。光緒十八年(1892)進士,先後任翰林院侍讀、提督江西學政、安徽提學使、資政院議員、清史館纂修。精於金石學,善評騭金石、考訂碑板,更著有《補晉書經籍志》、《商周彝器例》、《九鐘精舍金石跋尾》、《含嘉室詩文集》等。生平見《含嘉堂自訂年譜》。

劉承幹(1881—1963),字貞一,號翰怡,一作翰貽,吴興(今浙江湖州)人。建藏書室名嘉業堂,爲吴興四大藏書樓之一,藏書多達六十萬卷近二十萬册,其中多有珍稀古本,尤以宋版前四史最爲著名。編有《嘉業堂藏書志》,並刻《嘉業堂叢書》、《求恕齋叢書》等。生平見《嘉業堂藏書志》所附《嘉業老人八十自敘》。

是書爲吴士鑑所撰之《晉書》集注,爲《晉書》注本中最完備者。吴氏於序中説明此書依十例挈其綱,曰溯源、捃逸、辨例、正誤、削繁、考異、表微、廣證、存疑,稱循此十例而旁搜博考,於史料之異者辨之,同者證之,謬者糾之,遺者補之,前後費時近三十始成。是書彙集各家舊《晉書》佚文並清代學者盧文弨、錢大昕、王鳴盛、趙翼、洪頤煊、張燿、畢沅、勞格、周家禄、丁國鈞等校勘考訂成果,凡前代諸書中有關《晉書》之資料、議論、校語盡量收入,引書多達三百二十餘種。其注釋則以增補史料用功最多,務求詳實完備。集注之外又對《晉書》作校勘,以金陵書局本爲底本。吴氏校書務求保持局本原貌,雖多集前人校勘考證成果,於字句則較少改動。唯於《資治通鑑》胡注及《文選》李善注未能充分利用,胡注中有助理解《晉書》處,《斠注》或有未收。又雖用《文選》干寶《晉紀總論》核對《晉書》,而《晉書》較《文選》或有省略處,《斠注》並未標示。此外是書雖搜羅甚富,但以羅列爲主,辨析不多,亦其不足之處。

吴氏費時近三十年撰成此書。學界認爲1928年由劉承幹出資刊刻,故與吴氏共同署名。吴氏序云自己於《晉書》蕘求積歲,而其友翰怡亦治此史,故互相商榷,凡所心得十符八九,因仿彭文勤、劉金門同注《五代史》之例,與劉氏共同署名。劉氏序云:與吴氏爲文章道誼,知其潛心《晉書》垂三十年,積稿甚富,乃彼此商榷,發篋陳書,思欲毗助,以竟全功。又數年,而紀、志、傳、載記考訂略備,訂異證同,已不止三易其稿。因撮其義例,約有八端,一爲地理,二爲長術,三爲樂律,四爲氏族,五爲藝文,六爲學術,七爲清代學者《晉書》考證成果,八爲最近出土文獻,如敦煌佚書、流沙墜簡中《晉紀》殘卷、《沙州圖經》等,均與晉代邊陲之史有關。由此可知劉氏於吴氏《斠注》之作既相互商榷,又毗助其事,至於執筆考訂,數易其稿,並最終完成其書者則吴氏無疑。

此本據上海辭書出版社圖書館藏民國十七年劉氏嘉業堂刻本影印。(黄河)

晉書地理志新補正五卷 (清)畢沅撰(第277 册)

畢沅(1730—1797),字纕蘅,又字秋帆,自號靈巖山人,鎮洋(今江蘇太倉)人。乾隆二十五年(1760)進士,後授翰林院修撰,復爲內閣中書,歷任陝西等地巡撫,官至湖廣總督。治學不輟,經史小學、金石地理之學無所不通,著有《傳經表》、《經典辨正》、《關中金石記》等。《清史稿》有傳。

唐房玄齡等纂修《晉書》,其《地理志》二卷,與修諸人學非專門,所記詳於前而略於後,以晉武帝泰始、太康爲主,自惠帝起已較簡略,至東晉則更略。按晉世版輿上承三國之瓜分,下值南朝之僑置,建罷沿革所繫非輕,纂修者未能詳辨地名變遷,不知晉代縣之省設不同、郡之置廢不同、州之罷立不同,故多有訛誤,往往誤以東晉僑縣爲漢時舊縣。即王隱《地道》之編、沈約州郡之志,亦近而不采,即使僅以武帝時郡縣爲定,盡録《太康地志》,亦未爲失,然亦遺落。以魯莽之群材,承史志之重寄,而又不資校衆籍,證引他書,故紀傳所列既與志殊,志之前舉復與後殊。畢氏以爲《晉書·地理志》之外,有《太康地志》、王隱《晉書地道志》、無名氏《晉書地理志》、《晉地記》等記載晉時輿地,酈道元《水經注》、沈約《宋書》中亦有與晉代地理相關內容,其廣博均十倍於《晉志》;他如《郡國縣道記》、《聖賢冢地記》、黄義仲及闞駰之《十三州記》,以及杜預之注經,徐廣之注史,皆引當時州郡以證古名,若唐初修書諸賢能據貞觀見存圖籍,述太康混一之山川,可采既多,用功亦易。乃博采諸家共二十餘種,校正《晉書·地理志》訛漏數百條,又據諸家地理書可補正闕失者,録入《新補正》中,更據劉昭補注《郡國志》舊例,升原注爲大字,合爲《晉書地理志新補正》五卷。

該書封面題"《晉書地理志》,乾隆癸卯開雕,經訓堂藏版",而各卷標題則爲"晉書地理志新補正卷某"。卷首有洪亮吉《太康三年地志及王隱晉書地道志後序》,稱太康三年爲晉平吴後第二年,爲晉代鼎盛之時,此時晉之版圖擴大,當時又有潘岳、摯虞、王範諸

家《關中記》等一批地理書,故《太康三年地志》所載地理翔實而準確,其後又有賈耽、樂史等所撰地理之書,王隱以諸家書爲參考,又有作史之才,故其《地道志》亦有重要價值。更盛贊畢沅有命世之才,又於地理學有專長,能參考衆家之書,故《新補正》既成,而晉代地理志始告完備。

此本據上海辭書出版社圖書館藏清乾隆四十八年畢氏經訓堂刻本影印。另有光緒十八年長沙思賢講舍刻本。(黄河)

南北史合注一百九十一卷 (清) 李清撰
(第 278—282 册)

李清(1602—1683),字心水,號映碧,新化(今浙江新化)人。崇禎四年(1631)進士,官至刑科給事中。明亡後,回興化隱居不仕,閉門著書三十八年。更著有《南唐書合訂》、《諸史同異》、《三垣筆記》、《諫垣疏草》等千餘卷。《清史稿》有傳。

李清以南北諸史並存而不免冗雜,李延壽雖併爲一書,然衆説兼行,矛盾之處仍多,故仿裴松之注《三國志》之例注南北二史。後閲佛藏,見《三寶記》載北魏文帝大統中遺事,《感通録》載齊文、隋文帝遺事,《高僧傳》載宋孝武帝、梁武帝遺事,可與南北諸史參訂異同,乃博采群書,以成此編。

是書凡一百九十一卷,注南史八十六卷、北史一百零五卷。於李延壽原文不當之處有所改動,篇目卷數亦與原書略有不同。如高歡、宇文泰並未篡立,前史書之爲帝,李清一律改稱其名。凡後梁附《北史》者悉改附《南史》。以魏馮、胡二后弑君故,降而編爲逆后,與逆臣同書於卷一百九十。二史又多記讖緯、佛門事,清以爲不合史體,悉改入注文。前人如裴松之注《三國志》、劉孝標注《世説新語》一概不改原書,爲古來注書之體。李清此類改動雖不合注史古法,然考訂精審,故仍有史料價值。南北二史無志,李清取《宋書》、《南齊

書》、《魏書》、《隋書》四史之志所載散入紀傳。論者以爲《隋志》本通括五代,俗呼爲《五代史志》,蓋當時尚未有南北史,無所附麗,故奉詔編入《隋書》。李清以《續漢書十志》補《後漢書》之例,將《隋志》編入南北史,然後詳考諸書以注之,能會同諸史,亦頗可取。

此本據北京大學圖書館所藏清《四庫全書》撤出本影印,卷六、卷七原缺,據全國圖書館文獻縮微複製中心《中國文獻珍本叢書》本補。（黄河）

南北史表七卷　（清）周嘉猷撰（第283冊）

周嘉猷,生卒不詳,字辰告,號兩塍,錢塘（今浙江杭州）人。乾隆二十二年（1757）進士,選授知縣,分發山東,歷官青城、益都等縣。在任十餘年,仕優而不廢學。更著有《齊乘考徵》、《南北史捃華》等。生平見楊峒《周兩塍先生行狀》。

南北朝統系正閏雜亂紛更,天下瓜分割裂,族群遷徙無常,北魏三十六族、九十二姓更爲前所未有,南北諸史及李延壽著書均無史表,讀者難得要領。周嘉猷以爲不列年爲表,則無以知其時世之所值,無從考其朝聘征伐之由,故起魏登國元年丙戌（386）,至隋皇泰二年己卯（619）,凡二百三十四年,年經國緯,間記各朝大事,爲《南北史年表》一卷。又作《南北史帝王世系表》一卷,以南朝宋齊梁陳、北朝魏齊周隋爲序,記南北八朝七姓皇室之世系。自魏晉立九品中正制以閥閱取士,南北朝因之,諸朝臣工以門閥爲貴。北魏至孝文帝遷都洛陽,亦以種姓爲貴,重中正之選,於是崔、盧、李、鄭之族榮盛於中原,直至唐朝。周氏録其枝葉較繁、又有源流可考者一百一十餘姓,編爲《南北史世系表》五卷。以上三表合爲《南北史表》七卷。

是書提綱挈領,譜列年爵,使南北建號、編年世系眉目一清,可補南北諸史之不足。

此本據中國科學院圖書館藏清乾隆四十八年周聞刻本影印。另有光緒十八年廣雅書局刻本。（黄河）

隋書地理志考證九卷補遺一卷　（清）楊守敬撰（第283冊）

楊守敬（1839—1915）,宜都（今屬湖北宜昌）人。字惺吾,號鄰蘇、鄰蘇老人。同治元年（1862）中舉,後考取景山宮學教習、國史館謄録,曾任駐日大使隨員,歸國後歷任黄岡教諭、兩湖書院教習、勤成（存古）學堂總教長、禮部顧問官、湖北通志局纂修等職。治學博通,尤精輿地,於金石文字、目録版本、書法、泉幣等亦有名著傳世,更著有《水經注疏》、《歷代輿地沿革圖》、《日本訪書志》、《湖北金石志》等,凡八十三種。《清史稿》有傳。

隋唐之際,州郡之制大變,官修史書考核不精,故唐修《隋書·地理志》舛誤甚多,後世傳抄翻刻,又有增訛脱衍。守敬病其枝梧叢生,遂作《隋書地理志考證》。是書按《隋志》九州之名分爲九卷,卷末有楊守敬跋,又附補遺一卷,以補前文不足。是書據諸史及《通典》、《元和郡縣志》、《太平寰宇記》、《輿地廣記》、《輿地紀勝》、《水經注》等,爲《隋志》別疑糾謬補遺。楊氏自言其稿凡五易,時閲卅年,考訂極爲精審。1973年中華書局版標點本《隋書》,其中《地理志》之校勘,得力於是書甚多。如《隋志》"至于平帝,郡國一百有三,户一千二百二十三萬",校勘記:"'千'下原脱'二百'。楊守敬《隋書地理志考證》:'《漢志》作一千二百二十三萬三千六十二,《晉志》同。'今據補。"又"大興,開皇三年置。後周于舊郡置縣曰萬年。"校勘記:"原脱'于'字,據楊氏所見宋本增。"多如此類,足見是書之價值。

此本據上海辭書出版社圖書館藏清光緒二十七年刻第三次校改本影印。另有光緒二十二年宜都楊氏鄰蘇園刻本。（黄河）

舊唐書校勘記六十六卷 （清）羅士琳 （清）劉文淇 （清）劉毓崧 （清）陳立撰 （第 283—284 冊）

羅士琳（？—1853），字次璆，號茗香，甘泉（今屬江蘇揚州）人。遊京師，考取天文生，因爲阮元門生，遍交通人。更著有《春秋朔閏異同》、《四元玉鑑細草》等，晚年將一生著作刊刻爲《觀我生室匯稿》十二種。《清史稿》有傳。

劉文淇（1789—1854），字孟瞻，儀徵（今江蘇儀徵）人。精研古籍，貫串群經，尤致力於《春秋左傳》，輯《左傳舊注疏證》，取賈、服、鄭三家注，疏通證明。另有《説文五經異義》、《左傳舊疏考正》等。《清史稿》有傳。

劉毓崧（1818—1867），字伯山，一字松崖，文淇之子。淹通經史，有聲江淮間。更著有《春秋左氏傳大義》、《經傳史乘諸子通義》、《王船山年譜》等。《清史稿》有傳。

陳立，生卒年不詳，字卓人，句容（今江蘇句容）人。道光二十一年（1841）進士，師事劉文淇，受《公羊春秋》、許氏《説文》、鄭氏《禮》，於《公羊》致力尤深，成《公羊義疏》七十六卷。更著有《爾雅舊注》、《白虎通疏證》等。《清史稿》有傳。

道光二十三年，岑建功重刻明聞人詮本《舊唐書》，邀友人羅士琳、劉文淇、劉毓崧、陳立校對各本異同，成《舊唐書校勘記》六十六卷。是書卷一至十校帝紀，卷十一至三十一校諸志，卷三十二至六十六校列傳，四人分工完成。參校版本有沈炳震《新舊唐書合鈔》本、丁子復《唐書合鈔補正》本、張宗泰《舊書考正》本。其校勘以宋人引《舊唐書》爲主，又據劉昫所本之書詳加考證，不以《新唐書》之異同爲標準，所引如《事類賦》、《太平寰宇記》、《册府元龜》等，在《新唐書》之前，故校勘價值頗高。

此本據湖北省圖書館藏清道光二十六年揚州岑氏懼盈齋刻本影印。（黄河）

舊唐書逸文十二卷 （清）岑建功輯（第 285 冊）

岑建功，生卒不詳，據是書阮元《序》，知其字紹周，甘泉（今屬江蘇揚州）人。道光二十三年（1843），岑氏懼盈齋重刻《舊唐書》，校勘精湛，素受學者好評，阮元以爲堪比毛氏汲古閣。

《舊唐書》重刻後，岑建功以《太平御覽》、《册府元龜》、《太平寰宇記》、《事類賦注》、《通鑑考異》等所引《舊唐書》與刊本校對，成《舊唐書逸文》十二卷。岑氏所輯以諸書明引《唐書》者爲主，諸書所述唐事，雖出《舊唐書》，若未明言引自《唐書》，則不輯入，足見去取謹嚴慎重。

是書可與正史相輔而行，以補《舊唐書》之闕。如卷十《袁天綱爲李義府相面》條，輯自《太平御覽》卷六百三十二。岑氏以《天綱傳》云：“天綱相人所中，皆此類也。”故認爲此條當列此句之前。惧盈齋本未録此條，中華書局點校本《舊唐書·袁天綱傳》亦無此條，可知岑氏所輯補者極有價值。是書所輯大多出自《太平御覽》，多有今本《舊唐書》所闕者，如列傳，是書較《舊唐書》多出四十九人，足與《舊唐書》參照。所收太和、萬壽公主兩段文字，岑氏以爲出自《公主傳》，而《舊唐書》無《公主傳》。是書《四夷傳》多出二十九國，亦《舊唐書》所闕者。又輯有高宗至文宗制舉科目及第之人四十一條，於《舊唐書》無可附麗，然均有參考價值。《太平御覽》所引《唐書》保留有今本《舊唐書》大規模删改前面貌，故所輯史料價值頗高。

此本據南京圖書館藏清道光二十八年揚州岑氏懼盈齋刻本影印。（黄河）

唐書合鈔二百六十卷首一卷 （清）沈炳震撰 **唐書宰相世系表訂訛十二卷** （清）沈炳震撰 **唐書合鈔補正六卷** （清）丁子復撰（第 285—289 冊）

沈炳震（1679—1738），字寅馭，號東甫，歸安(今浙江湖州)人。乾隆初舉博學鴻詞下第，窮年著述，卷帙宏富，更著有《增默齋詩》、《二十四史四譜》等。《清史稿》有傳。

丁子復，字見堂，號小鶴，檇李(今浙江嘉興)人。乾隆、嘉慶間在世。窮經好古，與渾敬、許宗彦友善。更著有《見堂詩文鈔》。《兩浙輶軒續錄》卷一九、《桐城文學淵源考》卷一有傳。

沈炳震以新舊《唐書》各有所長，不可偏廢，故撰《唐書合鈔》二百六十卷。書前有柯煜序，另載鈔例、新舊《唐書》撰人姓名、曾公亮進書表及合鈔目錄。以本紀和列傳言，新書較舊書簡練謹嚴，舊書較新書詳實完備，故沈氏以舊書爲本，而以新書小字分注其中。舊書所闕志傳則從新書增入，標題下注明"從新書增"。舊書天文、五行、地理諸志疏漏甚多，不如新書整齊，故以新書爲底本，以舊書小字分注，且注明"從新書本"。合鈔之外，間有創作，如《方鎮表》添載拜罷姓名，《經籍志》補訂書目。全書錯雜新、舊《唐書》而成，能集二書之長，結構明晰，便於閱讀。

《新唐書·宰相世系表》舛誤太甚，故沈氏又作《唐書宰相世系表訂訛》十二卷，附於書後。是書成於乾隆初，及武英殿校刊諸史，亦采用之，新、舊《唐書考證》中多引其説。後全祖望爲沈氏作墓誌銘，極口推許，足見此書價值。

丁子復以沈氏書羅列史料，鮮有折中，疑義仍多，故作《唐書合鈔補正》，附於書末。《補正》據《册府元龜》、《唐會要》等書及影宋本《舊唐書》校訂脱誤，間亦指正沈氏之失。

此本據中國科學院圖書館藏清嘉慶十八年海寧查世倓刻本影印。（黃河）

舊五代史考異五卷 （清）邵晉涵撰（第290册）

邵晉涵(1743—1796)，字與桐，號二雲、南江，餘姚(今浙江餘姚)人。乾隆三十六年

(1771)進士，後入《四庫》館充纂修官，與撰史部《總目提要》。授翰林院編修，兼輯《續三通》，歷官侍講學士兼文淵閣直閣事、日講起居注官等。邵氏著述宏富，更著有《宋史考異》、《爾雅正義》、《孟子述義》等。《清史稿》有傳。

與修《四庫》時，邵晉涵等自《永樂大典》中輯出薛居正《舊五代史》，用《册府元龜》、《太平御覽》、《通鑑考異》、《五代會要》、《契丹志》等書補充，編排成書。以所輯《舊五代史》與諸史史事多有異同，邵氏參考新、舊《唐書》、《東都事略》、《續資治通鑑長編》、《五代春秋》、《九國志》、《十國春秋》、《宋史》及宋人説部、文集，五代碑碣等數十種典籍，考訂異文，成《舊五代史考異》五卷。

是書所據史料豐富，考證精審。如《梁書·太祖紀》有"庚午，賊將盧瑭領萬餘人於圍田北萬勝戍"，《通鑑考異》認爲："長曆四月甲辰朔，無庚午，薛史誤。"邵氏考《舊唐書》光啓三年四月正作甲辰朔，以日數計之，庚午乃四月二十七日，此非薛史之誤，乃《通鑑考異》之誤。是書以排比異文爲主，鮮有斷語。卷一"十一月滑州節度使安師儒以怠於軍政爲部下所殺"條，爲薛史所記，邵氏以《舊唐書》云十月壬子朔，滑州軍亂，逐其帥安師儒，師儒奔汴，朱全忠殺之，而《新唐書》云十月朱全忠陷滑州，執節度使安師儒，不言殺之，且兩《唐書》俱作"十月"，與薛史異。《資治通鑑》與薛史同，其間是非，邵氏並未論定。邵氏輯《舊五代史》舛誤甚多，《考異》僅爲初步校訂，但可爲後人校勘之基礎，故仍有其史料價值。

此本據國家圖書館藏清面水層軒抄本影印。（黃河）

五代史記注七十四卷 （清）彭元瑞（清）劉鳳誥注（第290—292册）

彭元瑞(1731—1803)，字掌仍，一字輯五，

號雲楣,南昌(今江西南昌)人。乾隆二十二年(1757)進士,歷任禮、工、户、兵、吏部尚書及《續三通》館、《四庫全書》館、《清會典》館總裁、《高宗實録》總裁。彭氏博學多識,精於古玩書畫鑒定,編有《秘殿珠林》、《石渠寶笈》、《天禄琳琅書目》等,更著有《恩餘堂輯稿》等。《清史稿》有傳。

劉鳳誥(1760—1830),字丞牧,號金門,萍鄉(今江西萍鄉)人。乾隆五十四年(1789)進士。官至吏部右侍郎,與修《高宗實録》。有《杜工部詩話》、《五代史補注》、《存悔齋集》等。《清史列傳》卷二八有傳。

歐陽修《新五代史》原名《五代史記》,尚《春秋》筆法,彭元瑞有志注釋此書,然未能完成,身故後由劉鳳誥踵成,爲《五代史記注》七十四卷。書前有建安陳師錫《五代史記序》、劉鳳誥《五代史記注識語》、彭元瑞《五代史記注例》、劉鳳誥《五代史記注例述》,書末附楊文蓀跋。

是書仿裴松之注《三國志》,取材以宋代爲限,采書極博,史書有《資治通鑑》、《唐鑑》、《契丹國志》、《東都事略》、《續通鑑長編》、《吳越備史》等,傳記小説有《摭言》、《北夢瑣言》等,地理書有《輿地廣記》、《太平寰宇記》、《輿地勝覽》等,類書有《册府元龜》、《太平御覽》、《太平廣記》、《玉海》、《文獻通考》等,共計二百七十餘種。劉鳳誥言是書引諸家之論以辨是非,參諸書之文以訂訛異,傳所有之事以詳委曲,傳所無之事以補闕遺,傳所有之人以核生平,傳所無之人以徵同類云云。徵引廣博、注疏詳盡,爲學者推重。

是書以書注書,標明出處,無主觀臆斷,全取薛居正《舊五代史》入注,以注歐史而存録薛史,將新舊《五代史》合爲完璧,於歷代注中別具一格。又全取《五代會要》入注,以補歐史典章制度之不足,能廣泛彙編五代史料,故有較高史料價值。

此本據上海辭書出版社圖書館藏清道光八年刻本影印。(黄河)

五代史記纂誤補四卷附録一卷　(清)吳蘭庭撰(第292册)

吳蘭庭(1730—1801),字胥石,歸安(今浙江湖州)人。嘉慶元年(1796)與千叟宴,賜御製詩集、藤杖等,時人榮之。蘭庭稽古讀書,邃於史學,纂述甚多,更著有《南霄草堂集》、《考訂宋大中祥符廣韻》、《史記纂誤補》等。《清史稿》有傳。

歐陽修《五代史記》重《春秋》大義以存褒貶,而考證多有疏舛。宋吳縝《五代史記纂誤》抉其缺誤,疏通剖析,宋人頗爲推重。是書元明以來久佚,吳蘭庭取武英殿聚珍本《五代史記》,以晁公武《讀書志》校之,得《纂誤》原書十之五六。又參核薛居正《舊五代史》及新舊《唐書》、《資治通鑑》等書涉及五代史事者,以補縝書之闕略,成《五代史記纂誤補》四卷。其糾正縝書錯誤及刊印訛脱之處爲附録一卷,附於書末。

是書於縝書糾按甚多,如卷一"四月甲申天子至西都"條,吳氏以爲薛氏《五代史》梁紀、新舊《唐書·昭宗紀》俱作"閏四月甲辰",此脱"閏"字。卷二"晉與梁相拒河上十餘年"條,吳氏以爲晉與梁相拒河上在收魏博後,魏博入晉在貞明元年,距梁亡僅九年,故《通鑑》云"戰於河上殆將十年",此云"十餘年",亦誤。吳氏又引時人之論,難能可貴。如卷一"如京師使李仁郭使契丹"條,引王鳴盛謂"如京師使"當作"如京使","師"字衍;復引錢大昕謂唐設内諸司使悉擬尚書省,如京使類似宋倉部,爲倉庾之官,取《詩》"如坻如京"之意,以證實之。於《唐莊宗本紀》,吳縝考"廢帝崩時年五十三,是歲丙申,推其生年亦合是甲辰生",蘭庭以爲薛史及《五代會要》俱云廢帝生光啓元年,是歲乙巳,正與莊宗同歲。諸如此類,能糾正縝書錯誤,引證專家之説,考證精詳,足資參考。

此本據浙江省圖書館藏清嘉慶八年刻本影印。（黃河）

五代史記纂誤補續一卷　（清）周壽昌撰（第292冊）

周壽昌，有《漢書注校補》，已著録。

是書以《舊五代史》、新舊《唐書》、《資治通鑑》、《五代會要》等書，考校歐陽修《五代史記》之誤。此前已有吳縝《五代史記纂誤》、吳蘭庭《五代史記纂誤補》，故二吳已有論及者則多不録，共證誤十八條，皆較可信，如《梁太祖本紀》“文德元年三月庚子僖宗崩”，周氏以爲《唐書·僖宗本紀》言三月戊戌朔崩於武德殿，《舊唐書·僖宗本紀》則言庚子暴疾，壬寅大漸，癸卯夕崩，而三月戊戌朔，庚子爲初三，癸卯爲初六，此作庚子則與兩《唐書》不合。《新唐書》亦歐陽氏所修，僅本諸薛史作庚子，未將兩書互校，故有此誤。

亦有據吳蘭庭而糾歐陽修者，如“翰林學士承旨吏部侍郎張策爲刑部侍郎同中書門下平章事”條，吳書考《張策傳》作“奉旨”，又梁避嫌名改“承旨”爲“奉旨”，此條屬梁紀，故當作“奉旨”。周氏以爲歐陽修或以奉旨不當爲官名，故仍用承旨之稱，而《張策傳》作“奉旨”，乃歐史隨筆之疏。又如“夏四月丁丑，貶兢爲萊州司馬，武寧軍節度使蔣殷反，天平軍節度使牛存節討之”條，吳氏以牛存節討蔣殷在九月，歐陽修誤以此事繫於夏四月丁丑之後。周氏引《五代春秋》及《玉堂閒話》詳考三事時日，以證歐書之誤，以爲三事當分繫時日，於吳氏多有補充。

此本據中國科學院圖書館藏清光緒八年長沙周氏思益堂刻本影印。（黃河）

五代史記纂誤續補六卷　吳光耀撰（第292冊）

吳光耀（1859—1935），字華峰，別號三味老人，江夏（今湖北武漢）人。光緒間爲昭化（今四川廣元）知縣，又任萬縣白岩書院山長、永川縣知事、昭化縣知事。辛亥革命後辭官，定居成都。更著有《古文尚書正辭》、《庚戌文鈔》等。《古文尚書正辭》爲户部尚書翁同龢賞識，獲特旨嘉獎。

是書爲吳縝《五代史記纂誤》、吳蘭庭《五代史記纂誤補》續補，二吳及錢大昕、王鳴盛已有論及者多不録，唯就有異議者補充。如卷二“及莊宗之崩不能自決而反逃死以求生”條，歐陽修《五代史》以元行欽不能與莊宗同死而出逃，爲苟且偷生，錢大昕認爲行欽有志復仇故出奔，光耀則以爲行欽曾爲劉守光殺父害兄，爲人不義，又攻鄴不克，臨難無所作爲，斷無復仇之能，故無死志。此類論議，亦頗有見地。

是書以《舊五代史》、新舊《唐書》、《資治通鑑》與歐陽修《五代史》參校異同，參考《五代會要》、《通鑑考異》、陸游《南唐書》等書，徵引廣博，析理精闢。所取《五代史記》版本有殿本、四川仿殿本、汲古閣本、湖北仿汲古閣本等，對勘以正文字，頗資參考。

此本據復旦大學圖書館藏清光緒十四年江夏吳氏刻本影印。（黃河）

遼史拾遺補五卷　（清）楊復吉撰（第292冊）

楊復吉（1747—1820），字列歐，號慧樓，震澤（今江蘇吳江）人。乾隆三十七年（1772）進士，師從王鳴盛，相與討論史事，家富藏書，書樓名“香月樓”。更著有《夢蘭瑣筆》、《昭代叢書續集》、《史餘備考》等。清張士元《嘉樹山房續集》卷下有傳。又見張惟驤增輯《疑年録彙編》卷一二。

元修《遼史》疏漏錯亂頗多，厲鶚《遼史拾遺》增補大量史料，然厲氏未見薛居正《舊五代史》，於《契丹國志》、《宋元通鑑》亦未重視，故《遼史》仍須增補。楊復吉以《舊五代史》、《契丹國志》、《宋元通鑑》爲綱，益之以他書所載,得四百餘條,成《遼史拾遺補》五卷。

是書體例仿厲鶚《遼史拾遺》,他書有載而厲書未録者則補之,本紀摘録原文分段補注,志、傳舊有者標其名目,補綴事實,新增者另立名目,下繫"補"字以示區別。厲氏所增者下注"拾遺補"字,楊氏所增者下注"續補"字。厲書於《地理志》、《屬國表》、《國語解》諸篇有引後人著述而與《遼史》不相關合者,楊氏所采,則必於《遼史》有涉者。

是書重在增補史料,如《太祖本紀》天顯七年,楊氏據《舊五代史》增補"張敬達遷雲州節度使,時以契丹率族帳自黑榆林至,云借漢界水草,敬達每聚兵塞下以遏其衝,契丹竟不敢南牧,邊人賴之"。《景宗本紀》保寧元年,楊氏據《契丹國志》增補"遼大赦,境內刑賞政事、用兵追討皆皇后決之,帝臥床榻間,拱手而已"。《聖宗本紀》統和十三年,楊氏據《宋元通鑑》增補"至道元年冬十二月,契丹韓德威謀知折御卿有疾,遂率衆犯邊,以報子河汊之役。御卿力疾禦之,德威聞其至,不敢進"。傳世遼代史料匱乏,是書所增補者頗資參考。

此本據上海圖書館藏清道光五年汪氏振綺堂刻本影印。(黃河)

金史詳校十卷首一卷末一卷 (清)施國祁撰(第293冊)

施國祁,字非熊,號北研,歸安(今浙江湖州)人。嘉慶年間在世,卒年七十。國祁好學不倦,尤熟於金國史事。更著有《禮耕館詩文集》、《叢説》、《金源劄記》、《元遺山集箋注》等。《清史稿》有傳。

施氏自言二十餘年間讀《金史》十餘遍,故多有心得。首一卷載其序例,書末則有《史論五答》,就全祖望、杭世駿所論《金史》而加辨析。當時《金史》版本有元至正四年甲申祖刻本、明嘉靖萬曆南北國子監本、清康熙重

修北監本、乾隆四年武英殿本及奉旨改譯本,施氏以南本爲主,次校北本及諸本,再次校元本,爲之辨體裁、考事實、訂字句,考證其中謬衍脱倒約四千餘條。

是書又論《金史》編纂刊行之不足,以爲其病一曰總裁失檢,細分記載非體、顛倒日月、傳次先後、附傳非例、複漏世系、濫傳可削、一事數見等事。一曰纂修紕繆,細分文無斷限、年次脱誤、互傳不合、闌入他事、文筆稗累、本名疊見等事。一曰寫刊錯誤,如脱載無考、倒脱重刊、小字誤大、大字誤小、脱朔、月日誤、字訛誤之類。是書於《交聘表》增注事實,尤爲詳備,所據史料以《宋史》及李心傳《建炎以來繫年要録》、徐夢莘《三朝北盟會編》爲主。如《西夏交聘表》太宗天會二年,原表只言"稱藩",施氏則詳記其地,以下寨以北、陰山以南、乙室耶刮部吐禄濼西之地與之。天會五年,原表只記"賀正旦",施氏則注此後當加三月割地賜夏國。又將《宋史》所載割地始末詳附於表後,使有宋一代割地之事脈絡具見。施氏引書如李大諒《征蒙記》、晁公迈《敗盟記》、趙甡之《遺史》、張棣《圖經》及《靖康紀聞拾遺》、《靖康要盟録》、汪伯彦《時政紀》、趙良嗣《燕雲奉使録》、馬擴《茅齋自敘》、王繪《紹興甲寅通和録》等,皆久已亡佚,故是書保存史料,價值頗高。

此本據上海圖書館藏清光緒六年會稽章氏式訓堂刻本影印。另有光緒二十年廣雅書局刻本。(黃河)

元史氏族表三卷 (清)錢大昕撰(第293冊)

錢大昕(1728—1804),字曉徵,號辛楣,一號竹汀,晚號潛研老人,嘉定(今屬上海)人。乾隆十九年(1754)進士,後擢翰林院侍講學士,入直上書房,與修《續文獻通考》、《續通志》、《一統志》等書,一時盛名,與紀昀並稱"南錢北紀"。後爲詹事府少詹事,官至內閣中書。曾先後主講鍾山、婁東、紫陽書院。學

兼史地、金石、天文、曆算、音韻等。更著有《廿二史考異》、《十駕齋養新録》、《潛研堂詩文集》等。《清史稿》、《清史列傳》卷六八有傳。

《元史》有《后妃》、《宗族世系》、《宰相年表》諸表，無氏族表，而元代氏族及姓氏極爲複雜，元人之蒙古姓氏，陶九成《輟耕録》載有七十二種，又有色目三十一種，但以名行，不兼稱氏，見於史書者僅十之三四，譯字又無正音，記載互異。明修《元史》，成書倉促，編書諸人不習蒙文，故舛謬滋多，頗爲學者詬病。萬循初雖撰《元氏略》，其中亦有以一人爲二、二人疑以爲一、誤名以爲氏者。錢氏以元人氏族多有似異而實同者，有似同而實異者，遂於正史、雜史之外，搜羅元人詩文集、筆記小説、金石碑文諸書考其得失，審其異同，成《元史氏族表》三卷。

是書仿《唐書·宰相世系表》例，取元代譜系可考者，羅列成表，疑者闕之。卷一列蒙古，敍蒙古種姓由來及七十二種名目，表列可考者世系凡五十餘種。卷二列色目，引陶宗儀《輟耕録》所載三十一種名目，後表列世系。卷三列部族無考者。此表爲《元史》所未備，可補舊史之闕。然錢氏所列或亦有誤，如乃蠻和雍古爲蒙古族早期部落，錢氏列爲色目。又，蒙古七十二種名目以譯文不同而致重複者不在少數，或間有遺漏亦未可知。元朝姓氏常以其類別統稱某某氏，若西域、回回諸部，更難考其詳，故是書之後，仍須深入考察。

此本據上海辭書出版社圖書館藏清嘉慶十一年黃鐘刻本影印。另有同治光緒間江蘇書局刻本及光緒二十年廣雅書局刻本。（黃河）

元史本證五十卷　（清）汪輝祖撰　（清）汪繼培補（第293冊）

汪輝祖（1730—1807），字焕曾，號龍莊，蕭山（今屬浙江杭州）人。乾隆四十年（1775）進士，歷任湖南寧遠知縣、道州牧、善化令。更著有《二十四史同姓名録》、《學治臆説》、《佐治藥言》等。書末附王宗炎《汪龍莊行狀》、阮元《循吏汪君傳》、洪亮吉《汪君墓誌銘》等，述其生平甚詳。《清史稿》有傳。

汪繼培，生卒不詳，據書前題名，爲輝祖之子。輝祖《元史本證》草成，繼培爲之增補。

汪輝祖以《元史》事蹟舛闕，音讀歧異，故以此書紀傳表志參互校勘，彙其自相矛盾處，分題證誤、證遺、證名三類，名爲《元史本證》五十卷。書前有錢大昕序、汪輝祖自序，書末有徐友蘭跋。

所謂證誤，謂一事異詞，同文疊見，較言得失，定所適從，文字爲刊寫脱壞者則弗録。如《世祖紀》"乙卯冬駐奉聖州"，汪氏以後文至元三年乃降德興府爲奉聖州，故此處"奉聖州"當作"德興府"。所謂證遺，謂散見滋多，宜書轉略，拾其要義，補於當篇，其條目非史文故有者則弗録。如《徹里帖木兒傳》"天曆二年拜尚書右丞"，汪氏以爲紀天曆元年十一月，由同知樞密院事爲尚書左丞，十二月升右丞，則當篇所述之事首尾完備。所謂證名，謂譯無定言，聲多數變，輯以便覽，籍可類求，其漢語之彼此訛舛者則弗録。如哲别，《太祖紀》初作"哲别"，至五年以後又作"遮别"，《木華黎傳》、《耶律阿海傳》又作"闍别"，後文亦有作"折不那演"、"哲伯"、"只别"、"者必那演"、"别那顔"、"折别兒"、"柘柏"者，而實爲一人，汪氏匯而録之，繫於《太祖紀》"哲别"下。是書或舉先以明後，或引後以定前，不爲高論，平易周至，又取錢大昕《考異》分隸各卷，以求互證。故讀《元史》者，是書爲必須參資者。

此本據上海圖書館藏清光緒十七年徐氏鑄學齋重刻本影印。（黃河）

元史譯文證補三十卷（存卷一至卷六、卷九至卷十二、卷十四至卷十五、卷十八、卷二十二至卷二十四、卷二十六至卷二十七、卷二十九至卷三十）　（清）洪鈞撰（第293册）

洪鈞（1839—1893），字陶士，號文卿，吳縣（今屬江蘇蘇州）人。同治七年（1868）狀元，歷任湖北學政、内閣學士、兵部左侍郎，又出任清廷駐俄、德、奥、荷四國公使，後任總理各國事務衙門大臣。更著有《中俄交界圖》等。《清史稿》有傳。

洪氏出駐諸國時，見俄國人貝勒津譯波斯人拉施特哀丁《史集》、伊朗人志費尼《世界征服者史》、亞美尼亞人多桑撰《蒙古史》等元蒙史著，遂博搜約取，與我國舊籍互爲參證，作《元史譯文證補》三十卷。書未竟而洪氏卒，書稿又有所散失，故其中十卷有目無文。

是書據境外蒙元史著作，考證《元史》之正誤，補充《元史》之缺漏。以譯自外人之書者爲正文，夾註洪氏補證。所考除《太祖本紀譯證》、《定宗憲宗本紀補異》及地名考、部族考外，多補《元史》列傳，如《术赤補傳》、《哲别補傳》、《西域補傳》、《木剌夷補傳》等。尤詳於元憲宗以前事，如《太祖本紀譯證》補載成吉思汗及諸弟、皇子、公主之事，术赤、拔都、阿八哈、阿魯渾、合贊、合兒班答、西域、報達、木剌夷等人傳詳述蒙古西征及欽察汗國、察合台汗國、窩闊台汗國和伊利汗國之事，阿里不哥、海都傳則記述元代宗室、諸王權力之争，《地理志・西北地附録釋地》、《西域古地考》詳細描述西北輿地沿革，於《元史》有大量增補及考證，頗爲珍貴。

是書以境外史著考證中國史書，爲當時有關元史諸書如《元史續編》、《元史新編》、《元史類編》所不及。然所據境外史著多非原始史料，不合原作之處者亦多，雖然，開創之功亦不可没。

此本據復旦大學圖書館藏清光緒二十三年陸潤庠刻本影印。另有光緒二十六年廣雅書局刻本，及民國九年番禺徐紹棨彙編重印本。（黄河）

元史地名考不分卷　（清）李文田撰（第294册）

李文田（1834—1895），字仲約，號若農、芍農，順德（今廣東順德）人。咸豐九年（1859）進士，官至禮部左侍郎。工詩善書，於元史及西北輿地研究尤精，晚年主講廣州鳳山、應元書院，於廣州築“泰華樓”，藏書甚富。更著有《元秘史注》、《西遊録注》等。《清史稿》有傳。

是書非文田原稿，乃祝心淵在李氏幕所節録者，又由胡玉縉借録一過，並依《元史》序次，行文排定。其考釋《元史》部分地名，以元朝西部、北部蒙文譯轉地名爲主，如八里屯阿懶、玉律哥泉、禿律别兒河等。亦有漢語地名，如静州、昌州、宣德府等，僅限於西北地域。其例以地名爲綱，據明監本《元史》，所考地名以此本譯字爲準，並按《元史》中出現先後爲序，首列地名，次引《元史》有關正文注録於下，使發生於此地之事匯集一處，便於省覽。次則考較諸書所載異同，間及歷史沿革，所據之書有《蒙古秘史》、《西遊録》、《西征紀程》等，使一地異名而各書記載不同者一一瞭然。

又能考證地理疑難，如“帖麥該川”條，引《元史・太祖本紀》“既滅汪罕，大獵於帖麥該川”，“甲子，帝大會於帖麥該川”，復據《元朝秘史》七，謂此時太祖正在帖蔑延客額兒地面與衆人商量，並論説云：滅汪罕而後獵此，則此乃汪罕故地，地在乃蠻之東，似即塔米兒河也。

要之是書以《元史》爲主，徵引他書如《元朝秘史》等，相互參校考證以釋疑，於地理及史事均有參考價值。所采之書有《漢書・西域傳》、《西域釋地》、《輟耕録》等。元代地名多有音譯歧誤、記載互異者,至爲複雜。是書以地名爲綱,統繫史事,考證精細,載記異同,疏理沿革,於研究元代地名頗具參考價值。

此本據復旦大學圖書館藏清光緒二十四年胡玉縉抄本影印。(黄河)

明史考證攟逸四十二卷附録一卷　(清) 王頌蔚撰 王季烈補遺 (第 294 册)

王頌蔚(? —1896),字芾卿,長洲(今屬江蘇蘇州)人。光緒五年(1879)進士,後任職户部,補軍機章京。光緒十八年,試御史第一,軍機處奏留之。更著有《寫禮廎文集》、《寫禮廎詩集》等。《清史稿》有傳,又見《碑傳集補》卷一二。

王季烈(1873—1952),頌蔚之子,字晉余,號君九,又號螾廬。光緒三十年(1904)進士,官學部郎中。博究經史詩文,精通曲律。更著有《螾廬未定稿》、《螾廬未定稿續編》、《螾廬剩稿》、《螾廬曲談》等。傳見王胜利等《大連近百年史人物》及蔡孟珍《近代曲學二家研究:吴梅、王季烈》。

《明史》記事失於簡略,如南明史事,多有缺漏不足,有關建州三衛者,亦因文網密佈,記載零星,語焉不詳,多有失實。人物傳記不夠完備,且多回護之處。爲補《明史》之不足,後人續有補編。乾隆四十二年(1777),以于敏中、錢汝爲等人爲總裁,考證《明史》,然未刊行。頌蔚入值軍機時,於方略館得見殿版初印《明史》殘本,有"進呈本"、"稿本"、"正本"、"初刊樣本"等多種,然多殘缺不全。王氏審定此皆爲乾隆朝擬撰《明史考證》未竟之本,因多方搜求,逐條釐訂,芟其繁冗,采其精要,整理彙編,成《明史考證攟逸》一書。卷首有序,自述編訂始末;次爲改譯人名地名彙總,以改定音譯正字;次詳列各卷纂輯人姓名。書末附録一卷,載葉昌熾撰《王頌蔚墓誌銘》。又附王季烈所作《補遺》一卷,乃季烈就其父未用材料中選取有關考訂者輯成,

約三十餘條。

是書依《明史》列傳之序,依次記録各卷考證内容,不乏精詳之處,如景泰年間廣西土司黄𤩈建議易儲一事,《明史·何喬新傳》載:"(揭稽)嘗薦黄珑,且代草《易儲疏》。"頌蔚以爲《江淵傳》稱黄𤩈之奏易儲,或疑江淵主之,丘濬曰:"此易辨也,廣西紙與京師紙異。"索奏視之,果廣西紙,其誣乃白。語與《何喬新傳》異,據此可知代草疏者非揭稽。是書所據《明史考證》按語,多有《四庫》本《考證》所不載者,兩相對照,可知《四庫》本《考證》删改之跡。又有《后妃傳》考證,亦不見於《四庫》本《考證》,彌足珍貴。

頌蔚撰是書時未見《四庫全書》本《明史》,其糾誤考辨大多已在《四庫》本中有所改正,此類亦可對照,有以知頌蔚考證之精。

此本據民國劉氏刻《嘉業堂叢書》本影印。(黄河)

歷代地理志韻編今釋二十卷皇朝輿地韻編二卷　(清) 李兆洛撰 (第 294 册)

李兆洛(1769—1841),字申耆,陽湖(今江蘇常州)人。嘉慶十年(1805)進士,官安徽鳳臺知縣。精輿地、考據、訓詁之學,主講江陰暨陽書院達二十年。更著有《養一齋文集》、《大清一統輿地全圖》、《鳳臺縣志》、《地理韻編》等。《清史稿》有傳。

李氏嗜輿地之學,每覺歷代地理建置沿革多變,名實混淆,或同地異名,或同名異地,南北相乖,東西易向,方隅莫辨。於是率門人彙集歷代郡縣地名,以韻編之,分别時代,條其異同,並考稽當代所在之處,纂成是書。所收地名以史志爲主,《史記》八書無輿地,故所載古國邑、秦郡縣皆不録,所録自漢始,二十三史有地志者十四,凡《漢書·地理志》、《續漢書·郡國志》、《晉書·地理志》、《宋書·州郡志》、《南齊書·州郡志》、《魏書·地形志》、《隋書·地理志》、《新唐書·地理志》、

《新五代史・職方考》及宋、遼、金、元、明史《地理志》，除州郡、府、縣外，鎮、堡、羈縻州郡、長官司類，有實地可據者，皆並列之。南北朝僑置州郡，雖無實地，但僑置之處多有可考，故附注在所，約略注釋。

是書編排地名以上平、下平、上聲、去聲、入聲五部爲綱，以平水韻一百零六韻爲目，每一韻目下，同聲同韻之地名彙編在一起，分別詮釋。地名下小注，以時代先後爲次，郡詳其所屬州部，縣詳其所屬州郡。同地同名以時代爲序，以圓圈分開，地異而名同者次之，以黑圓分開，如此排列，時代順序及所屬州郡等均能一目了然，歷代沿革亦了若指掌。又按《韻編今釋》體例，成《皇朝輿地韻編》二卷，彙集當朝郡縣地名。

此二書假衆人之手，斷續編纂而成，加之地名浩繁，又無前例可鑒，編排甚難，故不免有所疏漏。又因清代地名聲讀，多沿用方言土音，與通行聲讀不同，故此二書使用多有不便。

此本據復旦大學圖書館藏清同治九年李氏重刊本影印。另有光緒二十四年掃葉山房石印本。（黃河）

清史稿五百三十六卷　（清）趙爾巽等撰（第 295—300 冊）

趙爾巽（1844—1927），字公鑲，號次珊，清末漢軍正藍旗人。同治十三年（1874）進士，授翰林院編修，歷任多省督撫、户部尚書、盛京將軍、東三省總督等。1914 年，受命於北洋政府爲清史館總裁，主編《清史稿》。1927年，《清史稿》完稿後不久逝世。更著有《刑案新編》、《趙留守攻略》等。生平見朱汝珍《詞林輯略》卷八、金梁《近世人物誌》、黃玉圃《清朝御史題名録》等。

《清史稿》由中華民國初年特設清史館編修，以館長趙爾巽任主編，繆荃孫、柯劭忞等人爲總纂，與纂者先後百餘人。1914 年始，1920 年編成初稿，1926 年修訂一次，1927 年完稿，歷時十四年。全書五百三十六卷，本紀二十五卷，志一百四十二卷，表五十三卷，列傳三百一十六卷。記事起 1616 年清太祖努爾哈赤建國稱汗，迄 1911 年清朝滅亡，共二百九十六年歷史。是書位列正史，然以時局艱虞，且主編趙爾巽年齒遲暮，不及慎重修改，1928 年匆匆刊印，次年發行。以未經中華民國審定發佈，故以“稿”名之。

是書記載史事，多有失實，至於人名、地名、年月日之訛誤不可勝數。如《皇子表》載延信“雍正元年襲貝勒，尋以功封郡王，六年因罪革爵”，按延信最高封爵爲貝勒，未封郡王，雍正三年（1725）革爵，亦非六年。是書依據《清實録》、《宣統政紀》、《清會典》、《國史列傳》及相關檔案資料編成，編者彙集史料，僅作初步整理，不及細核，某些志與清末人物列傳，並非取材於常見史料，當另有所本。是書雖不及完善，然於有清一代歷史亦能瞭解其梗概，故仍有價值。

《清史稿》版本較多，以關外本、關内本最早流傳，影響最大。按《清史稿》編成後，校對金梁利用職權，擅改原稿，將印成一千一百部中之四百部運往東北發行，是爲“關外本”，又稱“關外一次本”。後金梁修改重印此版，即“關外二次本”。金梁事發，編纂人員遂將留京剩餘原印本更正重印，是爲“關内本”。1977 年中華書局出版校點本，以關外二次本爲底本，參照關内本、關外一次本，爲是書問世五十年來最佳版本。

此本據上海辭書出版社圖書館藏民國十七年清史館鉛印本（關内本）影印。（黃河）

別史類

帝王世紀十卷附録一卷補遺一卷　（晉）皇甫謐撰　（清）宋翔鳳集校（第 301 冊）

皇甫謐（215—282），字士安，號玄晏先生，安定朝那（今甘肅平涼，一説寧夏固原或甘肅靈臺）人。家貧而勤力不怠，躬自稼穡，携經而農，遂博綜百家之言。朝廷屢次徵召，均辭不就。除《帝王世紀》、《年曆》等歷史著作外，另有《針灸甲乙經》傳世。《晉書》有傳。

宋翔鳳（1779—1860），字虞廷、于庭，長洲（今屬江蘇蘇州）人。嘉慶舉人，歷官泰州學正，湖南耒陽等知縣。治今文經學及東漢許、鄭之學，著有《五經通義》、《樸學齋文録》等。《清史稿》有傳。

謐是書以漢代史書記三皇五帝以來史事尚有殘缺，遂參稽古籍，於晉泰始（265—274）初撰成此書，起自三皇，止於曹魏，專記帝王事蹟。書凡十卷，依次爲自開闢至三皇、五帝、夏、殷、周、秦、前漢、後漢、魏、星野及歷代墾田戶口數等。所述秦以前史事，博采經傳雜書，可補正史之缺，尤其歷代墾田戶口之記載，頗爲珍貴。

是書亦稱《帝王代紀》、《帝王紀》、《皇王世紀》、《帝王世家》、《帝王世説》、《皇甫謐記》等。《隋書·經籍志》、《舊唐書·經籍志》及《新唐書·藝文志》均著録爲十卷，後漸散佚。陶宗儀、王漢、張澍、宋翔鳳、錢保塘、顧觀光等皆有輯本。其中宋氏據《尚書正義》、《周易繫辭正義》、《禮記正義》、《初學記》、《藝文類聚》、《太平御覽》及徐整《三五曆記》、司馬貞《補三皇本紀》等輯出佚文，仍編爲十卷，書後又有《帝王世紀附録》記歷代著録情況，《帝王世紀補遺》記各書引用而不便歸屬各卷者，於各輯本中最爲完備。

宋氏以爲此書自唐宋以來頗受指摘，乃辨其枉誣。如東晉後僞《尚書》大顯，《世紀》之内多引《尚書》，故後人或謂作僞之由啟於皇甫，宋氏考其所引《尚書》多與伏生及《吕氏春秋》、《墨子》相符，較僞《尚書》絶不相同。又《北史·劉炫傳》言炫僞造《連山易》，而《世紀》亦引《連山》之文，宋氏則認爲凡此大抵爲後人羼入。又以此書與《史記》相比，謂

子長取材六經，綜覈傳記，士安旁推緯緯，鈎深九流，其義博而正，怪異之録與不經之談，兩家之書俱能削而不取，至於散亡之事則盡量收入。又贊此書能紀都邑以明帝王之興廢在德不在險，紀墾田民數以明盛衰之故，與民之聚散緊密相關，田治則民聚，年凶而不饑，田荒則民散，國危而難立。謀治國者，當考求於此。又記載漢之帝后名字爲馬、班書所未載者，宋氏以爲當是魏晉之間别有相沿之説，士安以近於古而得於傳聞，未可必其穿鑿。凡此可知宋氏集校不僅在於輯佚，復盡心於辨析史書源流而顯示《世紀》價值之所在。

此本據上海圖書館藏清光緒貴筑楊氏刻《訓纂堂叢書》本影印。另有嘉慶道光間宋氏《浮谿草堂叢書》本。（李勤合）

帝王世紀續補一卷帝王世紀考異一卷
（清）錢保塘輯並撰（第 301 册）

錢保塘（1833—1897），海寧（今浙江海寧）人，字鐵江，號蘭伯，室名清風室。咸豐九年（1859）舉人，嘗與繆荃孫講論校讎之學，又赴四川主持尊經書院，後歷任四川清遠、定遠、大足、什邡等縣知縣，成都知府。更著有《光緒輿地韻編》、《清風室文鈔》等。生平見王善生撰《清代什邡縣知事錢保塘傳》。

是書乃錢氏爲宋翔鳳《帝王世紀》輯本所作續補，僅一卷。蓋以宋氏輯本所采尚有未盡，爰就所引諸書復加補輯，續得數十條。宋氏所引，間有歧異，亦有非《世紀》而誤入者，悉爲别出之，並仿盧文弨校補《尚書大傳》之例，分編於後，以備考古史者采擇。保塘既作《續補》，又考證宋氏輯本，撰成《帝王世紀考異》一卷。先列輯本原文，復一一考辨，如卷四"吾所請雨者"條，錢謂《太平御覽》原文"所"下有"爲"字，卷八"後漢十二帝"條，錢謂實徐堅語。又於史書所載上古帝王之事作辨析，如辨黃帝始垂衣裳以班上下、刳木爲舟、剡木爲楫、舟楫之利以濟不通等九事，

《周易正義》以爲皆黃帝、堯、舜取《易》卦以制象，黃帝制其初，堯、舜成其末，《帝王世紀》載此九事皆爲黃帝，未可用也。錢氏以爲士安以九事歸功創始之人，理亦無礙。諸如此類，頗有益於原書。

此本據上海圖書館藏清光緒貴筑楊氏刻《訓纂堂叢書》本影印，其刊刻《帝王世紀》時，以《帝王世紀續補》及《帝王世紀考異》一併刊行。（李勤合）

世本五卷　（漢）宋衷注　（清）張澍輯並補注（第301册）

宋衷，生卒不詳，亦作宋忠，字仲子，東漢末南陽章陵（今湖北棗陽）人。嘗協助劉表改定五經章句，建安十三年（208），曹操佔領荊州，宋衷北去。建安二十年，魏諷謀反案發，衷受株連，二十四年被殺。更著有《周易注》、《太玄注》等。生平見陸德明《經典釋文・序録》及姚振宗《後漢藝文志・經部・易類》。

張澍（1782—?），字時霖、伯瀹，號介侯，武威（今甘肅武威）人。嘉慶四年（1799）進士。歷官玉屏、永新知縣。著有《姓氏五書》、《續黔書》等。《清史稿》有傳。

《世本》因唐避太宗李世民諱曾稱《系本》，作者已不可考，然顯非出於一人之手。是書記載自黃帝至春秋，帝王、諸侯及卿大夫世系、氏姓及都邑居處遷徙、器物發明製作、謚法等，當是先秦部分歷史檔案而經後人增補而成者，亦雜有漢初史料。《世本》保存先秦史料尤富，體例亦有創獲，《史記》之本紀、世家及年表等均有所仿效。

《世本》曾罹秦火，漢興而重現人間。《漢書・藝文志》記載《世本》爲十五篇，後屢有分合，宋以後則亡佚。南宋高似孫始爲輯佚，明祁承爍有輯本兩卷。至清，王謨、孫馮翼、秦嘉謨、張澍、雷學淇、茆泮林、陳其榮、王梓才等均有輯本，篇目卷數各有不同。惟錢大昭、洪飴孫二家不傳，然其内容已爲孫、秦二家所采。

學界多以爲諸家輯本，茆氏最精，雷氏次之，然亦各有千秋。茆本考證較少，引書不多；秦本泛取《史記》、《左傳》杜預注、《國語》韋昭注等，意在補訂引文之所缺，而不免與原文相混，轉失《世本》真相。王本意在重寫《世本》，與輯本性質有異。張澍此本分爲《作篇》、《居篇》、《氏姓篇》、《帝系篇》、《王侯大夫譜篇》五卷，又《謚法》一篇僅存名目。清人輯《世本》，多題宋衷注，張澍輯本亦然，其中實亦有宋均、孫檢等注，題曰宋衷注，從其多故耳。書中多加按語，以申己見，故題曰補注。諸輯本中唯張本逐條有注，多有發明。引書逾八十種，亦利用碑刻資料，如《袁良碑》、《顏真卿家廟碑》等。並注意辨別正文與注文，如「隋作笙」條，張本指出《藝文類聚》、《通典》所引《世本》「未知其何代人也」句實爲注文，其他輯本則多判此句爲正文。惟張氏引文全不注明篇卷，無從稽核，且有失於謹嚴處，如《居篇》「昆吾爲夏伯」條，張記出《國語》韋昭注，即爲錯引。

此本據清道光元年張氏二酉堂刻《二酉堂叢書》本影印。（李勤合）

周書集訓校釋十卷逸文一卷　（清）朱右曾撰（第301册）

朱右曾，生卒不詳，字尊魯，又字亮甫、述之，號咀露，嘉定（今屬上海）人。道光戊戌（1838）進士，累官至遵義知府。通經學及小學，守錢大昕治學法，更著有《詩地理徵》、《春秋左傳地理徵》、《後漢書郡國志補校》、《左氏傳解誼》等。傳見《清史列傳》卷六九。

《周書》作者已不可考，所記内容時代不一，上起周初文、武，下迄春秋靈、景，多係儒家删《書》之餘。初有晉五經博士孔晁爲之注，清代校理、注釋《逸周書》者增多，影響較大者，除朱氏此書，尚有盧文弨《逸周書校正》、陳逢衡《逸周書補注》、丁宗洛《逸周書管箋》、俞樾《周書平議》、王念孫《逸周書雜志》、孫詒讓《周書斠補》等。

朱氏有感於孔注疏略而盧本未備,乃據王念孫、洪頤煊等書校定正文,復集諸家之説,仍是删違,申以己意。所引注文除孔晁外有盧文弨、王念孫、洪頤煊、丁宗洛等諸家説。朱氏以爲《説文》稱"逸周書",《隋書·經籍志》注曰"汲冢書"均誤,宜復《漢志》舊題而稱"周書"。書分十卷,凡六十篇。《程寤》第十三、《秦陰》第十四、《九政》第十五、《九開》第十六、《劉法》第十七、《文開》第十八、《保開》第十九、《八繁》第二十、《箕子》第四十一、《耆德》第四十二、《月令》第五十三等有目無文,另《周書序》一篇在卷末,其編次除《世俘》第四十移爲第三十七,其餘篇次依舊,書後又附朱氏所輯《逸文》一卷。

朱氏校釋内容有三,考定正文,正其訓詁,詳其名物,而以校訂音釋附焉。如指出《大匡》第十一中"展盡不伊",孔注"伊"爲"惟",今訛爲"推";又如《逸文》一卷中校出《太平御覽》卷三、《山海經》卷十六郭璞注、《文選注》卷十四李善注所引《周書》之文爲《虞初周説》逸文。曾爲魯迅《中國小説史略》利用。

是書成於道光十七年(1837),經數年修改,道光二十六年自刻成書。此本據復旦大學圖書館藏清光緒三年湖北崇文書局刻本影印,該本題曰《逸周書集訓校釋》,不合朱氏原意。（李勤合）

周書斠補四卷　（清）孫詒讓撰（第 301 册）

孫詒讓(1848—1908),字仲容,號籀廎,瑞安(今浙江瑞安)人。同治舉人,官刑部主事。悉心治經,於《周禮》用功最勤,於墨學及金文、甲骨文研究多有發明,著有《周禮正義》、《墨子閒詁》、《契文舉例》等十餘種。《清史稿》有傳。

孫氏以高似孫《史略》、黄震《日鈔》校勘《周書》,知宋時傳本較今爲善。惠棟校本略

記宋代異文,猶可推見蹤跡。盧文弨雖據惠校,采之未盡;朱右曾於盧氏校之善者,復不盡從,所補闕文,馮臆增羼,絶無義據。遂校勘補正,爲《周書斠補》,覬以自資省覽。是書四卷,先引《周書》正文,繼引《史略》或孔、盧、朱等氏舊注,後加案語,或不引舊注而直書案語,補訂《周書》四百餘條。

孫氏斠補,能通觀《周書》首尾,而以此書各篇互相發明,如訓《度訓解第一》"不能分次"之"次"爲"助",而以《糴匡》第五"分助有匡"句相互發明;釋《文酌解》第四"頻禄質潰",則引《五權》第四十六"極賞則潰"以相證。又孫氏精通《周禮》,故多引之以校《周書》,如釋《文酌解》第四"四貸官以屬"之"貸"爲"貳",引《周禮》之《大宰》、《小宰》篇相發明者即是。

此本據清光緒庚子初刻本影印。（李勤合）

王會篇箋釋三卷　（清）何秋濤撰（第 301 册）

何秋濤(1824—1862),字願船,光澤(今福建光澤)人。道光二十五年(1845)進士,授刑部主事。曾主講保定蓮池書院。何氏留心經世之務,以俄羅斯與中國北地連接,宜有專書以資考鏡,遂於咸豐間著《北徼彙編》六卷,咸豐帝賜名《朔方備乘》。著述尚有《校正元聖武親征録》等多種。《清史稿》及《清史列傳》卷七三有傳。

《王會》爲《周書》之一篇,何氏以爲《王會》所記,可補《儀禮》、《周官》、《禹貢》及諸史志,足資博覽,又與《爾雅》、《説文》相表裏,非若《山海經》之怪異,爲縉紳先生所難言。盧文弨、梁玉繩、王念孫諸家大都考其字句,正其訛闕,至於詮釋地志方物之事,猶或引而不發,未爲盡詳;遂以王應麟《周書王會補注》爲本,兼取諸家所長,仿鄭康成之例,作《王會篇箋釋》三卷,箋以闡注,以"秋濤按"冠之,雙行小字;釋以袪疑,則冠以"秋濤曰"相别。

何氏此書,不特於字詞有所考辨,尤注意於

《王會》篇中民族、地理、物産之考證。如卷上"於越納"條，證"於越"本是"干越"，蓋後人改"干"爲"于"，復改"于"爲"於"，不知"干越"爲古越之一種，其間引周秦漢代諸書《墨子》、《莊子》、《荀子》、《淮南子》及李善《文選注》、《太平御覽》、韋昭《國語注》、顏師古《漢書注》爲證。又以"納"爲"魶"，而非納貢之納，亦極雄辯。又如考證"甌"有三種，一曰東甌；二曰閩越之西甌，正東之甌也；三曰駱越之西甌，則正南之甌也。初非王應麟所言僅二種。諸如此類，皆言之有據。張穆稱何氏每樹一誼，堅確不移，以與閻若璩相擬，誠非虛譽。

此本據復旦大學圖書館藏清光緒十七年江蘇書局刻本影印。（李勤合）

藏書六十卷　（明）李贄撰（第301—302冊）

李贄（1527—1602），號卓吾，又號宏甫，明晉江（今福建晉江）人。嘉靖三十年（1551）舉人，曾任雲南姚安知府。反對禮教，抨擊道學，自標異端，屢遭明廷迫害。更著有《焚書》、《續焚書》等。《明史 · 耿定向傳》有附傳。

《藏書》六十卷，亦稱《李氏藏書》，采輯戰國至元事實編爲紀傳，記各類人物八百餘。紀傳之中，又各立名目，繫以敘論。卷一至卷八爲《世紀》，敘評歷朝君主。卷九至卷六十皆《列傳》，記八類人物：大臣、名臣、儒臣、武臣、賊臣、親臣、近臣、外臣。每類人物下又分若干門，門下復分目若干。卷首有焦竑、劉東星、梅國楨、祝世祿、耿定力五序。

是書主要取材於歷代紀傳體史著與《資治通鑑》，資料本無特殊之處，然人物之剪裁位置頗見新意，陳勝、項羽、齊王田橫、隋末李密、竇建德等人非特位列《世紀》，尤有甚者，爲各傳記所撰之史論、史評，如稱譽陳勝"古所未有"、項羽"自是千古英雄"、秦始皇"自是千古一帝"，皆一反陳見，別出心裁，而漢惠帝則僅作附錄，稱"無可紀"等，正可與上

述對照見義。此外，於《王通傳》中，斥隋代王通所主周公之禮樂治天下爲"一步一趨，舍孔子無足法者"；《德業儒臣後論》中言"人必有私"；《容人大臣傳》末評論："後儒不識好惡之理，一旦操人之國，務擇君子而去小人，以爲得好惡之正也。夫天有陰陽，地有柔剛，人有君子，小人何可無也。"凡此種種，具見李氏獨到之歷史觀，而其不"以孔子是非爲是非"之論，發人所不敢發，其遭受非議打擊可以想見。此書在明、清皆列爲禁書，故《四庫全書》不錄。

此本據復旦大學圖書館藏明萬曆二十七年焦竑初刻本影印。（李勤合）

續藏書二十七卷　（明）李贄撰（第303冊）

李贄，有《藏書》，已著錄。

《續藏書》爲《藏書》續編，據明代人物傳記和文集，傳明初至萬曆前王侯將相、大臣、名士、文人、庶人等約四百名，以臣名篇，分十四類，爲《開國名臣》、《開國功臣》、《遜國名臣》、《靖難名臣》、《靖難功臣》、《內閣輔臣》、《勳封名臣》、《經濟名臣》、《清正名臣》、《理學名臣》、《忠節名臣》、《孝義名臣》、《文學名臣》、《郡縣名臣》。書前有焦竑、李維楨序。諸類之前冠以"總序"、"序"、"敘述"等論，間附專論品評人物。其人物去取及品評標準與《藏書》一致。惟其爲當代史著，不得不有所顧忌，既不爲皇帝立紀，且評論亦較《藏書》溫和，時人李維楨以爲"多揚善不刺惡"，如篇首讚揚太祖朱元璋爲"千萬古之一帝"。然其批判精神，於行文間仍能窺得端倪。如卷十《史閣敘述》敘君主關係："吾以爲當此之時，正所謂五帝神聖，其臣莫及，不可不知自揣者。從容其間，以需顧問，縱有所諫，直推尊而表揚之，曰：是唯我后之德焉。更不必索忠諫之美名，而欲以憂危其主也，何也？履虎尾者必使不至於咥而後亨，而世實未有履虎尾而不咥者。"以君擬

虎,發人警省。

此本據上海圖書館藏明萬曆三十九年王惟儼刻本影印。(李勤合)

西魏書二十四卷 (清)謝啟昆撰(第304冊)

謝啟昆(1737—1802),字蘊山,號蘇潭,南康(今江西南康)人。乾隆二十六年(1761)進士,歷任鎮江、揚州、浙江等地知府、布政使,官至廣西巡撫。少以文學名,尤善作詩。主修《廣西通志》,發凡起例,多所創新;更著有《樹經堂集》、《小學考》等。《清史稿》、《清史列傳》卷三一有傳。

是書記載西魏史事,爲紀傳體。按魏收撰《魏書》,以東魏爲正統,於西魏十分簡略。謝氏病其失當,乃收羅正史、傳記、類書、方志、金石資料,作《西魏書》二十四卷:帝紀一卷,封爵、大事、異域三表爲三卷,紀象、儀制、地域、百官、四考凡六卷,列傳十三卷,載記一卷。全書自孝武始而以宇文受禪爲斷。不設類傳,仿《三國志》例,人以類從,每傳不漫爲論贊,必有他事足補正書之闕及足爲法戒者,始論以著之。以元善見爲孝武臣而梁王蕭詧爲魏附庸,故並立傳而入載記。

是書於西魏史事、人物都有較詳細之介紹考證,凡所增益改易,必有所本,如據庾信《辛威碑》補《公主傳》,據庾信《鄭常碑》正《周書》饒陽侯本傳之誤,據《金石録·唐瑾碑跋》正《周書》姑臧子本傳之誤。又其《大事表》括一代祀戎之事,成敗得失之跡條具終始,握一卷而一朝大事瞭如指掌,亦史書之創例。

趙翼以宗室内少元育、元贊,八柱國内少趙貴、獨孤信等人,有乖義例。謝氏則謂是書以宇文受禪爲斷,其下仕周、隋者即不立傳。凌廷堪亦贊同此意見,並以爲是書有補闕、存統、正名、蒐軼、嚴界、辨誣六善。方東樹嘗以是書乃出胡虔之手。今人袁行雲亦持此見,並有詳考。事雖有徵,然謝氏之功,終不可泯。

是書創稿於乾隆五十二年(1787),成書於五十六年。書成後,謝氏曾將《西魏書敘録》先行刊印,徵求意見,卷首翁方綱、畢沅二人致謝氏書即爲討論《敘録》稿本者,又錢大昕、姚鼐兩序,亦據《敘録》而成,非據全書也。

此本據上海圖書館藏清乾隆六十年樹經堂刻本影印。另有光緒二十五年上海文瀾書局《史學叢書》石印本。(李勤合)

弘簡録二百五十四卷 (明)邵經邦撰(第304—308冊)

邵經邦,生卒不詳,字仲德,號弘齋,又稱弘齋子,學者私謚弘毅先生,仁和(今浙江杭州)人。正德十六年(1521)進士,歷官工部主事、刑部員外郎。嘉靖八年(1529),因疏議禮事,觸怒世宗,貶戍福建鎮海衛。閉門讀書,與豐熙、陳九川時相討論,居鎮海三十七年卒。所著更有文集《弘藝録》,其卷三十二有《弘齋先生自傳》。《明史》有傳。

是書爲唐宋通史,邵氏以爲簡以載史,前史多所失載,故撰是書以弘揚簡義,名《弘簡録》。邵氏崇尚通史,稱讚鄭樵總合班、馬、陳、范之書,晉、隋、南、北之史,作爲《通志》,以正斷代之偏,救各書之失。惟唐、五代、宋、遼、金、元未有總合,覽者苦其卷帙浩繁,漫無統系。又以《元史》乃本朝敕修,不敢輕議,遂接續《通志》,起唐、五代,迄宋、遼、金,合九朝史事爲一通史。是書撰於邵氏貶戍期間,嘉靖二十一年開始編撰,四易其稿,多歷艱難,至三十五年始成,凡二百五十四卷。節衣縮食,自費九百餘金,於嘉靖三十六年至四十年間刊刻。邵氏於此書頗自期許,以爲翻閱之功少,而過目之益多,希冀有裨實用,供當世鴻儒碩輔及後世英君哲相采摭。

邵氏自謂其書立例必關乎治亂,與他書不同。故以唐、宋爲正統,而以五代及遼、金爲載記,以十國及突厥、吐蕃、回紇、南詔、高麗、西夏等四裔政權爲附載。其中唐朝又分題天王、宰輔、功臣、侍從、臺諫、庶官、皇后（公主）、系屬、儒學、文翰、旌德（附列女）、雜行十二部分，宋朝仿此。遼、金部分亦有細分。遼分題遼主、后妃、系屬、內屬、世戚、漢臣、文學、方技、節行、吏治、宦者、伶官、叛亂（附佞臣）等。金分題上世、金主、后妃、內族、宰輔、諸將、外戚、侍從、臺諫、庶官、忠節、德行、孝義、亂臣。其大要以爲良史者一戒重複，二戒蹈襲，三戒牽強，須存《春秋》大義，錙銖不可爽。如易“本紀”爲“天王”，蓋法《春秋》以天系王，尊無二上之意；以司馬遷列高后於帝紀之例爲牽強，贊同劉昫削武后而非宋祁復補之，乃附武后於中宗，又移外戚之薛懷義於“佞幸”中，以爲相宜。按《晉史》始立“孝友”，宋、齊、周、隋諸史則曰“孝義”，《梁書》、《陳書》曰“孝行”，《後魏》曰“孝感”，《通志》曰“孝友”，是書則統名“旌德”，而“忠節”、“孝義”、“列女”皆在其中。又《通志》有“義行”、“獨行”、“循酷”、“隱逸”、“藝術”諸傳，是書則統名曰“雜行”。再如《隋書》、兩《唐書》皆不爲王通立傳，是書則以爲自漢魏以來，正學繁蕪，通毅然自任，可爲豪傑之士，不在陸德明、顏師古等人之下，故傳之於《儒學》類。

惟邵氏當時身爲戍卒，門徒絕跡，兼乏同志，編寫條件極爲艱苦，所謂校讎一任雙眸，訂正惟對兩膝，故其書不重考證，而重通貫，不爲藏諸名山，而求爲世所用。

此本據復旦大學圖書館藏清康熙二十七年邵遠平刻本影印。（李勤合）

宋史新編二百卷　（明）柯維騏撰（第308—311册）

柯維騏（1497—1574），字奇純，莆田（今福建莆田）人。嘉靖二年（1523）進士，授南京戶部主事，不赴，引疾歸，專心讀書講學。維騏爲學以辨心術、端趨向爲實志，以存敬畏、密操履爲實功。更著有《史記考要》、《續莆陽文獻志》等。《明史》有傳。

《宋史新編》爲會通宋、遼、金三史之紀傳體史著。《宋史》與《遼史》、《金史》，舊分三書，且《宋史》向稱蕪雜，學者多有不滿，明之後多有從事改編者，如王昂《宋史補》、王洙《宋史質》、錢士升《南宋書》、王惟儉《宋史記》等，此書即其一。維騏以爲舊撰三史是非不公，乃積二十年之功，合而爲一，名之曰《宋史新編》。全書分本紀十四卷、志四十卷、表四卷、列傳一百四十二卷。

是書本紀嚴整而詳於詔令，表志簡明而挈其綱要，列傳極力推崇愛國之行，論贊精嚴有體，多措意於義例，如援蜀漢之例，以宋爲正統，而以遼、金與西夏、高麗等觀，列入《外國傳》，復於瀛國公後將景興、祥興二主均列入本紀。又改《宋史》中《道學》、《循吏》二傳之次序，以《道學》居首。而以《公主傳》多非關勸誡而刪之。

是書補《宋史》之遺漏甚多。如英宗、孝宗、理宗、度宗均以宗室子過繼以爲太子，而後爲帝，然《宋史·宗室傳》中有英宗父濮王允讓、孝宗父秀王子偁，而無理宗父榮王希瓐、度宗父福王與芮；又如《王安石傳》缺其當政時主張疏河、割地，及理宗停其孔廟從祀，目爲萬世罪人之事；《秦檜傳》缺其禁程頤之學，用《新經》、《字說》，以及因高登不從其命而竄之，並高宗防其謀逆之事。諸如此類，悉爲補之。

統觀全書，其重點仍在區分正統，整齊舊文，而見聞未廣，采取未宏，考證不多。如向敏中天禧初拜右僕射，真宗遣李宗諤侯之，柯氏僅引《容齋隨筆》辨無其事。兼其以遼、金爲夷狄，《四庫》館臣乃爲清諱而不收入《四庫》。

本書據上海圖書館藏明嘉靖四十三年杜晴江刻本影印。另有日本天寶六年刊本。（李勤合）

宋史翼四十卷　（清）陸心源輯（第 311 册）

　　陸心源（1834—1894），字剛甫，號存齋，歸安（今屬浙江湖州）人。咸豐舉人，歷充道員。爲著名藏書家，有藏書室"皕宋樓"。更著有《唐文拾遺》、《宋詩紀事補遺》等。傳見《碑傳集補》卷一八。

　　是書專輯宋人傳記。心源以《宋史》卷帙浩繁，疏漏亦多，擬爲改編。後因精力漸衰，乃先就所收資料輯補列傳，共七百八十一人，附傳六十四人，名爲《宋史翼》。

　　《宋史》所載，詳北宋而略南宋，如《文苑傳》九十六人，南宋僅十一人；《循吏傳》十二人，皆爲北宋人。是書四十卷，卷十八後爲類傳，分題循吏、儒林、文苑、忠義、孝義、遺獻、隱逸、方技、宦者、奸臣十類，所傳者大半爲南宋人，其中諸臣補一百一十四人，《循吏》補一百三十一人，《忠義》補二百一十六人，《方技》補六十五人，增補《宋史》甚多。所引資料多爲宋代諸史、方志、文集、雜著、年譜、族譜，逾四百種。

　　是書各傳或直錄某書，或參錄數書，皆標明來源。全書惟卷二十五《儒林傳》之《陳著傳》、卷二十九《文苑傳》之《劉過傳》、《施宿傳》、《敖陶孫傳》等附有按語，考闕證疑，而他傳則否，輯佚之力多而考證之功少也。要之，改作《宋史》者，史料大多未超出《宋史》之範圍，惟是書補正頗多，且每傳皆注資料來源，信而有據。

　　此本據清光緒刻《潛園總集》本影印。

　　（李勤合）

元朝秘史十卷續集二卷　撰者不詳（第 312 册）

　　《元朝秘史》，著者不詳。是書又名《蒙古秘史》，蒙文名《忙豁侖·紐察·脱卜察安》（"脱卜察安"又作"脱卜赤顏"），爲我國蒙古族最早撰寫之歷史巨著，約成書於十三世紀中葉。原爲蒙古文，已佚。元朝自世祖時始立翰林學士院兼國史院，負責修撰各朝實錄。文宗時曾召翰林學士承旨阿鄰帖木兒、奎章閣大學士忽都魯篤彌實將所謂妥歡帖睦爾非明宗之子事書於《脱卜赤顏》，至順三年（1332）五月，又命朵末續爲《蒙古脱卜赤顏》一書，置之奎章閣。傳世者爲明初四夷館漢字音寫並逐詞旁注漢譯本，出於明初翰林譯員之手，本爲教習之用。全書十二卷，分二百八十二節，每字音譯之旁標出字義，稱之爲旁譯，每節末又作翻譯，稱之爲總譯。漢譯者僅爲《脱卜察安》之一部分，原文早已散失。

　　是書卷一記成吉思汗先世及譜系，卷二至卷十及續集卷一記成吉思汗一生征戰事蹟，續集卷二記窩闊台汗時事蹟，内容涉及當時蒙古社會生産、組織、政治、軍事、倫理諸多方面。材料多有他書所不見者，如《元史》與《聖武親征録》記成吉思汗鎮壓禿馬惕部叛亂事，均寥寥一句，惟《秘史》則詳載前因後果及相關過程，所記蒙古兵森林作戰情形，至爲生動。因是書取材多民間傳説、詩歌、諺語，保存有古蒙古語資料，故文學、語言學價值亦頗高。唯此書僅存漢文譯本，原文早佚，加之原書撰寫多依據口碑傳説，故不甚謹嚴，如 1205 至 1209 年成吉思汗曾三次進攻西夏，而《秘史》第二四九節中則籠統視爲一事。又以其地名、人名詰屈聲牙，故有《元史》難讀、《秘史》尤難讀之説。

　　是書因分卷不同而有十二卷和十五卷兩種本子。十二卷本包括正集十卷、續集二卷，通行者主要有顧廣圻本以及由此派生之葉氏觀古堂刻本。顧本係顧氏 1905 年鈔自張祥雲家藏舊鈔本，參照當時流行的其他鈔本加以校勘，後歸盛昱所有；葉本係文廷式 1885 年自盛昱藏顧廣圻本鈔出，後歸葉德輝所有，1908 年由葉氏刊行。十五卷本則係清人鮑廷博從《永樂大典》抄出，有錢大昕跋，故亦稱錢本《秘史》。楊尚文《連筠簃叢書》所刊即據此本。

盛昱所藏顧廣圻本嗣藏於上海涵芬樓，收入商務印書館1936年影印《四部叢刊三編》。影印時，以故宮內閣大庫中明刻本四十一枚殘葉替換相應部分，書前有顧廣圻序，書後有張元濟跋，爲最善之本。此本據《四部叢刊》本影印。（李勤合）

元秘史注十五卷 （清）李文田注 （第312冊）

李文田，有《元史地名考》，已著錄。

《元秘史注》乃李氏就《永樂大典》十五卷本《元朝秘史》所作之注。乾隆間自《永樂大典》中發現《元朝秘史》及《皇元聖武親征錄》，元史學於焉而興，是書則爲《元朝秘史》第一部注本。李氏治蒙元史地之學，側重史料輯佚校注，有多部元史著作，尤致力於此書撰著。每引原文，輒於其中地理、名物、風俗、年代、人物、史實等詳加考釋，訛誤是正，特詳於西域、蒙古輿地沿革。所引書籍包括歷代正史及孟珙《蒙韃備錄》、黃震《古今紀要逸編》、程大昌《北邊備對》等宋、金、元人史乘、筆記、碑刻及同時代人研究著作，凡六七十種。然因不諳蒙文，僅據總譯考釋，於音寫及旁譯不曾注意，所據資料又不外舊籍，故立說時有疏誤。

此本據國家圖書館藏清光緒二十二年通隱堂漸西村舍刻本影印。書前有《四庫全書總目·蒙古源流提要》、阮元《續提要·元秘史提要》、顧廣圻《元朝秘史跋》，書後有錢大昕、沈惟賢跋，並附《尋思幹邪迷思考》。（李勤合）

元秘史李注補正十五卷續編一卷 （清）高寶銓撰 （第312冊）

高寶銓，秀水（今浙江嘉興）人，清咸豐至光緒間人，事跡不詳。

是書爲《元朝秘史》李文田注之補正。高氏以《元史》疏舛，太祖本紀尤甚。《元朝秘史》出，高氏研治多年，積有繹稿。李氏注出，乃取以相證，不合者十之五六。爰就前稿刪李氏所詳，存其未備，顏曰《李注補正》。其時列強窺伺中國，高氏此著，究心邊地，思爲預防邊患，非僅爲讀史之助也。

是書卷次一依原本，作十五卷。每卷先擷取需注釋之詞句，更另行注釋。其考證取材於歷代蒙元典籍、史志、筆記，如張穆《蒙古遊牧記》、謝濟世《西北域記》、范昭逵《從西紀略》、徐松《西域水道記》、高士奇《扈從日記》等有關著錄，吸取文廷式、施世杰等同時學者研究成果，並采用對音方法辨別地名、人名之異同。其不能確定者則存疑，如卷二"孛兒帖兀真"條等。考證人名、典制、習俗較簡略而以方域地理爲主，於額洏（爾）古涅（納）河、斡露絲（俄羅斯）、古爾罕等諸條考釋甚爲詳核。如其注塔塔兒部歷史事件，推測《遼史》、《金史》中所記載"阻卜"或"阻䶣"即塔塔兒，或曰狹義之韃靼。此觀點後由王國維、蔡美彪、陳玉書、周良霄、余大鈞及箭內亙等由不同角度證實。

《補正》之后高氏又有《續編》一卷，乃就補正所未及者續加補訂，然未能刊刻，僅存稿本。《續編》所補多據他書注釋蒙古地理、風俗、人名等，如迭里溫孛革荅黑山，引《西域史》爲"迭溫布兒荅克"，在斡難河右岸曷克阿拉耳河洲之上十四華里，釋地名及其位置甚詳。又如"乞顏"之名，引《西域史》稱蒙古始祖名乞顏，因以爲姓，《元史》則記爲"奇渥溫"，實爲"乞顏"之變音。又如"斡惕赤斤"，引《西域史》稱斡赤斤義爲守竈，蒙古風俗幼子得父遺產，故唯幼子可稱斡赤斤。關於回回，引《西域史》之文詳敘其歷史，自唐至元事甚悉。

此本《補正》部分據清光緒二十八年刻本影印，《續編》部分據復旦大學圖書館藏稿本影印。（李勤合）

元秘史山川地名考十二卷 （清）施世杰撰 （第312冊）

施世杰（1861—？），會稽（今浙江紹興）人，原名昌熾，字鄭傳，一字儀鄦。曾受業於俞樾。光緒二十三年（1897）舉人。生平見顧廷龍主編《清代硃卷集成》。

施氏自幼喜讀輿地之書，尤惓惓於西北徼輿地。嘗讀家藏靈石楊氏刊《元朝秘史》，苦其地名佶屈聱牙，乃遍加考訂，譯以對音，證以今圖。後乃遍遊蒙古各牧地，實地考察驗證，改易舊稿，然仍不敢示人。友人阮惟和《秘史地理今釋》出，假其稿讀之，與己説相合者十得八九。往復咨商，漸就條理，遂付梓以《山川地名考》刊行。

是書十二卷，引用《元經世大典圖》、《元史》、《元聖武親征録》、《遼金元三史國語解》、《西遊記》、《一統志》、張德輝《紀行》、張穆《蒙古遊牧記》等數十種圖籍及何秋濤、魏源、李文田、陳通聲、阮惟和諸説，結合親身經歷，於《元秘史》中同地殊名譯無定字、名似同名地非一地、音有短長字有多寡、字經翻譯蒙夏混淆等難讀之處作疏釋考證。如"阿因勒"即爲"阿亦惕"，"康鄰秃兀"又名"康里委吾"，是同地殊名；"統格黎克"與"統格里"不同，"不兒罕"與"不兒吉岸"相異，是名似地非；"土兀剌"原爲"土剌"，"欽察"之與"乞卜察"，是爲急言緩言而致音之短長，字之多寡；"闊闊納浯"即爲蒙古語之"青海"，是蒙夏之分也。

是書能以實地考察相驗，自非純粹文獻研究暗索冥揣者可比，實爲研究《元朝秘史》與北方地理沿革之重要參考資料，高寶銓《元秘史李注補正》、丁謙《元秘史地理考證》皆有所取。惟欲求全備，不免傷於牽強，葱嶺以西，荒邈難稽，原書所記即已有誤，必欲盡明，既無佐證，僅恃對音一法，以意爲斷，未能盡符，是以舛錯不免，爲累全書。然其不畏艱難，爲元代史地研究之首倡，功不可没。

此本據復旦大學圖書館藏清光緒二十三年施氏刻《鄦鄭學廬地理叢刊》本影印。又有光緒二十九年金匱浦氏靜寄東軒《皇朝藩屬輿地叢書》石印本。（李勤合）

續弘簡録（元史類編）四十二卷　（清）邵遠平撰　（第313冊）

邵遠平，生卒不詳，仁和（今浙江杭州）人。初襲舅氏吳姓名遠，字吕磺，又字戒三，又作戒山、戒庵，號蓬觀子，邵經邦四世孫。康熙三年（1664）進士，歷户部主事、户部郎中、江西學政，充日講官，知起居注，擢少詹事，曾充國史館纂修，與修實録，後又與修《明史》、《一統志》。更著有《史學辨誤》、《河工見聞録》、《戒庵詩存》等。《清史稿》有傳。

明修《元史》，向稱繁蕪。至清，改修元史者蜂起，以此書爲最早。遠平高祖經邦於明嘉靖年著《弘簡録》，意在通史，成唐、宋、遼、金諸朝紀傳，唯《元史》爲本朝敕修，未敢輕議。遠平因作《續弘簡録》，以記元朝事，故又名《元史類編》。

邵經邦撰《弘簡録》，意在弘揚史記之職責。遠平此著稿凡四易，雖爲續書而另有其意。是書據《元史》改編，兼采《元文類》、《經世大典》、《元典章》及元人文集會通以補之。卷一至十爲本紀，卷十一至四十二爲列傳，無表、志，凡天文、地理、律曆制度及詔令等，按年編入諸帝本紀，列傳仿王光魯《元史備忘録》之例分類，有所增補。然邵氏搜羅並不完備，當時所見有限，著書目的在續"祖録"，而非重修元史，故自有特點。如不立《道學傳》，而用《儒學》之名，且以爲舊史所載寥寥數行，疏略殊甚，今皆搜其生平著作，盡爲編入，又補熊禾以下十八人大傳，俾六經源流，諸史本末，無不備具，足爲考古者金鑑。

全書分題世紀、天王、宰輔、功臣、侍從、臺諫、庶官、皇后、公主、系屬、儒學、文翰、旌德、雜行、附載十五類，將元代諸帝分列《世紀》、《天王》，以見尊卑高下。《元史》無《藝文志》，遠平網羅史乘家藏，特分《文翰》爲"經學"、"文學"、"藝學"三科，補其闕佚。又合

《叛逆》、《宦官》、《釋道》、《方技》、《群盜》爲《雜行》。引用元人著述凡七十種,明人著述凡四十八種,清人著述凡二十四種,朱彝尊稱其書非官局所能逮也。書前有《自序》、《引用書目》、《凡例》、《進呈元史類編表》、《朔漠圖考》、《海運圖考》等。

此本據復旦大學圖書館藏清康熙三十八年繼善堂刻本影印。(李勤合)

元史新編九十五卷　(清)魏源撰(第314—315冊)

魏源(1794—1857),原名遠達,字默深,邵陽(今湖南邵陽)人。道光二十五年(1845)進士。曾入裕謙幕府,任高郵知州。早年究心陽明之學,好讀史,後隨劉逢祿習公羊學,注重經世致用。感於時事,力主師夷長技以制夷,與林則徐、姚瑩、龔自珍等交好,尤與龔自珍相契,時人並稱"龔魏"。晚年潛心佛學,自號"菩薩戒弟子魏承貫"。更著有《聖武記》、《海國圖志》、《古微堂集》等。《清史稿》有傳,又魏耆有《邵陽魏府君事略》記之。

魏源曾撰《海國圖志》,述當時西方各國地理、歷史、政治等情況,以爲師夷長技之用。其時,魏氏於境外資料中已得元史資料甚夥,乃廣搜《四庫》中元代文集數百種及《元秘史》,芟其蕪,整其亂,補其漏,正其誣,辟其幽,文其野,討論參酌,數年於茲。惜初稿未及釐定而卒,旋散失,後爲族孫魏光燾訪得。光燾請歐陽備、鄒代過勘補成書並刊行。

是書凡九十五卷,其中本紀十四卷、列傳四十二卷、表七卷、志三十二卷,記元太祖元年(1206)至元順帝至正二十八年(1368)間一百六十三年史事。《遺逸》、《釋老》與《群盜》皆有目無傳,《藝術》僅存二傳,他傳亦有闕者。其史料除采自正史外,更徵引《元朝秘史》、《蒙古源流》、《皇元聖武親征録》、《元典章》、《元文類》及元人文集,著重補充統治中

原前太祖至憲宗四朝史實及元代治河、鈔法及西北邊徼沿革。本紀自世祖以下襲用邵遠平《元史類編》,表、志則采用錢大昕《氏族表》、《藝文志》。

是書爲鴉片戰争後元史改修高潮開創之作,其首次利用西方史料考證西北輿地,最爲可貴。如引用英國人馬禮遜《外國史略》、葡萄牙人瑪姬士《地理備考》等,此類書籍雖均爲西方普通史地著作,然開榛莽而啟津途之用終不可没。是書體例之特色在於列傳,非特按后妃、皇子諸王、勳戚、功臣、相臣、武臣、文臣、言臣、儒林、文苑、良吏、忠義、孝義、遺逸、列女、藝術、釋老、奸臣、群盜等名目分類,依時間先後排列,更大致分開國、世祖、中葉、元末四期,且於多種人物類傳別具心裁,分之以事類,別之以時代;或以一事之起訖爲一單元立傳,如"太祖平服各國"、"太祖憲宗兩朝平服各國"、"中統以後屢朝平服叛藩"等,或以一事爲一單元立傳,如"誓渾河功臣"、"平金功臣"等;或以一時段爲一單元立傳,如"世祖相臣"、"中葉相臣"等。又是書移志、表於列傳之後,亦爲少見。其書疏漏之處,具詳鄒代過校勘記。

此本據清光緒三十一年邵陽魏氏慎微堂刻本影印。又有民國大光書局《史學叢書》本。(李勤合)

皇明書四十五卷　(明)鄧元錫撰(第315—316冊)

鄧元錫(1528—1593),字汝極,號潛谷,私謚文統先生,南城(今屬江西)人。嘉靖三十四年(1555)舉於鄉,與鄒守益、劉邦采、劉陽諸學者論學,杜門著述逾三十年。多次辭退薦舉,後應徵翰林待詔,卒於赴任途中。學本王守仁,然不盡宗其說,與吳與弼、劉元卿、章潢號"江右四君子"。生平博極群書,更著有《函史》、《五經繹》、《三禮編繹》、《潛學稿》等。《明史》有傳。

是書紀傳體，起自太祖，終於世宗。卷首有萬曆丙午（1606）鄒德溥序，稱鄧書成後有參知錢公購得而命梓，又得參知黃公、吉郡守吳公及九邑諸長令咸輸俸佐剞劂而刻成。鄒氏謂明廷曾頒詔組建史局，集儒臣修《明史》未成，而鄧氏以個人之力卒就此編，能考覽國故，參以野史家乘，後有修司馬、班氏之業者亦足爲之倪矣，並嘆曰豈合營不如獨匠，承詔不如興心云云。是書無表、志，可與鄧氏《函史》合看。書凡四十五卷，有帝紀（太祖、建文帝紀有別稱，詳下）十卷、后妃內紀一卷，諸種類傳三十四卷。類別凡十八：《外戚》一卷，《宦官》一卷，《臣謨》五卷，《名臣》九卷，《循吏》二卷，《能吏》一卷，《忠節》二卷，《將謨》一卷，《名將》一卷，《理學》三卷，《文學》二卷，《篤行》一卷，《孝行》、《義行》、《貨殖》、《方技》共一卷，《心學》三卷，《列女》一卷。

是書卷一記朱元璋不稱"帝紀"而稱"帝典"，卷二記建文帝則稱"大遜記"以示有別。仿《後漢書》例，以后妃爲紀；又以外戚、宦官諸傳列於他傳前，臣工分題臣謨、名臣，將領分題將謨、名將，而篤行、義行則有別於孝行之外。尤可注意者，於理學之外別立心學一門，且設《心學紀》一卷以崇王陽明，設《心學述》二卷以記王學諸弟子。凡此，均有以見鄧氏之祈向用心。

此本據明萬曆三十四年刻本影印。（李勤合）

皇明史竊一百五卷（存卷一至卷七、卷十一至卷十三、卷十五至卷一百五）　（明）尹守衡撰（第316—317冊）

尹守衡（1550—1631），字用平，號沖玄，東莞（今廣東東莞）人。萬曆十年（1582）舉人，授福建清流縣教諭，後爲新昌令，又左遷趙府審理，遂告歸著書。生平見《皇明史竊·敘傳》。

尹氏嘗從溫陵翁仲益、太倉王錫爵受《春秋》，慕左丘明、司馬遷，願爲執鞭，終成一家之言。以明代二百年來，文獻足徵，代多纂述，乃斟酌前賢，采訪近世，刪成一代全書，名之曰《史竊》，擬附竊取，則自謙耳。同年張萱著《匯史》，二人相契，時相砥礪。閱三十載，年八十而書成，論者以爲陳建之後一人而已。

是書爲當代紀傳體史書，分題帝紀八、志六、世家八、列傳八十三，凡一百五卷，今存一百一卷。以"帝紀"代"本紀"，而用紀事本末體，計有《開國紀》、《靖難紀》、《革除紀》、《北狩紀》、《奪門紀》、《親征紀》、《明倫紀》、《高后紀》，其中《高后紀》惟存目。存《禮樂》、《軍法》、《刑法》三志，而《百官》、《田賦》、《河漕》三志闕。列傳有合傳、類傳兩大類，其中《守令列傳》、《教職列傳》、《掾吏列傳》頗有特色，爲他史少見。此書風格模仿《史記》，每傳附以評論，或於卷後冠以"臣衡曰"或"論曰"等字樣，間復有序，或冠以"逸史公曰"。列傳第八十三爲《敘傳》，亦仿《太史公自序》，述尹氏淵源、著作緣起及各篇本旨，可見作者之雄心。然於政府文獻所見不多，故《禮樂》、《軍法》諸志惟能粗具，而《百官》、《田賦》、《河漕》不得不闕如耳，惟《刑法》志頗能言當代刑法之失，蓋以曾任縣令，有所身受親歷也。

是書守衡生前未刊，崇禎年間經其孫重輯，乃得梓行。國家圖書館藏明崇禎刻本書前有崇禎十一年（1638）張萱序，崇禎十二年汪運光序，崇禎九年戴國士序，崇禎七年黎遂球序，崇禎十年李貞序。此本據崇禎刻本影印，而無崇禎十年李貞序。（李勤合）

石匱書二百二十一卷（存二百八卷）　（清）張岱撰（第318—320冊）

張岱（1597—約1679），字宗子，又字石公，號陶庵，又號蝶庵、天孫、六休居士，山陰（今浙江紹興）人。祖籍四川綿竹，故又自稱"蜀

人"、"古劍"等。高祖天復、曾祖元汴曾撰修
《紹興府志》、《會稽志》及《山陰志》,三志並
出,人稱談遷父子。岱出身世宦書香之家,博
極群書,懷補天之志。少工舉業,然不第。明
亡後,歸隱山林,著述頗豐,更有《琅嬛文
集》、《陶庵夢憶》、《夜航船》、《史闕》等。傳
見《自爲墓誌銘》。

《石匱書》爲記載明史之紀傳體史書,上起
洪武,下迄天啟。張岱受家學薰陶,有感於明
代國史失誣,家史失諛,野史失臆,乃於崇禎
戊辰(元年,1628)開始撰著此書,經二十七
年乃得初稿。事必求真,語必務確,五易其
稿,九正其訛,稍有未核,寧闕勿書。

是書岱生前未刻,稿本有散失。全書無
目,卷數未定。現存之稿,計本紀十七、表
六、志十四、世家九、列傳若干,《義人》、《列
女》、《宦者》、《盜賊》、《文苑》、《妙藝》六類
傳尚保留有續修稿六卷。中間頗多改易卷
數,末卷原標二百二十卷,改題二百十四卷,
亦有一卷改標數卷者,或兩卷合爲一卷者,
而一百六十一卷、二百五卷兩見。或一卷而
傳數十人,卷帙浩繁,或一卷寥寥數十字。
足見屬稿未定,有待重編也。

是書志書新增或改易名目不少,如《兵
革志》、《錢刀志》爲前志所未有。列傳之
設,名目或欠允當,然亦有以見張氏之用
心,如《辛卯殉難列傳》、《三案諸臣列傳》
及《王陽明列傳附陽明弟子》等皆是。所
記如《獻潛太子本紀》、《楚將軍華堞等
傳》,多他書不載,足裨舊聞;然毛文龍、袁
崇煥等人傳,則悉從稗說,與事實多有迕
誣。是私家撰述,有不可盡憑者。表前有
敘,志、列傳前有總論,除表、志外,均附
"石匱書曰"爲評論。谷應泰《明史紀事本
末》曾取材是書。張氏《琅嬛文集》卷一有
《石匱書自序》,可參看。

此本據南京圖書館藏稿本影印,其中《穆
宗本紀》至《熹宗本紀》、《皇后本紀》、《太子
本紀》、表等十二卷,據上海圖書館藏清抄本
補。(李勤合)

**石匱書後集六十三卷(存卷一至卷十一、卷
十三至卷二十五、卷二十八、卷二十九、卷三
十二至卷四十二、卷四十五至卷五十三、卷五
十六至卷六十三)　(清)張岱撰(第320
册)**

張岱,有《石匱書》,已著錄。

張氏《石匱書》記事,迄於天啟,後皆闕之。
康熙初年,谷應泰編修《明史紀事本末》,張
岱與其事,得窺崇禎朝邸報等材料,乃據以編
成《石匱書後集》,記明崇禎朝及南明史事。

全書共六十三卷,附別傳一卷,體例一如
《石匱書》,計本紀三;世家三;列傳五十七,
其中卷十二、卷二十六、卷二十七、卷三十一、
卷三十二、卷四十三、卷四十四、卷五十四、卷
五十五及別傳闕,實存五十四卷。其列傳中
有類傳,專記同一史事或同一類人物,如《流
寇死事列傳》,記傅宗龍、孫傳庭、馮師禮等
三十人;《流寇死戰列傳》,記周遇吉、尤世
威、朱三樂等十一人,並有總論;《甲申殉難
列傳》,記范景文、劉順理、成德等二十六人,
亦有總論;更有《甲申勛戚列傳》、《乙酉殉難
列傳》、《辛卯殉難列傳》、《江南死義列傳》等
等;亦爲李自成、張獻忠立傳,稱爲《逆賊傳》。
又晚明重要歷史人物皆立有專傳,如毛文龍、
袁崇煥、盧象升、史可法、左良玉、錢謙益、洪承
疇、馬士英、阮大鋮、瞿式耜等,有些重要人物
雖立傳惜未撰成,如吳三桂、張煌言等。要之,
於立傳宗旨頗具時代特點,於史書編纂亦見特
色。各卷均附"石匱書曰",部分傳有"總論",
均爲作者對所載人物史事之評論。

是書采當時邸報爲史,保存不少史料,尤於
晚明歷史頗資參考。

《石匱書後集》在清朝原爲禁書,以鈔本流
傳,乾隆二十年始有許景仁作序之初刻本。
此本據南京圖書館藏稿本影印。(**李勤合**)

罪惟録九十卷　（清）查繼佐撰（第321—323冊）

查繼佐（1601—1676），字伊璜，號興齋，又號樸園，明亡後改名省，字不省，晚年講學杭州鐵冶嶺，學者稱敬修先生，又稱東山先生，海寧（今浙江海寧）人。崇禎六年（1633）舉人，授書鄉里。清兵南下後，抗清以事魯王，任兵部職方郎中，事敗，隱居著述。六十二歲時，因莊廷鑨“明史案”牽連入獄，獲釋後，將所撰《明書》更名爲《罪惟録》，其《自序》有云“此書之作，始於甲申（1644），成於壬子（1672）”。更著有《魯春秋》、《國壽録》等。生平見《海昌備志》及沈仲方撰《年譜》。

是書通紀明代史實，傳本卷帙不一，或九十卷，或一百卷，或一百二十卷。原書無總目、分目，列傳之總論或有或無，名號爵里、時地、數量等文字，間留空格，顯係未定稿。近人張宗祥曾據嘉業堂、清來堂本重爲校訂，參以他本，補《荒節》、《叛逆》二傳，並計子目，凡一百零二卷。帝紀始太祖迄安宗（弘光帝），附紀魯王、唐王、桂王、韓王，凡南明諸王皆列入本紀，仍用弘光等年號。萬曆以前多取材莊廷鑨《明史輯略》等，其後則多得自搜訪，誠如《自敘》所稱：“手草易數十次，耳采經數千人。”故載晚明史事，較他書詳賅。志有獨到分類，如《土田志》、《貢賦志》、《屯田志》等；傳以事立傳，不以人立傳，與衆不同。另有“臺灣”專目，又於農民起義事記之尤詳。本書體例、內容尚存瑕疵，如繆荃孫《藝風堂文漫存》所言：“列傳分門別類，蹈馬令《南唐書》之失，又喜説乩夢，談徵應”，“似非史氏之正宗也。”

書成之後深藏壁中，秘不示人，冀以免禍。原稿塗抹殆遍，不可卒讀。此本據《四部叢刊三編》影印吳興劉氏嘉業堂藏手稿本影印。（楊昶）

明史抄略七卷　（清）莊廷鑨撰（第323冊）

莊廷鑨（？—1655），字子襄。歸安（今浙江湖州）人。莊氏爲浙省富室，明亡後購得朱國禎紀傳體《明史》未刊稿。廷鑨雙目失明，聘請名士潤色朱氏遺稿，補充天啓、崇禎兩朝史料，輯成《明史輯略》。書中奉南明弘光、隆武、永曆帝正朔，用永曆等朝年號，斥明將降清爲叛逆，更直呼努爾哈赤爲“奴酋”、清兵爲“建夷”。書成不久，順治十二年（1655），廷鑨病死，其父允誠於順治十七年冬將書刻成。順治十八年爲歸安知縣吳之榮告發，時廷鑨、允誠已死，被掘墓刨棺，梟首碎骨，屍體懸吊示衆三月，廷鑨弟廷鉞亦被殺，牽連致死者七十餘人，史稱“莊廷鑨明史案”。事見《莊氏史案本末》。

是書爲吕葆中自莊氏《明史輯略》中抄出，書中避吕留良諱，凡遇“留”字則缺筆。《明史輯略》久已不傳，賴此《抄略》得窺一斑。今存抄本已殘缺，有《顯皇帝本紀》二卷有半、《貞皇帝本紀》一卷、《愍皇帝本紀》兩卷、《李成梁等列傳》一卷、《開國以後釋教之傳》一卷，本紀後附長篇評論，傳中亦有評論，則冠以“廷鑨曰”，可補官修史籍之不足。

是書民國時由吳縣潘氏家藏，張元濟曾據以影印入《四部叢刊三編》。書後有趙萬里、章炳麟、張元濟等人跋。此本據國家圖書館藏清吕葆中抄本影印。（李勤合）

明史四百十六卷目録三卷　不著撰人（第324—331冊）

是書紀傳體，稿本，不著撰人，實爲萬斯同主持修纂者。

萬斯同（1638—1702），字季野，號石園，鄞縣（今浙江寧波）人。少從黃宗羲受業，明亡後守節不仕。治經尤精於《禮》，治史尤詳於明。自兩漢以來，數千年之制度沿革，人物出處，洞然腹笥。於有明十三朝之《實録》，幾能成誦。其外，邸報、野史、家乘，無不遍覽熟

悉。康熙十七年（1678）詔徵博學鴻儒，力辭
得免。次年開局修《明史》，總裁徐元文薦入
史局，辭不就，乃延主其家，委以刊削之事，後
王鴻緒等亦皆以禮相敬。以布衣參史局，不
署銜，不受俸，而稿皆由其審定。更著有《歷
代史表》、《歷代宰輔匯考》、《宋季忠義錄》、
《石園詩文集》等，多已散失。《清史稿》有
傳，另見黃百家《萬季野先生墓誌銘》。

目錄首頁有"方泉"朱文印、"葉朝采印"白
文印、"洗心書屋"白文印，末有缺頁。全書
凡目錄三卷，本紀二十六卷，志一百十一卷，
表十二卷，列傳二百六十七卷，爲《明史》最
初之稿本，較王鴻緒《明史稿》、張廷玉《明
史》均卷帙加多，多有出入之處。

萬氏修史，要以《實錄》爲指歸，凡《實錄》
難以詳考者，則以他書證之，他書之誣且濫
者，則以《實錄》裁之。是稿於體例編排頗見
長處，《藝文志》僅著錄一代書籍，措置得宜，
又創立《土司》一傳，前所未有。列傳注意以
事繫人，詳略得當，分合有度，徐達、常遇春之
子孫附於本傳，張豐、張輔父子則分別立傳。
萬氏《明史》爲後來《明史》得以問世之基礎。

此本據國家圖書館藏清抄本影印。又有天
一閣藏抄本。（李勤合）

東南紀事十二卷　（清）邵廷采撰（第332冊）

邵廷采（1648—1711），原名行中，字允斯，
又字念魯，餘姚（今浙江餘姚）人。少補諸
生，屢試不第。師承黃宗羲，得授史學及文獻
學。後讀劉宗周《人譜》，服膺王學。講學姚
江書院十七年，以學問湛深、操行高潔見重一
方。晚年出遊齊魯燕趙等地，孜孜訪求遺民
孤臣軼事，回鄉後，潛心著述。更著有《西南
紀事》、《思復堂文集》、《姚江書院志略》等。
《清史稿》有傳，近人姚名達又有《邵念魯
年譜》。

《東南紀事》記南明唐王、魯王政權史事，
凡十二卷。卷一記唐王聿鍵始末附聿鐭，卷

二記魯王以海始末，均按年敘事，末附議論。
卷三至卷十二，則爲黃道周、蔣德璟、錢肅樂、
張煌言、鄭芝龍、鄭成功等五十八人傳，其中
八人有目無傳，間附以評論。所記事蹟，詳略
不等，如《王江傳》僅二十四字。邵氏爲學偏
重經世，倡言經學與心性之學本出一原，治史
則重鑒古知今，以救時弊。書中記紹興抗清
義師事尤詳，於明亡殉國臣子，敬仰哀痛，情
見乎詞。

邵氏距明亡未遠，且能訪求當事者，錄其聞
見，如卷九《葉振名》："葉先生無日不以死自
處者，偶不死也。余三過先生湖塘，被其容
接，出濁醪酌余，語及興亡之際，言隱而慮深，
同坐者不知也。"又如卷十一《鄭成功上》：
"余遊吳淞，遇梁化鳳部將管姓者，述己亥戰
事頗悉。"

書成未刊，僅抄本流傳。光緒甲申年
（1884），邵武徐幹將其與《西南紀事》刻而行
之，書前有徐幹跋，此本即據以影印。書前有
目，惜缺錄二人，且有目無傳之八人僅能注明
三人。（李勤合）

西南紀事十二卷　（清）邵廷采撰（第332冊）

邵廷采，有《東南紀事》，已著錄。

是書記南明桂王及永寧王、郳西王、寧靖王
政權與諸臣事，十二卷。卷一記桂王由榔，卷
二永寧王周宗、郳西王常湖、寧靖王術桂，其
後十卷記何騰蛟、瞿式耜、李定國、孫可望等
二十三人抗清事蹟，體例與《東南紀事》同。
二書相繼而成，合爲完璧。書中亦多采時人
言論，如卷五《陳邦彥》："董先生瑒與恭尹
交，詢邦彥遺事，言於書無不讀，歲授經，入以
遺昆弟友戚之貧者，動止稟庭訓，縣令以百金
聘典家塾，父弗命往，弗往也。"

邵廷采爲學重在經世，力倡著史以救當世
之失，於歷代遺民、晚明恢復事蹟，皆極意搜
羅，予以表彰。所著《宋遺民所知錄》、《明遺
民所知錄》，均富有故國興亡之隱痛，《思復

堂文集》十卷尤多明人傳記。而《東南紀事》十二卷、《西南紀事》十二卷二書,記錄閩、浙、滇、桂匡復之事,保存文獻,甚有功於南明史研究。

此本據清光緒十年邵武徐幹刻本影印。(李勤合)

南疆逸史五十六卷　(清)溫睿臨撰　跋一卷　(清)楊鳳苞撰　(第332冊)

溫睿臨,烏程(今屬浙江湖州)人,字鄰翼,一字令貽,號哂園。約生於順治末年。康熙四十四年(1705)舉人,官內閣中書。與鄞縣萬斯同交善,擅長詩、古文,且熟於史。更著有《吾徵録》、《哂園文集》、《哂園別集》等。傳見《(同治)湖州府志》卷七六。

楊鳳苞(1754—1816),字傅九,號秋室,歸安(今浙江湖州)人。廩膳生。肄業於詁經精舍,與修《經籍纂詁》。有《秋室詩文集》。《清史稿》有傳。

《南疆逸史》爲紀傳體南明史書。萬斯同纂修《明史》時,溫氏以應禮部試止京師,得時過從,多所參論。斯同以《明史》於南明三朝事蹟紀載寥寥,遺缺者多,而故老猶存,遺文尚在,可網羅也,勉溫氏輯而志之,彙成一書。溫氏因録得野史數十種,著成《南疆逸史》一書。因弘光、隆武、永曆三朝位於南疆而勢不及北,故不稱朝而曰《南疆逸史》。

是書五十六卷,卷一至卷四記弘光、隆武、永曆、監國魯王諸南明帝王事,稱"紀略",不稱"本紀"。餘五十二卷均爲列傳,卷五至卷三十二不分類,其後則分爲《守土》、《死事》、《隱遁》、《逸士》、《義士》、《宗藩》、《武臣》、《雜傳》、《逆臣》、《奸佞》等類傳。各傳次序,大體先福王朝,次唐王朝、魯王朝、桂王朝。全書用南明年號,各傳之後間附議論。

溫氏搜集甄別有關野史數十種,訪求故老遺文,正其紕繆,删其繁蕪,補其所缺,信而有徵,内容略勝於早出之《石匱書後集》、《國壽録》諸書。而後此《重磷玉册》、《小腆紀傳》等書,則因時隔長遠,唯能抄輯群書,不及溫氏年代相近,聞見親切。是書於南明諸朝之美惡不掩,並載有南明實録編纂、開科取士及日食、地震等情況,爲南明諸史中較勝者。

是書於清代僅有抄本流傳,訛誤脱落甚多。歸安楊鳳苞病其失之過簡,因廣爲搜集南明史料,得二百數十種之多,仿裴松之注《三國志》之例,分注於《逸史》紀傳之下,以補其缺。復作跋文十二篇合爲一卷,隸於後,考訂甚詳。

是書有二十卷本與四十卷本之分。道光九年(1829)吳郡李瑶據二十卷本,另加補輯,編成《南疆逸史勘本》三十卷,惟其改用清朝紀年,有損原作。1915年上海國光書局有四十卷本。另有光緒時大興傅氏長恩閣抄本,乃五十六卷本,後附楊鳳苞《南疆逸史跋》。此本據國家圖書館藏五十六卷本影印,書前有溫氏《南疆逸史序》及《凡例》。(李勤合)

小腆紀傳六十五卷　(清)徐鼒撰　補遺六卷　(清)徐承禮撰　(第332—333冊)

徐鼒(1810—1862),字彝舟,號亦才,六合(今屬江蘇南京)人,道光二十五年(1845)進士,後擢任翰林院檢討,官至福建福寧府(治所在今霞浦)知府。家世業儒,十七歲折節力學,博通經史,兼擅文名。更著有《務本論》、《未灰齋文集》、《詩集》等。生平見《清史列傳》卷七三《文苑傳》及自編《敝帚齋主人年譜》。

《小腆紀傳》爲紀傳體南明史,凡六十五卷,卷一至卷七紀弘光、隆武、永曆、監國魯王,其餘爲列傳,以類相從,如《后妃》、《宗藩》、《忠義》、《逸民》之屬。共傳李自成攻佔北京至清統一臺灣,即明毅宗崇禎十七年(1644)至清聖祖康熙二十二年(1683)間南明人物五百二十餘人。

徐氏道光庚戌(1850)充實録館纂修官,頗留意於南明史,先撰《小腆紀年附考》,後改成紀傳體,即《小腆紀傳》。前者以年爲經,後者以人爲緯,相得益彰,惜未定稿,後其子徐承禮得大興傅以禮、仁和魏錫协助,稍變篇目,又加讎校,改訂補寫,並搜遺蒐逸,博采群書,就徐氏未及錄者作《補遺》若干卷,記宗藩、朝臣、儒林、文苑、孝友若干人。承禮尚欲別成表、志,惜未成功。

書名"小腆"一詞,出《尚書·大誥》,意爲"小國",有指斥之意。書中用清朝年號。徐氏身處清末,遭太平天國之亂,已與清初史家不同。惟前此南明史著作,多局限於一時一地之事,且傳聞互異。徐氏搜集考辨諸家著述及各省府縣志,搜羅完備,考訂有據,溫睿臨《南疆逸史》之後,是書爲佼佼者。書中並載有緬甸和交趾等地材料,亦爲可貴。

是書由徐承禮於同治八年(1869)定稿,有光緒十三年(1887)金陵刻本,此本即據以影印。別有清傅氏長恩閣抄本。(李勤合)

九國志十二卷 (宋)路振撰 拾遺一卷 (清)錢熙祚輯 (第333册)

路振(957—1014),字子發,永州祁陽(今湖南祁陽)人。淳化元年(990)進士。出知濱州,契丹入犯,守城拒敵有功。真宗時,與修太祖、太宗兩朝《實錄》。後遷太常博士、左司諫,擢知制誥。文詞溫麗,時人重之。更著有《文集》二十卷、《乘軺錄》等。《宋史》有傳。

錢熙祚(?—1844),字錫之,號雪枝。金山(今屬上海)人。生平收書甚多,建守山閣以藏。曾輯刊《守山閣叢書》、《指海》等。事跡見《清朝續文獻通考》卷二七一。

《九國志》爲紀傳體國別史,分世家、列傳兩目,記吳、南唐、吳越、南蜀、後蜀、南漢、北漢、閩、楚等九國史事,仿崔鴻《十六國春秋》例,分國記事。原書四十九卷,後其孫緬補入荆南高氏,於治平間上獻於朝,詔付史館;

北宋張唐英又補撰北楚史事二卷,成五十一卷,雖足十國,仍因舊名。原本久佚,清邵晉涵由《永樂大典》中輯出舊文。周夢棠重編爲十二卷,並補世家目於卷首,略注始末,以便檢閱,即爲今本。内容包括吳臣傳三卷,餘九國臣傳各一卷,計一百三十六篇。

今傳《九國志》雖爲輯本,仍富史料價值。蓋宋朝官修《舊五代史》及歐陽修私撰《新五代史》,均以五代爲主,而於十國記載簡略。《舊五代史》置十國於《世襲列傳》、《僭僞列傳》;《新五代史》則僅以"世家"記十國史事。故十國史料史跡,頗是書得以留存。又是書諸篇所記,較見存其他文獻或有異同,而頗與碑誌資料相合,可補十國史事之缺。如稱劉繼元爲英武帝,他史皆不載,而與太原天龍寺碑文相合,蓋出後臣追謚也。

是書邵晉涵後續有輯佚,王仁俊輯一卷見《經籍佚文》,繆荃孫輯一卷見《藝風堂讀書志》。錢熙祚由《新五代史》、《通鑑考異》、《通鑑注》和《續六帖》等書輯出有關内容三十七條,成《拾遺》一卷。

是書有嘉慶年間《宛委別藏》本,又有道光二十四年(1844)金山錢氏刻《守山閣叢書》本,附錢熙祚《拾遺》一卷,爲他本所無,此本即據以影印。(李勤合)

南唐書注十八卷附錄一卷 (清)周在浚撰 (第333册)

周在浚(1640—?),字雪客,號梨莊,祥符(今河南開封)人,周亮工長子。夙承家學,博通史傳,工詩善詞。更著有《雲煙過眼錄》、《梨莊遺穀集》等。《清史列傳》卷七〇有傳。

在浚因撰《金陵廣志》而取宋陸游《南唐書》注之,以其有關於金陵也。陸書先有元人戚光爲之音釋,後有明末李映碧爲之作注。在浚嫌其疏略,且李注不依陸書,自爲更定,乃仿裴松之注《三國志》例,依隨陸書文本,徵引《徐騎省集》、《江南別録》、《南唐近事》、《江南野史》、《江南録》、《十國紀年》、《九國志》、《五代春秋》、《册府元龜》、《玉海》及宋人説部書近二百種,重爲之注。始撰於康熙十九年(1680),歷十六年而成。

是書十八卷,又名《南唐書箋注》,前三卷爲本紀注,後皆爲列傳注,而郡縣山水地名不盡注。書前有在浚撰凡例十五條,並收元人趙世延《南唐書序》、明人沈士龍及胡震亨二人《南唐書解題》。書後附録戚光等人《唐年世總釋》等七篇。按周氏注書,實未參透裴注《三國志》體例,其網羅群書,不遺古人一字,固爲繁富,不可謂無功於史部,然無所取擇,亦其所憾。

是書稿成未及刊刻,乾隆末,高醇得原稿,復加補注校正,使南唐一代人物、事蹟益臻完備。此本據民國四年劉氏嘉業堂刻本影印。(李勤合)

唐餘紀傳十八卷 （明）陳霆撰 （第 333 册）

陳霆(約1479—1553),字聲伯,號水南,德清(今浙江德清)人。弘治十五年(1502)進士,官刑科給事中。正德元年(1506),因忤犯劉瑾,謫判六安州。五年,劉瑾誅,霆復官刑部主事,歷遷山西提學僉事等職。旋辭官歸家,隱居德清新市鎮渚山,從事著述。霆博洽多聞,工詩、詞、古文,更著有《水南先生稿》、《德清縣志》、《渚山堂詩話》、《渚山堂詞話》等,凡一百餘卷。生平見《(嘉慶)新市鎮續志》卷二《名宦》。

是書爲紀傳體史書,記五代南唐事,凡十八卷,有國紀三卷,分紀先主、中主、後主;列傳十五卷,合傳十卷外分題有"家人"、"忠節"、"義行"、"隱逸"、"藩附"、"列女"、"方技"、"伶人"、"別傳"、"志略"、"附録"合五卷。陳氏奉南唐爲正統,稱之爲李唐氏三百年世祚之餘,惟其不稱李昇等爲帝而稱先主、中主、後主,頗致譏議。

是書體例略仿《新五代史》,如立《伶人傳》等,可供治五代史者參助。唯其立意祇在爲南唐尋一正統,而別無新材料可言,故多抄輯原書,聊以充數而已。如卷二十一云契丹事具見《唐書》及《五代史》,而取其事之關乎南唐者爲傳。邵懿辰乃譏爲全襲陸游《南唐書》,不過增删字數耳。

此本據上海圖書館藏明嘉靖二十三年馮煥初刻本影印。又有清彭氏知聖道齋抄本。(李勤合)

南漢書十八卷考異十八卷南漢叢録二卷南漢文字略四卷 （清）梁廷枏撰 （第 334 册）

梁廷枏(1796—1861),字章冉,號藤花亭主人,順德(今廣東順德)人。道光十四年(1834)副貢,官澄海縣訓導。咸豐時賜内閣中書,加侍讀銜。後主講粵秀、越華兩書院及學海堂。著述甚多,尤精於嶺南地方史研究,更著有《南越五主傳》、《藤花亭詞》等。《清史列傳》卷七三有傳。

《南漢書》爲紀傳體五代南漢國史。全書十八卷,計有本紀六卷,列傳十二卷,無志、表。本紀記事起自唐昭宗乾寧元年(894),下迄宋太平興國五年(980)。除雜傳外,本紀前及各類傳前,均以"廷枏曰"述其贊詞。

是書成於道光九年。廣輯正史、方志、説部、金石等近百種資料,鉤稽異同,十八卷各附考異,徵引群書以辨《南漢書》地名、人名、事蹟之可疑者。如辨烈宗其祖爲蔡州上蔡人,引《册府元龜》、薛居正《五代史》、新舊《唐書》、《宋史》、《東都事略》、《五代史記》、《十國春秋》八書,逐書辨析,頗有價值。又其佚聞雜事無年可隸且例不得入紀傳者,則編成《南漢叢録》二卷。更收輯南漢詩文成《南漢文字略》四卷,凡文二卷,二十一篇;詩一卷,四十二首;附一卷,詩文七首。二者與《南漢書》恰相補充。

南漢史著作傳世不多,宋人路振《九國志》

爲輯本,且於南漢記載較略;清人吳任臣《十國春秋》偏重南唐、吳越,於南漢記載亦鮮;劉應麟《南漢春秋》多因襲《十國春秋》之舊文;吳蘭修《南漢紀》不僅成書晚於《南漢書》,且祇記南漢五主。故南漢史記載,以梁氏此著最爲詳備。

道光十年(1830),梁氏刊刻《藤花亭十種》,内收《南漢書》、《考異》、《南漢叢録》、《南漢文字略》等。道光十二年刻《藤花亭十五種》、道光十三年刻《藤花亭十七種》,此四書均在其中。此本據復旦大學圖書館藏清道光十二年刻《藤花亭十五種》本影印。(李勤合)

南漢紀五卷　(清) 吳蘭修撰 (第 334 册)

吳蘭修(1789—1839),字石華,嘉應州(今廣東梅縣)人。嘉慶十三年(1808)舉人,官信宜訓導,曾監課於粤秀書院,並任學海堂首任學長。建書樓於粤秀書院,藏書數萬卷,名爲"守經堂"。篤好文史,喜治經學,自稱"經學博士"。更著有《方程考》、《端溪硯史》、《桐華閣詞》等。《清史列傳》卷七二有傳。

是書爲紀傳體南漢史,然有紀而無傳。書分五卷,南漢五帝各一卷,記南漢六十餘年史實。紀年以南漢年號,附以晉、南唐等國年號。搜集南漢史實甚富,尤於帝王貴族奢糜生活多有暴露,如記殤帝性庸昧,大恣荒淫,高祖在殯而衣喪服恣淫樂。群臣宗室多受猜忌,每進宫,必脫衣搜身云云,頗生動。

前代有關南漢史之記載均甚簡略,遺漏頗多。如吳任臣《十國春秋》摭拾雖富,惟不注出於何書,讀者病之。是書則每條必明出處,又有"考異"附於條目之後,多所引證,正誤求闕,考證異同,申以己見。又以"附録"網羅逸文,足資參考。

江藩嘗贊吳氏工於考據,輿地沿革,考覈精詳。如卷四引《資治通鑑》卷二百九十"希廣遣指揮使彭彦暉將兵屯龍洞以備之"條下有胡三省注:"桂州溪南有白龍洞,在平地半山

上。"吳氏引《寰宇記》及范成大《桂海虞衡志》,指出"溪南"爲"南溪"之倒。又有《南漢地理志》一卷、《南漢金石志》二卷及《考定南漢事略》等,可與是書參看。

此本據上海圖書館藏清道光十四年鄭氏淳一堂刻本影印。又有道光三十年粤雅堂本。(李勤合)

西夏書事四十二卷　(清) 吳廣成撰 (第 334 册)

吳廣成,生卒不詳,字西齋,江蘇青浦(今上海青浦)人,清嘉慶、道光際學者。家學淵源,好爲古文,中年後尤殫心史學。治史以明史爲主,作《明史紀事本末補》,專補清人谷應泰《明史紀事本末》之不足,又輯散見於他書之明史資料成《明遺雜記》。更著有《廿二史金石考異》、《補歷朝名臣紀略》等。生平略見《青浦縣志》卷一九《文苑傳》。

吳氏以爲宋有天下幾三百年,西夏、遼、金並雄西北,而遼、金有史,夏鮮專書。乃取唐以下各正史之記夏事者,參以李燾《續資治通鑑長編》、畢沅《續資治通鑑》、薛應旂《宋元資治通鑑》,旁及稗官野乘、奏議、文集,撰成是書。全書四十二卷,取綱目體,以敘西夏攻伐、朝貢之事爲主,雜以天文、地理、職官、選舉、禮樂、兵刑等典章制度,件繫條分,綱舉目附,名之曰"書事"。敘事起自唐僖宗中和元年(881)春三月宥州刺史拓跋思恭起兵討賊,迄於宋理宗紹定四年(1231)夏四月夏故臣王立之隱於申州,亦即西夏自夏州政權建立至國亡間三百四十餘年史事。全書用唐、宋年號,而以西夏、遼年號附見,一以明正統,二以便稽核。

是書附論贊四百餘條,繁簡不一。按西夏統系絶續者三:自思恭至彝昌而一絶,自仁福至繼捧而再絶,因其尚未成君,僅附總論。若繼遷建都西平,傳德明而封夏王,至元昊而稱國主,則即其行事,述其生平,偶附小論。

宋元諸儒喜於論史,吳氏雖時有微詞,然又許其亦能抉奧探微,是以書中常作按語,以辨是非正邪,大抵爲理學家言。如卷一唐僖宗中和元年"冬十一月,戰于富平,不勝,奔夏州"下按:"《春秋》私逃書'奔'。奔者,匹夫之行。思恭兵敗,不奉王命,擅回本道,書以貶之。"所作按語大率類此。

是書於宋、遼、金事稍涉西夏者靡不收録。記載互舛者,則詳溯根源,予以訂正;時地不詳及原委莫竟者,則於分條之後另立附例,概不混書。如卷四繼遷母妻被獲之事,王偁《東都事略》不詳年月,《宋史·夏國傳》繫於太平興國八年,《宋史·太宗紀》則曰雍熙元年,《宋太宗實録》載於雍熙元年十月。吳氏羅列衆説,贊成李燾《續資治通鑑長編》之意見,以爲《實録》所載應當可信,唯其所據乃奏到時間,實際時間當前移一月,爲九月。又如卷三十一宋崇寧元年(遼乾統二年),《遼史·天祚紀》記該年夏六月壬子李乾順爲宋所攻,而《宋史·徽宗紀》是年無用兵西夏事,吳氏莫竟原委,便附記於此年六月之下。

此本據清道光五年小峴山房初刻本影印。(李勤合)

西夏書(存列傳一至四、載記一、三至五、地理考一卷、官氏考一卷)　(清)周春撰(第334册)

周春(1729—1815),字芚兮,號松靄,海寧(今浙江海寧)人。乾隆十九年(1754)進士,官廣西岑溪知縣。更著有《十三經音略》等。《清史列傳》卷六八有傳。

《西夏書》爲紀傳體斷代西夏史書。自來言西夏事者,洪亮吉、秦恩復之書不傳,吳廣成《西夏書事》、陳昆《西夏事略》均在是書之後,且皆編年體,此乃西夏史書紀傳體之先導。原書未定稿,現存十卷:其中《妃嬪傳》一卷,《家人傳》一卷,《臣傳》一卷,《外國傳》一卷;《載記》一闕半頁,記景宗李元昊事,

《載記》三、四、五俱存,分記惠宗李秉常、崇宗李乾順、仁宗李仁孝事;《地理考》一卷,《官氏考》一卷。又《載記》二記毅宗李諒祚事,僅殘存半頁。《臣傳》、《外國傳》下復分子目。周氏以爲史書之作,他史莫難於志,而夏書惟傳最難,故於列傳用力尤深,嘉慶九年(1804)先成列傳四卷,曾擬別行。唯以文獻不足徵,仍有多人未能立傳。又《家人傳》中有"思恭事具《世記》"之語,因疑《載記》外別有《世記》若干卷。

《西夏書》雖用力在列傳,然《地理考》、《官氏考》亦爲西夏地理、官制、姓氏之寶貴資料。《官氏考》描繪西夏官制大略,如述西夏設官多與宋同,元昊建國改元之後始大建官,其官制與兵制互爲表裏,設有上自大王、中書令,下至州刺史、通判等各種官職。《官氏考》復考證西夏五十九姓氏,其數量雖遠少於張澍《西夏姓氏録》所録一百六十二,而開拓之功不可泯。作者時有疏漏,如《妃嬪傳·惠宗后》附注遼"壽隆"年號,當爲"壽昌"。

此本據國家圖書館藏清抄本影印。(李勤合)

編年類

竹書紀年集證五十卷集説一卷敍略一卷　(清)陳逢衡撰(第335册)

陳逢衡(1778—1855),字履長,號穆堂。江都(今江蘇揚州)人。諸生。家富藏書,其父陳本禮築"瓠室",積書至十萬餘卷,與馬曰琯兄弟"玲瓏山館"齊名。逢衡繼承父業,聚書益多,精版本,重校勘,以五色筆書於卷端。嘗設"讀騷樓",招致文學之士,切磋學藝,往來絡繹。更著有《讀騷樓詩》、《逸周書補注》、《山海經纂説》、《博物志考證》等。事見《清史列傳》卷六九。

《竹書紀年》前人多有考證，陳逢衡乃引證前人注釋而推演闡發之，所據之書有金履祥《通鑑前編》、羅泌《路史》、馬驌《繹史》、梁玉繩《史記志疑》等及胡應麟、楊慎、孫之祿、徐文靖、鄭環、張宗泰、陳詩、趙紹祖、韓怡、洪頤煊十家注説，並《山海經注》、《穆天子傳注》、《水經注》等。所引諸書，除經史外，近儒著述皆標明姓氏書目；已見則加“衡案”二字以別之。全書凡五十卷，前四十八卷爲今本之注釋；他書援引而今本所無者，匯爲《補遺》二卷，共得一百二十條；更附輯《瑣語》數十則，《師春》一則，《繳書》一則。書前有《敘略》一卷，擇全書考核至當者七十七條冠諸篇首，使人得知全書梗概；《集説》一卷，則集古今名賢有關《紀年》之詳細考辨、精當議論。

逢衡此書，雖未及引用任啟運《竹書紀年考》、雷學淇《考訂竹書紀年》諸書，要亦援據眩博，鉤析至勤，李慈銘以爲可與徐文靖、雷學淇之注鼎足而三。惟其所用之本爲明後所出，即世稱今本《竹書紀年》。該本約出於明時，與晉、魏、唐、宋人所引往往不合，雖有沈約注，疑爲僞作。王國維以爲乃後人搜集而爲，嘗作《今本竹書紀年疏證》，一一求其所出。逢衡則以爲今本《竹書紀年》雖非原書，然其所記事實與經史相合，故細爲詮釋。始因群書訂《紀年》之訛，繼以《紀年》證群書之誤，然所據今本固不可盡信，無怪乎李慈銘譏其好爲議論，不脱學究習氣。

此本據上海辭書出版社圖書館藏清嘉慶十八年裛露軒刻本影印。（李勤合）

汲冢紀年存真二卷周年表一卷　（清）朱右曾撰（第 336 册）

朱右曾，有《周書集訓校釋》，已著錄。

古本《竹書紀年》出於汲冢，三代事迹約略可觀，而學者以與《太史公書》及漢世經師傳

説乖牾，遂不復研尋，致此書越六百歲而復亡。其後不知何年何人，捃拾殘文，依附《史記》，規仿紫陽《綱目》，爲今本《紀年》，真贋錯雜。朱氏乃廣搜群籍，掇拾叢殘，録爲一帙，注其所出，考其異同，附以己説，而成是書。其指陳今本可疑處十二條：一、篇目可疑，《隋書·經籍志》以下著錄卷數不一；二、今本《紀年》大半依據《史記·年表》，體例可疑；三、古文全用夏正，而今本全襲《春秋》，紀年可疑；四、今本紀殷代遷都事，與《史記正義》所引《紀年》不同；五、今本紀夏代年數，與《史記集解》引《紀年》所云夏代年數不同；六、今本明言周公薨年，與自來簡册所言不同；七、今本紀周公事，與《書序》不同；八、宋晁氏、陳氏書目均無此書，而《宋志》有《竹書》三卷，是亡而復輯之證；九、《史記》注、《水經注》曾引有確爲《紀年》之文，而今本俱佚；十、《紀年》本不講書法，而今本多改稱帝王名號；十一、《水經注》引《紀年》據魯稱我，今本用周紀年而稱我，則文義俱失；十二、沈約本無《紀年》注本，今本采《宋書·符瑞志》而托爲沈約之注。以此十二條證明今本不可信，又舉十六條史事以證真古文之可信，痛惜真古文全書亡佚，而學者習焉不察。

書後附《周年表》一卷，朱氏以爲中國古代紀年自汲冢古文亡而夏商之年不可考，周之紀年，共和以後多依《史記》，共和以前率祖劉歆《曆譜》，而未有據《紀年》者。《紀年》爲魏國史書，又未經秦火，故而可信。惜現存者紀年不完，古之紀年遂無從一一貫通，因借證他書，辨難析疑，鉤稽以爲年表。《周年表》起自武王十一年伐殷，至東周君七年秦莊襄王取東周置三川郡止，共八百零九年。

此本據上海辭書出版社圖書館藏清歸硯齋刻本影印。（劉韶軍）

通紀二十卷(存卷四至卷十五) （唐）馬總撰 （宋）孫光憲續 （第336冊）

馬總(？—823)，字會元，或作元會，扶風（今陝西扶風）人。唐憲宗元和(806—820)間由虔州刺史遷安南都護，官至戶部尚書，贈右仆射，謚曰“懿”。篤好學術，論著頗多，摘録諸子要語，據南朝梁庾仲容所編《子鈔》增損而爲《意林》，更著有《年曆》、《通曆》等。兩《唐書》有傳。

孫光憲(901—968)，字孟文，貴平（今屬四川仁壽）人。少好學，遊荆渚，高從誨見而重之，仕南平三世，歷官荆南節度副使、檢校秘書監兼御史大夫；入宋，爲黃州刺史。性嗜古籍，孜孜校讎，更著有《北夢瑣言》等。《宋史》及《十國春秋》卷一〇二有傳。

清阮元《揅經室外集》卷五《四庫未收書提要》有《通紀》七卷、續五卷之提要，稱此書起自太古，訖於隋季，凡十卷。歷代之事粗陳其概，展帙瞭然。後有荆南孫光憲復輯全唐洎五代事跡十卷以續之。然孫氏所續宋時已僅存五卷。今本馬氏《通紀》自卷四至卷十，存七卷，孫氏所續自卷十一至卷十五，起自唐高祖，迄於閩王審知。阮氏又謂晁氏《讀書志》云：總書纂太古十七氏、中古五帝三王，刪取秦漢至隋世帝紀，取虞世南《帝王略論》分繫各帝之後，卷四至卷十有“公子曰”、“先生曰”者，當即虞世南之《略論》也。惜前三卷已闕，無從補録，《玉海》所稱齊推序更無可考。蓋總以史籍繁蕪，故上索典墳，下迄隋季，以簡暢之筆，成兹一編，事簡而明，辭約而賅，亦讀史者所不廢也。

所存卷四爲兩晉帝紀，中常有缺字，以墨圍代之，紀事極簡略，梗概而已。卷五自前涼至北燕十六國；卷六、卷七爲南朝宋、齊、梁、陳諸帝；卷八爲北魏、東魏、西魏諸帝；卷九爲北齊諸帝；卷十為後周及隋諸帝，十六國之後各代，馬總按語或有或無，亦不統一；卷十一爲唐諸帝，起高祖至哀帝，卷後記安禄山、史思明、朱泚、黃巢、秦宗權諸人事；卷十二爲五代後梁太祖及末帝事，有闕頁；卷十三爲五代後唐諸帝；卷十四爲五代後晉、後漢之帝；卷十五爲五代後周諸帝，並以十國爲承襲附於卷後。

此本據《宛委別藏》清抄本影印。（劉韶軍）

編年通載十卷(存卷一至卷四) （宋）章衡撰 （第336冊）

章衡(1025—1099)，字子平，浦城（今福建浦城）人。宋仁宗嘉祐二年(1057)狀元，通判湖州，值集賢院，改鹽鐵判官，與修起居注，先後出知汝、潁、揚、蘇諸州，後拜寶文閣待制，終知潁州而卒。《宋史》有傳。

清阮元《揅經室外集》卷五《四庫未收書提要》有是書提要，稱陳氏《直齋書録解題》、晁氏《郡齋讀書志》皆載此書，共十五卷。此本所據宋刊本四卷，有明內府文淵閣印記。考明《內閣藏書目録》有《編年通載》二冊，不全，宋元祐間起居舍人章衡撰，斷自帝堯，訖於宋治平丁未(四年，1067)，總三千四百年，凡十卷，其第五卷以下皆闕。據此則爲明內府所藏宋本無疑云云。

是書以世傳運曆書十餘家淺陋不足觀，乃採經史百家所載，積二十餘年彙編而成，於熙寧七年(1074)表進於朝，神宗閱後稱善，謂冠冕諸史。元祐三年(1088)族父章粢序而刊印。書首有章粢刊書《序》一篇，其後爲衡《進書表》。僅存四卷，卷一起自帝堯，卷四終西晉太康元年(280)九月，卷五至卷十闕。

是書爲編年體，逐年排列，僅記大事，甚簡略，如大事年表，有事記事，無事記年，至戰國時多國並存，則各國並列記其年曆，又如《史記·六國年表》，歷史脈絡，一目瞭然。又對本朝建隆元年(960)至治平四年一百零八年歷史，或據詔敕，或據圖録，或據傳志，或據群臣家集，略舉大綱。其書推甲子以冠其首，重在歷代治亂,凡史之訛謬疑誤皆爲辯證,世數代易,歷統相傳,年名國號,災祥善惡,具載焉。於歷代興亡分合,開卷瞭然,誠有裨於史學。

此本據《宛委別藏》影宋抄本影印。(劉韶軍)

古史紀年十四卷　(清) 林春溥撰 (第 336 冊)

林春溥(1775—1861),字立源,號鑒塘,又號訥溪,閩縣(今屬福建福州)人。嘉慶七年(1802)進士,選翰林院庶吉士,歷官至國史館纂修,與修《嘉慶一統志》。後主持江西鵝湖書院、福州鼇峰書院,教學三十餘年,弟子甚多。更著有《古史考年異同表》、《竹書紀年補證》、《四書拾遺》、《春秋經傳比事》等,後彙編爲《竹柏山房叢書》行世。《清史列傳》卷六九有傳。

林氏以《資治通鑑》起於韓、趙、魏三家分晉,此前之事未加編年記錄,因撰《開闢傳疑》補五帝前史,又撰是書敘黃帝至戰國前期編年史。紀年自黃帝元年始,以下編年並從《竹書紀年》。自注云:杜預《左傳》序、《晉書·束皙傳》皆云《紀年》起自夏、殷、周,然《史記·魏世家》注引荀勗曰:和嶠云《紀年》起自黃帝,終於魏之今王,正與今本合,故以紀年爲準敘黃帝以下年數。所紀帝王及其事跡,多據《史記》等書。如黃帝,引《史記·五帝本紀》之文及三家注外,更博引衆書,如《國語》、《帝王世紀》、《古史考》、《戰國策》等,將有關諸事分繫於年,如黃帝元年有造曆、制冕服、居有熊等事。林氏引書或有方士虛誕之談,亦知其多托名黃帝,本不足信,唯以具載年月,姑附之。如據《真源賦》謂黃帝以地皇九年正月上寅詣首陽山事即屬此類。又引《莊子》寓言以爲史事,如莊書謂黃帝立爲天子十九年令行天下,聞廣成子在於空同之上,故往見之。林氏因將黃帝見廣成子事繫於黃帝十九年。此等事雖不足信,

然彙集一書,亦便於檢閱。

此本據上海辭書出版社圖書館藏清道光十七年竹柏山房刻本影印。(劉韶軍)

古史考年異同表二卷後説一卷　(清) 林春溥撰 (第 336 冊)

林春溥,有《古史紀年》,已著録。

是書序謂上古編年之史,莫古於《竹書》,然人多疑之。而諸家所引,多有異同,惟劉歆《三統曆》頗爲近古,又鄭樵《通志》各具其年,得以詳考。然劉歆或強史就己,張衡已加批評,唐一行《大衍曆》亦糾其失,多據《竹書紀年》以推上古甲子,庶几近之,惜乎語焉不詳云云。故是書以諸書雜説亦資異聞,於是表而列之,統以甲子,參稽異同。書後有《後説》一篇,於有關異同,闡明己説,以饗覽者。林氏又云此表編撰,不惟好異,實爲信古。可知其於上古紀年由信古而考證諸書記載,有以衡量。其表上列林氏所定古史紀年,而以《竹書紀年》、《史記》、《三統曆》、《大衍曆》、《帝王世紀》、《皇極經世書》、《通志》、金履祥《通鑑前編》以及他書雜見者所載紀年與之對照,其紀年始於堯之即位之年,爲甲辰年,終於周平王五十一年,亦即魯隱公三年。

《後説》又以爲自黃帝至帝嚳紀年,有紀元而無甲子,不可得而詳也。至堯舜授受之際,其年則可考,因據《尚書》、《孟子》、《史記》、《帝王世紀》、《竹書紀年》等所載考察之,以爲其中有確然可信者。又諸書所言年數或同或異,並不一致,林氏以爲漢世近古,如《漢書·藝文志》所載太古以來年紀、古來帝王年譜以及夏殷周魯曆諸書俱在,其説必有所本,而厥後《帝王世紀》、唐《大衍曆》、鄭樵《通志》並同其説,而見於《通志》者與《三統曆》相表裏,至邵子《皇極經世書》始有異説,然未舉所據,恐皆以意增之。由此,是表大抵以漢人之説爲準,多參考鄭樵《通志》而有所加詳。其彙集諸書,羅列異同,不無助益。

此本據上海辭書出版社圖書館藏清道光十八年竹柏山房刻本影印。（劉韶軍）

資治通鑑補二百九十四卷　（明）嚴衍撰（第336—341冊）

嚴衍（1575—1645），字永思，號午亭（或作午庭），別號拙道人，嘉定（今屬上海）人。萬曆間補縣學生，專心古學，一生不仕，從學者百餘人。更著有《溪亭問答》、《修綆齋易説》、《修綆齋四書説略》等，今嘉定秋霞圃碑廊内有嚴衍書《柴侯德政去思碑》。生平見本書卷首錢大昕《嚴先生傳》及《國朝耆獻類徵初編》卷四一三。

嚴衍四十一歲時始治《資治通鑑》，三十年間，神無他用，以司馬光此書意在資治，故述朝章國政獨詳，而家乘世譜則紀之或略；所記古人事跡，顯榮者多而遺逸者略，方正者多而節俠者少，丈夫者多而婦女者少，乃援引正史及他書以補之，或補爲正文，或補爲分注。其補正文之例有二：有《通鑑》已載而事或不詳、文或不暢者，則逐節補之；有《通鑑》未載而事有關於家國、言有繫於勸懲者，則特筆補之。其補分注之例有三：一曰附錄，事雖可采而或涉於瑣，或近於幻，故不入正文而分注之；一曰備考，《通鑑》所載或與他書不同，故兩存之；一曰補注，胡注未備或有訛誤者，則以己意釋之。嚴氏自萬曆四十三年（1615）起，遍閲歷朝舊史，凡有關《通鑑》者均一一對勘，尋根溯源，訂正訛誤，拾遺補缺，至崇禎十七年（1644）完成其書。其訂正《通鑑》者約百分一二，補充者則達十分三四，故名曰《資治通鑑補》。

衍於補正十分嚴謹，常與談允原聯牀對榻相商。一字未妥，搜檢百帙；片言無據，考訂兼旬。至於陳述己見，辨正是非，則遲徊久之，始敢下筆。若無確實證據，則爲存疑，於備考欄内注出，未嘗逞臆妄改。是書取自十七史者居十之九，稗官野史者居十之一。所補宗旨則一遵司馬氏之意，欲使學者考興亡、觀朝政、辨風俗、知淳薄也。卷首有嘉定錢大昕所撰《嚴先生傳》，謂嚴氏於史學能實事求是，不肯妄下雌黄，其所辨正皆確乎不可易，自宋末經元明以來，儒家學者只讀《通鑑綱目》，皆淺陋迂腐，唯嚴氏能用心於《通鑑》，胡三省之後，唯此書可稱《通鑑》功臣云。

是書問世後唯有抄本流傳，至清嘉慶二十年（1815），張敦仁自阮元處抄寫一部，又於道光四年（1824）將補正《通鑑》正文者彙而録之，名爲《嚴永思先生通鑑補正略》而予刊刻，而其全書至咸豐元年（1851）始由江夏童和豫刊印，光緒二年（1876）常州盛康又據童本勘訂印行。此本據上海辭書出版社圖書館藏清光緒二年盛氏思補樓活字印本影印。（劉韶軍）

通鑑注辯正二卷　（清）錢大昕撰（第342冊）

錢大昕，有《元史氏族表》，已著録。

胡三省有《資治通鑑注》，自謂"前注之失，吾知之；吾注之失，吾不能知也"。所注除自知未能由博反約，亦有失誤。顧炎武《日知録》已有指陳。錢大昕《通鑑注辯正》二卷，更商榷一百四十餘條，以考地理爲主，間及音韻、文字、職官、氏族。

是書考證精詳者，錢氏門生戈宙襄已於序言羅列數條，此外如《通鑑》卷一一六記晉安帝義熙十年，"以江州刺史孟懷玉兼都督豫州六郡"。胡《注》以此書六郡爲宣城、襄城、淮南、廬江、安豐、歷陽。錢書卷一引《宋書·孟懷玉傳》辨稱：孟懷玉所督六州爲江州酉陽、新蔡、汝南、潁川及司州之弘農、揚州之松滋，此六郡不皆屬豫州。《通鑑》取材《宋書》而删省不當，稱豫州六郡已失其實，胡三省失於詳考以宣城等郡當之，益誤矣。其音韻文字之證如言范雎之"雎"，從且不從目，不當讀"雎"，亦頗精審。

然是書亦或有失，如《通鑑》記王莽時"民

棄城郭,流亡爲盜賊,并州平州尤甚"。胡《通鑑注》:"此時未有平州。漢末,公孫度自號平州牧。魏始分幽州置平州。平字誤。"錢書卷一則謂:"西河郡有平周縣,周與州,古字通用。《路博多傳》:西河平州人。即平周也。西河本屬并州,故云并州平州,非遼東之平州也。"按若云平州爲西河之平周縣,在并州部内,故云并州平州,是流亡爲盜賊僅一縣,似未足以概莽之亂象。

此本據上海辭書出版社圖書館藏清乾隆五十七年戈宙襄刻本影印。(李勤合)

通鑑注商十八卷 (清)趙紹祖撰(第342冊)

趙紹祖(1752—1833),字繩伯,號琴士,涇縣(今安徽涇縣)人。諸生,屢試不第,遂專力於學,經史百家以至碑版書畫之屬,靡不精悉。兩署滁州訓導,一署廣德州訓導。道光元年(1821)舉孝廉方正。時陶澍爲安徽布政使,延纂《安徽省志》。累主秀山、翠螺各書院。紹祖好古博學,尤深於史,更著有《琴士詩鈔》、《琴士文鈔》、《新舊唐書互證》等,又編有《涇川叢書》。《清史稿》有傳。

是書爲糾胡三省《資治通鑑音注》訛誤而作,凡十八卷,七百餘事,數倍於錢大昕及陳景元之書。其前十七卷補正胡注,第十八卷則主要以胡注所引《元豐九域志》與今本《元豐九域志》相較,條其異同,以俟後論。

胡《注》詳於地名,趙氏之商榷亦以地名居多,或糾誤,或補疏。前十七卷指正地名者約一百八十條,占十七卷總條目三分之一,多考證精詳。如《資治通鑑》卷四十二記漢光武帝建武八年,"田弇、李育保上邽"。胡《注》以上邽縣屬天水郡。《注商》卷二引《續漢書‧郡國志》:"漢陽郡,本天水郡,明帝時改名,其屬縣有上邽,故屬隴西。"以證當光武帝時,上邽屬隴西也。又如《資治通鑑》卷二百八十二記五代晉高祖天福四年,"康化節度使兼中書令楊珙稱疾,罷歸永寧宮"。胡

《注》以康化軍爲吳於境内所置節鎮,或南唐置之,其地無考。《注商》卷十七舉陸游《南唐書》有"升元二年六月甲申,升池州爲康化軍"之記載以補足之。

是書於《資治通鑑》原文及《通鑑考異》中之錯誤亦有所辨正。如《資治通鑑》載:高后八年,遺詔"以呂王産爲相國"。《注商》卷一指陳《漢書‧高后紀》記高后七年已以呂産爲相國。而《通鑑考異》既未辨及,胡《注》亦未舉正。又如卷十五辨《資治通鑑》卷二四九"南詔拓東節度使"爲"柘東"之誤,而胡氏亦未能明辨。

是書亦不無疏誤,如《資治通鑑》卷八十七記晉懷帝永嘉五年,"周顗中坐歎曰:風景不殊,舉目有江河之異"。趙氏乃據《晉書‧王導傳》中有"江山之異"一語,以爲司馬光偶易"江山"爲"江河",而胡三省相與傅會。不知晚出之明監本、汲古閣本、清殿本《晉書》雖均作"江山",然宋本《晉書》正作"江河"也。

此本據上海圖書館藏清嘉慶二十四年趙氏古墨齋刻本影印。(李勤合)

胡刻通鑑正文校宋記三十卷附錄三卷 章鈺撰(第342冊)

章鈺(1865—1937),字式之,別署堅孟、茗理、蟄存、負翁、晦翁等,晚號霜根老人,長洲(今屬江蘇蘇州)人。光緒二十九年(1903)進士,官至外務部主事,兼京師圖書館編修。辛亥革命後,久寓天津,以收藏、校書、著述爲業。1914年,被聘爲清史館纂修。家有"四當齋",儲書萬册。更著有《四當齋集》、《錢遵王讀書敏求記校正》等。生平事蹟見《碑傳集三編》卷四一《章式之先生傳》。

章氏有感於世之治《通鑑》學者,大都匡益胡《注》,於正文則鮮有致力者。又以爲若欲校勘得力,必有資於宋本。辛亥之後,章氏居津,以校書遣日,得見傅增湘藏宋刻《通鑑》

百衲本,乃與傅增湘同用鄱陽胡氏翻刻興文署本校讀。後又以上海涵芬樓《四部叢刊》中宋刻、明孔天胤刊無注本等逐字比勘,校二百九十四卷中脱、誤、衍、倒者蓋在萬字以上,內脱文五千二百餘字,得校記七千數百條,編爲三十卷。

是書尤可貴者在於校勘選本之精良。其所用之本具詳書前《校宋記述略》,除前舉者外,更有如宋槧百衲本七種、京師圖書館藏北宋殘本等。又采用張敦仁《資治通鑑刊本識誤》、張瑛《資治通鑑校勘記》、熊羅宿《胡刻資治通鑑校字記》等。書後附錄三種:胡《注》所涉正文文字歧異而不能證其是非者,爲《附錄》一;張敦仁《通鑑識誤》、張瑛《資治通鑑校勘記》所校《通鑑》異文而不見於各宋本者,爲《附錄》二;嚴衍《資治通鑑補》所謂"改正誤字"一類,爲《附錄》三。

是書校勘,超越前人,極富價值。1956年中華書局標點《資治通鑑》,將章氏校記附在正文之下,而稱宋、元、明各本之長處畢集。惟章氏初擬彙集衆説,統加考定,成書之時則唯能備列異同,不作是非抉擇,是所缺憾。又是書所校異文,亦有非胡刻之誤者,如《資治通鑑》卷二四六原文:"會昌三年,李德裕上言:'密詔劉沔、仲武先經略此兵。'"《校宋記》卷二五中校出"仲武"爲"武仲"。按李德裕《李文饒文集》卷六有《賜劉沔、張仲武密詔》、《賜張仲武詔》、《賜張仲武詔意》,《舊唐書》卷一八〇有《張仲武傳》,可知原文不誤。

此本據上海辭書出版社圖書館藏民國二十年長洲章氏刻本影印。(**李勤合**)

資治通鑑地理今釋十六卷 (清)吳熙載撰(第342冊)

吳熙載(1799—1870),原名廷颺,字熙載,號讓之、讓翁,又號晚學居士、方竹丈人。室號師慎軒。儀徵(今屬江蘇揚州)人。諸生。少爲包世臣入室弟子,遂於小學,善各體書,尤工篆、隸,精金石考證,更著有《吳讓之印譜》、《師慎軒印譜》、《晉銅鼓齋印存》等。《清史稿》有傳。

吳氏爲清末印壇宗師,因掩其史著之名。是書抽取《資治通鑑》原文地名,一依原書卷次,悉注以清代之名,其有見於前卷者,則注見於卷某。書凡十六卷,清晰簡明,讀《通鑑》者遇地理窒礙,按書索取,甚是簡便,嚴修以爲讀史所不可少者。按王應麟《資治通鑑地理通釋》亦佳,畢竟所注爲宋時地名,而是書所注既爲清代地名,故尤便於當時,而兼惠後來。唯所采前人成果,雖精審可信,然少有説明考證,是所缺憾。且祇注某州某縣,於小地名未免不足。

此本據上海辭書出版社圖書館藏清光緒八年江蘇書局刻本影印。(**李勤合**)

讀通鑑綱目條記二十卷首一卷 (清)李述來撰(第342冊)

李述來,生卒不詳,字紹仔,武進(今江蘇常州)人。僑籍仁和,阮元視學浙江時所取士。書宗米芾,又工畫梅。卒年九十有一。更著有《陳渡草堂集》,已佚,另有《蒔蕹閣詩草》。傳略見《清代毗陵名人小傳》卷六。

《通鑑綱目》爲舊時士子習讀,蓋其初非朱熹自成,且爲未完之稿,編次猥繁,刊寫失真,其間多有抵牾處。述來稍辨句讀,即涉《綱目》,胸所疑滯,即求疏通,求師問友,日有所積,乃成是書。

述來所據《綱目》之本有御批本、元本、明正德福州本、明嘉靖本、明萬曆本、明陳仁錫本等。其卷首一卷條記《朱子序例》、《綱目凡例》、《朱子答趙師淵諸書》及宋世以降諸賢有關序文等而評論頗嚴。如評《朱子序例》:"又所旁徵之説,自兩書(《資治通鑑》、《資治通鑑音注》)而外,程子《語錄》、呂氏《唐鑑》寥寥數事而已,與顔采之語亦不相應。"又如評《尹起莘發明序》:"按尹氏《發明》,都無心得,徒掇拾舊聞,因襲常解,多存糟粕,益以榛蕪。"

正文二十卷則就《綱目》及相關諸書疏通疑滯,纂次條記,指其有省《通鑑》原文而文意蹇晦者,如周威烈王二十三年:"任章問焉,桓子曰:無故。"有增原文而與上文不相貫者,如周威烈王二十三年:"遂殺智伯,滅其族而分其地,惟輔果在。"凡此類文句小疵,僅卷一列舉數條,後不一一縷指。又揭其有仍《通鑑》之誤而失檢者,如周威烈王五年記"韓嚴遂弒其君"。又引胡致堂說,謂分注有不度時勢橫生意見非朱子原意者,《集覽》有文理紕繆者。其他指摘詮說《綱目》各書之誤者,不一而足,所論雄辯有識,如言古所謂河西有三、河南有三、河東有二、山南有二、嶺南有二、南陽有三,疏析精核。

民國年間曾編有《續修四庫全書提要》,其中此書僅三卷,撰提要者以爲未卒之書,蓋未見全本。此本據上海圖書館藏清嘉慶七年初刻本影印,是爲全本。(李勤合)

續資治通鑑二百二十卷 　(清)畢沅撰(第343—346冊)

畢沅,有《晉書地理志新補正》,已著錄。

是書二百二十卷,紀事自宋太祖建隆元年(960)至元順帝至正二十八年(1368)七月,凡四百餘年。其中《宋紀》一百八十二卷,《元紀》僅三十八卷。司馬光《資治通鑑》之後,明有陳桱《通鑑續編》及王宗沐、薛應旂兩家《宋元資治通鑑》,清康熙間,徐乾學與萬斯同、閻若璩、胡渭等纂成《資治通鑑後編》,徵材較富,考核較詳,遠勝陳與王、薛。然當時未見《續資治通鑑長編》、《建炎以來繫年要錄》諸書,且於《遼史》、《金史》亦未充分利用,故紀事多有荒略。畢沅時《續通鑑長編》及《繫年要錄》已自《永樂大典》輯出,同時輯出多種元人文集,史料已遠較前人豐

富。是書爲畢沅組織幕下學者集體編成,與其事者有邵晉涵、程晉芳、洪亮吉、孫星衍、章學誠等人,歷時二十年,四易其稿始成。體例謹嚴有法,敘事詳而不蕪,以編年體集宋元時期主要史事,史料均有所本。全書雖出幕賓之手,但畢沅主持倡導,詳爲考異,功不可沒。

書中所涉歷代外族人名地名,統一改用清時譯名,多數附有原來譯名,甚便學者參稽。於史事有歧義者,則作《考異》,仿司馬光例,附於正文之中,便閱便察。如卷一趙匡胤率軍出征之起因,正文謂遼師南下且與北漢合兵,因遣匡胤率軍出征,而《考異》據《遼史》相關記載,謂此時並無用兵事,蓋周師前既取三關,遼人敗衄之餘,人心震駭,斷不能甫逾月即舉兵南下,則《遼史》不載出兵事,爲得其實。然則趙匡胤出兵之理由,甚爲可疑,故於正文中言"主少國疑,將士陰謀推戴",此於瞭解所謂皇袍加身事,大有裨益。《考異》之外注則不多,內容多爲制度沿革,亦有史學價值。

是書編成後曾請邵晉涵審訂,錢大昕校閱,然邵氏核定本已佚,刊刻時仍用幕中諸人初定本,非完本,僅一百零三卷,其餘一百十七卷後由馮集梧於嘉慶六年(1801)補刻完成。

此本據清嘉慶六年馮集梧等遞刻本影印。(劉韶軍)

周季編略九卷 　(清)黃式三撰(第347冊)

黃式三(1789—1862),字薇香,號儆居,定海(今浙江舟山)人。清道光十二年(1832)歲貢生,十四年赴鄉試,因母逝歸,遂不再應試,終身治學。學宗鄭氏,不拘門戶之見,博覽經史諸子,尤善三禮。平生著述更有《論語後案》、《詩叢說》、《春秋釋》等多種。《清史稿》有傳。

黃氏嘗以《春秋》亡而經史遂分,《戰國策》變詐,諸子書盡寓言,而《史記》采掇不純,《說苑》、《新序》之類事蹟悠謬,《資治通鑑》

雖備,而采擇未盡善,使周末老師大儒之風不傳,季周史事多有未明者,乃作是編,起周貞定王元年(公元前 468),終秦始皇二十六年(公元前 221)。所采以《戰國策》、《史記》爲主,輔以《資治通鑑》、《稽古録》、呂氏《大事記》、《汲冢紀年》、《水經注》及諸子書中有關者編匯而成。每條皆注明出處,其間有删繁就簡而不盡用原書者,蓋有所取捨而自別於書鈔也。稿曾專請方成珪校讀,更易數四而不自慊,後又經乃子以周校改,方付刊刻。

是書搜集二百四十八年之事,網羅放失之文,披尋遺佚之士,所采史料較《通鑑》爲富,初學戰國史者,以此爲便。其間編年偶有舛誤,如繫秦攻魏之皮氏於秦昭王元年。按《史記·年表》於魏哀王十三年記"秦擊皮氏",時當秦昭王元年也;又《史記·樗里子列傳》秦昭王元年下,載樗里子"還擊皮氏"。黃氏蓋據此也。然雲夢睡虎地秦簡《大事記》繫此事於昭王二年,當以此爲確,頗惜黃氏當時無由得見此簡也。

此本據上海辭書出版社圖書館藏清同治十二年浙江書局刻《敬居遺書》本影印。(李勤合)

戰國紀年六卷地輿一卷年表一卷 (清)林春溥撰(第 347 册)

林春溥,有《古史紀年》等,已著録。

林氏以論者徒罪商鞅之變法、始皇之焚書,而不知壞之非一人,積之非一日。是故紀人事,明王道,莫大乎春秋;考世變,窮末流,莫甚於戰國。春秋之有經傳,而戰國之諸侯史記滅於秦火,司馬遷所記,僅十存其一,且傳聞異辭,紛紜繁複,網羅不及,時時有之,乃本《資治通鑑》及《綱目》之舊,增而輯之。旁徵博引,各以類從,百家之雜記,一字之異同,莫不畢存,以備考證。或因文以徵事,或比事以知人,俾讀者知人以論世也。

林氏本有《古史紀年》記黃帝至周平王五

十一年事,又有《春秋經傳比事》,加此《戰國紀年》,則先秦史紀,得成完璧。是書原衹五卷,至東周亡,後乃具足六卷,而終戰國之世。卷首有《戰國地輿》一卷,略述周、秦、魏、韓、趙、燕、齊、魯、宋、衛、楚、吳、粵(越)、匈奴之疆域土風。正文六卷體例略如《古史紀年》,以周室紀年爲綱,兼以甲子,而自赧王之後,單以甲子紀年。卷一記貞定王(按"貞定王",《史記·周本紀》司馬貞《索隱》疑之,今姑依是書原文)、哀王、思王、考王、威烈王、安王、烈王;卷二記顯王;卷三記慎靚王及赧王;卷四記赧王;卷五記赧王至兩周亡;卷六爲兩周亡後至秦王稱始皇帝。三家分晉以前,則以金履祥《通鑑前編》爲主,他書附之。所引書有《竹書紀年》、《戰國策》、《吳越春秋》、《呂氏春秋》、《水經注》等。事取其備,文取其簡。書後又附《年表》一卷,於世次年數,名謚異同,載之特備。

是書可與黃式三《周季編略》並行,而詳實略遜。間有史實之誤者,如其據《史記》繫秦擊魏皮氏於秦昭王元年,今據雲夢睡虎地秦簡《大事記》,知應爲昭王二年事也。又如秦將白起攻韓伊闕,是書繫於昭王十三年,而據《大事記》,此事始於十三年而終於十四年。蓋均以當時無由見此《大事記》,未宜苛責。

此本據上海辭書出版社圖書館藏清道光十八年竹柏山房刻本影印。(李勤合)

皇宋十朝綱要二十五卷 (宋)李燾撰(第 347 册)

李燾(1161—1238),字季允,學者稱悦齋先生。眉州(今四川眉山)人。父李燾,著有《續資治通鑑長編》。宋光宗紹熙元年(1190)進士。理宗端平二年(1235),以吏部尚書兼給事中兼修國史、實録院修撰,專一提領《高宗正史》。著述多種,見存僅《皇宋十朝綱要》。傳見《宋史翼》卷二五。

是書起自宋太祖,終於宋高宗,記載北宋九

帝與南宋高宗朝政大事、典章制度沿革。每朝首卷列舉年號及皇后、嬪妃、皇子、公主、宰相、參知政事、樞密使、樞密副使、使相、三司使、翰林學士、中書舍人、御史中丞、狀元等姓名，並記各屆貢舉録取之進士人數與升改廢置州府情況，其後分卷按時間順序記録朝政大事。采拾雖略，然亦有出李燾《續資治通鑑長編》、熊克《中興小紀》、李心傳《建炎以來繫年要録》等史書之外者，頗資參考。

間亦有誤，如卷三"端拱二年，改梓州安福軍爲劍南東川節度"條，按"安福軍"，《元豐九域志》卷七、《宋朝事實》卷十九潼川府條、《輿地廣記》卷三一梓州條、《宋史》卷八九《地理志》潼川府條均作"静安軍"。

此本據天津圖書館藏清抄本影印。又有民國間東方學會《六經堪叢書》本。（李勤合）

太宗皇帝實録八十卷（存卷二十六至卷三十五、卷四十一至卷四十五、卷七十六至卷八十）　（宋）錢若水撰（第348冊）

錢若水（960—1003），字澹成，一字長卿，新安（今河南新安）人。雍熙二年（985）進士，太宗時，官至右諫議大夫同知樞密院事；真宗朝官至并代經略使、知并州事。有文集。《宋史》有傳。

是書至道三年（997）十一月奉敕專修，不隸史局。同修者柴成務、宋度、吳淑、楊億等，歷九月而畢。原書八十卷，而據《宋史·楊億傳》，億獨草五十六卷。今存僅二十卷，爲卷二十六至卷三十五、卷四十一至卷四十五、卷七十六至卷八十。分記太平興國八年（983）六月至雍熙三年二月；雍熙四年五月至端拱元年（988）九月；至道二年正月至至道三年上太宗廟號止。事無巨細，起訖皆詳，大臣逝世，則附專傳，可考見古來實録之體式。每卷末皆列書寫人某某，初對某某，覆對某某。

前代實録，唯唐順宗一代附《韓昌黎集》得

傳今日，宋元實録，則僅此而已，是以雖僅殘卷，亦足珍貴。是書與李燾《續資治通鑑長編》互有詳略，其間所載史實，可補者甚多。如《宋史·劉載傳》載其卒年七十一，此作七十六；《張洎傳》"犬吠非其主"，此作"犬各吠其主"。又如載吳鉉所定《切韻》多以吳音，作俗字數千增之，鄙陋尤甚。禮部試貢士，爲鉉音所誤，有司以聞，詔盡索而毀之，則爲他書未見。

晁公武《郡齋讀書志》、陳振孫《直齋書録解題》皆有著録，傳本久佚。現存卷三十一至卷三十五，卷四十一至卷四十五，卷七十七至卷七十八，皆宋寫原本，所遇宋諱皆避之，錢大昕據諱字定爲理宗朝重録之書。常熟瞿良士氏藏有舊抄本，雖只八卷，亦足珍貴。民國二十五年（1936）商務印書館用此兩本相補，共得二十卷，影印編入涵芬樓《四部叢刊三編》。此本即據以影印。（李勤合）

增入名儒講義皇宋中興兩朝聖政六十四卷分類事目一卷（存卷一至卷二十九、卷四十六至卷六十四）　（宋）留正等撰（第348冊）

留正（1129—1206），字仲至，泉州永春（今福建泉州）人。南宋紹興三十年（1160）進士。累官至右丞相、左丞相、少師、觀文殿大學士等職，先後受封申國公、衛國公、魏國公，卒贈太師，謚忠宣。更有《詩文》、《奏議》、《外制》等行世。《宋史》有傳。

是書編年紀事，體例一仿《資治通鑑》，記南宋高宗、孝宗兩朝政事，所謂"中興兩朝聖政"也。考陳振孫《直齋書録解題》典故類有《高宗聖政編要》、《孝宗聖政編要》，謂各五十卷，乾道、淳熙中所修，皆有御製序，書坊鈔節，以便舉子應用。同類又著録有另一種《孝宗聖政》，亦書坊鈔節，較前者稍詳。則《中興兩朝聖政》亦書坊鈔節以爲舉子所用書也。觀其體制，書前有《分類事目》一卷，列十五門，分題興復一，任相二，君道三，治道四,皇親五,官職六,人才七,禮樂八,儒學九,民政十,兵事十一,財用十二,技術道釋十三,邊事十四,災祥十五。每門各有子目,凡三百類,各子目下分別列出具體事目,事目下均標注年代,便於舉子記憶。其正文按年月編排,復將各事目分隸於相應年月,亦便於舉子對應事目以爲檢索。書中又附何俌《中興龜鑑》、呂中《大事記講義》、朱勝非《閒居録》之史評於各段記事之後,冠以"臣留正等曰"、"史臣曰"、"《大事記》曰"、"《龜鑑》曰"等,即所謂名儒講義也,亦顯爲科舉所設。原書六十四卷,今缺卷三十至卷四十五。

是書雖爲坊間舉子應試之書,然所本有自,所記史料,多可補他書之不足。如卷五十四記淳熙二年四月壬子:"商旅往來貿易,競用會子,一爲免税,二爲省脚乘,三爲不復折閲。"卷六十記淳熙十年正月辛卯孝宗曰:"大凡行用會子,少則重,多則輕。"其記宋代紙幣流通及孝宗皇帝推行會子之情況,較他書爲詳,甚爲難得。

嘉慶年間阮元編《宛委別藏》,收入是書之宋鈔本。此本即據以影印。（李勤合）

續資治通鑑長編拾補六十卷　（清）秦緗業 （清）黃以周等輯（第 349 册）

秦緗業(1813—1883),字應華,號澹如,無錫(今江蘇無錫)人。道光二十六年(1846)副貢,曾官浙江鹽運使等職。晚年歸隱,主杭州東城講舍。更著有《平浙紀略》、《浙江忠義録》、《(光緒)無錫金匱縣志》等。生平略見孫衣言《秦君澹如墓誌銘》。

黃以周(1828—1899),字元同,號儆季,定海(今屬浙江舟山)人,黃式三子。同治九年(1870)舉人,爲分水訓導、處州府學教授。另著《禮書通故》等。《清史列傳》卷六九有傳。

李燾《續資治通鑑長編》久已散佚不全,清代修《四庫全書》時,從《永樂大典》中輯出五百二十卷,但缺治平四年(1067)四月至熙寧

三年(1070)三月、元祐八年(1093)七月至紹聖四年(1097)三月,元符三年(1100)二月至十二月及徽宗、欽宗兩朝。南宋楊仲良《續資治通鑑長編紀事本末》曾取李書原文,而改編年爲紀事本末體。故朱彝尊謂以楊書補李書,則李書可全,楊書所闕,又以李書補之,則楊書亦可全。光緒六年(1880)浙江巡撫譚鍾麟曾命書局校刻《長編》,適秦緗業提調書局,乃請以楊書相補,與其事者有黃以周、王詒壽等人。

是書所記始於宋英宗治平四年四月,止於欽宗靖康二年(1127)五月康王(即高宗)即位。卷一至卷二補英宗治平,卷三至卷七補神宗熙寧,卷八至卷十六補哲宗元祐、紹聖、元符,卷十七至卷五十一補徽宗建中、崇寧、大觀、政和、重和、宣和,卷五十二至卷六十補欽宗靖康,並兼附考證。所采楊書原文則單行直書,旁采他書以補楊書者則雙行旁書。又因楊書不書月朔干支,乃考李燾《皇宋十朝綱要》、錢大昕《四朝朔閏考》而逐月分注於下。所用史料有宋、遼、金三代正史及《三朝北盟會編》、《靖康傳信録》、《靖康要録》、《困學紀聞》等百餘種。不特使李燾《續資治通鑑長編》完璧可觀,亦且有益於考證也。如卷四辨蘇軾上奏議貢舉事爲熙寧二年而非四年,引《東坡集》、《宋史》、《文獻通考》、《十朝綱要》等書證之,非但有據,亦且在理。惟引文或不厭其詳,有失制裁,如卷四記王安石阻神宗用蘇軾引王安石《乞改科條制劄子》、卷六記蘇軾諫神宗減價買燈之事引蘇軾《東坡集》等即是。又於《宋會要》等成果未及吸收,亦爲遺憾。

此本據復旦大學圖書館藏清光緒九年浙江書局刻本影印。（李勤合）

蒙古通鑑長編八卷附編一卷　（清）王先謙 撰（第 350 册）

王先謙,有《漢書補注》等,已著録。

是書八卷，記述蒙古部興起至元憲宗九年（1259）間史事，卷一至卷六標太祖朝，卷七標定宗朝，卷八標憲宗朝。前七卷以《元史》前二卷內容爲綱，照録《元史》正文，按年月編排，大字頂格書寫，其下輯録《蒙古秘史》、《元史譯文證補》，大字低一格書寫，《聖武親征録》亦少量録引，其間附李文田《蒙古秘史注》及自注，皆雙行小字書寫。卷八則照録《元史》外，僅有少量考證。另有附編部分，不分卷，凡哲別等十二補傳，其間亦附自注。

先謙別有《元史拾補》之作，稿本已佚，尚存序言。觀其序所言，亦欲以《元朝秘史》、《聖武新征録》、《元史譯文證補》三書補《元史》疏漏訛舛，則《元史拾補》與《蒙古通鑑長編》有莫大關係也。《附編》所補諸傳，或亦《元史拾補》之稿歟？

當清末同治、光緒間，蒙元史學鴻著叢出，如錢大昕《補元史氏族表》、魏源《元史新編》、何秋濤《聖武親征録校正》、李文田《元秘史注》、洪鈞《元史譯文證補》、屠寄《蒙兀兒史記》、柯劭忞《新元史》等，均富成果。先謙是書僅爲殘稿，比之時賢之著，遜色之處自不必諱，然其書之特點亦非他書所能掩。其一，是書爲第一部蒙古編年史；其二，是書使用域外資料勝過他書。魏源《元史新編》爲使用西書最早者，唯其所用爲普通西書，價值不高。洪鈞《元史譯文證補》出，用其出使西國所得之西書材料，頗多新意。先謙是書，以洪鈞《證補》爲基礎，采多桑、拉施特、志費尼等人之書，有過之而無不及。此外，其自注中更引用《通鑑輯覽》、《蒙古源流》、《輟耕録》等二十餘種著作。如卷四引志費尼、拉施特之語以解成吉思汗之名，可稱別開生面；又如《元史·太祖本紀》首句二十三字，王氏引諸家之説達四萬餘言，博采詳證，亦大有功於史學。

是書有三種稿本，存湖南省圖書館，此本據其中完整者影印。（李勤合）

明氏實録一卷　（明）楊學可撰（清）徐松校補（第350冊）

楊學可，生卒不詳，名敏，字學可，以字行，人號清風先生，新都（今四川成都）人。曾師從元儒杜圭，博通經史。元末兵起，避居雲南昆明，講論六經。後歸西蜀，明玉珍授國子助教，辭不受。入明，曾赴京訴老疾，復歸西蜀教書。生平見《（道光）新都縣志》卷一一明劉惟德《清風先生傳》。

徐松，有《漢書西域傳補注》，已著録。

是書《四庫全書》收入存目一卷，記元末明玉珍及其子事蹟始末，所記史事詳於明《太祖實録》之《明玉珍傳》，且互有異同。其中曾引《太祖實録》總裁方孝孺於明玉珍與幼主之評論，間亦自評，如評萬勝之死，冠以"楊學可曰"字樣。是書所記頗有異於他書者，值得重視。如在《明氏實録》中記作"明三"、"尚大亨"者，爲明玉珍朝要人，而《明史》、《太祖實録》分別記爲"明二"、"向大亨"；又《太祖實録》中明玉珍"去釋老而專奉彌勒法"之記載，本書則作"去釋老二教并彌勒堂"。是書成書當早於建文帝時編修之《太祖實録》。作者爲川人，於明玉珍父子之事有所聞睹，故有重要史料價值。

是書原無注，徐松據《元史》、《太祖實録》、《明史》、《明史紀事本末》等校補，羅列異同，或作考訂，亦有益於原書。

此本據復旦大學圖書館藏清光緒會稽趙氏刻《仰視千七百二十九鶴齋叢書》本影印。又有道光十一年六安晁氏木活字《學海類編》本。（李勤合）

昭代典則二十八卷　（明）黃光昇撰（第351冊）

黃光昇（1506—1586），字明舉，號葵峰。晉江（今福建晉江）人。嘉靖八年（1529）進士。官至四川布政使、刑部尚書。晚年歸家閉門治學。更著有《四書紀聞》、《春秋本義》、《歷代紀要》等。生平見黄文簡《尚書贈太子少保黄恭肅公行狀》。

是書按年述明太祖至穆宗間君臣事蹟及各項制度。記事起自元順帝至正十二年（1352）朱元璋起兵，終於明穆宗隆慶六年（1572）。前四卷，自至正十二年迄洪武建元以前之十三年，故僅以干支紀年。蓋光昇秉夷夏觀念，以是時雖未建元，而天命有在焉，而"胡虜"及"四方盜賊"之竊據則附見其事。舉凡諸帝及文武大臣之功業、朝政大事、軍事征伐及典章制度之變革，皆提綱列目，先略挈某月之災祥、天象及大事，繼低格詳述之。間有按語，如卷六論建余闕、李黼祠，卷二十一評王瑞論揭貼失實者連坐事等，其前四卷多引胡粹中之評論。

是書所記尤詳於太祖一朝，可補他史之不足。如卷六記《元史》成，不記李善長等進表，而記朱元璋親疏鐵冠道人張中十事，命宋濂作傳，並詳記張中事，亦有以見明代與道教之淵源。其卷二十一采《憲廟實錄》記陳獻章阿諛太監梁芳之事，則鮮爲人知也。

此本據上海圖書館藏明萬曆二十八年周曰校萬卷樓刻本影印。（李勤合）

憲章錄四十七卷　（明）薛應旂撰（第 352 冊）

薛應旂（1500—1574），字仲常，號方山，武進（今江蘇常州）人。嘉靖十四年（1535）進士，官南京考工郎中。因對嚴嵩不滿，貶爲建昌通判、浙江提學副使。歸居後，專事著述，更著有《宋元資治通鑑》、《四書人物考》、《薛方山紀述》等。生平略見《毗陵人品記》卷九、《明儒學案》卷二五及《五牧薛氏宗譜》卷二。

應旂不滿於《通紀》之仿編年而蕪鄙，《吾學編》之效紀傳而斷落，乃采館閣實錄及官府邸報編爲是書，諸儒文集有關於體要者亦酌量采入，書中"按某某曰"者即是。按年詳載，志在經世，以追宗孔子"憲章文武"之意，故名爲《憲章錄》。應旂曾纂《宋元資治通鑑》一百五十七卷，以繼司馬光《資治通鑑》。是書之成，自洪武開國，以迄正德，使一百五十餘年之史事與前書有所接續。

是書雖爲編年體，而兼取紀傳、紀事本末史法，於載某人卒時、致仕時附入該人傳記，如江西參政陶安、處士張翼之類即是；又以"先是"、"初"等手法敘述某事原委，如卷二洪武三年（1370）六月，遣使往紹興葬宋理宗頂骨，即以"先是"交代先前朱元璋與危素論宋元興替，因及宋理宗頂骨事，使首尾清晰。

《四庫全書總目》列入存目，提要譏其"采摭集書，頗失甄別"。如惠帝遜國，事本傳疑，應旂乃於正統五年（1440）十二月書思恩州土知州岑瑛送建文帝入京，號爲老佛。按其自序云"或紀載於館閣，或傳報於邸舍，見輒手録"，則亦淵源有自也。惟其剪裁衆書，不書出處，遂致詬病。是書所記每較他書爲詳。如《明史·于謙傳》云："徐珵以議南遷，爲謙所斥，至是改名有貞，稍稍進用，嘗切齒謙。"而此書卷二十八景泰七年云："帝用人多密訪於于謙。時缺祭酒，翰林徐有貞屬意補之，以門生楊誼爲謙內姻，托爲懇請。謙曲意從之，因中官以達於上。上宣謙至文華殿，辟左右諭之曰：徐有貞雖有詞華，此人存心奸邪，豈堪爲祭酒？若從汝用之，將使後生秀才，皆被教壞了心術。謙無所對，惟叩頭謝過，及退，汗出浹背。有貞竟不之知，自是遂銜謙矣。"首尾具載，可補正史。又如卷二十六載楊守陳《銀豆謡》，具見景帝聲色奢華，堪稱良史。應旂之思想，出入朱陸，其爲學講求經史合一，注重史學之經世意義，所謂君子不得已而爲文，無非爲經世而作也。是書及《宋元資治通鑑》之作，即其明證。

是書《千頃堂書目》作四十六卷，蓋以卷三十九、卷四十合爲一卷故。此本據明萬曆二年陸光宅刻四十七卷本影印。（李勤合）

兩朝憲章録二十卷　（明）吳瑞登撰（第352冊）

吳瑞登，生卒不詳，字雲卿，武進（今江蘇常州）人，由貢生官光州訓導。更著有《明繩武編》三十四卷。生平見《毗陵人品記》卷十。

是書上承薛應旂《憲章録》，記嘉靖元年（1522）至隆慶六年（1572）兩朝五十一年史事，亦稱《嘉隆憲章録》。以編年爲體，大臣卒時，則附其傳，間追敘前事。多集諸臣奏章，主要内容爲朝廷禮樂行政、安内攘外、察奸剔弊、興化致治等。每疏之後，加以評議，論其是非，頌其卓見，雖不免文人迂見，亦史學經世之用。

是書勇於直書，於當時水旱盜賊相仍、法令政措多舛之事不避，而於帝過亦如實記録。如隆慶元年史部總述記嘉靖朝諸臣，因建言棄市死者楊繼盛、郭希顔等四人，廷杖死者楊最、王思等十三人，繫獄戍邊死者李璋、楊慎等二十八人，其他如位居首相之夏言，建功名將張經、曾銑等皆棄市，久繫詔獄而未死者吳時來、海瑞等人之遭際等等，嘉靖帝之專橫酷虐，因此而立於紙上。吳氏於貪污之風深惡痛絶，認爲此風起於奢侈，並云：“昔在先朝，蓋有賄者矣，然百金稱多，今則累十萬以爲常。”良史實録精神，是其特色。

此本據上海圖書館藏明萬曆刻本影印。（李勤合）

憲章外史續編十四卷　（清）許重熙撰（第353冊）

許重熙，生年不詳，卒於順治末。字子洽，號東邨八十一老農，常熟（今江蘇常熟）人，萬曆三十九年（1611）始爲邑諸生，屢試不售。數游京師、金陵、淮揚、匡廬間諸藏書家，學益博，識高古。以史學著稱於世，更撰有《歷代通略》、《國朝殿閣大臣年表》、《宋史增訂新編》等，俱入《禁毀書目》。傳見《（康熙）常熟縣志》卷二〇。

是書與吳瑞登之《兩朝憲章録》俱爲薛應旂《憲章録》之續編。起自正德十六年（1521）四月，迄天啓七年（1627）八月，記嘉靖、隆慶、萬曆、泰昌、天啓五朝一百餘年史略，又題《嘉靖以來注略》、《五朝注略》。《禁毀書目》題作《嘉靖隆慶萬曆天啓四朝注略》，蓋漏略卷十二、卷十三之“泰昌注略”也。

是書亦明人作明史。重熙以嘉靖之時，俺、吉並驚，烽火日驚，東西告急，兵荒連歲，租稅全蠲，戰士死生，優恤屢下而物力告詘，智勇交困。然而聖謨捷於風霆，臣略運如水火。犯顔敢諫者，蹈鑊不移；挺身任事者，盈篋無悔。一時精神氣色，有陽明而無陰昧。迨至隆慶以迄萬曆之初，股肱惟良，邊鄙不聳。太倉粟支十年，閭右蓋藏相望，五十年兵寢刑措。然江陵既没，人情更以承平轉玩，胥役日繁，即有能墾之人，難應誅求之費矣。贊襄以掩過爲能，封疆以避罪爲巧。身名輕於利禄，情面重於法紀。祖述未必盡和，憲章不可不勉，乃於崇禎初作此書，亦以史爲鑒之意也。

當代史著，最易觸諱。當時私家記述甚多，董其昌序云，曾見嘉靖朝若《大政》、《編年》、《識餘》、《聞見》諸録，萬曆朝若《筆塵》、《邸抄》，泰昌、天啓朝若《日録》、《從信》、《紀政》，或出自侍臣隨事載筆，或本之通儒有故發憤，而重熙是書雖未明言采用何書，然搜近代之故實，括諸家之舊聞則必也。又謂其可以破諱近之疑，可以鏡治朝之概，不盡美之辭。而其書因有“劉伯温非渡江勳舊”之語，遭劉氏後人攻擊，謂其居下訕上，實録未成而《五朝注略》先刊行世。崇禎帝乃於九年（1636）正月旨令革去重熙衣巾，書板追毀。是書記載遼東兵事頗多，於後金概呼之“奴寇”、“奴兵”、“奴膽”之類，皆爲清廷所深諱。《清代禁毀書目》云其内第七卷以至十四卷，詆斥之詞甚多，即此謂也。

此本據國家圖書館藏明崇禎初刻本影印。（李勤合）

皇明大政紀二十五卷 （明）雷禮（明）范守己（明）譚希思撰

雷禮（1505—1581），字必進，號古和，豐城（今江西豐城）人。嘉靖壬辰（1532）進士，授興化司理，後官至工部尚書。更著有《國朝列卿記》、《真定府志》等。傳見《國朝獻徵錄》卷五〇。

范守己（1544—1611），字介儒，號御龍子、九二閒人。洧川（今河南長葛）人。萬曆二年（1574）進士。歷官南京戶曹、山西提學、建昌兵備、按察司僉事。更著有《御龍子集》、《蕭皇外史》、《天官舉正》等。生平見《（道光）尉氏縣志・人物志》。

譚希思（1542—1623），字子誠，號岳南，茶陵（今湖南茶陵）人。萬曆二年（1574）進士，官至四川巡撫。更著有《明大政纂要》、《四川土夷考》等。《明史》有傳。

是書二十五卷，自朱元璋起兵至正德九朝凡二十卷，雷禮所輯；嘉靖朝四卷，范守己所續；隆慶朝一卷，譚希思所續。萬曆中周時泰合而刊之，郭正域爲之序。全書編年敘次，有正書，有分注，體例大致與《通鑑綱目》同。考范守己有《蕭皇外史》四十六卷，紀明世宗一代朝政，編年繫月，立綱分目；譚希思有《明大政纂要》六十卷，記自洪武元年，迄隆慶六年，亦編年體。《明史・藝文志》載雷禮《大政紀》爲三十六卷，《四庫全書總目提要》謂時泰合刊是書時有所裁剪。

《四庫全書總目》入之於存目，《提要》謂，是書所記多采撮實錄，詳略未能得中，異同亦鮮能考據，蓋考據家者言。按是書所記每能補正史之不足，如嘉靖四年（1525）正月記胡世寧上書論列正德以來，李東陽、楊廷和把持翰院，私訌相傳，謬稱舊制，以欺後進，以鉗衆口，下視六卿若其屬吏，後先相承，必其門生子弟遞爲受授。此與《明史・楊廷和傳》極盡褒美之辭迥異。又如記隆慶四年（1570）六月，記大學士李本奏復呂姓事，《明史》不載，按王世貞《皇明奇事述》亦載李本原姓呂，唯不記復姓時間，則是書所記有所本也。又如卷十九載莊敏忏劉瑾事、卷二十二記嘉靖九年十二月董玘削籍事，皆較正史爲詳。

此本據北京大學圖書館藏明萬曆三十年博古堂刻本影印。（李勤合）

皇明從信錄四十卷 （明）陳建撰（明）沈國元訂補（第355冊）

陳建（1497—1567），字廷肇，號清瀾、粵濱逸史，東莞（今廣東東莞）人。嘉靖七年（1528）舉人，任侯官教諭，後任臨江府學教授、信陽縣令等職。博學強記，於明史有所研究。更著有《皇明資治通紀》、《朱陸編年》、《學蔀通辨》等。生平見《（雍正）廣東通志》卷四七。

沈國元，生卒不詳，據《兩朝從信錄》序及《四庫全書總目》卷六五《二十一史論贊》提要，知國元字飛仲，後更名常，字存仲，吳縣（今屬江蘇蘇州）人。更著有《甲申大事記》、《十三經廣義》、《兩朝從信錄》等。

陳建留心掌故，采邸鈔、實錄，仿《通鑑》著《皇明資治通紀》，起元順帝至正十二年（1352）朱元璋起兵反元，至統一全國爲《皇明啟運錄》；後續編《靖難記》至《武宗紀》，爲海內所宗。後卜大有又補作《續紀》，記嘉靖、隆慶兩朝。沈國元感神廟嘉言臺政，彰彰在人耳目，然無成書，乃將《皇明通紀》、《續紀》二書合併，並補萬曆朝史事，改題《皇明從信錄》。

全書始元順帝至正十二年朱元璋起兵反元，至明神宗萬曆四十八年（1620）。以編年之體，記明代制度、邊防、吏治等，更詳記神宗萬曆朝史實。於詔敕令旨、群臣奏章，或全載，或節錄。其前三十三卷，史實之後，每有作者按語，或辨史實，或引史論。自卷三十四萬曆年起，更詳注出處，以示徵信，而據《皇明啟運錄》卷首采據書目，知當時陳建所據之書達三十三種。其中多有失傳者,有關資料,賴此得以保存。

明代後期,時局瀕危,有識之士均著意於救世之方。陳建著《通紀》,後人補續,意均在此。如宣德十年,宣宗命司禮太監偕文武大臣閱武於將臺,陳建以此事爲例,痛論明朝宦官專權之害。謂宣廟崩而王振專權,是爲世道升降一大轉關。洪武開國之初,宦官止供守門傳令、灑掃使令之役。永樂中,馬雲、孟驥諸人稍有名聲,猶未能用事。至宣德,王瑾、劉永成則已承寵用事,然未專政柄、制國命。至正統初,英廟幼沖,王振擅作威福,事體始有大變。自此天子深居大內,不與群臣相接議政,而中外之權俱歸中官,於是武備寖弛,胡虜跳樑,邊患日作,紀綱盡廢。所述所論,尚稱中肯。

本書據華東師範大學圖書館藏明末刻本影印。(李勤合)

兩朝從信錄三十五卷　（明）沈國元撰（第356册）

沈國元,有《皇朝從信錄》,已著錄。

是書續《皇明從信錄》而記泰昌、天啟兩朝史事。以年月爲綱,繫以史實,多取材於邸鈔,雜糅以稗官小乘、野史途歌。或全篇登錄,或酌情摘要,故名“從信”。凡泰昌至天啟間明政府之政治施爲,與女真、蒙古等少數民族之關係,各地農民、教派起義鬥爭情況,均多有記載。尤詳於後金與明政府東北之爭。明政府有關命官遣將、戰略、策略、方針之討論與決定,失利後官將之更易,調兵加餉,以及逐年逐月戰鬥情況,無不備載。

是書稱後金爲“虜”、“夷”,稱努兒哈赤爲“逆奴”、“狡奴”、“奴酋”、“奴賊”,稱後金出兵爲“犯”、“陷”等,爲清人所忌,後乃列爲禁書。是書於後金侵入內地造成嚴重傷害多有記載,如卷六載天啟元年(1621)三月,後金括收民衣,富室祇准留九件,中人五件,下人

三件。又驅漢人赴北城,屯民歸村堡,後金趁機劫奪。又批評明朝將領作戰不力,讚揚英勇抗擊後金之將士百姓,如記天啟元年三月,後金殺遼人之狀貌可疑者,一生員父子六人知必死,持刀與衆砍殺頭目,連殺三四人,其諸子拔梃共擊殺二十餘人。百姓乘機出走,結隊南行,後金不敢追。又記後金逼民剃頭,獨有東山礦兵與南衛堅不受命,有剃頭者至,輒群擊殺之。此類記載,頗爲珍貴。

此本據上海圖書館藏明崇禎刻本影印。(李勤合)

皇明通紀法傳全錄二十八卷　（明）陳建撰（明）高汝栻訂（明）吳禎增删　**皇明法傳錄嘉隆紀六卷皇明續紀三朝法傳全錄十六卷**（明）高汝栻輯（第357册）

陳建,有《皇明從信錄》,已著錄。

高汝栻,生卒不詳,據是書序,知其字時翊,號西湖逸民,仁和(今屬浙江杭州)人。

吳禎,據《法傳錄序》,其自稱雲間史官,松江(今屬上海)人。其他事跡不詳。

當明代後期,國史未修,實錄則非常人所得見。《大明會典》、《皇明政要》之類,學者難以貫通,是以博古而不能通今者,比比皆是。汝栻以陳建《皇明通紀》雖稱明朝典故權輿,然繁簡有所失當,因據衆書增其不足,删其腐冗,訂爲《法傳錄》,亦前事不忘、後事之師之意也。後吳禎復加增删而刊行。

全書記朱元璋起兵至正德年事。書前附陳建《皇明通紀前編序》及《皇明通紀法傳錄引用群書》,引書計九十八種,凡詔令、會典、一統志、奏疏、傳記、筆記、文集,如《皇明詔令》、《御製大誥》、《天啟奏疏》、《皇明歷朝奏疏》、《英烈傳》、《焦弱侯集》、《今文選》、《玉堂叢語》等,均有引用。

書中附有高汝栻、吳禎按語,或發史論,或引他書以作考證,或補其不足,或説明删除理由,皆雙行小字。如卷十九記正統三年六月,

大同、陝西等沿邊空閒之地，許官軍戶下人丁盡力開墾，免除稅收，高汝栻分析歷代邊儲之策，以爲趙充國、韓重華屯邊爲上，勸民開墾以待糴爲次，轉運千里爲下。又論明代封建，謂漢、唐、宋之封建皆不得其制，而太祖封建，使其國皆居要衝之地，吏治其國而納貢稅，上無所專，下無所擾，可謂萬世良規。所論於研究古代封建制度亦有助焉。

汝栻既改訂陳建《皇明通紀》爲《皇明通紀法傳全錄》，又以陳建書記事至正德朝，而世宗嘉靖朝，歷時既長，更議大禮，定大制，驅倭逐虜，進賢拔佞，穆宗節儉謹度，好生戒殺，皆可法而傳也，而《從信錄》、《廣匯記》、《大政記》諸補記之書或因陋就寡，或撝拾未盡，因就耳目所聞睹，家庭所講求，考訂筆削，成《皇明法傳錄嘉隆紀》六卷。又以萬曆、泰昌、天啟三朝以來，甲是乙非，靡有定論，更無他紀以識其實，而《兩朝從信錄》、《十六朝廣匯記》輯綴邸報，贅衍篇長，無製作之法。乃旁搜家乘野史，參互考訂，成《皇明續紀三朝法傳全錄》，非特記征倭、梃擊之大事，亦且網羅兵農錢穀士馬登耗之數，司徒司空太僕會計盈縮之額，水利屯田河渠海運北虜島夷奴酋番域處置之宜，述而不作，以爲異日修史者之資。

以上五朝法傳錄體例一如前錄，編年記事，間加按語。凡大臣卒，則附略傳，長短不拘。如毛紀卒，小字按語云："紀，掖縣人。歷任四朝，守正不阿。以疾致仕，居家二十年，始終一節。"其間所記，多正史未詳者，如《嘉隆紀》卷三記嘉靖二十五年三月倭患之產生，言貴族官府與番人貿易，價不抵值，致使部分番人無法回國，遂事劫掠，而苦於徭役之小民、逸囚罷吏、失意書生或相率入海，或爲之嚮導，其徒多率華人，金冠龍袍，稱王海島。復糾彰、廣群盜，勾集各島倭夷，大舉入寇云云，即其例。

明代史學，自陳建《皇明資治通紀》流傳宇內，人各操觚，遂成一時風氣。其自作一書者，若薛應旂《憲章錄》、鄭曉《吾學編》、朱國禎《皇明史概》、塗山《明政統宗》、王世貞《弇州史料》之類，不可悉舉。其續《通紀》之作者尤繁，若卜大有《皇明續紀》、卜世昌《皇明通紀述遺》、沈國元《從信錄》、陳龍可《皇明十六朝廣匯記》、張嘉和《通紀直解》、鍾惺《通紀集略》等十數家，論者雖職非史官，未擅三長，撝拾稗史，難必傳信，然可見明代史學之繁榮，亦明末實學思潮之明徵。

此本據浙江圖書館藏明崇禎九年刻本影印。（李勤合）

國榷不分卷 （清）談遷撰 （第358—363冊）

談遷（1593—1657），原名以訓，字觀若，號射尺；明亡後更名遷，字孺木，海寧（今屬浙江）人。明末秀才，南明立，以中書薦，召入史館，辭不就。家境清貧，刻苦篤學，好觀古今治亂，尤其關注明朝典故，以諸家所修《明史》體制粗淺，而實錄亦頗失實，故著此書。初創於明天啟元年（1621），至清順治二年（1645）殺青。兩年後書稿失竊，發憤重編，四載而就，復至北京搜訪訂補，迄順治十三年書成。更有《棗林集》、《海昌外志》等。生平見黃宗羲《談孺木墓表》。《清史稿》有傳。

《國榷》爲編年體史書，記事始元天曆元年（1328），終南明弘光元年（1645），凡四百二十八萬字，而萬曆以降七十年居全書篇幅三分之一。取材多援引《實錄》，兼采諸家史料一百二十餘種，崇禎之後史事則據邸報、檔冊、方志，且訪自前朝遺民故吏，史料價值頗高。至於《明實錄》所隱或清廷所諱之史實，諸如太祖晚年濫殺、建文削藩、燕王"靖難"、清先世情況，均秉筆直書。其中猛哥帖木兒至努爾哈赤間史事原委，則可補明清史籍之闕。於明末農民戰爭亦記載甚詳。

是書正文纂輯史事，按年月日編載，隨事敍列作者與諸家議論，亦便參考。卷首彙輯明代朝章典制,以大統、天儷、元潢、各藩、興屬、勛封、恤爵、戚畹、直閣、部院、甲科、朝貢等分門別類加以綜述,彌足珍貴。惟記事或失於簡略,正統、嘉靖、萬曆三朝尤甚。本書有以見談遷史德、史才與史識,清邵廷采《思復堂集》卷三《明遺民所知傳》評曰:“明季稗史雖多,而心思漏脱,體裁未備,不過偶記聞見,罕有全書,惟談遷編年、張岱列傳,兩家俱有本末,谷應泰並采之以成紀事。”

是書既成,祇有稿本,終清一代未刊,故未遭改竄,原本不分卷,據《義例》,原稿或分百卷。近人張宗祥曾據蔣氏衍芬草堂所藏鈔本與四明盧氏抱經樓藏鈔本互相校補,重編爲一百零八卷,含正文一百零四卷,卷首四卷。

此本據國家圖書館藏清抄本影印。(楊昶)

明通鑑九十卷首一卷目錄二十卷前編四卷附編六卷 　(清)夏燮撰(第 364—366 册)

夏燮(1800—1875),字嘯甫(或作父),又字季理,別號江上蹇叟、謝山居士,當塗(今安徽當塗)人。道光元年(1821)舉人,先任青陽縣學訓導、臨城縣學訓導,後入曾國藩、毓科、沈葆楨等人幕府,又歷任江西吉安、永寧、宜黃知縣。兩江總督左宗棠曾奏請朝廷將夏燮列入國史《儒林傳》。因於宜黃縣任内虧空數萬金而受責,後鬱鬱而亡。更著有《中西紀事》、《謝山堂文集》等。《清儒學案》卷一五五有傳。

夏燮以爲官修《明史》頗失其真,故沉潛二十餘年,參證群書,考其異同,撰成此書。是書乃其一生用力所在,正編九十卷,紀明太祖、惠帝、成祖、宣宗、英宗前、景帝、英宗後、憲宗、孝宗、武宗、世宗、穆宗、神宗、熹宗、莊烈帝,前後十四帝。明太祖即位前別爲前編四卷,記事自元順帝至正十二年(1352)郭子興起兵濠州起。正編之後又有附編六卷,紀崇禎十七年(1644)五月明福王南京稱帝以後事,迄於康熙二十二年(1683)清兵攻克臺

灣平鄭氏。全書三編,完整記錄有明一代興亡史,涵蓋政治、經濟、軍事、文化、外交諸方面。前紀用元代年號,附編則用清代年號,唯正編用明代年號,處理得當。清代官修《明史》不載南明事,此書附編可補其闕。

是書探討明代治亂之源,博采官私著作,僅明季野史即采摭數百種。於不同記載,仿裴松之注《三國志》之例,擇確然可信者,參之《明史》及《明史紀事本末》,入於正文,采疑信相參者,夾注於下。於不可深信之記載,則仿司馬光《通鑑考異》,別成《考異》,依胡三省注《通鑑》例,分條注於正文之下。其不便入《考異》者,則另成《明史綱目考證》、《明史考異》等書。所采資料,原帙或已散佚,故彌足寶貴。亦有不足,《實錄》僅見五朝,而首尾完整者僅永樂、正德、嘉靖三朝而已,其他私家著作如談遷《國榷》、陳鶴《明紀》則未曾采用,頗影響考辨。至於明末與滿洲之交涉,一依清人記載,不如《國榷》可信。

是書尤關注有明一代制度,如紀綱、禮樂、刑政、天文、曆法、河道、漕運、營兵、練餉、折色、加賦等事,以爲皆有關治亂之源,故詳稽《明史》相關傳志,《明會典》、《一統志》等書及私家著作,薈萃折衷,務使脈絡分明,條理綜貫,此亦温公《通鑑》之例。更注意考正紀年月日之干支,於舊史紊亂者多所訂正,頗有益參考。

此本據上海圖書館藏清同治十二年宜黃官廨刻本影印。又有光緒二十三年湖北官書局重校本。(劉韶軍)

山書十八卷　(清)孫承澤撰(第 367 册)

孫承澤(1592—1676),字耳北,一作耳伯,號北海,又號退谷、退谷逸叟、退道人、退谷老人等,益都(今山東青州)人。崇禎四年(1631)進士,官刑科都給事中。曾任李自成大順政權四川防禦使。入清,任吏部左侍郎,加太子太保、都察院左都御史。精於鑒別書

畫,家藏頗富。熟悉明代掌故,更著有《庚子消夏記》、《己亥存稿》、《研山齋集》等。傳見《清史列傳》卷七九。

康熙四年(1665),清廷諭旨徵求各地官民之家記載天啟、崇禎事蹟之書,雖有忌諱之語亦不治罪。承澤乃就舊日抄存之書,輯成十八卷進呈。時方養疴山中,乃名爲《山書》。

是書又名《崇禎事蹟》,凡十八卷。内容主要爲大臣章奏及皇帝詔諭,並及作者當年朝中見聞。體例仿沈德符《萬曆野獲編》,每篇四字或五字標題,以紀事之體按年月順序編排。

是書既爲承澤承旨協助纂修《明史》而編輯,當時未曾刊行,修《明史》者又未盡用,至乾隆間又屬禁書,故傳本極少。按崇禎一朝,無實録存世。承澤曾任職於吏、户、刑、工各部,留心朝政、經濟,熟稔政壇事蹟,既廣搜邸報章奏及在朝聞見入録,則可補史乘缺憾。尤其保存有一些不見於《明史》之第一手檔案材料,具有較高參考價值。如卷一“禁交結内侍”條載崇禎元年(1628)二月詔諭,重申祖宗《大明律》禁諸衙門官吏與内官近侍交結之規定,以此爲治亂之源,如有違反,決不姑息,用肅官箴;“禁私閹割”條載有同年五月詔諭,亦重申會典舊款,禁私自净身,如有違反,處以重刑。又如卷二“京支錢糧數目”條、“邊鎮錢糧數目”條詳載當時北京及邊鎮錢糧支出情況,甚爲難得。

《明史》、《明通鑑》、《國榷》、《烈皇小識》等正史、野史,限於篇幅與體例,所記史實多有去取。《山書》所記,多係奏疏原文,讀來更覺親切真實。如卷一“秦民因饑起變”載崇禎元年十月陝西巡按御史李應公奏章,言全陝當邊疆多事,徵兵征餉,閭閻十室九空,更遇連年凶荒,百姓多有鋌而走險者,亟需朝廷賑濟。甚至有萬一禍亂大作,天下動摇,勿謂臣今日緘口不言等語,可見當時情勢。又卷四“賑濟陝西”條載崇禎四年正月詔諭,稱

陝西延綏等處,屢報地方饑荒,小民失業,至有迫而從賊自罹鋒刃者,特命户工二部共發銀十萬兩,兩差御史會同撫按賑濟災民,必須躬親料理,實惠小民云云。可見崇禎一朝,無論君臣均能積極應對危機,然不多日陝西起義即席卷全境,其間成敗之因,亦啟思量。

此本據浙江圖書館藏清抄本影印。

(李勤合)

弘光實録鈔四卷附弘光大臣月表一卷

(清)黄宗羲撰(第367册)

黄宗羲(1610—1695),字太冲,號南雷,學者稱梨洲先生,餘姚(今浙江餘姚)人。曾領導復社反對宦官,幾遭殘殺。清兵南下,參加武裝抵抗,曾任南明魯王政權左副都御史。南明覆亡,隱居講學著述。康熙中,徵博學鴻儒,聘修《明史》,皆力辭不就。更著有《明夷待訪録》、《明儒學案》、《南雷文定》、《南雷詩歷》等,編有《明文海》等多種。《清史稿》有傳。

是書以實録體記載南明福王政權弘光一朝事,所據爲當時邸報,兼取所聞見,鈔之以求其備,故曰《弘光實録鈔》。雖非官書,亦多信確。其間所記南明政治、經濟、軍事甚詳,於南明忠烈之士多有褒揚,如“御史黄澍請恤諸人”條下,宗羲特書各人事蹟,有長沙推官蔡道憲被執不降,死而不瞑;鍾祥蕭漢自請留守,被俘自刎;下江許文岐密約反正,被告致死等。

書前附《弘光大臣月表》一卷,記弘光朝大學士、吏部尚書、户部尚書、禮部尚書、兵部尚書、刑部尚書、工部尚書、左都御史,按月列表,尤爲詳盡。

惟黄氏以東林黨後人,又入復社,與阮大鋮等人結怨,故於聖安皇帝及馬士英、阮大鋮頗多深刻之語,至有故意顛倒錯亂者。如史可法《請尊主權化諸臣水火疏》,本爲張慎言舉薦舊輔吳甡引發勳臣殿争而起,而黄氏乃將

史疏中逆案之臣可起用之意置於"乙丑馬士英翻欽定逆案"一節,將疏中痛斥黨爭之語置於"己卯吏部尚書張慎言罷"一節。"馬士英翻欽定逆案"條後,並有黃氏按語曰:"嗚呼!北兵之得入中國,自始至終皆此案爲之崇也!"凡此,均有違於史法。

此本據浙江圖書館藏清光緒三年傅氏長恩閣抄本影印。(李勤合)

小腆紀年附考二十卷 (清) 徐鼒撰(第367—368 冊)

徐鼒,有《小腆紀傳》,已著錄。

徐鼒生當清道咸年間,時危機益彰,因感於世運治亂之大小,人心之邪正分之也,當務之急在正人心、維世運,而明清迭代歷史足爲參資。如清廷既奉史可法、劉宗周、黃道周等爲一代完人,復以明降將劉良佐等一百二十人列爲貳臣,吳三桂等二十餘人列爲逆臣;徐鼒因體察乾隆用意,編《小腆紀年附考》等,告誡清君吸取亡明教訓,規勸清臣盡忠義之道。

書凡二十卷,以編年爲體,起崇禎十七年(1644)農民軍推翻明朝、福王朱由崧於南京建號稱帝,終康熙二十二年(1683)臺灣鄭氏政權爲清朝所併,凡四十年之史實。綱以提要,目以敘事,書寫時低綱一格;紀年先大書清朝年號,復附注南明政權年號。傳聞互異、記載不一者,寫成附考,列於正文之下。又有著者論斷,用以説明書法意圖,評論史事人物,繫於史事之末。書名"小腆",出自《尚書·大誥》,意爲"小主",係敵國指斥之詞,此以指所紀南明各政權均偏安一隅,未足與中原皇朝相頡頏。

是書於明季衰亂之事實多有記錄,於明代苛政、宦官當權、黨爭不斷多有深刻批評,於爲臣之道亦多有申述。明將金聲桓、李成棟既降清朝,復叛清依南明,徐鼒於卷十五評論云:"《紀年》一書遵純廟聖諭暨欽定《恤謚考》之義,例自文武大吏及草莽之臣惓惓不忘故國者,表而出之。而如金聲桓、李成棟之流,方其倒戈故主,既無不狃存魯之心;既已授鉞新朝,又忘豫讓國士之報。視君父如傳舍,刈人命如草菅,此輩之肉又足食邪!直書爲叛,而不復以反正之義相假借者,所以誅亂賊之反復而明臣子之大防也。"

因成書較晚,是書頗得資料收集之便。據其自序,考而知其梗概者有王鴻緒《明史稿》、溫睿臨《南疆繹史》等書;參考而訂其謬誤者,甲申三月以前則有吳偉業《綏寇紀略》、鄒漪《明季遺聞》等書,福王南渡事則有顧炎武《聖安本紀》、黃宗羲《弘光實錄》等書暨各省郡縣志、諸家詩文集;唐、桂二王事,則有錢秉鐙《所知錄》等書;魯監國及賜姓成功事,則有馮京第《浮海紀》、鮑澤《甲子紀略》等書。可見其引證資料之博洽。尤可貴者,考辨資料歧異以訂訛糾謬,所引一一注明出處。如卷十八,順治十一年(1654)八月清政府再次遣使招降鄭成功,徐氏云:"諸書俱云冬十月事。按《臺灣外紀》載成功與芝龍書中有八月十九日招使抵省,九月初四日辰時送禮云云,確鑿可據,諸書當據二使復命時書也。"又如卷十八順治十一年正月"明前監國魯王移居南澳"條考辨鄭成功沉魯王於海云:"舊傳魯王在金門,成功禮意浸衰,王不能平,移居南澳,成功使人要於道,而沉諸海。今以《臺灣紀事》、《魯春秋》、《鮚埼亭集》考之,則此説舛謬之甚。據《臺灣外紀》云云,當得實也,今從之。"

此本據清咸豐十一年刻本影印。(李勤合)

大清太祖承天廣運聖德神功肇紀立極仁孝武皇帝實錄四卷 清崇德元年敕撰(第368 冊)

天命十一年(1626)七月,後金努爾哈赤死。其子皇太極繼位可汗,年號天聰,敕令爲努爾哈赤編纂實錄,有圖有文,記錄其開國事蹟,題曰《滿洲實錄》。天聰十年(1636)四月,改國號曰大清,改元崇德。是年重修《滿洲實錄》，撤除圖畫，以漢字繕寫，改題《大清太祖承天廣運聖德神功肇紀立極仁孝武皇帝實錄》，是爲清代第一部依歷史傳統爲逝世帝王編纂之實錄。

是書記錄清建國之史較詳，於努爾哈赤有完整詳盡之記載，爲有清興起之重要史料。其明確記載始於萬曆十一年（1583），較滿文老檔早二十四年。編者於漢文未稱嫻熟，故詞彙樸實，後屢加修飾，並以忌諱於史實有所修改。康熙二十一年（1682）重修時，不稱武皇帝，改諡高皇帝，於未合實錄體例處作修訂，並增御製序文、進呈表文、凡例、修纂官表等項。雍正十二年（1734）更校定文字，乾隆間再修訂，以成定稿。故崇德元年所修《武皇帝實錄》多存史事原貌，彌足珍貴。如是書記太祖嫁莽姑姬公主一節云：“太祖欲以女莽姑姬與孟革卜鹵爲妻，放還其國。適孟革卜鹵私通嬪御，又與剛蓋通謀欲纂位。事泄，將孟革卜鹵、剛蓋與通姦女俱伏誅。辛丑年正月，太祖將莽姑姬公主與孟革卜鹵子吳兒戶代爲妻。”改定本乃云：“其後上欲釋孟革布祿歸國，適孟革布祿與我國大臣噶蓋謀逆，事泄，俱伏誅。辛丑春正月庚子朔，上以妻吳爾古代。”略去私通一節。又如卷四記努爾哈赤遺命皇后烏拉納喇氏即多爾袞生母殉葬一節頗詳細：“帝后原係夜黑國主楊機奴貝勒女，崩後，復立兀喇滿泰貝勒女爲后。饒丰姿，然心懷嫉妒，每致帝不悅，雖有機變，終爲帝之明所制。留之恐後爲國亂，預遺言於諸王曰：‘俟吾終，必令殉之。’諸王以帝遺言告后，后支吾不從。諸王曰：‘先帝有命，雖欲不從，不可得也。’后遂服禮衣，盡以珠寶飾之，哀謂諸王曰：‘吾自十二歲事先帝，豐衣美食，已二十六年，吾不忍離，故相從於地下。吾二幼子多兒哄、多躲當恩養之。’諸王泣而對曰：‘二幼弟吾等若不恩養，是忘父也，豈有不恩養之理。’於是后於十二日辛亥辰時自盡，壽三十七。”所記皇后心懷嫉妒，臨殉前支吾不從，諸王逼殉等細節改定本均刪去，而僅云殉葬，壽三十七而已。

民國二十一年（1932）北平故宮博物院據內閣大庫檔案中崇德元年修《武皇帝實錄》鉛印。此本據復旦大學圖書館藏故宮博物院鉛印本影印。（李勤合）

東華録三十二卷　（清）蔣良騏撰（第 368 册）

蔣良騏（1722—1788），字千之，一字嬴川，又作螺川，全州（今廣西全縣）人。乾隆十六年（1751）進士，歷任翰林院編修、國史館編纂，鴻臚寺、太僕寺少卿，通政史司通政使等職。更著有《下學録》、《京門草》、《傷神雜詠》等。傳見《（乾隆）全州志》卷八八。

乾隆三十年十月，重開國史館於東華門內稍北。良騏充編纂，乃按館例，凡私家著述，但考爵里，不采事實，惟以《實録》及各種官修之書爲主，遇闕分列傳事蹟及朝章國典兵禮大政，其與列傳有關合者，以片紙録出之，以備遺忘。信筆摘抄，逐年編載，積之既久，竟成卷軸，因東華門而名之曰《東華録》。凡三十二卷，起天命元年（1616），迄雍正十三年（1735），記載清入關前後五帝（太祖、太宗、世祖、聖祖、世宗）六紀元（天命、天聰、崇德、順治、康熙、雍正）之史事。

是書多有取於實録之外者。如《清世祖實録》不載順治元年即弘光元年（1644）九月史可法答多爾袞書，良騏據內閣册庫原劄全文録於《東華録》卷四末。又如康熙二十七年（1688），御史郭琇參劾權相明珠事，亦良騏由郭琇《華野集》中輯出。其間小注，可見作者之細心。如卷六順治六年（1649）十月“壬辰申刻，京師地震二次，起東北迄西南”注：“以前災異俱未録，書地震自此始。”

是書過於簡略，王先謙後有增補。唯蔣録雖簡，出於王録以外者亦多。如順治間言官因論圈地、逃人等弊政而獲譴事；康熙間陸清獻論捐納不可開而獲譴事；李光地因奪情犯清議,御史彭鵬兩疏痛糾之事:皆蔣《録》有而王(先謙)《録》無,則是書亦不可省也。

此本據清乾隆刻本影印。(李勤合)

東華録一百九十四卷東華續録二百三十卷

(清) 王先謙撰 (第369—375冊)

王先謙,有《漢書補注》等,已著録。

蔣良騏《東華録》至雍正朝止,王先謙於光緒初仿蔣氏體例,續抄乾隆、嘉慶、道光三朝《實録》,另撰《東華録》。其中天命前(始於天命前癸未年,即明萬曆十一年)、天命、天聰、崇德以及順治、康熙朝,共一百九十四卷,稱《東華録》;又以雍正、乾隆、嘉慶、道光四朝,共二百三十卷,稱《東華續録》:此二種又稱《九朝東華録》。正續而外,後又輯抄咸豐、同治兩朝《實録》,分稱《東華續録咸豐朝》、《東華續録同治朝》,各一百卷,與《九朝東華録》合稱《十一朝東華録》。

王氏《東華録》較蔣氏《東華録》晚出,蔣氏所録各朝僅三十二卷,而王氏增至近二百卷,蔣氏未録諸朝,王氏所補至二百餘卷,故較蔣録爲詳盡。全書編年以述清自滿洲初起直至晚清同治朝事,敘事詳明,又以成書於《清實録》刊行之前,故頗受推重。

王氏編纂此書,以爲蔣氏《東華録》於清代史事僅粗述梗概,病其簡略,故以從事史館之便,自天命至雍正朝之事補充加詳,又敬繹乾隆以次各朝而爲《續編》,以此而使後人可循跡推求有清各朝圖治鴻模及其精心所注,是爲王氏纂加之意。

是書資料依據已編之《清實録》,又加改寫,較《實録》簡要而脈絡更爲清晰。又於正文之中施以夾注,於滿族人名、地名,並載異稱,以知不同之譯音,如《天命》一“是居長白山東俄漠惠之野俄朵里”,於“俄漠惠”下夾注云“一作鄂謨輝”,於“俄朵里”下夾注云“一作鄂多理”,此類甚多,頗便讀者。遇有與他書記載不同之處,又加按語以説明,如

《天命》一“於是肇祖居赫圖阿喇地”下案語云:“《開國方略》在蘇克素護河、嘉哈河之間,後稱興京。”重要人物名號有所變化者,亦加注以説明之,如《天命》一載“景祖生子五,長禮敦”,其下注曰“後號巴圖魯,追封武功郡王”,其餘各子亦然。此類注文或案語,於讀史多有助益。又其敘事之於《清實録》亦有所改動,以期更切事實,如《實録》天聰四年稱“明主遂執袁崇焕入城,磔之”,而是書改爲“遂執袁崇焕下獄”。此類敘述頗可重視。

此本據清光緒十年長沙王氏刻本影印。(劉韶軍)

東華續録咸豐朝一百卷　(清) 王先謙撰

(第376—378冊)

王先謙,有《漢書補注》等,已著録。

《東華續録咸豐朝》,爲王先謙《東華録》、《東華續録》之續編,一百卷,卷一至卷六爲道光三十年事,蓋於此年元月道光崩而咸豐登基,次年方改年號。卷七至卷一百爲咸豐元年至十一年事。是書據《清實録》編成,較《實録》紀事有所簡省,可與《實録》對看,爲研究清咸豐朝之重要史料。

咸豐帝在位期間,太平天國由初起而逐漸強盛,故是書記載清廷鎮壓事尤詳細,帝諭言及者亦多,故是書於太平天國研究亦頗重要。又咸豐帝在位期間發生第二次鴉片戰爭,洋務運動則從醞釀至啟動,皆爲晚清歷史重大事件,影響甚大,朝廷如何處置此類事務,是書均有詳細記載。

因取材於《實録》,故於咸豐帝個人情況之記載亦詳於《清史稿》等書,如載其爲皇子時與後之恭親王奕訢關係密切,共同讀書,又喜習武,曾製槍法二十八勢,名爲“棣華協力”,製刀法十八勢,名爲“寶鍔宣威”,皆由道光帝賜名。此類史料,有以見咸豐之個性。

此本據復旦大學圖書館藏清光緒十六年陶氏籀三倉室刻本影印。(劉韶軍)

東華續錄同治朝一百卷　（清）王先謙撰
（第 379—382 冊）

王先謙，有《漢書補注》等，已著錄。

是書與王氏所纂《東華錄》、《東華續錄》及《續錄咸豐朝》等書體例相同，以編年體專紀同治朝事，亦據《實錄》編成，故內容詳盡，帝諭臣疏具載全文，記錄至爲詳盡，此亦王氏《東華錄》最大特點。如記咸豐生前已命同治六歲起就傅讀書，所選師傅有翰林院編修李鴻藻，大學士祁寯藻、翁心存、倭仁，檢討徐桐，修撰翁同龢等人，均爲一時名宿，然咸豐病死時，同治未及六歲，恐未正式讀書。按史載同治在位十三年實僅生前最後一年始能親政，其前均由衆師傅輔導讀書，而甚不用功，此由翁同龢日記亦可佐證，由此亦可知同治之爲人。

同治時期清廷仍與太平天國軍作戰，故是書相關記載尤詳細，如記同治初，有胡林翼、李續宜、曾國藩等人奏與李秀成作戰事，有云太平軍進擊贛鄂，自太湖至武昌梁子湖，所涉州縣有瑞州、義寧、武寧、興國、崇陽、通城、大冶、通山、武昌、咸寧、蒲圻等，水陸並進，而清軍僅能據城防守，前後折衝，奏疏之文長達數千字。又如所記慈禧與奕訢捕殺肅順、罷黜顧命大臣垂簾聽政及奕訢等人辦洋務等事，錄相關之帝諭、臣疏既多又詳，頗可珍。

此本據上海圖書館藏清刻本影印。（劉韶軍）

東華續錄光緒朝二百二十卷　（清）朱壽朋撰（第 383—385 冊）

朱壽朋（1868—?），字錫伯，號曼庵，上海（今屬上海）人。光緒二十九年（1903）進士，散館授編修。民國後，歷任國務院秘書、外交部條約司司長等職。生平略見《清代硃卷集成》、《清末民初中國官紳人名錄》。

此前，蔣良騏、王先謙、潘頤福等先後輯錄成《東華錄》、《東華續錄》等，迄於同治朝。朱氏乃仿前例，收錄光緒一朝朝章國典、軍政大禮及有關材料輯成光緒朝《東華續錄》，所述內容自同治十三年（1874）十二月至光緒三十四年（1908）九月，凡三十四年，按時間順序編排，逐年逐月乃至逐日記載，頗詳盡。

光緒朝《東華錄》雖承繼前朝《東華錄》而來，然史料來源上却大異以往。前此《東華錄》皆撰於該朝實錄修成之後，朱氏修此錄時，《德宗實錄》尚未成書，然此時社會資訊流通加速，故主要資料來源爲政府邸抄及民間出版之《京報》、《諭折匯存》等，此類刊物專事刊載內閣發抄文書。朱氏廣收而選編之，更輔以要員如李鴻章、左宗棠、曾國荃等文集所收之奏章、諭旨。於大都市報刊之報導、消息，亦善加利用，所記中日戰爭及八國聯軍侵華時戰爭進程及軍隊調動，材料即來自報刊。

光緒朝《東華錄》修成於《德宗實錄》前，實錄所不見者，多所存留，且不必諱忌纂改，故二者史料多有交叉，可以互補。又，與前此《東華錄》不同，光緒朝《東華錄》所錄奏摺多全文照錄，俾讀者得見事件之來龍去脈。

惟朱氏未能得窺原始檔案，又不能據實錄稽核，機密奏摺諭旨，多不得見，即見之者，亦爲摘要。又，所書檔案日期往往有誤，則因檔案交發日或處理日不明所致。

此本據復旦大學圖書館藏清宣統元年上海集成圖書公司鉛印本影印。（李勤合）

紀事本末類

皇宋通鑑長編紀事本末一百五十卷（存卷一至卷五、卷八至卷一一三、卷一二〇至卷一五〇）　（宋）楊仲良撰（第 386—387 冊）

楊仲良，據卷端歐陽守道序，當爲南宋時人，生平不詳。

阮元《揅經室外集》卷一有是書提要，云李燾取北宋九朝事，仿司馬光《長編》編年述事,成《續資治通鑑長編》。仲良乃據此書別爲分門編類,每類之中仍以編年紀事,計有太祖七卷、太宗七卷、真宗十四卷、仁宗二十四卷、英宗四卷、神宗三十四卷、哲宗二十六卷、徽宗二十八卷、欽宗六卷。各卷之下按事列目,目中又有子目。據此一書,可知汴京百七十年事,其禮樂兵刑制度沿革,政令舉廢,按目尋索,粲然具備。於李燾而後,陳均之前,煩簡得中,洵可並傳。今所傳《長編》徽、欽兩朝皆已闕失,藉此得以考見崖略,故尤爲可貴。仲良之名不見於書中,各卷並不題作者姓名,只於目録前題盧陵歐陽守道校正,卷端有寶祐丁巳盧陵歐陽守道序,亦不言著者姓名。陳均《九朝編年》引用書目云"《長編紀事本末》,楊公仲良",故知此書出仲良手。是書又不見於《宋史·藝文志》,而趙希弁、陳振孫、馬端臨諸家亦不著録,清代藏書家惟季振宜、徐乾學兩家有之。徐氏書目云:"闕一百十四卷至一百十九卷",今所見此舊鈔本亦闕此六卷,又闕六、七兩卷,其五、八兩卷亦非完帙,或即乾學藏本而後復有闕佚者。

歐陽守道序稱是書於寶祐元年(1253)由直徽猷閣謝侯守盧陵時始以家藏本刻於郡齋,守道假授貢士徐琥傳録。徐以郡本不可復得,有意轉刻,或謂卷帙繁多,宜作節本,守道止之。至重刻後讀之,則其間多所舛訛,蓋郡齋所刻往往未及點對。守道又得大字蜀本,借與數友參校,乃知郡本固自多誤,蜀本誤亦不免,更質之於《續通鑑長編》,尋其本文初意,而後始敢以爲安。所校正者多達千數百字,惟有本可據者則校正之,儻無可據,雖一字不敢增損。徐氏乃就歐陽校正本重刻,時在寶祐五年。是書目録前有各宋帝年號,自北宋太祖至南宋理宗,目録末行云"高宗後四朝目今續刊",似有意續楊書至南宋理宗之時,而實未之成書,僅有計畫而已。

此本據《宛委別藏》清抄本影印。(余和祥)

西夏紀事本末三十六卷卷首二卷　(清)張鑑撰(第387冊)

張鑑(1768—1850),字春冶,號秋水,烏程(今屬浙江湖州)人。嘉慶九年(1804)貢生。博學多通,工詩文,阮元撫浙建詁經精舍,曾聘鑑爲講席。更著有《十三經叢説》、《眉山詩案廣證》等。《清史稿》有傳。

是書前有禮部左侍郎、安徽督學徐郙序,稱洪亮吉曾有《西夏國志》,世罕傳本,張氏此書亦不彰顯,殊爲可惜,故爲之付梓。又謂是書能網羅舊聞,薈萃群説,敘事端委詳明,義例精密,文質一貫,不蹈於空疏;褒貶得中,不鄰於僭妄。首二卷載《西夏年表》,以宋、西夏、遼、金、元紀年並列,始於宋太祖建隆元年(960),終於宋理宗寶慶三年(1227),録以大事,實爲西夏大事年表。又據《范文正公集》所載《西夏堡寨》,而附《陝西五路之圖》、《西夏地形圖》;據馬端臨《地理通志》沈華植增輯本所載《歷代疆理節略》,而附爲《職方表》。備録陝西諸道沿革、屬州、屬縣及衛所等。

全書内容兼采宋、遼、金、元諸正史及李燾《續資治通鑑長編》、畢沅《續資治通鑑》等書,又據筆記、文集資料加以比勘,敘事時間起自唐僖宗中和年間(881—884),追述西夏遠祖拓跋思恭居夏州時事,終於宋理宗寶慶三年西夏滅於蒙古,完整記載西夏立國前後近三百五十年間歷史。用紀事本末體,分得姓始末、夏臺復入、統萬墮城、烏白失期、靈州失陷、六谷殲渠、西平就撫、青堂搆怨、華州二憾、夾攻覆亡等三十六事。又以《册府元龜》等書所載有所異同,乃低一格以專文詳加考辨。是書以散見西夏史事匯爲一書,首尾相貫,附以地圖職方,以事爲綱,編年敘述,眉目清晰,詳其原委,乃西夏史之寶貴資料。

此本據復旦大學圖書館藏清光緒十一年刻《半厂叢書初編》本影印,又有光緒十年江蘇書局刻本。(黃河)

西遼立國本末攷西遼疆域攷西遼都城考 丁謙撰（第 387 冊）

丁謙（1843—1919），字益甫，仁和（今屬浙江杭州）人。同治舉人，歷任湯溪、象山等縣教諭。中法戰爭期間，以倡團練，強海防有功，受賞五品銜。以老致仕，居家治學，專治邊疆及鄰國地理，兼攻金石之學。更著有《蓬萊軒地理學叢書》、《宋謝靈運山居賦補注》等。生平見葉瀚《清代地理學家列傳·丁先生謙》，載《地學雜誌》1920 年第十一卷八至九期。

是書以《西遼立國本末攷》、《西遼疆域攷》、《西遼都城考》三篇合爲一卷，以宋、遼、金、元諸史相參證，考述西遼自耶律大石建國至屈出律亡國始末，以澄清史事之模糊不清者。所考西遼之事，涉及耶律大石聚衆起事、假道回鶻、屈出律亡國；耶律大石駐軍地點、稱帝時間，屈出律在位時間等。

又據中西諸書考辨其疆界地域，以爲其都城建於吹河南、阿列克三德爾山北，而《唐書》所載之碎葉城、千泉、恒邏斯城、白水城等均在其畿輔之中，又有諸多城鎮在今新疆區域，如和州、別失八里昌八剌、阿里馬、浩罕諸城、塔什干、喀什噶爾、撒馬兒罕、和闐、庫車、阿克蘇等，亦有以見當時西遼疆域遼闊，縱橫六七千里，誠爲西域大國，即波斯等國亦納貢稱臣，實爲一時之雄國。

又詳考其都城，謂《遼史》名爲虎思斡耳朵。虎思爲山名，或寫爲胡母思，虎即胡母之合音，斡耳朵則爲行宮之意。他書所記則又各自不同。並考其地本名"八剌沙袞"，見於《西域史》。其地所在，李光廷、黃楙皆有考，均不確，丁氏乃據《西遊記》所記之"南山"其下即大石林牙國，此南山即《遼史》胡母思山。又據英國蘭斯德《中亞細亞俄屬遊記》所言之阿拉滅丁，其音與八剌沙袞相協，由此斷定西遼都城即在此地。是書文字不多，而均能據中西諸書詳加考辨，析異溯本，故可重視。

此本據復旦大學圖書館藏民國元年上海國粹學報社鉛印《古學匯刊》第一集本影印。（黃河）

遼史紀事本末四十卷首一卷末一卷 （清）李有棠撰（第 388 冊）

李有棠（1837—1905），字芾生，萍鄉（今江西萍鄉）人。曾任峽江縣訓導，在任三年，棄官歸家，與諸弟讀書講學，研習經史，更著有《怡軒雜著》、《歷代帝王正閏統總纂》、《金史紀事本末》。《（民國）昭萍志略》卷九有傳。

是書以遼代實錄及遼、五代、宋、金史等爲主，兼采博取，詳述遼代史事。分太祖肇興、東丹建國、征撫高麗、太宗克唐、劉漢之臣等四十事，事各一卷，凡四十卷。卷首又有《帝系考》、《紀年表》各一，卷末則爲引用書目，詳列撰著所用諸書，自各類史書至方志、文集、雜録雜考，多達三百餘種。正文之外，考異占全書大半，凡他書所載史事與《遼史》不同，或載詳於《遼史》者，則仿裴松之注《三國志》，及胡三省注《資治通鑑》取司馬光《考異》散入各條之例，分載每條之下，既便觀覽，又資質證。更重視遼國郡邑沿革、山川分隸以及關隘堡鎮之建置，有《遼史·地理志》所未詳者，則博采諸史及《方輿紀要》諸書逐一分注，以清眉目。遼國地名、人名，諸書音譯互歧，是書一依清朝所定譯名，又注以舊名，以便對照。又謂史家之例敘而不斷，不加論贊，惟直書其事，則得失勸懲自見，故於《史記》"太史公曰"、《通鑑》"臣光曰"之類一概省去，以求簡潔。是書以《史記》、《漢書》皆有自序，而各種紀事本末俱載他人代作之序，不合古史之例，故惟立凡例而不列序。

李氏於遼、金二史用功極深，然截取史文或未能一一細核，故時有訛誤，如卷九會同二年（939）春三月丁巳，封加王郡檢校太尉，而檢《遼史·太宗紀》，事在二月丁酉。

此本據華東師範大學圖書館藏清光緒二十九年李栘鄂樓刻本影印。另有光緒十九年同文書局石印本、光緒二十六年廣雅書局刻本。（黄河）

金史紀事本末五十二卷首一卷末一卷

（清）李有棠撰（第388—389册）

李有棠，有《遼史紀事本末》，已著録。

是書首一卷載《金史帝系考》及《金史紀年表》，末一卷載引用書目、李有棻校勘原序、李豫跋。是書分正文與考異兩部分，體例與《遼史紀事本末》略同，正文以《金史》爲主。凡記帝基肇造、太祖建國、克遼諸路至末造殉節諸臣五十二事，每卷一事，各篇均究其原委，纂述始末。徵引書目達三百餘種。

是書首尾完密，編撰質量優於《遼史紀事本末》。如《遼史》天慶七年（1117）載金太祖用楊朴策即位改元，而《金史》謂爲烏奇邁所請，無楊朴定策事，又不爲楊朴列傳。李氏因於卷二“建元收國，時遼天慶五年也”後附考異以辨之，引《續資治通鑑》云“時鐵州楊朴説阿固達稱帝”，又云《三朝北盟會編》載朴勸帝稱尊號之言甚詳，以證楊朴定策確有其事，更引《大金國志》所載楊朴事蹟編綴於後，考證詳實，條理清晰。

李氏《遼史紀事本末》、《金史紀事本末》書成後，於光緒二十九年（1903）由江西學政吳士鑒進呈光緒帝，發交南書房閲覽復奏，賞給内閣中書銜以示嘉獎。

此本據華東師範大學圖書館藏清光緒二十九年李栘鄂樓刻本影印。另有光緒十九年同文書局石印本、光緒二十七年廣雅書局刻本。（黄河）

元史紀事本末二十七卷　（明）陳邦瞻撰

（明）臧懋循補　（明）張溥論正（第389册）

陳邦瞻（1557—1623），字德遠，高安（今江西高安）人。萬曆二十六年（1598）進士。累官至河南右布政使，後巡撫陝西、廣東，官至兵部左侍郎，卒贈尚書。邦瞻好學，曾取馮琦原稿，編定《宋史紀事本末》，所著更有《蓮華山房集》等。《明史》有傳。

臧懋循（1550—1620），字晉叔，號顧渚，長興（今浙江長興）人。萬曆八年（1580）進士。官至南京國子監博士。更著有《負抱堂集》，編有《元曲選》等。事見《（雍正）浙江通志》卷一七九。

張溥（1602—1641），字天如，號西銘，太倉（今江蘇太倉）人。明崇禎進士，更著有《七録齋集》，輯有《漢魏六朝百三家集》等，又爲《宋史紀事本末》及《元史紀事本末》補撰論正。事見《復社紀略》。

是書記述江南群盜之平、北邊諸王之亂、高麗之臣、諸帥之爭等二十七事，每卷一事、各篇均究其原委，纂述始末。崇禎年間，張溥撰史論於各篇之後，並於正文頂部標立大事提綱，以篇爲卷，分爲二十七卷，其中第十一卷“律令之定”下注一“補”字，爲臧懋循補撰。

明修《元史》，僅費時八月而成書，潦草殊甚。是書取材《元史》、《宋元通鑑》，既非一手資料，又無史料補充，所記史事簡略，故史料價值有限。元初草創之跡，陳氏已編入《宋史紀事本末》，又以爲元、明間事應入明史，故徐達破大都、順帝駐應昌、燕京不守、元帝北徂諸事皆略而不書。是以一代興廢之大綱，没而不著，故是書不及《宋史紀事本末》之詳博完備。惟於元代推步之法、科舉學校之制，以及漕運河渠諸大政，紀載頗爲明晰，其他治亂之跡，亦尚能撮舉大概，攬其指要，可資參考。又張溥史論客觀公正，爲是書增色不少。

此本據復旦大學圖書館藏明末張溥刻本影印。更有康熙十八年刻本、同治十三年江西書局刻本、光緒十三年廣雅書局刻本等。（黄河）

鴻猷録十六卷　（明）高岱撰（第 389 册）

高岱（1510—1563），字伯宗，號鹿坡居士，京山（今湖北京山）人。嘉靖二十九年（1550）進士。累官刑部郎中。更著有《樵論》、《楚漢餘談》等。《（康熙）京山縣志》卷七及《（光緒）京山縣志》卷一一有傳。

高岱搜集洪武至嘉靖史事，於嘉靖三十六年成《鴻猷録》，子思誠爲之序。是書以軍事爲主整合歷史資料，可視作明前期軍事簡史，記載龍飛淮甸、集師滁和、定鼎金陵等六十事目，分屬太祖開創丕基、成祖肅清内難、歷代誅戮權奸、剪除盜賊、討伐蠻夷五部分。是書體現高氏經世思想，如於朱元璋、朱棣武功多予肯定；於誅戮權奸諸事，則直刺宦官專權誤國之弊；於剪除盜賊、討伐蠻夷諸事，更旨在總結經驗，以紓内憂外患。

高氏未見明歷代《實録》，是書取材以刑部所藏書疏案牘及雜史、筆記、方志、文集等散見資料爲主，故能保存正史不載或不詳之事，頗具史料價值。後人谷應泰撰《明史紀事本末》，前半多采用此書。

此本據上海辭書出版社圖書館藏明嘉靖四十四年高思誠刻本影印。另有萬曆八年句吳顧氏奇字齋刻本、萬曆四十五年陽羨陳於廷刻本等。（黄河）

昭代武功編十卷　（明）范景文撰（第 389 册）

范景文（1587—1644），字夢叔，一字夢章，號思仁，吳橋（今河北吳橋）人。萬曆四十一年（1613）進士。天啓間爲文選郎中。魏忠賢用事，景文乃其同鄉，不詣其門，亦不附東林，謝病去官。崇禎間復起，累官至工部尚書，兼東閣大學士，入參機務。京師陷，景文赴井死，謚文貞，清謚文忠。更著有《大臣譜》及遺集。《明史》有傳。

是書爲崇禎十一年景文爲南京兵部尚書時作，紀事本末體。自高皇帝削平僞漢至李司馬征楊應龍，記明代戰績凡四十七，分四十八篇，每篇末繫以贊論。卷一爲《親征》，記高帝、文帝、章帝四次親征。其他兵事，以次編於卷二至卷九，題爲《勳績》。

是書所載與《明史》大同，然亦間有歧異者，如卷九“邢司馬征平秀吉上”篇，據《明史·神宗紀》，萬曆二十年八月兵部右侍郎宋應昌經略備倭事務，十一月李如松提督薊遼保定軍務，充防海禦倭總兵官，次年李如松攻倭，一勝於平壤，一敗於碧蹄館。是時宋應昌爲經略，事於邢玠無關，題爲“邢司馬”顯然有誤。

此本據上海圖書館藏明崇禎刻本影印。（黄河）

明史紀事本末補遺六卷　（清）谷應泰撰（第 390 册）

谷應泰（1620—1690），字賡虞，別號霖蒼，直隸豐潤（今河北豐潤）人。順治四年（1647）進士，歷任户部主事、户部員外郎、浙江提學僉事。更著有《築益堂集》、《明史紀事本末》、《博物要覽》等。《清史列傳》卷七〇有傳。

是書卷一遼左兵端，記李成梁守遼東戰事；卷二熊王功罪記，記熊廷弼、王化貞、袁應泰、張銓事；卷三記蒙古插漢部寇邊始末；卷四記遼東諸將毛文龍、劉愛塔、孔有德事；卷五記明末錦州寧遠戰事；卷六記清兵入大安口及其後明清雙方作戰事。

是書體例與谷氏《明史紀事本末》大同，惟篇末無論。卷六有“詳流寇之亂”、“詳崇禎治亂”等語，乃《明史紀事本末》篇目，故此書六卷與《明史紀事本末》初爲一書，因涉明亡清興事實，付梓時避嫌而刪之。是書記事或較《明史》爲詳，如《明史》無毛文龍傳，是書卷四所記毛文龍事蹟甚詳，可補正史之不足。

此本據浙江圖書館藏清光緒三年傅氏長恩閣抄本影印。（黄河）

虞淵沉不分卷 （清）吴偉業（第390冊）

吴偉業（1609—1672），字駿公，號梅村，太倉（今江蘇太倉）人。師從張溥。崇禎四年（1631）進士，曾任東宮講讀官、南京國子監司業等職。更著有《梅村家藏稿》、《梅村詩餘》，傳奇《秣陵春》，雜劇《通天臺》、《臨春閣》，史乘《綏寇紀略》等。《清史稿》有傳。

《虞淵沉》爲吴偉業所撰《綏寇紀略》之一篇。《綏寇紀略》成於順治九年（1652），原名《鹿樵紀聞》，記述崇禎元年陝北諸義軍初起至明亡事。紀事本末體，各卷以三字爲標題，依時序排列，分爲《澠池渡》、《車箱困》、《真寧恨》、《朱陽潰》、《黑水擒》、《穀城變》、《開縣敗》、《汴渠墊》、《通城擊》、《鹽亭誅》、《九江哀》、《虞淵沉》十二卷。《虞淵沉》原分上、中、下三卷，因事涉忌嫌，刊本無中、下卷。此抄本《虞淵沉》不分卷，或即原書之中、下卷。

此本《虞淵沉》開卷爲崇禎帝傳記，記帝生平事蹟甚詳，多不見於《明史》者。次則羅列民亂中死事諸臣及義士名單，人名後或以小字注其死狀及生平事蹟，詳略不等。卷末有附紀，載各地民變始末。是書據當時人傳聞所記，雖不及作者親見，亦有史料價值。

本書據國家圖書館藏清抄本影印。（黄河）

續編綏寇紀略五卷 （清）葉夢珠輯（第390冊）

葉夢珠（1623—?），字濱江，號梅亭，上海（今屬上海）人。著作尚有《閱世編》等。生平參見《閱世編》卷四、卷九。

是書繼吴偉業《綏寇紀略》而作，體例與吴書同。前四卷用紀事本末體，各卷以三字爲標題，依時序排列，分別爲《蜀川沸》、《滇黔竄》、《爭挾主》、《緬甸散》。記自張獻忠據蜀至永曆入緬西南民變諸事。另卷五附紀聞。

是書卷一記載張獻忠據蜀始末，遍涉獻忠攻克成都、建號稱帝、屠戮蜀川以及敗死諸事，又多載明將如王祥、楊展等事蹟甚詳。此

篇與吴偉業《虞淵沉》之《鹽亭誅》卷時間略同而敘事有別，蓋取材不一，故其説各異。卷二記載張獻忠死後，部將孫可望、李定國、劉文秀、艾能奇等擊斃明將曾英，轉戰滇黔事蹟。卷三記載張獻忠餘部孫可望、李定國、劉文秀等聯合南明抗清始末，詳涉孫、李分裂及孫可望降清諸事。卷四記載南明永曆帝逃入緬甸始末，詳涉李定國事蹟。

是書取材於《滇蜀紀聞》及《蜀中遺事》，記録詳實，細緻入微。所載李定國事蹟，可補官方史書之不足。

此本據上海辭書出版社圖書館藏清末鉛印《申報館叢書》餘集本影印。（黄河）

清史紀事本末八十卷 黄鴻壽撰（第390冊）

黄鴻壽，生平事蹟不詳。

是書沿歷代紀事本末體例，於清代自滿洲初起至宣統遜位近三百年歷史，擇其要者八十事，每事一篇，按年月紀事，各詳起訖，自爲標題。體例仿高士奇《左傳紀事本末》，篇末附評論；又仿李有棠《遼金紀事本末》，就文中地理、官爵譯音互歧者逐一分注，較爲完備。

是書依據《東華録》並匯參他書，酌删其篇幅繁冗者，以省文辭。如《東華録》原書於後金初起時備載仙女之事，於有清諸帝誕生時狀其靈異、頌其神聖，連篇累牘，黄氏嚴加剪裁，以紀實爲旨。是書不避嫌忌，於清室内政如奪嫡、文字獄、宗室大臣諸疑案、政變、義和拳亂、立憲、内閣等事，均纂輯從詳，毫不諱飾。至於康乾以降邊事及道咸後外交諸事，均原原本本，據實直書。歷來史書稱亂民爲"匪"，外族爲"夷"、爲"寇"，黄氏均斟酌改易。凡此諸端，均較平實。

清代所存史料極爲豐富，此書所載八十事尚顯不足，未能采集《清實録》、《宣統政紀》及清國史館所撰諸臣列傳，故内容未稱完備，然敘事簡明，亦得其要。

此本據民國三年石印本影印。（黃河）

國朝大事記十二卷　（清）金象豫撰（第390册）

金象豫，生卒不詳，字介公，任丘（今河北任丘）人。由副貢充武英殿校録，任趙城知縣，體察民情，有政聲。著尚有《晉陽隨筆》等。傳見《（民國）河北通志稿·文獻志》。

是書以紀事本末體紀清初史事，分《遼左肇基紀略》三卷、《世祖開國大政紀略》一卷、《睿親王攝政始末》二卷、《四臣輔政始末》一卷、《三藩紀事本末》四卷、《平定海寇紀事本末》一卷。每篇按年月繫事，各詳起訖。《遼左肇基紀略》紀清初起時事，於太祖努爾哈赤、太宗皇太極發跡遼東事甚詳。《世祖開國大政紀略》載順治朝大事，尤詳於入關定鼎諸事。《睿親王攝政始末》載睿親王多爾衮攝政始末。《四臣輔政始末》載康熙初年索尼、蘇克薩哈、遏必隆、鼇拜四大臣輔政始末。《三藩紀事本末》載康熙朝平定吳三桂、耿精忠、尚可喜三藩始末。《平定海寇紀事本末》載康熙朝收復臺灣始末，紀事簡略，僅述梗概，然於瞭解清初史事仍有參考價值。

此本據國家圖書館藏清抄本影印。（黃河）

平定羅刹方略四卷　（清）佚名撰（第390册）

是書紀録清朝廷平定羅刹（即俄羅斯）入侵中國黑龍江邊境事，紀事自康熙二十一年（1682）八月至二十八年四月，詳述黑龍江邊境與羅刹衝突之歷史淵源，及康熙數年籌謀部署，最終作戰取勝、劃定邊界之經過。其間康熙與臣下來往諭奏皆詳細記載。如清軍平定鄂羅斯入侵後，於康熙二十八年十二月遣官立界碑於格爾弼濟河諸地，碑文以滿文、漢文、鄂羅斯文及蒙古文字書寫鎸刻，碑題爲"大清國遣大臣與鄂羅斯國議定邊界之碑"，全文勒記兩國議定條約之文，共七條。是書備録之。又記兩國邊界之確定，極北興安嶺以内數千里從未入中國之地悉歸版圖。並稱今雖與鄂羅斯和好，邊界已定，仍命官兵駐防邊境各地，且總結曰，調往邊境之兵均以道遠爲難，賴康熙熟計於數年之前，臨事不撓，毅然獨斷，又復遠探地形，以便進止；設戍屯糧，以資戰守；造船運糧，以足兵食；置立驛站，以速軍情；屢授籌策於將帥，而機宜無失；時頒犒賜於士卒，而奮勵有加；事舉無疑，神謨至爲英果；功成早計，睿慮詢極深遠。此亦從來史册未有也。

是書涉及諸多重要地名，如雅爾薩城（又作雅克薩）、泥布楚（又作尼布楚、尼布潮）、寧古塔、額蘇哩、愛琿、科爾沁、索倫村落、呼瑪爾等，爲研究中俄邊境交涉以及相關地理之重要資料。

此本據清光緒潘氏刻《功順堂叢書》本影印。（劉韶軍）

臺灣鄭氏始末六卷　（清）沈雲撰（清）沈垚注（第390册）

沈雲，生卒不詳，字舒白，號閑亭，德清（今浙江德清）人。道光二十四（1844）年進士，曾任廣西興安知縣。傳見《（民國）德清縣誌》卷八。

沈垚（1798—1840），字子敦，烏程（今浙江湖州）人，道光十四年優貢生。篤好邊疆地理之學，爲徐松、何凌漢、陳用光等人稱贊。更著有《落颿樓文集》、《簡札摭存》、《西域小記》等。事跡見《清史列傳》卷七三。

卷首有沈雲自敘，稱道光十六年在京師偶由藏書家借得閩人江日昇所著《臺灣紀事本末》四十九篇，敘天啟四年（1624）鄭芝龍倡亂，至康熙二十二年（1683）芝龍曾孫鄭克塽投誠事，凡十數萬言，頗爲詳盡，惜體類小説，辭欠雅馴，因參考他書，删其繁蕪，加以潤色，其中事跡年月少有不合者則姑仍之，蓋疑以傳疑，古人所尚，自非身親目接者，固未見彼之爲是而此之爲非也。書既成，析爲六卷，題曰《臺灣鄭氏始末》，並識其緣起。是書又有沈垚注。垚於書後有跋，謂是書多有海島洲嶼名目，錯雜相混，因取《方輿紀要》、《水道提綱》、《一統志》等書附注於下，以便省閱，或有訛誤者，即以己意辨之。所注者多爲臺海地理及地名，如書稱臺灣北界爲彰化之雞籠城，注謂在縣極北海中；書稱臺灣南界爲鳳山之砂馬磯，注曰縣東南二百三十里；書稱臺灣西面澎湖，注曰島在臺灣縣西五十里海中，臺灣廢城在今縣西南。此類注釋於臺海地名沿革與地理史研究均有價值。

是書僅分卷而未立題目，編年紀事，首敘臺灣地理，次述宋明間臺灣之事。又記清既收復臺灣，設臺灣巡道一、知府一、知縣三以及鳳山總兵副將各一，兵八千，澎湖副將一，兵二千，事後又以成功受封明室非他僭竊，遂令與其子鄭經之喪歸葬家鄉南安。鄭氏自芝龍至克塽凡四世，臺灣自成功建國至歸返版圖，凡二十三年云。書後有閑亭子評語，於芝龍、成功等人均有評價，謂芝龍起於海角，糜爛東南，然能翦除群盜，其功有足錄者；成功北上而戰於瓜州不利，惜其未能成南北對峙之勢，然旋師海外，肇啟東土，辟番夷爲郡縣，易鱗介爲衣裳，勸學屯田，規模宏遠，求諸史冊，幾難數見。論鄭經儒雅而輕信間諜，自殘股肱，以致兩島淪没，人心瓦解，而鄭克塽童稚，政在外戚，嗣位未幾，遂爲俘虜。敘事詳明有序。

又有凌福鏡跋、劉承幹跋。凌跋謂鄭氏據守臺灣，晚明遺老不肯降清者多航海東渡往依之。臺灣文化之盛，與各省相埒，皆鄭氏先導之功。又感慨甲午戰爭後臺灣爲日本所佔，讀是編者當益增河山今昔之感。劉跋謂此書偶有誤字，如八罩一役藍理重傷，此本以藍理爲"禽理"。然全書首尾完備，瑜多瑕少，故劉氏爲之重刊。

此本據復旦大學圖書館藏民國八年劉氏刻《吳興叢書》本影印。（劉韶軍）

靖海志四卷　（清）彭孫貽撰　（清）李延昰補（第390册）

彭孫貽（1615—1673），又號管葛山人，字仲謀，一字羿仁，號茗齋，海鹽（今浙江海鹽）人。其父彭期生，爲明之太僕，明末卒於贛州虔臺。明亡後，孫貽晦跡海濱，杜門著述，留心史事，然不預清之史局，惟私修以自見，氣節甚高。更著有《明史紀事本末補編》、《甲申後亡臣表》、《山中聞見錄》等。《碑傳集》有傳。

李延昰（?—1722），《四庫》本《御選宋金元明四朝詩·明詩姓名爵里八》云字辰山，初名彦貞，字我生，一字期叔，上海（今屬上海）人。隱於醫，晚爲道士。有《放鷳亭集》。朱彝尊編《明詩綜》卷八八注云其撰有《崇禎甲申録》、《南吳舊話》。沈季友編《橋李詩繫》卷二九云其年七十病逝。

是書敘鄭氏據臺灣等事，以朝廷立場，名《靖海志》，編年體，起明熹宗天啟七年（1627）六月，至康熙二十二年（1683）施琅勸降鄭克塽、平定臺灣止。逐年紀事，明年號之後繼以清之年號，而以南明年號附焉。稱鄭氏據臺灣前後三世凡三十七年。卷四爲李延昰補編，記事自康熙九年（1670）至康熙二十二年。

是書記鄭芝龍身世，詳述鄭芝龍、鄭成功、鄭經及鄭克塽四代與明清官軍作戰始末，及鄭成功順治十八年（1661）出兵收復臺灣事。全書敘事簡明，脈絡清晰。

其記鄭成功進攻臺灣時，曾遣僧人隱元至日本借兵，然成功書信衹與倭國王，而不及上將軍主國政者，故倭人終未發兵。又述臺灣地形與風俗，謂其北界雞籠城，與福州相峙，南則河沙磯，小琉球近焉，周衷三千里，與土蕃雜處，萬山環抱中有膏腴平地，故無君長，饒布粟桑麻百物，互相貿易，山多金銀而無所用，人民饒樂不知甲兵戰鬥，山口百里皆危礁，兩山夾水如永巷，潮長舟輕始可入云云。

此本據清抄本影印。（余和祥）

靖海紀事二卷　（清）施琅撰（第 390 册）

施琅（1621—1696），字尊侯，號琢公，晉江（今晉江）人，初爲鄭芝龍部將，後隨鄭芝龍降清。鄭成功據臺灣，曾招施琅同行，琅不從，並逃脱囚禁，然父大宣、弟顯及子侄皆爲成功所殺。後即率兵與成功作戰，琅治軍嚴整，尤善水戰，諳海中風候，終至攻克臺灣鄭氏。先後任副將、總兵、水師提督、右都督、靖海將軍等職，授内大臣，隸鑲黄旗漢軍，加太子少保，卒贈太子少傅，諡襄壯。《清史稿》有傳。

是書當爲施氏後人所編，書前有富鴻基、李光地、林麟焰、曾炳、程甲化、陳遷鶴等人序，序後有陳庭焕撰《施襄壯受降辯》及《重刊靖海紀事序》、《平南行》、《平南賦》等文。又有《靖海將軍侯襄壯施公遺像》，又有《襄壯公傳》，福建臺灣府儒學教授叔德馨撰，其後爲《御勑宸章及平海奏疏總録小引》，均爲與施氏相關之史料。是書匯集施氏關於平定臺灣諸多奏疏文章，均記有年月時日，最早者爲康熙六年（1667）《邊患宜靖疏》，各篇之後多附有"八閩紳士公刊原評"。據此類疏文，可詳知施氏出兵臺灣之經過及其謀劃部署細節。

施氏卒後，康熙敕建墓碑，題爲"太子少保靖海將軍靖海侯右都督管福建水師提督事加贈太子少傅諡襄壯施琅碑文"，康熙三十七年（1698）八月十二日立，又有康熙三次遣大臣諭祭之文，均在卷末。

此本據復旦大學圖書館藏清康熙刻本影印。（余和祥）

欽定剿平三省邪匪方略正編三百五十二卷續編三十六卷附編十二卷首九卷表文一卷　（清）慶桂等撰（第 391—400 册）

慶桂（1735—1816），字樹齋，章佳氏，滿洲鑲黄旗人，大學士尹繼善第四子。乾隆時授户部員外郎，後超擢内閣學士，授軍機大臣，出爲伊犁參贊大臣、盛京將軍、烏里雅蘇臺將軍、黑龍江將軍等職銜，授兵部尚書。卒諡文恪。性格平和，居樞廷數十年，初無過失，舉趾不離跬寸，時人咸稱其風度。是書外，又領銜纂輯《平定三省邪匪方略》、《高宗實録》等。《清史稿》有傳。

卷首有嘉慶十五年（1810）御製《剿平三省邪匪方略序》。按三省邪匪，謂湖北、陝西、四川三省白蓮教起義，此教起於湖北襄、鄖等地，蔓延陝、蜀，涉及湘、豫，自頭目至脅從多達二十多萬，旋窮倏起，官軍討征七年始告剿平。是書述其始末，更考究原因，在於官吏視官階爲利藪，不恤國計民生，惟思保位謀利，苟且因循，遷延玩守，無視民瘼，以致衆怨沸騰，官逼民反。故警誡官吏知民畏可畏，朝廷必嚴肅獎懲云。又録有聖製詩文共九卷，爲嘉慶皇帝因事所賦，所涉如總督畢沅巡撫惠齡奏剿湖北邪教賊匪情形、攻克指甲坡山梁擒獲邪教賊目楊子敄弟兄等，多有注釋，詳述事件經過及其細節，可與正文對照，亦爲史書之一體。

御製序後有是書纂修諸臣職名，總裁有慶桂、德楞泰、托津等人，總纂官有章煦、錢楷、姚祖同，此外則爲提調官、收掌官、纂修官、協修官、校對官、譯漢官等，或並設滿漢人，有以見清朝廷史書編纂之體制。

是書正編起嘉慶元年（1796）至七年，三百五十二卷，續編起嘉慶七年至九年，三十六卷，附編起嘉慶十一年七月至十一月，十二卷。紀事詳備，相關文檔均收入其中。

此本據清嘉慶十五年武英殿刻本影印。（余和祥）

欽定平定教匪紀略四十二卷首一卷　（清）托津等撰（第 401—402 册）

托津（1755—1835），字知亭，滿洲鑲黄旗人，富察氏。乾隆四十三年（1769）充軍機章

京。嘉慶初奉命辦理四川軍需,以鎮壓天理
教起義有功,授協辦大學士。又赴開州搜捕
李文成餘部,因功授正白旗領侍衛內大臣,拜
東閣大學士。又充國史館、會典館總裁及實
錄館總裁。更主持纂修《明鑑》。《清史稿》
有傳。

是書記載清朝廷平定林清、李文成、馮克善
等天理會(又名八卦教、白洋教)起義事。按
林清爲宛平縣宋家莊人,與滑縣李文成、馮克
善等於嘉慶十六年(1811)密謀,於嘉慶十八
年九月秋獮大典之際,潛入京師,聚衆起事。
因謀洩,李文成爲滑縣知縣捕獲,林清等遂殺
縣官,劫大獄而提前起事,占據縣城,又聯合
山東、河南等地教民,縱橫直隸,曾攻入紫禁
城。書前有嘉慶御製序,稱教民之亂蔓延三
省,潛匿京畿,而帝與內外大臣竟然毫無見
聞,實同聾瞶,事發之後,又一無弭亂之策云
云。爲總結教訓,故命軍機大臣以編年體逐
日編纂,仿照《平定臨清逆匪紀略》,詳述事
件始末。起嘉慶十八年九月,止二十一年六
月,按日記載清帝諭旨、臣工奏疏章報,詳載
清軍戰鬥佈置等情狀。據此可知天理教之興
起、各教首之事蹟及清廷各級官員應對事變
之舉措。

此本據上海圖書館藏清嘉慶間武英殿刻本
影印。(韋勇強)

聖武記十四卷　(清)魏源撰(第402冊)

魏源,有《元史新編》,已著錄。

是書成書於道光二十二年(1842),前十卷
事目有清初建國、平定三藩、綏服蒙古、撫綏
西藏等,又分述開創、藩鎮、外藩、土司、海寇
民變兵變以及教匪六專題,敘事脈絡清晰。
後四卷則爲作者議論,於清廷練兵整軍之方、
應敵作戰之略,以及相關掌故考證、事功雜
述,均有詳論,與前此紀事本末以輯史爲主不
侔,是亦體例之創新。

是書取材範圍頗廣,既用朝廷史館秘閣藏

書,又廣取士大夫私家著述,更輔以實地調
查。統貫對比,考釋辨異,以求其真。正文有
異說者,則於文後附載相關資料,以補闕略,
如《康熙勘定三藩記》後,附載徐旭《閩中紀
略》以及無名氏《固山貝子平浙紀略》等,俾
記述更顯完備周密。如《閩中紀略》記范文
程與耿精忠交誼,耿精忠之貪污徇私,范文程
之廉潔自守以及閩中風俗人情、朝廷撤藩背
景經過,與正文所述福建撤藩可相互印證,有
所補足。此則體例之又變化。

魏氏撰著此書,能因事命篇,不拘常格,首
尾相顧,起迄自如,爲經世致用思想之體現。
重視史論,先於序論說明撰書原因、史料來
源、撰述旨趣,又以"史臣曰"發爲史論,闡述
己見,於傳統史學亦有所批判,強調直書實
錄,指摘官修之弊,注重地理,尤其域外地理
研究於撰史之重要。是書可視作清初至鴉片
戰爭清代軍事史之總結,史料價值甚高,後之
研究清史者,如蕭一山、孟森、郭汝槐、江應
梁、高銳、楊東梁等均有引用。梁啟超評價甚
高,謂爲紀事本末類之最著者,作者觀察敏
銳,組織精能,記載雖間有失實處,仍不失爲
傑作。

此書據清道光二十二年刻本影印。另有道
光二十四年本、二十六年本等。光緒四年
(1878),上海申報館將《道光洋艘征撫記》編
入《聖武記》,使是書內容更爲完整。1936年
國民政府軍事委員會易名爲《清代聖武記》
印行。(余和祥)

中西紀事二十四卷首一卷　(清)夏燮(江上蹇叟)撰(第402冊)

夏燮,有《明通鑑》,已著錄。

第一次鴉片戰爭時,夏燮即留心搜集事件
前後中外關係史料,於咸豐元年(1851)撰成
《中西紀事》初稿,第二次鴉片戰爭期間,目
睹外夷侵略、中外矛盾激化,深受刺激,乃復
據十年來所聞見,合前定之稿,分類紀敘,釐

爲十六卷,中西争競之關鍵略具於此。咸豐十年,變入兩江總督曾國藩幕府,得覽相關奏咨稿案及軍機樞臺來往信函,撰成《庚申續記》。次年回江西任職,親預長江設關、西士傳教之役,於中外交涉事件有更多切身感慨,爰取庚申以後續成數事,增入《中西紀事》,合爲二十四卷。是書資料主要源自邸鈔文報,旁及報刊之可據者,史料價值頗高。變自謂是書語有徵實,非稗野之得自傳聞者可比。時人更贊變身列戎行,手披幕牘,凡所搜輯,確有睹聞。書成後,因懼清廷文字獄,不題真實姓名,而以"江上蹇叟"署名。

是書用紀事本末體,分類記載,列二十四目,每目一卷。前四卷記載鴉片戰争前中西交往史,五至十三卷記第一次鴉片戰争過程與戰後中外沖突事件,十四至二十一卷記第二次鴉片戰争過程及戰後中外交涉之事,二十二、二十三兩卷則爲作者關於兩次鴉片戰争之得失及抵禦外來侵略方略之論述,二十四卷記兩次鴉片戰争中爲國捐軀之愛國將士及殉難百姓事。全書眉目清楚,敘事詳明。

初刊於同治四年(1865),爲清廷列作禁書。同治十年"霄中人"重刻聚珍版,光緒七年慧香簃刊十四卷本,光緒十年江上草堂刊木活字本,十三年又刊袖珍活字排印本,光緒二十三年慎記書莊有袖珍石印本,光緒二十六年有石印本。

此本據復旦大學圖書館藏清同治四年初刊本影印。(韋勇强)

欽定剿平粵匪方略四百二十卷首一卷表文一卷　(清)奕訢等撰 (第403—412册)

奕訢(1833—1898),道光帝第六子,咸豐帝異母弟。咸豐元年(1851)封恭親王。三年,受命署領侍衛内大臣辦理巡防兼軍機大臣上行走。十年,英法聯軍攻陷北京,遂以全權大臣身份留京主持議和,同英、法、俄分别簽訂《北京條約》。次年受命主持總理各國事務衙門。同治帝嗣位,任議政王,掌管軍機處與總理衙門,總攬内政外交,推進洋務運動,爲清廷中樞洋務派首領。光緒十年(1884)中法戰争後爲慈禧太后解職。二十年中日甲午海戰時,復出任總理大臣、軍機大臣,督辦軍務。戰後主張割地賠款及簽訂《馬關條約》。更著有《樂道堂詩鈔》等。《清史稿》有傳。

清朝廷平定太平天國後,編纂相關史料以資炯戒,同治八年(1869)以軍機大臣、恭親王奕訢爲總裁,宗人府府丞朱學勤等任總纂,清帝定名爲《欽定剿平粵匪方略》,十一年修成。收録有關諭旨、奏章,含敵對雙方交戰情形與清軍作戰部署、軍隊調撥、糧餉籌備、官員配置及獎懲撫恤等内容,規模之大,卷數之多,堪稱清代所修方略、紀略之最。

編年體,依奏摺奉旨時間及寄發或明發時間之先後編排。同日摺報,以具奏人官階爲序排列。所奉諭旨,分别列於有關各摺之後。其中奏摺以奉旨日作爲編排依據,以皇帝處理奏摺日期爲主,并不具載内外臣工上報奏摺具文時間,故於史料形成時間模糊不清。

卷首有同治十一年御製序,總結太平軍所以起事之原因,在於兩粵民俗獷悍,官吏玩泄,不能化導於先,以致嘯聚劫掠,又不能威克於後,養癰既成,燎原遂熾。又云發兵討捕之初,以承平日久,將士多不知兵,潰逸出柙,幾亂大局。朝廷遂逮治債事諸臣,更簡良將,此後東南軍事,得以從容措置,拔將才,籌饋餉,造戰船,集團練,遂能漸占上風,終至平定云云。此説尚稱實在,足爲朝廷之教訓。

是書爲清廷檔案資料彙編,出於清廷立場,其中重要史實多經删棄或另加修飾,如奏摺中關涉清軍投降或暗通太平軍等事往往避而不載,而有關太平軍之資料亦多棄而不録,故史料價值頗受影響,若用該書,以參考奏摺原檔爲宜。

此本據清光緒内府鉛活字本影印。(韋勇强)

平定粵匪紀略十八卷附記四卷　（清）杜文
瀾撰（第413冊）

　　杜文瀾（1815—1881），秀水（今浙江嘉興）
人，字小舫，號采香舟主人。諸生，初入爲縣
丞，道光三十年（1850）參與鎮壓李元發起
義，後出任兩淮鹽運分司運判，籌劃清軍與太
平軍作戰之糧餉，同治初布政使，後任江寧
布政使、江蘇按察使、蘇松太道、常鎮通海道
等職。尚著有《江南北大營紀事》、《初學史
論合編》、《古謠諺》等，又輯有《曼陀羅華閣
叢書》，生平見其自訂年譜。

　　同治四年（1865）杜氏在鄂督辦鹽務，湖廣
總督官文命其編撰是書，又有唐蔭雲等人參
酌討論，十一年重加改正，所據資料爲各地奏
摺及清廷諭旨、邸報及相關人士文集等，敘事
起道光三十年六月太平軍金田起義，迄同治
三年（1864）九月俘獲洪秀全之子洪天貴福。
全書詳細敘述清軍與太平軍作戰經過，按年
分卷，除道光三十年至咸豐二年（1852）合爲
一卷外，自咸豐三年至同治三年，或一年一
卷，或一年二、三卷不等。是書仿《皇朝武功
紀盛》、《聖武記》體例，據事直書，節去繁冗，
先述大事，下詳記載，有綱有目。關於太平軍
行蹤，或傳諸當事之人，或見諸時人筆記及諸
臣行述、傳鈔供詞等，必考證確符始列於篇，
戰功悉遵邸報，不敢有所增益。因書編成於
湖北，疏稿文集均便採取，故述楚事較詳。清
軍與太平軍作戰地區甚廣，是書僅錄所見所
聞，並非完整記錄。

　　書後有附記四卷，分別爲《賊名記》、《邪説
記》、《逆跡記》、《瑣聞記》，所記皆太平天國
人物、制度、戰法等事，所據多當時聞見。
《賊名記》，詳記太平軍首領姓名、出身、經歷
等。《邪説記》則詳述太平天國各種教義及
主張，以及洪秀全創行其説之過程、上帝會各
種制度、書籍等。《逆跡記》記載太平軍諸項
制度，尤以其軍制、戰法爲要，稱太平軍所以
能與清軍作戰十餘年者，實以其軍制有足恃

者，又稱太平軍本不知兵法，惟能師心詭造，
用之有效。《瑣聞記》所載則如記名云。

　　此本據上海圖書館藏清同治八年群玉齋活
字印本影印。（韋勇強）

淮軍平捻記十二卷　（清）周世澄撰（第
413冊）

　　周世澄，諸史無傳。趙烈文《淮軍平捻記
序》稱“周甥世澄早從行間”，知世澄乃烈文
之甥，曾入李鴻章幕府，負責處理章疏文報，
故是書由周氏彙集淮軍鎮壓捻軍有關章疏、
文報及當時言論而成，其中亦詳記淮軍各種
制度。

　　是書按年月詳記淮軍鎮壓捻軍事，起同治
四年（1865）三月淮軍主力北上進剿捻軍，止
於七年八月西捻軍覆滅，並追述咸豐三年
（1853）太平軍克安慶、占金陵後分兵攻破鳳
陽、進圍大梁情事。按其時捻軍蜂起於各地，
張樂行部尤爲兇悍，爲群捻之冠，又有河南捻
軍（豫捻）以及長槍會等，縱橫數省，往來剽
疾，清廷遣僧格林沁等剿殺，亦疲於奔命，不
能控制山東、河南及蒙、亳、淮、徐一帶，捻軍
別支則與太平軍扶王、啟王、端王、遵王等會
合，活動於泌陽、宛郡淅川、秦嶺、鄖陽、房縣
一帶。

　　是書敘淮軍體制裝備，云除黃翼升、李朝斌
二枝水師係曾國藩舊部外，他如劉銘傳、周盛
波、張樹聲等軍，均由李鴻章募練而成，各軍
餉項軍火來自蘇滬稅厘金，每月餉需及製造
采辦各項開支款額近五十萬，而蘇滬稅厘及
藩庫地丁所入合計不足三十萬，祇能挪東掩
西，盡力湊集。各營時時匱乏呼號，徒以恩義
相維，尚不足以嘩潰。又云淮軍使用西洋火
器，精利倍於中國，自同治三年後，淮軍各營
皆雇傭洋人教練使用炸炮、洋槍之法，楚軍每
營僅有抬槍、小槍一百二十餘桿，淮軍則每營
有洋槍四百餘桿，少亦三百餘桿，每開一仗，
洋藥銅帽須耗數萬，淮軍又有開花炮隊四營，

故火器之利爲諸軍冠。每出一仗,裝載炮具火藥等須數十巨艦。又言其營規嚴整,卒耐勞苦,行軍用古法,日三四十里,半日在路,半日築營,糧藥各隨其身,所至可以戰守,不效前人奔走逐賊以自疲,謀畫素定,卒底大功。此皆爲中國近代軍事改革重要史實。

又紀淮軍戰法,一爲以精鋭駐扎要地,不必四處征調而能以逸待勞;二爲多練馬隊以便兜追剿殺。爲此事先遣劉銘傳駐周家口,張樹聲駐徐州,潘鼎新駐濟寧,湘軍劉松山駐臨淮,是爲軍事四重鎮,又以馬隊一支爲游擊之師,配合四鎮作戰,故於流動各地之捻軍均能用迎頭擊之之法,以攔頭之師改變此前尾追之局,故稱辦捻之局漸有綱紀。又言李鴻章借捻軍北上威脅京畿,而請朝廷允許淮軍由海道北上天津,駐扎直隸,使淮軍勢力進入北方京畿地區,時戈登所練洋槍隊尚有千人,李鴻章亦借此機會調遣天津。

又總結湘軍成功經驗,謂前此朝廷大臣以爲旗緑弁兵馴謹而易調遣,而各省勇丁桀驁而少紀律,不得已而用之,就地召募,隨時遣汰,尚無流弊,若遠調數千里外終必嘩潰,自曾國藩創練楚勇,恩信素孚,法制嚴密,又由湖南、湖北轉戰江皖,一水可通,人地相宜,是以歷久而能成功。然自克金陵平定東南後,即將湘勇全行遣撤,惟暫留淮勇以備中原剿捻。此即湘軍、淮軍最終命運不同之原委云。

此本據復旦大學圖書館藏清同治刻本影印。（章勇強）

湘軍志十六卷　王闓運撰（第413册）

王闓運（1832—1916）,字壬秋,號湘綺,湘潭（今湖南湘潭）人。咸豐三年（1853）舉人,初爲肅順所重,尊爲師保,後入兩江總督曾國藩幕,不得志,退而教學,先後主講成都尊經書院、長沙思賢講舍、衡州船山書院、江西高等學堂,清末特授翰林院檢討,加侍讀。民國初年任清史館館長。更著有《周易説》、《尚

書義》、《公羊傳箋》、《湘綺樓集》、《湘綺樓日記》等。《清史稿》有傳。

此書受曾國藩所托而撰,紀事本末體,輔以自製地圖及年表,述湘軍始末。按湘軍成軍及作戰經過分爲十六篇:《湖南防守篇》、《曾軍篇》、《湖北篇》、《江西篇》、《曾軍後篇》、《水師篇》、《浙江篇》、《江西後篇》、《臨淮篇》、《援江西篇》、《援廣西篇》、《援貴州篇》、《援川陝篇》、《平捻篇》、《營制篇》、《籌餉篇》。爲當時人撰當時史,敢於直筆紀事,文筆雄健,用《春秋》筆法,於湘軍人物多有褒貶譏評,王氏自以爲可比陳壽《三國志》及范曄《後漢書》。而湘軍將領亦因其不隱惡而大爲不滿,迫其交出初版加以銷毁,後有成都翻刻本行世。梁啟超以爲此書爲清人所著史書名著之一,與魏源《聖武記》相提並論,曾氏門人黎庶昌亦贊其"文質事核,不虛美,不曲諱,是非頗存咸、同朝之真,深合子長敘事意理,近世良史也"。然其書只用清朝官修《方略》、邸抄以及湘軍將領之奏稿、文集,於太平天國文獻則全無引用,實一大缺憾,且清朝官方文獻亦未能盡觀,自稱"懶考案卷",故其内容有欠翔實。

此本據上海歷史文獻館藏清光緒十二年成都墨香書屋刻本影印。另有光緒十一年長沙斠微齋本。（劉韶軍）

湘軍記二十卷　（清）王定安撰（第413册）

王定安（1833—1898）,字鼎丞,宜昌（今湖北宜昌）人。咸豐十一年（1861）拔貢,曾國藩薦爲江蘇崑山縣知縣,任滿後曾氏延爲幕僚,後歷任冀寧道臺及藩司、安徽潁鳳兵備道等。著作豐富,爲曾國藩編《求闕齋弟子記》,又有《曾文正公大事記》、《曾子家語》、《兩淮鹽法志》等。事略見曾國荃撰《湘軍記敘》及定安《自敘》。

本書增補王闓運《湘軍志》之不足,仍按湘軍作戰史分事敘述,共分二十篇:《粵湘戰守

篇》、《湖南防禦篇》、《規復湖北篇》、《援守江西上篇》、《援守江西下篇》、《規復安徽篇》、《綏輯淮甸篇》、《圍攻金陵上篇》、《圍攻金陵下篇》、《謀蘇篇》、《謀浙篇》、《援廣閩篇》、《援川篇》、《平黔篇》、《平滇篇》、《平捻篇》、《平回上篇》、《平回下篇》、《勘定西域篇》、《水陸營制篇》等。《湘軍志》記湘軍事止於平捻,此書則記湘軍全史,自稱所述自廣西初亂,訖新疆設郡縣,起道光三十年(1850),至光緒十三年(1887),述三十八年之戰跡。以湘軍爲綱,而他軍戰迹略附焉。王氏在曾氏幕長達二十餘年,熟稔湘軍將領及其事跡,其書更上稽《方略》,下采疆臣奏疏,較之《湘軍志》,內容更爲豐富,敍次更爲贍備。其書纂修中,曾經曾國荃、郭嵩燾商訂斟酌,故評議人物,一秉湘軍領袖隱惡揚善之意,已無王闓運直筆譏評之風。

此本據上海圖書館藏清光緒十五年江南書局刻本影印。（劉韶軍）

籌辦夷務始末二百六十卷　（清）文慶、賈楨、寶鋆等編（第 414—421 冊）

文慶(? —1856),字孔修,滿洲鑲紅旗人,費莫氏。道光間進士,歷任吏部侍郎、內務府大臣、兵部尚書、軍機大臣上行走、武英殿大學士、充上書房總師傅。《清史稿》有傳。

賈楨(1797—1874),字筠堂,山東黃縣(今山東龍口)人。道光六年(1826)進士,歷官工部侍郎、左都御史、禮部尚書、協辦大學士等。咸豐十年(1860)英法聯軍入侵時,留守京師,充團防大臣,並參與談判。同治初,與周祖培等上摺請太后親掌朝政。《清史稿》有傳。

寶鋆(1807—1891),字佩蘅,滿洲鑲白旗人,索綽絡氏。道光進士,歷授內閣學士、禮部右侍郎、總管內務府大臣、理戶部三庫事務,會辦京城巡防。同治初年入值軍機,充總理各國事務大臣,於洋務新政多有籌劃,後擢戶部尚書,授體仁閣大學士、武英殿大學士。

《清史稿》有傳。

是書爲清晚期外交事務重要檔案資料彙編,分爲三部分:道光朝八十卷,文慶等人編;咸豐朝八十卷,賈楨、賈楨等人編;同治朝一百卷,寶鋆等人編。全書按年月編次,起道光十六年議禁鴉片事,迄同治年間與外國交涉各事務。是書又稱《三朝籌辦夷務始末》,所收有關上諭、廷寄、奏摺、照會等檔案,道光朝約二千七百餘件,咸豐朝約三千件,同治朝約三千六百件。凡此期中外關係中之重要事件,如兩次鴉片戰爭、中外聯手鎮壓太平軍、沙俄強佔中國東北領土及各地教案、租界交涉等,均有詳細記載。

是書 1929—1930 年間由故宮博物院影印出版,唯所錄文件既無標題又乏目錄,所記日期用干支,使用不便。後由中華書局整理出版,逐件標題,標點分段,注干支以公元月日,書後增編諭摺索引及事件分類索引等,更便使用。臺灣出版《道光咸豐兩朝籌辦夷務始末補遺》,所補起道光二十二年(1842),迄咸豐十一年(1861)。

此本據復旦大學圖書館藏民國十九年故宮博物院影印清內府抄本影印。（韋勇強）

雜史類

國語正義二十一卷　（清）董增齡撰（第422 冊）

董增齡,生平事跡不詳,據序知爲歸安(今屬浙江湖州)人。

《國語》之注,現存最早者爲三國吳韋昭解,其序中提及東漢諸家注,均已散佚,其後有宋宋庠《國語補音》、清洪亮吉《國語韋昭注疏》、汪遠孫《國語校注本三種》,董氏以經書注疏體例爲之正義,匯集前代諸家之説,其後更有近人徐元誥之《國語集解》,可互參。

書前有録自《南潯鎮志》之王引之跋,讚是

書援據賅備，自先儒傳注及近世通人之説，無不徵引，又於發明韋注之中，時加是正，可謂語之詳而擇之精。並稱自撰《經義述聞》，間有考證《國語》者，欲以之就正於董君云云。是書於韋昭注詳加考證，《四庫全書總目》卷五十一《國語》提要謂韋昭兼采鄭衆、賈逵、虞翻、唐固之注，而董氏就韋注細加統計，謂其中所引鄭、虞二家僅數條，而賈、唐二家則援據駁正甚多；韋氏自序稱凡所發正三百零七事，董氏統計謂其總數不過六十七事，合計所正訛字衍文錯簡，亦不足三百零七之數，因疑三百七爲六十七之訛。按董氏所統計，可備參考，然所據傳本或已非韋氏解之舊貌，故不足其數，亦未可知。

是書首列《國語》正文，次列韋昭解，其下則爲疏，仿《左傳注疏》體例，亦有有解而無疏者。董氏以爲《左傳》、《國語》爲内外傳而同出一人，其中或有異同，亦不必怪之。如《史記》述一人之事而世家與年表亦時有不同，敍一事而《晉世家》或與《吳世家》不同，《左傳》記一人之言前後亦有不同，此皆古書所常見者，故皆慎以闕疑，不作臆斷。又謂《漢書·藝文志》所録多有一書既有本傳又有外傳者，其同一作者既作内傳，又作外傳，實爲曲暢其支派，《國語》之於《左傳》正同此例。又謂《漢志》載《國語》及《新國語》，則劉向當時所見《國語》已有兩本。其後諸書引《國語》者甚多，所引多有今本所未見者，則《國語》一書之散逸者亦復不少。又《管子·小匡》篇與《國語·齊語》相同，董氏以爲當是《齊語》既亡佚而後人采《小匡》以補之。諸如此類，考鏡源流，頗見其用心之密。

是書據宋庠《補音》本及天聖本，兼收二家之長，而用《補音》本者十之七八，以韋解傳承既久而未有爲之疏者，因采擷諸經舊説，間下己意。又謂疏不破注之例，古人亦所不拘，故於銓釋韋解之外，仍援許、鄭諸家舊詁備載其後，以俟辯章。韋解體崇簡潔，多闕而不釋，故博引經傳諸家注解以補之，或與韋解兩歧，或與韋解符合，同者可助其證佐，異者則博其旨歸，並采兼收以匯古義。至於書中地理，則以清朝所定府廳州縣之名釋之；而宮室器皿衣裳制度，則有孔、賈諸疏，言之甚詳，故不事詳解。要之，所疏不墨守陳規，有詳有略，可謂得注疏之大體者。

此本據上海圖書館藏清光緒六年章氏式訓堂刻本影印。（余和祥）

國語翼解六卷　（清）陳瑑撰（第 422 册）

陳瑑（1793—1851），字聘侯，一字恬生，又號六九學人，嘉定（今上海嘉定）人。道光舉人。其父陳詩庭，精於文字學，嘗從錢大昕治學，著有《説文聲義》、《讀書證疑》等。瑑家學淵源，更著有《説文引經考證》七卷附《説文引經互異説》、《春秋歲星算例》、《説文舉例》等。《清儒學案》卷八四有傳。

是書據諸經傳及近儒諸説，考據參證，補韋昭所不及。於《國語》之文句字意，作條辨式考證，而非全書注解，多有精闢之見，能就字義訓詁推廣深入，求其特定義訓。如《周語》"夫兵戢而時動"，韋昭解曰"戢，聚也"，僅爲基本義訓；陳氏則據《爾雅·釋詁》、《説文》、《詩經》、《尚書》、《史記》等書及馬融等注詳加考證，以爲"戢"本爲凡聚之義，又有藏、斂、收等義，而《説文》專釋以藏兵，因知聚、藏、斂、收爲泛指，而藏兵爲專指，後者即《國語》此"戢"字特定義訓，又引《左傳·隱公四年》"夫兵猶火也，弗戢將自焚也"，以證實之。諸如此類，每有獨到之見。

又能據韋解以辨傳疑，如《周語》"是故周文公之頌曰"，韋解以爲文公爲周公旦之謚，所頌爲《時邁》之詩。武王既伐紂，故周公作此詩，以爲巡守告祭之樂歌。陳氏以爲《詩序》已言"《時邁》，巡守祭告柴望"，韋不明言《詩序》，而説與之合，據此亦可破鄭漁仲魏黄初時始行《詩序》之説云。

又於常見字義深入考察，如《周語》"肆于時夏"，韋昭以爲"于，於也"，所釋過簡，陳氏則據錢大昕之說，以于、於義同而音稍異，《尚書》、《毛詩》例用于，《論語》例用於，唯引《詩》、《書》時作于，今字母家以於屬影母，于屬喻母，而古音無影、喻之別。此類辨析甚細密，爲常人之所忽。

又據一字而釋古之風俗，如《周語》"三女奔之"，陳氏據《周官·媒氏》謂"奔者不禁"，謂不禁其爲人妾；《禮記·內則》則曰"奔則爲妾"，由奔字而及古之婚俗。此類甚多。

此本據上海辭書出版社圖書館藏清光緒廣雅書局刻本影印。（余和祥）

國策編年一卷　（清）顧觀光撰（第422册）

顧觀光（1799—1862），字賓王，號尚之，別號武陵山人，金山（今屬上海）人。棄科舉而行醫，於歷代曆法及數學深有研究，著作更有《周髀算經校勘記》、《傷寒雜病論集》，輯《神農本草經》等，去世後著作刊爲《武陵山人遺書》，收書十二種。《清史稿》、《清史列傳》卷六九有傳。

是書紀年自周貞定王元年（前468）起，至始皇二十六年（前221）秦滅齊止，並記他國諸侯紀年，逐年簡紀大事，時以他書相關内容附記其下，間或考證其人其事與年月之關係，并標明出自何書。如周貞定王元年附記公輸般爲楚設機械以攻宋，其下考證云：《禮記·檀弓》季康子母死，般請以機封，則般與季康子同時，據《左傳》，康子卒於此年，故以公輸般事附於此年，又注其事出自《戰國策·宋策》。又如周顯王二十九年（前340）下，繫以惠施爲齊魏交之事，其考證曰：《魏策》云：馬陵敗後，惠施令魏王入朝於齊，疑即此事；而惠施與莊子同時，能考定惠施事，則可推知莊子在世年月。此類考辨能就諸書相關記載以反復推勘編年繫之，可爲戰國史事及諸書深入研究之助。

此本據復旦大學圖書館藏民國四年續刻《武陵山人遺書》本影印。（余和祥）

戰國策補釋六卷　金正煒撰（第422册）

金正煒（1875—1927），字仲韠，又字彤甫。貴筑（今屬貴州貴陽）人。光緒二十年（1894）科舉不第，考入南學，二十八年分發四川任官，宣統時任四川雷波廳通判、屏山縣知縣。更著有《漢書補注補》、《十梅館隨筆》。生平見《（民國）貴州通志·人物志》及所載《金氏家傳》。

卷首有林思進序，卷一有《綴言》，實即凡例，以下更列吳師道編《國策》章目，有各國策細目及劉向《戰國策敘録》。其例先列《國策》正文，後附作者按語，多爲字義文意考辨。《國策》清有黃丕烈重刻本，附以校勘札記，世稱善本，金氏仔細考辨，以爲其中錯繆違失不可勝數。按清代校讎學甚盛，周秦以來諸書無不精校精刊，考證頗細，然奧辭賸義，紬繹之下，仍有未及之處，後之學者仍可補苴。金氏即秉此意而撰是書。金氏稱時因國變而閉門治學，是時新學、舊學並存俱盛，既有廢除漢字之論，又有舊式聲訓之學。遂以繼承乾嘉校讎學爲己任，沿二王、俞、孫之餘波，承丕烈校勘之成果，據黃氏重刻姚氏本及元刻吳氏校注本，就原文脫誤、舊注差失，考辨注釋。其釋字義必引古説以爲依據，不逞臆説。常訓易通者，則雖前人未注亦不增補。前人已有考釋，若其説精審則不復爲異同，若尚有疑義則臚舉其文復加商榷。又以《國策》地名繁多，前人之注並多違失，張琦《戰國策釋地》已多有糾正，所未及者亦就可考者予以補注。至於《國策》分章及其名稱，皆依吳師道所定四百八十六章，間或義有未安，亦一仍其舊，未加考論。

是書唯以字句脫誤及注説未當者爲意，考辨其詳，而於事理得失，則不參論斷，此亦乾嘉考證學之特點，顧氏亦未能突破樊籬。然是書又不唯專考字句義訓，亦多考證史事，如《東周策·秦興師臨周章》云"周君患之"，金氏以爲此時有東周、西周及周天子之周，三周不可混淆。周考王之弟封於王城，後稱西周；周惠公少子班之後，國都在鞏，則爲東周；而周天子自敬王以後居成周，時仍爲共主，雖勢已衰微，亦不與列國同列：故《國策》東周、西周皆非成周之周天子，事涉成周者，則分載二《周策》之中。此策言秦興師臨周，不云東周、西周，知爲成周之周天子。顔率稱大王，可知非兩周之君。其辨三周及其都城甚明。

亦間有以不誤爲誤者，如《趙策》二："今民便其用而王變之，是損君而弱國也。"錢氏以爲君字本爲群，脫損半字而訛。按君、群古之音義俱近而相通，此在古經傳諸書中多有其例，不必以群壞爲君字也。

此本據復旦大學圖書館藏民國金氏十梅館刻本影印。（余和祥）

國策地名考二十卷首一卷　（清）程恩澤撰（清）狄子奇箋　（第 423 册）

程恩澤（1785—1837），字雲芬，號春海，歙縣（今安徽歙縣）人。嘉慶十六年（1811）進士，後授翰林院編修，歷官貴州學政、侍讀學士、内閣學士、工部及户部侍郎。道光間入直南書房，甚得清帝信任。嘉慶、道光間與阮元同爲儒林之首，治學以訓詁爲根基，不空談義理，尤重地理之學，更著有《程侍郎遺集》等。《清史稿》有傳。

狄子奇，字惺庵，或作惺垣，又作叔穎。生卒年不詳，活動於嘉慶、道光年間，溧陽（今江蘇溧陽）人。究心經籍，不屑章句。道光十五年（1835）舉人，主講安徽宿州、河南覃懷書院。更著有《四書質疑》、《四書釋地辨疑》、《鄉黨圖考辨疑》等。生平見《溧陽縣續志》卷十一《人物志》。

是書署歙程恩澤撰，溧陽狄子奇箋，武進李兆洛閲，並儀徵阮雲臺先生鑒定。卷首有阮元道光二十年序，稱此書爲程氏主講鍾山書院時，與其友狄惺垣作，程氏爲其綱，狄氏爲其目，於《國策》地理詳加考證，多有見地。如謂孟津在河北，非今河南孟津縣，亦非古河陽縣；蒲反非舜都，乃衛蒲邑，嘗入秦，後仍歸衛，故謂之蒲反。此等考辨皆確不可易。

清代地理之學成就顯著，然詳於《春秋》、《史》、《漢》而不及《國策》，是書之前惟有張君琦《國策釋地》差爲可據，而語尚簡質，未見賅備，故程、狄二人欲共成一書以補其不足。其方法爲先立一長單，分國録出《國策》地名，凡七百餘條，又立一巨册，以單上所録分布各紙，成三百餘葉，然後盡搜群書，條分件繫，得一事則録一事，遇一言則記一言，程氏負責排纂，先原文，次正史，次雜録，次清朝諸家説，參伍考訂，爲之折衷，而以當時地名一一對照，又參考各家圖説，繪爲十二圖，使戰國形勢如聚米畫沙，一目瞭然。遇有衆説不同者，狄氏則箋其是非，條其同異，雙行夾注於其下。

書成之後本擬付梓，程氏以爲成書太早，爲古人所戒，宜再加斟酌以求至善，使閲者無可指摘。故二人各執一本時加修改，往復札商，不下數十番，至程氏去世，狄氏始得程氏高足徐吉臣慨然資助，付梓刊印。

是書於《國策》所載大都小邑以及山林川澤全部録出，即本文遺逸而他書引之者亦附録其中。《國策》地名有與他書互見者則皆從《國策》，有他書是而《國策》非者則亦詳説於下。諸國疆界不明而難定其爲某國者，則別爲一卷，附於其後。地名均先列各國都城，次及山川關隘、大都、小邑、宮觀臺榭，以地理方位爲序。一地之名爲一標題，其下先列《國策》原文，次列原注，次加按語，次列衆説，次列清代地名。有同名而異地者，如南陽有三，新城有二，亦有名異而實同者，如陰即陶、邢即懷之類，則皆分注於各國之下。亦有本係一地而數國共之者，如巴蜀分屬秦楚，上黨分屬三晉,此類則詳注於前出者,而後曰見某國。兩《漢書·地理志》、《郡國志》爲地志之權輿,而二書略同,故於同者則稱《漢志》,不同者則兩書皆引。其後正史地志有資考訂者亦加引用。《國策》正文向無善本,則於各家校本擇善而從,並詳注其異同於下。

是書卷首有戰國輿地總圖及周、秦、齊、楚、趙、魏、韓、燕、宋、衛、中山等國圖,卷後則附以未能列入以上諸國者:諸小國如鄒、魯等,諸夷如義渠、匈奴等,諸國隙地(即不可考知屬於何國之地者),諸古國如補、遂、涿鹿、三苗、密須、孤竹等,諸古邑如彭蠡、天門、盧罜等。

是書以《國策》地名爲綱,匯集諸書資料,有條不紊,繁博詳實,且其體例謹嚴周密,能守古人著書之法,不急於求成,可爲後學借鑒。

此本據中國科學院圖書館藏清道光二十年安雅齋刻本影印。(余和祥)

奉天錄四卷　(唐)趙元一撰(第423冊)

趙元一,唐人,生卒不詳,兩《唐書》不載。據是書自序,知於涇原之變時隨德宗逃至奉天,時任職史館,兵變平定後撰成是書,敘事較詳,可與正史對照。

書首有清代顧千里道光三年(1823)重刻序,敘述是書傳承源流,校刻原委。謂由秦恩復得之於都中,囑顧氏重加校刊。顧氏考察是書源流,謂見載於《新唐書·藝文志》,與徐岱《奉天記》、崔光庭《德宗幸奉天錄》並列,而流傳甚少。司馬光撰《通鑑考異》,引《奉天記》八條,其中一條與趙氏是書字句悉合,可知宋時徐、趙兩書亦已混淆。考異亦引《幸奉天錄》,而不引趙氏《奉天錄》,顧氏因疑時未見其書。至南宋陳振孫《直齋書錄解題》、馬端臨《文獻通考》則皆著錄是書,明楊士奇《文淵閣書目》亦有《唐奉天錄》一部一冊,徐、崔二家書反已亡佚不傳,唯趙《錄》僅此一部,亦屬絕無僅有。

是書紀事起唐德宗建中四年(783)涇原叛命,終興元元年(784)克復神都。其中年紀,或先後參錯,恐未必全屬舊貫,然顧氏校勘於此並不改動,至字句轉寫訛誤者,則悉心讎正,可十之八九,有疑而不能定者,則闕如。

後有趙元一《奉天錄序》,稱趙氏世居關右,目睹朱泚建中四年作亂,有忠臣義士身死王事者,可得而言者咸悉載之,使後來英傑貴風義而企慕,其人其事正史或闕而不錄,故直筆直言,無矯無妄,欲使朱藍各色,清濁分流。對於當時人事,頗有感慨,如三朝名將,忽爲叛主之臣,累代通儒,乃作趨時之士,以爲史官之筆須才、識、學三者,否則難以措手。

書後又有秦恩復後跋,稱此書元、明藏書家均未著錄,然全文備載《永樂大典》中,而《四庫全書》亦不收入。四川龍觀察萬育得諸徐太史崧家,未及校正,以活字版印行,不分卷數,截然四段,實即原書四卷。又得常熟張氏舊抄本,所分四卷,多寡不一,改易處未甚精允。故從《永樂大典》擇其善爲之補正。此書與《安祿山事跡》、《平巢事跡》相類,皆唐人舊帙,爲絕無僅有之書。

是書爲私人所撰,與正史自有不合之處,如述涇原之變起因,《唐書》以爲此因禁兵東征死亡甚多而白志貞隱瞞不報,反受市井富兒賂而補之,名在軍籍而身居市廛爲販鬻,故一旦有事禁兵不至。《奉天錄》則謂時關東、河北頻戰不利,屢發禁兵,相次東征,警衛遂虛,上出北門,羽衛才數十騎。此類不同之處頗多,均可互證。

此本據上海圖書館藏清道光十年秦氏享帚精舍刻本影印。(余和祥)

宋西事案二卷　(明)祁承爜撰(第423冊)

祁承爜(1563—1628),字爾光,號夷度,又稱曠翁、密士老人,山陰(今浙江紹興)人。萬曆三十二年(1604)進士,授寧陽知縣,遷兵部郎中,官至江西布政使司右參政。祁氏出身官宦書香門第，有嗜書之癖，或購或抄，聚書十萬餘卷，藏書之富，浙東首屈一指。於紹興梅里建曠園，其內澹生堂專門藏書，爲愛護圖書，訂《澹生堂藏書約》，又編《澹生堂藏書目》十四卷。更著有《澹生堂集》、《兩浙著作考》等數十種。傳見陳仁錫《無夢園遺集》卷六。

祁氏著作對清人多有蔑稱，如是書卷首《加宋西事案引》，以"奴酋"稱努爾哈赤，即其例也。故是書於清乾隆年間列爲禁毀書，流傳甚少。

是書署名"海濱詗士漫輯"。時祁氏歸耕在家，謂奴酋狂逞，宇內鼎沸，己獨有戀巢顧卵之念，曲折表達愛國憂患之意，故編纂史書，寄託忠心。以爲北宋釀成李元昊之勢，蓋以朝廷對西夏措置不當所致，因記宋西之事，借"西事"以言"東事"，此即其撰輯《宋西事案》之宗旨。凡制禦西夏者，采之正史，合以傳記，附以奏議。卷一按節分題，卷二集錄奏疏。

是書於宋、明史籍多有抄錄，如司馬光《涑水記聞》、李燾《續資治通鑑長編》、洪邁《容齋三筆》、元脫脫《宋史》、明陳邦瞻《宋史紀事本末》等。按陳書初刻於萬曆三十三年（1605），可知《宋西事案》成書於此年之後。是書多錄陳書原文，故卷一取紀事本末體，專題敘事，名目有《元昊西平之封》、《元昊分衛統兵規制》、《元昊僭帝始末》、《議削元昊官爵》等，凡四十五項。卷二所集諸臣論西夏事奏疏凡二十一篇，如張方平《上平戎十策疏》、夏竦《陳西事十策疏》、范仲淹《上攻守三策疏》等。所錄正文中時加旁注，每節後均附案語，以見古爲今用之苦心。如卷一"元昊西平之封"，案語既謂夏虜無求於宋，而西平之封實取輕於夷狄，擅易年號，稱於國中，僭端萌矣。宋之失着，於焉爲始。正文旁注則謂"起手便失一着"，案注映發，感慨良深。又所錄諸人奏疏，原原本本，可用以校勘諸人文集，故是書雖不甚顯，然亦彌足珍貴。

書中案評，據事而論，多有見地，均可令人深思。

是書流傳甚少，今南京圖書館所藏明天啓刻本爲海內孤本，此本據以影印。（余和祥）

青溪寇軌一卷　（宋）方勺撰（第 423 册）

方勺，宋哲宗元符末（約 1100）前後在世，字仁聲，號泊宅翁，金華（今浙江金華）人，後徙居湖州。湖州西溪湖有宋張志和泊舟處，志和有"泛宅浮家"語，故謂之泊宅村，勺寓其間，自號泊宅村翁。著有《泊宅編》十卷。事見《敬鄉錄》卷五、《宋詩翼》卷三六。

是書記宋徽宗宣和二年（1120）青溪（今浙江淳安）方臘起義之事。原載《泊宅篇》中，曹溶摘入《學海類篇》，改題此名。後有附論二則，一題洪邁"容齋逸史曰"，記方臘起事原因及其經過；一則追述明教始末，録自莊綽《雞肋篇》。

是書宋元書志未見著錄，《説郛》、《古今説海》、《四庫全書總目》以爲方勺撰，今人考證，或以之爲洪邁主持修纂《四朝國史》時所輯集史料。

今按是書由四段文字組成，第一段自"宣和二年十月"至"州遂陷"，記方臘起義始末；第二段自"後漢張角、張燕輩"至"良有司也"，記方臘與張角、喫菜事魔之關係；第三段自"容齋逸史曰"至"以戒後世司民者"，爲容齋評論方臘之事，並補充史實；第四段自"喫菜事魔"至"反致增多也"，記史上喫菜事魔之教的源流。一、二兩段出自《泊宅編》，第四段出自莊綽《雞肋篇》，第三段爲"容齋逸史"。

又是書第一段據《泊宅編》記載，謂會稽進士沈傑，嘗深入賊境，親睹其事，爲余言賊之始末，因稽合衆論，撼其實著於篇，而第三段"容齋逸史曰"末亦云"泊宅翁之志寇軌也"，據此則記述方臘起事之作者，必泊宅翁無疑，或容齋氏後又據相關史料加以編輯，而成其書，亦未可知。蓋洪邁《容齋隨筆》、《夷堅志》中亦記方臘之事，洪氏晚於方、莊二人，則或據《泊宅編》、《雞肋篇》抄録，又附以洪氏評論，而合爲一書。然《泊宅編》記載方臘事則方勺無疑。

按方臘聚衆起事起宣和二年十月至宣和四年三月最終討平。是書稱是役朝廷用兵十五萬，斬賊百餘萬，自出師至最終取勝凡四百五十日，戰亂波及杭、睦、歙、處、衢、婺六州共五十二縣，所殺平民不下二百萬。又論浙江民間邪教，始自唐永徽四年（653）睦州女子陳碩真自稱文佳皇帝，東漢五斗米教以降，民間屢見喫菜事魔之教，平時不飲酒食肉，甘枯槁，趨静默，似有志爲善，然教内男女無別，不事耕織，當地官府往往不以爲意，以其疑似難識，欲繩治之，又恐其滋蔓，因置而不問，聽其自滋，遂至禍變，事發之後又措手不及，此又自古及今所常見者。又論民衆所以造反，多以帝王用人不當，朝廷及地方官府腐朽無能，荼毒百姓。方臘起事時號召民衆之言，書中記之甚詳，如謂三十年來元老舊臣貶死殆盡，當政者皆齷齪邪佞之徒，但知以聲色土木淫蠱上心，在外監司牧守亦皆貪鄙成風，東南之民苦於剥削久矣。書後附録更詳記喫菜事魔之教在宋代種種情形，謂朝廷法禁過嚴，反滋蔓延。方臘即以此教招徠信衆，遍及各地。更記此教風氣，斷葷酒，不事神佛祖先，祇拜日月，不會賓客，死則裸葬。入教之人若貧，衆人以財相助，使至於小康。信徒至一地，同教之人皆以食宿招待，視同家人。其魁謂之魔王、魔公、魔母，俗訛以魔爲麻，謂其魁爲麻黄，又以張角爲祖，至死不言角字。凡此既爲研究古代民間宗教寶貴資料，亦有以見政措之得失，可資炯戒。

此本據上海辭書出版社圖書館藏清道光十一年晁氏活字印《學海類編》本影印。（余和祥）

避戎夜話一卷　（宋）石茂良撰（第423册）

石茂良，生卒不詳，據卷首署名，知其字太初，吳興（今浙江湖州）人，事跡不可考。

是書陳氏《直齋書録解題》已有著録，《四庫全書總目》雜史類存目中有是書提要，謂是書記靖康元年（1126）閏十一月金人攻陷北宋汴京之事，石氏當時身在圍城之内，所記皆親所見聞。於都統制姚友仲守禦東、南兩壁之功記述尤多，而正史不爲姚氏立傳，唯《欽宗本紀》中頗涉及之。徐夢莘《三朝北盟會編》曾引是書，記石氏是書自敍之言，謂逃難於鄉人王升卿舍館，夜論朝廷守禦之方，所言論者皆驗。其文摭其實，直而不詡，非所見聞，則略而不書。明末李蕡曾將是書刊入《璅探》之内，然多有删節，已非全貌。尤袤《遂初堂書目》有《靖康夜話》，疑即是書。晁公武《郡齋讀書志》列《金人背盟録》、《圍城雜記》、《避戎夜話》、《金國行程》、《南歸録》、《朝野僉言》等書，總題曰“皇朝汪藻編”，蓋謂汪氏合編此六種，並非汪氏親撰云。

書分上下卷，上卷記姚友仲率軍守城及金人攻汴京事甚詳，如謂友仲率軍於通津門、宣化門等處以炮石抵抗，并下城與金兵接戰，死傷慘烈。又述及當時汴京城門之南北拐子城及其臨時增建之磚城及受敵樓子等，謂友仲守禦有方，終不可破，皆友仲之力。又總結守拐子城之法，詳記宋軍守城器械，如神臂弓、九牛弩、撞竿、兜竿、狼牙槍、炮架槍、鐵蒺藜、鍊金汁等，炮又有獨梢、兩梢、三梢、五梢、七梢、旋風、虎蹲之分；金兵攻城器械則有疊橋、火梯、雲梯、編橋、鵝車、洞子（木驢）等，攻城亦用炮，曾一夜安炮五千餘座。此類皆宋代軍事史寶貴資料。又記當時汴京城内士兵百姓多有擾攘聚衆作亂者，乃至趨駡宰相，絲擘内侍，打殺統制，殺人放火。城陷後，友仲亦遭亂兵暴民毆打至死，骨肉星散，不知所在。

下卷記述戰前姚友仲建謀選五萬精兵，趁敵初來而主動出擊，則敵必潰亂，有可破之勢，否則敵勢愈盛，而己方援兵不至，士氣沮喪,雖悔無及。而唐恪專在和議,實爲寡謀誤國。惟賴友仲守城,自閏十一月三日守至二十五日城始破,晝夜勞苦,最爲有功,終竟被禍,令人嘆惜。又謂金人春季出境,而朝廷措置多不急之務,因記當時民間譏諷之俗諺,又載當時士大夫爲兵敗亡國所作詩詞,如謝元及之《憶王孫》、胡處晦之《上元行》、鄧肅之《靖康行》等,均能反映當時宋人實情。

此本據北京大學圖書館藏明嘉靖十八至二十年顧氏大石山房刻顧氏《明朝四十家小説》本影印。（劉韶軍）

靖康紀聞一卷拾遺一卷　（宋）丁特起撰
（第 423 冊）

丁特起,生卒不詳,北宋末太學生,盧州（今安徽合肥）人,宋高宗紹興八年（1138）,由貴州文學轉爲鼎州龍陽縣尉,見《建炎以來繫年要録》。所著《靖康紀聞》,書前有序,署名“宋孤臣丁特起泣血謹書”,故又名《孤臣泣血録》。

是書自述金兵猛攻通津門、宣化門時,大臣前往督視,猶未有用兵意。丁氏當時上書論金人有三可滅之理,兵有五不可緩之説,此後又多次上書,總爲《守御八策》,惜朝臣均不予理睬。

紀事起靖康元年（1126）十一月初五,迄二年五月初一康王即位於南京,改元建炎,按日記載。當時金兵圍攻汴京,終俘二帝北去,丁氏自冬徂夏,適在京師,痛二帝之播遷,閔王室之顛覆,咎大臣之誤國,傷金戎之強盛,懼天下後世或失其傳,無以激忠臣義士之心,無以正亂臣賊子之罪,因列日以書之,目擊而親聞,於所紀事罔敢違誤,其間亦有褒貶以協公議,非敢徇私臆説。

書中紀述宋廷用人不當,著作郎胡處晦作長歌,切中時病,中云大臣“請和諱戰坐受縛,官軍望敵散如煙。胡兒笑呼一彈指,公卿狀如鹿與獐”,慨嘆國家此時仍是用者不才

而才者不用。又載當時城內搜索姦細,豪猾之人趁機騷擾百姓,故百姓群聚摔殺太尉辛康宗等人。亦記姚友仲守城事及金人攻城之具、疊橋之法,又記城陷之日,金人未嘗下城,而在城內劫掠者皆爲宋之潰散軍兵,太尉姚友仲亦被亂兵摔殺,此等事均可與《避戎夜話》參照。又記城陷之後宋金議和,及金人求索金帛器物書籍等事。書後有《拾遺》,補紀金人退師之後,朝廷大臣無復經畫,已而群姦排斥李綱。又記朝廷曾分遣五路使臣徵召天下兵,京師被圍月餘,援兵竟不至。又記金將粘罕自謂用兵過孫吳,率軍紀律嚴明,故士卒用命。又謂金人每擊鼓報平安,其聲如雷。金人破城之後,又於四壁繞城種柏,不知何義。諸多細節爲正史所未載,殊可珍貴。

此本據《學津討原》本影印。（劉韶軍）

北狩行録一卷　（宋）蔡絛撰（第 423 冊）

蔡絛,生卒不詳,仙遊（今福建仙遊）人。蔡京第五子,爲駙馬都尉,官至宣和殿待制。靖康元年（1126）二帝北狩,絛攜妻福金公主隨侍。事略見《宋史》卷二四八、卷四七二。

是書即記録宋徽宗北狩八年,於五國城囚禁之事。《宋史·藝文志》有著録,《四庫全書》存目有提要。《三朝北盟會編》抄録全書,附於紹興十二年迎回徽宗梓宮記事中,並標明“北狩行録”字樣,可知是書爲宋人所重。

逐日記事,述徽宗等人北行之事及隨行宗族官吏情況甚詳,可補正史之未備。蔡氏時爲都尉,一路隨行,所記皆身歷,較可信。如載徽宗曾與粘罕書,欲金人仿匈奴與漢高祖例,歲受繒幣,舉中國珍寶玉帛,奉約結好,子子孫孫永奉職貢。信中於史實多有引徵,蔡氏評曰:徽宗天資好學,經傳無不究覽,尤精於班史,下筆纚纚有西漢之風。然既欲永奉職貢,以保皇位,則學問雖好,文章有古風,亦無意義。又記徽宗初謂臣子不宜讀《春秋》,蔡氏則據司馬遷之言,謂徽宗曰:“《春秋》,

禮義之大宗。爲人君而不知《春秋》，前有讒臣而不見，後有賊臣而不知；爲人臣而不知《春秋》，守經事而不知其宜，遇變事而不知其權。"徽宗始取《春秋》而讀之，方知宣聖之深意，恨見此書之晚。又載徽宗以北狩以來未有行記，欲命人專門記錄北遷八年以來所見風俗異事，善惡必書，不可隱諱，以爲後世之戒。又記徽宗喜爲篇章，自北狩以來傷時感事，形爲歌詠者千有餘首，後以沂王趙㮑、駙馬都尉劉彥文密告徽宗謀變，所作詩篇遭焚毀，餘燼者僅數十篇，編爲《別集》。此類記事雖然瑣碎，亦有以見徽宗北狩狀況，爲治史者所不可缺。

此本據國家圖書館藏清乾隆三十九年盧文弨家抄本影印。（劉詔軍）

靖炎兩朝見聞錄二卷　（宋）陳東撰（第423冊）

陳東（1086—1127），字少陽，丹陽（今江蘇丹陽）人。北宋太學生，欽宗時入太學，曾伏闕上書，請除去蔡京等"六賊"而重用李綱。高宗即位，召至行在，又彈劾黃潛善、汪伯彥，爲二人誣陷，於建炎元年（1127）遇害，紹興間追贈承信郎，加贈朝奉郎秘閣修撰。更著有《少陽集》。《宋史》有傳。

是書記徽宗北遷及高宗改元時事，末及紹興以後事，足資考證正史，然東以建炎元年八月被殺，不得記紹興以後事，則是書題陳東撰，或後人誤記，或有他人續補。是書爲舊抄本，記載靖康、建炎間事，故名《靖炎兩朝見聞錄》。上卷約六十一葉，下卷僅二十葉。卷首有序，云靖康元年正月金兵侵犯宋之都城，閏十一月金兵攻陷京師，二年四月脅迫二帝北去，五月初一康王即位南京，改元建炎。東靖康元年自春徂冬，皆在京師，親睹其事，故列日以書之，紀事起靖康元年十一月初五，至高宗紹興二年二月止。其間亦有褒貶，直指其實，爲一時之公議，非徇私之臆説。

是書序及上卷正文多與丁特起《靖康紀聞》雷同，丁亦當時太學生，未知二書均據何書撰成。然内容或詳略不同，如十一月二十二日，丁書紀金兵時已壓境，大臣尚執和議，胡處晦作長歌，並記其詞，陳書則無此一節。閏十一月十一、十二、十三日，宋遣使以酒食遺金人寨中，陳書論曰，此乃祖宗故事，有識者頗擬議，而丁書則無此説。二十五日，記載城中亂兵殺大臣姚友仲等，丁書敘及城中兵民作亂起因等事，陳書無之。是日陳書紀太上皇等事，丁書又無之。則二書可以互證補闕。

又記宋京城失陷後徽宗等人前往金軍經過甚詳，有以見敗國之君與入侵之師間禮節儀式。其間述及金兵得見徽宗，交口賀云："已是一家人，出征已十二年矣，不知家中老幼存亡，且喜兩國通和，遂有解甲之期。"又云："國相、太子來時，傳令期必破京師，萬一不可攻打，雖二十年亦更戍守，誓不返國。術者克二十五日與初三日城破，果如其言。"更紀金人攻下汴京後，索馬一萬匹，自是宋之士民止能跨驢乘轎，至有徒步者，都城之馬群空矣。此類記載具體而微，可補正史之闕。

下卷紀康王登基前後之事，爲丁書所未載，紀事至紹興二年止。下所記有宗澤守汴京、韓世忠及岳飛抗金作戰等事，又言此時始以秦檜參政，自此復倡和議，因嘆曰："自是高宗無復恢復中原之氣，遂定都臨安，一時士大夫甘心臣虜，心安於湖山歌舞之娛，而忘父兄不共戴天之仇矣。"由此亦知南宋偏安一隅無復進取之心，秦檜主政，爲一大關節。

此本據國家圖書館藏清抄本影印。（劉詔軍）

建炎筆錄三卷　（宋）趙鼎撰（第423冊）

趙鼎（1085—1147），字元鎮，號得全居士，解州聞喜（今山西聞喜）人。徽宗崇寧五年（1106）進士，累官至尚書左僕射同中書門下平章事兼樞密使，卒贈太傅，後追封豐國公，謚忠簡。史稱趙爲南渡名臣，紹興間爲相，薦任岳飛、韓世忠抗金，高宗稱之爲真宰相。宋史稱論中興賢相，以鼎爲稱首。後與秦檜主和之説不合，罷相，出知泉州，又謫居興化軍，又移漳州、潮州、吉陽軍等地，知檜必殺己，不食而卒。趙氏氣節學術皆彪炳史書，亦善詩詞，有文集十卷，以紹興五年（1135）曾監修神、哲二宗《實録》，高宗親書“忠正德文”四字賜之，故以爲文集之名。《宋史》有傳。

是書紀事起建炎三年（1129）正月，至紹興七年止。按年月日紀事，類似日記，又非日日有所記，上卷至建炎二年十一月止，中卷、下卷則記紹興六年、七年之事，以高宗行止爲主，兼記大臣官職任命等，又記本人行止及奏對等事，所記均較簡潔，偶有詳記者，如建炎三年十二月初九凌晨衛士作亂，十八日盧伸來自金軍言宋軍作戰等，卷下所記多有正史所未載者，如紹興七年九月十月對高宗咨詢，所言甚詳。又爲張浚辯解，謂浚母老且有勤王大功，高宗則言勤王固已賞之爲宰相矣，功自功，過自過，不相掩也。凡此均可補正史之所未備。

書後有李調元識語，謂趙氏爲相後以臨安相府爲不可居，別置大堂環植花竹，日爇異香數十斤，煙篆四合，謂之香雲，是以不旋踵而怨誹叢集，幸以身免。然曾與修哲宗《實録》，忠心直筆，識者韙之。而是書所紀，當乘輿播遷之際，諸所疏議，動合事機，又能啟誘開導，有古大臣風。

此本據上海圖書館藏清乾隆李氏萬卷樓刻《函海》本影印。（劉韶軍）

辯誣筆録一卷　（宋）趙鼎撰（第 423 冊）

趙鼎，有《建炎筆録》，已著録。

書後有原序，謂已與修神宗、哲宗《實録》時，與衆人意見背馳，故怨讒四起，叢於一身。銷骨鑠金，何所不至？今日雖流之極而尚能延殘喘者，皆君王委曲庇護之賜。有此僥倖，尚復何言？然前後論列踰數千章，其間寧無傳播失實，風聞文飾之誤者？是以不得不辯，謹擇其要者作《辯誣》一書云。是書所辯多條，如“權京畿提刑日糾集保甲以拒勤王之師”條、“交結叛將”條、“盜用都督府錢十七萬貫”條、“資善堂汲引親黨”條等，均能追述原委，一一辯解。

其中涉及岳飛事尤多，時飛已遭秦檜誣枉而死，故趙氏云：己與飛關繫最爲切害，跡狀靄昧，無以自明，此所以摧心飲血、負屈銜冤、抱恨無窮、死且不忘也。如記趙氏再次爲相，岳飛入朝奏事，請高宗册立皇子，高宗不悦，鼎亦謂飛此舉不循本分，大將總兵在外，豈可干預朝廷大事？飛武人，不知爲此，蓋幕中村秀才教之。故托人轉告，須知終始之道以全功名，而譖者謂鼎欲結飛以兵脅朝廷，讒人之言，害人之深，實難辯誣。因嘆曰誣告者爲怨嫌之禍小，而忌嫉之禍深，自古皆然，怨嫌之禍可既釋既已，忌嫉則無有已時，此最爲可畏者也。凡此，均有以見南宋初朝政治之複雜。

此本據上海圖書館藏清乾隆李氏萬卷樓刻《函海》本影印。（劉韶軍）

煬王江上録一卷　（第 423 冊）

是書不著撰人名氏。

《四庫全書總目》雜史類存目有是書提要，謂“當爲金人所撰”，檢原書，稱金主爲“虜主”，則顯非金人作。是書記述金海陵王完顏亮（1122—1161）事。亮爲金太祖完顏阿骨打庶長孫，完顏宗翰（粘罕）次子，女真名迪乃古，字元功，原爲岐王，起兵廢殺金熙宗而自立，改元天德，定都會寧府。而宋之内侍梁漢臣爲金人所得，勸亮修燕京爲中都，自上京會寧府遷燕京，又營建汴梁城，務極華麗，所費人力物力甚巨，蓋實欲弱金而非助金也。又亮殘暴濫殺，更貪好女色，不分宗親長幼，故衆人怨恨。後進兵攻宋，至采石磯，作戰不利，退至瓜洲，欲再次渡江，而部下叛亂，亮爲部下殺死。亮死後，金人定謚爲煬王。是書所記以漢臣謀弱金、亮江上遇害爲主,故名《煬王江上録》。

是書甚略,僅八葉而已,五千餘字,前後無序跋,然所記首尾畢具,有《金史・海陵亮紀》所未載者,可互參。

此本據上海圖書館藏清抄《雜史五種》本影印。(劉韶軍)

采石瓜洲斃亮記一卷附録一卷　(宋) 蹇駒撰(第 423 册)

蹇駒(1122—?),字少劉,小名桂孫,字蟾客。據《紹興戊辰同年小録》,及《紹興十八年題名録》,其人爲潼川府鹽亭縣龍池鄉龍池里(在今四川鹽亭)人。父蹇涣爲登仕郎,駒爲宋高宗紹興十八年(1148)進士,爲第三甲第七名,時年二十六,後曾爲雅州知州。

是書又名《采石瓜洲斃敵記》,紀南宋紹興三十一年虞允文於采石、瓜洲擊敗完顔亮事。書前有宋孝宗隆興元年(1163)得軒漫叟序,謂蹇駒時爲虞允文門下士,親與此事,慮四方萬里之遠,未能周知此戰之詳,因以編年體紀其始末。卷末蹇氏跋謂虞允文常日爲雍容儒者,臨國家大安危,乃奮然而起,建振古不可及之功,駒以門下士隨侍,並從幕府諸公處聞知其事甚詳,因退而録之云云。

所記自是年九月至十一月。載允文言行甚詳,其斥劉錡不敢戰,招將士以成軍,部署指揮,戰事經過,讀之如親臨其境,又記孝宗與允文對話,謂允文雖爲詞臣,然洞熟兵事,故委以重任。又言固知和議之不足恃,二十餘年宮中錢物不敢輕用,毫積寸累,以爲今日之備。更附有允文戰後奏疏,及孝宗親征手詔、進發手詔、論中原並諸國手詔等,存真尤多,且文筆生動,讀之感人。

書後有陸烜識語,謂《金史・海陵紀》惟言亮會舟師於瓜洲渡,期以明日渡江,而完顔元宜等反,帝遇弑,極爲簡略。若以此書補之,不啻左氏之傳《春秋》。書前得軒漫叟序稱

馮持約秀才得此副本,施於剞劂,以廣其傳,似已有刻本,而陸氏稱是書向無刊本,自馬雲衢齋頭借得善本,乃南宋太廟前尹家鋪行本影摹本,讎勘精良,因以付梓。

此本據清乾隆三十四年陸氏奇晉齋刻《奇晉齋叢書》本影印。(劉韶軍)

開禧德安守城録一卷　(宋) 王致遠撰(第 423 册)

王致遠(1193—1257),字任道,號九山,永嘉(今浙江永嘉)人。以父蔭爲慈溪知縣,累遷湖北提刑、台州知州,召爲吏部郎,不赴。是書題"文林郎監襄陽户部軍倉王致遠編",則又曾任此職。生平見《(弘治)溫州府志》卷一二及宋寶祐六年(1258)其門生吳堅所撰行狀。

南宋寧宗開禧元年(1205)十二月致遠父允初任荆湖北路德安府(治所在今湖北安陸)通判,二年南宋興兵北伐失敗,金兵南下,十一月進圍德安。知府李師尹雖爲將家子,然懦不解事,允初乃慨然擔當守城重任,率衆守衛德安城百有八日,卒保全其城。是書即記其事,逐日紀之,自開禧二年十一月始,至三年三月四日止,其中攻防細節狀寫甚詳,涉及兵器、戰法、雙方兵力組織等,足爲宋代軍事史研究之助。是書於清同治六年(1867)始發現自王氏族譜,猶存宋本之舊。孫詒讓之父從中抄出,命詒讓悉心讎校訂正,然後刊刻傳世。是書各家著録中均未見,而溫州鄉郡縣志尚載其目,後亦收入《永嘉叢書》。

書前有曹彦約寧宗嘉定甲申年(1224)序,謂允初爲其同年,守城二十年後,其子致遠以《守城録》一編見示,記録守城之事織悉具備,有和衆禦敵之法,足以示訓。允初實爲儒者,並非武將,能率衆守城禦敵,正合儒家忠信爲甲冑、禮義爲干櫓之義,置生死於度外,故能承擔如此重任云云。按允初守城之功至偉,而史傳不詳其事,獨賴此篇存其備禦之

法,固足以示後,而其忠義不折之氣尤足以感發人心。

書後附錄梅敬寶、湯孫、葉適等人所作詩詞,贊歎允初守城之功,又有王致遠《請謚書》,及元大德元年(1297)王淇老跋、同治七年孫鏘鳴識語、同治十一年孫詒讓跋,考察是書傳承源流及刊刻時間等,並與《宋史》對照,知《宋史》記此守城事多有疏誤,當據是書有所補正。

此本據上海辭書出版社圖書館藏清同治十一年孫氏詒善祠塾刻本影印。(劉韶軍)

使金録一卷 (宋) 程卓撰 (第 423 册)

程卓(1153—1223),字從元,休寧(今安徽休寧)人,程大昌從子。淳熙十一年(1184)試禮部第一,授揚州司户參軍,歷官崇仁縣丞、龍泉知縣。開禧二年(1206)除司農寺丞,出知嘉興府。嘉定間升尚書刑部員外郎,充賀金國正旦使。還,授刑部郎中,權太府少卿。嘉定十五年(1222)拜同知樞密院事,次年卒。追封新安郡侯,贈特進資政殿大學士,謚正惠。有奏議、文集二十卷。生平見《新安文獻志》卷七四傅伯成撰《程公卓行狀》。

是書《四庫全書》録入存目。記載卓受命充賀金國正旦信使往返見聞,自嘉定四年九月二十八日領旨日起,至次年二月一日止,逐日記録,由長江之南,涉淮、黄,過中原,至金之燕京,是爲當時宋金使者來往之路。所記每日行程起迄,所經州縣郡邑及其沿革、距離里數,並沿途所見古跡典故等頗詳,雖道途瑣事,亦資考見當時習俗。如行至磁州見崔府君廟,記宋高宗"泥馬渡江"事,此雖傳説,然見載史書,以此爲始。而所記古跡山川,足廣聞見,如記陳留空桑伊尹村及伊尹墓,墓旁生棘,皆直如矢;黄河浮橋,又稱天漢橋,用九十六巨舟,一舟十碇,每六舟一鋪,有人居守;過衛縣後望見太行山,直到燕京,山常在目,峻拔綿亘;過湯陰縣有扁鵲墓,稱墓土可療病;

相州安陽城中交易,三貫以上只准用交鈔;過漳河,有曹操講武城,周十多里,南北往來,則鑿其城爲路,城外即其疑冢,而金人亦嘗增封其墓;磁州有酒以瀯陽春爲名,有橋如趙州橋式樣;内丘縣有梨,爲天下第一,當地亦多棗林,綿亘不絶;柏鄉縣有光武廟,壁繪二十八將,皆左衽,廟前有石碑,爲《後漢光武皇帝廟記》、《重修光武廟記》,廟門外有詩二首等等。其他所見,如瀘州橋之獅子,真定之猶見舞宋高平曲者而他處盡變虜樂,在燕京與金人射弓宴,慶都縣及唐縣人多患瘿病,保州城池高深,白溝河原爲宋遼分界處等,均足資考證。《四庫提要》謂是書於當日金人情事,全未之及,是一缺憾。然是書末言接伴使李希道等人一路陪伴往還,而絶不交一談,無可紀述,彼意蓋欲掩匿國中擾攘,故默默無語,此亦可知金人國中情況,且書中亦多次言及一路驛站承應人所言困苦之狀及金人習俗等,雖非詳述,亦可爲參考。

此本據上海圖書館藏清乾隆四十二年李鶴儔抄本影印。(劉韶軍)

辛巳泣蘄録一卷 (宋) 趙與褮撰 (第 423 册)

趙與褮,《宋史》卷四四九《李誠之傳》"褮"作裕,《四庫全書總目》雜史類存目是書提要以爲本作褮,轉而爲裕,又訛爲裕,中華書局校點本《宋史》校勘記據《四庫全書總目》存目提要以爲裕當爲裕字之訛。與褮爲宋宗室,是書題銜爲從政郎、蘄州司理、權通判事,兼淮西制置司僉廳行司公事,書中又稱充本州都統轄民兵事兼淮西制置司僉廳行司公事督戰軍馬。

是書記南宋寧宗嘉定十四年辛巳(1221)蘄州抗金守城事,自嘉定十四年二月九日始,至三月十六日止,逐日記事,可與宋金戰争中諸守城録並觀。所載當時戰防方法以及城池建築、兵力構成、武器裝備甚詳,如稱蘄州守城所用有劃車弩、紙兜鍪、鐵甲、兜鍪、長槍、麻剳、五梢炮、旋風炮、木弩、金汁鍋、弩火藥箭、弓火藥箭、蒺藜火炮、皮大炮、木杆鐵槍、鐵菱角、大麻榾、竹唧筒甚至水缸等,皆具體而詳細。

又記太守李誠之等率衆英勇抵抗,而官軍徐揮、常用所部八百四十六人竟棄城先遁。朝廷所派各路援兵,皆觀望不前,未嘗有入城之心,所過以擄掠爲事,寇至則安坐於高山畏怯不前,寇退則聲鼓驚趕其後,以收復爲名而邀功,州之倉庫,金兵取之未盡者,竟被席捲而去。故趙與褮稱,是書亦爲已死之民直言其事,否則上下蒙蔽,朝廷莫知,再爲他日之禍,而國家用將終爲此曹所誤,實深爲痛心之言。

書後附有多種資料,如《宋史》之《寧宗本紀》、《李誠之傳》、《趙方傳》、《賈涉傳》、《趙葵傳》及《金史》之《宣宗紀》、《僕散安貞傳》等,均載有此次金兵侵犯及宋人抵抗事,或有記述不同者,可對照考證。又有南宋曹彥約(1157—1229)讀是書之感言,清乾隆甲辰(1784)陳詩跋,更有嘉定辛巳八月二日褒贈立廟錫爵指揮之文,李誠之、秦鉅等人告詞及《宋故蘄州使君正節李侯墓表》等。

是書題趙與褮編,迪功郎、蘄州黃梅主簿、錄事參軍兼僉廳陶時敘校勘。初見錄於《莫氏書目》,後有張金吾藏舊鈔本,世所罕見,終爲復旦大學圖書館收藏。另有道光二十三年(1843)《指海叢書》本。《四庫全書總目提要》書列於存目者,爲浙江吳玉墀家藏本。

此本據復旦大學圖書館藏清抄本影印。(劉韶軍)

焚椒錄一卷　(遼)王鼎撰　(第 423 冊)

王鼎(?—1106),字虛中,涿州(今河北涿州)人。遼道宗清寧五年(1059)進士,調易州觀察判官,後任淶水縣令、翰林學士,官至觀書殿學士,當代典章多出其手,上書言治道十事,帝以鼎達政體,事多咨訪。後被罷官,

流鎮州,又被召還復職。《遼史》有傳。

是書成於遼道宗大安五年(1089),述遼懿德皇后蕭氏蒙冤事。蕭后爲人正直,故多爲小人懷恨,權臣耶律乙辛素與后家有隙,利用小人,以僞作《十香》淫詞爲證據,誣告皇后與伶官私通,道宗大怒而命皇后自盡。鼎時方侍禁近,知蕭皇后蒙被淫醜,不可洗脫,因歎其冤誣,爲之涕下。後鼎以罪流放可敦城,離鄉數千里,舊感來集,乃直書其事,以俟後之良史。是書記錄蕭后所作詩詞歌多首,如《回心院》、《絕命詞》等,可窺蕭后文學之才。是書記其事始末,終則歎曰自古國家之禍,未嘗不起於纖纖,伶官得入宮帳,叛家之婢得近左右,此禍之所由生也。

此爲抄本,後有西園歸老、吳寬、姚士粦、毛晉等人題跋。歸老謂讀是書而知元人修史之謬,如蕭皇后勸諫道宗以及後來冤誣之案,《遼史》均削而不載,可知其掛漏之多。又云書中所錄詩詞,皆有唐人遺意,爲北宋諸大家所不能比。吳寬亦謂此錄可信,而讒人戕害天倫實爲宇宙一大變。姚士粦則謂鼎作此錄時乙辛已囚萊州,故敢實錄其事,後至天祚時懿德皇后第二女趙國公主誅乙辛並剖棺戮尸,以其家屬分賜群臣,鼎當時仍在世,然不補錄一快觀者,亦是書一不了公案也。

書中多有遼人官名及俗語等,如云南北面官,以北面治宮帳,南面治漢人,又記孤穩爲玉,女古爲金,么爲母,忒里蹇爲皇后,可敦爲突厥皇后之稱,虎斯爲有力,四時捺缽爲遼之四時畋漁行在所,四旦二十八調爲遼之大樂,鐵骨朵爲遼刑具之名等,亦可資參考。

此本據南京圖書館藏清抄本影印。(劉韶軍)

蒙韃備錄校注一卷　(宋)孟珙撰　(清)曹元忠校注　(第 423 冊)

孟珙(1195—1246),字璞玉,自號無庵居士,棗陽(今湖北棗陽)人。出身軍人世家,曾祖孟安及祖父孟林均爲岳飛部將,父孟宗

政亦爲南宋軍人,歷任荆鄂都統制兼知棗陽軍,官右武大夫、和州防禦使、左武衛將軍。珙隨父從軍,屢建軍功,官至寧武軍節度使,統領長江上游、中游之防務,爲南宋抗元名將,死後贈太師,封吉國公,謚忠襄。又深於易學,更著有《警心易贊》。《宋史》有傳。

按王國維《蒙韃備録箋證》考證認爲,是書作者應爲趙珙,而非孟珙。趙珙,生卒不詳,宋寧宗時鎮守兩淮,爲都統司計議官,寧宗嘉定十四年(1221)奉淮東制置使賈涉之命,前往河北蒙古軍前議事,記其所見所聞而成《蒙韃備録》。

曹元忠(1865—1923),字夔一,又作揆一,號君直,晚號凌波居士,吳縣(今江蘇蘇州)人。光緒二十年(1894)舉人,官翰林學士,充值内閣,光緒末年曾校閱内閣大庫之書,又任大庫學部圖書館纂修、禮學館纂修,遍覽皇室及翰林院所藏宋元舊本,精於三禮之學、醫學,善撰詞章。捐内閣中書,後爲内閣侍讀、資政院議員等。家富藏書,撰《箋經室書目》、《箋經室遺集》、《丹邱先生集》等。生平見曹元弼《君直從兄家傳》。

《蒙韃備録》分韃靼立國、韃主始起、國號年號、征伐、官制、風俗等十七目,詳述當時蒙古及幽燕地區歷史、制度、風俗,爲現存最早記載蒙古開國事迹之史料。

是書爲曹元忠校注本。據曹元忠光緒辛丑(1901)跋,謂取《古今説海》、《宋人百家小説》本爲之校注,又據宋黃震《古今紀要逸編》、西洋艾約瑟譯《東遊紀略》、加比尼《使事摘録》、宋宇文懋昭《大金國志》、宋徐霆《黑韃事略》及《元史》等書比勘考證。曹氏專力治元朝史事,於蒙古國語合音、譯語、對音妙有心得,若人名地名,諸書用字各别,曹氏均能一一疏通證明,令閲者焕然疑釋。曹氏是書徵繁能當,文簡得要,爲心傳之作。

此本據上海圖書館藏清光緒二十七年刻《箋經室叢書》本影印。(劉韶軍)

黑韃事畧一卷 （宋）彭大雅撰 （宋）徐霆疏證（第 423 册）

彭大雅,生卒不詳,字子文,鄱陽(今江西波陽)人。宋寧宗嘉定七年(1214)進士。《宋季三朝政要》載大雅淳祐三年(1243)爲四川制置副使以守重慶,披荆棘,冒矢石,竟築重慶城,支吾二十年。大雅卒後蜀人懷思,爲之立廟。大雅後雖以貪黷獲罪,然卒後仍謚忠烈。宋理宗紹定五年壬辰(1232),大雅隨鄒伸之出使蒙古,回程後撰成《黑韃事略》一卷,其後又於理宗嘉熙四年(1240)使北。

徐霆,生卒不詳,字長孺,永嘉(今浙江永嘉)人。據王國維《黑韃事略跋》所考,徐於宋理宗端平二年乙未至三年丙申(1235—1236)間隨鄒伸之出使蒙古。是書後有徐霆嘉熙丁酉(1237)跋,稱歸自草地,編敘其土風習俗,及至鄂渚,與彭大雅相遇,各出所編以相參考,亦無大遼絶,遂用彭所編爲定本,間有不同,則霆復疏於下。然亦止述大略,其詳則見之《北征日記》云云。

是書以彭大雅所撰爲正文,頂格書寫,而以徐霆所記爲之疏,低一格書寫。1925 年王國維於是書有《箋證》,撰有一跋,考察彭、徐出使時間。又謂大雅築重慶城竟,先委幕僚爲記,不愜意,乃自作之,其文老成簡健,聞者莫不服之。故所撰是書亦能敘述簡賅,足徵戰國之識,而長孺所補亦頗得事實。

宋人稱蒙古爲黑韃靼,與漠南汪古部白韃靼有别,故是書名《黑韃事略》。是書詳述蒙古人物、地理、氣候、牧獵習俗、語言文字、曆法、筮占、官制、賦税、貿易、軍隊、武器、戰法、軍陣等事,共分其主、其子、其相、其地、其氣候、其産、其居、其食、其飲、其俗、其冠等共四十八條,内容詳實豐富。是書又多次言及"回回",是《夢溪筆談》之後,宋人著述涉及"回回"及伊斯蘭教最多者。是書作者身歷其境,耳聞目睹,故史料價值頗高。王國維謂蒙古開創時史料最少,此書貢獻當不在《元朝秘史》、《親征録》之下,誠非虚譽。

此本據國家圖書館藏嘉靖二十一年抄本影印。(劉韶軍)

校正元聖武親征録一卷　(清)何秋濤校正 王國維校注(第423册)

何秋濤,前有《王會篇箋釋》,已著録。

王國維(1877—1927),字伯隅、静安,號觀堂、永觀,海寧(今浙江海寧)人。通日、英、德等多國外文,會通中西學術,著述甚多,批校古籍逾二百種,所著之精粹集爲《觀堂集林》二十卷,其他著述合爲《王國維遺書》,後人又編有《静安文集》、《王國維全集》等。事跡見羅振玉《海寧王忠愨公傳》等。

是書無撰者名氏,記載元太祖成吉思汗初起及太宗窩闊台時事,自金章宗泰和三年(1203)迄太宗去世之次年(1242)凡四十年。元世祖中統四年(1263)曾命參知政事王鶚訪太祖事跡以修國史,疑即是書。是書譯語訛異,往往失真,有不可解者。《元史》所紀元初諸事,則大致依據是書。史稱太祖滅國四十,而其名不具,是書亦未見悉載,知太祖時事,世祖時已不能詳,故明時修《元史》亦多缺漏。

是書爲何秋濤校正《元聖武親征録》稿本,有張穆序、何秋濤自序、莊庚熙跋,沈增植收藏并逐條批注,書中朱墨批累累,用功極深。此本以張叔平所藏本過録,有沈增植前跋。張、何、莊、沈均爲清中葉後元史研究名家,諸人序跋批注匯於一本,實爲難得。王國維之校注,總結清代學者研究成果,稱錢大昕曾作跋尾以表章是書,道光以後,更多學者重視研究是書。先有張穆、何秋濤爲之校勘,而何氏治之尤勤,其歿後稿本流傳京師,光緒時則有李文田、文廷式、沈曾植等人不斷增補,1894年袁昶刊之於蕪湖,爲是書有刊本之始。張氏、何氏所據本雖出於錢大昕,然輾轉傳鈔,謬誤百出。張氏僅得翁方綱家藏本用以校勘,所校無大懸絶。沈曾植曾據《説郛》本校勘,爲明代弘治舊鈔本,與何氏本多有異同,沈氏去世後此校本不可見。後由傅增湘處借《説郛》本,并另一種萬曆抄《説郛》本及江南圖書館汪魚亭鈔本互校,知汪本與何氏祖本同出一源,而字句較勝,奪誤較少,《説郛》本尤勝,爲最古最備之本。王氏因録其異同寫爲校記,又據《元朝秘史》、《元史》、拉施特《史集》等書及洪鈞《元史譯文證補》、屠敬山《蒙兀兒史記》、丁謙《元秘史地理考證》等,寫成《校注》,雖不必視爲定本,然視何氏校本則差可讀矣。

此本據國家圖書館藏清光緒間小漚巢刻本影印。另有同治三年莊庚熙抄本。(劉韶軍)

庚申外史二卷　(明)權衡撰(第423册)

權衡,字以制,號葛溪,吉安(今江西吉安)人。《元史》、《明史》均無傳,無從稽查,惟據是書宋濂跋,知二人相見於洪武四年(1371),時權衡年六十餘,則其生當元成宗大德末年,中年以後隱居於彰德黄華山(今河南林縣境内),長達二十八年,元朝廷曾以禮聘之,均拒而不應。元亡後,始返鄉里,洪武四年後,寓居臨江(今江西樟樹)以終。

是書又名《庚申帝史外聞見録》、《庚申大事記》,記述元順帝一朝歷史,起元統元年(1333),止至正二十八年(1368),共三十六年間事,爲編年體。順帝生於庚申年(1320),時稱庚申帝,故取爲書名。元朝定鼎中原,歷十帝凡八十九年,而順帝一朝即達三十六年,且又爲多事之秋,故是書爲研究元末明初歷史所不可或缺。洪武三年(1370)續修《元史》,史館徵得此書,據以撰《順帝本紀》及相關列傳。

權衡長期居於中原,據所聞見以記元廷史事,多爲前此諸書所不載。作者親眼目睹元末民衆起義事,不滿於元末腐敗統治,而寄同情於農民起義,所記相關史事亦較他書詳備,如彭瑩玉、芝麻李、南瑣北瑣紅軍等事,及朱元璋征戰之事,均爲前此他書所不載。又於元之官僚貴族如燕鐵木兒、伯顏、脱脱、孛羅帖木兒、擴廓帖木兒等人之紛爭,多有記載,頗具史料價值。惟所記地名、人名及事件年月,多據一時傳聞,無文書可檢,故常有錯誤,又記事或與他書不同,如《元史》順帝以疾殂於應昌,是書則稱順帝攜后妃遁入和林云。

此本據南京圖書館藏清雍正六年魚元傅抄本影印。又有明抄本及《寶顔堂秘笈》、《學海類編》、《學津討源》、《海山仙館叢書》、《豫章叢書》本等。（劉韶軍）

北巡私記一卷　（元）劉佶撰（第 424 册）

劉佶,生卒及事跡不詳,據是書爲元末朝臣,隨順帝北遁,稱爲"北巡",故書名《北巡私記》。

是書逐日記事,自元至正二十八年（1368）閏七月至三十年正月,凡十七月。所記爲元順帝自北遁至去世經過,所載北行路綫、一路遭際及君臣傾軋腐朽情狀甚詳。如記順帝北行時,率三宫后妃及太子、太子妃等,百官隨行者僅左丞相失列門、平章政事臧家奴等百餘人而已。至居庸關時,竟無一兵,順帝嘆稱不出京師不知外事如此。又記皇后欲尋仇於高麗及征兵高麗等事。順帝北行之史實,是書乃見存唯一漢文記載,且爲作者所親歷,史料價值頗高。

柯劭忞於光緒戊申（1908）購得獨山莫友芝藏書,其中有莫氏手抄影北宋本《周易舉正》、劉佶《北巡私記》,皆爲希世秘籍,柯氏以爲如獲海外奇珍,爲平生第一幸事。時柯氏正從事元史研究,而順帝北奔以後事,舊史無徵,惟賴此書略見當日之梗概。然是書已經輾轉迻寫,中間多有缺脱及誤字,而無别本可資校勘。

此本據上海辭書出版社圖書館藏民國三年羅氏東山僑舍《雲窗叢刻》影印咸豐九年莫友芝抄本影印。（劉韶軍）

皇明政要二十卷　（明）婁性撰（第 424 册）

婁性（1440—1510）,字原善,號野亭,上饒（今江西上饒）人,乃父婁諒爲明代心學前驅,弘治二年（1489）,王陽明途經上饒時曾拜婁諒爲師。黄宗羲《明儒學案》稱陽明之學,婁諒爲其發端。婁性爲諒之長子,成化間進士,曾任南京兵部武庫清吏司郎中,後辭官任廬山白鹿洞書院山長,更著有《野亭詩稿》、《皇明政要》等。生平見江西上饒博物館藏王華撰《南京武庫清吏司郎中致仕進階朝議大夫婁君墓誌銘》。

是書前有弘治十六年（1503）《進書表》,説明成書原委,先是婁諒於經史等書多有著釋,編集聖賢經傳之有裨於心學者,名曰《心學要語》,婁性則爲之《集釋》。又收集洪武初年至天順末年,明初一祖四宗（太祖、成祖、仁宗、宣宗、英宗）與賢臣討論政治問答之言,仿《貞觀政要》格式,作爲是書,分《尊德性》、《道問學》等四十篇,凡四百五十二條。全書以尊德性、道問學爲首,有其深意,蓋謂尊德性所以存心,道問學所以致知,二者乃聖學之梯航,修道凝道之大端。與《商書》之博約、《虞書》之精一、孔子之一貫,其意相同。存心則約,知至則博,約斯可一,博斯可精,一則一矣,精則貫矣,心存知至則德修道凝,於是王天下之本已立云。此全書主導思想,亦是理學向心學轉化之主軸。婁性稱其父從事理學辛勤四十年,所獲心得即是如此,故能成陽明心學之發端。

是書所載均明早期君臣對話,以治天下爲中心,由此可知明初政治與理學之關係,如《尊德性第一》載洪武五年太祖與禮部侍郎曾魯對話,太祖稱求古帝王之治莫盛於堯舜,而其要在允執厥中,後之儒者雖能講之精,然見諸行事則往往背馳,因感嘆言之易而行之難。太祖又云人君之心爲治化之本,存於中者若無堯舜之心,則欲施於政決不可得有堯舜之治。此類記述皆當時君臣執政治國之實際體會,與學者專在言論上探討理學義理不同,故稱爲"政要"。

此本據南京圖書館藏明嘉靖五年戴金刻本影印。(劉韶軍)

吾學編六十九卷　(明)鄭曉撰(第424—425冊)

鄭曉(1499—1566),字室甫,號淡泉,海鹽(今浙江海鹽)人。嘉靖二年(1523)進士,歷官至南京兵部尚書。精通經史,博洽多聞,尤長於國家典制掌故。曾鑽研故籍,盡知天下阨塞及士馬虛實強弱之數,撰《九邊圖志》,爲人傳誦。更著有《今言》、《古言》、《禹貢通說》、《鄭端簡公奏議》等。《明史》有傳。

是書分記、表、述、考四類,凡十四篇六十九卷,記載明洪武至正德間十二朝史事,又名《皇明吾學編》,書名取自孔子"吾學《周禮》"語。十四篇獨立成卷,其中《大政記》,以歲繫月,凡關係大政者各爲一記;《遜國記》,搜集遺文,補建文帝之事跡;《同姓諸王表》及攸關人物傳,列同姓諸王分封列藩事,附異姓三王及孔氏世家;《異姓諸王表》及攸關人物傳,記述開國、靖難、禦胡、剿寇、戚畹、佞幸、列爵等事;《直文淵閣諸臣表》,記述內閣成員及其事跡;《兩京典銓表》,記述南北兩京吏部尚書及其事跡;《名臣記》,記述文武名臣一百九十餘人及其政績;《遜國臣記》,記述建文遜國時期諸臣忠義事迹;《天文述》,記述天文星象及災異等事;《地理述》,記述明朝疆界及各地邊關情況;《三禮述》,記述祀典制度;《百官述》,載諸司職掌;《四夷考》,記載明周邊各國地理風俗及其與明之交往關係;《北虜考》,記述蒙古諸事。

鄭曉曾久任武將,時有"南倭北虜"之患,故是書《地理述》不按行政地理編述,而以軍事地理爲重,按兩直隸、十三布政司、邊關編排天下地理,重視軍事地理形勢分析,可謂軍事地理之作,與所作《九邊圖志》一脈相承。又重視周邊少數民族之事,《四夷考》之外又辟《北虜考》,記載明與蒙古二百年間和戰事。元代所設土司制度,明代沿襲未改,是書首開土司入史先例。《地理述》所附《夷官考》及《百官述》之《土官》,記述嘉靖年間土司官員及西南少數民族情況。《四夷考》記述明周邊各國情況,有安南、兀良哈、朝鮮、琉球、女直、三佛齊、占城、日本、真臘、暹羅、蘇門答剌、爪哇、錫蘭等,所記琉球,稱自福建順風乘利舶七日可至,元曾遣使招諭,不從,洪武初分爲中山、山南、山北三王,遣使朝貢。此類資料,甚有價值。

是書各篇首皆有序,或爲鄭曉所撰,或爲其子鄭履淳嘉靖間所補,敘述分篇原委及主旨所在,如《大政記序》云:記政之大者,政必端大本,審大機,建大法,與此相關雖小事必書,否則事雖在勿錄之。取材宏富,考核精詳。全書雖記述諸多事務,然以簡明爲本,如傳述人物,止敘其官爵遷降及存没歲月,至於論較短長,雖名大臣亦僅寥寥數言,要而不繁。

是書初有隆慶元年刻本及萬曆二十七年刻本。此本據國家圖書館藏明隆慶元年鄭履淳刻本影印。(劉韶軍)

吾學編餘不分卷　(明)鄭曉撰(第425冊)

鄭曉,有《吾學編》,已著錄。

是書不分卷,乃《吾學編》成書後之札記殘稿。內分《遜國遺聞》、《儀制》、《兵略》、《馬政》、《女后》、《酷倖》、《奸佞》、《讒佞》、《災異》等類,各若干條。記事可補其他史書,如《遜國遺聞》記建文元年定保舉法;記洪武中內官奉使出外約束甚嚴,不得與士民交,然亦恃寵放縱,有司畏之。《儀制》中有"薦舉"一條,記明初科貢薦舉三途並用,進士釋褐僅得州縣冗職,薦舉者或驟至公卿。又記弘治十七年(1504)鄉試各省主試官皆得自聘,而所舉得人，其程式文字亦平正醇雅，至嘉靖七年（1528），當揆者欲一切攬權，有學行者不屑干謁，至十年（1531）則風習靡然，即有一二好修者亦不能無患失之意，相率奔走於風塵間，刊文務爲險怪，不復明經傳意，流而不止，遂成邪橫，關係非小。此皆與明代科舉史有關，又可知風氣轉換之原因所在。又有論風水數條，如謂名人少信風水，惟朱子最信風水，又稱風水見諸經傳，自《詩》以下皆有之，古之商周遷都定都，均有擇地之舉。又記明朝漕運之法，與治理黃河有關。所記雖不完整，然亦各有價值。

此本據南京大學圖書館藏明抄本影印。另有明刊《鹽邑志林》本。（劉韶軍）

今言四卷　（明）鄭曉撰（第 425 册）

鄭曉，有《吾學編》，已著録。

是書前有鄭曉序，稱所記爲《吾學編》所未備，可輔之以行。全書凡三百四十四條，據所見聞，隨筆記録。自洪武至嘉靖，廣涉國政朝章、兵戎邦計，如記皇室傾軋、宦官專權、寧王叛亂、瓦剌南侵、西南邊情、東南倭情、民衆起義、漕運賦税等事，内容詳實。又備載明諸帝生卒年、即位年、在位時間、改定年號、謚號、各帝皇后名號及所葬陵名，各帝册立東宮時間、所生皇子及所封王號。於各帝《實録》修撰次數及時間記之頗詳，如記《太祖實録》前後三修，建文即位時初修，王京充總裁，靖難後再修，總裁爲解縉；縉得罪後三修，總裁爲楊士奇。既經三修，則内容必有改動，此亦實録不實之證。又記明初定府之等級及標準，洪武六年（1373）定府爲三等：賦二十萬石上爲上府，知府從三品；二十萬石下爲中府，知府正四品；十萬下爲下府，知府從四品。後並爲正四品。又定縣爲三等：賦十萬石以下爲上縣，知縣從六品；六萬石以下爲中縣，知縣正七品；三萬石以下爲下縣，知縣從七品，後外縣並爲正七品，而京縣則爲正六品。又記

史上趣事，如太祖取南都，自太平順流而下；成祖入南都，則自儀真逆流而上。成祖起自北藩，征誅而得天下，壬午年（1402）即位。後一百二十年，今皇帝（嘉靖）起自南藩，揖讓而有天下，亦於壬午年（1522）改元。又或糾正傳言，如傳言懿文太子死，太祖不欲立孫，遲疑久之，高皇后不悦，後因病崩，於是皇孫始得立；是書據史實糾正之，謂洪武壬申四月丙子懿文太子死，九月庚寅詔立孫允炆爲皇太孫，當是時，高皇后崩已十一年。又載成祖靖難用兵四年，所破郡縣皆不設官守，諸郡縣亦不肯歸附，旋破旋守，惟得北平、保定二府。諸如此類，似爲細事，而有以補正史之不足。

此本據上海圖書館藏明嘉靖四十五年項篤壽刻本影印。又有《紀録彙編》叢書本、《碧琳瑯館叢書》本。（劉韶軍）

名山藏一百零九卷　（明）何喬遠撰（第 425—427 册）

何喬遠（1558—1632），字穉孝，號匪莪，晉江（今福建晉江）人。萬曆十四年（1586）進士，先後爲刑部主事、禮部儀制郎中、廣西布政使經歷、户部右侍郎、南京工部右侍郎等。古時工部長官爲司徒，故時稱"何司徒"，晚年隱居泉州北門外鏡山，故又稱"鏡山先生"。喬遠博通群籍，著述更有《閩書》、《鏡山全集》、《皇明文徵》等。《明史》有傳。

是書輯明十三朝遺事，分《典謨》、《坤則》等三十餘記，起太祖，迄穆宗，間及神宗朝事，前後二百五十餘年，多存稀見資料，於明代制度、經濟、民族、中外交往等均有參考價值。

是書撰於萬曆二十二年（1594），成稿於天啓間。光宗即位，起用喬遠，是書副本携至京師，競相傳閲。崇禎末，福建巡撫沈猶龍等爲之刊刻，是書遂大行於世，而是時喬遠已棄世。卷首有崇禎十三年（1640）錢謙益序，稱是書以一人網羅一代之事，既無史局衆人之

助,又無足夠史料憑藉,且以昭代之人作昭代之史,忌諱弘多,是非錯互,而能介獨以創始,發凡起例,不以斷爛蕪穢爲累,此亦史書纂述之難能。後有徵明史者,則是書爲不可舍。又書名《名山藏》,隱去國史之名,惟望藏諸鏡山之下,傳諸家塾,不敢冒國史之名,故僅以諸記爲體,不敢繕寫進呈。錢氏以爲是乃削史體而避史職之意,亦使是書不足以當國史之名。按是書成稿後並未最後寫定,諸人爲之開雕,不免倉促,以致有所遺漏。而清代修《四庫全書》,又入禁毀之列,故其後傳世極少。

此本據明崇禎刻本影印。福建師範大學圖書館藏有崇禎十三年序刊本。(劉韶軍)

皇明典故紀聞十八卷　(明) 余繼登輯 (第428 册)

余繼登 (1544—1600),字世用,號雲衢,交河 (今河北交河) 人,萬曆五年 (1577) 進士,授翰林院檢討、修撰,直講經筵,與修《大明會典》,後任右中允、少詹事兼侍讀學士、禮部右侍郎,卒贈太子少保,謚文恪。更著有《淡然軒集》等。《明史》有傳。

是書前有吏部右侍郎、國史玉牒副總裁馮琦序,稱與繼登偕官史局,請繼登取古人事編次爲書,繼登以爲取法於遠不如取法於近,寧師當代事,不必見自己出。繼登熟稔明代列朝《實錄》,於是視官師所紀選輯若干條,久而成帙,屬馮琦爲之更定,編爲十八卷,故是書題余繼登輯,馮琦訂。是書所記爲明太祖稱帝前至隆慶間各類典故雜聞。其體例,凡關乎國家大政大本則書,非大事而於世爲急者亦書,非大非急而爲異聞見者亦書,非異而事所從起者亦書,於是本朝文謨武烈,識大識小,半在是矣,所選取者必爲官師所記,初非野史所記失其真者可比。

是書多載異聞,如載太祖攻陳樾先時,有蛇入帽、雙龍見於陣上雲端,攻婺城時見五色雲

等事,此類神化異聞,古之史書皆不能免。又載太祖作戰能戒軍士剽掠妄殺等事,是其能自群雄中勝出之一因,此類未必作者親知,皆得自《實錄》,可考見太祖成功之跡,於史不爲無補。又多關明代制度變遷,如卷二載明初中書省議役法,每田一頃出丁夫一人,不及頃者以別田足之,則使民力勞困,故論曰,國之興作,除非不得已者可暫借民力外,其他不急之務或浮泛之役則不宜爲之。或記有關治國之道者,如馬皇后謂太祖,元以珍異財寶爲寶而亡國,甚不足取,而當以賢人爲寶而治天下。又記儒士范祖幹初見太祖持《大學》以進,謂帝王之道在此,太祖則謂聖人之道爲萬世法,起兵以來悉以此道服衆,武定禍亂,文致太平,此皆治國之大本。又記太祖取天下重視屯田,以爲興國之本,自漢武以屯田定西戎,魏武以屯田定霸興王,莫不由此,此亦"廣積糧"之注腳也。又記太祖明乎用人之道,謂卓犖奇偉之士世豈無之,非在上者開導引拔,則在下者無以自見,實爲取用人才之正道。而成祖時靈丘民產三男,有司議給廩至八歲,成祖命給至十歲。《四庫》入此書於存目,《提要》以爲此皆細故,不足毛舉,然亦有以見當時護育人口之舉也。

是書初刻於明萬曆時,清代爲安徽巡撫閔鶚元奏繳,乾隆時奏准禁毀。此本據明萬曆王象乾刻本影印。(劉韶軍)

皇明馭倭錄九卷附署二卷寄語署一卷
(明) 王士騏撰 (第428 册)

王士騏,生卒不詳,字冏伯,太倉 (今江蘇太倉) 人,王世貞之子。萬曆十七年 (1589) 進士,曾任兵部主事、吏部員外郎。萬曆三十一年,爲權者所嫉,坐"妖書獄"削籍歸家。更著有《符秦書》、《銓曹紀要》等。傳附《明史·王世貞傳》。

是書士騏題銜"兵部車駕清吏司主事",卷首有吏部尚書王錫爵序及士騏自序。錫爵萬

曆時曾任內閣首輔,時亦就出兵救援朝鮮事有所奏議,自謂造次間未暇深考舊事,後以病歸家,而廷議者主和主戰各堅其說,終汗漫不可收拾,是時始見士騏所編《馭倭錄》,以爲能考知本朝馭倭始末,可爲時人之助。士騏自序稱明代紀倭事之書,有薛浚《日本國考略》、王文光《日本國考略補遺》、鄭若曾《籌海圖編》,然紀事簡略,百不得一,且多有失真,諸書或以野史爲徵而誤記頗多,士騏乃就國史搜羅相關資料,自洪武二年至隆慶六年(1369—1572),編年紀錄明諸帝詔旨、大臣章奏及相關紀事,述戰守機宜,以廣朝士之見,正野史之謬。所記嘉靖朝禦倭事尤詳,可與正史相發明。

正文卷九之後有《附略》二卷,其卷一載《後漢書》、《三國志》至《宋史》、《元史》及《倭志》等書中有關日本及朝鮮相關史料,又載唐代文人如王維、李白、錢起等贈送日本友人之詩文,並日本王子來唐等事及倭人居處等風俗,或有缺頁。其卷二則載《戒嚴王師行成表》及《詠西湖》、《謁舜廟》等詩,當出自薛浚《日本國考略》,後之《寄語略》則爲《籌海圖編》、《日本國略》所載有關日本事類若干名詞及其讀音之異同,有天文、時令、地理、珍寶、人物、人事、身體、器用、衣服、飲食、花木、鳥獸、數目、通用、地名等類,所載名詞日本語讀音均用漢字標識,如耳讀眉眉,口讀骨上,鼻讀發奈,足讀挨身,眉讀賣,心讀个个路,指讀尤皮等,於研究日本語古音甚有價值。

此本據國家圖書館藏明萬曆刻本影印。
(劉韶軍)

皇明史概一百二十一卷(皇明大政記三十六卷、皇明大訓記十六卷、皇明大事記五十卷、皇明開國臣傳十三卷、皇明遜國臣傳五卷首一卷) (明) 朱國禎輯 (第428—431冊)

朱國禎(1558—1632),字文寧,號平湖居士、虹菴居士,烏程(今屬浙江湖州)人。萬曆十七年(1589)進士,進庶吉士,先後爲國子監祭酒、禮部尚書兼東閣大學士、文淵閣大學士,加太子太保,卒贈太傅,諡文肅。更著有《涌幢小品》、《朱文肅公文集》,輯《皇明紀傳》等。《明史》有傳。

國禎於萬曆二十五年曾入史局參修國史,因事中輟,乃自撰有明一代之史,前後三十年,詳考衆書,以正國史、去隱諱爲準則,書分《大政記》、《大訓記》、《大事記》及《開國臣傳》、《遜國臣傳》等,既用編年,又有紀傳,復采本末體,綜合以述有明一代史事、制度、人物等。是書有崇禎五年(1632)刻本,手稿後入莊廷鑨手,莊氏請人據以撰成《明史輯略》,順治末年爲人告發,引出"明史案"文字獄。

《大政記》記明十三朝國家大政,自元文宗天曆元年(1328)朱元璋出生至隆慶六年(1572);《大訓記》載明諸帝訓諭詔書等,自洪武至宣德朝;《大事記》載明代大事,自朱元璋起兵至崇禎五年;《開國臣傳》載明初人物,正傳二百八十一人,附見七十六人;《遜國臣傳》記建文朝死難諸臣、義士、隱逸等一百六十六人,附建文帝諸事。是書提綱中原有"大因"、"大志"、"歷朝臣傳"、"類傳"、"外傳"類目,當未完成。《大政記》各卷後或有"補遺",每一朝終卷又有"存疑"。另有附錄隸諸記、傳後。

所記以歷朝實錄爲主,又大量參閱諸家之書,如陳建《皇明通記》、鄭曉《吾學編》、雷禮《皇明大政記》、高岱《鴻猷錄》、朱鷺《建文書法擬》、吳士奇《皇明副書》、何喬遠《名山藏》等,以及大臣文集、諸司章奏、碑傳、墓銘、譜牒、家乘等,所采史料極爲豐富。又多采諸家論議,均標明原書名目及其姓氏,《明實錄》所論則以"國史曰"標之,朱氏自評,則以"臣國禎曰"、"朱史氏曰"標出。《大政記》評十一帝達四十三處。數量之多,爲明代史書中所罕見。

此本據明崇禎刻本影印。（劉韶軍）

國史唯疑十二卷　（明）黃景昉撰（第432冊）

黃景昉（1596—1662），字太稺，號東厓，晉江（今福建泉州）人。天啟五年（1625）進士，由庶吉士歷官庶子、直日講。崇禎十五年（1638）任禮部尚書、東閣大學士，參預機務。次年忤帝意，乞歸。明亡，家居十餘年病卒。著作更存《古今明堂記》、《宦游錄》等。傳附《明史·蔣德璟傳》。

景昉疑明修國史多有缺漏及不實偏頗之處，遂加點評並修正補充。是書前十一卷依次記述自洪武至天啟間史事，卷十二為補遺。所記各朝之事，詳近略遠，明開國後一百三十九年歷史僅四卷，正德至隆慶六十七年則有三卷餘，萬曆至天啟五十六年亦三卷餘，萬曆一朝更有三卷之多。蓋正德以前於作者可謂傳聞世，故所述不多，正德以降為所聞世，故所述稍詳，萬曆以後則為所見世，耳聞目睹，故述事詳。

是書節取國史舊聞，參考詔令、奏疏、私史、方志、別集、筆記，並個人見聞，取材廣泛，一事一條，類似筆記，既非編年，又非紀傳，亦非本末，惟以各朝序列，所載多遺聞軼事，多為正史、專史所遺闕者。各條出處多不詳列，然亦有明記其出處者，如卷一引解縉《序顧錄詩》，謂高皇睿思英發，頃刻數百千言，臣縉載筆從，輒草書連幅不及停，比進，僅點定數字而已。又引宋濂《別記》，云高皇帝不喜書詔，濂坐榻下操觚受詞，食頃滾滾千餘言，出經入史，與解縉説同。同卷又載明太祖多有忌諱，儒學官撰賀謝表箋，至有以涉嫌忌諱而被誅者。如不能用"作則"，以嫌於賊也；不能用"生知"，以嫌於僧也；不能用"有道"，以嫌於盜也；不能用"法坤"，以嫌於髮髡也；不能用"帝扉"，以嫌於帝非也；不能用"藻飾太平"，以嫌於蚤失太平也。嫌忌如此之多，不

知彼時文儒何從措筆。卷一又載相傳洪武初鑄有鐵牌三尺許，上刻八字"内臣不得干預朝政"，萬曆中御史譚希思引及之，詔詰所從來，茫莫置對，蓋禁中失此牌久矣，紙上語終難輕信。又如卷三載永樂後后妃不取公侯之女，故皇親國戚雖貴為侯伯保傅，不能干預朝政。卷八載張居正當國，自養探事人，打探搜集邊鎮消息。諸如此類，雖多傳聞，亦足為讀正史者參助。

是書旨趣在總結歷朝治亂得失，所記詳實，自太祖至熹宗，凡有可議之處，均有評論。如太祖、成祖刑殺之酷，建文帝之寬仁文弱，英宗雖寵信劉瑾，然亦有天順善政；朝士名臣不諱其過失，奸佞不隱其微善，如于謙有社稷功，然掌兵部未能察覺奪門之變，徐有貞雖奸險，然善治河：此類議論均能持平。故是書兼博聞與史評之長，於治史者有論世知人之助。後之學者如全祖望、傅以禮、徐時棟、周星詒、繆荃孫、傅增湘、孟森等均推重是書，題跋校勘，用力不少。惜三百年來未見刊刻，唯抄本數種傳世。二〇一〇年上海古籍出版社出版陳士楷、熊德基點校本，搜羅各種版本，出校勘記千餘條，附全祖望、傅以禮、孟森跋語，較完備。

此本據上海圖書館藏清康熙三十年徐釚抄本影印。（劉韶軍）

後鑒錄七卷　（清）毛奇齡撰（第432冊）

毛奇齡（1623—1716），原名甡，號秋晴、初晴，字大可，又字齊于，號西河，學者稱西河先生，蕭山（今屬浙江杭州）人。康熙十八年（1679）中博學鴻詞科，授翰林院檢討，充國史館纂修、會試同考官。二十四年離館回鄉，不復出，專心治學。著述甚多，更有《四書改錯》、《詩傳詩説駁議》、《古今通韻》等，逝後由學生編為《西河全集》四百九十三卷，分經集、史集、文集、雜著四類，《四庫全書》收錄其中四十餘部。《清史稿》有傳。

明謝蕡有《後鑒錄》三卷，卷上記劉六、劉七及安化王反叛、劉瑾被誅事，卷中記寧王起兵、江彬伏誅、哈密都督等事，卷下記燕王起兵事。蕡，字維盛，福建閩縣（今福建福州）人，正德十六年（1521）進士，曾任禮科給事中，其書據刑科題本所錄劉瑾、趙鐩、張供等人口供，可補正史之不足。奇齡是書則擴充爲七卷，仍用謝書舊名，記述有明一代各地民衆反叛事，而不載王官謀反。卷一記洪武年間唐賽兒、葉宗留、鄧茂七、劉千斤等，卷二記河北劉六、劉七、趙風子、四川群盜、劉烈、藍五等，卷三記橫木左溪桶崗三寨、浰頭寨、山西青羊山賊等，卷四記常熟黃艮、通州秦璠、梅堂劉汝國、天啟年諸賊等，卷五卷六分別記李自成與張獻忠事，卷七記海賊劉香老、廣東山賊、山東李青山、河南諸寨等。所記皆完整詳實，如述李自成起義之原因、經歷及其敗亡，首尾皆具，述事詳瞻，實爲研究明代民衆起義之重要史料。

此本據復旦大學圖書館藏康熙刻《西河合集》本影印。（劉韶軍）

聖典二十四卷　（明）朱睦㮮輯（第432冊）

朱睦㮮（1511—1580），字灌甫，號西亭、東陂居士，明太祖第五子周王朱橚六世孫。周王朱橚雅好藏書，建東書堂爲藏書樓，睦㮮封鎮國中尉，萬曆五年（1577）舉爲周藩宗正，亦愛藏書，有萬卷堂，所藏書後均失散，僅存《萬卷堂書目》行於世。據《明史·藝文志》，睦㮮更著有《遜國記》、《中州人物志》、《中州文獻志》等。傳略見《明史·諸王傳》。

是書爲殘本，卷一有闕頁，書末有後序，爲萬曆癸丑（1613）周藩輔國中尉奉敕提督宗學宗正朱勤㴤識，稱先宗正編纂是書二十餘年，又稱被人譽爲子政父子，則勤㴤爲睦㮮之子。是書題周府宗正管宗學臣睦㮮編輯，分類記載明太祖治國之典法，分《嚴祀》、《籍田》等七十五類，均按年月條序並列，可知明初各類典法製作及其用意。

勤㴤跋稱先代成憲未可輕議，高皇乘乾立制，蹈漢軼宋，故其父殫精多年，用成是書，後世子孫，唯有不愆不忘，率由舊章，不敢變亂祖宗成法。論是書編纂宗旨甚明。所涉史事甚廣，由不同側面揭示明太祖之爲人。如卷二《聖制》類，詳載太祖自纂與敕纂諸書，於明初諸書之修撰記述甚詳，如洪武三年九月，詔修禮書，賜名《大明集禮》，四年成《存心錄》，六年成《昭鑒錄》，七年成《御注道德經》、《御製文集》，八年成《御製資世通訓》、《洪武正韻》，十二年成《春秋本末》，十六年吳沉等進《精誠錄》，二十年成《大誥三編》，二十一年成《御注書洪範》，二十三年刊行《韻會定正》，二十五年頒《醒貪簡要錄》，二十六年敕編《諸司職掌》，二十九年頒《稽古定制》，皆爲治國之要典，太祖開國氣象由此可見。又如卷十二《正文體》，諭翰林學士爲文或明道德之本，或通當世之務，欲其明白易知，無事浮躁，不求險怪，當以諸葛孔明《出師表》爲典範，不事雕刻，以誠意感人云。此類於深入暸解明太祖皆有助益。

此本據杭州市圖書館藏明萬曆四十一年朱勤㴤刻本影印。（劉韶軍）

平漢錄一卷　（明）童承敘撰（第432冊）

童承敘（？—1542），字漢臣，一字士疇，號內方，沔城（今屬湖北仙桃）人。正德十五年（1520）進士，後授編修，世宗曾從其受學，復歷官國子司業、左春坊左庶子，與修《寶訓》、《實錄》、《會典》諸書，以嚴嵩當權，遂告假回鄉，不久辭世。更著有《內方集》、《沔陽志》等。傳見《明一統志》卷六〇及《獻徵錄》卷一九。

是書僅一卷，內容簡短，紀述明太祖平定陳友諒事。卷首載宋濂《平江漢頌》，又“史氏曰”一篇，評友諒興起及降太祖事，末云“余因據國史書之”，蓋據國史專錄此事。卷末附《外傳》一篇，敘友諒興滅經過，《四庫提要》雜史類存目命名爲《友諒興滅本末》。《外傳》先述陳友諒身世，後敘友諒投徐壽輝、倪文俊起兵，其後勢力漸強，據有長江中游一帶，自稱漢王，後即詳述朱元璋用劉基謀攻伐友諒經過。

此本據復旦大學圖書館藏明嘉靖袁氏嘉趣堂刻《金聲玉振集》本影印。（劉韶軍）

皇明平吳錄一卷　（明）吳寬撰（第432冊）

吳寬（1435—1504），字原博，號匏庵，世稱匏庵先生，長洲（今屬江蘇蘇州）人。成化八年（1472）進士，會試、廷試第一，授修撰。孝宗在東宮，吳寬爲侍講，孝宗即位後遷左庶子，參修《憲宗實錄》，進少詹事兼侍讀學士，官至禮部尚書，卒諡文定，贈太子太保。更著有《匏翁家藏集》、《叢書堂書目》。《明史》有傳。

是書記朱元璋平定張士誠事，紀事起元至正十三年（1353）正月，張士誠起自泰州，至朱元璋吳元年（1367）止，朱元璋自至正二十五年始攻士誠，吳元年平定之，故此三年記事尤詳。書後有袁裦跋，稱是書敘事頗有條理，然多國史已具者，惟明初書檄皆全文載之，爲他書所未及。書末有“史官曰”，謂張氏據吳建國，偃然自王，勢甚易，蓋當四方擾攘，民心皇皇，無所依歸，有能保障之者，亦可得以苟安。然用游談之人，濟以脆頓之卒，上下逸豫，遂忘遠圖，故終爲朱元璋所敗，身爲俘因；然倔強激烈，負氣而死，其弟兄妻子亦不受辱，較柔懦者有以過之。又稱以所聞故老之語及士大夫所記，參以史書，錄而藏之，則此“史官曰”當是撰者之言。

《四庫全書總目》雜史類存目提要有《皇朝平吳錄》一種，不著撰人，謂記事與世傳吳寬撰《平吳錄》稍有異同，又謂《千頃堂書目》別有黃標《平吳錄》一卷，與此書同名。是書後有嘉靖辛酉（1561）袁裦識語，謂是錄相傳爲

吳文定公撰，袁氏嘉靖間《金聲玉振集》收童承敘《平漢錄》及是書。此本即據上海圖書館藏嘉靖袁氏嘉趣堂《金聲玉振集》本影印。（劉韶軍）

平蜀記一卷　（明）佚名撰（第432冊）

是書不著撰人，與《平漢錄》、《平吳錄》同收袁氏《金聲玉振集》內，紀述洪武四年（1371）正月朱元璋遣湯和、周德興、傅友德等伐蜀，明昇出降之事，後附劉基《平西蜀頌》。書後有嘉靖乙巳（1545）袁裦識語，謂黃金《開國功臣錄》中潁川侯傅友德、德慶侯廖永忠諸傳，記述平蜀事甚詳，《廖永忠傳》後又載朱元璋御製《平西蜀文》，有“傅一廖二”之語，五言次第，真馭將之明鑒，是書則無《平西蜀文》。按《明史·傅友德傳》、《廖永忠傳》均稱《平西蜀文》言二將平蜀之功，有“傅一廖二”之語，可與《功臣錄》參照，可知是書於此類文書記載較略。然記述平蜀作戰方略，則詳於《功臣錄》及《明史》傳記。

書末稱是年十月蜀地悉平，十一月湯和等師還，各上所佩印綬，所得蜀人金銀銅印數量亦詳記之，又記蜀地有總制府七、元帥府八、宣慰宣撫司二十五、州三十七、縣六七十，亦悉數收服。此類數據於瞭解蜀地歷史，均甚有價值。

此本據上海圖書館藏明嘉靖袁氏嘉趣堂刻《金聲玉振集》本影印。（劉韶軍）

平夏錄一卷　（明）黃標撰（第432冊）

黃標，生卒不詳，字良玉，川沙（今上海川沙）人。貢生出身，富藏書，精校勘。與陸深爲舅甥，陸讀書有疑義，必請標爲之考訂。深子楫，輯有《古今說海》一百四十二卷，標提供底本三十卷。又編選《陸文裕集》一百卷，著《書學異同》、《縣志稿》等，所藏圖籍則皆毀於倭寇之亂。傳見《（萬曆）上海縣志》卷九。

是書署“東海黃標言”，或以“標言”爲其名，按《明史・藝文志》有“黃標《平夏録》一卷”，則非名黃標言也。是書前半紀明玉珍出身、起兵、征戰、稱帝等事，謂玉珍其姓或作旻，後與元兵作戰飛矢射中右眼，故人稱旻眼子，疑明、旻音近故俗以相混，或謂玉珍後奉明教而改姓明，恐亦無據。1982 年重慶發現玉珍墓睿陵，出土“大夏太祖欽文昭武皇帝玄宮碑”，碑文言玉珍爲隨州隨縣梅丘人，姓明氏，諱玉珍。此時已貴爲帝王，故碑文明記如此，與俗傳有所不同，亦事理之常。是書則稱玉珍爲湖北隨州玉沙村人，家世務農，蓋初起時姓名籍貫傳説有差，亦不足怪。又稱玉珍重瞳子，按《史記》載舜及項羽亦爲重瞳子，乃異人之象，故特書之。

是書記玉珍自元至正辛卯年（1351）起兵，後歸徐壽輝，爲元帥，陳友諒殺徐壽輝，玉珍自稱隴蜀王，後稱帝，國號大夏，至正二十六年（1366）病逝，子明昇繼位。明太祖征討而降服之。所記與《平蜀記》相當，可互參。

此本據上海圖書館藏涵芬樓影印明萬曆刻《今獻彙言》本影印。（劉韶軍）

姜氏秘史一卷　（明）姜清撰（第 432 册）

姜清（？—1534），字源甫，號槐池，弋陽（今江西弋陽）人，正德六年（1511）進士，嘉靖初爲禮部郎中，七年改吏部考功司郎中，旋升尚寶司少卿。十年遷南京光禄寺少卿，十三年升南京太僕寺少卿，同年卒於任。更著有《弋陽學宫圖記》。傳見《（康熙）弋陽縣志》。

是書記建文帝事。始太祖娶馬氏爲妻事，迄燕王起兵等事。實録編年，尤詳於洪武三十一年（1398）閏五月太祖崩，建文繼統期間諸事，多載相關文書，如太祖《立允炆爲太孫詔》、允炆《即位詔》、《大赦詔》、《命有司舉賢養老諸事詔》，及成化間刑部尚書彭韶悼黃子澄之《哀江南詞》、燕王起兵前之上書及其檄文等。所涉重要人物，則敘其生平，其中記

方孝孺事尤詳。又按年月記録建文帝諸多舉措，如定保舉法、革天下陰陽學、醫學，增置浙江江西等地布政司、改浙江等十二提刑按察司爲肅政按察司及地方政措等。建文元年（1399）秋七月燕王靖難兵起後，建文不知所跡，事跡散失。《曝書亭集》卷四十五有朱彝尊《姜氏秘史跋》，稱紀遜國事者不啻百家，大抵惑於齊東野人之語，姜清撰《秘史》，稽之故牒，以證其非云。是書於故案文集中搜輯遺聞，所引《開國功臣録》、《南京錦衣衛貼黃册》、《吉安府志》等，敘事詳核，可補正史之闕。

《明史・藝文志》、《千頃堂書目》、《四庫》存目提要均稱姜清《秘史》一卷，或即是書，紀事至建文元年（1399）靖難兵起燕王上書並發布檄文止；或有分五卷者，紀事則至建文四年（1402）六月止，可與此本互參。又《四庫》存目提要亦可參看。

此本據國家圖書館藏清抄本影印。（劉韶軍）

革除遺事六卷　（明）黃佐撰（第 432 册）

黃佐（1490—1566），字才伯，號泰泉，廣東香山（今廣東中山）人。正德十五年（1520）進士，爲庶吉士，散館爲翰林院編修、廣西按察司僉事、南京國子祭酒、少詹事兼翰林學士。後與大學士夏言不合，棄官歸鄉治學，世稱泰泉先生。著述頗豐，更著有《通曆》、《翰林記》、《南雍志》、《廣州府志》、《廣西通志》、《廣東通志》、《泰泉集》等。《明史》有傳。

佐曾爲翰林，明習掌故，博綜今古，以建文時諸先正之死，忠義大節與天日相昭，宜有傳，不書則無以示勸，懼史事湮逸，故彙而録之。是書據宋端儀《革除録》、張芹《備遺録》，旁采諸家傳記，復加增飾，記述建文帝時方孝孺等九十九人傳記。《姜氏秘史》已記述諸人事跡，可與是書參照。《四庫》雜史

類存目又有符驗《革除遺事》十六卷,序稱泰泉欲修國史之缺,出郁袞《革朝遺忠録》,俾核訂爲十六卷,以復於泰泉。知符驗之書實受黄佐之托據郁袞舊本修輯而成。袞書僅有傳而無紀,符書則增本紀五卷,又列傳十卷、外傳一卷,總十六卷。郁袞《革朝遺忠録》載黄佐序,稱原有紀,以文繁,皆芟删之,定爲七卷,知符驗十六卷《革除遺事》,乃黄佐創議之全書,而此六卷本者,則爲佐自行删節本,原欲存本紀一卷,故云定爲七卷,然已佚其本紀,故此本僅有六卷。郁書列一百六十傳,皆建文帝時死難諸臣,附録一卷則降燕諸臣,每傳後或附以贊語,又間有所附註,然其精要已皆采入《革除遺事》。

此本據國家圖書館藏明抄本影印。
(劉韶軍)

建文書法儗前編一卷正編二卷附編二卷
(明) 朱鷺撰 (第 433 册)

朱鷺(1553—1632),初名家棟,字白民,自號西空老人、西空居士,吴縣(今屬江蘇蘇州)人。諸生。書畫兼工,善寫墨竹。後結茅華山,歸宗禪法,終老於此。更著有《愛日圖》、《名山游草》、《西空刻句》等。傳見錢謙益《初學集》卷七一。

明人記建文帝事者,有多種,是書作成於萬曆甲午(1594),次年則詔復建文年號。是書據多書以補國史,所謂"書法儗",謂按《春秋》筆法以記録相關史事。如成祖起兵之前書王,起兵後諱稱王,迄其入京,只稱靖難兵之類。書分前編、正編及附編,三編前列徵考書目,有《洪武實録》、《永樂實録》、《天順實録》等六十四種。三編後則爲述聖德及述公議,記述明代各朝君臣於建文之評論及請復建文年號之奏章,又闡明所儗書法十六義,然後列建文皇帝年表、建文諸忠臣譜等。前編則紀建文生年至即位之年事,有論五篇及贊一篇,所論諸事有册皇太孫、止諸王臨葬、燕王入臨、革冗員省州縣、執廢周王等。正編分爲上下,紀建文元年至四年六月間事,收論贊若干篇,如《建文皇帝贊》、《建文謚饗論》、《建文年號論》等。附編雜録明人相關論述及詩文,如江上老人詩、鄭端簡公論、鄭履淳敘、王世貞《建文還國辨》等。

朱氏費時二十餘年搜集諸多史料,匯爲一書,於瞭解建文帝事及明人相關論議不爲無補,又保存不少遺書散篇,可與諸書參證。

此本據上海圖書館藏明萬曆刻本影印。
(劉韶軍)

金文靖公前北征録一卷後北征録一卷
(明) 金幼孜撰 (第 433 册)

金幼孜(1368—1431),名善,以字行,號退庵,新淦(今江西新干)人。建文二年(1400)進士,授户科給事中,永樂時任翰林檢討,與解縉同值文淵閣,又升侍講,爲太子講學,後爲翰林學士、户部右侍郎兼文淵閣大學士、禮部尚書兼武英殿大學士等,與胡廣、楊榮等人編纂《五經四書性理大全》,宣德時爲永樂、洪熙兩朝《實録》纂修總裁官。幼孜爲人静默寬容,眷遇雖隆,而自處益謙,名其居室曰退庵。卒後謚文靖。著作尚有《金文靖集》、《春秋安旨》等,後人輯爲《文靖公全集》。《明史》有傳。

幼孜多次隨成祖北征,所過山川要隘,成祖輒命記之。永樂八年(1410),成祖北征阿魯台,十二年征瓦剌,幼孜皆隨從出塞。書前有成化二十三年(1487)江西布政司右參政秦民悦序,稱百餘年來烽火不驚,邊陲無鋒鏑之交,中土無饋運之苦,皆當年成祖北征之功。然雖有至功,亦須有班孟堅之作,俾能炳耀千古,而此録載塞外山川形勢及成祖用兵制勝之略,皆歷歷如畫,措辭簡古,筆力老健,足以追配古作。

是書撰成於出征途中,分前、後二録。前録紀事自永樂八年二月初十至七月十七日,逐日記事，一路里程、地名、山川風景、地理形勢及成祖言談策略，均入錄之，可以考見塞北地理山川之詳。如過居庸關遇大雪，成祖命諸人雪後看山，謂此景最佳，雖有善畫者，莫能圖其仿佛。一路所經之地，成祖皆與幼孜等人言其地名及山川古城遺跡等，間及天文動物等事，可知成祖於征伐用兵富有經驗。又記行軍途中爲成祖起草敕令，皆按轡徐行，執筆草成，成祖觀畢則令謄寫，遂下馬坐地於膝上書之。行至長清塞，又謂此處諸山爲北地之可入畫者，遂命畫工圖之，夜觀北斗，成祖謂至此則南望北斗矣。此類記事均作者親聞，由此可以考知成祖之爲人。後錄記事自永樂十二年三月十七日起，至八月初一止，所記不如前錄詳備，僅記每日行程而已，蓋撰前錄時爲第一次隨軍出征，故其見聞可以詳記，後錄以此而可記者不多。

此本據上海圖書館藏明嘉靖十二年刻《明良集》本影印。又有東方學會鉛印本。（劉韶軍）

北征記一卷　（明）楊榮撰（第 433 冊）

楊榮（1371—1440），初名子榮，字勉仁，建安（今福建建甌）人。建文二年（1400）進士，授翰林院編修，成祖即位後，與楊士奇、解縉等入值文淵閣，參預機務。成祖爲之改名楊榮。永樂十六年（1418）任首輔，警敏通達，歷事四朝，謀而能斷。成祖永樂八年及十二年、二十年、二十一年、二十二年數次北征，榮均隨行，並參與軍事謀畫。成祖去世後，榮爲太子少傅、謹身殿大學士兼工部尚書等。後重修《太祖實錄》及太宗、仁宗、宣宗《實錄》，皆任總裁官。英宗時爲少師，卒後追贈太師，謚文敏。更著有《訓子編》、《兩京類稿》、《玉堂遺稿》等。《明史》有傳。

永樂八年初次北征，成祖親選精銳，輕裝奔襲，命金幼孜留守，而楊榮則率勇士三百人隨同作戰，嗣後二人北征經歷亦有所不同。是書記事多可與正史相參證。如記永樂二十二年北征事，自正月初七阿魯台部侵掠大同，成祖开始部署兵力，四月初四發自北京，以下逐日記北征經歷，以敵已逃遁，無功而返，並記成祖病逝於途中事，所言與《明史・楊榮傳》等有所異同。是書稱七月十八日成祖崩於榆木川，内臣馬雲、孟騏等以六師在外，秘不發喪，密召楊榮、金幼孜入議喪事，遂遵古禮含斂，載以龍轝，所至朝夕上食如常儀。《楊榮傳》則稱成祖崩後中官馬雲等莫知所措，密與榮、幼孜議，二人議六師在外秘不發喪，以禮斂，載輿中，所至朝夕進食如常儀。《明史・金幼孜傳》僅云軍至榆木川，帝崩，秘不發喪，榮訃京師，幼孜護梓宮歸。《明史・成祖紀》則稱太監馬雲密與大學士楊榮、金幼孜謀，以六軍在外，秘不發喪，熔錫爲椑以斂，載以龍輿，所至朝夕上膳如常儀。並不言中官莫知所措，而似爲中官先有秘不發喪之議，再召楊、金同議，二人無異議而已。諸如此類可以互參，是書記事不如金氏《北征錄》詳，蓋榮處事老到，而文筆不如金氏故也。

此本據上海圖書館藏明嘉靖十二年刻《明良集》本影印。（劉韶軍）

正統臨戎錄一卷　（明）楊銘撰（第 433 冊）

楊銘，生卒不詳，本名哈銘，蒙古人，幼隨其父爲明朝翻譯。土木堡之變後英宗爲也先擄以北行，銘與袁彬一路隨侍。英宗、也先相互交涉，多由銘爲之轉譯。英宗在北方獨居悒鬱，銘與袁彬時進諧語以慰英宗，及從英宗還京，賜姓楊，官錦衣指揮使，後亦多次奉使外蕃爲翻譯。明孝宗立，廢汰傳奉官，銘以塞外侍衛之功，獨得留職。《明史・袁彬傳》附載其事。

是書原未載作者姓名，當即《明史・藝文志》所載楊銘《正統臨戎錄》一卷者，記述正統十四年（1449）二月楊銘隨其父出使瓦剌事。此年英宗以土木堡之變被俘，亦在瓦剌，銘與其父得見英宗，銘晝夜隨侍，記錄也先、伯顏帖木兒及英宗所言諸事始末,以及侍從英宗及次年(景泰元年)返回北京等事。銘本不識字,不能著書,故口述當時經過,由他人記錄而成,亦可謂古之口述史,故所記多口語化而保持諸多細節,可與正史互證。如是年五月,也先謂楊銘等明朝使臣,向明朝奏討物件而不肯與,既兩家做了一家,好好的往來,把賞賜也減了。此即也先出兵之理由,與正史相合。是年八月二十六日,也先説大明皇帝到來我這裏聚會了,差使臣和你們一同送皇帝回去。次日楊銘父子始見到英宗,稱時有紀信、李虎、袁彬隨駕,而銘自此晝夜隨侍。又大段記英宗語,述土木堡戰敗及被俘之事,並稱爺爺(指英宗)説的話與伯顏帖木兒等言語相同,則英宗被俘之詳情可據以知之。又稱瓦剌有名乃公者謂大明皇帝爲我大元皇帝仇人,欲也先殺之,而伯顏帖木兒怒摑其面,稱不可傷害其性命,也先遂讓伯顏帖木兒將英宗領去養活。此類皆聲口畢現、躍然紙上。

此本據復旦大學圖書館藏明萬曆四十五年陳于廷刻《紀錄彙編》本影印。(劉韶軍)

北征事蹟一卷　（明）袁彬撰（第433冊）

袁彬(1401—1488),字文質,新昌(今江西宜豐)人。官至光禄大夫、上柱國、左軍都督。土木堡之變,被俘至瓦剌,始得隨侍,英宗視同骨肉。英宗復位,擢指揮僉事、同知、指揮使、都指揮僉事等,成化初,進都指揮同知、都指揮使,擢都督僉事,莅前軍都督府,卒賜光禄大夫、上柱國、左軍都督。《明史》有傳。

是書乃袁彬於成化元年(1465)奉旨追記土木堡之變後隨侍及回京經過,逐日記事,書末有尹直識語,稱在史館時其事已載實錄,然頗有損益潤色,此時又蒙袁彬出示所記,乃復具錄。知是書所述與實錄及正史有所不同。如述正統十四年(1449)八月十五日土木堡

之戰時彬爲瓦剌賽伏剌所虜,時並未跟隨英宗身邊,十六日始於雷家站見到英宗,英宗以其識字而令在左右侍奉。此與楊銘書稱英宗被俘後,始有撒夫剌將袁彬送還事相符。《明史·袁彬傳》稱當時從官悉奔散,獨彬隨侍,不離左右,顯爲實錄損益潤色之辭。是書載袁彬親歷之事,亦每與他書有異,如喜寧設謀欲害袁彬,英宗遣楊銘求救於也先,而非英宗親自求救。英宗駐蘇武廟時天氣極寒,每至中夜,即令彬伏卧内以脇温其足,而非彬主動爲之暖脚。可知是書所載較他書更爲詳細可靠。《四庫提要》雜史類存目謂《千頃堂書目》載此書稱一作尹宣撰,未知何據,似不然也。據是書末尹直識語,知尹直爲當時史館受彬書而記錄者,初非是書作者,而後之著錄者或據此而誤,且尹氏名直,《提要》誤爲宣,《千頃堂書目》誤爲宣,據是書則豁然可明。

此本據上海圖書館藏明嘉靖袁氏嘉趣堂刻《金聲玉振集》本影印。(劉韶軍)

虛庵李公奉使錄一卷附錄一卷　（明）李實撰（第433冊）

李實(1413—1485),字孟誠,號虛庵,合州(今重慶合川)人。正統七年(1442)進士,後爲禮科都給事中,景泰元年(1450)六月,也先遣使來京求和,李實請命出使瓦剌,即擢禮部右侍郎,爲和議正使,於是年七月、九月間兩次出使瓦剌,後以功升都察院右都御使,又巡撫湖廣,復回京掌都察院事。英宗復位後,因事抄没家產,成化間又復財復職,後致仕居鄉。所著是書外,又有文集、詩集。《明史》有傳。

是書據出使親見親歷而成,詳述受命遣使經過、沿途見聞、與也先相見及交涉詳情,並探視英宗、回京復命及再次出使等事。書前有翰林學士江朝宗序,稱李實少有英氣,肆力問學,講究集義養氣之説,故一旦臨事遇變,

與衆不同。是書逐日記事，所記詳於正史，如記瓦剌人相見禮，賓立於右，主立於左，各將上身微躬，雙手向後，然後各以右手抱彼之左肩，以左手抱彼之右脅，緊摩胸二三次。而與也先相見時，則李實坐於上，副使次之，也先坐於左，其婦次之，又飲乳酪，彈胡琴、吹胡笳等。所記與也先對話甚詳，均爲口語，與正史所述不侔。又記探望英宗情景，謂惟有袁彬、余丁、劉婆兒隨侍其左右，而余、劉二人不見他書所載。書中記録沿途地名，有蒙古語者，如北只兒、失剌薄禿、失八兒禿等。實於一路所見，往往感而賦詩，書中存録多首。書後又録《虚庵李公集》所載誥命文、諭祭文等，及劉儼、胡濙、商輅等人贈李實詩文，又有曾昂所撰墓誌銘及何悌所撰傳記，據此可知李實生卒及其家世。

此本據北京大學圖書館藏明嘉靖刻本影印。（劉韶軍）

復辟録一卷　（明）楊瑄撰（第 433 册）

楊瑄（1425—1478），字廷獻，豐城（今江西豐城）人，景泰五年（1454）進士，授監察御史。英宗復辟後，瑄與張鵬等人彈劾曹吉祥、石亨，反爲誣告，定爲死罪，後改戍鐵嶺衛，遇赦還，復謫戍廣西南丹。憲宗即位，還復故官，遷浙江副使，進按察使。《明史》有傳。

是書《廣百川學海》本題亡名氏，《千頃堂書目》著録是書，云不知撰人，《四庫提要》雜史類存目題楊暄撰，字廷獻，豐城人，知即楊瑄，《明史》卷二百九十四另有楊暄，乃崇禎時人。

是書記景泰八年（1457）英宗復辟事，時景泰帝病重不能上朝，大臣請早定皇儲，王文等欲以襄王世子立爲太子，而曹吉祥、石亨、徐有貞等人則欲擁英宗復位，故發動奪門之變，廢景泰而擁英宗復辟。是時瑄爲御史，親歷其事，故記録原委，謂以彰國史之公，以備修史者采焉。然是書惟首一節爲楊瑄所記，其

後則祝允明《蘇材小纂》、陳循《辨冤疏》、王瓊《雙溪雜記》、葉盛《水東日記》及李賢《天順日録》之文，均有關奪門之變事，所記内容各有側重，詳略不同。《提要》謂當時事瑄皆目睹，英宗復位後又彈劾曹吉祥、石亨而被治罪，於二人事跡知之尤悉，故所記皆與史合，而《天順日録》等書亦皆當時親歷其事者所記，故引以爲據，以明所述不誣。然《蘇材小纂》自序稱弘治改元，按改元在 1488 年，而瑄卒於成化十四年（1478），則瑄不得見《蘇材小纂》。《雙溪雜記》亦記弘治、正德、嘉靖間事，亦在瑄卒之後。故知是書據瑄之記又據諸書補之，初非成於瑄手，《提要》所言蓋推測之語。

是書有明《廣百川學海》本、嘉靖間《古今説海》本、毛晉汲古閣《歷代小史》本、萬曆四十五年陳于廷《紀録彙編》本、及清順治三年《説郛》續編本等。此本據浙江圖書館藏明刻《廣百川學海》本影印。（劉韶軍）

天順日録一卷　（明）李賢撰（第 433 册）

李賢（1408—1467），字原德，鄧州（今河南鄧州）人。宣德八年（1433）進士，授吏部驗封主事，後爲考功郎中、文選郎中。正統十四年（1449）隨英宗北征瓦剌，戰敗後脱還。景泰間先後任兵部、户部及吏部右侍郎。英宗復位後兼翰林學士，入直文淵閣爲首輔，協助英宗罷黜徐有貞，誅殺石亨、石彪，平定曹吉祥、曹欽之亂。成化間爲太子少保、吏部尚書兼華蓋殿大學士。卒後進光禄大夫，謚文達。更著有《鑒古録》、《體驗録》、《古穰文集》等。《明史》有傳。

是書記述土木堡之變、奪門之變及英宗天順間諸事。賢親歷土木堡之戰，故記述尤詳，稱瓦剌圍明軍，四面擊之，竟無一人與鬥，俱解甲去衣以待死，故英宗被俘實屬必然。賢亦親歷奪門之變，謂景泰不豫，圖富貴者因起異謀，大學士王文與太監王誠欲取襄王世子

立爲東宮，衆人則欲英宗復位，石亨、曹吉祥、張軌等人先問許彬，彬謂此社稷功，然已老邁而無能爲，可與徐有貞圖之，石、曹等人遂與徐有貞密謀而起奪門之變。然亨等因于謙總督軍務，不得遂其所私，故乘機而除之，有貞亦以陳循等人在前而已不得自專，乃助亨除去陳循等，然未幾有貞亦爲石亨所嫉而出之，又未幾亨亦復遭烈禍，故人云是爲天道好還。是書紀石亨事亦詳，如天順初御史楊瑄彈劾石亨，亨因疑徐有貞與李賢排陷之，謂亨心中所存不知天理爲何物，惟利是尚，欲其不敗，難矣。《四庫全書》雜史類存目以爲三楊以後，得君無如李賢者，然賢自郎署遇知景泰帝，超擢侍郎，而是書竟稱景泰帝淫蕩無度，毀詆頗爲失實。而於葉盛、岳正、羅倫諸人之事，則諱而不言，其他事亦概未紀及，是皆一己愛憎之見云云。所論允當，讀是書者亦不可不知。

此本據上海圖書館藏明嘉靖十二年刻《明良集》本影印。（劉韶軍）

西征石城記一卷　（明）馬文升撰（第433冊）

馬文升（1426—1510），字負圖，號約齋、三峰居士，晚號友松道人，鈞州（今河南禹州）人。景泰二年（1451）進士，授御史，後爲大理寺少卿、兵部尚書、少師兼吏部尚書，文升先後輔助代、英、憲、孝、武五宗，爲五朝元老。更著有《端肅奏議》、《撫安東夷記》等。卒後贈光禄大夫、太師，謚端肅。《明史》有傳。

是書與《撫安東夷記》、《興復哈密記》合稱《馬端肅公三記》，前有正德十五年（1520）都察院右都御史陶琰所作《馬端肅公三記序》，稱功成事定，乃撫三事始末而自爲之記。則三記同時作成，故總稱《三記》。又有正德十五年山西按察司副使許讚識，稱端肅公《三記》，非僅記一時一事之顛末，更於夷情向背，邊方利害，戰守機宜，一目可悉。是亦以《三記》爲一書。《西征石城記》述成化四年

（1468）平定陝西固原土達把丹之孫滿四反叛之事，詳載土達把丹始末，及滿四起兵緣由，并滿四所占石城地形及明軍用兵之謀。明軍初戰不利，遂以副都御史項忠總督軍務，起馬文升爲右副都御史巡撫陝西，協助項忠。文升以石城中無水，芻粟亦漸乏，若絕其芻汲，則彼若釜中之魚，終當自斃。項忠用其謀，取勝之後，又盡毀石城牆垣，以絕後患。記末馬氏自述云，平定石城迄今已有三十六年，而歷歷若前日事，則其成書當在弘治十七年（1504）。以項忠後人求論次其先人功烈，故詳述其始末，謂欲使觀者知兵禍起於細微，戰功繫於謀畫，當思防患於未萌，圖成功於先事。是亦有志爲國建功者之一鑑，非僅備史氏之略，以著一時事績者也。

此本據上海圖書館藏明嘉靖袁氏嘉趣堂刻《金聲玉振集》本影印。（劉韶軍）

撫安東夷記一卷　（明）馬文升撰（第433冊）

馬文升，有《西征石城記》，已著録。

是書爲《馬端肅公三記》之一種，參上條。此《記》詳記明太祖於西北至東北設諸都司、衛所以綏邊，後來守衛漸廢而邊亂不止之經過，并述女真建州、海西諸部與明廷關係之演變等。成化十二年（1476），文升以兵部右侍郎奉命整飭遼東邊備，遍歷險要，繕城堡，利甲兵，練軍士，選精壯，故遼東無事。而山東左布政使陳鉞亦來巡撫遼東，於違法軍官僅罰馬罰草，於是將士不復顧忌。文升歸京上書，言及此事，陳乃懷恨在心。成化十四年，陳鉞不能安撫海西兀者前衛都指揮散赤哈，致其入境大掠，待其退去，又殺女真入貢之使。太監汪直謂往撫遼東可邀大功，文升則謂當遣大臣前往安撫，朝廷遂命文升往，而汪直仍欲同往，文升謝絕之，汪亦深以爲恨。文升至遼，設伏擊敗來寇女真，陳鉞欲以戰勝邀功，文升上書以爲只宜招撫以安地方，而陳鉞之報晚至，遂不得賞，故嫌隙益深。後汪直、

陳鉞誣陷文升，文升無以辯，遂謫戍四川重慶衛。成化十九年，汪直諸罪并發而失寵，文升始得復官，更以都察院左副都御史巡撫遼東，時軍士雖喜，而將臣甚疑懼，文升率以公處之，使邊境晏然，而女真諸部亦心安不驚。是書所述，即文升三次撫遼之舉措，及與陳鉞、汪直結怨事。書末言國計私忿不兩立，己以區區為國之心，雖一時為人陷害，又何足恤，而事久自有天定，己之作為不惟有裨於邊防國事，抑且不愧不怍，可得神明扶持，此亦為人臣者所可鑒也。又是書稱於成化癸卯（十九年）蒙恩改都察院左副都御史巡撫遼東，而《明史·馬文升傳》謂成化十九年，直敗，文升復官，明年起為左副都御史巡撫遼東，則與是書所載有異。是書以記女真事，故於清乾隆四十五年（1780）禁毀。

此本據上海圖書館藏明嘉靖袁氏嘉趣堂刻《金聲玉振集》本影印。（劉韶軍）

興復哈密記一卷　（明）馬文升撰（第 433 冊）

馬文升，有《西征石城記》等，已著錄。

是書為《馬端肅公三記》之一種。參《西征石城記》條。此《記》記述文升任兵部尚書時主持興復哈密王國事。略謂哈密素為西域重鎮，明成祖時以哈密所居元之遺部脫脫為忠順王，令為西域之襟喉，以通西域各國之消息，其後其子孛羅帖木兒繼任，死後無子，由王母理國事。成化九年（1473）土魯番鎖檀阿力王擄王母以去，十四年，土魯番阿黑麻為王，十八年明以哈密王母外甥都督罕慎襲封為王，二十年，明遣人送罕慎入哈密鎮守。弘治元年（1488），阿黑麻殺罕慎，遣使朝貢明廷求為王，以主哈密國。文升時任兵部尚書，不准其求。弘治五年，明廷以陝巴為忠順王，次年阿黑麻又虜陝巴以去。文升命閉嘉峪關，毋令西域諸國入貢者入，使結怨於阿黑麻，以孤其勢。阿黑麻聲言將攻肅州，文升知其虛張聲勢，阿黑麻又命牙蘭率人占據哈密，

文升以為須恩威並用，遂命肅州副總兵彭清等由無水草常道前往哈密，而牙蘭聞訊遁逃，明兵遂收復哈密城，兵威大振於西域，時為弘治八年。而參與此役有功者有鎮守太監陸誾、總兵官右都督劉寧、巡撫左僉都御史許進等，均加封賞。其出兵詳情，可與許進《平番始末》相參照。次年阿黑麻遣使入貢，求還陝巴及哈密王金印。文升止准其人至甘州候命，至弘治十一年又送陝巴歸哈密。自是阿黑麻感畏朝廷恩威，於是西域無警，邊方厎寧，九重遂紓西顧之憂。文升於書末感嘆此事前後經略十有餘年而功始就，知成事之不易，因記興復哈密之經過，及明朝於西域設置衛所之原由，以俾後人知其始末，得有所考。

此本據上海圖書館藏明嘉靖袁氏嘉趣堂刻《金聲玉振集》本影印。（劉韶軍）

平番始末一卷　（明）許進撰（第 433 冊）

許進（1437—1510），字季升，號東崖、東崖道人，靈寶（今河南靈寶）人。成化二年（1466）進士，授監察御史、浙江道御史，遷山東按察司副使、都察院右僉都御史、陝西按察使，弘治間與彭清等人出兵收復哈密，加右副都御史，巡撫陝西，又遷戶部右侍郎、左侍郎，弘治十三年（1500）致仕。正德元年（1506）復起，為兵部左侍郎、兵部尚書、吏部尚書等。卒贈太子太保，謚襄毅。《明史》有傳。

是書所記即馬文升《興復哈密記》所言弘治八年許進與彭清、陸誾、劉寧等人出兵收復哈密事。略謂時土魯番阿黑麻攻陷哈密，執忠順王陝巴，使其將牙蘭守之。兵部尚書馬文升謂收復哈密非許進不可，乃薦為右僉都御史，巡撫甘肅。進與總兵官劉寧謀，厚結土魯番之世仇小列禿，使以四千騎往戰，小列禿中流矢死，進又命小列禿之子卜六阿歹斷阿黑麻糧道，毋令東援牙蘭，又命赤斤、罕東及哈密難民居苦峪者出兵助戰。十一月，副將彭清以精騎出嘉峪關，劉寧與太監陸誾繼之，

與赤斤等軍會合，時罕東兵未至，衆欲等待，進以爲潛師遠襲，利在捷速，兵已足用，不須等待，遂冒雪兼程而進至哈密，擊敗牙蘭餘部，救得陝巴及其家人。此後分兵守各地要害，上疏請懷輯罕東諸衛以爲聲援，分散土魯番黨與以孤其勢。

是書成於弘治十六年（1503），時許進致仕在家，哈密來朝上貢者感其疇昔之意，輒過其門而求見，進詢問哈密近況，云已生聚富強，與舊日同，遂有所感而檢舊稿，記當年出兵始末，一示人臣報國之義當鞠躬盡瘁死，而後已，一記籌邊責任重而成功難。知是書所紀皆其親歷，真實可信且甚詳細，故《明史》中之土魯番、哈密諸傳，多據是書。嘉靖九年（1530）其子許誥始進書於朝。書既上，詔付史館，故書末有校勘者姓名官職。卷首有嘉靖七年霍韜《許襄毅公經略西番録引》，中録史臣評語，謂許進用兵能誓言遠征，不惑浮議，不忌勞費，又不急近功，不多戮馘，可謂有勇有謀有仁，儒者用兵能如此，實可多贊云。

此本據上海圖書館藏明嘉靖繼美堂刻本影印。（劉韶軍）

治世餘聞録八卷　（明）陳洪謨撰（第433冊）

陳洪謨（1474—1555），字宗禹，自號高吾子，武陵（今屬湖南常德）人。弘治九年（1496）進士，授刑部主事，後爲漳州知府、雲南按察使、都御史、江西巡撫、兵部左侍郎等。致仕歸里，致力著述，更著有《繼世紀聞》、《静芳亭摘稿》（又名《高吾摘稿》）等。生平見《國朝獻徵録》卷四。《兵部左侍郎高吾陳先生洪謨行狀》）。

是書原止題“芷沅箸陂微臣”，無作者真實姓名。《明史·藝文志》有陳洪謨《治世餘聞》四卷，而此本分上下二篇，篇各四卷，《四庫提要》雜史類存目以爲此即洪謨之書，後之傳鈔者合併其卷帙，並於書名加“録”字。檢此本唯上篇卷之一題“治世餘聞録”，卷之

二至卷之四以及下篇四卷均題“治世餘聞”，而無“録”字，知抄者僅於卷之一加“録”字，其餘均未及改，而陳書原名當無“録”字。

是書記述明孝宗弘治朝事，始自弘治改元（1488），至十八年（1505）冬止，所記皆當時所聞，上篇紀孝宗諸事，下篇則紀諸臣之事，所紀詳贍，可以考知弘治一朝政治。孝宗之朝素稱中興，故是書所紀孝宗之事於正史不無補益。如記弘治十年三月孝宗命内閣臣至文華殿同看奏疏，弘治十四年六月，召内閣諸臣至平臺同議奏疏諸事，記述尤詳，可見孝宗勤政之一端。孝宗曾問天下衛所軍士何如，兵部尚書劉大夏對曰：“與民一般窮，安得養其銳氣！”並言各種浪費，孝宗始歎“朕在位許多年，不知天下軍民都這等窮”。又問劉大夏：“昔人云天下之財，不在官則在民，今安在哉？”大夏對曰：“祖宗時民出一文，公家得一文之用。今取諸民者數倍，而實入官者或僅二三。”孝宗問：“歸之何處？”大夏謂往年在兩廣，曾比對省城中文武官俸給及其歲用，均不相符，可知必侵民財。又載張元禎爲日講官，身材短小而聲音朗徹，勸孝宗讀《太極圖》、《西銘》諸書，孝宗覽而歎之：“天生斯人以開朕也。”此皆可以考見孝宗其人其事，而補正史所闕。

此本據上海圖書館藏明萬曆四十五年陳于廷刻《紀録彙編》本影印。（劉韶軍）

繼世紀聞六卷　（明）陳洪謨撰（第433冊）

陳洪謨，有《治世餘聞》，已著録。

是書記武宗一朝見聞，所記諸事多爲作者親歷，尤以劉瑾事爲詳。稱武宗即位時年僅十四，太監劉瑾、馬永成、谷大用等七人皆東宮舊侍御，故得寵信，時稱七黨。劉瑾等素嫉文臣，故内閣大學士劉健、謝遷致仕，唯留李東陽，相傳劉瑾素重東陽文名，故得不去。而司禮監太監王岳及户部尚書韓文等人曾謀除瑾，瑾訪東陽知其大略，遂訴於武宗，反將王

岳等人除去,由是權歸瑾等,勢傾中外。後傳瑾於朝陽門外建玄真觀,東陽爲制碑文,極其稱頌,始信前日泄密捕瑾等事不誣。又謂劉瑾既奪內閣之權,東陽則坐保富貴,一聽其所爲。及《大明會典》成,內閣自李東陽而下至翰林、春坊皆升職,瑾以爲《大明會典》破壞祖宗制書,妄增新例,乃毀其書,悉追奪各官升職,惟東陽不奪。則劉瑾之與東陽實另眼相看,與其他文臣不同。東陽能文,然專以詩文延引後進,不能迪知忧恂,舉用真才實學,故爲當時有識之士所議,以爲引進詩文之徒,必誤蒼生。劉瑾被誅後,御史張芹劾東陽當瑾擅權之時,禮貌過於卑屈,詞旨極其稱贊,貪位慕祿,不顧名節,當非虛言。又《明史·李東陽傳》稱劉健、謝遷初均持議欲誅劉瑾,言詞甚厲,惟東陽語氣稍緩,故健、遷被迫致仕,而東陽獨留,劉健亦言"使當日力爭,爾當與我輩同去"。東陽默然。劉瑾當權時,摧抑縉紳,東陽悒悒不得志,亦委蛇避禍。瑾凶暴日甚,於東陽猶禮敬,凡瑾所爲亂政,東陽則彌縫其間,多所補救。此類皆可合觀以考劉瑾與李東陽之關係。是書亦記太監張永除劉瑾事甚悉,并記抄没劉瑾家產之數。又記劉六、劉七起義事,王守仁平定江西寧王宸濠之亂以及西域哈密復亂等事,并可與正史參照,以補相關細節。

此本據上海圖書館藏明萬曆四十五年陳于廷刻《紀錄彙編》本影印。(劉韶軍)

燕對錄一卷　(明) 李東陽撰 (第 433 冊)

李東陽(1447—1516),字賓之,號西涯,茶陵(今湖南茶陵)人。天順八年(1464)進士,授翰林院編修,後爲侍講學士、太常寺少卿、禮部左侍郎,孝宗時爲禮部尚書、文淵閣大學士,後受顧命,輔佐武宗。史稱劉瑾專權時,劉健、謝遷、劉大夏、楊一清幾得危禍,皆賴東陽而解,保全善類,天下陰受其庇,而氣節之士則多非之。卒後贈太師,謚文正。編有

《通鑑纂要》、《大明會典》、《孝宗實錄》,更著有《懷麓堂集》。《明史》有傳。

是書所載自弘治十年(1497)三月至正德六年(1511)八月,多爲皇帝召見及奏對,而爲正史所未詳者。如弘治十七年三月,定太廟各室一帝一后之制,是書記述所定制度始末甚悉,並謂"陵廟一事,關係綱常,尤深注意,區畫周詳,皆斷自宸衷,勤勤懇懇,歸於至當,非聰明仁孝之至,孰能若此者乎"!而《明史·禮志》所載則不如是書之詳。記事或與正史所記不合,如弘治十一年蒙古小王子遣使求貢及明軍敗之等事,月份與《明史》本紀多不相符。又載正德六年四月命閱《會試錄》條,八月召對討劉六、劉七等條,與楊廷和《視草餘錄》相合,似可互證。又記弘治十年三月宣內閣四大臣至文華殿見孝宗共批奏章及十三年召自平臺議事等條,與陳洪謨《治世餘聞》所載全同,惟末尾云"且自是若將以爲常,故謹書之,以識事始",又云"孝廟初年,平臺、暖閣時勤召對,君臣上下如家人父子,情意藹然,雖都俞盛朝何以加此"!知此類皆東陽所親歷,故記載真實而氣氛親切,而《治世餘聞》則據他書抄錄,非所親歷也。

此本據上海圖書館藏明嘉靖十二年刻《明良集》本影印。(劉韶軍)

安楚錄十卷　(明) 秦金撰 (第 433 冊)

秦金(1467—1534),字國聲,號鳳山,無錫(今江蘇無錫)人。弘治六年(1493)進士,先任户部福建等處主事、河南左參政、山東布政使等。正德九年(1514)擢都察院右副都御史,巡撫湖廣,討平賀璋及龔福全之亂,後爲南京禮部尚書、兵部尚書、户部尚書、北京工部尚書,進太子少保、太保,時稱"兩京五部尚書,九轉三朝太保"。卒謚端敏,更著有《鳳山奏稿》、《撫湘政要》、《鳳山詩集》、《通惠河志》等。《明史》有傳。

是書乃秦金任都察院副都御史時所作,主

要記其正德間巡撫湖廣政事,故名《安楚錄》。卷一爲敕諭,録正德九年至十四年諸敕諭,如命其巡撫湖廣,兼理軍務,營造乾清、坤寧二宮至湖廣四川貴州采辦大木,剿平苗民瑶民及湖廣各地民衆反叛,平定江西宸濠叛亂等事。卷二、三爲巡撫湖廣時之奏疏,自正德十年至十四年,如奏請添府官以督邊倉,設關吏以謹防御,減差内臣以靖地方,裁革多官以省冗費,訂法令以清倉場,處置苗民以保地方等,他如地方錢糧,工程歲用,治理水利,懲治貪腐,興作學術,剿平叛亂等多所涉及。卷四、卷五爲正德十一年(1516)至十六年各地用兵安民所撰之檄文、佈告、祭告等,卷六至卷八爲各類詩文,其中卷六序,卷七詩詞,卷八歌頌賦,卷九爲諸臣所致啟劄,名臣如李東陽、楊廷和、石玠、王瓊、鄒文盛、王璟、吳廷舉、王守仁、顧鼎臣、汪俊、李如圭、王相等均有收録,卷十爲附録《封丘遺事》,以金任河南左參政時有惠於民,故士人爲立生祠,所收有陳鳳梧《生祠集序》、曾大有《生祠記》、劉武臣《生祠碑》及張袞《重建生祠碑記》、李永敷《封丘生祠賦》等。

此本據上海圖書館藏明刻本影印。(劉韶軍)

平濠記一卷 (明)錢德洪撰 (第433冊)

錢德洪(1496—1574),本名寬,字德洪,以字行,改字洪甫,餘姚(今浙江餘姚)人。曾師從王陽明。嘉靖十一年(1532)進士,官至刑部郎中。嘉靖二十年曾以抗旨入獄,後講學於蘇、浙、皖、贛、粤等地。更著有《緒山會語》、《王陽明先生年譜》,又刻《陽明文録》等。《明史》及《明儒學案》卷一一有傳。

王陽明平定寧王宸濠之亂,已有《敍功疏》及《年譜》記其大要,然細節不具。德洪受業於陽明,據師友見聞,補記諸色秘計。是書所記有黃綰所説四條,龍光所説二條,雷濟所説一條,及德洪附論五條,内容詳盡,有《疏》及《年譜》所未及者。德洪謂陽明論孔子修《春秋》,於陰謀詭計之事,皆削之以杜奸,而平藩用間,則不形於奏疏,不著於言語,門弟子皆不得聞,亦孔子削以杜奸之意。然若不著其首尾,後世將不知取濠之故,甚或臨事而易視,只知其成功之易,不知其中用心之深,故爲補記用計之事。以爲一切謀計皆所以濟忠誠,在他人爲陰詭者,在陽明則爲變化隨時,有以發其忠誠智慧,故存之以杜奸,亦未爲不可。是書謂寧王之敗,蓋以遲留半月始發,而之所以遲留,則皆守仁用諜反間以疑之,而陽明在世時,此皆秘而不言,及其去世,始由龍光處得其間書、間牌等稿,以知其事。是書所載陽明用兵事甚悉,如或問用兵有術否?陽明謂用兵何必術?但學問純篤,養得此心不動即用兵之術。勝負之決,不待卜諸臨陣,只在此心動與不動之間。又如與寧王戰於湖上,陽明與二三同志坐中軍講學,諜者走報前軍受挫,坐中皆有怖色,而陽明神色自若。頃報賊兵大潰,坐中皆有喜色,陽明神色亦自若。因謂諸輩平時有大名,然臨事忙失若此,其智術亦不可用。此即所謂心動與不動之差也,亦知陽明所倡心學,又非僅讀書論理之學也。

此本據北京大學圖書館藏清抄本影印。(劉韶軍)

聖駕南巡日録一卷大駕北還録一卷 (明)陸深撰 (第433冊)

陸深(1477—1544),原名榮,字子淵,號三汀,晚號儼山,松江府上海(今屬上海)人。弘治十八年(1505)進士,後爲四川布政使、太常卿、詹事府詹事、翰林院學士等。更著有《儼山集》、《河汾燕閑録》、《停驂録》、《傳疑録》及文集若干種。《明史》有傳。

是書記世宗嘉靖十八年(1539)南巡承天事。嘉靖帝即位前爲興王,就藩安陸,嘉靖十年升安陸爲承天府,與北京順天、南京應天並列。陸深隨行南巡北還,自二月十五日出京至四月十五日返回,前後六十天,逐日記述行程及沿途所見古跡並所遇官員故舊等事。《南巡錄》中載有永樂後內閣諸老歷官年月一篇,載永樂至嘉靖間內閣諸臣入出閣年月,如永樂間解縉、胡廣、胡儼、楊榮、楊士奇、金幼孜等及嘉靖間賈詠、張璁、李時、翟鑾、桂萼、方獻夫、夏言等,共六十二人,云是篇得之於孫元,蓋陸深尤留心史學,故隨所見而錄之。是書所記日期或有誤字,如云二月二十二日庚申陪祭北岳,然據《明史·世宗本紀》則爲辛酉望於北岳。辛酉爲二十二日,庚申則二十一日。又云二十三日辛酉抵趙州,下又云二十四日癸亥,如前述辛酉爲二十二日,二十三日當爲壬戌。《南巡錄》稱三月二十一日有旨從官先發,上以二十三日大駕北還,至《北還錄》則云四月二十一日己丑上遂發,次日二十二日庚寅抵宜城,而中云今以三月過此,又云四月一日戊戌,益知前所謂“四月”實爲“三月”之誤。

此本據上海圖書館藏明萬曆四十五年陳于廷《紀錄彙編》本影印。(劉韶軍)

世廟識餘錄二十六卷 （明）徐學謨撰（第433冊）

徐學謨(1521—1593),原名學時,字思重,後改名學謨,字叔明,一字子言,號太室山人,嘉定(今上海嘉定)人。嘉靖二十九年(1550)進士,授兵部主事,累官至禮部尚書,加太子少保。更著有《(萬曆)湖廣總志》、《春秋億》、《徐學謨文集》等。《明史·鄒元標傳》附其簡傳。

嘉靖帝在位四十五年,廟號世宗,故稱世廟。是書記嘉靖一代之事,自嘉靖元年即位直至四十五年十一月崩止。書前學謨序稱其嘗於嘉靖中爲郎,備侍祠之役,每從丙夜隨尚書奏對西內,故聞上起居頗悉,通籍以前,又有故老口授,復多采摭,輒加劄記,所記有據,非屬傳疑,歸田後始彙而集之。故是書記事

與正史多有異同,如謂瑞州知府宋以方爲宸濠所殺,而國史誤稱赴水死;謂仇鸞之戮由徐階密揭,作史者不及知;謂楊繼盛劾嚴嵩疏中顯指陸炳,國史以私没其姓名;謂沈坤以桀驁被劾,國史曲爲辨雪,未免黨護;謂郭勛專權驕恣而能不受饋遺,未嘗無一節可取。記事之中又隨時評按,如嘉靖既死,輔臣徐階草遺詔,是書既備載之,謂出大學士徐階所草,意欲繩勉嗣皇,語極詳切,然或謂階事世廟最久,其神仙土木之好,不能匡弼於生前,而所草詔詞則鋪敘太煩,有暴君短之嫌,故高拱乘之,給事中張齊螫之,而階遂不能安其位云云。學謨曾爲荊州知府,以拒景王徵沙市地租事得罪,是書第二十四卷具載其事,《明史》亦載此事,謂荊州人以此德之,稱沙市爲徐市,而其事始末不如是書之詳。

此本據明徐兆稷活字印本影印。書前有木記云:是書成凡十餘年,以貧不任梓,僅假活板印得百部,聊備家藏,不敢以行世也。(劉韶軍)

嘉靖大政類編不分卷 （明）黃鳳翔撰（第433冊）

黃鳳翔(1539—1614),又名鳳翥,字鳴周,號儀庭,晚號止庵,別號田亭山人、清源山人,晉江(今福建晉江)人。隆慶二年(1568)進士,授翰林編修,萬曆初與修《世宗實錄》。後爲右中允、南京國子監祭酒、北京國子監祭酒、禮部右侍郎兼翰林院侍讀學士、禮部左侍郎、南京禮部尚書等。著有《嘉靖大政編年記》、《嘉靖大政編年錄》等,萬曆時又編《泉州府志》。《明史》有傳。

是書不分卷,或有著錄爲二卷者,以《明史·藝文志》有黃翔鳳《嘉靖大政編年紀》一卷及《嘉靖大政類編》二卷。按是書前有敍,題萬曆丁酉(1597)清源山人黃鳳翔識,則知《明志》誤記其名。志又有黃鳳翔《泉州府志》二十四卷,作者亦當爲一人。

是書記錄嘉靖一朝大政,敍稱是書分類臚列,隨事撮要,本末備陳,庶便考覽,若夫進言者之忠佞,守官者之賢否,據實直書,參互自見,固亦當世得失之林也。其諸章程制度載在《會典》者則不具列。分類凡十九,初爲大禮、四郊,繼爲莊肅謚議、章聖南祔、二后喪祔、冊立分封、宸章召對以及京營、河道、閹宦、大獄、張延齡獄及甘州兵變、大同兵變、大同再變、遼東兵變、南京兵變等事,終則分記北虜、南倭之亂。所記較詳,可與正史互參。

此本據南京圖書館藏明萬曆刻本影印。(劉韶軍)

嘉靖倭亂備鈔不分卷　（第 434 冊）

是書不著撰人,亦不分卷。按年月紀事,自嘉靖二十三年(1544)至四十五年止,記載嘉靖年間東南沿海各地備受倭寇入侵劫掠之苦,及明廷遣將抵禦邀擊之事。先言日本國入貢及福建民衆泛海至朝鮮而被械送回國等事,又言汪直等人始末,於明廷禦倭得失亦備加詳述,朱紈、羅拱辰、胡宗憲、俞大猷、戚繼光及相關官員將領禦倭等事均有記載。書稱初有福建沿海之民泛海與日本、琉球貿易,常挾帶軍器,此前倭人並無火炮,而此時則頗有之。又言明初於沿海設有四十一處衛所及戰船四百三十九艘,董以總督備倭都司巡視海道,又設副使等官控制番夷,制度周密,平安無事。後以海波不警,戒備漸弛,伍籍日虛,樓櫓朽弊,遇警則僅能借漁船以禦敵,號曰私哨,而官船全廢。加以民久不聞戰,聞賊至即鳥獸竄,室廬爲空,官兵禦戰,亦望風奔潰,遂使倭禍蔓延及於閩海浙直之間。其初巡視福建都御史朱紈尚能盡心防禦,後因朝廷功過不分,竟致朱紈仰藥而死。又言浙閩兩省官僚不相統攝,制禦之法終難畫一,於外來貢使及通商之人既不能概加拒絶,又不能猥務含容,且沿海之民泛海貿易,既畏官兵搜捕,遂致勾引島夷及海中巨盜登岸劫掠,動以倭賊

爲名,其實真倭無幾。

是書於倭之構亂及其演變,並明廷官員奏論禦倭之策及官兵平戡始末皆有記述,尤詳於嘉靖三十四年事,篇幅幾占全書之半。於俞大猷、戚繼光平倭事,如四十三年解仙遊之圍,四十四年剿滅吳平,所言均較正史爲詳。又載三十五年倭寇自浙、直敗還入海,至琉球境,中山王世子尚元遣兵邀擊殲之之事,實爲琉球史之寶貴資料。

此本據鎮江博物館藏清抄本影印。(劉韶軍)

召對錄一卷　（明）申時行撰（第 434 冊）

申時行(1535—1614),字汝默,號瑤泉,晚號休休居士,長洲(今屬江蘇蘇州)人。嘉靖四十一年(1562)進士第一,歷任翰林院修撰、禮部右侍郎、吏部左侍郎兼東閣大學士、禮部尚書兼文淵閣大學士等。萬曆十一年(1583)爲内閣首輔。後以事求罷而歸,復加至太子太師、中極殿大學士,卒謚文定。更著有《書經講義會編》、《大明世宗肅皇帝實錄》、《大明會典》、《申文定公集》、《書經講義會編》等。《明史》有傳。

是書記萬曆十三年(1583)五月至十八年七月神宗九次召見及當時應對之語,或在祭天之時,或在視朝之後,如神宗謂天時亢旱,雖由朕之不德,亦因天下有司貪贓壞法,剝害小民,不肯愛養百姓,以致上干天和。又謂邊務重大,各撫鎮官不能親自巡視,專委小官下人,實多不用心整理,故甚誤事,須親到地方看某處該修守、某處該設備纔好。尤以十八年正月朔及七月二十六日兩次討論爲詳。蓋時行以孝宗後召對之典久廢不舉,至復行,實爲盛事。書前有序,稱隆古即有君臣會聚一堂討論政事之記載,故能翼宣至理,躋世熙平。漢唐以後此道漸廢。明代宣廟在法宮便殿燕見非時,内閣平臺,幸御不絶,自後亦漸廢弛。故所載九次召對,尤可珍貴。召對之時所論敬天勤民,定元良,容直諫,飭邊備諸

政事,史官本有記注,貯之東閣,以後有三殿火災,所記毀於火。而時行曾從閣中録得數條,藏於家中,故仿先正遺意,輯而存之云。

此本據上海圖書館藏明萬曆刻本影印。（劉韶軍）

兩朝平攘録五卷 （明） 諸葛元聲撰 （第434冊）

諸葛元聲,生卒不詳,號味水,會稽（今浙江紹興）人。諸生,萬曆間曾作幕雲南,更著有《滇史》、《五經闡蘊》、《詩雅詞林》等。傳見《民國新纂雲南通志》卷二五八。

是書全名《隆萬兩朝平攘録》,記隆慶、萬曆兩朝平叛事。書前有會稽商濬及廣東左布政使王泮二序,均成於萬曆丙午（1606）年。商、王均會稽人,商濬富有,刻書甚多,元聲所輯《平攘録》爲其中之一。書分五卷。卷一記順義王俺答汗事,附《三娘子傳》及《封順義王贊》,記明隆慶五年（1571）封俺答爲順義王及順義王執叛亂者趙全餘黨十三人獻於明廷之事。而三娘子爲俺答汗長女之女,因美貌而致韃靼内亂,後又爲三代韃靼王妻,於明與韃靼之和平,作用其鉅。卷二記都蠻及《平都蠻贊》,爲萬曆元年（1573）平定四川都蠻之事。卷三記寧夏及《平寧夏贊》,爲萬曆二十年討平寧夏哱拜反叛之事。卷四記日本、朝鮮及《平關白贊》,爲萬曆二十年至二十四年日本侵犯朝鮮,明軍戰而勝之事。卷五記播州及《平播贊》,爲萬曆二十八年李化龍平定播州楊應龍反叛事。王序稱是書於疆域源流、攻取始末,靡不臚列區分,纖巨畢載,其間成敗得失,機緒變易,亦詳述之。而各卷所載諸事之贊,皆諸葛元聲所作,自稱"味水外史",於所載諸事皆有評説。

此本據國家圖書館、中央民族大學圖書館藏明萬曆三十四年商濬刻本影印。（劉韶軍）

平播全書十五卷 （明） 李化龍撰 （第434—435冊）

李化龍（1554—1611）,字于田,號霖寰,長垣（今河南長垣縣）人。萬曆二年（1574）進士,先後任嵩縣知縣、南京工部主事、右通政使、右僉都御史、遼東巡撫、湖廣川桂總督、工部右侍郎、兵部尚書,加太子少保、太保。卒謚襄毅,贈太師。更著有《場居策》、《田居稿》、《河上稿》、《治河奏疏》等。《明史》有傳。

播州地處川、黔、鄂間,山川險要,廣袤千里,民悍而財富,唐乾符（874—879）中楊氏統治此地,明初楊鏗内附,命爲播州宣慰司使。萬曆十七年（1589）楊應龍起兵反叛,明廷剿撫不定。至二十七年以李化龍爲兵部侍郎,總督川、鄂、黔軍務兼巡撫四川,至二十八年二月,分兵八道進擊。六月,楊應龍自縊,叛亂遂定,楊氏統治前後二十九世八百餘年,至此分其地置遵義、平越二府,以屬川、黔。

是書有萬曆二十九年四川布政使參議王嘉謨序,稱時在軍中,備知化龍用兵之詳。又稱李公定播西還,出記數百篇,曰此軍中奏檄書記,可論而存之。嘉謨退而序其品,逾年書成。是書所記,爲平定播州用兵文牘,實録當時,凡握算之奇、制勝之略,雖不可稱完盡,亦足以窺其大略。所載文書依奏疏、諭文等文體編次,全爲平定播州前後所作,詳具一事之始末。明代用兵,大抵十出而九敗,將領多苟且以求息事,事後又粉飾以奏功。惟平播一役,自出師至全勝,凡一百十四日,化龍實成功之人。

是書又有王灝光緒十三年（1887）識語,謂是書所載之文不必盡出李公之手,皆書記吏胥禀命而作,然於事之始末,敵之情形,皆能統籌全局,胸有成算,處處安排,著著中肯。則雖非紀事之體,於用兵過程亦詳明可知也。

此本據上海辭書出版社圖書館藏清光緒五年王氏謙德堂刻《畿輔叢書》本影印。（劉韶軍）

萬曆辛亥京察記事始末八卷 （明）周念祖輯（第 435 冊）

周念祖，生卒事蹟不詳，據是書題名，爲汝南（今河南汝南）人。

是書彙集萬曆三十九年（1611）京察前後諸人所上奏疏而成，題周念祖彙次。萬曆三十九年爲辛亥，故此年京察稱“辛亥京察”。京察即考核京官，六年一次，以守、政、才、年四格及貪、酷、無爲、不謹、年老、有疾、浮躁、才弱八法考核優劣，不合其格法者則施以革職等處罰。時東林黨批評朝政，而湯賓尹、顧天埈等則爲宣昆黨，與東林結有深隙，一人稍有異議，輒群起逐之，大僚非其黨不得安於其位，天下號爲“當關虎豹”。辛亥京察，雙方黨人各自上疏評彈異己，多爲借端攻擊，報復相尋。以致大臣疑畏，紛紛拜疏自去，萬曆帝則置若罔聞。深居二十餘年，未嘗一見大臣。朝事已不可向問，天下有陸沈之憂。念祖因將此類奏疏結集，亦存真以爲鑑戒，以待後世之意也。書雖名《記事始末》，實非純粹紀事之作，然保存史料，亦具價值。

此本據南京圖書館藏明刻本影印。（劉韶軍）

萬曆三大征考三卷東夷考畧一卷東事答問一卷 （明）茅瑞徵撰（第 436 冊）

茅瑞徵，生卒不詳，萬曆、天啟間人，字符儀，號伯符，又號苕上漁夫、淡泊居士、清遠居士，歸安（今屬浙江湖州）人。萬曆二十九年（1601）進士，官至南京光祿寺卿。更著有《象胥錄》、《淡泊齋集》等。生平略見《靜志居詩話》卷一六。

神宗萬曆年間，平定寧夏哱拜之亂、出兵朝鮮擊敗日本、平定播州楊氏之亂，史稱三大征。是書詳載其事，其目分《哱氏》、《倭》、《播州》，而出兵朝鮮之事記述尤詳，分上下兩篇。後附《寧夏圖》、《日本圖》、《島夷入犯圖》、《朝鮮圖》、《播州圖》等。書前有天啟元年辛酉（1621）作者清遠居士自序，稱神宗皇帝在位四十八年，武功以哱、播、朝鮮三大役爲最著。作者嘗閱諸葛元聲《兩朝平攘錄》，以爲頗類稗乘小説，多不雅馴，又讀瞿九思待詔《萬曆武功錄》，所述平哱、平播之事似屬詳盡，嫌枝蔓而鋪張，與實情不無違迕。又謂曾從李化龍遊，讀所著《平播全書》，其言詳盡。作者曾入明內閣與謀軍國事，諸所擘畫，動中機宜，後辭官歸家，據在朝時所得有關稿略，攟摭其事，次第參訂，加以刪輯，以成是書。敘事詳盡而有據，不詭不宂，三大征始末及其細節，俱載書中。是書又多附“外史氏曰”，於征戰之事多有評説。

書後附諸地圖前各有序文，述其地理形勢。如述日本地形類琵琶，東高西下，西北至高麗，必由對馬島出洋，南至琉球，必由薩摩州出洋，其貢舶必由博多出洋，歷五島而入中國，其入寇閩浙則隨風所之，其來恒在清明之後，故防倭以三、四、五月爲大汛，九、十月爲小汛。又言日本好中國絲綿、磁器、中醫、茶、書畫，五經中重《書》、《禮》，忽《易》、《詩》、《春秋》，四書中重《論語》、《學》、《庸》，而惡《孟子》，此亦研究日本史所可注意者。

書後有《東夷考略》，分《女直通考》、《海西女直考》、《建州女直考》，附《遼東全圖》、《開鐵疆場總圖》、《開原控帶外夷圖》、《瀋陽圖》、《遼陽圖》、《廣寧圖》、《海運餉道圖》等，後有《東事答問》一篇，論遼東防女直事。又有《苕上愚公傳》，然有目無文，作者生平遂不可詳知。書後有章太炎跋，稱《明史・藝文志》著錄茅瑞徵《萬曆三大征考》、《象胥錄》，獨不載《東夷考略》，蓋清代嫌諱其事。不意三百年後此《考略》復出人間，則清早年之事悉可考見，洵爲希世之寶。章氏曾撰《清建國別記》，於清史多有研究，稱《東夷考略》可寶，確非空言。又有張爾田跋，謂是書爲乾隆朝焚毀書，所載與王在晉《三朝遼事實錄》多有出入，如萬曆四十一年清太祖努爾哈赤遣質子入廣寧事,據此書考之,蓋其欺敵之言,並非實事。元人著書或稱明成祖爲元順帝遺腹子,此類記事皆各爲其國,故不可盡信。爾田曾與修《清史稿》,熟悉清代歷史,所言不無道理。

此本據上海圖書館藏明天啓刻本影印。(劉韶軍)

萬曆武功録十四卷　(明)瞿九思撰(第436册)

瞿九思,生卒不詳,卒時年七十一。字睿夫,號慕川,黄梅(今湖北黄梅)人。治學師事羅洪先、耿定向,萬曆元年(1573)舉人,曾主講白鹿洞、濂溪、嶽麓諸書院。萬曆三十七年授翰林待詔,辭不受。更著有《樂章》、《春秋以俟録》、《樂經以俟録》、《孔廟禮樂考》及《瞿九思文集》等。《明史》有傳。

是書成於萬曆四十年(1612),自題翰林院添注待詔瞿九思著,並有該年五月自序。是書記述萬曆間各地民衆及少數民族起事。據自序,爲纂是書而訪求六科所存紀事及實録、邸報等,相互對照,有所遺闕則多方訪求,知交有仕宦四方者,必卑詞懇乞告以羌虜倭蠻名籍事狀,積七八年,資料既備,又以班馬書爲範式,學其著史敘事之法,無不字模句擬,方敢操筆札,三閱歲始成。全書十四卷,分爲一百七十六篇,以地隸人,各爲專傳、類傳。所舉如礦盜、茶盜、珠賊、蛋賊等類,皆前史所未備者。各傳後皆仿《史》、《漢》"贊曰"之體,以爲評述,大抵以王道義利爲説。所載諸事,多涉民間及少數民族情況,實有助於明後期社會及民族關係之研究。

是書清代列爲禁毀書,流傳甚少,此本據天津圖書館藏明萬曆刻本影印。(劉韶軍)

三朝遼事實録十七卷總畧一卷　(明)王在晉撰(第437册)

王在晉(?—1643),字明初,號岵雲,太倉(今江蘇太倉)人。萬曆二十年(1592)進士,累官至兵部尚書兼右副都御史,經略遼東、薊鎮、天津、登萊,主張撫虜堵隘以守山海關,與袁崇焕等意見相左,因改任南京兵部尚書、吏部尚書、刑部尚書等職。更著有《海防纂要》等。傳附《明史·王洽傳》。

卷首有崇禎元年(1628)六月平臺召對御劄並同年六月十三日聖諭一道,皆在晉受命經略遼東事,後有在晉識語,謂痛念十餘年遼事壞於門户分歧,廟戰戈矛,禍移於國。又有崇禎十一年戊寅兵部尚書申用懋序,謂是書以在晉昔時鎮邊實事彙而爲録,稱在晉在遼東,有精心妙策可爲萬世計,今閲其實録,則輿圖阨塞,恍若指掌。後又有在晉自序,稱遼事十餘年間,羽書旁午,封事充楹,邐雜浩繁,不可勝紀,己從奴酋初起,即躬歷其事,遇事援毫,循年覈實,言言有據,字字匪誣,而民間《新編》,紀事多有杜撰,久之竄入正史,則有魯魚之混,故於燕居之暇,一一敘述其事,錯綜參伍,廣搜群議,衷以管窺,纂俾將來,可佐史寙。序後又有贅言,題明初老人自述,則亦在晉手筆。又有凡例十五條,大旨謂,國史凡書生所述,類多耳食,毁譽失真;而史館編纂,不過采部科奏疏,惟昨年之稿,今歲無可覓者,故欠完整。遼事於十年間多有功罪得失,議論是非,俱當備載,未可聽世傳浮蔓之條,膚廓之言,流傳於後,混淆正史。己書一出,必爲偏黨者所忌,然原疏具在,明旨昭然,可與諸大夫及國人共質之云云。

《實録》前爲《總畧》一卷,即今之諸論,以遼東爲本朝疆域,其山川關隘險阻及外夷住牧,皆紀其崖畧,以備開卷參閲,故分遼東、遼東諸夷、三岔河、南北關、山海關、遼海、建夷而一一詳述其沿革。《實録》自萬曆四十六年(1618)至天啓七年(1627),詳述遼東諸事,如戰守梗概、兵餉要務、將士怯弱、官僚相訐等,明注年月,歷歷可按,或以後事證前事者,則爲旁注,另注年月。書中多引當時大臣奏議,爲它書所未備。

此書清乾隆時列入禁毁書目。此本據上海圖書館藏明崇禎刻本影印。（劉韶軍）

酌中志二十四卷   （明）劉若愚撰（第437冊）

劉若愚（1584—?），原名劉時敏,定遠（今安徽定遠）人。十六歲時因感異夢而自宮,萬曆二十九年（1601）進宮。天啟初,以擅書法且博學,入內直房經管文書。時魏忠賢及心腹李永貞擅權,多所猜忌,劉遂改名若愚,以中有“苦心”二字以自警。崇禎二年（1629）魏忠賢敗,若愚謫充孝陵净軍,後李永貞因誣害高攀龍等人處斬決,若愚處斬監候。獄中效司馬遷發憤著書,詳述宮中數十年見聞,至崇禎十四年（1641）撰成《酌中志》,後得釋。事見本書卷二三《纍臣自敘略節》,亦可參《明史》卷三〇五。

是書以親身見聞記晚明宮中諸事,一事一題,獨立成篇,分二十四卷。所錄多可補正史之闕。如萬曆中妖書案,《明史》及《明實錄》未載妖書原文及緝捕審訊經過,是書則詳述其始末,並抄錄《國本攸關》即所謂妖書之全文。又載鄭貴妃《刻閨範圖說序》等文,亦他書所未載。又於宦官魏忠賢、李永貞、魏廣微、崔呈秀等,及宮中得勢家族,立目既多,記述更詳,且論宮中疑案與外廷之關係,涉及諸多朝官。另有《內板經書紀略》一目,記載宮內司禮監經廠庫刻書情況,詳列內府版經書目錄,及宮中太監、宮女所喜圖書,如《四書》、《書》、《詩》、《千家詩》、《古文精粹》、《三國志通俗演義》等,而《周禮》、《左傳》、《國語》、《國策》、《史記》、《漢書》等,則內庭無板。又詳述宮內各種制度、習俗、瑣事見聞等及北京皇宮格局及建築。清人述皇宮建築,多以是書爲依據。又有《遼左棄地》一目,記述遼東諸事及滿族興起等,中稱女真爲虜、努爾哈赤爲奴酋,故清乾隆間列爲禁毁。書前有自序,述成書原委及各篇目之意,並

於書後附《纍臣自敘略節》一篇,頗合古人著書體例,亦若愚學有淵源之一證。

是書明清有多種抄本,然卷數不同,文字亦有出入,皆非若愚原本。如故宮博物院圖書館善本庫舊藏康熙内府抄本《酌中志略》,刪去“遼左弃地”及卷二十四,書中違礙字句亦盡行刪削。此本據清道光二十五年潘氏刻《海山仙館叢書》本影印。（劉韶軍）

先撥志始二卷   （清）文秉撰（第437冊）

文秉（1609—1669）,字蓀符,自號竹塢遺民,長洲（今屬江蘇蘇州）人。大學士文震孟之子,承蔭庇爲官生。崇禎十一年（1638）曾與黃宗羲等一百四十人聯名上《留都防亂公揭》,歷數阮大鋮等人罪行。明亡,以遺民自居,終身不仕,隱居山林,潛心著述。更著有《定陵注略》、《烈皇小識》、《前星野語》等。傳見屈大均《皇明四朝存仁錄》卷七,又羅繼祖《明宰相世臣傳》之《文秉傳》後有其附傳。

是書或著錄爲六卷,見《江南通志》,而此本僅二卷,《四庫全書總目提要‧雜史類》存目以爲或卷數互有分合所致。又稱別有抄本,後附《逆案》、《東林列傳》及《魏忠賢建祠》三種。《逆案》所記與《先撥志始》略有不同,《東林列傳》則爲江陰陳鼎編,《建祠》不詳作者,此三種皆非秉書原所有者,不知何人彙附於卷末云云。此本無此附錄。

是書上卷起萬曆,訖天啟四年（1624）,下卷起天啟五年訖崇禎二年（1629）,記述魏忠賢逆案始末,妖書、梃擊、紅丸、移宮等案皆詳記其中,終則爲崇禎二年欽定逆案之事,相關奏疏、帝諭皆詳載之,敘事中又附評案之語。作者爲東林黨人後裔,故對魏忠賢及依附之人深惡痛絕。其紀事以定國本爲先,所謂著門户所由始;以定逆案終之,所謂彰貞佞所由判。書名稱“先撥志始”,取《詩‧大雅‧蕩》“枝葉未有害,本實先撥”句意,謂宜辨之於早,此其大旨也。

是書載録當時各種文獻,如《妖詩》、《妖言十大説》、《東林點將録》等,原原本本,録其全文,均爲珍貴史料。又詳録欽定魏忠賢逆案之罪人姓名、罪狀及所處刑罰等,首逆爲魏忠賢、客氏,首逆同謀爲崔呈秀、李永貞、李朝欽、魏良卿、侯國興、劉若愚,交結近侍之官按不同等級分別列名,時爲魏忠賢頌美或贊導者,亦目爲罪人,列於其中。讀是書者,當深有所感。

此本據上海圖書館藏清寫刻本影印。(劉韶軍)

三朝野紀七卷 (清)李遜之撰(第438册)

李遜之(1618—?),字膚公,常州(今江蘇常州)人。其父御史李應昇爲東林黨人。明亡入清,遜之自稱江邑遺民、江上遺民,專心治史。曾輯其父詩文爲《落落齋遺集》,後有遜之跋,稱其父遭難時甫九齡,可推遜之生於萬曆四十六年(1618)。與黃宗羲過從甚密,《南雷文定》附録有《李遜之與黃宗羲書》。《(乾隆)吴江縣志》卷三三《潘檉章傳》載檉章作《明史記》,遜之出藏書以助之。事亦見《李忠毅公年譜》,載《魏叔子文集》卷八。

是書輯録泰昌、天啟、崇禎三朝之事,起泰昌元年(1620)八月,止崇禎十七年(1644)三月,卷一紀泰昌朝事,卷二、卷三紀天啟朝事,卷四至卷七紀崇禎朝事,後三卷又以《崇禎紀事》爲名而單行。

卷首有自序,述編纂緣由及用心所在,稱由今日而追溯昌、啟與崇禎三朝,正如白頭宮女談天寶遺事,有令人長嘆而深思者。自泰昌元年庚申迄崇禎十七年甲申二十餘年間,内有朋黨之禍,外有邊隅之憂,加以奄尹播虐,赤眉煽亂,上下相率爲愚爲罔,雖有志義之士,或殉忠於殿陛,或戮力於疆場,僅能以身自靖,不能挽滄海之横流,回狂瀾於既倒。明之亡,實蘊毒在先而潰敗在後。且三朝以來相關簿籍及左右史起居注等,俱化爲煨燼,而

貞元朝士皆沉淪竄伏,無可質證,於是野史叢出,國史大事亂於朱紫。述當年之事者,或緣飾愛憎而增易聞見,或黨庇奸逆而抹殺忠義。因就邸報抄傳與耳目睹記及諸家文集,摘其切要,據事直書,又旁參稗官雜綴,一遵毋偏毋狥、勿僞勿訛之旨,傳疑未確者,則闕而不録。此書固爲野紀,但條繫事件,隨日雜書,語無紛飾,文無編次,又不可與孔子作《春秋》以微詞褒貶相比,然絶非謗書僞史,故讀之可興故國故君之思,懷銅駝荆棘之感,雖爲斷簡殘篇,亦足後人憑吊而深思。

是書目録後有道光甲申(四年,1824)李兆洛跋,稱得膚公先生手稿本用以校勘,世間傳本或改題實録者,則非其原名,乃寫者之昧也。

此本據南京圖書館藏清道光四年李兆洛活字印本影印。(劉韶軍)

甲乙記政録一卷續丙記政録一卷續丁記政録一卷新政一卷 (明)徐肇台撰(第438册)

是書殘缺不完,首面即爲第四葉,中間亦有缺葉。原亦不著撰者名氏,謝國楨《增訂晚明史籍考》謂徐肇台撰,然其事跡不詳。

是書所輯,起天啟四年甲子(1624)十月,經五年乙丑、六年丙寅,至七年丁卯八月二十三日熹宗病逝止,分年按月日載録大臣章奏事及相應批紅原文,甲乙録爲四、五兩年,丙録爲六年,丁録爲七年。時批紅皆閹黨及其附從大臣所爲,旨在排擠正人,羅織罪名,以爲鍛煉成獄之具。然亦頗涉當時諸多政事,有以見朝廷形勢,臣工心應。除大臣個人所上章奏外,亦有衙門所上之奏本,直接頒傳之聖諭等。臣工所上章奏略其内容,惟以一言總之,而以聖旨名義批紅者,其内容則簡繁不一。如四年十月初九,吏部都察院接出聖諭一條,十月二十二日吏部都察院接出聖諭一條,皆長約四百字,然大多批旨甚爲簡略,僅一二行而已。

又有《新政》一卷,題"崇禎皇帝新政",爲

崇禎元年（1628）批旨，起元年正月初一，至元年十二月初一止。所涉章奏以剷除閹黨、銷毁《三朝要典》及廷臣並各省官吏參劾魏忠賢等人者爲多，不録奏文，僅録批旨。以熹宗朝《實録》已爲閹黨馮銓等人竊毁，内容已不翔實，而由是書則得窺當時兩黨門户之争及内監肆虐之跡。又有傳鈔本《天啟逸史》，實據是書而改名者，並非二書。

此本據國家圖書館藏明崇禎刻本影印。（劉韶軍）

東林事畧三卷　（明）吴應箕撰（第438册）

吴應箕（1594—1645），字次尾，又字風之，號樓山，貴池（今屬安徽池州）人。應箕爲明末復社領袖，崇禎十一年（1638）與陳貞慧等人起草《留都防亂揭》，披露閹黨餘孽阮大鋮罪狀，復社諸生顧杲、楊廷樞、侯朝宗、黄宗羲、沈士柱等一百四十人署名。明亡後，應箕組織義軍抗清，戰敗被俘就義。更著有《國朝記事本末》、《留都見聞録》、《啟禎兩朝剥復録》、《庚辛壬癸録》、《復社姓氏録》、《樓山堂集》等。傳附《明史·丘祖德傳》。

是書前有應箕自序，稱東林爲門户之別名，門户爲朋黨之別號。小人欲空人國，必以朋黨之名誣之，故東林之名雖著而受禍亦深。東林争言真偽，其真者必不負國家，偽者反至負東林。東林之事前後有五六十年，相傳多失其實，於是而有偽者，是書辨其真偽而已。故書中記其本末，以存其真實。三卷分上中下，上卷《門户始末》，題下注：“始自並封至丁巳京察，未及熹廟也。”中卷無篇名，記張江陵事，或有分出單行而加題《江陵紀事》者。下卷總題《論七首》，七首各有篇名。

應箕自序題爲“東林本末序”，題下注：“書共六卷，存陳其年維崧太史家。”書後有光緒二十八年壬寅（1902）繆荃孫跋，稱《東林本末》六卷，久無傳本，夏㑊甫得高安朱氏鈔本三卷，刻入《樓山堂全集》。《荆駝逸史》所收

《東林事畧》，實即此書。《逸史》中又有《江陵紀事》，即此書中卷。是書上中下卷皆題“東林事畧本末”，版心大題爲“荆駝逸史”，下有小題“東林事畧”，則書之全名應爲《東林事畧本末》，畧稱《東林事畧》。著録家或記爲《東林本末》，或記爲《東林事畧》，似爲兩書，皆因未録全名所致。

書後有《奉孫蘇門、傅青主兩先生書》，落款“乙巳秋九月子堅寄於杞縣”，此乙巳爲康熙四年（1665）。信中謂先後見孫、傅二先生，聆聽先生論析東林逆黨諸事，見之確，斷之明，爲千秋定論。堅曾讀先子《啟禎兩朝剥復録》，知明季遺事。而是書則罹兵燹而散佚，侯仲衡先輩録有副本，堅三走中州，訪得遺稿。又特録之，囑李仲木代寄二先生，以爲他日信史之助。繆荃孫跋中稱此爲吴孟堅札，可知孟堅即應箕之子。

此本據國家圖書館藏清抄本影印。（劉韶軍）

啟禎兩朝剥復録十卷　（明）吴應箕撰（第438册）

吴應箕，有《東林事畧》，已著録。

是書記天啟、崇禎兩朝東林黨與魏忠賢閹黨門争之事。剥、復爲《易經》二卦名，謂剥極復生、否極泰來，蓋天啟朝東林黨人遭閹黨迫害，至崇禎朝則閹黨懲處而東林平反。紀事用編年體，按年月編次，卷一至卷六，紀事自天啟四年（1624）六月，左副都御史楊漣上疏劾魏忠賢二十四大罪、萬燝遇害、葉向高辭職還鄉始，至崇禎元年（1628）十月懲處依附魏忠賢諸多逆黨止。敘事中亦有條例，如敘天啟四年事，則先敘降削，後敘升用，凡降削者多與璫忤，升用者皆附璫者，由此釐分群臣與閹黨之不同關係。敘事據當時章疏、批紅、邸報等原始資料，多有評語，或冠以“野臣曰”，如楊漣上疏劾魏忠賢二十四大罪，評曰：時外廷多正人，忠賢亦懼甚，未敢遽肆也，要之此爲消長之大機矣。卷七傳熹朝忠

節死臣,有趙南星、高攀龍、楊漣、左光斗、繆昌期、顧大章、袁化中、周朝瑞、周宗建、周起元、魏大中、王之寀、周順昌、黃尊素、李應昇、萬燝等十六人,皆有傳目,然魏大中至萬燝,其傳已逸而不存,而楊漣、左光斗二傳則又稱刻入前集,即先生《樓山堂集》,故是書實存八人之傳。卷七末又附應箕《東林本末序》及吳孟堅寄孫鍾元、傅青主兩先生書,序及書已見《東林事略》條。卷八、九記己巳京察及南察,記錄京察、南察清算依附閹黨諸人事。卷十爲《東林點將錄》,應箕全文具錄,并作題記云:此王紹徽撰,此與諸逆黨付魏忠賢以傾害東林諸君子之書也。此錄按《水滸傳》一百單八將之序將東林之人一一對應,如李三才爲托塔天王,葉向高爲天魁星及時雨等。錄末又有東林步軍頭領十二員,又云小東林姓氏未列。全書之末有朱彝尊跋,稱吳氏羅九經二十一史於胸中,洞悉古今興亡順逆之跡,名雖不登朝籍,而人材之邪正、國事之得失,瞭如指掌。所著書或傳或不傳,覽者可以當龜鑒矣。聞先生授命處,血跡至今猶存,洗之不去,萇弘、嵇紹而後,不多得也。可知吳氏學問及爲人,於清初學者實有深刻影響。

是書前列同盟訂閱姓氏,有方以智、夏允彝、侯方域、黃宗羲等七十餘人,卷七末又題"不孝男孟堅,孫銘道、銘節等同泣血編輯",則是書又非吳氏一人所纂,乃當時復社諸生及吳氏子孫所共輯。

是書清代遭禁,至清末禁令漸弛,始有不同版本出現,如同治年間夏燮校證本《荊駝逸史》本、光緒間《貴池先哲遺書》本、安陽謝氏藏本等。此本據國家圖書館藏清初吳氏樓山堂刻本影印。（劉韶軍）

復社紀略四卷　（清）陸世儀撰（第 438 冊）

陸世儀(1611—1672),字道威,號剛齋,晚號桴亭,別署眉史氏,太倉(今江蘇太倉)人。

明諸生。明亡,隱居講學,遠近歸之。爲學宗主程朱,亦不廢陸王。與顧炎武交,志存經世,博及天文地理、河渠貢賦、禮樂農桑、兵法戰陣,更著有《思辨錄》、《論學酬答》、《桴亭先生文集》等四十餘種。生平事蹟見《清史列傳》卷六六、《清史稿》卷四八〇、陳珊《尊道先生陸君行狀》、《清儒學案》卷三等。

是書四卷,卷一記事自天啟年間至崇禎二年,敘江南文社興盛之風及復社成立始末,並詳列各地成員七百餘人。卷二記復社聲氣之盛,自崇禎三年至崇禎七年。敘三年鄉試、四年會試,復社成員多有中式者。又敘太倉歲歉,張溥等謀救荒之策。兼及溫體仁、周延儒之爭。時張溥稱西張,張采稱南張,其他骨幹則稱四配、十哲等,聲氣遍天下。卷三記八年京察與吏部行保舉,此爲復社事變之由。卷四記復社盛極而衰之事如張漢儒疏訐錢謙益、翟式耜,奉旨逮問;陸文聲、周之夔疏參復社;嘉定徐懷丹作復社十大罪檄文等事。

四卷之外,是書尚有《社局總綱》,起崇禎元年(1628)至十六年,記復社主要成員科舉、官場之進退以及社中大事,按時間先後分年排列,簡明扼要,一目瞭然。正文記事亦按年份敘述,始於天啟元年(1621),惟終於崇禎九年,似不完整。亦間有追敘,夾敘而兼及前後,如卷四記崇禎九年之事,亦及十年殿試之事。

世儀曾爲復社中人,其敘述社局中人之利用士流,干涉政治,周之夔、陸文聲之傾覆社局,及閣臣於社事之奏疏,多爲他書所不載,史料價值甚高。又如所記復社早期宗旨乃爲興復古學,務爲有用,因名曰復社,然士人聲氣相求,結黨以逐仕進,終違初衷。但此等記載仍可稍稍修正復社即政治團體之一般認識。

本書成於清初,惟抄本流傳,是以罕見。有順德鄧實校抄本,該本《社局總綱》作《復社總綱》,置於全書之首,又附有吳梅村《復社紀事》一卷,今有神州國光社排印本。此外,尚有繆荃孫二卷抄本,黄裳藏三卷抄本。諸本《社局總綱》皆置卷首。湖南省圖書館藏清抄本則殿之卷末,另有《社事標目》不見他本,後又附《復社始末》一卷。此即據以影印。(李勤合)

聖朝新政要略十卷訪單一卷附録一卷　外史氏輯(第438册)

是書不著撰人。卷首有序,題外史氏識,中稱崇禎爲今上,謂一時新政,當萬世以爲楷;諸臣讜論,以群鳳而争鳴。又謂奉章動數千萬言,亦須删繁就簡,便覺開門山見,遂加編次,敬付棗梨云云,則本書即外史氏所輯。書前又有光緒十九年(1893)一癡道人跋文,謂輯此書者亦閹黨之流,故每於暗右逆案之語,輒以黄圈點之。一癡道人,繆荃孫《藝風堂藏書記》、謝國楨《增訂晚明史籍考》皆以爲乃李文田。

崇禎新政,當時多有輯録有關奏疏旨意者,如《頌天臚筆》、《太平洪業》等,而外史氏有感於《太平洪業》止載十疏,聖政亦多未備,乃翻閲邸報,備録聖天子新政,有關親賢遠奸一切大朝常,悉紀其略。全書十卷,起天啓七年十月十五日迄崇禎元年三月十一日,編年體,逐日記録奏疏聖旨。其關係起用廢臣及屏逐奸邪之疏章俱得臚列,餘升遷、大計、年例不悉載。諸名紳章疏,間或摘其要語,以醒人目。其上疏得旨,日期參差,或有疏無旨,或有旨無疏,皆據金陵邸報原本,行文則有撮其要領接續成文者,有總括疏奏大意者,有采取條呈諸目者,有列舉薦舉糾參名姓者,等等不一。末附《吏部大小九卿科道訪單》、《首參魏忠賢二十四罪全疏》。

是書有江陰繆氏抄本、北京大學圖書館藏抄本等。此本據北京大學圖書館藏抄本影印。(李勤合)

烈皇小識四卷　(清)文秉撰(第439册)

文秉,有《先撥志始》,已著録。

是書記明崇禎朝大事。文秉以崇禎帝爲聖主,謚法殺身成仁爲烈,臨難不屈曰正,故當改崇禎謚號爲"烈宗正皇帝"。嘗於十七年中,孜孜搜索,備集崇禎一朝史實,積有數十巨帙,以志其有君無臣之歎。當時文書多有散失,秉恐烈皇遺跡堙没不彰,又間有人客相過從,討論舊事,因纂抄成册,名曰《烈皇小識》。

是書四卷,編年紀事。卷一起崇禎即位(1628),卷二起崇禎四年(1631),卷三起崇禎九年,卷四起崇禎十三年。所記明末温體仁、周延儒黨争,李自成、張獻忠起義事以及明與後金關係史較詳,内録經筵講官奏疏亦多,書末又附何騰蛟《逆閹伏誅疏》。後夏爕撰《明通鑑》,多有取資。書中所記明末史實豐富,如記崇禎究心天象,凡日月見食,取中國曆法驗之不甚應,以西洋曆法驗之則應,遂加湯若望尚寶司卿,專理曆法事;記崇禎節省費用,禁諸臣服飾袖長過尺事;記北兵退後,京城瘟疫盛行,朝病夕逝,有全家數十口一夕並亡者,日中鬼出,店家至有收紙錢者,乃各置水一盂於門前,令買家投錢於水,以驗錢之真僞事。皆刻畫深入,令人唏噓。所記明末宦官在政局中之作爲亦甚詳細,可與正史互參。

原本四卷,流傳不廣。後《明季稗史彙編》析爲八卷,有光緒十三年(1887)尊聞閣本、商務印書館本等,謝國楨《晚明史籍考》等書於八卷本皆有著録。是書記事,間有追敘,而八卷本分析不當,或致讀者誤會。謝國楨謂《蘇州府志》四卷著録有誤,又稱條目篇章間有倒誤,如卷七已記至崇禎十六年事,卷八反自十四年八月始,後之學者多踵此説,以不知是書原本四卷之故。所謂卷八"十四年八月十九日"事在四卷中本爲追敘之辭,故不頂格,而八卷本則置爲卷首頂格,以致誤讀云。

今行多種校點本皆據八卷本。此本據國家圖書館藏清抄《明季野史匯編前編》本影印,爲四卷本,可補通行本誤漏不少。(李勤合)

頌天臚筆二十四卷 (明) 金日升輯 (第439 冊)

金日升,生卒不詳,據是書序,知其字茂生,號吳門布衣,吳縣(今蘇州吳縣)人。崇禎年間人,生平事跡不詳。是書外,又有《誅逆爰書》一卷,見謝國楨《增訂晚明史籍考》。

崇禎即位,清洗閹黨而起用東林,政局一新,頗得士人擁戴,金日升即其一。卷首朱鷺《頌天臚筆引》,稱日升貧而好遊學,不仕而時品邸鈔,及見崇禎新政,每搤腕歡呼,於改元初政及諭旨召對,纂述咸得精要。復裹糧重趼,奔走於楚越齊魯風節之墟,遍吊蒙難名賢,訪其胤嗣,綴其遺草,各舉當時情事,抒寫成傳,又於環召諸公舊疏及臺省故事,凡忠言讜論,一一匯録,撰成是書云云。

全書二十四卷,分題聖諭聖旨、召對、贈蔭、簡卹、起用、故事、戮瑺、抑黨、訟冤、附紀十目。卷一、卷二《聖諭聖旨》,共録聖諭二十八道,聖旨一百九十一道。卷三、卷四《召對》,記崇禎元年戊辰(1628)六月至己巳正月召對内容。卷五至卷十《贈蔭》,記楊漣、左光斗、袁化中、魏大中等二十一人。卷十一、卷十二《簡卹》,録葉向高等羅瑺禍未受慘毒而卒者。卷十三、十四《起用》,録孫慎行等以封事觸瑺者。卷十五、十六《故事》,録倪元璐等十四人奏疏十七道,皆據邸抄全章而録。卷十七《戮瑺》,録朱國弼等疏八道。卷十八《抑黨》,録吳尚默等三人奏疏四道。卷十九、二十《訟冤》,録劉應遇等疏,凡爲人訟者四人,爲己訟者四人,爲父訟者十三人。卷二十一至二十四《附紀》,附載《朝野紀聞》、《詔獄慘言》等書有關史料及個人傳記,凡數十種。

是書作於崇禎初年,且録自邸報、邸鈔及個人采訪事實,因多存明末黨争及崇禎初政局重要史料。書中時涉邊事,有"建州小丑"、"夷惰狡詐"、"東奴"之類字句,乾隆年間列入軍機處奏准全毀書目。

此本據華東師範大學圖書館藏明崇禎刻本影印,前有崇禎己巳朱鷺序,中有塗削痕跡。(李勤合)

明季北略二十四卷 (清) 計六奇撰 (第440 冊)

計六奇(1622—?),字用賓,號天節子,別號九峰居士,無錫(今江蘇無錫)人。卒於康熙二十六年(1687)後,生平不詳。據其書《附記》,知計氏家境清寒,早年寄讀塾館。崇禎十三年(1640)隨岳父杭濟之就讀於洛社,十五年,讀書於母舅胡時忠家,爲邑諸生。入清,於順治六年(1649)、順治十一年兩應鄉試,不舉,自此無意科舉仕進,開館授讀於無錫、蘇州、江陰等地。著述除《明季北略》、《明季南略》,更有《粤滇紀聞》、《辛丑紀聞》、《金壇獄案》、《南京紀略》等。

是書作於康熙十年,卷首自序云,自古世有治亂興亡,世之載筆每詳於言治,而略於言亂,喜乎言興,而諱乎言亡,至勝朝軼事,亡國遺聞,削焉不録。乃漫編一集,上自神宗乙未,下迨思宗甲申,凡五十年,二十四卷,題曰《北略》,以志北都時事之大略。

全書二十四卷,按年紀事,卷一記萬曆二十三年乙未(1595)始至四十八年事,卷二記天啟元年(1621)至七年事,卷三記天啟七年八月始崇禎之事,卷四至卷二十分別記崇禎元年至十七年事,卷二十一記殉難文臣、殉難勳戚、殉難臣民、列女,卷二十二記誅戮諸臣、刑辱諸臣、倖免諸臣、從逆諸臣、從賊入都諸逆,後附《孔孟討賊文》。卷二十三則爲補遺,録"殺星降凡"、"李自成生"等故事。卷二十四爲神宗、光宗、熹宗、思宗、弘光五朝大事總論,分論國運盛衰、門户大略、流寇大略等。

是書詳於崇禎朝事,載李自成、張獻忠起義事尤夥,有關條目居全書過半,於義軍在京活動及官制、兵制、幣制、科舉、年號、國號、戰略戰術等記述頗爲系統。

是書雜用編年、紀傳、紀事本末諸體,卷次以時間爲次,篇目以事件或人物爲中心,卷末綴以"志異"。體例謹嚴,注意廣采博收,或從其多數,或存疑待考,難以定論者則並存異説。取材文獻與口碑並重,引用史書逾七十種,如《張獻忠亂蜀本末》、《安龍紀事》、《頌天臚筆》等及邸抄、京報、奏疏等,亦引用難民、道士、和尚、老兵、藝人口述資料。梁啟超譽其組織頗善。

有北京琉璃廠半松居士木活字本,又有光緒圖書集成局石印本、商務印書館鉛印本等,皆經刪改,非計六奇原本。此本據上海辭書出版社圖書館藏清都城琉璃廠半松居士活字印本影印。浙江大學圖書館和江蘇常熟曹大鐵藏有足抄本。(李勤合)

甲申傳信録十卷 (明)錢䥍撰(第440册)

錢䥍,生卒不詳,字稚農,又字稚拙,當湖(今浙江平湖)人,貢生。研究經史,多所撰述。更著有《周禮説》、《賚笳集》、《續越絶書》等。生平見《小腆紀傳》卷五八、《明遺民録》卷一。

按錢氏於崇禎十六年八月入都,然崇禎十七年三月十五日至四月十六日一度出都逾月,故於李自成入城事未克詳知,且以爲一時人士,四方咸集,當有紀録可觀,是以暫置而不書,至崇禎十九年冬,因見記甲申事之書十餘種,如《國變録》、《甲申紀變》、《國難紀聞》、《見聞紀略》、《國難睹記》、《變記確傳》、《燕都日記》、《陳生再生録》、《孤臣紀哭》、《陳方策揭》等,猥繁不倫,異端叢出,無所折衷,於是博搜聞見,勤咨與難諸賢,講求實録,刊訛芟蕪,撼拾遺漏,更七載而後勒成一書,名之曰《傳信録》。

全書十卷,卷一《睿謨留憾》,記崇禎十六年癸未(1643)八月至次年三月間朝廷政事及李自成進京;卷二《疆場裏革》,記陝西、山西、京城殉難諸臣;卷三《大行驂乘》,記甲申三月部分殉難明朝官吏士民;卷四《跖餔遺臠》,記李自成拷掠諸臣,搜取財物事;卷五《槐國衣冠》,記李自成大順政權除授多官,建立各級政權事;卷六《赤眉寇略》,概述李自成起義及建立大順政權始末;卷七《董狐剩莢》,記甲申前後河南、湖廣、京圻等地明軍與李自成、張獻忠軍戰鬥事略;卷八《桑郭餘鈐》,記吳三桂引清兵入關始末;卷九《庚園疑迹》,記北都僞太子始末;卷十《使臣碧血》,記南都左懋第出使清廷,殉節始末。書中記述明末李自成起義事頗詳。

是書有清鈔本,有清道光二十年(1840)《勝朝遺事》刻本、光緒《國粹叢書》本、上海神州國光社鉛印本等,此數本皆附黃節跋,卷二《疆場裏革》末附記《李闖糾衆》、《張獻忠攻麻城》、《開門迎入》、《見機先遁》諸篇,而《見機先遁》中並及史夏隆,謂"何《明史》著之《忠義傳》"?顯爲後人增附。海鹽朱希祖藏有愛新覺羅仲謙注本,考證頗詳。此本據天津圖書館藏清抄本影印,無黃節跋及《李闖糾衆》諸篇。(李勤合)

幸存録三卷 (明)夏允彝撰　**續幸存録二卷** (明)夏完淳撰(第440册)

夏允彝(1596—1645),字彝仲,號瑗公,松江華亭(今上海松江)人。曾創立幾社以與復社相應和,名重一時。崇禎十年(1637)進士,官長樂知縣,善決疑獄,有賢名。明亡後投奔史可法,弘光朝授爲吏部考功司主事,丁母憂而未赴任。弘光朝覆滅,投水而亡,隆武帝贈謚文忠。所著《幸存録》外,俱未見傳世。《明史》有傳。

夏完淳(1631—1647),字存古,夏允彝之子。七歲能詩,十三歲擬庾信《大哀賦》,文采宏逸。清兵入關,完淳佐父及陳子龍起兵。後魯王授爲中書舍人,尋進職方主事。魯王入閩,完淳拜表慰問,疏表爲清廷搜獲,完淳因此被捕,傳詣南京,於堂上痛斥洪承疇,慷慨就義。更著有《玉樊堂集》、《南冠草》、《夏内史集》等。傳見《忠義錄》卷四。

《幸存錄》爲允彝國變後所作,未及全功而殉國。完淳《續幸存錄自序》:"首'盛衰大勢','遼事'、'門户'與'流寇',皆有'大略',有'雜誌'。"由此可知原書結構。今傳本存《國運盛衰之始》、《遼事雜誌》、《門户大略》、《門户雜誌》、《流寇大略》、《東夷大略》等六篇,其中"遼事"無大略,"流寇"無雜誌,則已亡佚兩篇。"東夷"僅有"大略",是全書未竟之征。傳本或作一卷,或作三卷、四卷、六卷不等,雖分合不同,然皆有刪削,非其原書。《續幸存錄》今亦不全,據完淳自序,有《南都大略》一卷,《南都雜誌》二卷,《義師大略》一卷,《義師雜誌》二卷,《先忠惠行狀》一卷,《死節考》一卷,則原本八卷,體例一仿《幸存錄》。今僅存《南都大略》及《南都雜誌》。

允彝雖爲黨爭局中之人,然知黨爭之非,此書專設"門户"之篇,於齊、楚、浙三黨皆有恕辭有貶辭,於馬士英亦有恕辭有貶辭,謂東林雜而偏,不盡公忠,又謂東林諸賢言辭過激,加劇黨爭,致國家於危途云云。故復社中人如黄宗羲等深詆其書,指《幸存錄》爲"不幸存錄",近人梁啟超等則以此斷此書爲僞書。

完淳繼其父所撰續錄,主要記南明政事及黨禍始末,如群臣擁立福王不同意見、江北四鎮督守情況、對清戰和爭論、左良玉與馬士英對峙等等。於馬士英等人時有開脱讚譽之詞,亦致後人不滿。

《幸存錄》及《續幸存錄》二書因高調抗清,故清廷列爲禁書,少有流傳,多有竄改,殘缺不全。今流傳者有多種抄本,海鹽朱希祖藏有六卷本,較爲珍貴。更有《明季稗史彙編》刻本、神州國光社《中國内亂外禍歷史叢書》本等,《幸存錄》作二卷,《續幸存錄》作一卷。此本據復旦大學圖書館藏清抄本影印,《幸存錄》作三卷,《續幸存錄》作二卷。(李勤合)

三垣筆記三卷補遺三卷附識三卷附識補遺一卷 (清)李清撰(第440册)

李清(1602—1683),字映碧,一字心水,南直隸興化(今江蘇興化)人。崇禎四年(1631)進士,仕崇禎、弘光兩朝,歷官刑、吏、工三部給事中,大理寺丞等職。明亡後不仕,隱居著述自遣。更著有《南渡錄》、《南北史合注》、《南唐書合訂》、《澹寧齋史論》、《澹寧齋雜著》等。傳見《明史》、《清史稿》及汪琬《前明大理寺左丞李公行狀》)。

李氏曾任職於刑、吏、工三科,故稱其書爲"三垣筆記",自序又云:"曰筆記者何也? 蓋自丁戊(1637)訖甲乙(1645)凡九年,舉予所聞見以筆之書,非予所聞見,不錄也。所上諸疏,止錄其留中者,其已報,則亦弗悉錄也。蓋内之記注、邸鈔,多遺多諱,外之傳記、志狀,多諛多誤,故欲借予所聞見,志十年來美惡賢否之真,則又予所不敢不錄也。"更以目見與耳聞不無疑信之别,故其例先舉所見以筆之書爲正篇,又以聞記者附識於後。於此可見李氏著此書謹嚴態度。

全書有《筆記》上中下三卷,卷上、卷中記崇禎朝,卷下記弘光朝,各卷別有《補遺》。《附識》亦有上中下三卷,卷上、卷中記崇禎朝,卷下記崇禎、弘光朝,別有《補遺》一卷。於晚明以來之内憂外患及施政方略多有記述,於黨爭敗國、官場醜聞皆有涉及,時有傳神之筆。如記某侍御面乞張孫振某差,屈二指爲信,孫振以爲二千金,開顏諾之,次日以二百金至,孫振不悦,乃莊容大言:若賄差,當糾。該侍御乃失色而退。又如記范復粹於中庭置一佛像,晨昏叩拜,而其人無識無力,聞所票擬或駁，則心手俱戰，極力附會。

是書所記皆親身見聞，取材謹慎。李氏以蔡孝來《尚論錄》不盡是，吳純所《吾徵錄》不盡非，獨夏彝仲《幸存錄》得是非正，存公又存平，故全書力求無偏無黨，評論較爲平允。全祖望贊是書最爲和平，謝國楨亦贊其記述平實，不爲偏欹之見，堪資依據。

是書因有滿人"建虜"等語，乾隆年間列入禁毀書目，終清朝無刻本，僅以抄本流傳，內容出入較大。後有民國《國學粹報》社鉛字排印《古學彙刊》本，吳興劉氏嘉業堂重刻本，皆六卷本，乃以李氏族裔孫李詳所藏稿本爲底本。此本據民國六年劉氏刻《嘉業堂叢書》本影印，末附民國丁卯劉承幹跋。（李勤合）

明季甲乙兩年彙略三卷　（清）許重熙撰（第441冊）

許重熙，有《憲章外史續編》，已著錄。

是書又題作《明季甲乙兩年彙編》、《甲乙彙紀》、《兩年事略》等，書前題"東邨八十一老人隨筆"，張鑑以爲即許重熙。卷首又有"順治改元沛澤老農題於東邨之月旦軒"之序。許氏晚年歸鄉，於困頓之中嘗重操末耜，則此東邨之沛澤老農或即許氏之別號，故謝國楨《增訂晚明史籍考》徑題"自序"。其序有云：自甲申正月之始至乙酉五月之終，兩京之陷，傷心者不一其事，自古以來，國家滅亡，未有如明之易易者。而史之有述，蓋以傳今事於後來也，變亂之際，事故多端，聞見易失。世間雖有行桀跖而自命爲夷由，而又唯恐人不誣夷由爲桀跖者，然秦檜禁絕私史，不聞後世之史即聖相秦檜。至於所見異詞，所聞異詞，所傳聞異詞，亦就所異同者異同之。

是書三卷，編年體，卷一自甲申正月初一至五月三十日，卷二自六月初一至十二月三十日，卷三自乙酉正月初一至五月三十日，各卷後附有補遺。全書按日記事，記載崇禎、弘光

兩朝覆亡經歷，所述事實，較他史縠詳，屢爲《明季北略》、《南疆逸史》等書引用。謝國楨以爲記甲乙之際書甚繁，當以此書爲最詳，惟雜記遺事，間有傳聞之詞，此亦野史所不能免。

此本據國家圖書館藏清初刻本影印，後附跋語，不題作者，而實即張鑑之作。又有四卷本，則將各卷補遺集中作爲卷四，又附《甲申日記》四卷。（李勤合）

懷陵流寇始終錄十八卷附錄二卷　（清）戴笠　（清）吳殳撰（第441—442冊）

戴笠（1614—1682），初名鼎立，字耘野，吳江（今江蘇吳江）人。明諸生，國變後入秀峰山爲僧，旋反初服。隱居吳江同里朱家港，教授生徒，潘未出其門。順治七年（1650），與葉恒奏、顧炎武等人結驚隱詩社。土屋三間，炊煙有時絕，而編纂不輟。更著有《殉國彙編》、《骨香集》、《耆舊集》等。傳見潘力田《松陵文獻》卷下及《（乾隆）吳江縣志》卷三三。

吳殳（1611—1695），又名喬，字修齡，太倉（今江蘇太倉）人。崇禎十一年（1638）補諸生，尋被斥。事佛，兼好神仙。於書無所不窺，著述多門，本書外，其詩初學明人，中宗溫李，晚年所見益邃，撰《圍爐詩話》六卷；善古文辭，作《史論》廿篇；又精技擊，有《紀效達辭》二十卷、《手臂錄》四卷傳世。傳見《清史稿》、《清史列傳》卷七〇，而以《光緒崑新兩縣續修合志》卷三四較爲詳備。

是書專記明末農民起義，又名《寇事編年》、《流寇長編》、《流寇編年》等。始撰於順治年間，時潘檉章、吳炎撰《明史記》，邀戴氏撰寫明末農民起義部分。莊氏《明史》案發，潘、吳被殺，《明史記》未得完成，而戴氏繼撰不輟，成稿二千餘紙。戴氏卒後，由吳殳刪節成書。全書以編年體記事，起自明熹宗天啟七年（1627）八月，迄清聖祖康熙三年

（1664），分正文、附錄兩部分。正文十八卷，卷一天啟七年八月至崇禎元年十二月；卷二至卷十六，一年一卷記崇禎二年至十五年事；卷十七崇禎十七年正月至二月；卷十八崇禎十七年三月至十二月。附錄二卷：《甲申剩事》一卷記甲申之後至康熙三年甲辰（1664）清廷與農民軍戰鬥事，《將亡妖孽》一卷則記崇禎間種種不祥事端，謂爲明朝將亡之妖孽，如崇禎十年所建盧溝橋小城門有"順治"、"永昌"二門，崇禎十七年曹化淳、張縉彥等人公約開門迎賊等等。書末更附有《延綏鎮志·李自成傳》。

是書成書於《綏寇紀略》、《國榷》等書之後，張廷玉《明史》前，取材於崇禎十七年之邸報、諸臣奏章、私家著述及所見聞，又能加以考辨，所考以按語散附正文之下。戴氏以當時人記當時事，固較諸後世追記粉飾改撰者爲質實。當吳偉業撰《綏寇紀略》成，見此書，歎爲紀事之正，其見重當時也如此。至於其間偶誤，已有方福仁等人辨正，讀者自可參考。

是書傳本稀少，有涵芬樓藏舊稿本，已毀於日寇劫火。又有錢遵王述古堂抄本，卷首有潘耒、吳炎所撰序及炎撰《流賊亡明節目》，潘耒序爲傅以禮所補。1947年鄭振鐸曾據此影印，收入《玄覽堂叢書續集》。此本據南京圖書館藏清初錢氏述古堂抄本影印。（李勤合）

流寇志十四卷　（清）彭孫貽撰（第442冊）

彭孫貽，有《靖海志》四卷，已著錄。

是書編年體，敘事起崇禎元年（1628）七月陝西白水王二聚衆掠蒲州、韓城，止於康熙二年（1663）十二月，郝搖旗、袁宗第戰死，前後三十七年。卷一起崇禎元年至五年，記農民軍初起及在陝西、山西之發展；卷二起崇禎六年至八年，記農民軍轉戰河南、陝西、山西、安徽、湖北千里事；卷三起崇禎九年至十一年，記高迎祥被俘、楊嗣昌十面張網、張獻忠受撫等事；卷四記崇禎十二年至十三年間張獻忠再起及與楊嗣昌戰況；卷五記崇禎十四年張獻忠攻佔襄陽、李自成兩圍開封等事；卷六記崇禎十五年間李自成三圍開封、攻下襄陽及張獻忠攻略亳州、六安、桐城等地事；卷七記崇禎十六年正月至六月間李自成及張獻忠稱王建制、分封百官、開科取士事；卷八記崇禎十六年七月至十二月間李自成攻陷西安、經略三邊及張獻忠南下湖廣，於長沙開科取士等事；卷九記崇禎十七年（順治元年）正月李自成自西安東征，三月十九日攻佔北京城；卷十、卷十一記三月十九日至四月初九日間李自成於北京設官置制、開科取士、拷掠助餉及與吳三桂談判事；卷十二記四月初十日至五月初四日間李自成兵敗山海關、放棄北京城等事；卷十三記五月初五日至十二月間李自成於山西、陝西與清兵作戰及南明弘光政權設江北四鎮事；卷十四記順治二年至康熙二年李、張餘部，南明王朝及郝搖旗等與清人作戰及終於敗亡事。書中間附評論，則冠以"彭子曰"或"贊曰"，如卷六既記李自成三攻開封，復論曰，汴地沃衍而平夷，無高山深險之阻，難爲伯王之資，而自成利其子女珍寶而三攻汴地，知其無能爲也。

是書多取材於邸報，所載塘報、詔令、奏議等多非今人習見，曾爲談遷《國榷》、清修《明史》所參考。其中保存不少珍貴史料，如卷十四記李自成部敗北師於許州，即爲他書所未見。又如卷八記張獻忠入萍鄉，士民牛酒相迎，正與劉繼莊《廣陽雜記》所載張獻忠在衡州不戮一人相應。此等記載皆足資史。唯彭氏利用邸報時未能詳加甄別、校正訛錯，是以書中亦不免自相矛盾之處，前人林時對、全祖望已有所議。

是書曾經清人竄改，改題《平寇志》以刊行，流傳較廣，而原書反至希見。此本據浙江圖書館藏清抄本影印。（李勤合）

蜀碧四卷 （清）彭遵泗撰（第 442 册）

彭遵泗(1702—1758)，字磐泉，丹棱（今四川丹棱）人。與兄端淑、肇洙齊名，並稱"丹棱三彭"。乾隆二年（1737）進士，選翰林院庶吉士，散館授兵部主事，歷官至甘肅涼州府同知。乾隆二十一年，自請卸職歸里。更著有《丹溪遺稿》。傳見《清史列傳》卷七一。

是書四卷，采編年體，卷一以崇禎元年（1628）十二月陝西饑民王子順等人起義爲始，至崇禎十六年大足縣果李結實如刀豆，川南李生黃瓜之異狀止，記此十六年間張獻忠、李自成等與蜀有關事。卷二以崇禎十七年三月李自成陷京師，崇禎殉社稷始，至是年十二月七寶寺僧晰容與農民軍戰鬥事止。卷三以順治二年正月舉人劉道貞與農民軍戰亡事始，至順治四年孫可望入雲南止。卷四起自順治五年，以補記崇禎間姚天動、黃龍聚衆起事始，至康熙二年李國英率清軍平蜀止。又有《附記》一卷，記曹立卿、宋文翼等官僚、士人甲申之變後或死或隱以全節等軼事。全書所記，以明末蜀亂始末及一時死節士女爲主，蓋彭氏幼時習聞獻、闖遺事，及長，感川蜀之難，乃博采群書，凡當時忠臣、烈士、節女、義夫可印證者，彙爲此編。其曰蜀碧者，取萇弘之血三年化碧意，所以著楊嗣昌之罪而憫邵捷春之愚，以吊忠魂烈魄於地下云。

是書所記張獻忠屠川事歷來頗多爭議，魯迅謂是書凡中國人都該翻一下，以知張獻忠屠川之事。《四庫》以是書體例冗雜，記事涉於神怪，故列入存目。全書記述張獻忠禍蜀史實，不免失之偏頗，而廣徵《明史》、《明史綱目》、《明紀本末》、《綏寇紀略》、《三藩紀事》、《明季遺聞》、《啟禎野乘》、《邛州志》等二十餘種，編集蜀難史料於一帙，亦足參資。

是書有嘉慶二十年天禄閣精刊本、善成堂刊本、肇經堂刊本等。又收入《借月山房彙鈔》第七集、《指海》第九集、《澤古齋叢鈔》第五集、《式古居彙鈔》等。此本據上海圖書館藏清刻本影印。（李勤合）

談往録三卷 （清）花村看行侍者撰（第 442 册）

花村看行侍者，不知何許人，或以爲明之遺民遁迹爲僧者。謝國楨嘗見蘇州圖書館藏有《未刻談往》一卷，題清汪文柏撰，所載爲刊本《談往》所無，然纂輯體裁與所記之事類，與刊本《談往》略同，因疑汪文柏或即花村看行侍者真名姓，然無實據。又有以《説鈴》輯者吳震方爲《談往》之作者，則屬張冠李戴。

是書或題"談往"，或題"花村談往"。坊間又有題作"明季怪現狀"者，據謝國楨所勘，亦此書。所記凡二十七條，自朝廷政治、宮廷秘聞以至閭巷異聞皆有涉及，每條後或附有評語。其中"搗錢造鈔"條、"票擬部覆"條，足見當時塗飾之弊、巧詐之習。"兩讞翻案"條、"宜興再相"條，則見上下蒙蔽之失。然亦不免誇大之辭，如"前朝宮女"條，極言莊烈帝之奢侈，如宮中日食三千金，一宴用十萬金，冬月金銀火爐以數千計之類。又"燈廟二市"條，謂明亡於變奢爲儉，其持論不可不謂怪異。

是書有清康熙間吳震方輯《説鈴後集》叢書本，一卷，共二十七條，與《四庫》館臣所云相符。此本據中國科學院圖書館藏清抄本影印，雖爲三卷，内容與《説鈴》一卷本並無不同，惟抄手不力，訛誤不少，如"孟夏護日"作"孟夏護曰"，"江夏三異"作"江夏一異"等等，又少"韓城賜死"條。又有民國《適園叢書》本，正文二卷，補遺一卷，篇目與《説鈴》本大不同。（李勤合）

行朝録十二卷 （清）黃宗羲撰（第 442 册）

黃宗羲，有《弘光實録鈔》四卷，已著録。

唐末黃巢亂起，士子有流連科舉功名而不問國事者，著詩云："領取嫦娥攀取桂，任從陵谷一時遷。"當明末之時，黃氏熱心反清復明,深恨此類無心肝之文士,頗欲有所論著,旋念始末未備,因俟之他日。後荏苒三十載,所憶已忘失大半,乃聊記所見而成此書,以備後來者補史之不足。

是書卷數多有不同。黃百家《梨洲府君行略》載爲三卷,未錄篇名。如溫睿臨《南疆逸史·凡例》、江藩《國朝漢學師承記》等則以其中某卷爲一種,錄有若干,因知迄黃氏終年,未成定稿,故流傳歧異。又有作六卷者,與十二卷者分合不同。而大抵以《隆武紀年》、《紹武之立》、《魯王監國》、《永曆紀年》、《贛州失事》、《舟山興廢》、《日本乞師》、《四明山寨》、《沙氏亂滇》、《賜姓始末》諸篇爲主;或附以《江右紀變》等篇,則題爲太倉陸世儀道威等述。

前舉《隆武紀年》以下四篇,分述南明流亡政權之事。《贛州失事》,記吉安失守,萬元吉、楊廷麟抗擊清兵,以身殉難之事。或作"章貢失事",有以誤"贛"爲"章貢"者,其實不誤,蓋贛江本由章江、貢江合流而成,故章貢亦指贛州。《舟山興廢》記黃斌卿佔據舟山抗清,迎魯王入駐諸事。《日本乞師》記周崔芝、馮京等結日本爲援事。《四明山寨》記王翊、王江聚兵四明山堅持鬥爭事。《沙氏亂滇》記雲南土司沙定洲與妻万氏叛亂暨李定國平叛事。《賜姓始末》記鄭成功東南沿海抗清,收復臺灣事。

是書所記,多本諸親歷耳聞。亦采他人成書,如《贛州失事》篇,卷末即題云此篇全用范康生所記。而全書記魯王政權事較詳,蓋黃氏以魯王舊臣記魯監國事,可當實錄。黃氏"日本乞師"之舉向爲學者諱言,梁啟超以爲僞,謝國楨兩存之以付闕疑,而此書則適可與馮京第《浮海記》相印證。至若其中史料失實之處,亦所不免,尤其《永曆紀年》卷最多訛錯,蓋當時道遠,不免傳聞之殊也。全祖望《鮚埼亭集外編》、柳亞子《南明史料書目提要》、謝國楨《增訂晚明史籍考》皆已指陳,

可參考。

是書早期以鈔本流傳,國家圖書館藏楊氏稽瑞樓鈔本爲三卷十一篇,爲現存最早鈔本。更有戴氏長留閣鈔本、劉氏嘉業堂鈔本等。刻本有道光間《荆駝逸史》六卷本,光緒三十九年《紹興先正遺書》十二卷本,光緒間《國粹叢書》六卷本,宣統二年《梨洲遺著彙刊》十卷本等。此本據復旦大學圖書館藏清抄本影印。（李勤合）

明季遺聞四卷　（清）鄒漪撰（第 442 册）

鄒漪（1615—?）,字流綺,梁溪（江蘇無錫別稱）人。生活於明清易代之際,父式金爲晚明雜劇作家。漪游婁東吳偉業之門,曾以故人子弟誼賣所居第籌措資金,刊刻吳偉業《鹿樵紀聞》,被捕入獄。博學多聞,多所著述,更著有《啟禎野乘》,選編有《五大家詩鈔》、《百名家詩選》等。生平略見《（嘉慶）無錫金匱縣誌》卷二二及《錫山歷朝書目考》。

鄒氏生當明末,慷慨於當時雖有衆多名士,而掣肘於衆小人之手,庶司以搜括爲能事,兼以鈔法錢法並行,致海內若焦若焚,盜賊蜂起,勿論李綱難得,即求一大小人如秦檜亦不可得。弘光南渡,所謂清歌漏舟之中,痛飲頹屋之下;八閩兩粵,愈趨愈下,尤不足觀,求如晉宋亦不可得。當時野史紛紜,愛憎失實,類不一端,鄒氏乃就先達之緒論,合以邸報之流傳,詮次以成此書。

是書四卷,記李自成起義至弘光南渡及隆武、永曆繼立本末,起自明熹宗天啟元年（1621）四月,止於清順治七年（1650）。於李自成起義、崇禎自縊及弘光南都之立,馬士英、阮大鋮當政,重定逆案諸事述之甚詳;隆武、永曆,則僅述大略。又以李自成起義事關易代,因詳考歲月,條貫而詳悉之。朝事無關於鼎革者不盡載,而於南渡事則多未備,止記耳目所及,俟後人考訂耳。

是書有爲張縉彥、李明睿等回護之辭,故爲

全祖望等東林後人不滿。然全氏亦承認該書有其獨特史料價值，如書中所記南都翻逆案，奉化翼明上疏諫，發刑部擬罪，爲他書所不載。謝國楨稱是書條理詳明，首尾完善，有可取之處。

是書乾隆年間曾遭禁毀，故長期以抄本流傳，各本詳略不一。有南陵許氏藏抄本、順治刻本、康熙刻本等。此本據國家圖書館藏清順治刻本影印，前有薛寀題識及自序、凡例，書眉有評語。又有《明季稗史續編》、《昭代叢書》等一卷本，多有節略。（李勤合）

明季南略十八卷　（清）計六奇撰（第443冊）

計六奇，有《明季北略》，已著錄。

計氏《明季北略》述明代北都事，此則記述明南渡後事，始於順治元年（1644）五月，止於康熙四年（1665），凡二十餘年。兩書同脫稿於康熙十年，體例亦同，雜用編年、紀傳、紀事本末諸體，按年紀事，編年不編月，卷次以時間爲次，篇目以事件或人物爲中心。

全書十八卷，卷一至卷九爲"南都甲乙紀"，卷一除卷首題"福王本末"略敘福王事蹟外，其他題"五月紀"以至"十二月紀"，記崇禎自縊後五月至十二月南明事，逐日紀事。卷二體例同卷一，記弘光元年正月至五月事，亦逐日紀之。自卷三起至卷九，各卷以條目紀事，如"議立福藩"、"福王登基"、"弘光詔書"等，按年次編排。卷十爲《浙紀》，記魯王監國政權事。卷十一爲《閩紀》，記唐王政權事。卷十二至卷十七爲《粵紀》，記永曆政權事。卷十八爲《餘紀》。書中記述南明政權覆亡歷程較詳，引用資料豐富，如《粵事記》等，皆注明出處。雖有村巷委談之辭，然以聞見親歷，大端無誤。作者自序則云筆之所至，雅俗兼收，有明之微緒餘燼皆畢於是。

是書一似《明季北略》，早期流傳本多爲十八卷刪節本，有道光間北京琉璃廠半松居士木活字本，又有光緒圖書集成局石印本、商務印書館鉛印本等。而浙江大學圖書館與江蘇常熟曹大鐵藏有十六卷本，卷數雖少，文字反多，是爲足抄本。足抄本非特文字較十八卷本詳細，且存留有不少罕見資料，如鄭成功討清檄文，足抄本編次於卷十六"鄭成功入鎮江"條後，而十八卷本刪去。又十六卷本末有《跋》、《紀事》、《志感》、《讀書者》四篇，記述本書編撰經過，亦不見於十八卷本。尤可注意者，十八卷本前九卷記錄弘光政權事，未依原書體例，首二卷逐日排列每月大事，後七卷則將其餘要事按篇目排列，或以對原書體例未有了悟所致。

此本據中國科學院圖書館藏清抄本影印，亦十八卷本。該本原有殘缺，後許寶蘅補錄計六奇自序及目錄一頁。（李勤合）

聖安記事二卷　（清）顧炎武撰（第443冊）

顧炎武（1613—1682），初名絳，字寧人，號亭林，自署蔣山傭，崑山（今江蘇崑山）人。明末諸生，南明魯王起兵時，曾官兵部職方郎中。康熙間詔舉博學鴻儒科，薦修《明史》，皆堅拒不就。處明清易代之際，倡經世致用之學，一生"博學於文"、"行己有恥"，爲後世所宗仰。更著有《日知錄》、《天下郡國利病書》、《肇域志》、《音學五書》、《亭林文集》、《亭林詩集》等。《清史稿》、《碑傳集》卷一三〇有傳。

有明一代，學者私修當代史，蔚爲風氣。明清鼎革之際，更兼家國之恨，撰述尤多，如吳偉業《綏寇紀略》、彭孫貽《平寇志》、計六奇《明季北略》暨《明季南略》、王夫之《永曆實錄》、顧炎武《聖安記事》、查繼佐《國壽錄》、黃宗羲《行朝錄》、邵廷寀《東南紀事》暨《西南紀事》、馮夢龍《中興實錄》等，均稱名家之作。所載南明朝廷事，尤涉清廷忌諱，是以清修《明史》絶口不提，《欽定四庫全書》亦不采納。《聖安記事》，《清史稿·藝文志》著錄爲《聖安本紀》六卷。記敘南明弘光政權之始末,聖安乃弘光帝朱由崧謚號。是書述其梗概,雖行文簡約,亦諸多綫索。如記崇禎太子事曰"鴻臚寺少卿高夢箕奏,先帝皇太子自北來,今往杭州。上遣內臣蹤跡至錢塘江上得之。三月甲申朔至京都,人傳言太子至,人人色喜,又言上未有子,且以爲子"云云,雖最終認定僞冒,然"上遣內臣蹤跡至錢塘江上得之"語微妙有含,可藉窺朱由崧之心態。與許重熙《明季甲乙兩年彙略》、計六奇《明季南略》、戴名世《弘光朝僞東宮僞后及党禍紀略》等記載有所異同,亦資考證。

此本據上海圖書館藏清初抄本影印,有翁曾源校語。另有《亭林遺書彙輯》本。（田君）

甲乙事案二卷　（清）文秉撰（第 443 冊）

文秉,有《先撥志始》,已著錄。

是書爲編年體,記事始自崇禎十七年（1644）四月史可法等誓師勤王,終於南明弘光元年（1645）十一月魯王監國。崇禎十七年爲甲申年,弘光元年爲乙酉年,故稱《甲乙事案》。卷首有文氏自序,謂偶讀《弘光事略》一書,見其間邪說充塞,黑白倒置,深恐訛以傳訛,誤當年之見聞者小,而淆千古之是非者大,遂撰是書。全書仿朱熹《資治通鑑綱目》體例,有綱有目,記事後繼以"發明",寓春秋筆法以示褒貶,又作"附錄",列舉同類史事以備考較。

是書史料繁富,足資參考,所載大悲案之緣由,李清上疏爲其祖李思誠疏辯而誤入逆案諸事,皆有補於史實。誠如謝國楨所言,文秉爲東林後裔,所敘諸事不免門戶之見,然全書脈絡詳明,前後情勢,斐然可觀,是其所長。

有鈔本多種,卷數不一。同治《蘇州府志·藝文》載有一卷本,繆荃孫《藝風堂藏書記》載有二卷本,朱希祖、謝國楨所見有三卷本,法蘭西學院漢學研究所亦有三卷本。坊間另有託名顧亭林而題《聖安本紀》之六卷本,據朱希祖考證,實亦本書之別本,蓋二書

序文一同,而序中所云遭仲氏之難,屏跡深山等等,與顧氏身世不符。朱希祖、謝國楨等並謂二卷、三卷等爲殘本,而六卷本《聖安本紀》實爲足本。今細按二卷本與六卷本,知不盡然。如六卷本卷三末述"命婦入賀"即轉入卷四弘光元年,而二卷本卷上此處多出"殺布衣何光顯於市"條百餘字。又如二卷本卷下"豫王班師"下反較六卷本多出"冬十月"一條三百餘字。又如"清兵圍崑山"一節,二卷本云"徐開禧開城門迎降",六卷本云"徐開禧開城放百姓",並略去徐開禧私通清兵情節。諸如此類,尚有許多,足證六卷本與二卷本僅分卷不同,刪節不同而已。

是書以弘光紀年,書中多犯清諱,故列爲禁毀書目,此或《聖安本紀》改名刪節之由。

此本據臺灣歷史語言研究所藏清鈔二卷本影印。（李勤合）

南渡錄五卷　（清）李清撰（第 443 冊）

李清,有《三垣筆記》,已著錄。

是書爲綱目體,每條先大書爲綱,復繫以詳情,逐日記載弘光一朝大事。起崇禎十七年（1644）四月丁亥福王至淮安府,訖弘光二年五月弘光遇害於北京。

李清服官南都,事多參決,朝廷詔諭章奏,皆得親手料簡,故記載核而不誣,褒貶公而不謬,宜乎《明史》多所取資。清於追謚建文太子諸王及革除殉節諸臣、開國諸臣、正德死諫諸臣、天啟死獄諸臣,皆有所建白,故所載尤明備。謝縉之謚文毅,程通之謚貞直,宋宣之謚果節等,僅見於此。書中於弘光抱有同情,如辨其變童季女之非,謂端陽捕蝦蟆爲此宮中舊例,而時人加以穢言,且謂變童季女,死者接踵,內外喧謗罔辨,及國亡,宮女皆奔入民家,歷歷吐狀,始得其實。論北來太子一案,則力言王之明之僞,外間歸罪於馬士英之非。後人評價是書持論最平,無明季門戶之習。

是書曾列爲清朝禁書，僅以鈔本流傳，據黃俶成所見，多至十二種，重要者有武昌徐恕舊藏貽安堂六卷本、興化圖書館藏李氏後裔六卷本、吳興劉氏嘉業堂十卷本、傅以禮藏五卷本、吳氏測海樓《野史》四卷本、改題《甲申日記》本等。此外尚有二卷一種本，則爲書賈假託。此本據浙江圖書館藏清抄本影印，有傅以禮"節子辛酉以後所得書"、"傅氏鈔本"等印，卷末題"同治壬辰上元日節庵學人手校一過"，知爲傅以禮校本。（李勤合）

思文大紀八卷 （明）陳燕翼撰（第444冊）

陳燕翼，生卒不詳，字仲謀，侯官（今福建福州）人。崇禎七年（1634）進士，知程鄉縣。十四年，擢工科給事中。翌年李自成率兵圍開封，巡撫高名衡、推官黃澍等欲決河堤以灌之，後事泄，城反被淹。帝念諸臣死守孤城，不復問決堤事。燕翼獨上疏論是非，請追究高、黃罪責，觸帝怒，降補翰林孔目。福王立南京，上書陳中興之策，授吏科給事中。唐王朱聿鍵稱帝福州，授編修，累遷少詹事。唐王敗，入寺爲僧，以疾卒。傳見《（同治）福建通志》卷一九七。

是書不題撰人，而卷三記福王敕諭陳燕翼專理中興史職，准同協理史事劉以修輪值和衷堂事頗詳，又全錄陳燕翼奏疏一篇二千餘字。卷八又記劉以修謀刻《文昌化書》，按語中云劉以修示"余"《化書》，"余"爲作跋校刻。朱希祖據此數例以爲"余"即陳燕翼。柳亞子《南明史料書目提要》亦持此說。

思文爲南明隆武帝朱聿鍵尊號，是書名"思文大紀"，即專記隆武一朝史實。全書八卷，采綱目體，起弘光元年乙酉（1645）六月紹宗皇帝自浙入閩，至明歲隆武二年丙戌九月清兵陷福都，曹學佺、胡上琛等殉難止。全書據事直書，不加論斷。隆武一朝，史料最少，此書雖嫌繁瑣，要爲最詳之本。所記隆武朝典制、諸臣奏疏、鄭芝龍與福建豪紳增租虐

佃等情，存隆武偏安之實錄，足資南明史研究者參考。

是書乾隆時曾遭禁毀，惟見鈔本流傳，有《痛史》本、吳氏測海樓鈔本、盧氏抱經樓藏舊鈔本等。此本據南京圖書館藏清抄本影印，即盧氏抱經樓舊藏，書末有朱希祖小跋。（李勤合）

天南逸史四卷 （明）瞿共美撰（第444冊）

瞿共美，字叔獻，諸史無傳。瞿式耜族人，曾任南明永曆朝行人司行人，隨式耜留守桂林。是書原未著撰人，全祖望《鮚埼亭集外編》據書中稱瞿式耜爲先太師等內容，斷爲瞿共美所作。楊鳳苞《秋室集》、傅以禮《華延年室題跋》亦持此說。

是書不分卷，以時間爲序，起隆武元年乙酉（1645）唐王入閩，迄永曆四年（1650）清兵入桂林，瞿式耜等殉難止。爲綱目體，每條先大書爲綱，而後繫以詳情，擇要記載隆武、永曆兩朝大事，或附以雜記及評論。

書中於瞿式耜倍加推崇，記其臨危受命，團結何騰蛟、王錫袞等人，苦力支撐永曆危局，與清軍戰鬥事頗詳。又記金聲桓、李成棟由清歸明事，對李成棟等人飛揚跋扈之作爲多有記載，如永曆二年中成棟收郴州，與田起鳳戲言而攻殺村寨平民，又妄殺廣州府良民八百餘人，永曆三年則記其正月邀請王承恩歡飲而於席間手刃之等等。所載多爲瞿氏身歷目睹之事實，如焦璉遣兵討劉成玉事等；或得之耳聞，如郝尚文以潮州降清事即得之於同里人某。全書堪稱實錄，可與有關於史書互補。

是書因語涉滿人，故傳鈔中多有改異，如稱"大清兵"之類，自非原貌。後人又釐割之爲《粵遊見聞》、《東明聞見錄》兩種，收於《明季稗史彙編》中。此本據北京大學圖書館藏清鈔本影印，中稱"大清"，且避"弘"諱。卷前有"五千卷室記"題識，云此書與《東明聞見

録》大同小異，又引全祖望《鮚埼亭集外編》之跋，證是書作者爲瞿共美。（李勤合）

所知録六卷　（清）錢澄之撰（第 444 冊）

錢澄之（1612—1693），初名秉鐙，字飲光，晚號田間，桐城（今安徽桐城）人。明末諸生，少以名節自勵，與方以智等人活躍於復社之中。曾任南明隆武朝延平府推官，永曆朝禮部主事、翰林院庶吉士，遷編修，知制誥；一度削髮爲僧，後隱居鄉里，終生不仕清廷。更著有《田間易學》、《田間詩學》、《莊屈合詁》等。《清史稿》有傳。

澄之生逢鼎革之際，身歷親睹南明政權興亡，有所見聞，隨即記録。其中隆武朝，凡十月以前事，皆得諸聞説，他則多所親見者；永曆朝，二年以前事，皆得自劉湘客之日記，之後兩年多參厠班行，或得諸目擊，或得諸章奏及諸從戎大夫之口；永曆五年之後事，則以上駕日南，音問阻隔，傳聞多不實，不敢深以爲信，故不記。

書分六卷，《隆武紀年》一卷、《永曆紀年》三卷、《南渡三疑案》一卷、《阮大鋮小紀》一卷。所記雖前後不足七年，然南明重要事件，如隆武朝建立、李自成餘部歸併、何騰蛟協調衆方、黃道周慷慨就義、隆武帝敗亡等等，皆詳記其始末，足資參證。黃宗羲以爲當時紀事之書雜出，或傳聞之誤，或愛憎之口，多非事實，惟《所知録》等可考信不誣。李慈銘亦謂是書所記較諸野史爲確，議論平允，尤以敘“五虎”事頗無怨辭。可知持論之公。

澄之生前是書未能刊刻，後因觸礙甚多，列爲禁書，惟有鈔本傳世，如國家圖書館藏清鈔本六卷、南開大學圖書館藏清鈔本六卷、中央民族大學圖書館藏清鈔本六卷、清末新學會社排印本六卷、上海圖書館藏清代是亦軒鈔本五卷、上海圖書館藏清代鈔本三卷附録一卷、上海圖書館藏清代光緒傅氏華延年室鈔本、常熟文管會藏鈔本等。此本據南開大學圖書館藏清抄本影印。（李勤合）

永曆實録二十六卷　（清）王夫之撰（第 444 冊）

王夫之（1619—1692），字而農，號薑齋，衡陽（今湖南衡陽）人，明末以瞿式耜之薦，被永曆帝授爲行人司行人。明亡後隱居湘西蒸水石船山麓，學者稱船山先生。著述甚多，經史子集無所不涉，康熙間其次子刻湘西草堂本《船山遺書》，清廷編《四庫全書》時收其著作六種，道光二十二年（1842）其後人刻王氏遺經書屋本《船山遺書》十八種，同治四年（1865）曾國藩、曾國荃於金陵增刻至五十七種，仍稱《船山遺書》，後又有瀏陽劉氏補刻本。民國二十三年上海太平洋書店重校印行《船山遺書》爲七十種，1988 年至九十年代後期嶽麓書社出版《船山全書》共七十一種。《清史稿》有傳。

本書雖名實録，實爲紀傳體。所謂“實録”，據實而録之意。全書由本紀、列傳構成，無志、表。卷一《大行皇帝紀》，以編年形式概括永曆帝朱由榔一朝大事。卷二以下皆爲列傳，共二十五卷，今缺第十六卷。立有專傳者凡一百零八人，如瞿式耜、何騰蛟、高必正、李定國、李來亨等，另設《死節》、《佞幸》、《宦者》諸傳。

明清易代後，遺老於明季歷史多有撰述，然不免於野史習氣，失之零星片斷，任意好惡，如全祖望所云，其時著述者，捉影捕風，爲失益多，兼各家秉筆，不無所左右祖，雖正人君子，亦有不免者。《永曆實録》所敘史事，不少得之親歷，列傳中多人與撰者有直接來往，故記載較他書充實細緻。且能力主客觀，避免虛美隱惡，故能魁然鶴立而奄有衆長。

是書於農民軍尤多關注，爲當時史書所少見。南明永曆政權前後維持十數年，與聯合農民軍抗清關係至大。高必正、李過之大順軍與孫可望、李定國之大西軍，皆曾予永曆政權莫大支持。《永曆實錄》因立高必正、劉體純、李來亨、李定國、郝永忠等專傳,如卷十三《高必正傳》,備述其戰功與言論,卷十五《李來亨傳》,非特歷述其顯著戰績,直至戰敗自焚,更評價云,來亨敗沒,中原無寸土一民爲明者。如此種種,尤可補史乘之闕。

惟王氏在永曆朝日短,其中得之傳聞者亦復不少,所記年月事件亦或有誤。如卷一《大行皇帝紀》謂永曆九年(1655)正月,上在興隆,孫可望取給事中雷得復等十七人,殺之於貴州。此處既誤安隆爲興隆,又以永曆八年春孫可望遣鄭國、王愛秀殺大學士吳貞毓等十八人於安龍之十八先生獄,誤作永曆九年正月孫可望殺給事中雷得復等十七人於貴州,而未知雷得復實於永曆八年六月聞帝在安龍爲孫可望所困,賦詩四十章,自縊而死。

是書長期以抄本傳世,同治四年(1865)曾國藩刻《船山遺書》,收有此書,是爲初刻本。初刻本雖刪去若干違礙字句,仍大體保存原書面目。此本據上海辭書出版社圖書館藏清同治四年湘鄉曾氏金陵節署刻《船山遺書》本影印。(李勤合)

皇明末造録二卷 　(清)金鐘撰(第444冊)

金鐘,諸史無傳,自署舊京孤臣。李芍農引錢希言《獪園志異》卷九《冥跡門》有金鐘觀冥事,言金鐘爲徽州休寧秀才,以事黜去,家楚之京山,以爲或即其人。然其事早在萬曆、天啓間,恐非。謝國楨《晚明史籍考》謂鐘字聲庵,江寧人,永曆時官河南道御史,未知何據。本書中載張名振在浙起兵恢復,以金鐘爲參軍。其後魯王監國,鐘又爲富平營監軍御史,謂當乘清軍守杭未固,收拾杭、嘉,不宜阻西興一隅,令越、閩勢阻,與中原隔絕。疑著者即爲此人。

是書卷上題“東南紀略”,起於弘光元年(1644)福王之立,訖永曆十二年(1658)十二月桂王入緬前夕,述福、唐、魯、桂諸王興亡並諸臣死難事。其中言唐、魯二王争立與江上義師會集事,至爲詳核,蓋皆金氏身經目睹,故能如此。下卷題“入緬紀略”,起永曆十三年正月桂王入緬,訖永曆十六年四月桂王殉難雲南,述桂王入緬、被執、死難事,則采自口述。是書作於康熙三十四年(1695),時清人入關已五十餘年,永曆政權覆亡亦三十三載,鐘恐世遠年湮,人亡跡泯,後世欲尚論其事且無從,乃擬作此書。幸往歲遇得扈從桂王入緬之遺老數人,兼詢互質,録其事之實而言之確者,乃成此書。後又得童本刪定,誠爲永曆朝重要史料。龐樹柏《龍禪室摭談》稱此書記永曆入緬甚詳,爲別史之佳者。張壽鏞則贊此書不特於永曆入緬備載,而明季乙酉以後事實,其在東南者皆可得其概略,善善惡惡,具有公論,言簡而事該,忠愛見於楮墨,誠爲良史。

是書因涉及建州舊事,清乾隆修《四庫全書》時被列爲禁書,故少有流傳,世無刊本。有南京圖書館藏鈔本、北京圖書館藏鈔本、浙江圖書館藏海寧張宗祥鐵如意館鈔本等。龐樹柏亦有鈔本,則轉抄於杭州丁氏嘉惠堂。此本據中國科學院圖書館藏清抄本影印,前有張壽鏞題識。後附翁瓶生跋,云此本得自廠肆,又借得潘伯寅藏盧雅雨手抄本校訂,校記盡見於是書。惟據張壽鏞題識,非翁瓶生真跡,爲仿校仿鈔之本。《國學雜誌》1915年亦曾排印連載此書。(李勤合)

行在陽秋二卷 　(明)劉湘客撰(第444冊)

原書不詳撰人,亦無序跋。徐鼒《小腆紀年》及温睿臨《南疆逸史》以爲劉湘客所撰。劉湘客,明末清初陝西富平人,或以爲西安人,字客生,別號端星。明末諸生。傳見《小腆紀傳》。傅以禮《華延年室題跋》以爲湘客乃五虎之一,是書於五虎之事頗著貶辭,若係自記,不應若是。且所載事蹟,間有引湘客之言爲證者,其非湘客所作明甚。《蘇州府志·藝文》類所載戴笠《行在陽秋》或即此書。神州國光社著錄此書，末附劍心撰跋，乃定爲吳江遺民戴笠耘野遺著。笠字耘野，吳江人，明季遺老。明亡後入秀峯山爲僧，久乃返初服，教授自給，勤於著述，傳見《（乾隆）蘇州府志》。温睿臨以劉湘客《行在陽秋》兼紀弘、永兩朝事，此則專記永曆朝事，或別有一書。日人川口長孺《臺灣割據志》著此書作者爲“明人施氏，失名”，或據書中多有“施氏曰”之言，附志於此。

是書爲綱目體，專記南明永曆朝史事，上卷起於隆武二年（1646）冬十二月十四日永明王監國肇慶，迄永曆五年（1651）冬孫可望殺大學士楊畏知；下卷起六年正月，迄十六年秋七月二十九日晉王李定國薨。全書雜取諸傳，多引劉湘客與施氏之言以紀事，又轉錄《兩粤新書》、《雜錄》等書。間或徵諸當時親歷者見聞，如卷下壬寅年秋七月記李定國薨後，引時在吳三桂軍營中東昌李君調所見，云永曆帝、皇太子等人遇害於辛丑三月十八日，以備異聞。記載較詳核，考桂王史事者，必於是取資。

惟書中雜用明清曆法，須注意。如卷上永曆四年十一月記桂林失陷爲初六日，又云劉湘客作初五日，用曆異也。蓋初五日所用爲明《大統曆》，初六日爲清《時憲曆》。明曆爲十月大，十一月辛亥朔；清曆爲十月小，十一月乃庚戌朔，故相差一日。此亦可見是書經後人改動。

是書有《明季稗史彙編》本，神州國光社《中國內亂外禍歷史叢書》排印本等。此本據上海圖書館藏清刻本影印。（李勤合）

海東逸史十八卷　翁洲老民撰（第 444 冊）

翁洲老民，諸史無傳。謝國楨《增訂晚明史籍考》以之爲身歷南明興亡之遺民，而書作於清康熙年間。

是書專記南明魯王監國始末，紀傳體，十八卷。卷一、卷二爲《監國紀》，以編年體記魯監國事；卷三爲《家人傳》，記魯王之妃，略同歐陽修《五代史》之體例；卷四至卷十三爲諸臣“列傳”；卷十四至卷十七爲《忠義傳》；卷十八爲《遺民傳》，記各類人物一百七十餘人。書中羅列魯監國諸臣事蹟，忠義、遺民抗節遺事瑣聞，而尤以記舟山事爲最詳。凡所敘述，大都身歷親見，文尤雅馴，其微末者或不經見於他紀，賴以存孤忠介節姓氏，足以參訂他書。其中錄鄭成功先後奉監國駐澎湖、金門事，爲他書所不載，尤顯珍貴。南明史料中，獨以魯監國缺漏爲甚，而流傳史料，朱希祖等以此書爲最詳。

光緒間，孫德祖與修《慈溪縣志》，自縣令鄒文沅處得是書鈔本，謀以刻之，即慈溪楊氏飲雪軒刻本。刊刻時，曾引用《小腆紀年》、《明季南略》、《南疆繹史》等書予以校對，惟多識而無斷，如卷一“宋之普”下，注云“《南疆繹史》作之溥”，不知《南疆繹史》偶誤。“方國安”下，注引《小腆紀年》云“或云舊輔逢年之子”，不知《小腆紀年》實誤。

民國年間，張壽鏞據楊氏刻本重刻，即《四明叢書》本。此本即據復旦大學圖書館藏民國二十三年張氏約園刻《四明叢書》第二集本影印。今又有浙江古籍出版社《明末清初史料選刊》本，臺北明文書局《明代傳記叢刊》本等，皆據楊氏飲雪軒刻本校點刊行，可以參看。（李勤合）

魯之春秋二十四卷　（清）李聿求撰（第 444 冊）

李聿求（？—1833），字五峰，海鹽（今浙江海鹽）人，諸生。少好學，不事章句，閉户研經。更著有《夏小正注》、《後漢書儒林傳補》、《桑志》等。傳見《（光緒）海鹽縣志·文苑傳》。

是書專記南明魯王政權浙東及浙閩沿海抗清事，二十四卷，約分爲表、傳兩部分。表有上下兩卷,分清、魯兩欄,按年月記載清順治二年(1645)迄康熙元年(1662)大事概略。爲凸顯清朝大統,書曰"王師平定浙閩表"。傳分題督師、閣臣、列卿、寺院、義旅、守土、山寨、忠義、清節、勳衛、武功、列女十二類,分述有專謐、通謐、入忠義祠者,凡正傳九十九人,附傳四百二十一人。每傳篇後皆附"外史曰"之評論,闡發作者意見。卷首另録有乾隆《勝朝殉節諸臣録御制詩》、自序、凡例。

南明之事,諸書多記福、唐、桂三王,獨魯監國語焉不詳,清朝欽定《明史》亦僅附三王而已。李氏生於浙西,當時殉節之人大半皆其鄉賢,因感慨故老遺臣,茹苦相從,捨生取義,自足千古。道光年間,禁網稍疏,李氏乃借《殉節諸臣録》之名以表彰之。自序云以欽定《明史》、《御批通鑑輯覽》爲主,而更博綜志傳。綜觀其書,所引書有《行朝録》、《靖海志》、《吳忠烈文集》、《續明季遺聞》等,而於黃宗羲、全祖望文字最爲推崇。此外所引用書尚多,惟全書不注出處,難以盡知。

專記魯史之書,謝國楨《增訂晚明史籍考》卷十二收羅頗廣,朱希祖見聞亦多,而推此書爲今存諸魯史之最佳者。是書博綜志傳,考核精確,晚出轉精,如翁洲老民《海東逸史》、邵廷寀《東南紀事》諸書雖較詳實,仍較此書少數十人。中多有可互佐他書之珍貴史料,如卷十記黃宗羲與兵部侍郎馮京第乞師日本之事即是。

此書撰成於道光十三年(1833),而聿求旋卒,至咸豐九年(1859)始付梓。今有海鹽朱氏舊藏稿本、浙江圖書館藏清咸豐刻本。此次即據浙江圖書館藏清咸豐刻本影印,後附朱希祖跋及校勘記。又附李氏曾孫開福二跋,詳述本書流傳始末。(李勤合)

延平王戶官楊英從征實録　(明)　楊英撰
(第 444 冊)

楊英,漳州(今福建漳州)人,一説泉州(今福建泉州)人。諸史無傳,夏琳《閩海紀要》及連橫《臺灣通史》卷二十九俱言"楊英爲戶官"。戶官乃鄭成功所設六官之一,職掌糧秣簿籍之事。據本書所載,楊氏永曆三年(1649,順治六年)投軍鄭成功麾下,任戶官,曾任臺灣天興州知州,後復任戶官。書中記其從征時經理糧餉事甚詳,可知其爲鄭氏軍需要員。

是書成於康熙十三年(1674)至二十年間,編年記事,起永曆三年九月,終永曆十六年。書中多用俗言俚字,如"溜下"、"閣破"、"歹天"、"吊"等,多爲閩南方言。又多避諱,如避鄭經諱,凡"經歷"、"經營"等"經"字,皆作"京",避鄭經小名"錦舍"諱,改"錦"爲"金",又稱鄭成功軍爲官軍,稱清兵爲虜兵。楊氏深受鄭成功信任,隨從征戰達十三年之久。每逢出征,必理糧餉,南至潮揭,北至南京,東至臺灣,無役不從。因得便利使用鄭氏各部檔案,兼又親歷其事,故全書敘述鄭氏歷次征戰,舉凡戰前策劃部署、戰鬥具體歷程、戰後整編賞罰,旁及軍制改革、兵士訓練、將領變動等等,皆記載詳備。又多録鄭氏對外來往文書,全文抄録,篇幅幾占全書十之六七,始末悉備,不乏出自成功親筆者,彌足珍貴。諸如此類,朱希祖於中央研究院影印本序中所言極詳,兹不贅録。

是書原名《先王實録》,由鄭氏子孫後世秘藏,1921年在鄭氏故里南安石井鄉發現鈔本,1931年交中央研究院影印。時書已前後黴爛,書題四字脱去,末亦有缺文。朱希祖以其體例不以延平一生事蹟爲始末,而以楊英從征目睹爲標準,故改題爲《從征實録》,而冠以"楊英"二字。1958年臺灣銀行經濟研究室將此書收入《臺灣文獻叢刊》。1961年,南安石井鄉又發現另一鈔本,所記雖僅至永曆九年四月止,而可補前一鈔本者不少。1981年,陳碧笙等人以兩鈔本爲基礎,予以校注,由福建人民出版社出版,書題恢復爲

《先王實録》。本書據華東師範大學圖書館藏民國二十年中央研究院歷史語言研究所影印1921年發現抄本影印,前有朱希祖序,後有附記説明該本來歷。(李勤合)

閩海紀畧二卷　(第445冊)

是書不著撰人。而坊間另有流傳之《海紀輯要》及《閩海紀要》,與此書内容多同,著爲夏琳撰,或以爲此書亦夏琳所撰。琳字元斌,泉南(今福建泉州)人。陳篤彬等《泉州古代著述》以爲阮旻錫所著,未知何據。

全書紀臺灣鄭氏三世事甚詳,而采綱目體,書甲子及南明年號,而附見清年號,顯係以南明爲主體。書不標卷,而實際分割爲上下卷。上卷起乙酉弘光元年(1644)閏六月唐王即位於福州,改元隆武,迄乙巳永曆十九年(康熙四年,1665)施琅率舟師攻臺灣、遭風引回,述鄭芝龍、鄭成功、鄭經興替戰守之事;下卷自甲寅永曆二十八年吳、耿反清始,至永曆三十三年十二月監督郭承龍逃歸清止,述臺灣鄭氏與耿藩聯絡,不時攻戰福建之事。

大體而言,此書與《海紀輯要》及《閩海紀要》相似,同爲紀臺灣鄭氏事。上卷較《輯要》、《紀要》爲簡略;下卷鄭經西征事,反較前兩書爲詳。此外,鄭氏將亡前諸將叛逃之情狀,爲他書所未見。

是書鈔本甚多,曾被列爲禁書,迭經改造。此本據南京圖書館藏清抄本影印。又有臺北"中央研究院"歷史語言研究所藏抄本,《臺灣文獻史料叢刊》曾予標點排印,下卷書至永曆三十七年閏六月,較南京圖書館藏鈔本益出四年,而下卷永曆三十三年九月取東石寨一段自"清兵蜂擁而入"句以下缺一頁,而南京圖書館藏鈔本不缺。其他文字亦有互歧。此外,坊間所傳《海紀輯要》、《閩海紀要》亦值得參考,如《閩海紀要》上卷書至永曆二十六年,下卷自永曆二十七年始,首尾完整,與此頗有不同。(李勤合)

海上見聞録定本二卷　(清)阮旻錫撰(第445冊)

阮旻錫(1627—?),字疇生,號鷺島道人、夢庵,明末同安縣(今屬福建廈門)嘉禾里人。明天啟七年(1627)生,年八十餘終。早年喪父,世襲千户之職。明亡,棄舉子業,師事曾櫻,傳性理之學,淹貫諸家。永曆九年(1655,清順治十二年),鄭成功聘入儲賢館。康熙二年(1663),清軍攻占廈門,棄家隱遁,奔走四方,留滯燕雲二十餘載。嘗入佛門,法名超全,以教授生徒自給。後返廈門,始終不忘明室。更著有《夢庵長短句》、《輪山詩稿》、《夕陽寮詩稿》、《燕山紀游》等二十餘種。傳見《(乾隆)同安縣誌》卷二三、《(道光)廈門志》卷一三。

是書始撰於阮氏漂流燕雲期間,晚年摭拾舊聞,補充而爲定本。卷上始崇禎十七年(1644),迄清康熙元年,記甲申清兵入關,北京淪陷,福王朱由崧即位於南京,繼之鄭芝龍擁立隆武於福州,鄭成功率海上健兒起兵南澳,抗拒清軍諸事。卷下起康熙二年,迄清康熙二十二年,記鄭經駐思明州,海峽戰事,至鄭克塽降清止。鄭氏三代興衰於焉備載。書中稱鄭成功爲賜姓,鄭經爲世藩,書甲子及清年號。著者曾爲延平故吏,就所見聞,據事直書,又曾參考《海上實録》、《海記》諸書,文字極爲質樸,研究鄭氏事蹟,足資參考。

是書初稿本曾由商務印書館收入《痛史》,定本晚至二十世紀七十年代始發現於同安。較之稿本,定本益加詳審,稿本漏落者,定本則加以補充,稿本錯亂者,定本亦加以訂正,如施琅降清,《痛史》本誤記於永曆六年,定本改爲五年。至《痛史》本文字顛倒舛誤者,如"吳六奇"錯爲"吳大奇"之類,皆一一改正。

是書有廈門鄭成功紀念館藏鈔本、國家圖書館藏清鈔本、福建省圖書館藏鈔本等,其中國家圖書館及福建省圖書館藏鈔本無作者自序,

今據國家圖書館藏清抄本影印。（李勤合）

盾墨四卷　（清）湯彝撰（第 445 冊）

湯彝，生卒不詳，字幼尊，善化（今屬湖南長沙）人。道光、咸豐間人。注重經世致用之學，究心河渠、刑法、鹽漕等政務。曾佐湖廣總督盧坤平定瑶族趙金龍起義，又協助裕泰鎮壓湖北崇陽、通城鍾人傑抗糧鬥爭。後入兩江總督陶澍幕，曾爲澍籌改票鹽法。晚年返故里，築盤澗園於省城西北，與當時文士賦詠其中。更著有《柚村文集》六卷、《柚村詩集》二卷。傳見湖南省地方志編纂委員會編《湖南省志》卷三〇。

是書係湯氏於道光年間爲兩廣總督盧坤幕僚時所作。時當壬辰（1832）至甲午（1834）間，嶺南之地凡五用兵，鎮壓瑶民起義，征戰臺灣，收捕海盜，防守邊境，抵禦西蕃等等。當時官司作文書，每一事必撿舊籍以比麗，湯氏乃仿其例，每記一事，復進而證之於昔，以具其本末。全書四卷，分爲《壬辰征瑶記》、《壬辰征臺記》、《粤海捕盜記》及《越南内訌防邊記》、《英吉利兵船記》，記當時用兵事，按日記之，有類紀事本末之體。各記後分別附以《八排兵事考》、《臺灣内附考》、《海寇考》、《越南建制疆域考》、《市舶考》等，則追溯歷史，以資時政。如《八排兵事考》考述嘉靖後用兵瑶民事。記、考之後，附以議論，則抒發己意。其中又別附《西洋通市諸國》、《西洋至中國海道》、《絶英夷互市論》等篇，以備采擇，足見作者用意之深。以全書所記皆征戰事，且作於行間，乃用磨墨盾鼻意，名爲"盾墨"。

此本據中國科學院圖書館藏清道光刻本影印，前有湯氏自序，道光十六年番禺居溥序及湘潭夏尚忠、松江湯貽汾題詞。（李勤合）

夷氛聞記五卷　（清）梁廷枏撰（第 445 冊）

梁廷枏，有《南漢書》，已著録。

全書五卷，記事起道光初年，迄道光二十九年（1849），詳述禁烟運動暨鴉片戰爭全過程，揭示戰爭起因，備述中國軍民奮戰、善戰事。如所記林則徐等人約法七章之戰法操法、廣州反入城鬥争之具體組織等材料，皆可寶貴。

梁氏曾任林則徐等幕僚，所記多親歷或直接得自當事人。如粤省疆吏討論光禄寺卿許乃濟罷例禁，聽民間得自種罌粟以抵制鴉片入口建議事，《道光洋艘征撫記》、《中西紀事》等書皆略甚，此書卷一則詳記始末。又如卷四載英人佔領天一閣，取《一統志》，購黄河、長江圖等，則於細微處見英人野心。正文多夾以小注，或附議論，或抄録奏章，或佐以他書。凡所記，皆注明奏稿、文告、書信、報紙及親身經歷等依據，以示有徵。然亦非無誤，如卷二載英國原不欲戰，終以閹卜而專意用兵，即屬傳聞失實。

是書成於道光末年，因敘事質直，恐觸清廷忌諱，初未署名，多以鈔本相傳。原刻本及同治十三年（1874）鄒誠序本均流傳極稀，且無作者名。又有趙鳳昌據刻本復鈔本。1930 年《人文月刊》曾據鈔本發表部分内容，亦不著撰人。1937 年北平研究院史學研究會據趙鈔本印行此書，内附孟森所作長跋，考定本書確爲梁廷枏所撰，惜誤題爲《夷氛記聞》。1954 年，神州國光社《中國近代史資料叢刊》據原刻本刊出此書，復其舊名，惟訛字較多。1959 年中華書局出版《近代史料筆記叢刊》（1985 年改作《清代史料筆記叢刊》）收有邵循正校注本書五卷本，是爲目前錯訛最少之本。此本據國家圖書館藏清刻本影印。（李勤合）

夷艘入寇記二卷　（清）佚名撰（第 445 冊）

是書不著撰人，其作者學界久有爭論。或以爲魏源所著，又名《道光夷艘征撫記》、《道光洋艘征撫記》、《夷舶入寇記》等，如姚薇元即主此説，陳其泰、劉蘭肖《魏源評傳》及嶽麓書社《魏源全集》等亦以爲魏源所著；或以爲從李德庵《洋務權輿》增删而成，如師道剛即主此説。

是書分上下兩卷。上卷記道光十八年(1838)四月鴻臚寺卿黄爵滋奏鴉片盛行，銀價高昂，官吏虧空而商民交困，請加嚴禁；詔各省將軍督撫議奏，林則徐所奏最爲剴切，乃以欽差大臣赴粵省戒煙，三元里人民英勇抗夷諸事，末附論説，以《春秋》大義，爲林則徐抱不平。卷下記道光二十一年四月和議既定，英人以遭三元里抗擊，乃轉攻福建廈門等地，中國軍民奮勇還擊，耆英等人議和事，且批評政府誣義民爲頑民，主張師夷長技以制夷。卷末亦附評論，批評當時中外朋議，非戰即款，非款即戰，從未有議守者。且其戰，不戰於可戰之日，偏戰於必不可戰之日；其款，不款於可款之時，而專款於必不可款之時；其守，又不守於可守之地，而皆守於必不可守之地云云。

是書記述鴉片戰爭經過全面系統，於林則徐等及三元里人民抗英多所褒揚，於清政府及官兵之腐敗、琦善等屈膝投降皆據實直書。惟限於見聞史識，於敵方情形、事件原委及某些史實亦有訛誤。

此本據北京大學圖書館藏清抄本影印。此外，光緒三年(1877)上海申報館《聖武記》本《道光洋艘征撫記》、姚薇元《鴉片戰爭史實考》等書可與互參。（李勤合）

防海紀略二卷　（清）王之春撰（第445册）

王之春(1842—1906)，字爵棠，又字芍棠，號椒生，清泉（今湖南衡南）人。初爲彭玉麟幕僚，歷任浙江、廣東按察使，累官至廣西巡撫，曾出訪日本、俄羅斯等國，晚以預借法兵鎮壓革命黨事，激起拒法運動而解職。更著有《國朝柔遠記》、《東游日記》、《使俄草》等。傳見沃丘仲子《近代名人小傳》及湖南省地方志編纂委員會編《湖南省志》卷三〇。

是書署爲芍唐居士編，前有退省山人等題句及光緒五年(1879)淡溪氏序，並同治十年(1871)芍唐居士自序，自署作於順天北塘軍次。時之春率軍駐防於此，學界因以此書爲王之春撰。全書兩卷，蓋取自《英夷入寇記》，略有改易。所增補者，上卷附録林則徐《請戴罪赴浙圖剿疏》、王廷蘭與曾望顏《論夷人犯粵省情形書》兩篇，與當時事尚有關係。下卷所附津事述略、倭仁奏疏、丁雨生密摺摘抄三篇，述曾國藩處理天津教案事，則以作者有感於林、曾二人遭遇類似，可相比附而隸於此，頗乖體例。

此本據復旦大學圖書館藏清光緒六年上洋文藝齋刻本影印。（李勤合）

鴉片事略二卷　（清）李圭撰（第445册）

李圭(1842—1903)，字小池，江寧（今江蘇南京）人。光緒二年(1876)以中國工商界代表身份赴美國費城參加世界博覽會，歸國後撰《環游地球新録》，建議開辦中國郵政。後任寧波海關副稅務司文牘，光緒十九年任海寧知州。更著有《思痛記》，記其被擄至太平天國事。生平見李詳《運同銜升用同知浙江海寧知州李君事狀》。

鴉片爲中國漏卮，此當時共識，然其本末未必人盡知之，作者乃就其見聞，博采群書，摘録郵報，加以考證，著成此編。全書上下兩卷。卷上由鴉片起源敘至南京條約簽訂，附有上諭及嘉慶、道光年間輸入中國鴉片數量及價值，縷述鴉片流行世界原委、對中國的危害、中國禁煙舉措及鴉片戰爭爆發之詳情。卷下起道光二十三年(1843)九月上諭禁止開設煙館及吸食、興販鴉片，敘至光緒十三年間清政府鴉片政策變化。其間記大臣有關鴉片弛張討論，與英國交涉等情形井然有序，而於戰後鴉片稅則問題，如咸豐九年(1859)上海會議鴉片稅則，李鴻章、左宗棠增稅主張，光緒九年户部增稅計劃，光緒十一年《煙臺

條約》續約等記述尤詳。全書采紀事本末
體,始末條理,考證詳明,可謂後來居上。

是書光緒二十一年曾於李氏海寧州署刊
刻。又有民國二十年(1931)北平圖書館印
本。民國二十六年宇宙風社陶亢德編輯《鴉
片之今昔》,中有周黎庵點校本。此本據光
緒二十一年海寧州署刻本影印。(李勤合)

太平天日一卷 (太平天國)洪仁玕撰(第
445 册)

洪仁玕(1822—1864),字益謙,一作謙益,
號吉甫。花縣(今廣州花都區)人,洪秀全族
弟。道光二十三年(1843)參加拜上帝會。
咸豐八年(1858)自香港北上,次年抵天京,
總理太平天國朝政。天京陷落後,迎幼天王
輾轉於安徽、浙江、江西等地,兵敗,與幼天王
等相繼被俘,於南昌被害。著述頗多,更有
《資政新篇》、《軍次實録》、《干王洪寶制》等。
生平見《洪仁玕自述》及《洪仁玕自述別録》。

是書不分卷,首述天父上主皇上帝造世間
萬物,生基督天兄,又生主,即洪秀全。當時
人間及天堂皆有妖魔,惑亂人心及天堂。秀
全得上帝及天兄之助,收服妖魔。又斥孔丘
著書惑亂人心,乃捆綁鞭撻之,不準再回凡
間。又述上帝封秀全爲太平天王大道君王,
吩咐下凡拯救衆生。秀全既下凡,得讀《勸
世良言》,悟憶在高天情形,並下凡使命。乃
點悟族弟洪仁玕、南王馮雲山,傳播拜上帝
教,行跡遍廣州、順德、南海、番禺、增城等地。
全書所述至洪秀全象州搗毀甘王祖廟,回歸
紫荆山区,信從愈衆,復回桂縣止。洪秀全金
田起義前一應思想踐行,於焉可睹。

是書不署撰人,今據王重民說,以爲洪仁玕
所撰。此外尚有異説,或主洪秀全,或主馮雲
山,或主太平天國御用文人。全書撰成於道
光二十八年冬,後於太平天國壬戌十二年
(1862)由天國下旨頒行。民國二十五年
(1936),王重民於劍橋大學圖書館發現刻

本,原本三十六頁,缺第二頁。王氏加以録
副、攝影,先交《逸經》排印連載,後列爲《太
平天國官書十種》第十種,影印行世。此本
據上海辭書出版社圖書館藏民國三十七年商
務印書館景印《太平天國官書》十種本影印。
(李勤合)

李秀成自述原稿一卷 (太平天國)李秀成
撰(第 445 册)

李秀成(1823—1864),初名以文,藤縣(今
廣西藤縣)人。咸豐元年(1851)九月參加太
平軍,三年爲右四軍帥,遷後四監軍。四年
春,爲二十指揮,鎮守廬州。八年爲後軍主
將。同治三年(1864)六月洪秀全病逝,幼主
即位,七月,湘軍攻破南京,李秀成救幼主突
圍,自己被俘,八月七日遇害於南京。生平見
《李秀成自述》。

是書爲李秀成被俘後於獄中所書。全書約
分兩部份,第一部份簡略敍述洪秀全早期宣
傳拜上帝教,與楊秀清、蕭朝貴、馮雲山、韋昌
輝、石達開、秦日昌等人發動起義,攻打永安、
全州、長沙、武昌、安慶、南京等地,定都南京,
改名天京,後楊、韋内亂,秀全乃重用其兄弟
安王、福王,石達開出走。第二部份歷述李氏
入太平軍,軍中履歷,歷次征戰經過及南京城
破,李氏被俘情形,後列《招降十要》、《天朝
十誤》。

李氏較早參與太平天國起義,後期更是參
與太平天國重要決策,領導軍事鬥争,知悉
内幕。全書縷述太平天國大事甚詳,總結太
平天國失敗原因,分析洪秀全政策失誤、濫
用人才,爲太平天國重要史料,歷來爲史家
所重視。羅爾綱先生曾多次予以校注、箋證、
增補。

李氏自述未及全部完成,即被殺害。其自
述稿經曾國藩删改後抄呈清廷,後又以《李
秀成供》名義刊刻,即九如堂本,而原稿被送
回曾氏湖南家中保存。民國三十三年

（1944）呂集義據湘鄉曾氏家藏原稿校補北京大學影印九如堂本，並攝有部份照片，1961年由中華書局影印出版。1962年，曾氏後人將所藏李氏自述原稿交臺灣世界書局影印，今即據復旦大學圖書館藏此影印本影印。（李勤合）

賊情彙纂十二卷　（清）張德堅等輯（第445冊）

張德堅，生卒不詳，字石朋，晚號鐵眉，甘泉（今屬江蘇揚州）人。咸豐三年（1853）起充湖北撫轅巡捕官，同年十二月隨湖廣總督吳文鎔進軍湖北黃州、堵城。爲曾國藩賞識，主持采編所，采集太平軍軍情。咸豐六年冬，以知縣候補湖北。同治四年（1865）南歸故里，謀職於江北釐金局。生平散見《賊情彙纂》、《曾國藩日記》中，朱樹謙有《關於賊情彙纂的作者及記事下限》及《張德堅事蹟補録》，可參考。

張氏任湖北撫轅巡捕官期間，經常易裝往來於太平軍中，留心訪究，隨時記載。又以供役節轅，鞫問俘虜、難民，摘録供詞甚多，於是綜核編輯，成《賊情集要》一册。主持采編所後，更致力搜集有關探報及難民口述，結合曾國藩所獲太平天國文籍，於咸豐五年輯成是書。凡十二卷，有總目九、分目五十八、附目二十七、圖七十一，並附采編所人員名録及采編文書、凡例、采訪姓名等。全書先載太平天國洪秀全、楊秀清等首領事蹟，附以各守土官姓名。次述太平天國官制，詳記品級銓選、朝内官、軍中官、守土鄉官、女官及科舉制度，更製有官表一份。次述太平天國軍制，詳記其軍目、軍册、陣法、營壘、土營、水營、旗幟、器械、營規、計謀、偵探術等。次述太平天國禮制，詳記其宮室、時憲、朝服、稱呼、飲食制度。次述太平天國文告制度、宣傳制度、糧食制度、軍隊數量等，可謂巨細靡遺。

是書所記雖不免誣衊之辭，然皆來自當時人口述記録或太平天國文書，不僅書端遍列采訪姓氏，書中亦注明某節文字某人所述，來自何書，具有較高史料價值。

是書撰成後，曾於咸豐五年七月由采編所精抄成書。又有南京國學圖書館盋山精舍影印本，係據王伯祥所藏鈔本影印，附有向達跋文。此本據北京大學圖書館藏清抄本影印。（李勤合）

粵匪紀略不分卷　（清）蕭盛遠撰（第446冊）

蕭盛遠，生卒不詳，咸豐元年（1851）永安失守後入軍。咸豐二年入和春幕府，辦理文案，轉戰湖南、湖北、江蘇等地，曾任安徽廬鳳道道員。咸豐十年閏三月，金陵大營潰敗，和春退守丹陽。丹陽城破，蕭氏與和春走散，至蘇州，入何桂清幕府。何氏保署江蘇臬司，未得咸豐帝批准。曾國藩咸豐十年十一月初八日奏片建議將蕭氏革職，發配新疆。兵部下文如奏。曾國藩同治三年（1864）四月廿四日日記又載蕭氏進呈《粵匪紀略》，此後事蹟不詳。生平亦未見記載，可參考《粵匪紀略》、曾國藩日記及奏章。

是書記事起道光三十年（1850）太平天國金田起義，迄咸豐十年夏江南大營二次潰敗、太平軍克復蘇、常。其間如咸豐二年永安之戰、長沙之戰、武昌之戰，咸豐三年金陵之戰，揚州、鎮江、上海、江西之戰，咸豐四五年間黃河流域、長江上游之戰，咸豐六年江南大營首次潰敗，咸豐十年江南大營二次潰敗，丹陽、常州、蘇州相繼陷落等，皆分條詳載。於將領和春剛愎自用、李鴻章軍之潰敗落魄亦有載録。

蕭氏入和春幕府十年，深得和春信任，始終參與軍機，身歷其事，瞭解清軍内幕，所著此書實是個人及清軍作戰實録。曾國藩稱此書大致略備，以蕭氏自廣西從軍直至金陵師潰始終在軍而重之。雖不免參雜私見，要非朱洪章《從戎紀略》僅記個人經歷，姚憲《粵匪南北滋擾紀略》取自邸報之類可比。

是書惟見鈔本流傳,坊間所傳皆本羅爾綱氏藏本,題名及撰人皆脫落。據羅氏考證,即爲蕭盛遠當日寫呈曾國藩《粵匪紀略》本,中有刪改,筆跡與曾氏一致。按簡又文《曾左李彭手劄註釋》有云,曾見蕭盛遠所撰《江南大營軍事紀略》原稿本,中有何桂清於大營二次失陷後奏報"外人要求訂立條約數十條而允以助攻太平軍爲酬"等語,與此本所載正相合。則此書或初名"江南大營軍事紀略",後呈曾氏,方改今名,亦未可知,惟不知簡氏所見原稿本今歸何處。

此本據羅爾綱藏本影印。（李勤合）

武昌紀事二卷附錄一卷　（清）陳徽言撰（第446冊）

陳徽言,生卒不詳,字炯齋,劍川（今雲南劍川）人。諸生,由國子監典簿軍功,保舉通判。咸豐七年（1857）十月於江西東鄉力戰陣歿,時甫弱冠,以道員例賜䘏入祀。嘗從張維屏學詩,有《湖海詩集》,已佚。更著有《南越遊記》。生平見《武昌紀事》附李長榮撰小傳。

咸豐二年,太平軍逼近武昌,陳氏因向主事者陳戰守之策,然不見用。武昌城圍、城破經過,皆得親見,後得間避居應城,獲免於難。咸豐三年,乃就見聞確鑿者,次列成編。

全書二卷。卷一以日記事,有則書之,無則略之,起咸豐二年壬子五月月末,迄十二月初四日武昌城破。又記城破之日,巡道王壽同、江夏知縣繡麟、典史楊翰等清軍守城將領戰歿事。卷二爲雜論,則考論太平天國與天主教關係,太平軍作戰方式及特點。末有附錄,則按日記述咸豐二年十二月初四至三年正月初二,太平軍攻陷武昌復退出事。書後又附吳昌言所集陳氏遺詩數首及李長榮所撰陳氏小傳。

是書記載皆爲作者見聞,其中記太平軍曆法、選妃制度等可供參考。陳氏自序云,雖疏漏之譏勢所難免,而影響附會之言決不闌入。觀其書中載有太平軍士兵姦淫婦女被太平軍將領梟首示衆,及清兵潮勇、捷勇搶奪財物、姦淫婦女事,知非虛言,足見陳氏此書秉實錄態度,爲寶貴史料。

是書初刻於咸豐七年,同治四年（1865）吳昌言重加補刻,今即據上海圖書館藏此本影印。又有《雲南叢書》本,《中國近代史資料叢刊》曾據此排印。（李勤合）

金陵癸甲紀事略一卷　（清）謝介鶴撰（第446冊）

謝介鶴,名炳,介鶴爲字,號漢西生。安慶（今安徽安慶）人,或說爲蕪湖（今安徽蕪湖）人。咸豐三年（1853）太平軍攻克南京時被俘,旋入金陵糧館中,與張炳元等密謀爲清軍內應,未果而出逃,依趙靜山於鳳城行館。咸豐十年曾駐軍守德勝口。事蹟散見胡德璜《金陵癸甲紀事略序》、趙烈文《能靜居士日記》等。

謝氏自南京出逃後,乃就城中見聞筆之於書。起癸丑正月二十九日,止甲寅七月三十日,故名"癸甲紀事"。不分卷,首記咸豐三年正月二十九日,洪秀全、楊秀清等至金陵,分陸路、水路進軍。又記太平軍在攻城時,每宣道示人於城外。所記太平軍政治、軍事、經濟、風俗等甚爲詳實,如耶穌教信仰、兄弟姐妹制度、懺悔制度,五市貿易,自定新曆等。又載太平軍中湖南、湖北籍人及水手反正,張炳元內應起事等。末附《粵逆名目錄》,收錄洪秀全、楊秀清、蕭朝貴以下王、侯、丞相、檢點、指揮一百四十餘人小傳,詳略不一,可與《賊情彙纂》諸書相參證。

是書有《虞初續新志》本,題爲漢西生著。又有咸豐七年刻本,有胡德璜序及評論。又有《太平天國叢書十三種》本,此外尚有以《金陵癸甲摭談》之名印行者,如咸豐七年映

雪書屋刻本,光緒三十二年國學保存會鉛印本等。此本據中國科學院圖書館藏清咸豐七年刻本影印。（李勤合）

蘇臺麋鹿記二卷 （清）潘鍾瑞撰（第446册）

潘鍾瑞（1823—1890），長洲（今屬江蘇蘇州）人。原名振先,字圍雲,又字麟生,號近僧、瘦羊、香禪。室名香禪精舍、百不如人室。道光二十七年（1847）諸生,太常寺博士,精篆隸,工詞章,長於金石考證,嗜愛山水,所游諸名勝皆有記考。著作更有《香禪詞》、《香禪雜識》、《鄂行日記》等,集爲《香禪精舍集》。傳見《晚晴簃詩話》等。

咸豐十年（1860）太平軍再破江南大營,李秀成部先後佔領常州、蘇州等地。時潘氏居蘇州,耳聞目睹,遂將太平軍在蘇州活動,分列條目,隨筆記録,編爲是書。分上下兩卷,按時間先後約略排列,起太平軍攻打蘇州,至清軍克復蘇州。首記蘇州城破時城内種種怪異,張璧田、李文炳等清軍將領倉促無謀等狀。次記太平軍在城内諸活動,如雖明令戒掠奪,而未能遵守;自定曆法,於干支字改丑爲好,改亥爲開;開科取士,棄四書五經而於讚美詞中命題等等,可藉以考見太平軍官制、軍制、服制、刑制等。又記當時城中被捕平民逃生,太平軍侵害百姓,刑法苛嚴,婦女殉難諸狀,可備采擇。後附逆黨姓名紀略,備列所知太平軍首領姓名,亦可與《賊情彙纂》諸書相參證。

此本據華東師範大學圖書館藏清光緒潘氏刻《香禪精舍集》本影印。（李勤合）

東方兵事紀略五卷 （清）姚錫光撰（第446册）

姚錫光,生卒不詳,字石荃,又字石泉,江蘇丹徒（今鎮江市丹徒區）人。曾先後入李鴻章、張之洞、李秉衡幕府。歷任安徽石埭、懷寧知縣、北洋大學堂總辦。辛亥革命後,任參政院參政、蒙藏事務局總裁、口北宣撫使、中央政府遣藏勸慰使等職。曾赴日本考察學制。更撰有《東瀛學校舉概》、《籌邊芻議》、《塵牘叢鈔》等。生平參見丹徒縣地方志編纂委員會《丹徒縣志》。

是書六卷。卷一設《釁始篇》,追溯中日之間交往歷史,重點記敘琉球事件、江華島事件及日本借東學黨起義而派兵侵朝鮮,指出日本外交及軍事"大陸政策"爲戰爭主要原因。卷二至卷四分設《援朝篇》、《奉東篇》、《金旅篇》、《遼東篇》、《山東篇》、《海軍篇》六篇,記敘清政府出兵援朝,於平壤、遼寧、山東等地與日作戰經過。卷四又設《議款篇》,記敘戰後清政府與日議和,簽訂《馬關條約》,日、俄、法、德皆分得利益,並批評政府原無備戰之心,必無以善其後,割地償款之機已兆於先。卷五設《臺灣》上下兩篇,記唐景崧、劉永福等人甲午戰中及戰後守臺灣事。卷六設表、圖,本以補前篇不足,惜僅存目而未刊。

是書成於光緒二十三年（1897）,爲記述甲午戰爭最早且最全之書。姚氏因事命篇,采紀事本末體,頗有條理,又用互見法,使前後相互照應。意在探究我所以致敗之由,彼所以毒我之故,以俾國人明恥教戰,以雪國恥。於丁汝昌、鄧世昌等頌揚之,於消極避戰之輩鞭撻之。姚氏自甲午夏迄乙未春,往來遼寧山東間,熟稔當時形勢。又親自訪研,細節備見於姚氏在武昌張之洞幕府時期日記。書中引用公文軍電、僚友私函以及口碑史料不少,較之美國傳教士林樂知《中東戰紀本末》,史料更爲可靠;較之易順鼎《盾墨拾餘》及曹和濟《津門奉使紀聞》,敘述更爲系統。文廷式評爲翔實,劉聲木亦贊是書文筆雅潔,羅惇曧更取之改編爲《中日兵事始末》。然姚氏在官,亦不免曲諱,更間有傳聞失實之處,當明辨。

是書光緒二十三年（1897）初刊於武昌,光緒二十五年尊經學社重刻。此本據上海辭書出版社圖書館藏清光緒二十三年刻本影印。
（李勤合）

戊戌政變記九卷　梁啟超撰（第446冊）

梁啟超（1873—1929），字卓如，號任公，又號飲冰室主人，廣東新會（今廣東江門新會區）人。光緒十五年（1889）舉人。光緒二十一年赴京會試，協助康有爲公車上書。曾主北京《萬國公報》與上海《時務報》筆政，宣傳變法。二十三年任長沙時務學堂總教習。二十四年回京參與百日維新，事敗避難日本。民國二年（1913），進步党人才內閣成立，出任司法總長。袁世凱稱帝，梁氏與蔡鍔策劃武力反袁。民國十四年任清華國學研究院導師。十八年病逝於北京。著述宏富，更有《清代學術概論》、《中國歷史研究法》、《中國近三百年學術史》等，編爲《飲冰室合集》。生平見伍莊《梁任公先生行狀》及丁文江主編《梁任公先生年譜長編》。

是書共九卷。卷一敘述康有爲公車上書，成立保國會，辦報紙，取得光緒帝信任，籌劃變法，並録光緒帝有關新政詔書，附以梁氏按語，以見光緒帝雄略。卷二詳述慈禧太后虐待光緒帝情形，及慈禧廢立陰謀，指斥戊戌訓政實爲廢立。卷三分析戊戌政變之原因，附記保國會事及政變原因爲《答客難》。卷四記述慈禧推翻新政舉措，窮捕志士，分析慈禧與清廷將來政策，附記康南海出險事。卷五分析政變後中國政局形勢，中國與各國關係，重點分析英、日兩國政府對華政策。卷六爲政變中殉難之康廣仁、楊深秀、楊鋭、林旭、劉光第、譚嗣同六人傳記，附烈宦寇連才傳。以上六卷爲正篇，又有附録三卷，卷七記變法起原，卷八記變法中湖南、廣東情形，卷九記變法中光緒帝種種作爲，以爲聖德。

書作於光緒二十四年變法後不久，時梁氏流亡日本，即寫即發，向世界公佈戊戌變法真相，以贏得各國同情支持。其中記述光緒帝詔書、手諭及康梁上書均極詳細。梁氏處於百日維新領導中心，親歷變法過程，記述雖不免過激，仍不失爲實録。

是書最初連載於日本《東亞時報》及梁氏所主《清議報》，未及載完，即單行，是即光緒二十五年橫濱清議報社所刊九卷本，後有新民叢報社九卷本等。又有八卷本，係刪略卷五政變後政論部份。蓋分析英、日對華政策，在當時爲尋求兩國支持，隨時勢變化已失去意義。民國二十五年中華書局《飲冰室合集》所收即八卷本，亦爲最流行版本。此本據復旦大學圖書館藏清鉛印本影印。（李勤合）

戊戌履霜録四卷　胡思敬撰（第446冊）

胡思敬（1869—1922），字漱唐，號退廬，新昌（今江西宜豐）人。光緒二十一年（1895）進士，選翰林院庶吉士。歷官吏部考功司主事，遼沈道監察御史，廣東道監察御史。辛亥革命後，挂冠離京，定居南昌，築問影樓，潛心著作，校輯圖書，隱然以遺老自命。著述宏富，更著有《退廬疏稿》、《國聞備乘》等，編有《問影樓輿地叢書》、《問影樓叢刻初編》、《豫章叢書》等。生平見劉廷深《胡公漱唐行狀》。

是書四卷。卷一《政變月紀》，按月記録光緒二十四年戊戌（1898）正月至八月政變前夕新政情狀。卷二《康有爲構亂始末》，縷述康有爲變法活動、慈禧太后政變情形及列強侵略活動；《邦交志》記録清廷與各國外交情形，列強蠶食，清廷窮於支應。卷三爲《應詔陳言記》，摘記康有爲、梁啟超、嚴復、蔡鎮藩等人上書內容。卷四爲《黨人列傳》，謂康有爲等人標榜公羊改制稱王之言，形若黨爭。而同時遭禍者又有不同於康處，不得概以康黨目之，乃列張蔭桓、楊深秀等康黨九人，李端棻、楊鋭、劉光第等新黨十八人。後附《內外薦舉表》，備列當時薦舉關係；《二十一省新政表》，舉要戊戌之際各省新政，如學堂、公會、報館、輪船、鐵路等。胡氏反對戊戌變法,於康有爲等人多有批判,記敘亦間有舛誤,然以當時人記當時人,以見保守派官僚思想,亦有重要史料價值。

此本據華東師範大學圖書館藏民國二年南昌退廬刻本影印。(李勤合)

崇陵傳信録一卷　(清) 惲毓鼎撰 (第446冊)

惲毓鼎(1862—1918),字薇蓀,一字澄齋,大興(今屬北京)人。光緒十五年(1889)進士,歷任翰林院日講起居注官,翰林院侍講,國史館協修、纂修、總纂,憲政研究所總辦。民國後,杜門不出。邃於醫學,長於書法。更著有《澄齋奏議》、《雜鈔》、《金匱瘰病篇正義》等。生平見曹允源撰《誥授資政大夫贈頭品頂戴原任日講起居注官二品衘翰林院侍讀學士惲府君墓誌銘》及賈逸君編《民國名人傳》。

惲氏任晚清宮廷史官達十九年之久,然所作起居注、本紀、大臣列傳皆不得有所采訪以申己意。其人受知於光緒帝,諳熟宮廷政爭內情,恐後人以帝爲多病柔懦之主,而不識其中苦衷,乃舉十九年所見聞,纂爲是編。自謂無恩私,無黨議,可以告先帝而質鬼神,因光緒帝陵爲崇陵,故名爲《崇陵傳信録》。

不分卷,略記光緒幼時情形後,即録親政後事。主要記敘甲午喪師而公車上書、戊戌政變而慈禧再垂簾、己亥建儲謀立大阿哥、庚子拳變而慈禧光緒西巡四事,蓋四事一貫相生,必知此而後可論十年之政局也。

是書宣統三年(1911)纂成,原擬局之篋笥,傳諸子孫,以留信史。民國三年(1914)由天津《庸言》雜誌刊出,1937年《青鶴》雜誌亦曾連載。中華書局《中國近百年史資料初編》、四川人民出版社《近代稗海》、中華書局《近代筆記史料叢刊》等皆曾據《庸言》所載標點出版,惟卷末不知何故省略數百字。

此本據上海圖書館藏稿本影印,後附癸丑民國二年長沙饒智元跋文,爲上述諸本不載。

又有浙江古籍出版社《惲毓鼎澄齋日記》,附有本書,亦以稿本爲底本。(李勤合)

拳匪聞見録一卷　(清) 管鶴撰 (第446冊)

管鶴,生卒不詳,江寧(今江蘇南京)人,字立群,號西園。據此書記載,管氏曾入西式學校肄業,妻周氏,有一子。義和團運動時,任職天津,後至上海。曾以管鶴、立群等名於《新朔望報》、《國華報》等雜誌,發表《商鏡》、《論立憲應先設民選議院》等文,今存。

管氏光緒二十六年(1900)客居天津,五月中旬避亂離津,輾轉於青縣、滄州、德州一帶,於當時河北、山東義和團情形目睹耳聞。所録以時間先後爲序,逐條記載,巨細不遺。以爲義和團迷信蠱惑,排外滅教,貽誤國事,殺戮平民,故頗多譏貶,然述禁洋貨、攻租界、殺洋人、燒教堂諸事較具體,可供參考。作者自謂草野細民,滿腔惡憤,不能無言,據事直書。雖稱義和團爲拳匪,且以爲不能抵抗列強槍炮,然所記所論,亦未必盡非,如謂吾國政府向不與民共事,此次乃與民通,一呼而起者千百萬人,可謂志同道合,又謂民之智未開不能強通,否必生患,民之智既開不能強塞,否亦生患,皆有可參者。

光緒二十七年,管氏至上海,與汪康年談及義和團事,乃取書稿相付。後汪氏取以印入《振綺堂叢書》,書末附其跋文,略謂義和團爲古今最奇最慘之事,顧無一書詳記其本末。時人寄往《中外日報》稿幾盈尺,曾排比以付印局,不意印局遭火,全稿悉燼。李希聖所著《庚子傳信録》多觸時忌,間有曲筆,尚未行世。此書雖僅記一隅,固皆事實,足知當時情勢之一斑。知此書價值在當時已得公認。

此本據上海辭書出版社圖書館藏清宣統三年汪康年鉛印《振綺堂叢書初集》本影印。又有民國掃葉山房石印本《清人説薈二集》本,可參看。(李勤合)

庚子國變記一卷 （清）李希聖撰（第446冊）

李希聖（1863—1905），字亦元，號雁影齋主，又號卧公，湘鄉（今湖南湘鄉）人。光緒十八年（1892）進士，入翰林院，官刑部主事。光緒二十八年充京師大學堂提調。殫心經史考據，精地理之學。戊戌時競言變法，議弗苟同。更著有《庚子傳信録》、《光緒會計録》、《雁影齋詩》等。成本璞爲作《墓表》，見《碑傳集補》卷一二。《高枏日記》亦載其事。

義和團運動期間，李氏官刑部主事，傾向維新。八國聯軍佔北京期間，曾與在京官員于式枚、黄石孫等，聯繫美國傳教士及美國駐華公使，謀劃以外人之力營救光緒帝，後得知帝已隨太后出京，乃作罷。李氏心繫政局，因竭力收羅上諭、電文等資料，逐日記載時事，輯成此書。

是書因采原日記爲書，有類紀事本末體。不分卷，敘事起光緒二十六年初，迄二十七年十二月二十日，後闕。記西太后謀立載漪子溥儁爲大阿哥、清廷内部主和主戰兩派鬥爭、后黨利用義和團挑戰列強、八國聯軍侵入北京、西太后挾光緒帝逃至西安、沙俄出兵入侵東北、東南互保協議、清廷任李鴻章等爲全權議和大臣簽訂《辛丑條約》、西太后回鑾行至開封、廢溥儁等歷史事件。

所録側重清廷活動，尤詳於后黨，而於義和團本身，記載不多。全書寓褒貶於敘敘之中，於義和團一味否定，稱之爲拳匪、拳禍、公爲盜寇，虜掠殺人，至有記其兩次殺人各達十數萬者。於帝黨及洋務派官僚反對宣戰及鎮壓拳衆主張則贊成之，嘆惋主剿派失勢與五大臣被殺，贊成東南各省督撫與列強簽訂互保協議。李氏親歷其事，所記雖多偏見，但留存史實，亦有以見部分輿情。

據《義和團書目解題》，是書有光緒二十八年刻本，未見。又有日本明治三十五年，即光緒二十八年《庚子傳信録》本，據羅惇曧云，乃李氏假日人小山秉信之名刊行者，實《庚子國變記》節本，不及原著十之四五。民國二十一年六月《人文月刊》三卷五期亦載有《庚子傳信録》，内容大同於《庚子國變記》，惟文字僅及三分之一。又有題名羅惇曧《庚子國變記》者，坊間流傳甚廣，羅氏自言取材於李書，讀者不難辨别。此本據上海圖書館藏民國十二年抱冰堂刻本影印。（**李勤合**）

庚子海外紀事四卷　呂海寰撰（第446冊）

呂海寰（1842—1927），字鏡宇，又字鏡如，號敬輿，萊州府掖縣（今山東煙臺萊州）人。同治六年（1867）舉人，光緒二十年（1894）任江蘇常鎮通海道。後歷任駐德國兼荷蘭公使、工部尚書、兵部尚書、外部尚書、督辦津浦鐵路大臣等職，中國紅十字會創始人之一。晚年退居天津。更著有《奉使金鑑》六十卷、《補輯》四十卷。生平見《呂鏡宇自敘年譜》、賈逸君編《中華民國名人傳》。

光緒二十三年，呂氏出任駐德國、荷蘭公使，二十七年奉旨歸國。其間力促德國撤走駐華公使海靖，協調中德關係，頗能任事。庚子事變間，德國公使克林德遇襲身亡，德遣軍來華，爲聯軍之首，中德邦交困難，呂氏身在德國，處境維艱，然終始堅守，據理力爭。回國後，乃將在德電文、談話稿及報章評論等彙編刊行，即爲本書。

所記自庚子之夏至辛丑之秋，蓋以庚子事件爲中心，直至《辛丑條約》簽訂，醇親王至德國道歉，事件告一段落爲止。全書四卷，卷一《去電》，録呂氏致中國政府、各省官吏和在他國公使電文，卷二《來電》，收各方面來電，卷三《問答》，録呂氏與德外交部談話記録，卷四《文牘》，録諭旨、和約、往來文牘，附所譯西報論説。卷末附毛祖模跋。

所録皆當時原始文檔，據事直書，毫無掩飾之語，於當時列強瓜分中國陰謀多有揭露。如卷二庚子閏八月十三日收出使俄國大臣楊電,云罪魁已懲,戕使已恤,德瓦帥、穆使來津,未得晤,而德兵分出靜海,俄兵分略北直蘆臺、山海關,是何陰謀?又如卷一辛丑三月十一日致南洋大臣劉電,云事苟可行,德國必格外遷就,並助華力勸各國照允,又密言聞爲償款事,有從中漁利者,恐華官爲其所惑,故德國願知中國本意所在云云。從中可窺國際社會於庚子事件之態度,及當時中國政府對外國交涉內幕,可補國內史料之不足。

是書有光緒二十七年上海辦理商約行轅鉛印本,又有光緒二十七年毛祖模編録底稿本,稿本自序原署作於辛丑季冬滬江旅盧,毛氏改爲辛丑仲冬柏林使館。此本據復旦大學圖書館藏清光緒鉛印本影印。(李勤合)

西巡大事記十一卷首一卷　(清) 王彥威撰 (第 446 册)

王彥威(1842—1904),原名禹堂,字弢夫,號藜庵,黃巖(今浙江黃巖)人。同治九年(1870)舉人。歷任工部衡司主事,營繕司員外郎,軍機章京,江南道監察御史,太常少卿。光緒十二年(1886)爲軍機處漢官領班章京。輯編《籌辦洋務始末記》,更著有《清朝掌故》、《清朝大典》等。傳見王舟瑤《默庵集》卷八《太常寺少卿王君行狀》及黃巖縣志辦公室《浙江省黃巖縣志·人物篇》。

光緒二十六年,八國聯軍陷北京,慈禧倉皇出逃。彥威隨行西安,日有記載,還都後,未暇整理即病卒。王氏光緒十二年入直樞省,從公之暇,曾取道、咸、同三朝欽定《籌辦洋務始末記》録副藏之。更思光緒十年法越之戰,二十年中日之戰,與夫戊戌變政,庚子西巡,以及議和通商、劃界諸端,皆爲國勢盛衰之關鍵,不經纂輯,無以昭示來者。遂竭二十年心力,搜集軍機處檔案,記明月日,舊事由大庫調取案卷,新事則皆承直時逐日所寓目者,按年編次,分別纂録,名曰《光緒朝洋務始末記》。其子亮以其書注重外交,易署爲《清季外交史料》,並增補光緒三十年五月至宣統三年之史料,又編録其父隨慈禧、光緒西巡時之日記爲《西巡大事記》,附於《清季外交史料》。

是書所載,起光緒二十六年七月二十一日,迄二十七年十一月二十八日回京之日,凡十一卷。所記有聞必録,原非漫興之詞;據事直書,絶少憑虛之論。所録電文、奏摺等資料,大抵采自行在所辦政務及外交檔,其有遺漏者,業經子亮擇要補入。無關軍國大事者,概不備載。實爲當時人所記第一手資料,誠可寶貴。是書爲日記體,本無標題,而《清季外交史料》悉有索引,爲與之相貫,乃將重要摺電之目録列於各卷之首,俾便檢閱。

是書與《清季外交史料》銜接,詳略互見。惟義和團之變情形複雜,僅憑文電尚難窺其全豹,是以王氏另輯《庚子拳禍始末》列於卷首。此外,卷首更附有清光緒二十七年駐京各國公使合影、清慶親王奕劻等照片八幀,壽鵬飛序及王氏寄子亮之藜庵老人家書。卷末附王亮跋文。

此本據上海辭書出版社圖書館藏民國二十二年鉛印《清季外交史料》附刊本影印,所據乃初刊本,後有民國二十三年清季外交史料編纂處鉛印本。(李勤合)

史 評 類

史通評釋二十卷　(明) 郭孔延撰 (第 447 册)

郭孔延,字延年,泰和(今江西泰和)人。生平不詳。是書序作於萬曆三十二年(1604),知其爲萬曆時人。

《史通》,唐劉知幾(661—721)撰,成於景龍四年(710),二十卷,分内、外篇,於史官源流、史書體裁、史學方法、史家修養、史料鑒別及修史語言,均有總結和評論,見解中肯。書至南宋始有刻本,然流行不廣,明萬曆五年(1577)張之象據宋本重加校刊,是爲後世通行本。

《四庫全書總目提要》史評類存目稱《史通評釋》明李維楨評,郭孔延又續加評釋。凡標"評曰"者爲李維楨評語,標"附評"者爲郭孔延補加評語。後人據《提要》此説,遂以《評釋》爲李維楨評、郭孔延續補。按《續修》所收此本,爲國家圖書館藏明萬曆三十二年郭孔陵刻本,郭序稱家有《史通》蜀本、吳本再校之刻,加以校閲芟正,又以己意爲之評論,"終陸、張二先生功",謂陸深、張之象刊刻《史通》之功,未言據李氏評而加續補事。是書載張之象《史通序》,其後有"延按",稱《史通》先有張之象萬曆五年刻本,又有張慎吾萬曆壬寅年刻本,而慎吾未見張之象刻本。孔延初據張慎吾刻本撰評釋,未見張之象本,書既就,請正於李維楨,李氏寄贈張之象本,於是始得《補注》、《因習》二篇全文,李氏復爲校正二百三十餘字,《史通》始成全書。又綜述《史通》之校勘,始於陸深,張之象及張慎吾繼之,李維楨又加校正,已"得附驥篇末"云云,未及李氏評而己繼評事。是書凡例,亦未説有李氏評語。故《四庫提要》所稱李先評郭續評事,恐非其實。

是書録有劉知幾《史通序録》、《新唐書·劉子玄傳》、宋晁氏《史通評》、王應麟《史通序》、明楊慎《史通評》、于慎行《史通舉正論》、張之象《史通序》等,書後有明陸深《題蜀本史通後》,歷代有關《史通》之重要資料,彙聚於此,頗便學者。

是書於《史通》既有評又有釋,評分總評、細評二類,總評列於各篇之後,細評列於欄上。釋即注,分注書、注人、注事三類,凡書中所及史書、史家、史事均搜羅出處,詳加注釋,此乃注釋史評史論類著作所必需,爲後來注《史通》者所沿用。注釋內容置評語之後,又文字音義,置各頁書欄之上。《四庫》存目提要謂郭氏所釋頗多引據,然不標出典,且多有舛漏,故後之學者續有補正。如明王惟儉《史通訓故》、清黄叔琳《史通訓詁補》、浦起龍《史通通釋》、紀昀《史通削繁》等,而盧文弨又於明以來傳本加以校勘,收《群書拾補》中。清以後又有陳漢章《史通補釋》、楊明照《史通通釋補》、程千帆《史通箋記》、趙呂甫《史通新校注》等,則注釋考證,愈趨精密。

郭氏所評亦多有見,如謂《史通》論史考究精覈,義例嚴整,議論慨慷,然亦有可質疑者,如疑《春秋》而信《汲冢竹書》,訶馬遷而没其長,喜王劭而忘其佞等等。又常考證相關史實,如《史通序録》稱:"漢求司馬遷後,封爲史通子。"郭氏以爲,求遷後封爲史通子乃王莽所爲,班書明記,劉子玄豈不知?書漢則雅,書莽則穢,就雅辟穢,恐非實録云。卷一論"史記"之名非馬遷所創,以爲《逸周書》有《史記解》,則周穆王時已有"史記"名矣;《魯世家》載孔子讀《史記》至文公,曰"諸侯無召王";《公羊傳》莊七年"不修《春秋》",注"謂《史記》也"。由是言之,《史記》、《春秋》,一名也,非子長始創之名。又論史家論贊,亦不自《左傳》"君子曰"始。如《史記·陳世家》:孔子讀《史記》至楚復陳,曰:"賢哉楚莊王,輕千乘之國,而重一言。"《晉世家》孔子讀《史記》至文公曰:"諸侯無召王。"此類均"論贊"之源。所論不爲無理,於史學史研究均有啟發。

此本據國家圖書館藏明萬曆三十二年郭孔陵刻本影印。(劉詔軍)

史通訓故二十卷　(明)王惟儉撰（第447册）

王惟儉,生卒不詳,字損仲,祥符(今河南開封)人。萬曆二十三年(1595)進士,歷官右僉都御史、工部右侍郎、山東巡撫等。曾删定《宋史》,自成一書,又喜書畫古玩,與董其昌並稱博物君子。《明史》有傳。

是書以華亭張之象藏本校郭孔延《評釋》

本,卷首列商訂姓氏後自稱"除增《因習》一篇,及更定《直書》、《曲筆》二篇外,共校正一千一百四十二字"。《四庫全書總目提要》史評類存目有是書提要,稱以王、郭二本相校,知僅《曲筆》篇增入一百一十九字,《因習》、《直書》二篇與郭本相同而無增入之語,不知何以云然也。按此於王氏所說有所誤解。王氏共校正一千餘字乃指全書校正字數而言,非指《因習》等三篇校正字數,其書各篇後均標明校正字數,歷歷可按,《四庫提要》未加細閱,故有此疑。王氏自序稱他本《史通》有大善者,有數處極快人者云云,唯王氏僅校正字數,而未於文中標明所校之字及改正之字,是其不足,而所校"極快人者",亦有所不明。

自序又稱,得友人以郭氏《史通評釋》相示,讀之與己意多有不合,乃以注《文心雕龍》之例注焉。《四庫提要》存目稱郭孔延注本漏略實甚,王惟儉所補引證較詳,然仍欠完善,故其後更有黃叔琳、浦起龍續注《史通》,又多所駁正。《提要》因謂此以劉知幾博極史籍,所引唐以前書極多,而後人不得盡見,故爲之注釋,實非一二人所能遍考,須輾轉相承,乃能漸至賅備。則王氏此注,亦承前啟後,自有其應得地位。是書刊刻後,流傳極少,明末王士禎去惟儉時代不遠,亦訪求二十餘年始得之。

是書名曰"訓故",實略同郭注,惟不復置評,所詁均注以出處,以備檢核。

此本據上海圖書館藏明萬曆三十九年序刻本影印。(劉韶軍)

史通訓故補二十卷　(清)黃叔琳撰(第447冊)

黃叔琳(1672—1756),宛平(今屬北京)人。原名偉元,字昆圃,又字宏獻,號金墩、北硯齋、研北宏獻等,晚號守魁。康熙三十年(1691)進士,初任編修,歷官國子監司業、提督山東學政、內閣學士、浙江巡撫、山東布政使等於康、雍、乾三朝。喜藏書,築萬卷樓以聚之,著作甚多,更著有《硯北易鈔》、《詩統說》、《夏小正傳注》、《周禮節訓》、《文心雕龍輯注》、《宋元周易解提要》、《養素堂詩文集》等。《清史稿》有傳。

是書有乾隆十二年叔琳自序,稱乃就王惟儉《史通訓故》一書刪繁補遺,重梓行世。《四庫全書總目提要》史評類存目有是書提要,稱其補王注所未及,與浦起龍《史通通釋》同時成書,而黃書略前於浦書,故浦書亦引黃書。又論浦、黃同異,謂浦本注釋較精核,而失之於好改原文,又評注夾雜;黃書注釋不及浦,然不甚改竄,猶屬謹嚴。浦氏於劉知幾原書見解多所回護,黃書則頗有糾正:是二書各有所長。

卷首有例言六則,先述《史通》版本情況,謂陸深校本爲學者所宗,其後郭孔延以別本校對,然多所竄易,王惟儉得宋時舊本,較他刻爲長,而文字錯訛仍有沿襲,如誤凡爲煩、誤名爲君、誤愚爲偶之屬,因檢閱諸家,有所正定,有難以定奪者,則於所改之下,存本字本句注,不敢漏略。又論《史通》注釋諸書,郭孔延注本較流行,唯援引踳駁,枝蔓無益,又疏於考訂,每多紕繆,其後王惟儉依據正史,選擇精嚴,較郭書爲勝,唯王注仍太簡略,未免遺脫,因旁搜博采,以補王注所未備云。

又稱作注援引史料出處,當符合知幾原意,故於王氏《訓故》引證不甚妥當者,均予改注。於前此注家檢正知幾違誤而實有失者,亦予駁正。是書增補王氏所未備,於原注略有刪節,仍存舊名,而黃氏加注,則標"補"字以示區別,非敢掠美。

是書於前人議論,精當者加以圈點,若有己見,則附列上方,此類亦多有可取者。如卷一《尚書》家,知幾謂所載皆典、謨、訓、誥、誓、命之文,如堯、舜二《典》,直序人事,《禹貢》一篇,惟言地理,《洪範》總述災祥云云,黃氏評曰:"《堯典》星鳥星火,《舜典》璿璣齊政,天文也,封山肇州濬川,地理也,不得以人事盡之。《禹貢》錫土姓,封建也,賦上中下錯,井田也,不得以地理盡之。《洪範》建極錫極,無作威福,人事也,不得以災祥盡之。"又論《左傳》家,謂"《春秋》、《左傳》皆繫年之祖,似不應區分,但經提綱而寓褒貶,傳詳目而惟書事,固是二途也"。又如卷三《表曆》篇謂,《漢書》八表惟《古今人表》廓落無當,餘表不可廢。若史家不作表,則王公世次闕軼,宰執名姓不彰,而知幾謂表爲無用,則其最失之論。按浦氏於知幾所論,多有回護,而黃氏輒予指正,前數例可見一斑。然黃氏以爲《疑古》、《惑經》兩篇所論"非聖無法"而"一概削鋤",《提要》認爲此舉"殊失允當",洵是。

此本據上海圖書館藏清乾隆十二年黃氏養素堂刻本影印。(劉韶軍)

史通削繁四卷 (清)紀昀撰(第448冊)

紀昀(1724—1805),獻縣(今河北獻縣)人,字曉嵐,又字春帆,號石雲、觀弈道人,謚"文達"。乾隆十九年(1754)進士,歷官翰林院編修、福建學政、侍讀學士、兵部尚書、吏部尚書、太子少保等,更受命爲《四庫全書》總纂官,編成《四庫全書》,主撰《四庫全書總目提要》,更著有《閱微草堂筆記》等,其孫紀樹馨又編有《紀文達公遺集》。《清史稿》有傳。

乾隆壬辰(1772)紀氏序稱《史通》一書誠載筆之圭臬,惟立言或有偏駁太甚、支蔓弗翦之短,使後人病其蕪雜,使其中微言精義不爲人知,此爲不善用長之過。已有注家,互有短長,浦起龍《史通通釋》成書較晚,詮釋較爲明備。乃就浦注本加以評點,可取者朱筆記之,紕繆者綠筆點之,冗漫者紫筆點之,以爲經此點評,則是書菁華,已大略可知。卷首有道光十三年(1833)涿州盧坤序,稱自紀昀之孫紀樹馨處鈔得此本,惟原有三色筆批點,盧氏過錄,僅錄朱筆,其他刪去,則已非紀氏原書之舊。

紀氏所下評語,每於劉知幾引前人言而未標所自者,一一指陳出處來歷,如《浮詞》篇"或先經張本,或後傳終言",紀氏稱"'張本'字出杜氏《左傳》注,'終言'亦杜氏注文"。《直書》篇"雖古人糟粕,真僞相亂,而披沙揀金,有時獲寶",紀氏謂"'披沙'二句,出鍾嶸《詩品》"。《雜述》篇"古人以比玉屑滿篋",紀氏云:"'玉屑滿筐',王充《論衡》之文。"《雜說》篇"蓋語曰'知古而不知今,謂之陸沉',又曰:'一物不知,君子所恥'。"紀氏曰:"'知古'二句,出《論衡·謝短》篇,'一物'二句,出《陶宏景傳》。"又或説明某説來歷,如《正史》篇稱"秦博士伏勝,能傳其業,時伏生年且百歲",紀氏云:"伏生名勝,漢史不載,始見《晉書·伏滔傳》,注家據此爲説也。"又於浦釋,每有是正。如《曲筆》篇"昔秦人不死,驗符生之厚誣;蜀老猶存,知葛亮之多枉",紀氏云:"秦人事見羊衒之《洛陽伽藍記》,蜀老事見《魏書·毛修之傳》,浦氏以爲無考,非也。"又如《言語》篇:"人持弄丸之辯,家挾飛鉗之術。"浦氏注稱轉丸出自《鬼谷子》,而弄丸兼用《莊子》市南宜僚事,紀氏以爲:"弄丸乃轉丸之訛,浦氏以爲兼用宜僚事,謬也。"

於劉知幾所論,亦有點評,如評《論贊》篇曰:"此篇精論極精核。"評《雜述》篇曰:"此篇詳核而精審。"於《史官》、《正史》二篇,紀氏以爲皆"敘述整贍,子玄史筆略見一斑"。惟僅作簡評而不詳述,不免遺憾。

此本據復旦大學圖書館藏清道光十三年兩廣節署刻本影印。(劉韶軍)

文史通義九卷 (清)章學誠撰(第448冊)

章學誠(1738—1801),字實齋,號少巖,會稽(今浙江紹興)人。乾隆四十三年(1778)進士,歷任肥鄉清漳、永平敬勝、保定蓮池、歸德文正等書院講習,晚年入畢沅幕府,纂修《湖北通志》、《史籍考》,又協助畢氏編纂《續資治通鑑》。著作以《文史通義》、《校讎通義》最爲著名，臨終以全部文稿委蕭山王宗炎代爲編集，後由劉氏嘉業堂補訂，編成《章氏遺書》。《清史稿》有傳，胡適曾撰《章實齋先生年譜》。

中國古代史論名著，劉知幾《史通》而後，允推此書影響最鉅，分内外篇。内篇含《經解》、《易教》、《書教》等專論四十九篇，以論史爲主，貫通經、文，創見甚多。外篇三卷，多爲序言題跋、書信隨感，乃多與學者討論史、經、文相關問題，尤重視方志編纂，《州縣請立志科議》、《亳州志人物表例議》等篇，提舉方志纂修義例，中國古代方志修纂理論至此臻於完備。

是書縱論中國古代史學著作，見解獨到，成一家之言。章氏主張六經皆史，祛除經史文軫域，眼光廣博，初非治一家言者可比，又以爲“史所貴者義也，而所據者事也，所憑者文也”，三者契合，始爲史著典範。按劉知幾主張史家須兼具才、學、識，章氏則更標舉“史德”，即著書者之心術。史家當具君子之心，素養要底於粹，關鍵爲慎辨於天人之際，盡其天而不益以人；史之義出於天，史之文必借人力以成，循此則史義、史事、史文三者統於一而不忤於大道之公，所爲史文始不害義違道，此則史家心術亦即史德之要義。

是書爲《章氏遺書》九卷本，始撰於乾隆三十七年（1772），至道光十二年（1832），其次子華紱初刻於開封，因稱大梁本，分内篇五卷及外篇三卷。一九二一年嘉業堂劉氏刻印《章氏遺書》五十卷，於《文史通義》增加内篇一卷，補遺八篇，篇目亦有不同。

此本據民國十一年劉氏嘉業堂刻《章氏遺書》本影印。（譚漢生）

宋忠肅陳了齋四明尊堯集十一卷 （宋）陳瓘撰（第448册）

陳瓘（1057—1124），字瑩中，號了翁、了

齋，沙縣（今福建沙縣）人。神宗元豐二年（1079）進士，先爲湖州掌書記，後爲越州、明州通判。哲宗、徽宗時嘗爲太學博士、左正言、右司員外郎等，因上書反對新黨及彈劾蔡京等，屢遭貶謫，卒於楚州。欽宗即位，追封爲諫議大夫。高宗以其所著《尊堯集》明君臣大分，特加褒揚。《宋史》有傳。

此書據《春秋》尊君抑臣之義，批駁王安石《日録》，兼及安石婿蔡卞據《日録》重修《神宗實録》時種種改動。瓘以爲王氏《日録》撰成於罷相之後，悔其執政時所作爲，故書中論法度有不便於民者，皆委過神宗，而可以垂耀後世者，悉歸功於己，且歷詆平生與己不合者。哲宗紹聖年間，蔡卞因《神宗實録》成於哲宗元祐時，由范祖禹主修，范氏反對變法，盡書王安石之過，因請准哲宗，重據王氏《日録》修改《神宗實録》。徽宗即位後，陳氏上書論《日録》爲人臣私録之書，蔡卞據以修改《神宗實録》，乃“薄神考而厚安石，尊私史而壓宗廟”，因建言“改而正之”。於是自撰《日録辨》，後貶廉州，改名《合浦尊堯集》，祇著十論，尚未直攻安石。後又貶明州，成《四明尊堯集》，謂蔡卞等專據王氏《日録》篡改《神宗實録》，“變亂是非，不可傳信”，因加辨駁以明其誣妄。

是書取《日録》所説，釐爲聖訓、論道、獻替、理財、邊機、論兵、處己、寓言八門，共六十五條，一一辯駁。各篇先摘《日録》原文，而後論説其下，批駁安石之誣妄。徽宗政和間，曾下詔稱是書“語言無緒，並係詆誣，合行毀棄”。而至紹興二十六年（1156），高宗則稱是書“指定王安石《日録》之過，深明君臣之分，合於《易》天尊地卑及《春秋》尊王之法。王安石號通經術，而其言乃謂‘道隆德駿者，天子當北面而問焉’，其背經悖理甚矣”。南宋至明清，是書多次重刊，備受推崇。南宋李燾《續資治通鑑長編》既大量引用《日録》以補史事之缺，又引陳瓘説表示贊同，南宋時再

次重修《神宗實録》，亦仍以元祐史官立場記述史事。

朱熹以《日録》固爲邪説，然諸賢攻之亦未得要領，用力多而見功寡。又稱《四明尊堯集》"只似討鬧，不於道理上理會，只於利害上見得，於道理全疏"；"介甫心術隱微處，他都不曾改得"。楊時著有《神宗日録辨》一卷，列三十二條，朱熹評説"有攻《日録》數段好，蓋龜山長於攻王氏"，蓋楊時所攻盡在道理上理會，故朱云云。可與評本書語對照見義。

是書陳振孫《直齋書録解題》著録僅爲一卷，《宋史·藝文志》著録爲五卷，傳本有明刻四卷本、清影印元抄四卷本，又有康熙十八年陳瑾裔孫陳孔頊刻雍正三年陳象瀚補修十一卷本、光緒十年刻十一卷本等。此本據國家圖書館藏清光緒章景祥翠竹室刻本影印。（劉韶軍）

致堂讀史管見三十卷　（宋）胡寅撰（第448—449 册）

胡寅（1098—1156），字明仲，號致堂，崇安（今福建武夷山市）人。徽宗宣和三年（1121）進士，欽宗時爲秘書省校書郎、司門員外郎，汴京失陷後，棄官歸鄉。高宗時爲駕部員外郎、起居郎，又主管江州太平觀，後遷中書舍人，知永州、邵州、嚴州等，又除禮部侍郎，直學士院。後忤秦檜，貶新州安置。檜死，復原官。著作更有《斐然集》、《論語詳説》。《宋史》有傳。

是書爲謫居時讀《資治通鑑》所作史論，録《通鑑》所述本事及司馬光評語，低一格爲胡氏論，既論史事，又評司馬光之論。成書於紹興二十五年（1155），是其晚年之作。寅父胡安國奉高宗詔而撰《春秋胡氏傳》，司馬光《資治通鑑》則續《春秋》之後，故寅以《春秋》經義大旨論史。前人已稱胡安國《春秋傳》於《春秋》大義雖有發明，惟於歷史人物持論過苛。是書論史，則更爲嚴苛。論人以孔、顔、思、孟爲標竿，論事以虞、夏、商、周爲準則，因有不近人情，不揆事勢，室礙難行之病。或謂胡氏此書，又有譏議秦檜之意，故多借題發揮。清朱直作《史論初集》，專駁此書所論，亦有激於胡氏好爲高論也。

然所論多有獨到之見，未可盡以前人觀念衡之。如常人皆曰用君子所以安百姓，而蕭何則稱"養民以致賢人"，胡氏以爲是乃"無所因襲獨見之善"，蓋世主若無養民之志，則賢人惟能處於巖谷草野。天立君臣以爲民，君求臣以行保民之政，臣事君則當行其安民之術。若君主視民如土苴，則賢人之術無所施，出仕爲官，特操瑟而立於好竽之庭爾。此時君主所用，惟趨事者、營利者、好大喜功者、逢君之欲者，是皆殘民之具云。

是書所論一以理學爲主旨，如汲黯曰："陛下内多欲而外施仁義，奈何欲效唐虞之治乎？"胡氏以爲汲黯此言不特深中武帝之病，亦概所有君主而言。蓋堯舜、禹湯、文武爲無欲，餘者，賢明之君僅"能克己窒欲"，而"屈于物欲，不知自反"者即爲昏亂危亡之君。故稱"人君莫大乎修身，修身莫先于寡欲"云云。又如漢宣帝稱漢家制度本以霸王道雜之，司馬光以爲"王霸無異道"，天子強則爲王，天子弱則爲霸，然皆以仁義爲本而任賢使能，故王霸有"德澤淺深"之不同，而"非若黑白甘苦之相反"，寅謂光論不然，蓋"帝王之德莫不本于格物致知，以誠其意，正心正身，以正其家"，推而廣之，則"正朝廷以正百官，正百官以正萬民"，均"自正家而推之"。雖有内外、本末、精粗、先後之分，然可一以貫之。當五霸之時，未有格物致知之學，故王霸之分，猶美玉之與碔砆，不可同年而語，不知霸之異乎王，是不知聖學也。以上二例，可見是書主旨於一斑。

此本據《宛委別藏》宋寶祐二年宛陵郡齋刻本影印。另有宋嘉定十一年刻本。（劉韶軍）

史鉞二十卷　（明）晏璧撰（第 449 冊）

晏璧，生卒不詳，字彥文，廬陵（今江西吉安）人。永樂初爲徐州判官，二年（1404）任山東等處提刑按察司僉事。據《四庫全書總目》之《永樂大典》提要，明修《永樂大典》，璧曾任副總裁，故是書署曰"文淵閣修書總裁奉議大夫"。所撰更有《孝經刊誤》，見《明史·藝文志》。相關事跡見《萬姓統譜》。

坊間有題元吳澄作《三禮考注》一書，明楊士奇《題三禮考注後》，以爲乃晏璧竊取吳書掩爲己作，書中原作"澄曰"者則改爲"先君曰"，作"澄案"者則改爲"愚謂"，粉塗其舊而改寫之，其跡隱隱可見。明史鑑《西村集》以爲朱熹爲《經傳通解》，未及筆削而卒，吳澄繼朱子之志而爲《考注》，不幸亂於晏璧之手，遂令吳氏精誠奧義雜於僞妄之中。趙翼《陔餘叢考》及《續文獻通考》、《經義考》等沿用此說。《四庫全書總目》禮類存目有該書提要，謂楊士奇及羅倫等疑爲晏璧托名吳澄而作，初非竊吳氏之書以爲己有。此公案攸關晏璧品格，故附及而略辨於此。

本書二十卷，分歷代君臣爲不同等類，卷一至卷三爲《君道》，分錄聖君、賢君、庸君、亡國、暴虐、篡逆數類，卷四至卷十九爲《臣道》，分錄列國、聖賢、賢臣、武臣、文臣、高節、忠義、剛直、廉潔、酷虐、諛佞、奸邪、叛逆、五胡、外藩、夷狄、外戚、中興、女禍、奄宦、黨禍之屬，之後爲《子道》、《弟道》及《友道》，分屬三卷。其所謂聖君有伏羲、神農、黄帝、少昊、顓頊、帝嚳、堯、舜、禹、湯、文、武等，其餘賢君、庸君、篡逆之君，聖賢、賢臣等亦一一詳列其人。至置僭僞、夷狄、五胡、外藩於臣道，則殊爲不類。且僅有分類，簡述史事，不置評論，似有不足。

此本據上海圖書館藏明景泰七年劉氏翠巖精舍刻本影印。（劉韶軍）

讀史商語四卷　（明）王志堅撰（第 449 冊）

王志堅（1576—1633），字弱生，一字聞修，號淑士，又號珠塢山農，崑山（今江蘇崑山）人。萬曆三十八年（1610）進士，歷官南京兵部郎中、貴州提學僉事、督浙江驛傳、督湖廣學政等。更編有《四六法海》、《古文續編》等，《明史》有傳。

任職南京時，王氏與二三朋友共約讀史，每十日出筆記相互討論。自秦漢訖於五代之季，必先求之正史，而參以《通鑑》，錯綜其說而折衷之，或作考據，或論人物，撰爲《讀史論說》，後復取他書參訂，編成是書。所謂商語，謂與同志共商之。

時李卓吾論史多有偏頗，王氏矯正之，自稱"不作名義觀，不作成敗觀，等廢興於局棋，罵奸雄如僕隸"，"胸中不欲有一事"。此其論史與衆不同之處。

是書收入《四庫》存目，所論以《資治通鑑》所載爲主，隨事論斷，所論簡要，頗受《提要》稱讚，謂較抱殘守匱者不同。論中間有考據，以糾史家之誤，如《史記》載燕太子丹嘗質於趙，與始皇善，《通鑑》亦用其語，王氏考察其時始皇僅兩歲，燕丹未可與之爲友，則《史記》、《通鑑》均誤。又如周亞夫平吳楚之亂，以梁委吳，而以兵斷吳糧道事，《史記·吳王濞傳》記爲計出鄧都尉，而《周亞夫傳》則稱亞夫自請於上之謀，王氏以爲同爲一書不當自相矛盾如此。所論多有獨到之見，如論戰國四公子以養士得其用，惟信陵君能敬士，此爲得士正道，其餘三公子則未能如此。又謂桑弘羊作平准法，能不病民而使國家富足，亦爲救時之善策；惟後之效之者反使此法厲民而於國用未必有補，此乃用法者之過，而非弘羊立法之誤。此類皆有識見，值得參考。惟王氏篤信佛教，常以輪回說論史，則其所短。又或別求高論，如謂曹操所行實文王之事，謂諸葛亮不善用兵等等，此類，《提要》斥之爲"紕繆之甚"。

此本據上海圖書館藏明萬曆四十七年刻本影印。（劉韶軍）

讀通鑑論三十卷末一卷　（清）王夫之撰（第449—450冊）

王夫之，有《永曆實録》，已著録。

是書正文三十卷，歷論秦始皇至五代各帝治國之得失，少者數篇，多者近三十篇，分論《通鑑》所述諸事。其主旨，具見於卷末《敘論》四篇，謂不以正統論史，蓋正統說及鄒衍五德說皆爲邪說，掩歷代篡奪之跡，而非事理之實，治理天下本有大公至正之是非，而流俗顛倒是非善惡，須有論者秉明赫之威以正之，秉日月之明以顯之。又稱論史者有二弊：放於道而非道，依於法而非法，以致褒貶不當，故須止之。又强調史論目的在於治世，治道之極一決於君心之敬肆，所謂"資治通鑑"，要義初非知治亂之事，而在乎君主力行求治之資，而治之所資又祇在君主一心而已。能以此一心以鑑全史，始可謂"通"。由此可知是書根本思想。

是書重視推論歷史之所以然，以爲勢因乎時，理因乎勢，時變勢變理亦變。古之制度以治古之天下，不可概之今日，今制則宜治今之天下，不可必之後日。時之未至，不能先焉。此皆含有樸素辯證觀點。

此本據上海辭書出版社圖書館藏清同治四年湘鄉曾氏金陵節署刊刻《船山遺書》本影印。（劉韶軍）

宋論十五卷　（清）王夫之撰（第450冊）

王夫之，有《永曆實録》等，已著録。

《宋論》上承《讀通鑑論》，而專論宋史，爲夫之晚年所著，其子敔於《薑齋公行述》中稱《讀通鑑論》、《宋論》兩書宗旨爲探究"上下古今興亡得失之故"。時明室已亡，故是書於盛衰興替之人事尤爲關切。

如謂太祖爲後世子孫定戒律三條：保全後周柴氏子孫，不殺士大夫，不加農田之賦。此三條洵爲盛德。得此，宋便"軼漢唐而幾于商周"。漢之文景之治，唐之貞觀之治，均不如太祖所奠宋初治國規模及效果，故謂漢光武以外，論帝王美德，無人可比宋太祖。至仁宗慶曆年間，治本動搖，神宗熙寧變法嚴密法制而太祖治國以德之意漸泯，此則宋朝國運盛衰之樞機。

又謂趙普、秦檜爲宋世用心險惡之人，二人均欲取宋而代之，略同於唐代李勣：勣殺王后立武氏，欲以武氏亂唐而奪其蹊田之牛。若李勣不死，便可操縱武氏，使"唐移于徐氏"，"趙普亦猶是也"。秦檜誅逐異己，不欲留下一個人，非特出忿忮而求報復，檜遍置黨羽，使宋室無親臣可倚，時高宗年耄，普安郡王支系疏遠，太子闕位，一旦高宗晏駕，檜當選沖幼繼位，更起而奪之。時外有女直爲援引，内有群奸爲佐命，則篡奪趙氏王權，在檜而言，易於掇芥。

又論宋朝軍力衰弱，根因於趙普。普以太祖猜疑將帥，設杯酒削兵權之計，後嗣君主承之，故有宋一代與外敵作戰，將帥一旦聲勢壯大，取得戰果，即要削奪其兵權。懼將帥甚於外敵，惟宋代有此怪事。趙普身爲文臣之首而力勸太祖削武將兵權，由此成爲宋代不變之國策，且影響深遠，夫之以爲致宋以後中國益趨軟弱，明之滅亡，亦其後果之一。

是書有道光二十七年（1847）聽雨軒刻本，又有同治四年（1865）曾氏金陵所刻《船山遺書》本。

此本據南京圖書館藏清道光二十七年聽雨軒刻本影印。（劉韶軍）

茗香堂史論四卷　（清）彭孫貽撰（第450冊）

彭孫貽，著有《靖海志》，已著録。

是書評説《史記》至《元史》凡二十部正史，各史先作總評，再評正文及注釋（如《史記》之《正義》、《索隱》）。因曾經朱葵之校正，故存有朱氏按語，以"粟山按"標示。是書於各史評價不一，如謂《唐書》："諸帝論斷甚佳，紫陽、涑水咸本乎此。"又論歐陽修《新五代史》："文體省静，無一冗語，洵良史也。然筆力衰颯，不能望唐人，何況兩漢?"謂《宋史》："筆不出一人，紀不出一手，最爲冗濫。而名臣奸臣各以世次，類從相判，俾南北興亡治亂之故，一目瞭然，斯爲善矣。"所論，於各史《天文》、《律曆志》尤詳。

於《史記》或贊或貶，如謂"《左氏》、《公》、《穀》好爲詭異之説以見奇，史遷效之，文章雖奇，持議無當。又其識趣卑陋，津津利達，不重行檢，又遠遜《公》、《穀》、《左》、《國》"。又謂《史記》三代本紀及《秦本紀》等篇，皆摭拾《尚書》、《左》、《國》、《戰國》百家舊文，竄以己意，"至《始皇本紀》乃自出手筆，筆端曲折，莫不如意，方爲傑作"。又稱"太史公文有所本者皆不大佳，自創者乃佳，世家自蕭相國以下，乃激昂有致"；而"列國名卿如子産、范蠡，皆三代人物，過管晏，蘇張十倍，不爲立傳"，令人不解。

又贊《史記》中多有卓識，如稱"孔子列之世家，比之諸侯，可謂卓識"，"申韓之説皆原於《道德》，而老子爲深遠，此是絶頂識見"；"《三代》、《十二諸侯》、《六國世表》，古所未有，子長創其體，後之作史者多因之。《六國》、《十二諸侯》頭緒煩多，以表貫通之，編年爲緯，分國爲經，覽者不紛，甚善也"。又以爲《貨殖》、《刺客》、《游俠》三傳，爲太史公最有意之文，"《貨殖傳》駁雜離奇，無文法而有文法"，實爲奇作。

其評《漢書》則云，豐縟密緻，詳略得宜，比之《史記》，極爲精粹。然爲《漢書》易，爲《史記》難。蓋《史記》爲新創紀傳，而《漢書》綜《史記》之成，補子長之缺，未能超出紀傳體例。又云《史記》不全爲史，《漢書》則真史也，刻畫纖悉，雖使丘明載筆，不能過之。又稱《漢書·武帝紀》深得史臣之體，武帝善政

不絶書，而神仙、土木、窮兵、厚斂諸事，臚列並見，全無貶辭，而隱約自見，真萬世紀載之龜鑑也。

所論多出文人之見，多論文章之法，如謂《項羽本紀》悲壯淋漓，妙絶今古，至兵敗身死，益復從容盡致，文情組舞，一唱三歎；論《封禪書》倣詭怪幻，《河渠書》悲壯奇崛：皆此類也。

此本據上海辭書出版社圖書館藏清光緒十年巴陵方氏刻《碧琳琅館叢書》本影印。（劉韶軍）

閲史郄視四卷續一卷　（清）李塨撰（第450册）

李塨（1659—1733），字剛主，號恕谷，蠡縣（今河北蠡縣）人。與顔元共創顔李學派。一生講學、行醫、授館、著述，而以張儒學而重經世爲職志，所學廣博，經史詩書外，醫藥、弓射、琴、兵、書、數、樂等無所不涉，平日課程：一日習禮，三日學樂，五日習律，七日習數，九日習射，書則隨時學習。雍正時曾任《畿輔通志》編纂總裁，著作甚多，更有《四書傳注》、《周易傳注》、《詩經傳注》、《春秋傳注》、《論語傳注》、《傳注問》、《經説》、《大學辨業》、《小學稽業》、《聖經學規纂》等。生平事迹，見馮辰《李恕谷先生年譜》。《清史稿》有傳。

所論自周武王至明代，以爲讀史必先得一代大勢，方可論古，而持論則一本儒學而歸性心於經世，故以治國平天下之得失成敗爲要，謂先謀後事者昌，先事後謀者亡，萬世成敗，盡此二言；而成敗多關乎君子小人，君子心常恕厚，小人心心險刻，君子每爲小人所害而不知，君子如有權，必斬除此輩；無權，則婉詞以謝之，細心以防之。由此而論史家得失，如論歷代兵制，以爲漢制猶有周秦之遺，而遷、固不知志兵，遂使漢世戎制無從詳考；又論陳壽《三國志》不惟簡略，亦不知經濟，一代興亂

之機遂隱沒不知。

李氏論史尤重學術源流，故辟佛老而重經學。以佛氏爲邪教，謂佛教漢明帝時已入中國，至南朝宋齊以後始漸盛，蓋邪教必興盛於亂世；斥《南史·隱逸傳》所載顧歡等人，惑溺佛老，而以隱逸稱之，可謂學衰道廢已至其極；而於經學則尊爲聖賢之學，如禮樂兵農，可以易亂爲治，易危爲安，非心學、理學所可牢寵。又謂帝王舉事，當以學術爲根基，若唐高起事，仍尊煬帝爲太上皇，自蹈篡逆之罪，是不學無術之表現。宋理宗教度宗甚嚴，而不能救亂亡，以其祇知講性命，事誦讀，所教者已非帝王正學。而士人惟講讀書，不通世事，使之做事，亦未了了。此種讀書，不過風雲月露之陋而已。至朱熹所謂聖賢道統之傳散在方册，而以注經爲繼統，則葉公畫龍，實未能得儒學真意。

又論史書必有表、志方可稱爲史，若無表、志，則一代天文地理兵刑禮樂缺焉泯焉，無從考其治亂，不可稱爲史。又謂《宋史》難以據信，以元祐而後分黨攻激，迭改史文，故其史難以盡信。而自古成功之士，史書只記其得，而不載其失，如吳玠、吳璘之敗，不見於《宋史》，而《金史》書之。兀术之敗，不見於《金史》，而《宋史》書之。必彼此互參，方得其實。又論明代民户入籍者十漏五六，故感嘆："安得天下之户口土田真清册而籌之?"凡此，及其續一卷所論明代政治之弊，均多獨到之言。

此本據上海辭書出版社圖書館藏清光緒五年王氏謙德堂刻《畿輔叢書》本影印。
（劉韶軍）

明史十二論一卷　（清）段玉裁撰（第450册）

段玉裁（1735—1815），字若膺，金壇（今江蘇金壇）人。乾隆二十五年（1760）舉人，師事戴震，出任貴州玉屏縣知縣，旋調四川，署富順及南溪縣事，尋知巫山縣，年四十六即引

疾歸，不問世事。更著有《六書音均表》、《經韻樓集》、《古文尚書撰異》、《毛詩故訓傳》、《説文解字注》等。《清史稿》有傳。

是書分《世宗論》一至十，以及《三大案論》、《紅丸論》，依《春秋》筆法論明代君臣行事，重大統，於篡位責之尤嚴。如論燕王代建文稱帝事，謂當直書其篡位弑帝。論世宗議禮，升祔其父獻興王於太廟、置孝宗之上，爲有廢大統，離經叛道，不臣不子；更責其同日杖殺大臣十六人，下獄百三十四人，殘暴甚於桀紂，致使明室元氣斷喪。而其所仿效者即爲燕王，直以爲非兇酷無以勝天下，故世宗於燕王，特加追崇而尊之爲成祖。

段氏所論較明人嚴厲，故卷末沈楙德"識語"以爲古人行事有不合於理者，即須立義以難之，若《韓非子》之所"難"。而段氏所論，筆力直與韓非相抗衡，理直而氣壯。惟後人於段氏學術祇重其《説文解字注》，於此類史評置而不顧，亦難竟其人學術之全貌云。

此本據清道光刻《昭代叢書》本影印。
（劉韶軍）

讀史糾謬十五卷　（清）牛運震撰（第451册）

牛運震（1706—1758），字階平，號空山，又號真谷，滋陽（今山東兗州）人。雍正十一年（1733）進士，先後出任秦安、平番、徽縣、兩當等縣令，去官後，歷任隴川、皋蘭、三立、河東、少陵諸書院山長，好金石，精經術，重考據。更著有《空山堂文集》、《空山堂易解》、《春秋傳》等。《清史稿》有傳。

是書蘭陵門人張桂林校刊，版心署空山堂。全書十五卷，前後無序跋，所論史書有《史記》、《漢書》、《後漢書》、《三國志》、《晉書》、《宋書》、《南齊書》、《梁書》、《陳書》、《南史》、《魏書》、《北齊書》、《北周書》、《隋書》及《五代史》。

各史分篇隨文出論，多屬讀史見解。然既以"糾謬"爲名，則指摘各史錯誤，亦每有見

地者。如讀《史記·五帝本紀》，多能指摘其源自《孟子》而有異同或失誤，如“舜曰天也，聖人亦如此自負語，此襲《孟子》而誤者”。又能以同書互較，而擷其異同，如謂《始皇本紀》後段載秦諸君年壽世次等，多與《秦本紀》不同，要當以《秦本紀》爲是。

於史法亦有己見。如謂《漢書》於張良、韓信、陳平歸漢本末，特載《高祖本紀》中，正見高祖之攬用人傑，資成帝業處，《史記》於此，則略於《高紀》而詳於各人傳中，此所謂《史記》互見之法。牛氏於此法不滿，謂“非紀事法也，後世史書沿而效之，不亦甚乎！竊意此等俱宜細文旁注，不必入正文中，似爲得之”。所說雖非篤論，亦一家之言也。

又謂《史記》不如《漢書》詳盡，如舉《史記·孝景本紀》事與《漢書》相出入，而詔書一概不載，以爲太史公於景帝或有所不滿而故略之。雖近臆測，亦有以見《史》、《漢》之別。

又多指正史書注釋如《史記索隱》之誤。如舉《五帝本紀》高陽氏有才子八人，《索隱》謂《左傳》史克對季文子言，而按之《左傳》原書，乃季文子使史克對文公之言。又舉《孝文本紀》云“古之有天下者莫不長焉”，稱長謂歷數綿長，其因在於立子，而《索隱》謂“古之有天下者無長於立子”，則誤。是書評論時或引述前人看法，但往往不言名氏出處，惟於楊慎多次提及，然多駁詰其誤。

此本據上海圖書館藏清嘉慶二十三年刻《空山堂全集》本影印。（劉韶軍）

史林測義三十八卷　（清）計大受撰（第451册）

計大受，生卒、事跡不詳，是書卷首有“江西饒州府鄱陽縣歲貢生臣計大受”嘉慶十九年上書表，知爲鄱陽（今江西鄱陽）人，縣學貢生。

是書以各史爲卷，其下又以人爲目，各爲一

則，所論自五帝、堯、舜、夏、商、周、秦、漢以下直至元代，而不及明世。於三國則以蜀漢爲正統，魏、吴附焉，其他各代分裂政權亦各隸於當時正統王朝。其《上書表》論經爲史之宗源，謂《尚書》紀傳之祖，以史爲經，而《春秋》編年之宗，即經是史；史書紀傳、編年兩大類於焉肇始，《史》、《漢》以下爲紀傳史書，《通鑑》以下爲編年史書，此外則以朱熹《綱目》爲別一類，以勸懲爲心。此三類雖已定大體，然後來各史編纂，不免文字滋訛，又因爲尊親賢者諱以成私見，而疑信之間又生臆決影附之病，凡此皆需精加校讎，然後可求四千載公是公非。又據是書凡例所言，則知其所謂史義乃以《春秋》爲宗，明天理，正人心，嚴名分，以扶綱常而已，不出宋明理學陳套。而自謂“欲發前人所未發”，或又自許太高，而無以勝任之。

如論漢高祖得天下以仁義爲本。謂能設誠於内而致行之，便可使民心歸焉、天命屬焉、王業成焉，高祖雖用權術，然其取天下，亦必有出之至誠，以爲感格天人之本者。其所舉高祖仁義大端有二，即除秦苛法、爲義帝發喪。若如所論，高祖得天下僅憑此二事，亦將歷史看得過分容易，實爲理學迂論。

其論董仲舒，亦僅論劉向之評。劉向稱仲舒爲王佐之才，伊吕無以加，管晏不及，而計氏以爲董氏雖治國以《春秋》，乃尚災變陰陽之術，劉向、谷永諸人，深受此術之累，因知劉向所論不合事實。

是書於重要歷史人物多置而不論，如於三國，論袁紹、孫堅、諸葛亮、劉備、孫權等，而不論曹操，宋代則不論王安石、朱熹、二程等，作爲清人，又不論明代事，此皆令人遺憾處。

此本據湖北省圖書館藏清嘉慶十九年楓溪別墅刻本影印。（劉韶軍）

味隽齋史義二卷　（清）周濟撰（第451册）

周濟（1779—1838），字保緒，號止庵，荆溪

（今江蘇宜興）人。好讀史，喜兵略，善騎射。嘉慶十年（1805）進士，選爲知縣，改淮安府學教授，後爲浙江總督孫玉庭任用，防撫淮南北鹽梟，不久謝職離去。後與李兆洛、張琦、包世臣交，閉門撰述。晚年復任淮安教授。周天爵爲湖廣總督時，濟應邀偕行，卒於道。更著有《晉略》、《淮鹽問答》、《折肱録》、《文稿》、《存審齋詞》等。《清史稿》有傳。

據自序，知書成於道光十二年（1832），評議《史記》，各卷分目而論。書以"史義"爲名，意謂有事然後有文，有文然後有義，史之要在於義。太史公言，非好學深思，心知其意，固難爲淺見寡聞道也，即提示讀者其書自有其義，此亦《春秋》家之宗旨。周氏研讀《史記》，即以研其義爲宗旨，以爲《史記》一書篇章次序、人物次序及史事次序，莫不有義。欲讀《史記》，須將三千年視爲一朝，將聖賢庸愚亂賊合於一堂，以禮樂、刑政、妖祥、夢卜同出一轍，而褒揚、嗟惜、嬉笑、怒罵自爲一情，此即周氏研讀史義之心，可知其讀史用心所在。

周氏所謂史義，如托始於黄帝，蓋以馬遷之父尚黄老；多記山川、鬼神、封禪等事，則以當時君主多尚之。周氏以爲立言者必審於君父之際，太史公深於六經，誦法孔子，而其父崇黄老之學，時君方興用鬼神禱祠，君父之過不可質言，故所記史事正須讀者好學深思以知其意。

讀《史記》而深思，由史而得義，亦其所謂史義。如於《秦始皇本紀》云：治天下當以安民爲事，而不深識於民之所以安，雖可苟救一時之敗，亦不足以制治。又於《孝文本紀》云：民數者制治之本也，民之數又非僅户數口數，更須兼知民之良莠及民之情，而官民之間一應事務又皆須假手於胥吏，若官民絶上下之通，即爲拔天下之本，是故爲上者不知民數，則不可以施治。又於《平准書》謂孝文抑末重農，是以富樂，然富樂之後無教則生侈，

景帝不善繼，不興禮讓，徒以富貽武帝，上下胥侈，武帝於是開邊封禪，桑、孔之徒跡其富之所在，壟斷取之，至使民偷甘食好衣，不事産業畜聚，衰世益貧而俗益侈，終使炎漢由盛而衰，追蹤溯源，王朝興廢均非一朝一夕之故。是書中此類史義之探討甚多，多有深意。

此本據上海辭書出版社圖書館藏清光緒刻《求志堂存稿彙編》本影印。（劉韶軍）

讀宋鑑論三卷　（清）方宗誠撰（第 451 册）

方宗誠（1818—1888），字存之，號柏堂，桐城（今安徽桐城）人。曾任棗强知縣，建正誼講舍、敬義書院，倭仁、曾國藩、胡文忠等人賞其學識，以禮相聘，辭不受。同治間，入河南巡撫嚴樹森幕府，奏疏多出其手。其任棗强縣令，即由曾國藩推薦，與李鴻章亦交往甚密。更著有《柏堂集》、《志學録》、《讀易筆記》等。事跡附見《清史列傳·方東樹傳》及馬其昶《桐城耆舊傳》卷一一。

是書爲方氏《柏堂讀書筆記》之一，分上中下三卷，論北宋諸帝及大臣爲人行事之得失。如論宋太祖即位之初，以韓通死節後周，追贈中書，以旌其忠，又嘉北漢衛融忠爲大府卿，尊崇節義如此，是以宋室多節義之士。宋之君德多昏庸，又代有權奸誤國，而常轉危爲安，歷久而後亡者，實賴節義之士維持之力。此亦太祖崇獎節義之報。又論宋太祖曾謂宰相薛居正，爲君要能正心，自致無過之地，以爲此得人君之本。是則推赤心以馭下，而宋世儒者心性理義之學，亦由此開其漸。又論李沆爲相不用浮薄親進喜事之人，此守成君主之大法，蓋以小人好生事，貪功逐利，才士亦然，而守成之主宜奉成法，以安民不擾爲上，然於開創中興之時，則當旁求奇才以興事立功，又不可祇用老成之人，恐多敷衍。此亦爲治之良法云。是書所論大抵如上，多爲總結可爲萬世法者，頗見深意。

此本據上海辭書出版社圖書館藏清光緒三

年刻《柏堂遺書》本影印。（劉韶軍）

志遠齋史話六卷　（清）楊以貞撰（第451冊）

　　楊以貞，生卒事跡不詳，是書題"歸安楊以貞鐵山著"，知其爲歸安（今浙江湖州）人，字鐵山。更著有《止焚稿》、《求艾錄》等書。

　　是書雜論各代人物史事，不按朝代與史書順序。所論一以儒家倫理爲主，如謂與虜和親非美事，石敬瑭父事契丹而興，而其後主石重貴不肯和親而亡，或者謂事值萬難之秋，不妨權宜而爲之。楊氏以爲君子寧全名而殉國，不屈節以圖存；然名節無助救國，故有爲者不妨權宜行事，而無能者又不得以此爲藉口而行苟且之事。論古史必涉統緒，習鑿齒《漢晉春秋》於三國以蜀爲正統，朱熹《通鑑綱目》承之，陳壽《三國志》則以魏爲正統，司馬光《通鑑》採用此説，後世學者聚訟不休。或者稱宋太祖以受禪立國，故《通鑑》不能以魏爲篡逆，而南宋高宗以宗室身份登基，故《綱目》又不能以蜀爲僭僞，此皆臣子爲其國君留地步。後之讀史者，須知古人作史之意云。

　　是書論及治理國家，人與法孰重孰輕，此亦學者爭論不止之事。荀勗以爲有治人無治法，士人有天下愛之者，有一人愛之者，用天下愛之者則國安，用一人愛之者則國危，是法由人定又由人用，故人重於法。於古人成敗得失，亦有評論，如謂諸葛亮鞠躬盡瘁，死而後已，祖逖渡江發誓："不清中原，有如此江"，裴度討淮西則誓不與賊俱生，三人同誓，唯裴度成功而亮、逖敗亡，朱熹以爲"人當竭力於其所當爲，而於功名事業則不可僥倖。若僅以成敗論之，則豪傑有時不如一夫"，楊氏是之。又論國家危難之時，每有一人首倡忠義，則衆人無不激發，如燕人伐齊，七十二城皆爲燕有，一王蠋不降，然後齊人靡然從之；王莽篡漢，舉天下和之，一翟義起兵討莽，於是各地起兵響應；安史作亂，二十四郡無一全者，一顏真卿首倡興復，然後諸郡聞風響應。此乃忠義之在人心，如日月常明，雖有時蔽於浮雲，而不可終蔽者猶在。此又史所常見，而後之讀史者不可不知。又謂衆人評班馬優劣，無慮數十家，其説不免繁紛，只有晉張輔之言最爲簡當。

　　又時作學術評述。如謂馬遷敍三千年事用五十萬言，班固敍二百年事用八十萬言，由此即知其間優劣。又謂朱熹治學，唯用程頤用敬與致知二義，而宋學尊德性與道問學二端包括已盡云。凡此均可資參考。

　　此本據上海辭書出版社圖書館藏清光緒二十年始豐張氏刻《暢園叢書》本影印。（劉韶軍）

諸史瑣言十六卷　（清）沈家本撰（第451冊）

　　沈家本（1840—1913），字子淳，號寄簃，歸安（今浙江湖州）人。清時曾任刑部侍郎、修訂法律大臣、大理院正卿、法部侍郎、管理京師法律學堂事務大臣、資政院副總裁等，袁世凱時任內閣司法大臣。光緒二十八年（1902），受命主持修訂律法，先後制定《欽定大清現行刑律》、《大清新刑律》、《大清民律草案》等，廢止傳統酷刑如凌遲、戮尸、刺字等。更著有《歷代刑官考》、《歷代刑法考》、《漢律摭遺》諸書，後人編成《沈寄簃先生遺書》、《枕碧樓叢書》。《清史稿》有傳。

　　是書考辨前四史文字並訓釋字義，與《史記疏證》、《漢書考正》、《漢書疏證》、《後漢書疏證》等爲一類。其卷一至卷三考《史記》，卷四至卷八考《漢書》，卷九至卷十一考《後漢書》，卷十二考《漢書》續志，卷十三至卷十六考《三國志》。

　　卷八末有沈氏識語，謂《漢書》與《史記》並多古義古字，非精通訓詁者不能讀，且書成迄今千八百年，傳寫既久，魯魚亥豕，訛謬難免，雖經前人校訂再三，而仍多闕疑。故就己所見，過而存之。如《史記·殷本紀》"帝祖丁崩,立弟沃甲之子南庚",是書以爲"弟"當作"帝",蓋祖丁爲沃甲之兄祖辛之子,故此處不得接以"弟沃甲",上文已言"帝祖辛崩,弟沃甲立,是爲帝沃甲",下文言"帝南庚崩,立帝祖丁之子陽甲",則此處作"帝"爲是。此外又考辨前四史注釋,尤以糾《史記》三家注之誤爲多,如《孔子世家》"匹夫而熒惑諸侯",《索隱》謂"經營而惑亂",蓋索隱本正文作"營惑",故注語如此。沈氏考證以爲營與熒通,此處營即熒之假借,《索隱》望文生義,所解不可從。又如《絳侯世家》"擊章邯車騎殿",殿字注中凡四解,小司馬以孫檢"下功曰殿"之説爲是,然與文義不合,顏師古《漢書·周勃傳》注據服虔説以爲殿兵,沈氏以爲當如臣瓚説,以"在軍後曰殿"爲是。凡此皆參衆説以成新考,頗可重視。

此本據上海辭書出版社圖書館藏民國間《沈寄簃先生遺書》本影印。(劉韶軍)

國史考異六卷　(清)潘檉章撰(第452冊)

潘檉章(1626—1663),字聖木,號力田,吳江(今江蘇吳江)人。明亡後隱居故鄉治學,專精史事。念明代三百年政教禮樂制度文物大備,而無有能如太史公敍述論列成一家言者,遂與友人吳炎、王錫闡、戴笠等共纂《明史記》。其先曾采有關史事及資料編成《今樂府》,復取其他明代資料排比參校,考辨是非,成《國史考異》一書,以與《明史記》相表裏。康熙二年(1663)因莊廷鑨明史案牽連,與吳炎凌遲處死於杭州,時《明史記》已撰十之六七,書稿及大量資料皆被焚毀。此外著有《松陵文獻》、《國榷》(即《明史記》初稿)等,《清代學人列傳》有傳。

是書所稱"國史"即明史,先録《明實録》所載史事,復引明代諸史書就《實録》所載加以考辨,明其訛誤,訂其是非,一絲不苟,巨細無遺。記考史實自朱元璋身世起,至永樂二十二年止。潘末撰《國史考異序》,稱"亡兄博

極群書,長於考訂,謂著書之法,莫善於司馬溫公,其爲《通鑑》,先成長編,別著《考異》,故少抵牾,蓋必如是而後爲良史",言其體例甚明。

是書引書之多,實爲明史諸書之冠,除《明實録》外,更有《太祖紀夢》、《俞本紀記録》、《皇明本記》、《統宗繩蟄録》、《解練大明帝典》、《天潢玉牒》、《天潢世系》、《皇陵碑》、《錢氏群雄事略》、《高帝紀夢》、《順帝紀》、《廟碑》、《龍鳳事跡》、《平胡録》、《鄭氏今言》、《剪勝野聞》、《國初事跡》、《太祖自序世德碑》、《元史》、《梧溪集》、《平吳録》、《鴻猷録》、《皇明通紀》、《國初事跡》、《平夏録》、《太平人物志》、《開國功臣録》、《續綱目》、《庚申外史》、《通鑑博論》、《野記》、《羅鶴記》、《一統志》、《洪武圖志》、《大明會典》、《湯和神道碑》、《逆臣録》、《諸司職掌》、《黄暐蓬軒類記》、《庚午詔書》、《鄭氏異姓諸侯傳》、《開國功臣録》、《昭示奸黨第二録》、《皇明記事録》、《史概》、《革朝志》、《奸黨録》、《高皇帝御制集》、《皇明祖訓》、《大誥三編》、《四夷考》、《舊丞相府志》、《奸黨第二録》、《洪武京城圖志》、《御制壙志》、《通紀》、《近峰聞略》等,其中多有今已不傳者,彌足珍貴。

各卷末有審定者名單,如王光承、吳騏、王烈、姚宗典、金俊明等人。

此本爲清初刻本,今藏國家圖書館,卷首有藏家題識,謂爲潘氏原刻,極爲罕覯,潘末編《功順堂叢書》,曾收入是書,即取此原刻本。(劉韶軍)

讀史札記一卷坿論學劄説十則一卷　(清)盧文弨撰(第452冊)

盧文弨(1717—1796),字召弓,一作紹弓,號磯漁,又號檠齋、抱經,晚年號弓父,原籍餘姚(今浙江餘姚),後遷居仁和(今屬杭州)人。乾隆十七年(1752)進士,先後爲翰林院

侍讀學士、廣東鄉試正考官、提督湖南學政等。後歸故里，主講江浙各地書院二十餘年。盧氏擅古籍校刊，曾校《逸周書》、《孟子音義》、《荀子》、《呂氏春秋》、《春秋繁露》、《方言》等凡二百餘種。又考訂經史子集三十八種，成《群書拾補》。另有《抱經堂集》、《儀禮注疏詳校》、《鍾山劄記》等。《清史稿》有傳。

是書所涉史書有《漢書》、《魏書》、《北史》、《南史》、《宋書》、《新唐書》、《元史》、《明史》等。各條皆出標題，如"《春秋》三傳皆出於曾子"、"《漢書》非失於限斷"等，亦有僅出書目者，如"《前漢書》卷目"、"高帝紀"、"律曆志"等，內容多爲探討史書編纂得失及字句考證。謂唐人注釋古書，多存卷目原樣而不擅改，如顏師古注《漢書》，於卷文過長者，祇分上中下，而不改動卷數，可爲後人之法。趙宋始有板印，妄人爲便於翻檢而擅改卷目，使古人史法隱晦不現。於前人史注優劣亦有評論，如《漢書·高帝紀》"公始常欲奇此女與貴人"，師古注謂"顯而異之而嫁於貴人"，盧氏以此注最得本文語意，而宋代以來有朱子文以爲"欲字宜在女字之下"，則不可從。又云今本《漢書》載朱子文及宋祁、劉攽之説甚多，大半謬妄。朱子文其人既未知其詳，而宋、劉素有學問，不當粗陋如此，故疑爲後人假托。又以南宋慶元間劉之問本濫附後人之説，明代南雍本因之，盧氏校勘則一概削去，此皆體現盧氏校書特點。

又能對比他史以見此史錯誤，如《宋書》云"沈慶之手不知書，眼不識字"，檢《南史》則云"慶之手不知書，每將署事，輒恨眼不識字"，則其意自明，亦知《宋書》多有刪節。又取文集及神道碑等資料以校史書，如用郝氏文集校出《元史·郝經傳》之誤，用郝經撰神道碑訂正《元史·何伯祥傳》之誤等。

後附《論學劄説》，據前人論學語作引申，每具卓識。

此本據清光緒劉氏刻《聚學軒叢書》本影印。（劉韶軍）

十七史商榷一百卷　（清）王鳴盛撰（第452—453冊）

王鳴盛（1722—1797），字鳳喈，一字禮堂，號西莊，晚年改號西沚，嘉定（今屬上海）人。乾隆十九年（1754）進士，歷官翰林院編修、福建鄉試主考官、內閣學士兼禮部侍郎、光祿寺卿等。後以母喪告歸，遷居蘇州，專心著述。更著有《尚書後案》、《蛾術編》、《西莊始存稿》、《西沚居士集》等。《清史稿》有傳。

是書考校《史》、《漢》以下正史，凡十九部，其中新、舊《唐書》、《五代史》皆一代之書，故宋以後習稱十七史，書後又有《綴言》二卷，論史家編纂義例。所考以汲古閣本十七史爲底本，參以明監本等，校訂文字包括諸史本文以及注文，注意區分傳寫之誤與史家之失。王氏自序謂讀史重在考典制之實，不必橫生意見，馳騁議論，故其書校僞訂逸居十七八。廣取偏霸雜史、稗官野乘、山經地志、譜牒簿錄、諸子百家、小説筆記、詩文別集、釋老異教，更能借鑒鐘鼎尊彝款識及山林冢墓、祠廟伽藍所存碑碣斷闕之文，參伍錯綜，比物連類，互相檢照。援引之博，核定之精，可謂卓絕今古。於新、舊《唐書》考校最詳，而尤邃於地理、官制、兵制、禮制、賦稅、刑法、科舉、學校等歷代制度演變。

亦間有評論，好惡與衆不同，故學者對此多有不滿，如陳垣謂王鳴盛好罵人，昔賢每遭其輕薄，謂劉向爲俗儒，謂李延壽學識淺陋，謂杜預剽竊，謂王應麟茫無定見，即當時學者如顧亭林、戴東原亦力斥之。然所論亦未可一概抹殺。如論項羽與劉邦皆觀始皇巡遊，項曰："彼可取而代也"，劉曰："嗟乎！大丈夫當如此也。"王氏以爲"項之言悍而戾，劉之言則津津然不勝其歆羨，陳勝曰'王侯將相寧有種乎'，項羽口吻正與勝同，而劉邦更出其下"。又論漢初人才已盛,稱曹參攻城野戰,身被七十創,疑其專以摧堅陷陣爲能,及其以清静爲治,遂致《畫一之歌》。申屠嘉材官蹶張,能折辱鄧通,得大臣體。漢初大亂初平,人心甫定,文學未興,風氣猶樸,而人才已盛如此,傳世之遠,所自來矣。此種議論亦屬有見。

是書成於乾隆五十二年(1787),此本據復旦大學圖書館藏清乾隆五十二年洞涇草堂刻本影印。另有廣雅書局本等。(譚漢生)

廿二史劄記三十六卷補遺一卷 (清)趙翼撰(第453冊)

趙翼(1727—1804),字雲崧,陽湖(今江蘇常州)人。乾隆二十六年(1761)進士,歷官翰林院編修、廣西鎮安知府、貴西兵備道,以廣州讞獄案降職,遂歸鄉,後隨閩浙總督李侍堯平定臺灣林爽文之叛。更著有《陔餘叢考》、《簷曝雜記》、《甌北集》、《甌北詩鈔》、《甌北詩話》等。《清史稿》有傳。

是書成於乾隆六十年(1795),考較《史記》至《明史》等二十四部正史,以新、舊《唐書》及新、舊《五代史》均各爲一代之史,故稱廿二史。所考包括史書編撰、史料來源及真僞、史書體例及異同優劣等,又論歷代政事、制度、人物等。於古今風會遞變,政事更替之有關於治亂興衰者尤其關注,多能總貫諸史,評其得失,每見卓識。如論漢初多布衣將相、漢時以經義斷事、漢代上書無忌諱、東漢功臣多近儒、漢代累世經學、東漢尚名節、六朝尚清淡之習、南朝多以寒人掌機要、北朝經學、南朝經學、唐代宦官之禍、唐代節度使之禍、五代諸帝多由軍士擁立、五代幕僚之禍、宋初考古之學、宋初嚴懲贓史、宋制祿之厚、宋祠録之制、王安石之得君、元初諸將多掠人爲私户、明祖行事多仿漢高、明初文人多不仕、明初徙民之令、明官俸最薄、明初吏治及重懲貪吏、明內閣首輔之權最重及吏部權重、明中葉才士傲誕之習、吏役至大官、明言路習氣先後

不同、明代宦官、明季遼左陣亡諸將之多、明代科場之弊、明朝米價貴賤等,皆考辨一隅,而通觀歷代史事之大要,多爲後來史學研究所借鑒。

是書考證各史編纂是非優劣以及記事乖異處,多以紀傳表志參互證明,一代有多種正史者亦會同參證,以見諸史記事之異同。至於稗官野史之與正史所載歧異之處,則不敢視爲奇書,蓋以各代修史既已棄而不取,故不可據以考證正史云。

此本據復旦大學圖書館藏清嘉慶五年湛貽堂刻本影印。(譚漢生)

廿二史考異一百卷 (清)錢大昕撰(第454冊)

錢大昕,有《元史氏族表》等,已著録。

乾嘉學者治學多由經學入手,錢大昕以治經之法治史,故成就尤著。錢氏是書序稱自《史記》、《漢書》至《金史》、《元史》,反復校勘,有所得即寫於別紙。尤以宋、遼、金、元四史用功最深,而於《元史》尤爲專精。又以《明史》爲清朝官修,故錢氏考史不及之。《舊五代史》由其門人邵晉涵輯成,未及校勘,故僅略涉之。錢氏乾隆四十年(1775)歸鄉,以治史所得編次修訂,終成此書。據《三史拾遺》書首李賡芸識語,刊成於乾隆庚子歲(1780)。

經史而外,錢氏更博涉輿地、金石、典制、天文、曆算、音韻,故能於諸史作全面研治,以糾舉疏漏,校訂訛誤。尤重於考釋各朝制度,訓釋名物字義,指正諸史傳刻之誤。所考細微縝密,凡文字衍訛,訓注不當,及一書前後牴牾或與他書矛盾處,均會通群籍,一一辨析疏通,故精見迭出,多爲後世取用。

錢氏精通古音學,多藉以考史。如《史記·五帝本紀》"徧告以言",錢氏謂古音敷如布,徧、布聲相近,即其輕唇、重唇讀通之例。《五帝本紀》"嗟四嶽",《尚書》嗟作咨,錢氏謂咨、嗟聲相近。《五帝本紀》"息慎",

鄭玄以爲息愼或謂肅愼，錢氏謂息、肅聲相近。凡此皆以聲母相同相近而互訓之例。又以古音糾正不少歷來誤讀之字，如《秦始皇本紀》"嫪毐"，嫪字讀音，《廣韻》、《集韻》、《韻會》、《正韻》等皆爲郎到切或魯刀切，今行字典標此字讀音則皆若澇，錢氏引《史記·南越傳》"嬰齊取邯鄲摎氏女"，《索隱》、《正義》均注摎音紀虯反，錢氏以爲摎作爲姓出於邯鄲，知摎即嫪，古可通用，今人讀嫪爲郎到切非是，當以紀虯反爲正，讀音如糾。

又能藉文字學以析字形，考地名演變之由來，如《夏本紀》"濟河維沇州"，錢氏謂"沇州本以沇水得名，《尚書》作兗州，由隸變立水爲横水在上，又誤三爲六耳"。所論可取。

又據同書之内不同記述考證史事，多有所發明，如《周本紀》："周太史儋見秦獻公，曰：'始周與秦國合而别，别五百載復合，合十七歲而霸王者出焉。'"錢氏指陳此語於《周本紀》、《秦本紀》、《封禪書》、《老子列傳》四處重出，而年數各有不同，《秦本紀》作七十七歲，《老子列傳》作七十歲，《周本紀》、《封禪書》則作十七歲，更以爲作七十七或七十者皆傳寫之訛，《索隱》、《正義》於《周本紀》、《封禪書》皆有注可證。後人考證老子其人其事，多據《老子列傳》所載爲證，而不及《周本紀》、《封禪書》"十七歲"之説。此説於老子考證有重要意義。

此本據復旦大學圖書館藏清乾隆四十五年刻本影印。（譚漢生）

三史拾遺五卷　（清）錢大昕撰（第454册）

錢大昕，有《元史氏族表》等，已著録。

卷首有錢氏門人李賡芸識語，謂先師錢先生耽愛史部之書，數十年間博覽群籍，撰成《廿二史考異》一百卷。嗣後又就《史記》、兩《漢書》復加考辨，而成《三史拾遺》；更有《諸史拾遺》，則再考《三國志》至《元史》。此二書補《考異》所未備，後由李氏校勘刻版，時

在嘉慶十二年（1807）云。知錢氏雖成《廿二史考異》，仍有續作，價值不在《考異》之下。

是書版心爲"考史拾遺序"，李此序又兼及《諸史拾遺》。則《三史拾遺》、《諸史拾遺》二書，李氏刊刻時統稱《考史拾遺》，錢氏於《廿二史考異》有自序，此二書無錢序，則當爲錢氏去世後由弟子編輯而成。

是書多據文字學考釋字義，兼及前人注中誤認之字。如"依鬼神以制義"條，《史記正義》："制，古制字。"錢氏以爲《説文》制字從刀未聲，字形爲左未右刀，隸變爲制，或訛爲制，則與岢旁相亂。唐人不諳六書，翻以爲古，如顏籀以克爲古悦字，不知爲荒之訛，以愻爲古莎字，不知爲忿之訛云。此説精到，可知前人以識字之誤，而致詮注有誤。又指司馬遷多識古文，故《史記》引諸書皆出先秦古書，文字多與今本不同，如《五帝本紀》"居郁夷曰暘谷"，《索隱》稱《史記》舊本作"湯谷"，今並依《尚書》字。錢氏以爲後人於《史記》如此校改而漸失其真，即湯谷一條推之，知舊本爲小司馬輩更易者當有不少。孫星衍《尚書今古文注疏》亦知"後人改爲暘谷"，然未言及錢氏先有此見。阮元《十三經注疏校勘記》對經書往往只列與該經相關校勘資料，不及錢氏此類考辨，當據是書補其未備。

錢氏每以經史互證，如《五帝本紀》"似恭漫天"，《尚書》作"象恭滔天"。孔《傳》訓滔爲漫，則與《史記》合，知作漫當屬《尚書》舊本之字。又指出後人作詩，如韓退之"唯解漫天作雪飛"句，即用《尚書》此語。又舉《夏本紀》"厥田斥鹵"，引《禹貢》及《漢書·地理志》以證"斥"爲後人妄增之衍文。又或引經證史，糾正句讀，如《夏本紀》"浮於江沱於漢"，《禹貢》無下"於"字，陸氏《釋文》云："本或作潛于漢，非。"孔穎達《正義》云："本或潛下有于，誤。"錢氏以爲據此二者則知古本《禹貢》本有"于"字，"於江沱潛"爲句，"於漢"又爲句，陸誤以"潛于漢"爲句，故云

非。此類又不僅考辨《史記》文字，又對《尚書》句讀有所指正。

錢氏考辨，多及古音學，如《屈原列傳》：“受物之汶汶者乎”，《索隱》云：汶汶音門門，猶昏暗不明。錢氏以爲古音輕脣字皆讀重脣，今粤東人讀文如門，即是楚騷讀音之遺。

是書卷一附錄宋本跋二篇，一爲淳熙丙申廣漢張杅跋，一爲淳熙辛丑畢工時澄江耿秉跋，此於考察《史記》刊刻史，頗有價值。

此本據復旦大學圖書館藏清嘉慶十二年李賡芸稻香吟館刻本影印。（劉韶軍）

諸史拾遺五卷　（清）錢大昕撰（第 455 册）

錢大昕，有《元史氏族表》等，已著錄。

是書爲《廿二史考異》後續之作，見《三史拾遺》李賡芸序。所考自《三國志》至《元史》，錢氏研治史書，始終不涉《明史》，蓋有惕於清代文字獄，而以潘檉章等人爲前鑑也。

是書尤詳於《三國志》考證，於陳景雲《三國志校誤》引用較多。所考他書亦多引前人之説，如《晉書》引李鋭、談泰、洪亮吉、崔東壁説，《梁書》引惠棟《松厓筆記》，《陳書》引趙翼，《魏書》、《南史》引陳鶴，《宋史》引馮集梧等。所引陳景雲校《三國志》之語，多未附己意。如《劉封傳》“自立阿斗爲太子已來”，僅引陳景雲曰：“斗當作升，後主一字升之，見《魏志・明帝紀》注。古升、斗字易混，觀《漢書・食貨志》可見。”未加新説。《四庫全書總目》卷四十五有《三國志辨誤》三卷提要，稱不著撰人名氏，《提要》據《蘇州府志》，知陳景雲字少章，吳江縣學生，長洲人，少從何焯游，長於考訂，著書九種，其中之一爲《三國志校誤》，疑即《四庫》所收此書，然未敢斷定，疑不能明，闕所不知。核之錢氏是書所引陳氏《校誤》，則可知確非《四庫》所收《三國志辨誤》。

是書於《廿二史考異》之後考證史書，而仍有精當處，如《三國志・毌丘儉傳》“大戰梁口”，注“梁音渴”，錢氏曰：“初疑梁字不當有渴音，後見何屺瞻校本云《册府》作‘過水口’，過水音過。”蓋渴、過一音之轉，則知梁亦有渴音，此由古音注而生疑，又校出文字之異，即錢氏能以古音學校書之例。

是書考證史事亦頗用心，如考證“單家”爲“寒門”，頗重要。《三國志・諸葛亮傳》注引《魏略》謂徐庶爲單家子，錢氏據《魏略》及《三國志・裴潛傳》注、《王肅傳》注、《王粲傳》注及《後漢書・趙壹傳》等考定所謂單家者，猶言寒門，非郡之著姓。流俗讀單爲善，疑徐庶本姓單，後改爲徐，實爲妄説。盧弼撰《三國志集解》，既引錢氏説，又引潘眉、林暢園二家之説爲之補充。

是書於《五代史》統計五代各帝所任使相。使爲節度使，相爲宰相。於後周，則使相之外又列大將姓名及官職，以見當時使相之重，爲一代特有現象。校《宋史》，則多據《金史》比校其中人名，知二史多同一人而名不同者。又考王安石享年，《王安石傳》載元祐元年卒，年六十八，錢氏據王明清《揮塵録》、吳曾《能改齋漫録》及《續資治通鑑長編》等，辨正當爲六十六。考證《元史》詳於其他各史，所考以人名、地名、官職制度爲主。錢氏一生研治史書，用力甚勤，然除《廿二史考異》外，學人論及不多，如《三史拾遺》、《諸史拾遺》二書，亦其治史之成果，不可輕忽。

此本據上海辭書出版社圖書館藏清嘉慶十二年李賡芸稻香吟館刻本影印。（劉韶軍）

讀史舉正八卷　（清）張熷撰（第 455 册）

張熷（1705—1750），字曦亮，號南漪，仁和（今屬杭州）人。與全祖望交好，所寓距全氏寓所僅一巷之隔。喜飲酒，不幸早亡，事跡見是書所載全祖望《張南漪墓誌銘》。

張氏早逝，是書草稿散亂於故紙中，全祖望整理成八卷。卷首全氏《張南漪墓志銘》，稱南漪讀書極博，説經皆有根據，熟於史，權史尤精於地志，於近人則喜顧亭林。是書就

《史》、《漢》以下至《五代史》、《宋史》、《通鑑》諸史書作考辨，非史評一類。

於《史記》，多據《漢書》考證之，如《史記·高祖本紀》"遂略韓地轘轅"，張氏以《漢書·高祖本紀》作"轘轅至陽城"，故謂《史記》此處有脫文。亦有據他書以證《史記》者，如《外戚世家》"竇廣國至宜陽，爲其主入山作炭，寒臥岸下"，張氏據《論衡·吉驗》篇，謂當作"臥炭下"。於《漢書》則據《史記》對校之，如《高帝紀》記懷王遣沛公入關，沛公"道碭至陽城與杠里"，張氏以爲潁川、汝南二郡並有陽城，去碭遠，下有"引兵到栗北攻昌邑"等語，安能先至陽城？而《史記》作"成陽"，去碭近，較合事實。又據《史記》以見《漢書》記事有刪節，如《漢書·高帝紀》"（酈）食其説沛公襲陳留"，《史記》下有"得秦積粟"四字，張氏以爲"此四字甚要，《漢書》去之非是"。又能糾《百官公卿表》之誤，如《公卿表》謂"孝惠、高后置左右丞相"，張氏以爲《酈商傳》遷右丞相，又云以右丞相擊陳豨，然則高祖已置左右丞相，不始於孝惠。於他書亦多能指摘其誤，如《後漢書·袁紹傳》"父成，五官中郎將，紹壯健，好交結，大將軍梁冀以下莫不善之"，張氏據《三國志》裴注所引《英雄記》，知壯健而與梁冀結交者，爲袁紹之父袁成，且梁冀延熹二年伏誅，袁紹於靈帝末始爲司隸，距梁冀在時已三十年，必不能與梁冀有結交之事，因知《後漢書》此處"中郎將"下誤增"紹"字。又《三國志·武帝紀》注引許子將評曹操爲"治世之能臣，亂世之奸雄"，而張氏舉《後漢書·許劭傳》，其語曰"君清平之奸賊，亂世之英雄"，知兩書所載不同。

書末有趙之謙跋，稱是書爲張氏讀史所作隨筆識語，卒後由其子抄録成帙，至乾隆五十一年（1786）由張氏再傳弟子許烺爲之雕版。其後錢大昕、王念孫考史之作問世，遂不爲世人所重，然是書亦有諸家所未及者，弗可棄。

同治八年（1869），趙氏於杭州得覽此書，光緒七年（1881）取舊本重與校刊。

此本據清光緒七年趙氏刻《仰視千七百二十九鶴齋叢書》本影印。（劉詔軍）

諸史考異十八卷　（清）洪頤煊撰（第455冊）

洪頤煊（1765—1833），字旌賢，號筠軒，晚號倦舫老人，臨海（今浙江臨海）人。與其兄坤煊、弟震煊共稱"三洪"，爲清代著名學者。阮元於杭州主持編纂《經籍纂詁》，頤煊參與其事，分纂《釋名》、《小爾雅》。嘉慶六年（1801）入阮元詁經精舍，師從孫星衍。後星衍署山東督糧道，頤煊入其幕，爲孫氏撰《孫氏書目》及《平津館讀碑記》。後曾任直隸州州判，署廣東新興縣事。阮元督兩廣時，招入幕府。洪氏藏書甚富，共三萬餘卷，另有碑版二千餘通。更著有《筠軒詩文鈔》、《台州劄記》、《倦舫書目》等，《清史稿》有傳。

洪氏仿錢大昕《廿二史考異》及《十駕齋養新録》而撰《諸史考異》及《讀書叢録》。於《史記》及兩《漢書》之考辨載入《讀書叢録》，而是書則續考《三國志》、《晉書》南北朝諸史及《隋史》，均條其異同，辨其得失，以補錢氏《廿二史考異》之闕。書前有程霖序及洪氏道光十六年（1836）自序。

洪氏讀書廣博，所考多有獨到之見，如《三國志·蜀書·劉焉傳》載"是時涼州逆賊馬相、趙祇等於綿竹縣，自號黃巾"，洪氏以爲《後漢書·劉焉傳》作"益州賊馬相"，又參下文破壞三郡皆在益州界，知馬相等當爲益州賊而非涼州賊。又謂《三國志·諸葛亮傳》載劉備屯新野時，徐庶薦諸葛亮，劉備詣請，"凡三往乃見"，而注引《魏略》則稱劉備屯樊城時，曹操方定河北，諸葛亮知荊州次當受敵，而劉表不曉軍事，亮乃北行來見劉備，劉備則以亮非舊所相識，又以其年少而不加重視。裴注以爲聞見異辭，故彼此乖背。洪氏則以爲諸葛亮與劉備相見當有兩次，初見於樊城,備未重用亮,及徐庶舉薦,則再次相見,二人始情好日密,故諸葛亮亦以後見爲感激云。

此本據上海辭書出版社圖書館藏清光緒十五年廣雅書局刻本影印。（劉詔軍）

考信録三十六卷　（清）崔述撰（第455册）

崔述（1740—1816）,字武承,號東壁,魏縣（今河北魏縣）人。乾隆二十七年（1762）舉人,後屢試不中,絶意科場,以塾師爲業。嘉慶元年（1796）選授福建羅源知縣,後調上杭,嘉慶六年（1801）致仕。著作更有《王政三大典考》、《讀風偶識》、《尚書辨僞》、《論語餘説》、《讀經餘論》、《五服異同匯考》、《易卦圖説》等。其門生陳履和撰有《崔東壁先生行略》述其生平,《清史稿》有傳。

是書題《考信録提要》,道光二年（1822）刊,有汪廷珍序及崔氏自序,又有校刊《考信録》例言九則。《提要》卷上爲釋例,卷下爲總目和自序。據所列《考信録總目》,有《考古提要》、《補上古考信録》分别論述考辨古書古史之必要及方法,闡明其書各部分大旨及體例,並考察唐、虞以前古史,此部分稱爲前録,凡四卷。後爲《唐虞考信録》、《夏考信録》、《商考信録》、《豐鎬考信録》、《洙泗考信録》,此爲正録凡二十卷,考察堯、舜、夏、商及周人前期歷史並孔子一生行事。又有後録十二卷,分《豐鎬别録》、《洙泗别録》、《孟子事實録》等篇,論述周代歷史及制度、孔子門人事迹、孟子行事年代及事跡,更有《續説》二卷,録前人史論之可取者,論東周、齊桓之事,考辨今傳《竹書紀年》爲僞書。另有《附録》二卷,敘家學淵源及師友交往,後附陳履和所撰《考信録跋》及《刻書始末》。最後爲《翼録》十卷,含《王政三大典考》、《讀風偶識》、《尚書辨僞》、《論語餘説》以及《易卦圖説》、《五服異同匯考》、《無聞集》等。全部共五十四卷,其中《讀風偶識》四卷有目而實未刻。所謂三十六卷,不包括《翼録》以下各

卷。據崔述自序,幼時讀書已發覺儒家經書傳注所言多與經文不合,而百家所記亦往往與經書有異,故對戰國以來解經講史之作産生懷疑,欲考求真實情況,以辟衆説之謬。書成後,以司馬遷曾謂"學者載籍極博,尤考信于六藝",故命名爲《考信録》。是書問世之初頗致譏諷,如唐鑑、劉鴻翱等均謂是書誕且妄,至汪廷珍爲是書作序,始稱其爲古今不可無之書,其功爲世儒不可及。其後如張維屏、劉師培、梁啟超、胡適、顧頡剛等人則交口稱讚,至謂不朽巨著,爲治古史之標準。二十世紀疑古之風盛行,是書實爲濫觴。

崔述生前曾於嘉慶六年、十一年、十四年分别刻《三代經界通考》、《三代正朔通考》、《洙泗考信録》等篇,去世後,其著作主要由陳履和刊刻行世。陳履和,雲南石屏人,乾隆五十七年（1792）與崔述相識,讀所撰《補上古考信録》、《洙泗考信録》等,深爲感佩,求爲崔氏弟子,以刊刻崔述著作爲職志。直至去世,共刻崔述著書十九種、五十四卷。

陳履和從嘉慶二年（1797）、十年、十三年、二十二年分别刊刻《補上古考信録》、《洙泗考信録》、《三代正朔通考》、《經傳禘祀通考》、《三代經界通考》、《唐虞考信録》、《夏考信録》、《商考信録》、《豐鎬考信録》等,道光二年（1822）至四年則將各篇匯刻於一書。

此本據上海辭書出版社圖書館藏清嘉慶二十二年、道光二年至四年陳履和遞刻本影印。（韋勇強）

詔令奏議類

宋朝大詔令集二百四十卷（存卷一至卷七十、卷九十四至卷一百五、卷一百十六至卷一百六十六、卷一百七十八至卷二百四十）（宋）佚名編（第456册）

是書爲北宋九朝詔令文書彙編,原名《本

朝大詔令》，又名《皇朝大詔令》。原書未著編者，據陳振孫《直齋書錄解題》、王應麟《玉海》、趙希弁《郡齋讀書附志》記載，乃由宋綬子孫編纂於宋高宗紹興年間（1133—1162），全書原有二百四十卷，現存一百九十六卷，缺卷七一至九三、一百零六至一百一十五、一百六十七至一百七十七。

是書收録宋太祖建隆年間（960—963）至宋徽宗宣和年間（1119—1125）詔令文書，見現存各卷，及三千八百餘件，分題帝統、太皇太后、皇太后、妃嬪、皇太子、皇子、親王、皇女、宗室、宰相、將帥、軍職、武臣、典禮、政事等十七門，門下分類，如《帝統》之下有“即位”、“改元”等類，其中《典禮》、《政事》二門内容尤富，類下又分諸多種類目及子目。各類目之中，按年月編次詔令。是書所録仍有遺漏，如《宋會要輯稿》所載，多有未見收録者。

是書所載詔書三分其二有繫年，無繫年者則按史事發生時間先後序列，所載可爲宋代政治、科舉、社會、經濟、外交、軍事、宗教等研究提供詳細資料。如卷二二四《天下學校諸生添治内經等御筆手詔》、《改定道階等御筆手詔》等詔令，不見於《宋會要》及其他宋代史籍，而《長編紀事本末》所載較略，是書所載最爲完整，於瞭解宋徽宗崇道有重要價值。不少詔令僅見於是書，如卷一六〇《置三司使詔》、《復三部使詔》、《復置三司使詔》、卷一六三《新定三公輔弼御筆手詔》、卷一七八《宗室俸錢御筆》等。是書於其他史書誤漏多有考訂補充，卷末陸心源跋語中稱是書“所載宋九朝典制，足補史缺者甚多，考宋代掌故者之資糧”，如《宰輔編年録》卷四、《景定建康志》卷二著録張士遜罷相出知江寧府，是書卷六六並載同一制詞二篇，其篇題下注：“與《實録》不同，重載於此。”均可與他書相參證。

是書於嘉定三年（1210）由寶謨閣直學士李大異刊刻於建寧，元、明以來即已殘缺，後僅有清代三種抄本傳世，一本流入日本，另二本一存國家圖書館，一存北京大學圖書館。

此本據國家圖書館藏清抄本影印。（李濬陽）

新編詔誥章表機要四卷　（金）郭明如編（第 457 册）

郭明如，金代人，是書題名“金川後學郭明如東明編”，知爲金川（今屬四川阿壩）人，字東明。其他事跡不詳。

是書含《擬題》二卷、《備事》二卷。史書所傳詔、誥、章、表非一覽可盡，故明如先擬題以載録兩漢與唐代君主詔、令、制、敕、命，及臣工書、表、奏章等；復據其時之先後而臚列其事之本末，使觀者有所考見，而無檢閱之勞。史書中有未明言詔誥之文而可以擬詔者，撮其要意編入此類。諸文内容見於本傳者，則以互見之例明之。

漢代官制多因秦而更改不一，明如撮取史書有關志、表及名臣列傳内容先録其官名，次釋其執掌，並於官名之沿革作簡潔敍述。所釋唐代詳於漢代，就兩漢而言詳西漢而略東漢。漢代官名變更以武帝時期爲始，於西漢時期御史大夫與部刺史、東漢時期少府卿介紹尤詳，對於研究漢代官制的演變有重要作用。釋唐代官制，先敍尚書省之沿革，更分列其職務，而後吏、户、禮、兵、刑、工六部分列，六部内又以侍郎、各部郎中、員外郎及分司員外郎之序明其職務。其次門下省、中書省，先敍其沿革，再分列其職務，復次敍集賢殿、史館、秘書省、殿中省、御史臺、九寺卿、國子監、國子學、大學、廣文館、四門館、律學、書學、算學、東宮官、翰林院、外官設置時間及沿革，又分別述録其歸屬及執掌官員名謂。

此本據南京圖書館藏金刻本影印。（李濬陽）

皇明詔令二十一卷　（第 457 册）

是書不著撰人，有後序一篇，爲嘉靖十八年

（1539）都察院右副都御史濟南人黃臣撰，稱奉命至兩浙，浙之傅監司曰鳳翔者出所刻《皇明詔書》相示，又所錄各帝王卷末多有"嘉靖二十七年浙江布政使司校補"字樣，知是書初由傅鳳翔刊刻，後由浙江布政使司校補。時當嘉靖中。

是書收錄明太祖起兵至嘉靖年敕書詔令，卷一至卷三爲太祖時期詔書，最早者頒於韓林兒龍鳳十二年（1366），有《討張士誠令》、《撫諭浙西吏民令》、《諭中原檄》等，之後爲太祖洪武年間詔令。太祖敕令，多用當時口語，如《戒諭武臣敕》、《諭武臣恤軍敕》、《戒諭管軍官敕》、《御製軍人護身敕》等，又多引用歷史人物故事作戒諭，如《戒諭管軍官敕》，引用樊噲、鉏麑、申鳴、張飛、尉遲敬德、唐琦、金日磾、紀信、薛仁貴、王彥章、鍾會、僕固懷恩等人故事，以白話說故事，以輔戒諭，有以見太祖貼近下層民衆之特點。使用口語頒詔者，太祖後亦未絶跡，如明成祖永樂七年《諭天下武臣敕》及嘉靖皇帝《宣諭承天府百姓》等即是。此類口語詔書在歷代並不多見，頗具史學與文學價值。

是書所收詔書，按諸帝在位時間前後編次，卷四至卷六爲成祖，卷七爲仁宗，卷八、九爲宣宗，卷十爲英宗，卷十一爲景皇帝，卷十三、四又爲英宗，卷十五、六爲憲宗，卷十七爲孝宗，卷十八爲武宗，卷十九至二十一爲嘉靖皇帝，所收詔書截止於嘉靖二十六年。

此本據華東師範大學圖書館藏明嘉靖十八年傅鳳翔刻二十七年浙江布政司增修本影印。（李濬陽）

皇明詔制十卷　（明）孔貞運輯（第457—458冊）

孔貞運（1574—1644），字開仲，號玉橫，句容（今江蘇句容）人，後居池州建德（今安徽東至），爲孔子第六十三代孫。萬曆四十七年（1619）進士，後授翰林院編修，天啓間，與修金、元兩朝《實録》。崇禎間，任國子監祭酒、南京禮部侍郎、北京吏部左侍郎、禮部尚書、東閣大學士等，代張至發爲輔相。崇禎卒後，貞運悲痛而亡。更編有《詞林典類》等。《明史》有傳。

卷首有自序，撰於崇禎七年（1634），時爲南京禮部右侍郎，因得見故府歷朝詔制，懼有散佚，於是恭爲編輯。謂明代詔書分爲七類：詔、誥、制、敕、册、諭、書。又謂高祖時曾命宋濂纂修《日曆》，貯之金匱，副在秘書，濂以爲所編《日曆》藏在天府，人不可見，故請更輯一書以傳天下後世，高祖賜名《寶訓》，貞運謂今輯是書，即取宋濂刊布《寶訓》之義，以俾天下後世瞭解明代諸帝治國情形云。

所錄起洪武初年至崇禎三年（1630），內容廣涉登基、册立太子、皇后、祭祀、遺詔以及國家各種大事，按帝王先後及其年月編次，卷一收太祖詔，其中《即位詔》、《封高麗國王詔》、《封占城國王詔》、《諭安南占城息争詔》、《諭帖木兒來歸詔》、《以金陵大梁爲南北京詔》、《諭日本國王詔》等，均爲明代初期重要治國文獻，可窺治國規模及鄰邦關係之要略。其他諸帝詔書，亦皆可與正史配合，作爲明史研究之重要史料。

此本據南京圖書館藏明崇禎七年刻本影印。（李濬陽）

大清詔令八卷　（第458冊）

是書不著撰人，當爲官修。

是書收錄清代順治及康熙二帝所頒詔書，卷一至卷四爲順治，卷五至卷八爲康熙。清代詔書，内含豐富，如卷一《定鼎建號詔》，順治元年（1644）十月初十頒布，舉凡對親王及其子孫、開國諸臣及將領之封賞，前明降清官紳之獎勵，各類犯罪及奸貪官吏之懲治，出征兵丁之赦免及存恤，地畝錢糧之登記徵解，各地税收之規定，京城兵民之居住遷移，丁銀之徵免，軍民子弟差役之蠲免，鰥寡孤獨之撫恤,孝子順孫義夫節婦之旌表,各級文官之實授及子弟蔭封,隱逸之士及才士之任用,會試之規定,各地學生之恩撫,國子監學生之規則,前朝勳臣宗室之安撫,各地軍隊之規定等等皆有諭旨。卷一又有《平定陝西詔》、《平定江南詔》,內容均與此相似,蓋鼎革之初,爲安撫人心之故也。

是書所收詔書,除舉行祭祀、册封皇后太子、宮殿告成等例行公事外,多關乎當時重大事件,如順治八年親政詔、十一年地震修省詔、十八年順治遺詔以及康熙即位詔、親政詔、平噶爾旦詔、廢斥東宮又復立東宮再廢東宮詔及康熙遺詔等,相關內容遠較正史翔實。

此本據國家圖書館藏清抄本影印。(李濬陽)

天命詔旨書一卷　（第458册）

是書與此後之《頒行詔書》、《太平詔書》,同爲太平天國自行刻印者,其撰作時間在太平天國早期,內容、語句平實簡樸。太平天國刻印之書籍,皆由洪秀全御覽後旨准刊刻發行,統稱"旨准頒行詔書"。此三書卷首均有"旨准頒行詔書總目",包括《天父上帝言題皇詔》、《天父下凡詔書》、《天命詔旨書》、《舊遺詔聖書》、《新遺詔聖書》、《天條書》、《太平詔書》、《太平禮制》、《太平軍目》、《太平條規》、《頒行詔書》、《頒行曆書》、《三字經》、《幼學詩》十四部。三書封面均題"太平天國壬子二年新刻",正文首葉都有"旨准"方印。

太平天國有其獨特紀年法,以辛開元年（1851）、壬子二年（1852）、癸好三年（1853）、甲寅四年（1854）等爲序,知三書初刻於1852年,爲金田起義之次年。癸好三年二月,天國定都天京後,成立詔書衙、詔命衙、鐫刻衙、刷書衙等機構,大量刻印圖書,而是書刻於此前,爲太平天國初期重要資料。

是書所載爲洪秀全早期對太平軍之訓戒,分別標明年月地點,如"辛開三月十八日在東鄉"一條,爲天父與衆小對話,其中要求衆

小認得天父天兄,又稱天父曰:"我差爾主下凡作天王,他出一言是天命,爾等要遵,爾等要真心扶主顧王,不得大膽放肆,不得怠慢也。若不顧主顧王,一個都難也。"諸如此類,均有以見天國初期群衆宣傳之情形。

此本據復旦大學圖書館藏民國十五年北京大學出版部影印《太平天國史料》第一集本影印。(李濬陽)

頒行詔書一卷　（第458册）

是書與前之《天命詔旨書》同爲太平天國壬子二年新刻圖書,封面有"太平天國禾乃師贖病主左輔正軍師東王楊,右弼又正軍師西王蕭奏准頒行詔書"字樣,版心爲"頒行詔書"。正文首頁有"旨准"方印。是書收文三篇,即《爲奉天誅妖救世安民》、《爲奉天討胡檄布四方》、《諭救一切天生天養》。第一篇宣稱皇上帝如何救世安民,如謂皇上帝曾四次大怒,首怒而於四十晝夜間大雨連降,二怒則救以色列出麥西國,三怒則令救世主耶穌降生,猶大國替世人贖罪受苦,四怒爲丁酉歲皇上帝遣天使,接天王升天,命誅妖,又差天王作主救人,戊申歲三月上主皇上帝降凡。其理論爲反滿,稱"今滿妖咸豐原屬胡奴,乃我中國世讎,率人類變妖類,拜邪神,逆真神,皇上帝天所不容,所必誅者也"。所謂"真神",即指天父皇上帝。

《爲奉天討胡檄布四方》具體説明清政府如何變亂中國制度、言語而使貪官污吏布滿天下,使中國之人貧窮。又稱如今官以賄得,刑以錢免,富兒當權,豪傑絶望,是使中國英俊抑鬱而死。又稱"予興義兵,上爲上帝報瞞天之讎,下爲中國解下首之苦,務其肅清胡氛,同享太平之樂"。

《諭救一切天生天養》則告諭一切中國民人,爲上帝子女,肉身是父母所生,靈魂則上帝所生,上帝乃天下萬國人民親爺,聲稱天下一家、四海皆兄弟等,救民人不拜魔鬼而拜上

帝,擒斬妖胡,認識上帝親爺脱鬼成人云。

此本據復旦大學圖書館藏民國十五年北京大學出版部影印《太平天國史料》第一集本影印。(李瀋陽)

太平詔書一卷　(第 458 册)

是書與前二書均爲太平天國壬子二年新刻之旨准頒行詔書,是書收録洪秀全於道光二十四年(1844)至二十六年所撰《原道救世歌》、《原道醒世訓》、《原道覺世訓》,其初版尚有《百正歌》一篇,壬子新刻時删之,又削去《救世歌》等三篇中儒家内容,易名爲《原道救世詔》、《原道醒世詔》、《原道覺世詔》,彙集刊發。

三篇皆用歌謠體宣傳洪秀全拜上帝及反清思想。《原道救世詔》教人戒絶淫、忤、杀、盗賊、巫覡、賭博及食洋煙等惡行,聲稱"天父上帝人人共"、"普天之下皆兄弟"、"上帝視之皆赤子",用以激勵農民信從上帝教。《原道醒世詔》稱皇上帝爲"天下凡間大共之父",而天下凡間實爲一家,不可存此疆彼界之私,不可起爾吞我併之念,號召天下兄弟姊妹,作中流底柱,挽已倒之狂瀾,救乖漓澆薄之世,以求"天下一家,共享太平"。《原道覺世詔》又教人勿信佛老之徒,認爲佛道二教"造出無數怪誕邪説,迷惑害累世人",而於"閻羅妖"及其妖徒鬼卒"當共擊滅之"。又稱天父上帝才是"帝",清朝皇帝"他是何人,敢覥稱帝"?"自秦漢至今一二千年,幾多凡人靈魂被這閻羅妖纏捉魔害",激勵人民信從"皇上帝"反對"閻羅妖"。

此本據民國二十四年國立編譯館影印《太平天國叢書》第一集本影印。(李瀋陽)

荆川先生右編四十卷　(明)唐順之編纂 劉曰寧補遺　(第 459—460 册)

唐順之(1507—1560),字應德,一字義修,號荆川,武進(今屬江蘇常州)人。嘉靖八年

(1529)會試第一,改庶吉士,後調兵部主事。時倭寇屢犯沿海,順之以兵部郎中督師浙江,後遷右僉都御史,學者稱"荆川先生"。順之從王畿學,聞良知之説,學究源委,於經史技藝造詣精深。更著有《荆川集》,輯有《文編》、《武編》、《史纂左編》、《荆川稗編》、《諸儒語要》等。《明史》有傳。

劉曰寧,生卒未詳,字幼安,南昌(今江西南昌)人。萬曆十七年(1589)進士,爲庶吉士,授編修,進右中允,直皇長子講幄。後爲右諭德,掌南京翰林院,遷國子祭酒。仕終禮部右侍郎,協理詹事府。《明史》有傳。

順之編纂是書未成而殁,萬曆中焦竑得其殘本,由劉曰寧、朱國楨爲之編定且補其遺軼,而後付梓。書名《右編》,取右史記言之義。當時大夫學士争觀其書,紙爲之貴。其卷一至卷四爲綜述,卷五至卷四十爲分述,又分君、相、將、鎮、夷等細目,共二十一門九十子目,輯録漢、唐、宋、元大臣奏摺。是書雖取右史記言之義,然非"記言"一義所能概,而有以見唐順之學以經世態度,其分類自治道而下,次以君相、宫閫、儲嗣、公主、外戚、宦官、佞幸、奸邪、朋黨,由治而亂,用意深而寓指微,初非簡單分類記言。卷首有葉向高序,謂是書"徵事則得失且存,辨人則忠佞如見",欲"備黼座之箴規,勒千秋之鑒戒",則順之編纂是書用意頗深。

此本據復旦大學圖書館藏明萬曆三十三年南京國子監刻本影印。(李瀋陽)

右編補十卷　(明)姚文蔚編(第 460—461 册)

姚文蔚,字養穀,錢塘(今屬浙江杭州)人。萬曆二十年(1592)進士,選庶吉士,官至南京太僕寺少卿。更著有《周易旁注會通》、《省括編》等。見《四庫全書總目》經類存目《周易旁注會通》提要。

唐順之纂《右編》未竟而殁,嗣後劉曰寧、朱國楨據焦竑所得殘本補遺,仍多闕略。姚

文蔚乃據《名臣奏議》磨勘異同，又得劉、朱二人所佚而切中時務者三百餘首，成書題曰《右編補》。卷首載黃汝亨、劉伸、鮑國忠諸家序及自序，正文體例仿《右編》，篇目分類，一仍奏議之舊，而增以標題，與《右編》相爲經緯。題爲君德、治道、法祖、經國等四十三門類。據姚氏自序，時人稱是書有四善：一爲切近當世，爲當時諸事對證之良方；二爲列代皇帝命官纂輯之意，可使人人見之，於今仍有實用；三爲是編所載，多爲史不盡傳、世不傳者，可使天下士得讀人間未聞之書；四則使《右編》一書終爲大全而無憾。是書所載漢至元代奏疏，多保留當時大臣關於國家社會事務之論議，較後人所編史書更切實，所論則更詳明，實能補正史之不足，可與唐順之所編合讀。

此本據上海圖書館藏明萬曆三十九年劉伸等刻本影印。（李潘陽）

古奏議不分卷　（明）黃汝亨輯（第461冊）

黃汝亨（1558—1626），字貞父，仁和（今屬浙江杭州）人。萬曆二十六年（1598）進士，除進賢知縣，授南京工部主事，後任禮部郎中、江西提學僉事等職。更著有《寓林集》、《天目遊記》、《廉吏傳》等。《（雍正）浙江通志》卷一七八有傳。

是書不分卷，署“江夏黃汝亨貞父甫評選”，卷首載吳之鯨引言，正文以朝代爲綱，以歷代人物爲目，輯録戰國及秦、漢、唐、宋四朝奏議，始於蘇秦《説趙肅侯》，終於曾鞏《講官儀》，凡一百一十首。所録廣及經濟、政治、河務等事，關係國計民生。其例則先撮其題名，下注作者，奏議末則加以評論，以小字與正文區别。所評多有獨到之見，如賈誼《論積貯》，歷來視爲名疏，而汝亨以爲驅遊民歸農，並非積貯至計，且疏中又未詳所以驅游歸農之法，因以前後同類奏議所論相較，以見賈論之疏略。其評蘇轍《論冗兵》則稱減

冗兵之策有饒將帥以財，使養間諜，此亦兵中一算，然不如其兄所言練軍教戰之策，又從根本而論，則至計無如充國屯田云。諸如此類，確能發人深思，引爲參考。是書重在評論前人所發議論，而未就具體問題提出編者新見，因知編書目的在收集資料，附加論列，而不在深入探討諸種治國問題。《四庫全書總目》詔令奏議類存目以爲戰國時蘇秦、范雎、韓非所論，皆爲辯士功利之談，編者當斥其詭譎，而未宜列爲古奏議之始，此言似未得編者之義。吳之鯨引言則稱是書之作可令天下未知讀史者及有意讀史而未能辨全書者，由此而窺其一斑，不失爲史書之一體，宜爲後世研治歷史者所重視。

此本據北京大學圖書館藏明萬曆二十九年吳德聚刻本影印。（李潘陽）

歷代名臣奏疏六卷　（明）王錫爵輯（第461冊）

王錫爵（1534—1614），字元馭，號荊石，太倉（今江蘇太倉）人。嘉靖四十一年（1562）會試第一、廷試第二，授翰林院編修，後官國子監祭酒、侍講學士、禮部右侍郎、禮部尚書兼文淵閣大學士，參與機務。萬曆二十一年（1593），入閣爲首輔。萬曆三十五年引疾歸休。更著有《左傳釋義評苑》、《召見紀事》、《王錫爵詩文集》等。《明史》有傳。

是書署“明大學士荊石王錫爵精選”，體例非以類相從，乃用編年體，按時代先後順序排列，收録上古至元代名臣奏疏，始於《關龍逢直諫》，訖元許衡《陳時務五事》。所録奏議，或爲原文，或僅撮其大意，題名下標注上書年月，又概述上疏背景。所録取材廣泛，舉凡歷代政治得失、典制沿革、用人賞罰，無不收録。是書之編纂，既與明代中後期輯録奏議之風有關，亦與當時内憂外患，士大夫經世意識切合。

此本據吉林大學圖書館藏明萬曆刻本影印。（李潘陽）

歷朝茶馬奏議不分卷　（清）廖攀龍等輯（第461冊）

廖攀龍，生平未詳，據書中題銜，知其順治二年（1645）至三年爲陝西巡茶御史兼轄蜀楚茶務諸事。《（雍正）甘肅通志》卷二八“巡茶御史”下有“廖攀龍”條，稱其爲保昌（今廣東南雄）人。

是書無序及題跋，收錄清初順治二年至順治十年有關茶馬奏議，凡二十九篇，每篇均附以詔書答覆。其中收錄廖攀龍奏議十六篇，所論皆明清鼎革之初陝蜀等地茶馬貿易事務。所收史詒奏疏一篇，寫於順治四年八月。史氏時任廣西道監察御史，其奏議名爲《爲請職掌以便尊守事》，所論爲茶馬官吏體制及其職責，爲研究當時茶馬官制重要史料。又收姜圖南茶馬奏議十篇，作於順治八至九年，姜氏時任巡視陝西茶馬監察御史，所奏論及茶馬管制之弊，有以見當時茶馬走私之嚴重，及相應對策。由此類奏疏可知清初尚未制訂茶法，而沿用明代《會典》之舊規。此外又有王道新任陝西巡茶御史時所上奏疏，論及打擊走私及清軍各營缺馬，乃至軍隊有人私自以茶易馬事。諸如此類，均爲清初茶法馬政重要資料。明代茶馬大臣徐彥登曾編輯《歷朝茶馬奏議》，收錄唐至明萬曆年間歷朝茶馬奏議，是書則沿用其名，並補清初茶馬奏議，可合而讀之。

是書流傳甚稀，此本據北京大學圖書館藏清初刻本影印。（李濬陽）

秦漢書疏十八卷　（明）吳國倫校（第462冊）

吳國倫（1524—1593），字明卿，號川樓子、南嶽山人等，興國（今湖北陽新）人。嘉靖二十九年（1550）進士。後爲中書舍人、兵科給事中，因忤嚴嵩，謫江西按察司知事，後任建寧同知、河南左參政等。吳國倫爲嘉靖、萬曆間著名文人，與李攀龍、王世貞、謝榛、宗臣、梁有譽、徐中行等並稱“後七子”。更著有《甔甄洞稿》、《春秋世譜》、《訓初小鑒》等。《明史》有傳。

卷首有聶豹序，正文分爲《秦書疏》、《西漢書疏》、《東漢書疏》。《秦書疏》三卷，名雖作“秦”，實則收錄戰國時秦、齊、楚、趙、魏、燕等國大臣之奏疏，始於司馬錯《説秦惠王伐蜀》，終於燕樂毅《報燕惠王書》，涉及地域既廣，所論世事亦多，然此類多載於其他史書，並無新意。《西漢書疏》六卷，編年排列，以西漢帝王爲綱，收錄漢高帝至漢平帝時西漢大臣上疏，始於漢高帝時張良《諫沛公居秦宮》，終於漢哀帝時郅惲《上書諫王莽歸漢神器》。《東漢書疏》九卷，收錄漢光武至劉蜀後主期間大臣上疏，始於耿純《勸光武即位》，終於昝隆《乞立諸葛亮廟表》。

所錄按時間先後繫於帝王之下，各疏皆注解來歷，如《西漢書疏》卷一張良《諫沛公居秦宮》下注曰：“沛公初入秦宮，宮室、帷帳、狗馬、重寶、婦女以千數，意欲留居之。樊噲諫不聽，張良諫曰”云云，由此可知奏疏時間與背景，有助於理解疏文内容。是書之輯錄，反映明代復古思潮，如聶豹序稱“欲復古治，當復古文，不得三代而思兩漢，有志於古者，每扼腕焉”，故又可視爲研究明代中期古文運動之資料。

此本據上海圖書館藏明嘉靖三十七年吳國倫刻本影印。（李濬陽）

兩漢書疏十六卷　（明）周瑾輯（第462冊）

周瑾，字廷璋，縉雲（今屬浙江麗水）人，生平未詳。

是書包括《西漢書疏》、《東漢書疏》，以時代先後爲序，輯錄兩漢間賈山、鄒陽、枚乘、路溫舒等人奏疏。每篇疏前注明作者，並作簡介，又有奏疏緣起説明，正文中或有詞語注解，疏末注明詔答。《西漢書疏》八卷，始於劉向《上孝元帝變事》，終於師丹《上孝哀皇帝書》，除大臣奏疏外，亦有草野之人上書，如卷四收録壺關三老《上孝武皇帝書》。《東漢書疏》八卷,始於寇榮《上孝桓皇帝書》,終於譙玄《上孝成皇帝書》。所録雖以古雅爲準則,意在爲學習漢唐古文者提供範本,然於疏中所論治國之事亦有所發明,如謂"正心以正朝廷,正朝廷以正百官",又謂於太子則宜盡早諭教,慎選左右,重視帝王之德,以爲天德無私親,順之和起,逆之害生。要之皆爲治國要言,而行文婉而諷,頌而規,特立而道不渝,盡言而主不怒,亦明代古文家"文以載道"家法。

此本據國家圖書館藏明弘治八年林俊刻本影印。(李濬陽)

皇明疏議輯略三十七卷　(明) 張瀚輯 (第462—463 册)

張瀚(1510—1593),字子文,仁和(今屬浙江杭州)人。嘉靖十四年(1535)進士,後爲南京工部主事、廬州及大名知府。蒙古瓦剌俺答圍京師時,朝廷徵畿輔民兵入衛,張瀚徵得八十人,以功屢遷陝西左布政使、右副御史、陝西巡撫、吏部尚書等。更著有《松窗夢語》等。《明史》有傳。

彙編明代名臣奏疏,始於黄訓《皇明名臣經濟録》,其書收輯洪武至嘉靖九朝大臣奏疏,分題開國、保治、内閣、吏部、户部、禮部、兵部、刑部、工部、都察院通政司大理寺等類,各類下又有子目,内容涉及明代治國諸多方面,然其書屬於草創,未臻完備,其後有陳九德加以改編,而張瀚又重加整理,斥削十之五,增補十之三,重訂凡例,仿《宋名臣奏議》編成是書。門類有所改變,分題君道、聖學、修省、釐正、納諫、史職、銓選、考課、財計、賦役、征權、漕運、荒政、禮儀、律曆、陵廟、祀典、制舉、學校、武備、征伐、撫治、馬政、禦邊、議獄、屯田、河渠、營繕、風紀、糾劾三十門,收録自洪武至正德間奏疏三百餘篇。各奏疏先撮其題名,復注明上疏人,按時代先後排列,各類則以諸臣立朝先後爲序,間亦有續收錯入者,則不盡拘時間先後。其中《禦邊》一類,共有五卷,份量最重。是書所收關涉軍國大計及民生休戚,所謂天人之孚應,邪正之區分,夷夏之安攘,刑賞之懲勸,利害之行罷,財用之統要,禮刑之綱目,無不該載,由此可以考見明代二百年間之政化風俗及國勢人情。

此本據南京圖書館藏明嘉靖三十年大名府刻本影印。(李濬陽)

皇明疏鈔七十卷　(明) 孫旬輯 (第463—464 册)

孫旬,生卒不詳,字若穆,號滸西,萊陽(今山東萊陽)人。萬曆二年(1574)進士,授行人,擢陝西道御史,又巡鹽浙江,能裁抑強藩,貴戚宦寺弗敢行私。累遷大理少卿,以母憂歸卒。《(雍正)山東通志》卷二八有傳。

孫氏任官暇時,常據史館中秘閣所藏書以及臺省所下章奏,手爲鈔録,最終編定成書,凡七十卷,收奏疏二千六百七十五條。分題君道、聖學、法祖、儲貳、宗藩、好尚、巡幸、玩賞、貢獻、命令、爵賞、修省、弼違、厘正、國是、時政、援直、禮臣、用人、財用、賦役、征權、漕運、輿圖、禮儀、律曆、學校、風俗、武備、邊防、征討、彌盜、江防、馬政、屯田、刑獄、河渠、風紀、忠節、外戚、近幸、權奸等四十餘類,收録明初至隆慶間大臣奏疏。每疏先撮其題名,復注明上疏人。其内容於君道、時政尤詳,又能關注世道官場弊端。所收各大臣奏疏,較爲完備,可與《明史》相校。

此本據上海圖書館藏明萬曆十二年自刻本影印。(李濬陽)

皇明兩朝疏抄二十卷　(明) 賈三近輯 (第465 册)

賈三近(1534—1592),字德修,號石葵,別號石屋山人,嶧縣(今山東棗莊)人。隆慶二年(1568)進士,選庶吉士,累官至兵部右侍郎等。著作多已散佚,賈氏譜載僅有奏疏、雜文三十餘篇及詩詞碑記十餘篇等。《明史》有傳。

張瀚《皇明疏議輯略》所收僅至正德朝,賈三近以吏部任職之便,繼續抄録嘉靖、隆慶間奏疏,又多方訪求海内名宦,如楊繼盛、海瑞等激昂骨鯁之士,敢於直陳闕政、力詆權奸,輯成《明臣奏疏彙編》二十卷。所載始於嘉靖元年(1522),訖於隆慶六年(1572),以補《皇明疏議輯略》所未備。然未及付梓,而有顧爾行《皇明兩朝疏鈔》行世,雜以近年新貴之疏,賈氏更就此而芟除十之四,新增十之三,又取其已成之作彙合成書。分題君道、聖學、法祖、儲貳、宮闈、宗藩、巡遊、命令、差遣、禮臣、召對、好尚、修省、弼違、時政、貢獻、厘弊、爵賞、國是、用人、援直、表忠、旌功、崇節、財計、邊事、武備、外戚、議禮、民隱、輿地、河渠、曆律、刑獄、糾劾三十五類,收録嘉靖、隆慶兩朝五十年間明代大臣奏疏凡三百餘道。編排順序,先朝廷後庶事,依抄謄早晚之序排列。每道奏疏先撮題名,復注上疏之人。所收多有《皇明經濟録》、《皇明疏議輯略》所未載者。按前此已有《經濟録》、《疏議輯略》,與之重複者則概不重録。是書選擇簡練,於瞭解嘉靖、隆慶兩朝政治、軍事、民生,及研究明中期政治和社會狀況頗有參考價值。

此本據北京大學圖書館藏明萬曆十四年蔣科等刻本影印。(李濬陽)

皇明嘉隆疏抄二十二卷嘉隆新例附萬曆六卷

(明) 張鹵輯 (第466—467 册)

張鹵,生卒不詳,字召和,號滸東,儀豐(今河南蘭考)人。嘉靖三十八年(1559)進士,後任右副都御史,巡撫保定,拜大理卿,以忤張居正左遷南京太常寺卿。著有《滸東集》。《嘉慶重修一統志·開封府》有傳。

是書體例,倣黃訓《皇明名臣經濟録》及張

瀚《疏議輯略》,以類相從,分題君道、聖學、法祖、儲貳等三十七類,收録奏疏四百餘篇。各條先撮其題名,下注作者。所收僅限嘉靖、隆慶兩朝,《經濟録》及《疏議輯略》已經收載者,則不重録。是書輯成,此後奏疏彙編各書,大都沿用其分類。惟所載止據省署舊録,中多脱落,而記憶所聞海内所傳佳疏,近年諸名公雄謨讜論在人耳目者,則多未備。賈三近《重校嘉隆疏鈔序》嘗謂顧爾行《皇明兩朝疏鈔》所收雜而不類,張鹵《嘉隆疏鈔》所收則攘而不完。是書所收奏疏,與賈三近《皇明兩朝疏抄》多有重複,亦時有不同,故可互見,以補未備。

《嘉隆新例》刊於萬曆年間,輯録嘉靖、隆慶及萬曆元年至六年所定新例三百三十八條,按吏、户、禮、兵、刑、工六例分類逐年排列,其中吏、户、兵、刑類爲數較多,而以嘉靖朝爲最。可以全面瞭解嘉靖、隆慶、萬曆三朝所定條例及其沿革,爲研究當時法規習俗之重要史料。

此本據上海圖書館藏明萬曆刻本影印。(李濬陽)

皇明留臺奏議二十卷 (明) 朱吾弼 (明) 李雲鵠等輯 (第467 册)

朱吾弼,生卒不詳,字諧卿,高安(今江西廬陵)人。明萬曆十七年(1589)進士,後官南京御史、南京光禄少卿、大理右丞,熹宗時,任南京太僕寺卿,天啓間爲御史吳裕中劾罷。更著有《密林漫稿》、《朱子奏議》等。《明史》有傳。

李雲鵠,生卒不詳,字黃羽,内鄉(今河南内鄉)人。是書參與編輯者尚有蕭如松、孫居相二人。蕭如松,字鶴侶,内江(今四川内江)人,孫居相,沁水(今山西沁水)人,李、蕭、孫三人皆爲萬曆壬辰年(1592)進士,編輯是書時皆爲南京御史,故得與朱吾弼共襄是事。

留臺,即明王朝遷都北京後,留置於舊都南京之官署。是書輯正德、嘉靖、隆慶、萬曆四朝南京御史所上奏疏,其中多有編者四人自撰者,《四庫全書總目》詔令奏議類存目提要譏爲露才揚己。全書分題君道、修省、好尚(差遣)、儲貳等二十類。各奏題下,詳具作者與上奏日期。內容關涉軍國大計、民生休戚,如礦稅、財儲、兵防等。是書僅收明代中期奏疏,洪武、永樂以來掌故所藏諸臣章疏,則逸存相半,間或有所刪次。謝國楨《江浙訪書記》稱是書多存明嘉靖、萬曆以來政局史料,爲陳子龍、徐孚遠所編《明經世文編》之先聲。

此本據南京圖書館藏明萬曆三十三年刻本影印。(李滻陽)

萬曆疏鈔五十卷　(明)吳亮輯(第468—469冊)

吳亮,生卒不詳,字采於,武進(今江蘇武進)人。萬曆二十九年(1601)進士,曾任御史、大理少御。尚志節,與顧憲成諸人友善。更著有《毗陵人品記》、《名世編》等。事蹟附見《明史·吳中行傳》。

是書有萬曆三十七年(1609)錢一本、顧憲成、吳亮序,知其成書於此時,又有"萬全都司儒學教授李廷光、訓導劉好謙對同"一行,知其刻於萬全。是書收錄隆慶六年(1572)至萬曆三十六年大臣奏疏,以類相從,分題聖治、聖德、國本、政本等五十類,各類中按時間先後編列,各疏下,先撮其題名,名下注明奏者及其官職與上奏時間。吳亮編纂此書,意在保存四十年中情僞微曖,事勢鼎革,尤於怙淫邪遁之害,特加注意,期以綱維世道,以歸平康正直之路。疏鈔一類,以輯存當時者爲難,是書能於萬曆時存萬曆疏奏,昭君過而不隱,彰國失而不諱,實屬難得。編者又有"逢被言諸君之瘴怒,恐毒痛怨恨及其子孫"之虞,知是書所錄已經觸及當時權臣,而禍害將或隨之。明知如此,仍編錄不輟,故更爲可貴。

此本據上海圖書館藏明萬曆三十七年刻本影印。(李滻陽)

神廟留中奏疏彙要四十卷　(明)董其昌輯(第470—471冊)

董其昌(1555—1636),字玄宰,號思白,又號香光居士,華亭(今上海松江)人。萬曆十六年(1588)進士,官至禮部尚書,更著有《畫禪室隨筆》、《容臺集》、《畫旨》等。《明史》有傳。

留中,指皇帝留置臣工奏疏於內廷,不作批答。明天啓二年(1622),董其昌與修《神宗實錄》,因得廣搜博采留中奏疏及遺事,編爲《萬曆事實纂要》三百卷。又將四十八年間留中之疏,凡關於國本、藩封、人材、風俗、河渠、食貨、吏治、邊防而議論精鑒、可爲後事師者,別爲選擇,更集關於請求朝講、祭祀、起用遺佚、罷礦稅、補廢官、蠲內帑者,彙爲一編,即《神廟留中奏疏彙要》。

卷首載董氏《進神廟留中奏疏彙要表》,說明彙編是書旨意所在,全書分類以六部爲別,計吏部八卷、戶部八卷、禮部四卷、兵部十二卷、刑部四卷、工部四卷、目錄一卷。收錄奏疏自萬曆十三年(1585)至萬曆四十八年,凡三百零一件。其中言官奏疏一百六十件,包括六科給事中奏疏及御史奏疏,其餘多爲部卿、督撫之疏,而內閣大學士疏僅見一件。各疏前先具上奏日期、上奏者官職、姓名,疏文後題以董氏筆斷,評章朝廷命官,主張臣工上疏獻替,當以辨是非爲主,無所見則應闕之。於諸條奏疏所論,亦有獨到評論,如評蕭雲舉《爲紀綱漸弛官常浸壞疏》,謂此疏八議有"獎恬懲貪"一項,以爲"既謂之恬,則先容者寡,其誰獎? 既謂之貪,則同利者多,誰其懲? 人習見恬者之無益,貪者之不敗,則世變風移不可冀",頗有深意。

是書送交史館後即被擱置,明世未曾刊行,清代又遭禁毀,隱没三百多年,至民國方得面世。此本據北京大學圖書館藏清抄本影印。(李瀋陽)

國朝奏疏四十八卷　(清)　朱橒輯(第471—472册)

朱橒,蕭山(今浙江蕭山)人,生平不詳。

是書爲清代奏疏彙編,朱橒以廷臣建議密勿難聞,祇能據公卿遺集及歷年邸報,收集大臣名言讜論,擇其有關國計民生者,陸續抄存,積二十餘年,始編次成書,雖蒐羅未富,亦足以見清代治道之大端。是書所收奏疏,或係輾轉傳抄,或出遠年遺集,間有佚其官職及闕其姓氏者,未能盡加補足,故仍有闕疑。全書分題賚揚、職制、典儀、武備、政教、刑法、賦役、經野八類,其下又分題慶祝、禎祥、進獻、陳謝等三十三目。類目之中,以時間先後次列,以知制度之原委,章程之因革,間有遺其年份而無可稽考者,則量事度時以加編次。各疏下則詳具上奏日期與作者簡介。奏議難以分類者,則據其内容,歸於各類,如《請毀前明逆閹墓碑》,附於《糾劾》。所收奏疏,原係陸續抄存,初未慮及各類繁簡多寡,故編集時又設分編、合編、附編以爲權宜。如吏治與官箴,兵餉與屯田,以所收繁多,則本應合而分之,而選舉與糾劾,制禮與作樂,以所收太少,則實應分而合之。是書能據多種資料收集清代大臣奏疏,彙爲一編,於研究清代政治及相關人物,均有參考價值。

此本據國家圖書館藏清抄本影印。(李瀋陽)

皇清奏議六十八卷續編四卷　(第473册)

據《大清會典》卷七十,《皇清奏議》最早編纂當在乾隆十年(1745),《宮史續編》著録《皇清奏議》四十册,時間斷自順治元年(1644)至乾隆九年,可知四十册當是乾隆十年所編,之後延至光緒,又代有續編。

是書爲清代國史館史臣奉敕所編清前期奏議總集,編纂體例因事爲類目,類目之下按年代先後編次,始於順治元年宋權《敬獻治平三策》,訖乾隆六十年蘇楞額《酌籌淮北加運章程疏》,共收奏議五百八十一件,各疏下詳具上奏日期與作者。多與時政關係密切,如卷一宋權《敬獻治平三策》,分別爲"請立崇禎廟號以彰至德"、"盡裁加派弊政以蘇民生"、"廣羅四方賢才以佐上理",於清初社會狀況有具體描述,而所獻三策亦有助於穩定清初政權,爭取前明士人支持。卷五十七熊學鵬《請嚴私修之書之例疏》則論及各省所纂通志均已進呈朝廷,而各地府州縣志,則多爲地方官自行修纂刊布,至有以修志爲名,向當地士紳攤派費用者,而士紳亦借修志而行私,地方官徇其所囑,任意編纂。由此可知前人所編方志不盡可信,其中多有曲筆。雖然,是書既由國史館史臣所編,則於保存清初文獻實有貢獻,史料價值較高。

是書問世,又有羅振玉據清内府藏抄本,補入嘉慶元年(1796)至十年奏疏三十一件,名爲《續皇清奏議》,凡四卷,附於正編之後,體例與正編一致,以石印刊刻於旅順。

此本據民國影印本影印。(李瀋陽)

注陸宣公奏議十五卷　(唐)　陸贄撰　(宋)郎曄注(第474册)

陸贄(754—805),字敬輿,嘉興(今浙江嘉興)人,唐代宗大曆五年(770)進士,又中博學宏辭科,先後任華州鄭縣尉、渭南縣主簿、監察御史。唐德宗時爲翰林學士,朱泚亂中,隨德宗奔奉天,貞元七年(791),拜兵部侍郎,次年遷中書侍郎、同門下平章事,十年,以裴延齡等構陷罷相,次年,貶忠州别駕。順宗時卒,謚宣,贈兵部尚書。有《陸宣公集》傳世。兩《唐書》有傳。

郎曄,錢塘(今屬浙江杭州)人,宋孝宗淳熙十四年(1187)特奏得官,後任迪功郎、紹興府嵊縣主簿。爲張九成弟子，以儒學知名，録張九成論學言論，編爲《横浦日新録》，又編《經進三蘇文集事略》等。事見宋黄震《黄氏日抄》卷四二、明凌迪知《萬姓統譜》卷五一等。

按《四庫全書·集部·别集類》已收陸贄《翰苑集》二十二卷，内含《制誥》十卷、《奏草》六卷、《中書奏議》六卷，《四部叢刊》影宋本《唐陸宣公翰苑集》同。以此郎注《陸宣公奏議集》與庫本、叢刊本《翰苑集》比照，此本不收《制誥》十卷，而其《奏議》十五卷同於《翰苑集》之《奏草》、《中書奏議》共十二卷，唯目次有小異。此本目録列六十二條，《翰苑集》之《奏草》、《中書奏議》共收五十四條，其條數之差在於《翰苑集》有數條合爲一條者，郎氏注本則將所合者分出。如《翰苑集》卷二十《論左降官準赦合量移事三狀》，郎曄將此三狀分成三條，遂多出二條。郎注《奏議》卷十四之五十六《均節賦税恤百姓六條》及以下其一至其六共七條，《翰苑集》則共爲一條，則郎注奏議又多六條，故雖總較《翰苑集》多八條，而其實一也。又郎注目録所列六十二條中“均節賦税恤百姓六條”一條，乃以下其一至其六之總名，可知目録所列六十二條實爲六十一條。

上述二本之異同關係，可由歷代著録暨二本所録序跋探知。按《新唐書·藝文志》首載陸氏同時稍後人韋處厚所纂陸氏《議論表疏集》十二卷、《翰苑集》十卷，則二者合二十二卷，與全本《翰苑集》卷數正同。按翰苑，即翰林院。唐翰林學士“掌制詔書策”，則韋纂《翰苑集》十卷，以與“議論表疏”分别，專收陸氏任翰林學士期間所作制誥類文。兹檢今本《翰苑集》二十二卷，其前十卷《制誥》所收文正爲制、詔、書、策四類，起興元年，終貞元八年陸氏罷學士，晉中書侍郎、門下同平章事前，可證上説。

韋氏后，權德輿重編陸集，並爲之序。序稱陸“秉筆内署”，有《制誥集》十卷，又“潤色之餘，論思獻納”，則有《奏草》七卷，“其在相位也”，則有《中書奏議》七卷。又稱“公之文集，有詩文賦集，表狀爲别集十五卷。其關於時政，昭昭然與金石不朽者，惟制誥乎？雖已流行，多謬編次，今以類相從，冠於編首”云云。權編宋時已佚，上引序文，語意亦欠明晰。細按之，當謂其所見陸氏“文集”有詩文賦集，其表狀又别爲十五卷。蓋所云别集，非今義一家文集之謂，乃相别於文集之爲正編而言者。至若所稱《制誥集》一十卷、《奏草》七卷、《中書奏議》七卷，當爲權氏重編“以類相從，冠於編首”者；又就“公之文集”至“冠於編首”云云觀之，則權氏重編本當於上述制誥等三類之下，更收有詩文賦集等而總名之曰“文集”。所惜今存陸文以上三類之外，其他詩文僅鱗爪而已。

以權編與韋編相較，權編《制誥集》十卷，當同於韋編《翰苑集》十卷；權編《奏草》七卷、《中書奏議》七卷，凡十四卷，應略當於韋編《議論表疏集》十二卷，唯卷數增二。參以今存《奏議集》十五卷，與今存《翰苑集》之《奏草》六卷、《中書奏議》六卷（共十二卷），兩本卷數有異，而篇目盡同，則權編之奏議類二種凡十四卷較之韋編議論表疏十二卷，雖有增益董理，然大抵當本於韋編。又韋、權二氏，均未以《翰苑集》總名陸集，庫本、叢刊本《翰苑集》二十二卷，卷名本於權本，而卷數一同韋編，疑當以權氏編次爲大本，而其卷數則返韋編之初。尤袤《遂初堂書目》所列作“翰苑集”，又錢曾《讀書敏求記》載所見有宋槧本《翰苑集》，則可推知，以“翰苑集”名權氏所編制誥、奏議（二類）等三類當起於南宋，蓋以未明韋編《翰苑集》專以翰苑之執掌“制詔書策”爲名，而非指陸氏充翰林學士期間專掌之外之奏狀，更未明“中書奏議”類已是陸氏罷學士而爲相後所作也。其所名未當，固亦可知；而所録權序易名《翰苑集序》，更屬擅改。

郎氏注本《奏議集》十五卷,所録權序名《陸宣公文集序》,當爲權序本名。又録有元祐八年(1093)蘇軾《進讀奏議劄子》,參以所附元至正甲午翠辰精舍刊本題記稱"中興奏議,本堂刊行",則知剗取權編之《奏草》、《中書奏議》而編爲《陸宣公奏議》,當始於蘇軾,郎注本既録蘇氏《進讀奏議劄子》,則當以蘇編《奏議》爲大本。唯蘇劄但稱"欲取其奏議,稍加校正,繕寫進呈",而未及卷次。參以《郡齋》録有陸氏《奏議》十二卷;《直齋》載《陸宣公文集》二十二卷,又正同於韋纂二種與今存《翰苑集》之卷數,則陳氏所見本所收奏議亦當爲十二卷;又《郡齋》更稱"舊有《牓子集》三卷、《議論集》三卷、《翰苑集》十卷,元祐中蘇子瞻乞校正進呈,改從今名"云云。按晁氏去蘇氏未遠,則頗疑蘇氏以一本之奏議類十二卷,又一本之《議論集》三卷,校正繕寫而合爲十五卷本《奏議集》,是當爲郎注所本云。

綜上所析,陸氏詩文賦類之佚而僅存片羽,所存者唯奏議、制誥二類。宋以後所存版本系統有二,均成於宋世:其一專録奏議,有十二卷、十五卷兩種,其卷次雖異,而篇目無二;其二奏議、制誥並録,爲二十二卷:制誥類十卷,奏議類十二卷,分爲《奏草》、《中書奏議》各六卷,其卷名仍權德輿所編本,而書名,有仍權氏作"文集"者,有誤以專指制誥之"翰苑集"移稱文集者。《四庫》館臣以題作《奏議集》者爲失,而主《翰苑集》之名,實未明二本之源流,更未知"翰苑集"之本意,不足爲訓。

以上二系統當以二十二卷本爲較早,其專取其中奏議而別爲《奏議集》者,當以北宋中葉後國事日蹙、黨爭復熾,士夫皆以經濟之士、骨鯁之臣自任,故尤推陸氏奏議之宏肆切著,而不以制誥之藻辭典雅爲重。蘇軾劄子稱"如贄之論,開卷瞭然,聚古今之精英,實

治亂之龜鑒",可"得聖言之幽遠,而去末學之支離";郎氏表稱陸氏奏議"值德宗當艱難之初,勢雖危疑,動必剴切,無片言不合於理,靡一事或失於機","斯皆治道之急務,固亦聖主所優爲";參以司馬光《通鑑》,采陸氏奏議達三十九條之多,由是可知宋人別裁陸氏奏議成書,有以見唐宋國情士風實同中有異。故《四庫》雖已録《翰苑集》,而《續修》更收入《奏議集》,蓋有以明源流而察世情云。

郎氏所作注,於各條前有總述,明上疏緣由、所涉事跡,並論奏議内容要點。於奏議正文中夾有小字注,欄上亦時加註語,解釋奏議中所涉制度、地理、史實、典故等,使後人閱讀陸氏奏議可於不明處明之、晦暗處顯之,於理解陸氏奏議多有幫助。以陸氏奏議在陸氏文集中份量最多,故郎氏此注於研究今本《翰苑集》亦有參考價值。是書所載權氏、蘇氏、郎氏序及《進書表》等,於考察陸贄文集之内容、名稱、編纂情況及版刻源流亦多有參助。

此本據國家圖書館藏元至正十四年劉氏翠巖精舍刻本影印。(劉韶軍)

石林奏議十五卷　(宋)葉夢得撰 (第474册)

葉夢得(1077—1148),字少蘊,長洲(今屬江蘇蘇州)人。紹聖四年(1097)進士,累官至福建安撫使。以與監司不合而致仕,於汴山之陽築石林精舍,因號石林居士,時稱石林先生。更著有《建康集》、《石林詞》、《石林詩話》、《石林燕語》、《避暑録話》等。《宋史》有傳。

是書收録葉夢得南渡後歷官奏疏,分應天尹、兩浙西路安撫使、户部侍郎、翰林學士、户部尚書、尚書左丞、罷政家居、江南西路安撫使、江南東路安撫大使兼壽春府滁濠廬和州無爲軍宣撫使、提舉臨安府洞霄宮、江南東路安撫制置大使、福建路安撫使十二類。卷末有陸心源光緒乙酉年撰"校勘記",稱"原本有灼然誤字,校改得二十",卷首有陸心源

《重刊石林奏議敘》，又從《文獻通考》二百四十七卷錄出《附錄石林志愧集自序》附於書後。是書所載奏議，於國家政治之設施規畫，均能綱舉目張，切近事實，並非士人空言救國之論。

是書爲夢得第三子所編，至南宋寧宗開禧（1205—1207）間由其從孫刻版印行，清道光間重刻，光緒時陸心源重刻。《宋史·藝文志》、《直齋書錄解題》、《文淵閣書目》、《汲古閣叢書》雖皆有著錄，然世所罕見，《四庫》亦未采用。

此本據復旦大學圖書館藏清光緒十一年陸心源皕宋樓影宋刻本影印。（李濱陽）

宋丞相李忠定公奏議六十九卷附錄九卷

（宋）李綱撰（第474—475冊）

李綱（1083—1140），字伯紀，號梁溪，邵武（今福建邵武）人。宋徽宗政和二年（1112）進士，累官至監察御史兼權殿中侍御史，靖康元年（1126）金兵侵攻汴京，任京城四壁守御使，建炎初，拜尚書右僕射兼中書侍郎。更著有《易傳》、《論語詳說》、《靖康傳信錄》等。《宋史》有傳。

是書分正錄、附錄。正錄前有陳俊卿序及朱熹後序。朱熹稱李綱卒後，諸子集其平生奏草而成是書，共八十卷，而今僅六十九卷，恐已非原書全貌。所收奏疏，均先撮其題名，又以小字注明上疏背景，疏後或附以御批。是書所論，朱熹評爲"其言正大明白而纖微曲折，究極事情，絶去彫飾，而變化開闔，卓犖奇偉，前後二十餘年，事變不同，而所守一說，如出於立談指顧之間"，陳俊卿亦稱其疏"明白條暢，反覆曲折，其敘成敗利害，灼然如在目前，宜乎感悟明主之聽而亟從之也"。

書後又有附錄九卷，前三卷收《靖康傳信錄》、《建炎進退志》、《建炎時政記》，卷四爲擬撰表本，卷五至卷九爲擬詔及擬制。

此本據上海圖書館藏明正德十一年胡文静蕭泮刻本影印。（李濱陽）

宋特進左丞相許國公奏議四卷 （宋）吳潛撰（第475冊）

吳潛（1196—1262），字毅夫，號履齋，宣州寧國（今安徽寧國）人。嘉定十年（1217）進士，官至參知政事、右丞相兼樞密使、左丞相，封許國公，後爲賈似道排擠而罷相，謫建昌軍，又徙潮州、循州。更著有《履齋先生遺集》、《履齋先生詩餘》等。《宋史》有傳。

是書不見於《履齋先生遺集》。《澹生堂藏書》卷十二著錄"《吳許國公奏議》四冊四卷"。《繡穀亭薰習錄·集部》有"《吳丞相奏議》六卷，宋特進左丞相許國公吳潛毅夫著，明惠副、十二世孫伯與編刻，萬曆壬辰沈懋學及十一世孫詔柏並序"。清陸心源《儀顧堂集》有《許國公奏議跋》："各家書目均未著錄，先師朱述之太守從溧水吳氏後裔傳錄，遂傳於世。"

是書無序跋，錄吳氏理宗朝奏議六十三篇，起紹定，迄景定，按時間先後編次，書末附《上謝恩表》。所收奏疏頗具史料價值。如卷二《奏乞廢隆慶府進賢縣土坊鎮以免抑勒酒稅害民之擾》稱"酒者初無釀造，亦無發賣"，卻"係於鎮戶，量其家第之高下，抑令納錢，一戶或四五十文，或三十文，或七八文，以是爲月解"，此條頗有助於瞭解宋代酒榷制度。所論亦時有卓見，如對於蒙古逼迫，趙葵、趙範等人主張"恃險而守"，欲以潼關、黃河爲屏障阻擋蒙古軍南下，吳潛奏論："黃河自潼關到清河（今江蘇淮陰西南）三千餘里，須用兵十五萬，又須百戰堅忍之人，乃可持久歲月，今南兵及忠義等兵，決不能持久。"持論可稱切實。《宋史》本傳於吳潛奏議或有摘錄，本書可與互參。

此本據南京圖書館藏清抄本影印。（李濱陽）

太平金鏡策八卷(存卷三至卷六)　(元)趙天麟撰(第475冊)

趙天麟,生卒不詳,東平(今山東東平)人,自稱東平布衣,僑居夏邑(今河南夏邑)。博學能文,舉鄉貢,元世祖時以布衣進《太平金鏡策》八卷,評商政事,元末爲臨江府同知,陳友諒攻陷其城,不屈而死。明代贈天水郡伯,立祠於南昌。《(雍正)江西通志》卷六一、《明一統志》卷二三有傳。

是書原八卷,分別題爲"建八極以固天下之大業"、"修八政以振天下之宏綱"、"運八樞以公天下之爵禄"、"樹八事以豐天下之食貨"、"暢八脈以鼓天下之正風"、"宣八令以達天下之恩威"、"示八法以清天下之刑賞"、"舉八要以壯天下之財力",卷各八篇,合計六十四篇,綜論當時國家事務。今本僅存三至六卷,已非全帙。所上諸策,對照《元朝典故編年考》及明楊士奇《歷代名臣奏議》所收,知皆爲元世祖時所獻方策。所論多有獨到之見,如論人材,可分爲九科八材二十六等;論官制,當革藩鎮諸侯之專,中書當任公卿大臣;論選法,當以賢能爲先,稱職是尚,不計資序淺深;論王公大人占民田千頃,而不耕不稼,謂之草場,專放孳畜。又記述泰山進香自宋以來日益興盛,有倡優戲謔之徒、貨殖屠沽之子,每年春四月雲聚,不遠千里而來。諸如此類,皆於元史政治、社會研究頗具價值。《四庫全書總目》詔令奏議類存目提要稱是書文皆儷偶之詞,無所建白,語意弇鄙,有詭題以炫俗目之嫌。所評過苛,不足爲據。

《(乾隆)山東通志》卷三十五載趙天麟《進金鏡策表》,而是書不收,可補其闕。

此本據國家圖書館藏元刻本影印。(李濬陽)

葉文莊公奏議四十卷　(明)葉盛撰(第475冊)

葉盛(1420—1474),字與中,號蛻庵,崑山(今江蘇崑山)人。正統十年(1445)進士,歷官兵科給事中、右參政、右僉都御史、禮部侍郎等。更著有《菉竹堂書目》、《菉竹堂稿》、《水東日記》等。《明史》有傳。

是書初由葉盛之孫衡州府同知葉淇校定,後由盛六世孫重華重加編校刊印,卷首有崇禎四年(1631)鄭以偉序。全書收葉盛奏議四種,其一爲任兵科給事中時之《西垣奏草》,九卷,前有景泰三年(1452)自序,所奏自正統十三年(1448)至景泰三年,卷九後有六世孫國華跋,國華即重華之兄。其二爲任山西參政協贊軍務時之《邊奏存稿》,七卷,有天順元年(1457)自序,所奏自景泰三年至七年。其三爲任巡撫兩廣時之《兩廣奏草》,十六卷,前有嘉靖辛亥(1551)張寰序,所奏自天順二年至八年。其四《上谷奏草》,八卷,所奏自天順八年至成化三年,末頁有破損而缺字。

各疏後詳具上奏日期,或附詔答。其内容於瞭解明代中期政治、明廷與南方少數民族關係等,均有參考價值。如《兩廣奏草》云:"兩廣將官,各無統攝。東省惟曰,廣西流賊貽害廣東,失機之罪廣東受之;西省則言,各守地方,止能本處剿賊,不能照管別境。東省若謂廣西撲剿致賊流劫,西省則言界内賊徒如何不剿?甚至廣東以西將爲放賊,廣西以東將爲怯懦。謗毀日增,遂成嫌隙,爾我不顧。若非臣等極力調和,誤事不特今日。"可知明代兩廣軍事之混亂。以至總鎮失威,朝廷已無能有效管轄。

此本據國家圖書館藏明崇禎四年葉氏賜書樓刻本影印。(李濬陽)

晉溪本兵敷奏十四卷　(明)王瓊撰(第475—476冊)

王瓊(1459—1532),字德華,號晉溪,別署雙溪老人,太原(今山西太原)人。成化二十年(1484)進士,先後爲工部主事、兵部尚書兼右都御史、提督陝西三邊軍務,軍功頗著。更著有《北邊事蹟》、《户部奏議》、《西番事蹟》、《雙溪雜記》等。《明史》有傳。

卷首有嘉靖二十三年(1544)山西按察司提學副使廖希顔序,及正德十四年(1519)兵部右侍郎楊廷儀序,敍述王氏主持兵部事務功績及全書原委,謂瓊在水部有《漕河圖志》,在户部有《四科十三司條例》,爲户部尚書則有《户部奏議》,任三邊總制時又有《環召新疏》,而於正德十年至十五年間任兵部尚書,遂有是書。卷一至卷十二,以當時行政區劃爲綱,歷述各地用兵形勢,復續以奏議,均詳具上奏日期與詔答。其卷十三則述清軍、驛傳、馬政三類,卷十四爲雜行,分述相關軍務事項,與前述各地用兵事務經緯相輔。按瓊任兵部尚書當正德末年,時權倖專權,四方多事,各地多有反叛事變,如薊州有朵顔之變,江西有醴源之變,大同有打魚川之變,他如孝豐之湯毛九,閩地漳州之詹師富,山西孝義之武廷章,乃至府江兩岸、郴桂橫水,各起叛兵。瓊能内攄忠赤,外竭勤勞,使北虜挫衄而遁伏不敢南向,而閩廣、湖蜀、江浙據深山大箐屢攻不破之寇,次第削平。他如宸濠之勘定,吐番之畈降,均稱社稷之功。其奏疏所論,則就事論事,條分縷析,初非紙上空論,而可補正史之不足。

卷末有陝西承宣布政使司左參議潘高嘉靖二十三年跋,稱王氏兵部奏議先由有司刻於都下,然有四卷未成。高於嘉靖十九年欲刊補以成全帙而未果,二十三年至太原,有東雩先生廖希顔取京板以歸,又由高之外舅内泉翁處得所校四卷,遂托太守江公以其俸刻之云。惟是書所載僅爲王氏主持兵部事務之常見者,而當時廟謨之密及論諫之大者則多已散逸,不免有憾。

此本據北京圖書館藏明嘉靖二十三年廖希顔刻本影印。（李瀋陽）

密勿稿三卷　（明）毛紀撰（第476册）

毛紀(1463—1545),字維之,號敖峰逸叟,掖縣（今山東萊州）人。成化二十三年(1487)進士,後爲庶吉士、翰林學士、禮部尚書、東閣大學士、户部尚書、武英殿大學士,嘉靖初年爲首輔。更著有《歸田雜識》、《辭榮録》、《鰲峰類稿》等。《明史》有傳。

是書爲毛氏任職内閣時所進奏疏、題本、揭帖之彙集。密勿謂朝廷機密政務,或又作黽勉,指勤勉努力於機密政務而不敢告勞。是書三卷,卷一收明武宗正德北巡時所上二十五道,自正德十二年(1517)九月至十四年三月。卷二收明武宗南征時十四道,自正德十四年八月至十六年二月。卷三收嘉靖初政時十七道,自正德十六年四月至嘉靖三年(1524)七月。各篇前題以“題”、“奏”、“揭貼”等,文末注明上疏年月。

是書爲毛紀歸田後據舊稿手定,前有毛氏嘉靖九年識語,謂在内閣時凡有謀議,必具以上告,正德末年,權倖蠱惑,武皇數出巡狩,未久又以逆藩之亂,故長久在外,百司馳奏,未免稽滯,毛氏居守内閣,夙夜憂勞,數年間迎請調護,章疏頗多,此後至嘉靖即位,章疏多由毛氏起草擬就。凡所論議,均不事文藻,簡明和婉,以期皇上讀而易悟。原本多留宫中,外人多未之知。而歸田家居以來,檢閲舊稿,彙輯成此一書。或謂當如昔人焚去諫草而不宜傳世,毛氏以爲草可焚而跡不可掩,故此類舉動意似避名,實則欲蓋彌彰。已身居密勿之地,朝夕輔養君德,隨事匡持,惟恐有所遺闕,所謂盡心而已,亦不可稱爲諫,故於當時之事宜加保存記録,以示不敢忘云。

書前有提督四夷館太常寺卿同修國史劉棟嘉靖十六年序,稱是書爲毛公在内閣時爲皇上朝夕啟沃之言,其中轉移機括大略可見,又非尋常獻納之言可比。而毛氏爲四朝元老,於君上能隨事進規,不計小嫌,務存大體,合乎古大臣以道事君之義。明代曾有李賢《天順日録》及李東陽《燕對録》,而毛氏是書可與二録並傳。書末又有萊州府知府前南京廣西道監察御史仲選跋,謂毛氏諸疏可比漢代賈誼、董仲舒,唐代陸贄,宋代范仲淹、歐陽修諸人,然數君子之言當時未必盡行,而毛氏歷事四朝,經綸密勿垂二十餘年,奏疏所言盡能施行,非前代君子上疏而未能行者可比,可謂不動聲色而措天下於泰山之安,其言其行,自有不同之處。

此本據天津圖書館藏明嘉靖十六年刻本影印。(李滬陽)

南宫奏議三十卷　(明)　嚴嵩撰(第476冊)

嚴嵩(1480—1566),字惟中,號介溪,分宜(今江西分宜)人。弘治十八年(1505)進士,後爲翰林院庶吉士、編修,嘉靖時期先後任禮部右侍郎、吏部左侍郎、南京禮部尚書、吏部尚書、武英殿大學士,又代夏言爲内閣首輔。更著有《鈐山堂集》。《明史》有傳。

是書輯録嘉靖十五年(1536)至二十一年嚴嵩任職禮部時之奏議,以類繫事,分題大禮、大儀、大慶、大恤、大狩、郊社、宗廟、陵寢、祀典、朝賀、燕享、修省、宗藩、學校、教胄、選舉、拜典、官政、褒勸、存問、恩恤、夷情等類,所收奏議凡二百七十七件,廣涉當時朝廷各項禮儀政務,而禮樂、祭祀爲古代國家重大事項,故所議以此二類爲最詳,凡嘉靖時禮樂之興修、裡祀之秩敘、政教之設施、四夷之朝貢,無不備具。如嘉靖朝有"大禮儀"之争,書中所載《奉旨以獻皇帝配帝覆議》、《獻皇帝稱宗大禮請會官復議》、《獻皇帝稱大宗禮議》、《遵照御制或問獻皇帝附廟文皇帝稱祖議》、《請奉獻皇帝主於特廟祫享於太廟議》等,均爲此事而發,值得參考。此外有關朝廷典禮章程、時政彝教、法紀邊情亦多有涉及。卷首有張璧、唐龍、徐階等人序,多有溢美之詞,不足爲據。

此本據國家圖書館藏明嘉靖二十四年嚴氏

鈐山堂刻本影印。(李滬陽)

鄭端簡公奏議十四卷　(明)　鄭曉撰(第476—477冊)

鄭曉,有《吾學編》,已著録。

是書所録奏議據鄭曉所任職務不同分爲三類,卷一至卷十爲任職淮陽時所上,卷十一爲任職兵部時所上,卷十二至十四爲任職刑部時所上,均在嘉靖年間。各篇皆注明上疏時職銜及所在地點。時沿海多虞,東南騷動,糧運不暢,饑饉薦臻,鄭氏兼督漕儲,議築議濬,請餉請兵,增張官吏,控制要害,機宜畢協,故以戰則克,以守則完。鄭氏先後在朝廷及地方任職,熟稔東南倭亂,卷一《重大倭寇乞處錢糧疏》、《十分緊急倭寇疏》、《擒斬倭寇疏》等,詳載倭寇犯亂之時間、地點及其人數以及官府剿殺戰果,有以見嘉靖中期朝廷處理東南沿海事務之格局。

此本據上海圖書館藏明隆慶項氏萬卷堂刻本影印。(李滬陽)

楊襄毅公本兵疏議二十四卷　(明)　楊博撰(第477冊)

楊博(1509—1574),字惟約,蒲州(今山西永濟)人。嘉靖八年(1529)進士,歷任陝西盩厔、長安知縣,兵部武庫主事,職方郎中,山東提學副使及督糧參政,右僉都御史,巡撫甘肅,左副都御使,兵部右侍郎,兵部、吏部尚書等,經略薊州、保定、遼東、山西等地軍務。更著有《楊太宰獻納稿》。《明史》有傳。

是書收録楊博所上有關兵部事務之奏摺,卷首有其子士俊所上《恭請先襄毅公本兵奏議序狀》,述是書編纂原委。所收奏疏自嘉靖三十四年(1556)至隆慶六年(1572)。其中嘉靖三十四年四月至三十五年正月爲三卷,嘉靖三十八年十二月至四十五年十月十七卷,隆慶五年七月至六年六月四卷。各篇後詳具上奏日期與詔答。俊士稱,楊博生平宦業半在樞笑,始爲郎署,繼任卿貳,晚年以太宰視大司馬事,奏牘累數萬言,而是書搜選僅存十之三四。博長期巡守邊關,有實戰經驗,所奏廣及當時邊關山川地勢、民情風俗、駐軍人數及軍隊戰力強弱等事,李汶前序稱楊氏所疏於當時德威揚厲、戰守關鑰、賞罰幾鑒、軍師戍卒、山川要害,均有詳論,可據以考察嘉靖後期至隆慶年間中國北方邊防及朝廷軍隊情況。

此本據浙江圖書館藏明萬曆十四年師貞堂刻本影印。(李濬陽)

臺省疏稿八卷　(明) 張瀚撰 (第 478 冊)

張瀚,有《皇明疏議輯略》,已著錄。

張瀚出鎮多地,由關中至兩淮、兩粤,是書所收即瀚出鎮各地所上奏疏,類分爲賀謝、關中、漕運、兩廣,爲當時案牘文章,奏疏前後不具日期與詔答。卷首有王宗沐序,稱天下以兵、食爲最大,而是書所論議者均有關二事,爲朝廷籌畫,可爲後世楷法。所論廣及籌邊、撫夷、征剿、儲峙、舉賢紬不肖等事,如論陝西事務,以爲宜加重省會兵防,並興建水利,更提出對策五道:慎任將領以需成功、申嚴盤結以防不虞、添設防修以固城守、請給關防以革奸弊、議懇荒田以實塞下,均切實可行。所論用兵之策,如制勝莫先於選將,良將莫先於知兵,兵將之情,上下團結,而後得其死力。諸如之類,頗得要領。

此本據北京大學圖書館藏明萬曆二年吳道明刻本影印。(李濬陽)

沖庵顧先生撫遼奏議二十卷　(明) 顧養謙撰 (第 478 冊)

顧養謙(1537—1604),字益卿、沖庵,南直隸通州 (今江蘇南通) 人。嘉靖四十四年 (1565) 進士,先後任戶部侍郎、總督薊遼兼經略、工部主事、浙江右參議、薊州鎮兵備、右僉都御史、巡撫遼東等,後以戰功升右副都御史,又任南京戶部右侍郎、兵部左侍郎、薊遼總督兼經略朝鮮軍務、右都御史兼工部右侍郎、右都御史兼兵部左侍郎等。於明代中後期長期擔任軍政要職,爲人倜儻豪邁,以才武稱於薊遼。《(乾隆) 大清一統志》卷七三有傳。

顧氏萬曆十三年 (1585) 任遼東巡撫,至十七年任南京戶部侍郎,是書按編年方式收錄顧氏此期奏疏。自《辭陞遼東巡撫疏》至《舉劾武職官疏》,凡九十餘道,各疏後或詳具詔答。書前有王世貞《大司馬沖庵顧公撫遼疏敍》,稱近世之善言邊事者,於西北有楊一清,於東北則爲翁萬達,於南方則爲王陽明。此後能集諸家之長,則爲顧氏撫遼之疏,其疏每上,天子輒命衆官司合議,而無不朝上夕許,可知所奏切合事理,可稱允當。所疏內容涉及明萬曆時期在遼東與滿洲衝突,於當時遼東軍事部署,滿族社會狀況及其兵力,滿族與他民族關係以及各方戰況、損耗等,均有詳述。如卷二載《議改文武官員職銜》疏,稱遼東兩河之間,二千餘里之內,出處受敵,日夜臥薪嘗膽,披甲枕戈以待,猶不能給。有以見當時處於守勢,尚力有不逮。以爲邊疆之事,當以任人爲急,擇材而用,畫地而守,優之以名號,假之以事權,與之以其所樂就,責之以其所能爲,如是而人效其長,成功可期云。此類論議,皆經驗之談,切實可取。是書與熊廷弼《按遼疏稿》等,皆爲研究明後期東北戰事之重要資料。

此本據上海圖書館藏明萬曆刻本影印。(李濬陽)

小司馬奏草六卷　(明) 項篤壽撰 (第 478 冊)

項篤壽(1521—1586),字子長,秀水 (今浙江嘉興) 人。嘉靖四十一年 (1562) 進士,累官至兵部郎中。酷愛聚書,每見秘笈,輒請抄手過錄,貯之萬卷樓中。更著有《今獻備遺》、《金史論贊》等。傳見《獻徵錄》卷九九。

小司馬，爲《周禮》夏官大司馬之屬官，北周時曾設此職，隋以後兵部侍郎及郎中別稱小司馬。是書即爲項氏任職兵部郎中時覆議内外陳奏之奏疏，分《駕部稿》一卷及《職方稿》五卷，各疏後詳具上奏日期並附以詔答。項氏官兵部時，朝廷面臨"南備粵，北備胡"局面，項氏之對策，多與世俗之議相左，如議者以爲南兵不可以北，項氏則曰不盡然，以兵貴勇力，而不必分南北，唯應詰察冒濫，以使名實相符。其餘如增遼陽之折色，定市本之歲額，罷延綏之入衛，蠲無益之興作，杜撫民之調發，已滇粵之黷兵，禁北虜之請茶，謝東夷之乞市，稽撫賞之旁落，查將材之履歷，開歸正之路，寬捕盜之條，皆動中肯綮，切協機宜，大多得以施行，非徒空言。於瞭解明萬曆時期朝政與經濟、軍事狀況均有參考價值。

此本據北京大學圖書館藏明刻本影印。（李濬陽）

内閣奏題稿十卷首一卷　（明）趙志皋撰（第479册）

趙志皋（1521—1601），字汝邁，號瀫陽，蘭溪（今浙江蘭溪）人。隆慶二年（1568）進士，歷官翰林院編修、吏部左侍郎、禮部尚書、東閣大學士，並前後兩任内閣首輔。在職期間，屢疏請立國本，爲時所重。更著有《靈洞山房集》、《四遊稿》等。《明史》有傳。

志皋爲相十年，爲首輔六年，是書以時間先後爲序，輯録趙氏在内閣十年之奏稿，始於萬曆十九年（1591）九月《初辭新命》，至萬曆二十八年九月《永訣遺言》。各疏前詳具上奏日期，疏末附以詔答。書首一卷題"孫世溥重梓"，收録《請專史職》、《救劾内閣儒臣》、《疏請保護聖躬》三篇，係世溥所補入者。史稱志皋雖身罹疾病，仍於罷礦、建儲、軍情諸大政，數力疾草疏以争，疏凡八十餘上，可知當時爲國是盡心盡力之情狀。其中涉及建儲諸疏，如《請册立東宫》、《再請册立》、

《三請册立》、《請册立疏》、《再請册立乞休揭》等，有以見建儲之争爲朝廷大事。其涉及軍事諸疏，有《請補本兵》、《再催補本兵》、《請儲邊材》等，涉及礦監諸疏，有《揭罷礦税》、《請罷礦税》等，均爲萬曆時期重要事項。

《四庫全書總目提要》詔令奏議類存目稱是書於《明史·藝文志》作十六卷，與所録本卷數不合，以爲志皋尚有其他奏議，而《明史》所説十六卷，乃總舉其數而言。按是書首一卷載其孫世溥之言，稱乃祖在京時疏稿已不復全存，所加纂輯者爲奏稿十册中有關重大政體者，所梓則僅十之三四而已。可知已多有散失。是書爲趙氏於萬曆二十八年親手編定，並於家塾刻梓行世，至清順治七年（1650），由其孫趙世溥重加刊刻。

此本據南京圖書館藏清順治七年趙世溥刻本影印。（李濬陽）

敬事草十九卷　（明）沈一貫撰（第479—480册）

沈一貫（1537—1615），字肩吾、不疑、子唯，號蛟門、龍江，鄞縣（今屬浙江寧波）人。隆慶二年（1568）進士，爲庶吉士，歷官至吏部左侍郎兼侍讀學士，萬曆二十二年（1594）以禮部尚書入閣，參預機務，二十九年任首輔。更著有《易學》、《詩經纂注》、《敘嘉靖間倭入東南事》、《莊子通》等。《明史》有傳。

是書以時間爲序，收録沈氏歷官期間所上奏疏揭帖。卷一爲任經筵講官時所上，以下爲任内閣時所上，自萬曆四年正月《爲母乞祭疏》至萬曆三十四年七月以大學士乞休之《辭甘鎮加恩疏二》。各疏後以小字注明上奏日期，並附以詔答。間有草成而未上奏者，如卷一《論倭貢市布可許疏》題注："草成將上，得罷封貢之命而止。"卷十九《擬疏》後注："疏雖成，亦終不上。"史載一貫當國，頗爲清議所不慊，於楚獄、妖書二案難逃干係。

然是書内容,於明廷政治不無批評之語。如明後期稅使自恃皇帝特諭,衝擊官府,拷打官吏,淩逼大臣,神宗不理朝政,聽信宦官密報,一貫抨擊云"徒褻朝命,辱國體"。萬曆年間,文淵閣再次火災,卷二有闕題一篇記其事,稱火災異常,三殿告燼,内閣西制敕房三間二披俱被焚,内貯近年常行文書取出,見存遠年稿簿在高閣封貯者,因火勢緊急,不及搬取。内閣中堂東誥房房屋及所貯書籍,幸賴保存云云。然未提及《永樂大典》毀於火災之事。卷三《請修明政事收拾人心》揭帖稱:"往時私議朝政者,不過街頭巷尾,口喃耳語,今則通衢鬧市唱詞說書之輩,公然編成套數,抵掌劇談,略無顧忌。所言皆朝廷種種失敗,人無不樂聽者。啟奸雄之心,開叛逆之路,此非一人口舌便能聳動,蓋緣衆懷怨憤喜於聽耳。"此於研究明後期政治及社會動亂,不無參考價值。

此本據北京大學圖書館藏明刻本影印。(李濬陽)

司農奏議十四卷　(明) 趙世卿撰 (第480冊)

趙世卿(1537—1618),字象賢,號南渚,歷城(今屬山東濟南)人。隆慶五年(1571)進士,初授南京兵部主事,以忤張居正貶爲楚府右長史,萬曆三十年(1602)擢户部尚書。力主罷礦稅、懲稅使、減王室費用,三十八年自行去職。《明史》有傳。

司農本爲漢官九卿之一,掌錢穀之事,沿至明初,尚設司農司,後廢,因以大司農代稱户部尚書。是書即録趙氏任户部尚書官職時所上奏疏,分題上供、經制、會計、督逋、借請、籌邊、恤災、催補、糾參、薦敘、申救、自陳、奏辦、謝辭等類,各篇後詳具日期,或有詔答。當時,旱澇頻仍,而稅使擾民,物力蕭然,庫藏益減,以至皇家典禮、邊防軍費等,均告不足。趙氏朝籌夕計,挹彼注此,調停於贏縮急緩之間,故多危言讜論,無所迴諱。所論官錢糧、

請減福王婚禮、減七公言婚禮、請寬停買辦銀兩、請寬珠寶等,均爲節流計;而論覆議黃冊、清賦役、寬積羨、修倉、修復屯田、催各邊民屯、厘革京倉弊政等疏,則爲開源計;論止兩淮浮課、嚴禁私墾、禁奸徒阻撓鹽法、止魯鹽浮課等疏,爲整頓制度計;論會議國用、進國計書冊、經用匱乏有由、國計艱難等疏,則綜論國家財政大局。其餘若論萬曆時皇室開支、邊餉征收、賑濟災害、請罷礦稅懲稅使等事,均能真實反映明萬曆時期國家財政狀況及政治態勢。原書已有缺頁,卷首有李廷機序,卷末有趙世卿元孫趙濬初及韓煉跋,知是書爲趙濬初所刻。

此本據國家圖書館藏明崇禎七年趙濬初刻本影印。(李濬陽)

海防奏疏二卷撫畿奏疏十卷計部奏疏四卷 (明) 汪應蛟撰 (第480冊)

汪應蛟(？—1628),字潛夫,婺源(今江西婺源)人。是書目録下題"新安汪應蛟",新安指徽州,蓋婺源屬徽州云。萬曆二年(1574)進士,歷任南京兵部主事、禮部郎中、福建按察司副使、四川提學、山東參政、天津巡撫右僉都御史、工部侍郎、南京户部尚書等職。更著有《古今夷語》、《中銓》、《病吟草》等。《明史》有傳。

是書所收,爲汪氏萬曆年間巡撫海防、安撫京畿災荒以及任職京城時之奏疏。首爲《海防奏疏》二卷,録《倭氛未滅防禦宜周》、《酌議海防未盡事宜》二疏,各爲一卷。時日本犯朝,山東至河北天津海防面臨倭患,汪氏臨危受命,所擬二疏,詳論東起大海、西至太行、南達河衛之海防事務,爲明代北方防倭之重要文獻。次爲《撫畿奏疏》十卷,凡三十一篇,均爲京畿賑災而作,如《畿輔民窮已甚疏》、《榷政宜寬疏》、《災異疏》、《異常旱災疏》、《重地薦罹重災疏》、《請發倉賑糶疏》等,可知萬曆時期京畿地區旱、水、震、蝗頻

仍，及明廷賑災對策。復次爲《計部奏疏》四卷，凡二十四篇，計部即户部，所録如《南糧通負太多法紀陵夷當振疏》、《錢價南北倍殊敬議南鑄北用新舊兼行疏》、《大兵四集新餉不敷疏》、《會議新餉疏》、《酌議處發蜀餉以急濟征剿疏》等，有以見萬曆時期南北經濟、金融、民亂、軍隊、賦稅等情狀。是書僅爲汪氏奏疏之一部，其餘大多散佚。各篇多不具上奏日期，有字跡模糊與缺頁者。前有萬曆甲辰三十二年（1604）顧起元序、畢懋良序，可知刊刻時間。

此本據國家圖書館藏明刻本影印。（李瀋陽）

鄒忠介公奏疏五卷 　（明）　鄒元標撰（第481册）

鄒元標（1555—1624），字爾瞻，號南皋，吉水（今江西吉水）人。萬曆五年（1577）進士，同年爲刑部觀政進士，以彈劾張居正獲罪，謫成貴州都匀，前後六年。至天啓元年（1621）吏部尚書趙南星等起用之，先後任吏部給事中、侍郎及左都御史等，後爲東林黨魁之一，與趙南星、顧憲成合稱“三君”。母卒，棄職歸家，先後講學於青原、白鷺、白鹿洞、岳麓、九華山陽明書院。著有《願學集》、《太平山居疏稿》、《日新篇》等。《明史》有傳。

是書按年編次，始萬曆五年《論輔世回籍守制疏》，止天啓初年《去國陳悃疏》，各疏題下標明時任官職，疏後則具上疏年月及皇帝詔答之言。是書參校者三十餘人，均詳列姓氏籍貫，如福安劉中藻、海昌查繼佐、嘉興徐肇森等。另有林銓評閲文字，書於欄上。有崇禎辛巳（1641）薛寀序及陳子龍序，序後有鄒元標自撰“題疏草”，落款爲壬戌年，即天啓二年（1622）。

鄒氏奏疏，真實記録萬曆至天啓間明王朝政治情狀，如卷一《論輔臣回籍守制疏》，批評皇帝挽留張居正不回籍守喪之舉，言辭激

烈。因觸帝怒，廷杖而後謫貴州都匀。他如疏論言官興廢、大臣進退、士人品第、士風糾正、吏治整頓、餉賦新增、東北戰守、京城守衛、實録編纂等事，均詳密可珍。

所載或附有他人疏奏，如左副都御史馮從吾、大學士葉向高、左僉都御史鍾羽正、吏部尚書趙南星諸人，可與元標奏疏參互對照，明其原委。如最後一疏爲《去國陳悃疏》，未署年月，然後附趙南星疏，時間爲天啓四年二月，由此可知元標此疏大致時間。

據卷首陳子龍序，知是書由閩人林銓初刻。此本據上海圖書館藏明崇禎十四年林銓刻本影印。（李瀋陽）

周中丞疏稿十六卷救荒事宜一卷勸施迁談一卷 　（明）　周孔教撰（第481册）

周孔教（1548—1613），字明行，號懷魯，臨川（今屬江西撫州）人。萬曆八年（1580）進士，歷任福建福清與浙江臨海知縣、御史、巡按河南、直隸學政、太僕寺卿、應天府巡撫、右僉都御史、總理河道等職。更著有《懷魯先生集》、《撫吴公移》。《（嘉慶）重修一統志》、《東林列傳》及清代《江南通志》、《江西通志》、《浙江通志》、《河南通志》均有傳。

是書收《周中丞疏稿》、《救荒事宜》、《勸施迁談》三種，《疏稿》又分《西臺疏稿》、《中州疏稿》、《江南疏稿》三種，《救荒事宜》、《勸施迁談》則附於《西臺疏稿》之後。周孔教初任臨海知縣，評爲循吏高等，徵入朝廷爲御史，《西臺疏稿》爲任御史所上疏。其中有疏論兵部尚書石星等人主張東封日本關白秀吉之事，以爲日本不可封，朝鮮不可棄，時在萬曆二十一年（1593）。《中州疏稿》爲萬曆十九年（1591）十月至二十年九月周氏出京巡按河南時所上疏，時間在《西臺疏稿》之前。《江南疏稿》，據其中《到任謝恩疏》，知孔教於萬曆三十二年十一月升爲都察院右僉都御史、總理糧儲提督軍務，兼巡撫應天等府地方

一職。此部分即是時所上疏。應天等府指三吳，即今江蘇一帶，所疏關涉其間各類事務，如地方困於織造難支、停緩增派、運期迫促地方疲竭懇祈寬恤、倭警屢聞申飭防禦、糾劾不職官員、縣官虛報錢糧據實摘發等，又多與救濟水災之事相關。《救荒事宜》亦爲巡撫應天時所撰，時在萬曆三十六年，文中署題官職爲"欽差總理糧儲，提督軍務，兼巡撫應天等府地方都察院右僉都御史"。《事宜》全名爲《督撫軍門救荒事宜》，並非上疏，實爲周氏爲賑救應天水災所發告民諸項事宜，如專責成以稽實效、議平糶以救急饑、風慕義以廣儲積、藉賑濟以复農業等共二十三項。《救荒事宜》之後爲《勸施迂談》，卷前有周氏自序，論儒家、佛家均有施舍之說，言有異而旨無異，均以愛人愛民爲重云云。後有萬曆二十二年河濱迂叟述語，則在應天救荒之前，可知周氏素有愛民之心。《觀施迂談》亦非奏疏，因與救荒相關，故附其後。

是書卷首有萬曆庚戌三十八年趙南星序、錢一本跋，萬曆己酉三十七年顧憲成序、伍袁萃序、高攀龍序等，由此知其編時間在萬曆三十七年。《四庫全書總目》詔令奏議類存目有《周中丞疏稿》提要，稱據趙南星序，知是書刊於周氏自應天巡撫遷總理河道時。爲是書撰序之人多爲萬曆後期重要人物，則序文亦有文獻價值。惟其萬曆己酉原作"乙酉"，乙酉爲萬曆十三年，與周氏疏稿成書時間相距較遠，顯爲誤字。

此本據吉林大學圖書館藏明萬曆刻本影印。（劉韶軍）

綸扉奏草三十卷　（明）　葉向高撰（第481—482 冊）

葉向高（1559—1627），字進卿，號臺山，晚號福廬山人，福清（今福建福清）人。萬曆十一年（1583）進士，歷官翰林編修、南京國子監司業、禮部侍郎、吏部侍郎、禮部尚書、東閣大學士，以萬曆帝多年不理朝政，辭職回鄉。天啟元年（1621）復起，用爲首輔，然受魏忠賢忌恨，指爲東林黨魁，遭排擠去官。編著更有《光宗實錄》、《蘧編》、《蒼霞草》等。《明史》有傳。

綸扉，爲內閣之代稱。是書按年編次葉向高萬曆時期奏摺，自《請止礦稅疏》至《謝存問疏》，凡六百餘道。題下多注明所任官職，卷一、卷二所疏或未題年月，自卷二《入閣謝恩疏》起則均於疏末標有上疏年月，自萬曆三十五年至四十八年。書前有林材序，稱葉氏辭職回鄉後輯任職內閣時奏疏數百牘，付梓傳貽子孫，可知是書刊刻於葉氏退職之後。所收奏疏有關於朝政吏治者，有涉及財政賦稅者，有綜論時事者，有關於學術與教育者，更有關乎邊境、地方、外交事務者，所論皆詳細明白，平實易懂，於研究當時歷史多有助益。

此本據中國科學院圖書館藏明刻本影印。（李濬陽）

續綸扉奏草十四卷　（明）　葉向高撰（第482 冊）

葉向高，有《綸扉奏草》，已著錄。

是書爲《綸扉奏草》之續編，收錄葉向高天啟年間奏疏二百餘道，卷首載梅之煥序及葉氏自序。按年輯錄，始萬曆四十八年（1620），止天啟五年（1625），疏末皆附以詔答及上奏日期。時葉氏雖爲內閣首輔，然已倦於朝政，故是書載《乞休疏》多達六十餘道，誠如自序所稱此期所草疏揭二百餘通，而乞歸者已三分有一。此類雖名爲乞休，實亦懇懇於國是，當時大臣謂讀葉公乞歸疏，而時政畢具。又葉氏自稱，暇從篋中檢諸奏牘觀之，嘆曰"此皆閻羅殿前之卷案"，故不敢自匿，因而梓刻，與《綸扉奏草》合爲一書，以明當時主政之心，告諸幽明而不敢隱。按葉氏於萬曆至天啟間任首輔，時國事隳壞，疏中多有論及，如卷四《條陳要務疏》稱："今日宇內，東北西南，叛亂繼起，民窮財盡，兵革不休,奸宄生心,禍變未艾;天下之勢,非但抱火厝薪,蓋已燎原。"蓋回天無力,唯有乞休而已,此亦王朝末期大臣心態之忠實反映。

此本據中國科學院圖書館藏明福唐《葉文忠公全集》本影印。(李濬陽)

楊全甫諫草四卷　(明)楊天民撰(第 482 册)

楊天民,生卒不詳,字正甫,山西太平(今山西襄汾)人。萬曆十七年(1589)進士,先後任朝城、繁諸知縣,又擢禮科給事中,因與同官上言請立太子,貶爲貴州永從典史。《明史》有傳。

是書按年編次,輯録萬曆二十三年至二十八年間所上奏疏,疏末詳具上奏日期,並附以詔答。天民在諫垣敢於言事,建儲之疏前後十二上,不惜貶斥貴州,憂憤以死。其他各疏亦多關乎當時政事,見其忠直。如萬曆二十三年七月上疏請求修史載録建文之事,稱此議早在嘉靖十四年、十六年已有人提出,然均未能恢復建文年號,而今距當年事變已近二百年,其事不無散逸,再不蒐輯,將散逸愈多,令熙朝無完史。詔答"建文事跡着附載《太祖高皇帝紀》之末,仍存其年號",終使建文帝録存國史。他如彈劾奸臣、批評濫封、指斥貪官、因災修省、譴責披瑙、核查官養牲畜、嚴行科舉文體等事,亦皆能論之有理而詳載其事,可補正史之闕略。

此本據天津圖書館藏明天啟刻本影印。(李濬陽)

度支奏議一百十九卷(堂稿二十卷、新餉司三十六卷、邊餉司十一卷、山東司七卷、浙江司一卷、湖廣司二卷、四川司五卷、江西司一卷、廣東司一卷、廣西司四卷、雲南司十七卷、貴州司二卷、福建司四卷、山西司二卷、河南司一卷、册庫一卷、陝西司四卷)　(明)畢自嚴撰(第 483—490 册)

畢自嚴(1569—1638),字景會,淄川(今山東淄博)人。萬曆二十年(1592)進士,先後爲松江推官、工部員外郎中、太僕卿、右僉都御史、南京户部尚書等。任户部尚書時,以用兵頻繁、國庫空虛,提請節約支出,又至九邊清查兵馬數目。後受魏忠賢忌恨而罷職歸鄉。更著有《石隱園詩文藏稿》、《撫津督餉撫留憲留計共疏草》等。《明史》有傳。

自嚴自崇禎元年(1628)任户部尚書,總掌國計。明世萬曆以降,邊境多事,軍餉激增,又宦官亂政,黨爭紛如,致使財政困窘。自嚴支拄其間,《四庫全書總目提要·集部》稱其"綜覈敏練,爲天下所推"。曾欲纂《賦役全書》以整頓清理天下田賦,未成,乃輯其任户部尚書四年間所有題本而成是書。

是書分類已如題所示,凡一百一十九卷。卷首有崇禎四年(1631)沈演序,稱畢氏受主知最深,身笻軍國大命最重且最久,任職辦事,據實籌畫,建置規恢,爲百世計,能於虜騎充斥之際,處處用兵而四應無缺,咄嗟立辦,月支歲給,不復見殫匱之形。又有畢氏崇禎庚午年(1630)題辭,是爲全書總序,因知是書成於此年。書中各小類亦有畢氏自序,均作於崇禎六年(1633),當爲成書後所加,以明各小類之義。多涉奏議類別,司守職能。要之是書綜計崇禎時度支出入,内容翔實,實爲崇禎時期明廷爲兵事所征賦稅之第一手資料。

此本據國家圖書館藏明崇禎刻本影印。(李濬陽)

少師朱襄毅公督蜀疏草十二卷　(明)朱燮元撰(第 491 册)

朱燮元(1566—1633),原名懋賞,字懋和,號恒嶽,一號石芝,山陰(今浙江紹興)人。萬曆二十年(1592)進士,先後任大理評事、蘇州知府、四川左布政使,天啟元年(1621)任兵部尚書,兼督雲南、貴州、廣西、四川等地軍事,崇禎初進爲少師,卒謚襄毅。更著有

《朱襄毅疏草》、《朱少師奏疏》等。《明史》有傳。

是書按年月先後編排巡撫四川等地所上奏疏,自天啟二年至天啟五年,各奏後有上奏日期並附御旨答覆。書末有孫源星識語,稱朱襄毅公督蜀、督黔時之疏草,先君從十一叔處抄得,原本依年月次序,各爲十二卷,校正舛落後刊刻,未竣而版毀於火,復刊刻梓之,僅成三卷而去世。源星乃依原刻重加讎校刻成,奈督黔諸疏中頗多脱簡,又無別本可考,不得已而闕之云。是書所載奏疏詳於朱氏督蜀平定奢崇明事,書前有四川等處提刑按察司、提督學政、布政司右參議來復序,稱朱氏受命平亂時,承平已久,軍政悉廢壞,器具資儲、墩堠斥候一無可恃,所奏有以見當時朝廷軍隊實情。序述朱氏平亂事亦詳,與奏議本文,均可與《明史》參證。所奏更廣涉軍隊治理、將領選任、材勇提拔、傷亡優恤、軍費開銷、降將招撫、失職官吏懲治、地方官員薦舉以及禁止白蓮教、地震及水旱災害等,又記録戰事、當時地名及各地土司情狀。凡此皆饒有史料價值。

此本據中國科學院圖書館藏清康熙五十九年朱人龍刻本影印。（李瀋陽）

按遼疏稿六卷 （明）熊廷弼撰（第491冊）

熊廷弼（1569—1625）,字飛百,號芝岡,江夏（今屬湖北武漢）人。萬曆二十六年（1598）進士,先後任保定府推官、監察御史、兵部尚書、巡按遼東。善用兵,而性暴烈,爲衆人忌恨。萬曆三十六年至天啟元年（1621）,三次受命經略遼東。天啟二年正月,時任遼東巡撫王化貞失守重鎮廣寧,熊氏亦退至山海關,遼東全境淪喪,因此下獄。後魏忠賢黨徒馮銓編造僞書《遼東傳》陷之,天啟五年被殺。更著有《熊襄湣公集》等。《明史》有傳。

是書收録熊氏於萬曆三十六年至三十九年初巡按遼東時奏疏,按年月排列。奏稱遼東極弊如大病之人,風邪内槁,腸胃、脈絡枯竭無餘,僅有絲髮氣息不絶,惟宜外護風邪,内養元神,以求恢復,因以防守爲主,修養生息,實内固外,以夷攻夷,四處屯田修城,計建邊牆六百里、城池七座、墩臺亭障一百餘座,又屯糧三十萬石,整頓軍紀,懲治失職官吏將領,三年而使遼東局勢有所改觀。又述當時遼東民生悲慘之狀,如卷二《請免商稅疏》稱出關至衛所驛堡等處,見民衆聲帶呻吟,形如鬼魅,紛紛泣訴,謂官府催稅,使窮民惟有逃與死,而又欲逃而不能,將死而未死。凡此皆可與《明史》相參證。

是書清代列爲違礙之書,故流傳極少。王重民《中國善本書提要補編》稱聞有舊刻本,然稀如星鳳,爲罕見之籍,僅天津圖書館藏有全帙。此本據天津圖書館藏明刻本影印。（李瀋陽）

周忠毅公奏議四卷附一卷 （明）周宗建撰（第492冊）

周宗建（1582—1626）,字季侯,號來玉,吳江（今江蘇吳江）人。萬曆四十一年（1613）進士,先爲武康、仁和知縣,後入京爲御史,爲官正直,天啟間上疏爲顧憲成等人請諡,追論萬曆時劉瑾等人罪狀,並彈劾魏忠賢閹黨之罪。遼東瀋陽、廣寧失陷,疏劾輔臣治國無方,請求召還熊廷弼,終被奪俸削籍,誣陷受熊氏賄賂,下獄處死。崇禎初追贈太僕寺卿,諡忠毅。學宗姚江學派,更著有《論語商》等。《明史》有傳。

是書所收奏議按年月編次,自天啟元年（1621）至天啟二年。正文四卷計收奏疏四十八道,附揭、議四篇,所論均可與《明史·周宗建傳》所載史事相參證,亦可據以瞭解魏忠賢、客氏專擅朝政之事。其中《請與鄒馮二總憲疏》涉及首善書院興辦之事,爲明代書院研究之重要資料。附録一卷,收録陸文獻撰《墓誌銘》、董其昌並吳煥撰《神道碑》各一篇,以及陳盟、倪元璐、文震孟所撰周氏傳記、周廷祚所撰《行實》,較《明史・周宗建傳》更爲翔實。

此本據復旦大學圖書館藏明崇禎刻本影印。(李瀋陽)

宜焚全稿十八卷 （明）祁彪佳撰（第492冊）

祁彪佳(1602—1645),字弘吉,又字虎子、幼文,號世培,山陰(今浙江紹興)人,藏書家祁承㸁之子。天啓二年(1622)進士,先後爲福建興化推官、右僉都御史。因得罪首輔周延儒,遭受排斥,告歸返鄉。崇禎末年復官,任河南道御史、南京巡按。清兵入浙時,潞王監國杭州,任爲兵部侍郎,總督蘇松軍事,未及啟行,清人送聘書至,彪佳不受,自沉家池。更著有《遠山堂曲品》、《遠山堂劇品》等。《明史》有傳。明王茂遠《柳潭遺集》有《祭殉難祁中丞公彪佳文》,記述彪佳盡忠殉國之事,可與《明史》本傳參看。

是書録崇禎六年(1633)至七年,祁氏以監察御史巡按蘇松等處所上奏疏,按年月編次。各疏原題較長,各卷卷首目録則以四字概括,如卷一第一疏原題爲"爲微臣遵旨受事謹於入境之始確報地方情形仰乞聖鑒事",目録作"初報宜情"。是奏廣涉各地情形:自然災害、民衆作亂、盜劫官財、民事案件、農田水利、賦稅錢糧、軍隊器物、倉庫儲存、糾劾官員、舉薦人材、朝廷大禮、官員任免、表彰節孝以及其他應行事宜等,而論事詳盡,多録各地各年賦稅及錢糧器物名目及數額等,有以知御史巡按職責範圍以及社會詳情,可補《明史》之不足。

此本據國家圖書館藏明末抄本影印。(李瀋陽)

奏牘八卷 （明）凌義渠撰（第493冊）

凌義渠(1593—1644),字駿甫,號茗柯,烏程(今屬浙江湖州)人。天啓五年(1625)進士,歷官行人、禮科給事中、兵科都給事中,又爲諫官九年,頗多奏疏建策。後爲福建參政、按察使、山東右布政使、大理寺卿。李自成陷京師,自縊而死。更著有《湘煙録》、《凌義渠文集》。《明史》有傳。

是書按年編次義渠奏牘,自崇禎四年(1631)至崇禎十一年,每疏詳具上奏日期及崇禎詔答。義渠時當明季,其奏疏反映當時天下之勢,如卷一《人情囂詐日甚疏》、卷二《法紀漸見陵夷疏》、《里居見聞日異疏》,謂流寇之變,群情洶洶,訛言四起,市井無賴乃有延頸跂足以幸寇至者,因嘆人心陷溺已極,蓋因上無善政以導之,下有惡俗以招之也,而一郡如此,江南諸郡可知;一隅如此,天下大勢可知云云。又亟欲朝廷有所作爲,以挽頹勢,如卷一《功令期在必行疏》等;而論及最多者則爲兵事,如《剿撫之結局無期疏》、《楚寇毒焰愈張疏》等,詳述地方騷亂、朝廷剿撫及少數民族之亂情狀:於研究明末政治、邊事、各地騷亂等,有參考價值。

此本據國家圖書館藏明崇禎刻本影印。(李瀋陽)

李文襄公奏議二卷年譜一卷奏疏十卷首一卷李文襄公別録六卷 （清）李之芳撰（第493冊）

李之芳(1622—1694),字鄴園,武定(今山東惠民)人。順治四年(1647)進士,歷任浙江金華推官、刑部主事、廣西道御史、湖廣道御史、吏部右侍郎、兵部右侍郎兼都察院左副都御史等。康熙十二年(1673),以兵部侍郎至杭州總督浙江軍務,平定耿精忠之亂。後升兵部尚書,拜文華殿大學士兼吏部尚書,又曾任《政治典訓》、《大清會典》纂修總裁官,爲清初漢人官職最高者。更著有《棘聽草》等《文集》。《清史稿》有傳。

是書由之芳子李鍾麟編次,卷首有康熙二

十六年十月任李之芳爲《大清會典》、《政治典訓》、《大清一統志》總纂官之敕令。《奏議》又名《臺諫集》，爲李之芳任御史時所上奏章，按年編次，自順治十五年（1658）至康熙十二年。内容涉及清奸除弊、嚴察假官詐騙、糾參溺職官吏、甄别大僚、改正現行條例、查參庸員、查究奸商、嚴覈郡守職任、甄别督撫、緝察盜賊、覺察錢糧、改除無益條例、禁止雜流委署、請緩春季勘察田畝等，反映清初各種政務及其制度等事。

《臺諫集》後爲杭州程光袒所撰李之芳《年譜》一卷，《譜》後有松江林子威《後敘》及程光袒康熙四十一年跋，《譜》前則有康熙三十二年（1693）唐夢賚序。序起云“壬申（1692）之歲竊得參訂武定先生年譜已，又盡得所爲奏疏、文移諸稿，頗檢點之”，序末則稱“今彙集章奏若干卷，啟稿、咨稿、文告之屬凡若干卷以行於世”云云。所謂章奏若干卷，當即奏疏十卷；啟稿、咨稿、文告若干卷，即《别錄》六卷，可知唐序當兼序《年譜》與《奏疏》，則二者其初似爲一體；後與《奏議》合刊，而唐序遂似全書中序云。《奏疏》十卷，卷首及卷一小題“督浙”，卷二至卷九小題“督師”，卷十小題“班師”，所收皆李之芳總督浙江軍務平定耿精忠之亂時所上奏疏，按年編次，自康熙十二年十月至康熙二十二年二月。其後爲《别錄》六卷，卷一卷二爲《行間紀略》，乃李之芳平定叛亂期間向大將軍和碩康親王所上章啟，卷三、四爲《軍旅紀略》，乃用兵期間向各部門、地方官吏及下屬人員下發之各類公文，卷五、六爲《文告紀事》，乃用兵期間向百姓頒布之告示布告等。此三類即唐序所稱啟稿、咨稿及文告。

是書所載奏疏及各類文書，内容詳盡，可爲研究清初政治以及平定耿精忠之亂提供第一手資料。

此本據復旦大學圖書館藏清康熙刻本影印。（李瀋陽）

河防疏略二十卷　（清）朱之錫撰（第493册）

朱之錫（1623—1666），字孟九，號梅麓，義烏（今浙江義烏）人。順治三年（1646）進士，先爲庶吉士，散館爲翰林院編修，後爲詹事府詹事兼秘書院侍讀學士、弘文院侍讀學士、吏部右侍郎。順治十四年以兵部尚書出任河道總督，後加太子少保、資政大夫。之錫治河近十載，力疾而卒，年僅四十三，乾隆追封爲永寧侯，春秋祭祀，先後授以佑安、顯應、綏靖、昭感、孚惠、護國、靈庇、翊化、昭顯等封號。《清史稿》有傳。

書前有康熙戊申（1668）施閏章序、姜希轍序、湖廣道監察御史李之芳康熙六年撰《朱之錫墓誌銘》。據以可知是書爲朱氏去世後由徐塨輯成並校讎，李之芳刊刻近半而終由會稽太守孔元起刻成。又稱受命治河爲順治欽點，前後盡瘁十年，什一在署，什九在外，病逝任上。是書末條《患疾日深疏》，即爲去世前一日撰成而未及拜發者。朱氏奉己最爲清約，雖爲朝廷節省河帑多至四十六萬，而身後家無餘財，令人歎息。故爲吏民懷念，去世時人皆號哭，傳爲“河神”。又有徐沁所輯《崇祀錄》，爲當時朝廷崇祀朱氏疏答之文；又有徐沁所撰《刻河防疏略引》，則述纂輯是書主旨。

是書所録如題名，編年輯録，自順治十四年（1657）受命赴任起，訖康熙五年（1666）病逝止。各疏詳具上奏日期及相關詔答。所奏多論水文水利，如兩河利害、河道關係、淮黄關係、運河漫溢、河水貽害、河堤修建、水勢變化、河防利弊、決口塞決、水患災害、閘口啟閉等事，爲治理黄河第一手資料。又論河防管理，如力役徵調、銀兩清理、河銀支放、督催糧運、撥補夫食、免覆河差等事。治河更涉及諸多部門及官吏，故朱氏尤重視河防人事，每年舉劾官吏，於河官私徵、怠玩、貪蠹、蔑玩、闒茸、抗玩、庸劣、疏忽職守等均嚴厲彈劾懲治，更五疏以申明大典，請朝廷激勵褒獎有功官員,且論及裁減無益河官等事。是書又有爲父母去世而請求丁艱、守制、歸葬等疏,因知朱氏治河之又一重艱難。

是書刻成後久湮,1978 年黃河水利委員會水利科學院專家王湧泉於復旦大學發現原刻本。此本即據復旦大學圖書館藏清康熙七年寒香館刻本影印。(李濬陽)

防河奏議十卷 (清)嵇曾筠撰(第 494 册)

嵇曾筠(1670—1739),字松友,號禮齋,長洲(今屬江蘇蘇州)人。康熙四十五年(1706)進士。雍正時任河南巡撫、河南山東河道總督、江南河道總督等,長期主管黃河治理,後擢文華殿大學士兼吏部尚書,仍總督江南河道。乾隆時總理浙江海塘工程兼浙江巡撫,復改浙江總督。更著有《師善堂集》等。《清史稿》有傳。

是書前有嵇氏雍正十一年(1733)九月進書表,述其雍正元年六月以兵部左侍郎前往河南中牟修築河防以來十一年之治河經歷,尤詳於治河之法,稱河有呼吸變遷,水有清濁強弱,故治河之要在障其狂而束其流,去其害而資其利,治理水害當觀察全局,因勢利導,或患在下而先治其上源,或患在上而先理其下游,或導之而使朝宗,或瀦之而使利運,河水變化而有平險疾徐,均宜因時操縱云云。此即嵇氏所稱之“引河殺險”之法,即於黃河河道彎曲處開挖引河,使部分河水直道下泄,減輕河水對彎曲河堤之沖刷,排除險情,以絕橫溢之患,可稱治河之高明者。書後有山東兗州府沂郯海贛同知范昌治、原河南開封府北海同知徐志巖全跋,稱嵇公治河歷十年之久,今兩河底績,乃裒其前後章疏,彙爲一集,壽之梨棗云云。

是書凡十卷,前九卷爲嵇氏治河奏摺,按年編排;卷十則爲治河之具體方法,有“挑挖引河說”、“堵塞支河說”、“堤工說”、“石工說”、“減水滾水閘壩說”、“順水挑水壩說”、“堵塞決口說”、“盤壩進埽說”、“簽椿壓土說”、“釘橛絆纜說”、“探埽聽椿說”、“埽工走漏說”、“合龍閉氣說”等,堪稱古代治河理論總結,較單純記載治河事務者價值更高。

此本據中國科學院圖書館藏清雍正刻本影印。(李濬陽)

鄂爾泰奏稿不分卷 (清)鄂爾泰撰(第 494 册)

鄂爾泰(1680—1745),字毅庵,西林覺羅氏,清滿洲鑲藍旗人。二十歲中舉,二十一歲以世襲任侍衛,後爲内務府員外郎。雍正時歷官雲南鄉試副主考、江蘇布政使、廣西巡撫、雲南巡撫治總督事、兵部尚書、雲貴、廣西總督、保和殿大學士。任雲貴時倡議並力行改土歸流。乾隆時爲總理事務大臣、會試總裁、兼軍機大臣、領侍衛内大臣、議政大臣及國史館、三禮館、玉牒館總裁,封爵襄勤伯。著有《西林遺稿》,雍正五年(1727)曾奉命修《八旗通志》初集二百五十卷,乾隆七年(1742)與張廷玉纂修《國朝宮史》。《清史稿》有傳。

是書不分卷,無序、跋,依年收錄鄂爾泰重要奏摺,起雍正二年任江南江蘇布政使時,至雍正六年任雲貴總督時,凡二百餘篇。各奏前詳具上奏日期,末附雍正硃批。所收有請安答謝、覆旨陳事等類,以覆旨陳事摺爲多。如雍正二年正月以江蘇布政使職上疏,論江蘇財賦甲天下,然前此多有虧空,有欠在民者,有欠在官者,因詳說緣由並提出解決辦法。鄂氏自雍正三年十二月爲雲南巡撫管雲貴總督事,其後之疏則多涉雲貴地方事情,如雲南民風、物産、氣候等,而於土司作亂及用兵剿撫之事所言尤多,此與清廷采取改土歸流關係至大。蓋土司之制,任情役使,互相傾軋,對抗中央,明廷已始行改土歸流,惟入清後仍有不同意見,如雍正二年廣西巡撫李紱即曾上書反對。雍正三年冬,鄂爾泰受命爲雲貴總督,其時清軍與土司之間已發生衝突。四年四月初九日,鄂爾泰上摺表示必須用兵,五月二十五日上摺提出需有一勞永逸之法,九月十九日摺正式提出改土歸流建議,十一月十五日摺進一步提出改土歸流具體方法。清廷對苗疆采取改土歸流政策,鄂爾泰爲關鍵人物,鄂爾泰奏稿真實再現當時清廷決策之過程,爲研究清廷改土歸流政策緣起、過程、得失之第一手資料。

是書奏疏及其中大量雍正硃批,於研究雍正其人及當時執政情況均爲翔實資料,亦值得重視。雍正硃批多簡短,亦時有多達數百字者,如雍正二年六月初八奏疏,中引雍正硃批稱鄂爾泰爲"天下第一布政",疏後有雍正硃批近五百字,於蘇州地方民風習俗言之甚詳,因知雍正頗稔於地方民情。亦間有批評鄂氏疏文過長者,如雍正二年七月二十四日疏後硃批:"知道了。凡奏應明白達意,何冗長之有?"請安謝恩一類奏疏及硃批多不涉政事,然亦有以見鄂氏與雍正君臣情義非他人可比,如雍正三年十二月十九日疏後,雍正硃批稱:"朕與卿一種君臣相得之情,實不比泛泛,乃無量劫善緣之所致。"次年二月二十四日鄂疏就雍正此言回覆"自顧鈍根,何修得至此。若不勉力精壯,稍有墮落,現在不作善因,未來受定孽果"云云,此又反映雍正君臣於佛教信仰之深。

此本據上海圖書館藏清抄本影印。(李濱陽)

諸城劉氏三世奏稿一卷　(清) 劉統勳 (清) 劉墉 (清) 劉鐶之撰 (第494册)

劉統勳(1700—1773),字延清,號爾鈍,諸城(今山東諸城)人。劉氏世代爲官,統勳父劉榮爲四川布政使,統勳雍正二年(1724)進士,歷編修,入值南書房、上書房,歷任詹事府詹事、内閣學士、漕運總督、工部尚書、刑部尚書。乾隆十九年(1754),協辦陝甘總督,以平定新疆阿睦爾撒納叛亂有誤,逮治革職,其

子劉墉亦被革職,在京諸子皆下獄,不久均獲釋。後任吏部尚書,拜東閣大學士兼領禮部及兵部,充上書房總師傅兼領刑部。曾多次查勘督辦黄河、運河等處工程,多有建樹。統勳及子墉、孫劉鐶之傳均見《清史稿》。

劉墉(1719—1804),字崇如,號石庵,劉統勳之子。乾隆十六年進士,歷編修、侍講,後督安徽學政、江蘇學政,更歷官爲太原及江寧知府、陝西按察使、内閣學士、户部及吏部右侍郎、湖南巡撫、左都御史、工部尚書、上書房總師傅、直隸總督、吏部尚書等,曾奉旨審理和珅一案。更著有《石庵詩集》。

劉鐶之(1762—1821),統勳之孫,爲其次子劉堪之子。乾隆四十四年進士,歷官翰林檢討、侍講學士、侍讀學士、内閣學士兼禮部侍郎、兵部左侍郎、提督江蘇學政、户部右侍郎、户部尚書、吏部尚書等。

是書收録劉氏三代奏摺三道,其一爲劉統勳所上奏摺殘片,前半文字已有缺失,不見年月,亦無題目,中有"管轄一省刑名"之語,爲受命謝恩之疏,不涉具體事務。其左則爲手書之字,多有抹改,亦非全文,中有"伏思臬司責專任重,管轄一省刑名"之句,對照其右文字,當是此書之草稿。臬司即各省提刑按察使,據《清史稿》卷三○二劉統勳傳及劉墉傳,統勳不曾任按察使,而其子劉墉曾任陝西按察使,故此疏中言"臣子賦質凡愚,懼難勝任",又言"惟有訓飭臣子倍加黽勉"等語,手書草稿中"臣子倍加"之間原有"劉墉"二字,而被圈抹,可知此乃統勳爲其子劉墉受命擔任陝西按察使所上謝恩摺。

其二爲劉墉乾隆四十七年二月初四所上謝恩摺,時爲左都御史,恩准仍在南書房行走。摺稱自任内閣學士時已兼南書房行走,後經學政、巡撫而爲左都御史,仍准在南書房行走,故而謝恩。

其三爲順天學政劉鐶之嘉慶十二年(1807)十二月所上奏摺,奏報保定府各州縣

生童考試有舞弊者，出銀一百兩僱槍手入場頂替，奏摺詳述事情過程。

卷末附同治五年（1866）無錫沈梧跋。

此本據山東省圖書館藏清稿本影印。（李濟陽）

福康安奏疏不分卷 （清）福康安撰（第494冊）

福康安（1754—1796），字瑶林，富察氏，滿洲鑲黃旗人，大學士傅恒之子，乾隆嫡后孝賢皇后之侄。世襲雲騎尉授三等御前侍衛，後升頭等御前侍衛。更歷任户部侍郎、鑲黃旗副都統、領隊大臣、蒙古鑲白旗都統、吉林將軍、盛京將軍、成都將軍、陝甘總督、雲貴總督、四川總督、閩浙總督、兩廣總督、武英殿大學士、軍機大臣、兵部尚書、總管内務府大臣等職。一生四處征戰，卒封嘉勇郡王。《清史稿》有傳。

是書不分卷，無序、跋，奏疏分前後兩部分，前半爲福康安自乾隆五十一年（1786）至乾隆五十九年任陝甘總督時所上奏摺，均有上奏日期。内容廣涉寧夏、甘肅、新疆、陝西、河南等省軍政民情，所言均極詳細明備，如奏論寧夏城修葺事，言及其城長寬厚高尺度以及修築方法，如内有黃土堅築，外用新磚包砌等可爲古代建築史研究參助。尤關心於各地雨水及農業收成情形，實爲陝甘寧當時農業及氣象資料。後半均乾隆五十九年奏疏，爲任四川總督及調任雲貴總督時所上，所奏事項涉及四川、雲貴、湖北、河南等地，内容繁多，如辦理搶劫後藏商人案、彙報四川直隸山西陝西各地秋收情況、嚴既拏四川各處匪犯、拏獲貴州桐梓邊境私自聚衆盜鑄錢幣罪犯、五寨屯練兵及相關錢糧、配合湖北河南陝西等地查辦邪教案、查禁四川通行小錢、清理川省軍需銀兩報銷、貴州運京鉛銅、夔渝及打箭爐等關征收税銀數目、查閱川北各處營伍及其訓練、保舉堪用知府人員、督撫到任盤查司道

庫貯各項銀兩及鹽茶耗羨動存實數、川省地丁錢糧徵收數額等。

奏疏後爲乾隆四十九年尚書和琳以及内閣向福康安及各地督撫轉發各類通報文書，涉及人物有欽差大學士阿桂、陝西巡撫畢沅、西安將軍傅玉、陝甘總督李侍堯、伊犁將軍伊勒圖等，所涉事項以平定甘肅回民反叛爲主，亦有關於知府學政選任、新疆伊犁逃犯追拿審理、新疆各處屯田、甘肅等地天主教傳教、查辦四川小錢及私自盜鑄錢幣等事。是書並非福康安全部奏疏，又不分卷，無目錄，不便查閱，然内容豐富，尤詳於西北、西南政、經、軍、民政務及民族、宗教諸問題，於中樞與地方溝通協同制度亦多有載錄，足資參考。

此本據南京圖書館藏清抄本影印。（李濟陽）

那文毅公奏議八十卷 （清）那彦成撰（第495—497冊）

那彦成（1764—1833），章佳氏，滿洲正白旗人，字韶九，一字東甫，號繹堂，大學士阿桂之孫。乾隆五十四年（1789）進士，選爲庶吉士，歷官翰林院編修、内閣學士，嘉慶時爲工部及户部侍郎、工部尚書、内務府大臣、禮部尚書、軍機大臣、署陝甘總督、兩廣總督、直隸總督等，多次赴河南、青海、新疆等地平叛。卒後道光帝追念其平定天理教之功，賜尚書銜，謚文毅。《清史稿》有傳。

卷首有道光十三年（1833）御賜祭文、御賜碑文，又有英和、祁韻士、嚴如煜、胡培翬等人序以及編録者姓氏、凡例。卷末附那彦成之子容安跋二篇。是書按歷官先後，一職一集，一任之事則別類分門，事情類似者繫於一卷，事有連類而及，不足另立一門者，則於原題下旁注附見某事，以便查考。編録次序，章奏以拜發月日爲次，上諭以奉旨月日序列，以事之始末排比後先。全書編次則以官階串敘，自入官至飾終，文氣續而不斷。

全書八十卷，内容甚爲豐富，涉及乾隆、嘉

慶、道光三朝,於研究清代中後期歷史有重要價值。如載中亞經新疆及內地商貿朝貢,朝貢者以朝貢免稅,沿途采買內地物品,如茶葉、花椒、大黃、瓷器、綢緞等,規模極大,如卷一嘉慶十五年七月二十三日疏稱浩罕遣使朝貢,由北京返哈密,行李重五萬三千餘斤,均爲沿途添買貨物,愈積愈多,車載八十八輛,那氏因建議朝廷禁止茶及大黃等物品過多出關。此皆當時商貿實情,頗可注意。

此本據上海圖書館藏清道光十四年刻本影印。(李瀋陽)

韓大中丞奏議十二卷 　(清)韓文綺撰(第498册)

韓文綺(1764—1841),字蔚林,號三橋,仁和(今屬浙江杭州)人。乾隆六十年(1795)進士,歷官刑部主事、刑部郎中、直隸永平知府、廣東按察使、貴州按察使、四川按察使、江西布政使、刑部右侍郎、左侍郎、江蘇巡撫、山東按察使、四川布政使、雲南布政使、江西巡撫、都察院左副都御史。是書卷末有《韓文綺傳》及阮元撰《墓誌銘》。

書名《韓大中丞奏議》,版心作"恭壽堂奏議",卷末光緒十六年(1890)鄒存淦跋及《清史稿·藝文志》亦稱《恭壽堂奏議》。是書由韓氏門生王滌源、徐耀、熙麟、劉德求、胡元博、劉慶遠諸人編次,其孫泰華抄録。據鄒存淦跋,是書原本已遭鼠嚙,首尾殘缺不完,闕文約十餘篇,不全者五篇,因無别本,未能補全,惟據金應麟《豸華堂文鈔》録入墓誌銘。

是書所收爲韓氏道光間任江蘇、江西巡撫時之奏議,全書十二卷,各卷前有目録,各疏單獨標題,疏末或有朱批、詔答,然未具年月。是書所收奏疏多爲地方治理之事,尤爲重要者有江蘇省三次清查兩藩司所屬各州縣動缺銀糧數字清單,爲研究江蘇地方賦稅及經濟狀况之重要資料。亦多涉地方治安,

有審理縣民訴訟、查辦鄉民滋鬧府署、處置鄉民借災肆鬧、查辦劣紳創刊鄉規惑衆斂錢、編查保甲棚民、拏獲邪教案犯、拏獲匪徒逸犯、拏獲查辦會匪、設船緝匪、拏獲販私拒捕要犯以及籌議緝匪章程等,有以見當時各類民事、刑事案件及其制度。他如水利、賑災、吏治、軍務等,所奏均詳明可按。更有撫恤琉球難民一疏,爲道光時江蘇與琉球關係稀見資料。

此本據國家圖書館藏清道光刻本影印。(李瀋陽)

陶雲汀先生奏疏五十二卷 　(清)陶澍撰(第498—499册)

陶澍(1779—1839),字子霖,號雲汀,自號桃花漁者、印心石屋主人,晚號髯樵,安化(今湖南安化)人。嘉慶七年(1802)進士,歷官翰林院編修、國史館纂修,後爲江南道監察御史、陝西道監察御史、户科給事中、巡視淮安漕務,又爲吏科給事中、川東道員等,道光間任山西按察使、福建按察使、安徽布政使、兩江總督、江蘇巡撫、兩淮鹽政等。更著有《印心石屋詩抄》、《蜀輶日記》、《陶氏世譜》,又編《靖節先生集》等,後人編有《陶文毅公全集》等。《清史稿》有傳,是書卷二附陶氏本人履歷。

書首載陶澍五十歲畫像並朱方增贊,又有道光八年(1828)李廷錫序、李廷錫識。所收奏疏大抵以先後所任官職爲序排列,釐爲《侍御稿》、《巡漕稿附川東道稿》、《晉臬稿》、《撫皖稿》、《撫蘇稿》、《撫蘇兼署督稿》、《江督稿》等。分爲初刻、續刻兩部分。初刻含《侍御》、《巡漕》、《晉臬》、《撫皖》、《撫蘇》,共二十四卷,爲李廷錫編次,刻於道光八年,奏疏時間自嘉慶十九年(1814)至道光八年,卷二十四末有謝元淮跋。稱司校讎之役,於刻成之日作跋,時在道光八年十月。卷二十五至卷五十二由黄冕續補,二十五卷卷首有

陶氏五十六歲寫真及程恩澤贊,此二十八卷分爲《撫蘇稿》三卷、《撫蘇兼署督稿》一卷、《江督稿》二十四卷,奏疏時間自道光九年至十三年,其刊刻當在十三年之後。全書合共五十二卷。

所收奏疏歷時既久,内容亦夥,而以撫蘇、署督爲最,其中籌辦江蘇海運之事尤爲緊要,如《海運圖説》疏,附有海運詳圖,爲瞭解道光時江蘇至北京海運糧食研究寶貴資料,又有赴上海督辦海運、查看海口運道、糧船水手斂錢恃衆等疏,亦爲海運史相關史料。此外如報陳地方情形,澂關海關商販納税、黄浦及吴淞江水利、緩徵銀米以紓民力、緝拿懲治各類匪犯、審辦京控勾學舞弊、清理積年緩滯漕米、蘇州府城修復、日本船員漂流指引回國、護送朝鮮人進京、訪獲訟棍在京攬訟及訟棍勾結圖詐、改革蘇省錢漕幫費陋規、撥放貧民口糧銀款、借局銀平易市價、紳董捐建書院等疏,均能真實反映當時江蘇社會生活情況。他稿大抵同此,頗有史料價值甚高者,如《巡漕稿》之《補授川東道謝恩摺子》,内附陶氏履歷夾單;《撫皖稿》之有關與暹羅、琉球交通數摺均是。

此本據中國科學院圖書館藏清道光八年刻本影印。(李潘陽)

林文忠公政書三集三十七卷蒐遺一卷

(清) 林則徐撰 (第 500 册)

林則徐(1785—1850),字少穆,又字元撫、石麟,晚號俟村老人,侯官(今福建福州)人。嘉慶十六年(1811)進士,歷官翰林院編修、御史、浙江鹽運使,江蘇、陝西、江寧、湖北、河南等地按察使及布政使、河東河道總督、江蘇巡撫、兩江總督、湖廣總督。道光十八年(1838)爲欽差大臣,至廣東查禁鴉片,有虎門銷煙之舉。遷兩廣總督,未久革職,謫戍伊犁。道光二十五年後署陝甘總督,授陝西巡撫、雲貴總督、廣西巡撫,卒謚文忠。著有

《雲左山房文鈔》、《雲左山房詩鈔》、《使滇吟草》等。所遺奏稿、公牘、日記、書劄等輯爲《林則徐集》)。《清史稿》有傳。

是書三十七卷,卷首有“本宅藏板”四字,知爲林氏家刻。收録林氏官江蘇、兩湖、廣東、陝甘、雲貴等地所上奏稿,分甲、乙、丙三集,甲集收東河奏稿一卷、江蘇奏稿八卷,乙集收湖廣奏稿五卷、使粤奏稿八卷、兩廣奏稿四卷,丙集收陝甘奏稿一卷、雲貴奏稿十卷。後有蒐遺一卷。卷首有“光緒己卯孟春長洲黄氏輯刻”字樣,收録道光年間兩道奏摺。是書洵爲林則徐及道光時期江蘇、廣東、雲南、貴州等地歷史與社會狀況研究之重要資料,其中有關研究鴉片者,多詳實可稽。如《會奏穿鼻尖沙嘴疊次轟擊夷船情形折》,詳述穿鼻海戰經過,指摘中國師船“木料不堅,未便窮追遠涉”,而英國軍艦“受傷只在艙面,其船旁船底,皆整株番木所爲,且全用銅包,雖炮擊亦不能遽透”,於研究當時中英艦船及戰争詳情有重要價值。

此本據復旦大學圖書館藏清光緒三山林氏刻《林文忠公遺集》本影印。(李潘陽)

王侍郎奏議十一卷 (清) 王茂蔭撰 (第 500 册)

王茂蔭(1798—1865),字椿年,一字子懷,歙縣(今安徽歙縣)人。道光十二年(1832)進士,道光時任户部主事、貴州司員外郎,咸豐間任監察御史、太常寺少卿、太僕寺少卿、户部右侍郎兼管錢法堂事務,爲清廷財政主管官員之一,咸豐四年(1854)調兵部侍郎,八年因病自請開缺,同治元年(1862)起用,署理左副都御史,改授工部侍郎,二年調吏部右侍郎。更著有《皖省襃忠録》等。《清史稿》有傳。

是書收録王氏奏疏三十篇,卷首有王氏門人易佩紳光緒十三年(1887)序,詳述本書各部分輯録及刊刻經過。是書前三卷《臺稿》,

録監察御史任内奏稿,自咸豐元年(1851)九月至咸豐三年四月。卷四、五兩卷爲《寺稿》,録太僕寺少卿任内奏稿,自咸豐三年五月至咸豐三年十一月。卷六至九爲《省稿》,録户部右侍郎任内奏稿,自咸豐三年十一月至咸豐八年七月。卷十爲《續稿》,録起復後奏稿,自咸豐十一年十二月至同治元年五月。卷十一爲《補遺》,自咸豐元年十二月至咸豐三年。各摺下注有上奏日期。馬克思《資本論》曾提及王茂蔭,以是書多有關於清廷財政狀況也。如咸豐元年,王氏於陝西道監察御史任内,上《條議鈔法折》,建議發行紙幣,以爲數量以一千萬兩爲限,紙幣發行原則爲"以實運虛","以數實輔一虛",以紙幣輔助金銀同時流通,以防通貨膨脹、紙幣貶值,以求無累於民,有益於國。咸豐三年,王茂蔭因内務府大臣肅順等人請添鑄"當百、當五百、當千"大錢之議,上《論行大錢折》,以爲"官能定錢之值,而不能限物之值"。次年,又上《再議鈔法折》,以爲清廷發行不兑現官票、寶鈔貶值等法不當,當易不兑現紙幣爲可兑現紙幣,以此觸怒咸豐,調離户部。馬克思據俄國駐北京使館調查報告得知王氏主張,故於《資本論》第一卷第一篇注八十三引用之。可知王氏奏疏於瞭解清代金融狀況確有史料價值。

此本據上海圖書館藏清光緒十三年刻本影印。(李瀋陽)

曾文正公奏稿三十六卷　(清) 曾國藩撰 (第500—501冊)

曾國藩(1811—1872),初名子城,字伯涵,號滌生,湘鄉(今湖南雙峰)人。道光十八年(1838)進士,先後爲翰林院侍講學士、内閣學士、禮部右侍郎、兵部右侍郎、工部右侍郎、吏部左侍郎等,因平定太平天國有功封毅勇侯,授太子太保、武英殿大學士,任直隸總督、兩江總督等,卒諡文正。史稱晚清中興四大

名臣之一。著作甚多,彙編爲《曾文正公全集》行世。《清史稿》有傳。

是書無序、跋,卷首有"光緒二年傳忠書局校刊"字樣,由門人李瀚章編録,錢應溥、李鴻裔等參校,李元度、吳汝綸等校字。所收奏議按年月編次,自道光三十年(1850)正月二十八日至同治十一年(1872)正月二十八日,各疏均標有題名,注明上奏日期。多爲朝廷政事而發,有應詔陳言、條陳日講事宜、議汰兵、陳民間疾苦、陳聖德三端、平銀價、陳辦團練查匪等,多有針砭時弊之言。如卷一《應詔陳言疏》稱"京官辦事通病有二,曰退縮,曰瑣屑;外官辦事通病有二,曰敷衍,曰瞞頂"。又論用人,以爲有轉移之道、培養之方、考察之法,三者不可廢一。所謂轉移即改變士人尚才華、騖高遠之浮誇習氣。咸豐以後奏疏,多涉鴉片戰爭、太平天國、捻軍、洋務等事,如移駐衡州、籌備戰船、籌備水陸各勇赴皖會剿、東征起程、辦捐濟餉、黔勇會剿、岳州戰敗自請治罪、靖州戰敗自請治罪、湘潭寧鄉靖港勝敗情形等。敘籌辦湘軍及與太平軍作戰尤詳,如卷二《報東征起程日期摺》,言及戰船、廣炮、衡州船廠、支領軍械、搬運子藥等事,又有拖罟、快蟹、長龍、板艇、釣鈎船等名目及"依照廣東戰艦"之語,又所募之勇分爲陸勇、水勇及其人數與編製、所需物質等,皆爲研究湘軍之翔實資料。

此本據清光緒二年傳忠書局刻本影印。(李瀋陽)

左恪靖侯奏稿初編三十八卷左恪靖侯奏稿續編七十六卷左恪靖侯奏稿三編六卷　(清) 左宗棠撰 (第502—504冊)

左宗棠(1812—1885),字季高,又字樸存,號湘上農人,湘陰(今湖南湘陰)人。道光十二年(1832)舉人,後試進士不第。太平軍起,清廷用爲四品京堂,隨曾國藩襄辦軍務,屢建戰功。先後任浙江巡撫、閩浙總督、陝甘

總督,平定西捻軍及甘肅回民起義等。興辦洋務,創建馬尾船廠、船政學堂、甘肅製造局等。光緒元年,以欽差大臣率軍出征新疆,平定外侵內亂,光緒四年提請設立新疆行省。因崇厚赴俄談判所簽協議喪權誤國,建議重新談判,已率大軍出動,促使談判成功,迫俄交還伊犁。後任兩江總督、南洋通商大臣。光緒九年法國侵犯越南,左氏赴滇督師,光緒十年赴福建督師,防範法軍入侵,組建援臺軍準備出兵臺灣,其後所建定邊軍敗法軍於越南諒山,促成中法和議,而後以老病引退,卒諡文襄。更著有《楚軍營制》,奏稿、文牘等,輯為《左文襄公全集》。《清史稿》有傳。

是書刊刻於光緒十二年(1886),封面題"左文襄公奏疏"。初編剿匪三十八卷,咸豐十一年(1861)至同治五年(1866);續編討捻、平回、開疆七十六卷,同治五年至光緒八年;三編督江、防海六卷,光緒八年至光緒十一年。初編封面題"左恪靖侯奏稿初編三十八卷",續編、三編封面類似,惟編序卷數不同。

卷首有同治七年署福建提督羅大春序,述左氏歷年行軍作戰,於軍中據白木案,手披圖籍,口授方略,官書山積,必一一省治,乃至神校稟報尺牘,亦皆手自批答,示其要領。其刻苦有窮措大所不能堪者,以天賦精神才力副其忠勤,故成就諸多功業云云。各編之前均有詳細卷目。卷內各疏下皆有題名,疏末則有上奏日期以及詔答。按左氏身當季清,輾轉多地,處理諸多戰事,其用心用力之跡,及相關事件之曲折變化於焉大備,堪稱咸、同、光三朝大政之實錄,又為瞭解左宗棠其人之素材,價值非常。

此本據國家圖書館藏清刻本影印。(李瀋陽)

胡林翼奏議五十一卷　(清)　胡林翼撰(第505冊)

胡林翼(1812—1861),字貺生,號潤芝,益陽(今湖南益陽)人。道光十六年(1836)進士,曾任翰林院編修,貴州、鎮遠等地知府,咸豐四年(1854)擢貴東道道員,又赴湖北、湖南攻打太平軍,後任四川按察使、湖北按察使、湖北布政使、湖北巡撫等,以戰功與曾國藩、左宗棠、李鴻章合稱中興名臣,卒諡文忠。更著有《讀史兵略》、《大清一統輿圖》等,後人編集為《胡林翼全集》。《清史稿》有傳。

是書無序、跋,卷首為各卷目錄,所收奏疏按年月編次,自咸豐五年(1855)至咸豐十一年,卷四十八中又自咸豐六年十月起,至十一年八月止。各奏皆標有題名,注有上奏日期,末附硃批、上諭等。奏疏內容以征討太平天國與捻軍為主,詳述所部作戰情形、軍隊錢糧支用、官員任免獎懲、地方團練、興辦學校、延緩賦稅漕糧等事,於研究咸豐期清軍中南、華東、華南等地戰史及當年吏治、賦稅、教育、民情等事之重要史料。

此本據民國二十五年大東書局鉛印《胡林翼全集》本影印。(李瀋陽)

李文忠公奏稿八十卷　(清)　李鴻章撰(清)　吳汝綸編(第505—508冊)

李鴻章(1823—1901),字子黻、漸甫,號少荃、儀叟,合肥(今安徽合肥)人。道光二十七年(1847)進士,曾為翰林院編修,咸豐八年(1858)為曾國藩襄辦營務,十一年因曾氏推薦,招募淮軍。歷任江蘇巡撫、兩江總督、協辦大學士、湖廣總督、直隸總督兼北洋通商大臣等,創建江南製造局、金陵機器局、輪船招商局,又接管天津機器局,興辦洋務成就,又興建北洋水師,代表清朝廷簽訂《馬關條約》、《辛丑條約》等,卒諡文忠。著作彙為《李文忠公全集》傳世。《清史稿》有傳。

吳汝綸(1840—1903),字摯甫,一字摯父,桐城義津橋(今安徽樅陽)人。同治四年(1865)進士,官至內閣中書。曾國藩任兩江總督時,稱之為異才,留佐幕府,與張裕釗、薛福成、黎庶昌並稱"曾門四大弟子"。更著有《吳先生文集》、《易説》、《寫定尚書》、《尚書故》等。《清史稿》有傳。

是書無序、跋，封面題書名"李文忠公奏稿八十卷"爲吳汝綸所書，扉頁題"民國辛酉春合肥李氏交上海商務印書館景印金陵原刻本"，各卷題下標明"全集一之□"字樣，從"全集一之一"至"全集一之八十"；又署"桐城吳汝綸編録"，知爲吳氏編次。

所收奏疏依時間爲序，自同治元年（1862）四月至光緒二十七年（1901）八月，亦即始練淮軍至簽訂《辛丑條約》後，此乃李氏一生從政最重要時期。每道奏摺皆標有題目及上疏日期，可以詳考相關史實之始末詳情。吳汝綸爲李氏幕僚既久，熟稔李氏文獻，故於奏稿內容及時間能精加考訂，並有精當擬題。然亦不無迴護之意，故所收奏稿並不完備。見存上海圖書館所藏底本及軍機録副，多有是書未收録者，如光緒九年四月初一《豫籌越南事宜折》、光緒九年五月十二日《密陳法越交涉遵旨統籌全局片》、光緒二十六年六月初二《復陳陸海兵數請爲倭事籌備餉折》以及甲午戰爭後與伊藤五次會談記録、八國聯軍入侵時之《遵旨力求補救折》、《時局變遷急籌補救痛哭瀝陳折》等，均不載是書，是爲讀此書者不可不知者。

此本據民國十年上海商務印書館影印金陵原刊本影印。（李濬陽）

僧王奏稿一卷　（清）僧格林沁撰（第 508 册）

僧格林沁（1811—1865），蒙古科爾沁旗（今内蒙古自治區通遼科左後旗）人，博爾濟吉特氏，爲成吉思汗二弟哈布圖哈薩爾二十六代孫，過繼於堂叔科爾沁郡王索特納木多布濟爲子。道光五年（1825）承襲郡王，又任御前大臣、正白旗侍衛内大臣以及鑲紅旗、鑲白旗、正黄旗、正藍旗、鑲黄旗都統等。咸豐時任御前大臣、參贊大臣，封博多勒噶台親

王。七年（1857）以欽差大臣督天津防務，九年指揮大沽口海戰，擊敗英法聯軍，同治四年（1865）四月，與捻軍作戰中伏戰死。謚忠。《清史稿》有傳。

是書一卷，無序、跋，封面題"僧王奏稿"，"咸豐十年新鐫"，録僧格林沁奏摺一道，自題"爲華夷通好敗害無窮事"，其中提及桂良、花沙訥與洋人議和事，因知所上摺時間當在咸豐八年（1858）六月第一次大沽口戰役之後，第二次大沽口戰役爆發之前，時咸豐始使僧格林沁備戰大沽口。

奏稱西方各國虎視中國，其志無厭。清王朝二百年來養兵不用，武事失修，是以道光廿二年（1842），英軍長驅直入，中國守禦將士棄甲抛戈，望風而遁，粵海、江蘇等處悉被蹂躪，之後議和，准其通商，自是大事去矣，言之深爲痛恨。西方諸國從此進入中國，以無用之土泥，易中原養命之脂膏，是以洋人日富，而中國日瘁，可知洋人之志不止通商取利，而直欲疲困中國。此次中國又敗而議和，則其害無窮，皇上與諸大臣束手無策，惟相與飲泣。故建議不若乘其驕而擊之，如糧不足，請以通國之糧報效，人心非不可奮興，天命非不可挽回。願皇上詔回桂良等人，命沿海多設炮臺，嚴行防堵，而佔據金陵之太平軍，有張玉良、勝保等人固守，不足爲慮云云。此奏既上，以當時朝廷多主和議，故留中不發，至咸豐十年始得刊行。

此本據上海圖書館藏清咸豐十年刻本影印。（李濬陽）

丁文誠公奏稿二十六卷首一卷　（清）丁寶楨撰（第 509 册）

丁寶楨（1820—1886），字稚璜，平遠（今貴州織金）人。咸豐三年（1853）進士，爲翰林院庶吉士，散館授編修，後授岳州、長沙知府，同治時擢山東按察使、山東巡撫，光緒時創辦山東機器局，又建尚志書院，後任四川總督，

興辦四川機器局,改建都江堰,卒諡文誠。《清史稿》有傳。

是書卷首一卷,題"丁文誠公遺集首卷",前有李端棻光緒十九年序,並載上諭、慈旨、御賜祭文、諭賜入祀京師賢良祠祭文、御製碑文、國史本傳以及山東巡撫陳士杰、張曜請爲丁氏立祠致祭摺、貴州巡撫潘霨奏請在貴州建立專祠摺、閻敬銘撰墓誌銘、王闓運撰誄詞、黎庶昌撰貴州專祠碑文、四川總督奎俊奏請建專祠摺等。其中國史本傳與《清史稿》本傳詳略不同,此皆爲瞭解丁氏生平政績之重要資料。序後載編校姓氏,有羅文彬、張荀、李本、楊苪等人,又有"子壻陳洵慶原編,姪壻陳夔龍重輯,男體常、體晉敬刊,孫道臣、道源、道津、道敏恭錄"字樣,卷末有陳夔龍光緒十九年跋,知是書由陳洵慶等人編輯,其子丁體常、體晉刊刻,其孫丁道臣等人亦參與錄寫。

正文二十六卷,按年月輯錄同治元年(1862)十二月至光緒十二年(1886)丁氏奏稿,封面題"丁文誠公奏稿二十六卷",有"光緒十九年刻成於京師"字樣。是書各卷均有目錄,便於省覽。丁氏屢任地方大員,均有政績建樹,卷一至十二爲山東任内奏稿,涉及捻軍者較多,如卷一《沿途查勘地方賊情片》,詳述捻軍在鄒縣、濟寧一帶山區聚衆數萬人活動情形。卷十三至二十六爲四川任内奏稿,於吏治、民生之事涉及較多,如卷二十六《川省撥款過多請節部酌覆摺》,於當時四川全省財政狀況言之甚詳。又有《西域置行省議》、《東南罷番舶議》、《送欽差大臣侯官林公序》等,於當時西方各國侵略中國邊疆以及時政内幕等均有涉及。其他如於各地興辦洋務、教育、水利、河政等,亦多有所述,可爲研究晚期山東、四川等地社會歷史提供翔實資料。

此本據復旦大學圖書館藏清光緒十九年刻二十五年補刻本影印。(李瀋陽)

曾惠敏公奏疏六卷 (清) 曾紀澤撰 (第510册)

曾紀澤(1839—1890),字劼剛,號夢瞻,湘鄉(今湖南雙峰)人,曾國藩長子。早年學習西學、洋務,同治九年(1870)以蔭生補户部員外郎,後襲乃父一等毅勇侯爵。曾任太常寺及大理寺少卿,光緒年間先後任駐英、駐法、駐俄大臣,駐俄期間,廢除崇厚與俄所簽訂《里瓦幾亞條約》,重簽中俄《伊犁條約》,收回伊犁及特克斯河地區。光緒十一年(1885)歸國,幫辦海軍事務,助李鴻章建北洋水師,後任總理衙門行走。卒諡惠敏。更著有《佩文韻來古編》、《説文重文本部考》、《群經説》等,曾於英國《亞細亞季刊》發表《中國之睡與醒》一文,影響廣遠。光緒十九年,江南製造總局彙編刊印曾氏奏疏、詩集及《出使日記》等,後輯爲《曾惠敏公遺集》行世。《清史稿》有傳。

是書無序、跋,扉頁有"光緒癸巳秋月刊於江南製造總局"木記,目錄詳列各卷奏疏名目,時間自光緒四年十月至十五年八月,按年月編次,各疏皆有題名及奏上日期,疏末或附詔答。奏疏多與曾氏經辦外交事務有關,如卷二《敬陳管見疏》,論俄國未嘗因内亂而無暇爲難中國,有云"俄之君臣常喜邊陲有事,藉侵伐之役,以消納思亂之民。此該國以亂靖亂之霸術,而西洋各國所稔知。凡與之接壤者,因是而防之甚嚴、疑之甚深。"卷三《修訂俄約辦事艱難情形奏》則稱外交事務中"全權"實非"全權",而是"遇事請旨,不敢擅專",崇厚與俄談判,不明於此,師心自用,違旨擅行,故其所訂條約終被廢止。曾氏以爲外交人員當循《萬國公法》,使臣議約,須候本國君主諭旨,而不得擅行畫押。諸如此類,皆有以見清朝廷外交政策及曾氏對外交涉之詳情。

此本據復旦大學圖書館藏清光緒十九年江南製造總局鉛印本影印。(李瀋陽)

張文襄公奏議七十二卷張文襄公電奏十三卷
（清）張之洞撰（第510—511册）

　　張之洞（1837—1909），字孝達，號香濤，又號壺公、無競居士，南皮（今河北南皮）人。同治二年（1863）進士，授編修，後任湖北學正、四川學政、山西巡撫、兩廣總督、湖廣總督、兩江總督、軍機大臣兼學部大臣、督辦鐵路大臣，於湖北興辦漢陽鐵廠、湖北槍炮廠，又倡建蘆漢鐵路，即後來所稱京漢鐵路，又奉旨督辦粤漢鐵路修建。又於湖北、成都、廣州建經心、尊經、廣雅書院及廣雅書局。卒諡文襄。更著有《勸學篇》、《輶軒語》、《書目答問》等，民國時王樹枏彙編張氏著述爲《張文襄公全集》刊刻行世。《清史稿》有傳。

　　是書分奏議七十二卷、電奏十三卷，卷首有“歲次戊辰仲春刊行”木記，當爲民國十七年（1928）所刻。又有王樹枏序，稱所刊《張文襄公全集》，除奏議、電奏外，又收錄公牘、電牘、書札、家書及《勸學篇》、《輶軒語》、《書目答問》等書，而是書即此全集中奏議、電奏部分。奏議按年月編次，自同治十二年（1873）十月至宣統元年（1909）八月，各疏有題名及上奏日期，附以詔答。電奏自光緒十年（1884）閏五月至三十三年八月。所奏内容直接記錄張氏於清季對外戰争、洋務運動、戊戌變法、義和團、清末新政、東南互保諸大政所持主張與辦法。多有數摺先後相繼以論一事者，如論俄事有《熟權俄約利害摺》、《俄約最重數端必宜抵制片》、《請勸俄主除去苛政片》、《詳籌邊計摺》、《俄事機可乘善籌抵制摺》等，他如論法越事，論洋務、論人才、論籌議改制等均是。讀之如閱專史，彌足珍貴。張氏爲晚清重臣，故是書所收奏議實爲瞭解當時歷史詳情之重要文獻。

　　此本據上海辭書出版社圖書館藏民國十七年刻《張文襄公全集》本影印。（李濬陽）

戊戌奏稿不分卷　康有爲撰　麥仲華輯（第511册）

　　康有爲（1858—1927），又名祖詒，字廣厦，號長素、明夷等，南海（今屬廣東佛山）人。光緒二十一年（1895）至京參加會試，以清廷欲與日本簽訂《馬關條約》，遂聯合各地舉人公車上書，籲請變法。此次會試中進士，授工部主事。先後於北京上海等地組織強學會、保國會，編《中外紀聞》《強學報》等，鼓吹變法。光緒二十四年，任總理衙門章京上行走，助光緒實行變法。戊戌政變後，光緒被囚，康氏逃亡國外。著作頗多，有《康子篇》、《新學僞經考》、《春秋董氏學》、《孔子改制考》、《日本變政考》、《大同書》等。《清史稿》有傳。

　　麥仲華（1876—1956），字曼宣，號武穎，筆名玉瑟齋主人，順德（今廣東順德）人。康有爲弟子及女婿，戊戌政變後流亡日本，入日本陸軍士官學校，後遊學英國。民國初，任司法儲才館秘書、香港電報局局長等。著有《血海花傳奇》，刊於《新民叢報》。見今人陳漢才著《康門弟子述略》。

　　是書封面題《戊戌奏稿》，辛亥五月印行，知刊於宣統三年（1911），書首有宣統三年徐勤敘序及麥仲華所撰凡例，謂康氏於戊戌變法期間手撰奏摺共六十三首，其中多爲康氏親撰，亦有他人代作者，具載變法詳情。變法失敗後，奏摺均被抄没，此後多所散失，即其篇目亦不能憶。麥氏與康氏之女多年搜集抄存，僅得二十篇，懼久而彌佚，遂印行問世，而戊戌前之奏稿則已印行在前，故不在是書内。其二十篇爲奏疏正編十七篇附進呈編書序五篇，補録三篇。另有存目十三則，皆爲當時變法重要文獻。按故宫博物院藏内府手抄本《傑士上書匯録》，其中録有康有爲戊戌年正月至七月間奏疏十八件，又藏有康氏當時進呈奏疏手寫原本，與是書對校，知内容多有出入，要當以故宫所藏及抄録者爲准。是書所收《請定立憲開國會摺》、《請君民合治滿漢不分摺》、《乞預定開國會期並先選才議政許民上書言事摺》等,內容已爲康氏流亡日本時之主張,故是書未可視爲康氏變法時所上奏疏原件。

此本據中國科學院圖書館藏清宣統三年鉛印本影印。(李瀋陽)

傳記類

闕里文獻考一百卷首一卷末一卷　(清)孔繼汾撰(第512册)

孔繼汾(1721—1786),字體儀,號止堂,曲阜(今山東曲阜)人,孔子六十九代孫。乾隆十二年(1747)舉人,次年,授內閣中書舍人,後爲軍機處行走、户部主事等。曾編《孔氏家儀》,因服制與《大清會典》不符,發配伊犁。次子孔廣森多方營救,中途赦還。更著有《樂舞全譜》、《勘儀糾繆集》、《行餘詩草》等。事跡見《清文獻通考》卷七五、《清通典》卷一八、《清通志》卷七二。

孔子故里曲阜城中有二石闕,故後人稱爲闕里。歷代纂述闕里人物事跡之書,有宋代孔傳《東家雜記》、金代孔元措《孔氏祖庭廣記》、明代陳鎬《闕里志》、沈朝陽《闕里書》、吕元善《聖門志》、清康熙間孔聘之新纂《闕里志》、宋際《闕里廣志》等。乾隆九年(1744),孔氏重修族譜,依舊例,修譜之後即需增輯志書,繼汾至乾隆二十六年(1761)撰成此書,分題世系考、林廟考、祀典考、世爵職官考、禮考、樂考、户田考、學校考、城邑山川考、宗譜考、孔氏著述考、藝文考、聖門弟子考、從祀賢儒考、子孫著聞者考、敘考,凡十六門。孔氏家族歷代受封朝廷,綿延不絕,是書分門別類詳述孔氏家族相關制度、歷史事件、人物及相關著述,於研究孔氏家族史及儒學史均有價值。卷首有孔子七十一代孫孔昭煥乾隆二十七年序及進書摺子,知是書當時已

呈送朝廷。是書所據資料,除四部文獻外,更有作者所聞見者及孔氏家藏譜牒等。卷末有繼汾《闕里志辨譌》一篇,於闕里舊志內容失實者詳辨異同,以定是非,可據以補正其他史志之闕誤。

此本據北京大學圖書館藏清乾隆二十七年刻本影印。又有光緒十七年湘陰李氏重刻本。(譚漢生)

聖門人物志十二卷　(明)郭子章撰(第512册)

郭子章(1543—1618),字相奎,號青螺,又號蠙衣生,泰和(今江西泰和)人。隆慶五年(1571)進士,先後爲福建建寧府推官、延平府知事、工部主事、潮州知府、四川學政、浙江參政、山西按察使、湖廣布政使、福建布政使、右副都御史、貴州巡撫等,與湖廣川貴總督李化龍合作剿平播州土司楊應龍之亂,萬曆四十年(1612),加太子少保兵部尚書、右都御史。著作頗多,《明史·藝文志》著録有《粵草》、《豫章書》、《易解》等二十五種。事跡見《清一統志》卷二九一、卷三九〇及雍正十年《江西通志》卷七九。

是書有翰林院侍讀學士掌院事、國史副總裁馮琦序,萬曆二十二年山西巡撫魏允貞刊刻發布是書文,及山西提刑按察使郭子章萬曆癸巳(二十一年,1593)自序,據以可知是書爲魏允貞以諸生多不知孔門先賢先儒姓氏而命學官采緝之,而子章時爲山西按察使,先已纂成,因呈魏撫得以刊刻四十部而頒發學官。所收人物爲孔子入門及私淑弟子而得從祀於朝廷廟庭者,仿史書人物傳記之例,各爲立傳,附以贊論。首載《史記·孔子世家》,以下爲孔門弟子顏子、曾子、子思及孟子,合稱四配,其次爲十哲、先賢、先儒,十哲及先賢皆孔子入門及私淑弟子,先儒則爲歷代著名儒學家,自左丘明至明代王守仁、陳獻章、胡居仁等。後附孔子父母、曾點、孔鯉、孟孫氏、

程珦、朱松、蔡元定等人傳記,末爲明代祭祀孔子禮儀制度及相關規定,有祭孔禮器位置圖三幅。是書能歷述儒學儒術源流,編者雖受心學影響,然亦反映時代見解,於儒學史仍有參考價值。

此本據上海圖書館藏明萬曆二十二年趙彥刻本影印。又有明嘉靖隆慶間刻本。(譚漢生)

諸儒學案不分卷　(明) 劉元卿輯 (第 512 册)

劉元卿(1544—1609),字調甫,號旋宇,又號瀘瀟,安福(今江西安福)人。隆慶四年(1570)江西鄉試中舉,會試時忤張居正,險遭殺身之禍,後絶意功名,於地方創辦復禮、識仁、中道、一德等書院,收徒講學,世稱"正學先生"。後經推薦,授國子博士、承德郎、禮部主事,不久辭歸。著有《大學新編》、《山居草》、《還山續草》等。《明史》有傳。

卷首有劉氏自序,署安福後學,卷題下題安成後學。安成爲三國吳所置郡,安福屬焉,故籍貫雜用安福、安成。其序稱儒學重在盡性,故是書選録諸儒之説,均以此爲主眼,而又以明代心學見解爲准。所收宋明兩代儒家學者,有周濂溪、二程、張載、邵康節、謝良佐、楊時、羅從彥、李侗、朱子、陸九淵、楊簡、金履祥、許謙、薛瑄、胡居仁、陳獻章、羅欽順、王守仁、王艮、鄒守益、王畿、歐陽德、羅洪先、胡直、羅汝芳,而耿定向有目無傳,未知何故。於各家先敘小傳,次録其人論學之語,時附出自何書,而大多未能標明出處。諸家言論,各書多有記載,然相互有差異,故是書所録,亦可爲校勘之助。

此本據中國科學院圖書館首都圖書館藏明萬曆刻劉應舉補修本影印。(李曉明)

聖學宗傳十八卷　(明) 周汝登撰 (第 513 册)

周汝登(1547—1629),字繼元,號海門,嵊縣(今浙江嵊州)人。萬曆五年(1577)進士,先爲南京工部主事,後謫兩淮鹽運判官,官至南京尚寶卿。其學以羅汝芳爲師,爲後期心學名家,更著有《東越證學録》、《王門宗旨》、《四書宗旨》、《直心編》等,又曾編修《嵊邑志》,後人集其著述爲《海門先生集》。傳附《明史·王畿傳》。

周氏之學糅合儒釋,采先儒似禪之論,輯爲《聖學宗傳》,亦萬曆士風。《明史》卷二五五《劉宗周傳》稱王陽明經王畿傳至周汝登、陶望齡、陶奭齡以降,論學皆雜於禪,而去陽明本旨益遠,不足以發明王學。是書首載萬曆丙午(三十四年,1606)鄒元標序、余懋孳序、萬曆乙巳(三十三年)陶望齡序,稱是書爲儒學正宗學者之傳,濫而訛者不入。所收者宋以前有伏羲、神農、黄帝、顓頊、堯、舜、禹、皋陶、成湯、伊尹、傅説、泰伯、文王、武王、箕子、周公、孔子、顏子、子貢等至孟子、荀卿、董仲舒、揚雄、王通、韓愈等,宋代則有穆修、胡瑗、李之才、邵雍、周敦頤、二程、張載、楊時、胡安國、李侗、朱熹、陸九淵等,元代有許衡、吳澄等,明代有陳獻章、王守仁、徐愛、錢德洪、王畿、鄒守益、王艮、羅洪先、王棟、羅汝芳等。是書由周汝登、陶望齡二人合編而成。上古帝王大臣等僅述其事跡,孔子以後各家始敘述其人事跡並其論學要語。所録各家學説,均據各家著作摘録,可爲校勘之用。

此本據復旦大學圖書館藏明萬曆三十三年王世韜等刻本影印。(李曉明)

學統五十三卷　(清) 熊賜履撰 (第 513—514 册)

熊賜履(1635—1709),字敬修,又字青岳,號素九、愚齋,孝感(今湖北孝感)人,以孝感又名孝昌,故學者稱孝昌先生。順治十五年(1658)進士,先後爲翰林院庶吉士、檢討、國子監司業、弘文院侍讀、秘書院侍讀學士、國史院學士、翰林院掌院學士、經筵講官,後爲內閣學士、武英殿大學士兼刑部尚書、禮部尚書、東閣大學士、吏部尚書。曾與修《聖訓》、

《平定朔漠方略》、《實録》、《明史》等。其學以程朱爲本,於陽明之學則多所抨擊。著有《日講四書解義》、《經義齋集》、《閑道録》等。《清史稿》有傳。

是書爲熊氏落職之後寓居江寧時所作,屬稿於康熙十五年(1676),二十四年成書。有康熙二十四年王新命序、李振裕序、倪燦序及熊氏自序,自稱學統即儒學正宗,而其真諦不過天理二字,後之學者有偏有全,有得有失,而是書欲爲儒學標示正統所在。其凡例稱孔子接堯、舜、禹、湯、文、武、周公之統,集列聖之大成,爲萬世宗師,故學統自孔子始,之後以顔回、曾子、子思、孟子、周敦頤、二程、朱熹爲正統,合孔子共九人;復以閔子、冉子、有子、董仲舒、韓愈、張載、邵康節、司馬光、胡安國、尹焞、楊時、羅從彦、李侗、張栻、黄幹、蔡沈、真德秀、羅欽順等爲翼統;以孔門弟子仲由、宰予、冉求、曾點及歷代於儒學卓有貢獻者,如左丘明、公羊高、穀梁赤、丁寬、孔安國、伏勝、申公、毛萇、鄭玄、許慎、范寧、皇侃、孫奭、孫復、石介、胡瑗、蔡元定、何基、王柏、金履祥、許謙、顧憲成、高攀龍等爲附統。此後又列雜學、異學兩類,分録未盡合於儒學正統者與有異於儒學者。前者列荀子、楊雄,後者列老子、莊子、楊朱、墨子、告子、道家、釋氏。所收學者述其事跡,録其學説,並及古今學者於諸家之評論,卷末有熊氏按語,所評一以尊正統、辟雜學、黜異學爲准。

此本據北京大學圖書館藏清康熙二十四年熊氏下學堂刻本影印。又有康熙二十七年下學堂重刻五十六卷本,其中雜學改稱雜統,較二十四年五十三卷本益出王通、蘇軾、陸象山、陳白沙、王陽明等,異學則改稱異統。

(李曉明)

理學宗傳二十六卷 (清)孫奇逢撰(第514册)

孫奇逢(1584—1675),字啟泰,號鍾元,容城(今河北容城)人,晚年講學於蘇州夏峰山,故稱"夏峰先生"。其學先以陸王爲宗,晚年傾向朱熹理學,欲調和兩派。著作甚多,《理學宗傳》外又有《聖學録》、《讀易大旨》、《理學傳心纂要》、《書經近指》、《晚年批定四書近指》等。後人集其著作編爲《夏峰先生集》。《清史稿》有傳。

是書彙録兩漢至明代儒家學者傳記及學説,先爲諸人立傳,復摘録論學語録及有關著述,更附評注,引諸家評論或孫氏自評,又有眉批,則於學者論述加以提要。所載學者分爲三類,而以"理學"宗統爲核心,明理、儒同異,别正雜畛域,故卷一至十一列宋代以來理學大家,録宋代周敦頤、程顥、程頤、張載、邵雍、朱熹、陸九淵及明代薛瑄、王守仁、羅洪先、顧憲成等十一人,張載之弟張戩、邵雍之子邵伯温、陸九淵之兄九齡與九韶則附於其中。卷十二至二十五,列兩漢至明代儒家學者,有漢代董仲舒、鄭玄、申公培、倪寬、毛公萇,隋代王通及其門人董常等,唐代韓愈及其門人李翱等,宋代二程弟子、楊時、謝良佐、尹焞、遊酢、胡瑗、胡安國、胡宏、張栻、吕祖謙、朱熹諸弟子、蔡元定、蔡沈、陸九淵諸弟子、真德秀、何基、王柏、陳埴、金履祥,元代劉因、安熙、許謙、姚樞,明代曹端、吴與弼、胡居仁、陳白沙、羅一峰、湛甘泉、王陽明諸弟子、何塘、崔銑、吕柟、羅欽順、劉宗周等人。卷二十六爲補遺,孫氏《自敘》稱,補遺者,謂其人超異而與聖人學説微有不同,故嚴加區别,如張九成、楊簡、王畿、羅汝芳、楊起元、周汝登等。書初編於渥城,僅收董仲舒等五十餘人,以世次爲敍,後至蘇門,不斷補充修訂云云。至康熙五年(1666)成書,所收凡一百六十餘人。

是書康熙六年(1667)初刊,道光、光緒間遞有刊刻。光緒七年(1881)浙江書局本於"義例"後增加《劉宗周傳》,版心有"補傳"字,傳末云"國朝乾隆四十一年謚忠介,道光二年從祀,稱先儒",可知非孫奇逢原本所有，爲浙江書局刊刻時補入。卷二十五已有《劉宗周傳》，而補傳更爲詳細。

此本據南京圖書館藏清康熙六年張沐、程啟朱刻本影印。（李曉明）

鄭學録四卷　（清）鄭珍撰（第515册）

鄭珍（1806—1864），字子尹，晚號柴翁，別號子午山孩、五尺道人、且同亭長，遵義（今貴州遵義）人。道光十七年（1837）舉人，任古州訓導、荔波縣學訓導等，咸豐間告歸。先後任教於啟秀、湘川書院。同治初補江蘇知縣，未就任。治學以漢代許慎、鄭玄爲宗，於經學、小學深有造詣。更著有《儀禮私箋》、《説文逸字》、《説文新附考》、《巢經巢經説》等，又與莫友芝合纂《遵義府志》。《清史稿》有傳。

是書所謂鄭學，指漢代經學家鄭玄之學。卷一《傳注》，引據他書爲《後漢書·鄭玄傳》作注，考明傳中所言諸事。卷二《年譜》，以表格按紀年、時事、出處、著述四項分記相關之事。其中“時事”一項，分記各年相關之事，如學者之活動、政治之變遷等，當時著名學者如馬融、趙岐、荀爽、何休、蔡邕、孔融、應劭等人均有涉及。卷三爲《書目》，詳列鄭玄所撰各類著作並加考證，廣及《周易注》、《尚書注》、《易贊》、《書贊》、《尚書大傳注》、《毛詩箋》等三十餘種。卷四《弟子目》，述鄭氏弟子。

卷首有同治四年（1865）黄彭年序並黄氏《答唐鄂生書》，稱唐鄂生欲刊是書而示以書稿，黄氏因取諸書參校，以爲《漢紀》諸書亦當引用，因就稿中所及諸事另爲證説，凡二十四條，列於答書之後。鄭珍原稿僅有傳注、年譜、書目、弟子目等類名，而無書名，黄氏以鄭珍抱道隱居，學業志行頗類康成，其著書殆有微旨，故爲是書定名曰《鄭學録》，《年譜》原置卷末，黄氏又移於《傳注》之下。書末又有同治四年鄭珍之子知同識語，稱鄭珍服膺鄭玄之學，數十年間廣爲搜掇，撰成是書，未及

刊刻而歿，後由唐鄂生先生助以梓行云。

李慈銘《越縵堂日記》謂是書謹嚴詳覈，於鄭氏家法可謂服膺弗失，然亦有考而失當者。如《鄭玄傳》“不爲父母群弟所容”句，珍已引唐《史承節碑》謂無“不”字，然又以傳中有“父數怒之”語，而謂當有“不”字。李氏以爲鄭珍未見阮元等人考證，不知元刻本《後漢書·鄭玄傳》本無“不”字。此外是書之誤又有三事，詳見李氏書。

此本據湖北省圖書館藏清同治刻本影印。（李曉明）

北學編四卷　（清）魏一鰲輯（清）尹會一等續訂（第515册）

魏一鰲，生卒不詳，字蓮陸，新安（今屬河北保定）人。明崇禎間舉人，曾任忻州知州，清廉有惠政，後補泗州，辭不就。爲孫奇逢弟子，從孫氏治學三十年，又與湯斌合編《徵君孫先生年譜》。服膺陽明之學，康熙二十一年（1682），於保定建陽明祠，摹刻《王陽明詩碑》。又與傅山有交遊。更著有《雪亭詩草》、《雪亭夢語》、《蟲音》等。《清一統志》卷十二有傳。

尹會一（1691—1748），字元孚，號健餘，直隸博野（今河北博野）人。雍正二年（1724）進士。歷任工部主事、襄陽知府、揚州知府、兩淮鹽運使、兩淮鹽政、河南巡撫、左都御史、工部侍郎、江蘇學政、吏部侍郎等。居官清廉，治學以程朱爲宗。更著有《健餘先生撫豫條教》、《四鑑録》、《健餘先生文集》等，又修訂朱熹《近思録》，後人編其著述爲《尹健餘先生全集》。《清史稿》有傳。

是書乃魏一鰲奉師孫奇逢之命而編，後由尹會一、戈濤續訂。卷首有王發桂《補刊北學編序》、尹會一《序》、尹會一所定《凡例》、《北學編姓氏》、《北學編續輯姓氏》、《孫徵君原序》，卷後爲《重刊校閱姓氏》、陳柱《重刻北學編跋》、尹嘉銓《後序》、《補刊校閱姓

氏》。書凡四卷,卷一、卷二載漢至明儒三十四人,初由魏一鼇輯,尹會一、戈濤先後續輯,其中漢韓嬰、晉束皙、後魏劉獻之、明楊繼盛等人爲尹會一所補;卷三收清孫奇逢、杜越、魏一鼇等十三人,由尹會一輯;卷四收清申涵光、王之銳等五人,戈濤續輯。卷四末附補遺一則,收有孫承宗一人,由李嘉端補入。全書載學人凡五十三人,人各爲小傳,述其生平、治學及著述,各傳後有按語。第一、二卷有魏一鼇或尹會一按語,第三卷有尹會一按語,第四卷有尹嘉銓按語。是書雖以地域命名,然非指學術有南北之別,如尹會一《序》稱:"在北言北,亦猶之乎在洛言洛、在關言關耳。至於學無南北,惟道是趨,五事五倫,昭如大路,讀者讀是書而興起,拔乎俗而不爲苟同,志於道而不爲苟異。千里百里,有若比肩而立者。"故是書意在調和漢宋,敦行爲,倡正學,以傳續道統。是書去取標準甚嚴,而列董仲舒爲首,蓋以其爲孔子後繼承道統之人,匪特北地儒宗也。惟是書成於衆手,較之湯斌《洛學編》略顯駁雜。

本書據中國科學院圖書館藏清同治七年重刻本影印。又有光緒十四年四川尊經書院刻本。(鄭連聰)

洛學編四卷　(清)湯斌撰(第515冊)

湯斌(1627—1687),字孔伯,號荊峴,晚號潛庵,睢州(今屬河南商丘)人。順治九年(1652)進士,後任國史院檢討、陝西潼關道副使、翰林院侍講、明史總裁官、内閣學士、江寧巡撫、工部尚書等。受學於孫奇逢,治程朱理學,以正心誠意、切於日用爲本。更著有《睢州志》、《潛庵語録》等。後人合《文集》、《語録》爲一書,名《湯子遺書》,或稱《湯文正公遺書》。《清史稿》有傳。

所謂洛學,指北宋程顥、程頤所創理學學派,以其長期講學於河南洛陽一帶而得名。是書記述中州學派自漢迄明源流演變,凡四

卷,分前後二編,首有孫奇逢《序》。前編收漢杜子春、鍾興、鄭衆、服虔、唐韓愈、宋穆修等六人,後編記述宋二程、邵雍及其傳人凡十三人,附録二人;元許衡、姚樞,附録一人;明薛瑄、曹端、閻禹錫、王鴻儒等二十人,附録七人。所收諸人多爲河南理學名儒,每人述其生平事蹟、師承源流及學術思想。凡例稱是書原爲論學而作,非同史傳,故史實較略,而各人理學言論、著作則言之較詳。是書爲奉其師孫奇逢之命而作。孫氏輯《理學宗傳》,又命門人魏一鼇編《北學編》、湯斌編《洛學編》。孫氏序稱是書於洛學定先後之統,以知此學廢而復明、絶而復續之事云云,知孫氏用意在復興洛學,傳續道統。是書將二程後之宋明理學家匯爲正編,而匯漢唐諸儒及穆修爲前編,表明撰輯者既尊崇宋學,又體現"漢宋兼采"之意。《四庫全書總目》傳記類存目有是書提要,云"雖以宋儒爲主,而不廢漢唐儒者之所長"。

本書有清乾隆元年湯定祥刻本、康熙間樹德堂刻本、乾隆三年懷潤堂刻本等,另道光七年(1827)刊《湯文正公遺書》與同治九年(1870)蘇廷魁刊《湯文正公全集》均收是書。懷潤堂本另有尹會一乾隆三年所作《續編》一卷,列於書後作爲第五卷,載清代諸儒孫奇逢、湯斌、耿介、張沐、張伯行、竇克勤、冉覲祖等七人。此本據南京圖書館藏清乾隆元年湯定祥刻本影印。(鄭連聰)

關學編六卷　(明)馮從吾撰(清)王心敬等增補(第515冊)

馮從吾(1557—1627),字仲好,號少墟,長安(今屬陝西西安)人,學者稱少墟先生。萬曆十七年(1589)進士,爲庶吉士,後歷左僉都御史、右都御史,改工部尚書,力辭不就,天啓五年(1625)爲魏黨疏詆削籍,乃衷心關洛之學,告歸家居二十五年,杜門著書,與張舜典、周傳誦等會講於寶慶寺、關中書院,弟子

甚衆。更著有《馮少墟集》、《元儒考略》、《馮子節要》等。《明史》有傳,事蹟亦見《明儒學案》、《關學續編》。

王心敬(1656—1738),字爾緝,號豐川,鄠縣(今陝西户縣)人。乾隆元年(1736)舉孝廉方正,以老病不赴。心敬隨李顒治學十年,宗濂洛之學,後講學於湖廣、姑蘇諸書院。更著有《尚書質疑》、《春秋原經》、《豐川易説》等。《清史稿》有傳。

是書述關中理學大略,書前爲孔門四子小傳,下收宋張載至明代關學諸人:宋代九人、金代一人、元代八人、明代十五人等三十三人,分列四卷,另有十五人附傳。是書專爲理學而輯,故不收名臣,僅取關中地區理學諸人,以史傳爲據,按時代編次。每傳先鈎稽其人理學事略,次述其理學要旨,再録其理學著作。各傳銜接,或以師承授受,或按同門學侣,使關學源流條貫秩然。是書取材嚴謹,除列於經籍、正史者,他書所載均不收録。

清王心敬又采擷諸書加以補充而成六卷。從吾原書始於孔門弟子秦祖,心敬於秦祖之前增伏羲、泰伯、仲雍、文王、武王、周公六人,漢代增董仲舒、楊震,明代增馮從吾至單允昌六人,又附周傳誦、黨還醇、白希彩、劉波、王侣諸人。清朝增李顒一人,附見同時四人、及門弟子九人。心敬推及羲皇以下諸帝王,溯源太遠,董仲舒本爲廣川人,心敬引入,未免牽合。又於諸傳附以論説,與馮氏四卷不同。

此本據北京大學圖書館藏清嘉慶七年周元鼎增修本影印。馮從吾原編《關學編》收入其文集《少墟集》,周元鼎校梓刊印。周氏後於王心敬曾孫處得其續編,遂合二編而刻之。(鄭連聰)

台學源流七卷　(明)金賁亨撰(第515冊)

金賁亨(1483—1564),字汝白,號一所,學者稱一所先生,臨海(今浙江臨海)人。初冒高姓,正德九年(1514)進士,題名碑中高賁

亨即金賁亨。後爲揚州教授、南京刑部主事、江西按察司僉事、江西提學副使、貴州學政、福建督學等。賁亨潛心理學,曾講學白鹿洞書院、福建建道南書院。更著有《學易記》、《學書記》、《學庸議》、《道南録》、《一所文集》等,與縣人余寬同修《臨海縣志》。《(雍正)浙江通志》卷一七六有傳。

是書卷首有金賁亨自序,稱本書探求台州學術源流,故録台州先賢大儒事蹟,所收有徐中行、徐庭筠、陳貽范、羅適、石𡐛、應怒、徐大受、林鼏、林鼐、王賁、胡常、戴良齋、車若水、黃超然、戴亨、楊明復、董楷、郭櫃、方孝孺、陳選等三十八人,各爲之傳,有傳疑而無從考實者十五人,各以時代附其姓名於各傳末。各傳所據書目,列於傳後。每卷末又附按語,敘該卷人物學術傳承。《四庫全書總目》傳記類存目有是書提要,稱是書多采《晦庵文集》、《伊洛淵源録》諸書,然其説多調停朱、陸,謂朱子後來頗悔向來太涉支離,又謂朱子與象山先異後同,此皆陽明《朱子晚年定論》之説。是書記録台州理學人物及其學説,可以考知宋明理學於台州之傳播與影響。

此本據湖北省圖書館藏清金文煒刻光緒八年陳樹桐補修本影印。(鄭連聰)

道南源委録十二卷　(明)朱衡撰(第515冊)

朱衡(1512—1584),字士南,又字惟平,號鎮山,萬安(今江西萬安)人。嘉靖十一年(1532)進士,歷官婺源知縣、刑部主事、福建提學副使、山東布政使、山東巡撫、南京刑部尚書、工部尚書、右副都御史等。在工部時總理河道。後以忤張居正致仕歸鄉。著有《文集》。《明史》有傳。

宋代楊時嘗就學於程顥,辭歸後,程子慨歎"吾道南矣"。是書敘伊洛之學南傳閩中與閩學自宋及明之流變,收録閩中程門弟子、私淑、同時理學家如楊時、游酢、王蘋、胡安國等、楊時門人、再傳弟子如羅從彦、黃鑮、李

呂、陳淵等、朱熹及其閩中門人、后學如蔡元定、黃榦、陳淳等及明代陳真晟、周瑛、黃仲昭、蔡清等,全書收録閩中理學家二百餘人,分正録、附録、續録三類,故名《道南源委録》。是書爲朱衡視學閩中時所撰,爲諸生指示治學路徑。所述人物用朱熹《伊洛淵源録》之例,先載各人小傳,更列其人言行節要。卷首又有宗派圖,以楊時爲正宗,其後則有豫章、延平以至朱熹,以下即諸人門人等。所據有《伊洛淵源録》、《續考亭淵源録》及《宋史》、《福建通志》以及府縣志、諸人行狀志銘等。朱衡視學閩中時,正當王學興盛,故撰是書以別於王學。是書可考程氏至朱子之間學術源流以及其學於福建傳播概況,爲理學研究所不可缺。

此本據福建省圖書館藏明嘉靖四十二年楊一鸚建寧大儒書院刻本影印。(鄭連聰)

廉吏傳十四卷廉吏傳蠹附一卷 （明）黃汝亨輯（第515册）

黃汝亨(1558—1626),字貞父,號寓庸居士,仁和(治今浙江杭州)人。萬曆二十六年(1598)進士,後爲進賢縣令、江西提學僉事、布政司參議、南京工部主事、禮部郎中等。更著有《古奏議》、《寓林集》、《天目游記》等。《(乾隆)大清一統志》卷二一八有傳。

宋代費樞已有《廉吏傳》一書,載春秋迄五代廉吏,有季叔行父、百里奚、孫叔敖、樂喜、羊舌肸等凡一百十四人。黃氏以爲未備,乃搜采諸史加以補充,五代以前增三十三人,宋、元補六十四人。又以原傳不分優劣,乃就諸人分爲三等,廉而有用於天下國家者爲上等,義不苟禄、仁不遺親者爲中等,節凛嘷蹴、義形簞豆者爲下等,各於傳首姓名之上署"上""中""下"以示區別。又附《廉蠹編》,載郅都、張湯等十人,分爲若廉而詐者、酷者、譎者、陋者、忍者、賊者、姦者等類,亦各有評語。《四庫全書總目》傳記類存目有是書提

要。按是書於費氏所撰及己所增補混而爲一,且全書僅署己名,有掠美之嫌。如卷前有論上中下,次爲凡例,均未標明作者,此正《四庫》所譏。書前有萬曆四十三年黃氏自序,知其成書於此時。更録焦竑序、汪汝謙序、宋人辛次膺爲費氏《廉吏傳》所撰舊序,後附辛氏小傳。

此本據南京圖書館藏明萬曆刻本影印。(鄭連聰)

列女傳補注八卷 （清）王照圓撰　**校正一卷** （清）臧庸（清）王念孫撰　**敘録一卷**（漢）劉向撰（第515册）

王照圓(1763—1851),字瑞玉,福山(今山東福山)人,郝懿行之妻。遵母命撰《列女傳補注》,更著有《葩經小記》、《詩問》、《詩説》等。《清史稿》及《清史列傳》卷六九有傳。

臧庸(1767—1811),本名鏞堂,字在東,又字西成,號拜經,武進(今江蘇常州)人。與弟禮堂先後爲盧文弨、阮元幕賓,協助阮元編輯《經籍纂詁》、《十三經注疏校刊記》。更著有《拜經日記》、《拜經堂文集》、《月令雜説》、《孝經考異》等。《清史稿》有傳。

王念孫(1744—1832),字懷祖,號石臞,高郵(今江蘇高郵)人。乾隆四十年(1775)進士,官至永定河道。精音韻、文字、訓詁之學,更著有《廣雅疏證》、《讀書雜志》等多種。《清史稿》有傳。

劉向(前77—前6),字子政,初名更生,沛(今江蘇沛縣)人,楚元王劉交四世孫。漢宣帝時爲諫大夫,元帝時爲宗正,以忤宦官弘恭、石顯而下獄,免爲庶人。成帝時爲光禄大夫,改名爲"向"。後爲中壘校尉,學者稱劉中壘。成帝時受詔校理皇家藏書近二十年,爲群書分門別類,撰寫《別録》,後由其子劉歆最終完成校書事業,以劉向所撰各書《別録》彙成《七略》,東漢班固撰《漢書》,其中《藝文志》即據《七略》而成。更著有《五經通

義》、《五經要義》、《説苑》、《新序》及辭賦三十三篇,明代張溥輯其著作爲《劉中壘集》。《漢書》有傳。

是書首列《列女傳》原文,然後就原文字句訓釋字義典故。卷八後有《列女傳補注校正》一篇,簡稱"女校",收臧庸、王念孫、王引之、馬瑞辰、胡承珙、洪頤煊、牟房、王紹蘭等人考證文字。後爲《列女傳敘録》一卷,劉向撰,簡稱"女録"。其後有《崇文總目·列女傳序》、曾鞏《列女傳目録序》、嘉定七年蔡驥識語,知曾鞏曾校此書,並著録於《崇文總目》。劉向原作八篇,第八爲《傳頌》,宋時校書已將後人所續二十傳(無頌)附入劉向七篇之中,各分上下而爲十四篇,加《傳頌》一篇爲十五篇,其後更以劉向七篇並續傳二十傳重分爲八篇,傳頌及大序、小序則散於各傳,故卷篇目次已非原貌。其後有嘉祐八年(1063)王回序及王照圓嘉慶十年(1805)《列女傳補注敘》。《敘》稱六歲而孤,母林夫人命爲《列女傳》補注云。

是書前有光緒七年(1881)順天府府尹進呈郝懿行及其妻王照圓著書奏摺及光緒八年上諭,謂王照圓博涉經史,疏解精嚴,所著書准予留覽。又有臧庸嘉慶十六年序及馬瑞辰嘉慶十七年序。臧序謂王注以曹大家班昭注爲主,兼采綦母邃、虞貞節(曹魏時虞韙之妻趙氏,作《列女傳》解,號趙母注)二家義,王注能用儒家經書詮釋名義,又考證書中引《詩》皆爲魯義,且能辨析《毛詩》、《韓詩》不同,爲近儒所罕聞。臧氏以爲是書所考多與臧氏《拜經日記》相合,足證立説之精。馬序則謂是書立論詁義一以《禮經》、《爾雅》爲準,證乎群書,綜夫衆説,博而不蕪,精而不鑿;然又有可議及未備之處,如王氏以爲書中引詩全爲魯義,馬氏以爲亦多引《韓詩》,不得謂悉本《魯詩》。可知是書多經史考證内容,於《詩》、《書》、《禮》等皆有參考價值。

此本據清嘉慶刻後印本影印。(李曉明)

續高士傳五卷　(清) 高兆撰 (第 516 册)

高兆,生卒不詳,字雲客,號固齋居士、棲賢學人等,閩縣(今屬福建福州)人。明崇禎間爲邑庠生,隨父游學,明亡後返鄉。與朱彝尊、毛奇齡友善,後至京師爲塾師。著有《端溪硯石考》、《觀石録》、《啓禎宮詞》等。王晫《今世説》載其事跡,朱彝尊《經義考》多引其説,毛奇齡《西河集》中有與高氏應答詩,其《西河詩話》亦記其事跡。毛氏又因見高兆有《觀石録》而作《觀石後録》,均記福建壽山石。

是書爲續晉皇甫謐《高士傳》之作,撰於順治十八年(1661)至康熙元年(1662),所載人物自晉皇甫謐至明穆宗,凡一百四十三人。收録標準頗爲嚴格,據書前陳日浴序,凡名入仕籍後挂冠者及迷溺老佛之學者皆不收,然所收宋代种放奉母隱終南山,後亦曾出仕,官至工部侍郎,復歸,元代褚伯秀即爲道士,著有《莊子義海纂微》,則雖有體例而未能嚴守。是書又不收陶淵明,據陳日浴序,蓋淵明爲晉而隱,若晉不爲宋,則淵明未必不仕,知淵明非專心隱逸之人。此與皇甫謐《高士傳》不收伯夷、叔齊同例。又不收陶弘景,陳氏以爲弘景晚年溺於服食求仙之事,故不予采録。所收諸人均采自正史,非正史所載者則作爲附録,故是書前四卷按年代分述其人,卷五則合述歷代不入正史者。各人之傳後又有高氏所撰贊語,高氏擅長詩文,贊語全用四言,乃仿《史記索隱·述贊》之例。

全書所收,卷一晉代三十一人;卷二南朝二十七人,北朝四人,隋代二人;卷三唐代九人,五代、後唐、南唐共三人,宋代二十三人;卷四遼金元十一人,明代二十二人;卷五爲附録,收晉、唐、宋、元未入正史者十二人。

此本據天津圖書館藏清光緒十九年徐氏觀自得齋刻本影印。(李曉明)

疇人傳五十二卷 （清）阮元撰（清）羅士琳續補（第516冊）

阮元（1764—1849），字伯元，號雲臺，儀徵（今屬江蘇揚州）人。嘉慶、道光間歷任户、兵、工部侍郎，浙、閩、贛諸省巡撫，兩廣、雲貴總督，體仁閣大學士，卒諡文達。著《十三經校勘記》，匯刻《皇清經解》等。本書經部收其《經籍籑詁》。《清史稿》有傳。

羅士琳，有《舊唐書校勘記》，已著録。

《疇人傳》撰成於乾隆六十年（1795）至嘉慶四年（1799）間，阮元爲主持者，參與者有李鋭、周治平、錢大昕、焦循、凌廷堪、談泰、汪萊等。李鋭爲主要撰述者，精通曆法算學，嘗受業於錢大昕，與汪萊、焦循時稱談天三友，阮元聘以編纂是書。周治平爲阮元門生，熟悉西方曆算術，協助李鋭校録是書。談泰擅長數學，撰有數學著作三十餘種，又喜考證經史，是書前有《疇人解》一篇，即談泰所撰，闡明疇人之義，以爲家業世世相傳爲疇，凡具世代相傳之業者均可稱疇人，故世代相傳天文曆算之學者亦通稱疇人。故是書以疇人爲名，載録中國自古以來於天文曆算卓有成就者二百四十三人，如上古羲和、伶倫、容成、重黎等，商代箕子，周代商高、榮方，漢代落下閎、司馬遷、劉向、劉歆、尹咸、揚雄、張衡、劉洪、蔡邕、何休、鄭玄等，以下至清代嘉慶時相關學者，其中以唐代一行及清代梅文鼎二人内容最多，各占三卷；又載西方自古以來相關學者，尤著者有哥白尼、歐幾里德、第谷、利瑪竇、艾儒略、湯若望、南懷仁、穆尼閣等三十七人。其書初成爲四十六卷。道光二十年（1840）羅士琳撰《疇人傳續編》六卷，所收人物至道光初年，補充清代明安圖、錢大昕、凌廷堪、程瑶田、李鋭、談泰、汪萊、焦循、姚文田、孔廣森等三十二人，西方學者十二人，此六卷與《疇人傳》四十六卷相續，不另起數，故全書共五十二卷。

各人分立傳記，重點記載其人天文曆算之學及相關儀器制度，而於生平事跡則多有省略，又詳載其人著述及曆法計算過程，記録各代曆法變革七十餘次，列舉西洋曆算諸説，古代盛行之星占術則不予收録。所收人物以清代爲最詳，所據資料以正史《律曆志》、《天文志》及相關人物傳記爲主，以當時《清史》未及成書，故清代學者傳記之取材，旁及曆算專書、方志、家譜、類書、文集，多引自杭州所藏文瀾閣《四庫全書·子部·天文算法類》著作，均録其原文，並於篇末注明出處，頗便查核。傳後或有編者所撰評論，論中或引錢大昕等人評説，羅士琳《續傳》所撰評論，多有長篇大論，甚有見地。

是書較正史術數傳類頗有創新，能剔除占星内容，使中國古代天文曆算學之科學内涵因而凸現，英國著名學者李約瑟於《中國科學技術史》中盛贊是書爲"中國前所未有的科學史研究"，俾外國學者得以瞭解中國古代天文曆算學之巨大成就與悠久歷史。而阮元是書序稱，天文曆算之學可以窮天地，俾造化，足以綱紀群倫，經緯天地，乃儒家實事求是之學，欲通天地人之道，舍此則不可得云。此又闡明疇人之學爲儒家學術系統所不可缺少者。

此本據清嘉慶道光阮氏琅嬛仙館刻本影印。另有光緒八年（1882）海鹽張氏常惺齋刻本等。（李曉明）

疇人傳三編七卷 （清）諸可寶撰（第516冊）

諸可寶（1845—1903），字遲菊，號璞齋，錢塘（今屬浙江杭州）人。同治六年（1867）舉人，曾任江蘇崑山知縣。更著有《璞齋詩集》。事跡略見《晚晴簃詩匯》卷一六四。

是書於光緒十二年（1886）撰成，卷一、二爲清朝續補遺，收録學者二十九人，附見二十二人，自康熙至道光二十五年，有吳任臣、龔士燕、顧棟高、孔繼涵、徐養原、劉逢禄、程恩澤、牟庭、顧廣圻等；卷三至六爲清朝後續補，收錄學者三十一人，附見附記二十七人，自道光末至光緒初年，有阮元、李兆洛、錢儀吉、羅士琳、朱駿聲、鄒漢勳、顧觀光、馮桂芬、張文虎、李善蘭等人；卷七收錄女性學者，有葛宜、沈綺、王貞儀等三人，又收外國學者，有胡威立、羅密士、艾約瑟、海麻士、哈司韋、那麗等十一人，附見附記五人。全書共收一百二十八人。是書記載諸人天文曆算之學，各人立傳，傳末附見引書出處，傳末或附有編者評論，所用資料除《四庫全書總目提要》外，更有各類著作一百餘種，如《今世說》、《道古堂文集》、《鮚埼亭集》、《疇人傳》、《武進縣志》、《安徽通志》、《國史儒林傳》、《歷代長術輯要》、《幾何原本全書》、《代微積拾級》、《數學啟蒙》、《代數術》、《微積溯源》、《算式集要》、《行軍測繪附表》、《圓理括囊》等。

此本據清光緒十四年江陰南菁書院刻《南菁書院叢書》本影印。（李曉明）

疇人傳四編十一卷附一卷　（清）黃鍾駿撰（第516冊）

黃鍾駿，生卒、字號不詳，澧州（今湖南澧縣）人。光緒二十三年（1897）於湖南創辦《湘學新報》，黃氏爲其算學專欄撰文。有《留有餘齋算學》四種，刻爲《留有餘齋算學叢書》。

書首有黃氏光緒二十四年（1898）序，稱諸可寶《三編》所補祇限清朝，未及前代，乃督其子習算之餘，於諸書中復加搜集，前後六年，乃命子伯瑛助輯成編，凡十一卷，附一卷。得“後續補遺”二百四十七人，附見二十八人；西方九十九人，附見五十四人；又附錄歷代女性三人，附見一人；西方女性學者一人，附見三人：計四百三十六人。所收已較《疇人傳》寬泛，如占星一類人物亦予收入，其中屬於天文曆算學家者約二百餘人，以所收人物衆多，資料缺乏，故各傳記述頗爲簡略。上古者多傳說人物，如岐伯、力牧、巫咸等，周以

後如石申、甘德有天文著作，可列爲天文學家，而管子、曾子、墨子、惠施、孟子、屈原、呂不韋等，則以相關著作略涉天文之事而入錄，則似嫌寬泛，其餘各代人物大抵如此。以當時所見相關資料益多，故所收西方學者含附見者多至一百餘人。各傳均標明引書出處，傳後或附有論說。所引書除古代各類典籍外，又多近代論及西學諸書，如《西國天學源流》、《西學述略》、《西學原始考》、《幾何原本》、《談天》、《泰西著述考》等，亦可據以考見清末西學概況。

此本據上海圖書館藏清光緒二十四年黃氏刻本影印。（李曉明）

歷代内侍考十四卷　（明）毛一公撰（第517冊）

毛一公，生卒不詳，字震卿，號明齋，遂安（今浙江淳安）人，蘇州巡撫毛一鷺堂兄。萬曆十七年（1589）進士，初授漢陽府推官，後遷工部給事中。神宗立皇太子，一公反對三子並封，罷官歸家。泰昌元年（1620），光宗即位，起爲尚寶司丞、南光祿寺少卿。乾隆元年《浙江通志》卷一六二有傳。

書前有毛一鷺序及萬曆乙卯（1615）一公自序，一鷺序謂是書仿《小雅·巷伯》之意，用司馬傳記之體，取往古寺人事跡緝爲一書，於諸人傳後附以論說，就其賢愚及治亂之事加以案斷。按《巷伯》之詩，出自寺人孟子之口，身受譖讒而訴其冤，故一鷺謂是書爲宦官訟冤之作。《四庫全書總目》傳記類存目提要謂毛一鷺黨魏忠賢，是書有爲而作，故於歷代宦官褒少貶多云。然一公自序稱宦官於皇帝嚬笑既熟，窺瞷彌工，可據皇帝性格強弱明暗而揉之、制之、中之、欺之，依社負嵎，無所不至。當依《周禮》，以士大夫爲宮正、宮伯、宮人、内宰，而閹人、寺人、内小臣、内豎悉統於太宰，斯爲處之之道。因知是書稽考歷代宦官之事，論次得失，以資法誡，其意則在防

範宦官操控君上，與一鷺之説有異。

是書自春秋戰國至宋、遼、金、元，選取若干宦官，各爲立傳，傳後附以評論，論究皇帝如何對待宦官之道。如論管仲生前不能去豎貂、易牙、開方，病危時僅稱三人不可用，則其於宦官之害亦爲無計，此一公重爲感嘆者。可知是書意不在傳記其人其事，而在論説其中得失樞機，以爲後人鑒戒。

此本據浙江圖書館藏清抄本影印。（李曉明）

疑年録四卷　（清）錢大昕撰　**續疑年録四卷**　（清）吳修撰（第517册）

錢大昕，有《元史氏族表》等，已著録。

吳修（1764—1827），字子修，號思亭，海鹽（今浙江海鹽）人。諸生。曾任布政使司經歷。精於鑒别字畫金石，工詩古文。更著有《湖山吟中嘯集》、《思亭近稿》、《居易小草》、《吉祥居存稿》等。傳見《碑傳集補》卷四七及《（光緒）海鹽縣志》卷一七。

《疑年録》記録歷代學者生卒之年以核其壽數，大昕以《左傳》襄公三十年“有與疑年”之意，爲此書命名，乃學者生卒年表著作之始。所録學者自漢代鄭玄至清代戴震，以生年先後爲序。各人列其生年及卒年，間或注明出處，如虞翻生漢延熹七年，卒吳嘉禾二年，注曰：“本傳無卒年，《江表傳》推知之。”或不詳其年，則僅列朝代年號，如司馬彪，生魏正始，卒晉永興。或有小考以糾前人誤記，如王羲之，生大興四年，卒太元四年，注曰：“《東觀餘論》謂逸少以惠帝太安二年癸亥歲生，至穆帝升平五年辛酉歲卒，誤也。”亦有不標生卒年者，僅以小注稱其大約何時，如韓康伯無生卒年份，注曰：“史不著其卒年，大約在孝武時。”亦或僅有生年而無卒年，如胡三省，生紹定三年，無卒年。

錢氏《疑年録》四卷爲未竟之書，弟子吳修於錢氏没後得其稿，謹爲校訂，不敢易原本一字。吳氏修訂均以“修按”記於大昕注之後，

另行低一格。又於卷四戴震後補入蔣士銓、朱筠、曹仁虎、嚴長明、錢塘、邵晉涵六人，則是書所收學者共計三百六十三人。書卷題下則署錢大昕編，吳修校。是書前有姚鼐嘉慶十八年序，稱此編爲世不可少之書，相知者請吳氏刊刻以行，遂得以行世。參閲者有宋葆淳、趙魏、孫星衍、伊秉綬、趙曾、秦恩復、江藩、瞿中溶等。

嗣後吳修又撰《續疑年録》四卷，補收錢録未收入者，自漢代劉向至清代黃景仁，多爲殫研經史之士與詩古文詞及書畫名家，仍錢大昕編輯《疑年録》之意，所載學者最晚卒年至乾隆四十八年（1783）止，體例全同錢録，與錢録同於嘉慶十八年（1813）刊行。至嘉慶二十三年，吳氏又作《續疑年録補》，附於《續疑年録》之後，補充梁同書、趙翼、姚鼐、翁方綱、段玉裁、吳錫麒、孫星衍、伊秉綬、張問陶九人，最晚卒年至嘉慶十九年止。

是書後有余嘉錫《疑年録稽疑》、馮先恕《疑年録釋疑》爲之詳加考釋，皆爲學者生卒年考證力作。

此本據南京圖書館藏清嘉慶二十三年刻本影印。錢大昕原稿及吳修校訂本則藏南開大學圖書館。（李曉明）

補疑年録四卷　（清）錢椒撰（第517册）

錢椒，生卒不詳，字誦春，號海蔛，又作澥蔛，平湖（今浙江平湖）人。生活於嘉慶時期。曾爲同鄉先輩季介節搜羅遺著刊刻行世，又彙編鄉賢遺著爲《數峰草堂叢書》。《補疑年録》著録於《清史稿·藝文志》，又有《數峰堂詩稿》。事跡略見是書翁廣平序。

翁序稱錢大昕及吳修所撰《疑年録》及《續録》所收未備，故錢椒又費時數年搜索闕遺而爲補録四卷。翁氏作序時錢椒已去世。是書所收人物四百餘，自西漢蘇武至清代汪遠孫、王嘉禄止，各記其生卒年份，亦有生卒年不詳而記其大致年歲者，各人之下大多給出資料出

處,多爲各類史書及文集,亦有無出處者。

此本據南京圖書館藏清道光刻本影印。
(李曉明)

三續疑年録十卷　(清)陸心源撰(第517冊)

陸心源,有《宋史翼》,已著録。

書前有陸氏光緒五年(1879)自序,稱錢大昕、吳修、錢椒諸録所收人物多爲儒林文苑及書畫之士,而未收有關天下盛衰、道德顯晦之人,因據唐以後文集、方志、族譜及諸史傳記數百種,搜羅名臣名儒及書畫隱逸之士,附以女士及釋道之通文事者,自西漢張蒼至清代雍正間僧人釋于宋等,共一千二百餘人,編爲十卷,名爲《三續疑年録》。是書既收大臣,而於世所詬病之人如蔡京之流則概從擯斥,則所收亦未全備。所收各人均標出引據之書,便於核查。

此本據上海辭書出版社圖書館藏清光緒五年刻本影印。(李曉明)

元祐黨籍碑考一卷僞學逆黨籍一卷　(明)海瑞撰(第517冊)

海瑞(1515—1587),字汝賢,號剛峰,瓊山(今屬海南)人。歷任知縣、州判官、尚書丞、右僉都御史等。正直剛毅,爲政清廉,直言敢諫。更著有《文集》七卷傳世。《明史》有傳。

書前有自序,有云北宋、南宋兩次打擊所謂黨人,皆立碑公示黨人名籍,當時賢人君子遭厄被誣,實則顯揚君子之名於千萬世之後。惟史書未能全收其人名姓,故參考《道命録》、《陶朱新録》等書録載其人。按《元祐黨籍碑》爲蔡京書寫,故又録蔡氏所撰《黨籍碑前序》,稱有司夷考罪狀,第其善惡與其附麗者,凡三百又九人,書而刊之石,立於文德殿門之東壁。所收黨人以文臣爲主,又分曾任宰臣執政官、曾任待制以上官及其他官職者,凡二百五十三人,此外則有武臣二十五人、内臣二十九人、爲臣不忠者二人。於名姓之後,

海瑞又發議論,以爲有當列入而未列入者,如韓琦、富弼、歐陽修、程顥等,亦有不當列入而列入者,如曾布、章惇等,則列入者未必皆賢,未入者未必皆不肖。又云當時刻碑石工名安民者泣求免鐫其名於碑上,恐得罪於後世,亦知當時人心所向。元祐黨籍後附《僞學逆黨籍》名録,録宰執趙汝愚等四人,待制以上朱熹、彭龜年等十三人,餘官葉適、項安世等三十一人,以及武臣三人、士人八人,共五十九人,各人名下附注其官名。

此本據清道光十一年晁氏活字印《學海類編》本影印。(李曉明)

元祐黨人傳十卷　(清)陸心源撰(第517冊)

陸心源,有《宋史翼》等,已著録。

書前有光緒己丑(1889)楊峴序,稱元祐黨人碑共録黨人三百又九人,而《宋史》有專傳者僅七十八人,見於附傳者三十四人,因遍搜群籍參伍考證而成是書。序後有凡例,詳述是書編纂之例,於《宋史》已有專傳者則節略其文以省繁複,《宋史》雖已附見而事跡不詳者則遍考群書而加補輯,《宋史》無傳者則加考補而不厭其詳,《宋史》有傳而有舛誤者則加考證而別爲之傳,或人名有誤者則加考證而作訂正,各傳後則附注參考書籍,以備按核,黨人分類列名次序則以碑中所刻爲準。

末卷爲《黨案始末》,先據楊仲良《通鑑長編紀事本末》述其始末,又附《華陽集》所載張綱《看詳元祐黨人狀》,謂黨籍人姓名見於碑刻者共有二本,一本計九十八人,一本計三百零九人,其九十八人者爲崇寧初年所定,其後蔡京更以上書人及己所不喜者附麗添入,遂增至三百零九人。

此本據清光緒刻本影印。(李曉明)

道命録十卷　(宋)李心傳輯(元)程榮秀刪補(第517冊)

李心傳(1166—1243),字微之,井研(今四

川井研)人。南宋寧宗慶元元年(1195)鄉試下第,遂絕意科舉,閉户著書,後由魏了翁等人薦爲史館校勘,賜進士出身,纂修《中興四朝帝紀》、《十三朝會要》,後擢工部侍郎。更著有《建炎以來繫年要錄》、《丙子學易編》、《朝野雜記》等。《宋史》有傳。

程榮秀(1263—1333),字孟敷,休寧(今安徽休寧)人。元仁宗延祐間(1314)爲明道書院山長,後爲平江路及嘉興路儒學教授、浙江儒學副提舉。爲補充《朱子家禮》而撰《翼禮》,又有《景行録》等。事跡見《江南通志》卷一六四、《萬姓統譜》卷五三、陳祖仁《元故江浙等處儒學提舉程公墓誌銘》等。

是書輯録當時朝廷及大臣褒贈、貶謫、薦舉、彈劾程子及朱子之文,以存二程至朱子百多年間道學興廢變遷之跡。所載文獻自卷一司馬光《薦程伊川劄子》、《伊川先生授西京國子監教授制詞》至卷十《伊川先生加封洛國公制詞》等。各條文獻下注明内容大義,如司馬光《薦伊川先生劄子》下注:"二程先生出處及蔡確執政未即召用大略",《伊川先生授西京國子監教授制詞》下注:"伊川先生辭受及王彦霖、朱公掞、劉莘老論所以處先生本末",各條後有奏上年月及説明文字,爲編者所撰。全書以相關文獻先後爲次,由編者敍述史實背景,爲史書編纂之新體裁。書前有李心傳理宗嘉熙三年(1239)序,引孔子語"道之將行也與,命也;道之將廢也與,命也",故取名《道命録》,以見道學廢興有人事所不能主宰者。

《宋史·李心傳傳》稱書爲五卷,而今本十卷,書前有元至順四年(1333)程榮秀序,稱是書五卷刻於江州,後書板燬於兵,榮秀嘗讀是書,疑爲李氏初稿尚未寫定,因就原本加以釐定,彙次爲十卷云。《永樂大典》亦録《道命録》,所載惟程子事,與今本前六卷大半相同,然或有今本有而《大典》無者,亦有《大典》有而今本無者,且第七卷以下《大典》全

無,知程榮秀於原書頗有增益。《皇朝通志》卷一百五及《御製文集》二集卷十九載乾隆《御製道命録識語》,稱李心傳原序專以伊川爲言,《大典》所載止伊川事,與李心傳所言相合。今本增録朱子及濂洛關閩諸人,可知《大典》所載爲江州刻本,榮秀所刻十卷本則爲增定本。又稱《天禄琳琅書目》卷六著録是書元刻本,即程榮秀增定本。《天禄琳琅書目》卷六稱是書又有淳祐十一年(1251)江州知州朱申刊刻是書序,仍爲五卷,又有至順四年程榮秀序,則已爲十卷。其中卷十有宋理宗淳祐以後贈邲等文,標爲"續增",又有元文宗天曆(1328—1330)以後請加封狀等文,標爲"新增",以爲皆程榮秀增補。而臺灣"故宫博物院"藏弘治九年(1496)刻本,卷末有汪祚《道命録後序》,爲各本所無。據汪序知心傳時原書並未刊刻,朱申知江州時於理宗淳祐十一年刊刻,時已有所增補,標爲"續增",然仍爲五卷。程榮秀所見當是朱申刻本,標爲"新增"者,則成於程榮秀之手,刻於甌山書院,則已爲十卷本。此序稱朱申與朱熹爲同一家族,程榮秀爲程伊川後裔,弘治本程序後有"洛國公七世孫"一印,洛國公即程伊川。弘治本之刊刻得力於朱升及程敏政,朱升爲朱申後裔,明初曾建策"高築牆,廣積糧,緩稱王",程敏政爲程榮秀七世孫,成化間進士,官至禮部尚書,有《新安文獻志》。可知是書增補刊刻流傳實得力於程、朱後人。

是書有《永樂大典》抄本、明弘治九年(1496)刻本等。此本據北京大學圖書館藏清影元抄本影印。(李曉明)

考亭淵源録二十四卷 (明) 宋端儀撰 (明) 薛應旂重輯 (第517册)

宋端儀(1447—1501),字孔時,號立齋,莆田(今福建莆田)人。成化十七年(1481)進士,先後爲慈谿知縣、九江儒學教授、禮部主

事、主客員外郎、廣東提學僉事等。更著有《立齋閑録》、《革除録》等。《明史》有傳。

薛應旂，有《憲章録》，已著録。

朱熹撰《伊洛淵源録》記述周敦頤、程頤、程顥及諸弟子之言行，宋端儀仿之而作《考亭淵源録》，以記朱熹及其門人學術淵源。薛應旂於此書重加編輯，書前有薛氏隆慶戊辰（二年，1568）序，稱宋端儀是書僅題初稿，尚未詳定而去世，應旂以宋氏初稿考諸往籍及平日所聞，參互考訂，刪其繁冗，增其未備，以明理學自伊洛至朱熹之派別與傳承。

所載人物首爲李侗、胡憲、劉子翬、劉勉之，以溯朱子師承淵源，次載朱子本人事跡學術，再次則録當時友人張栻、陳亮等七人，最後則爲考亭門人黃幹以下二百九十三人，又録門人僅具姓名籍貫而無行事可記者八十八名，可得知朱熹門人之數及其地域分布，最後則爲趙師雍、傅伯壽、胡竑三人，稱爲"考亭叛徒"。於各學者先述其傳記行事及講學大旨，傳後又有補遺，敘述後世學者對此人學術之評議。

全書目録後有薛應旂隆慶己巳（三年，1569）《書考亭淵源目録後》，論説陸、朱學術差異所在，自謂服膺陸學三十年，遇事仍未見得力，五十之後始知朱子爲孔子教人之法，陸子爲孟子教人之法，孔子之法欲學者隨時隨地切己用力，成己成物而開萬世太平；孟子以異端横行，故盡出底蘊教人，即所謂盡心知性、養氣集義諸説。孔門之學聞道難，故須學者切己用力，精思實踐；孟門之學聞道雖易，卻使身心性命之教成爲常談，入耳出口，漫不經意，反而鮮有所得。故朱門多名儒碩士，其修己治人、化民成俗，能行之當時，亦可垂之後世。則宋端儀僅述事實，而薛應旂更評定朱學價值。又云象山晚年教人讀書須反覆窮究，項項分明，博學、審問、慎思、明辨、篤行，則亦漸趨於考亭一致，故朱、陸實可相成而非相反。

本書據浙江圖書館藏明隆慶刻本影印。（李曉明）

宋元學案一百卷首一卷　（清）黃宗羲輯（清）全祖望訂補（清）馮雲濠（清）王梓材校正（第518—519册）

黃宗羲（1610—1695），有《弘光實録》等，已著録。

全祖望（1705—1755），字紹衣，號謝山，自署鮚埼亭長，學者稱謝山先生，鄞縣（今浙江寧波）人。乾隆元年（1736）薦舉博學鴻詞科，同年進士，選爲翰林院庶吉士，散館以知縣用，不就返鄉，一生貧病而著述不輟，三箋《困學紀聞》、補輯《宋元學案》、七校《水經注》，著有《讀易別録》、《漢書地理志稽疑》、《經史問答》、《古今通志年表》等，著作彙爲《鮚埼亭集》及《外編》、《詩集》等。上海古籍出版社又有《全祖望集彙校集注》。《清史稿》有傳。

馮雲濠（1807—1855），號五橋，慈城（今屬浙江寧波）人，道光十四年（1834）舉人。藥商世家，愛好藏書，建醉經閣收集家鄉文獻及多種古籍善本。據書首何紹基識語，更與王梓材共同纂有《宋元學案補遺》亦百卷以俟續刊。事見《（光緒）慈溪縣志》卷三三。

王梓材（1792—1851），初名梓，字楚材，後字梓材。鄞縣（今浙江寧波）人。道光十四年（1834）優貢，道光三十年署樂會縣事。傳略見《皇清書史》卷三二。

黃宗羲康熙十五年（1676）著《明儒學案》後復依同樣體例編纂《宋元學案》，未成而卒。其子黃百家續纂，有所增益，然仍未續成全書。宗羲弟子全祖望等於乾隆十一年至十九年（1746—1754）繼續補纂，先後九年，所補占全書十之六七，然仍未全部完成即告辭世。後有宗羲裔孫黃稚圭、稚圭之子直垕再作補充，爲八十六卷。道光十八年王梓材、馮雲濠搜得各種稿本、殘本、補纂等本合校補纂參補,並依全氏《序錄》百卷之目次定,其出於黃氏者標識"黃氏原本",其爲全氏修定增補者,標識"全氏修定"、"次定"、"補定"、"補本"等,使全書得以完成,刊爲馮氏醉經閣刻本。刊刻過程中於所成百卷本内容又有調整刪改,書版於道光二十二年毀於兵火。道光二十六年何紹基復請王、馮再作補脱校正,二人因取初刊後隨時輯補之《補遺》百卷中之必當歸入者錄入。後於北京刊刻行世,成爲是書最後定本。

是書爲紀載宋元不同學派、學者及其學術思想之學案體著作,此本分八十七宗學案與元祐、慶元二黨案及荆公、蘇氏、屏山三學略,所載人物約二千七百餘人。各學案前有祖望所撰《序錄》,概述該學案學術大旨及淵源承傳。按全祖望原作"序錄"爲一卷,此本則以刊本所本之鄭氏二老閣本《序錄》爲卷首,復取月船盧氏所藏底稿本《序錄》散識於各條之後,蓋以二本間有異同詳略也。黃、全二氏又爲各學案撰《學案表》,釐清學案中師承傳授關係,唯所存僅數頁,馮、王二者乃仿補之,列各案之首,以明綱目。各案於案主立其傳記,述其生平事跡及學術大旨,又列學侶、同調、家學、門人、私淑、續傳作爲"附案",更有附錄,記述各家軼事與後人評論。是書反映宋元時期學術發展全貌,以安定、泰山兩學案開篇,於司馬光、邵雍、周敦頤、程顥、程頤、張載、朱熹等人均詳加敍述,予宋代理學家以重要地位,理學外之重要學派及學者亦能記載評述,此即作者所稱"不可不求其本末"之學術旨趣。正文外又有案語,黃氏及乃子百家、全氏案語字體同正文,王、馮按語則用小字,以示區別;卷首前更有何凌漢道光十八年序及何紹基道光二十六年重刊識語,並《考略》、《校例》、《總目》,於瞭解此書版本源流及此本概況足資參考。

此本據清道光二十六年何紹基刻本影印。至民國初年更有北京文楷齋刻本,爲徐世昌重編,分爲二百零八卷。（劉固盛）

元季伏莽志十卷　（清）周昂撰（第520册）

周昂,生卒不詳,據書前俞鍾穎跋,昂字少霞,舉人,昭文（今屬江蘇常熟）人。

是書目錄及卷一卷二標題均爲"明初伏莽志",卷一"明初"旁又書"元季"二字,卷三以下則均徑題"元季"。是書記述元末各地起義主要人物及其事跡,分題盜臣、逆黨、小諒、表忠、降辱、高蹈等類。盜臣爲反元首領人物,逆黨爲追隨反元之同黨,表忠爲效忠元朝者,降辱爲元降臣而反元者,高蹈爲身處亂世不從起義又不爲朝廷盡力者,小諒則取義於孔子所云"君子貞而不諒",意謂人處亂世須堅守道義,明辨是非,不以所謂信用而隨從叛亂。又謂若言乎諒則未有不見其小者,故謂爲小諒。卷一爲各類傳之"序略",概述各傳所載人物分類立傳之意,卷二以下則就各地反元起義人物分述其事,所載人物衆多,自起義領袖至相關各種人物,又設"雜傳"一類,專錄與起義相關雜類人物及雜事。以當時起義反元人物事跡記載每多傳聞異辭,難以考信,因設"駁辨"卷辨析史事記述之異同,其中多引《實錄》、《庚申外史》、《國初事蹟》、《滁陽王廟碑》、《皇明本紀》、《元史》等史書,多有後世已佚之書,頗具史料價值。各人傳後多附論曰,爲作者所發史論。書後附原書紙簽十二條,爲各卷擬補論曰之文,多已抄入正文之中。是書尚是稿本,故有塗抹之處。

此本據南京圖書館藏稿本影印。（李曉明）

皇明名臣言行録前集十二卷後集十二卷續集八卷　（明）徐咸輯（第520册）

徐咸,生卒不詳,字子正,號東濱、海濱逸老等,海鹽（今浙江海鹽）人。正德六年（1511）進士,曾任沔陽知州、襄陽知府,嘉靖中致仕歸鄉,築小瀛州,招福建布政使吳昂等人爲詩社。著有《四朝聞見錄》、《宦游稿》、《歸田稿》、《東濱先生詩集》等。事跡見《浙江通志》卷一七九。

明代名臣言行録之作,先有謝鐸《名臣事略》、彭韶《名臣録贊》,復有楊廉《名臣言行録》、徐紘《名臣琬琰録》等,徐咸仿之,於嘉靖十年(1531)編纂《近代諸臣言行録》,收英宗、憲宗、孝宗、武宗四朝人物四十八人,以爲皆足爲士君子立身立朝之法程,徐録成書後與楊録分別梓行。嘉靖二十年魏有本巡撫河南,以楊、徐二録合刻爲一書,以便觀覽,且撰書序述其源流。徐咸致仕後,或謂二録均有可續録者,於是稽之傳志,參之野史,質之輿議,重加纂輯。楊録原收五十五人,徐爲增補十六人,作爲前集,於楊録所遺之事則增入之,文字繁蕪之處則删削之;而於己録四十八人外復增二十五人,作爲後集,總名《皇明名臣言行録》。書成後又得鄭曉商榷訂正,嘉靖二十八年由無錫施漸刊刻行世。徐咸撰重刊序,仍録存魏序於書首,而徐咸編纂《近代名臣言行録》時所撰小序,仍保存於後集之前。所收人物自明初至嘉靖朝,各人傳記以編年方式記述,所述史事時標出處,如《名臣録》、《國初事跡》、《開國功臣録》、《傳信録》、《襄陽志》、《皇明紀略》、《朝野見聞》、《停驂録》、《灼艾集》、《困知記》、《漳南人物志》、《西征石城記》、《湖州志》、《平番記》、《漫録》、《紀聞》、《沂陽日記》、《三家世典》以及後人所撰神道碑、廟碑、墓志、行狀、小傳、書信、序、諸家文集等,因得留存明代諸多史料。後集末有鄭曉跋,稱明朝八開史局,書成多焚草,資料消失,殊爲遺憾,故是書不能録入建文諸臣事跡,而陽明等人事跡,徐咸以爲公是公非弗久弗定,故亦闕而不録。《四庫全書》惟載是書前集、後集,而此本則有續集,有嘉靖三十九年掖邑侯東萊序,稱徐咸於前集、後集之後,以爲未盡,又纂續集八卷。續集後有徐咸後序,稱正德、嘉靖以來猶有可録者,搜訪得四十八人,有楊廷和、楊廉、李夢陽、何瑭、吕柟等人。

此本據南京圖書館藏明嘉靖二十八年施漸刻本、明嘉靖三十九年侯東萊刻本影印。(李曉明)

明名臣言行録九十五卷　(清)徐開任輯
(第520—521册)

徐開任(1600—?),字季重,號愚谷,崑山(今江蘇崑山)人,諸生,未仕,入清後杜門不出,專心治學著述。其從子徐乾學、徐元文等皆爲清朝高官。更著有《愚谷詩稿》。事跡略見《千頃堂書目》卷二八。

開任於明亡之後,留心明代史事,仿朱熹《名臣言行録》義例,纂輯是書,所收諸人,自明初徐達、常遇春、李文忠、湯和等開國功臣直至明末史可法、劉宗周、黄道周等殉國者,凡七百二十一人,又附見十人,内容較前此各家諸録更爲詳備,人物分題節行、經濟、理學、忠烈、循良、文學等類。於諸人之學派門户、學術邪正皆精心疏理,更廣稽奏議、譜牒、書信等文獻資料,入録書中,於明代史料多有保存。書前有南昌遺民彭士望序,謂明代史書雜而僞,萬曆、天啟、崇禎之際事多失實,甲申之變,史事尤爲龎猇難信,而徐氏家富藏書,於明代文獻亦多有收藏,故是書能采無不備,於甲申殉難名臣行事搜羅尤詳,辨析甚嚴。又有黄宗羲序,謂言行録一類爲史書列傳之體,而與列傳又有所不同,列傳記事善善惡惡,均予記録,以求實録,而言行録則善善之意長,故所收諸人,其爲人行事若非一言一行足爲衣冠準的者,概難入選,故較列傳體例尤嚴。而徐氏身經明朝喪亂,其意欲得事功節義之士行事存而録之,故是書所收諸人,更不能不嚴。黄氏以爲明之爲治不遜於漢唐,而明之人物亦不遜於漢唐,而明遂以亡者,蓋動以法制束縛手足,雖有才而不能盡,此亦史家總結歷史之識見。明末僞書流行,於大臣行事多有失實之處,是書能據實以録,可收廓清之功。

徐氏自序撰於康熙二十年(1681),謂是書宗旨在辨君子小人與天下治亂之關係,又謂明代累朝不乏君子之臣,然大禮議興之後,遂開黨同伐異之端,自國本論起,而門戶之分遂如水火,精神智術銷沈於相傾相軋之中,吏治邊防民生國計俱置不問,心術既已不正,故急功名,多議論,惡讜言,喜附和,終至民窮盜起,將驕卒惰,三百年宗社遂至喪亡而不可救。則徐氏編纂是書又不僅在表彰大臣名節,更爲明朝滅亡總結深層原因。

是書詳定凡例十七則,謂重在別僞存真,於人止論品行,不論官爵高低,其人品行卓有可觀,雖小吏布衣亦予收入,所錄諸人行事,則舉其長而略其短,人物祇辨淄澠,不争黨派門戶,凡貽禍國家者皆視爲罪人。於徐咸等錄未能記録者,如建文殉節諸公及王守仁等,均詳加記載,全書僅王守仁一人占一卷篇幅,足見重視程度,而於明末忠烈義士,亦大書特書,故較以前諸錄更有價值。

此本據天津圖書館藏清康熙刻本影印。
(劉韶軍)

國朝列卿記一百六十五卷　(明) 雷禮輯
(第 522—524 册)

雷禮,有《皇明大政紀》,已著録。

是書録明代朝廷及地方重要職官先後履任者姓氏及行實,起洪武初年,止嘉靖四十五年(1566),又由雷禮之子、孫、曾孫等陸續補充隆慶及萬曆初年相關任職人物,唯雷禮編纂是書時,於嘉靖末年尚在任者未能收入。所載職官包括京城内内閣及九卿部院、府司寺監等機構長官、副職,以及京城外各地總督、巡撫等官,均按官銜品級高低依次排列,所記官職自中書省左右丞相、左右平章政事、左右丞、參知政事起,其次爲弘文館學士、侍臣四輔官、殿閣大學士、内閣元輔、内閣大學士、詹事府詹事及少詹事、翰林院學士,再次爲吏、户、禮、兵、刑、工六部尚書及侍郎,然後爲御史臺及都察院都御史、副都御史、僉都御史,

通政使司通政使、提督、參議,各地巡撫、總督、提督,大理寺、太常寺、光禄寺、太僕寺、鴻臚寺、四夷館卿及少卿、順天府及應天府尹及丞,國子監祭酒及司業、尚寶司卿及少卿。各省、部、寺前皆撰有"總序",敘述此官職歷史沿革及其職掌。所記諸人皆以任免該官年月爲序,上標人名,其下注明其人出身里籍,列爲"年表",年表之後則載録各人事蹟,稱爲"行實年表",每多引用諸人奏疏以及其他史書等原始資料。所載諸人行實與正史列傳體例有所不同,不詳具其人始末,僅記載有關大事。唯卷八至卷十三爲内閣大臣,其行實記載頗爲詳備。雷氏於諸人行實多有論斷,評述其人能盡臣節與否,所論或與《明史》有所不同,可以參見。

書前有顧起元序、徐鑒序及雷禮引言、凡例等。顧氏以爲明代朝廷諸官於國家興亡關係最重,而擔任其職者多當時巨儒,記載其行事,可爲考政者參考鑒戒,又可爲後之爲官者視爲蓍蔡。雷禮以熟悉掌故著稱於時,故其書能取材於志録,稽世於譜牒,又旁及群書,於諸書記載異同之處能加以考證辨析,於敘述文字則能删其重複,汰其冗蔓,校其誤字,故是書所載可信。徐鑒爲是書校梓之人,其序以爲是書記載明朝列卿其人其事,公之海内,俾考鏡明朝政治得失者有所憑藉。雷氏引言則闡述明朝官職名稱及品級沿革,可爲研治明代職官制度者參考。

此本據北京大學圖書館藏明萬曆徐鑒刻本影印。(劉韶軍)

皇明輔世編六卷　(明) 唐鶴徵撰 (第 524 册)

唐鶴徵(1538—1619),字玄卿,號凝庵,武進(今江蘇常州)人,唐順之之子。隆慶五年(1571)進士,歷官禮部主事、工部侍郎、尚寶司丞、光禄寺少卿、南太常寺少卿等,晚年與顧憲成等講學東林,以博洽著稱。更著有《周易象義》、《憲世編》。傳附《明史·唐順

之傳》，又見《明儒學案》卷二六。

唐氏先有《憲世編》一書，發明心性之學，列孔子以下至明代王守仁、唐順之等人言行及論學要旨，是書爲其姊妹篇，又簡稱《輔世編》，記載明代諸臣行事，自洪武初年至嘉靖年間，有李善長、劉基、解縉、楊士奇等四十一人。崇禎時，唐氏門人陳睿謨巡撫湖廣兼右副都御史時刊刻行世，書中間有陳氏評語，刻於眉欄之上。各人傳後附有"太常氏"評論，即唐氏也，多有獨到之見。如論劉基，世人皆以劉基擬漢張良，唐氏則謂張良以居帝王之師而爲漢高謀劃，劉基則自居爲臣而爲明太祖盡力盡忠，故張良於劉邦叩而後應，迫而後起，苟可袖手，不難旁觀；而劉基於明太祖則知無不言，亦無不爲，即處嫌怨亦不顧忌。二人一爲師道，一爲臣道，相去甚遠。又論王守仁，以爲真爲不世出之才，用兵除寇靖難，若摧枯朽，治學研理明心，能獨有建樹，無論平時亂時，文武之事，均能種種合節，時時得用，即以聖賢之繩墨規矩折之亦不爲少差。此與儒生祇知坐談寂寞之濱，逍遥廣漠之野，而付治亂於不聞，一涉亂世即仆身者，實懸若天壤，不可同日語。由此類論述可知唐氏編纂是書用心在於"輔世"，而初非通常人物傳記。

是書記事較《明史》爲詳，如王守仁爲劉瑾所忌，《明史》僅言"瑾怒，廷杖四十，謫貴州龍場驛丞"，而是書《王守仁傳》則記"廷杖四十，死而復蘇，謫貴州龍場驛丞，瑾使人尾之急，守仁懼不免，至錢塘乃托投江，而輕舟自海至閩，入武夷山中，出鉛山，訪上饒婁氏歸，又逾年，始之驛"。則其中曲折過程，可以詳知。

是書雖由唐氏弟子陳睿謨巡撫湖廣時校刊梓行，然校刻不精，如全書總目卷一有"劉誠意基"，正文題目亦然，而分卷目録中則作"劉誠意長"，乃涉前"李善長"之名而誤。書前總目録卷五中有"田文成守仁"，而分卷目

録卷五及卷中正文均爲王文成守仁，知總目録字誤。

此本據明崇禎十五年陳睿謨刻本影印。（劉韶軍）

焦太史編輯國朝獻徵録一百二十卷　（明）
焦竑輯（第 525—531 册）

焦竑（1540—1620），字弱侯，號澹園、漪園，江寧（今江蘇南京）人。萬曆十七年（1589）殿試第一，授翰林院修撰，充東宮講官，萬曆二十五年主持順天鄉試，以舉子卷中多有險誕之語，被劾謫爲福寧州同知。後竟削籍，歸家不復出，專事著述。焦氏博覽群書，著述尤豐，更著有《國史經籍志》、《焦氏筆乘》、《老子翼》、《莊子翼》、《類林》、《易筌》、《禹貢解》、《澹圈集》、《四書直解指南》、《考工記解》、《通鑑紀事本末前編》等約二十餘種。《明史》、《明儒學案》卷三五有傳。

是書又名《明史獻徵録》、《國史獻徵録》、《獻徵録》，各書著録不一。《四庫全書總目提要》傳記類存目稱，萬曆中焦竑曾應陳于陛聘同修國史，既而罷去，此書恐當時所輯録。《明史·焦竑傳》稱陳于陛欲焦竑領修史事，竑遜謝不應，己則先撰《經籍志》，其他率無所撰。《明儒學案》卷三五則稱焦竑於修史事條四議以進，不久史事中止，焦氏則私成《獻徵録》百二十卷。各書所言不一，難以據信。

是書記載有明一代名人事蹟，先按宗室國戚、公侯伯及各種職官分別記録，兼及職官事務演變、相關重大事件等。無官之人則分題孝子、義人、儒林、藝苑、寺人、隱逸、釋道、勝國群雄、四夷等類，所載人物自洪武初年至嘉靖間。是書爲焦氏編輯，非其自撰，書中所録各篇自有撰者，所引據者，有《吾學編》、《繩蟄録》、《弇州別集》、《澹園集》、《升庵集》及歷朝《實録》等；又取材於後人所撰神道碑、

墓誌銘、行狀、廟碑、傳記之屬。均標注作者及文獻出處。於諸人事跡學說廣集各種資料,不厭其詳,如卷九《王守仁傳》後,録《耿恭簡集》中所論王守仁學術言論,足爲後人參考。又如於孔子後代衍聖公,自元代五十五世孫國子祭酒孔克堅直至六十世孫孔聞韶等,均詳録後人所撰墓誌銘,由此可見元、明兩代尊孔詳情。更載有釋道人物,計佛教二十三人、道教十六人。所録文獻多由宋濂、楊士奇、楊榮、錢溥、徐渭、夏言等人撰成,而《周顛傳》更爲朱元璋親撰。《勝國群雄類》記録元末各地起義領袖,《四夷類》則記載中國四方少數民族及鄰國之事。所記或不止一篇,如《俺答》既有《前志》,又有《後志》,更有《通貢傳》,《安南志》則有王世貞、葉向高分撰之二篇,《日本志》有王世貞、葉向高及無名氏所撰各一篇,《哈密志》有王世貞及無名氏各一篇。焦氏是書堪稱一代人物傳記資料彙編,可與明人所修多種《明史》參照。

此本據上海圖書館藏明萬曆四十四年徐象橒曼山館刻本影印。(劉韶軍)

熙朝名臣實録二十七卷　(明)焦竑撰(第532冊)

焦竑,有《國朝獻徵録》等,已著録。

是書曾入《四庫全書總目》傳記類存目,當時館臣以是書頗資考證,然各傳中多引《寓圃雜説》及《瑣綴録》諸書,皆種官小説,未可徵信云云。焦竑著作甚多,此書《明史·藝文志》不載,今人朱鴻林乃疑非焦氏所作,而爲坊間書買竄改李贄《續藏書》所致。檢是書所謂焦竑之序,其中"韋布之士不盡諳朝章,薦紳之倫不盡負史才,信耳者不審于時勢,見小者不關于大體,修辭者不當于故實"等語大段抄襲《續藏書》李維楨序。其中"退,以之而修身蓄德;進,以之而尊主庇民"等語,正是《續藏書》焦竑序原文。又是書各卷末皆注某某卷終,而卷二十三、卷二十四注

曰"續藏書卷二十三終""續藏書卷二十四終",是書買未及刪改之證。細核兩書,亦可見内容一致,僅有卷首爲書買改易題名,中有少數字句改動而已,正見此書實即李贄《續藏書》。《續修四庫全書》前既已收李贄《續藏書》,此又收録《熙朝名臣實録》,實爲重出。

此本據上海圖書館藏明末刻本影印。(劉韶軍)

皇明詞林人物考十二卷末一卷　(明)王兆雲撰(第532冊)

王兆雲,生卒不詳,字元禎,號赤岡氏,麻城(今湖北麻城)人。著有《王氏雜記》及《驚座新書》,包括《漱石閑談》、《湖海搜奇》、《向醉瑣言》、《説圃識餘》、《揮塵新談》五種,參見《四庫全書總目》傳記類存目提要、《明詞林人物考》提要及《千頃堂書目》等。

詞林泛指辭章文學之士。卷前李維楨序稱"所謂詞林者,不越經、史、子、集四部",知是書爲明代辭章文學之人立傳,自洪武初至萬曆間,祇收已故者。所收人物於文章之外又重功業、節義、高隱,則《樂記》所稱:"和順積中,而英華發外"之意也。各傳述其生平履歷,記其言論,並於傳末述其著作之名,然不録,不評其人文詞優劣及創作之論。《四庫》館臣謂是書所列諸人著作多有遺漏,如謂《劉基傳》末列其著作有《劉誠意伯集》而未列《犁眉公集》,又《明史·藝文志》尚有劉基《覆瓿集》、《文成集》及詞四卷等,則是書未録者尚多。其他如《宋濂傳》、《陶安傳》所列著作均不若《明史·藝文志》詳備。然《桂德偁傳》記其著有《和陶集》、《春和集》、《清溪集》、《知足集》,而《明史·桂德偁傳》及《藝文志》均未言德偁有何著作;《胡翰傳》列其著作有《春秋集義》、《胡仲子集》、《長山先生集》,《明史·藝文志》僅著録《胡翰文集》,惟《明史·胡翰傳》則載胡翰有此三書:然則是

書所録又多有可與《明史》相參證者。

全書所收,正編四百二十五人,補遺四十六人,可知明代詞林之盛。書前有焦竑萬曆三十二年(1604)序,稱是書之作欲讀詞人之作而論其世。又李維楨序,稱是書采明代二百餘年諸家之集,廣搜國史家乘及鄉評里謠,以考其人生平行實,故足資參考;又稱是書所收諸人,以詞與理相合爲準,讀其詞必質諸理,詞當於經子史之理則亟收之,然理不甚醇而似經子史之詞者亦收之云云。則所收似嫌寬泛。

據是書凡例,諸公傳記如已有名人撰著,則芟其冗詞而存其事實,若多有著作則僅標書目而不摘取其説,其人生平無可稱述則掇拾所作之警句以傳。又謂理學家與詞章家門户之見甚深,而是書所録則以理學、文藻兼善者爲重,以見有德有言可兼具一身。又稱王世貞爲一代詞林衡鑒,所作《藝苑卮言》等書於詞人評鑒甚多,是書記載諸人則以揚善爲主,故僅取王氏褒詡之説,不取其彈射之言云云。又作者王兆雲於諸家亦偶有簡評,如謂劉基爲"一代詞壇宗匠之遭逢完美者",諸如此類,於研究明代詞人亦可參考。

此本據復旦大學圖書館藏明萬曆刻本影印。(劉韶軍)

本朝分省人物考一百十五卷　(明) 過庭訓撰 (第533—536冊)

過庭訓(？—1628),字爾韜,號成山,平湖(今浙江平湖)人。萬曆三十二年(1604)進士,授江陵知縣,升雲南道御史,天啓元年(1621)督學南畿,任應安等府監察御史,後調任湖廣參政、福建按察使、應天府丞等。好濂洛之學,家富藏書,以倭亂而毀失。著作更有《聖學嫡派》、《性理翼》、《名臣類纂》等。事跡參見是書過氏自序及《平湖縣志》。

是書名稱不定,或題《直省分郡人物考》、《本朝分省人物考》、《本朝京省人物考》、《國朝京省分郡人物考》等,各家著録又有所不同,即本書之内序題、卷題、欄中題名亦不統一。是書爲過氏督學南畿時所輯刻者,原題:"南直督學御史西浙過庭訓纂集",而搜羅資料過程則甚長。過氏自序於成書經過言之甚詳,謂少治性理之學而不及他學,後於孫植等人家中任塾師,得覽諸種明代史書,於德業彪炳者尤爲關注,陸續摘録,如是十餘年間,又與友朋切磨商榷,於人物去取漸能自信不甚舛謬。中進士後,雖官事繁忙,猶乘暇尋究本朝故典,於本朝人物廣收嚴擇,先成《名臣類纂》一書,其内篇録學術、行誼、著述等門,外篇則録經濟、忠烈等門。後讀《本朝名臣記》、《列卿傳》等,以爲二書或掄選精,或收羅廣,惜未能兼備,又見《近世進士履歷》,按省、府、縣分記人物,開卷了然。遂綜合諸書之長,按省分府,收列人物,其不分縣,則以免繁雜。又以廣西、雲貴人物難於遍稽,而府之於軍民府,更難以分剖,故僅依省而不分府。是書所收人物,自明初建國至天啓初年,計五千一百餘人,以已故且見聞有據者爲收録標準,人物功過未有論定或資料更須博詢者則闕疑不録。入録各人分別載其字號、出生地、先世、科分、功名、事功、爵位、官評、鄉評等,以褒善爲主,寧恕無苛。其官評、鄉評並録,則過氏以爲官評可假而鄉評難欺也。是書資料來源,既有官修《實録》,更有諸家撰述,如《吾學編》、《列卿紀》、《名臣言行録》、《獻徵録》以及各省《通志》等,大都因其舊文而稍加潤色,故稱纂集而非自撰。是書於天啓二年(1622)梓於句容,刊刻中發現原文誤漏重複頗多,故又加訂補,附以"補遺"字樣以示區別,然仍有未及補充或改正之處。

此本據北京大學圖書館藏明天啓刻本影印。(劉韶軍)

維閩源流録十九卷　(清) 張夏撰 (第536冊)

張夏,生卒不詳,字秋韶,號菰川,無錫(今江蘇無錫）人。先隨明末名臣馬世奇治經學，後入東林書院，師從高世泰。湯斌巡撫江蘇，嘗至東林書院與張夏論學，後延請其至蘇州學宮爲諸生講授經學。更著有《孝經解義》《小學瀹注》《錫山宦賢考畧》《楊文靖年譜補遺》等。《清史稿》有傳。

是書撰成於康熙二十年（1681），次年刊刻。所録明代講學之儒，自洪武初至崇禎末，大旨以程朱爲雒閩之緒而辟新會陳獻章、餘姚王陽明。前十三卷爲雒閩學者，分爲三等，能傳程朱之學者爲正宗，有方孝孺、曹端、薛瑄、陳真晟、胡居仁、章懋、蔡清、邵寶、羅欽順、魏校、呂柟、顧憲成、錢一本、高攀龍、馮從吾、金鉉十六人，傳中皆稱先生；能輔助程朱學説者爲羽翼，陳、王兩派之外有三十九人，傳中稱字；能守程朱之説而無多建樹者則爲儒林。正宗、羽翼皆頂格寫，儒林低一格寫以示區別。卷十四録江門，卷十五至卷十七録姚江之學者，以區別於雒閩學者，皆無人入列正宗，唯以陳獻章、莊㫤、賀欽、陳茂烈、鄒守益、羅洪先、尤時熙、孟化鯉八人爲羽翼，又三十九人爲儒林。於王陽明則貶爲羽翼不如。全書正、補二編據目録共收四百二十餘人。凡例稱朱子爲程子撰《伊洛淵源録》，謝鐸則爲朱子撰《伊洛淵源續録》，是書之作，則專記明代能承程朱之學者。

卷一於明儒有總論一篇，卷十四、十五前則於陳、王學説各有專論。諸人傳中傳後或附按語或引他人之説以考論其人其學，如《趙汸傳》後按語稱程敏政《道一編》、王守仁《晚年定論編》，所説皆本之趙汸，而趙汸所説朱、陸初分晚合，特揣度之詞，程、王竟指爲實事，幸有羅欽順《困知記》、陳建《學蔀通辯》等考明朱子年譜時間先後，此類誤説方得以正之。各傳能本諸舊文，而時有筆削，其未詳具出處者，則難以核認。又以爲學術當驗之實事，而各家子孫所撰行狀與山人游客乞米之傳、諛墓之文則難輕信，故一以出處去就、

死生義利、人倫大節爲斷，而唯天下已有定評者始得録入。其正宗十六人，朝野久有公論，或取已有名家傳之者，或親讀其人全集並參考諸家傳録，而後編纂成傳。最所尊崇者爲方孝孺、曹端、胡居仁、呂柟、顧憲成、高攀龍六人，其傳數易其稿，尤所用心。有文學儒學兼善者，如宋濂、薛蕙、崔銑等，亦予收録。名聲雖著而學術不正者則不收録，如王世貞，雖執禮居喪三年後始茹葷御室，十年後始具衣冠，居無姬侍，家無優樂，綽有儒風，然自稱讀書萬卷不從六經入，又以講學爲可恥，此類文出色而學不足，故不收。

是書凡例稱"人品自人品，學術自學術"，《四庫》存目提要譏其尤僻，難之曰"豈程朱之傳惟教人作語録乎？"又《清文獻通考》引文天祥《正氣歌》"孔曰存仁，孟曰取義，讀聖賢書，所學何事"語，以爲聖賢之外不可另有儒林一派，於是書體例亦有不滿。然按之是書宗旨，僅録講學之人，諸忠烈之臣行爲仁義而未必講學，因知有品未必有學，故不以其人氣節高而收録，而陳、王爲品正學偏一類，陳學近正，不妨寬收，而王氏後學泛濫已極，故謹加選擇。

此本據復旦大學圖書館藏清康熙二十一年黄昌衢彝敘堂刻本影印。（劉韶軍）

忠節録六卷首一卷　（明）張朝瑞撰（第537册）

張朝瑞，生卒不詳，字子禎，海州（今江蘇連雲港）人。隆慶二年（1568）進士，先後任安丘、鹿邑知縣，金華知府，湖廣參政，應天府丞，南京鴻臚寺卿等。更著有《孔門傳道録》、《南國賢書》、《禹貢本末》、《皇明貢舉考》等。事見《大清一統志》卷七二、《江南通志》卷一四五、《千頃堂書目》等。

是書《千頃堂書目》稱又名《表忠彙録》，録建文帝遜國諸臣事跡。有萬曆三十年（1602）焦竑序，知是書當刊刻於此時。建文

遜國後,自永樂年間已有大臣議論平反之事,至萬曆即位,始正式平反,爲遜國諸臣建祠祭祀。記其事者,自弘治間宋端儀纂《革除録》起,又有張芹《備遺録》、王詔《忠賢奇秘録》、何孟春《續備遺録》、馮汝弼《備遺録補》、黄佐《革除遺事》、鄭曉《建文遜國記》、《遜國臣記》、汪宗伊《表忠録》、郎瑛《萃忠集》等,張氏稱所見十數種,所載或有未備及舛漏者,乃據他書,廣爲搜羅,焦竑跋所舉有《中州人物志》、《臨川志》、《山東志》、《四明文獻志》等,而《四庫全書總目》傳記類存目提要謂尚有張氏未及蒐考者,如高璧《幽光録》、陸時中《逸史》、姜清《秘史》、王會《野史》、袁褧《奉天刑賞録》等,然當時史事,大槩已備。張氏於諸書所記,近實者録之,無證據者則削之,總纂以成一書。卷首載永樂以來有關建文君臣之論議及相關朝廷文書詔命,以明當時湔雪之旨,而是編初非私撰。卷一至卷五則記述遜國之際盡忠之臣,自徐達長子徐輝祖、俞通淵、耿炳文、方孝孺、齊太、鐵鉉等朝臣,以至地方官吏、縣學生員、舉人、進士、貢士、守卒、和尚、樵夫、傭人、補鍋匠等凡一百六十三人,又有附録十六人,較萬曆建祠所祀一百零八人已爲詳備,各以文武官位高低爲序,不按誅死、自死或死難、死事分類。又以革除諸事,泯滅不傳者不可勝數,其有記録者頗多矛盾及傳聞疑誤,是書則與其過而廢之,寧可過而存之。又於卷六作考誤十五條,就建文帝諸種傳説作考辨,如辨天順(1457—1464)間建文由滇返京,舊稱當時僅太監吳亮因曾侍奉建文而能識之,是書則謂楊士奇、楊榮、楊溥皆建文舊臣,不應僅吳亮能識舊主,且建文時年僅六十四,亦不得謂九十餘歲。故《四庫全書總目》傳記類存目提要謂"其考證最爲明確"。

此本據國家圖書館藏明萬曆刻本影印。

（劉韶軍）

夥壞封疆録一卷　（明）魏應嘉撰（第537冊）

魏應嘉,生卒不詳,字賓吾,興化(今江蘇興化)人。萬曆三十二年(1604)進士,歷任汝南府推官及兵、刑、吏等科給事中、太常寺卿、大理寺卿、太仆寺卿、兵部左侍郎。天啟時,撰是書,盡列不肯依附魏忠賢之朝臣姓名,與當時魏黨所編《東林點將録》、《東林同志録》同爲魏忠賢剗除異己之黑名單。後辭官返鄉,研究理學。崇禎即位後查辦閹黨,於應嘉既不加追究,亦不起復。更著有《綱目纂元》、《五雲館會藝》、《雙鶴軒奏議》等。事跡參見《續文獻通考》卷一六五、《江南通志》卷一二三。

是書前有應嘉題卷首一段,《四庫全書總目》傳記類存目提要稱爲"自序"。序稱郭鞏"大幽小幽"之説甚善,黜幽斥免考績劣下之官,未有大於夥壞封疆者。所謂夥壞封疆,意謂結夥毁壞國家。應嘉謂於此類人物應引繩批根而搜索之,而己於今年負責主計,得以剗除熊廷弼同黨數人而甚快,猶恨惡草蔓藤斬削不盡,劉芳壼道長臚列此類人物尚有未盡,故己撰是書補列其名氏。又謂已經察處者當思懺業於來生,尚掛虛銜者莫望燃灰於今世。故《提要》稱應嘉依附閹黨,代爲搏噬,不知世間有廉恥事,實宋時蔡京、蔡卞、章惇、蔡確所不曾爲。是書所列不附魏忠賢之臣,有執政、司禮大璫、部堂、卿寺、翰林、臺諫、部署等官,計三十五人,其著者有劉一燝、王安、周嘉謨、王紀、鄒元標、汪應蛟、陳大道、劉道隆、楊漣、文震孟、錢謙益、左光斗、周宗建、顧大章等。書後附《明史稿·周宗建傳》,記述給事中郭鞏爲迎合魏忠賢而誣告熊廷弼、周宗建,誣劉一燝、鄒元標、周嘉謨、楊漣等數十人爲廷弼逆黨。按郭鞏時創"大幽小幽"之説,把持察典,曾編廷臣數十人姓名爲一冊,又爲匿名書,羅織五十餘人,欲加之罪而未得逞,終借熊廷弼事將有嫌隙之人一舉陷之。魏應嘉是書既贊郭鞏"大幽小幽"之説,又撰補不附魏忠賢之人,則與郭鞏同爲迎合魏閹、殘害正人之幫凶,而後終悔之,家居三十年不肯再涉政事。

此本據國家圖書館藏清李文田抄本影印。(劉韶軍)

崇禎五十宰相傳六卷年表一卷　（清）曹溶撰（第 537 册）

曹溶(1613—1685),字秋嶽,一字潔躬,號倦圃,秀水（今浙江嘉興）人。崇禎十年(1637)進士,任監察御史。入清後任户部侍郎、廣東布政使等。康熙時舉博學鴻詞,以疾辭。更著有《金石表》、《静惕堂詩集》,編有《學海類編》。《清史稿》有傳。

是書記録明崇禎時入閣諸臣事迹。按明初朱元璋設丞相之職,後以胡惟庸謀反罪,遂廢此職,崇禎時無宰相官職,俗稱入内閣主事者爲相國,是書沿用宰相舊稱。卷首有《宰相年表序》,後爲《宰相年表》,自天啟七年(1627)至崇禎十七年,表後有論,論君臣遇合之難,或有其時而非其人,或有其人而非其時,故一時宰執大臣於國家命運亦難盡得其力。之後爲《宰相列傳序》,稱年表紀時不紀事,於宰相進退之始末不顯,無以知其生平,於是考之國史,參之見聞,舉其大端著爲列傳云。列傳六卷,所收自韓爌、孫承宗、周道登、文震孟至王應熊、蔡國用、吴宗達,凡五十人。其中列傳三之成基命、孔貞運、黃士俊、丘瑜等十四人,僅記籍貫及何年進士,並無其他事跡。書後有一長文,專論明末黨禍之事,以爲漢、唐、宋皆有黨禍,明末黨禍酷烈不如前代,亦本無亡國之理,卻以黨禍而失天下更速。其源起自國本之爭,中經三大案、察典、年例、封疆等爭端,後有東林諸君子以道學名於世,浙人起而爭之,而黨以立,齊、楚四方之士又趨風捕影,轉相含射,而黨以盛。居内閣主政者又各立門户,植黨分派,無論其人邪正均如此,又有閹瑁爲之煽禍,於是一發不可收拾。

黨禍綿延而成痼疾,一旦國命殞絶,無人可救,則實由黨禍漸積而使之然。

《四庫存目》又有《五十輔臣編年録》殘本一卷,提要稱不著撰人,而板心有"檇李曹氏倦圃藏書"字樣,知爲曹溶所藏。按《宰相傳》署名"倦圃老人重訂",可知先有初編,後又重訂爲定稿。《編年録》或即最初之資料長編。

此本據南京圖書館藏清研古樓抄本影印,前録《四庫總目》是書提要一葉。(劉韶軍)

己未詞科録十二卷首一卷　（清）秦瀛撰（第 537 册）

秦瀛(1743—1821),字凌滄,又字小峴,號遂庵,無錫（今江蘇無錫）人。乾隆四十一年(1776)以舉人召試,授内閣中書,後爲浙江按察使、廣東按察使、浙江布政使、光禄寺卿、太常寺卿、順天府尹、刑部侍郎、左副都御史、兵部侍郎等。擅文章,與姚鼐相互推重。《清史稿》有傳。

是書記載康熙十八年己未(1679)博學鴻詞科事。是年此科,康熙帝臨軒制策,擢取第一、二等,寵以清秩,命諸人纂修《明史》。清代學者以爲此乃風雲際會之盛,自古罕見,雖百數十年之後,仍令人思慕不衰。是書之前,已有李集《鶴徵録》、全祖望《詞科摭言》等記其事,秦氏以爲有所不備,因補充增益,而成是書。所録采自當時制詔、吏部及大臣相關奏疏直至家傳、碑志、集録。記載之中間有考證,並附按語,以求其真。此科薦舉及應試人數,各書記載亦有不同,《松牕筆乘》謂共百八十六人,有大臣科道題薦者八十三人,各衙門揭送吏部者七十二人,督撫外薦者三十一人;而《愚山年譜》稱百七十五人,《竹垞年譜》稱百九十餘人。是書照録《鶴徵録》原目外,又據《江南通志》、《安雅堂文集》、《鶴徵録續補》、《兩浙輶軒録補遺》、《海邦耆舊志》、《蘇州府志》等書,補載《鶴徵録》所未載者，有薦送而辭不就者十二人、誤期未試者二人、舉不及期者一人、補遺二人。是書所載諸人，志傳墓銘有可考者悉行載入，其著作見於《四庫提要》者，則載於志傳墓銘之前，其他遺文軼事亦無不搜録，惟諸人詩文則概不録入。

是書多保存當時相關官方文書等，記事則甚詳。如康熙十七年三月初一於體仁閣召試諸人，試題爲駢體文《璿璣玉衡賦》及五言排律《省耕詩》二十韻，省閲官有大學士户部尚書李霨、大學士禮部尚書杜立德、大學士刑部尚書馮溥、掌學士院禮部侍郎葉方藹等。四月初六日宣佈考試結果，一等二十人，爲彭孫遹、倪燦、張烈、汪霦、喬萊、王頊齡、陳維崧、朱彝尊、湯斌、汪琬等，二等三十人，爲李來泰、潘耒、施閏章、尤侗、毛奇齡等，俱命參與纂修《明史》。又有吏部奉答之文，彙報諸人授官之事，以及因故未試、與試未用、辭不就等人名單。

卷一紀事，卷二至卷八爲諸人傳略，各傳之下多附秦氏按語，於傳略事實多有考辨。卷九至十二題作"叢話"，收録相關逸聞佚事，所録各條均標明引書出處，有《聽竹山房詞話》、《池北偶談》、《潛邱劄記》、《觚賸》、《三魚堂文集》、《歸愚文集》、《居易録》、《西河詩話》、《今世説》、《萬卷樓筆記》等。

此本據北京大學圖書館藏清嘉慶刻本影印，書首題"世恩堂藏板"，卷十二末有"無錫大市橋西首藝文齋擺刻"字樣。（劉韶軍）

欽定續纂外藩蒙古回部王公表十二卷欽定續纂外藩蒙古回部王公傳十二卷 （第537册）

清代於外藩蒙古回部部落王公封襲之事先後多次編纂，以示王朝恩寵。據是書卷首所載咸豐九年（1859）彭蘊章、穆蔭、愛仁、楊式毅所上奏摺，稱首次編纂自乾隆四十四年至六十年（1779—1795），所收爲蒙古四十九旗及外扎薩克、喀爾喀諸部，其王公世第録至乾隆六十年止，成三體表傳共三百六十卷刊刻頒發（按文淵閣本《四庫全書》所收《欽定外藩蒙古回部王公表傳》僅一百二十卷，蓋於滿、蒙、漢三體文字中，僅取漢文一體也）。其後嘉慶十七年至十九年（1812—1814）第一次續纂，自嘉慶元年以前表傳内襲至第幾次止，即以所止之次續纂；道光十六年至十九年（1836—1839）第二次續纂；道光二十九年至咸豐元年（1849—1851）第三次續纂，王公世第至道光二十五年止，成書後由武英殿刊刻刷印，頒發各部落收藏。此爲第四次續纂，時在咸豐九年，成表十二卷及傳十二卷，續前所纂，所收部落仍同首次所纂，收各部親王、貝勒、貝子、郡王、公爵等主要貴族。《王公表》中記録襲封者爲誰之子及襲封次第數及年月，《王公傳》就表中所記諸王等人分别立傳，然内容均較簡略，惟記其人承襲次數年月以及賞賜之事，如賞戴花翎及多眼花翎、命在乾清門行走、命在御前行走、賞紫韁黄韁等，其他事一概闕如。所記其人世系及襲封時間等，可與相關史書參證。

此本據遼寧省圖書館藏清咸豐内府刻本影印。（劉韶軍）

儒林傳稿四卷 （清）阮元撰（第537册）

阮元，有《疇人傳》等，已著録。

是書原爲乾隆三十年（1765）奉敕纂修國史時所撰《儒林傳》，記載順治至嘉慶初年學術人物一百餘人，爲顧棟高、孫奇逢、黄宗羲、王夫之、顧炎武等四十四人立專傳，陳祖范、吳鼎等五十九人立附傳。是書汲取前代諸史《儒林傳》之意，以爲司馬、班、范皆以儒林立傳，敘述經師家法，《宋史》分道學與儒林傳，暗合《周禮》師儒之分，故漢宋之學於周孔之道能得其分合，未可偏譏而互誚，惟明代學案之體，於經訓家法寂然無聞，揆之《周禮》爲有師無儒，空疏甚矣。故撰是書，不分門逕，惟記學行。自順治至嘉慶初得百數十人，去取謹嚴,若熊錫履、湯斌、陸隴基等人,雖爲著名學者,然已入大臣傳中,茲不收;又仿《明史》載孔氏於儒林之例,別爲《孔氏傳》以存《史記·孔子世家》之意。所據資料均注明出處,概不采用私家狀述,自謂撰成之後又經史館諸友詳加校對始爲定稿,又謂清朝諸儒無論治理學治漢學者,均能好古敏求,精發古義,詮釋聖旨,各造其域,不立門户,不相黨伐,束身踐行,闇然自修。以但知名物而不論聖道者爲治學之弊,若終年寢饋於門廉之間,無復知有堂室者。阮元爲清代學界領袖,能具此种見解,於瞭解清代學術實情實有啟發。

此本據南京圖書館藏清嘉慶刻本影印。

(劉韶軍)

國朝先正事略六十卷　(清) 李元度輯 (第538—539 册)

李元度(1821—1887),字次青,一字笏庭,自號天嶽山樵,晚號超然老人,平江(今湖南平江)人。道光間舉人,後六次應試不第,咸豐三年(1852)入曾國藩幕,隨曾國藩作戰,因功加按察使、布政使銜,後爲雲南按察使、貴州布政使。治學精掌故、地理,更著有《國朝彤史略》、《天嶽山館文鈔》等。《清史稿》有傳。

元度以爲清代名臣大儒及有識之士輩出,國史館雖爲立傳,草野之士無由獲睹,其人業績嘉言、逸聞逸事散見諸家文集,因讀諸種文集、方志、筆記,會參史館列傳,摘抄彙集,於同治三年至五年(1864—1866)編撰成書。所收皆清代著名人物,自清初至同治間,前後二百餘年,立傳五百篇,附六百零八人,共收人物一千一百零八。分爲《名臣》、《名儒》、《經學》、《文苑》、《遺逸》、《循良》、《孝義》七類,各傳采諸人勳績議論、嘉言懿行,以爲傳述。是書編纂與正史列傳不同,專主揚善,所錄皆粹然純詣,惟附見者其例稍寬。阮元《國史儒林傳》,就各家紀述,集句成篇,分注

所出於下,彭尺木《名臣儒行史跡述》,亦注明所據之本於篇末。是書因采書較多,未能一一注明所出。

前有同治八年曾國藩序,謂當時清朝中興,多有乘運會立功名之將帥出自章句之儒,而元度亦爲章句之儒從事戎行,嘗於咸豐甲寅乙卯(1854—1855)之際,與國藩患難相依,而後元度提兵四省轉戰不已,仍不忘是書之編述。李氏同治五年自序云,是書甫脱稿而有役黔東之命,爰付剞劂。知元度與曾氏均由儒生出身而能學又能治兵者,亦時勢所造。

是書有同治五年家刻本,其後於光緒年間多有刊刻,中華書局編《四部備要》亦曾收入。此本據北京大學圖書館藏同治八年循陔草堂刻本影印。(韋勇強)

國朝先正事略補編二卷　(清) 李元度撰 (第 539 册)

李元度,有《國朝先正事略》,已著録。

是書敦懷書屋刊於光緒十一年(1885)。無序跋目録,所載人物多已見於《先正事略》,如徐枋、劉獻廷、侯方域、汪琬、趙執信、胡渭、顧祖禹、潘耒、鄭燮等,於事跡則有所補充,如劉獻廷,補充其音韻學之事。姓氏或有異文,如李顒,是編作李容。亦有新增入者,如記明末清初隱逸之士陸圻,明季貢生,明亡避居海上,後入閩爲僧,私史獄發,圻名居首,購捕甚急,久之得脱,母死更爲道士,不知所終。又録有晚清之人,如魏源、劉熙載、郭嵩燾、陳寶箴、王闓運等,然不詳生平,多似逸聞。如記魏源,惟記所著《海國圖志》,至今談洋務者以爲依據,此後則全録其詩一章,中言"直將周孔書,不囿禹州講",有欲儒家傳至世界之意。記郭嵩燾則全録其《王先生祠堂記》一篇,稱其於王夫之之學推崇備至,又録其《寄答龍汝霖詩》全文,而郭氏生平事跡則言之甚略。記陳寶箴則全録其《致河南田玉梅書》,述其目睹英法聯軍火燒圓明園而

欲田氏將所部來京勤王。所錄或有傳聞之詞，如記吳偉業入清後作詩譏吳三桂，詩云"太息六軍同縞素，沖冠一怒爲紅顏"，又云"不爲君親來故國，卻因女子下雄關"，三桂貽三千金請改其語，偉業不允。注謂詳見鈕玉樵《觚賸》中《圓圓傳》。知是書所錄多他書所不具之文，故亦可觀。

此本據南京圖書館藏清光緒十一年敦懷書屋刻本影印。（劉韶軍）

學案小識十四卷首一卷末一卷　（清）唐鑑撰（第 539 册）

唐鑑（1778—1861），字鏡海，善化（治今湖南長沙）人。嘉慶十四年（1809）進士，後爲翰林院檢討、浙江道監察御史、山西按察使、浙江布政使、太常寺卿等。治學宗閩洛諸賢，更著有《朱子年譜考異》、《畿輔水利備覽》等。《清史稿》有傳。

是書仿黃宗羲《明儒學案》、《宋元學案》之例，分清代諸儒爲傳道、翼道、守道、經學、心宗五類。卷首有《學案提要》，敘是書編撰宗旨。卷一、卷二錄傳道學案，列陸隴其、張履祥、陸世儀、張伯行四人，以爲程朱之學正宗，上追孔、曾、思、孟，下接許、薛、胡、羅。卷三至卷五錄翼道學案，列湯斌以下十九人，稱此類舉偏頗而扶中正，得所翼而道不孤。卷六至卷九錄守道學案，列于成龍以下四十四人，以爲此類其志堅定，能嚴肅持身，得所守而道益明。卷十二至卷十四錄經學學案，列黃宗羲以下一百零四人，又附四人，以爲此類能由空理而得聖人之旨，道不離經，經不離道，雖多漢學家，而皆能不離於道。卷末附心宗學案，列張沐等三人，以爲非學而足以亂學。守道學案後列"待訪錄"二卷，列應撝謙等六十八人，經學學案後又有"待訪錄"，列張惠言以下八人，心宗學案後列邵廷采以下六人爲待訪者，皆以未見原著，但有他書稱引。是書共收清初至嘉慶間學者二百六十一人，各爲

之傳，記其生平、學術淵源及主要著作。每傳後附同學或從游者、問答者。是書大旨在扶持程朱理學，以宗朱子爲正學，否則即非正學。非但排斥陸、王心學，於清代考證學亦極力批評。是書多參阮元《儒林傳稿》而有所增删改動。

此本據中國科學院圖書館藏清道光二十六年四砭齋刻本影印。（鄭連聰）

文獻徵存錄十卷　（清）錢林撰（第 540 册）

錢林（1762—1828），原名福林，字東生，又字志枚，號金粟，仁和（今屬浙江杭州）人。嘉慶十三年（1808）進士，爲翰林院庶吉士、歷編修，後爲侍讀學士。著有《玉山草堂集》及《續集》。《清史稿》有傳。

錢林在翰林院二十餘年，蒐集當世名流事蹟，積稿十一册，生前未定稿。書前有其弟子王藻咸豐六年（1856）序，稱林去世後逐漸收齊稿本，並先後經俞燮、陳奐過目及抄正，亦未完成，延至藻晚年始全部編成而刊刻行世。題名徵存，猶彙存之意。

是書收錄清初至道光時期學者，有孫奇逢、萬斯同、顧炎武、錢大昕、黃宗羲、陸隴其、吳偉業等四百六十餘人，分別記其行實，論其學術，述其關係，如子孫或門弟子及師友等。多有《清史稿》未載之人，可資參證。是書評諸人撰著尤富，多有獨到之見。如論趙翼諸作，謂《廿二史劄記》考證精審；《陔餘叢考》雖不及《日知録》、《養新録》精博，然能考證文字同異，溯述事物源流，可爲多聞解惑之一助；《皇朝武功紀盛》，敘事簡要，非他書連篇累幅者可比，足見史才；而其《簷曝雜記》體例稍雜，未爲善本，然於國家掌故及滇黔各省土風物產記述略備，足增見聞以知時事，勝於侈談考據而於日用事物毫無裨補者。又謂趙氏晚歲取唐宋以來各家全集展玩尋繹，沿波溯源，間得其心，故《甌北詩話》抉摘精微，語多切當，要非局方隅之見者所可比。其自作五

言論古諸詩則發抒太盡,不合一倡三嘆渾厚
含蓄之古法。此類均有見地,非纂集他書以
成傳記者可比擬。

此本據清咸豐八年有嘉樹軒刻本影印。
(劉韶軍)

船山師友記十七卷首一卷　(清)羅正鈞撰 (第540冊)

罗正鈞(1854—1919),字順循,號劬庵,晚
號石潭老農,湘潭(今湖南湘潭)人。光緒十
一年(1885)舉人,嗜王夫之之學,鐫印稱“船
山私淑弟子”。又曾師從郭嵩燾,光緒二十
一年,由陳寶箴保薦任撫寧、定興、清苑等地
知縣,天津知府,山東提學使,後奉湘撫俞廉
三委派赴日本考察,又與謝鼎庸等創辦湘潭
縣學堂,復任長沙學務處提調。辛亥後屏居
不出。更著有《左文襄公年譜》、《王壯武公
年譜》、《辛亥殉節錄》等。《碑傳集三編》卷
二十有陳三立撰《山東提學使羅君墓志銘》。

卷首有陳三立光緒十四年敘,稱鄧顯鶴
《沅湘耆舊集》、劉毓崧《王船山先生年譜》均
較簡略,羅氏乃補輯劉《譜》,又采鄧、劉二家
之說,撰集船山先生師友人物事跡而成是書。
正文十七卷,卷首又列船山父兄四人。所録
之人,有見於《船山遺書》者,有他書所載與
船山有交誼者,凡一百五十七人。諸人按類
分卷,各卷以時間先後爲序。卷一爲提學舉
主;卷二至卷七爲鄉邦達官、嶺外僚友、從王
諸友、鄉邑先輩、早歲會文之友等;卷八至卷
十一爲返楚後十餘年間過從之友,以類相從
而爲四卷;卷十二至卷十四爲從先生求學者、
爲後進、門人、親懿弟子各一卷;卷十五爲方
外之交;卷十六爲外間知聞者,如顧亭林等
人;卷十七爲敘贊,仿司馬遷《太史公自序》
之例。所録諸人,其爵里事蹟則博稽史傳、通
志及郡邑志,參以當時紀述及私家載記。篇
幅冗長者節録之,簡略者則並數書爲一傳。
《船山遺書》已具名字里居而傳志無考者,乃

止就《遺書》所紀而録之,皆注其所出於下。
凡《遺書》一語一言及於其人者,皆摘録於各
人小傳後以相印證。他家書信有可徵者亦詳
附其間。要之,船山之爲學交游及當時學界
風氣,於是書可見梗概。

此本據天津圖書館藏清光緒三十三年刻本
影印。(鄭連聰)

柏堂師友言行記四卷　(清)方宗誠撰(第540冊)

方宗誠,有《讀宋鑑論》,已著録。

是書記録宗誠道光十七年(1837)至同治
年間遊歷山東、直隸、河南、湖北、安徽等地所
與交流之師友言行。咸豐三年(1853),太平
軍攻陷桐城,宗誠避難山中,其堂前有柏半
枯,宗誠日坐其下讀書,故自號柏堂並以名是
書。卷一有宗誠同治三年(1864)小序,稱己
生文學君子之邦,得賢師友爲依歸,獲講學輔
仁之益,中經兵亂,遠走四方,所與遊處者多
碩德博學、型仁講義之士,親見諸人行誼言論
並聞所稱述時賢,有善可行則隨筆記之,以合
於孝弟、忠信、禮義、廉恥者爲指歸,而於畸行
高論則屏除不載,欲使人知海內諸賢之懿行
大節、遺文軼事。卷二小序稱所見賢人君子
言行足益身心,開拓胸臆,可爲後人法,故一
一記録彙編成書。書中所記有許鼎、方東樹、
吳廷棟、胡林翼、曾國藩等人,並爲道咸間著
名人物。書前有慕玄父民國十五年序,謂日
本學者專治柏堂之書,號曰柏堂學,足見影響
之遠;又言民國十四年冬,瑞安孫復自桐城馬
其昶處獲是書鈔本,遂命復校勘後付印,故世
間僅有此本;更稱當今上下貪腐成風,人無廉
恥,則讀是書可知前代諸賢遺風,於世道人心
不無教益。

所載諸人言行事跡及來往書信,多有正史
所不載者,足補史乘遺佚,頗有史料價值。如
卷一記其族兄方東樹撰《漢學商兑》,以當時
學者崇尚漢學,攻訐程朱,多虛誣之辭,而其

人又皆高才博學,負天下重望;因取漢學諸人之謬及其詆程朱者一一辨之,考證詳晰,於是尚漢學者不敢公然詆毀矯誣。而撰此書時東樹正在阮元幕府,時阮氏方聚集諸博學老儒修《皇清經解》,阮公歸田後,嘗致書東樹,稱其經術文章足信今而傳後,亦頗能服善云。

書後瑞安孫宣跋稱是書所載與方氏《輔仁錄》多同,《輔仁》殆或刪節而別爲一錄,則此錄實爲初稿,敘述較詳,尤可珍惜。

此本據民國十五年京華印書局鉛印本影印。(劉韶軍)

三輔決錄二卷　(漢)趙岐撰 (晉)摯虞注 (清)張澍輯(第 540 册)

趙岐(約 108—201),初名嘉,字邠卿、臺卿,東漢京兆長陵(治今陝西咸陽東北)人。曾任并州刺史,因黨錮之禍免職,後爲議郎、太常等。更撰有《孟子章句》,爲兩漢章句之學著作之僅存者,收入《十三經注疏》。《後漢書》有傳。

摯虞(250—300),字仲洽,西晉長安(今屬陝西西安)人。泰始(265—274)間舉賢良,後爲中郎、太子舍人、聞喜令、尚書郎、秘書監、衛尉卿、光禄勳、太常卿,遭亂餓死。更著有《族姓昭穆》、《文章志》、《文章流別集》等。《晉書》有傳。

張澍(1781—1847),字伯瀹,又字壽轂,號介侯、鳩民、介白,武威(今甘肅武威)人。嘉慶四年(1799)進士,選庶吉士,後爲貴州玉屏、四川屏山、江西永新等地知縣。長於姓氏之學,工詞章,兼治金石,更著有《姓氏五書》、《續黔書》、《秦音》、《詩小序翼》、《説文引經考證》等,其《姓氏五書》尤爲絶學;輯有《十三州志》、《三輔舊事》、《三輔故事》、《三輔決錄》等,編刊《二酉堂叢書》。《清史稿》有傳。

《三輔決錄》原爲七卷。三輔本爲古九州之一雍州之地,漢代則指長安京畿地區,自秦以來多移徙公卿大夫二千石及高貲之家至此地,以陪漢代諸陵,遂使五方之俗雜會,非一國之風,其爲士好高尚義,貴於名行,失則趨勢進權,惟利是視。趙岐生於此地,多聞故老之言,知其賢愚,故撰是書録三輔名人。以其人已亡,褒貶已有定論,故名爲《決録》。行文多作韻語,故《史通》譏爲文言美句。所載除漢代官吏相關史實外,又有關中長安等地史事。原書已佚,張澍釐分諸書所引《決録》原文與摯虞注文並加考證,收入所編《二酉堂叢書》。是書録有趙岐原序,並《後漢書·趙岐傳》、《晉書·摯虞傳》,卷一又記趙岐諸事,似非岐書原有。

所載又有隱逸有學之士,如矯慎、摯恂、高恢、鄭樸、張仲蔚、蔣詡、求仲等。又記長安城門及城中宮殿、陵丘等,如謂未央宮有延年殿、合歡殿、回車殿,並引《三輔黄圖》相證。或釋地名,如謂京兆,京者大也,兆謂天子兆民;扶風,扶風化也;馮翊,馮者依也,翊者明也。或記民謡,如當時以鱉魚肥炙甚美,故有諺曰"寧去累世宅,不棄鱉魚額"等。所輯各條之後又加按語,説明出處依據,較爲嚴謹。張氏又據諸書輯録《三輔舊事》、《三輔故事》等,亦可與《決録》參證。

此本據清道光元年張氏刻《二酉堂叢書》本影印。(劉韶軍)

畿輔人物志二十卷　(清)孫承澤撰(第 540 册)

孫承澤,有《山書》,已著録。

是書記録明代畿輔地區人物,涵今北京及河北地區,自明初至崇禎,凡一百二十人,不分門類,按時間先後排列,自朝廷大臣至茂才、孝廉、監生以及處士逸人等,記其生平事跡以及著作,於諸人皆隱疵德而著微行。以己身在林泉,不任董狐之事,故各傳不標出處,亦無贊論。所收人物或原籍本非畿輔而寄籍京師者,如李三才爲陝西臨潼人、李東陽爲長沙茶陵人,亦有祖籍京畿後居外地者,如史可法祖籍大興,後籍祥符。故《四庫》館臣譏爲此皆假借,體例不嚴,不免地志積習。而孫氏自序則稱先此所撰《四朝人物志》收天下人物,故所録嚴,而是書收録則寬,以此乃父母之邦,故宜如此。孫承澤崇禎間進士,李自成入北京,孫氏又任其官職,至清順治間亦歷任多職,然終不得重用,故於順治十年(1653)辭官歸鄉。據諸家序,是書爲孫氏辭官後撰成。成克鞏順治十六年序則稱孫氏嘗語是書自屬草以來歷七寒暑而始竟,而孫氏自序撰於順治十五年,則始撰於順治八年。書前有梁清標、王崇簡、魏裔介、成克鞏序及孫氏自序,皆謂孫氏生長京師,少壯登朝猶見老成舊德,聆其微言緒論,又多年在朝,多與賢豪長者交遊,以爲畿輔人物關係明室一代盛衰,故於公卿大夫之行實,前代賢哲之遺事,博綜詳考,而成是書。專記燕趙人才,其宗旨爲急行誼而緩功伐,詳幽潛而略通顯,則是書所收人物亦有側重,未稱完備。

此本據山東省圖書館藏清初刻本影印。
(劉韶軍)

潤州先賢録六卷　(明)姚堂　(明)劉文徵輯　(第 541 册)

姚堂(1417—?),生卒不詳,字彥容,又字叔升,慈谿(今浙江慈溪)人。正統四年(1439)進士,先後任工部郎中,廣信、蘇州、鎮江知府,廣東參政。任官清廉有惠政,江西巡按韓雍表其治行爲江西第一,吳寬亦稱其爲古之廉吏。更著有《廣信先賢事實》。《(雍正)寧波府志》卷二一、《慈谿縣志》卷九、《(乾隆)鎮江府志》卷三四、《(同治)蘇州府志》卷七○、《明一統志》卷十一均有堂傳。是書後柳詒徵跋亦詳述其事。

劉文徵,生卒不詳,湘陰(今湖南湘陰)人,宣德四年己酉(1429)鄉試舉人,姚堂知鎮江時文徵爲同知,堂於序中稱爲同寅。事見

《湖廣通志》卷三四。

前有廖莊、沈固、姚堂、鄭霧四序,皆姚堂同時人,作於天順六年(1462)、七年(1463)。四序所題書名不一,廖序題"鎮江府先賢録",沈序題"潤州先賢事實録",姚序題"潤州先賢録",鄭序題"潤州鄉賢祠記",知刊刻後始定名《潤州先賢録》。鎮江古稱潤州,姚堂任知府前已有清風大節祠,祀宋郡守范仲淹及鎮江名人陳東、陸秀夫,堂以爲所祠先賢不備,又據郡志搜得鎮江先賢二十人,自先秦吳季札至宋洪興祖,而以唐宋間人爲多,因與同官捐俸另建一祠以祀諸人,又據諸史傳記及諸人文集搜羅先賢事跡及相關詩文,襄其事者有劉文徵、張春、歐仕昌、任瑋、蕭崇等人。所録二十人,分題高風、忠節、相業、直諫、德望、文學六類,人各一傳,先畫圖像,次書像贊,再次録其人事實始末或正史本傳,再次録其人遺文及後人所撰行狀、碑記、墓志、哀詞、誥詞及憑吊贊賞詩文等。《四庫全書總目》傳記類存目提要譏是書僅收二十人,不及《京口耆舊傳》十之一;然是書所載內容頗豐,有文獻價值。如陳東《答趙延康書》、《答江西提舉監丞蔣宣卿書》,張擬《知海州乞召用陳東劄子》,洪興祖《論楊雄反離騷》以及許渾、王存遺詩各十餘首;諸人像贊及悼念之文亦多出於名家之手,如蘇軾《季札像贊》、蔡邕《隱士焦公像贊》、王柏《宗澤像贊》、宋濂《陸秀夫像贊》、歐陽修《石曼卿墓表》及《吊石曼卿文》等。

是書收藏家較少著録,傳本罕見。揚州吳氏測海樓曾有藏本,後售於書商。1933 年柳詒徵於江南圖書館館長任上,自北平富晉書局收得此書天順七年(1463)刊本,乃盛稱此本紙墨精湛,畫像完好,其版本價值不下宋元舊刊,惟此本缺廖莊序,乃自《鎮江府志》補録,然後加以影印,故書首題"陶風樓"版。《四庫》於是書僅存其目,後人多未睹厥書,五百年後時代丕變,祠廟不知崇賢,官守罔知

敬教,而治學者不知古賢風尚,欲復民族精神而立國於世界,則是書不可不讀。

此本據南京圖書館藏明天順七年刻本影印。(劉韶軍)

毘陵人品記十卷　(明)毛憲撰(明)吳亮增補(第541冊)

毛憲,生卒不詳,字式之,號古庵,武進(今屬江蘇常州)人。正德六年(1511)進士,官至黃門給事中,後以病辭歸,郡守陳實聘爲道南書院主教者。更著有《古庵文集》、《諫垣奏草》、《毘陵正學編》等。事跡見清沈佳《明儒言行錄續編》及《四庫全書總目》傳記類存目《諫垣奏草》提要。

據《續文獻通考》卷一六五,《毘陵人品記》爲葉夔始撰。夔字司韶,武進人,成化中以貢生官汝陽州訓導。又有《毘陵忠義祠錄》、《元史提綱》等。是書葉氏所撰僅成四卷,後由其子葉金及同邑毛憲續成並刊刻。葉金字誠齋,刻是書時官紹興府通判,《江南通志》卷一二八載其爲嘉靖元年(1522)壬午科舉人,其他事跡不詳。

該卷又載吳亮增補是書,亮字采于,晚號止園,武進人,爲吳中行長子,萬曆辛丑(1601)進士,曾爲御史,後爲大理寺少卿,爲人尚志節,與顧憲成、高攀龍等東林黨人友善,有《名世編》、《萬曆疏鈔》。傳附《明史·吳中行傳》。

是書有嘉靖二十一年(1542)餘姚岑原道序,稱葉金爲紹興府通判,以《人品記》示原道,云此其先君存齋公之所命意,先友古庵毛公屬草未就,而俱下世,葉金續成,請原道作序以傳之。原道所見仍爲四卷,葉金爲避嫌而於書中不收葉夔、毛憲之傳,原道則予補入,綴於終篇。又有吳亮萬曆四十六年(1618)序,稱其母爲毛憲女孫,故爲補修,時距毛憲纂書已八十餘年,則毛氏之作當在嘉靖十年前後。又言十五年前郡侯歐陽公擬修

府志,屬顧憲成品騭本地人物,志未成而顧稿以《桑梓錄》爲名存於篋中。此錄仿毛憲之意補其未備,略以類從,不立標目,亦嘗與友人討論商榷,草數易而後定。吳亮補修時,顧氏謝世已六七年,故高攀龍序稱是書毛氏記毘陵人品,顧氏志桑梓人物,吳氏雅訓其文辭,續入其後,合爲十卷。蔣應震序亦稱吳氏續古庵之遺編,發涇陽(顧憲成號)之篋錄。史孟麟序稱毛、顧二公之志俱不克就,吳氏慨然增修之以就二公遺業,訂書爲十卷。則吳亮據毛、顧二家之作而有所潤色補充,故題名《增修毘陵人品記》以示區別。書前又列"《人品記》論次表",記錄前後編次之人:禮科右給事中毛憲初編《人品記》,河南汝陽縣訓導葉夔同授,浙江紹興府通判葉金纂輯,福建道監察御史錢一本、南京光祿寺少卿顧憲成品定《桑梓錄》,南京太僕寺少卿葉茂才、建昌府知府蔣應震、澄江孝廉夏樹芳、太常寺少卿史孟麟、行人司行人高攀龍、福建道監察御史錢春、南京兵部郎中劉元珍參訂,湖廣道監察御史吳亮增修。則爲諸人先後參與,而吳亮最後修定。其中蔣、夏、史、高皆有序,列於書前。

是書卷一、二所錄自商代泰伯至南唐人物,卷三、四爲宋人,卷五爲元人,卷六至十皆爲明人,毛憲、葉夔傳則在卷九,與岑原道補綴時不同。《四庫存目》又有葉夔撰四卷本《毘陵人品記》提要,稱書前先列五縣沿革,使歷代殊名瞭如指掌,體例頗善。吳亮增修此本十卷本,敍删去五縣沿革,已失葉、毛纂書初意,甚不可取。

此本據常州市圖書館藏明萬曆刻本影印。(劉韶軍)

吳中人物志十三卷　(明)張昶等撰(第541冊)

張昶,生卒不詳,字景春,號西園,長洲(今屬江蘇蘇州)人。事跡參見是書皇甫汸序。

是書題明長洲張泉景春甫輯,曾孫獻翼論贊,鳳翼、燕翼校刻。有隆慶四年(1570)皇甫汸序,稱張君抱逸民之雅致,睎良賈之深藏,茸西園以屏居,仿東都以著論,人稱西園公。則泉當爲不仕之逸民。是書輯録吳中人物,多據諸史及方志文獻等,上自成周,下迄明代,分題孝友、忠義、吏治、薦舉、宦蹟、儒林、文苑、閨秀、逸民、流寓、列仙、方外、藝術十三類,類各一卷,卷中以朝代先後爲次,卷後附有論贊,論説其人,復以韻語爲贊,即其曾孫張獻翼編定是書時所撰。明代長洲人王賓、祝允明、朱存理及吳縣人楊循吉等皆有吳中人物之録,是書較諸家稍備,如《流寓》、《列仙》、《方外》、《藝術》四類,多他書所不載,列仙之事或爲傳説而不可信,方外則爲佛道人物,於考察地方宗教史頗有助益。而藝術則儒士常所忽略,讒爲奇技淫巧者。然觀書中所録,則多有意味,如宋代龍興寺僧人妙應妙於刻石,嘗模廬山王翰須提像於寺中,其陰則作天台五百尊者,筆法奇古,又於虎丘作石觀音像,亦佳。又有張珙擅長刊鑱,水部員外郎趙竦重定《華夷圖》,方僅尺半,其上字小如蠅頭,俾珙刊之,三年始成。又記研究文字音韻者,如元代李世英嘗作《韻類》三十卷,以字爲本,以音爲幹,以義訓爲枝葉,井井有條。其從子文仲又據《説文》作《字鑑》五篇,辨證字體,刊除舛謬。又有專精古之器物者,如陸友能鑒辨三代漢魏以下鐘鼎銘刻及晉唐法書名畫,著有《硯史》、《墨史》、《印史》。又多記平民工匠,如平江王漆匠,元至正間制牛皮舟,可容二十人,能拆卸數節,極便攜帶;又嘗奉旨造混天儀,亦可折迭。記醫家人物頗多,如元代葛應雷著《醫學會同》,葛哲著《保嬰集》,王履著《傷寒立法考》、《百病鉤玄》,沈貞著《傷寒會通》等。藝術一類人物多采自《姑蘇志》,其人其事多爲正史所不載,相關著作亦罕見著録,然於考察蘇州地區社會歷史則頗具史料價值。

此本據浙江圖書館藏明隆慶庚午張鳳翼、張燕翼刻本影印。(劉韶軍)

姑蘇名賢小紀二卷　(明) 文震孟撰 (第541 册)

文震孟(1574—1636),初名從鼎,字文起,號湘南,別號湛持,又作湛村,長洲(今屬江蘇蘇州)人。天啓二年(1622)進士,時年已近五十,後授翰林院修撰,因受魏忠賢忌恨,廷杖八十,外貶而告歸。復召爲侍讀、左中允、左諭德,又劾魏黨王永光,避歸,又召爲右庶子、少詹事、禮部左侍郎兼東閣大學士,復與溫體仁不合,被劾落職。更著有《定蜀記》、《文肅公日記》等。《明史》、《東林列傳》卷二三有傳。

是書題"竺塢藏書　新刻姑蘇名賢小紀",有萬曆四十二年(1614)文氏自序,書末有"壬辰仲春冢孫然百拜重校鋟於竺塢山堂"字樣,則初刻於萬曆四十二年,其孫重刻於順治壬辰九年(1652)。

書前小序,稱世人素稱蘇州人輕柔浮磨,故輕薄而排調之,文氏不平,遂取諸先賢行事之記載及少時家庭所習聞者,疏爲小紀,傳後則加論議。所收人物僅限明代,自高啓至王敬臣,凡五十人,地域則爲吳縣、長洲兩邑。不録巨公名流及專事文章材藝絶倫者,惟紀剛勁之人,以破蘇人軟美之誚。凡清修苦節者雖微必紀,以不清苦則不能剛且勁,其兼有詩書翰墨之士則詳紀其生平,以知其剛勁之所由。又紀逍遥清高者,以見其人無俗韻。所紀諸人多有正史所不載者。如記王逸人光庵先生,治學於陰陽律曆、山海形勝、禮樂兵家無所不窺,以世代鼎革,絶意仕途,以藥黲其面容及身體肘股間,故舊遇之,則箕踞相對,爬搔其瘡,令人不堪而離去。又記布衣如邢蠹齋,貧陋已甚,惟閉户讀書,僉憲陳直道公致仕歸,不交一客,唯挾册就先生質疑,清談竟日,不設湯茗。郡守或請其詩,邢謂古有采詩無獻詩,吾豈以爲羔雉哉。又記姑蘇文人學者,如吳寬、祝允明、唐伯虎、徐禎卿,所載多逸聞奇事,頗得其真,非如正史但録其生平大事,故云小紀。又各有論贊,如既記金世龍,嘉靖二十年(1541)進士,以有官守不得精研六經,竟乞致仕歸,下榻蕭寺,閉户攻苦,不交一客,蕭然如苦行僧;復論曰,讀金先生遺書而頗有餘味,想見其人清真之風,猶能顯然披拂,故歎有志之士清非難而真爲難,真則精神流溢篤實而光輝。諸如此類,均有益後人感憤知進,非泛記本地名流以成書者所可比。

此本據國家圖書館藏明萬曆四十二年文氏竺塢刻清順治九年文然重修本影印。(劉韶軍)

松陵文獻十五卷　(清)潘檉章撰(第541册)

潘檉章,有《國史考異》,已著録。

松陵今屬江蘇吳江,是書載松陵各類人物,自西漢莊忌(即嚴忌)直至明末,間有入清者,如王錫闡、朱鶴齡,分别卒於康熙二十一、二十二年,以皆出生於明代,故仍列爲明人。卷一至十二《人物志》,收松陵本地人物,其中卷一至卷七爲宋以前人,不分類目;卷八至卷十二爲宋以後人,分題儒林、孝義、文學、隱逸、高僧、道術、藝能、列女、寓賢等類,卷十三至十五爲《官師志》,專收宋以後在松陵任官守、縣學師長者。卷内依時代先後爲序,各類前有小序,傳後或有"潘子曰"以發論議,偶又稱"外孫檉章曰"。

有康熙癸酉三十二年(1693)其弟潘耒序及後序,稱吳江立縣在錢氏有國時(五代十國之吳越國錢鏐),志書始於宋代朱長文《吳郡圖經》,明代竇德遠等亦有志,皆佚不傳,唯莫旦《吳江縣志》、徐師曾《吳江縣志》存。莫志詳而體裁未備,徐志簡而疏漏甚多。自嘉靖至明末又百餘年,曠無紀述,亡兄力田乃爲《松陵文獻》,分《文集》與《獻集》二部,《獻集》紀先賢事跡,文集録邑人詩文。《文集》未成而以莊廷鑨明史案連累遭難,《獻集》得諸燼餘,後三十年潘耒校梓行世云。是書查閲前代史籍、明朝實録及天下志乘、古今文集,改定徐、莫二志中人物六十餘傳,增補者六十餘傳,又新增嘉靖之後人物一百二十餘傳。《獻集》專記人物,又與莫、徐所撰縣志體例不同。所設《官師志》更爲新體,記録松陵一地明代官守治理業績,檉章小序稱明廷常擇高第有才力者任爲松陵官守,故此邑三百年間無曠土、無游士、無流民,由一邑之治亂,可以觀天下之盛衰云。可見是書編撰宗旨所在。

所收諸傳,或標本之某史某志某書某傳及行狀、塔銘、墓誌等,並時引諸人之説以考證事實,所據有莫志、徐志、竇志、盧志、胡文穆志、倪謙志、吳驥《同里先哲記》、王志堅《人物志》、鄧韍《常熟志》、張昶《人物志》、《南昌志》、《嘉定志》、《青烏志》、《蒙庵稿》、《歸田稿》、《續燈存稿》、《列朝詩集》及吳默、周道登、朱陛宣、王世貞等人所撰傳、明代諸帝《實録》等。

耒後序又稱是書成稿之後未及刊刻,稿本流傳人間,康熙二十三年(1684)邑令請人改修縣志,三月而成,次年耒觀該志知全襲《松陵文獻》稿本,而不書檉章之名,故序中駁斥抄襲者分辨之言。按其人嫁過朱鶴齡,稱朱實襲潘,而己乃襲朱不襲潘。耒答稱朱先生有所引用皆明言本諸潘氏,與襲取不名者不同。因不復置辨,第檢點亡兄之書梓以行世,唯歎不早梓行而致此紛紜。

此本據復旦大學圖書館藏清康熙三十二年潘耒刻本影印。(劉韶軍)

崑山人物傳十卷附一卷　(明)張大復撰(第541册)

張大復(1554—1630),字元長,晚號病居士,又號息庵老人。崑山(今江蘇崑山)人。嘉靖中爲諸生。更著有《梅花草堂筆談》、

《聞雁齋筆談》、《梅花草堂集》等。事跡見是
書所載蔣鎮《張元長傳》。

《四庫全書總目提要》傳記類存目有是書
提要，稱是書所收人物斷自明代，起洪武至萬
曆，凡三百餘人。《崑山人物傳》十卷，其間
父子祖孫以類附傳，如史書列傳體，又附來崑
山任官守者十五人爲《崑山名宦傳》一卷。
《名宦傳》另有鈔本，名爲《玉峯名宦傳》，較
本書少一篇，僅十四人云云。是書前有雍正
二年（1724）同里後學筠莊汪中鵬撰《題補訂
梅花草堂人物傳》，稱是書付梓已久，字畫漫
漶，散失幾半，雍正元年（1723）張氏族曾孫
張皋載檢其板授中鵬收藏，數年後張皋載歿，
中鵬遂購原本補訂成帙，又以其舅顧錫疇撰
《梅花草堂集序》載於書首。顧序自稱内姪，
則顧、汪皆張大復後輩親屬。錫疇字九疇，號
瑞屏，崑山人，萬曆四十七年（1619）進士，崇
禎末年爲南京禮部侍郎，南明福王時爲尚書。

是書原未單行，收在《梅花草堂集》内，卷
内又題《皇明崑山人物傳》、《皇明崑山名宦
傳》，多《明史》所未載，各傳後附有作者評
議。《人物傳》前有小引，稱撰述先哲行事，
次第歲年，敘論成傳。據耳目所及並諸人家
譜牒，乃至贈遺吊挽篇什，均加引用。又稱原
本事跡得於龔埏氏家藏舊録人物傳志數
十篇。

《名宦傳》前亦有小引，稱據所見所聞所傳
聞，斷自芮侯而下十人、教諭二人、勸農丞三
人，彙爲《名宦大傳》云。芮侯即芮翀，洪武
二十七年（1394）進士。此卷後又録未作傳
之官守，如鄧文璧、堵應箕等十餘人。

此本據北京大學圖書館藏明刻清雍正二年
汪中鵬重修本影印。（劉韶軍）

兩浙名賢録五十四卷外録八卷　（明）徐象梅撰（第542—544册）

徐象梅，生卒不詳，字仲和，錢塘（今屬浙
江杭州）人。據是書序及凡例，象梅爲諸生，

書成於天啓三年（1623），當生活於萬曆、天
啓間。更著有《琅嬛史唾》、《廣古奇器
録》等。

是書記載兩浙先賢，自唐虞至明隆慶
（1567—1572）間，正録題儒碩、理學、孝友等
二十二類，外録則題元元、空空二類，載釋道
人物。諸傳有官爵者皆標官爵，惟《理學》類
皆稱先生而不書其官。所録之人，本之正史
者十二三，本之地志者十六七。書前有序多
篇，如朱國祚、楊師孔、賀君恩、黄國樊、陸澄
原及徐氏自序，撰作年月均在天啓二至三年。
序後爲凡例，徐氏撰於天啓元年，則書當成於
天啓元年至三年間。所録人物以時代先後爲
序。徐氏以爲國史傳信故貴詳，方志紀賢故
尚實，是書准志體，故内容芟繁就簡以核其
真，不敢飾邪爲美。又以近人撰作傳誌於傳
主不稱名而稱公，此諛墓之辭，使讀者數行而
後不知稱述何人，故是書概易公稱名，以存史
書之法。人物以言行爲主，雖有官閥而言行
無足采者悉削而不録。浙之地域或沿革有
變，如海鹽秦時屬會稽，當爲浙地，而唐時析
北境爲華亭以屬吳，故海鹽人諸史悉稱吳人，
華亭諸志均爲收入，而浙之海鹽反棄華亭而
不録。志海鹽兼收華亭，自徐泰始，泰言志海
鹽人物當起華亭未析之前，可謂有良史之識。
故是書沿仍泰書之例，以補前史之缺。理學
人物不敘師承，以去意見之藩籬，而免門户之
隔絶。孝義一類，以人安常處順之時以能色
養爲難，顛沛流離之時以能自致爲重，故不收
割股、剖肝之類。發跡於浙地之帝王如吳大
帝、陳孝武，是書不録，以帝紀之尊難同列傳，
而收帝王父祖如破虜父子、吳越五王，定爲
《開霸》一類，當時共事之臣則稱"霸佐"附於
其傳。又設《翊運》一類，專收明初浙東四先
生，而以國初徵辟貢薦諸賢附之，以明經綸於
草昧者與天下太平後之鼓吹者不同。凡此皆
記録歷史人物之新體。《吏治》、《武功》兩類
祇記傳主任職之事，前後所履不録。《寓賢》

類止記傳主本人，其子孫即爲土著，不歸寓賢，如王羲之爲山陰寓公，而王獻之則收入《清正》類。道釋兩家與儒並立爲三，自有不可磨滅者，故立類以存其人，而別爲外録，不稱異端，以示公平。其書又有"敘目"一篇，敘所分各類名目及宗旨，此仿《史記》敘目之例。是書非徐氏獨撰而成，參定者凡五十一人，亦一一記其姓名爵里。

此本據明天啟刻本影印。（劉韶軍）

嘉禾徵獻録五十卷外紀八卷 　（清）盛楓撰（第544册）

盛楓（1661—1706），字丹山，秀水（治今浙江嘉興）人，曾爲安吉縣學正。見《四庫全書總目提要》及《浙江通志》卷一四三。而《浙江通志》卷一七九又稱盛楓字齵宸，嘉興人，辛酉（1681）舉人，安吉學正。著《安吉耳聞録》、《觀瀾録》、《墨屑》等。

是書後有乾隆七年（1742）盛楓之子盛支焯跋，稱嘉興先有《往哲編》、《續往哲編》，所載僅二十餘人，故乃父又費時二十餘年纂輯是書。成書後三十餘年，支焯更遍閲各省郡邑志與名人著述，詳爲之注，綴以雜説，以資旁證。朱彝尊嘗盡出所藏書佐其父采擇。按朱氏亦著《禾録》一書，紀一郡沿革及山川名勝，證以前人詩文，補舊志所未備，故跋又謂此兩録並垂，地志可以無憾。卷首另有跋語，云是書所紀皆明代嘉興人物，冠以《妃主》一卷，後以職官分紀，凡京朝官二十二卷，外吏十八卷，世職及死事諸將三卷，附以儒學一卷、文苑一卷；又云其録名"獻徵"，而首冠以《妃主》，殊乖義例。此本則分卷略有不同，首並無《妃主》一卷，跋語後爲正録，以職官分紀人物。其職官先文職，後武職。文職先京朝官，自卷一至卷二十二；次外吏，自卷二十三至三十九。文職後爲京朝武職及外省軍衛、海寧衛、嘉興所、乍浦所等，自卷四十至卷四十二。職官後始記其他人物，分録忠義、孝友、儒林、文苑、隱逸、游俠、藝術、材勇、列女，自卷四十三至五十。以萬曆中有浙黨之目，本郡不乏其人，故亦述其大略。書中一人之傳往往詳載其先祖及子孫，有如家族合傳，如《戈瑄傳》載其曾祖惟善、祖立、父利、子鐸、族孫霈，《鄭曉傳》載祖延、父儒泰、子履準等。無事蹟可記者，則列其官階遷除；人有惡行者，如施鳳來依附魏忠賢之類，則僅於目中列其名而不立傳。傳中或附其他文獻以資考訂，如《卜大同傳》末附洪武三年《給頒户帖》。傳中往往摘録他書，可與傳文參證，所引書傳甚多，如《瑣綴録》、《鳳洲雜編》、《明世説新語》、《明史稿》、《列卿記》、《堯山堂外紀》、《湖廣通志》、《静志居詩話》、《朝野匯編》、《兩浙名賢録》、《太平府志》、《淵鑒類函》、《萬曆野獲編》、《經義考》、《金陵瑣事》、《明史紀事本末》、《見聞雜記》、《菽園雜記》、《先進遺風録》、《闡德録》、《東林列傳》、《萬曆辛亥京察紀事》、《藏密齋集》等，引書多照録全文，故引文時或多於正文，若裴松之注《三國志》然。

其《外紀》八卷，分記佛道人物，佛道軼事及奸胥、奸民、海寇、竊發、俠妓、才妓、幻異、雜言等類。《海寇》類記倭寇事頗詳，其中有日本人葉麻、陳東等，然以中國人居多。《雜言》類記浙西重賦之由、國初貢使、海塘、郡縣改隸等事，亦有史料價值。

此本據南京圖書館藏清抄本影印。（劉韶軍）

台學統一百卷 　（清）王棻撰（第545—546册）

王棻（1828—1899），字子莊，號耘軒，台州黄巖（今屬浙江台州）人。同治六年（1867）舉人，後隱居不出。嘗主講九峰精舍，並江西經訓書院等。光緒二十三年（1897）加内閣中書銜。更著有《經説偶存》、《六書古訓》等二十九種。編纂《九峰山志》及黄巖、青田、杭州等地縣志、府志。事見是書所載王舟瑶

《王子莊先生傳》。

是書撰成於光緒七年（1881）前後，明嘉靖間有金賁亨《台學源流》，祇録性理之學，王氏沿用金氏"台學"之名而推擴其類例，"統"字之義則本之熊賜履《學統》，有張之以台學、崇之以學統之意。所收晉至清台州學者及其他人物，分爲六類。首録"氣節之學"，又分高節隱逸之士、清節廉直之儒、忠節極言敢諍致命遂志之君子三小類，自卷一至十二，收四十九人，附見十七人。次録"性理之學"，依宋、元、明時代先後爲序，又分朱子學派、杜氏學派、車氏學派、魯齋王氏學派、朱子餘派、兼朱陸派、張氏學派、陸氏學派、王氏學派等，自卷十三至四十五，收六十六人，附見二十三人。再次録"經濟之學"、"詞章之學"、"訓詁之學"、"躬行之學"等，正傳二百五十人，附傳八十九，共三百三十九人。學分六大類，而以氣節、躬行爲根本。王氏《敘録》稱儒學以六經爲根本，性理、經濟、詞章、訓詁皆經學之分派，氣節、躬行二者則該貫孔子所分德行、言語、政事、文學四科而包並六藝，此儒學之正宗。後世治學者或以文章聞世，或以經訓名家，於氣節、躬行則棄而不顧，甚至安於小人，此儒學極弊之象。故是書專重氣節與躬行，雖分六派，而以此爲重，借前人事跡以爲自鏡。所録諸學前均有小序，述其源流與要旨，各傳多有王氏評論，以"論曰"標出。傳中引用諸家書傳及其人遺文等，不僅爲人物傳記，更爲歷朝文獻之彙録。引書頗多，廣及正史、地志、學案、傳記、金石、詩文總集別集、筆記等，皆標明出典，頗爲嚴謹。王氏以爲世有豪傑創之於前，則必有名賢應之於後，振興常在隱微之間，收效則在百年以外，故編纂是書，以鄉先哲之學派啟迪後進，使學者知守氣節而能躬行。

是書原僅有家藏稿本，民國七年（1918）由王氏外甥喻長霖交吳興劉承幹刊入《嘉業堂叢書》，故是書前有喻氏、劉氏等人序，述台學演變及成書刻書始末，兼及台州文獻編纂刊刻等事，亦可作爲地方史研究之用。

此本據北京大學圖書館藏民國七年吳興劉氏嘉業堂刻本影印。（劉韶軍）

金華徵獻略二十卷　（清）　王崇炳撰（第547冊）

王崇炳（1653—1739），字虎文，號鶴潭，東陽（今屬浙江金華）人。科舉不得意，以拯救婺州理學爲己任，主持奎光閣書院，講學著述。致力於婺學先賢著作整理及研究，編有《金華文略》等。自著更有《學耨堂文集》、《學耨堂詩集》等。傳略見《四庫全書總目》傳記類存目是書提要，亦見《學耨堂文集》載黃廷元撰《王鶴潭先生傳》。

是書采録金華先賢事蹟，分題孝友、忠義、儒學、名臣、文學、政績、卓行、貞烈、仙釋、方技、來宦、游寓十二類，所載人物自漢魏以至明代，所據除正史本傳外，又有吳師道《敬鄉録》、宋濂《浦江人物志》、鄭柏《金華賢達傳》等鄉邦文獻及諸人文集之傳志讚序等，各傳後附作者評論。是書與所編《金華文略》相輔相成，自謂求先賢之言則《文略》可稽，考其行事則《徵獻略》頗具其概。王氏又從宋濂《元史》之例，稱"儒學"而不稱"理學"，以儒家學者或有不言理者，亦不可不録，故理學不足以包涵。前有康熙五十九年（1720）督學使汪溇序，稱婺州人物見於史册始於東漢、三國，文章則自唐駱賓王始有記載，至南宋理學興起，呂祖謙生於婺州，而來自中原，能得中原文獻之傳，從而倡導理學，學者雲集，朱熹亦遣子就學，由此形成婺學一派，此外又有陳亮、唐仲友等亦各創學派。婺州儒學後有何基、王柏、金履祥、許謙、吳師道等傳考亭之學，故後人追溯考亭學脈，必以婺州爲中心。是書體例如《襄陽耆舊傳》、《益州耆舊傳》，可補國史之不足。當成於康熙五十九年，而刊刻則在雍正十年（1732），故書前有雍正十年趙元祚、黃廷元序。又有“引例”一篇，分述是書分類名目及體例，又記邑人訪求散佚、纂輯志書及募刻捐刻諸書者，如蘭谿人章懋、吳師道、童廷式、葉永和，浦江人鄭柏、傳晉初，義烏人吳之器，湯溪人張申伯，金華人陳宸若、姜子發、金孔時等，亦可知金華人士於鄉邦文獻撰作之熱誠。

此本據清雍正十年婺東藕塘賢祠刻本影印。（劉韶軍）

東嘉録二十卷　（明）王朝佐撰（第547冊）

王朝佐，生卒不詳，字廷望，平陽（今屬浙江溫州）人。弘治九年（1496）進士，後任南京禮部主事、工部員外郎，爲官清正。父卒，不再出仕。著有《蛟川集》、《蛟川詩稿》等。民國《平陽縣志》卷三七有傳。

是書全名《東嘉先哲録》，爲朝佐任職南京工部時所作，並捐俸鋟梓行世。據所載諸序，知刻於正德元年（1506）。收録人物爲宋至明代成化、弘治年間永嘉名人，以晉、唐以前無考，故始於宋代。溫州於唐時稱東嘉，故名。人物分類有先達、程子門人（楊氏門人附見）、朱子門人（張氏門人附見）、名儒、名臣、忠臣、孝子、氣節、詞章等。此本多有缺頁，目録卷十一“名臣”僅有二行，以下缺頁，直至卷二十“詞章”，故不見“忠臣”之目，然閱卷十六、十七正文，皆爲宋、元王朝盡忠而死者，知此二卷當爲“忠臣”類。因是抄本，中間誤字甚多，則已有校正者書於各行之上書眉間。是書列“先達”一類，爲他書所未見，據正德元年季敩序，謂是郡至宋代氣化特盛，有永嘉王景山倡鳴道學於宋仁宗皇祐間（1049—1054），聆其講學者常數百人，尊稱儒志先生，時伊洛之學尚未興起；又有瑞安林石於北宋熙寧、元豐間以治學著名，隱居不仕，其講明《春秋》之學，又在王安石新學之際，林氏《春秋》學出，永嘉之學遂不專趨王氏新學；又有平陽蔡元康，其學以正心誠意爲

本，優游不仕，爲楊時等人所重。故作者以此三人爲東嘉學者先達，獨爲一類。其後真儒輩出，則分爲程、朱門人及名儒、名臣等類。

民國《平陽縣志》卷三七《王朝佐傳》稱孫詒讓以是書體例甚善，而仿之以撰《甌海軼聞》。孫氏《溫州經籍志》則稱是書於宋、元及明成化、弘治以前魁儒碩彦搜輯無遺，所采載籍，自正史列傳至方志文集，甚爲詳備，又臚列舊文，不加竄改，一一詳注出處。所引先達遺著，如戴仔《家傳》、章哲《平陽州志》、徐興祖《橫陽文集》、張謙《易本義集説》、章綸《章恭毅文集》等，後皆散佚，故是書所録存者實爲珍貴。據是書凡例，諸人著述書目附於事跡之後，言行不可考者若有關於永嘉之學者亦附收姓名，若一人一事而各有紀載則並録之，雖重複不削，以資考證。一人兩見而名與事有不同者亦並存之，且各從本文。諸人姓名籍貫見於某書者，俱分行旁注。傳主名字稱謂見於諸書有所不同，則各從本文，以求傳信。後學於先哲，依程子稱官爵謚號，無則稱先生。此類體例於史料不事纂改，能存史傳之舊，故價值頗高。各傳之下皆附記出自何書，而全書之前又詳列引用諸書目録，除孫詒讓稱引諸種外，又有《性理大全書》、《孝順事實》、《明一統志》、《周易會通》、《春秋會通》、《宋史》、《元史》、《儒志編》、《伊洛淵源録》、《朱子名臣言行録》、《晦庵文集》、《呂東萊文集》、《張南軒文集》、《陳龍川文集》、《章恭毅年譜》、《皇朝名臣通録》、《通鑑節要續編》、《晦庵同年録》、《歷科登科録》、《天順日録》、《進思録》、《八閩通志》、《金華府志》、《溫州府志》、《平陽州志》等，可知其史料來源之豐富。

此本據杭州大學圖書館藏清影明抄本影印。（劉韶軍）

東越文苑六卷　（明）陳鳴鶴撰（明）趙世顯訂正（清）郭柏蔚增訂（第547冊）

陳鳴鶴，生卒不詳，字汝翔，侯官（今福建

福州）人，明天啟至崇禎間（1621—1644）諸生，後棄舉業，與徐𤊹兄弟研究聲律。更著有《閩中考》、《田家月令》、《晉安逸志》等。見《千頃堂書目》。

趙世顯（1545—1610），字仁甫，閩縣（今屬福建福州）人。萬曆十一年（1583）進士。先後任池州府推官，後改梁山知縣，轉池州通判，以母老辭官不赴。更著有《趙氏連城》、《芝園稿》、《芝園詩集》、《趙仁甫詩話》等。《福建通志》卷五一、《閩侯縣志》有傳。

郭柏蔚，侯官人，清道光間（1821—1850）人，生卒事跡不詳。

是書有萬曆三十五年（1607）王穉登序及趙世顯序，則是書成於此時，而趙世顯又加以編訂附益並爲刊刻。又有道光十九年（1839）郭柏蔚序及同治十二年（1873）郭元昌跋。柏蔚序稱由何道甫處獲得是書，據徐𤊹《晉安風雅》知鳴鶴爲侯官所隸懷安人，與林惟介、林初文友善，林氏家多藏書，故鳴鶴得稽宋元以來秘本而撰是書，於閩中文獻搜羅略備，清方坤輯《全閩詩話》時未見是書，郡志亦未著録是書，知其流傳甚少，因檢閱諸書略加增訂，並時加按語考證，以“增訂”“蔚按”標識之云云。其增訂本當時未能付梓，後由其子元昌於同治十二年刊行之。

是書所載皆閩中學者文人，自唐中宗神龍年（705—707）迄明萬曆（1573—1620）間，有傳四百十一篇，所收唐、五代十五人，宋、元三百八十五人，明一百零六人。依時代先後爲序，各自爲卷，宋儒較多，獨占二卷，有朱熹、林之奇、胡安國、胡寅、胡宏、劉子翬、陳淵、蔡元定、真德秀、陳淳等人。卷一有陳氏所訂凡例，稱所收諸人不惟詞藻，亦考其行，德行劣者不録。凡考釋六經之文收在《閩學淵源》中，此書不收。佛道之人所撰文詞，其能彰其靈明而叶其聲調者，收録於文士之後。客閩者非閩人，其文不録。又於諸人傳後時以“論曰”以發評論。是書多載諸人詩文詞賦

之作，故稱《文苑》。而郭氏增訂考證則引據他書較多，如《蘭陔詩話》、《通志》、《莆風清籍集》、《閩書》、《漳州府志》、《莆田縣志》、《仙游縣志》、《吳越備史》、《榕陰新檢》、《池北偶談》、《北山集》、《尚友録》、《漳州府志》、《三山志》、《四朝聞見録》、《名山藏》及諸史《藝文志》等，保存諸多史料，可知閩人學術源流。

此本據南京圖書館藏清同治十二年刻本影印。（劉韶軍）

桐城耆舊傳十二卷　馬其昶撰（第 547 册）

馬其昶（1855—1930），字通伯，號抱潤翁，桐城（今安徽桐城）人。光緒間主講廬江潛川書院，又任桐城中學堂堂長，宣統時任學部主事、京師大學堂教習，民國初任清史館總纂、安徽高等學校校長、北平法政學校教務主任、參政院參政等。其學以方東樹、方宗誠、吳汝綸、張裕釗爲師，古文有名於世，號稱桐城派殿軍。輯有《桐城古文集略》，更著有《周易費氏學》、《毛詩學》、《尚書誼詁》、《禮記節本》、《大學中庸孝經合誼》、《清史稿》之《儒林傳稿》與《文苑傳稿》、《左忠毅公年譜》、《老子故》、《莊子故》、《屈賦微》、《金剛經次詁》、《抱潤軒文集》等。《碑傳集》三編有陳三立撰《馬其昶墓誌銘》，《清儒學案》卷一八九有傳。

是書扉頁有光緒十三年（1887）毛慶蕃識語，稱桐城文獻名邦，號天下第一，馬氏網羅放佚，合爲一編，則三百年先輩英靈可得而知。後爲是書序、目，併爲馬氏於光緒十二年（1886）所撰。先總序，稱是書謹叙一代人才之興，觀於鄉邑，可知天下，尤以清代人才雖盛，如方氏、姚氏以古文爲天下宗，而兩朝之學術風趨與盛衰得失，亦略具於書中，可供異世承學及治國者參證云；後爲列傳名目，有傳之人概列名氏以便檢尋，且所立各傳皆有數字以爲次序，乃承正史列傳皆有數序之例。

有一人之傳,亦有多人合傳,一人之傳或附載祖先或後人並及所交往者。所載人物自明初至清末。卷一至十一爲男性,由王勝至吳汝綸,計一百二十三篇;卷十二爲列女,計十三篇。序目後有馬氏光緒三十三年(1907)及三十四年識語二節,稱是書爲列傳體,與史傳同,以有多人列爲一傳者,故百多篇列傳共載記九百餘人。各卷目錄中稱各人官名,與序目徑出姓名不同,如序目卷一王勝,卷一目錄則作王太原侯,可互見。各傳後有馬氏評論,於諸人事跡各有評説。是書徵引文獻有《明史》、《桐城縣志》及傳主文集、譜牒、墓志及見聞等。馬氏初依阮元《國史儒林傳》體例,采掇舊文悉注所出。後吳汝綸稱,依此法,將成百衲衣,難稱佳文,且君子撰著貴在有鑒裁孤識,不必以出於人者爲可徵;著述能否行遠,其文好醜亦頗有關係。馬氏於是翻然改圖,故是書於事皆有徵,而文詞則必己出。此亦古文派學者與乾嘉學者區別所在,爲通常纂史書者所不能及。

此本據復旦大學圖書館藏清宣統三年刻本影印。(劉韶軍)

榕陰新檢十六卷 　(明)徐𤊹撰(第547册)

徐𤊹,生卒不詳,字惟起,後字興公,閩縣(今屬福建福州)人。其兄徐熥爲萬曆間舉人,參以是書吳騰蛟前序,則知𤊹亦萬曆間人。築鰲峰書舍聚書數萬卷,治學博洽,不應科舉,善草隸書法,更著有《鰲峰集》。事跡附見《明史·鄭善夫傳》。

是書非人物傳記,當屬雜聞彙録,所記分題孝行、忠義、貞烈、仁厚、高隱、方技、名僧、神仙、妖怪、靈異、冥報、數兆、勝跡、物産、幽期、詩話十六類,類各一卷。所采有《八閩通志》、《建寧志》、《福寧志》、《竹窗雜録》、《仙史類編》、《容齋隨筆》、《輟耕述》、《南村輟耕録》、《西湖志》、《晉安逸志》、《莆陽人物志》、《廣列仙傳》、《武夷志》、《閩掌故》、《閩

中寔録》、《長樂志》、《閩海異聞》、《雲山葉氏譜》等書數十種,其中多有世所罕覯者,各條後大都注明出處。書前有序,爲萬曆三十四年(1606)吳騰蛟撰,稱閩多古榕木,其樹甚大,蔭可數畦,閩人多於樹下避蔭乘涼,騷人墨客亦常憩於樹下,知榕陰爲福建之代稱。是書所記怪力亂神之事較多,然亦記福建物産如龍團茶、鼓山細茶、木棉、荔枝、建蘭等,又有鄭翰卿紀閩中方物之詩,《勝跡》卷中多記福建寺廟等,此類於研究福建地方史頗可參證。其《詩話》卷録辛棄疾詞二首,與《稼軒詞》所記文字有異同,可引以考證。又録宋白玉蟾撰《朱熹像贊》,中云"天地棺,日月葬,夫子何之","嗟文公,七十一年玉潔冰清;空武夷,三十六峰猿啼鶴唳"等句,亦頗有意境。

此本據南京圖書館藏明萬曆三十四年刻本影印。(劉韶軍)

莆陽文獻十三卷列傳七十五卷 　(明)鄭岳輯(第548册)

鄭岳(1468—1539),字汝華,號山齋,莆田(今福建莆田)人。弘治六年(1493)進士,後爲户部主事、刑部主事、湖廣按察僉事、江西按察使、江西左布政使、右副都御史、巡撫江西、大理寺卿、兵部左侍郎等,爲人正直清廉,後乞休歸家。更著有《山齋文集》等。《明史》及是書列傳卷七五有傳。

是書自嘉靖三年(1524)始撰,次年成書。莆陽古名莆中,晉朝戰亂,中原衣冠避地而南,有所謂八姓入莆之説,後分莆田、仙游、興化三縣。宋時人文興盛,號稱海濱鄒魯,降及明世,文人學者頗多,而歷代遺文散落未有蒐掇會粹,一郡之典不備,鄭氏遂據府志、諸人文集及宋端儀所録先輩遺文等撰成是書。收三縣人物及其詩文,分賦、古詩、律詩、絶句及銘、箴、贊、雜著、説、傳、題跋、論辯、祭文、書啟、序文、記、奏議等類,共十三卷,詩文散見

者尚多,蓋製作未工者不錄。所收詩文較著者有林光朝《與朱編修元晦書》,鄭樵《上宰相書》、《上皇帝書》、《系聲樂府總序》,陳宓《與真西山書》,黃士毅《朱子語類後序》,余師魯《朱文公別集後序》,蔡襄《導伊水記》、《言用韓琦范仲淹疏》等,可備治學術史者參考。

文獻後爲人物列傳,鄭氏初撰七十四卷,自南朝梁、陳至明萬曆間,末卷即傳鄭岳,柯維騏撰,黃起龍重刊時補入,故共七十五卷,傳主二百四十六人。人物列傳,《興化府志》已有撰述,然各分門類,是書則用正史體例,取相類者合爲一傳,或各爲一傳。《府志》記人物父子兄弟散見各門,是書則合於一傳。《府志》人物傳後各有論斷,是書不錄。是書成書晚於《府志》二十餘年,補遺十六傳。初刻板片毀於倭寇兵火,萬曆四十四年(1616)莆田人時任南京史科給事中黃起龍重刊,以原書字多訛誤,重刊時加以校勘訂正,又補《鄭岳傳》。黃氏以爲原書所載詩文並不完備,如不載楊琅、林誠兩御史奏疏及黃仲元《郭孝子祠記墓表》等,以爲此類皆有關名教;而《林光朝傳》則僅紀其文集,不及所著《易解》、《尚書解》、《語錄》及説《詩》、《論語》等作:凡此皆不無遺憾。

此本據明萬曆四十四年黃起龍刻本影印。(劉韶軍)

襄陽耆舊記三卷　(晉)習鑿齒撰(清)任兆麟訂(第 548 册)

習鑿齒(?—383),字彥威,襄陽(今湖北襄陽)人。東晉荆州刺史桓溫辟爲從事,後爲西曹主簿、別駕、户曹參軍、滎陽太守,通佛學,邀高僧釋道安至襄陽弘法,符堅陷襄陽,二人俱被俘至長安,後以疾歸。更著有《漢晉春秋》、《逸人高士傳》、《習鑿齒集》等。《晉書》有傳。

任兆麟,原名廷麟,字文田,一字心齋,震澤(今屬江蘇吳江)人。乾隆間人,生卒不詳。嘉慶元年(1796)舉孝廉方正。著有《竹居集》、《述記》、《毛詩通説》、《春秋本義》等,《清史列傳・任大椿傳》後有附傳。

書前有萬曆二十一年(1593)陸長庚序,稱是書南宋光宗紹熙初(1190)太守吳琚刻於郡齋,後則亡佚不傳。明時又曾刊刻。又有乾隆五十三年(1788)任兆麟序,稱通行本脱訛頗多,補正數處。今所見即任氏重刻本,刊刻時間當在乾隆五十三年。是書《隋書・經籍志》著錄爲《襄陽耆舊記》五卷,新舊《唐書》則均著錄爲《襄陽耆舊傳》五卷,南宋晁公武《郡齋讀書志・後志》稱是書前載襄陽人物,中載其山川城邑,後載其牧守,觀其書記錄叢脞,不合傳體,故名稱當從《隋書・經籍志》作《襄陽耆舊記》。此後《宋史・藝文志》亦作《耆舊記》,他書所引稱“傳”稱“記”亦不一,《三國志》裴注省稱《襄陽記》,則以稱“記”爲是。任兆麟刊本僅有三卷,錄人物與牧宰兩類,山川城邑部分已佚。任氏以爲今本不載山川城邑,故可稱“傳”,然前人引用率稱“記”,則仍用舊名爲得。所載人物自周代至東晉,如周代宋玉、漢代王逸、龐統、習氏諸人、馬良、馬謖、廖化等,牧宰則有漢代羊祜、晉代杜預、山簡、朱序等。是書成於晉代,較早,頗具史料價值,故後代諸書多有引用。

此本據清乾隆任氏忠敏家塾刻《心齋十種》本影印。(劉韶軍)

楚寶四十五卷總論一卷　(明)周聖楷撰(第 548—549 册)

周聖楷,字伯孔,湘潭(今湖南湘潭)人,生卒不詳,約當於明末。早年屢試不第,絶意科舉,專心著述,學宗王陽明,推崇左丘明、司馬遷,因詆斥張獻忠而爲其所殺。更著有《湘水元夷》、《中庸贊》、《生氣錄》、《楚才奇絶》、《湖嶽堂集》等。事跡見王世禎《池北偶談》卷九及《(光緒)湖南通志》。

是書記述楚地歷代人物,分題二十四類:大臣、名臣、大將、名將、智謀、諫諍、文苑、良史、命使、典故、真儒、諸子、孝友、忠義、獨行、真隱、列女、方伎、異人、宦績、遷寓、列仙、名釋、祖燈,又有山水、名祀兩類記述楚地山川名勝。書前有《總論》一卷,稱是書宗旨爲定區域以尊王、別人物以徵傳、約論注以歸雅、考遺勝以決疑。

各類前皆有分序,闡明此類内容及其宗旨。所載人物起自遠古傳説,如大臣起祝融、風后、熊繹、仲山甫,止明代胡廣、李東陽、張居正。各傳附録諸書相關記載,如《祝融傳》附《管子·五行》篇、《風后傳》附《春秋内事》、《熊繹傳》附《風俗通義》等。傳内又多考證相關人物地名等,如《祝融傳》内有"炎帝神農氏考"、"古祝融氏"、"重黎考",《風后傳》内有"伏犧氏考"、"熊湘考",《熊繹傳》内有"丹陽考",《仲山甫傳》内有"樊城考"等。各傳後附周氏論斷之辭,或引他人相關論説,如《風后傳》引高似孫《子略》,《仲山甫傳》引柳宗元《非國語》,《孫叔敖傳》引《荀子》、《莊子》、《史記》等。

書前有崇禎十四年(1641)蔡道憲《楚寶董工序》,稱是書乃周氏費十年心血撰成,於楚地、楚人、楚事皆有論斷考證,時任湖廣提督學政高世泰以"楚寶"額之。可知是書即刊於此年。

此本據北京大學圖書館藏明崇禎十四年刻本影印。道光九年(1829)鄧顯鶴重刊,有所考異增輯。(劉韶軍)

廣州人物傳二十四卷　(明)黃佐撰(第549册)

黃佐,有《革除遺事》,已著録。

據書前明人舊序,知是書作於正德初年(1506),其先已有《廣州先賢傳》、《交廣春秋》、《廣州志》、《湟川志》等書載録廣州人物,以諸書或散見不完,或内容荒脱不覈,而正史所載廣州人物諸傳又散亂無統系,故綜考群書,輯其逸脱,參之故實,正其訛誤,費時十餘年而成是書。收録漢至明正德以前廣州先哲德業文章有聲名者,卷一至十七不分類,按時代先後爲序,卷十七以後分題忠義、孝友、卓行、列女、方技、宦者、流寓等類,所收凡一百五十餘人。各傳末注明參用書名,如《南越志》、《南海志》、《廣州志》、《湟川志》、《太平御覽》等。各傳後注明用某書修、某書參修。目録中人物皆稱公,以尊先哲,傳中則不書公而直書名,此爲史書編纂之體。子孫有可紀者及邑里同而行事無大顯者均附傳之,行事相類及行事背戾而美惡相形者則合爲一傳。《廣州先賢傳》多載蒼梧、交趾人,籍貫難以考實,亦作附傳。載録人物事跡之外,又録先哲文章,或全篇,或節略,或删改字句而取其意,以求詞旨簡明。傳後或有贊或無贊,則效法《新五代史》之例。舊志所載人物多有缺略,是書皆爲補充,記載有誤者則加釐訂,其名賢誤入《仙釋》類者則作辨正。《方伎》類祇録星曆醫卜藝術之士,仙佛傳説之人爲附録,以黜神怪。《宦者》止録最賢者三人,餘皆不記,以示勸戒。《流寓》類皆收聞人,不計賢否,以見朝廷用舍之是非,及君子小人消長之機。是書於史書編纂體例及方法頗爲重視,故全書義例井然,可爲志書纂修者參考。

此本據清道光十一年《嶺南遺書》第一集本影印。(劉韶軍)

北海三考六卷　(清)胡元儀撰(第549册)

胡元儀(1848—1907),字子威,湘潭(今湖南湘潭)人。同治十二年(1873)拔貢。著有《毛詩譜》等。《清儒學案》卷一九三有傳。

三考爲《事跡考》、《注述考》、《師承考》。北海指鄭玄,玄籍高密,東漢時屬北海國,故以北海代稱之。是書作於光緒二年(1876),此前已有鄭珍《鄭學録》,是書較《鄭學録》更爲完備,且多補糾其疏略。

胡氏以爲鄭玄綜貫經學諸書,匯合衆説,證其異同,抉其是非,義取其長,不拘家法,能整百家之不齊,而集兩漢之大成。而《後漢書·鄭玄傳》載其事跡或有不備,如《華陽國志》、《晉書·刑法志》諸書所記皆不見於《後漢書》本傳,知尚有遺漏。於是仿裴松之注《三國志》之例,以范史本傳爲綱,網羅諸書,並存異説,條附於本傳相關文句之下,撰成《事跡考》,考述鄭玄生平事跡。其間多有胡元儀附注按語,又引清代學者如郭嵩燾、孫志祖、陳壽祺、張惠言、阮元諸人相關考證。

鄭玄一生著述近六十種,《後漢書》本傳所載僅十餘種,後又多有散亡,存不及半,清代學者蒐輯其佚,略存梗概。胡氏仿朱彝尊《經義考》之例撰成《注述考》,就隋、唐諸史《經籍》、《藝文》等志及他書引用者,考察鄭氏注述諸書名目。各書又考察清代學者整理及刊刻情況,如《易緯注》有武英殿聚珍本、福建重刊聚珍本、浙江重刊小字本、江南重刊小字本、雅雨堂本、《藝海珠塵》本等,可謂資料搜羅齊備。《注述考》後又附其師陳澧《東塾讀書記》所論鄭學精義二十三事,名爲《鄭學指歸》,於理解鄭學頗有助益,如所説注經之法、尊師之法、著書之法、説解之法、校書之法、讀書之法等,均頗有見地。更闡明鄭氏經學已包含義理之學,義理之學原出於緯學,《中庸》言國家興亡,禍福先見,即儒家言緯之始。能知鄭學深處方知程朱義理不離漢儒意趣,後人分漢學與宋學爲兩立,並未深知鄭學深處。

此後爲《師承考》,考證鄭玄學術之師承關係,就鄭玄前後諸多相關學者一一考證其生平事跡以及學術源流,由此亦可見漢代經學傳承軌跡及漢代經學於後學之影響。

此本據湖北省圖書館藏民國十五年湖南叢書處刊《湖南叢書》本影印。(劉韶軍)

安禄山事跡三卷 (唐) 姚汝能撰 **校記一卷** (清) 繆荃孫校 (第 550 册)

姚汝能,生平不詳,據是書署名及《新唐書》卷五八,知姚氏爲華陰尉,宋陳振孫《書錄解題》稱未詳里居,則宋時其人事跡已不可考。

繆荃孫(1844—1919),字炎之,又字筱珊,晚號藝風老人,江陰(今江蘇江陰)人。光緒二年(1876)進士,授翰林院編修,充國史館纂修、總纂,先後爲南菁、濼源、龍城、鍾山書院山長,受聘創辦江南圖書館(南京圖書館前身)、京師圖書館(國家圖書館前身)、江南高等學堂、三江師範學堂。後任《清史》總纂,纂修《江陰縣續志》、《湖北通志》。精於金石、目錄版本之學,更著有《藝風堂藏書記》、《藝風堂金石文字目》、《藝風堂文集》等。生平事跡見夏孫桐《繆藝風先生行狀》及自撰年譜。

是書上卷記禄山始生至玄宗寵遇,起長安三年(703),盡天寶十二載(753)事,中卷記天寶十三四載禄山搆亂事,下卷記禄山僭號遇刺並安慶緒、史思明、史朝義事,下盡寶應元年(762),分綱列目,間引他書所記,如史思明令其史官所撰禄山墓誌、郭子儀請雪安思順表、禄山奏疏等,以補充史實,考證制度文物,或存異同,兼有議論,較正史紀述爲詳。世所傳禄山《櫻桃》詩,即出此書,葉夢得《避暑錄話》嘗摭以爲笑,其瑣雜可知。據《通鑑考異》,與《幸蜀記》、《天寶亂離記》、《河洛春秋》、《薊門紀亂》等書相出入,今諸書不存,獨此書尚爲完帙,洵屬可寶。

書後有繆荃孫光緒甲辰三十年(1904)跋,稱此本出於知不足齋鮑氏,訛謬滿紙,從友人章碩卿處假得秦惇夫石研齋鈔本校正大字。秦本無小字,分卷亦不合,惜小字僅據新舊《唐書》、《通鑑》所采者校過,未能一一復舊云云。此本後附校勘記,詳錄繆氏校勘各本文字異同。又有史實考證兩條。

此本據清宣統三年葉氏刻本影印。（劉韶軍）

文正王公遺事一卷　（宋）王素撰（第550冊）

王素（1007—1073），字仲儀，莘縣（今屬山東聊城）人，王旦之子。賜進士出身，仁宗時歷侍御史、知鄂州等，擢知諫院，終官工部尚書。《宋史》有傳。

是書記王素之父王旦事。旦字子明，宋太宗太平興國五年（980）進士，先後爲右正言、知制誥、禮部郎中、兵部郎中，真宗時爲中書舍人、參知政事、尚書左丞、工部尚書、同中書門下平章事。爲相十餘年，知人善任，薦拔後進甚夥。卒封太師、尚書令、魏國公，追諡文正，仁宗爲其立碑，御書“全德元老之碑”，歐陽修撰寫碑文。

書前有王素序，稱乃父得太宗、真宗信任，用爲元弼，天下稱太平宰相。去世時，素尚未成人，後從官立朝，由搢紳、親友、故吏處得知乃父之事，又檢閱遺稿，有史書未載者，乃匯總成編，又搜集歿後朝廷追崇以及識者議論，附於卷末。是書所載詳於《宋史》列傳，非特記王旦事，更廣及當時諸多大臣，如王欽若、陳堯叟、馬知節、寇準、王曾、趙安仁、丁謂、張士遜、趙德明、向敏中、張師德、陳彭年、王旭、魏野、畢士安、蘇易簡、呂夷簡等。所載諸人爲人及其言行細節畢現，較正史詳實。又言王旦進用朝士，有“養望”之説，蓋謂其人若歷官尚淺，人望未著，則需養成威望，且歲久不渝始得擢任，則其後榮塗坦然，中外允愜，此可謂古代吏治正途。又稱旦之薦材，並不顯白，有終身不知爲旦所薦者，後修先帝《實錄》，得見當時薦舉之文始知其故，亦見旦爲公不爲私之意。又記旦父祐植三槐事，祐謂旦終將爲相，因手植三槐於庭以爲識。至王素撰書時，三槐仍在，而蔭茂可愛。此即“三槐王氏”之佳話。是書雖以王旦爲主，能保存諸多史料，有以見北宋初期朝政之詳。

此本據民國十六年陶氏景刊宋咸淳刻《百川學海》本影印。（劉韶軍）

忠獻韓魏王家傳十卷　（宋）韓忠彥撰　別錄三卷　（宋）王巖叟撰　遺事一卷　（宋）強至撰（第550冊）

韓忠彥（1038—1109），字師樸，韓琦長子，先以父蔭爲將作監簿，又中進士，後爲禮部尚書、户部尚書、知樞密院事、吏部尚書、尚書左僕射，封儀國公。更著有《文集》、《奏議》等。《宋史》有傳。

王巖叟（1043—1093），字彥霖，清平（今山東臨清）人。仁宗時進士，先後爲欒城主簿、涇州推官，神宗熙寧間，韓琦辟爲管勾國子監、管勾安撫司機宜文字，哲宗時爲監察御史、左司諫、侍御史、中書舍人、樞密院直學士簽書院事等。爲人正直敢言，司馬光稱其進諫無隱，言人所不敢言。更著有《大名集》等，今已佚。《宋史》有傳。

強至（1022—1076），字幾聖，杭州（今浙江杭州）人。仁宗慶曆六年（1046）進士，韓琦辟爲主管機宜文字，在琦幕六年，後任浦江、東陽、元城知縣，神宗時任户部勾院、祠部郎中、三司户部判官。更著有《祠部集》，又撰《韓忠獻遺事》。據《咸淳臨安志》卷六六，強汝詢《求益齋文集》卷八有《祠部公家傳》。

忠獻韓魏王，即北宋韓琦（1008—1075），字稚圭，號贛叟，安陽（今河南安陽）人。宋仁宗天聖五年（1027）進士，累官至右司諫，寶元間進樞密直學士，陝西四路經略安撫招討使，抗禦西夏、契丹，與范仲淹同稱“韓范”。拜樞密副使，慶曆新政失敗出知外州，嘉祐中拜同中書門下平章事。英宗時，封魏國公。神宗時，出判相州。韓琦歷仁宗、英宗、神宗三朝爲相，重視獎拔人才。神宗欲用王安石，韓琦以爲安石爲翰林學士則有餘，處輔弼之地則不可，神宗不聽，後變法不利，始歎“琦真忠臣，雖在外，不忘王室。朕始謂可以利民，今乃害民如此”。韓琦先後助仁宗立英宗爲太子,助英宗以神宗爲太子。徽宗時以功追贈魏郡王,史稱韓魏王。歐陽修稱琦臨大事,決大議,能不動聲色而措天下於泰山之安,可謂社稷之臣;王夫之《宋論》亦謂此三代以來所難爲。《宋史》有傳。

是書合《家傳》、《別錄》、《遺事》而成。《家傳》無署名,宋邵伯溫《聞見錄》卷三稱韓魏公去世後,其子孫著《家傳》十卷,具載魏公功業。此本十卷,與所言相合。《四庫全書總目》傳記類存目提要有《韓魏公家傳》二卷,無撰人名氏,陳振孫《書錄解題》以爲是其家所傳,晁公武《讀書志》以爲其子韓忠彥撰。均僅著錄二卷,恐非全本。《別錄》三卷,署涇州觀察推官前主管大名府路機宜文字王巖叟撰,有巖叟乙卯年(神宗熙寧八年,1075)自序,稱熙寧四年始得見魏公,次年魏公薦爲北京(今河北大名)國子監教授,又召入幕府,後隨魏公之安陽,得獨侍魏公,魏公與巖叟開心寫誠,所言有時人所不知者,巖叟退而書之,熙寧八年魏公去世,巖叟遂編次《別錄》成書云。因知《別錄》撰於熙寧八年,且王氏僅撰《別錄》,未與《家傳》,故不得如《續修總目錄》題《家傳》王巖叟撰。今正之。《別錄》上卷記韓琦奏對之語,中卷記韓琦平日言論,下卷記其雜事,可補《家傳》所未詳。王序後又有左朝議大夫徽猷閣待制提舉江州太平觀程瑀《書忠獻魏王章表後》,不記年月,論韓氏多年求辭相位之心志。

《遺事》題名"群牧判官尚書職方員外郎上騎都尉強至編次",時在韓琦謝世後。強至亦韓琦賞拔之人,並在韓琦幕府六年。此卷敘韓琦遺事頗詳,可爲《家傳》、《別錄》之補充。

此本據國家圖書館藏明正德九年張士隆刻本影印,多有缺頁及漫漶不清之處。(劉韶軍)

濂溪志九卷(存卷二至卷九)　(明)李楨撰
(第550冊)

李楨(《明史》本傳作"李禎",按據字"維卿"

觀之,疑"禎"爲是。明有徐禎卿者,可參,今姑存"楨"字。生卒不詳,字維卿,號克庵,安化人(今甘肅慶陽)人。隆慶五年(1571)進士,先後任高平知縣、御史、禮部主事、順天府府丞、右僉都御史、巡撫湖廣、左僉都御史、戶部右侍郎、南京刑部尚書。《明史》有傳。

是書爲周敦頤相關資料彙編。書前有萬曆二十一年(1593)李氏自序,署戶部右侍郎前都察院協理院事左副都御史,當是任此職時所撰,中言巡撫三楚,游先生鄉,問先生里,新其祠,廣其田,育其後裔,建其書院,遂編成此志。序後爲《濂溪周先生書院圖》、《月巖圖》、《故里山水圖》、《太極碑亭圖》、《諫議公祠圖》等,有朱熹撰《周濂溪像贊》,其後列古今紀述題詠周敦頤之學者姓名,計一百四十餘人,自宋代胡銓、黃庭堅、胡寅、朱熹、魏了翁、張栻至明代李夢陽、陸深、王守仁、胡直、顧憲成、應世科等。所存八卷先爲周敦頤所著《太極圖》及《圖說》、《通書》,又收周氏雜著,有《養心亭說》、《愛蓮說》、《拙賦》以及詩、書等,後爲《周元公年表》,逐年詳列周氏事跡。其次爲《古今題詠》,收宋代以降學者於周氏學術所發議論。再次爲《歷代褒崇》,收有宋寧宗嘉定十三年(1220)以來追諡周敦頤經過及相關奏疏、歷代御賜、御書匾額及加封詔書等,可知宋、元、明於周敦頤之褒崇優賜經過。復次爲《古今紀述》,收錄宋明學者所撰各類記述性詩文有銘、辯、說、跋、序、賦、辭、詩諸體,末爲《古今祭謁》,收錄後人祭奠周氏及濂溪祠、白鹿洞書院等遺跡之祝文、祭文等。凡此於周氏及其人及其學術之研究頗具價值。

本書據福建省圖書館藏明萬曆二十一年刻本影印,中有多處缺頁。(劉韶軍)

豐清敏公遺事一卷　(宋)李朴撰　**附錄一卷**　(明)豐慶輯(第550冊)

李朴(1064—1128),字先之,興國(今江西興國）人。宋哲宗紹聖元年（1094）進士,後爲臨江軍司法參軍、國子祭酒、虔州教授、四會令等,高宗即位除秘書監,未拜而卒。少從程伊川游,人稱"章貢先生",有文集《章貢集》。《宋史》有傳。

豐慶,生卒不詳,字文慶,北宋豐稷十一世孫,原爲瑞昌（今江西瑞昌）人,後移居鄞縣（今屬浙江寧波）。明正統四年（1439）進士,授兵科給事中、以諫景帝,犯顏獲罪,繫獄七年,英宗復辟起復,累遷至河南布政使。更著有《豐氏園居十詠詩》等。事見《獻徵録》卷九二、《萬姓統譜》卷一、《江西通志》卷五三、《明一統志》卷五二。

是書載録北宋豐稷事蹟。豐稷（1033—1107）,字相之,鄞縣（今屬浙江寧波）人。宋仁宗嘉祐四年（1059）進士,後任蒙城等縣主簿、穀城令、監察御史、國子祭酒、吏部侍郎、御史中丞、工部尚書、禮部尚書。以曾彈劾蔡京、章惇等積忤貴近,不得留,以樞密直學士守越。後安置台州,除名徙建州。高宗建炎三年（1129）追復樞密直學士,賜謚清敏。著有《魯詩世學》、《渾儀浮漏景表銘詞》等,後人輯有《豐清敏公遺書》。《宋史》有傳。

豐稷歷仕神宗、哲宗、徽宗三朝,清廉正直,時有"清如水,平如衡"之稱,爲當時名臣。其草疏言事,必於密室,雖其子亦不得見,奏後即焚稿,不以朝內之事語人,又能舉薦人才,如陳瓘、陳師錫、鄒肇等,後皆爲名臣。是書載賜謚制書,以"不邇聲色曰清,務時成志曰敏",故謚曰"清敏"。卷末有李朴識語,概述編撰始末。朴曾爲豐稷門下士,所述詳於《宋史》豐稷本傳,可與《宋史》參證。

《遺事》後録有宋光宗紹熙二年（1191）稷曾孫誼請朱熹所撰《豐清敏公遺事後序》,謂稷以儒學治心養氣修身,故天下事無足累其志,處乎巨細顯微之間,皆能清明純潔而無一毫之欺。

是書《附録》由豐慶於明景泰中（1450—1456）編次,收録陳瓘撰《豐稷墓誌銘》、高宗建炎三年追復豐稷樞密直學士誥書及賜謚清敏制書、高宗紹興三年（1133）尋訪豐稷子孫劄子、《國史豐稷傳》,又自朱子《四書集注》録出豐稷注《孟子》"殺之而不怨"等章,自《宣和遺事》録出豐稷《蔡京奸惡不可重用疏》,自《元豐類稿》録出曾鞏《贈行歌》,自《絜齋集》録出袁燮《祠堂記》及《和呂大防韻幸學詩》等。

此本據國家圖書館藏明刻本影印。（劉韶軍）

劉豫事跡一卷 （清）曹溶輯（第550册）

曹溶,有《崇禎五十宰相傳》,已著録。

劉豫（1073—1146）,字彦游,阜城（今河北阜城）人。北宋哲宗元符年間（1098—1100）進士,後任殿中侍御使、河北提刑、濟南知府等。宋高宗建炎二年（1128）降金,建炎四年,金人立爲"大齊"皇帝,建都大名（今河北）,遷汴京（今河南開封）。後爲金撻懶廢黜爲蜀王、曹王,高宗紹興七年（1137）,金人又廢其王爵,遷居臨潢（今內蒙古巴林左旗附近）以卒。《宋史》有傳。

前此有宋楊克弼撰《僞豫傳》,述劉豫降金稱帝始末。楊氏曾爲劉豫宣義郎,後以劉豫被廢而回歸南宋。曹溶據楊書又雜采他書增益其事,輯成是書。依劉豫年號逐年紀事,至阜昌八年丁巳（1137）,內容詳於楊書,文辭與《宋史》本傳多有差異。如高宗時,劉豫嘗累章言禮制局事,本傳稱高宗曰："劉豫河北種田叟,安識禮制?"黜爲兩浙察訪使。是書則載劉豫上書,高宗批云："劉豫河內村叟,安識禮制? 送吏部與差遣。"遂出爲兩浙廉訪使。劉豫謝表云："孰云河朔村俗之人,來領浙右廉問之事。"議者謂豫怨望之跡已見。是書又録劉豫與金人來往文書及所發布公告詔書等,及當時統治區內政治軍事財務等事,內容甚詳,如劉豫被廢時其汴京尚有錢九千八百餘萬兩,糧九十餘萬石,馬四萬二千四,而方州不在此數。又録金人册封劉豫魯王書及劉豫謝封魯王表等,皆《宋史》本傳所不載。

是書僅有抄本,題"倦圃老人曹溶輯",朱彝尊《曝書亭集》卷五十有《跋劉豫事迹"》一文,稱不知誰人所輯,而其書又云抄自倦圃曹氏。又謂元代王惲《秋澗集》曾記載劉豫早年之事並所撰詩,即《秋澗集》卷三所收五言古詩《聞談劉齊王故事》之序,惲稱己曾宿阜城、元州,有當地儒學教授等與惲談劉豫當年事,謂其祖塋在阜城縣南十二里,時仍稱爲"御莊",墓前石馬猶在,又言劉豫早年在婦翁家大鏡中嘗見白龍而無鱗與角,其翁亦見,故以女妻之,後生二子即以鱗、角爲名,惲詩又云"八年阜昌齊,有命終閏位"等,謂豫早年讀書家鄉,不意後乃稱帝。凡此皆本書所不載,可爲補充。

此本據上海圖書館藏清抄本影印。(劉韶軍)

忠文王紀事實録五卷 （宋） 謝起巖撰（第550冊）

謝起巖,生卒不詳,據書前自序,知爲廬陵（今江西吉安）人,南宋時太學明善齋學生。

書前有傅增湘七十歲小像及所撰《宋本忠文王紀事實録書後》,謂書前有景定四年（1263）謝氏自序,稱是書爲《忠顯廟忠文王紀事實録本末》,又稱與岳飛諸孫同爲太學生,得見岳珂所編《鄂國金陀粹編》,以其内容浩繁,於是删汰繁瑣,增補闕佚,於景定三年至四年間編成是書,咸淳七年（1271）由謝氏同舍生吳安朝集資刻於臨安云云。飛於宋高宗時遭秦檜等迫害至死,孝宗淳熙六年（1179）始追謚"武穆",故世稱"岳武穆",寧宗嘉定四年（1211）復追封"鄂王",理宗寶慶元年（1225）改謚"忠武"。清人錢汝雯《宋岳鄂王年譜》曾引《岳廟志略》及明金忠士《請金陀詞額疏》,稱宋恭帝德祐元年（1275）又賜謚"忠文",然詔敕無徵,月日不詳,僅可傳

疑。而是書載太學生楊懋卿等人申文、尚書省牒文、追封忠文王告詞及吳安朝跋語,知當時太學爲鄂王故宅,奉鄂王爲司土之神,故楊懋卿等人請封八字侯,改界王爵,時在理宗景定二年二月,與錢説不同。唯是書罕見,後人遂不知其詳。

是書卷一爲《高宗皇帝宸翰》,收録紹興四年（1134）至紹興十一年高宗頒岳飛詔書七十四通,涉及收復襄陽、平定楊幺、解兵權、和議、班師等事,後附理宗景定年間太學生楊懋卿等陳請賜廟額、封王爵及父母妻子子婦將佐加封尚書省牒文、封忠文王告詞等。卷二、三爲岳飛《行實編年》,記事自徽宗崇寧二年（1103）飛出生至高宗紹興十一年飛去世,逐年記録,且分爲諸多小題,如"除太尉"、"升宣撫使"、"升營田大使"等。卷四爲《行實紀遺》與《諸子遺事》,補充《行實編年》所遺缺,所記頗多細節,如謂飛臨戎誓衆,輒言國家之禍,仰天橫泗,氣塞莫能語,故士卒感愴,皆歔歔聽命,奮不顧身;而其部將亦能奮力作戰,如楊再興殁於敵,焚其屍,得矢鏃二升,實爲不償不止。卷五爲《奏議》,收録岳飛所上奏疏七篇,如《講和表》、《乞出師札子》等。

傅氏《書後》稱此書内容純取材於《鄂國金陀粹編》,以近刻《粹編》皆祖明嘉靖本,其所據宋元舊本年深板蝕,且輾轉散佚,闕板至數十番之多,乃據是書校勘《粹編》,訂訛補佚極多,且書中所載追封忠文牒文告詞及妻子家屬故將封告之詞等,又爲他書所不見云云,故版本價值極高者。傅氏又言此本於各家書目均未見著録,書用洪武九年（1376）及十一年嵊縣及紹興府公牘舊紙反面刷印,知是書宋版明初尚存,其後版毁,則世間僅存此孤本。據其首卷籤題,知乾隆五十四年（1789）以此本賜給紀昀,時《四庫全書》告成已近十年,故亦未收入《四庫》。後經多人收藏,終歸傅氏。

此本據國家圖書館藏宋咸淳七年吳安朝等

刻明洪武公文紙印本影印。（劉韶軍）

朱子實紀十二卷　（明）戴銑輯（第550冊）

戴銑（？—1507），字寶之，婺源（今江西婺源）人。弘治九年（1496）進士，選爲庶吉士，後爲兵科給事中，正德元年（1506），以與同官連章奏留劉健、謝遷，且劾中官高鳳，逮繫詔獄，廷杖除名，創甚以卒。更著有《峰文集》。《明史》有傳。

據書前正德元年戴銑序，知是書編成於此年，記載朱子生平事跡及有宋至明諸家尊崇贊頌朱子之文。以朱子門人果齋李方子《紫陽年譜》爲本，又加補充，易“年譜”之名而稱“實紀”，蓋以年譜未可詳記後人褒崇評贊，而實紀則可並包無遺也。李氏年譜至戴銑時原本已不存，而宣德六年（1431）婺源刻本多有疏漏，故戴氏復據《朱子語類》、《朱子大全》、李心傳《道命録》、都璋《年譜節略》、《宋史》本傳及文集、行狀等參互考訂，並保留魏了翁《年譜序》及洪武二十七年（1394）汪仲魯序、宣德六年孫原貞《重刊朱文公年譜序》等。又有正德八年李夢陽序及汪愈後序，按汪愈爲戴氏之甥，由後序知是書由鮑雄刻於此年，時戴銑去世已五年。

書前載朱氏家廟所藏朱熹六十一歲時畫像，其後爲“道統源流”，以見朱子學有所承，又列“世系源流”，記録朱熹家族先後世系。其次則爲李氏《年譜》、黄幹《朱子行狀》、《宋史》朱熹本傳，并據《一統志》、《徽州志》、《建寧志》等書，記載朱子故鄉及宦寓之處廟宅祠院坊亭等遺跡。又據《朱子語録》、宋端儀《考亭淵源録》等編録朱子門人名氏及相關事跡，有著述者居先，《語録》中有問答及見稱許者次之，僅存姓字爵邑者置於後。《年譜》原有朱子授官誥詞，是書增録歷朝諡議封誥及優崇公移等，統稱爲“褒典”，之後爲“贊述”，録後人所作祝詞、銘贊、事實、識跋、祭文等，更後爲“紀題”，録後人有關朱熹之碑記、序、上梁文、疏、表、跋、詩詞等。

是書彙輯朱熹相關事跡及相關文獻，分門纂述，搜羅較備，可據以考鏡朱熹學術源流承傳。

此本據北京大學圖書館藏明正德八年鮑雄刻本影印。（劉韶軍）

宋丞相崔清獻公全録十卷　（宋）李肖龍輯（明）崔子璲輯（明）崔曉等增輯（第550冊）

本書版本源流複雜，因略變體例，先述崔清獻行事，而所題輯者、增輯者三人行事，見行文之中。

崔清獻公名與之（1158—1239），字正子，號菊坡，增城（今廣東增城）人，宋光宗紹熙四年（1193）進士，歷仕光、寧、理三朝，有政聲，端平初授廣東經略安撫使，兼知廣州，旋疊拜參知政事，右丞相兼樞密使，均固辭不就。嘉熙三年（1239）以觀文殿大學士致仕，卒諡清獻。有文集及部卒、邑人所編《崔公嶺海便民榜》、《崔公海上澄清録》等。事見《宋史》本傳、本書卷三所録《行狀》等。

據《行狀》，崔氏“家藏御劄七通，有文集十卷”，則是書初編爲十卷，以“文集”名。又此本卷九，有南海李肖龍《跋文集後》文，稱壬午年（元至元十九年，1281），“游其邑，訪求殘篇，僅得一二”，乃籌諸梓云云，因知宋元之際原編十卷已散逸，肖龍爲由宋入元後重編者，仍以“文集”名，然已非復舊觀。李肖龍《（嘉慶）廣州府志》卷八七有傳，稱其字叔膺，曾任贛州司户、太社令、朝議大夫等。按《四庫存目提要》述紀昀家藏本《崔清獻全録》十卷有云：“其《言行録》三卷，林鉞跋文稱‘宋太社司令李公袞輯’，而不載其名。”今參《廣州府志》所記，則此李公必爲李肖龍無疑，又《存目提要》所稱《言行録》三卷，與《廣州府志》記李氏著述有《崔清獻公言行録》合，而與上引李氏《跋文集後》之篇名有所出入，參以下所引崔子璲文所述，或李編《文集》至元季亦已散佚，僅餘《言行録》三卷耳。

此本卷十後有崔子璲洪武戊寅（三十一年，1398）《紀祠堂興廢之由》文。子璲，與之五世孫，號蘭畹，洪武中以賢良徵至京師，辭歸，事見此本卷十所録明人諸文。子璲文稱值元季兵燹，家藏文集爲之灰燼，僅存《言行録》一編，因校輯遺文及朝廷詔書、誥命及後人詩文等，“用附於録”云云。則子璲輯本，當以《言行録》爲主體，並以之爲書名，他文皆“用附於録”，至其所據《言行録》是否爲李肖龍重編文集所殘存者，已不可詳究。

此本與子璲本關係，可於卷首嘉靖十三年（1534）唐冑敘及首卷《言行録》上起首所録黎貞序（洪武戊寅，三十一年，1398）、劉履序（永樂五年，1407）、余鼎序（永樂十四年，1416）、宋端儀序（弘治十年，1497）之間關係略究消息。黎序作時同子璲《記祠堂興廢之由》文，稱子璲所輯僅得文集一二，而乞序於己云云；劉序則稱“子璲輯與之政事文章及君命臣對之辭，名《言行録》，求余考證訛舛，序篇端”，因知子璲輯本確名《言行録》，而始梓當爲永樂五年，劉履或有所補正。余鼎序則稱與之八世孫伯冑、伯張兄弟“徵余序之”，則子璲輯本於永樂十四年曾經重刻。宋端儀序尤當注意，有云“乃得崔公《言行録》觀之”，又云“公有《菊坡文集》，與夫所謂《嶺表便民榜》、《海外澄清録》，今皆亡佚。子孫所傳寫，不過辭榮章奏若誥敕、答詔，及遺文詩歌一二而已，又皆與《言行録》參錯無倫緒，予皆爲之更定，而並以其所知者增益焉”。可見宋氏頗不愜於子璲等崔氏後裔所編本，而於序次有所更定，篇章有所增益，然仍以《言行録》爲主體。

以上四序，均列於此本卷一《言行録》上之首，而不與全帙之首嘉靖十三年唐冑敘並列，復可注意。按唐敘云“及觀宋立齋先生校增公《言行録》，又知雖《傳》亦不能備也”；又云“是録哀《狀》、《傳》、《言行》，而益以新得

者，爲較全，余久得之於蒲圻胡士參廷獻”；更云“今至贛，始出與教官吳誠、楊昱校之，而付邵憲副煉梓以廣傳”。按“立齋”爲宋端儀號，因知此本當大本宋端儀更定增益本《言行録》以校理刊刻。唯此本卷十録有崔與之八世孫崔曉《紀名公挽祭詩文》，其中所録名公篇什有遲至弘治庚申（十三年，1500）者；又同卷甘鏞《跋重建東嶽行宮記》，題作“正德甲戌（1514）秋七月撰”，記後更有崔曉識語：二者時間均在宋端儀弘治十年《言行録序》之後，因知唐冑所得此胡廷獻藏宋氏核增《言行録》本，已較弘治十年本有所增益，唯增輯者誰，唐敘未詳。就此本題注“（明）崔子璲輯，崔曉增輯”觀之，或當爲崔曉於正德甲戌或略後所輯；然此本唐敘僅述宋端儀校增《言行録》本而未及崔曉，與題署“崔曉增輯”有所扞格，因疑“崔曉增輯”云云，或爲他人，如唐冑所委以校理者，或後來人等所題；亦可由此推斷此本當以宋端儀增校《言行録》本爲大體，有所更定增益，並易書名爲《宋丞相崔清獻公全録》或《宋崔清獻公全録》，故黎、劉、余、宋四家序，仍以所據《言行録》原來位置，居此本卷一《言行録》上之首，而以唐《敘》冠領全書。

此本十卷與《四庫存目提要》所述紀昀家藏本同，然《提要》所述“林鍼跋”，不見於此本；所述甘鏞跋“旁考史傳，補其脫略”語，又不見於此本卷十甘鏞《跋重建東嶽行宮記》，而甘鏞曾無其他跋文載於此本。至於卷次，此本卷一至卷二爲《言行録》上、中、下，其卷上前有黎、劉、余、宋四序，卷下末附李昴英撰《行狀》、《宋史》傳、《讀通鑑綱目》節要，後者由元蘇州路經略教授陳子經（一作京）編於至元辛丑（二十一年，1361）；卷四至卷七爲《奏札》一至四；卷八爲《遺文》，録與之所遺存文章、詩歌；卷九爲《宸翰》及《贈挽》上，卷十爲《贈挽》下，所收後人贈挽詩文最遲者即前舉甘鏞正德甲戌（1514）秋七月《跋重建東

嶽行宮記》。而《存目提要》述紀藏本爲“《言行録》三卷、《奏劄》、《詩文》五卷，子璲因哀爲一編，又以理宗御劄及諸家詩文爲附録二卷”，然則二本雖同爲十卷，而編次略異，紀藏本附録二卷，於此本則爲卷九、卷十。又館臣述紀藏本亦有宋端儀序，故館臣雖述稱“明崔子璲編，其書成於永樂中”，而更云“然則已非原編也”。此外，《存目》述紀藏本未及嘉靖十三年唐冑敘。由二本上述異同，大抵可斷，紀藏本當未經崔曉或他人增輯，此本則爲增輯本，而二者之大本當同爲宋端儀更定增益本也。

館臣又述，蔣曾榮家別有五卷寫本，分爲内、外二集：内集二卷，前卷爲言行録，後卷爲奏劄、詩文；外集三卷，上卷爲所賜詔札，中卷爲《宋史》本傳及《續通鑑綱目》諸書所記與之事，下卷爲題贈詩文。題與之十世孫崔爌重編於嘉靖庚申（三十九年，1560），則此五卷本上去唐冑刊本又二十六年矣。館臣更述爌本前有《測引》一篇，稱“重編先《録》既成，有謂不當以行先言者，有謂不當以君先君者，後見舊版編次記號，乃知新本爲後人剟改，爌所重編，實還其舊”云云。今以五卷序次與唐冑所刊本對照，雖併十卷爲五卷，然各類資料次第，除移此本卷三《言行録》下所附《宋史》本傳、《序通鑑綱目》爲五卷本外集卷中（或以之塞“不當以臣先君”之譏）外，餘皆略同。又如前所述，《行狀》所舉與之文集，宋時爲十卷，則爌所云“實還其舊”云云，疑當指璲之重編本云。

此本據北京大學圖書館藏明嘉靖十三年唐冑、邵煉刻本影印。（劉韶軍）

陸右丞蹈海録一卷　（明）丁元吉輯（第550册）

丁元吉，生卒不詳，字無咎，丹徒（今屬江蘇鎮江）人。嗜學，精研《易》理，匾其居曰“易洞”，人稱易洞先生。更著有《鎮江府志》、《易洞先生文集》等。傳見《（光緒）丹徒縣志》卷三二。

是書成於成化（1465—1487）間，記載南宋末年陸秀夫抵抗元軍，護衛南宋末帝趙昺並蹈海赴義事。

秀夫宋理宗寶祐四年（1256）進士。恭帝德祐二年（1276），恭帝降元，秀夫與陳宜中等於福州扶立益王趙昰爲帝，史稱端宗。景炎三年（1278）端宗卒，秀夫又與張世傑擁立端宗之弟廣王趙昺爲帝，遷居崖山（今廣東新會之南海中）。祥興二年（1279）敗死。著有《陸忠烈集》，《宋史》有傳。

是書分題事實、吊輓詩歌、雜著、右丞遺文、附録等類。《事實》收録《宋史·陸秀夫傳》、宋襲開《宋陸君實傳》，附黃溍至大二年（1309）所作《陸秀夫年譜》。記事起景炎二年（1277）止秀夫赴海。《吊輓詩歌》有元至元二十九年（1292）襲開《輯陸君實輓詩序》，收録襲開、方回、鄭疇等人輓詩。《雜著》收録明代宋濂《陸右丞像贊》、元代姚燧《陸秀夫抱王入海圖詩》及明人吟詠論贊陸秀夫詩文。《右丞遺文》收録《丹陽館記》、《奉二孟先生尺牘》二篇。卷末爲“附録”，收元代吳萊《桑海遺録序》及明代羅倫《大忠祠碑》。是書記事較《宋史》本傳詳贍，然爲抄本，字或有誤，如“桑海”作“乘海”之類。

此本據上海圖書館藏清康熙十二年王乃昭抄本影印。（劉韶軍）

運使復齋郭公言行録一卷　（元）徐東撰
編類運使復齋郭公敏行録一卷　（元）鄧文原選（第550册）

徐東，據是書所載，元泰定間爲福州路儒學教授，生卒及事迹不詳。

鄧文原（1258—1328），字善之，一字匪石，號素履先生，綿州（今四川綿陽）人。綿州古屬巴西郡，故文原又稱鄧巴西。曾任江浙儒學提舉、江南浙西道肅政廉訪司事、國子監祭酒等職，泰定元年（1324）兼經筵官，以疾乞歸，後多次召拜他職，均不就，卒諡文肅。更著有《巴西文集》、《内制集》、《素履齋稿》等。《元史》有傳。

郭公，名郁，字文卿，號復齋，封丘（今河南封丘）人，金末避兵亂遷徙至河北大名。初爲元江淮樞密院令史，元成宗元貞（1295—1297）至泰定帝泰定年間（1324—1328），歷任中書省掾吏、宣徽院都事、江浙省都事、浮梁知府、高郵知府、同知兩浙都轉運鹽使司事、江西湖東道肅政廉訪司僉事、慶元路總管兼勸農事、福建等處都轉運鹽使等。

《郭公言行録》記録郭氏任官事跡，如核實官員用工虛報經費、冒領錢糧，懲治貪官汙吏，撫恤山西饑民，考覆荒田，創建地方學校等。徐東曾與郭氏同官福州，因悉載郭氏任官事跡，稱所在立政立事，愛士愛民，勸善懲惡，興利除害，皆爲善政。紀事之後，又附以建安進士張復所撰《題言行録後》、福州路儒學陳御史臺狀、舉狀及郭氏義田牒文等。臺狀、舉狀爲當地儒學官員薦舉郭氏之文，稱郭氏歷中外四十餘年，所至綽有政聲，並無一毫瑕玷，嘉言善行可以爲法，美教德政可以化民，剛廉嚴肅足以革貪穢，謀謨籌略足以集事功，有真實之才，有真實之效，故請朝廷予以重任，並請備録其平生居官治民事跡，宣付史館云。牒文爲郭氏所撰，稱其家曾於至元三十年（1293）間以時直五百貫在下蔡縣西鄉濁溝購得熟地八百餘畝，願以此田立爲義田，與我之兄弟子孫共之，故牒請借用本司印信官防文簿以憑遵守，仍更爲行移所屬官司照驗施行云。是書前有長樂古侯佚老黃文仲序，時在元文宗至順二年（1331），其後各家書目多未著録是書，惟錢大昕《補元史藝文志》曾録入史部傳記類。

《敏行録》爲鄧文原選録郭氏任職各地，與士大夫相互投贈吟詠之作。前有林興祖序，

稱郭郁爲人居官皆能敏行，故稱《敏行録》。首篇爲元仁宗皇慶元年（1312）國子司業鄧善之《送文卿知州赴浮梁任序》，文卿即郭郁字，知二人當時爲友。其後收録諸多詩文，分爲長篇、唐律、序、詩、詞、古體等類，作者有俞希聖、唐理、僧志勝、湯炳龍、艮齋、仇遠、陸元德、張衡、史台孫、姚疇、胡長孺等，諸詩文或記有年月，可考見事跡年月。阮元曾撰《敏行録》提要，稱胡長孺爲金華三胡先生之一，爲人特立獨行，耿介絕俗，罷官後客杭，以賣文爲生，人求文若不順理，則百金不作，而肯爲郭郁之父作祝壽文序，可知郁之爲政頗得人心。又稱郭郁爲浮梁知府時，有民謠稱“桃李陰陰六萬家，下車民不識州衙，甘棠喜有千年政，美玉終無一點瑕”。作者中他如仇遠、汪澤民、鄧文原，皆不輕與人周旋，而與郭氏贈答詩文，亦知郭郁確爲賢明之官。是書所載詩文可與《言行録》參看，有以知元代地方政治、吏治情況。

此本據國家圖書館藏元至順刻本影印。（劉韶軍）

薛文清公行實録五卷　（明）王鴻輯（第551 册）

王鴻，生卒不詳，據書前喬宇序，知爲河津（今山西河津）人，薛瑄曾孫婿，曾任石灰山關稅大使。

薛瑄（1389—1464），字德温，號敬軒，山西河津人。永樂十九年（1421）進士，歷任大理寺卿、禮部侍郎、翰林院學士等，曾在白鹿洞書院講學，爲明代著名理學家，號爲“醇儒”，創立河東學派，卒諡“文清”。著有《讀書録》、《續讀書録》、《薛文清集》等。《明史》有傳。

是書卷内題爲“皇明文清公薛先生行實録”，卷一爲文清公像贊、行狀、神道碑銘、文清公事實，卷二爲後人請求朝廷奉薛瑄從祀孔廟等疏文七篇，卷三爲記類及祭文類，有

《祠堂記》、《從祀孔庭記》、《書院記》等六篇及祭文三篇,卷四爲序類及詩類,有《讀書録》序、《文集》序、《讀書録要語》序、《從政名言》序等五篇,詩有贈答詩及憑吊詩多首,卷五爲諸公叙述文、門人叙述文以及遺事、祠堂柱聯、《薛氏歷世科貢傳芳圖》、奏請先生從祀人姓名録。書前有太原人南京禮部尚書喬宇序,作於正德六年(1511)。書中各文均署作者姓名,或記有年月,可以考見明代不同時期人們於薛氏崇仰之意及相關舉措。《科貢傳芳圖》記録薛氏家族歷代科舉成名者,晚及崇禎十六年(1643),當由薛瑄後人增補。

此本據揚州市圖書館藏明刻本影印。(劉韶軍)

商文毅公遺行集一卷　(明)商汝頤撰(第551册)

商汝頤,生卒不詳,商輅之孫,見本書末跋語。

商輅(1414—1486),字弘載,號素庵,浙江淳安人。正統十年(1445)進士,仕英宗、代宗、憲宗三朝,曾任兵部左侍郎、太常寺卿、兵部尚書、户部尚書、吏部尚書、文淵閣大學士、謹身殿大學士,任内閣首輔長達十年。卒謚“文毅”。著有《商文毅疏稿略》、《商文毅公集》、《蔗山筆塵》等。《明史》卷六四有傳。

是書載録商輅之事,首爲太常寺卿王獻《商文毅公行實》,逐年記録商輅從政經歷,以曾參預機務,故記事頗多當時朝廷大事,且記載甚詳,如英宗復位前後過程、人物言論,均有細述,可補他書所闕。次爲兵部尚書兼翰林院學士尹直《文毅商公墓志銘》、禮部尚書謝遷《文毅商公神道碑銘》、吏部驗封司員外郎楊子器《商文毅傳》,所載事跡又較行實爲多。末有正德十年(1515)商汝頤跋及正德十六年廣東右布政使王子言跋,叙成書及鋟版始末。

此本據天一閣文物保管所藏明正德十六年刻本影印。(劉韶軍)

王文成傳本二卷　(清)毛奇齡撰(清)毛遠宗續補(第551册)

毛奇齡,有《後鑒録》等,已著録。毛遠宗爲其子。

文成爲王陽明謚號。是書由史館列傳草搆本及續補本組成,各爲一卷。草搆本爲毛奇齡執筆,故後收入毛氏《西河全集》,而改稱《王文成傳本》。草本前有小序,稱依例,史官入館先搜搆其鄉大臣事跡之在群書者,而後釐分其題以成之。又稱此傳其事核,足以徵信,且未成之史,非祕籍,言之者無罪,故可覽觀。正文之下多有附文,小序之末注曰“中辨語係後附入”,於傳聞之辭多所考辨,與行狀、年譜等對讀,可知真僞,故是書述陽明事跡尤爲可信。附文之外,亦有事實補充之文,可補正文述事所未詳。草本正文之下原注出自某書,而《西河全集》録入時則並删去,頗爲遺憾。草本末行云“史傳草本止此,後皆亡失,别有補本,續列於後”。知此草本之傳已非全文。

卷二爲《王文成傳本》續補,前有毛遠宗識語,稱毛氏以文成舊傳多訛謬,而史傳未定,草本又軼其半,思欲續之而未成,康熙辛卯(1711)命遠宗與及門張文蘥采諸譜狀舊傳而録其實者,稱爲續補,與前本大相徑庭,較之時本間亦有異。其叙事則接續草本之末,至陽明去世後崇祀等事,並録陽明學生之著名者,卷末則附《襲爵始末》一篇。

此本據清康熙年《西河合集》本影印。(劉韶軍)

求闕齋弟子記三十二卷　(清)王定安撰(第551册)

王定安,有《湘軍記》,已著録。

求闕齋爲曾國藩道光二十五年(1845)自署書齋之名,以爲“物生而有嗜欲,好盈而忘關"，故求闕以防戒盈滿。曾氏又有《求闕齋讀書録》，爲於此齋讀書之記録。王定安爲曾氏門人，撰成是書，以記曾氏事跡，分題恩遇、忠讜、平寇等十三大類，各大類下又各有小類若干不等。如《平寇》類記平定太平天國事，自道光三十年太平軍廣西起事至同治四年，後附太平軍首領人物名號譜，有名號、姓名、原名、籍貫、子女等項。《軍謨》類記載曾氏治軍理論及相關事跡。分爲論兵法、論將、論近時名將、論討賊、論剿土匪、營壘碉堡、火器、木牌砲船、馬隊、得勝歌、平安歌、行營章程、勸誡營官、營制、馬隊營制章程、營規、營官陣法、長江水師章程、江蘇水師、直隷練軍等小類，《家訓》類，記録曾氏家書，分諭二子、諭諸弟二小類，後人即據此整理爲《曾文正公家書》。

是書各類記事均保存大量當時朝廷詔諭及大臣奏疏、來往書信等，且紀事前後有序，類別分明，所涉内容涵括曾氏生平諸多方面。實爲研究曾國藩其人及當時歷史之重要文獻。

此本據湖北省圖書館藏清光緒二年都門刻本影印。（劉韶軍）

玉池老人自敘一卷首一卷　（清）郭嵩燾撰（第552册）

郭嵩燾（1818—1891），字伯琛，號筠仙，晚號玉池老人，湘陰（今屬湖南岳陽）人。道光二十七年（1847）進士，累遷兩淮鹽運使、廣東巡撫，光緒元年（1875）命以侍郎候補在總理衙門行走，旋授駐英公使，兼任駐法公使，係中國首任駐外使節，後以病辭歸，主講長沙城南書院。更著有《綏邊徵實》、《使西紀程》、《郭嵩燾日記》等，編有《湘陰縣圖誌》。《清史稿》有傳。

是書乃郭氏自傳，因年逾七旬，自覺時日無多，遂回顧一生行事，明心蹟以詔示子孫，亦有遺言後事相囑。卷首有李鴻章、洗寶幹所撰奏疏、行狀，王先謙、黃嗣東所撰墓表、碑銘，正文敘述郭氏初隨曾國藩辦團練，參贊軍務，入京雖得肅順賞識，卻遭僧格林沁排擠而一度賦閑，後應李鴻章之邀，出任蘇松糧儲道，遷兩淮鹽運使，曾、李鼎力支持，於兩淮理財卓有成效，旋昇廣東巡撫，未料督、撫不和，遭劾去職，越八載方得起復，領命出使西洋，復爲人所忌。其間於諸多行動事宜，辨明是非，自謂"一生讀書行己，及稍涉仕宦，多受友朋之益，而於友朋多愧未能自盡其力，然其傾誠待人而受人反噬者亦多有之"，蓋由秉性耿介而與人牴牾，遂屢遭誣陷。行文論辯之中，多所舉證，例如記載"粤中庫儲極豐，例無撥濟外省之款，海關庫常存數百萬，運庫、司庫各百餘萬，糧道庫亦數十萬。咸豐四年保守省城，募勇萬人，支銷庫儲凈盡，乃至盡諸公項存典生息者，悉數提用，下至數千金之公款，一無存留"，涉及近代史事，頗具參考價值；而於世風人心多所感慨，有云"生平自信無害人之心，無忌刻人之心，無一意自私自利之心，自處不敢寬假而論人常從恕。常謂廉者，君子所以自責，不宜以責人；惠者，君子以自盡，不宜以望於人"，寓諷議於自評，可資後世鑑取。

此本據清光緒十九年養知書屋刻本影印。（田君）

韓文類譜七卷　（宋）魏仲舉輯（第552册）

魏仲舉，生卒不詳，南宋建陽書賈，輯印韓柳文集多至九十餘卷，均冠以"五百家注音辯（辨）"六字，雖遠不及此數，卻能旁搜博引，且所引原書多失傳，賴此以獲見一二，實乃淹博通人。所輯刻之《五百家注音辯昌黎先生文集》、《五百家注音辨柳先生文集》合稱《五百家注韓柳文集》，槧鋟精工，爲宋版之佳本，事見《四庫全書總目》卷五九傳記類存目一之《韓柳年譜八卷》提要等。

題名"類"者，乃集合之謂也。是書合刻北

宋呂大防《韓吏部文公集年譜》一卷、兩宋間程俱《韓文公歷官記》一卷、洪興祖《韓子年譜》五卷，總計七卷。呂譜、程記較爲疏略，僅爲大事記，呂大防後記曰“予苦韓文、杜詩之多誤，既讎正之，又各爲年譜以次第其出處之歲月，而略見其爲文之時，則其歌時傷世、幽憂竊嘆之意粲然可觀”，程俱前敘云“蓋古之賢士，信道堅篤”，“故樂記其事而傳之，若本傳所載，此則略云”，可見呂譜職在繫年，程記意在拾遺，是以均不求完備，而洪譜內容更爲詳實，彙考韓文衆本，多引實錄、行狀以證之，自序稱“凡諸本異同者兼存之，考歲月之先後，驗前史之是非”。又《類譜》除彙集三譜外，更有附錄六十餘條，不著姓名，覈之朱熹《韓文考異》，乃南宋方崧卿增考年譜之文，其按語多有見地，如洪譜貞元十五年曰“《唐地理志》云‘濠初作豪，元和三年刺史崔公表請其事，由是改爲濠，取水名也’，退之作記時尚爲豪，或作濠誤矣”，方崧卿依據杜佑《通典》之記載“濠州本鍾離郡，隋改曰濠州，因濠水爲名，音豪，煬帝復置鍾離郡，唐武德八年爲濠州”，是以方氏辨正云“佑上《通典》在貞元十年，則濠本不爲豪，洪蓋爲《地理志》所誤爾”，言之確然，頗有裨益。

近人錢基博《韓愈志‧敘目》論及韓公年譜，云“自宋有呂大防《文公集年譜》一卷、程俱《韓文公歷官記》一卷、洪興祖《韓子年譜》五卷，金堂樊汝霖因之成《韓集譜注》四十五卷，又集其碑志、祭文、序譜之屬爲一編，曰《韓文公志》五卷，莆田方崧卿增考洪興祖《譜》，且撰《舉正》以考其同異，凡十卷。諸家之書具在，獨佚樊汝霖《志》及《年譜注》，而留耕王氏伯大倅劍南時，取樊氏《志》及《年譜注》，與洪氏興祖《年譜辨正》參附正集本文之下，輒亦得窺崖略，斯以考韓愈之行實者備矣”，按留耕王氏伯大所撰云云，即南宋王伯大（號留耕）《別本韓文考異》四十卷，又《新刊五百家注音辯昌黎先生文集》附錄亦

有樊譜一卷，惜其完帙不存。由是觀之，韓文全譜獨賴《類譜》以傳世，且所收三譜成書較早，爲後世諸譜所依據，其價值可知矣。

魏氏輯刻《五百家注音辯昌黎先生文集》時，合呂、程、洪三家譜記編此《韓文類譜》，冠於集首，以爲韓文綱領，並附錄方崧卿增考之文，斯爲宋代《類譜》祖本。南宋文安禮撰《柳子厚年譜》一卷，仲舉附刊於《五百家注音辨柳先生文集》，韓柳兩集合稱《五百家注韓柳文集》，是以兩譜亦合稱《韓柳年譜》。今之所見《類譜》，有篆文牌記三處，皆爲“雍正己酉八月小玲瓏山館仿宋本校刊”，即清雍正七年（1729）八月馬氏小玲瓏山館仿宋校刻本，乃馬曰琯於藏書家處訪得《韓文類譜》七卷，而琯弟馬曰璐復得宋槧《柳集》殘帙，所收《柳子厚年譜》一卷亦無闕，馬氏將其合刻傳世，總題爲《韓柳年譜》八卷，韓柳二譜遂合刻爲一編。《粵雅堂叢書》二編第十四集、《洪氏公善堂叢書》亦有收入。

此本據清雍正七年馬氏小玲瓏山館仿宋本《韓柳二先生年譜》韓譜部分影印。（田君）

范文正公年譜一卷　（宋）樓鑰撰（第552冊）

樓鑰（1137—1213），字大防，舊字啟伯，自號攻媿主人，鄞縣（今屬浙江寧波）人。孝宗隆興元年（1163）進士，光宗朝擢起居郎兼中書舍人，復遷給事中。寧宗時因論事忤韓侂胄遭奪職，侂胄被殺，授同知樞密院事，進參知政事，卒贈少師，謚宣獻。鑰貫通經史，文辭精博，更著有《攻媿集》等。《宋史》有傳，又同鄉袁燮《絜齋集》卷一一有樓氏行狀。

樓鑰以文章節義稱，素慕文正公范仲淹勳德，是以爲之作譜，並經范公五世孫之柔校正。其敘事視史傳加詳，例如《宋史》卷三一四本傳述范仲淹早年讀書時“食不給，至以糜粥繼之”，而本譜於大中祥符三年庚戌（1010），即范仲淹二十二歲時，述其讀書長白山之情形，引《東軒筆錄》曰“公與劉某同

在長白山醴泉寺僧舍讀書,日作粥一器,分爲四塊,早暮取二塊,斷虀數莖,入少鹽以啗之,如此者三年”。此類記載,可補史傳之闕遺。

是書有福建省圖書館藏明正德十二年(1517)葉士美、歐陽席刻本。歐陽席後記稱此本原爲元范國儁(仲淹八世孫)置於《范文正集》中,正德九年右副都御史秦金巡撫湖廣,拜謁文正公祠,命岳州府澧州知州葉士美、澧州同知歐陽席訪求文正年譜,後在華陽王府訪得文集,從中録出年譜,刻版藏於公祠云。按又有嘉靖刊本,爲《范文正年譜》一卷,附《義莊規矩》一卷、《補遺》一卷。其《年譜》亦爲樓鑰所撰;昔仲淹嘗於蘇州故里置義莊,以贍其宗族,所創立規矩,經子孫續增,成《義莊規矩》一卷;而《補遺》一卷作者闕名,蓋取樓譜所未載者,繫於各年之下,所摭闕遺頗多,亦足資考證。考此嘉靖本與正德本同一系統,僅附録内容略有不同,其祖本皆爲元刊本。

此本據福建省圖書館藏明正德十二年葉士美歐陽席刻本影印。（田君）

司馬太師温國文正公年譜八卷後一卷遺事一卷 　（清）顧棟高撰（第 552 册）

顧棟高(1679—1759),字復初,一字震滄,號左畬,無錫(今江蘇無錫)人。康熙間進士,授内閣中書,後因故罷歸,乾隆時舉經明行修,賜國子監司業,加祭酒。與秦蕙田、惠棟交好,致力於經學、史學研究,著有《毛詩類釋》、《萬卷樓文稿》等。《清史稿》、《清史列傳》卷六八有傳。

本書體例,以《司馬温公文集》篇目所題年月爲依據,合諸行狀、神道碑及《宋史》本傳、《通鑑綱目》,復博采諸家文集、名臣言行録,乃至百家小説可參正者,鈎稽同異,輯成正編八卷;又蒐集時人所撰祭文、墓誌以及身後相關文獻成後一卷,而其事蹟散在書册而無年可附者,另爲《遺事》一卷,皆置於書末。按

前此司馬露(司馬光十八世孫)編有《司馬温公年譜》,馬巒編有《司馬光年譜》六卷,皆萬曆年間刊本,顧氏因以二譜爲基礎,因年索事,依事輯行,糾其訛誤,補其疏略,僅參訂書目即達四十七種,其間考據斟酌,牽涉甚廣。如司馬光服除簽書武成軍判官事,馬譜列於乙酉,時司馬光二十七歲。顧氏則編入慶曆四年甲申(1044),時司馬光二十六歲,蓋以光詩敘考有云“余適延安過太行山相思亭下”,又慶曆四年甲申在武成軍有《奉酬吳沖卿》詩,而次年乙酉冬,光罷武成軍幕來至京師,復有詩序云“去歲與東郡幕府諸君同遊河亭,望太行雪”,三事相證,因以改定,並詳附資料,以資覈驗。凡此,誠如凡例所言“每條揭其綱於前而節録其語於後,寧詳毋略”,故顧譜可稱後出轉精,亦涑水功臣也。

此本據民國劉氏刻《求恕齋叢書》本影印。（田君）

王荊公年譜考略二十五卷首三卷雜録二卷附録一卷 　（清）蔡上翔撰（第 552 册）

蔡上翔(1717—1810),字元鳳,號東墅,金溪(今江西金溪)人,乾隆二十六年(1761)進士,任四川東鄉知縣。在官清廉政肅,深得民心,《四川通志》列入《名宦傳》。後因父喪歸家不仕,辟“東墅”書屋,一心著述。更有《東墅文集》、《東墅詩鈔》等。傳見(光緒)江西通志》卷一五五、《(光緒)撫州志·文苑傳》。

是書爲蔡氏費時二十七年精心考證而成,刊於嘉慶九年(1805),時年八十八。有卷首三卷,記相關史料、序論及本書凡例,年譜正文二十五卷,起天禧五年(1021)至元豐八年(1085),後有《雜録》二卷,《附録》一卷。蔡氏以爲南宋以降,荊公受謗七百餘年,然人之善惡,意見各殊,雖論者褒貶互異,而事實固不可得而易,乃參閱正史及百家雜説不下數千卷,逐事考證,以期袪疑辨妄,爲荊公正名。

蔡氏頗多采取前人評説,如陸九淵(亦爲

金溪人）有《荆國王文公祠堂記》，即稱安石英特邁往，不屑於流俗；聲色利達之習，絲毫不入其心；潔白之操，寒於冰霜；掃俗學之凡陋，振弊法之因循。評價尤高，即予采入。他如元代吳澄、虞集，明代陳汝錡、章袞，清代顔元等人説，亦多引用；而清人李跋曾撰文辨白荆公事跡甚評，此譜尤多引之。

此本據南京圖書館藏清嘉慶九年刻本影印。（田君）

廣元遺山年譜二卷　（清）李光廷撰（第552冊）

李光廷（1812—1880），字著道，號恢垣，番禺（今屬廣東廣州）人。咸豐元年（1851）舉人，次年中進士，曾官吏部員外郎。精研史學、地理。更著有《漢西域圖考》、《宛湄書屋文鈔》等。《碑傳集》三編卷一二有《李光廷墓誌銘》。

按翁方綱有《元遺山年譜》，李氏推而廣之，刊誤糾謬，撰成此譜。以元好問詩文爲依據，以文爲經，以詩爲緯，考之輿圖以求其蹤跡，博之史集以證其交遊。李氏精於地理之學，於元兵伐金所至之地瞭然於心，乃以月繫年，以人繫地，辨遺山流寓奔走之跡如指諸掌，洵較翁譜爲善。如是譜戊戌年元氏四十九歲條附錄辨正，以爲翁氏以訛傳訛，誤以"陽平"作"平陽"，蓋元氏生平未至平陽，而"陽平"則屢見於詩文，且元氏自癸巳出都至陽平，歷時六年，恰合癸巳至戊戌之數，而平陽與元氏行跡路綫相距絶遠，未可驟然而至云，所考甚確，而譜中此類甚多。

此本據湖北省圖書館藏清同治刻本影印。另有民國《適園叢書》本。（田君）

倪高士年譜二卷　（清）沈世良輯（第552冊）

沈世良，生卒不詳，字伯眉，番禺（今屬廣東廣州）人。按此本爲清宣統元年刻本，其間有"明季國初"之語，更參以下述版本源流，則其人當處於有清後期。

倪高士即倪瓚，字元鎮，號雲林居士，又號荆蠻民、幻霞子、曲全叟、朱陽館主人等，無錫（今江蘇無錫）人，《明史》卷二九八、《新元史》卷二三八有傳。瓚博學好古，所居曰"清閟閣"，幽迥絶塵，工詩善書畫，畫史以與黄公望、吳鎮、王蒙並稱"元季四家"。考倪譜之材料來源，瓚去世之後，句曲張天雨、錢塘俞和愛其詩稿，集其手書成帙藏於家中，明天順年間，宜興蹇曦始爲刊行《清閟閣集》。至萬曆中，瓚八世孫倪珵等復加彙刊，惜版片歲久漫漶，惟毛晉汲古閣所刊《十元人集》本行世。至清康熙癸巳（1713），上海曹培廉重爲編定，較諸家刻本多所增補，獨爲周備詳盡。沈氏編輯此譜主要依據曹刻《清閟閣全集》，而於曹刻蒐羅未盡及后世續出材料，則廣加采輯。其體例，事蹟有年月可附者，列之譜中，無年月可稽者，則擬別撰《雲林詩事》以納之。所繫詩文，必有年月可據，真僞未審者概不濫入，取材較爲嚴謹。如元至正二年壬午，時倪瓚四十二歲，《譜》曰："《寶繪録》載王羲之《感懷帖》，其三十二字後附山谷評語。高士跋云：'吾友徐元度之好法書、名畫，不啻饑渴之於飲食，二十年來其所珍蓄幾充箱盈篋矣。客歲得右軍《感懷帖》，已自嘉賞不足，越數月後得黄山谷跋語，正如驪珠之還合浦，一何幸歟！'"按倪瓚此跋並無年月，考諸《感懷帖》黄公望跋語，題於至正建元子月，彼時尚未得山谷跋語，故無一字及之，因之沈氏案語云"高士所謂越數月繼得山谷跋者，應在次年，此跋當屬之至正二年壬午也，本集未收"。"子月"即舊曆十一月，倪瓚稱"越數月"，可見此跋確當撰於至正二年，沈氏案語言之有據，考實倪瓚跋語年限，且言"本集未收"，即曹刻《清閟閣全集》未收此跋。譜中此類考證文字，多可補文集之闕。民國以前，倪瓚年譜僅此一種，迄至1945年方有温肇桐編《倪雲林先生年表》，若論問世時間及材料翔實,沈譜實有開創之功。

本書據清宣統元年刻本影印。（田君）

明李文正公年譜七卷　（清）法式善輯　（清）唐仲冕增補（第553冊）

法式善(1752—1813),原名運昌,字開文,號時帆,蒙古烏爾濟氏,清内務府正黄旗人。乾隆四十五年(1780)進士,授檢討,遷國子司業,官至侍講學士。諳熟朝章典故,曾從翰苑所藏《永樂大典》抄録宋元人集一百三十家。額所居爲梧門書屋。更著有《陶廬雜録》、《清秘述聞》、《槐廳載筆》、《存素堂集》等。《清史列傳》卷七二、《清史稿》有傳。

唐仲冕(1753—1827),字六枳,號陶山,善化(治今湖南長沙)人。乾隆五十八年(1793)進士,授江蘇荆溪知縣,道光時纍官至陝西布政使。更著有《岱覽》、《陶山集》等。參見《國朝耆獻類徵初編》卷一九六。

本譜卷一闕首二葉,卷五《李文正公墓記》亦闕二葉,序跋僅稱“涯翁”,初讀者甚或不明譜主姓名,考諸史傳,合之譜文,譜主李文正公,乃明代孝宗、武宗兩朝閣臣李東陽,號西涯,與劉健、謝遷同受孝宗顧命。武宗朝劉瑾擅權,健、遷去職,而東陽獨留,既遭閹黨排擠,亦爲清議不容,然清節持正不渝,居中力拯冤屈,保全忠良,瑾所爲亂政,東陽彌縫其間,亦多所補救。立朝五十載,柄國十八年,古文流麗,閣中疏草多屬之,自明興以來,宰臣以文章領袖縉紳者,楊士奇後,東陽而已。李東陽《懷麓堂集》附有清朱景英所編《年譜》一卷,然内容簡略,法式善任職翰院,得窺殿閣逸文秘本,乃備采涯翁事實,而成是譜。前四卷爲東陽年譜,卷五雜記生平軼事未有紀年者,並附法式善《西涯考》、《墓記》及汪文莊所撰東陽繼母麻太夫人賀壽詩序,卷六、卷七附録有關東陽之各體文章,以供考證之資。譜文多較史傳翔實,例如《明史》本傳記載“四歲能作徑尺書,景帝召試之,甚

喜,抱置膝上,賜果鈔”,“果鈔”頗費解,而本譜於明景泰元年庚午,引凌迪知《名世類苑》云“東陽四歲能作大書,順天府以神童薦,入見文華殿,過門限,太監云‘神童脚短’,李高聲答云‘天子門高’。上命給紙筆作‘麟’、‘鳳’、‘龜’、‘龍’字,抱置膝上,賜上林珍果及内府鎚寶”,讀之暸然,且敘事詳盡,對答有趣,益顯東陽捷給,可輔史傳。又本譜卷七附録《李東陽列傳》,撰者題名王鴻緒,與《明史》本傳相較,文字全同,因知張廷玉主編之《明史》,其《李東陽傳》全出自王鴻緒手筆。尤可注意者,其傳末較今中華書局本《明史》益出“故與楊一清善,及疾亟,一清視之,東陽以謚爲憂,一清曰‘本朝無謚文正者,請以奉公’,東陽自牀上頓首謝,後竟得之”四十五字,適可補正史之闕。

據書後法式善跋,是譜稿初就,爲唐仲冕攜去,釐爲五卷,由王芑孫刻於揚州,然多有脱略訛誤。葉雲素見之,以爲宜重刻,適法氏續編二卷成,因合前五卷重雕於京師,其義例則由謝振定校正。前五卷卷前有“鄉後學唐仲冕陶山增補”,第六、七卷卷前有“鄉後學謝振定薌泉校閲”字。書前有嘉慶九年法式善序,嘉慶八年王芑孫、唐仲冕序。

此本據中國科學院圖書館藏清嘉慶九年刻本影印。另有清嘉慶十四年刊本、《懷麓堂集》本。（田君）

弇州山人年譜一卷　（清）錢大昕撰（第553冊）

錢大昕,有《元史氏族表》等,已著録。

譜主王世貞,字元美,自號鳳洲,又號弇州山人,嘉靖二十六年(1547)進士,官至南京刑部尚書。好古詩文,藏書甚富,與李攀龍、謝榛、宗臣、梁有譽、徐中行、吳國倫稱嘉靖七子,主張文學復古,倡導文必秦漢、詩必盛唐。世貞操文章之柄,領袖文壇二十餘年,後世仿效者甚衆。艾南英《天傭子集》云:“後生小

子不必讀書，不必作文，但架上有前後《四部稿》，每遇應酬，頃刻裁割，便可成篇。驟讀之，無不濃麗鮮華，絢爛奪目，細案之，一腐套耳。"按前後《四部稿》，即世貞《弇州山人四部稿》及《續稿》，艾氏指陳流弊，可謂直切。

譜後有錢氏弟子李賡芸跋，有云本譜爲先師錢大昕遺稿，生前未刊，先師既歸道山，據其行狀中所載著書目録，方知有此譜，遂索諸先師之家，以刊佈流傳云云。譜文以歷官繫年爲主，依據史傳、文集編纂行實，敘事雖略，然多切中肯綮，不失簡要之旨。例如本譜嘉靖四十二年癸亥，述世貞持父喪，"公持尚書公喪，蔬食三年，不御内寢。至是除服，猶卻冠帶，苴履葛巾，不赴宴會"，此與《明史》本傳所記"哀號欲絕，持喪歸，蔬食三年，不入内寢。既除服，猶卻冠帶，苴履葛巾，不赴宴會"略同，然錢氏復據文集所載詩文，增述"惟詩酒夙所嗜，藉以澆磊塊、暢怫鬱而已"，於傳主性格乃至明世士風，有點睛之妙。1938 年黄文如編《弇州先生文學年表》，側重世貞文學行實，而本譜概其一生且最早，譜文雖簡，其筆路藍縷之功，不可廢也。

此本據復旦大學圖書館藏清《潛研堂全書》本影印。另有《五先生年譜》本、《粵雅堂叢書》本。（田君）

戚少保年譜耆編十二卷首一卷　（明）戚祚國等撰（第553册）

戚祚國，生卒不詳，戚繼光之子，陳氏夫人所生。參下文。

按繼光晚年所作《孝思祠祝文》有云"今有五子一侄，率承丞嘗"，據本譜記載，繼光十三歲定親，十八歲娶王棟之女爲妻，以王氏不育，三十六歲娶妾沈氏、三十七歲娶妾陳氏、四十八歲娶妾楊氏，先後產祚國、安國、昌國、報國、興國五子。又據汪道昆《孟諸戚公墓誌銘》、《黄縣戚氏族譜》及《登州府志》、《蓬萊縣誌》，繼光"五子一侄"，子祚國、安國、報

國爲陳氏所生，昌國爲沈氏所生，興國爲楊氏所生，一侄名金，爲繼光二弟繼明之子。祚國襲登州衛指揮僉事，擢濟南府掌印都司；安國蔭錦衣衛指揮，早夭；昌國，得中武舉，蔭錦衣衛指揮，擢都督府都督同知，贈驃騎將軍；報國，廩生，蔭錦衣衛百户，贈驃騎將軍；興國，庠生，蔭錦衣衛指揮僉事，贈昭勇將軍。本譜題爲祚國彙纂、昌國集録、報國詳訂、興國叅校，即祚國、昌國負責編纂，報國、興國負責校訂。

卷首一卷，收録有戚繼光《明史》本傳、明代沈有容序文及編纂凡例，其後爲譜文十二卷。考年譜修成時，尚無《明史》，本傳當屬道光二十七年（1847）重刊時所增。戚繼光一代名將，其事功爲世人稔知，然史傳簡省，其詳細記載有賴此譜以存。子嗣爲先人修譜，可謂有利有弊，其利在子嗣有庭訓之便，生平記載較史傳親切翔實，如本譜嘉靖十八年丁亥，即戚繼光十二歲之時，記曰"大父孝廉府君（指繼光父景通）始緝居，時居第垂二百年，久圮，不得已而營繕之，命工爲綺疏四户，列兩楹間。工語家嚴（指繼光）曰'公子將門，請綺疏十二户'，家嚴以請大父，叱曰'爾能樹身獲世，守此以奉宗祀，使吾無得罪於先世，爾猶聚族於斯，不然，此且不保，四户足矣'，家嚴默然有頃，因問'立志安在'，曰'在讀書'，曰'讀書在識忠孝廉節四字，否則焉用?'即命以此四字揭諸新壁。家嚴亦不求安飽，篤志讀書，期續孝廉之績云"，所記繪聲繪色，有以見戚氏家教門風。然子嗣必爲尊長諱，所載亦有不盡言處，則其弊也。如本譜嘉靖二十四年己巳，戚繼光十八歲，娶原配王氏，譜記王氏之賢淑，有云"嘗市一魚，三斬待餕，朝進首，午進尾。問有餘，曰亡矣。則以膴在腹而陰自奉，心嗛之。暮以魚腹羞，家嚴色沮曰:'子枵腹以果吾腹，甘苦可無同乎?'家慈曰:'妾佚君勞，君良妾苦，禮也。'家嚴心德之，方諸孟光，深相敬讓"。如所

記,王氏可謂賢矣,然據汪道昆《孟諸戚公墓誌銘》,王氏曾因繼光納三妾、舉五子之事,"日操白刃,願得少保而甘心",後過繼安國爲子,方釋前嫌,惜安國早夭,王氏竟"囊括其所蓄,輦而歸諸王",與《年譜》所述判若兩人。汪道昆乃繼光摯友,所記當屬不妄,祚國等爲嫡母諱,是以述其賢而隱其妒,恐失之片面。

此本據南京圖書館藏清道光二十七年仙遊崇勳祠刻本影印。另有清光緒刊本,又山東書局於光緒年間復據原譜縮編,有《戚少保年譜節要》六卷。(田君)

顧端文公年譜二卷首一卷末一卷　(明)顧與沐記略　(清)顧樞輯　(清)顧貞觀訂補(第553冊)

顧與沐,生卒不詳,無錫(今江蘇無錫)人,顧憲成之子。舉人,官至夔州府知府。見《四庫全書總目》卷六〇傳記類存目提要。

顧樞(1602—1668),字庸庵,又字所止,顧憲成之孫。明天啓元年(1621)舉人,從高攀龍講理學。明亡後,閉戶讀書,淹通五經,尤精於《周易》、《尚書》,有《西疇日鈔》等。《清史列傳》卷六六有傳。

顧貞觀(1637—1714),字遠平,一字梁汾,號華峰,顧憲成曾孫。康熙十一年(1672)舉人,官內閣中書。能詩工詞,與陳維崧、朱彝尊合稱詞家三絕。更著有《積書巖集》、《彈指詞》等。《清史列傳》卷七〇、《清史稿》有傳。

譜主顧憲成,字叔時,人稱涇陽先生、東林先生。爲官耿直敢言,屢與執政牴牾,遂致削籍歸里。後與其弟允成倡復東林書院,並偕高攀龍、錢一本等講學其中,諷議朝政,裁量人物,憲成官雖廢而譽益高,朝士慕其風,多遙相應和,是以東林之名大盛,崇禎初年,贈吏部右侍郎,追諡端文。

本譜由其子與沐記略,入清,其孫樞、曾孫貞觀等續成。譜前一卷,録有顧貞觀《年譜述》、崇禎二年諭祭文及墓誌、行狀諸篇;譜後一卷,録表請贈謚諸疏、憲成歿後仕宦有關奏議等雜文;正譜二卷,以引用原文皆節略存要,覈實簡約,故稱"記略"。如憲成建儲奏疏,《明史》本傳有云"皇上之元子諸子,即皇后之元子諸子,恭妃、皇貴妃不得而私之,統於尊也。豈必如輔臣王錫爵之請,須拜皇后爲母,而後稱子哉? 況始者奉旨,少待二三年而已,俄改二十年,又改於二十一年,然猶可以歲月期也。今曰'待嫡',是未可以歲月期也";本譜萬曆二十一年癸巳(1593),顧憲成四十四歲之時,斯年"二月初七日奏爲建儲重典國本攸關事",記曰"皇上之元子即皇后之元子,今庶民之妾有子,亦以其妻爲嫡母,豈必如輔臣錫爵之請須拜而後稱子哉? 其不可六也;況始者奉旨,少待二三年,俄而一改再改,猶可以歲月爲期,今曰'待嫡',則未可以歲月爲期也,其不可七也",按此條節略奏疏文字,較《明史》本傳所引,簡净清晰。又"今庶民之妾有子,亦以其妻爲嫡母"兩句,史傳節略而本譜獨存,蓋舉民俗以證論旨,深得文法,有以見本譜之記略,可稱得體。

此本據上海圖書館藏清康熙何碩卿刻本影印。此本"玄孫"作"元孫",避玄燁名諱。另有《顧端文公遺書》本、《涇皋藏稿》本。(田君)

黃子年譜一卷　(清)洪思撰(第553冊)

洪思,本譜題名自稱黃子門人,處明清之際,卒於康熙年間,龍溪(治今福建漳州)人。譜文上多有校評文字,乃清人林廣穫所纂,其中稱撰譜者爲"石秋子",廣穫又爲本譜作有跋語,亦稱其人爲"洪石秋",且跋語有云"傳誌稱先生與其尊人皆漳海高足弟子,黃子嘗爲之序,言曰'余起海濱,自爲《易象正》、《孝經大傳》以來,天下高賢未有能明是説洞達如洪圖者',則先生淵源大旨可知矣"。此名爲“洪圖”者,蓋洪思之父,父子皆受業焉。然考索道周弟子並無思名,其自稱門人,抑或私淑弟子,追慕風節而爲其撰譜。

據清蔡世遠《二希堂文集》,其卷六有《黄道周傳》,乃世遠爲修《漳州府志》所作,傳後附註黄氏著作情況,曰“又有《易命》、《詩嵒正》、《春秋表正》墜於婺源,門人洪思作收文序,求遺書而參正焉”,由是觀之,洪思收集道周遺著,多所整理,遂撰年譜以紀念先師。《黄子年譜》另有莊起儔本與鄭白麓本,林廣穉評價洪譜“淵哉是書也,莊譜博而繁,鄭譜核而簡,惟是爲醇懿高古,發皇黄子之蘊也”,甚爲推舉。譜主黄道周(1585—1646),字幼玄,天啓二年(1622)進士,以文章風節高天下,嚴冷方剛,不諧流俗,公卿多畏而忌之。其人學貫古今,精於天文曆數。南京陷落,唐王福州即位,擢爲武英殿大學士,請命赴江西以圖恢復,後戰敗爲清兵所執,不屈而死。故里漳浦(屬今福建漳州)之銅山,處於孤島,其間有石室,道周自幼坐卧其中,故門人皆稱其爲石齋先生,是以洪譜原題《黄石齋先生年譜》。年譜於道周早年情狀敘述甚詳,爲史傳所不及,例如本譜萬曆四十一年癸丑(1613),黄氏時年二十九,記載“子始杜門於東臯。杜門莫盛於漢人,然則袁閎、陳咸將以避世也,故杜門,而黄子將以著書也,亦杜門焉,何也? 曰‘人豈有不避世而可以著書者乎’。子杜門時,其旁鑿一竇,惟問業者得入焉。戒門人曰‘人苟有近於勢利者,則君子必避之也,古人讀書,入山必深,入林必密,奚但杜門乎’,自是竇之内,非問業者不至”,可見後世船山避世著書之舉,道周實已先行之矣。藉此等行事,多可觀其心蹟,史傳隻字不提,惟賴此譜以聞,可謂幸矣。

本書據中國科學院圖書館藏清道光二十四年曾省、林廣邁刻本影印。另有清同治年刊本。(田君)

忠節吴次尾先生年譜一卷附録樓山遺事一卷

(清) 夏燮撰 (第 553 册)

夏燮,有《明通鑑》等,已著録。

譜主吴應箕,有《東林事畧》,已著録。明季抗清失敗被俘,慷慨就死,清乾隆四十一年(1776)追謚忠節。《年譜》一卷,詳敘吴氏論文論詩之旨、交遊出處及其生平節操,《樓山遺事》一卷,彙集清初諸家有關應箕之記載,以補充正譜,相互印證。本譜考證之處,非惟斤斤於年月,而確關係乎弘旨。如崇禎十年丁丑,吴應箕四十四歲,本譜記載“是年長子孟堅生”,更詳考曰:“劉伯宗撰先生傳,言先生卒時長子孟堅十一歲、次子穉圭十歲,誤也。證之孟堅《樓山集目録》書後,自言先生殉節,‘予時甫九齡’,以乙酉(按 1645,應箕是年殉節)上推之,孟堅之生正在是年。無論孟堅自記其年必無舛誤,而甲戌、乙亥先生方在制中,吕大司馬招之飲且不往,焉有御内生子之理。伯宗此誤最有關係,今據孟堅自道之語,繫之是年者爲確”,此等編年,看似尋常,實則關乎吴氏德操,頗具參考價值。

此本據中國科學院圖書館藏清刻本影印。另有《樓山堂遺書》本。(田君)

查東山先生年譜一卷附一卷 (清) 沈起撰

(清) 張濤 (清) 查毅注 (第 553 册)

沈起,生卒不詳,字仲方,號墨庵,橋李(今浙江嘉興)人。明末諸生,爲譜主門人。明亡,入東禪寺爲僧,嘗擬撰《明書》,倡言“明不亡於流寇而亡於廠衛”,老貧而死。更著有《墨庵經學》、《今國語》、《宗門近録》、《學園集》等。參《小腆紀傳》卷五八。

張濤,史傳闕載,生卒不詳,據本譜卷首序文,字鐵庵,書齋題名“簿鐙補讀居”,落款作“咸豐九年”,則其人處於清中晚期,自稱爲查氏之“同里後學”,當爲浙江海寧(今浙江海寧)人,曾爲沈譜纂注。

查毅,史傳闕載,生卒不詳,據本譜卷首署

名,字稻蓀,爲查氏之族孫,浙江海寧人,亦曾爲沈譜纂注。

譜主查繼佐(1601—1676),字支三,一字伊璜,號敬修,別號東山,學者稱東山先生,浙江海寧人。明崇禎六年(1630)舉人,南明魯王授兵部職方主事。清初南潯莊氏《明史》案,繼佐名列參校而遭捕繫,相傳得吳六奇上奏申辯,免於難。著有《罪惟録》、《東山國語》及文集等。本譜爲查氏門人沈起始撰,原譜收入沈氏《學園集》,未曾刊佈,咸豐七年(1857)張濤收得稿本,因與查穀續爲纂注,後經查世澧取材補缺,益爲詳備。世澧乃查氏侄曾孫,字熙台,號穰園,據書前所撰序文,時年七十三。本譜前有《東山七秩乞言啟》,吳六奇之子啟豐所作,後附翁廣平《湖州莊氏史獄》,皆有資考證。本譜於清初文字獄研究,頗具價值,如康熙元年壬寅,查繼佐六十二歲,本譜記載吳之榮告訐《明史紀略》,曰"時舊烏程令吳之榮與莊氏爲仇,訐奏僞史於朝,詞連先生",譜文小註云"有吳之榮者,取貨於莊,不獲,又查有女優,吳欲觀之,不與,亦憾甚,遂抱書擊登聞鼓以進",按史載繼佐名列參校而遭牽連,據此,則吳之榮宿攜私怨,蓄意構陷爲禍根也。諸如此類,頗可采。

此本據民國五年劉氏刻《嘉業堂叢書》本影印。另有舊鈔本,藏南京圖書館;咸豐九年序刊本,藏蘇州大學圖書館。（田君）

顧亭林先生年譜一卷　（清）　張穆撰（第553 册）

張穆(1805—1849),字石洲,一字誦風,號月齋,平定(今山西平定)人。道光十一年(1831)優貢生,爲候選知縣。居京師宣武城南,讀書著述。精於邊疆史地,亦通曉訓詁、天文曆算之學,更著有《魏延昌地形志》、《蒙古遊牧記》、《閻若璩年譜》等。事見《清史列傳》卷七三、《續碑傳集》卷七三。

亭林先生年譜,其養子顧衍生首編,後經吳映奎重輯,車持謙增纂,成《顧亭林先生年譜》,嘉道間又有徐松所撰《顧亭林年譜》。據此譜卷首之序文,張穆即依車守謙(車持謙改名守謙)、徐松兩譜參合而成。梁廷燦贊譽有加,稱"顧譜以張本爲最精,以《嘉業堂叢書》本爲最善";謝巍則認爲"稱詳尚可,稱精確不當",覈驗其間,確有疏誤,咸豐間葉廷琯所撰《吹網録》業已指出,顧炎武至濟南與張稷若定交,時當"康熙十四乙卯夏",此譜列於"順治十四年丁酉",顧氏四十五歲之時,此乃張穆沿襲車守謙之誤。此等訛失,王國維、杜呈祥亦多所辨正。然此譜綜采諸本,又車、徐兩譜流傳甚稀,多賴此譜兼采保存,流佈於世,雖有疏誤,亦屬有功。

此本據國家圖書館藏清道光二十四年刻本影印。另有道光二十七年(1847)壽陽祈氏刻《顧閣年譜》本,中國科學院圖書館有藏本,有王國維眉批,彌足珍貴。咸豐三年又有南海伍氏刊《粵雅堂叢書》本,析《年譜》爲四卷,增采國史本傳、全祖望所撰《神道表》、何紹基《顧先生詩詞》爲附録一卷。（田君）

黃梨洲先生年譜三卷　（清）　黃炳垕撰（第553 册）

黃炳垕(1815—1893),字蔚亭,餘姚(今浙江餘姚)人,黃宗羲七世孫。同治九年(1870)舉人,精於曆算之學,嘗爲左宗棠測造沿海經緯輿圖,後受聘主講寧波辨志精舍。爲黃尊素、黃宗羲編製年譜,更著有《五緯捷術》、《交食捷算》、《測地志要》、《誦芬詩略》等。《清史稿·藝文志》著録其著作,《晚晴簃詩彙》卷一六四亦有記載。

黃宗羲嘗自撰年譜,惜稿本不存。此譜以梨洲行略、神道碑、詩文集以及三大儒傳爲基礎,博采參覈諸書而成。譜前有宗羲小像,炳垕手自摹繪並題贊,兼及黃氏世系圖。據炳垕跋文,此譜初成於道光乙巳,原分四卷,梨洲詩文之有年可稽者，捃摭殆盡，甚爲繁瑣，炳垕就正於宗稷辰，宗氏以爲年譜自有體例，應仿效陽明、蕺山年譜，"取其言行之大節、師友之結契、際遇之轗軻、行蹤之經歷有足見性情學問者，編而入之，使後人得以論世知人"，炳垕乃删繁就簡，更於同治丙寅（五年，1866）重加釐訂，繕清定本，約爲三卷。此譜簡要而不失生動，如崇禎元年戊辰（1628），黄宗羲十九歲，記爲父尊素入京訟冤，曰"五月刑部會訊許顯純、崔應元，公（指黄宗羲）對簿，出所袖錐錐顯純，流血被體。顯純自訴爲孝定皇后外甥，律有議親之條，公謂顯純與奄搆難，忠良盡死其手，當與謀逆同科，夫謀逆則以親王高煦、宸濠尚不免於戮，況皇后之外親乎？卒論二人斬，妻子流徙。公又摠應元胸，拔其須，歸而祭之忠端公神位前。又與吴江周公子廷祚、光山夏公子承，共捶所頭葉咨、顔文仲，應時而斃"，讀之如面見親臨，其辯駁議親云云史傳闕載，而此譜敘述尤爲着力，頗見宗羲其人，武顯俠士之風，文備捷給之才。後蕭穆有《跋黄梨洲先生年譜》對此譜有所訂正，可參考。

本書據清同治十二年刻本影印。另有光緒年間《留書種閣集》刊本，光緒三十一年（1905）杭州群學社《黄梨洲遺書》本。（田君）

船山公年譜二卷　（清）王之春撰（第553冊）

王之春，有《防海紀略》，已著録。

之春乃船山八世從孫，以劉毓崧所撰年譜爲基礎，取王氏家譜及他書訂正並補其闕遺，書末附録曾國藩所撰《船山遺書序》、《船山先生傳》等。其記載較前譜加詳。如順治三年丙戌（1646），即南明唐王隆武二年，夫之時年二十八歲，劉譜載此年十一月初四"陶孺人卒，年二十有五，葬王衙山"，之春乃據家譜引劉明遇所作墓誌銘曰"友人王子而農，敏學敦行，孝友聲聞，能以身範閨壼，法刑於之化者也。妻陶孺人産衡陽千畝侯，貲累

鉅萬，作合於青燈布縷之孝廉，而不挾富以驕其夫家。常則膏沐盥漱、聞雞戒旦；亂則抱形負影、生死相憐：女中之有須眉氣、有鐵石心者也。賊氛訌楚後，聚散不常，骨肉之遭難不一，以別姑於旅，廢食者二日而病起；以父死號哭，不絶聲者七日而病篤；以弟中深文係囹圄，相繼以悲鬱者三日而身殉之。嗚呼烈哉"。又本譜於清兵南下，皆稱以"國朝"、"大兵"，按劉明遇當時仕明，而墓誌銘以順治紀年，顯爲後世修家譜者所改，然其間有"賊氛訌楚後"句，當爲明遇原筆。所載船山妻之生平甚詳，亦爲正史所不及。爲船山作年譜者，又按劉譜二卷，序言自稱有未備者七，故名之以初稿。其敘述事蹟梗概，記載略備，筆路藍縷，初具規模，俾之春作譜有所依據，功不可没。歐陽兆熊《王船山先生年譜序》更有所考訂，亦可參之。

本譜王之春《自序》落款爲"光緒十八年壬辰冬月"，而卷首於扉葉書名旁題作"光緒癸巳秋日"，因知此譜撰成於光緒十八年（1892）而刊刻於十九年。

此本據清光緒十九年鄂藩使署刻本影印。（田君）

李文襄公年譜一卷　（清）程光祖撰（第554冊）

程光祖，本譜跋語自稱"武林受業"，則爲譜主門人，蓋處清初康熙之時，浙江杭州人，生卒及事跡不詳。

譜主李之芳，謚文襄，有《李文襄公奏議》等，已著録。本譜論列李氏生平，於戡定耿藩事蹟記敘尤詳，攻戰大事可證之史傳，然譜文或載軍中細節、戰時機宜，則屬獨存。如康熙十四年乙卯（1675），李之芳五十四歲，譜記正月十三日，"軍中獲敵營間諜，公漫詰之曰：'吾營中亦有爾營與相通者乎？'對曰：'有之。'問爲誰，乃言姓劉者，不知其名。公默意姓劉者必某也，呼至訊之，果供有提塘鄭

君能,現在隨營,凡朝報緩急、軍情機密皆漏洩與賊。因立質得實,置君能於法,敵間遂絕。倘非公機警識破,奸人盡以國情輸敵矣"。此類事蹟,譜中尚夥,頗可采。

此本據遼寧省圖書館藏清康熙刻本影印。另有康熙年間彤錫堂刊《李文襄公文集》附錄本。(田君)

陸稼書先生年譜定本二卷附錄一卷　(清)吳光酉撰 (第554冊)

吳光酉,生卒不詳,字豐在,秀水(治今浙江嘉興)人。乾隆間嘉興府學歲貢生、候選訓導,倪貽孫之婿。貽孫乃陸稼書高足,翁婿素常交流,光酉因得悉陸氏學行事蹟,又與氏子宸徵、婿李鉉交厚。卷首例言稱"自分末學凡陋,未可進謁先生,私謂居既同里,生及同時,親炙會有時耳。無何先生即千古,哲人云萎,後學之不幸也",可見光酉雖未得陸氏親炙,而致力於年譜輯訂,亦屬淵源有自。

譜主陸隴其(1630—1693),字稼書,平湖(今屬浙江嘉興)人,學者稱當湖先生。康熙九年(1670)進士,歷官江蘇嘉定知縣、直隸靈壽知縣、四川道監察御史,政聲頗佳,民頌其德。學術宗朱熹而排陸、王,乾隆時特諡清獻。《定本》之前,原有三譜,一爲《長洲陸子年譜》,由陸氏子宸徵與侄禮徵同編、門人周梁參訂,此譜尚存舊鈔本;二爲《陸稼書先生年譜》,由陸氏門人王素行編撰,業已佚失;三爲《陸侍御年譜》,由陸宸徵與李鉉、曹宗柱合訂,後經吳光酉編次、嘉興知府吳永芳鑑定,此譜有刻本行世。光酉以前譜爲基礎重編而成《定本》,卷首載例言六則,並"歿後垂卹"、"有司奉祀"、"從祀大典"、"行狀原本"四部分。正文多引譜主《三魚堂日記》之語,與前譜相較,内容豐贍,然亦間有訛失。後清楊履基有《陸清獻公年譜》附錄辨誤五條,糾吳氏《定本》之誤;又清郭麟、賀瑞麟先後爲吳氏《定本》續增補遺,可資觀覽。

此本據上海圖書館藏清雍正三年清風堂寫刻、乾隆六年增刊本影印。另有乾隆五十九年敬義齋鈔本,光緒八年津河廣仁堂重刊本。(田君)

漁洋山人自撰年譜註補二卷　(清)惠棟撰 (第554冊)

惠棟,有《後漢書補注》,已著録。

譜主王士禛(1634—1711),原名士禛,因避雍正諱,卒後追改士正,乾隆詔改士禛,字子真,一字貽上,號阮亭,晚號漁洋山人,新城(今山東桓臺)人。順治十五年(1658)進士,康熙朝官至刑部尚書,因與廢太子胤礽唱和,被借故革職。士禛倡神韻之説,詩有一代正宗之譽,領袖詩壇近五十載,然後人嫌其才力不足,乾隆與沈德潛論詩,稱其流派較正,追諡文簡。士禛享年七十八,於七十二歲之時自撰年譜,後六年於病中口授,其子筆記而成,附刊於康熙鳳翽堂《漁洋山人精華録箋註》,此即所謂《漁洋山人自撰年譜》。惠棟乃有清經學名家,棟祖周惕,爲士禛門人,棟承家學,是以自稱"小門生"。初惠氏未知士禛有自撰年譜,曾別撰王譜一卷,後於黃叔琳處得《自撰年譜》草本,遂以己作補註於下,釐訂爲上下兩卷,即此《自撰年譜註補》。棟邃於經學,於詞賦所涉未深,而士禛以詩名家,是以譜文重點,不在詩文繫年,而於出處事蹟述之甚詳,如康熙十七年戊午(1678),士禛時年四十五,本譜引《召對録》備列問詢之月日,如"六月大暑"、"七月初一日"、"又明年正月二十二日"云云,有毛舉細故之嫌,蓋以吳門研經之法注譜故也。

此本據遼寧省圖書館藏清惠氏紅豆齋刻本影印。另有光緒十七年會稽徐氏述史樓重刊本。(田君)

漫堂年譜四卷　(清)宋犖撰 (第554冊)

宋犖(1635—1713),字牧仲,號漫堂,又號西陂、綿津山人，歸德（今河南商丘）人，宋權之子。順治四年（1647）蔭列侍衛，康熙間歷官山東按察使、江蘇布政使、江西巡撫、江蘇巡撫，後入爲吏部尚書。善畫，精鑑藏，早年與侯方域爲詩文交，而與王士禎齊名，更著有《漫堂墨品》、《綿津山人詩集》、《西陂類稿》等。《清史稿》、《國朝耆獻類徵初編》卷四六有傳。

《漫堂年譜》爲自編年譜，記述宋氏一生事蹟，止於康熙五十二年五月，惟卒前四月闕記。宋犖現存年譜，唯此一種，別無他者，其珍稀可知。按譜主曾巡撫江西、江蘇，故譜文述康熙三十一年（1692）淮揚水患，譜主親歷其事，主持救災尤詳，所錄奏疏、舉措，於荒政研究頗資參考。又譜主於江蘇巡撫任上，三遇康熙南巡，居官安静，盡力供應，所載材料，可備康熙南巡研究之用。亦間有漕運史料，如康熙三十年辛未，譜主五十八歲之時，譜文於此年八月記“三疏請支給漕糧脚耗”，後附奏疏節略，詳作説明，有云“當日雇夫雇船，不過一時濟用，自不問其姓名，亦不登記册籍，無論脚夫册人，萍蹤莫定，存亡莫考。即或見有其人，乃係赤貧食力之輩，盡力終朝，僅得升合，若將已役之工價責令償還，敲撲徒施，萬難完補。再如經手州縣，陞遷降革，屢易其人，今責成於見任各官，追無可追，賠不能賠，四十八州縣之官徒受參罰，終無實濟。伏念我皇上軫卹兆民，蠲租賜賑，動以千百萬計，似此零星已給之脚耗，赤貧無著之夫船，若不亟請矜豁，官民累無底止”，此類可見當時“脚耗”實況及宋氏繫心民瘼之襟懷，於漕運研究，亦具史料價值。

此本據國家圖書館藏清宋氏漫堂抄本影印。另有光緒五年《西陂類稿》排印本，存於卷四十七至卷五十。（田君）

顏習齋先生年譜二卷　（清）李塨撰（第554册）

李塨，有《閱史郄視》，已著録。

譜主顏元（1635—1704），字渾然，號習齋，學者稱習齋先生，直隸博野人。其學問初宗陸、王，繼信程、朱，後乃悟皆非正務，遂倡導實學，題居所爲“習齋”，偕弟子習禮樂諸科，究兵農之學，晚年主講肥鄉漳南書院，以文事、武備、經史、藝能授徒。李塨師從之，共創顏李學派。顏氏於康熙二十七年（1688）曾自編年譜，李塨此譜，三十歲之前文，即據顏氏自譜及塨親所見聞者纂作；三十之後譜文，則依日記編成。後經顏元又一門人王源訂補芟繁。李、王二子得顏氏親炙，所撰多經見聞，頗具價值。近代瞿世英編《顏習齋年譜節本》，即删節此本而成；又今人郭靄春所編《顏習齋年譜》，亦取此本爲據，可見影響之大。

此本據清光緒五年王氏謙德堂刻《畿輔叢書》本影印。另有國家圖書館藏康熙四十六年刊本。（田君）

閻潛丘先生年譜一卷　（清）張穆撰（第554册）

張穆，有《顧亭林先生年譜》，已著録。

譜主閻若璩（1636—1704），字百詩，又字場次，號潛丘居士，閻修齡之子，太原（今山西太原）人。康熙十八年（1679）以廩膳生應博學鴻詞科試，落第。所著《古文尚書疏證》，潛心三十餘載以證僞，頗得癥結所在，爲一生精力所粹。又精研地理，山川形勢、州郡沿革，爛熟於胸，隨徐乾學修《一統志》，久居洞庭山書局。更著有《四書釋地》、《日知録補正》、《孟子生卒年月考》、《潛丘劄記》等。張穆認爲“國朝儒學，亭林之大，潛丘之精，皆無倫比”，遂於《顧亭林先生年譜》修成後，以杭世駿、錢大昕所作閻氏傳記爲依據，取《潛丘劄記》、《古文尚書疏證》諸書排次年月，撰成此譜，與顧譜一並刊行。爲閻氏作譜，張穆居首，後世惟指正增補而已。蓋張氏撰譜謹慎，卷首《識語》稱“討論月餘，稿草粗具。是年秋南游江淮，過山陽，訪丁儉卿舍人,訊以潛丘遺事,儉卿出所著《山陽詩徵》、《柘塘脞録》見示,頗多采獲;漢陽劉芙雲學正見之,爲修改十餘條;葉潤臣舍人好爲詩,凡國初人集有與潛丘相涉者,輒來相告,增補加密矣;洎交光澤何願船比部,復以此譜相詒,願船爲析疑彌罅又不下數十事"云云,可見此譜經多方修正,愈益精審。然亦間有謬失,清平步青所撰《閻潛丘年譜》,書名略同,而實爲駁正張譜,有糾謬數十條;近代夏定域作《閻潛丘先生年譜補正》,乃據李詳《愧生叢雲》補正張譜,亦達二十二條。又錢穆有《讀張穆著閻潛丘年譜》一文,論及此譜,凡此,均可備參證。

此本據清道光二十七年壽陽祁氏刻本影印。中國科學院圖書館藏《顧閻年譜合刻》,其中閻譜爲一卷,有王國維眉批。另有咸豐三年南海伍氏刊《粤雅堂叢書》本。(田君)

張清恪公年譜二卷　(清) 張師栻 (清) 張師載撰 (第554冊)

張師栻,張伯行之子,史傳闕載,事蹟不詳,據年譜署名次序,列於師載之前,當爲乃兄,兄弟二人同編此譜。

張師載(1696—1764),字又渠,號愚齋,張伯行之子,儀封(今河南蘭考)人。康熙五十六年(1717)舉人,以父蔭授户部員外郎,雍正初授揚州知府,乾隆年間官至河東河道總督。師載承庭訓,長於治河,研性理之學,乾隆贊其篤實,卒贈太子太保,謚愨敬。更著有《治水方略》、《改過齋文集》、《讀書日鈔》等。《清史稿》有傳,《國朝耆獻類徵初編》卷一六八亦可參考。

譜主張伯行(1652—1725),字孝先,號恕齋,晚號敬庵,歷官山東濟寧道、江蘇按察使、福建巡撫、江蘇巡撫,終禮部尚書。在江蘇巡撫任上,曾與兩江總督噶禮互訐,得李光地支持,罷黜噶禮,伯行復官。其學以程朱爲主,從學者達數千人,卒贈太子太保,謚清恪。本

譜卷首有譜主門人任蘭枝、雷鋐序言,譜末有師栻、師載識語,曰"爰仿《朱子年譜》例,自公始生以迄於殁,事無鉅細,咸敬書之,彙爲一帙",又云"(伯行)所奏對皆朝廷大事,不以語人,人問亦不答,間或籌鐙夜分,草奏牘數百言,録就即焚其藁,以故師栻兄弟無由知,譜中蓋從略焉",故本譜詳於事蹟,而略於奏疏,僅偶存之。如伯行於康熙二十四年中進士,初考授内閣中書,改中書科中書,以丁父憂歸鄉,值康熙三十八年六月,時天降大雨,儀封城北舊堤潰決,伯行募民囊土救堤,河道總督張鵬翮爲之疏薦,命以原銜赴河工,督修黄河南岸堤二百餘里及馬家港、東壩、高家堰諸工,本譜於此年繫載其事,附録《上治河條議》,其中備陳治河對策,如"黄水之强宜分其勢而使之弱","淮水之弱宜合其勢而使之强","清口宜建安瀾閘","淮河入漕之處宜設永清閘"云云,多有治河史料可采。伯行居官二十餘載,康熙贊之爲"天下第一清官",以譜文觀之,洵乎廉潔奉公,爲人惇厚,如譜文記康熙四十年伯行辭卻德政碑曰"我方以職業未盡爲憂,而子乃謂在工數十百人皆不如我,以我之長,形人之短,人縱不忌,我心何安?"可窺一斑。

此本據清乾隆四年正誼堂刻本影印。另有雍正十二年刊本藏南京圖書館。(田君)

李恕谷先生年譜五卷　(清) 馮辰撰 (第554冊)

馮辰,史傳闕載,惟《清史稿·藝文志》著録"《李恕谷先生年譜》五卷,馮辰撰"。據《李恕谷先生年譜序》,稱"門人馮辰",乃李塨弟子;又卷首署名爲"清苑馮辰纂",蓋爲清直隸保定府清苑縣(屬今河北保定)人。

譜主李塨生前嘗自撰日譜,於五十二歲之時,命門人馮辰輯成年譜,即本譜前四卷,其紀事止於康熙四十九年(1710)。又本譜附傳,記敘恕谷友好已下世者,亦爲馮辰手筆。

至康熙五十年以後,由門人劉調贊續纂,完成於乾隆元年,即爲本譜卷五。後經惲鶴生修訂,至嘉慶十九年(1814)復由李塨之孫鍇重訂,刪繁補漏,終成此譜。本譜前四卷,據日譜纂集而成,則五十二歲之前紀事,不啻李塨自撰,梁啓超評曰"驚心動魄,一字千金",且考之簿録,李塨年譜行世者,僅此一種,則研究李塨之學行,此爲本原,彌足珍惜。

此本據南京圖書館藏清道光十六年刻本影印。另有光緒五年定州王氏《畿輔叢書》本。(田君)

襄勤伯鄂文端公年譜一卷　（清）鄂容安等撰（第 554 册）

鄂容安(1714—1755),西林覺羅氏,字休如,號虛亭,鄂爾泰長子,滿洲鑲藍旗人。雍正十一年(1733)進士,曾任軍機章京,乾隆間歷官編修、兵部侍郎、河南巡撫、兩江總督。乾隆以其年力方盛,勇壯曉暢,召授參贊大臣,隨征伊犁,遇阿睦爾撒納反叛,力戰不支,刀腹自盡,諡剛烈。更著有《鄂虛亭詩草》。《清史稿》有傳。

譜主鄂爾泰(1677—1745),字毅庵。康熙三十八年(1699)舉人,襲佐領,授三等侍衛,歷任江蘇布政使、廣西巡撫、總督雲、貴、桂三省,官至保和殿大學士兼兵部尚書、總理軍機處大臣,封三等伯,賜號襄勤。雍正間曾倡"改土歸流"之議,於西南推行,增設郡縣。後以顧命大臣輔佐乾隆,卒諡文端。按卷首署名,此譜乃鄂容安、鄂實、鄂弼、鄂寧、鄂忻、鄂謨同編校字,皆爲鄂爾泰之子,鄂容安居長,列於首席。《販書偶記》著録一卷,而所見稿本,實不分卷,其中有多處刪訂,如雍正五年,於"生苗五百三十九寨内附"條下,"諸郡"之間補一"州"字,又雍正八年正月十二奏,"儂氏率各土目郊迎",改爲"儂氏母子率各土目郊迎"。凡此蓋屬未定之稿,後世亦未見刊行。譜主親預機宜,譜間所記戰事用

兵,乃"改土歸流"之重要史料,可注意。

此本據國家圖書館藏清抄本影印。(田君)

阿文成公年譜三十四卷　（清）那彦成撰（第 554—555 册）

那彦成,有《那文毅公奏議》,已著録。

譜主阿桂(1717—1797),章佳氏,字廣廷,號雲巖,世居長白山,清滿洲正藍旗人,以功升隸正白旗,阿克惇之子。乾隆三年(1738)舉人,以父蔭授大理寺丞,爲乾隆朝重臣,出將入相,在朝歷官吏、禮、兵、工諸部尚書,累遷至武英殿大學士,在外屢任將軍、總督,征討準噶爾部及大小和卓木、平定大小金川、鎮壓甘肅回民起事,以功封一等誠謀英勇公。晚年與和珅齟齬,雖遇之不稍假借,然坐視其亂政,亦無奈之何。卒諡文成。那彦成係阿桂第三孫。此譜由那彦成編纂,譜主門人王昶勘定,譜主門人盧蔭溥增修,後經松筠、董教增校對。本譜特點爲,譜主奏疏悉數附載,加之阿桂老壽,仕官久長,以至篇幅冗漫,達三十四卷之多,於年譜之體,未免蠹牘堆砌之嫌,譜主行事,反淹没而不顯。然視保存史料,則頗有裨益,如阿桂征金川諸疏,君臣往復,至爲翔實,可補史傳之闕。年譜撰成之時,清宮文案未盡公開,奏疏諭旨隨譜刊載,朝廷議政内情,因得以流佈於世。又諸奏議繫年編次,較零散奏牘更易理出頭緒,此其可取之處。

此本據北京大學圖書館藏清嘉慶十八年家刻本影印。(田君)

病榻夢痕録二卷夢痕餘録一卷　（清）汪輝祖撰（第 555 册）

汪輝祖,有《元史本證》,已著録。

是書係汪氏自編年譜。正録二卷係乾隆四十一年(1776)譜主六十七歲之時口授,子繼培、繼壕筆録,至嘉慶十二年(1807)臨終,由子輩續成。《餘録》則輝祖自撰。取名"夢

痕"者,取蘇軾詩"事如春夢了無痕"句意,正錄重在記事,餘錄詳於記言,察言觀行,體例獨特,頗具《禮記》"動則左史書之,言則右史書之"遺意,梁廷燦以爲"是書雖未盡合年譜體裁,而具綱目之例"。其内容有失精要,梁啓超評曰"體裁完整,學識平凡,不足耐人尋味",然於史料而論,所記各地災情,廣及江蘇、安徽、山東等處,有助於乾隆年災荒研究。又譜文記有乾嘉年間田地、糧米、木棉價格以及銀錢比價,於乾嘉經濟史研究頗爲珍貴。光緒年間,方宗誠、何士祁等有删節本刊行,内容稍爲簡要,可供參考。

此本據南京圖書館藏清道光三十年龔裕刊本影印。另有光緒間江蘇書局刊復望三益齋本。（田君）

德壯果公年譜三十二卷 　（清）花沙納撰（第556册）

花沙納(1806—1859),伍彌特氏,字松岑,清蒙古正黄旗人,德楞泰次孫。道光十二年(1832)進士,後授編修,薦遷工部、户部侍郎,兼管錢法堂事務。咸豐年間歷官鑲藍旗漢軍都統、理藩院尚書、翰林院掌院學士,終官吏部尚書,謚文定。《清史列傳》卷四一有傳。

譜主德楞泰(1745—1809),字惇堂。乾隆年間,以前鋒、藍翎長從征金川、石峰堡、臺灣,皆有功勳,累遷參領,賜號"繼勇巴圖魯",後從福康安征廓爾喀,乾隆嘉賞其勇,圖形紫光閣,遷護軍統領,後又隨軍鎮壓苗民與川楚白蓮教起事,戰必身先陷陣,歷官成都將軍、西安將軍,授領侍衛内大臣,充方略館總裁,總理行營事務,管理兵部,功封三等公,卒謚壯果。此譜附載大量文牘,繫年細瑣,幾於依日敘列,以至卷帙繁夥。如嘉慶五年之事,居第十五至十七卷,達三卷之多,作爲年譜,有失簡要。譜載奏疏原文行間,夾有御筆硃批,可與清宫檔案相勘。譜文所記以戰事

爲主,自乾隆金川之戰,迄嘉慶瓦石坪之役,譜主平生戎馬,敘之甚詳,過程敘述既完整,奏疏引據亦詳盡,可補乾嘉戰史之闕。

此本據北京大學圖書館藏清咸豐七年致遠堂刊本影印。（田君）

長文襄公自定年譜四卷 　（清）長齡撰（第557册）

長齡(1758—1838),薩爾圖克氏,字修圃,號懋亭,清蒙古正白旗人,納延泰之子,惠齡之弟。乾隆中由翻譯生員補工部筆帖式,後爲理藩院主事、内閣學士、湖北提督、安徽巡撫、陝甘總督、河南巡撫、陝甘總督、直隷總督、軍機大臣、雲貴總督、伊犁將軍等。《清史稿》有傳。

此本乃自定年譜,又名《懋亭自定年譜》。長齡老壽,歷官三朝,爲著名武將。本譜自記迄於道光十七年(1837),譜主八十歲之時,後由其子桂輪補記至道光十九年。譜文敘述一生征戰,詳而不繁,且以譜主自撰,非藉文幕之手,頗具武將之風。本譜涉及湖北教民、陝甘回民起事,而敘喀什噶爾之張格爾叛亂尤詳,戰史研究者可參之。且與史傳相較,每每可正其訛,如《清史稿》本傳云"長齡,字懋亭,薩爾圖克氏,蒙古正白旗人",而本譜自記"長齡,姓薩爾圖克,字修圃,號懋亭,正白旗蒙古"。諸如此類,可據以勘正。

此本據復旦大學圖書館藏清道光二十一年桂叢堂刻本影印。（田君）

忠武公年譜一卷 　（清）楊國楨撰（第557册）

楊國楨(1782—1849),字海梁,崇慶(今四川崇州)人,楊遇春之子。嘉慶九年舉人,入貲爲户部郎中,出任潁州知府,累遷河南布政使,回疆平定後,道光帝以其勳蹟,推恩擢爲河南巡撫。遇春歿,襲侯爵,服除授山西巡撫,擢閩浙總督,未能赴任,以腿疾乞歸。《清史稿》有傳。

譜主楊遇春（1761—1837），原名紹乳，字時齋，號慕常。乾隆時以武舉效用督標，爲福康安所識拔，先後隨從福康安、額勒登保等鎮壓貴州苗民、川楚白蓮教起義，屢建戰功，自把總擢至提督。嘉慶十八年（1813），陝甘總督那彥成鎮壓天理教，以遇春爲參贊，道光時官至陝甘總督，赴回疆平定張格爾叛亂，圖形紫光閣，晉封一等昭勇侯，卒諡忠武。乾嘉之際，國勢漸頹，迄於道光，愈演愈烈而變亂屢起。譜文載有貴州苗民起事、湖北白蓮教覃加耀、林之華起事、天理教李文成起事以及回疆張格爾叛亂，可資研究者摭取。又卷首記載譜主生年，爲“乾隆二十六年庚辰十二月二十五日辰時”，以干支推之，“庚辰”乃乾隆二十五年，考清朱君煒所編《楊忠武公記事錄》即作“二十五年”，按此年十二月二十四日適逢立春，譜主生於“庚辰十二月二十五日辰時”，春後出生算作一歲，是以卷首作“乾隆二十六年庚辰”云云，其名“遇春”，蓋取此義。

此本據遼寧省圖書館藏清道光刻本影印。另有清道光間李光涵《楊忠武公年譜》，乃據此本增編而成。（田君）

黃蕘圃先生年譜二卷 （清） 江標撰 （第557冊）

江標（1860—1899），字建霞，號萱圃、師鄦，元和（治今江蘇蘇州）人。光緒十五年（1889）進士，授編修，官至湖南學政。與譚嗣同善，以參與戊戌變法革職。精鑒別，善詩文，工書法篆刻。更輯有《靈鶼閣叢書》、《宋元名家詞》，著有《靈鶼閣詩藁》、《紅蕉詞》等。《清史稿·藝文志》著錄其著作，生平可參《碑傳集補》卷九。

譜主黃丕烈（1763—1825），字紹武，號蕘圃，又號復翁、士禮居主人等，吳縣（今屬江蘇蘇州）人。乾隆五十三年（1788）舉人，嘉慶年間納貲得分部主事，旋歸故里，著述校書。喜好藏書，尤嗜宋本，自稱佞宋主人，家藏宋元善本百餘種，爲之專闢一室，題名爲“百宋一廛”。乃清代校讎名家，所刊《士禮居叢書》，素爲學者所重；而每得珍本，必作題跋，後人輯爲《士禮居藏書題跋記》、《蕘圃藏書題識》、《蕘圃藏書題識續錄》、《刻書題識》等。譜間於蕘圃所藏宋元書籍記載甚詳，如乾隆五十四年己酉，丕烈二十七歲，記云“九秋，見《天下郡國利病書》稾本三十四册於張秋塘處”；乾隆五十五年庚戌，記云“秋於文瑞樓書肆，得臨陸敕先校明翻宋刻本《國語》六册”，又按語曰“《海虞詩苑》小傳‘陸貽典，字敕先，號覿庵，自少篤嗜文典，師東澗而友鈍吟’，又按敕先，常熟人”。諸如此類，可供版本研究者參考。近今王欣夫撰有《黃蕘圃先生年譜補》一卷，補江標之疏漏，王氏遍施按語，達七百餘處，頗資參正。

此本據清光緒二十三年長沙使院刻本影印。江氏《靈鶼閣叢書》第六集亦有收入。（田君）

雷塘庵主弟子記八卷 （清） 張鑑等撰 （第557冊）

張鑑，有《西夏紀事本末》，已著錄。

譜主阮元於乾嘉文物鼎盛之時，主持風會數十年，海內學者奉爲山斗。本譜涉及諸多時事，如東南海盜蔡牽、朱濆之事，與安南之關係，鴉片之輸入，江西之會黨等，亦多記載學術事件，如《經籍籑詁》《皇清經解》之纂修始末等。初阮元之子阮常生編有《阮芸臺相國年譜》，元覽之不愜意，改訂爲《雷塘庵主弟子記》，後復經子嗣、門人增錄。題名“弟子記”者，蓋仿北宋劉敞之《劉公是弟子記》，其前七卷係其自訂，托名弟子記，亦寓不自張揚之意。

此本據清琅嬛仙館刻本影印。另有道光二十一年（1841）羅士琳校刊本。（田君）

文忠公年譜草稿一卷　（清）林聰彝撰（第557 冊）

林聰彝，生卒不詳，唯據本譜記載，知生於道光四年（1824）八月初九，侯官（今屬福建福州）人。林則徐次子，曾官浙江候補道。

譜主林則徐，卒諡文忠。此稿爲鈔本，不著撰人，而據道光四年八月譜文“是月初九不孝聰彝生”，可知撰者當爲林聰彝。鈔本有今人來新夏識語，來氏曾撰有《林則徐年譜》，蓋當年收集資料之時，據廈門大學歷史系所藏鈔本謄録一份，以作研究之用，附識於卷首，謄録本後藏於南開大學圖書館，即此傳鈔本。本譜行文疏略，然於譜主文章繫年，較爲詳細，可供讀林氏文集之參考。來新夏《識語》云：“是譜内容簡略，以記仕歷及撰文等事爲主，略及家事。其譜主幼年及晚年行事全闕，而於鴉片戰争時之事蹟更不著一字，豈撰譜時猶有所忌諱耶？”又譜文每年之下，均附公元紀年，蓋鈔者添入，絶非原稿所有。民國魏應麒編有《林文忠公年譜》，博采衆説，兼及時事，引證皆註明出處，而來新夏所撰《林則徐年譜》，後出轉精，取材詳盡，覽《草稿》者當參互校考。

此本據南開大學圖書館藏傳抄本影印，抄自廈門大學歷史系所藏鈔本。（田君）

定盦先生年譜一卷　（清）吴昌綏撰（第557 冊）

吴昌綏，生卒不詳，字印臣，一作印丞，號百宛，又號松鄰，仁和（今屬浙江杭州）人。光緒二十三年（1897）舉人，曾官内閣中書，入民國後，曾任北洋政府司法部秘書。性喜藏書、刻書，藏書處名“雙照樓”。卒後，著作由友人章鈺輯爲《松鄰遺集》行世。事略見倫明《辛亥以來藏書紀事詩》。

譜主爲龔自珍。本譜内容簡要，於譜主仕宦、遊歷、著述情况，能述其梗概，餘事不詳。民國張祖廉編有《定盦先生年譜外記》二卷，多敘龔氏軼聞遺事，聊可補闕。據昌綏《後記》，原有清程秉釗所撰《定盦先生年譜》手稿。今人謝巍以爲，吴本以程本爲基礎，補其闕漏，稍事潤色而成，本譜實由程氏創稿。按昌綏《後記》記載，程氏病未卒業，録數十事以授錢塘陳昌紳，昌紳“爲龔氏姻戚，就其子姓尋訪，又得如干事，復以畀昌綏”，又云“今歲校輯《定盦全集》，因檢舊稿，鋭意爲之。徵之本集，又徵之群書，依年件繫，首尾粗具，凡庶常（指程秉釗）原輯十之三，昌綏補輯十之七”。然以程本、吴本對勘，大略相同，昌綏所謂“三七”之論，似未可盡信。

此本據民國四年國學扶輪社鉛印《龔定盦全集》本影印。另有光緒三十四年（1908）仁和吴氏雙照樓刊《龔禮部集》附録本。（田君）

曾文正公年譜十二卷　（清）黎庶昌等撰（第557 冊）

黎庶昌（1837—1897），字蒓齋，遵義（今貴州遵義）人。歷任駐英、法、德、日四國參贊，又爲出使日本大臣，官至川東兵備道。著有《拙尊園叢稿》，並輯刻《古逸叢書》等。《清史稿》有傳。

黎庶昌係譜主曾國藩門人，所記尤詳於曾氏從政經歷、用人眼光及用兵之略，如咸豐三年癸丑（1853），曾氏四十三歲，此年十月記云“公言今之辦賊，不難於添兵而難於籌餉，不難於募勇而難於帶勇之人，不難於陸戰而難於水戰。江公忠源之守南昌也，派夏廷樾、郭嵩燾在樟樹鎮製造木簰數十具，載礮於其上，擬衝賊船，簰甫成將發，而賊退出鄱湖。至是公亦於衡州仿造衝簰，既試之水面，鈍滯難用，乃買民船改造礮船”，後附奏疏，曰“武昌現已解嚴，臣暫緩赴鄂，并請籌備戰船，合力堵剿。惟以戰船爲第一顯務，臣即在衡州試行趕辦，果有頭緒，即親自統帶馳赴下游”，咸豐硃批云“所慮甚是，汝能斟酌緩急，甚屬可嘉”。此等記載,有以見曾氏兵略及戰事之詳。

此本據清光緒二年傳忠書局刻本影印。另有光緒元年(1875)楊仲蕃寫刻本,光緒三年有《申報館叢書》本。(田君)

左文襄公年譜十卷　(清)　羅正鈞撰(第557冊)

羅正鈞,有《船山師友記》,已著録。

譜主即左宗棠,謚文襄。此譜詳而不濫,如光緒元年,譜文引諭旨云“中國不圖規復烏魯木齊,西北兩路已屬堪虞。且關外一撤藩籬,難保‘回匪’不復嘯聚,肆擾近關一帶,關外賊氛既熾,雖欲閉關自守,勢有未能”,左氏上奏曰“特以事關時務大局,不備細陳明,必貽後悔。身在事中,有不敢不言、言之不敢不盡者,耿耿此衷,良非有他。至規復烏魯木齊,非勤撫兼施不可,非糧運兼籌不可”;又曰“甘、涼與肅,向稱腴郡,亂後人少地荒,物産銷耗,關外安、玉、敦則尤甚焉。今采買至十九萬石,抵承平時全省一半額賦,猶疑其尚可加采,奪民食以餉軍,民盡而軍食將從何出乎”;又曰“以輓運言之,車騾負糧多而飼養所耗亦多,駝負糧少而飼養所耗亦少。以所運程途計之,車行三十日而所負之糧盡,駝行三十日而所負之糧尚可稍餘,以濟待餉之軍。駝行内地及戈壁,日耗糧三斤,若行邊外,則食草,不必食料,所省又多”,所記諭奏相形,既詳於君臣廟算,更有以見左氏兵略、政略,足資參考。

此本據清光緒二十三年湘陰左氏刻本影印。另有光緒十六年(1890)湖南刊《左文襄公全集》本。(田君)

岑襄勤公年譜十卷　(清)　趙藩撰(第558冊)

趙藩,生卒不詳,字樾村,舉人出身,據卷首署名,爲“門人劍川趙藩”,係譜主門人,清麗江府劍川(屬今雲南大理白族自治州)人。

譜主岑毓英(1829—1889),字彦卿,號匡國,廣西西林人。道光間以諸生從軍,至光緒朝功擢雲貴總督,卒贈太子太傅,謚襄勤。毓英生平,與滇事相終始,雖性情跋扈,然頗具霸才,乃識時之傑,能自樹立。本譜内容涉及西南較多,如咸同間,譜主鎮壓雲南杜文秀回民起事、貴州苗民起事;光緒年中法戰争,譜主請纓,出關赴敵,節制關外粵、楚各軍,破法兵於臨洮府,奪梅枝關,進搗山西、河内事等,相關奏疏俱録。又《清史稿·藝文志》著録有“《岑襄勤奏稿》三十卷,岑毓英撰”,而譜間亦引據大量奏疏,蓋兩者史源相同,適可相參。

此本據遼寧省圖書館藏清光緒二十五年岑春榮刻本影印。(田君)

徐愚齋自敘年譜一卷　(清)　徐潤撰(第558冊)

徐潤(1838—1911),原名以璋,字潤之,號雨之,別號愚齋,香山(今廣東中山)人。曾創辦同文書局,石印《二十四史》,後出任招商局總辦。《清史稿·交通志》載有其事,亦可參考。

此譜乃徐氏自撰,記至宣統元年(1909),即七十二歲之時,卒前兩年由其子廷鑾續成。潤素習商道,譜間述及近代茶業,如咸豐十年庚申,潤時年二十三,譜文云“試辦潤立生茶號於温州白林地方,梁逸樵司事辦得白毛茶八百箱,每方箱四十觔,運申分沽與英美各洋行,得價八十兩,僅敷成本。不意賣出之後,洋商驗出茶箱四角均有水漬,一律退回。查該貨由小河、用竹挑運出,以致受潮,不獨洋商不願承買,即自己亦覺心虛。不得已寄存楊三和棧,盡數拆開,揀出霉茶,候至次年,在寧州辦得烏龍細條紅茶二百箱,每擔五十兩,條色香味並皆佳妙,因將白毛茶攙入售與洋商,初得價銀一百二十兩,繼竟漲至一百六十兩,大得其利,經營茶業,於此始焉”。此類記載,有以見當時商業情形。又於同治十二年,譜文附記有"招商局及仁和、仁濟公司緣起",可與《清史稿・交通志》之記載相參覈,籍以瞭解近代企業狀況。今人羅炳綿撰有《晚清商人習尚的變化及其他:讀〈徐愚齋自敘年譜〉》一文,論及本譜,可資參考。

此本據天津圖書館藏民國十六年香山徐氏鉛印本影印。(田君)

康南海自編年譜不分卷　康有爲撰（第558冊）

康有爲,有《新學僞經考》,已著録。

此譜係康氏自編,止於光緒二十四年(1898),四十一歲流亡日本之時,乃未竟之稿本,是以不分卷。據《萬木草堂叢書目録》,此譜原自題《我史》,原稿之抄本,有羅孝高、丁文江、康同璧、趙豐田藏本。所據爲中國人民大學圖書館所藏抄本,以春成紙店竪格稿紙鈔就。徐善伯以爲,此本乃"據羅(孝高)本改,但原文似係先生自改正者"。考其内容,與羅本有所異同,如同治七年,此本曰"始覽《綱鑑》而知古今,次觀《大清會典》、《東華録》而知掌故",按"東華録"三字爲羅本所無。又同治十二年,此本曰"於時益吐棄八股,名爲學文,絶不一作。諸父極責,大詰之先祖前,乃出'君子有九思'至'忿思難'一題,援筆爲十六小講,各有警語,速州公稱之,乃不深責",而羅本並無"君子有九思至忿思難"字,所出何題,無從知曉。此本增"'君子有九思'至'忿思難'"之題,非本人親增,旁人何以知之。此本所據應爲原稿之修改本,較羅本爲優。譜文内容,涉及甲午中日戰爭、戊戌變法及政變、保皇運動等時事,於戊戌變法及政變始末所記尤詳,而譜主親歷其中,頗具史料價值。譜主女同璧撰有《南海康先生年譜續編》,自光緒二十五年(1899),即譜主四十二歲起,迄民國十六年(1927)譜主七旬辭世,乃據康有爲遺稿編録

而成,有補苴闕漏之功。又日本原田正己《〈康南海自編年譜〉之考察》,於此本有所訂補,亦資參考。

此本據中國人民大學圖書館藏抄本影印。另有《康南海先生遺著彙刊》本。(田君)

御試備官日記一卷　（宋）趙抃撰（第558冊）

趙抃(1008—1084),字閱道、悦道,號知非子,衢州(今浙江衢州)人。仁宗景祐元年(1034)進士,曾任武安軍節度推官、泗州通判,殿中侍御史,不避權勢,時稱"鐵面御史"更歷官右司諫、河北都轉運使等。英宗朝加龍圖閣學士,知成都。神宗立,擢參知政事、以反對青苗法,懇乞去位,拜資政殿學士,知杭州、青州,再知成都,改知越州,復徙杭州,以太子少保致仕,卒謚清獻,蘇軾爲作《清獻公神道碑》。更著有《新校前漢書》、《成都古今集記》、《南臺諫垣集》等。《宋史》有傳。

是書爲趙抃任右司諫時所撰,記録仁宗嘉祐六年(1061)二月二十六日至三月九日殿試事,有仁宗諭旨、仁宗視察慰問、考官姓名、考卷評判標準、合格録取人數、考試日程等。中缺三月三日至五日日記,可據南宋劉昌詩《蘆浦筆記》惠棟校本補足。後有劉昌詩嘉定六年(1213)跋,稱仁宗在位已四十年,仍關心殿試,雖上巳、寒食等節,亦親臨視察,並一再勞賜。蓋真宗已關心殿試之事,仁宗能繼承此意,而至昌詩時,已無人行此制度,故得人無法擬之前朝云。是書所記取舍標準五等,較《宋史・選舉志》所記宋真宗景德四年(1007)《親試進士條制》更爲詳明。如《條制》一等爲"學識優長,詞理精絶",是書則爲"學識優長,辭理精純,出衆特異,無與比倫",《條制》五等爲"文理疏淺",是書則爲"文理疏淺,退落無疑,須必然合落者"。又有《條制》所未言而是書記録者,如"不考,謂犯不考式。紕繆,謂所試文字並皆荒惡"等。知《宋史》采用文獻時多有删省。

此本據清道光十一年晁氏活字本《學海類編》影印。（劉韶軍）

雲山日記二卷　（元）郭畀撰（第558册）

郭畀（1280—1335），字天錫，又字佑之，號雲山，晚號退思，祖籍洺水（今河北廣平），後遷居京口（今江蘇鎮江）。曾任鎮江儒學學録、饒州路鄱江書院山長等。事跡略見《四庫全書總目》傳記類存目是書提要、《江南通志》卷一六六及陳慶年《橫山鄉人類稿·郭天錫年歲考略》。

是書爲郭氏游歷鎮江、杭州時所記，自元至大元年（1308）八月二十七日至至大二年十月三十日，中有閏月，則共十六個月。時郭氏至杭應浙省選用，逐日記録見聞經歷，中多奔走請托之事，有以見元代官員選任細節。又載當時士人生活，卷末宋葆淳乾隆五十九年（1794）跋，稱其記事尤詳者，遇飲酒必書，求書畫者必書，所觀書畫必書，所游寺觀必書云云。蓋郭氏擅長書畫，與趙孟頫相熟，日記原爲手寫，雍正三年（1725）厲鶚曾借鈔其中客居杭州部分，名爲《客杭日記》，後由鮑廷博刻入《知不足齋叢書》。乾隆五十四年（1789），宋葆淳收得手稿原跡，五十八年録成副本，嘉慶五年（1800）趙輯寧據宋氏鈔本再次鈔録，鮑廷博復據宋氏鈔本校勘。光緒三十三年（1907）陳慶年領江南圖書館事，收得丁氏八千卷樓藏書，中有是書鈔本，遂迻録一過，析爲二卷，刊刻行世。此本卷首有"宣統辛亥橫山草堂"字樣，又有繆荃孫1913年序及陳慶年1919年跋，因題此本初刻於宣統辛亥（三年，1911），而復刻於1913、1919年。又陳跋稱郭氏手書真跡自宋葆淳録副後不知所終，而1958年上海古典文學出版社曾據上海文管會所藏手書真跡影印《郭天錫手書日記》，然僅存至大元年八月二十七日至二年六月二十日，共五十二頁，缺頁甚多，已非完本。

此本據復旦大學圖書館藏清橫山草堂復刻本影印。（劉韶軍）

味水軒日紀八卷　（明）李日華撰（第558册）

李日華（1565—1635），字君實，號竹嬾、癡居士，秀水（治今浙江嘉興）人。萬曆二十年（1592）進士，先後爲九江府推官、西華知縣、南京禮部儀制司主事、太僕寺少卿。精於鑒賞，與董其昌、王惟儉并稱"三大博物君子"。更著有《恬致堂集》、《紫桃軒雜綴》、《恬致堂詩話》等。傳附《明史·王惟儉傳》，錢謙益《列朝詩集小傳》亦有傳。

卷首有日華之子肇亨序，稱是書所紀盡繙閱書畫、評騭翰墨之事，間附異聞奇物，不涉人物評價及官階遷除；劉承幹亦稱其人於神宗朝廷臣互訐之時，能潔身引退，寄情書畫，兼及山水勝游，可以想見日華曠懷卓品。卷末有嘉慶二十三年（1818）晚聞居士王宗炎題識及劉承幹1923年跋，稱手稿原藏知不足齋，王宗炎曾有鈔録，《嘯園叢書》中有節本，乃日華曾孫李含潛手寫一百五十五條，並非完帙，去年秋得其全書，因以刊刻云云。

書中廣涉文人學者，如王世貞、仇英、文徵明、吳寬、沈周、趙孟頫、祝允明、倪瓚、唐寅、董其昌及利瑪竇等，内容多爲評鑒書畫、鑒識古董器物、記載書畫逸事，間及沿海倭寇、東南諸島、中外貿易及陝西鞏昌地震事，又載當時科舉試題，如論題"大舜善與人同"，策題問聖學儲學、問經史、問氣節、問名實、問土民等，又記佛寺安放銅制大佛像之法等，可補史書之闕。

此本據民國十二年劉氏刻《嘉業堂叢書》本影印。另有國家圖書館藏清鈔本。（劉韶軍）

孫徵君日譜録存三十六卷　（清）孫奇逢撰（第558—559册）

孫奇逢，有《理學宗傳》，已著録。

孫氏卒後，門人湯斌、魏一鰲、耿極、方苞等編次孫氏《年譜》上下二卷,時在康熙五十三年(1714)。蓋孫氏自燕遷豫之後,日有所聞,即筆之於書。《日譜》記事甚詳,可補《年譜》所未備。門人子孫各有鈔本,道光間,其九世孫世玫裱訂爲三十本,後爲内鄉王子涵取去,欲爲刊刻而未果,同治十二年(1873)始取回。次年武汝清公啟以告同人,捐資助其刊刻,而由王輅負責校對。以殘缺較多,無法補足,僅以鈔本與原稿對校。後捐資告罄,至光緒六年(1880)陳寶箴、潘江等人復倡議捐資,十一年始刻成全書。時原稿已缺五本凡五年,即順治九年(1652)至十一年及康熙九年、十年,又康熙十四年、十五年亦各缺數月,所存者多有字跡斷滅而不成文理者,刊刻時不得已而刪去,已非《日譜》全本,故世玫題爲《日譜録存》。

是書三十六卷,自順治六年至康熙十四年,逐日記録孫氏治學之事,如師友之問答,弟子之追隨,儒先之授受,儒學之淵源等,間及友朋贈答之詩,忠節孝義之事,所記頗詳。按孫氏倡論“隨時隨處體認天理”是書可以印證。

書前載諸人序跋頗多,有康熙三年至三十一年間湯斌、耿極、魏一鼇、常大忠、任宅心等人序,及光緒元年至十一年武汝清、侯伯良、衛榮光、潘江、廖壽恒、徐紹康、王之濬等人序,又有九世孫世玫光緒十一年所撰《紀事》一篇,於焉可知《日譜》傳鈔刊刻情況。卷前有孫徵君像及自贊,撰於康熙八年,時孫氏已八十六歲。總目後列出助資姓氏及校參姓氏,中有詹桂、王輅、方宗誠、潘江、衛榮光、武汝清、駱文光等人,皆記其字及籍貫。各卷分校者,皆録於各卷下。監刊者則孫氏九世孫、十世孫及十一世孫等。卷末有詹桂恭呈武酌堂斧政之跋,記述同治十三年(1874)廣平武汝清約同志刻《孫夏峰先生日譜》之事,惜此頁已殘缺不完,無由得知當日詳情。

此本據湖北省圖書館藏清光緒十一年刻本影印。(劉韶軍)

三魚堂日記十卷 （清）陸隴其撰（第559冊）

陸隴其(1630—1693),初名龍其,避嫌改爲隴其,字稼書,號三魚,平湖(今浙江平湖)人。康熙九年(1670)進士,先後爲嘉定、靈壽知縣,後任四川道監察御史,屢上疏批評弊政,遭權臣迫害,棄官歸鄉治學,專尊朱熹,力辟陸、王心學。雍正時列爲孔子廟陪祀,乃清代唯一人。乾隆特爲撰碑文,贊爲“本朝理學儒臣第一”,追贈内閣學士兼禮部侍郎,謚號“清獻”。更著有《讀書志疑》、《古文尚書考》、《三魚堂文集》等,後人匯爲《陸子全書》。《清史稿》有傳。

卷首有道光二十二年(1842)張履序,稱是書記陸氏舟車所歷、耳目所摶,述及時政得失、民生利病,每能引證書卷,反諸身心,並附記友朋議論云云,可見陸氏治學能歸於篤行而非徒事空言。然所録前人事跡,如謂王陽明攻克南昌縱士兵擄掠,繳得寧王金寶子女盡歸己有,顧亭林殺叛奴而盡取其所有等,多來自傳聞,不盡可信。是書又經平湖人顧廣譽校勘整理,以未見陸氏原稿,僅據姚椿所藏傳鈔四卷,故又由平湖卜葆鈜處抄補,以成完本,又以蠅頭草書,字跡不無訛誤,故更參校陸氏《文集》、《年譜》及《松陽鈔存》、《三魚堂賸言》等書正其訛謬,若諸書不載其事,則必確鑿無疑者方作改動。原書標有“丙午公車日記”、“丁未南旋日記”等,乙卯年以下則按年記録。陸記原不分卷,顧氏則按年釐爲十卷。原有“漕河至北京路程”“漕河路程”、“邊海郡邑衛所”及“沿江郡邑”等四條,則改附卷一之末。卜氏本曾據古香堂鈔本校正,又有按語數十百條,或引自陸氏《年譜》、《文集》,而顧氏亦多刪去。顧氏編次之後,由柳樹芳於道光二十一年(1841)刊刻。同治九年(1870)楊昌濬以柳氏刻版毀於戰火,故再次校刻,列爲陸氏全集之一,時有李慈銘、譚廷獻、黃以周等人爲之校勘,由浙江書局刻印。

是書所記，起康熙五年（1666）迄三十一年，唯七年、十年、十二年、十三年、十五年、十八年闕如。所記述游歷、論朝政、究學術，多載録同時諸賢言論，可與《年譜》相參證。柳氏刊刻時意在單行，故改名《陸清獻公日記》，楊氏刻入全集，則仍用《三魚堂日記》原名。各年或有小題，如《公車記》、《南旋記》、《南游記》等，康熙八年所記則題曰"隨筆"，乃隨時感想或記述他人有識之言。如首條"凡人有事而我欲助之，當置身事外，不可身入事中"，自注云："此戊申年話山叔祖語。"或注明聽取其言時間與緣由，如"君子秉正則遭小人忌恨，又不能不秉正，則惟義以爲質，禮以行之，孫以出之"條，注云："此四月初七過話山叔祖言及仕途之難而識此。"其他年份中亦多記他人勸勖之語，如卷二庚戌九年五月十三，至趙慎旃年兄家見其父趙年伯，記年伯諄諄以古道相勖諸語，如"做官如做文，要反覆思維。立心第一事，到不能兩全處，寧失官，無負心，苟負心以全官，獨不爲子孫計乎"；又曰"事須參酌衆論，問之左右，問之疏遠，問之鄉紳，問之諸生，庶無蒙蔽之患"；又曰"官不可不清，能清矣不可傲，清而傲則取禍之道"等。諸如此類，有以見陸氏學術及爲人。

此本據中國科學院圖書館藏清同治九年浙江書局刻本影印。（劉韶軍）

采硫日記三卷　（清）郁永河撰（第559冊）

郁永河，生卒不詳，字滄浪，仁和（今屬浙江杭州）人，諸生。據《昭代叢書》本《神海紀游》前序，永河喜好游歷，康熙三十年（1691）自浙入閩，至三十三年，游歷八閩各州郡及其屬邑並沿海村落，自稱凡山川幽窅之區，罔不足歷而目覽。更著有《鄭氏逸事》、《海上紀略》、《番境補遺》等。

是書又名《神海紀游》，據前序，康熙三十五年（1696）冬，福州火藥庫遭回禄，庫存硫磺、硝石五十餘萬斤盡毁，朝廷責令當地官府采辦補備。永河知臺灣雞籠山、淡水地區出產石硫磺，又以十四年前施琅已攻克鄭氏，臺灣回歸中國版圖，故素有一覽臺灣山河之意，乃自告奮勇前往臺灣采硫。康熙三十六年正月二十四日自福州啟行，二月下旬登陸臺南之赤嵌城，經兩月準備，采制諸器物俱備，遂於四月初由臺灣郡城北上淡水、雞籠山，五月抵達，十月竣事，十二日返福州，歷時九月餘，逐日記録見聞，遂成此書。所記既有《臺灣郡志》所載臺灣歷史沿革，又有永河親見山川地理、氣候物產、民俗風情。時臺灣回歸未久，尚未開發，故是書存寶島原始風貌尤多。如大旦門、古浪嶼與今名用字之不同，澎湖六十四島澳之名稱，黑水溝之驚險，鹿耳門之曲折；颶風、臺風之猛烈，臺南臺北之番社；鄭氏理臺教化立法之嚴苛，島上土番野番雕青之分別；深山之原始狀貌，硫磺之采制方法；臺灣物產、貿易、錢幣及民衆生活之情形，明代棄臺失策及護臺方略之擬想；或載録詳明，或申論有見。又常賦咏抒懷，幾乎日有詩作，所載臺灣《竹枝詞》三十六首，名物各有注釋。卷末自謂向慕海外之游，今既目極蒼茫，足窮幽險，始悟海外仙山縱有閬苑、蓬、瀛，亦不若家鄉潋灩空濛處，簫鼓畫船，雨奇晴好，足繫思念。

此本據清咸豐三年伍氏刻《粤雅堂叢書》本影印。（劉韶軍）

迎鑾日紀三卷　（清）宋犖撰（第559冊）

宋犖，有《漫堂年譜》，已著録。

是書記録康熙三十八年（1699）、四十二年、四十四年三次巡視江南事，署銜爲"江寧巡撫右副都御史"，《清史稿》本傳未言犖曾任右副都御史，則可補正史闕略。是書三卷。卷一序稱"有明春巡幸江南查閲河工之命，三十八年正月准鴻臚寺咨，沿途各官着五十里以内迎送"，並准兵部等有司咨請，沿途安

排兵馬、縴夫、木柴、日用猪鵝等物、所過嶽瀆
致祭、修理行宫道路等事，均由宋氏負責辦
理，諸費皆取給於官俸役食，毫不問之民間。
宋氏於前後迎送之際，按日紀録，名爲《迎鑾
日紀》。此紀所記至五月初一江南文武諸臣
於山東臺兒莊跪送御舟北上，十五日返回蘇
州止。二紀記録康熙四十二年正月初九至三
月十七日迎駕扈從事，爲《迎鑾二紀》。三紀
記録康熙四十四年二月初十至閏四月二十六
日迎送康熙南巡事，爲《迎鑾三紀》。三録於
當時一應活動均有詳細記録。

　　此本據國家圖書館藏稿本影印。（劉韶軍）

西藏日記不分卷　（清）允禮撰（第 559 册）

　　允禮（1697—1738），康熙十七子，原名胤
禮，雍正即位後，爲避名諱，改“胤”爲“允”。
以善書畫，又號春和堂、静遠齋。雍正至乾隆
間，先後掌管理藩院、户部三庫，任總理事務
大臣，封多羅果郡王，卒後封果毅親王。著有
《工程做法》、《春和堂集》、《静遠齋集》、《奉
使紀行詩集》等。《清史稿》有傳。

　　自序稱，雍正十二年（1734）十月奉命出使
泰寧（今四川甘孜道孚境内），前與七世達賴
喇嘛噶桑嘉措相見，兼命巡視經過地方營伍
事宜。泰寧藏名格答，亦作噶達，雍正八年遷
達賴喇嘛居此，改稱“泰寧”，又設副將及都
司駐防其地，建有營城，達賴則居於爲之敕建
之惠遠寺都岡樓。允禮自十二年十月初五啟
行，十二月二十三日抵達泰寧，會見達賴，且
接見藏區大喇嘛及諸酋長土司等，皆賞以金
帛。雍正十三年元旦又率文武百官拜萬歲牌
於都岡樓，並宴請達賴及酋長百十八人並僧
徒上千人。二月朔日達賴又宴餞允禮。色色
場面，種種禮儀，備載其中。如記演奏音樂歌
舞等，爲唐代公主所攜樂伎。又記元、明兩代
設官封王於藏區之制度，如設大寶、大乘二法
王及闡教、護教、闡化、贊善諸王，各給印誥及
金牌信符等以通茶貨。二月初三返行，至閏

四月朔日至京覆命，往返六閱月，途經河北、
山西、陝西、四川四省，綿亘五千九百餘里，沿
途所見亦逐日記録，如每日到達地方、各地名
勝古跡、有關歷史典故、地理沿革、山川形勢、
物産氣候、民情風俗、檢閲地方軍營等，又多
引古籍考證其事，如《尚書》、《周禮》、《史
記》、《漢書》、《唐書》、《水經注》、《元和志》、
《輿地記》、《長安志》、《九域志》及古人詩句
等，足見允禮知書識務，故爲雍正倚重。允禮
返回未久，同年四月清廷即派章嘉呼圖克圖
三世與副都統福壽、兵部郎中祁山、理藩院郎
中拉卜坦等人率兵五百人，護送七世達賴返
回拉薩。是書所記會見達賴喇嘛及藏族歷史
風俗等事甚詳，可爲西藏史研究資料。

　　此本據國家圖書館藏稿本影印，稿本雖多
塗改補寫之處，然真實可信，史料價值尤高。
（劉韶軍）

詞垣日記一卷　（清）帥方蔚撰（第 559 册）

　　帥方蔚（1790—1872），字子文，又字叔起，
號石邨，奉新（今江西奉新）人。道光六年
（1826）進士，後授翰林院編修，充山東鄉試
副主考、湖廣道監察御史等，後因病辭官。咸
豐時，舉辦團練，助清軍與太平軍作戰。曾主
持白鹿洞書院、經訓書院等。同治時，被聘爲
《江西通志》總纂，並總纂《奉新縣志》。著有
《帥太守稿》、《咫聞軒隨筆》、《左海交遊録》、
《咫聞軒詩稿》等。見本書帥氏自序及《清朝
御史題名録》、《清朝職官年表》。

　　卷首有道光十四年（1834）自序，稱道光六
年進士，入翰林院，道光十三年與兒子輩縱談
當年會試、殿試之事，編爲一卷，而成是書。
卷末有次子之憲光緒十年（1844）識語，稱是
書先與《紫雯軒詩草》、《經義稿館課録》一並
刊刻，咸豐三年（1853）書板毁於兵火，後復
刻板藏於家，咸豐十一年居宅被焚，同治五年
（1866）三次重刻前二書而未刻是書，棄置二
十餘年，此時則重刻而編入《清芬集》，板式

一依其舊,故卷末有"道光二十九年歲在己酉夏四月刻於廬山白鹿洞"字樣,或即初刻時間地點。

是書記帥氏道光六年赴京會試及後任職翰林院事,故題"詞垣日記",起道光年三月初八第一場,迄道光十三年補爲湖廣道監察御史,尤詳於會試、覆試、殿試、朝考及多次覆試之經過,詳錄各次考試欽命試題及中式後諸禮儀活動,可據以考察清代會試制度。諸多細節,以親歷而記錄在册,頗能補正史所未備。如會試三場後有覆試,之後又有殿試、朝考,會試至殿試均由禮部主持,而朝考則由翰林院主持,各次考試試題均爲欽命,分爲經義、詩賦兩類。又記一二三等進士之授官情形,有翰林院修撰、編修、庶吉士及以進士觀政六部、以知縣分發即用、餘歸進士班候選等。試後新中進士須"大拜前輩",而後前輩答拜新中進士,言之甚詳。又記新科進士可請假一年回鄉辦理私事,如帥氏道光六年中進士,是年十一月即旋里,次年十二月始攜家眷返京銷假供職。而供職後仍有多次考試,稱爲考試試差,如道光八年、九年、十一年、十二年均多次至圓明園、大光明殿等處考試試差,雖然其間已經供職或派差,此等試差仍不可缺。於此可知當時用人制度之嚴苛。

此本據清光緒十年帥氏綠窗刻本影印。此本收於《帥氏清芬集》内。(劉韶軍)

轉漕日記四卷 (清)李鈞撰(第559册)

李鈞(1792—1859),字伯衡,又字夢韶,號春帆,河間(今屬河北滄州)人。嘉慶二十二年(1817)進士,歷官翰林院編修、國史館總纂修、廣東鄉試副考官、河南府知府、開封府知府、署河南糧鹽道、河南督糧道、陝西按察使、貴州按察使、太常寺卿、刑部右侍郎、順天府府尹、河東河道總督、都察院右都御史等。更著有《判語録存》、《館課詩賦彙鈔》、《使粵日記》、《西曹外稿》、《河上奏稿》等,臺灣"故

宫博物院"清國史館編有《傳稿》。

是書所録起道光十六年(1836)九月二十七日,時李鈞由開封知府調河南糧鹽道;迄道光十七年六月十二日,時李鈞升任河南督糧道。主體爲河南漕糧徵收及漕運事務。於河南全省漕糧徵收數額、地點分佈、官員配置、地域船幫、黃河運河船運等事均有詳録。如河南漕糧徵收自五十三州縣,常年總額爲米、麥、豆三類共二十三萬石左右,李氏上任之年則爲二十三萬七千餘石,較常年爲多。漕糧全部彙總於河北、河南、山東三省交界之内黃縣楚旺鎮,由直隸通州、天津,山東德州、任城、臨清、平山,江南徐州等地凡船幫十、船隻近四百,運送至京,河南全省鹽務則額銷鹽共五十二萬引。李氏自上任即赴楚旺鎮督兑漕糧,於驗收漕糧亦多有記載,徵驗迄,則隨漕糧船隊赴京。逐日記録所經地方,於其風物景致、歷史遺跡、地名沿革及一路應酬等事,均有詳細記録,且隨時感興賦詩,廣涉冀、豫、魯三省及京畿諸多歷史典故、人物事跡。

又記清代文官日常生活頗詳,如習射、行香,同年、門人來往應酬,而賦詩作詞則無日不有,每有可補文獻所不足者。如李氏曾作《漕倉十詠》,詠監兑漕糧時所用十種器物:探筒、樣盤、鐵斛、布袋、簸箕、掃帚、蘆席、竹篩、風車、木杴,可以想見漕糧監兑細節。

此本據天津圖書館藏清道光十七年河南糧鹽道署刻本影印。(劉韶軍)

求闕齋日記類鈔二卷 (清)曾國藩撰 (清)王啟原輯(第559册)

曾國藩,有《曾文正公奏議》,已著録。

王啟原,生卒不詳,字理安,湘潭(今湖南湘潭)人,諸生,曾任永明教諭、江華訓導。更著有《三國志訓纂》、《圭復齋詩》等,另輯有《求闕齋讀書録》等。事見《湘雅摭殘》卷一二。

求闕齋爲曾氏書齋名。是書上下二卷,分

題問學、省克、治道、軍謀、倫理、文藝、鑒賞、品藻、頤養、遊覽等類，以德成爲上、藝成而下爲主旨。王啟原序稱摘輯曾氏在京供職期間"緜緜穆穆之室日記"等以成是編，自咸豐八年（1858）迄同治十一年（1872）二月。

《問學》類，問以修身之學。《省克》類，記其自警自勉之語錄。《治道》類，記曾氏自史書尋求治國之道，總結日常爲官心得，又記洋務之事。《軍謀》類，總結戰爭得失，探求作戰之法。《倫理》類，敍兄弟之情，教子侄以方。《文藝》類，記常日溫習經史子集、音韻及研究古文之法、作書之道。《鑒賞》類，記曾氏評鑒前人字畫藏書。《品藻》類，爲曾氏於時人詩文、行事之品評。《頤養》類，言養生保健之道，可知曾氏有病目、病癬、體乏等疾。《遊覽》類，記行軍、宦歷所見山川河道、風物名勝。是書爲曾氏日記類抄，已非日記原貌，然成書較早，可爲校勘之助。

此本據清光緒二年傳忠書局刻本影印。（何廣）

能静居日記不分卷　（清）趙烈文撰（第560—564 册）

趙烈文（1832—1893），字惠甫，號能静居士，室名天放樓，陽湖（今屬江蘇武進）人。數應省試不第，入曾國藩、曾國荃幕府，以曾國藩爲師。後任磁州知州、易州知府，後辭職居家。更著有《天放樓集》、《落花春雨巢日記》、《趙烈文函牘稿》等。《碑傳集補》卷二六有方銘所撰趙烈文墓誌銘。

自序稱舊有《落花春雨巢日記》，自咸豐二年（1852）二月至咸豐六年（1856）六月。後因丁母憂，中斷近二年。復以異見異聞，所獲頗多，又思古人好學者常握鉛槧以助思憶，故又繼作之，凡五十四册，自咸豐八年五月四日至光緒十五年（1889）六月二十日。

是書記事甚詳，若見客會友、來往書函、觀山遊水乃至幕府秘事、軍情國政及與太平天國作戰等事，凡身經耳聞，均有記錄。趙氏久在曾幕，故於督撫矛盾、湘淮軍制、餉械籌募、洋務制器，所記尤詳，頗得幕後真相。又記同治六年（1867）與曾國藩對話，言清廷命數不足五十年，蓋趙氏曾讀《丙丁龜鑑》，以爲丙午、丁未年多有大故，光緒三十二、三十三兩年爲丙午、丁未，故云云。又記太平軍、清軍及土匪反復劫掠地方事，有以見晚清戰爭之酷烈。又記曾氏品藻時人，如慈禧太后、恭王奕訢、李鴻章、左宗棠、郭嵩燾、胡林翼等，以及與薛福成、吳汝綸、黎庶昌、李瀚章、容閎等人交往事，均極有史料價值。至於鄉居及宦遊所見風物及所發詩文，亦可考見當時社會面貌。

此本據 1964 年臺灣學生書局影印稿本影印。此本趙烈文之子曾録有副本，今南京圖書館及臺灣"國立"圖書館各藏一本。（何廣）

翁文恭公日記不分卷　（清）翁同龢撰（第565—575 册）

翁同龢（1830—1904），字聲甫，號叔平、松禪，晚號瓶庵居士，常熟（今江蘇常熟）人。咸豐六年（1856）狀元，後爲同治、光緒二帝師，歷任刑部、工部、户部尚書，左都御史，總理各國事務衙門大臣，軍機大臣等。以主張光緒帝親政及變法維新，遭慈禧忌恨，光緒帝頒佈《明定國是詔》後，被開缺回籍。戊戌政變後革職，永不敍用。更著有《瓶廬詩稿》、《瓶廬叢稿》等。《清史稿》有傳。

是書共四十册，書後有 1925 年張元濟跋，稱 1925 年翁氏從孫克齋將其手書日記交付影印。起咸豐八年七月，迄光緒三十年（1904）五月。翁氏三朝爲官，兩朝帝師，再入軍機，久掌樞要，深悉朝中政治内幕，又與聞或親歷衆多國家大事，是書於此四十餘年間大事，粲然具備。如拘押巴夏礼、第二次鴉片戰爭及火燒圓明園、祺祥政變、太平天國、剿捻、中法戰爭、中日甲午戰争、戊戌維新等，均有記載,於同朝人物,亦多所論列,故素爲治近代史者所推重。雖非國家大政而影響尤著者,亦有記錄,如任刑部右侍郎時,處理"浙江葛畢氏謀毒本夫案"(即民間所稱楊乃武與小白菜案),記述發現疑點,詳加審理,并最終平反此案過程。翁氏擅長書法,精於鑒賞,得見諸多流散書畫,是書亦多有記載,如辛酉(1861)九月朔,"訪孫松坪,得見顏魯公自書告身,是内府物,前有純廟御書十餘行,隔水綾上復嵌御書數小行,後有米友仁、蔡襄、董其昌三跋。顏書墨彩已脫,細視精神四映,有怒猊搏石之勢,歎其神勇,小字尤極開闊之妙,神物也。索直六百金"。又記罷官居家生活,可知晚清官員歸田後日常生活之細節。近有學者據影印本日記與手書原本比對,發現影印本有删改之處,主要與戊戌維新有關,或翁氏生前自改,或爲影印之際删改。

此本據民國十四年涵芬樓影印稿本影印。(何廣)

蘅華館日記不分卷 (清) 王韜撰 (第 576 册)

王韜(1828—1897),原名利賓,後改韜,字紫詮,號仲弢,長洲(今屬江蘇蘇州)人。秀才,道光二十九年(1849)赴滬入英國傳教士所辦墨海書館任編譯,曾遊歷英、法、日等國,又在香港創辦《循環日報》,後回滬任上海格致書院院長。著有《弢園文録外編》、《弢園尺牘》等。生平見《弢園文録外編》卷十一。

是書由《蘅華館日記》、《悔餘漫録》及《咸豐八年記事》組成。《蘅華館日記》所記,自咸豐八年(1858)十二月三日至咸豐十年六月二十一日。文末附交往者名録及住址,並附其曾祖以下尊親名諱等。《悔餘漫録》記同治元年(1862)避禍香港之事,自是年四月二十日至十二月八日。後有隨筆,記録在港六年生活,包括友朋來往之事及相關書函、詩詞,兼及香港風俗、英人習俗等,文末又附

《守山閣叢書目録》。《咸豐八年記事》,自此年十月一日至十二月二日,記述滬上之事,時間下接《蘅華館日記》。王韜交遊廣泛,故是書所記可見當時海上士林動態,如沈毓桂、龔孝拱(龔自珍子)、蔣敦復、李善蘭等人,皆記其行蹤及學問、技藝。是書於太平天國之事亦有反映,其好友周韻蘭自軍中回,言及西洋兵與太平軍作戰事,又言洪仁玕來信招撫等事,因記録之。王韜輾轉數地,是書記其經歷甚詳,又多録其詩詞尺牘,史料價值頗豐。

此本據上海圖書館藏稿本影印。(何廣)

三述奇八卷 (清) 張德彝撰 (第 576 册)

張德彝(1847—1918),原名德明,字在初,鐵嶺(今遼寧鐵嶺)人,漢軍鑲黃旗人。同治元年(1862)考入京師同文館,五年隨斌椿遊歷歐洲,其後八次出國,歷任隨員、翻譯、參贊、出使大臣等,在海外前後生活二十七年,又曾任光緒帝英文教師。每次出國均撰日記,皆以《述奇》爲名,自《航海述奇》、《再述奇》、《三述奇》直至《八述奇》。事跡參見臺灣明文書局《中國史學史辭典》。

是書前有湖北荆宜施道孫家穀序及同治十二年張氏自序,述撰述緣起。日記起同治九年十月,迄十一年正月,時以天津教案事,清廷遣崇厚出使法國致歉,德彝爲英文翻譯,歷法、英、美三國,依出行途程編爲八卷。凡所見山川風土、語言文字、草木鳥獸蟲魚種種事物,均詳加記述,其凡例稱,所敘瑣事不嫌累牘連篇,於機密政事則闕而不書。知張氏意在海外探奇,以資中西文化比較。張氏抵法,恰逢普法戰爭尾聲,得聞巴黎公社革命。乃筆録所見聞,則無意間保存絶佳史料,爲治法國革命史者所重視。如記述巴黎民衆起義,士兵拒絶向民衆射擊,及克列芒·托馬、勃康特兩將軍被槍殺之經過,又記述德法聯合鎮壓巴黎公社事,均親身經歷,故殊爲可貴。又記述崇厚爲教案事與法國交涉情狀,如呈遞

國書，備述涉事官員處理事，法國答書竟謂"貴國人民愚昧，如何將大國領事官打死？洵屬獲咎不淺"云云，崇厚僅能鞠躬答稱回華奏明皇帝云云。要之，所記內容繁多，不一而足，欲瞭解當時國人眼中所見世界，是書不可不讀。

此本據國家圖書館分館藏清同治十二年稿本影印。此本乃張氏後人於1951年交原北京圖書館（現國家圖書館）保存者。（何廣）

緣督廬日記抄十六卷　葉昌熾撰（第576冊）

葉昌熾（1849—1917），字頌魯，號鞠常，晚號緣督廬主人，長洲（今屬江蘇蘇州）人。光緒十五年（1889）進士，後為翰林院編修、侍講學士、甘肅學政等。家富藏書，於金石、版本之學造詣頗深。著有《語石》、《藏書紀事詩》等。《清史稿》有傳。

是書為葉昌熾《緣督廬日記》之摘抄，起同治九年（1870）閏十月十三日，迄民國六年（1917）九月十五日。由王季烈輯錄，於已梓行之古今體詩、往來酬酢無關宏旨之言，及規誨親朋之失而不願示人以傷忠厚者，皆節略刪削。成書後僅為原稿十分之四。書前有王季烈序，稱欲知近數十年學術興衰、風俗隆替、政治得失，皆可於是書中探求。所記四十餘年，時當清末民初，而地涉江浙、京城、甘肅等，除記錄葉氏治學、生活經歷外，亦曲折反映當時政治、文化、社會之變遷。

葉氏喜聚書，故是書於搜求古籍、尋訪碑刻、抄書刻書、評鑒版本、論列學人學術記載頗詳，如記歸安姚氏於蜀中刻遼金元韻書《遼龍龕手鑑》、《金五音集韻》、《元韻會》，洪北江後裔於鄂中重梓《北江全書》等，並感嘆云，當今海內昇平，遺經古籍及國朝儒先著述漸次開雕，有志之士，不患無書可讀矣。其視學甘肅時，記述敦煌藏經洞發現事甚多，如光緒二十九年（1903）十一月十二日，記收到敦煌寄來唐索公碑其陰、楊公碑、李大賓造象其

陰、佛教水陸道場圖、《大般涅盤經》寫本等。寫經出千佛洞石室中，室門熔鐵灌之，終古不開，前數年始發鍵而入。當時僧俗皆不知貴重，各人分取。又多記述當時朝政大事，如甲午戰爭、戊戌變法、庚子之亂、辛亥革命、張勳復辟等皆有記錄，可補正史之闕。

此本據民國二十二年上海蟬隱廬石印本影印。有1931年吳郁生序及1919年王季烈後序，每卷末均有校勘表。（何廣）

使西紀程二卷　（清）郭嵩燾撰（第577冊）

郭嵩燾，有《玉池老人自敍》，已著錄。

郭氏使英，自光緒二年（1876）十月十七日由上海乘船啟程，次年正月初八至倫敦，所歷之國十八，又英屬殖民地十四處，逐日記錄沿途見聞而成是書，凡五十一篇。

晚清國人遊歷外國所撰遊記、日記頗多，而是書影響最鉅。蓋諸書所記多浮泛見聞，東鱗西爪，而郭氏日記則非僅記錄，更多深思。其記地理尤詳，多證徐繼畬《瀛環志略》之誤。如途經亞丁，見亞丁與阿拉伯地勢相連，而徐書誤為一島。又注意各地政教制度之長，如過香港，記其學堂科目、課堂佈置。又觀其監獄，歎其管理有方。又於列強統治東方殖民地之事多有思考，如在錫蘭，見其王貧失其所，感慨西洋開闢藩部，意在坐收其利，一切以智力經營而不必覆人之宗以滅其國，故非專以兵取，此前古未有之局云。此種思考頗有遠見。又能正視西方政法之美，以為足資借鑒，如謂英、法、俄、美、德諸國創為萬國公法，西洋立國自有本末，誠得其道，則足以致富強而保國於千年，不得其道，其禍亦重。又云西洋立國二千年，政教修明，與遼、金崛起一時，倏盛倏衰，情形絕異。其至中國惟務通商，而窟穴已深，智力兼勝，當有應付處理之方，豈能祇以和與不和為斷。按當時規定，出使各國大臣應隨時咨送日記等件，故郭氏將此海上日記冠以《使西紀程》之名，送總理衙門刻板刊行。

以其中言西方政制之美，爲人疏劾，竟致有詔毀板，郭氏亦因此而辭任。

此本據湖北省圖書館藏清光緒刻《鐵香室叢刻》本影印。（何廣）

曾惠敏公使西日記二卷　（清）曾紀澤撰（第 577 册）

曾紀澤，有《曾惠敏公奏疏》，已著録。

是書爲曾紀澤光緒四年（1878）至光緒十二年出使英、法、俄時所撰，前後九年。上卷僅記光緒四年事，所述頗詳。如記臨行前受慈禧召見，稱於養心殿東間掀簾入，跪謝天恩，免冠叩頭，著冠起立，進至墊前跪聆聖訓。慈禧詢問出使種種事宜，涉及行程、隨員人選、駐外使節居住、懂否外文等，曾氏稱以讀書略識英文，略通英語，看文字較易，聽語言較難，又稱當時通行語言爲英語，外國以通商爲重，故各國人多能説英國話，而文劄往來則常用法文，如各國修約换約等事，即每用法文開列。又稱能洋文、洋語、洋學，與辦洋務係截然兩事，辦洋務以熟於條約、熟於公事爲要。又稱辦洋務難處在外國人不講道理，中國人不明事勢，中國臣民常恨洋人，但須徐圖自强，乃能爲濟，斷非毁一教堂、殺一洋人便算報讎雪恥。慈禧亦言“我們此讎何能一日忘記，但是要慢慢自强起來”云云。下卷記其後八年事，並非逐日記述，僅録其要。於沿途風物僅略及之，於西方政制、邦交、艦船之事則頗爲留意。所記每即事引申，如記訪法國下議院首領剛必達，即述法國改爲民主之邦，國之事權皆歸上下議院，並比較中國督撫與西方國家總統權責之差異。記述與各國使節交往、陛見各國元首等事，時時注意維護國體。其間曾駐俄國七月有餘，亦記與俄國談判改簽《伊犁條約》，挽回國家利權之事，惟頗簡略。又記與下屬談論當時西方國家政教多與中國古典《周禮》相合，以爲觀今日之泰西，則可知上古之中華，觀今日之中華，則可知後世之泰西云。

此本據浙江省圖書館藏清光緒十九年江南製造總局刻《曾惠敏公遺集》本影印。（何廣）

請纓日記十卷　（清）唐景崧撰（第 577 册）

唐景崧（1841—1903），字維卿，灌陽（今屬廣西桂林）人。同治四年（1865）進士，後爲吏部主事。光緒八年（1882）越南事急，自請赴越招撫劉永福黑旗軍，入越作戰。光緒十一年升福建臺灣道、臺灣布政使，署理臺灣巡撫。甲午戰敗割臺，臺灣軍民成立民主國，推爲大總統，不久棄職逃回廈門。更著有《詩畸》、《寄閑吟館詩存》、《看棋亭雜劇》、《謎拾》等。《清史稿》有傳。

是書記述唐氏自請招撫劉永福，深入越南與法軍激戰之事。所記自光緒八年七月至光緒十一年底。書後自跋稱己爲吏部主事十五年，潦倒於文選司中，而越南之難適起，乃伏闕上籌護藩邦之疏，赴越，大戰法軍。自出都門即逐日記之，而於光緒九年諸事記述最詳。光緒十年二月，北寧失守，稿棄城中，之後駐軍諒山巴壇嶺，情勢火急，僅能追憶記其大端而已。後回廣西龍州養病擱筆，至八月復領軍出關，則續有所記，而十二月十一日宣光戰役期間，廢不書。十一年則遵命班師入關，至光緒十四年於臺灣任内始編綴成書。又稱中外用兵以此次爲最久而接戰最烈，不可不記；南交忽屬泰西，爲二千年來未有之大變，不可不記；泰西爲我國讎，咸豐十年（1860）後，劉永福自起擊之，不可不記；書生走萬里，馱異域，梟將提一旅，偏師轉戰三年，目睹兵戎始末，不可不記。於是搜輯軍報，編綴舊稿，而成是書。於作戰之宏綱要蹟，始卒兼該，其中得失是非，足以備鑒來兹，而事必徵實，可使後世史官得所依據云云。是書乃事後追憶纂成，故當時日記之外，又引後事以資證明。義有未盡處，則用“請纓客曰”述之，則又非純爲日記也。

此本據清光緒十九年臺灣布政使署刻本影印。(何廣)

三洲日記八卷 (清)張蔭桓撰(第577册)

張蔭桓(1837—1900),字樵野,南海(今屬廣東佛山)人。納貲爲知縣,後爲道員、權山東登萊青道、安徽徽寧池太廣道、安徽按察使、入值總理各國事務衙門、太常寺少卿,又任出使美國、秘魯等國大臣,後屢遷太常寺卿、通政司副使、户部左侍郎等。戊戌政變後遭彈劾充軍新疆,曾論斬戍所,然不久平反。更著有《戊戌日記》、《鐵畫樓詩續鈔》等。《清史稿》有傳。

是書爲張氏奉命出使美國、日斯巴彌亚(即西班牙)、秘鲁三国期間所撰日記,起光緒十二年(1886)二月出洋,迄光緒十五年十一月返國。書成進呈御覽,命讎校付刊。書前有黄良煇序、光緒二十二年屠寄序、閻迺竹序,知當成書於此時。記述與三國外交交涉,又記華工於美洲開拓之功及所受非人虐待,並爲之伸張權益。如與美使交涉舊金山華人慘遭虐殺案件,稱已奉命遠來保護商民,責無旁貸。同治七年蒲安臣之約,華人來美,其時,美國志在開闢西境,招致華人惟恐不力。轉瞬而火車鐵路四達旁通,沿山煤鉄五金之礦采拓不竭,金山荒蕪之區蔚爲都會。微華人之力,曷克臻此。乃不數年而謀限制華工、而謀驅逐,甚且焚掠槍殺,慘毒不堪。閻迺竹序稱張氏蒞任伊始,值美國驅逐華工,苛禁虐例,公反復辯論,收賠款巨萬,爲歷來辦洋務之所無云。又記述爲國物色礦務人才,稱得盛杏蓀書,請代物色礦師,因黑龍江商辦金礦,欲得良工指導云云。又於沿途氣候、山川、民俗、物産,凡有所觸,例得備書。如其時國内流行墨西哥鷹洋,則記述鷹洋來歷,知中國現銷墨西哥鷹銀,係英商以中國暢銷而仿鑄,並非墨西哥錢幣。又詢問西人,知所仿若成色不僞即可通行,即美銀亦不禁人仿鑄。此類,於中國近代史研究不無助益。

此本據清光緒二十二年刻本影印。(何廣)

出使美日秘國日記十六卷 (清)崔國因撰(第578册)

崔國因(1831—1909),字惠人,號宣叟,太平(今屬安徽黄山)人。同治十年(1871)進士,歷庶吉士、侍讀、國史館編修等。後辭官從商。更著有《枲實子存稿》等。其出使美國、日斯巴彌亞、秘魯三國事,可參見《清史稿》卷一五六至卷一六〇之《邦交志》。

是書所記自光緒十五年(1889)九月初一抵美國華盛頓始,至光緒十九年八月初四自美國乘船回國止。所記先言身歷目睹之事,次述各國内政、經濟、軍事及其與清廷交涉事,又附按語,以達己意。是書於美洲華工備受苛虐情狀多所描述,稱秘魯田寮虐待華人,督工者鞭撻,晚則鎖脚置於黑監,工期已滿,仍復揞留,擅造合同,強擄入寮工作,日夜不息,私刑拷打。此時華人於美洲,足跡幾徧,古巴、秘魯之華人均以無約而受虐,自立約後稍有蘇緩。而厄瓜多、巴拿馬、智利、加拿大、檀香山等處,華人仍憔悴於虐政,使臣以與該國無約,辨詰無權,不過苟且補苴,終不能仗義執言。又記更换美國駐華大使秘聞,知清使館、總理衙門努力維護華人權益。李鴻章來電稱新任美國駐華公使布萊爾在議院詆辱華工過甚,主持立法苛禁,請美方另易人選,雙方折衝年餘,美國終不廢除苛禁華人之約,而布氏亦未能履任。所記有以見清廷外交窘狀,崔氏感嘆云:惟兩強相遇,則有理者可以求伸,以弱遇強,雖有理而無益。亦"弱國無外交"之寫照。

此本據清光緒二十年鉛印本影印。(何廣)

出使英法義比四國日記六卷 (清)薛福成撰(第578册)

薛福成(1838—1894),字叔耘,號庸盦,無錫（今江蘇無錫）人。同治四年（1865）入兩江總督曾國藩幕，爲曾門四弟子之一。同治六年中江南鄉試副榜，光緒元年（1875）上《應詔陳言疏》，一舉成名，入李鴻章幕。光緒五年作《籌洋芻議》，鼓呼變法。後署直隸宣化知府、浙江寧紹台道，任湖南按察使，充出使英、法、義、比四國大臣。更著有《庸盦文編》《續編》《外編》《籌洋芻議》《出使奏疏》等，彙編爲《庸庵全集》。《清史稿》有傳。

薛氏自光緒十六年（1890）正月至光緒十七年（1891）二月末奉旨出使英、法、義、比四國，是書即當時所撰日記，自序稱據所親歷筆之於書，或采新聞，或稽舊牘，述事之外則抒胸臆之議，於瀛環形勢、西學源流、洋情變幻、軍械更新多有論議。是書考校諸書者約十分五六，餘即據見聞記述。多記述薛氏收利權於西國，念流寓於南洋事跡。如繼前任郭嵩燾、曾紀澤，致力於南洋各島設立領事，時英方多方推脱，薛氏則據理力争，最終英方稱已領悉而無異言。又記出使期間，爲國内各省代購各種機械，更深入瞭解致遠、靖遠二艦建造情形，詳記二艦規制。又論及郭嵩燾嘗歆羨西洋國政民風之美，曾訝其言之過當，此次來遊歐洲，親眼所見，始知其説可信。又記中英早期外交事件，稱於英國外交部得見黄綾包裹一匣，庋存已七十餘年，相傳由中國寄來，今始啟視，則匣内有黄綾包裹竹筒一隻，内有函軸一，展視之則爲嘉慶二十一年（1816）仁宗睿皇帝賜英吉利國王之勅諭，以清滿文、漢文、臘丁文同時書寫，殊爲珍貴。蓋當年嘉慶帝欲英國來使行跪拜禮，英使不從，遂令其回國，而此勅諭則隨後由粤海關監督交洋商齎寄倫敦。他如記述巴黎蠟人館、油畫院等，讀之如臨其境。

前序後跋，均薛氏自爲，正文前有致總理衙門咨文。

此本據清光緒十八年刻本影印。（何廣）

出使日記續刻十卷　（清）薛福成撰（第578—579册）

薛福成，有《出使英法義比四國日記》，已著録。

是書爲《出使英法義比四國日記》之續作，所記自光緒十七年（1891）三月朔至二十年五月。薛氏原擬出使卸任東歸後刊刻，然抵滬後即病殁，由其子薛瑩中校録，釐爲十卷，刊刻行世。詳記出使四年事，如籌議滇緬分界，既得科干等地，並收回車里、孟連兩土司全權，名動朝野，時論以爲自簡使出洋以來不辱君命之才。其中折衝樽俎之曲折，言之甚詳，可補正史所未詳。此外如理論帕米爾坎巨提等部、籌設南洋各島、香港、仰江（光）領事以及争論教案、豁除海禁等事，動關大局，事雖或成或不成，皆備加記述。是書於采輯各國地志多所致力，各洲主要國家俱録之，雖非專書，猶可觀其地理形勢。於清國鄰邦邊地則追源溯流，考求沿革，以爲外交勘界之助。又論歐洲立國以商爲本，則其富國强兵實基於此。又多摘録海關貿易總册，於各國財賦出入亦擷其總數，頗有助於近代經濟史之研究。又記當時洋務事，如中國各局繙譯西書，十數年來，地球繞日之説、電氣致用之宜、汽力運動之故，以及照影、石印、水電、鐵路諸大端，幾於無人不講，足見開通風氣之功。又記户部庫款匱乏，十四年以來歲計簿册並無刊本，滬關積年存出使經費一百九十萬兩，由從前積存而來，無論何項急需，不得挪動，前月海軍衙門則奏提一百萬兩作萬壽山工程云。

此本據清光緒二十四年刻本影印。（何廣）

忘山廬日記不分卷　孫寶瑄撰（第579—582册）

孫寶瑄（1874—1924），字仲璵，或作仲愚，號忘山居士，錢塘（今屬浙江杭州）人。以蔭生爲部主事，後補員外郎，曾任工部行走、郵傳部庶務等。民國後,任寧波海關監督。更著有《忘山廬詩存》等。《晚清七百名人圖鑒》有傳。

是書初名《梧竹山房日記》,後據佛氏"見道忘山"義,改稱今名。是書有 1941 年葉景葵識語,稱孫氏自光緒十九年(1893)始記日記,所存已非完本。1953 年,顧廷龍訪到日記遺本一冊,題名《日益齋日記》。此本所輯爲光緒十九年、二十年、二十三年、二十四年、二十七年、二十八年、二十九年、三十二年、三十三年、三十四年凡十年,始自十九年十一月初二終三十四年除夕。是書所記乃作者身經耳聞之事,有所感悟筆錄於紙,自稱所編日記欲命名爲清談,分爲談道、談理、談政、談事、談人、談物、談文、談名、談俗、談時、談趣等目。又自訂規則三條:每日所作事,無論邪正善惡,皆直書,不得諱飾;日記中不訾議人,亦不無端讚美人,惟没世者不在此例;凡用他人論説,可筆諸日記,但不得攘爲己有,須以某某曰標明。且稱此三條當爲日記之金科玉律。所記恰當晚清大變革時期,孫氏久居京滬,於當時大事如甲午戰争、戊戌變法、中俄東三省密約、江浙士紳争路權、革命黨人徐錫麟刺殺恩銘等,均有記述,足爲史著佐證。又記孫氏交遊,如與盛宣懷、梁啓超、譚嗣同、嚴復、張元濟、章炳麟等及外籍人士均有過從,討論時政,切磋學問。又記其平日所讀之書,除中國古典外,又習日文,讀西書,如《政治學》、《國法泛論》、《政治學提綱》、《譯書彙編》、《萬法精理》、《民約論》、《政治哲學》、《天演論》、《佐治芻言》、《國家學》、《物競論》、《理財學》、《日本制度提要》、《日本政黨小史》、《政法論》等,可知當時士人讀書風習丕變,稱常購各種新書,東學輸入我國不少,新書新報年出無窮,支那人腦界於是不得復閉。孫氏久居滬上,故又多記海上風土、名勝、園林,可徵一時之繁華風雅。更多記友朋酬酢,家庭瑣屑及詼諧狎邪諸事,頗可觀覽。

此本據上海圖書館藏抄本影印。(何廣)

蕈香館使黔日記九卷 (清) 嚴修撰 (第582—583 册)

嚴修(1860—1929),字范孫,號夢扶,天津(今天津市)人。光緒九年(1883)進士,後爲翰林院編修,任貴州學政、學部左侍郎等。民國成立後,屢辭教育總長不就。興辦教育,創設南開大學。更著有《嚴修東遊日記》、《蕈香館手札》、《嚴范孫先生遺著》等。事跡見自訂《嚴修年譜》。

嚴氏數十年所撰日記,久藏於家,去世後,由章鈺整理,分爲翰林院、視學貴州、學部侍郎、退休四期。修子持約欲先印視學時日記,未成而去世,終由其弟季約、季聰印出。所收日記自光緒二十年九月至光緒二十四年閏三月,錄其貴州視學始末及治學、生活諸事。詳記嚴氏案臨各屬舉辦科舉考試經過,記述當時科場制度、掌故、弊案及勸學等事。按嚴氏當時曾有《奏請設經濟專科摺》,籲請於傳統制藝之外,更設立經濟專科考試,統以經濟專名以別舊時科舉。此摺倡導教育改革,當時轟動朝野,是書於此摺醖釀草擬過程言之甚詳。嚴氏深通中學,復傾心西學,是書亦記其學習洋文事,稱請人每日來署口授,兼譯《算書》,月酬八金云云。又記録貴州風土、民情、人物、山水、物産及名勝遊覽之文,有可觀者。所記使黔行程,可窺當時學官出行種種例規。嚴氏爲文謹慎,不臧否人物,不評論時事,可見其爲人寬厚處。

此本據民國二十四年影印稿本影印。(何廣)

辛丑日記不分卷 (清) 華學瀾撰 (第583 册)

華學瀾(1860—1906),字瑞安,天津(今天津市)人。光緒十二年(1886)進士,歷官翰林院庶吉士、編修,充貴州鄉試副考官、充會試同考官等。更著有《庚子日記》、《瑞安算書》等。見陶孟和撰本書序。

華氏日記存世不多,今僅見《庚子日記》、《辛丑日記》,前者自光緒二十六年四月十七日至十二月三十日。本書續記之,自光緒二十七年正月元旦至十二月初十,記錄華氏自天津入京,銜命赴貴州襄理鄉試,事畢北歸經歷。前有陶孟和序,依行止分日記爲數節。記事詳細,有以見清季京官及外放任職之生活圖景。如閑居天津時記日常會客晤友,拜答酬唱,庚子之變後,洋人來華日多,曾結識日本浪人,言語不通,以筆作談。居京時則記會晤親朋、同鄉、同年乃至公署耳聞目睹各種政事,謂當時各國來信列舉大小臣工一百四十餘人,以其助義和團排外,而請朝廷懲辦,有發極邊充軍永不釋回者,有革職永不敘用者,而鄭文欽一員非斬立決不可,聞已照辦云云,列強逼迫朝廷懲辦官員之事於此可見。書中記自北方至貴州往返,有各地人物、名勝,亦有當時官場報喜、拜答、刻章、印名片、置辦衣履及各地迎送、供張之情,可以考見當時官場種種細節。於貴州鄉試,則記其迴避、保密、閱卷、放榜制度及過程,所述生動細緻。是書爲辛丑年日記,故當年張之洞、劉坤一會奏變法三疏、李鴻章卒、兩宮回鑾等大事,亦有述及。

此本據民國二十五年商務印書館鉛印本影印。(何廣)

英軺日記十二卷　(清)載振撰(第583冊)

載振(1876—1947),滿洲鑲藍旗人,奕劻長子,字育周,晚號樂有餘堂主人。光緒二十八年(1902)充頭等專使大臣,赴英國賀英王加冕。後授商部尚書、充編纂官制大臣、弼德院顧問大臣。民國後寓居天津。《清史稿》有傳。

光緒二十八年英王愛德華行加冕禮,清廷命載振爲專使,兼應比、法、美、日諸國之請,周歷各國,是書即此行日記。前有序,述出使緣由,記諸國概貌,署名載振,實由唐文治屬稿,沈子培潤飾。是書記出使至回京之經歷,記事之餘,又附議論。其重點不在記敘各國地理、外交禮節、參觀活動等,而務在考求各國政治、學術、律令、典章及工商農業等,以求由此而知各國政制之大要,識諸國發達之大端。每日先記有關活動,繼以"案"、"考"以述各國規章制度,欲爲中國之參照,可知晚清大員學習借鑒西方之深意。

此本據天津圖書館藏清光緒二十九年上海文明書局鉛印本影印。又有劉錫鴻出使英國時所著《英軺日記》,則爲同名異書。(何廣)

地理類

輿地紀勝二百卷(存一百六十七卷)　(宋)
王象之撰(第584—585冊)

王象之(1163—1230),字儀父,或作肖父,東陽(今屬浙江金華)人。南宋寧宗慶元二年(1196)進士,先後任長寧軍文學、潼川府文學、江西分寧知縣、江蘇江寧知縣等。中年隱居著述,更著有《輿地圖》、《輿地碑記目》等。元代吳師道《敬鄉集》卷一二、《浙江通志》卷一九三有傳。

是書於南宋寧宗嘉定十四年(1221)至理宗寶慶三年(1227)間編纂,州縣沿革記至此時,所收範圍限於南宋統轄地區,自行在所臨安府至劍門軍,記載府、州、軍、監凡一百六十六處,或有府、州分上下兩卷者,故合爲二百卷。各府、州先述監司駐地,再述府州沿革及屬縣沿革,又按風俗形勝、景物、古跡、官吏、人物、仙釋、碑記、詩、四六等十二類記述其地事跡、人物、制度等。其中《景物》類收錄各地山水井泉、亭堂樓閣、佛寺道觀,與他志分類不同。是書於時存各地方志、圖經數百種多有節錄,而於西蜀諸郡尤詳。節錄他書之下,王氏又附案語考訂,時人贊其采摭富而考究精。又有《輿地圖》十六卷與是書相輔。是書所引圖書如《高宗聖政》、《孝宗聖政》、《中興遺史》等已佚,故保存了不少宋史文獻,於宋代地理史實頗具參考價值。是書又於縣以下地名多有解釋,詳於《元和郡縣志》、《太平寰宇記》、《輿地廣記》。惟引據他書時未能就其錯誤盡加釐正,此其不足。

是書宋時有刻本傳世,明代曾單刻其中碑記之目爲《輿地碑記目》四卷,《四庫全書》著録於史部目録類,而未收是書。阮元《四庫未收書目提要》有是書提要,稱未見傳本,而據江南所得影宋鈔本撰寫提要,時已有闕卷:自卷一三至一六、卷五〇至五四、卷一三六至一四四、卷一六八至一七三、卷一九二至二〇〇,共闕三十三卷,另有十七卷亦有缺頁,則注明於目録卷數之下。劉文淇及其子毓崧據張鑑、吳蘭修、許瀚等人校記、按語,又參考其他史書、文集,於道光二十七年(1847)撰《輿地紀勝校勘記》,岑建功次年撰《輿地紀勝補闕》,據各書所引《輿地紀勝》輯録而成,均可參考。

此本據國家圖書館藏清影宋抄本(清抄本配補)影印。又有清道光二十七年岑氏刊本。(李濬陽)

歷代地理指掌圖一卷　　(宋) 稅安禮撰 (第585 冊)

稅安禮,生卒不詳,巴縣(今屬重慶)人。《(乾隆)巴縣志》卷九稱安禮博通經史,熟掌故,遍遊名山大川,作《禹貢指掌圖》,正訛糾謬,考據詳明,有功《書》傳,學者宗之。

是書成於北宋哲宗元符年間(1098—1100),陳振孫《直齋書録解題》卷八有是書解題,稱稅氏既撰是書,欲獻之朝,未及而卒,書肆所刊皆削去其名,而是書蜀本有涪右任愷序,言安禮撰作甚詳。後之刊本卷前有題名蘇軾序,趙亮夫、王應麟等均以爲蘇軾作。然蘇軾集中未言及是書,亦無此序,且是書末

一圖《州郡廢置》有晚至南宋高宗紹興三十二年(1162)者,故序當非蘇軾作。

是書記録帝嚳迄北宋歷代疆域地理,凡四十四篇,卷末更有總論一篇,除總論外,各篇皆有圖,圖下有文字注説,以辨相關地理、民族、疆域等事。最先爲《古今華夷總括》,内有《古今華夷區域總要圖》,附注中則有辨古今州郡區域、古今地理廣狹、辨北狄、辨西域、西羌盛衰、辨遼東、辨東夷、西南夷、辨夏國、甘涼五州、辨日南、辨五嶺、辨天竺、溪洞蠻、海南國名、西域國名等項,次爲《歷代華夷山水名圖》,附注辨四瀆、辨三江、辨河源、辨九河、辨江淮汴泗等,知是書以圖爲主,以文字注説爲輔,而所分四十四篇,名目又不僅據歷代王朝。《華夷總括》及《山水名》之後,則題爲帝嚳九州、舜十有二州、禹跡、禹九有、周職方、春秋列國、七國壤地圖、秦郡縣天下、劉項中分、西漢郡國、西漢異姓八王、西漢吳楚七國、東漢郡國、三國鼎峙、西晉郡國、東晉中興江左、劉宋南國、蕭齊南國、蕭梁南國、陳氏南國、元魏北國、高齊北國、後周北國、隋氏有國、唐十道、唐郡名、唐十五采訪使、唐藩鎮疆界、朱梁及十國、後唐及五國、石晉及七國、劉漢及六國、郭周及七國、天象分野、二十八舍辰次分野、唐一行山河兩戒、雜標地名、聖朝太祖肇造、聖朝太宗統一、元豐頒行九域、聖朝化外州郡、聖朝升改廢置州郡等篇,因知歷代王朝疆域之外,又有天文分野及雜標地名等項,於中國古代地理及其觀念研究頗足珍貴。

此本據宋代刻本影印,卷末葉有"西川成都府西俞家印"一行。此外國家圖書館、中國科學院圖書館有明刻本,北京大學圖書館又有清代手繪本。(李濬陽)

太平寰宇記補闕六卷　　(宋) 樂史撰 (第585 冊)

樂史(930—1007),字子正,宜黃(今江西宜黃)人。南唐時已爲官,入宋,先後爲平原

主簿、著作郎、太常博士、水部員外郎、舒州知州等。更著有《貢舉事》、《登科記》、《唐登科文選》、《廣卓異記》、《楊太真外傳》等。《宋史》有傳。

《太平寰宇記》全書原爲二百卷，傳世者均非完本，《四庫全書》收有浙江汪氏呈進鈔本，其卷四及卷一一三至一一九皆缺。是書據日本收藏宋殘本得卷一一三至一一八，計六卷，爲江南西道之岳州、興國軍、潭州、衡州、邵州、道州、永州、全州等。卷末有楊守敬光緒九年（1883）跋，謂《太平寰宇記》宋刊本久已失傳，《四庫》所收本實闕八卷，楊氏在日本據森立之《訪古志》知有《寰宇記》一書藏楓山官庫，乃請黎庶昌公使托日本太政大臣借出，與近刻本校勘，知亦爲殘闕宋本，存不及半，然中有卷一一三至一一八，可補國內諸本之缺，而其中卷一一四尾又缺醴陵、瀏陽等五縣，遂刊入《古逸叢書》，卷首保留樂史當時上書表。楊氏稱此本可考校他書之誤，如錢大昕《養新錄》稱《元史·地理志》云至元十三年改敦化縣爲郴陽縣，楊氏疑"敦"字犯宋諱，宋不得有敦化縣名，據《輿地紀勝》引《寰宇記》知爲後晉天福初所改，後漢初年復舊，《養新錄》所言有誤，而此本則與《輿地紀勝》悉合。又此本所引逸書逸事甚多，可資校勘之用。卷末又附黎庶昌光緒九年爲借此本致日本太政大臣公函及太政大臣回函，可知來之不易。

此本據清黎氏影刻《古逸叢書》本影印。（李濬陽）

大明清類天文分野之書二十四卷　（明）劉基等撰（第585—586冊）

劉基（1311—1375），字伯温，青田（今浙江文成）人。元至順元年（1330）進士，後投奔朱元璋，爲明代開國元勳，明初爲弘文館學士、開國翊運守正文臣、資善大夫、上護軍等，封誠意伯，卒謚文成。更著有《郁離子》、《覆瓿集》等，後人彙其詩文爲《誠意伯文集》。《明史》有傳。

是書成於洪武十七年（1384），依分野説區劃天下，以歷代所分有所不同，故就明初行政區劃，參新舊《唐書·天文志》，重行劃分，將直隸府州縣、十三布政司州縣及遼東都指揮使屬衛所分配至天文十二分野之星次。其斗牛，吳越分野，有應天府、太平府等地；女虛危，齊分野，有濟南府、青州府等地；室壁，衛分野，有衛輝府、彰德府等地；奎婁，魯分野，有兗州、莒州、沂州等地；胃昴畢，趙分野，有真定府、廣平府等地；觜參，晉分野，有太原府、平陽府等地；井鬼，秦分野，有西安府、鳳翔府等地；柳星張，周分野，有河南府、南陽府等地；翼軫，楚分野，有武昌府、荆州府等地；角亢，鄭分野，有開封府、汝寧府等地；氐房心，宋分野，有歸德州、睢州、濟寧府等地；尾箕，燕分野，有北平府、保定府等地；最末爲古朝鮮星分，屬於箕宿。各府州縣之下又細述其歷史沿革，於瞭解古人特定天人觀洵有價值。

此本據南京圖書館藏明刻本影印。（李濬陽）

寰宇通衢不分卷　（明）佚名撰（第586冊）

此書不著撰人。《四庫全書總目》地理類存目提要稱"明洪武中官撰"。

是書詳記明初全國交通路網、驛站分佈及水馬驛程。黃虞稷《千頃堂書目》稱於洪武二十七年（1394）九月書成。時明太祖以疆域遼闊，各地道路里數不可無書紀之，乃命翰林儒臣以天下道里之數類編成書。是書以南京爲中樞，分天下爲方隅八。如東至遼東都司，道路有二，馬驛六十四處，全長三千九百四十四里；水馬驛四十處，全長三千四。餘七方爲：西至四川松藩衛、南至廣東崖州、北至北平大寧衛、東南至福建漳州、西北至甘肅、東北至開原、西南至雲南金齒。各方有道路一二不等，馬驛及水驛數量不等。更詳記驛間里數並各驛站名稱等。

此本據國家圖書館藏明刻本影印。(李濬陽)

廣輿圖 (元)朱思本撰 (明)羅洪先 (明)胡松增補(第586冊)

朱思本(1273—?),生卒不詳,字本初,號貞一,臨川(今屬江西撫州)人。學道於龍虎山,元成宗大德三年(1299)奉正一道宗師張留孫之命赴大都。元武宗至大四年(1311)起十年間,奉詔代祀各地名山大川,據實地考察,參校《水經注》、《通典》、《元和郡縣志》、《元豐九域志》、《大元一統志》等,以"計里畫方"法繪出各地分圖,又合爲總圖,其圖廣七尺,幅面四十九平方尺,名爲《輿地圖》,共二卷。後隱居龍虎山中,不知卒年。其詩文則彙爲《貞一齋詩文稿》。事跡見《輿地圖》自序。

羅洪先(1504—1564),生卒不詳,字達夫,號念庵,吉水(今江西吉水)人。明嘉靖間(1522—1566)進士,著有《易解》、《冬遊記》、《羅洪先全集》等。《明史》有傳。

胡松,生卒不詳,字汝茂,滁州(今安徽滁州)人。嘉靖八年(1529)進士,先後爲東平知州、山西提學副使、吏部尚書。著有《黑織肅集》、《滁州志》等。《明史》有傳。

是書爲羅洪先就朱思本《輿地圖》加以增補者,《明史·藝文志》著錄爲"羅洪先增補朱思本《廣輿圖》"。將朱氏《輿地圖》中兩直隸、十三布政司圖幅縮小,據明制更改地名並詳加記注,曾參考李澤民《聲教廣披圖》、許論《九邊圖論》等地圖十四種。是書有《輿地總圖》一幅、兩直隸及十三布政司圖十六幅,乃據朱氏《輿地圖》改繪,又有《九邊圖》十一幅,《洮河》、《松潘》、《虔鎮》、《麻陽》諸邊圖五幅,《黃河圖》三幅,《漕河圖》三幅,《海運圖》二幅,《朝鮮》、《朔漠》、《安南》、《西域》圖四幅,《東南海夷圖》、《西南海夷圖》、《四夷圖》各一幅,則羅洪先增繪者。其後胡松刻本復增《日本》、《琉球》二圖。是書製圖依

一定比例尺,比例尺大小因圖而異。以寫景法表示山脈,以雙曲線表示河流,湖泊則圓圈加繪波紋。地名分別采用方、圓、菱形多種符號定點,名稱注記於符號之側。全書共用圖例符號二十四種,並有文字説明。《廣輿圖》以總圖配分圖,記錄明嘉靖三十二年(1553)時全國行政區劃、關隘、河流、邊塞控守形勢等,又以附表記錄行政設置、軍隊駐防、鹽糧物產情況,爲考察明代地理、行政及軍備物產等提供可靠資料。其製圖方法在西方地圖學傳入之前最爲精確。

此本據國家圖書館藏明嘉靖刻本影印。(李濬陽)

肇域志(存江南十一卷、浙江二卷、山東八卷、山西五卷、河南四卷、湖廣三卷、陝西十卷、云南二卷、貴州一卷、廣東二卷、福建二卷) (清)顧炎武撰(第586—595冊)

顧炎武,有《聖安記事》,已著錄。

是書據《一統志》及各省府州縣志,並參考二十一史、實錄、奏疏、文集、筆記、圖經、碑刻等多種文獻,且經作者南北往來實地考察,綜匯而爲明代地理總志。所據方志即多達一千餘種,故全書內容詳備,超越《明一統志》及《讀史方輿紀要》等。今存已非全書,僅存題記所示省,各省均分沿革、形勢、城廓、山川、道路、驛遞、街市、坊宅、兵防、風俗、寺觀、水利、陵墓、郊廟等項,亦有另設食貨、官職等類者。其記各地名山大川及古跡外,更收錄諸多小山、支水、鹽場、坑冶、鎮市、渡口、巡檢司及課税司所在地等。是書引用不少稀見方志及專書等,可據以校勘其他古籍。且其內容多與國計民生相關,故又可據以瞭解明代社會實情。顧氏一生邃於地志之學,心力之所聚,尤在是書及《天下郡國利病書》,二者互參始能知其價值。

此本據上海圖書館藏清抄本影印。(李濬陽)

天下郡國利病書一百二十卷 （清）顧炎武撰（第595—597册）

顧炎武，有《聖安紀事》等，已著録。

是書一百二十卷，康熙初年編定成書，後又不斷增改，終未定稿。首爲輿地山川總論，次分南北兩直隸及十三行省，論述其地理形勢、水利、糧額、屯田、置官、邊防、關隘等。以南直隸分十二府，而他省不分府，故南直隸記載最詳。各省前均有地圖，名曰“圖録”，又記録西域、交趾及海外諸國。是書編撰宗旨在探求各地利病，故重點輯録兵防、賦税、水利情況，於邊疆形勢及沿革敘述最詳，全國各地山川形勢、險要、衛所、城堡、關寨、島礁、烽堠、民兵、巡司、馬政、草場、兵力配備、糧草供應、屯田及曾經之民衆起事等，無不詳述。所采方志、實録、文集、邸抄、碑刻等，不少已失傳，故尤爲珍貴。

此本據《四部叢刊》影印稿本影印，稿本原作三十四册，然闕第十四册。又有清道光刻光緒五年蜀南桐花書屋薛氏家塾補刻本及光緒二十六年廣雅書局刻本。（李濬陽）

讀史方輿紀要一百三十卷 （清）顧祖禹撰（第598—612册）

顧祖禹（1631—1692），字端五，又字復初，號景范，無錫（今江蘇無錫）人，居無錫城東之宛溪，故稱宛溪先生。入清後改名隱，字石耕，自號宛溪子。康熙二十六年（1687）助徐乾學編纂《大清一統志》，更著有《形勢紀要》。《清史列傳》卷七〇有傳。

是書按明末政區劃分，分别敘述各地歷代疆域形勢及歷史沿革，以史爲主，以志證之，綜述各地山川險易，古今用兵戰守攻取之宜，興亡成敗得失之跡，分論各省形勢、物産户口、邊腹要地設防、兵員糧餉等情況，記述各地歷代戰爭與地形之關係，又附《輿地要覽圖》等三十六幅，並有沿革表三十五種，可與文字敘述相參證。是書以歷代地理形勢、沿革、區劃與歷代戰史合爲一體，爲地理書之創新，時人譽爲數千百年絶無僅有之書，素爲兵家所重。

此本據上海圖書館藏稿本影印，又有嘉慶十七年龍氏刻本。（李濬陽）

大清一統志五百六十卷 （清）穆彰阿（清）潘錫恩等纂修（第613—624册）

穆彰阿（1782—1856），字子樸，號鶴舫，别號雲漿山人，郭佳氏，滿洲鑲藍旗人。嘉慶十年（1805）進士，歷任軍機大臣、翰林院掌院學士、兵部尚書、户部尚書、協辦大學士、軍機大臣等。《清史稿》有傳。

潘錫恩（？—1836），字純夫，又字芸閣，涇縣（今安徽涇縣）人。嘉慶十六年（1811）進士，先爲庶吉士，後授翰林院編修、侍讀學士、南河副總河、光禄寺卿、左副都御史、兵部侍郎、吏部侍郎、江南河道總督等。《清史稿》有傳。

《大清一統志》爲清代官修地理總志，自康熙至道光共歷三編。康熙二十四年至乾隆八年（1685—1743）初編，共三百四十卷，由徐乾學、方苞等主其事。含京師、十八省，統府州縣一千六百餘，並記外藩屬國五十七，朝貢之國三十一。各省先爲統部，冠以圖表，次述分野、建置沿革、形勢、職官、户口、田賦、名宦等，各州府復先立一表，次述分野、建置沿革、形勢、風俗、城池、學校、户口、田賦、山川、古跡等。乾隆二十九至四十九年（1864—1784）續修，和珅任總裁，增爲四百二十四卷，門類仍舊，而内容加詳。此本爲第三修，題《嘉慶重修一統志》，開編於嘉慶十七年（1812），至道光二十二年（1842）告竣，初由潘錫恩爲總纂，後由穆彰阿主其事，增至五百六十卷，所載止於嘉慶二十五年，增《皇輿全圖》於全書卷首，新增“税課”等門類。是書體例嚴謹、考核精詳，集圖、表、志於一書，又多次續修，不僅記載内地行政區劃，更詳録邊疆域止及各少數民族地區,以及與周邊諸國關係,爲歷來全國總志集大成之作。

此本據《四部叢刊續編》影印清史館藏進呈寫本影印。(李瀋陽)

乾隆府廳州縣圖志五十卷 (清)洪亮吉撰(第625—627冊)

洪亮吉(1746—1809),字君直,一字稚存,號北江,陽湖(今屬江蘇常州)人。乾隆五十五年進士(1790),歷官翰林院編修、督貴州學政等,入直上書房,因上書觸怒嘉慶帝,下獄論死,改流伊犁,百日後釋放回籍。更著有《春秋左傳詁》、《北江詩話》及文集等。《清史稿》有傳。

是書乾隆五十三年(1788)成書,分省敘述歷史沿革、府境、四至八到、土貢種類。京師順天府、興京盛京奉天府爲一卷,十九布政使司所轄爲四十七卷,牧廠、新疆、外蕃爲一卷,朝貢諸國爲一卷,記載各地疆域、山川、河渠、場所、道路等,附圖二十一幅。體例謹嚴,簡要不雜。古今地名、水道,一以《禹貢》、《山經》、《左傳》、兩《漢書》爲准,盡錄其文,有益於民生國計者,亦一一登載。尤於水之源委,疏記獨詳。圖不能詳,則輔以表。《一統志》浩繁,是書則爲摘要之本。卷首有洪氏自序、參校姓氏、目錄,目錄後有于宗林跋。

此本據復旦大學圖書館藏清嘉慶八年刻本影印。又有光緒二十三年新化三味書室刻本。(李瀋陽)

〔光緒〕畿輔通志三百卷首一卷 (清)李鴻章等修 (清)黃彭年等纂(第628—640冊)

李鴻章,有《李文忠公奏稿》,已著錄。

黃彭年(1824—1890),字子壽,號陶樓,晚號更生,貴筑(今貴州貴陽)人。道光二十七年(1847)進士,選爲翰林院庶吉士,授編修,曾主講關中書院,後爲湖北襄鄖荊道、湖北布政使、湖北巡撫等。著有《東三省邊防考略》、《歷代關隘津梁考存》、《陶樓詩文集》等。《清史稿》有傳。

《畿輔通志》初修於康熙十九年(1680),直隸巡撫于成龍、格爾古德先後監修,翰林編修郭棻任總纂,成書四十六卷,分爲二十二門。雍正七年(1729)重修,直隸總督唐執玉、劉于義等先後監修,田易、陳儀等人先後修纂,成書百二十卷,分三十一門。此後一百四十年,於同治十年(1871)至光緒十二年(1886)三修,李鴻章時爲直隸總督、北洋欽差大臣,與兵部尚書署直隸總督張樹聲任總裁,陝西等處提刑按察使黃彭年任總纂,與其事者八十餘人,成書三百卷,有紀、表、略、錄、傳、識餘、敘傳等體。各體下又各分題子目若干,如《帝制》紀下更分題詔諭、宸章、京師、陵寢、行宮等子目,表題歷代府廳州縣沿革表、封建表、職官表、選舉表等。略則分題輿地、河渠、海防、經政、前事、藝文、金石、古跡八類,各略下又有若干子目,錄有"宦績"一類,按年代收錄,傳題列傳、雜傳二類,《識餘》包括拾遺、述異、方伎、仙釋四類,而以《敘傳》收束全書。全書類目詳盡,編排有序,廣徵博引,兼有專人實地采訪,於雍正重修以來百四十餘年間文獻資料搜羅完備。

此本據1934年商務印書館影印清光緒十年刻本影印。又有北洋官報局清宣統二年石印本。(李瀋陽)

〔光緒〕山西通志一百八十四卷首一卷
(清)曾國荃 (清)張煦等修 (清)王軒 (清)楊篤等纂(第641—646冊)

曾國荃(1824—1890),又名子植,字沅浦,號叔純,湘鄉(今湖南雙峰)人,曾國藩九弟。貢生出身,先後任河道總督、山西巡撫、浙江巡撫、湖北巡撫、陝西巡撫、山西巡撫、河東河道總督、陝甘總督、兩廣總督、兩洋通商大臣等,卒謚"忠襄"。撰有《曾忠襄公奏議》,曾與郭嵩燾等修纂《湖南通志》。《清史稿》

有傳。

張煦（1822—1895），字藹如、南坡，號南浦。靈州（今寧夏靈武）人。咸豐三年（1853）進士。歷官刑部主事、貴州司員外郎、雲南司郎中、貴州鎮遠府知府、陝西巡撫、湖南巡撫等，光緒十八年（1892）改任山西巡撫，卒於任。《清史列傳》卷五九有傳。

王軒（1823—1887），字霞舉，號顧齋，晚號壺翁。洪洞（今山西洪洞）人。同治元年（1862）進士，曾官兵部主事，後請假歸里。長於地理、曆算、金石之學，著有《山西疆域沿革圖譜》、《算學三書》等。光緒五年（1879），時任山西巡撫曾國荃奏準重修《山西通志》，聘王氏爲總纂，該書體例基本成於王氏之手。王氏汲取諸家通志之長，擬定《山西通志》體例宗旨爲："圖以辨方，譜以序世，考以稽古，略以紀今，紀以述事，錄以存人。"惜《通志》未成而病故。事見常贊春《山西獻徵》卷五及楊恩溁編《顧齋簡譜》。

楊篤（1834—1894），字維利，號鞏同，晚號東瀆老人。鄉寧（今山西鄉寧）人。同治三年（1864）舉人。與張之洞、吳大澂等人遊，學問精進，後經潘祖蔭薦，主講直隸西寧（今河北陽原）宏州書院，受聘修《西寧縣志》，又應聘纂修或刪正代州、繁峙、五臺諸州縣志。光緒五年被聘《山西通志》分纂。後總纂王軒謝世，楊氏勇挑重擔，勉力續成之。事見常贊春《山西獻徵》卷六。

書前有纂修職官名錄，曾國荃署爲兵部尚書、兩江總督，前山西巡撫，張煦署爲兵部侍郎兼都察院右副都御史、山西巡撫，又王軒署爲賜進士出身、前兵部主事職方司行走，爲總纂，楊篤時爲國子監典籍銜襄垣縣教諭，任纂修。其他官員及紳士各三十餘人。

是書成於光緒十八年（1892），分圖、譜、考、略、記、錄六門。圖二種：《疆域圖》、《府州縣圖》；譜六種：《沿革譜》、《星度譜》、《三代世譜》、《秦漢以來別譜》、《職官譜》、《貢舉譜》；考四種：《府州縣考》、《山川考》、《關梁考》、《古跡考》；略七種：《田賦略》、《水利略》、《鹽法略》、《秩祀略》、《學制略》、《營秩略》、《公署略》；記七種：《巡幸記》、《荒政記》、《大事記》、《經籍記》、《金石記》、《風土記》；錄十二種：《名宦錄》、《鄉賢錄》、《忠烈錄》、《孝友錄》、《義行錄》、《仕實錄》、《儒行錄》、《文學錄》、《隱逸錄》、《藝術錄》、《方外錄》、《列女錄》。所載上起唐虞三代，下迄清末，全面記錄山西有史以來天文地理人事詳情，門類齊全，體例精善，纂述有章。梁啟超《中國近三百年學術史》稱是書出自學者之手，斐然可列著作之林。

此本據清光緒十八年刻本影印。（李瀋陽）

東三省輿地圖説不分卷 　（清）　曹廷杰撰 （第 646 册）

曹廷杰（1850—1926），字彝卿，枝江（今湖北枝江）人。貢生，同治十三年（1874）入國史館爲漢文謄錄，賜進士出身。光緒間至吉林琿春辦理邊務文案，歷官吉林知府、吉林勸業道道員、代理蒙務處協理等。更撰有《東北邊防輯要》、《東三省輿地險要圖》、《東三省鐵路總圖》等，並拓回明永樂十一年（1413）奴兒干都司《永寧寺碑》及宣德七年（1432）《重修永寧寺碑》。《清代人物傳稿》下編卷八有傳。

是書成於光緒十三年（1887），乃廷杰赴俄境考察黑龍江流域歸來後，於所繪《黑龍江輿地圖》所作説明，前有吉林將軍希元《題補注圖説後》，又有希元《圖説正訛》一篇，及廷杰《補注圖説自序》，三文述是書緣起甚詳。是書乃東三省輿地圖相關歷史地理問題之考證、論説彙集，先有《考定里數》一篇，説明東三省各要點間路程里數，並《輿地圖》所用圖例，然後爲論説及考證，有《國初征服吉江二省各部考》、《中俄東邊界段説》、《吉江二省舊地現屬俄夷東海濱省各處屯站數目》、《得勝陀碑説》及碑記全文、《渤海建國地方考》、《長白山説》、《挹婁國越喜國考》、《黑水部考》、《開元開原辨》、《懷德縣即信州考》、《八面城即韓州考》、《石碑嶺説》、《扶餘府黄龍府夫余路扶余國考》、《金會寧府考及海古勒白城》、《肅慎國考》、《牡丹江考》、《五國城考》、《伯利考》、《率賓國即綏芬河雙城子地方考》、《穆稜河即慕稜水説》、《嫩江陀喇河喀魯倫河黑龍江考》、《使犬部説》、《赫哲喀喇説》、《額登喀喇説》、《貢貂諸部説》、《傳達里濟喇敏説》、《濟勒彌説》、《特林碑説》、《庫葉島説》、《蝦夷島説》、《庫葉島考》、《對馬島説》、《濟州島説》、《鬱陵島説》、《鴨綠江佟佳江高句麗高麗考》附其建國地方、《遼水考》等，多有關東北歷史地理及劃界依據，彌足珍貴。書末録光緒二十二年廷杰識語，及光緒十二年所上《條陳十六事》，論説東北事務，如圖們江口地屬要害，宜據約劃歸中國；俄羅斯東海濱省佈置尚未盡善，可及時一戰恢復舊境；高麗不能自存，宜加意保護以免首鼠兩端；東三省流民甚衆，可招集編伍以備衝鋒出奇之用；東省練兵足壯大聲威，宜釐剔弊端兼籌久遠；吉江二省曠土甚多，宜分界屯墾以實邊御夷；吉江二省金礦甚多，宜設法開采以富國強兵；黑龍江將軍宜移駐愛琿；吉林將軍宜移駐寧古塔等。皆廷杰爲國家久遠之利謀劃者，惜未能施行。其後又有光緒二十一年禀報制止俄國在東北勘辦鐵路之奏疏。因知是書並非純爲考論之作。

此本據湖北省圖書館藏清光緒著易堂鉛印本影印。（李瀋陽）

〔嘉靖〕遼東志九卷 （明）畢恭等修 （明）任洛等重修（第646册）

畢恭，生卒不詳，字以謙，先世濟寧（今山東濟寧）人，後移居明遼東前屯衞（今遼寧綏中）。明正統七年（1442），以都御史王翱薦授遼東都指揮僉事，後爲遼東都指揮使。曾主持修築遼西邊牆，形成開原邊關整體防禦體制。更著有《遼城吟稿》。事跡見《嘉慶重修一統志》。

任洛，生卒不詳，字仲伊，號西溪，鈞州（今河南禹州）人。正德六年（1511）進士，初任桐鄉知縣，後爲遼東左僉都御史，嘉靖十六年（1537）重修畢恭《遼東志》。傳見《（光緒）桐鄉縣志》卷一〇。

是書爲明代遼東全志。遼爲東北重地，歷代沿革、山川、封守、貢賦、土産、風俗、人物載於前志者甚詳。永樂中，遣使諭遼東都指揮司收輯遺稿，纂修圖志，前掌都司事、左府都督僉事王祥首任其事。繼都指揮畢恭續其責，於正統八年初成志稿進呈，然“未成版刻也”，又“當時成此非出一手”，至弘治元年（1488），巡按御史陳寬、遼陽副總兵韓斌修定。嘉靖八年直隸巡撫潘珍等人曾加重修，未成，珍即去世。嘉靖十六年任洛與工科左給事中薛廷寵等續成並刊刻。書前有翰林院修撰龔用卿《重刊遼東志序》，述及任洛重修並刊刻此志事；又有弘治元年翰林院侍講董越《重刊遼東志書序》，稱重修之志分原書風俗、形勢爲二類，人物、流寓多有加詳；又有畢恭正統八年原書自序，述及明代遼東設官佈署沿革，所編《遼東志》記述明代於遼東創治之制、建置沿革、分野疆域、城池道里、山川形勝、坊郭屯堡、烽墩土産、貢賦户口、學校軍衞、廨宇鋪舍、壇場寺觀、橋道驛程、宦跡人物、雜誌詩文等。此本則分爲《地理志》、《建置志》、《兵食志》、《典禮志》、《官師志》、《人物志》、《藝文志》、《雜志》、《外志》等類，類下又各有細目，多寡不等，卷前又有《遼東河東及河西城堡地方總圖》二幅、《遼東都司治衞山川地里之圖》、《廣寧山川地理圖》等地圖共十七幅，目録後又有引用書目，如《明一統志》、《文獻通考》、《明會典》等，又附歷次與修者名録，知是書成於衆手。

是書日本前田利爲藏有原本，大正元年

(1912)鉛排付印,羅振玉輯入《遼海叢書》,金毓黻曾作序,稱是書清初原有傳本,以涉建州舊事,《古今圖書集成》、《四庫全書》均不收錄。此本據天津圖書館藏明嘉靖刻本影印。(李瀋陽)

〔光緒〕吉林通志一百二十二卷圖一卷

(清) 長順等修 (清) 李桂林 (清) 顧雲纂
(第 647—648 册)

郭布羅・長順(1839—1904),字鶴汀,達呼里郭貝爾氏,隸滿洲正白旗。先爲咸豐皇帝藍翎侍衛,同治年爲烏里雅蘇臺將軍,光緒初爲正白旗漢軍都統、内大臣、吉林將軍。《清史稿》有傳。

李桂林(1837—1910),字子丹,臨榆(今屬河北秦皇島)人。光緒二年(1876)進士,後授翰林院編修,先後任會試同考官及貴州、河南、山東鄉試主考官,後任大同知府。顧雲爲之作《李大同生傳》,其纂《吉林通志》事,可參《光緒朝硃批奏摺》第一〇四輯長順有關奏片。

顧雲,生卒不詳,字子鵬,號石公,上元(今屬江蘇南京)人。初爲縣學生,晚遊吉林,爲將軍長順修《吉林通志》,事竣獲保教職,選宜興訓導,署常州教授,著有《盦山詩文録》。《碑傳集補》卷五二有傳。

是書一百二十二卷,卷首有光緒十九年(1893)長順編纂此志奏疏及序,稱是書依《盛京通志》加以補充而成,稱吉林全名爲吉林烏拉,吉林意爲沿,烏拉意爲江,則吉林烏林爲沿江之意,而漢語則省稱爲吉林。書末有凡例,後爲圖例,説明制圖依據及方法。又詳列是書纂修人員,長順、訥欽爲監修,李桂林、顧雲爲總輯,其他總辦、提調、分輯、校勘、翻譯、采訪、收掌、繕寫、繪圖、督刊等官員數十人。是書分爲《聖訓志》、《天章志》、《大事志》、《沿革志》、《輿地志》等十三志,志下又分子目凡四十一,如《輿地志》下有天度、疆域、山、水道、城池、廨署、壇廟、祠祀、風俗等目。是書所載自上古至光緒中期,使用材料皆注明出處。

此本據清光緒十七年刻本影印。(李瀋陽)

青海誌四卷 (清) 康敷鎔纂修 (第 649 册)

康敷鎔(1870—1938),字陶然,西昌(今四川西昌)人。光緒二十九年(1903)舉人,宣統時分發甘肅委署丹噶爾廳,曾任武威、安定等縣知縣、丹噶爾廳同知。民國十五年(1926)返鄉。更著有《青海地志略》(附《喀爾喀地志略》、《西套厄魯特地志略》)、《畔香堂詩》等。生平可參 1994 年西昌市文化局編《四川省西昌市文化藝術志》第十四章。

青海正式設省在民國十七年,是書已用"青海省"之名,如"方域"篇稱"青海省位於吾國之西北",又稱"全省面積爲七二八二九八方公里"。編纂時題名安定縣知縣,此爲清代官職名,不當有"青海省"之稱,或作者於設省後又有修改。

是書卷一分題蒙古名稱住址所在、番種族分住址所在、户口、畜牧,記述清末青海地區蒙古族二十九旗、藏族西番八族、玉樹二十五族及各族所管小族數目,並及野番三果洛族的情況,如各族名稱、居住地區、户口數量、畜牧情況等。卷二分題礦産、墾地、森林、出産、名山、水源,卷三分題路程、寺院,卷四分題名酋、古跡、氣候、方域、蒙番强弱。其中《寺院》一項記載回族寺院共三百六十餘處,各地寺院均有詳細數字,藏族寺院亦分別記其名稱、地址、僧徒人數。《方域》記載當時青海省面積爲七十二萬八千二百九十八平方公里,與今青海省面積相當。《名酋》題下自注:"即漢、回、蒙、藏各族有實力之土司",又稱"在元、明、清時先後率衆歸附,國家乃封爵酬庸",所記有李土司、汪土司、納土司、陳土司、趙土司等。此類土司在元、明、清"皆世襲,代有顯職",故稱有實力。但所記各土司情況不詳,僅列名而已。《蒙番強弱》記載青海境內蒙古族與番人勢力的強弱變化,稱初蒙古與藏族勢力均等,至嘉慶時變成蒙弱番強。

是書所記青海資料不標出處,甚爲簡略,全書無序跋,故成書時間不詳,約爲清末民初康氏在青海任職時所編而民初時有所修訂。是書爲手鈔本,字體寬大清晰,頗便閱讀。

此本據湖北省圖書館藏抄本影印。(劉韶軍)

〔嘉靖〕寧夏新志八卷　(明)楊守禮修
(明)管律纂 (第 649 冊)

楊守禮,生卒不詳,字秉節,蒲州(今山西永濟)人。正德六年(1511)進士,歷官戶部主事、湖廣僉事、敍州通判、右副都御史、四川巡撫等。更著有《籌邊錄》。《明史》有傳。

管律,生卒不詳,字芸莊,寧夏(今寧夏銀川)人。正德十六年進士,官至刑科給事中,後返家鄉爲養正書院主講。傳見明蕭彥等《掖垣人鑒》卷一三,參見明正德十六年《登科錄》。

是書卷題下署戶部郎中鎮人胡汝礪編、陝西按察司僉事中州李端澄校、刑科給事中門人管律重修、陝西按察司僉事澤州孟霦重校,則初爲胡汝礪編纂,後由管律重修。卷前有嘉靖十九年(1540)巡撫寧夏、右副都御史楊守禮《重修寧夏新志序》,稱《寧夏志》初由胡汝礪秉承王珣之意編成於弘治十四年(1501),故是書仍載此年王珣序及胡汝礪序,嘉靖十八年楊守禮來撫寧夏,遂命孟霦聘請管律重編以成《新志》,書後有嘉靖十九年孟霦及管律《重修寧夏新誌後序》,知《新志》成書於嘉靖十九年。

是書先載《國朝混一寧夏境土之圖》、《寧夏城圖》、《南塘圖》、《金波湖圖》,各卷則分類述事,卷一分錄寧夏總鎮、建置沿革、郡名、形勝、風俗、山川、關隘、邊防、水利、橋渡、街坊、物產、土貢、封建、王府、公署、五衛(寧夏衛、左屯衛、前衛、右屯衛、中屯衛)、南路守備(邵綱堡)及北路守備(平虜城)。卷二分錄壇遺祠祀、宦跡、人物、選舉、武階、忠孝節義、技能、仙釋、祥異、寺觀、遊觀、景致、古跡、俘捷、陵墓等。卷三分錄中路靈州、五馬驛遞、韋州,西路中衛、鳴沙州、廣武營,東路後衛、興武營、鐵柱泉。卷四至卷六爲考證,分考寧夏沿革,赫連夏、拓跋夏歷史,卷七、卷八題文苑志,記錄有關詩詞文。所錄文有曹璉《西夏形勢賦》、管律《漢壽亭侯壯繆關公祠碑》、康海《大明嘉靖平虜之碑》、劉思唐《管律籌邊錄序》等,可以考見寧夏相關歷史。

此本據明嘉靖十九年刻本影印。(李瀋陽)

〔宣統〕新疆圖志一百一十六卷　袁大化修
王樹枏　王學曾纂 (第 649—650 冊)

袁大化(1851—1935),字行南,渦陽(今安徽渦陽)人。早年奉吉林巡撫吳大澂派遣,負責吉林勘界事宜,後充漠河總辦,開采金礦,升二品銜道員,後署清河道,宣統三年(1911)任新疆巡撫,張勳復辟,授議政大臣。更著有《東陲遊記》、《漠礦錄》。《清代人物傳稿》下編卷九有傳。

王樹枏(1852—1936),字晉卿,號陶廬老人,又號綿山老牧,新城(今河北高碑店)人。光緒十二年(1886)進士,官至新疆布政使。著有《周易釋貞》、《費氏古易訂文》、《尚書商誼》等。《清儒學案》卷一八四有傳。

王學曾(1869—?),字少魯,文水(今山西文水)人。光緒十九年(1893)進士,曾任樂陵、惠民、歷城、冠縣等地知縣、新疆焉耆知府、喀什兵備道、新疆內務司長、新疆政務廳長,後爲新疆通志局總纂。民國三至四年(1914—1915),充民國約法會議議員。著有《地球三字經》、《矩矩齋文集》等。生平見民國四年約法會議秘書廳編《約法會議記錄》。

是書爲清末新疆通志局所纂通志,宣統元

年至三年編成,總裁爲新疆巡撫袁大化,總纂爲前新疆布政使王樹枏、奏派辦理《新疆通志》候選道王學曾,與修官員或候補官員達數十人。全書分《建置》、《國界》、《職官》、《實業》等二十九志,能詳述新疆歷史、地理、社會、風俗、制度等事。其中《國界志》爲此志所獨有,《實業志》則能適應時代之進步。是書於新疆民族風俗均證諸前史,慎避傳訛,又圖志並重,圖以與各志有切要關係者爲重,每圖注明屬於某志,以便參閱。是書成於衆手,各志體例不一,有用古書體例者,亦有不用古書體例者。書中引用前人著述甚多,除正史及歷代地理書志外,更有《五涼考》、《蒙古遊牧記》、《三州輯略》、《皇朝藩屬輿地叢鈔》、《約草成案匯覽》、《俄遊彙編》、《辛卯侍行記》等書,書中引舉頗詳,且附編纂者考證於其下。並采用新疆各府廳州縣鄉土志及多種公牘,皆列出標題,以清眉目。

此本據 1923 年東方學會鉛印本影印。(李瀋陽)

〔光緒〕重修安徽通志三百五十卷補遺十卷

(清) 沈葆楨 (清) 吳坤修等修 (清) 何紹基 (清) 楊沂孫等纂 (第 651—655 冊)

沈葆楨(1820—1879),字幼丹,又字翰宇,侯官(今福建福州)人。道光二十七年(1847)進士,選庶吉士,授編修,後爲福建船政大臣,主辦福州船政局,曾任欽差大臣赴臺灣辦理海防事務,光緒元年(1875)任兩江總督兼南洋通商大臣。更著有《沈文肅政書》等。《清史稿》有傳。

吳坤修(1816—1872),字竹莊,新建(今江西新建)人。曾爲長沙知縣,又隨曾國藩與太平軍作戰,後歷任安徽按察使、布政使。更著有《三恥齋初稿》,主編《釋氏十三經》等。《清史稿》有傳。

何紹基(1799—1873),字子貞,號東洲,晚號蝯叟,道州(今湖南道縣)人。道光十六年進士,後爲四川學政,曾爲山東濼源書院、湖南城南書院山長。晚年主持蘇州書局、揚州書局,校刊《十三經注疏》,更著有《東洲草堂金石跋》、《東洲草堂詩文鈔》、《惜道味齋經說》、《説文段注駁正》等。《清史稿》有傳。

楊沂孫(1813—1881),字子輿,號詠春,晚號濠叟,常熟(今江蘇常熟)人。道光二十三年舉人,後任安徽鳳陽知府。更著有《文字説解問譌》、《管子今編》、《莊子正讀》、《觀濠居士集》等。《清史稿·鄧石如傳》後有附傳。

是書前有光緒三年沈葆楨、裕祿、紹諴、胡玉坦等人序,及光緒四年王思沂、羅成允、李鴻章等人序,知是書成於光緒四年。總裁爲沈葆楨、吳坤等十一人,協裁爲文彬、龔自閎等五人,總理爲安徽布政使紹諴等三人,總纂爲何紹基、楊沂孫、程鴻詔三人,另有監理、協理、監輯、采輯、提調、總纂、協纂、分修、總校、分校、監繕、校刊、收掌、邨案、司局等項數十人。

是書首爲《皇言紀》,收録清代皇帝相關詔諭,自世祖至穆宗,後爲《輿地》、《河渠》、《食貨》、《學校》、《武備》、《職官》、《選舉》、《人物》、《列女》、《藝文》、《雜類》等十一志,各志又分細目,如《輿地志》分星野、疆域、形勢、建置沿革、圖説、山川、風俗、城池、公署、關津、古跡、壇廟、陵墓等。末附補遺六卷。

此本據清光緒四年刻本影印。(李瀋陽)

〔光緒〕江西通志一百八十卷首五卷 (清)

曾國藩 (清) 劉坤一等修 (清) 劉繹 (清) 趙之謙等纂 (第 656—660 冊)

曾國藩,有《曾文正公奏議》等,已著録。

劉坤一(1830—1902),字峴莊,新寧(今湖南新寧)人。廩生出身,後歷任直隸知州、廣西布政使、江西巡撫、署兩江總督、兩廣總督兼南洋通商大臣、幫辦海軍事務、兩江總督。著有《劉坤一集》。《清史稿》有傳。

劉繹（1797—1878），字瞻巖，永豐（今江西永豐）人。道光十五年（1835）進士，先後爲翰林院修撰、提督山東學政，後主講鷺洲書院，咸豐初奉命爲江西督辦團練大臣。著有《存吾春齋文鈔》、《詩鈔》、《崇正黜邪論》等。《清史列傳》卷六七有傳。

趙之謙（1829—1884），字撝叔、益甫，號悲盦、無悶、冷君等，會稽（今浙江紹興）人。咸豐間舉人，先後爲江西鄱陽、奉新等地知縣。著有《勇廬閒話》、《補寰宇訪碑録》等。《碑傳集補》卷二一五有程秉銛撰墓志銘及葉昌熾撰趙之謙《事實》。

是書編纂於光緒六年（1880），刊成於次年，曾國藩、劉坤一等十一人爲監修，徐郙、李文田、洪鈞等六人爲總閲，文輝等二十六人爲提調，王之藩等十九人爲采輯，劉繹等三人爲總纂，趙之謙爲編輯，另有協輯、分修、分校、收掌、司局、督刊等數十人。是書爲近代方志佳作，與《（光緒）山西通志》並稱志壇雙璧。體例能就章學誠"四體説"而加變通，用典、表、略、録、傳五體設綱歸類，有《訓典》五卷、《職官》等三表，《輿地》等七略，《宦績》一録及列傳。四類之小類則各依所宜，頗合理。

此本據光緒七年刻本影印。（李濬陽）

〔寶祐〕仙溪志四卷　（宋）趙與泌（宋）黃巖孫纂修（第660冊）

趙與泌，生卒不詳，宋宗室，占籍新喻（今江西新余），宋理宗寶祐二年（1254）爲仙遊知縣。《（乾隆）福建通志》卷三〇有傳。

黃巖孫（1218—?），字景傳，號蒼盤，惠安（今福建惠安）人。寶祐四年（1256）進士，後爲仙溪縣尉、尤溪知縣、福州通判、宗正丞。著有《太極通書》、《西銘》二書注，又編《性理輯解》。生平略見是書序及清李清馥《閩中理學淵源考》、《宋元學案補遺》等。

是書作於寶祐五年，前有元代福建閩海道肅政廉訪司事田九嘉序，稱至正十一年（1351）至仙溪，而其志書版片已厄於兵燹，邑士傅玉成家尚有藏本，因爲之重刻。又有劉克莊寶祐五年序，稱黃巖孫始爲縣志，成書十五卷，其中所録人物尤詳。又有寶祐五年陳堯道序，稱仙溪前未有志，趙與泌知縣事時，黃巖孫編成是書，知趙爲主事者而纂成者則爲黃巖孫。卷題下署宋迪功郎興化軍仙遊縣尉黃巖孫編，元興化路仙遊縣務提領黃真仲重訂，則今存者爲元代重修本，即田九嘉所刊本。今僅四卷，與巖孫初編之十五卷不合，或元時重爲分卷。卷一爲全縣《總敘》，分別簡述星土面勢、道里、鄉里、官廨、倉庫、縣郭、坊表、市鎮、宸翰、學校、學田祀田、社稷、風俗、户口、財賦、夏税、産鹽、秋税、物産、貨殖、果實、花、草、木、竹、禽、獸、水族、藥品等項。卷二爲《官佐題名》，按知縣、縣丞、主簿、尉分類詳記其人姓名；《進士題名》，按朝代及年份詳録進士人物姓名。卷三爲《衣冠盛事》、《仙釋》、《祠廟》、《祠堂》、《冢墓》諸類。卷四爲《歷代人物事跡》，自唐至宋。

宋代縣志今存甚少，故是書殊爲寶貴。卷末黃巖孫寶祐五年識語，稱是書撮之前聞，質之故老，參之官員，訂郡志之失紀載者，訪碑刻之未流傳者，博觀約取，去誕存實。尤於人物事跡記録甚詳，故劉克莊等人稱之。又《仙釋》類中記有媽祖傳説，亦難能可貴。

此本據北京大學圖書館藏清抄本影印。（李濬陽）

〔嘉慶〕湖北通志檢存稿四卷〔嘉慶〕湖北通志未成稿一卷　（清）章學誠纂（第660冊）

章學誠，有《文史通義》，已著録。

章氏於乾隆五十七年（1792）應湖廣總督畢沅之請撰修《湖北通志》，五十九年書成，以遭人讒毀未能刊行。其後自檢存稿，合爲《湖北通志檢存稿》四卷，又集得《湖北通志未成稿》一卷。劉承幹嘉業堂刻《章氏遺書》，將檢存稿及未成稿刻入其中，爲《遺書》之卷二十四至二十七及卷三十。《檢存稿》有章氏代畢沅撰《湖北通志》序、《湖北通志凡例》、《目録》、《皇言紀贊》、《族望表敘例》、《府縣考敘例》、《食貨考》、《政略敘例》、《序傳》、若干人物傳記、《湖北掌故敘例》及目録、《湖北文徵敘例》及《文徵》甲集（哀録正史列傳論）、乙集（哀録經濟策畫論）、丙集（哀合辭章詩賦論）、丁集（哀録近人詩文論、部分詩文），末附《湖北通志辨例》，辯説《通志》所立諸類例。《未成稿》則爲名宦傳記若干篇。章氏於方志撰修獨有見解，《湖北通志》按其設想分類立例，即分《皇言》及《皇朝編年》二紀，《方輿》、《沿革》、《水道》三圖，《職官》、《封建》、《選舉》、《族望》、《人物》五表，《府縣》、《輿地》、《食貨》、《水利》、《藝文》、《金石》六考，及政略四種：《經濟略》、《循績略》、《捍禦略》、《師儒略》，然後爲人物傳記。此外又設《掌故》、《文徵》以爲輔助，《掌故》按朝廷六部吏、户、禮、兵、刑、工而分六類，《文徵》則分四類，分記正史列傳、經濟策畫、詞章詩賦、近人詩文，最後則爲《叢談》，記考據、軼事、瑣語、異聞。章氏方志體例，以志、掌故、文徵爲三書，以紀、譜、考、傳四體，綜合爲一，以爲修志準則。其説則詳載是書所收《爲畢制府撰湖北通志序》中。又有全書凡例及紀、圖、表、考、略之序例，説明類例設立之意，則是書雖非《湖北通志》全書，而其修志諸説則保存尚全，又有若干傳略，可以一窺章氏修志方法與規模。

此本據民國十一年劉氏嘉業堂刻《章氏遺書》本影印。（李湻陽）

〔光緒〕湖南通志二百八十八卷首八卷末十九卷 （清）卞寶第 （清）李瀚章等修 （清）曾國荃 （清）郭嵩燾等纂 （第661—668 册）

卞寶第（1825—1893），字頌臣，儀徵（今江蘇儀徵）人。咸豐元年（1851）舉人，歷任刑部主事、浙江監察御史、河南布政使、湖廣總督、湖南巡撫、閩浙總督。《清史稿》有傳。

李瀚章（1821—1889），字筱泉，一作小泉，合肥（今安徽合肥）人。道光二十九年（1849）以拔貢朝考出曾國藩門下，初爲湖南知縣，後隨曾國藩湘軍至江西南昌綜理糧草，官至兩廣總督。《清史稿》有傳。

曾國荃，有《山西通志》，已著録。

郭嵩燾，有《玉池老人自敘》等，已著録。

是書前有光緒十一年（1885）湖廣總督裕禄、湖南巡撫卞寶第、湖南布政使龐際雲三序，後列“重修湖南通志職名”，注稱“同治七年開局采訪，十三年編輯，光緒五年開雕，十一年刊成印行”，所列參修官員有督修李瀚章、王文韶、卞寶第、裕禄、龐際雲等九人，監修提調孫翹澤、陳寶箴等十一人，督刊委員許文壇，總纂曾國荃、郭嵩燾、李元度三人，參訂羅汝懷等五人，其餘分校、采訪書籍、繪圖、訪緝碑版遺文、收支委員、承刊等官員數十人。又有全書敘例，説明修撰體例。卷首八卷收録順治至光緒間皇帝詔諭，正文爲《地理》、《建置》、《賦役》等十五志，末十九卷附作《雜志》一門，各志下分細目若干不等。是書詳細記録湖南有史以來各項事物及歷代人物事跡等，迄於光緒間。

此本據商務印書館 1934 年影印清光緒十一年刻本影印。（李湻陽）

〔道光〕廣東通志三百三十四卷首一卷 （清）阮元修 （清）陳昌齊等纂 （第669—675 册）

阮元，有《疇人傳》等，已著録。

陳昌齊（1743—1820），字賓臣，號觀樓，海康（今屬廣東湛江）人。乾隆三十六年（1771）進士，選庶起士，授編修，後爲御史、給事中。更著有《歷代音韻流變考》、《經典釋文附録》、《楚辭音辨》、《賜書堂集》等。

《清史稿》有傳。

是書卷首有嘉慶二十三年（1818）阮元所上纂修《廣東通志》奏摺及道光二年（1822）編纂完竣奏摺，則書纂成於此期。又有阮元道光二年序，稱前有雍正八年郝玉麟所修通志，是書則重修之志。與其事者，總裁為阮元，監修為李鴻賓等三人，總纂為陳昌齊等四人，又有提調、總校刊、分纂、分校、收掌、繪圖、采訪、謄錄等官員不等。是書以訓、表、略、錄、傳五體分類，附以雜錄，其例略同於《江西通志》，唯各類中子類又有出入，可參看，有以見乾嘉間官修省志體例之大概。此志述沿革、選舉、人物、前事、藝文、金石較詳，述嶺蠻等則僅照他志，無甚增補。

是書目錄後有陳澧跋，稱道光二年刊本版片原藏廣州學海堂，咸豐丁巳七年（1857）英法聯軍攻打廣州城，毀於炮火。十一年重建貢院，以所餘經費重刊是書，同治三年（1864）竣工。

此本據1934年商務印書館影印清道光二年刻本影印。（李瀋陽）

〔乾隆〕瓊州府志十卷　（清）蕭應植（清）陳景塤纂修（第676冊）

蕭應植，生卒不詳，字立齋，懷寧（今安徽懷寧）人。工行楷，由拔貢生任廣東揭陽知縣，以捕盜功擢瓊州知府。愷惻廉明，周恤民隱。建瓊台書院，勤於考課。仕至湖北安襄鄖道。傳見《（民國）懷寧縣志》卷一八《仕業》。

陳景塤（1720—？），字除夫，江寧（今屬江蘇南京）人。據《清代官員履歷檔案·乾隆朝》載，陳氏乾隆二十年（1755）七月三十六歲時補山西潞安府平順縣知縣缺。《（民國）瓊山縣志》卷二一載，陳氏乾隆三十七年任瓊州同知。慵訥居士所撰《咫聞錄》卷一一《雷州太守程咬金》即指此人，稱陳氏信仰回教，愛民如赤子，工書法。

卷首有乾隆三十九年（1774）兩廣總督李侍堯、廣東巡撫德保及蕭應植序，稱瓊州於康熙十五年（1676）及四十五年已兩修府志，是書則為三修，並照錄牛天宿及賈棠兩序。與修人員，有鑑定德成等三人，總修則為蕭應植、陳景塤，總纂有張利仁等十八人，此外有分纂、校對、繕寫、監刻等人員。是書卷前有圖說，收《瓊州府總圖》、《府治圖》、所屬各縣圖、《海防圖》等，後以地輿、建置、賦役、軍政、職官、選舉、人物、海黎、藝文等項設諸志，附雜志，志均有細目。其中《海黎志》記載海防及黎族情形，尤為珍貴。

此本據中國科學院南京地理與湖泊研究所圖書館藏清乾隆刻本影印，中多有缺頁，已非完本。（李瀋陽）

澳門記略二卷　（清）印光任（清）張汝霖纂（第676冊）

印光任（1691—1758），字黻昌，號炳巖，寶山（今屬上海）人。先後為石城、廣寧、高要、東莞等地知縣及肇慶府同知，乾隆九年（1744）任澳門首任海防同知，十一年任南澳同知，後為廣西慶遠、太平知府。更著有《炳巖詩文集》、《翊蘄編》、《補亭集話》等。《國朝耆獻類徵初編》卷二二八有傳。

張汝霖（1709—1769），字芸墅，宣城（今安徽宣城）人。由拔貢生保舉知縣事，先後為廣東河源、香山、陽春等地知縣，乾隆十一年權澳門同知事，十三年任澳門同知，後歸隱鄉里。更著有《幸辛草》、《吳越吟》、《耳鳴集》等。傳見《（乾隆）香山縣志》卷四，又姚鼐有《廣州府澳門海防同知贈中憲大夫翰林院侍讀張君墓誌銘》，見於嘉慶刊本《澳門紀略》卷首。

是書卷前有乾隆十六年印光任及張汝霖二序，末有印光任跋，稱乾隆八年初設澳門同知，印領其事，乾隆十年撰成是書草稿，乾隆十一年以稿本屬代任之張汝霖，張轉請徐鴻泉代爲訂正,印氏因病暫歸故里。乾隆十六年印氏復來廣東任職,徐氏已去世,原稿亦佚,時張氏亦在廣東任職,二人遂又合作撰成是書。

是書分爲《形勢篇》、《官守篇》、《澳蕃篇》,《形勢篇》述澳門地區地理、氣候及軍事佈防等事,附風候潮汐,《官守篇》記述明清治理澳門之歷史沿革並相關政令、歷史事件等,《澳蕃篇》詳述澳門與外蕃之貿易往來、宗教信仰及傳教士、當地海運等。全書有圖二十一幅,除地理類圖,更有建築類、僧俗人物類、器物類圖,直接描繪當時澳門風情、種族及外來宗教人物形像,末附當時澳門所用外語之中譯。是書正文中又多引其他文獻,如薛薀《澳門記》、釋今種《澳門詩》、李珠光《澳門詩》、張汝霖《修宋太傅樞密副使越國張公墓碑》、余靖《海潮序》、王希文《重邊方以甦民命疏》、龐尚鵬《區畫濠鏡保安海隅疏》、孔毓珣《酌陳澳門等事疏略》、廣東按察使潘思榘《撫輯澳夷以重海疆疏》及印光任、張汝霖爲澳門事宜所上多篇奏疏等,頗有文獻價值。是書爲中國首部記述澳門地理、政治、風俗及與外交涉之作,嗣後《皇清職貢圖》、《粵海關志》、《海國圖志》等均曾參考或抄録是書。

此本據清乾隆西阪草堂刻本影印。又有嘉慶重刊本、光緒再刊本等。（李濤陽）

〔嘉慶〕廣西通志二百八十卷　（清）謝啟昆修　（清）胡虔纂（第677—680冊）

謝啟昆,有《西魏書》,已著録。

胡虔（1753—1804）,字雒君,號楓原,桐城（今安徽桐城）人。嘉慶元年（1796）舉孝廉方正,廣西巡撫謝啟昆聘爲《廣西通志》總纂。虔曾助章學誠撰《湖北通志》、《史籍考》,又與啟昆同纂《南昌府志》,助謝氏撰《西魏書》、《小學考》,更著有《尚書述義》、《桐城制舉荐辟考》、《皇朝輿地道里記》、《戰國策釋地》、《諸史地理辨異》、《漢南江夏豫

章三郡沿革考》、《柿葉軒筆記》、《識學録》等。《清儒學案》卷八九有傳。

是書嘉慶四年（1799）至六年修成,内容豐富,超越前代諸志,分典、表、略、録、傳五類,一同於廣東、山西省志,而子類則因地制宜,略有出入。典爲《訓典》,表爲《郡縣沿革》、《職官》、《選舉》、《封建》四表,略爲《輿地》、《山川》、《關隘》、《建置》、《經政》、《前事》、《藝文》、《金石》、《勝跡》九略,録爲《宦績》、《謫宦》二録,傳爲《人物》、《土司》、《列女》、《流寓》、《仙釋》、《諸蠻》六類。各類下又有細目。全書體例完善,梁啟超《中國近三百年學術史》贊爲“省志楷模”。

此本據華東師範大學圖書館藏清嘉慶六年刻本影印。另有同治四年補刊本、光緒十七年再補刻本。（韋勇强）

〔景泰〕雲南圖經志書十卷　（明）鄭顒（明）陳文纂修（第681冊）

鄭顒,生卒不詳,錢塘（今屬浙江杭州）人。進士,正統間（1436—1449）任雲南按察副使,景泰間（1450—1456）任雲南巡撫。是書有鄭氏序,署巡撫雲南、都察院右僉都御史。《（乾隆）雲南通志》卷一九有傳。

陳文,生卒不詳,字安簡,廬陵（今江西吉安）人。明正統元年（1436）進士,後授編修,官至雲南右布政使。《明史》有傳。

書前有景泰六年（1455）鄭顒《重修雲南志序》,稱景泰五年有詔纂修方輿志書,以右布政使陳安簡總其事,率諸文儒殫心竭慮,精心蒐訪,不四越月而書告成。能遠稽諸經,近考史籍,並載井疆、里俗、食貨、藝文之事,古今因革損益之宜,條分縷析,明白詳盡。又有陳文景泰六年《重修雲南志序》及所訂凡例,其後列雲南地里至到之圖。正文前六卷敘述雲南地理,時雲南計二十一府、三十七州、三十四縣、十八長官司、一安撫司、三宣撫司、三提舉司、三指揮使司、一外夷衙門,分别就《建

置沿革》、《事要》兩項敍述各地情況,《事要》下又分《郡名》、《至到》、《風俗》、《形勢》、《公廨》、《學校》等二十一目。後四卷分類收録藝文,記載元至明初各類詩文,分《元詩》、《元文》、《今詩》、《今文》四目。是書雖較清代各省通志簡略,然能保存明初雲南全省各種制度與地理風俗資料,成書時間較早,故頗有史料價值。

此本據國家圖書館藏明景泰刻本影印。(李瀋陽)

〔天啟〕滇志三十三卷 （明） 劉文徵纂修（第 681—682 册）

劉文徵,生卒不詳,字右吾,昆明(今雲南昆明)人。萬曆十一年(1583)進士,曾任紹興知府、梧州知府,後爲太僕寺卿。著有《刑部事宜》等。《(乾隆)雲南通志》卷二一有傳。

是書之前曾有萬曆元年(1573)葉榆(今屬雲南大理)人李仁甫所編《滇志》十七卷、萬曆二十一年包汝鈍重編《志草》二十二卷。是書以舊志爲主,並保留舊志所撰序例,而於舊志分類稍有增損,成書於天啟五年(1625)。所述自春秋至明天啟間,而以明代事蹟敍述尤詳,共分十四志:《地理志》、《旅途志》、《建設志》、《賦役志》、《兵食志》、《學校志》、《官師志》、《人物志》、《祠祀志》、《方外志》、《藝文志》、《羈縻志》、《雜志》、《搜遺志》。各志之下又有細目若干。其類目設置,頗具特色。如《地理志》下有《地圖》、《星野圖》、《沿革大事考》、《沿革郡縣名》等十數目。其中地圖有《雲南布政司總地圖》,雲南府、大理府等各府州之圖二十幅及《西南諸夷總圖》,各圖簡略標示其轄地内州縣位置及四至八到,諸圖之後又附《地圖總論》,闡明地圖與地方志書之關係及其沿革;《星野圖》則標明雲南對應之星宿,又附《星野圖説》;《旅途志》爲志書所少見之類例,分爲《陸路》、《水路》,並附有地圖;《羈縻志》則分《土司官氏》、《屬夷附貢道》、《種人》、《緬甸始末》、《外傳》等。《搜遺志》亦屬新類,大抵補録前此各志所失收者。是書詳記雲南各類事物,體例完備。

此本據北京大學圖書館藏清抄本影印。(李瀋陽)

〔乾隆〕西藏志四卷 （清） 允禮撰 （第 682 册）

允禮,有《西藏日記》,已著録。

書前有和寧乾隆五十七年(1792)序,稱是書相傳爲清朝果親王允禮所撰,乾隆五十三年和寧自成都獲一抄本,遂付剞劂傳世。是書卷前有《事跡》篇,敍述西藏歷史及其與内地交往情況,尤以雍正時事跡爲詳,可與卷三《封爵》、《邊防》篇並讀。卷末附康熙六十年(1721)涇陽知縣焦應旂《藏程紀略》,記述康熙五十四年至六十年間先後平定哈密及西藏叛亂、護送達賴喇嘛入藏之事,此類記事詳細,足補諸種清代史書之未詳。其餘諸篇分題爲疆圉、山川、寺廟、天時、物産、歲節、紀年、風俗、衣冠、飲食、婚嫁、夫婦、生育、喪葬、醫藥、占卜、禮儀、宴會、市肆、房舍、刑法、封爵、邊防、徵調、賦役、朝貢、外番、碑文、唐碑、臺站、糧臺、入藏里程等,記載西藏事務甚詳,如《寺廟》篇稱布達拉宮乃平地起一石山,就其山勢迭砌成樓,高十三層,上有金殿三座,爲唐公主所建宫室;又稱康衛藏三處册上有名寺廟三千餘,廟中喇嘛八萬餘人。《碑文》篇則載録康熙六十年所撰《平定西藏碑》文。《入藏里程》篇則詳細記述進出西藏諸途程及詳細路段里數,如自四川成都抵藏程途、自打箭爐至察木多路程、自察木多進藏路程、自西藏白木魯烏蘇至西寧路程、自藏出防騰格那爾路程、自藏出防玉樹卡倫路程等。又是書多記載藏語音譯,如"縱"爲西藏地方行政單位之名,後通譯爲"宗",此名首見於是書。

此本據上海師範大學圖書館藏清乾隆五十七年和寧刻本影印。（李濤陽）

〔嘉慶〕衛藏通志十六卷首一卷　（清）佚名纂修　（第 683 册）

是書作者不詳，或以爲乾隆末年工部尚書和琳或松筠等人任駐藏辦事大臣時主持編纂，約成書於乾隆六十年（1795）以後。書名"衛藏"，乃舊時西藏別稱，蓋衛爲舊分西藏四部之一。卷首爲御製詩文，後分題考證、疆域、山川、程站、喇嘛、寺廟、番目、兵制、鎮撫、錢法、貿易、條例、紀略、撫恤、部落、經典十六類，其中《紀略》類載清初至乾隆間君臣間詔諭及奏疏，又多引藏文檔案、西藏諸種舊志、乾隆時期各種公文，及歷代碑文，如《唐蕃會盟碑》、《康熙御製平定西藏碑》、《乾隆御製十全記碑》等，凡所引述，多以"仍照舊編纂"、"謹附載以備參考"、"以備稽考"、"以備查驗"等語，標明出處，以備查核。所記西藏相關制度尤詳，如駐藏大臣職權、駐藏官兵分佈、藏中各部落名稱、金奔巴掣簽制度、蒙古人赴藏熬茶制度、達賴與班禪遣使入朝制度等。於重大歷史事件更細加記述，如廓爾喀入侵西藏始末，記述尤爲詳盡。故是書於西藏歷史與宗教、民族研究均甚爲珍貴。

此本據清光緒二十二年漸西村舍刻本影印。（李濤陽）

〔光緒〕順天府志一百三十卷附錄一卷　（清）萬青藜　（清）周家楣修　（清）張之洞　（清）繆荃孫纂　（第 683—686 册）

萬青藜（？—1883），字文甫，號照齋，亦號藕舲，德化（今屬江西九江）人。道光二十年（1840）進士，後歷任吏部侍郎、都察院左都御史、兵部尚書、禮部尚書兼順天府尹、翰林院掌院學士等，卒謚文敏。著有《萬青閣全集》。《清國史》大臣列傳後編卷九七有傳。

周家楣（1835—1886），字小棠，宜興（今江

蘇宜興）人。咸豐九年（1859）進士，後爲禮部郎中、總理各國事務衙門章京、大理寺少卿、順天府尹兼總理各國事務大臣、左副都御史、吏部左侍郎等。《清史稿》有傳。

張之洞，有《張文襄公奏議》，已著録。

繆荃孫，曾校勘唐姚汝能《安禄山事跡》，已著録。

是書前有光緒五年（1879）萬青藜、周家楣爲纂修此志所上奏疏，稱《順天府志》自明萬曆二十一年（1593）纂修之後從未續修，故請重修。又有畢道遠、周家楣光緒十一年（1885）奏疏，稱全書纂修告成，並於此年内雕版竣工。

是書監修有李鴻章、萬青藜、畢道遠等九人，總裁有周家楣等三人，總纂先爲張之洞，後由繆荃孫繼任，分纂則有鮑思綬、廖廷相、朱一新等，此外有校訂、校刻、經理、采訪、繪圖等數十人。是書分《京師》、《地理》、《河渠》、《食貨》、《經政》、《故事》、《官師》、《人物》、《藝文》、《金石》等志，書末爲《序志》及附録。各志之下則細分子目。其體例由繆荃孫等人悉心編訂，能全面敍述順天府諸種事務、制度沿革，爲研究北京地區歷史與文化之重要文獻。

此本據光緒十二年刻十五年重印本影印。扉頁有"光緒甲申仲冬開雕丙戌季夏畢工"字樣，則自光緒十年至十二年間刻成，與畢道遠等奏疏所言小有出入，或奏疏所云年内刻成爲預期，而實際刻成則在次年季夏。（李濤陽）

〔紹熙〕雲間志三卷　（宋）楊潛纂　（第 687 册）

楊潛，生卒不詳，南宋光宗、寧宗時人。《江南通志》卷一二八稱爲崑山（今江蘇崑山）人，是書《宋史·藝文志》已有著録。書前楊潛光宗紹熙四年（1193）序，署其官職爲"知秀州華亭縣主管勸農公事兼兵馬都監場主管堰事"。

雲間爲華亭縣古稱,光宗時屬秀州,治今上海松江區。據楊序是書當成於紹熙四年,唯宋本已佚。此本所載知縣題名至理宗淳祐八年(1248),進士題名至理宗寶祐元年(1253),卷末附錄又載端平三年(1236)魏了翁《華亭縣建學記》、淳祐六年王遂《增修華亭縣學記》等碑文及樓鑰《南四鄉記》等文,蓋皆爲後人續增。

是書卷上記封域、道里、城社、鎮戍、坊巷、鄉里、學校、版籍、姓氏、物産、廨舍、場務、倉庫、賦稅、橋樑、亭館、人物、古跡等事,卷中錄仙梵、寺觀、祠廟、山、水、堰閘、塚墓、知縣題名、進士題名,卷下載賦、詩、墓誌、記、序、說、銘、箴、祭文等。書於地名記載尤詳,大至郡國州縣,小至鄉里委巷,一一備載,且溯地名由來,或實地調查,或多方考證,頗具史料價值。

此本據北京大學圖書館藏明抄本影印。(李濬陽)

〔嘉慶〕松江府志八十四卷首二卷圖經一卷

(清) 宋如林修 (清) 孫星衍 (清) 莫晉纂 (第687—689冊)

宋如林,生卒不詳,字仁圃,漢軍鑲黃旗人。舉人,曾任玉環同知、松江知府、蘇州知府、湖北按察使、貴州按察使等職。任間建設義倉,創育嬰堂,多有建樹。與修《松江府志》、《蘇州府志》。《(光緒)松江府續志》卷二一有傳。

孫星衍(1753—1818),字淵如,號伯淵,陽湖(今屬江蘇常州)人。乾隆五十二年(1787)進士,先後爲翰林院編修、刑部主事、刑部郎中、山東督糧道、山東布政使等,曾主講南京鍾山書院、揚州安定書院、紹興書院、杭州詁經精舍等。著有《尚書古今文注疏》、《寰宇訪碑錄》、《平津館鑒藏書籍記》、《爾雅廣雅訓詁韻編》等。《清史稿》有傳。

莫晉(1761—1826),字錫三,一字裴舟,號寶齋,會稽(今浙江紹興)人。乾隆六十年(1795)進士,嘉慶間官至倉場侍郎,道光初,

左遷內閣學士,曾刻《明儒學案》,事見《清史列傳》卷三五、《碑傳集補》卷三〇。

卷前有嘉慶二十三年(1818)及二十四年間浙江按察使魏元煜、提督江蘇學政湯金釗、江蘇巡撫陳桂生、署江蘇布政使司按察使羅麟祥、松江知府宋如林等人序,略謂華亭一地先有宋代楊潛《雲間志》,繼有元徐碩《嘉禾志》,明正德七年(1512)顧清應知府陳威之聘復修,始定名《松江府志》,至崇禎年間再續修,清康熙二年(1663)郡守郭守廷又續。此後一百五十六年,宋如林等於嘉慶十七年(1812)定議重修,越五年,至二十一年書成。纂修爲宋如林,總纂爲欽命總督倉場侍郎前都察院左副都御史莫晉、原任山東督糧道護理山東布政使司孫星衍、江西臨江知府朱淥三人,協修爲林溥、劉文濬、蔡紹武、沈慶濂、胡光林、顧文光等八人,分修爲華亭知縣周煒、張鴻等二十六人,提調爲陸梓等三人,此外則有分輯、協纂、分纂、總校、分校、采訪、繪圖、收掌、捐梓、監刻、校對等官員及郡人數十人。備述此志修纂經歷及人員。

是書首列圖經,有《建置圖》、《松江府全境圖》、松江府諸縣圖、水利諸圖、《海防圖》、《城池圖》、《府署圖》、《學宮圖》、《試院圖》、《書院圖》等,凡二十二幅,均有文字說明。卷首則爲諸帝巡幸及相關詔諭文獻,正文以表、志、傳諸體,分述疆域、山川、建置、田賦、學校、武備、職官、名宦、選舉、古今人、藝術、寓賢、方外、列女、藝文、名跡、祥異、拾遺等,各類下又分若干細目。末附舊志諸序,可以考見歷次修志詳情。

此本據華東師範大學圖書館藏清嘉慶二十三年松江府學刻本影印。(李濬陽)

〔光緒〕重修天津府志五十四卷首一卷末一卷

(清) 沈家本 (清) 榮銓修 (清) 徐宗亮 (清) 蔡啟盛纂 (第690—691冊)

沈家本,有《諸史瑣言》,已著錄。

榮銓，生卒不詳，光緒間人。先爲捐貢生，後爲筆帖式、慎刑司員外郎、營造司員外郎、慶豐司郎中等，是書編纂時爲監修官員之一，其職銜爲三品銜在任候補道、天津府知府。事跡見中國第一歷史檔案館編《清代官員履歷檔案全編》第八冊。

徐宗亮（1828—1904），字晦甫，晚號菽岑，桐城（今安徽桐城）人。先後入胡林翼、李鴻章等人幕府。更著有《黑龍江述略》、《善思齋詩文鈔》、《歸廬談往録》等。傳見《碑傳集補》卷五二。

蔡啟盛，生卒不詳，字臞客，諸暨（今浙江諸暨）人，光緒十一年（1885）優貢，曾任華容知縣。是書纂修時與徐宗亮同爲纂修，官職直隸州同知。事略見《清朝續文獻通考》卷二五九。

據是書封面所題，知於光緒二十一年（1895）重修，二十四年至二十五年刻成。書前有光緒二十五年北洋通商大臣福禄序，後有凡例一篇，乃徐宗亮所定，稱仿《畿輔通志》之例，分紀、表、考、傳等門。紀列皇言、恩澤、卹政義舉三目，表列沿革、封建，考列職官、選舉、輿地、經政、藝文、金石，傳列宦跡、人物、列女、殉難士女。各類又分有子目。是書引用他書多能注明出處，頗便覆查。卷末有蔡啟盛光緒二十四年跋，稱校刊時爲顧私誼，冀免多改，故刻成後頗多遺憾，如水名之未覈、著述之未覈，故寸心深戚，如有骨鯁在喉者。知是書尚多訛誤，須加注意。

此本據華東師范大學圖書館藏清光緒二十五年刻本影印。（李瀋陽）

〔光緒〕撫寧縣志十六卷首一卷　（清）張上龢修（清）史夢蘭纂（第691冊）

張上龢（1839—1910），字沚莼，錢塘（今浙江杭州）人。先後任昌黎、博野、寧縣、萬全、内丘、静海、元城、撫寧等縣知縣。著有《吳漚煙語》等。見清張鳴珂《寒松閣談藝瑣録》卷五、盛叔清《清代畫史增編》卷一六。

史夢蘭（1813—1898），字香崖，樂亭（今屬河北唐山）人。道光二十年（1840）舉人，授山東朝城知縣，不赴。直隸總督李鴻章延聘纂修《畿輔通志》，刪定體例。更著有《爾爾書屋詩草》、《疊雅》、《輿地韻編》等。《清史列傳》卷七三有傳。

是書卷首爲序、圖。有光緒三年（1877）張上龢序，稱撫志之纂，自康熙二十一年（1682）之後，已閱一百九十餘年，光緒二年奉檄纂修，乃招集諸生廣爲采訪，屬樊文心草創編次，更延請史香崖秉筆總纂以成云云。後列修輯姓氏，鑒定人爲永平知府遊智開，纂修爲張上龢與史夢蘭，協修爲楊呈華、魯松、樊勰三人，分校爲施廷柱等四人，又有參校、采訪數十人。其後有史夢蘭所撰全書凡例，更録舊志纂修人氏姓名。有譚林、劉馨、趙端等人。圖續其後，有《撫寧縣境全圖》、《口外縣治圖》、《縣城圖》等十三圖。正文一至十五卷分述封域、山川、古跡、風俗、物産、前事、城池、公署、學校、壇廟、關堡、驛站、户口、賦役、倉儲、監課、職官、選舉、名宦、鄉賢、流寓、仙釋、列女等類，第十六卷爲志餘。所分類別下或又有細目。卷首還保留康熙二十一年趙端所撰《撫寧縣志》序。

此本據湖北省圖書館藏清光緒三年刻本影印。（李瀋陽）

〔乾隆〕永清縣志二十五篇　（清）周震榮修（清）章學誠纂（第692冊）

周震榮（1730—1792），字青在，一字筤谷，嘉善（今浙江嘉善）人。乾隆十七年（1752）舉人，歷官安徽青陽、直隸永清知縣，擢永定河南岸同知。居官未嘗一日廢學，工詩善文，更著有《筤谷詩稿》、《周禮萃説》、《兩漢三國姓名記》等。傳見章學誠《章氏遺書》卷一八。

章學誠，有《文史通義》，已著録。

是書爲乾隆四十四年(1779)重修本,書前有永清知縣周震榮稟報直隸總督奏疏,稱乾隆四十二年本縣貢生劉格等二十一人聯名呈請修纂縣志,經憲臺准覆開始修纂,至四十四年修成,分爲二紀、三表、三圖、六書、一政略、十列傳,共二十五篇,另收録有關詩文別爲《文徵》五卷,自爲一書,附志而行,而當時刻志時並未將《文徵》刻入。又列修纂人員名單,監修爲汪廷瑛,主修爲周震榮,同事有縣儒學教諭劉瑛、宋宗彝,纂修有候補國子監典籍章學誠,首事有舉人劉格等七人,采訪爲舉人張曰哲等四人,此外則有校對、收掌、督梓、與事、刷卷、謄録、繪圖、刻字、經承等人員不等。並將刻工收録在内,爲他書所未見。

是書由章學誠主持編纂,故多用章氏方志修纂之法,分爲紀、表、圖、書、略、傳六類,紀題皇言、恩澤二類,表題職官、選舉、士族三類,圖題輿地、建置、水道三種,書題吏書、户書、禮書、兵書、刑書、工書,即按朝廷六部之區分,略題政略一種,記述歷代知縣爲政之事,列傳題鄉賢、義門、列女、闕訪、前志等十類。傳中《闕訪》與《前志》兩目,爲他志所未見,而《政略》記述歷代知縣事跡,亦屬獨創。又將正史圖、表應用於方志,更變通以仿《史記》八書之意,按朝廷六部分爲六書,於方志體例,多所開拓。是書既爲永清歷史資料之彙編,又爲章學誠方志理論之實踐,可用爲章學誠研究資料。

此本據浙江圖書館藏清乾隆四十四年刻本影印。(李瀋陽)

〔乾隆〕汾州府志三十四卷首一卷末一卷

(清) 孫和相修 (清) 戴震纂 (第 692 册)

孫和相,生卒不詳,據是志纂修銜名,爲諸城(今屬山東濰坊)人,乾隆三年(1738)舉人,時任汾州知府。

戴震(1724—1777),字東原,一字慎修,號杲溪,休寧(今屬安徽黃山)人。乾隆二十七年(1762)舉人,三十八年召爲《四庫全書》纂修官,四十年賜同進士出身。著作頗多,有《考工記圖注》、《六書論》、《爾雅文字考》、《屈原賦注》、《方言疏證》、《孟子字義疏證》等。錢大昕《潛研堂集》卷三九有《戴先生震傳》。

是書卷首有乾隆三十五年山西布政使朱珪序、曹學閔序、乾隆三十六年山西巡撫鄂寶序、山西督學吳巖序、徐浩序、孫和相序,稱是書由孫和相組織當地官員人等商定體例,纂成其稿,而由戴氏考證修定。其後列修撰人員,纂修爲孫和相,參訂爲李遵唐、劉望齡,分修爲朱滄等十一人,參閱爲李時中等二人,督理爲毛麟,采訪爲卞爾珧等二人,另外有校對、監刊若干人,而戴氏之名不列其中,蓋戴氏助其成書而不欲留名。

是書先有例言十則,次列諸圖,如《府城圖》、《府治圖》、《學宮圖》、《修復入城渠道圖》、《汾州府全圖》及府内各縣州之山川圖,其圖以方格標定,每一方格五十里、三十里、二十里、十五里不等,又以一表述漢以來沿革。其後則分述沿革、星野、疆域、山川、城池、官署、倉廒、學校、壇壝、關隘、營汛、驛鋪、户口、田賦、鹽稅、職官、宦跡、食封、流寓、人物、義行、科目、仕實、列女、古跡、塚墓、祠廟、事考、雜識、藝文等類。是書以水統川,詳録自古以來引渠灌溉之法、築防疏通之事,集山川、風俗、農政、水利爲一體,務求切於民用,蓋城池、官署、倉廒、學校、關隘、營防、驛鋪、户口、田賦、鹽稅等事既爲官事,復關民生民事,政之大體在於此,民之利病亦在於此,爲戴震修志重心所在,故是書素稱修志典範。

此本據清乾隆三十六年刻本影印。(李瀋陽)

〔乾隆〕三水縣志十二卷

(清) 葛德新(清) 朱廷模修 (清) 孫星衍纂 (第 693 册)

葛德新,生卒不詳,浮山(今山西浮山)人。

乾隆中監生,歷任鳌屋、三水知縣。傳略見《(乾隆)三水縣志》卷五。

朱廷模,生卒不詳,字遠峰,湘潭(今湖南湘潭)人。乾隆中舉人,歷署宜川、韓城、三水知縣,補朝邑縣令。傳略見《(光緒)湘潭縣志》卷八。

孫星衍,有《(嘉慶)松江府志》等,已著録。

是書有畢沅序,稱知縣葛君以爲一縣之事不可無紀載,適有孫明經星衍負一時盛望,因屬其撰成是書。其書能考書傳故事,删舊文猥冗,以藝文分隸各部,及刺取書傳記載所出,皆宋元人方志之法,所收藝文載其有關政事者,無關者則概從削略,簡而有法云云。又有山右葛德新乾隆五十年(1785)序,稱史志務在簡核,而方志則務求詳核,一事不舉,將有掛漏之弊;史書貴隨時而變例,方志則須因地以制宜。三水前志修於康熙十六年(1677),由當時縣令林逢泰主修,時隔百年,近奉巡撫畢公之命而重修此志,以記百餘年來之變遷云云。書前又有舉人馬敔、貢生蒙春生、廪生馬斯彦等人識語,稱三水爲古豳地,風俗物産見於《詩經·七月》,康熙十六年修志後,曾有縣令齊曉航於康熙六十一年欲重修縣志,以次年去任,其事未果,葛公來任之後,始能重修成書。

是書分題縣譜、故城、鄉鎮亭堡砦、山屬、水屬、城署、關橋、坊古址、壇廟、寺觀、墓、職官、地丁、錢糧、兵防、名人、烈女、科貢、圖、序、補遺等類。卷十一收圖二幅:《縣城圖》、《縣境圖》,後附康熙十六年林逢泰《三水縣志序》等,卷十二爲補遺,收乾隆三十六年方承保《創修石門書院序》、三水知縣郭履恒《重修文廟碑記》、汪西乾《重修明倫堂記》等文,卷末列編修人員姓氏,編次爲孫星衍,監修爲邠州知州郭履恒,主修爲三水知縣葛德新、署三水知縣朝邑縣知縣朱廷模,參訂爲三水縣教諭汪西乾、三水縣訓導王學洙,此外有正字、采訪若干人。是書既經孫星衍編次,則於古

跡古事古人,多能引用經史以相佐證,糾正前志訛誤,引書之下又多加按語辨定,可稱嚴謹,然體例尚較簡略,且版本不佳,多有漫漶之處,難以卒讀。

此本據清乾隆五十年刻本影印。(李濬陽)

〔乾隆〕韓城縣志十六卷首一卷　(清)傅應奎修　(清)錢坫等纂(第693册)

傅應奎,生卒不詳,字汪平,汝寧(今河南汝南)人。乾隆庚寅(1770)舉人,乾隆四十八年修纂是書時任韓城知縣,後任雲南廣南知府。傳略見《(民國)汝寧縣志》卷一六。

錢坫(1744—1806),字獻之,號小蘭、十蘭,自署泉坫,嘉定(今上海嘉定)人。乾隆三十九年舉人,曾任乾州知州兼署武功縣。著有《十經文字通正書》、《漢書十表注》等。《清儒學案》卷八四有傳。

韓城歷史悠久,《禹貢》稱爲"龍門",司馬遷爲此地人。是書卷首有傅應奎乾隆四十九年序,稱縣志前有知縣康君修輯,距今時已有八十餘年,奉巡撫畢沅之命重修,時錢坫署興安府通判,爲之審定義例體裁,未及成書錢氏即赴漢陰任職。序後列新修此志人員姓氏。總裁爲陝西巡撫畢沅,鑒定爲陝甘提督學政温常綬、陝西布政使圖薩布、陝西提刑按察使王昶等六人,纂輯爲傅應奎,編次爲錢坫等三人,此外又有參閱、采訪、校訂、正字人員不等。卷首一卷,收序、纂修姓氏、目録、星野圖三幅、地理圖九幅。正文十六卷,下細分子目,分題建置、古城、鎮戍、市集等六十類。其中第十五卷《舊序》類存録舊志序文多種,知韓城縣志初修於萬曆三十五年(1607),續修於康熙四十二年(1703),而傅應奎重修時,已有其前任知縣周渭所撰稿本。舊序後又有晉姜鼎、韓城鼎等古彝器圖、銘文及釋文考證等,又有韓城歷代碑刻考等,皆錢坫據各書所收録,爲他書所罕見。

此本據清乾隆四十九年刻本影印。(李濬陽)

〔嘉慶〕延安府志八十卷　（清）　洪蕙纂修
（第 693 册）

洪蕙,生卒不詳,廣陵（今江蘇揚州）人。
貢生,乾隆五十三年（1788）至嘉慶十二年
（1807）任延安知府。傳略見《民國陝西通志
稿》卷一三。

書前有嘉慶七年（1802）陝西布政使温承
惠、陝西延榆綏兵備道楊某、延安知府洪蕙重
修府志序,稱《延安府志》初修於明代知府王
彦奇,清順治十七年（1660）知府牛天宿重
修,康熙十九年（1860）知府陳天植續修,至
嘉慶新修時已有百二十三年,所修新志據牛
志增損修飾而成。是書分紀、表、考、略、傳
録、文徵六類,此據章學誠修志體例,另以雜
録一項附傳録之後。紀記皇帝恩澤;表記沿
革、大事、封建;考記輿地、建置、水道三事,略
按吏戶禮兵刑工六部分述;傳録六種,分爲
《前政傳録》、《名人傳録》、《孝義傳録》、《忠
節傳録》、《列女傳録》、《前志傳録》、《雜録》
一,文徵收《金石》、《書目》、《著述》三類。各
類下或有子目。傳録類中之《前志傳録》,記
載延安府志歷次修纂事及相關序跋,述及延
安府下各縣志修纂情況。前志於紀事外另立
《僭竊》一門,記載延安地區反叛朝廷之人及
其事跡,是書則改爲《雜録》,收録《宋史‧外
國傳》之《夏國傳》,及《明史‧流賊傳》即李
自成、張獻忠二人事。此三傳篇幅雖長,然内
容太半與延安有關,此亦方志變例之一。而
《著述》類收録大量各類前人文章,於研究延
安歷史則頗可參考。

此本據嘉慶七年刻本影印。（李濬陽）

〔乾隆〕歷城縣志五十卷首一卷　（清）　胡德
琳修　（清）　李文藻等纂（第 694 册）

胡德琳,生卒不詳,字碧腴,桂林（今廣西
桂林）人。乾隆十七年（1752）進士,先後爲
什邡、歷城知縣,簡州知州,濟南、東昌知府
等。著有《碧腴齋詩存》,主修《濟陽縣志》、

《濟寧州志》、《東昌府志》等。傳見《（嘉慶）
廣西通志》卷二六〇。

李文藻（1730—1778）,字素伯,號南澗,益
都（今山東青州）人。乾隆二十五年進士,曾
任廣西恩平知縣、桂林府同知。著有《南澗
文集》、《諸城金石略》等。《清史列傳》卷七
二有傳。

是書前有乾隆三十六年刑部尚書崔應階、
總督江南河道吳嗣爵、提督山東學政韋謙恒、
提督山東學政李中簡序,三十七年總督河南
山東河道姚立德、山東巡撫徐績、河南巡撫何
渭、浙江布政使王亶望序,三十八年山東布政
使國泰序,及東昌知府前歷城知縣胡德琳三
十六年自序,稱是書成於清乾隆三十六年,三
十八年刊刻。諸序後爲全書凡例。其卷首一
卷,備載順治、康熙、雍正、乾隆諸帝於歷城所
撰碑文及於歷城各處題寫匾額等,後爲縣志
圖,分爲《疆域圖》、《縣城圖》、《縣署圖》、
《學宮圖》四種。是書分紀、考、表、傳四類。
紀爲《總紀》,記述歷城歷史沿革及地理概
況;考分《地域》、《山水》、《建置》、《古跡》、
《藝文》、《金石》六考,各考下有細目。表分
《封建表》、《職官表》、《選舉表》、《襲爵表》、
《虵封表》五種;傳分《宦跡録》、《列傳》二類,
記載自漢至清各類人物。最後爲《雜綴》,記
述異聞、軼事。卷末載是書纂修人員。裁定
爲山東按察使沈廷芳,總修爲歷城知縣胡德
琳,纂輯爲恩平知縣李文藻、周永年、盛百二等
六人,此外有參訂、分纂、校勘、采訪、監修、辦
鐫人員等。是書寧繁不簡,多據經史引述原
文,並標明出處。然所引正史,多有抄録之誤。

此本據山東省圖書館藏清乾隆三十六年刻
本影印。（李濬陽）

〔嘉慶〕新修江寧府志五十六卷　（清）　吕燕
昭修　（清）　姚鼐纂（第 695 册）

吕燕昭,生卒不詳,字仲篤,號玉照,新安（今
河南新安）人。乾隆三十六年（1771）舉人,嘉

慶十三年（1808）任江寧知府，至十六年續修《江寧府志》。工詩，袁枚《隨園詩話》及楊淮《中州詩鈔》多錄其事。更著有《福堂文集》、《福堂詩草》等。《中州先哲傳·文苑》有傳。

姚鼐（1731—1815），字姬傳，以室名惜抱軒，世稱惜抱先生，桐城（今安徽桐城）人。乾隆二十八年（1763）進士，選庶吉士，官至刑部郎中，乾隆三十八年入四庫全書館爲纂修官，書成，以御史記名，乞養歸鄉，歷主揚州梅花書院、安慶敬敷書院、歙縣紫陽書院、南京鍾山書院等凡四十年。著有《九經説》、《三傳補注》、《老子章義》、《莊子章義》、《惜抱軒文集》等，編有《古文辭類纂》。後人彙編爲《惜抱軒全集》。《清史稿》有傳。

卷首有嘉慶十六年姚鼐、呂燕昭序，略謂江寧自宋、元、明以來皆有府志，清代康熙六年（一六六七）知府陳開虞亦有續修，距今時已百七十餘年，呂氏任江寧知府，於嘉慶十六年三月開局重修府志，至八月書成，又三月而刊刻云云。是書主修爲呂燕昭，總修爲刑部郎中姚鼐，分修有陳鶴、陳燮等九人，此外則有采訪、校對等人員。

是書凡二十一門，分題天章、輿圖、疆域、分野、沿革、古今紀年事表、山水、古跡、風俗物產、建置、祠廟、賦役、學校、武備、驛遞、秩官表、名宦、科貢表、人物、金石、藝文。載述宏富，徵引浩博，文辭精煉，體例周備，所載人物尤多，達三十三卷。《藝文》一門以南宋景定以來多闕不書，故廣爲抄采以補其闕，不僅著錄本地人士著作，又收錄與江寧相關之著作及詩文。姚鼐以宋元舊志論謬頗多，故詳加考證，以糾其失。是書光緒六年（1880）重刻，附有校刊記一卷，訂正初刻之誤，可與嘉慶刻本對照。

此本據清嘉慶十六年刻本影印。（李瀋陽）

〔乾隆〕元和縣志三十六卷　（清）許治修（清）沈德潛（清）顧詒禄纂（第696冊）

許治，生卒不詳，雲夢（今湖北雲夢）人，賜進士出身，乾隆時曾任元和知縣。事見是書序。

沈德潛（1673—1769），字确士，號歸愚，長洲（今屬江蘇蘇州）人。乾隆四年（1739）中進士，年已六十七，乾隆稱之爲江南老名士，授翰林院編修，後爲起居注官、内閣學士、禮部侍郎等。曾爲乾隆校《御製詩集》，更著有《歸愚詩文鈔》、《竹嘯軒詩鈔》，編有唐以後各朝詩《別裁集》。《清史稿》有傳。

顧詒禄，生卒不詳，編纂《元和縣志》時爲長洲縣監生。見是書修纂名錄。

元和，屬蘇州府，雍正二年析長洲縣南境置。是書卷首有乾隆二十六年許治序，稱志創於雍正四年（1726），刻於乾隆五年，距今時又二十餘年，因聘沈德潛爲總裁，顧詒禄執筆重修，十閱月告成云云。是書并載錄《（雍正）元和縣志》張若爢、江之煒原序及當時纂修人員姓氏。知纂修爲太倉知州江之煒及元和知縣張若爢，總裁爲施何牧等五人，分纂爲顧紹敏、沈德潛等六人，時沈氏爲長洲縣學廩生。重修時則以元和知縣許治爲纂修，協修爲元和縣儒學訓導程元基，總裁爲禮部尚書在籍食俸沈德潛，編輯爲顧詒禄，分校爲吳智等四人。

卷首題圖考，分《城圖》、《學宫圖》、《田圩圖》、《水利圖》、《縣署圖》五種。正文三十類，分題建置及沿革、疆域及分野、城池、官署、學宫、壇祠、倉庾、職官、兵防、風俗、土田、賦税、徭役、水利、山阜、物產、第宅坊表、園亭、塚墓、科目、宦跡、人物、流寓、孝義、列女、佛道二氏、寺觀及義局義莊、御製、藝文。其中《藝文》收錄歷代名家各體文甚夥，如晉顧野王《虎丘山序》、唐獨孤及《虎丘夜宴序》、宋沈括《至和塘考》、宋范仲淹《上吕相書》、明永樂二年夏原吉《開浚河道疏略》、隆慶三年江南巡撫海瑞《開吳淞江疏》、清康熙五年江南巡撫韓世琦《請減浮糧疏》、沈德潛《婁江水利考》等，乃研究元和乃至蘇淞地區歷史文化之珍貴文獻。

此本據復旦大學圖書館藏乾隆二十六年刻本影印。（李濬陽）

〔至正〕崑山郡志六卷 （元）楊譓纂（第696册）

楊譓，生卒不詳。是書至正四年（1344）楊維貞序稱譓字履祥，浦城（今福建浦城）人。號東溪老人，著有《宋朝蓍龜録》。

崑山本爲縣，元成宗元貞元年（1295）升爲州，楊維貞序稱自此而户版地利日增，租賦甲天下，州郡縣市買之舶與海艚之艘匯集此地云云。知元時崑山經濟交通頗爲繁盛。元仁宗延祐間（1314—1320），州治移於太倉，故是書記載崑山治所有新治、舊治之别。

是書分十五類，題爲風俗、山、坊、園亭堂庵軒樓、塚墓、古跡、名宦、封爵、進士題名、人物、釋老、土貢、土産、雜記、異事。所記均極簡略，如《進士題名》僅有宋代，《土貢》、《土産》、《雜記》、《異事》等，則多據前代之書抄録，如《唐六典》、《夷堅志》、《法苑竹林》、《搜神記》、《通鑑本末》等。

是書之名，明鄭文康《平橋藁》卷五稱“浦城楊譓《玉峰志》”，以崑山境内有玉峰山，故常以玉峰爲崑山代稱。而明張國維《吳中水利全書》卷十九、卷二十，明歸有光《三吳水利録》卷四及《震川集》卷三則稱“邊寔修《崑山志》”。邊寔所修實稱《玉峰志》，見下條，知二名常混用不分。

此本據《宛委别藏》本影印。（李濬陽）

〔淳祐〕玉峰志三卷 （宋）凌萬頃 （宋）邊寔纂修 〔咸淳〕續志一卷 （宋）邊寔纂修（第696册）

凌萬頃，生卒不詳，字叔度，景定三年（1262）進士，本爲陽羨（治今江蘇宜興）人，其父塏於崑山（今江蘇崑山），遂爲崑山人。略見《咸淳毗陵志》卷一一。

邊寔，據是書署名及諸序跋，知爲陳留（今屬河南開封）人，曾任掌儀。生卒及餘事不詳。

卷前有淳祐十二年（1252）項公澤跋，稱崑山地險而俗勁，田多而賦重，凋弊積久，於稽古載籍之事多有缺失，《吳郡志》雖附書一二，亦不得其詳。直學凌君與掌儀邊君搜訪掇拾，編成此志，遂鋟諸梓云云。知是志三卷成書在淳祐十二年。又有凌萬頃序，稱永嘉項公出宰兹邑，萬頃嘗輯敘一二，略而未備，掌儀邊君尤勤於搜訪，遂相與編次，期年而成云云。知項公澤曾爲崑山知縣，此志先由凌氏搜羅，後由邊寔補充成書。又有謝公應序，稱是書於淳祐十二年編類於邊君直學之筆，其後至咸淳八年（1272），謝氏至斯邑翻閱是書，頗有遺佚，因以《續志》屬之邊君，乃會粹古書，搜覽今籍，三閱月而書成，增入三十餘條，改定二十餘條，遂命工刻之云云。知《續志》一卷成於咸淳八年。最後爲邊寔序，稱是年夏續修志書，以釐前誤而紀新聞，書於鋟梓之畢云云。

是書目録先爲起例，次爲《縣境圖》、《縣郭圖》、《馬鞍山圖》，然此本未見有圖，再次分題沿革、縣境地里、四至八到、鄉鎮、城社、山、水、風俗、户口、學校、坊陌橋樑、營寨、公宇、稅賦、課利、官租、縣令題名、名宦、進士題名、人物氏族、古跡古事、土産、封爵、寺觀、祠廟、園亭、異聞等類。起例稱舊在崑山而後分出爲嘉定縣者，則不載録，知是書專載崑山縣事。碑記原碑見存者書其名不載其文，不存者則載其文。事有《吳郡志》所載與今所修不同者，以今日所聞見無異者載録。所敘人物，有本邑人而今居他所，本非邑人而今寓居者，今皆載入。是書體例簡要，然所録崑山事物則有他書所不載者，尤以記當時稅賦、課利、官租等甚詳。如記稅賦分秋苗、夏稅，北宋真宗大中祥符間（1008—1016）夏稅爲丁身鹽錢三千六百餘貫、絹一萬五千三百四紬七百七十四、綿一千三百屯;秋苗一十萬有畸,至南宋寧宗慶元間(1195—1200)則夏税倍其數,綿十倍之。課利則爲税賦之外由酒税徵收。官租名色甚多,有朝籍園田、版帳圍田、没官田、常平官租、投買常平官租、草蕩圍田、管田、沙田、沙地、塗田、學田、職田等,其中職田又按知縣、縣丞、主簿、縣尉、監務、巡檢等官職高下而數額不同,此外又有獄糧租米等。知當時民衆負擔賦税之重。是書又記當地土産,如水稻,既記品種及等次,如紅蓮稻、再熟稻、香稻、烏野稻、雪里揀、白野稻、稻翁揀,爲上等稻米,又記成熟期早晚,如閃西風、趕麥長、軟得青、時里白、六十日稻、百日稻、半夏稻等。知當時水稻種植之發達。

《續志》不分卷,分題山川、風俗、户口、學校、坊市、和買、課利、令佐題名、名宦等類,其正文乃就《(淳祐)玉峰志》補充或是正,如《户口》條前志載主客共管户數四萬伍千三百六十八,口數十三萬四千五百,二十年後纂修《續志》,其數未見增多,蓋以富者遷避,貧者轉徙也。此爲南宋民户人口變遷之一例。諸如此類,於瞭解南宋江南政治與社會,均可提供翔實資料。

此本據國家圖書館藏黃氏士禮居抄本影印。(李濬陽)

〔嘉慶〕直隸太倉州志六十五卷　(清)王昶等纂修　(第697—698册)

王昶(1725—1808),字德甫,號述庵、蘭泉,青浦(今屬上海)人。乾隆十九年(1754)進士,歷任内閣中書,大理寺卿,江西、直隸、陝西按察使,雲南、江西布政使等,官至刑部右侍郎。宦遊數千里,性喜訪求碑刻文字,收錄銅器、磚瓦銘文,彙編《金石萃編》,與修《大清一統志》,更著有《銅政全書》、《春融堂詩文集》、《明詞綜》、《國朝詞綜》、《湖海詩傳》、《青浦志》等。《清史稿》有傳。

太倉於雍正二年(1724)升爲江蘇直隸州,

故有此書名。卷前有序多篇。嘉慶七年(1802)江南河道總督康基田序稱,州志由明代張受先草創,距此時已有一百五十餘年,龔圖任州牧時,延聘王昶及汪學金相繼纂輯,後汪廷珍繼任,續成其事,康氏則以夙所見聞,取《水利》一門有所增删。汪廷珍嘉慶七年序稱,嘉慶三年任太倉知州,龔圖移交志稿一帙,適孫淵如過婁,遂聘請詳加考訂。知此書先後經多人之手,終成書於嘉慶七年。其總修爲刑部右侍郎王昶、山東道監察御史程維岳、左庶子汪學金,閱定爲前江南河道總督康基田,總閱爲前太倉知州龔圖、太倉知州蘇州海防同知汪廷珍,覆校爲分巡山東兖沂曹濟兵備道孫星衍,分修有刑部主事汪彦博、工部主事顧王霖等十八人、此外有分閱、增修勘校、采訪、總校、分校、收掌、監局、繪圖等人員。

是書正文先載皇帝恩旨,次爲圖,有《一州四屬全圖》、《婁東水利總圖》、《太倉州疆域圖》及所屬各縣疆域圖等共十九幅,再次分題封域、營建、職官、名宦、學校、選舉、風土、水利、賦役、兵防、漕政、人物、古跡、藝文、雜綴等類,各類下則分細目不等。後附《舊序》兩卷,收錄明清兩代有關太倉、太倉志、太倉屬縣志之序文,多出自名家手筆,如楊維楨、王錫爵、張溥等。末卷爲補遺,就正文各類作補充。是書體例完整,引述嚴謹,内容豐富,於研究清代太倉地方政治社會頗爲珍貴。

此本據清嘉慶七年刻本影印。(李濬陽)

〔寶祐〕重修琴川志十五卷　(宋)孫應時纂修　(宋)鮑廉　(宋)鍾秀實續修　(元)盧鎮增修　(第698册)

孫應時(1154—1206),字季和,號燭湖居士,餘姚(今浙江餘姚)人。南宋孝宗淳熙二年(1175)進士。初爲黃巖尉,寧宗慶元年間(1195—1200)爲常熟知縣,後移判邵武軍。更著有《燭湖集》。事見《燭湖集》附錄楊簡

《孫燭湖壙志》、張淏《孫應時傳》。

鮑廉（？—1275），南宋度宗咸淳五年（1269）爲平虜將軍，知臨江軍。恭帝德祐元年（1275），元兵南下，鮑廉率臨江軍全力抗元，作戰至死，宋廷贈官直華文閣。見《宋史》卷四七。

鍾秀實，生卒不詳，常熟（今江蘇常熟）人，與胡淳同助鮑廉重修《琴川志》，見是書所載宋理宗寶祐二年（1254）丘岳《重修琴川志序》。

盧鎮，生卒不詳，字子安，淮南（今安徽淮南）人。元至正二十三年（1363）時任守禦常熟領兵副元帥兼平江路常熟知州。見是書載元至正二十五年（1365）戴良序。

琴川爲常熟別名，元元貞元年（1295）升縣爲州，明洪武二年（1369）改爲縣。是書目錄後有盧鎮跋，稱舊志自宋南渡後版籍不存，慶元二年（1196）縣令孫應時重修之，嘉定三年（1210）縣令葉凱廣其傳，淳祐元年（1241）縣令鮑廉又加補飾，此後近百餘年無人續編，舊梓殘毀無遺，遂於至正二十三年聘請顧德昭等人遍求舊本，招集諸士參考異同，重鋟諸梓。成書後又有所增補，附於卷末，仍稱《重修琴川志》。

書首又有至正二十五年戴良爲盧鎮重修《琴川志》所作序，知其成書於是年。又載寶祐二年丘岳《重修琴川志序》，稱據陸澄《吳地記》知南朝齊吳郡已有常熟縣之名。而鮑廉與邑之秀民鍾秀實、胡淳博搜典籍，考古訪舊，裒集會粹，討論是正，重修此志。又有浙西安撫司褚中序，稱孫應時修志，後有縣令葉凱廣其傳。此在盧鎮重修之前。

是書先列縣境、縣治、虞山南境北境及鄉村等圖，然後分題敍縣、敍官、敍山、敍水、敍賦、敍兵、敍人、敍產、敍祠、敍文等類，各類下有子目甚細，如《敍縣》下有縣境、縣治、縣城、縣界、鄉都、門、坊、巷、廟學、社壇、公廨、館驛、亭樓、橋樑、倉庫、營寨、義阡、池、鎮、市、

三崗、酒坊等目。卷末附有拾遺。卷尾有明崇禎二年（1629）龔立本跋，稱兵部邵麟武自興福寺收得是書，已佚一卷，後有許發美自南都書肆購得全本，知是書在明代已難得一見。

此本據國家圖書館藏清道光三年瞿氏恬裕齋影元抄本影印。（李濬陽）

〔嘉定〕鎮江志二十二卷首一卷　（宋）盧憲纂修　（第 698 册）

盧憲，《直齋書録解題》卷八記是書爲“教授天台盧憲子章撰”，又書中四處自稱“憲”，一處自稱“盧憲”，元《（至順）鎮江志》之《學校》門有教官盧憲嘉定六年（1213）謁孔廟事。則憲爲天台（今浙江天台）人，時任鎮江儒學教授。

書當纂成於嘉定六年前後。卷首爲《郡縣表》，正文分題敍郡、城池、坊巷、風俗、攻守形勢、田賦等七十類，分類不如後世整齊有序，然所記宋代鎮江一地諸多情況甚詳。鎮江自六朝以後素爲重地，宋南渡以前遺文墜典多已亡佚，如唐孫處元《圖經》、祥符《圖經》、《潤州集》、《京口集》之類，後世皆無傳本，藉是書可知其厓略。是書卷首及《地理》類記載六朝僑寄郡縣沿革脈絡頗明晰，又詳記當時田賦稅役諸多名目，及地震、鳥獸蟲魚、器物謠讖、恤刑鞫獄等事，爲他志所不經見。

此本據《宛委別藏》本影印。惟是書成書較早，後世流傳不廣，故書中多有脫文錯簡。（李濬陽）

〔至順〕鎮江志二十一卷首一卷　（元）俞希魯纂修　（第 698 册）

俞希魯（1279—1368），字用中，丹徒（今江蘇丹徒）人。先後爲慶元路儒學教授、四明儒學教授、歸安縣丞、江山及永康縣令、松江路同知。更著有《竹素鈎玄》、《聽雨軒集》。事跡見《（延祐）四明志》卷二、《（康熙）江南通志》卷一六六、《（乾隆）浙江通志》卷一五五。

卷首有《郡縣表》,正文分題敍郡、城池、坊巷、鄉都、橋樑、道路等九十類。按宋元方志多有類無目,故分類極多。是書較之盧憲《(嘉定)鎮江志》有類無目雖同,而類別益出二十,且有所同異。又宋代志書以徵文爲主,廣稽典籍,務核其異同;元代志書則重考獻,備録故事,尤詳於興廢之事。鎮江在南宋爲邊防之地,在元代則爲財賦之區;故盧志於攻守形勢,能網羅古今,而是書於物産土貢臚陳甚悉。

是書記載也里可温教及伊斯蘭教事,是元代特有現象,又載元仁宗、英宗時在各地建帝師殿以紀念八思巴事,亦元代志書特有内容。

此本據《宛委別藏》本影印。另有道光二十二年丹徒鮑氏刻本。(李濬陽)

〔咸淳〕重修毗陵志三十卷(存卷一至卷十九卷二十一至卷三十) (宋) 史能之纂修 (第 699 册)

史能之,字子善,鄞縣(今屬浙江寧波)人。孝宗淳熙元年(1174)進士,度宗咸淳二年(1266)任常州知州,事跡附見《宋史·史彌鞏傳》。

卷首載史能之咸淳四年自序,稱理宗淳祐元年(1241)已爲武進尉,時郡守宋慈以舊志簡略,使鄉大夫增益之,三十年後已爲常州知州,州志如故,乃命同僚之材識與郡士之博習者網羅見聞,收拾放失,取宋公未竟之書,正訛補略,而成是志。又有元仁宗延祐四年(1317)教授遜齋李敏之識語,稱元世祖至元十二年(1275)舊志厄於兵燹,延祐二年本路總管提調學校官真定史中議命儒學教授三山李敏之重建尊經閣,延祐三年八月落成,遂命工鏒梓於閣上,知是書元時又曾刊刻,而此本所據必爲元延祐後刻本。

書前有《郡治圖》、《郡境圖》、《郡城圖》及晉陵、武進、無錫、宜興各縣縣境圖,其後則分題地理、詔令、官寺、秩官、文事、武備、風土、

祠廟、山水、人物、詞翰、財賦、仙釋、寺觀、陵墓、古跡、祥異、碑碣、紀遺、辨疑等類,各類下又分細目。以宋本《毗陵志》已無存,此體例是否爲史志原貌已不可詳究。

此本據國家圖書館藏明初刻本影印,爲殘本。另有乾隆五十四年趙懷玉重刊元延祐本,其卷十一、十二、十三皆有缺葉,而卷二十全缺,趙氏重刊時跳過缺葉接排而未作注明,使字句不貫,文義間隔。(李濬陽)

〔嘉慶〕廣陵事略七卷 (清) 姚文田輯 (第 699 册)

姚文田(1758—1827),字秋農,歸安(今浙江湖州)人。乾隆五十九年(1794)高宗天津召試第一,授内閣中書,充軍機章京。嘉慶四年(1799)一甲一名進士,授修撰,累官至内閣學士、禮部尚書。著有《邃雅堂學古録》、《説文聲系》、《説文考異》、《邃雅堂文集》。《清史稿》有傳。

卷首有嘉慶十五年姚氏序,時姚氏在河南學使者署,即書首所題"開封節院"。序稱嘉慶十三年姚氏回鄉,十四年有修志之役,適使阿公厚庵禮聘主其事,以與修者多館閣前輩,不敢主事,故分司其《宦績》、《事略》二志。

序又稱揚州爲南北要津,郡縣廢興及域界分併較他郡爲多,而舊志多不詳備,姚氏借得阮元《圖經》稿本,又博取群書參互考訂,另爲《事略》五卷,附《祥異》一卷;又因建置沿革爲地志綱領,沿革一訛則他門皆亂,乃取阿公所主《揚州志》之《沿革》卷,釐而正之,为是書卷一,與《事略》、《祥異》共爲七卷。姚氏恐後人芟薙,故另行梓印。

是書所考詳明,能注明原文出處,或就舊志所記加以考訂。如周敬王三十四年吳城邗溝,通江淮,邗爲廣陵地,時屬吳國。注云:《左傳》當以"邗"字絶句,溝既成,因名"邗溝",亦曰"邗溟溝"。此類能考明史實,值得注意。其書卷二爲周至隋,卷三爲唐、五代,

卷四、卷五爲宋,卷六爲元明事略,卷七爲祥異及附錄。是書專記揚州歷代大事,未記風俗、物産等類。

本書據湖北省圖書館藏清嘉慶十七年歸安姚氏開封節院刻本影印。(李濱陽)

〔乾隆〕淮安府志三十二卷　(清)衛哲治等修　(清)葉長揚　(清)顧棟高等纂(第699—700 册)

衛哲治,生卒不詳,字我愚,號鑑泉,濟源(今河南濟源)人。乾隆十三年(1748)爲淮安知府、鳳廬道,又調山東登萊青道。《碑傳集》卷七〇有陳光崟撰《衛哲治別傳》。

葉長揚,字爾翔,號定湖,吳縣(今江蘇蘇州)人。雍正八年(1730)進士,曾任翰林編修。見是書修纂人員名單。

顧棟高,有《司馬大師温國文正公年譜》,已著録。

卷首載乾隆十三年衛哲治序,稱乾隆十年來守是邦,舊志自康熙二十四年(1685)纂修,距其時已六十餘年,爰延鄰郡先達與本郡紳士,設局分編而成新志。又有乾隆十三年武林陳肇奎序,稱雍正間淮安府曾重分爲六縣,疆界沿革,變化甚夥,而舊志久未續修,缺略不備。前任郡守衛哲治延請士紳重修新志,閲兩載而成書,然剞劂未成即離任而去。陳氏繼任,刊刻其書問世。序後有修志人員名單。其鑒定有尹繼善、藴著、周學健、安寧、尹會一、吉慶、辰垣、翁藻、倭赫、李永標、台柱、李敏第、姚廷棟、葉存仁、定長十五人,訂正爲衛哲治、丁一燾、周龍官、阮學浩四人。纂修爲葉長揚、顧棟高二人,其他尚有分輯、參閲、校理、監刻等人員不等。

是書首載輿圖,有《淮安府境全圖》、《山川風雲壇圖》、《淮郡社稷壇圖》、《淮郡先農壇圖》、《學宮圖》、《厲壇圖》、《府署圖》及山陽、鹽城、阜寧、清河、安東、桃源各縣之圖。其分類題爲建置沿革、疆域、山川城池、河防、

海防、水利、漕運、學校、公署、賦役、鹽法、關稅、風俗、兵戎、營制、職官、名宦、選舉、勳爵、封建、人物、列女、物産、五行、壇廟、驛傳、古跡、藝文詩賦、辨僞、雜紀,類下有子目。其類目較他志尤細密。

此本據上海圖書館藏乾隆十三年刻本影印。(李濱陽)

〔乾隆〕杭州府志一百一十卷首六卷　(清)鄭澐修　(清)邵晉涵纂(第701—703 册)

鄭澐,生卒不詳,字楓人,儀徵(今屬江蘇揚州)人,曾任杭州知府,後升浙江糧儲道。見據是書凡例及鄭澐序。

邵晉涵,有《舊五代史考異》,已著録。

書前有乾隆四十九年(1784)鄭澐序,稱前任郡守邵闇谷創修府志,粗具册編,未遑蔵事,鄭繼任後有鄉人金惺莪獨任資費,鄭乃鈎稽故牘,設局編纂,與賢士大夫往復商榷,簿書之暇亦躬自審研。志中徵引前人著作,蘄於傳信,又條繫書名,用《龍龕手鏡》之例;並列群説以求其是,用《五經同異》之例。其分門列目,則援宋時《臨安志》之例云云。是書又列修纂人員,有乾隆四十三年原修人員:總裁邵齊然,總修爲汪沆、王增、邵晉涵,分修爲章煦、姚翀、高瀛洲、鄭之翀、翟灝等十五人,另有分校、監修、采訪人員;乾隆四十九年續修人員:總裁爲鄭澐,總修爲邵晉涵,此外亦有分修、總校、分校、監修、謄録等人員。

是書卷首列宸章、巡幸,記載皇帝所撰相關詩文及巡視杭州事跡,正文分題圖説、建置、疆域形勝、城池鄉里、市鎮、橋樑、祠廟、學校及書院社學、公署、山川、古跡、名勝、寺觀、塚墓、兵制、錢法、鹽法、海塘、水利、户口、賦税、關榷、積貯、卹政、風俗、物産、祥異、藝文、金石、職官、選舉、封爵、名宦、人物、雜記、前志原委等類。其《卹政》類下有育嬰堂、養濟院,爲他志所少見。

此本據清乾隆四十九年刻本影印。（李滌陽）

〔淳熙〕嚴州圖經八卷（存卷一至卷三）

（宋）陳公亮　（宋）劉文富纂修

陳公亮，生卒不詳，字欽甫，長樂（今屬福建）人，見是書序。

劉文富，南宋孝宗淳熙間爲嚴州儒學教授，見是書序。

是書有紹興九年（1139）知軍州事董弅《嚴州重修圖經》舊序，稱唐代立制命各郡府方志三年一造，北宋定令閏年諸州報上地圖，宋真宗大中祥符四年（1011）詔命儒臣修纂國經，此詔又頒下州縣，令各遵行，則《嚴州圖經》初修當在此時。弅於紹興七年爲嚴州知州，距州初修志已一百二十八年，時閏年修圖之制已廢壞不行，初修之志亦於宣和二年（1120）以兵火而散亡毀失，故命下屬熊通、朱良弼等人補修增廣州志。以大中祥符時有初修，故此番稱爲重修云云。又有淳熙十三年（1186）州學教授劉文富《重修圖經序》，稱大中祥符三年詔獎翰林學士李宗諤等人呈上新修諸道圖經，則初修《嚴州圖經》亦當在此時修成呈上。至南宋孝宗淳熙十一年陳公亮爲嚴州知州，次年命劉文富訂正之，將再鋟諸木。此則再次重修州志。

是書首列宋太祖建隆元年（960）詔命宋太宗爲嚴州防禦使詔書、宣和三年（1121）授趙構爲康王及遂安慶源軍節度使榜文及高宗建炎二年（1128）聖旨等，知太宗、高宗均曾在嚴州任職。是書有圖九幅，即《子城圖》、《建德府内外城圖》、《府境總圖》及建德、淳安、桐廬、遂安、壽昌、分水縣境圖，宋代州志有圖者極少，此爲現存最早者。其類別分題歷代沿革、分野、風俗、州境、城社、户口、學校、科舉、廨舍、改充、館驛、軍營、坊市、橋樑、溝渠物產、土貢、課利、祠廟、古跡、賢牧、正倅及添倅題名、登科記、人物、碑碣等。原書八卷，今存卷一至三，而卷三《古跡》後亦闕失不完。

嚴州於宋度宗咸淳元年（1265）升爲建德府，是書記事有晚於淳熙而早於咸淳者，知有後人增訂，已非陳公亮、劉文富原本之舊。

此本據南京圖書館藏清丁氏八千卷樓影宋抄本影印。（李滌陽）

〔嘉泰〕吳興志二十卷　（宋）談鑰纂修（第704 册）

談鑰，生卒不詳，字元時，歸安（今屬浙江湖州）人。南宋孝宗淳熙八年（1181）進士，曾任樞密院編修。是書陳振孫《直齋書録解題》卷八著録爲樞密院編修郡人談鑰元時撰，成於南宋寧宗嘉泰元年（1201），《文獻通考》鑰誤作論。《（雍正）浙江通志》卷一二六稱其爲歸安人。《新安文獻志》卷八二有談鑰撰《工部侍郎朱晞顔行狀》，據狀末署名，知爲朱晞顔門生，寧宗嘉定元年（1208）爲幹辦行在諸軍糧料院。

此本前有嘉泰元年郡丞傅兆敬序，稱大中祥符三年（1010）翰林學士李宗諤等人呈上新修諸道圖經中即有此志，郡守李郎中稱郡有博物君子談鑰以修志自任，以舊志爲本，參照正史，補遺糾誤而成。後有富寺正來爲郡守，捐金刻成。卷末有民國三年（1914）劉承幹跋，稱明嘉靖時徐長谷撰《吳興掌故集》，尚見是書，後則不傳。《四庫》館臣從《永樂大典》輯出，未及編纂進呈，傳世者有鈔本，或分二十卷，或分十五卷，劉氏所刻本爲二十卷。

吳興郡，今爲浙江湖州，是書分題建置沿革、分野、城池、坊巷、鄉里、山川、官制、公廨、郵驛、學校、軍營、祠廟、寺院、郡守題名、古跡、著姓、賢貴事實、釋道、食用故事、事物雜志、物產、土貢等類。記事詳瞻，多引古代成書，經史之外，他如《熙寧九域志》、《圖經統紀》、《湖州續圖經》、淳熙《郡庠志舊編》、《吳興記》等均罕見，知是書所存舊籍史料頗多，不可忽視。

此本據民國三年劉氏刻《吳興叢書》本影印。（李濬陽）

〔乾隆〕烏程縣志十六卷 （清） 羅愫修 （清） 杭世駿纂 （第 704 冊）

羅愫，生卒不詳，甘泉人，乾隆時任烏程知縣，見是書序。

杭世駿，有《史記考證》，已著録。

前此，曾有《（崇禎）烏程縣志》及《（康熙）烏程縣志》，康熙志撰於十九年（1680），依襲崇禎志而略爲增改，未稱詳贍。是書則廣搜前代諸書，遍考史傳、地志、文集、家乘，尋流討源，務求根據，不敢蹈襲舊志。卷首有乾隆十一年（1746）翰林院編修孫廷槐序、乾隆十年杭世駿序及乾隆十一年羅愫序。纂修者有主修羅愫，鑒定爲前翰林院編修杭世駿，編輯爲副榜貢生張燴，校緝爲副榜貢生張朝綱。書前有圖五幅：《縣境圖》、《城垣圖》、《縣署圖》、《學宮圖》、《育嬰堂圖》。正文分題星土、建置、形勝、疆域、城池、廨宇、學校、武備、山川、古跡、職官、選舉、名宦、人物（漢至清）、寓賢、釋老、列女、祠祀、寺觀、陵墓、鄉鎮、津梁、水利、户口、田賦、風俗、物産、經籍、藝文、雜記等類。是書出處均標於文末，便於檢核。引書經傳子史外，又有《（康熙）浙江通志》、《内緯秘言》、《（崇禎）烏程縣志》、《十道志》、《吳興記》、《清類天文分野之書》、《吳興雜録》、《（成化）湖州府志》、《（弘治）湖州府志》、《石柱記》、《（景泰）吳興志》、談鑰《吳興志》諸書及趙孟頫《吳興賦》、程郇復《清塘隄岸記》、范公檉《溪光亭記》、宇文公諒《湖州府治記》等，記述詳贍，文獻有據。

此本據清乾隆十一年刻本影印。（李濬陽）

〔乾道〕四明圖經十二卷 （宋） 張津等纂修 （第 704 冊）

張津，生卒不詳，字子向，宋孝宗時爲右朝散大夫直秘閣，兼主管沿海制置司公事，乾道三年（1167）至五年間爲明州太守。是書卷十二"太守題名記"有其小傳。

寧波古稱明州，以境内有四明山，故又稱四明。唐及北宋初曾修《四明圖經》，大中祥符及大觀間續修之，均佚。現存宋《（乾道）四明圖經》、《（寶慶）四明志》、《（開慶）四明續志》，而乾道志爲最早。是書卷末有乾道五年緝雲主簿主管學事三山黄鼎序，稱大觀元年（1107）朝廷置九域圖志局，命所在州郡編纂圖經，明州命郡從事李茂誠等撰述《四明志》。書成未幾，厄於兵火，後張津爲明州知州，又分委僚局，據舊志更加采撫，纂爲七卷，又附藝文、碑記等五卷，凡十二卷。

是書卷一爲明州總志，分題總敘、分野、風俗、城池、子城、祠廟、水利、古跡、賢守事實等類。卷二至卷七分記鄞縣、奉化、定海、慈溪、象山、昌國諸縣，各縣因地制宜，類目有所異同。卷八至卷十一爲詩文，分古賦、古詩、律詩、絶句、長短句、記、碑文、贊、傳、書諸體，卷十二爲《太守題名記》、《進士題名記》。

本書據清咸豐四年徐時棟煙嶼樓校刊《宋元四明六志》本影印。（李濬陽）

〔寶慶〕四明志二十一卷 （宋） 胡榘 （宋） 羅濬纂修 （第 705 冊）

胡榘，生卒不詳，字仲方，廬陵（今江西吉安）人。嘗攝象山縣，入爲樞密院編修官，累官工部尚書，改兵部，出知福州，寶慶二年（1226）除焕章閣學士、知慶元府兼沿海制置使，以龍圖閣學士致仕。傳見是書卷一。

羅濬，生卒不詳，廬陵人，贛州録事參軍。事略見《（雍正）江西通志》卷七五。

卷首有羅濬序，稱宋理宗寶慶三年（1227）胡榘命方萬里據《圖經》舊本重加增訂，以萬里調任他地，書未成，羅濬與胡榘同爲廬陵人，來四明任官，遂繼之編成。以圖少而志繁，故不再稱"圖經"。後附編纂人員，更有府學學正袁藻、學録劉叔温、直學汪輝等人。

卷前有《府境》、《羅城》、《府治》、《郡圃》四圖,正文先總敘,分題敘郡、敘山、敘水、敘產、敘賦、敘兵、敘人、敘祠、敘遺等類,各類下有細目。其後分敘,爲各屬縣志,有《鄞縣志》、《奉化縣志》、《慈溪縣志》、《定海縣志》、《昌國縣志》、《象山縣志》。蓋沿用總志與屬縣志總分互參之例,其卷一《敘郡》中《郡守》一目,記載唐、五代郡守,爲舊志所無,其《學校》目下詳記紹興以來累頒御書如《中庸》、《周官》、《孝經》、《周易》等及手詔、臨帖等六十八軸,所賜經史子集及雜書等四百餘部,所藏官書一百餘部,所藏書板如《四明尊堯集》、《通鑑要覽》、《文公大學章句》等二十八種三千五百餘板等,可以考見當時地方學校教育興盛情形。

本書據國家圖書館藏宋刻本影印。(李瀋陽)

[開慶]四明續志十二卷　(宋)梅應發(宋)劉錫纂修(第705冊)

梅應發(1224—1301),字定夫,號艮翁,廣德(今安徽廣德)人。寶祐進士,理宗開慶元年(1259)爲慶元府學教授,累官直寶章閣,入元不仕。傳見《(光緒)廣德州志》卷三八。

劉錫,生卒不詳,字自昭,永嘉(今浙江永嘉)人。淳祐七年(1247)進士。據本書序,知其於寶祐間以奉議郎充沿海制置大使司主管機宜文字、後任鎮江府通判。

卷首有開慶元年梅應發、劉錫序,知是書撰成於是年。正文分題慶元府額、增秩因任、學校、科舉、城郭等三十餘類。前志已詳之經界、地理、沿革、山川、建置等事,不再贅述,前志未述之水利,則單立一卷,他如《蠲免抽博倭金》、《收養漂泛倭人麗人》等項,爲他志所罕見,可知當時東南沿海與日本、朝鮮往來情形,尤可重視。

此本據國家圖書館藏宋開慶元年刻本影印。(李瀋陽)

[至正]四明續志十二卷　(元)王元恭纂修(第705冊)

王元恭,生卒不詳,字居敬,號寧軒,真定(今河北正定)人。元惠宗至元六年(1340)任慶元路總管。事略見《(雍正)寧波府志》卷一八。

元代先有延祐七年(1320)袁桷《四明志》二十卷,時距宋代寶慶、開慶等《四明志》已數十年,王元恭於元惠宗至正二年(1342)續修。是書分題沿革、土風、職官、人物、城邑、山川、河渠、土產、賦役、學校、祠祀、釋道、集古等類,各類下有子目。所載職官、土產、學校等,頗能反映元代地方情況,如《職官》類詳細羅列元代地方各級官吏,及《市舶司》、《海運所》諸目,《學校》類中《蒙古學》、《陰陽學》、《義學》、《鄉飲酒禮》諸目,尤可重視。

此本據上海圖書館藏明抄本影印。(李瀋陽)

[乾隆]鄞縣志三十卷首一卷　(清)錢維喬修(清)錢大昕纂(第706冊)

錢維喬(1739—1806),字樹參,號竹初、竹初居士、林棲居士等,武進(今屬江蘇常州)人。乾隆二十七年(1762)舉人,曾任浙江遂昌、鄞縣知縣。著有《錢竹初山水精品》、《竹初文鈔》、《竹初詩鈔》等。傳見《竹初文鈔》卷六《自述文》,近人陸萼庭有《錢維喬年譜》,可參看。

錢大昕,有《元史氏族表》等,已著錄。

書前有乾隆五十二年陳鍾琛序、錢維喬序,乾隆五十三年印憲曾序。印序稱康熙初年邑人聞性道創修縣志,頗爲詳備,而拙於文詞,未爲通人所許,武進錢竹初由遂昌調任鄞縣,與邑中士大夫議修縣志,錢大昕養病里居,敦聘至鄞,相與考校史傳,商榷異同,既續舊志之未備,又補前人之闕佚,訂訛糾謬云云。錢序稱乾隆五十年延錢大昕主纂修之任,五十二年蔵事。序後列參修者姓氏,鑒定爲浙江分巡寧紹台兼管水利海防兵備道印憲曾、寧波知府陳鍾琛，承修爲鄞縣知縣錢維喬，總修爲翰林院侍講學士錢大昕，分纂爲平陽縣教諭盧鎬等四人，參校兼采訪爲舉人范永琪等三人。

卷首有《縣境》、《城池》、《縣署》、《海防》、《四明山》、《天一閣》、《天童寺》、《阿育王寺》等十四圖，其後收録順治以來相關敕章，總題"天章"。正文分題建置沿革、城池、山川、水利、學校、公署、田賦、兵制、海防、壇廟、職官、選舉、名宦、人物、孝義、藝術、寓賢、列女、仙釋、藝文、金石、古跡、塚墓、寺觀、雜識、物産、土風等類，類下或有細目。《雜識》後附辨證、舊志源流，記《(乾道)四明圖經》、《(寶慶)四明志》等由宋乾道至清雍正所修前志十數種。於寧波及鄞縣修志事頗可參考。

此本據華東師範大學圖書館藏清乾隆五十三年刻本影印。（李滁陽）

〔光緒〕鎮海縣志四十卷 （清）于萬川修 （清）俞樾纂（第707册）

于萬川（1826—?），字印波，號會一，豐潤（今河北唐山）人。同治戊辰（七年，1868）科進士，同治九年任鎮海知縣。光緒乙亥（1875）、丙子（1876）兩科浙江鄉試同考官。生平略見《清代硃卷集成·同治戊辰科·于萬川》及《(民國)豐潤縣志》卷二《選舉》。

俞樾（1821—1907），字蔭甫，號曲園，德清（今浙江德清）人。道光三十年（1850）進士，歷官翰林院編修、提督河南學政等，咸豐二年（1852）罷職，僑居蘇州，專治經學，晚年在杭州詁經精舍講學，弟子有章炳麟、吳昌碩等。著有《諸子平議》、《群經述聞》、《古書疑義舉例》、《爾雅平議》、《右台仙館筆記》等。《清史稿》有傳。

是書終卷《敘録》末有俞樾光緒五年（1879）跋，稱鎮海縣自乾隆修志以來，已有

一百餘年，中間兩經兵燹，同治九年于萬川至鎮海任知縣，敦召集邑中士大夫參稽舊志，旁搜博采，歷數年乃成書四十卷，懼體例未能畫一，又請樾審定云云。卷末附與修者名録。總纂爲翰林院編修、國史館纂修俞樾，其餘有協修、總校、分校、采訪、監梓等人員。後載捐户姓氏，有鎮海知縣于萬川等人，捐洋數量不等。

書前有凡例，卷首有《寶慶志縣境圖》、《嘉靖志縣境圖》、《寶慶志縣治圖》、《嘉靖志縣治圖》、《縣境圖》、《縣署圖》等十七幅。全書分類題作建置沿革表、星野、疆域、形勝、風俗、城池、公署、山川、水利、户賦、學校、兵制、海防、壇廟、職官表、選舉表、名宦傳、人物傳、孝義傳、列女傳、列女姓氏録、寓賢傳、仙釋傳、藝文、金石、古跡、塚墓、寺觀、雜識、物産、方言、敘録等。體例完備，多能引據前人書籍，保留史料頗多。

此本據清光緒五年刻本影印。（李滁陽）

〔光緒〕永嘉縣志三十八卷首一卷 （清）張寶琳修 （清）王棻 （清）孫詒讓等纂（第708—709册）

張寶琳，生卒不詳，據是書序，知其字静薌，餘干（今江西餘干）人，光緒初爲永嘉知縣。

王棻，有《台學統》，已著録。

孫詒讓，有《周書斠補》等，已著録。

是書載纂修姓氏，主修爲張寶琳，總纂爲中山書院山長王棻，總纂兼提調總校爲温州府學教授戴咸弼，協纂爲刑部主事孫詒讓，此外有分纂、參訂校勘、總理、繕校、履勘輿地、總司采訪、分司采訪、繕稿、繪圖、經始等人員。卷首有光緒七年（1881）張寶琳序、光緒八年温處兵備道温忠翰序及戴咸弼序，據諸序可知雍正時曾命各直省纂修通志，督撫大吏復檄所屬府廳州縣各修方志，皆設官局，延文學之士分任其事。乾隆三十年永嘉知縣崔錫、施廷燦纂成縣志，道光三十年知縣湯成烈復

爲新志,然未竣稿,而是書則由知縣張寶琳發起,屬戴咸弼、王棻主持,王氏訂立凡例,又親纂《輿地・沿革》及《人物》、《經籍》等,戴氏則與郡士共同屬稿。前志所録人物、藝文、金石均不完備,是書據戴咸弼《東甌金石志》、孫衣言《甌海軼聞》、孫詒讓《温州經籍志》補足。纂修期間,孫衣言又將所藏圖書萬餘卷移庋志局,而孫詒讓則常答戴、王諮詢,故是書可稱義例精密,蒐羅宏富,編校詳審。

卷首爲序録、姓氏、凡例、輿圖,有圖十二種十七幅,爲《縣境總圖》、屬縣分圖等。正文爲十四志,分題輿地、建置、貢賦、風土、學校、武備、秩官、選舉、人物、列女、古蹟、藝文、庶政、雜志,其下細分子目,可知是書門類齊全,多有他志所未具者,如《庶政志》下有《卹嫠》、《惜字會》,《列女志》以孝、貞、烈、節分目,《風土志》列《格言》一目,《武備志》有《官俸》一項,皆有所創新,可資參考。

此本據華東師範大學圖書館藏清光緒八年刻本影印。(李濬陽)

〔嘉慶〕廬州府志五十四卷圖一卷　(清) 張祥雲修 (清) 孫星衍等纂 (第709—710 册)

張祥雲,字鞠園,晉江(今福建晉江)人。乾隆五十二年(1787)進士,歷任刑部郎中、廬州知府、皖南兵備道等。《(光緒)廬州府志・名宦傳》有傳。

孫星衍,有《松江府志》等,已著録。

卷首有嘉慶七年(1802)姚鼐序、嘉慶八年張祥雲序、提督安徽學政汪廷珍序、安徽巡撫阿林保序等。張序稱嘉慶七年内廷續修《會典》,檄取天下府州縣志以備采録,張尋訪獲得明隆慶及崇禎間所修郡志及康熙三十五年所纂舊志,遂設局重修,以三志相互參訂,又博搜載籍,乃成是書。

是書分題沿革、山川、古跡、城署、封爵、職官、選舉、學校、壇廟、寺觀、田賦、水利、兵防、名宦、名臣、名將、忠節、孝義、文苑、仕宦、篤行、隱逸、方技、僑寓、仙釋、列女、大事、佚事、雜文、文籍、敘録等類,參訂前志,各取所長,非僅内容遠超舊志,其體例、綱目亦更合理,且徵引文獻,言多有據,《沿革》取諸各史地理、郡國、州郡、地形、職方諸志,《山川》、《古跡》取諸北魏酈道元、唐李吉甫、宋樂史、祝穆等人水道、地記諸書志,《名宦》取諸廿四史列傳,《大事》取諸編年正史,《佚事》取諸傳記百家。所録廟寺、塚墓、金石則搜羅遺佚碑碣,遍覽説部以補充之。其纂輯既爲孫星衍等大家,書成,復就正於姚鼐,故多所正訛補闕,較舊志更爲翔實可信。

此本據浙江圖書館藏清嘉慶八年刻本影印。(李濬陽)

〔嘉慶〕鳳臺縣志十卷　(清) 李兆洛纂修 (第710 册)

李兆洛,有《歷代地理志韻編今釋》,已著録。

是書爲李兆洛一人纂修,嘉慶十九年(1814)成書,分題輿地、食貨、營建、溝洫、官師、選舉、藝文、人物、列女、古跡十類。目録列有圖説、附録各一卷,而此本正文則闕此二卷。目録後有敘説,亦未及圖説、附録二項。

是書引用歷代正史、地志、傳記等各類文獻,更廣收碑記等,如《唐千佛寺殘碑》、《唐河東薛公墓銘》、《唐佛頂尊勝陁羅尼經石幢》、《宋證悟禪師碑》、《宋天聖院佛會人名碑》、《宋府判廳石刻》、《宋夏松築硤石城磨崖碑記》、《宋天聖二年施錢人名碑》、《天聖院佛會人名碑》、《宋景佑藏經石匣記》、《元慧光净照大師塔》、《元順濟龍王碑》、明黄普綱《報恩寺碑》等。此外又收録古代印文、磚文,如漢代淮南王印子金、漢信平君墓磚、漢建元磚、漢元光磚、漢元朔磚、漢始元磚、漢章武磚、晉泰始磚、晉咸寧磚、晉太康磚、晉元康磚、晉永嘉磚、晉永和磚、晉太元磚、晉中軍督磚、宋元嘉磚、北魏正光磚等,爲他志所罕見。

此本據浙江圖書館藏清嘉慶十九年刻本影
印。（李濬陽）

〔嘉慶〕寧國府志三十六卷首一卷末一卷

（清）魯銓（清）鍾英修（清）洪亮吉
（清）施晉纂（第710—711冊）

魯銓，生卒不詳，字選堂，號子山，丹徒（今
屬江蘇鎮江）人。乾隆五十五年（1790）進
士，曾任河南西華知縣，修是志時爲護理江南
分巡安徽寧池太廣兵備道兼管驛務、寧國知
府，後任直隸廣平知府，代行直隸布政使職。
傳見清王豫《京江耆舊小傳》。

鍾英，生卒不詳，鑲黃旗人，生員，恩蔭爲
官，時任寧國知府。見是書與修者名錄。

洪亮吉，有《乾隆府廳州縣圖志》等，已
著錄。

施晉，無錫（今江蘇無錫）人，監生，是書編
纂時負責纂修《職官表》、《藝文志》並分辦
《人物志》。見是書與修者名錄。

書前有嘉慶二十年（1815）歐陽衡序及嘉
慶十三年魯銓爲府志修成所發告示，又有凡
例，稱乾隆十八年（1753）曾修府志，距其時
有五十餘年，所修新志引用經史子集，均於行
末注明出處，舊志之訛，則一一訂正。其後詳
列與修者名銜。監修爲魯銓、長慶、溫憲、鍾
英、英福、張棟、魯世延，協修爲寧國知縣呂占
建、宣城知縣陳受培、涇陽知縣李德淦、旌德
知縣陳柄德、太平知縣曹夢鶴等十三人，參訂
爲翰林院侍讀張燾，《疆域表》、《輿地志》纂
修者爲洪亮吉，《沿革表》纂修者爲凌廷堪，
《食貨志》、《武備志》纂修者爲沈沾霖，《選舉
表》、《營建志》纂修者爲葛鋆，《職官表》、《藝
文志》纂修者爲施晉，此外又有分校、覆校、
采輯、采訪、收掌、管理局務、接管局務、在局
董事、六縣董事等人員。刊刻者爲旌德劉
廷爵。

全書分四表，見前舉；八志，除前舉之志，更
有《學校志》、《雜志》。卷末又附補遺。是書

於寧國沿革記述甚詳，起夏商周三代，迄嘉慶
十三年，成書於嘉慶二十年。卷前又有宣城、
寧國歷代州郡圖以及宣城、南陵、涇、寧國、旌
德、太平六縣城治圖與山川圖、名勝圖等。其
歷代府境圖，標示沿革甚明，爲他志所少見。

此本據民國八年影印清嘉慶二十年刻本影
印。（李濬陽）

〔嘉慶〕東流縣志三十卷 （清）吳箎修

（清）李兆洛等纂（第712冊）

吳箎，生卒不詳，如皋（今屬江蘇南通）人，
時爲東流知縣。見本書與修者名錄。

李兆洛，有《歷代地理志韻編今釋》等，已
著錄。

是書前有嘉慶二十三年（1818）安徽巡撫
康紹鏞序、江南安徽等處布政使韓克均序、河
南道監察御史蔡炯序、署東流知縣李書明序，
稱順治九年（1652）、乾隆二十三年（1758）東
流曾兩修縣志，此次新修，全書分圖、表、志、
傳四類。各類子項與當時他志大同，唯圖類
有鄉圖多幀，頗少見。又末卷爲《序錄》，則
仿《史記》之例。書末有與修者名錄，掌修爲
東流知縣吳箎，纂修爲鳳臺知縣李兆洛及監
生張成孫等四人，協修爲署東流知縣李書明
及東流儒學教授朱蔭楷等六人，贊修爲東流
縣吉陽巡檢胡濟等二人，此外又有分修、校
對、采訪、繕寫、經理、勸捐等人員數量不等，
又附錄順治九年、乾隆二十三年與修縣志人
員名單。

此本據復旦大學圖書館藏清嘉慶二十三年
刻本影印。（李濬陽）

〔康熙〕臺灣府志十卷 （清）蔣毓英纂修

（第712冊）

蔣毓英，生卒不詳，字集公，號集翁，官志作
奉天錦州人，實浙江諸暨（今浙江諸暨）人。
初任溫州知府同知，泉州知府，康熙二十二年
（1683），臺灣收復後，任臺灣知府，後爲江西

按察使、浙江布政使。《盛京通志》卷七九有傳。

蔣氏爲清代首任臺灣知府,首次編修《臺灣府志》,時清廷詔令全國纂修方志,蔣氏主此志事,偕諸羅縣令季麒光、鳳山縣令楊芳聲等人纂修。全書分題沿革、分野、氣候、風信、封隅、敘山、敘川、物産、風俗、歲時、規制、學校、廟宇、市廛、户口、田土、賦役、祀典、官制、武衛、人物、古跡、災祥、扼塞、險隘等類,附見有海道潮汐、土番、養濟院、渡橋、存留經費等,而《人物》則分爲《開拓勳臣》、《勝國遺裔》、《勳封遇難》、《縉紳流寓》、《節烈女貞》等目。

是書流傳不廣,長期湮没無聞,以致中外學者皆以康熙三十一年高拱乾纂修之《臺灣府志》爲最早。周憲文編《臺灣文獻叢刊》、方豪編《臺灣叢書·臺灣方志彙編》及日人鈴木讓編《臺灣全志》等,均未提及蔣志。直至1975年上海圖書館檢覆廢紙,此孤本方重見天日。

是書纂修較早,内容頗簡略,蓋當時僅有臺灣府、臺灣縣及諸羅、鳳山兩縣,然於臺灣歷史則多有記述,如明代三寶太監下西洋,船隊路經臺灣;清初統一,收復臺灣等。所記當時景象,如郡治之外盡爲緑草黄沙,綿邈無際,故城外不曰鄉,而總稱爲草地,則頗真切。又記當時臺灣官制,有分巡臺廈道一員、臺灣知府一員、海防糧捕同知一員、經歷一員,臺灣、鳳山、諸羅各有知縣一員、縣丞一員、典史一員,新港巡檢一員,澎湖巡檢一員,府縣各有儒學教授、教諭各一員,又有總兵官、副總兵、遊擊、參將、守備、千總、把總等武官等,可知當時文官人員極少,而武官人數較多。是書又記臺灣扼塞、險隘等事,於考察臺灣歷史頗有助益。

此本據上海圖書館藏清康熙刻本影印。（李滬陽）

〔光緒〕湘潭縣志十二卷　（清）陳嘉榆等修 王闓運等纂（第712册）

陳嘉榆,生卒不詳,時爲湘潭知縣,見是書與修者名録。

王闓運,有《湘軍志》等,已著録。

湘潭於嘉慶、道光間均曾修纂縣志,同治初有羅汝懷、王榮蘭《湘潭縣志稿》,縣令囑舉人王闓運重編,未能成書。光緒初,榮蘭子啟原時爲廩生,參予編纂新志,至光緒十四年(1888)王闓運編修成書,同年刊刻,次年刊成。

是書卷首稱"湘潭縣圖志十二篇",序目不稱卷,題光緒十五年刊;而正文版心則上題"光緒十四年刊",下標"湘潭縣志",並有卷數,與卷首及序目有所不同。全書分題十一:疆域、建置、事紀、山水、官師、賦役、禮典、人物、五行、藝文、貨殖,卷末爲《序篇》,中稱全書十一篇、十九圖、二十八表,蓋分類十一篇,合《序篇》爲十二篇而圖表附焉,故稱"圖志十二篇"。《序篇》末有纂修人員名録。題陳嘉榆撰,其後則羅列參與纂修人員,有前湘潭知縣沈錫周、前署知縣吕汝鈞、縣學教諭余益楷等六十餘人。是書志、表、圖合編,與他志不同。又其圖各有圖例,用開方計里,詳載小地名,較爲精密;又改舊志星野之説,列《中星》、《經緯》、《更漏》諸圖表,用新法測定日出日入時間,《人物》則詳記遇難、陣亡人員,此皆他志所罕見。

此本據華東師範大學圖書館藏清光緒十五年刻本影印。印行當年有吳昭曦作校勘記行世,校出訛誤四十餘處。（李滬陽）

〔大德〕南海志二十卷（存卷六至卷十）（元）陳大震（元）吕桂孫纂修（第713册）

陳大震,生卒不詳,字希聲,番禺(今屬廣州市)人。宋理宗寶祐元年(1253)進士,曾任博羅主簿、長樂知縣、雷州知州。宋亡,元授司農卿、廣東儒學提舉,不就。《(雍正)廣東通志》卷三九、卷四四有傳。

呂桂孫,生平事跡不詳。

是書爲元大德間(1297—1307)據宋寧宗嘉定、理宗淳祐《南海志》兩種增益而成,僅殘存卷六至卷十,以所載户口數至大德八年(1304)止,知成書不早於此年。首題户口一類,記載西漢至元歷代户數及口數,於宋又分記北宋及南宋淳熙時户口數,元則分記至元二十七年(1290)及大德八年户口數,並男女僧道人數。又分記南海、番禺、東莞、增城、香山、新會、清遠各縣户口數及僧道人數。以下則題作土貢、税賦、物産、社稷壇壝、學校、兵防等類。

《物産》下有《舶貨》一目,即海外運來貨物,如象牙、犀角、龜筒、真珠等、布匹、香貨、藥物、諸木、皮貨、雜物等,又記各蕃國國名,如交趾國、占城國、真臘國、羅斛國、單馬令國、三佛齊國、東洋佛坭國、單重布羅國、闍波國、南毗馬八兒國及大故藍國、差里也國與外國地名等。是書雖殘缺不全,然於元代南海、番禺、東莞、增城、香山、新會、清遠地區户口、賦税、物産、學校及與海外貿易往來,均有詳細資料,殊可珍貴。

此本據國家圖書館藏元大德刻本影印。
(李濬陽)

〔光緒〕香山縣志二十二卷　　(清)田明曜修
(清)陳澧纂　(第713册)

田明曜,字星五,時爲香山知縣,見是書陳澧序及與修者名録。

陳澧(1810—1882),字蘭甫,號東塾,廣州(今廣東廣州)人。道光十二年(1832)舉人,任河源縣學訓導,後爲學海堂山長、菊坡精舍山長等。博學而多著作,達一百二十餘種,如《東塾讀書記》、《漢儒通義》、《聲律通考》等,後由廖廷相編爲《東塾集》,又與學生趙嬰齊等繪《廣東圖》,並撰《廣東圖説》等。《清史稿》有傳。

香山修志創自明永樂中,明成化、嘉靖、清乾隆年間多次重修,然名稱不盡相同。道光七年(1827),祝淮任香山知縣,倡議纂修新志,例稱"祝《志》"。同治十二年(1873),知縣田明曜倡議重修,繼任者張鴻舫、楊春霖踵行其事,與修者有何小宋、黎鳳樓、劉固堂、彭鏡海、鄭玉軒、李紫亭等,陳澧爲總纂。書成於光緒五年(1879)十二月,而卷首稱"同治十二年香山縣志",以此次重修始於此年故。

此次重修,仍以前志爲基礎,保存前志之内容,增添新材料或增創新體例。祝《志》八卷,分題輿地、經政、古跡、選舉、列傳、藝文等類,類下或分細目。與前代志相比優點甚多,首重輿地圖經,一志在手,山川道里如在掌中,又《金石》、《海防》皆補舊志所闕。是志二十二卷,卷一《圖》及卷二《圖説》爲祝《志》原本;卷三《新圖》,列其目而未及刊刻;卷四以下分題輿地、建置、經政、海防、古跡、職官、選舉、宦績、列傳、藝文、紀事等類,各大類下又有細目不等,如《輿地》類下更題沿革、疆域、晷度、山川、都里、氣候、風俗、物産等目,《建置》類下則題城池、公署、學校、壇廟、梁津等目,較之祝《志》,内容增益甚多。

是志體例較祝《志》亦有變化,如以"學制"單立一目,隸卷七《經政》類中;祝《志》以澳門附於海外,是志則以其地入卷四《輿地》類下之《山川》目,其事入卷二十二《紀事》類;而賃居外國人之風俗則入《紀事》類之《附記》。

是志精於考核,於前志之錯謬多所匡正;又詳於編載,於歷史事件考證補闕、記載詳細,頗爲可貴。然是志亦有不足,在於缺少新繪地圖,而全録祝《志》地圖以代。據是志卷一《輿地》載,曾延羅君海田遍履各地,稽查里數,然數易寒暑,圖繪依然虛懸不獲云云,實乃是志最大缺憾。

此本據清光緒刻本影印。(李濬陽)

〔道光〕肇慶府志二十二卷首一卷　（清）屠英等修（清）江藩等纂（第713—714冊）

屠英,生卒不詳,號木齋,安徽人,進士,道光間任肇慶知府。見是書與修者名錄。

江藩(1761—1830),字子屏,號鄭堂、節甫,本爲旌德(今安徽旌德)人,後爲甘泉(今屬江蘇揚州)人。博通群經,精於訓詁,旁及諸子佛老,著有《炳燭室雜文》、《漢學師承記》、《宋學淵源記》等。《清史列傳》卷六九、《清儒學案》卷一一八有傳。

《肇慶府志》,宋代李宗諤、張宋卿始修,明正統間始有鏤版,清乾隆二十四年(1759)知府吳繩年重修,進士何夢瑤任總纂。道光三年(1823)廣東督糧道兼攝肇慶知府夏修恕及肇慶知府屠英聘江藩等重修,未成而移任,其後有署廣東按察使許乃濟、肇慶知府珠爾杭阿、金蘭原等先後繼任知府,聘黃培芳、陳在謙、鄧元光等人繼續重修,道光十年修成,道光十一年開雕,十三年刊成。總裁署爲分巡肇羅道王塒時。咸豐四年(1854)書版毀於兵火,光緒二年(1876)肇慶知府瑞昌等人重新刊刻。

卷首有《肇慶府總圖》及各縣城圖等,正文分題輿地、建置、古跡、經政、職官、選舉、宦績、人物、藝文、金石、事紀、雜記等類,類下各有子目。是志以乾隆志爲底本,補缺訂訛,增所未備,凡所采輯,均注出處,其體例多仿阮元《廣東通志》。民國《續修四庫全書提要》評價此志"簡而能賅,詳而有法"。

此本據清光緒二年重刻道光本影印。（李瀋陽）

〔康熙〕武定府志四卷　（清）王清賢（清）陳淳纂修（第715冊）

王清賢,生卒不詳,字式廬,襄平(治今遼寧遼陽)人,時任武定知府,後升四川松茂道按察副使。見是書序與與修者名錄。

陳淳,生卒不詳,信都(今屬廣西賀州)人,號紫巖,時官知禄勸州事。見是書序與與修者名錄。

武定在雲南,當時爲武定府,領和曲、禄勸二州,元謀一縣。是書爲康熙二十八年(1689)時任武定知府王清賢與府屬禄勸知州事陳淳、和曲知州趙世錫等人共同編纂。前有康熙二十八年王清賢序,稱康熙二十三年命繪天下郡邑輿圖以獻,武定爲彝族居聚區,圖成而多有缺略,且府無舊志,遂纂修府志,二十八年付諸剞劂。序後爲康熙二十六年王清賢所撰《修志約言》並是書凡例,卷前有圖考,收《星野圖》、武定府及和曲州、禄勸州、元謀縣之疆域圖、《城池圖》、《府治圖》、《文廟圖》等,正文分題沿革及裁定事實、星野、疆域與形勝、山川、風俗與氣候、城池及坊表街市鋪驛、公署、兵防、堤防、戶口、田賦、經費、物產、秩官及土司、學校及書院義學考校、選舉、祠祀與典禮、陵墓、古跡與寺觀、祥異、名宦、人物、孝義、烈女、隱逸、流寓、仙釋、藝文等類。武定素無志書,是書記載武定歷史沿革及風土民情,於清代改土歸流後民族地區經濟文化發展變化,可資參證。

此本據北京大學圖書館藏清康熙刻本影印。（李瀋陽）

〔道光〕遵義府志四十八卷　（清）平翰等修（清）鄭珍（清）莫友芝纂（第715—716冊）

平翰,生卒不詳,山陰(今浙江紹興)人,道光間修府志前曾任遵義知府。見是書序與與修者名錄。

鄭珍,有《鄭學錄》,已著錄。

莫友芝(1811—1871),字子偲,號郘亭,又號紫泉,晚號眲叟,獨山(今貴州獨山)人。道光十一年(1831)舉人。著有《郘亭詩鈔》、《郘亭遺詩》、《韻學源流》等。《清儒學案》卷一六九、《清史列傳》卷六九有傳。

是書前收道光二十一年貴州巡撫賀長齡、提督貴州學政鍾裕、黔藩使者李象鵑、貴州按察使李鈞、分巡貴西安大興遵兵備道周廷授、遵義知府黃樂之、前遵義知府平翰等人序,又有纂輯職名,鉴定爲賀長齡、鍾裕、李象鵑、李鈞、周廷授等人,總理爲黃樂之,創理爲平翰,續理爲署遵義知府張鏌,督采爲遵義知縣李秀發等人,纂輯爲遵義縣舉人鄭珍、獨山州舉人莫友芝,此外又有采訪、協采、檢校、督刊人員。正文先列圖説,收《遵義府境圖》、《遵義縣境圖》、《正安州境圖》、《桐梓縣境圖》、《綏陽縣境圖》、《仁懷縣境圖》、《遵義府城圖》等,均以方格定里數,後分題星野、建置、疆域形勝、山川、水道考、城池街坊村場、公署、壇廟寺觀、關梁、古跡冢墓、金石、户口、賦税關榷雜税經費積貯、蠲卹養濟院、農桑、物産、木政、坑冶、風俗、祥異、學校、典禮、兵防驛遞馬政、職官、宦跡、土官、選舉、人物、紀事、藝文、雜記、舊志敘録等類。是書成於學者之手,莫友芝、鄭珍均爲著名文士,於經學、史學素有造詣,故是書引用文獻衆多,所列書目近三百六十種,除通常經史子集外,又多有罕見古籍,如《烏青文獻》、《蜀語》、《江漢叢談》、《峒溪纖志》、《錦里新編》、《八紘譯史》、《金川瑣記》、《務本新書》、《露書》、《藥圃同春》、《月令廣義》、《動植譜》、《農談》等,保存珍貴文獻頗多。

此本據華東師範大學圖書館藏清道光二十一年刻本影印。另有光緒十八年補刻本。（李濬陽）

甘棠小志四卷首一卷末一卷　（清）董醇撰（第 716 册）

董醇（1807—1892）,後避同治帝諱改恂,字輯卿,甘泉（今屬江蘇揚州）人。道光二十年（1840）進士,歷任順天府府尹、户部尚書等。著有《楚漕工程》、《江北運程》、《隨軺載筆七種》、《荻芬書屋文稿》等。《清國史·新辦國史大臣傳》有傳。

甘棠此指甘泉縣,雍正九年（1731）由江都分出,以縣境有甘泉山得名,又以縣北有郡伯湖,故稱甘棠,取義於《詩·甘棠》篇,與江都均屬揚州府,辛亥革命後併入江都。是書卷首有董醇咸豐五年（1855）序,卷末有董成此年跋,稱纂於此年,以水利諸事爲主,而不載人物。

是書分題記建置、記運道、記湖漵、記河渠、記修防、記坊鋪、記里巷、記邨鎮、記祠廟諸類,卷首有《邵伯鎮圖》、《吳溝通江淮圖》、《漢建安改道圖》等十餘幅,卷末爲跋。是書所録以水道水利爲主,蓋以甘棠地處湖澤地區。由此,是書體例非常規縣志,故名“小志”。

此本據華東師範大學圖書館藏清咸豐五年甘棠董氏刻本影印。（李濬陽）

梅里志十八卷　（清）楊謙纂（清）李富孫補輯（清）余楙續補（第 716 册）

楊謙（?—1785）,字未孩,自號四十二間廊底客,嘉興（今浙江嘉興）人。是書凡例稱其卒於乾隆五十年（1785）,餘不詳。

李富孫（1764—1843）,字既汸,又字薌汲、薌沚,嘉興（今浙江嘉興）人。嘉慶六年（1801）拔貢生。更著有《校經廎文稿》、《七經異文釋》、《説文辨字正俗》、《漢魏六朝墓志纂例》等。《清史稿》有傳。

余楙,生卒不詳,字嘯松,祖籍休寧（今安徽休寧）,占籍嘉興（今浙江嘉興）。道光至光緒間在世,更著有《白岳庵雜綴》、《白岳庵詩話》。生平略見是書載其兄余弼序。

卷首有道光五年（1825）浙江布政使繼昌序,稱楊謙纂修《梅里志》,其稿粗就而未加釐定,後由李富孫補輯修定。又有乾隆三十八年楊謙自序,稱梅里在嘉興城南三十餘里,里曰梅會,市曰王店,南有梅溪。又稱吾鄉先輩朱彝尊曾欲輯里志未果,乃自載籍搜羅梅里資料,更搜集本地殘碑斷碣,薈萃成書,分四十門十二卷云。又有嘉慶二十五年李富孫補《輯梅里志序》，稱嘉慶五年郡守纂修郡志，已與楊謙後人楊文楳預分纂之役，得悉楊謙纂有《梅里志》，規模粗就尚未卒業，嘉慶十九年文楳卒，其弟文漁寄來《梅里志》之稿，屬李氏踵成之，於嘉慶二十五年披校是書，有所增删，補輯成書云。又有光緒二年余楙之兄翰林院庶吉士余弼《續修梅里志序》，稱里志創議於朱彝尊，纂修於楊氏未孩，增輯於李薲泚，今梨棗剝蝕，薲泚之子蒼雨思補刊之而未果，是年舍弟輯《梅里殉難録》甫竣，又多方采輯以續成《梅里志》。序後有李富孫《補輯梅里志凡例》，稱原志序稱分四十門，實僅三十六門，補輯時删去《鄉村》、《里諺》、《耆碩》、《壽母》、《校讎》等門，以《先達》易《仕宦》，《太學》易《雜選》，《貤贈》、《恩蔭》並爲《封蔭》，增《坊表》、《祠宇》、《蠲恤》，共爲三十二門。又補輯楊謙乾隆五十年卒後人物事跡，所補用“補”字標出。知是書楊謙原纂於乾隆時，後由李富孫於嘉慶間補輯，光緒時余楙又加續補。

是書所載梅里，爲浙江嘉興梅里，非江蘇無錫梅里，後者爲泰伯所居，即吳國初都。是書卷前有《梅里全圖》，圖後有注，稱梅里在縣南三十六里，其南爲海昌，東爲海鹽，西北爲秀水，西南爲桐鄉，北距新塘橋十里，《沿革》稱梅里秦漢屬會稽郡由拳縣，吳爲嘉興，唐時隸蘇州，五代吳越國錢鏐時置嘉興鎮，時王遂居此，爲王店鎮之始，而梅里之稱，以王遂環植梅花而得名。是書正文分題爲沿革、疆域、山水、古跡、坊巷、橋樑、寺觀、祠宇、園亭、第宅、墓域、蠲卹、物産、風俗、科第、薦辟、明經、雜選、封蔭、仕宦、孝養、文苑、隱逸、藝術、釋道、流寓、節烈、閨秀、著述、碑刻、舊聞、詩話諸門，經多人不斷補修，完整記載梅里鎮歷史文化風土人情，頗有史料價值。

此本據華東師範大學圖書館藏清光緒三年刻本影印。（李濬陽）

周莊鎮志六卷首一卷　（清）　陶煦纂（第717 册）

陶煦（1821—1892），字子春，號汕村，元和（今屬江蘇蘇州）人。好學工詩，精於醫理。更著有《貞豐里庚申見聞録》、《貞豐詩萃》、《租覈》等。生平見吳大澂撰《清故誥封奉政大夫陶君夫人朱氏墓誌銘》。

周莊鎮志之撰，初有乾隆十八年（1753）章騰龍《貞豐擬乘》（按周莊又名貞豐里），刊成則晚至嘉慶十三年（1808），復有陶金梭撰《周莊志》，所録止於乾隆二十九年。陶煦於光緒初曾參與纂修府志，故欲輯《周莊鎮志》，遂躬歷其地采訪，尤以鎮之方圓六七里內搜羅最詳，蓋以府志有定例，人地事物必擇其尤著者載之，而鎮志則凡略有可稱者皆可節取録入。襄成者，有其弟子燾，從弟然，子惟增、惟坻、惟坡。

周莊相傳爲宋迪功郎周君（其名已佚）收穫設莊之所，故名。初爲村落，宋高宗時北人爲避金兵而南遷僑居於此，人煙漸密，元末沈萬三之父由湖州南潯鎮徙居此地，始辟爲鎮，清雍正後，屬元和縣。是書卷首有《周莊鎮圖》、附近鄉邨圖及《貞豐八景圖》，全書分題界域、水道、勝跡、物産、公署、第宅、橋樑、祠廟、塚墓、風俗、人物、列女、流寓、釋道、雜記等類。其部次原本《擬乘》，唯合併其中《沿革》、《地界》爲《界域》，詩文則附録於各類之中，仿范成大《吳郡志》之例，所增者惟《公署》、《第宅》及卷首諸圖。《第宅》所録又必名人所居或前輩社集之所而有詩文傳播者。如記沈萬三宅，謂周莊以村落辟爲鎮，沈萬三父子築宅而居實有其功，其倉庫園亭與住宅互相聯絡，巨富氣象猶可想見，然亦不甚宏大，並無豪侈之跡，僅中人家制而已，故明太祖雖忌之，亦無從加誅。《雜記》又載洪武初詔沈萬三出資建造南京廊廡酒樓、築城甃階、造鐵橋水關等事，所費不可勝計。又以周莊河流頗多，其石橋凡有名者均爲列入，而鄉里村鎮,亦記載甚詳。凡此均是書特色。

此本據華東師範大學圖書館藏清光緒八年元和陶氏儀一堂刻本影印。（李瀋陽）

南潯鎮志四十卷首一卷 （清）汪曰楨纂（第717冊）

汪曰楨（1813—1881）,字剛木,號謝城、薪甫,烏程（今屬浙江湖州）人。咸豐二年（1852）舉人,曾任會稽府學教諭。更著有《四聲切韻表補正》、《歷代長術輯要》、《玉鑒堂詩存》等。《清史列傳》卷七三有傳。

南潯本名潯溪,又名南林,宋理宗淳祐末立爲南潯鎮。修志時屬浙江湖州府烏程縣震澤下鄉。該鎮歷史悠久,文化深厚,劉承幹嘉業堂藏書樓即在此鎮。是書卷首有咸豐九年周學濂序,稱南潯自明末潘爾夔始創志稿,道光二十年（1840）范來庚更刊鎮志十卷,汪氏於咸豐六年編纂鎮志,至八年成書,流覽書籍多達二千五百餘册,與修者有許旦復、吳汝雯、紀磊等十五人。卷末又有同治二年（1863）汪曰楨跋,稱志書刊版至咸豐十年尚未完稿而有兵亂,乃取已刊之板先後移置湖濱葉港、上海、崇明陳家鎮等處,至此年始刻印完成。是書前有《校正南潯鎮志舊圖》,據明人所繪圖加以校訂修正,又收《南潯鎮全圖》,東北、東南、西北、西南四隅分圖,正文分題疆域沿革、公署、河渠水利、衢巷、橋樑、古跡、寺廟、祠墓、坊表、人物、寓賢、方外、職官、選舉、節烈、災祥、農桑、風俗、物産、碑刻、著述、集文、集詩、志餘等類。體例完備,記載詳盡,其中《志餘》類內容最多,計有八卷,可據以考知南潯史實。

此本據清同治二年刻本影印。（李瀋陽）

杏花邨志十二卷首一卷末一卷 （清）郎遂纂（第717冊）

郎遂,生卒不詳,字趙客,號西樵子,貴池杏花邨（今屬安徽池州）人。康熙時曾爲太學生,不求仕進,歸鄉讀書,曾與修《池州府志》。見是書後附郎氏跋。

是書康熙十三年（1674）至二十四年修纂,廣詢於凡夫搢紳,亦采訪巷議街談。卷首有彭師援序,稱唐時杜牧曾爲池州太守,有"杏花村"詩膾炙人口,所指即貴池杏花村。郎氏世居此地,費時十年纂輯有關村事者爲《邨志》十二卷。卷前除凡例、目錄外,又有郎氏《徵杏花村詩文啟》,故是書收錄相關詩文尤多。郎氏又列考據書目百餘種,《唐書》、《南唐書》、《宋史》、《元史》、《通鑑》外,又有《一統志》、《名勝志》、《地理纂要》等地理總志;正德、嘉靖、萬曆、康熙時所修《池州府志》、《貴池縣志》及鄰近諸府縣志、名山志;《西館劉氏族譜》、《趙邨張氏族譜》等譜牒類著作;元本《昭明文選》、《唐詩紀事》等總集與筆記類著作以及有關別集。是書與修者,有許承欽、尤侗、倪燦、黃虞稷、李念慈等學者,前後共百餘人之多。卷前有《圖序》、《總圖》及諸風景分圖,如《平天春漲》、《白浦荷風》等。正文先《邨中》,分題名勝、建置、古跡、丘墓等類;次《邨南》、《邨北》、《邨東》、《邨西》,分述四周情形;再次則題人物、閨淑、仙釋、題詠、詞賦、宸翰、文章、户牒、族系、傳奇、雜記等,卷末則附書後、後序、跋等。

此本據上海圖書館藏清康熙二十四年刻本影印。（李瀋陽）

山海關志八卷 （明）詹榮纂修（第718冊）

詹榮（1500—1551）,字仁甫,山海衛角山（今屬河北秦皇島）人。嘉靖五年（1526）進士,後爲户部主事,歷郎中,督餉大同,預平弭大同兵變,以功累遷至大同巡撫,屢敗俺答,終官兵部左侍郎。更著有《河東運司志》。《明史》有傳,又見《獻徵錄》卷四。

卷首有嘉靖十四年（1535）直隸監察御史張勑序,稱嘉靖十三年巡按畿輔邊關,謀修關志,聘角山詹子纂次論列,越五月而成,次年春刊刻。是書卷目下題監察御史張勑、兵部主事德平葛守禮刊，户部郎中詹榮輯，監生蕭瑞鳳等人校，則張、葛爲主其事者，詹榮爲纂輯者，另有多人協助。

卷前有《山海抵黄花鎮總圖》，於各關口均記述守關官軍人數及軍器件數，記載關口及各處堡壘、營寨、驛站等達二百多處及守衛總人數，又有《山海關城池圖》，可以考知當時長城一線守關部署情形。正文分題地里、關隘、建置、官師、田賦、人物、祠祀、選舉等，下有細目。是書爲山海關首部志書，於山海關邊地險要及古今戰守之事記述甚詳，可資瞭解明代長城守衛制度及歷史沿革。

此本據國家圖書館藏明嘉靖十四年葛守禮刻本影印。（李瀋陽）

延慶衛志略一卷　（清）李士宣修（清）周碩勳纂（第718册）

李士宣，生卒不詳，字同枝，中州（河南古稱）人，延慶衛守備，餘不詳，見是書題下署名。

周碩勳，生卒不詳，字元復，寧鄉（今屬湖南長沙）人。雍正間舉人，曾任廉州知府、潮州知府。編有《潮州府志》、《廉州府志》等。傳見《國朝耆獻類徵初編》卷二二七。

延慶衛，地處今北京延慶縣，爲北京北大門，明初設隆慶衛，隆慶元年（1567）因避諱而改稱延慶衛，治所在懷來，即今北京居庸關所在地。是書前有乾隆十年（1745）周碩勳序，稱延慶衛之居庸關地勢險要，俯視京畿，控扼邊關，爲京城守衛重地。明末衛志毁於兵火，相關山川人物散見於各州縣志中，而衛志則絶少完書。衛之守備官李氏纂輯衛志，屬請增定，故博訪故老，蒐羅載籍，補舊志所未逮，以應李氏之請云云。是書題下署衛守備中州李士宣同枝、楚長沙潙寧周碩勳編輯，衛學訓導保安王隆參訂，拔貢生盩厔縣丞張欲達詮次，則李與周共同編纂，而王隆等人協

助編寫。是書分題紀事、關隘、兵防、巡幸、山川及古跡、屯堡及建置、地丁及鹽引、經費、學校及風俗、人物、選舉、驛站、仕宦、藝文等類，於延慶衛及居庸關地理形勢及人文風俗並各種制度均有完備記述，文中多標有文獻出處，頗便查考，所引或有不常見之書，如《呆齋稿》、《問次齋稿》、《瓊臺會稿》、《軼史》、《偵宣鎮記》、《四鎮三關志》、《三鎮邊務總要》等，於研究居庸關及明代邊防頗有價值。

此本據國家圖書館藏清乾隆抄本影印。（李瀋陽）

歷代宮殿名一卷　（宋）李昉等撰（第718册）

李昉（925—996），字明遠，深州饒陽（今河北饒陽）人。後漢乾祐間（948—950）進士，爲秘書郎，宰相馮道引之，同直弘文館，後周時爲翰林學士，宋初，加中書舍人，太宗即位，加户部侍郎，太平興國八年（983）擢參知政事，拜平章事，監修國史。奉敕編修《太平御覽》，又輯《太平廣記》，監修《文苑英華》，後罷相。有《文集》。《宋史》有傳。

是書作於開寶中，題翰林學士承旨大中大夫守工部尚書知制誥上柱國臣李昉等奉聖旨纂，書名專舉宮殿，而門闕樓觀，苑池臺館亦無不備録，分記歷代宮名、殿名、門名、苑名、樓名、臺名、觀名、閣名、堂名、館名、園名、亭名、池名、關名、院名、房名、齋名，各類下以時代爲次，以周秦、前漢、後漢、前魏（曹魏）、西晉、後魏（北魏）、後周（北周）、隋、唐、五代爲正統，次列三十六國、六朝、北齊爲僭僞。是書末提及蜀漢，而以曹魏爲正統，有以見北宋士人於魏蜀正統辨争之看法，又以北魏、北周爲正統，而以六朝爲僭僞，則自隋王通《中説》起，多有類似觀念。蓋以宋承五代，五代承唐，唐承隋，隋承周，周承後魏，後魏承西晉，故論統次如此。書後附《丹臺新録所載諸名》，可見道教影響。

是書傳本絶少，常熟陳揆稽瑞樓藏有舊鈔

本，張金吾從之傳寫，著録於《愛日精廬藏書志》。又張蓉鏡、瞿氏鐵琴銅劍樓、丁日昌持静齋皆有抄本，其源當出於陳本。《北京圖書館古籍善本書目》稱有明抄本。此本據南京圖書館藏清抄本影印，其中偶有脱字，如《歷代房名》脱"歷代"二字等。（李勤合）

越中園亭記六卷 （明）祁彪佳撰（第718册）

祁彪佳，有《宜焚全稿》，已著録。

越中，此指明紹興府。是書記當時紹興府之園、亭諸建築。首卷題考古，集歷代詩、文、記所録越中園亭凡一百零一條。條下述地理方位、建造來歷、園主，記録有關詩文，間有評述。餘五卷爲作者考察所得，分題城内、城南、城東、城西、城北。格式一如首卷。以所録爲作者親歷，故能詳述各園之方位、結構、特點，且時加評點，論其短長。

祁氏曾自造寓園，有《寓山注》，述其寓園之美及園林營構之法，大略謂虚者實之，實者虚之；聚者散之，散者聚之；險者夷之，夷者險之。如良醫之治病，攻補互投；如良將之治兵，奇正並用；如名手作畫，不使一筆不靈；如名流作文，不使一語不韻。所論當得益於飽覽越中衆園，故無一重複，如謂斐園，"小橋横渡，曲流回度籬落間，點綴山家景色，恍然桃源渡口矣"；謂漉月亭，"臨流精舍，有水邊林下之趣"；論暢鶴園曰"山水園亭，兩擅其勝，越園向推天鏡，此當高出一頭地矣"；論松舫曰"樓不可以藏山，堂不可以容水"。洵爲有見。

書前有胡恒、鬱藍生序。鬱藍生爲吕天成號，較祁氏略長，其序題"舊序"，實爲吕氏《越園紀略》序。

宣統三年（1911），紹興公報社輯《越中文獻輯存書》十種，第九種即此書，惟不知所據何本。又中華書局一九六〇年《祁彪佳集》，卷八亦爲此書，該集據杜煦、杜春生道光十五年（1835）刻《祁忠惠公遺集》重排，而卷八末有嘉慶五年樊廷緒題識，云得之門人何南湖，南湖得之所親祁氏。兩本對校，可補紹興公報社本諸多脱漏，且紹興公報社本將"表海亭"以下原屬卷二之二十四條文字誤入卷一，因知道光本略勝。此本據南京圖書館藏清宣統三年紹興公報社鉛印《越中文獻輯存書》本影印。（李勤合）

蘭亭志十一卷首一卷 （清）吴高增輯（第718册）

吴高增，生卒不詳，字敬齋，秀水（治今浙江嘉興）人。乾隆間以貢生任嘉興府山陰縣訓導，修明倫堂，新建尊經閣，勤於課士。更著有《敬齋文集》、《行唐新縣志》、《乾州小志》等。傳見《（光緒）餘姚縣志》卷二二，亦可參《敬齋文集》卷一二《先妣胡太君行述》。

自王羲之輩集於蘭亭，修禊觴詠，此地便號爲江東名勝之最。乾隆十三年（1748）秋，吴氏等人重集於此，見曲水非古，乃議重濬以復舊觀而未遑。十六年，乾隆帝南巡至會稽，巡撫命繪圖纂記以備顧問，吴氏得任之。南巡事畢，吴氏乃摭拾蘭亭舊事，以成此書。故卷首列"宸翰"、"天章"，録康熙三十七年御書"蘭亭"二大字及《御製三希堂蘭亭法帖跋》、《御製蘭亭詩》，並附諸臣工和詩。吴氏乾隆十九年得巡撫雅爾哈善保題，恐與其修志之事有一定關聯。

全書十二卷，卷首一卷外，别有十一卷。卷一《紀原》，録王羲之《蘭亭集序》及晉人修禊之詩，又録元代劉仁本等人所補蘭亭詩。卷二《圖説》，録《明太祖御製流觴曲水圖記》外，又繪有《古蘭亭圖》、《今蘭亭圖》、《復古曲水圖》，並附圖説及賦。卷三爲《列傳》、《遺像》、《紀勝》、《量程》等，則節録《晉書·王羲之傳》，另繪《王羲之像》，附以唐王師範、明劉基之贊。卷四《禊帖》、《睿鑒》，卷五《品騭》、《評文》、《臨摹》，録歷代帝王、名人對王羲之《蘭亭集序》之評論。卷六《論書》、

《八法》,則録歷代論《蘭亭集序》書法之言論及"永字八法",附有圖解。卷七至卷十《藝文》,録古今蘭亭詩文。卷十一《遺墨》,收吳文煒臨摹《御書蘭亭序》外,又收其真、草、隸、篆四種書法作品。

詠蘭亭者代不乏人,至康熙間乃有王復禮纂《蘭亭志》一卷。吳氏此志增至十二卷,收羅最廣,一册在手,可當卧遊。其中《列傳》、《禊帖》、《睿鑒》等目,雖僅抄掇之事,亦有收羅之功,可備顧問。惟以蘭亭事涉書法大家王羲之,故全書志書法事多,而志蘭亭事反少,至於所論"八法"等事,不免有濫入之嫌。讀此志當如讀書法類書,不當讀如山水之志。然如《紀勝》、《量程》等目,皆吳氏當時親歷調查所得,誠屬可貴。後有民國間張若霞編《蘭亭志》四卷,可參考。

此本據上海圖書館藏清乾隆十七年凝秀堂刻本影印。（李勤合）

古清涼傳二卷　（唐）釋慧祥撰　**廣清涼傳三卷**　（宋）釋延一撰　**續清涼傳二卷**（宋）張商英（宋）朱弁撰（第 718 册）

釋慧祥,生卒不詳,據其書所記,曾於唐高宗乾封二年(667)與梵僧釋迦密多羅登五臺山,總章二年(669)送玉石舍利至五臺山,二年後還京邑。書中稱唐高宗爲今上,知慧祥爲唐高宗時人,駐錫長安。篇前自署藍谷沙門,又有《弘贊法華傳》,收入《大正藏》。

釋延一,生卒不詳,五臺山大華嚴寺壇長,號妙濟大師,賜紫沙門。據《參天台五臺山記》,宋神宗熙寧五年(1072),日僧成尋至五臺山拜謁延一,時延一七十四歲,則延一生於宋真宗咸平二年(999),卒於熙寧五年後。

張商英(1043—1121),字天覺,號無盡居士,蜀州新津（今四川新津）人。治平二年(1065)進士,曾參與王安石變法,徽宗時拜尚書右僕射。有《文集》。《宋史》有傳。

五臺山又名清涼山。唐龍朔年中,西京會昌寺沙門會賾曾往清涼山檢行聖跡,有《山圖》、《略傳》之作,惜不傳世,慧祥《古清涼傳》爲見存五臺山最早之傳。是書上卷三篇、下卷二篇。《立名標化》篇述清涼山得名來歷;《封域里數》篇述清涼山地理山川形勢,分五臺記述;《古今勝跡》篇述五臺山名勝古跡,尤著意於佛教傳説;《遊禮感通》篇記敘各代高僧參謁五臺山所遇神異通靈之事;《支流雜述》篇記敘五臺山感靈事蹟。是書依據《華嚴經・菩薩住處品》,並以山上之清涼寺、山下之五臺縣乃至清涼府爲實證,又引酈道元《水經》,及《仙經》、《旌異記》、《括地志》、《般泥洹經》等書,論證五臺山即清涼山。

《廣清涼傳》,據郗濟川序,知撰於嘉祐四年(1059),刻於次年,於慧祥之傳推而廣之,記寺名勝跡及靈異藥物,多涉及儒家,且有六朝人文,如晉釋支遁之《文殊像贊序》、殷晉安之《郗濟川贊》。又所收王勃《釋迦如來成道記》、《釋迦佛賦》、《四傑集》、《文苑英華》均未載録,《全唐文》所收,或即據此編。其書二十三篇,增補唐初以來五臺山史料,補充慧祥之後唐及宋初史料,書末有《續遺》,爲金皇統時代州管内僧正明崇作,補充宋、金間資料,爲後世所增。

《續清涼傳》爲張商英參謁五臺山之遊記,專力於其數次遊覽五臺山所見之佛光、聖燈、佛像,以證文殊之瑞,傳末附記劉友瑞等人所見佛光之事。

《廣》、《續》少見著録,金大定間三書始合併付梓。世傳有明洪武刻本、明天順刻本、清吳縣蔣氏雙唐碑館本,清阮元《宛委別藏》所收天順本,又有《大正藏》本。此本據《宛委別藏》明天順刻本影印,惟《續清涼傳》中錢蓋《遊臺録》及朱弁《臺山瑞應記》、天順慧暄刻序等皆删去,而仍冠朱弁之名,實爲疏漏。（李勤合）

金陵梵刹志五十三卷　（明）葛寅亮撰（第718—719 册）

葛寅亮，生卒不詳，字冰鑒，號屺瞻，錢塘（今屬浙江杭州）人。萬曆二十九年（1601）進士，官至兵部侍郎。傳見《浦城縣志》卷五。

葛氏任南京禮部郎中時仿北魏《洛陽伽藍記》編纂是書，專記南京佛寺。南京舊稱金陵，爲六朝古都及佛教中心，歷代帝王崇信佛法，迭建梵宫，南朝時有"四百八十寺"之説，其後，代有興衰。明興建，朱元璋定都於此，逐漸恢復舊觀。據葛氏統計，計有大刹三所、次大刹五所、中刹三十七所、小刹一百二十所，另有最小之寺百餘所，不足入志。是書所志，即依僧録所分攝，如靈谷寺統中寺若干，中寺領小寺若干；先以大寺總爲一卷，次以次大寺爲一卷，中寺無論内容繁多與否，亦寺各爲一卷，以便稽覽，小寺則隨各次大寺、中寺而録之。餘天界、報恩二大寺仿此，復以廢寺統爲一卷。諸寺除介紹沿革、殿堂、寺産、山水、古跡、人物之外，更詳收有關詩文字，可謂包羅萬象。《四庫全書總目提要·史部·地理類存目》收入是書。

是書又以《御製》、《欽録》二集冠於卷首，記明太祖之詩文及歷代案牘。更以《南藏目録》、《各寺租額條例》、《各寺公費條例》、《各寺僧規條例》、《各寺公産條例》殿於卷末。《四庫》館臣評爲"編次頗傷蕪雜"，不合體例，而當日之珍貴史料反賴以保存，此正凡例所謂"資博考鏡"云云。全書詳細記載各寺之田産，書末又附各寺租額條例、公産條例等，此皆不可多得之經濟史資料，如中刹佛國寺有田山二十二畝三分，小刹清果寺有田地山塘十七畝二分九釐，小刹梵惠院亦有田地山塘十七畝二分一釐等，然亦有部分寺廟未記田産。每寺又詳記基址四至，如中刹佛國寺基址三十五畝，東至本寺官墳，南至刑部牆，西至官路，北至官路；小刹清果寺基址三畝，東至丘家山，南至官路，西至雷家山，北至劉家山；小刹梵惠院基址二畝，東至本院塘，南至本院田，西至本院地，北至本院山。

是書萬曆三十五年（1607）南京僧録司初刻，天啓七年（1627）葛寅亮補刻序文，並用原板重印。書前並有凡例十九則，稱"中寺三十二"，實則全書收中寺三十七，歷來書録如《四庫》存目不加詳檢，沿襲成誤，以至於今。民國二十五年（1936），鎮江金山江天寺僧人惟光以天啓七年印本爲底本影印，並校補以江蘇國學圖書館藏本及明代各集，書後附惟光識語。此本即據金山江天寺影印明本影印。（李勤合）

金陵玄觀志十三卷　（第719 册）

是書不署撰人，亦無序跋，而體例一如《金陵梵刹志》，大觀、中觀獨立成卷，小觀附行。葛寅亮《金陵梵刹志》天啓七年（1627）序云其輯《金陵梵刹志》成，適請告去，閱二十年，復以尚璽至南京，乃作序弁首，以志因緣不偶。又云玄觀亦爲作志，板存朝天宫。因知《金陵玄觀志》當亦葛寅亮所修。

是書卷一記大觀冶城山朝天宫，卷二記石城山靈應觀，卷三記獅子山盧龍觀，卷四記洞神宫，卷五記清源觀，卷六記仙鶴觀，卷七記長壽山朝真觀，卷八記方山洞玄觀，卷九記玉虚觀，卷十記吉山祠山廟，卷十一記移忠觀，卷十二紀佑神觀，卷二起十一觀皆中觀，卷十三記大觀神樂觀。諸觀下沿革興衰外，更記殿堂、公産、山水、古跡、人物等目，並附以歷代文翰，殿堂下亦記基址四至，一如《金陵梵刹志》，唯規模略小耳。

是書爲今存南京道觀志之最早者，以與《金陵梵刹志》互參，則明代佛道兩教經濟史晰然可觀。如卷一《太倉州奉部院定租勒碑文》記載朝天宫在太倉有田地二千五百五十六畝，額徵租米一千三百二十石，以佃户欠租、抗租事，萬曆三十四年（1606），官府介入,勒碑永禁。又如卷一《護道藏敕》記成化年間頒賜《道藏》於朝天宫、洞玄觀,卷八《護道藏敕文同朝天宫》可證《道藏》正統後流傳情况,洵爲道教文獻史重要史料。所記詩文亦頗資校勘,如湯顯祖《天妃宫玉皇閣夕眺》詩,"還緣梯級俯東軒"、"樹影潮音入梵聽"、"二百年來深紫柏"三句中之"級"、"梵"、"紫"等字,皆與通行本不同。然此書收羅亦非盡善,如湯顯祖有《續天妃田記》,載其爲天妃宫置祭田事,是書即闕收。

是書有明刻本,民國丁丑年(1937)夏,南京陶風樓曾據以影印,書末有柳詒徵跋語,謂此書體例一同《金陵梵刹志》,疑出葛寅亮手。此本據南京圖書館藏陶風樓影印明刻本影印,而書前逕題"明刻本",有失精確。此本前有題識,疑爲胡玉縉手筆,謂是書有曹溶之印。曹溶爲明末清初人,則此書當初刻於明云云。又謂目録後有割裂之痕,疑非完帙云。(李勤合)

鄧尉聖恩寺志十八卷　(明)周永年撰(第719册)

周永年(1582—1647),字安期,吴江(今江蘇吴江)人。屢試不第,遂絶意於功名,與錢謙益相善。家世奉佛,稟承父叔,刻藏飯僧,與紫柏、雲棲等人遊,以儒生而修梵行。又生當末世,留心時務,弘光南渡,曾詒錢謙益書數萬言,條列東南戰守、中興建置事宜。更著有《吴都法乘》、《中吴志餘》、《懷響齋集》等。生平見錢謙益《周安期墓誌銘》。

是書《四庫》收入存目,前有熊開元、周永年序,並附舊志陸粲、沈潤卿序,知鄧尉山本有沈潤卿嘉靖間所作山志,即《四庫》館臣所謂"沈津志"也,潤卿爲沈津之字。當崇禎末年,鄧尉山聖恩寺剖石和尚購得沈津舊志,因囑永年撰作新志。永年尋繹舊聞,搜採別書,約六載而成。舊志有《本志》、《泉石》、《梵宇》、《山居》、《名釋》、《集詩集文》等卷,是

書則因循前志,復有開拓,釐爲十八卷。舊志重在志山,新志則重在紀寺,故名《鄧尉聖恩寺志》。書成,正當崇禎壬午(1642),至熊開元作序時,已是甲申,正熊序中所云"國難相尋"之時也。

序後有凡例十九則,敘卷次排列之法,因及各卷之名,而不復置目録。全書十八卷,卷一《本志》記山之地理形勢、名稱由來,卷二《泉石》記井泉奇石,卷三《梵宇》記寺廟,卷四《禪祖》及卷五《名釋》記名僧大德,卷六《聖製》及卷七《奏疏公移》則記御製詩文及官府案牘,卷八之後則多爲文録,其中卷八爲寺之記,卷九爲禪祖之語録,卷十爲録之序,卷十一爲募化之疏,卷十二爲勸請之疏,卷十三記塔廟而祠墓附焉,卷十四爲塔銘,卷十五記鐘,卷十六爲遊記,卷十七爲山寺題詠,卷十八爲雜文,收非前諸條所得類收之文。又以《鄧尉山寺形勝圖》、《鄧尉登山入寺津路圖》、《聖恩禪寺殿堂樓閣全圖》三圖附説冠於卷首。

中國佛教山寺志於明代一度勃興,總計有數百部之多,僧人所修如憨山德清之《歸宗寺志》,居士所修則有葛寅亮《金陵梵刹志》、沈津《鄧尉山志》等。沈津志今已不傳,是書遂成爲見存記鄧尉山佛教之最早者,其中於明代佛教情形所記最詳,如釋弘璧所撰《無念勝學禪師傳》及釋弘忍所撰《天壽聖恩藏禪師行狀》,皆爲稀見之史料。全書文字洗練,編次謹嚴,爲明代佛教山寺志之佼佼者。

是書初刻於崇禎甲申十七年(1644),現存最早之本爲康熙間增修後刻行,如卷三記聖恩寺大雄寶殿"於大清順治十四年"重修事,大法堂"順治五年"重建事等等,又如卷八《藏經閣碑記》即爲順治十四年(1657)吴偉業所撰,而康熙二年(1664)立石。纂修《四庫全書》時,館臣所見之本即爲康熙刻本。民國十九年(1930),聖恩寺曾據康熙刻本影印。此本據上海師範大學圖書館藏康熙間增

刻本影印，徑題明崇禎十七年刻本則非。
（李勤合）

黃檗山寺志八卷　（明）釋隱元撰（第 719 冊）

釋隱元（1592—1673），俗姓林，名隆琦，字
曾昺，福清（今福建福清）人。行三，家世農
耕。六歲時乃父失蹤，年二十一外出尋父，至
南海普陀山發心出家，復歸家奉母。母逝，乃
禮黃檗寺興壽法師爲師，受具足戒，法號“隱
元”。後遍參名師，如湛然圓澄、密雲圓悟
等。崇禎十年（1637），爲黃檗寺住持。崇禎
十七年辭去，又先後住持崇德縣福岩寺、長樂
縣龍泉寺。時清軍已進至江南，隱元乃於順
治三年（1646）正月底回黃檗寺，率僧衆清淡
自守。順治十一年赴日，七月抵長崎，此後在
日本傳法以終，建有黃檗山萬福禪寺，開創日
本黃檗宗。1673 年，日本後水尾天皇特授
“大光普照國師”之號。更著有《普照國師語
錄》、《普照國師法語》及《黃檗清規》等，平久
保章編爲《隱元全集》。生平見南源性派編
《普照國師年譜》。

黃檗山寺，始建於唐，代有興衰。明萬曆年
間，內閣首輔葉向高請於神宗，得錫藏經，山
寺復興，崇禎十年，居士林蓋夫、比丘行璣爲
修山志，即《徐氏紅雨樓書目》等所云三卷本
《黃檗山寺志》，今猶藏於東瀛。舊志三卷六
篇，即卷一《山》、《寺》，卷二《僧》、《法》，卷
三《文》、《逸事》。順治九年，隱元重修山志，
助修者有性幽等人。新志八卷，分題志山第
一，志寺第二，志僧第三，志法第四，志祖塔第
五，志外護第六，志文第七，志詩及逸事第八，
詳載黃檗寺一草一木、一泉一石，及歷代人
物、文獻。如卷二《寺》除記載大雄寶殿、藏
閣等主要建築外，尚記有東廊、西廊、小菜房、
浴房、牛房、茶亭、紀遊亭、中木橋、外拱橋、水
碓、水磨等，巨細不遺；記寺產田園亦詳，謂有
塘一、莊二、塢一、田十處三百餘畝、園五處三
十餘畝。藏經閣之外，更記“刷印樓”，謂藏

經版二十四部，如《黃檗希運禪師心要》、《白
雲端禪師語錄》等，於印刷史及文獻史彌足
珍貴。書中所記僧傳資料亦頗資考證，如記
唐大安禪師爲福唐陳氏子，與發現於韓國之
《祖堂集》吻合，於證實大安俗籍有較高
價值。

《黃檗山寺志》除崇禎十年三卷本、順治九
年八卷本外，道光三年（1823），黃檗寺僧清
馥、道遲曾再修寺志，增益隱元後至清代資
料。此本據南京圖書館藏順治刻本影印。
（李勤合）

**南屏淨慈寺志十卷（存卷一至卷二、卷七至
卷八）**　（明）釋大壑撰（第 719 冊）

釋大壑，生卒不詳，字元津。萬曆十九年
（1591）春，落髮南屏淨慈寺，受具足戒於雲
棲袾宏。曾在淨慈寺整修寺院，遷永明祖師
塔，疏浚放生池。更著有《永明道跡》等。生
平見黃汝亨《元津法師塔銘》。

南屏山爲淨慈寺之主山，去杭州城西南五
里餘。後周顯德元年（954）始建山寺，本名
慧日永明院。宋紹興十九年（1149），改稱淨
慈寺。自宋迄明，興廢者屢，而寺額不易。舊
無專志，僅見載於郡邑及《西湖志》，頗多遺
漏。萬曆年間，雲棲袾宏與馮開之、虞長孺等
人悠遊該寺，因有修志之議。元津適逢其會，
因按之圖史，詢之尊宿，斷碣磨崖，冥搜必錄，
凡二十年而草創成編。又經虞長孺、鄭孔肩
等人裁定、參潤、助刻，始於萬曆四十四年
付梓。

全書分爲七門十卷，計卷一《形勝》，卷二、
卷三《建置》，卷四、卷五《法胤》，卷六《檀
護》，卷七、卷八《著述》，卷九《僧制》，卷十
《靈異》。卷首冠以圖，又有虞長孺、鄭孔肩
及釋大壑序，及助刻姓氏。全書體例謹嚴，每
卷前有序，後有論。各條綜述之外，附以典籍
詩文，均注明出處，亦見大壑當日搜羅之勤。
《著述》兩卷所記當代詩文最爲詳贍，凡偈

贊、銘跋、詩賦、文疏、序記、券牘，諸體俱載，粲然可觀，均爲大壑親手所得，早期宋濂等人之文自不必説，他家如文徵明、豐坊、雲棲袾宏、汪道昆、屠隆、虞淳熙、黄汝亨、孟養志、陳繼儒、袁宏道等等，盡皆可貴。周中孚以爲所載皆緬緬洋洋，居然名作，視同時宋奎光《徑山志》、白珩《靈隱寺志》，有過之而無不及。

是書見於《澹生堂藏書目》、《鄭堂讀書記》、《續通志》等，《四庫》列爲存目，傳本稀少。全書已不存，惟重慶市圖書館、華東師範大學圖書館等藏有明刻殘本，重慶市圖書館藏本僅存卷一、卷二及卷七、卷八，其中卷二有闕頁，而華東師範大學圖書館藏本有卷四後半部分及卷五、卷六、卷九、卷十，可據以相補。《四庫存目叢書》即據兩本配補影印，惜漫漶仍多，清代釋際祥纂二十八卷本《净慈寺志》根基於此書，亦可用以校補。此本據重慶市圖書館藏明萬曆四十四年汪汝淳、汪汝謙刻本影印。（李勤合）

增修雲林寺志八卷　（清）厲鶚撰（第719册）

厲鶚（1692—1752），字太鴻，號樊榭，别署南湖花隱、西溪漁者，室名樊榭山房、香雪齋，錢塘（今屬浙江杭州）人。康熙五十九年（1720）舉人，舉鴻博，不赴。性嗜書，好搜奇異，嘗客揚州馬曰琯小玲瓏山館數年，廣讀宋元珍籍，故諳於宋元以降史實，著有《宋詩紀事》一百卷、《南宋畫院録》八卷、《遼史拾遺》十卷、《東城雜記》二卷諸書，皆博洽詳贍。博學多識，工詞曲，詩刻鍊，有《樊榭山房集》等。生平見《文獻徵存録》卷五及《清史稿》。

雲林寺爲杭城名刹，原名靈隱寺，康熙三十八年賜名“雲林”，即今杭州靈隱山之靈隱寺。舊有明萬曆間白珩及清康熙初孫治、徐增遞修寺志，皆在康熙更名之前。雍正十年（1732）巨濤義果繼主靈隱，奏免漕銀稅課，重修殿宇，一新寺院。乾隆九年（1744）以寺既蒙康熙賜名，則不宜仍用舊志，乃延厲鶚纂

修新志。鶚與門人張曦亮補輯前志所未備，增康熙十年至乾隆九年七十年間寺史，刊成新志八卷，門類大體仍舊而略有變化，題爲“增修雲林寺志”。全書八卷，卷一《宸恩》，録康熙、雍正、乾隆賜書、賜詩、賜物及免稅等恩典，記至乾隆四年巨濤止。卷二《山水》、《梵宇》、《古跡》，記形勝。卷三《禪祖》、《法語》，記歷代住持及其語録，巨濤法語尤詳。卷四《檀越》、《人物》，記檀越及與本寺相關之人物。卷五《藝文》、卷六《詩詠》，記相關詩文，有記、序、疏、榜、贊、跋、銘、祭文以及詩詠等等。卷七《遺事》，記雜聞逸事。卷八《雜記》，又分録題名、物産、著述、圖畫數類，碑碣、題額另附。

新志惟增補前志疏漏，而不復述前志，故題曰“增修”。如《山水》節，凡山峰、泉石之見於舊志者，皆不録，又如《禪祖》節，祇增補舊志所無，並續前志五嶽濟玹以下諸師。故欲通曉靈隱寺事，尚需以新舊志書互參。惟前志附有《山地蕩總目》，分題“舊置”、“檀施”、“續置”三類，與同類寺志相參，頗能明瞭當時寺院經濟之一斑，此則闕如，是一憾事。

是書有乾隆九年初刻本、光緒十四年（1888）丁氏嘉惠堂刊本。此本據光緒十四年刻本影印。（李勤合）

續修雲林寺志八卷　（清）沈鑅彪纂（第719册）

沈鑅彪（1768—？），又名鑅，字聽篁，號蔚堂，又號北亞山人，仁和（今屬浙江杭州）人。嘉慶二十四年（1819）進士，曾任翰林院編修、江南道監察御史、廣東道監察御史、禮科掌印給事中等職。工書善詩，有《自悦齋吟草》。生平散見徐世昌《晚晴簃詩匯》、朱彭壽《清代人物大事紀年》等。

雲林寺爲杭州西湖名刹，原名靈隱寺，康熙三十八年（1699）賜名雲林寺。寺舊有萬曆間白珩及清康熙初孫治、徐增遞修之《靈隱

寺志》，又有乾隆九年（1744）厲鶚所修《增修雲林寺志》。雲林寺屢受清代諸帝眷顧，豁免稅課，賜款捐物。巨濤義果於乾隆間重修廟宇，嘉慶二十一年遭火災毀壞，蒙嘉慶帝撥款及地方信士捐資，道光八年（1828）重修完畢。是時距上次修志已逾八十年，因有續修志書之議。

此次續修寺志略同厲鶚之增修，意在補乾隆至道光八十餘年之闕。卷一《宸音》，記乾隆歷次南巡題詩及康熙、乾隆所題墨寶、乾隆諭旨，附以康雍乾間禁約免糧派。卷二《重興》，錄乾隆以來重修、重建山寺之碑記疏文，《梵宇》則補記乾隆以來新修之樓閣殿堂，末附《敕賜雲林寺募化重建大殿緣啟》。卷三《檀越》，錄錢塘趙夢祥《舍田碑記》一篇；《禪祖》，記在瞻元禪師以下至體純大師等三十三人；《古塔》則記巨濤義果禪師以下二十六人之墓塔，並附釋達受所撰《世系圖》。卷四《語錄》，記前志脫漏之大師語錄及乾隆後諸師法語，其中雜有和尚所撰疏文、塔銘、序跋、書啟、像贊，似有違體例。卷五《藝文》，錄居士之序、記、跋等各體之文；《墨蹟》，錄宋天聖八年賜靈隱寺牒墨蹟、董文敏墨蹟、密雲和尚墨蹟等。卷六《詩詠》，錄梁同書、杭世俊、厲鶚等人詠雲林寺之詩。卷七《題名》，錄唐以來題名刻石，較厲鶚之志增加尤多。卷八《遺事》，錄雜聞逸事八則，《糾誤》則辨析舊志及相關載籍、塔銘之誤，凡十七條，甚有功於寺志。《禪祖補遺》，則爲補記前有關禪祖之史料。綜觀全書，述而不作，搜討尤勤。

是書有道光初刻本，今已不傳。坊間流行本爲清光緒十四年錢塘丁氏重刊本，此本據以影印。（李勤合）

關中陵墓志一卷附錄一卷　（明）祁光宗撰（第 720 册）

祁光宗（？—1630），字伯裕，號念東，晚避廟諱，以字行，滑縣（今河南滑縣）人。萬曆二十六年（1598）進士，授工部主事，後擢陝西提學副使，涼州兵備，巡撫甘肅，終官兵部尚書，加宮保。入陝十八年，邊境晏然，清理屯田，修復水利，興設義學。更著有《餘清館詩》、《明文存雅》、《甘肅奏議》等。傳見《民國重修滑縣志》所載成基命撰《大司馬祁伯裕傳》。

是編乃光宗督學陝西時所編，於關中歷代陵墓詳加考證，各爲之圖，而繫以說。關中爲天府之國，數朝古都，自唐以上，帝王不能舍也，其間帝王臣妃、隱士大儒之墓累累皆是。第幅員遼闊，指顧爲難，雖土人亦莫能辨，《一統志》、《陝西志》及郡、州、縣、衛志雖有記載，然沉沒尚多，魚亥非鮮。余懋衡巡按陝西，乃檄督學祁光宗經紀之。祁氏與趙崡、張楏等人，搜尋斷簡殘編、墮碑缺碣，網羅舊聞，互相參考，繪圖著說，成此《關中陵墓志》。

全書正文一卷，附錄一卷，所記陵墓不分世代，以所在郡邑爲類。各陵墓道里遠近，俱以各州縣城定之。或在北，或在南，或在東、西，俱載之。右圖左說，以見梗概。然圖不分遠近，略具方所而已。古帝王陵，如周文、武、成、康，相望不二三里，必人爲一圖，不敢減省；其餘事或相關而人非取重者，則二三人總爲一圖。一代君臣，雖另圖而猶互書以參見。至若陪葬之墓，百餘人一山，勢難另圖，乃於圖後總書，其尤著者則於姓名下略述其事，如唐高祖獻陵下、唐太宗昭陵下所記陪葬諸墓是也。全書圖之方位，以下爲南，上爲北，亦有墓在山陰者，則改易其向而書“南”字其上，如秦昭襄王塚、漢臨江王塚、唐李玄通墓之類。

是書意在表湮，帝王雖周幽、秦政不遺，以志戒鑒，惟作附錄。帝王外，少數民族政權，則視作僭號盜名，亦記之而附錄於後。又有一墓而數出、有墓而傳疑、古有墓而今湮滅者，並繫於附錄。所有附錄皆無圖，以示區別。

明代陵墓志傳世稀少，惟王在晉《歷代山陵考》與此數種而已。全書記載雖嫌簡略，然提供明代關中陵墓佈局情況，間有考證，可資參考，如扶蘇墓有四，一在臨潼縣藥水村，一在平涼府東，一在寧州西，一在綏德州城中，此書則主綏德。

是書曾有萬曆刻本，惜已不傳。此本據上海圖書館藏清抄本影印。（李勤合）

長沙府嶽麓誌八卷首一卷　（清）趙寧纂修（第 720 冊）

趙寧，生卒不詳，字管亭、又裔，山陰（今浙江紹興）人。康熙中任長沙府同知、松江知府。《長沙府志》有傳。

嶽麓爲衡山七十二峰之一，宋開寶九年（972）州守朱洞始創書院於此，繼之者有建安劉琪，而朱晦庵、張南軒相與講道於茲，嶽麓之名，遂聞於天下。康熙二十四年，湖南巡撫丁思孔重加修葺，並蒙康熙帝頒賜御書匾額及經解講義，乃有修志之議，命趙寧主事。嶽麓之有志，自明正德間學使陳鳳梧始，屬稿者則當時山長陳論。越萬曆至崇禎，又兩經續筆。至康熙間趙寧纂輯是志時，陳志已無從采訪，僅見吳道行崇禎間所纂之志。

是書卷首爲新舊諸序、凡例、同修姓氏名錄，分同纂、司輯、參訂、考訂、參考等，多達一百四十餘人。卷首所載序文頗多，當全書四分之一，故爲《四庫全書總目》地理類存目提要所譏。卷一則恭錄丁思孔等人請賜書額、經籍及褒先賢等書奏，之後爲古聖先賢像、《嶽麓總圖》、《嶽麓書院圖》、《瀟湘八景圖》，每圖附序。舊志圖説雜錯，有類稗乘，此則匯寫諸圖，列於卷首，而以紀載吟覽之章，分門詮次，一依記注之體裁，不亂事文之藩苑。卷二題山水、古跡、新建、寺觀、疆域等目，卷三則題書院、列傳、興復公牒、紫陽遺跡、題道鄉（臺）遺跡、補南軒遺跡、三書院説略、籛田等

目，其中《書院興廢年表》條列歷代大事，最爲可貴。卷四至卷八題藝文，分《大禹碑》、賦、詩、序、文、説、銘、疏引、書劄、書啟、詩餘諸類，又附以仙釋、雅記。全書凡録吳志原文者，則標曰舊志，以示不忘前人之用心及相乘之有自。

嶽麓志，正德、萬曆、崇禎間所修皆不存，同治六年（1867）丁善慶、同治十二年劉崐兩次續修，而康熙間所修爲見存最古者，書有康熙二十六年鏡水堂初刻本及咸豐十一年重刊本。此本據北京大學圖書館藏清康熙二十六年鏡水堂刻後印本影印。（李勤合）

白鹿書院志十九卷　（清）毛德琦撰（第 720 冊）

毛德琦，生卒不詳，字心齋，鄞縣（今浙江寧波）人。康熙三十五年（1696）授廣東始興知縣，五十三年授江西星子縣知縣，後歷任直隸遵化州知州、鎮江府知府等職，雍正評其人老成，不似浙人風氣。事蹟見《九江府志》。

白鹿洞書院，亦稱白鹿書院，始創於唐李渤讀書堂，南唐爲國學，至宋朱熹興復，與嶽麓書院等號爲海内四大書院。白鹿書院之有志，始於明弘治，早佚。此後代有遞修、續修、重修者，主要有正德李夢陽、嘉靖鄭廷鵠、萬曆田琯、天啟李應昇等志。至康熙十二年，南康知府廖文英有修葺書院、主持講會之舉，並重修書院志，《四庫》館臣評曰"意求繁富，頗失翦裁"（《四庫全書總目》地理類存目提要）。康熙五十三年，毛德琦蒙授星子縣知縣，康熙帝召見時曾詢銓臣是否知道朱子講學星子之事，並評價毛氏"此人去得"；故毛氏到任，尤用心於白鹿洞事務，乃重修《白鹿書院志》。

毛氏志，於李應昇、廖文英因襲之中有所增益，共十九卷，分題形勝、興復、沿革、先獻、主洞、學規、書籍、藝文、祀典、田賦十類。其中新增者有《興復》一卷，以尊朱子；《主洞》一卷，以崇師範；《書籍》一卷，以昭訓守。卷首

另有舊志序及《白鹿書院圖》,康熙五十九年江西巡撫白潢序。又增記康熙丁卯二十六年賜匾事,所增《興復》卷,則專載朱熹興復白鹿洞始末。蓋白鹿洞書院之學規、經書、殿廡、田畝,俱朱子手定規模,雖名賢繼起,亦只踵事增華而已。李應昇時已將朱子學規講義與文翰相區分,清代朱子升配十哲,地位愈加不同,故匯爲一編以志專崇。有歲久人埋、一時難於確考者,毛志則予以存疑。至於白鹿洞歷代田畝,爲書院生存之基,歷代洞志多有記敘。尤其自田琯以來,最爲重要,如田琯志記顏家山一處洞田即達七百餘畝;然至毛氏時已寸土無存,故毛氏甫至星子,即詳清復核,另刊成書。更於志中逐一開列,注明佃户,以絕豪強兼併。

毛志之後,白鹿洞續有雍正、乾隆、道光、咸豐、同治、光緒、宣統及民國四年重刊遞修之本,而毛志爲目前傳世較廣之本,然其於元以前,尤其南宋史實考證不足,多有缺漏,諸多史料稍加排比,羅列而已。《四庫全書總目》地理類存目提要評毛氏所撰《廬山志》冗濫,移之以概其書院志,亦不爲謬。王重民《中國善本書提要》以爲是志不及李夢陽舊志,良有以也。

毛志刻於康熙五十七年,乾隆六十年周兆蘭略有增修,重爲刊行,今傳毛志,即題“星子縣知縣毛德琦原訂,署南康府事周兆蘭重修”。道光十八年,都昌余泰重修白鹿洞書院,有感於書院志原版朽蠹殘缺,慨然捐費補刊,委託陳夢悅代爲核對。陳於卷三《沿革》、卷十七《藝文》後略有增補,其中卷十七補入余泰道光二十二年《重修白鹿書院記》。此本據復旦大學圖書館藏余泰道光二十二年補修本影印。（李勤合）

石鼓書院志二卷　（明）李安仁等修（第720 册）

李安仁（1542—?）,字體元,號裕居,直隸興州右屯衛（治今河北遷安）軍籍,遷爲安縣學生。隆慶元年（1567）舉人,隆慶五年進士,授興化縣知縣,萬曆間任衡陽府知府,官至湖光按察使。生平散見《河北通志》等書。

石鼓書院創建於唐元和年間,初名李寬中秀才書院。宋景祐二年（1035）,賜額“石鼓書院”,與睢陽、嶽麓、白鹿等並稱。其院志之修,約始於嘉靖年間。嘉靖十一年（1532）,衡州府知府周詔曾索閱書院舊志,僅得殘本,斷爛不可讀,乃屬汪玩釐訂、補正,翻刻成書。周詔之志分《地理》、《室宇》、《人物》、《辭翰》四卷,附以當年有關興復文書。《四庫全書總目》地理類存目提要稱其“潦草漏略,殊無義例”,今無傳本。萬曆七年（1579）,湖南提學副使黃希憲督學石鼓書院,與邑人王大韶有重修院志之舉,今亦不傳。萬曆十七年,李安仁重修書院,復囑王大韶就萬曆七年志刪繁舉要,尤其刪芟題詠人物之無關書院者,以成是志。是志繼承前志而有增删,分上下二部,上部分《地理》、《室宇》、《人物》、《述教》四志,其中《人物志》下分紀《鄉賢》、《寓賢》、《名宦》三目,下部爲《詞翰志》,下分紀《詩》、《記》二目。書前冠以諸序及書院形勝圖,書末殿以王大韶萬曆七年後序。舊志列黃勉齋於《名宦》中,此則改屬《寓賢》目,舊志備録先聖四配歷代封詰及韓愈、張栻、朱熹行實,此則略之,可謂詳略得中。又新增《述教志》之目,録寓賢、名宦述教之言,以崇正學。館臣評其“采據較詔志爲詳”（《四庫全書總目》地理類存目提要）。

萬曆七年黃希憲所修志書今已不傳,而此志實多襲舊志,故書末仍殿以王大韶萬曆七年序,而書前萬曆十七年王序則稱此志顛末詳於前日之志。惟此志卷前不載黃希憲序,是可怪也。查其書卷末載有黃希憲《石鼓書院志記》,即黃氏爲其志所作也。

石鼓書院後又有光緒六年（1880）山長李

揚華所修之志,而現存之志仍以李安仁此志爲最早。此本據北京大學圖書館藏明萬曆刻本影印。(李勤合)

東林書院志二十二卷　(清) 高{山采}等輯 (第721 冊)

高{山采},生卒不詳,字象姚,無錫(今江蘇無錫)人,明末東林黨人高攀龍之孫。與修者高隆,字象郝,亦高攀龍之孫。然實際修志者則爲高{山采}之子侄高廷珍、高陛及鄉人許獻。廷珍字和鳴,陛字季元,許獻字鄉三。俱見是書序及題識。

東林書院之有志,始自顧憲成、劉元珍。憲成當時即托元珍纂《東林志》,元珍於萬曆四十二年(1614)完成《東林書院志》兩卷。時憲成已逝,由高攀龍作序,而終未付梓。後嚴毅於劉志基礎上增益《東林辨》等,並刻於康熙八年(1669),此爲《東林書院志》麗澤堂版。康熙間,高攀龍之侄高匯旃曾續修《東林書院志》,亦未付梓。至雍正十年(1732),刁承祖觀察三吳,感念乃祖與東林之淵源,適逢朝廷提倡程朱理學,因倡議增輯院志,得任蘭枝、張師載、胡慎等支持,而委之高氏後人高{山采}、高隆等,先由其子侄高廷珍、高陛搜集資料,寫作初稿,而後由許獻總其成,凡六月而畢功。

此志凡二十二卷,分爲十類。卷一《建置》,述書院歷代興廢。卷二《院規》,錄顧憲成《東林會約》等。卷三至卷六《會語》,則錄顧憲成、高攀龍東林講學之語。卷七至卷十二《列傳》,錄楊龜山以下九十餘人之傳,較劉志八人、嚴志二十二人增益頗多。各傳除傳記之外,又多錄行狀之類,以備采擇。卷十三《祀典》,具載釋菜、釋奠儀物外,又詳記諸賢從祀緣起、官祭緣起等。卷十四《公移》。卷十五至卷十八《文翰》,增益亦多,其中劉元珍志、高匯旃志之序跋置此處而不置於卷首,頗可留意。卷十九《典守》,具載書院所

藏祭器、典籍。卷二十《著述》,載東林書院歷代學者之著作書目。卷二十一至卷二十二爲《軼事》。

此志意在博搜廣采,不免牽附過多,爲四庫館臣所譏(見《四庫全書總目》地理類存目提要),然此亦當時修志之通病,不可苛求。且究其類目,則覺條例清晰,處置得當,瑕不掩瑜。讀此書,尤可見當時東林書院志在講學,非在黨爭。如吳覲華強調課實功,絕議論,不談朝廷都邑之是非,一味勤修學業等等。

是書初版於雍正十一年(1733),後有光緒七年翻刻本。此本據上海圖書館藏雍正十一年刊本影印。(李勤合)

新鐫海內奇觀十卷　(明) 楊爾曾撰 (第721 冊)

楊爾曾(1575—?),字聖魯,號雉衡山人,別署臥遊道人等,武林(治今浙江杭州)人,生活於明萬曆至崇禎間。喜好編刊通俗書籍,曾以"楊氏草玄居"、"夷白堂"等名義刊刻圖書,爲著名出版家,今人龔敏撰有《明代出版家楊爾曾著述刊刻考》。更編有《東西晉演義》、《韓湘子全傳》、《圖繪宗彝》等。事略見丁丙《武林坊巷志·保安坊二》及楊氏自著《紀刻許真君凈明宗教錄事》。

是書十卷,首載《明一統圖》,次五岳、白岳、孔林、西山、金陵、茅山等,多爲海內名山,皆繪圖列說,計收各地風景名勝圖一百三十餘幅,單面、雙面不一。蓋以勝景或近在眉睫,或遠在日邊,碍難以有盡之天年,窮無涯之勝地,故意仿臥遊,以當欣賞,故是書特點乃在繪畫之藝術形式。臥遊肇於南朝宗炳,代有仿效之士。明人輯名山遊記者有吳門都穆、括蒼何振卿等,然其書皆不附圖。名山記之有圖,蓋自爾曾此書始。是書圖爲錢塘陳一貫繪,精雅而見生氣。其中《西湖十景》之圖,圖外配以明代莫璠之《蝶戀花·西湖十景》詞,以各體書法寫就,相得益彰,他如《錢

塘十勝》、《雁蕩山題詠》、《瀟湘八景》等,率皆類此。鄭振鐸以爲其圖富於想象,且能表現現實,以傳統畫法,對景寫生,有較高創造性,如《海內奇觀》之插圖,決非憑空想所能刻劃云云。至於圖説,皆出爾曾手筆,亦不類他書之專集昔人遊記。書前另有陳邦瞻、葛寅亮、方慶來諸序,並自序及凡例十三則。其書本供臥遊,雖不足以備考證,然於中國繪畫史亦有特殊地位。

全書名山排列次序亦可注意。凡例有云,名山以五岳爲尊,故先五岳,又以白岳屬在畿内,故附五岳卷中云。按白岳即齊雲山,本不高聳。明嘉靖間,勅建宮觀,欽賜題額,遂爲道家名山,因以附諸首卷《五岳》;而孔林雖先師遺跡,亦僅得列卷二之首。其他名山例依省郡,先兩直隸而後他省,次第條列,然於太和(武當山)則尊爲玄岳,雖隸楚中,亦另爲一卷。書後又附十大洞天、三十六洞天、七十二福地、海上仙山、海上十渚等等,目錄雖云"名考",其實無考,僅名錄而已。此種知識體系亦作者崇道思想之表徵。

是書有明萬曆三十七年夷白堂刊本。此本據國家圖書館藏原鄭振鐸藏本影印,後有李一氓題識。(李勤合)

湖山勝概一卷 (第 721 册)

據書前自序,編者自稱西江魯叟,繪圖者名夢得,生平皆不得其詳。

西湖、吳山爲杭州勝景,遊越者以湖山並稱。是書繪西湖十景、吳山十景,配以詩文,彩色套印,有詩、書、畫三絶之譽。

編者因感西湖十景有志,而吳山之景無志,會夢得出所爲《湖山十景圖》,乃配以詩詞。西湖十景爲"蘇堤春曉"、"平湖秋月"、"曲院風荷"、"斷橋殘雪"、"柳浪聞鶯"、"花港觀魚"、"三潭印月"、"兩峰插雲"、"雷峰夕照"、"南屏晚鐘",吳山十景爲"雲居松雪"、"通玄避暑"、"青衣石泉"、"海會禱雨"、"伍

廟聞鐘"、"紫陽洞天"、"三茅觀潮"、"寶奎海旭"、"太虛步月"、"岳宗覽勝"。各景一圖,配詩詞一首。西湖十景前有《西湖總圖》,配以《西湖詠》,吳山十景前亦有《吳山總圖》,配以《吳山詠》。其圖先印黑色線條,復以木塊刷以彩色,逐次套印,畫面色彩清新鮮豔,開中國版畫技術之新境。其題詠或選名家,或自撰,如"蘇堤春曉"、"三潭印月"用明莫瑤《蝶戀花》詞,而末署"病居士"、"虛舟居士",疑爲書者。"花港觀魚"詞後題"西江魯叟",當即編者自書所作。"通玄避暑"詞後題"一衲道人",未知是否即屠隆,"海會禱雨"詞後題"寓庸居士",或即黃汝亨。題詠之書法,多爲行書,或爲楷體,率皆飄逸。

是書之主要價值在其彩色套印技法,此法至清康熙間爰趨成熟。此本據國家圖書館藏明刻彩色套印本影印。此底本當刻於明萬曆間。另法國圖書館亦藏有明萬曆本一種。(李勤合)

昌平山水記二卷 (清)顧炎武撰(第 721 册)

顧炎武,有《聖安記事》等,已著録。

顧炎武博極群書,足跡幾遍天下,著有《天下郡國利病書》、《肇域志》諸書,洞曉地理之學。本書實爲顧氏之遊記,蓋明自成祖以下十三帝陵在此,亦容有憑弔故國之意。作者自南口出發,遊歷居庸關、彈琴峽、青龍橋、八達嶺、岔道諸名勝,一路援筆臨楮,融史論於記敘之中,此其顯著特色。如記居庸關"自古稱爲險絶",筆鋒一轉而云"然遼之亡也,天祚以勁兵守居庸,及金兵臨關,厓石自崩,戍卒壓死,不戰而潰";"金之亡也,冶鐵錮重門,布鹿角蒺藜百餘里,守以精鋭",而"元太祖乃令剗八兒輕騎前導,自暮入谷,黎明諸軍已在平地,疾趨南口,金鼓之聲,若自天下,金人遂潰";"元有天下不及百年而王禪兵入之,禿堅帖木兒兵入之,孛羅帖木兒兵入之";"頃者,李自成之犯關也,下宣府,歷懷

來,入居庸,薄都下,曾無藩籬之限"。凡此,備陳歷史之教訓,而嘆險關從來不可倚仗:"地非不險,城非不高,兵非不多,糧非不足也,國法不行而人心去也",頗有孟子"地利不如人和"之慨。所記亦偶有疏失,如本書所述塞外有鳳州,而據史籍考證,塞外無鳳州之名,蘇轍所云"興州東谷鳳州西",乃回憶鄉關之語,並非實指,故《四庫全書總目》地理類存目提要曰"長城以外爲炎武目所未經,所敍時多舛誤",讀者當注意。

此本據上海辭書出版社圖書館藏清吳江潘氏遂初堂刊本影印。另有《亭林遺書》本、《亭林遺書彙輯》本。（田君）

六岳登臨志六卷　（明）龔黃撰（第721冊）

龔黃,生卒不詳,字文中,號潭叟,荆門(今湖北荆門)人,生活於明萬曆至崇禎年間。館臣謂龔氏爵里無考,且不知龔黃之字(《四庫全書總目》地理類存目提要),然據是書題"楚荆門龔黃文中父編輯"實可知也。又該書自序多述其身世,大抵嘆老嗟病,終身不得志者。更著有《古音叶讀》、《古文奇字》。

六岳者,五岳之外增一玄岳也。玄岳,即武當山,又稱太和山等,玄岳之名起於明嘉靖帝。龔氏序云,躋今於古,合五爲六,重王制也。按龔氏少有遊岳之願,而貧不能踐。嘗於萬曆甲寅(1614)得便一登衡岳,因事先購有衡岳之志,未致憧憧,乃念遊岳者必先有志,而後可以言遊,因搜集六岳之志,抄撮整理,以便遊覽。是書之作,約始於萬曆末年,書稿曾有散失,後又重輯於崇禎十四年(1614)九月,明年二月乃成。

全書六卷,分述六岳,各卷之下又題疆域、總序、勝地、神祠、方士、藝文、雜記七目。目下多詳分細目,而《方士》、《雜記》下細目則以所錄書籍條列,如《唐書》、《山海經》、《一統志》等等。所錄之詩,詳於古而略於今,所

錄之記則詳於今而略於古。其内容皆抄自各岳之志,以專爲遊覽六岳而作,故選取嚴格,文字簡練,三言兩語,不求繁富,頗便檢閱,與各山之專志不侔。是書雖於考證無補,然可見當時民衆之知識狀況。如北岳恒山素有河北恒山和山西恒山之説,明清間漸由多主河北曲陽而轉爲多主山西渾源,此一過程於此書中有所反映。卷五《北岳》中,龔氏抄撮群書,於河北恒山、山西恒山未加區判,所記"安王石"古跡在曲陽,其他如神溪、黑龍池等則又在渾源,然要以渾源爲主,故《恒之總序》除篇首云曲陽西北有北岳廟外,其他皆就渾源言之。

是書未見刻本,此本據國家圖書館藏明抄本影印。（李勤合）

欽定清涼山志二十二卷　（第722冊）

清涼山,即五臺山,唐宋以來即修志不斷,如唐釋慧祥《古清涼傳》、宋釋延一《廣清涼傳》、宋張商英《續清涼傳》等等。明代則有正德間釋秋崖所編《清涼山志》二十卷、萬曆間釋鎮澄《清涼山志》十卷,清初更有順治間阿王老藏、康熙間老藏丹貝相繼續修之志。至乾隆三十二年(1767),三世章嘉若必多吉乃修藏文《聖地清涼山志》。乾隆五十年十二月,帝有感於舊志原纂體例俱有未當,著軍機大臣派員重行纂輯,是爲《欽定清涼山志》。

是編不署撰人,係出宮廷詞人之手。全書二十二卷,十三目,卷一、卷二《聖制》,卷三至卷六《天章》,卷七《巡典》,附《恩齋》,卷八《佛跡》,卷九《名勝》,卷十、卷十一《寺院》,卷十二《歷代崇建》,卷十三、卷十四《靈感》,卷十五、卷十六《方外》,卷十七、卷十八《歷代藝文》,卷十九、卷二十《國朝藝文》,卷二十一《雜誌》,卷二十二《物產》。卷前又有《文殊法相》及《清涼山全圖》等菩薩圖、山圖、寺圖多幅。是書之修,首彰皇權之崇重,見於卷一至卷七之《聖制》、《天章》、《巡典》、《恩齋》等類。

卷十二《歷代崇建》,刊削武周亦此類。又專設《物產》一章,足資多識。其中記山中素稱多虎,至清朝則因耕種日開,虎漸避跡,亦見人類活動於自然生態之影響。

按舊志之修,皆出僧人或信徒之手,故重在闡揚文殊之勝跡,釋迦之大教,俾閱志者因文而悟道,即境以明心。故慧祥之志以《立名標化》、《封域里數》、《古今勝跡》、《遊禮感通》、《支流雜述》爲目,鎮澄及老藏丹貝之志皆以《化宇》、《原聖》、《靈跡》、《伽藍》、《崇建》、《顯應》、《外護》、《高僧》、《緣感》、《題詠》爲目。康熙、乾隆等人雖崇信釋教,屢幸五臺,然究竟與僧人不同,故此次欽命重修志書而改舊志體例,實寓掌控佛教名山志書修撰、彰顯帝王獨尊之深意。反之,明之鎮澄批評曰文殊應跡、志士感通,班班遺諸群籍而猶未備。逮民國間,印光主修四大名山志,《清涼山志》部分《高僧懿行》、《異眾感通》二目增補最多,良有以也。四志中,《清涼山志》爲印光親自督修,其他三志則由王雅三等人負責。印光不滿三志之修,以其皆屬不通佛學之儒士所修,故致買櫝還珠,敬卒隸而慢主人,志山而不志佛,顛倒行事,雖有其志,不能令見者、聞者增長善根、種菩提因也。此官修志書與僧人修志之根本不同,讀者不可不知。

是書有乾隆間武英殿刻本,藏於內府,流傳不廣。此本據遼寧省圖書館藏清乾隆武英殿刻本影印。(李勤合)

華岳全集十三卷　(明)　張維新等纂(第722冊)

張維新,生卒不詳,字憲周,汝州(今河南汝州)人。萬曆五年(1577)進士,除冠縣知縣,選兵科給事中,改禮科,歷官山東、陝西按察副使等,終陝西布政使。更著有《余清樓稿》。生平見道光二十年《汝州全志·人物志》。

華山之志,《宋史·藝文志》載有盧鴻《華

山記》一卷,已佚。後金代全真教道士王處一有《華山記》一卷,見於《道藏》。嘉靖間,華陰縣知縣李時芳嘗修《華岳全集》十一卷,或作十卷。時任陝西按察副使張維新以爲豕亥駁雜,乃謀重修,命華陰縣令馬明卿重加詮敘,刪蕪聚逸,越兩月而書成。後六年,知縣河間馮嘉會又增文數篇。

全書十三卷,書前有巡撫賈待問萬曆丁酉序、張維新萬曆丙申自序及目錄,卷一《圖書》,卷二《峰麓名勝紀》、《物產》、《靈異》,卷三《封號考》、《祭告文》,卷四至卷十三統爲《藝文》,而以文體類分於各卷。又新增圖說,有《西方七宿圖》、《西岳真形圖》、《山形總圖》、《張超谷圖》、《希夷峽圖》、《雲臺觀圖》等二十四圖,各圖配以文字。觀其體例,重在藝文,卷四以下,實取藝文總集編纂法式,而體量居全書十分之七,與一般山志不同。所錄歷代祭告文搜羅較全,亦有資考證。

是書有萬曆刻本,至明末崇禎十七年(1644),華陰縣令曹士掄利用萬曆刻本剜改,重加印行。萬曆原本每半葉九行,崇禎本則將卷二至卷十三之首頁改成十行,並將張維新等人名字盡數抹去,改題曹士掄等人。此本據上海圖書館藏明崇禎十七年刻本影印,卷首賈待問、張維新序後皆有大順初元曹士掄手題之跋。上海圖書館藏本卷十三之二十三頁僅存兩行,且此後尚缺九頁並馬明卿、馮嘉會二跋。《四庫存目叢書》用天津圖書館藏明萬曆刻本影印,該本缺卷首賈待問、張維新兩序及卷十三之二十三、二十四頁,兩本可以互補。(李勤合)

岱史十八卷　(明)　查志隆撰(第722冊)

查志隆,生卒不詳,字鳴治,海寧(今浙江海寧)人。嘉靖三十八年(1559)進士,歷任保定知府、山東按察副使,官至山東布政司左參政。更著有《山東鹽法志》、《天津存稿》、《皖城存稿》等。生平見余繼登《送查紹寧參藩山東序》及《四庫全書總目》之《山東鹽法志》提要。

岱爲五岳之首泰山別稱,自昔應天受命而興者,靡不有事於岱。萬曆間山東監察御史譚耀以自古有事於岱者七十二君,而以明代爲最,故囑山東轉運鹽使司同知查志隆因前志而重加編訂。時在萬曆十四年(1586),始事於仲夏而訖功於孟冬,革舊而爲新,因略以致詳。

是志之修,不名志而名史,體例獨特,與一般山志不同,蓋尊岱也。全書借史書紀傳諸體,共有考三卷、表二卷、紀五卷、志八卷,凡十四類十八卷,分爲七册,分別以《中庸》"質諸鬼神而無疑"句各字命名。"質"册含卷一《圖考》、卷二《星野考》、卷三《形勝考》、卷四《山水表》、卷五《疆域表》,"諸"册含卷六《狩典紀》、卷七《望典紀》,"鬼"册含卷八《遺跡紀》、卷九《靈宇紀》之"神佛寺觀","神"册含卷十《靈宇紀》之"聖賢廟祀"、卷十一《宫室志》、卷十二《物産志》、卷十三《香税志》、卷十四《災祥志》,"而"册含卷十五《登覽志》之"歷代詩草"、卷十六《登覽志》之"國初至嘉靖甲寅以前詩章"。"無"册含卷十七《登覽志》之"國朝甲寅以後詩章","疑"册含卷十八《登覽志》之"歷代賦、記、雜著"。各卷冠以小序,撮其大旨,發明著者之意,亦史之例也。

是書爲明代嘉靖汪子卿《泰山志》後又一部大型泰山專志,不僅體例獨特,顯示泰山與政治之獨特關係,且記載詳細,頗備采擇。如香税之設,爲當時獨創,所記泰山香税設置及管理情况較詳,爲泰山經濟史之重要史料。然囿於史例,各目篇幅不一,强别爲十四類,此殆是書《總目》所謂豐省不齊者云。

是書初刻於萬曆十五年。清順治十一年(1654),山東右布政使張縉彦續有增訂,由傅應星刊刻,其中增補王在晉萬曆四十六年《告岳文》、萬曆四十八年《碧霞元君殿祝文》以及《皇清順治告文》等,後即因王在晉文列入禁毁書目。此本即據北京大學圖書館藏順治傅應星刻本影印;有題作明萬曆傅應星刻本者,誤。(李勤合)

茅山志十五卷　（元）劉大彬撰（第 723 册）

劉大彬,生卒不詳,據書序,知爲錢塘(今屬浙江杭州)人,號玉虛子。上清經籙第四十五代宗師,皇慶改元(1312),賜號洞觀行妙玄應真人。

茅山位於今江蘇句容縣境内,爲吾國道教聖地之一。本名句曲山,相傳漢時有茅氏三兄弟隱遁升仙於此,後世因改稱爲茅君山或三茅山,簡稱茅山。南朝時,陶弘景隱於此地,茅山大興,遂成爲上清宗山。元代以前,茅山已有專志。北宋《崇文總目》載有《茅山新小記》一卷;嘉祐中,陳倩曾校修《句曲山總記》;南宋紹興間,又有曾慥、傅霄所修《茅山記》四卷。

是書即因曾記而重修,蓋劉氏以爲曾記四卷所記山水祠宇,粗録名號而已,考古述事,則猶略焉。書前有元泰定甲子(1324)趙世延、丁卯(1327)吳全節及天曆元年(1328)劉大彬三序,略叙是書前後成書經過。謂大庚戌(1310),吳全節至茅山祭祀,以舊志遺闕甚多,曾提議四十四代宗師王道孟重修新志。王道孟不久即傳位劉大彬。後五年,吳全節再至,重提修志之事。至泰定甲子年完成初稿,趙世延爲之序,吳全節則於丙寅年(1326)至山祭祀時得睹志稿,欣然作序。

是書凡十二篇十五卷,卷一、卷二《誥副墨》,録漢朝至元仁宗時歷代帝王詔誥及諸位高道之表啟,可考見歷代茅山發展之狀况。卷三《三神記》,記載三茅君世系及傳記。卷四《括神區》,記述山、峰、洞、水自然景象及壇、祠、橋、亭等建築。卷五《稽古蹟》,記録勝跡二十餘處。卷六《道山册》,記述所藏道經、圖録、道書,諸如《道德五千文》、《上清大洞寶經》篇目、衆真所著經論篇目及鄭樵《通志・藝文略》中茅山道書目。卷七《上清品》，載七真譜、上清譜系以及略傳。卷八《仙曹署》述諸仙真職司及重要事蹟。卷九《采真遊》記錄歷代在茅山棲息修道之有卓行者。卷十《樓觀部》詳載宮觀山房庵院。卷十一《靈植檢》記神芝奇藥及名木異卉。卷十二至十三《錄金石》，輯錄蕭梁至元各代碑文。卷十四至卷十五《金薤編》，輯錄齊梁至宋元各家詩文及雜著。總而觀之，凡元以前之茅山道教理論、世系、建築、勝跡、圖籍、活動、文獻大抵已在其中。

此志體例亦深得史法，如一事可歸於數類，則此略則彼詳，注云“見某篇”或“事見某篇”。若所本之書有詳細敘述，亦加注云“詳具某書”或“事見某書”。是書字體仿趙松雪，亦當時流行之體。

是書有元天曆初刻本十五卷，元末板毀，明永樂元年（1403）重刊，收入《正統道藏》時，析爲三十三卷。此本據國家圖書館藏元刻本配明刻本影印，其中又有所缺者，則爲光緒間劉履芬補鈔完備，卷末有劉氏“光緒丁丑仲春補寫廿八日記江山劉履芬”題記。（李勤合）

四明山志九卷　（清）黃宗羲撰（第723册）

黃宗羲，有《弘光實錄鈔》等，已著錄。

四明山位於浙江省東部，古名鬼藏山，又名勾餘山。是志之編修，初成於明崇禎十五年壬午（1642），改定於清康熙十三年甲寅（1674），其間歷經明崇禎，清順治、康熙凡三朝，可謂頗費周折。黃氏自序云壬午歲作《四明山志》成，亡友陸文虎欲刻之而未果。癸丑歲末逢母親壽日，應酬輟業，重爲改竄，始得成書云云。卷五《丹山圖詠》有黃宗羲小序，署定年月爲“甲寅二月二日”，自序署作“甲寅歲花朝”，則幾經改動者也。此外，卷四收有高士奇、靳治荆《九題詩》倡和，則爲閱黃宗羲《四明山志》稿後所作。自序又

云陸文虎評校之朱墨如初脫手，卷前題周靖訂，侄炳、子百家同校，則是志之修，雖黃宗羲主之，衆人出力亦不少。又《四庫全書總目》地理類存目收有《四明山古跡記》五卷，其提要謂不署年月，中有朱墨數處，即黃宗羲所撰《四明山志》稿本。

自來名山多有志，獨四明闕如，黃氏此志爲四明山第一部亦是唯一一部古代山志。黃氏編纂此志，於寄託家鄉之情外，尚有愛國之因素。蓋明末清初，遺民志士多注意山川形勢，作軍事考慮，以爲反清復明之計。是書卷五黃宗羲自述海內兵起，徐石麒問浙東可以避地者，黃氏即以四明山對。如與黃氏又一著作《四明山寨記》對看，尤能見其深意。

全書共九卷，卷一《名勝》，卷二《伽藍》，卷三《靈跡》，卷四《九題考》，卷五《丹山圖詠》，卷六《石田山房詩》，卷七《詩括》，卷八《文括》，卷九《撮殘》。卷一詳述四明山各峰巒洞天的概貌因革，幾占全書三分之一之篇幅。卷二記寺觀廟宇，其中雪竇、杖錫、梨洲三寺負有盛名。卷三記古跡，反映山中人文逸事。卷四至卷八皆爲詩文。館臣云是書既列名勝，復以皮陸《九題》、《丹山圖詠》、《石田山房》別出三門，其諸門之內既附詩，於各條下又別出《詩括》、《文括》二門，爲例亦未免不純。

黃氏家於四明山下，捫蘿越險，尋覽匝月，得以考求古跡，訂正訛傳。如四明山之名，唐皮日休、陸龜蒙以降皆以爲“四明”即四面開窗，黃氏實地勘察後指出四窗同在一面。卷一“茭湖山”條，《說郛》稱有“湖漁洞”，張東沙《寧波府志》稱之“漁湖”，黃宗羲考證兩說皆誤，茭湖爲山名，魚澄爲洞名，《說郛》漏脫不成文義，《寧波府志》因之而又倒置之。

是書有康熙四十年抑抑堂刊本，又有民國約園張氏《四明叢書》本。此本據國家圖書館藏清康熙四十年黃炳刻本影印。前有朱彝尊、宋定業、靳治荆，弟黃宗裔等序並自序。（李勤合）

普陀山志二十卷首一卷 （清） 許琰撰（第723 冊）

許琰（1688—1755），字保生，號瑶洲，同安（今屬福建廈門）人。雍正五年（1727）進士，授翰林院庶吉士。更著有《玉森軒稿》、《寧我堂詩鈔》等。生平略見《同安縣志》卷三一。

普陀山爲佛教名山，相傳爲觀世音大士道場，中有法雨、普濟兩名寺。其志先有元盛熙明撰《補陀洛迦山傳》一卷、明侯繼高輯《補陀山志》八卷、明周應賓輯《重修普陀山志》六卷等。至清康熙三十七年（1698）則有法雨寺住持性統延慈溪裘璉所輯《南海普陀山志》十五卷，康熙四十四年普濟寺延請崑山朱謹、長洲陳睿增修。法雨、普濟兩寺康熙、雍正間皆蒙御賜帑幣增修，頒賜碑文，而雍正九年所修工程尤浩大，三年方就，法雨寺住持僧法澤因有意重修志書。

許氏爲法澤族兄，生性傲兀，爲睚眥者所中，遂飄然琴劍，放浪於燕、齊、楚、豫、吳、越間，怡然自得。乾隆四年（1739），浮遊觀覽至定海，適法澤謀重修《普陀山志》，定海知縣黃應熊遂聘請許琰往山中，取前志重訂。許氏校閱月餘，删繁亂，補缺略，得卷目二十。

是書卷前有邵基、黃應熊兩序及自序，次爲普陀、潮音洞、普陀夕照、千步金沙、蓮池夜月等圖十三幅，次爲凡例。卷首題天章，其後二十卷分題形勝、建置、梵刹、頒賜、靈異、法統、禪德、精藍、流寓、法產、方物、事略、舊章、歷朝藝文、國朝藝文、釋氏藝文、歷朝詩詠、國朝詩詠、釋氏詩詠、贊偈。康熙裘志及朱、陳增修之志以康熙修寺、頒賜碑文事混編卷中，此則冠諸卷首，以崇天章。前志形勝自海而及洋港、自普陀而及崗嶺，此則海之後即志普陀，次及山中勝境，而以海中港島爲普陀眼界所及者終。尤可稱讚者，許氏辭尚體要，不以富麗爲工，善取善棄，如法雨別庵、普濟潮音所著語錄因有《全集》刊行，故不入志。其他詩文雖佳而不繫於普陀者，亦不濫附，可謂深得史法。無怪乎黃應熊序贊是志之修，一山之靈勝具焉，兩寺之規制詳焉，不蔓不支，弗誕弗陋。

此本據清乾隆刻本影印。《小方壺齋輿地叢鈔》收許琰撰《普陀紀勝》一卷，其内容取自許琰所修《普陀山志》。又有道光十二年秦耀曾輯《普陀山志》二十卷及民國十三年王亨彥輯《普陀洛迦新志》十二卷。（李勤合）

天台山全志十八卷 （明） 張聯元輯（第723 冊）

張聯元，生卒不詳，字捷之，號覺庵，鍾祥（今湖北鍾祥）人。康熙三十年（1691）進士，曾任吏部驗封司郎中，五十一年以天官大夫出任台州知府，五十九年離任。更著有《台州府志》、《清聖祠志》等。生平略見書序及《明清進士題名碑録》、朱彭壽《清代人物大事紀年》。

天台爲浙東山水之最，自孫綽《遊天台山賦》以降，歷代記詠天台者層出不窮，要以唐代徐靈府《天台山記》及釋神邕《天台山記》、元代王中立《天台山志》、宋代丁大榮《天台圖經》、明代釋傳燈《天台山方外志》等爲主。天台跨五縣之治，張氏至天台後，以境治遥隔不得遍歷，乃索山志考之。因見自唐以來，神邕等書鮮有存者，惟傳燈之志采輯頗詳，筆鋒俊爽，惜其泥於方外，似志釋而非志山。又其所采，限在一縣之内，而山之入於旁縣者未有載録。因於公餘之暇，删繁去蕪，並廣采新昌、寧海、嵊縣名勝之通於天台山者，匯而輯之。又以公務在身，無暇遍歷天台，因作《重輯天台山志啟》，徵尋資料。或山間古碣，或室内穿碑，或名公鉅卿之記詠，或文人騷士之歌吟，或黃冠開士即景寫懷，或旅展遊筇登高作賦，無論古今多寡，皆無所拘，更下繫何代之人，何方之士，務詳梗概，勿使差訛。可稱獨辟蹊徑,用力少而收功多。

是書共十八卷,卷一《形勝考》,卷二《山》,卷三《峰》、《巖》、《嶺》、《溪》、《洞》、《石》,卷四《物產》,卷五《宮觀》、《院》、《祠廟》,卷六《寺》、《庵》、《廢寺》,卷七《釋》,卷八《仙》、《道》,卷九《古跡》,卷十《存疑》,卷十一《序》、《碑記》,卷十二、卷十三《遊記》,卷十四《賦》,卷十五至卷十八《詩》。

天台爲佛道二教名山,元代天台道士王中立所輯《天台山志》側重仙道,明釋傳燈纂《天台山方外志》則側重於佛教,皆志釋道而非志山,是書則秉持儒家之立場,全面記載天台,搜羅豐富。至於羽仙身未到於天台山,雜誌或涉於渺幻,雖有其事,併入《存疑》。然是書亦有疏漏,如陸游《玉霄閣》一詩,實爲游巡察四川邛山天台院時即興所作,不應列入。又如唐人周樸《題赤城中巖寺》改題《崇善寺》,而中巖寺改崇善寺爲宋大中祥符元年之事。諸如此類,讀者須注意。

是書成於康熙五十六年,而後由陳王謨刻之。書前有陳王謨、馬豫、王之麟、汪隆、張聯元等序,其中馬豫之序撰於康熙六十年,則是書當刻於此時。此本據上海圖書館藏清康熙刻本影印。（李勤合）

仙都志二卷　（元）陳性定撰（第 723 册）

陳性定,生卒不詳,據書中題識及書序,知其字此一,仙都山玉虛觀道士,元至正年間人。卷中又云"少微陳性定",蓋處州上直少微處士星,故以名郡,境内更有少微山,故陳氏當是處州(今浙江麗水)人。

仙都之山有二,一在四川酆都,又稱平都山,爲道經第四十二福地,傳云前漢王方平、後漢陰長生得道處,《四庫存目》有明嘉靖間戴葵所撰《仙都山志》二卷,蓋志此山。此則浙江縉雲之仙都山,古名縉雲山,唐天寶中敕改今名,爲道教第二十九洞天,名玄都祈仙洞天。《四庫存目》亦收元陳性定所撰《仙都志》二卷,即志此縉雲之仙都山。

是書上下兩卷,卷前有無名氏至正八年戊子(1348)五月既望序,云是書沿革瑰奇,鉅細畢録,有功兹山。名山大川非人人所能周覽,此編目擊道存,可以卧遊云云。各卷前題"玉虛住山少微陳性定此一編集,獨峰山長番陽吳明義仲誼校正"。玉虛、獨峰皆仙都之道觀,則知此書爲道教人士所編,故全書著意於仙家道風。上卷有《山川》、《祠宇》、《神仙》三目。其中《山川》記仙都山之來歷及山中諸峰、巖、石、洞、溪等。如獨峰山、童子峰、隱真洞、忘歸洞、小蓬萊、天師巖、鼎湖、丹井等。《祠宇》記山中道宇,如玉虛宮、妙庭觀、獨峰書院、靈澤廟、趙侯廟等,而於玉虛宮獨詳。《神仙》則記唐代道士景復周、劉處静二人。下卷有《高士》、《草木》、《碑碣並題詠》等目。《高士》記宋宣和以後至元至正間歷朝高士如游大成等人。《草木》則記是山所產,多列其名而已。《碑碣並題詠》記碑銘及歷代題詠,如白樂天、徐凝、皮日休等所作。

是書文字雖簡,而語出有據,或根據碑刻文字,或指明文獻來源,如《神仙》目景復周事蹟下注明"《括蒼舊集》所載與石刻同",劉處静事蹟下注云"事蹟出《郡志》,讚頌出《括蒼舊志》",其文徵而有信。其中亦不乏精細考證,如《祠宇》目"趙侯廟"條,引郡志、《後漢書·方術傳》、《東陽志》等書考證趙炳之事,云仙都趙侯廟爲臨海、永康、青田、括蒼諸縣趙侯廟之祖廟。所考誠爲可貴。

是書有《正統道藏》本,又有海虞瞿氏鐵琴銅劍樓影抄本。此本據國家圖書館藏鐵琴銅劍樓抄本影印。（李勤合）

黄山志定本七卷首一卷　（清）閔麟嗣撰（第 723—724 册）

閔麟嗣(1628—1704),字賓連,一字鑄塵,號橄庵,歙縣(今安徽歙縣)人,寓江都(今屬江蘇揚州)籍。喜遊歷吟詠,行迹遍中夏,每至一地,均有紀遊詩。與石濤、魏禧、孔尚任等友善。更輯有《廬山志》、《古國都今郡縣合考》、《黃山松石譜》等,又有《悟雪詩草》、《廬山集》等。傳見張符驤《閔賓連墓表》。

黃山志,其始修爲北宋景祐間祥符寺住持僧行明所刻《黃山圖經》。明萬曆年間歙縣潘之恒撰有《黃海》。至清康熙六年(1667),黃山慈光寺住持釋弘眉則纂《黃山志》十卷,康熙十三年歙縣人程弘志積二十餘年輯成《黃山志》五十卷,至康熙十八年,閔氏乃以舊志裁撰未精,難以信後行遠,乃於是年夏刪其蕪雜,撰爲定本。

閔志多因程志,而於弘眉之志似有避嫌。是書汪錞序語及此事,有云厥後慈光僧亦曾修志,中多蕪謬,語甚不屑,至避弘眉之名。卷二《人物志上》有程弘志小傳,言及程志,《人物志下》中又有《吳山大師弘濟小傳》,記有弘濟晚閱《黃山志》事。李一氓嘗疑是書與弘眉志之間有一重公案,觀是書卷前題"吳山僧弘濟益然閱定",卷中又録弘濟之傳,而全書不及弘眉,不能不疑。

全書首一卷,含序文、發凡、詞翰姓氏、山圖。正文七卷,卷一《形勝志》,卷二《建置志》、《山產志》、《人物志》,卷三《靈異志》、《藝文志上》,卷四《藝文志中》,卷五《藝文志下》,卷六、卷七《賦詩志》。七卷之中,雖以前刻爲粉本,然前五卷采用全文者少,出於重撰者多,後二卷詩與文強半皆舊志所載。《靈異志》各條詳記年月日並及講述之人,以示有據,其中記黃山佛光事最詳。記述多用參見之法,有見於他篇者,則云"事見某某"、"事詳某某"。卷中多小字注文,蓋録異文以備考,間有按語。黃山之志,後又有汪士鋐等撰《黃山志續集》八卷、汪洪度《黃山領要録》二卷、黃身先《黃山志略》、張佩芳《黃山志》二卷等,多本閔志,足見此書影響。

是書有康熙十八年刻本,書前有吳綺、黃士塤序及自序,康熙二十五年重印,增吳苑、汪錞序。此本據湖北省圖書館藏清康熙二十五年本影印。（李勤合）

洞山九潭誌四卷　（明）劉中藻撰（第 724 冊）

劉中藻(1605—1649),字薦叔,號洞山,又號五峰主人,福安(今福建福安)人。崇禎十三年(1640)進士,授行人。唐王隆武時,擢兵科給事中。魯王保鷺門,中藻收復福安、羅源等地,拜東閣大學士,兼兵部尚書。順治五年(1648),堅守福安,抗擊清軍,糧絶城陷,自盡死。更著有《葛衣集》、《洞山文集》。傳附見《明史·錢肅樂傳》及《忠義録》卷六等。

劉氏萬曆四十八年(1620)隱居福安穆洋、彭洋一帶山中讀書,洞山即爲其隱居之山,山中有五峰寺。全書四卷,卷端題:"五峰主人薦叔劉中藻輯,豫章長旦鄭祺校,生生庵山木釋如融訂。"卷一爲徐熥、黃纓、陳希舜三人所撰《洞山記》,記三人洞山之遊,九潭之奇。卷二、卷三、卷四爲劉氏與師友唱和之詩,如武林人張蔚然《初辟洞山九潭》等。

是書未見刻本,此本據國家圖書館藏清抄本影印。書末題識:"壬辰五月廿四日海上收,黃裳小燕識。"據黃裳《驚鴻集》,知黃氏1952年得之盧青厓抱經樓。（李勤合）

武夷山志二十四卷首一卷　（清）董天工撰（第 724 冊）

董天工(1703—1771),字材六,號典齋,崇安(今屬福建武夷山市)人。雍正元年(1723)拔貢生,後爲寧德、興化縣儒學訓導、觀城知縣、香河知縣、安徽池州同知。晚年曾到臺灣彰化創辦學校,自任教諭,編有《臺灣見聞録》。傳見臺灣省文獻委員會編《重修臺灣省通志》卷八及《中國第一歷史檔案館藏清代官員履歷檔案全編》第一冊。

書前有福建分巡延建邵道布政使司參政來謙鳴《彙編武夷山志敘》,又有乾隆十六年(1751)建州知州史曾期、白華書院何瀚序及董天工自序,詳敘董氏彙編山志經歷。蓋武夷山自宋劉道之以降,陸續纂輯有山志十數部,然至乾隆間,所存僅明衷仲儒、徐德望,清王梓、王復禮四種,且多缺略不全,董氏於觀城知縣任内守母喪,借機搜羅舊志,據四書互參,補缺正訛,又據各家文集采録詩古文辭,由佛道二藏搜羅二氏文獻,且細繪山圖,摹勒前賢畫像,於乾隆十六年告成。

是書前列前代賢人繪像,分題賢、儒、仙三類,凡三十二人,像後各有贊辭,正文分題總志、星野、形勢、祀典、敕封、頒賜、九曲全圖、九曲櫂歌及一至九曲圖與詩文、山北、名賢、方外、古跡、雜録、附録、物産、藝文等類,類下各有細目。是書盡録當時所見武夷山名勝古跡、名賢詩文,於舊志乖謬或不確處詳加訂正,如改舊志"溪左"、"溪右"爲"溪南"、"溪北",以明九曲水流向自西向東;如武夷三十六峰、九十九巖,舊志雖有其名,而未明位置,董志繪圖標示而一一注名,令遊者如臨其境;舊志中名勝、建築、詩文各自歸類,董志則改山中建築、曲中詩文附載於諸曲名勝之後,一目瞭然;武夷山山巒疊嶂、風景旖旋,董天工禮聘建甌畫師許廷錦工筆描繪,生動逼真,頗便遊人按圖索驥。董志可謂集武夷山志書之大成,其完備詳贍在名山大川之志中實屬罕見。

此本據天津圖書館藏清乾隆刻本影印。
(劉韶軍)

嵩書二十二卷 (明)傅梅撰(第725册)

傅梅(1565—1642),初名山子,後改名梅,字元鼎,邢臺(今河北邢臺)人。萬曆十九年(1591)中舉,後爲登封知縣、刑部主事、台州(今屬浙江)知府,後解職歸家,崇禎十五年(1642),清兵入關轉邢臺,傅梅捐金助知府吉孔嘉守城,城破殉難。《清一統志》卷二〇及《明史》有傳。

是書前有李維楨序,稱傅氏任登封縣令時討論中嶽故實,仿《史記》八書之例,纂修是書,五年而成,又有萬曆四十年(1612)傅氏自序,仿《太史公自序》例,述生平經歷及是書所題星政、峙勝、卜營、宸望、嶽生、官履、巖樓、黄裔、竺業、物華、靈緒、韻始、章成十三篇之義。篇下各有細目。

此本據上海圖書館藏明萬曆刻本影印。
(劉韶軍)

南嶽總勝集三卷 (宋)陳田夫撰(第725册)

陳田夫,生卒不詳,字耕叟,宋道士,號蒼野子,居南嶽九真洞老圃庵修道,餘不詳,見是書序。

是書前有宋孝宗隆興元年(1163)陳氏自序,稱據《尋勝録》、《證勝録》、《勝概集》、《衡山記》四書增廣補闕,又博采仙經舊記,記載三皇至有宋得道真仙涉足南嶽者,山中觀寺皆考其廢興。又有隆興二年(1164)拙叟序,稱閩中道人陳耕叟庵居南嶽紫蓋峰下修道三十餘年,訪求歷代異人高僧巖居穴處及靈蹤秘迹,記嶽山形勝及寺觀始末、古今題詠,凡有關衡嶽勝趣者靡不畢録。《道藏目録詳注》卷二著録是書僅一卷,稱録南嶽山衆多宮觀,有衡嶽觀、紫蓋院、聖壽觀、華蓋院、上清宮等名,並記真仙神人隱顯事迹。

是書卷首有南嶽總圖及分圖,詳記各峰寺庵宮觀,上卷分記五峰靈跡、洞天福地、二境三澗、六源六門、九溪十五洞、十六臺、十四塔、二十三壇、三十八巖、二十三泉、九池八堂,又敘嶽祠、敘歷代帝王真仙受道等事,中卷分敘寺觀、珍木、雜藥、異花、靈草及靈禽異獸,下卷則敘唐宋異人高僧隱逸之士事跡。

是書有《宛委別藏》明影宋抄本,孫星衍以是書明人影抄宋本交唐仲冕校刊,於嘉慶七年(1802)刊成,款式悉仍宋本之舊,孫氏爲之序,稱自《隋書·經籍志》以來南嶽記志之書原有多種,多佚失,惟存唐道士李仲昭《南嶽小録》一卷,明彭簪《衡嶽志》,清趙寧《嶽麓志》,陳氏是書詳於李録,而早於彭、趙等志,尤爲珍貴云云。

此本據《宛委別藏》明影宋抄本影印。（劉韶軍）

羅浮山志會編二十二卷首一卷 （清）宋廣業撰（第 725 册）

宋廣業,生卒不詳,字澄溪,長洲（屬今江蘇蘇州）人。康熙中曾任臨城知縣、山東布政使司分守濟東道,其子志益爲端州（今屬廣東肇慶）知府,遂辭官就養,而撰《羅浮山志會編》。《清一統志》卷三二、《畿輔通志》卷七〇有傳。

卷前有康熙五十五年（1716）廣東總督趙宏燦、廣東巡撫楊琳等序,稱宋氏隨其子居於端州,暇日纂輯是書,博采群書,增舊志所未備,而付剞劂。宋廣業自序則稱搜索《羅浮山志》若干種,其子又多方購求,遂據諸書纂取其説,會編爲一云云。其卷首有羅浮山總圖及分圖若干種,正文則分題天文志、地理志、人物志、品物志、述考志、藝文志等類,其中《藝文志》達十三卷,占全書太半。所據除《一統志》、《輿地志》及廣東省府州縣志外,更有譚粹《羅浮集》、王胄《羅浮圖志》、陳鵬飛《羅浮集》、陳璉《羅浮志》、黎惟敬《羅浮山志》、韓晃《羅浮野集》、韓晟《羅浮副墨》、韓鳴鑾《羅浮圖志》、陶敬肅公《羅浮山志》、李嗣珏《羅浮山志》、盧挺《羅浮山囊》、王煐《羅浮紀遊詩》及《江湖紀聞》、《田舍恒談》、《集仙傳》、《茆君内傳》等書。

此本據天津圖書館藏清康熙五十六年刻本影印。（劉韶軍）

峨眉山志十八卷 （清）蔣超撰（第 726 册）

蔣超,生卒不詳,字虎臣,金壇（今江蘇金壇）人。順治四年（1647）進士,後授編修,八年主浙江鄉試,復升修撰,督北畿學政,事後自請解官,遍遊名山。更著有《綏庵集》、《蔣説》。《清一統志》卷六三、《江南通志》卷一六六有傳。

卷前康熙十一年（1672）四川巡撫羅森序,稱蔣氏書成而爲之序,則蔣志成於此年。又有康熙二十四年貴州布政使司參議傅作楫序,稱峨眉伏虎寺可聞禪師出其所藏《峨眉山志》稿,乃蔣虎臣手著,欲付剞劂,以囊澀而未遑,傅氏欲倡捐以梓,適膺命前往黔中而未果云云;康熙十五年四川巡撫姚締虞、四川按察使王業興、嘉定知州馬震覺等人序,稱分巡建昌道按察副使曹熙衡以《峨眉山志》相示,乃據蔣志增修,首倡付梓;康熙二十六年馬湖知府何源濬、四川布政使李輝祖等人序,述曹氏以增修志書請序事;二十六年貴州等處提刑按察使曹熙衡序,稱胡菊譚《譯峨籟》蒐羅博而考核未精,詳而不要,去取臆而附會多,其後三十餘年蔣虎臣稍加增益爲山志,然未付剞劂,稿藏於可聞禪師,己於康熙二十五年分巡建南,取虎臣舊稿,與宿士商訂,重加修飾,諸訛者正之,紊亂者清之,繁蕪者裁之,蹟無與於兹山者去之,事可紀於近今者增之云云。據諸序,則曹氏增修成於康熙二十五至二十六年。又據所載《修山志説》,知實由宋肆樟增訂,即曹氏所謂宿士,曹熙衡時爲分巡建昌道,爲主事者而已;而曹氏增修之議在二十五年,修成則在二十六年,與二十四年可聞禪師及傅作楫謀刊事無涉。又載康熙二十八年嘉定州通判范士聯序、胡挺松後序及伏虎寺禪師海源《志餘序》。范序稱是年三月登山拜訪可聞和尚,其徒欲纂修本山志;胡序稱蔣氏解官後隱於伏虎寺以終,山志乃蔣氏遊山時校讎,胡此時來守嘉州,伏虎禪師請爲山志作序;海源序稱蔣氏來山居於本寺,出其山志稿,請海源訂以見聞,兩易寒暑而成書十八卷並《志餘》一卷,此又與曹氏增修之志無關。諸序末有康熙四十二年峨眉知縣冀霖序,稱四十一年冬天子賜諸寺額匾,霖立碣謝恩,又緝山志而登録其首,並於序後附康熙四十二年峨眉山伏虎寺、大峨寺、洪椿坪、白龍洞等處僧人領御賜《金剛經》等目數葉,則是書於康熙四十二年又經冀霖增修。

是書卷首更載胡世安《峨山圖説》、李尊美《圖頌》、張能鱗《圖説》及馮文炳所繪山圖若干幅,其後爲康熙十一年蔣氏所訂凡例,稱所修志書憑藉胡世安《譯峨籟》及《四川通志》、《嘉定州志》、《峨眉縣志》、《蜀中廣記》等,然諸書取裁不廣,考訂不精,只可爲名山留一影像而已。乃據前人已刊文集收羅詩賦,並各寺僧抄録名賢題詠,僭妄者删去十之一二,而前人遊記中所載地名則一一考訂詳明,可資後人登山參考云。

卷十又有胡世安《譯峨籟》自序,稱曾三遊峨眉,就己之雜著並前人題詠之類匯輯成帙,題曰《譯峨籟》。其後又有金之俊、陳名夏、陳之遴、陳具慶諸人《譯峨籟》序,譯或作繹,據諸序知胡氏此書有山圖、道里、名勝、星躔、人物遺事、鳥獸草木之名等,非僅詩文題詠之類。

是書正文分題星野、形勝、寺觀、光燈、高僧、神仙及隱逸、方物及珍異、典籍、古跡及書畫和災祥、藝文、志餘等,《志餘》類中則專闢紕繆妄傳之説。是書於民國十九年至二十三年間更由印光大師重修,分爲八卷十一門,另爲印行,則與蔣、曹之書分卷分類大爲不同,不可不知。

此本據國家圖書館藏清康熙刻本影印。(劉韶軍)

水經注疏四十卷　楊守敬　熊會貞撰(第726册)

楊守敬,有《隋書地理志考證》,已著録。

熊會貞(1859—1936),字嵓芝,枝江(今湖北枝江)人,楊守敬弟子,助守敬完成《水經注疏》,所撰占其書三分之一。汪辟疆有《楊守敬熊會貞傳》。

是書題下署"宜都楊守敬纂疏,門人枝江

熊會貞參疏",就北魏酈道元《水經注》詳加疏證,以明朱謀㙔《水經注箋》爲定本,匯聚歷代《水經注》版本及研究成果,如明朱謀㙔、清顧炎武、顧祖禹、閻若璩、胡渭、全祖望、趙一清、戴震、王先謙等人校勘注疏等,校勘考訂,辨其訛誤,多有超越前人之見。是書體例由楊守敬手定,楊氏卒後,熊會貞據新資料有所修訂。書稿初成時,守敬已年六十六,懼身後其書不傳,乃先刻其圖,並擷取尤要者先行刊爲《水經注疏要删》,嗣後又有《補遺》、《續補》、《再續補》之作。楊氏卒時是書未能刊刻,熊氏則續纂,將《水經注疏》稿本全部膳正,又編成《水經注疏要删再續補》四十卷。至1936年熊氏卒時,雖已完稿,仍未能刊出,全書稿本於1938年由會貞子小固售與國立編譯館,1948年由熊氏好友李子魁刊行是書第一卷。尚有徐恕抄本,日人曾購而未果,1954年售與中國科學院圖書館,1957年由科學出版社影印出版。而是書膳正稿則收藏於今臺北圖書館,至1971年由臺灣中華書局影印出版。

此本據1957年科學出版社影印抄本影印,無《水經注序》及其注疏,又不載楊守敬所定凡例及熊會貞所撰《注疏修改意見》,以上具見臺灣影印本,可據以補足。(劉韶軍)

今水經一卷表一卷　(清)黄宗羲撰(第727册)

黄宗羲,有《弘光實録抄》、《行朝録》、《宋元學案》等,已著録。

卷前有康熙三年(1664)雙瀑院長黄宗羲序,謂酈道元《水經注》或引釋氏而無稽於事實,或於水名錯亂失實。後人或僅校勘文字傳寫之誤,未能發明事實;或割裂以作詞章之用,益失古人本意。因就《水經注》本文而參考諸圖志以辨其訛誤,於諸水一一窮究其源委云。卷尾有有宗羲玄孫乾隆三十八年(1773)識語,稱見有《今水經》抄本頗多文字訛誤，因就其書校閲一過，刊刻行世。

是書先列《今水經表》，實爲全書目録，分《北水》、《南水》兩部，《北水》下更分題河入海、遼入海、鴨緑江入海、膠入海、濰入海、灤入海、淮入海等，入海諸江河之下又分流入各江河之支流等，《南水》分題江入海、太湖入海、浙入海等，其下又分入江入湖諸水。《表》後書正文，按《表》所列江河順序，以海統江河，以江河統支流諸水，分述各水之途經路線，其統括中國大陸諸水系，頗有層次，便於瞭解水系源委。

此本據清乾隆刻《知不足齋叢書》本影印。（劉韶軍）

水地記三卷　（清）戴震撰（第 728 册）

戴震，有《汾州府志》，已著録。

戴氏《水地記》爲未成之書，且有遺佚，非完整稿本。此本據孔繼涵乾隆四十二年（1777）抄本影印，書前有孔氏跋，稱此年自同年程晉芳處抄得此書，爲戴氏二十餘年前未定之稿，後戴氏又告孔氏，此乃草稿，不足存，並出已成之第一卷，所述自河水源起昆侖而至太行止，由孔氏於此年刻入《微波榭叢書》，爲世所常見者。而此抄本則爲三卷，較世間流行本内容更多。後人研究戴氏是書，多據孔氏刊刻一卷本，不知尚有此三卷抄本。據孔氏跋，知其獲戴氏已成一卷後五日，戴氏即去世，孔氏檢其遺稿，則其餘諸稿亦皆已整比匯爲長編，惟其中第四、第六二册不知何人借去，故所抄仍非完本，然孔氏所見所抄當爲戴氏最終整理本。

是書上卷所記起訖同已刊一卷本，自河水出昆侖，沿其流向，述積石、鮮水、三危、弱水、窮石、祁連山、賀蘭山、陰山、緣胡山、汾水、燕京山、桑乾水、梁山、勝水、岐山、壺口、汾水、漳水、少山、沁水、謁戾山、霍山、太岳、析城、王屋、沇水、洮水、薄山、雷水、首山、涑水、潞水等，至太行止。中、下二卷爲刊本所無，記

述沇水、濟水、滎播、滎水、泌水、馮池之水、㳉然之水、熒澤、濟隧之水、京水、菏澤、泗水、大野之藪、汶水、濮渠、句瀆、鉅澤、羊里水、淮水、桐柏山、雞翅山、㴲水、戈山、汝口、泚水、天柱山、潁尾、肥水、雞鳴山、峽口、莫邪山、塗山、荆山、渦口、濠水、鍾乳山、龜山、洪澤湖、游水、朐山、羽山、汝水、大盂山、狼皋山、湛水、潰水、泜水、醴水、衡山、潕水、㵶水、慈丘山、練水、朗山、溱水、㵝水、魚齒山、波水、孤山、堯山、陽乾山、箕山、禹山、大騩山，至洧水止。戴氏記敘中國水系，不用以往按郡國區劃分述其山水之例，而以水爲經，次第敘述流域内山脈，再述其所在郡縣及其沿革之例，獨具新意，因川源之派别，知山勢之逶迤，令衆山如一山，群川如一川，則郡縣雖廣，山川雖繁，據水系而稽，則各歸條貫，山水統系明，而天下郡縣建置沿革明，故是書可與黄宗羲《今水經》及戴氏所注《水經注》參看。

此本據國家圖書館藏清乾隆四十二年孔繼涵家抄三卷本影印。另有乾隆四十二年孔繼涵《微波榭叢書》本及道光十三年世楷堂刻《昭代叢書》本，皆僅一卷。（劉韶軍）

西域水道記四卷　（清）徐松撰（第 728 册）

徐松，有《漢書西域傳補注》，已著録。

是書爲徐松謫戍新疆伊犁期間所纂。徐氏嘉慶十七年（1812）冬至伊犁惠遠城，受伊犁將軍松筠聘請，修訂汪廷楷、祁韻士所纂《西陲總統事略》，道光元年（1821）帝賜名《新疆識略》。又於嘉慶二十年遊阿克蘇、吐魯番、烏魯木齊等地，撰《新疆賦》，嘉慶二十四年更撰《西域水道記》，附諸水道圖，另有《漢書西域傳補注》，學者稱爲大興徐氏三種，蜚聲學界。

徐氏編纂《新疆識略》時實地勘踏天山南北，攜開方小册，置指南針，記其山川曲折，又廣詢於僕夫、驛卒、臺弁、通事，遍稽舊史、方略、案牘之關乎地理者，以爲《西域水道記》

搜羅資料。以新疆河流皆流入各大湖,故是書以新疆諸湖爲綱,如羅布淖爾、哈拉淖爾、巴里坤湖、巴爾喀什湖、賽里木湖、圖斯池、齋桑泊等,而將西域水道歸爲十一水系,體例仿《水經注》,正文之外又爲詳注,考明源流。卷末所附水道圖,爲《特穆爾圖淖爾所受水圖》、《阿拉克圖古勒淖爾所受水圖》、《噶勒札爾巴什淖爾所受水圖》及《宰桑淖爾所受水圖》二幅,凡五圖。自嘉峪關以西天山南北各大湖之水系水道均予載錄,更詳載各河流流經地區建置沿革、地名語源、典章制度、民族變遷、城邑村莊、卡倫軍臺、廠礦牧場、屯田遊牧、日晷經緯、名勝古跡。且能糾正古籍之誤。如大河之源,先秦文獻皆言河出崑崙,流經積石之山,西漢張騫出使西域,奉命窮河源,武帝名河源之山爲崑崙,而後人或以庫爾坤巴顏喀拉山爲崑崙山,或以火惇腦兒星宿海爲河源,以大積石山爲崑崙山,《漢書・西域傳》則稱河有二源。是書辨明塔里木河爲羅布淖爾所受水之一,河之初源即塔里木河之源,又謂河有三源,較古人之說更爲確切可信。是書刻印後,徐氏又不斷充實,撰有《西域水道記校補》,可參觀。

此本據國家圖書館藏稿本影印。(劉韶軍)

蜀水經十六卷 　(清) 李元撰 (第 728 冊)

李元,京山(今湖北京山)人,見是書序。餘不詳。

是書前有乾隆二十九年(1764)李元序,稱中國以蜀地最高,蜀地之山又最高,諸江河之源往往濬出其頂,以此知大地血脈無不貫通,而蜀山蜀水實爲其冠。酈道元記水詳於河而略於江,以北魏疆域不及蜀。故欲廣輯萬水源流以補酈氏之闕,而舟所不及游、屐所不及齒者無從臆窺,唯就所經過之區遍加諮訪以成是書。

是書分蜀地水流爲江水、洮水、沫水、瀘水、若水、孫水、沱江、綿水、雒水、榮水、耶水、漢水、白水、巴江、渠江、涪江、凱江、梓江、卭江、南廣江、湣江、綦江、黔江,又以各水所經府廳州縣分屬之,述各水源流及流域郡縣之分,更考證相關史實,如《江水》類後考證江源、彭門、岷山、雞棲樓、籌邊樓、繩橋、楊貴妃、李冰治水、支機石、内外江、蜀灘、老泉墓、東坡妹、佛印、鹽井、江源瀘水、青衣、文風等事,則是書融自然地理及人文地理而爲一,頗具特色。

此本據清嘉慶五年傳經堂刻本影印。(劉韶軍)

河紀二卷 　(清) 孫承澤撰 (第 728 冊)

孫承澤,有《山書》等,已著錄。

是書卷末有孫氏跋,稱黄河爲天下漕運主干,河安則漕安,河變則漕危,漕之安危關係國計民生,重漕固當重河云云,故是書紀治河之人、治河之事、治河之言,不厭其詳。跋後署"都門八十一老人孫承澤撰",孫氏生於萬曆二十年(1592),則其成書時間當在康熙七年(1672)。

是書記述明代治黄史實,先考黄河之源及其行經之地,又述明代黄河於河南、山東等地決口、改道情況,詳記當時治河方法,如置造水門、開分水河、挑深運河等,又詳載明代諸臣治河之事及相關奏疏,尤以潘季訓治河事及其論議最爲詳備,潘氏曾四任總理河道之職,治理黄河、運河,是書載其黄運二河《經略疏》、《開復故河疏》、《築高家堰疏》、《建閘啟閉疏》等,有"築堤束水,以水攻沙"之法,以爲黄河下游不宜分流,凡有決口即應及時堵塞,此法意在利用堤防淤灘固堤以縮窄河床斷面,以增流速,日漸沖深河床。又謂清水挾沙之力高於渾水,故黄河支流應引入清水河流以提高河流沖刷能力,此即潘氏"蓄清刷黄"之策,諸如此類,可資治河參考。

此本據國家圖書館藏清康熙刻本影印。(劉韶軍)

南河志十四卷　（明）朱國盛纂（明）徐標
續纂（第 728 册）

　　朱國盛，據是書題名、序例、顧民皋跋，知爲
華亭（今屬上海）人，明天啓間官南河郎中。
《明史·河渠志》載朱氏曾爲漕儲參政，生卒
及餘事不詳。

　　徐標，據是書徐標序及所附纂輯姓氏，知爲
濟寧（今山東濟寧）人，明崇禎間任提督河道
兼理漕務工部都水清吏司郎中，於崇禎間治
河三年，餘不詳。

　　是書朱國盛編纂於天啓五年（1625），徐標
又續纂於崇禎六年（1633），書前有李思誠
序，稱朱公以郎署出任都水長丞之使，視事南
河，治河之餘，旁稽綜覽，匯而爲帙。又崇禎
六年徐標序，稱淮揚南河百谷交匯，巨湖爲
壑，黄淮於此歸墟，江海於此受注，漕運於此
終始，而治河之法有二，築堤不如挑河，保堤
不如擼閘。又有天啓五年朱國盛序例、顧民
皋跋及天啓六年彭期生跋。後附纂輯人員，
有工部水司熊子臣、華亭朱國盛、海鹽彭期
生、嘉興顧民皋、濟寧徐標五人，又有同校人
員高郵知州毛國宣、學正趙璧等人。

　　是書分題勅諭、律令、疆域、水利、河賦、職
官、年表、公署、祠廟、鋪舍、夫役、淺船、物料、
樹株、章奏（共四卷）、規條、條議、雜議、碑
記、列傳、詩文、遺事、文移等類，《勅諭》有萬
曆元年（1573）、六年、四十三年三次南河治
水勅令，《律令》則收《大明律》中破壞河防治
罪條令，及宣德、成化、弘治、正德、嘉靖、隆
慶、萬曆間相關罪案，《疆域》載南河範圍，中
稱成化間南河所轄自沙河至儀真，嘉靖時自
珠梅閘至儀真，萬曆時別設中河郎中，南河止
管淮揚河道，所涉區域有淮安、山陽、清河、揚
州、高郵、寶應、江都、儀真等府縣，河道全長
四百五十五里。其餘各類皆南河水道相關事
務及資料文獻，於瞭解明代南河治理及相關
制度頗有助益。

　　此本據浙江圖書館藏明天啓刻崇禎增修本
影印。（劉韶軍）

南河全考二卷　（明）朱國盛纂（明）徐標
續纂（第 729 册）

　　朱國盛，有《南河志》，已著録。

　　徐標，有《續纂南河志》，已著録。

　　書前有萬曆二年（1574）新昌熊子臣《舊南
河紀略序》，稱朱國盛謂當紀南河之事，熊遂
采所見聞，匯分序次，付之剞劂，蓋存梗概以
備查考云。又有崇禎六年（1633）淮南河堤
使徐標序，稱朱氏既纂《南河志》，又著《全河
考》，於黄河水系之源流支委無不具載縷析，
按之有圖，稽之甚典，古今治亂之故一目瞭
然，賢哲治河之策洞如指掌云云，然未言熊氏
編纂《南河紀略》事。是書題南河郎中朱國
盛編輯、郎中徐標續纂、員外郎彭期生、郎中
顧民皋同校，其卷前有《全河總圖》，詳繪黄
河全程及沿河郡縣、山嶺、泉水、寺廟、口岸、
堤閘及歷年決口資料等，圖長達三十三葉，爲
考察黄河水系及相關水文地理之珍貴文獻。
是書正文爲《治河治漕考》，自周定王五年
（公元前 602）至明天啓四年（1624），詳述二
千多年間歷代治河治漕之事。其後又附漕
河、大通河、白河、衛河、會通河、汶河等十五
條河流考論，又附《河役考》、《河官考》、《漕
運考》、《貢船考》，此四考皆明代制度，其中
《漕運考》詳記各地漕糧數字、轉漕船隻、所
作兵卒船工人數及相關經費使用，於考察明
代漕運頗爲珍貴。

　　此本據浙江圖書館藏明天啓刻崇禎增修本
影印。（劉韶軍）

石湖志六卷　（明）莫震撰（明）莫旦增補
（第 729 册）

　　莫震（1409—1489），字廷威，吴江（今江蘇
吴江）人。明正統四年（1439）進士，曾任嘉
魚知縣、建寧府通判、延平府同知等。事跡見
《清一統志》卷二五九、《湖廣通志》卷四三、

《萬姓統譜》卷一二〇。

莫旦(1429—?),字景周,吳江人,莫震之子。成化元年(1465)舉人,曾於太學作《大明一統賦》及《賢關賦》,名動京師,後爲新昌儒學訓導、南京國子監學正。更著有《吳江縣志》、《新昌縣志》、《嘉魚縣志》等,見《江南通志》卷一六五及《千頃堂書目》。

石湖在蘇州盤門外十二里,上承太湖之水,下入橫塘,北屬吳縣靈巖鄉,南屬吳江范隅鄉,南宋參知政事范成大爲此地人,築墅湖上,宋孝宗賜御書"石湖"二字,而范氏亦號石湖居士,此地亦由是得名。明代盧襄曾撰《石湖志略》一卷,記其山川古跡。是書莫震纂輯,莫旦增補,卷首有孝宗御書"石湖"二字,此本已有殘缺,"石"字缺,"湖"字僅存其半。其後爲圖像,首爲《石湖全景》及周圍名勝,次爲《孝宗御書碑亭圖》、《石湖鄉先賢祠圖》、《宴集圖》、《莫氏慶壽圖》及《宋參知政事范成大像》、《宋廣德知軍莫公像》以下本地名賢諸人像,像各有贊,正文分題總敘、鄉都、城郭、公署、山水、村巷、宮室、祠祀、橋樑、園第、梵宮、神宇、坊碑、科貢、鄉賢、仕宦、隱逸、孝子、列女、名僧、風俗、翰墨、土物、墳墓、雜紀等類。其中《鄉賢》所記人物,可與卷首人物圖像對照。《翰墨》類中則有隋碑、宋真宗御制碑、孝宗御書碑、光宗御書碑、理宗制詞及蘇軾墨跡等。

此本據國家圖書館藏明刻本影印,《雜記》類僅存一葉,下皆缺佚。（劉韶軍）

西湖夢尋五卷　（清）張岱撰（第729冊）

張岱,有《石匱書》,已著錄。

是書卷前有金堡、祁豸佳、王雨謙、李長詳、查繼佐等人序,書之目次下題金堡定,張岱著,李長祥閱,王雨謙評。又有張氏辛亥自序,署"古劍蝶庵老人",張氏卒於康熙十八年己未,辛亥爲康熙十年(1671),是書成於此年。是書又有張岱之孫張禮所訂凡例,時

在康熙五十六年,則復經張禮整理。

張氏自序稱闊別西湖二十八載,時在明崇禎十六年(1643),即明亡前一年,此後明亡入清,而西湖無日不入夢中,後又於順治十一年(1654)、十四年兩次重游西湖,所見已不復當年之盛,如湧金門商氏之樓外樓、祁氏之偶居、錢氏余氏之別墅及張氏當時所居寄園一帶湖莊已僅存瓦礫,斷橋一帶昔日弱柳天桃、歌樓舞榭則如洪水湮没,百不存一,是夢中所有反爲西湖所無,痛感改朝換代之餘,景物不再,因作《夢尋》七十二則,留之後世以作西湖之影。蓋有意寄託故國哀思,不可僅作小品文視之。

書中或用明田汝成《西湖遊覽志》記事之文,然其觀覽西湖景物所感,則獨具隻眼,自非他人所能言。是書分《西湖北路》、《西路》、《中路》、《南路》、《外景》五部,分述各路景觀,於《北路》先作《西湖總記》,述其源流沿革。後則於西湖各處山水名勝、佛教寺廟、先賢祠墓,一一記述,記事後又收錄相關詩文,寄託情思。所記多佛教寺廟興廢事,故又可引爲杭州佛教研究史料。

此本據國家圖書館藏清康熙刻本影印。（劉韶軍）

京師五城坊巷衚衕集一卷　（明）張爵撰（第729冊）

張爵(1485—1566),字天錫,號竹坡、省庵,原籍應城(今湖北應城),明初,其高祖遷居北京(今北京)。曾在興王府補役,委以書辦,正德八年(1513)授冠帶,嘉靖帝即位,因功升錦衣衛百户,後升副千户、正千户、指揮僉事、指揮同知、指揮使等。事見中國圖書館藏《張爵墓志》。

卷前有張氏嘉靖三十九年(1560)自序,稱據公署所載五城坊巷及時俗相傳京師胡同,均加記錄,依其方位采葺成編,附載京師八景以及古迹、山川、公署、學校、苑囿、倉場、寺

觀、祠廟、壇墓、關梁，按五城分列，又制《總圖》一幅，披圖即可知京師古今之迹，而五城胡同多達數千條，亦可據圖而畢見。又有劉承幹1922年序，稱梁鼎芬嘗入值內廷，見張竹坡是書，録副見示。以其書久藏內府，外間未見傳抄，故寫付剞劂。

是書所記爲明嘉靖間北京城中坊巷胡同，分題《中城》、《東城》、《西城》、《南城》、《北城》五城，所記有南薰坊、澄清坊、明照坊、日忠坊、安富坊、仁壽坊等三十三坊及街巷、胡同、地名、方位等。書首有《京師五城坊巷總圖》，標有五城坊巷，又有北京城門、大内、太液池、天壇、地壇、皇城各門及各坊名稱位置。東至東嶽廟，南至南海子，北至大教場，西至西山，西北至居庸關，西南至盧溝橋，東北至黃金臺，東南至廣渠門、左安門外，完整繪出當時北京城全圖，甚爲珍貴。

此本據民國劉氏刻《求恕齋叢書》本影印。
（劉韶軍）

帝京景物略八卷　（明）劉侗（明）于奕正撰（第729册）

劉侗（1593—1636），字同人，號格庵，麻城（今湖北麻城）人。崇禎七年（1634）進士，後爲吳縣知縣，卒於赴任途中。更著有《名物考》。事見《湖廣通志》卷五七。

于奕正（1597—1636），原名繼魯，字司直，宛平（今屬北京）人。崇禎初爲諸生，與楚人譚元春、劉侗友善。更著有《天下金石志》。《畿輔通志》卷七十九有傳。

是書卷前有翰林院侍讀學士、前南京國子監祭酒方逢年敘，稱劉侗爲門人，則劉氏入太學時方逢年適主其事。又據方序及崇禎八年劉侗序，知是書由于奕正蒐討采摭事實，劉侗友人周損搜集詩歌，而劉侗命筆屬草，成書凡八卷，一百三十餘目。序後又有于奕正所定《略例》，而書題麻城劉侗、宛平于奕正修，知爲二人同修。《四庫全書總目提要》卷七七、

《千頃堂書目》卷六皆著録爲二人同撰。是書分題城北内外、城東内外、城南内外、西城内外、西山、畿輔名蹟等類。太學石鼓、文丞相祠、金剛寺、英國公新園、十刹海、千佛寺、英國公家園、火神廟、于少保祠、觀象臺、法藏寺、隆安寺、報國寺、長椿寺、白雲觀、觀音寺、盧溝橋、天寧寺、首善書院、天主堂、白塔寺、帝王廟、真覺寺、萬壽寺、大佛寺、利瑪竇墳、釣魚臺、皇姑寺、海淀、香山寺、石景山、玉泉山、潭柘寺、石經山等名勝盡入細目，所涉範圍涵昌平、房山、通州、涿州、薊州、遵化、平谷、豐潤、玉田、懷柔等州縣，初不限於北京一地，故有《畿輔名蹟》一類。《四庫全書總目》地理類存目有是書提要，稱采摭頗疏，考據不精，朱彝尊《日下舊聞》多有駁正。然是書於帝都景物之記爲首倡，收載北京當時名勝，保留諸多重要資料，未可以“覆瓿”譏之。

此本據湖北省圖書館藏明崇禎刻本影印。
（劉韶軍）

天府廣記四十四卷　（清）孫承澤撰（第729—730册）

孫承澤，有《山書》等，已著録。

是書《四庫全書總目》列入存目，已有提要，稱以京畿事實分類編輯，凡建置、府治、學宫、城池、宮殿、壇廟、官署、選舉、貢院，各以所屬繫録，人物、名勝、川渠、名蹟、寺廟、石刻、陵園、賦、詩，全用志乘之體，孫氏更著有《春明夢餘録》，多記明代事，而是書則上該歷代，下迄於明，爲例稍殊，而務博貪多，未免失之泛濫。間亦有分類不當，記載失實者，核其全書，大抵瑕多瑜少云云。此抄本無序跋，北京出版社1962年有是書標點本，附有康熙四十三年（1704）朱彝尊《天府廣記序》，稱永樂建都北平，未嘗有專志。孫氏著《春明夢餘録》，載先代典制景物，復撰是書，搜采廣羅，文獻彰著，惜未雕梓云云，所評與館臣有異。朱氏修輯《日下舊聞》引用成書千餘種，

仍有缺軼,不若是書致之盡而羅之廣。是書分門別類,體例遜於正史,而記志事實有愈於野史。所分類別詳而雜,大致爲分野建置沿革、山川地勢、風俗、各種設置建築、各部寺府院司等朝廷機構以及人物名跡、石刻、藝文等項,而類下不設細目,故顯繁雜而無統系,以致館臣譏議。

此本爲清抄本,前有目録,然與正文標目不盡相同,如第二卷目録爲"府縣置",正文則祇標"府治",第三卷目録爲"府縣學",正文則祇標"學宮"等,又目録稱第一卷、第二卷等,而正文則作卷之一、卷之二等,可知此目録或爲後人整理而成,非孫氏原定。2001年北京古籍出版社又據北京出版社1962年標點本重新排印,於原書編排次序與目録有所調整,故其目録又與此抄本多有不同。北京出版社整理本乃據原北京圖書館所藏三十二卷抄本、四十三卷抄本及另一部殘缺抄本、北京師範大學圖書館所藏四十三卷抄本、北京大學圖書館所藏殘缺抄本綜合匯綜而成,然終卷仍有缺頁,又與此本不同。

此本據遼寧省圖書館藏清抄本影印。
(劉詔軍)

宸垣識略十六卷　(清)吳長元撰　(第730冊)

吳長元,生卒不詳,字太初,仁和(今屬浙江杭州)人。與吳蘭亭齊名,時號"二吳",乾隆三十五年前後在世更著有《燕蘭小譜》等。事見《清史列傳》卷七二。

書前有邵晉涵序,稱朱彝尊嘗撰《日下舊聞》,乾隆命儒臣重爲考正,成《日下舊聞考》。吳氏久客都下,公卿士大夫多招致讎校藝文,是書以身所涉歷,融洽前著,編纂成書。其凡例稱依據朱氏《日下舊聞》及乾隆欽定《日下舊聞考》重加編寫,大抵所據二書包括順天府全境,是書則僅自宮苑以迄郊坰。《舊聞考》於御製碑文及題詠全部載録,是書則僅記其目,略其原文。郊壇、太廟及三殿規制,據《會典》等書詳録,而所行禮典如千叟宴、九老圖等則附記於按語,以見典章制度之盛。至城市坊巷,朱書按明代五城編列,《舊聞考》則合内城外城通述,不合遊覽之例,是書爲遊覽而纂,故内城據八旗居址分八段,外城分四段,且均繪圖於首,以便觀覽。官署等則依朱氏散入城市中,禁苑則依《舊聞考》另爲一卷。内城王侯甲第,《舊聞考》未載,是書則録親王以至貝子府宅,八旗賜第亦就所知記載。京宦所居邸寓概從其略,其居尚有宸翰及前人題詠者則加考録。外城各省會館創建日繁,則匯録於卷末。寺觀存廢以《舊聞考》爲主,相關紀載則據二書有所增損,或曾遊歷,或有前人題詠,則加補入。詩詞題詠,朱氏祇載前人所作,是書則兼録清代名家之作。是書繪畫悉有藍本,因篇幅狹小而省"胡同"二字,其詳則可參《順天府志》所載圖。

是書分題天文、形勝、水利、建置、大内、皇城、内城、外城、苑囿、郊坰等類,末卷爲《識餘》,記載雜項事跡。《郊坰》之外,其他各類均有圖附於卷中,《内城》下分東南、東中南、東北、東中北、西南、西中南、西北、西中北,《外城》下分東、西,各有總圖及分圖。是書於所據之書多有疏證補正,《日下舊聞》所按稱"原按",補遺文字稱"補按",《舊聞考》所按稱"考按",吳氏考證稱"長元按"。

此本據浙江省圖書館藏清乾隆五十三年池北草堂刻本影印。另有咸豐二年藻思堂刻本、同治二年文英堂刻本等。(劉詔軍)

天咫偶聞十卷　(清)震鈞撰　(第730冊)

震鈞(1857—1920),滿族人,姓瓜爾佳氏,字在廷、在亭,號涉江道人,辛亥革命後改名唐晏,字元素。光緒八年(1882)舉人,初在禮部任事,後爲甘泉知縣、陝西道員、江都知縣,又執教京師大學堂,爲江寧將軍鐵良幕僚,任江寧八旗學堂總辦等。更著有《庚子西行紀事》、《渤海國志》、《兩漢三國學案》等。見日人太田辰夫《〈天咫偶聞〉作者震鈞生平考》）。

是書後有震鈞自敘，稱其始祖於天命二年（1617）後事太祖、太宗，扈蹕入關，其後即定居北京，至震鈞時已前後十二代，居京師二百五十年。震鈞之時，因鴉片戰爭而有大沽口通商及外人建使館事，京師一變；光緒十年中法馬尾海戰，京師再變；光緒二十年中日甲午之戰，割臺灣，棄高麗，京師又一變；光緒二十六年八國聯軍入京，華屋蕩爲邱墟，京師更一變。經此數變，盛況不再。震鈞世居京師，睹此巨變而深有所感，遂自光緒二十一年後記錄京師舊聞不輟，至二十九年編次成書，追溯舊事，不異玉堂天上之嗟。昔日之笑歌，釀今朝之血淚。欲後人以此知盛衰轉變云。

是書分題皇城、南城、東城、北城、西城、外城東、外城西、郊坰等類，記述清代北京皇城、官廨、建築、坊巷、府第、園林、寺廟及諸名勝景觀建置沿革，又就各條追述掌故風俗。如卷一記有清朝內廷奏事、召對引見、儀仗服飾、行獵習射及軍機處、方略館等事，卷二記有六部官員設置沿革，卷三記有貢院沿革及清代鄉試會試制度及考場規矩。所載人物衆多，自名公巨卿至民間藝人俱載，多爲他書所不錄，頗可珍貴。又載北京風俗，如卷二有《滿洲婚祭禮合〈儀禮〉考》，卷四記京師各種酒肆，卷六記廟市，末卷瑣記等。

此本據清光緒三十三年甘棠轉舍刻本影印。（劉韶軍）

熱河志略不分卷　（清）和瑛撰（第 730 册）

和瑛（？—1821），額勒德特氏，原名和寧，避清宣宗旻寧諱而改名，號太庵，蒙古鑲黃旗人。乾隆三十六年（1771）進士，歷任太平知府、四川按察使、西藏辦事大臣、山東巡撫、喀什噶爾參贊大臣、烏魯木齊都統、陝甘總督、熱河都統，入爲禮部尚書、工部尚書、軍機大臣等。曾著有《西藏賦》，詩文彙爲《易簡齋詩鈔》，其他著述尚多，然多不傳。《清史稿》有傳。

書前有和瑛嘉慶二十年（1815）序，時和瑛任熱河都統，序稱檢志書所載、廷議所陳，撮其大綱，約爲二卷。按前此有乾隆四十六年《欽定熱河志》，所載較是書爲詳。熱河即承德府，雍正元年（1723）於清初避暑山莊置熱河廳，十一年改承德州，乾隆七年復爲熱河廳，四十三年改承德府。則《欽定熱河志》成書時已改承德府，亦熱河副都統駐防所。其疆域東至錦縣，西至口北道獨石口，南至遵化，北至圍場，東南至永平，西南至古北口，東北至廣寧，西北至口北道多倫諾爾，下隸平泉、灤平、豐寧、赤峰、建昌、朝陽等州縣，地域廣闊，爲清廷秋獮演武所，設有行宮。是書分題星野、疆域、山川、行宮、寺廟、守衛、設官、興學、統制、駐防、營汛、驛站、圍場、藩衛等類，記述熱河山川疆域及相關各種設置制度。《欽定熱河志》分二十四門，其中《天章》、《巡典》、《徠遠》、《職官題名》、《宦跡》、《人物》、《食貨》、《物產》、《古跡》、《故事》、《外紀》、《藝文》等，爲是書所不載，其餘類別則與是書相同，惟是書所述簡明扼要，故以《志略》爲名，蓋據欽定志書約略而成，又錄相關廷議，知是書意在便於稽覽，可與欽定志書參照。

此本據北京師範大學圖書館藏清抄本影印。（劉韶軍）

淞故述一卷　（明）楊樞撰（第 730 册）

楊樞，生卒不詳，字運之，號細林山人，華亭（屬今上海松江）人。嘉靖七年（1528）舉人，曾任江西臨江府同知，以其子湖廣巡撫楊豫孫，獲贈都察院右僉都御史。見是書卷首題名及書末附萬曆二十三年（1595）周紹節跋。

周跋稱楊樞爲其祖母舅，是書爲楊樞遺文之一，由紹節曾祖一山公於嘉靖九年抄録輯訂,未曾付梓。

是書《四庫全書總目》地理類存目有提要,稱其書載松江遺聞軼事,以補志乘之闕略。松江本以吳淞江得名,以此地多有水災,明初去水旁改稱松江以禳災,此書標目,猶仍本名。所記涉及地理、人物、行誼、藝能、文字、題詠及詼諧、瑣屑之事,其《藝文籍》,載録陸績《渾天圖》以下鄉人著作百餘種云云。是書頗重本地學術沿革,如記陸氏家族,有陸績、陸機、陸雲、陸贄等人。又如述松江學術復興,起於元末王立中來任知府,時松江屢罹兵火,經史子集無存,王氏到任,首務興學,訓迪子弟員,購求《十三經注疏》等書,自是科目人才甲江南。而王氏三子亦皆爲朝官,時人稱爲善報。又稱松之守令咸有題名,而學官獨缺,豈可略而不記,蓋以學官重於守令,故作《學官表》專記松江學官,以崇儒學。

是書後附《修志備覽》,載明隆慶三年(1569)朝廷派官丈田均糧,當地人朱大章作長篇歌詞《均糧篇》千餘字,是書全文載録。又記成化末年(1487)有顯宦滿載歸,一老人踵門拜不已,宦駭問故,對曰:“松民之財多被官府搬去。今賴君返之,敢不稱謝?”宦愧不能答。諸如此類,皆能揭露時弊,有以見明世村田畝賦税等事。

此本據湖北省圖書館藏清嘉慶吳氏聽彝堂刻《藝海珠塵》叢書本影印。(劉韶軍)

蒙古遊牧記十六卷　(清) 張穆撰 (清) 何秋濤補 (第 731 册)

張穆,有《顧亭林先生年譜》,已著録。

何秋濤,有《王會篇箋釋》等,已著録。

張穆以祁韻士《皇朝藩部要略》爲編年體記述蒙古等部歷史,需地志體史書以相配合,而《元史》相關記載錯誤頗多,遂以地志體編纂是書,道光二十六年(1846)全書初成,然至張氏去世時末四卷尚未完稿,後由其友人何秋濤費時十年整理完成,咸豐九年(1859)由祁韻士之子體仁閣大學士祁寯藻刊刻行世。書前有咸豐九年祁寯藻序,稱張氏是書考論史實與經世致用兼而有之,爲晚清邊疆地理學名著。

是書分《內蒙古》、《外蒙古》、《額魯特蒙古》、《額魯特新舊土爾扈特》四大部分,各大部分下又分盟部遊牧所在,如《內蒙古》下分哲里木盟、卓索圖盟、昭烏達盟、錫林郭勒盟、烏蘭察布盟、伊克昭盟遊牧所在;各盟遊牧所在之下,則繫以對應之部,數目不等,哲里木下有科爾沁部、札賚特部、札爾伯特部、郭爾羅斯部。外蒙古則記喀爾喀四部,四部總敍後,分敍阿林盟、齊齊爾里克盟、喀魯倫巴爾和屯盟、札克必拉色欽畢都哩雅諾爾盟遊牧所在,各盟遊牧所在又分別對應土謝圖汗部、賽音諾顏部、車臣汗部、札薩克圖汗部四部。全書就各盟、部等詳述其建置沿革、封爵世系、道里四至、地理方位、旗治所在、會盟地址、朝貢通道、山川河流、城池廟宇、卡倫驛站及各王朝所行封爵並會盟臣貢等事,於明清時期變遷情況尤爲詳悉。涉及範圍涵今蒙古共和國與中國內蒙古、新疆、青海、寧夏、東北三省蒙古族活動區域。是書用正文加自注形式撰寫,正文簡要,述地理沿革及政治軍事大事,注文則大量引用史料文獻,詳述有關歷史、古迹、文物制度,是爲志書之變體而獨具一格。所據文獻,元以前爲正史中有關記述,及《元朝秘史》、《聖武親征録》、《長春真人西遊記》、耶律鑄《雙醉隱集》、別史、野史、文集等;明代歷史多據《蒙古源流》;清代史實所據資料最爲豐富,皆輔以實地考察,精心考證,所用文獻有方式濟《龍沙紀略》、圖理琛《異域録》、徐松《西域水道記》及官方檔案並官修《方略》等,又引用同時學者俞正燮、魏源、沈垚、徐繼畬等人成果,如道光間徐松任榆林知府時,曾命懷遠知縣何丙勳確查西夏統城故址,此類實地勘測資料多所采用。故是書可補遼、金、元三史之闕。

此本據華東師範大學圖書館藏清同治六年祁氏刻本影印，又有咸豐九年初刻本及同治元年刻本。（劉韶軍）

遼東行部志一卷　（金）王寂撰（第 731 册）

王寂（1128—1194），字元老，號拙軒，玉田（今河北玉田）人。金海陵王天德三年（1151）進士，歷任祁縣知縣、真定少尹、通州刺史、中都副留守、提點遼東路刑獄、中都路轉運使等。更著有《拙軒集》、《北遷録》、《鴨江行部誌》等。《欽定重訂大金國志》卷二八有傳。

《四庫全書總目·集部》有王氏《拙軒集》，提要稱《金史》不爲王寂立傳，故就《拙軒集》中所著年月考定王氏仕履。後金毓黻編纂《遼海叢書》，收王氏《遼東行部志》、《鴨江行部誌》二書，亦撰提要，稱王寂《金史》有傳，則屬誤記。是書卷末有繆荃孫宣統元年（1909）跋，稱是書作於王氏任提點遼東路刑獄時，即金章宗明昌元年（1190）二月十二日至四月七日，凡一月又二十五日，全書記行部所經之地、所辦之事、所作詩文，於遼東地理未系統記述，書中有王氏沿途所作詩五十七首及文三篇，爲《拙軒集》所不載，故抄出附刻於《拙軒集》之後云云。繆氏又據錢大昕《四朝朔閏表》核定是書所載月日干支，校正其中訛舛。且將是書刊入所編《藕香零拾叢書》，金氏又據以編入《遼海叢書》，以廣其傳。王氏每至一地，於其地歷史沿革多有扼要追述，如二月十二日宿瀋州，謂瀋州在唐時嘗爲高麗侵據，後李勣東征，置安東都護府於平壤城以領遼東，而其治所後來或治故城，或治新城，即金之瀋州，並引韓穎《瀋州記》，稱新城即瀋州。而此地至唐末遂爲渤海大氏所有，傳國十餘世，至五代時，契丹與渤海血戰數十年，終滅其國，於是遼東之地又盡入於遼。十三日次望平縣，則謂望平本廣寧府倚郭山東縣，以廣寧距章義縣三百餘里，當南北之衝，舊無郡邑，朝廷乃改山東爲望平，治梁

魚務。又記各地物産，如至廣寧記秋白梨，其色鮮明如手未觸者，食之使人胸次灑然，如執熱以濯。是書後有李文信《遼東行部志批注》，於書中所記地名等有所考證，此注並未成稿，後由其子李仲元整理成篇，附載於1984 年遼沈書社所印《遼海叢書》内，另有黑龍江人民出版社 1984 年版張博泉《遼東行部志注釋》，均可爲讀是書者參考。

此本據南京圖書館藏清光緒間丁氏竹書堂抄本影印。（劉韶軍）

鴨江行部誌一卷　（金）王寂撰（第 731 册）

王寂，有《遼東行部志》，已著録。

金毓黻所編《遼海叢書》收載是書，然僅爲海鹽朱希祖考證書中地理之節本，並非全文，金氏爲是書撰序並提要，稱是書爲王氏任官遼東時行部之作，自明昌辛亥二年（1191）二月乙丑至三月庚申，凡一月又二日。按所稱"乙丑"誤，辨見下文。是書世間並無傳本，朱希祖所藏實爲世間孤本。朱氏據以撰《鴨江行部志地理考》，登載於《地學雜志》第二十年第一期。金氏曾向朱氏商請借抄是書，終未得允，故《遼海叢書》所收僅爲朱氏考證之文。朱希祖考證稱是書所載王氏按行之地即金之東京路，王氏自稱以職事而有鴨江之行，故爲是書之名。朱氏於是書又有民國壬申（1932）跋，稱是書爲舊鈔本一卷，前有清宗室盛昱私印，遼東及鴨江二《行部志》，於金上京、東京、北京三路地理頗多異聞，可補《金史·地理志》。按《行部志》在金元之際似有刻本，元好問《中州集》中有王寂小傳，載王氏撰有《行記》，《中州集》所引王氏詩文，均載是書内，因知所稱《行記》當即《行部志》。今存二《行部志》均由《永樂大典》抄出，乾隆四十三年敕撰《滿洲源流考》曾引《遼東行部志》及是書，可知此二書又曾收入清之内府，然聚珍版叢書及《四庫全書》均未收入。《四庫》王氏《拙軒集》提要，亦未言及

此二書。是書內亦有詩文近三十首不載《拙軒集》，可錄出附《拙軒集》之後。

此本據國家圖書館藏清抄本影印，書首即有朱氏所稱盛昱私印，知此本與朱藏本爲同一抄本。朱氏跋中稱欲刊行是書而終未付梓，故今仍僅有此抄本。此本所記實自二月己丑至三月庚申，查陳垣《二十史朔閏表》，明昌二年爲辛亥年，二月朔庚辰，三月朔己酉，則二月己丑至三月庚申爲二月初十至三月十二，正合一月又二日。金氏提要稱自二月乙丑，則爲字誤。是書記錄王氏此次按行所至之地，有上方、澄州、析木、陽池縣、辰州、熊岳縣、龍門山、曷蘇館、復州、永康、順化營、龍巖山、大寧鎮等，三月庚申至大寧鎮以下闕。沿途多宿於寺廟，偶宿民家，就其所見，述其歷史沿革，發其感懷詩詞，兼日記、遊記二體，亦非完整地志之書。後有賈敬顏《鴨江行部志疏證稿》及羅繼祖、張博泉《鴨江行部志注釋》等，可供參考。（劉韶軍）

柳邊紀略四卷塞外草一卷　（清）楊賓撰（第731冊）

楊賓（1650—1720），字可師，號耕夫、大瓢山人，山陰（今浙江紹興）人。巡撫曾推舉赴博學鴻儒科，不應。著有《楊大瓢雜文殘稿》、《晞髪堂稿》等。參見吳修《昭代名人尺牘》卷一四及是書費密等人序。

康熙元年（1662），賓父越以助鄭成功反清，謫戍黑龍江寧古塔（舊城在今黑龍江海林舊街，康熙五年遷建新城，即今黑龍江寧安）。康熙二十八年，賓往省，三月後返。康熙三十年其父病死，賓再往迎屍骨返。至康熙四十六年據前所見聞，撰成是書並刊刻行世。

書前有費密序，稱賓年十三父母流放寧古塔，賓往省觀，暇時訪金元遺跡及明初所設奴兒干都司領轄部落種族諸事，並當地風俗物產、語言嗜好，無不記載。又有潘耒序，稱楊

氏留心經世大略，省親出塞，所過嚴疆要地，必停驂周覽，從老校退卒詢訪墜聞逸事，歸而考諸圖籍，參之見聞，而撰是書。凡山川形勢、障塞規模、驛站道里、三百八十衛、二十四所、三十六部落、物產地宜、民情土俗，莫不詳稽備載，可以考典制，可以攬形勝，可以采風謠。所經南關、北關、松山、杏山，皆明清際用武要地，有關於疆場安危及國家成敗，故記述尤詳。又有林侗序，稱明太祖時曾遣大將軍出塞經略，鎮戍烽燧措置周詳，成祖時放棄三衛而屏翰單弱，故讀是書足以俯仰古今，而慨盛衰之變。又有黃中堅序，稱北方邊塞之地，遷移建置多變，後之記載不能詳辨，舛謬相仍，遂使幅員廣狹、國勢強弱皆不可考，是書則足以訂史書之謬，補版圖之缺，使有心稽古者，於邊塞之郡縣、屯衛、驛站，既足悉其遷移建置，又得考其山川風土云。又有王源序，稱是書所紀道里風土，上自遼金遺跡，下迄清代職官、城堡、軍糧之制及當地物產之殊，無不畢載云云。

又有楊氏自序，略稱前代紀載東北地里及風土人情，有《松漠紀聞》、《南燼紀聞》及英宗北狩之《革書》，然所載道里方域與《金史》不同，其他內容亦頗爲簡略，不足比於郡縣之志。寧古塔在五國城冷山之間，明時隸奴兒干都司，而前往寧古塔所經遼陽、松山、杏山、大凌河、小凌河諸戰場以及南關、北關、木葉、老邊、混同、呼里改諸要塞，自成、宣、英三朝，中原無往者，傳聞多不詳，如長白山在寧古塔之南，舊圖皆畫在其北。已得親經諸地，雖無文字可考，然遇有老兵宿將，皆可徵詢。三十年前，父越所見之老兵宿將，即其地之獻云云。又據乃父之言而知當地風土人情等事，如古籍所載"楛矢"，孔子之後無人能道其詳，而已至此地則知爲樹木，堅硬似鐵，故古人製作爲弓矢，等等。

是書四卷，無分類及目錄，據其內容可知所記首重柳條邊及寧古塔相關建置沿革，如柳

條邊之關、堡、臺、營、寨、寺、山、縣、口、場、城、峪等，又附以明代建置予以對照。此外於柳條邊而外至寧古塔沿途相關地理、山川、道里、城堡、衛所、官制、兵額、驛站、部落、寺廟、貢賦、物產、民情、風俗等，亦多有記載及考證。如謂柳條邊即指遼東，自古邊塞種榆，稱爲榆塞，明清時遼東插柳條爲邊，高者三四尺，低者一二尺，若中原之竹籬，其外掘有壕溝，故當地人呼爲"柳條邊"、"條子邊"等。潘耒序又稱楊氏返鄉後復查閱相關典籍，與所見聞相印證。則是書撰作，亦稱博洽而謹嚴。

是書葉欄上又有手書附記文字，引諸書如曹學佺《名勝志》、王士禎《池北偶談》、吳修《昭代名人尺牘》、沈德潛《國朝詩別裁集》、曹廷杰《東三省輿地圖説》、吳振臣《寧古塔紀略》等，就書中地名、制度加以疏證。

是書四卷之後爲《塞外草》一卷，記楊賓來往寧古塔途中所作詩文數十首，其後附楊氏所撰《魏雪竇傳》、《雪竇山人壙版文》、《仲弟楚書家傳》、《祁奕喜李兼汝合傳》，録自《晞髮堂集》。

此本據上海圖書館藏清抄本影印。又有李文信批注遺稿，其子李仲元整理，收於《遼海叢書》內。（劉韶軍）

寧古塔山水記一卷 （清） 張縉彥撰（第731 册）

張縉彥（1599—1670），字濂源，號坦公，又號外方子，別號大隱、菉居先生、筏喻道人，新鄉（今河南新鄉）人。崇禎四年（1631）進士，後爲清澗知縣等，歷官至兵部尚書。入清後官至工部右侍郎，順治十八年（1661）因文字獄流放寧古塔（今黑龍江海林）。又有《域外集》等。事跡參見《浙江通志》卷一二一、《河南通志》卷四五、七四、七六、《山東通志》卷二五等。

是書前有錢威序、康熙三年（1664）錢志熙序、康熙七年張氏自序。錢威序稱考諸方輿傳記，自古不知有寧古塔之山水，張公既至塞外，以山水爲樂，彙集爲此書。《易》曰"安土敦仁"，讀是書者當知其心云。錢志熙序稱寧古塔之地，宋末完顏氏曾建立東京，清初已爲榛曠，爲遷斥錮人之所。張菉居至此，探奇搜奧，觸詠自得，著《寧古塔山水記》，封表土俗，皆可考見於其中云。張氏自序稱自遼瀋出陰溝關，經十八道嶺、十八道河，詢之土人皆不能名。再歷百餘山、百餘河，亦無能名者。山無名，姑以其地、以其里、以其所居之人姓氏名之。既至此地，登寧古臺、虎山，遊覽東京，雖榛莽蕪没，猶見霸氣云云。是書收遊記二十二篇，分題石城、新城、東京、寧古臺、牧山、岸山、官道山、虎山、石河山、洞山泥漿、臥佛山、牡丹屯紅山、呼郎山、白石崖、沙嶺、馬流河、沙兒滸、澄雪泉、河灣、兀喇、交羅、雜記，多記山川名勝及物產、風俗等。所記山水地名，多有爲後代文獻所失載者，如寧古塔舊城名石城，海蘭河名柳河，又如牧山、岸山、虎山、石河山、洞山、臥佛山、馬流河等，不僅爲晚出之《寧安縣志》所不載，且於繪彥塞外友人吳兆騫、方拱乾等著述亦無可稽考。所記石城、新城爲寧古塔老城、新城，東京爲金東京舊地，《東京》篇稱尚可見京城城牆、石基、城門、石路、車轍、宮殿遺跡，階墀陛城紛錯可識。文後有錢威注，稱土人掘得斷碑古錢，皆宋徽宗及金海陵、世宗年號，知爲金之東京，今之考古則定爲渤海国上京龙泉府遺址。書中所記寧古臺爲山名，狀如臺，因以爲此地之名，而塔與臺近，故傳爲寧古塔（按此説非是參下條）。其餘諸篇記載周圍諸山水，而《雜記》篇則記當地物產風俗，有大烏棘（大森林）、虎、鹿、熊、狗、貂鼠、魚、黑筋、人參，胡珠（東珠）、楛矢等，如稱楛矢係千年榆椴木沈江底者所化，半石半木，堅如金鋼，用爲箭鏃極利。此與《柳邊紀略》所述又有不同。又記每年冬則由官府差人赴高麗貿易,交換各類物資,又載邏車人碧眼黃髮,善用火槍,常來擄掠,後寧古塔人於烏喇造戰船,練水師,深入海上,擊殺邏車船隊,得其鳥槍、羅經、定南針之類,種種機巧,出自西洋,非中國所有。此邏車當即後來所稱羅刹,本書有《平定羅刹方略》,述康熙時擊敗羅刹之事,可以參見。

此本據上海圖書館藏清康熙刻本影印,多字跡不清處。後有李興盛點校本,黑龍江人民出版社一九八四年出版,可參看。(劉韶軍)

寧古塔紀略一卷　(清)吳桭臣撰(第731冊)

吳桭臣(1664—?),字南榮,吳江(今屬江蘇蘇州)人。其父吳兆騫順治十五年(1658)流放寧古塔,桭臣出生於寧古塔,康熙二十年(1681)隨父返鄉,晚年追憶往事而作是書。又有《閩遊偶記》。事見是書前敘及後附吳氏跋。

是書稱母辛丑(順治十八年)二月初五日至寧古塔戍所,甲辰(康熙三年)遂生予,命名曰桭臣,命字曰南榮。行間補記文字,於"甲辰遂生予"旁補"十月十四日寅時",又補記"小字蘇還,取生還故里之意"。是書終頁欄上又有補記文字,末云今年近七旬,回思患難時,不啻隔世,誠恐久而遺忘,子孫不復知祖父之閱歷艱危如此,長夏無事,筆之於紙,以為《寧古塔紀略》,時康熙六十年七月。此即吳氏自書跋。

是書謂寧古塔與高麗會寧府接壤,乃金阿骨打起兵之處,雖以塔名,實無塔,相傳昔有兄弟六個,各占一方,滿語稱六為寧古,個為塔,故以寧古塔為地名。此與張縉彥《寧古塔山記》所言不同,而以此說為是。是書又記其家庭在寧古塔生活情形,可借以瞭解當時流放者生活。又記寧古塔城規制及當地風俗及山川物產等,最後記述自寧古塔南返里程甚詳,可據以瞭解當時東北交通情形。

卷末有楊復吉乾隆六十年(1795)識語,稱是書三十年前即聞其名,迄未獲睹,今夏袁又愷舉藏本鈔贈,因以方坦庵《絕域紀略》報之,二書紀載間有異同,然皆足以廣見聞,資考證。惜無校梓之者,故附吳兆騫《秋笳集》後云。

此本據國家圖書館藏清抄本影印,當即楊復吉抄本。(劉韶軍)

吉林外記十卷　(清)薩英額撰(第731冊)

薩英額,生卒不詳,字吉夫,滿洲人,道光初年任吉林堂主事,受吉林將軍富俊之命,編纂《吉林外紀》,見本書固慶序及薩英額自序,餘不詳。

是書吉林博物館藏有抄本,錄有吉林將軍固慶咸豐元年(1851)序,稱吉林烏拉為清朝發祥之地,順治十五年造戰船於此,故名船廠,後於此設置省會,移駐吉林將軍,改名吉林烏拉,所屬有寧古塔、伯都訥、三姓、阿勒楚喀等城。所稱吉林烏拉為滿語,吉林謂沿,烏拉謂江,合稱為沿江之意,後簡稱吉林。固慶序稱是書於《盛京通志》能詳其所略,而略其所詳,於建義學、請書籍、設雙城堡屯田、墾伯都訥荒地,移住京居旗民,備載之。

是書有薩英額序,無落款,吉林博物館藏手抄本落款時間為道光七年(1827)八月,署銜吉林堂主事,知成書於此年,早於光緒間《吉林通志》。序後有《吉林烏拉輿略圖》,薩英額識語稱《盛京通志》列《吉林將軍所屬形勢圖》,既詳且明,故是書此圖僅繪長白山、望祭山,又繪松花江、邊柵、四鎮四協、臺站等,以紀關津、官職、堠里等。

是書雖云外紀,仍按志書體例,分題御製詩歌、疆域形勝、山川、城池、滿洲蒙古漢軍、建置沿革、驛站、船艦橋樑、職官、兵額、俸餉、庫貯、倉儲、事宜、學校、學額、儒林文苑、祠祀、公署、人物、田賦、物產、時令、風俗、貞節、雜記、古跡、雙城堡、伯都訥屯田等類,記載吉林事項甚詳。自序又稱吉林各地舊城遺址甚多，未及遍考云，檢其所記，確有不確之處，如《城堡》篇稱阿勒楚喀城南二里，有金顯祖建都故城，俗稱白城，有謂五國城者，宋徽欽二宗入金居於此，以地理考之，應在今黑龍江城境內。按光緒時蕭穆刊印是書，有序指稱此說之謬，謂初疑此城近會寧府，當在吉林烏喇（拉）及寧古塔之間。後乃知乾隆間築伯都訥城，得紫檀匣，中藏宋徽宗畫鷹，又有碑碣，録徽宗晚年日記，於天會十三年寄迹於此，可知五國城故址當在伯都訥城（今吉林松原）。

此本據上海辭書出版社圖書館藏清光緒二十一年漸西村舍刻本影印。此本有蕭穆《新刊吉林外紀跋》，於書中訛誤多有指正。吉林博物館藏抄本有吉林烏拉輿略圖、薩英額序、固慶序，據該本英額序知是書成書於道光七年。另有光緒二十三年《小方壺齋輿地叢鈔再補編》本、光緒二十六年廣雅書局叢書本等。（劉韶軍）

黑龍江外記八卷　（清）西清撰（第 731 册）

西清，生卒不詳，字研齋，滿洲鑲藍旗人，西林覺羅氏，康熙、雍正朝重臣鄂爾泰曾孫。嘉慶十一年（1806）任黑龍江將軍屬下銀庫主事，兼管義學、稅課。通曉滿語，將當地人所藏滿文本《中俄尼布楚條約》譯成漢文，所譯勝於《清聖祖實録》所載及其他譯本。清盛昱《八旗文經》卷五八有傳。

西清檢閲官署典籍、公牘、輿圖，又出訪村民野老瞭解地方風土掌故，撰成是書。卷一述山川形勢沿革，卷二述城堡臺站卡倫，卷三述部落、種族、户口、官制、兵制，卷四述俸餉、錢糧、出入款項，卷五述貢品、風俗、刑律、互市，卷六述謫戍、方言、服食及紅白事件，卷七述歷任職官及流徙謫籍人物，卷八述五穀、果蔬、物産。卷首有《黑龍江輿圖略》，以《盛京通志》已列黑龍江將軍所屬形勢圖，既詳且備，故此圖僅畫六城以概全省，另畫二嶺以概

群山，畫三江二池以概諸水。此外道路臺站不常見於地圖者，則就幕府藏本約略寫之，以便省覽。圖中六城指黑龍江（在今黑河市愛琿區）、墨爾根（今嫩江）、布特哈（今布特哈旗）、齊齊哈爾、呼倫貝爾（今海拉爾）、呼蘭（今哈爾濱呼蘭），均在今黑龍江省。二嶺指內外興安嶺，三江指黑龍江、嫩江、松花江，二池指呼倫池與貝爾池，即今呼倫湖與貝爾湖。

書前有樊彬同治九年（1870）識語，謂此書抄本得於京肆，爲漢陽葉東卿先生舊藏，有何秋濤注。卷末有光緒二十年（1894）蕭穆《新刊黑龍江外記跋》，稱西清爲鄂爾泰曾孫，是書向無刊本，黃彭年借得何秋濤抄本録副，蕭穆又向黃氏借抄，然後校刊行世。書眉原有批識之語，刊刻時則以雙行小注散入正文相關文句之下。

此本據上海辭書出版社圖書館藏清光緒二十六年廣雅書局刻本影印。（劉韶軍）

黑龍江述略六卷　（清）徐宗亮撰（第 731 册）

徐宗亮（？—1904），字晦甫，晚號茶岑，桐城（今安徽桐城）人。蔭生，入胡林翼、李續宜、李鴻章等人幕數十年，多次辭官不受，以文章遨遊公卿間。咸豐十一年（1861）沙俄與清朝廷訂立《中俄北京條約》，光緒十三年（1887），宗亮爲邊將恭鏜幕僚，遂前往黑龍江，費時三年，詳細瞭解疆土受俄羅斯侵占情形，撰成《黑龍江述略》，又有《善思齋詩文鈔》、《歸廬談往録》等。馬其昶《桐城耆舊傳》卷一一有傳，《碑傳集補》卷五二有其女婿姚永概所撰墓誌銘。

是書撰成於光緒十五年（1889），十七年刊刻於《觀自得齋叢書》內。是書考察黑龍江山川風俗、政治利弊，參證官府案册文檔，多就事以發議論，促請朝廷采取措施保護國家領土主權。

書前有光緒十六年李鴻章序，稱黑龍江行省創置於康熙二十一年（1682），經營大定於

二十八年,重訂界約於咸豐十一年,其間旗屯遊牧一切措注細大之事,官私著述賾矣備矣,獨自咸豐訂界以來邊防之務及交際之道日益煩重,宗亮有感乎是,橐筆所至,奮讀官中書,近據見聞所及,撰爲是書,舉凡疆域、建置、職官、貢賦、兵防、雜事、叢録,無不觕理甄録,乃經世實用之書。於分界之得失,兵屯之緩急,礦政之實耗,及設官初制之未善,分旗積習之難移,反覆推論以究其利病,可謂極志士之悁鬱云云。又稱古今雄偉非常之端,往往創於書生憂患之所得,是書即其一例。宗亮以五十之年,身行絶塞,矻矻著書,仁閔憂世之心惻然滿抱,談笑精悍,無復當年文士之習云云。

是書目録後又有宗亮光緒十五年識語,稱黑龍江經制事宜,《盛京通志》有所記録,私家紀述則有方式濟《龍沙紀略》、西清《黑龍江外紀》,及何秋濤《朔方備乘》,亦曾考訂北徼形勢,於黑龍江山河阨塞尤爲詳實。而自咸豐十一年中俄重訂界約以來三十餘年,邊防日以重要,宜有專書,備具今昔因革損益之故,庶治國聞者得所擇焉。遂據耳目所親,分類輯録,而成是書云云。其正文先述事實梗要,又附注文詳述沿革及相關文獻,其中頗多獨到之見,如以爲上策莫如自治,故於邊防諸事皆出以己見,以求中國自治自強。

是書版心題“龍江述略”,故或以此爲名,如《中國方志叢書》即收《龍江述略》。此本據天津圖書館藏清光緒十七年徐氏觀自得齋刻本影印。（劉韶軍）

類編長安志十卷　（元）駱天驤纂（第 732 册）

駱天驤,生卒不詳,字飛卿,號藏齋遺老,長安（今陝西西安南）人。據是書序跋所言,知其約出生於金宣宗時（1213—1223）,至元元貞二年（1296）成書之時,年已七十餘。是書有駱氏大德四年（1300）纂額碑刻,當卒於此後。又自題京兆路儒學教授駱天驤纂編,其他事迹不詳。

北宋宋敏求有《長安志》,南宋程大昌有《雍録》,皆記長安之事,駱天驤於金末亂世後見長安古城經兵火焚蕩,宮闕古跡十亡其九,存者僅荒臺廢苑,壞址頹垣。遂訪關中碩儒故老,又遍遊樊川、韋杜、雁塔、龍池及長安周邊周秦漢唐遺址,就《長安志》另行分類,分題雜著、管治郡縣、京城、圜丘郊社、苑園池臺、館閣樓觀、堂宅亭園、寺院、山水、谷泉、橋渡、關塞、鎮堡、寨驛、故城古跡、山陵塚墓、紀異、勝遊、石刻等類,下又各分細目若干。復引用諸書,檢核傳記,搜集秦中古今碑刻、名賢詩文等,增添金元史實,編爲是書。書成於元成宗元貞二年,後又有增補。所述或不見於其他文獻,可資參考。所録長安碑刻及當時碑林藏石,自周至唐,較趙明誠《金石録》多三十碑,於金石學頗爲有益。

是書前有駱氏自序及大德二年安西路儒學教授賈鍼、安西路總管兼府尹王利用序,卷前有《安西路州縣圖》,目録後又詳列引用書目數十種,頗便檢核。

此本據南京圖書館藏清抄本影印。是書元刻本久已失傳,僅有清人抄本。其卷二前後秦宮殿至後周正武殿一葉已脱,無可補綴,錯字脱字亦多。（劉韶軍）

兩京新記五卷（存卷三）　（唐）韋述撰（第 732 册）

韋述（？—757）,京兆萬年（今屬陝西西安）人。景龍二年（708）舉進士,開元初,爲集賢院直學士,又轉國子司業,天寶中遷工部尚書。纂成《國史》,並定《史例》一卷。安禄山之亂,韋述被俘,授予官職。後由朝廷議罪,流放渝州,不食而卒。更著有《唐職儀》、《高宗實録》、《御史臺記》等。兩《唐書》有傳。

是書又名《東西京記》、《兩京記》,據日本學者福山敏男考證,成書於唐玄宗開元十年

(722)。兩京指西京長安、東京洛陽。此本爲是書卷第三之殘卷,卷首已闕,其文自“京城之壯觀,寺内有碑面文,賀蘭敏之寫《金剛經》陰文,寺僧懷仁集王羲之書寫太宗《聖教序》”,至“右皇城西第三街之十三坊”,共二十一葉,中有缺字。所記爲長安縣所領五十坊及西市,卷首已闕五坊,即朱雀街西最北五坊。就各坊記述官舍、府宅、園林位置、建置過程及時人掌故,寺觀記載尤詳,仿北魏楊衒之《洛陽伽藍記》之例。

卷末有己未天瀑《題兩京新記後》,稱得古抄本一册,爲是書第三卷,首闕數紙,卷尾題金澤文庫本。天瀑即日本天瀑山人林述齋,所稱殘本即日本鐮倉時代抄寫尊經閣卷子本,後藏於金澤文庫,日本寬政(1789—1801)、文化(1804—1818)間,天瀑山人林述齋刻入《佚存叢書》。而己未則爲寬政十一年(1799)。此本據日本刻《佚存叢書》本影印。此本錯簡頗多,後有光緒二十一年(1895)曹元忠輯本、1936年陳子怡《校正兩京新記》、1936年周叔迦《訂正兩京新記》、1947年岑仲勉《兩京新記卷三殘卷复原》、1953年日本福山敏男《校注兩京新記卷第三》及1950年平岡武夫《兩京新記續拾》等。辛德勇據諸人成果,又搜集其他古籍所引是書,成輯校本,收入《長安史蹟叢刊》中,三秦出版社2006年版。(劉韶軍)

三省邊防備覽十四卷 (清)嚴如熤撰(第732册)

嚴如熤(1759—1826),字炳文,號樂園,溆浦(今湖南溆浦)人。早年就讀嶽麓書院,究心天文、兵法、輿圖、星卜之學,乾隆六十年(1795)入湖南巡撫姜晟幕府,助其平定貴州苗族起事,嘉慶五年(1800)舉孝廉方正,廷試上策論言平定川、楚、陝三省方略,嘉慶帝拔爲第一,任洵陽知縣,官至陝西按察使。更著有《洋防備覽》、《苗防備覽》、《屯防書》、《三省山内各圖》、《漢中府志》、《樂園文鈔》等。《清史稿》有傳。

是書前有嚴氏道光二年(1822)《三省山内邊防備覽引》,稱川、陝、鄂三省交界山區,多有三楚、兩粤、滇、黔流徙之民寄居其間,朝廷立防倍嚴於他處,已在此地爲官二十餘年,於身所經歷,及博訪僚友士民,撰有《三省山内風土雜志》及《邊境道路考》,道光元年春夏之際查勘三省邊境,遍歷各處,又共事諸君久於其地,洞達邊事,爰諮爰詢,就所經歷互相參考,乃合《風土雜志》、《道路考》,增往日見聞所未到、思慮所未周者,輯爲《備覽》一書云云。是書所記以防範此地民變爲主,所涉範圍廣及陝西漢中府、興安府、商州,四川保寧府、綏定府、夔州,湖北鄖陽府、宜昌府等地,全書分題輿圖、道路、水道、險要、民食、山貨、軍制、策略、史論、藝文十門。卷一《輿圖》載圖十四幅,有《川陝湖邊境總圖》、《邊境交界相連險要圖》、《寧沔南褒西鄉定遠圖》、《安康平利紫陽洵陽白河圖》等。其中《險要圖》最爲詳細,標出各處險要,又附説明。卷二、三《道路考》,記述此區陸路,以縣爲中心,記有詳盡里數、所經地點、沿途險要之地及道路使用狀況,不僅記録大道,又詳記山間小路,殊爲可貴。其後又附《額威勇公行營日記》,爲經略大臣額勒登保往來川陝楚邊境督剿路程日記,起嘉慶三年五月初二,止嘉慶七年十二月初五日,自襄陽起程至竹溪縣貓兒壩,逐日所行各處地名及所行里程,記之甚詳,頗爲難得。《水道》、《險要》兩類則詳記此區河流所經及各地險要,而《民食》、《山貨》兩類,則詳載其地水利、作物、物産、民衆生活及木廠、鹽廠、鐵廠、紙廠等事,於人口移動,亦有詳細記述,可爲明清間江西遷湖廣,湖廣填四川提供實際例證。又記山區風行之清香、圓頓、太陽、天主、白蓮等教事。《軍制》類記述清軍於此地弭平民變所用策略,有采哨略、山谷行營略、立表略、謹防略、整暇略、埋伏略、游兵略、安置傷兵略、騰營伏路略、得勝戒嚴略、受降備兵略等，與《策略》類所論用兵剿亂之事可以參見，皆爲清軍實際作戰經驗總結。《史論》類，則搜集總結歷代於此地用兵經驗及其評論，亦頗詳備。是書以三省邊界爲中心，不限一省一府一地，以防範民變及山區用兵爲主眼，所記皆所親歷，有較高史料價值。

此本據天津圖書館藏清道光刻本影印。（劉韶軍）

唐兩京城坊考五卷　（清）徐松撰（清）張穆校補（第 732 册）

徐松，有《漢書西域傳補注》等，已著錄。

張穆，有《顧亭林先生年譜》等，已著錄。

書前有徐松嘉慶庚午（十五年，1810）自序，稱讀《舊唐書》及唐人小説，述及兩京宮苑里巷，曲折歧錯，難辨方位，故常取《長安志》考證之，往往發現其中舛誤之處，而東都城坊方位等則無記載。嘉慶十四年奉詔纂輯《唐文》，自《永樂大典》中搜得《河南志圖》，據《玉海》所引及《禁扁》所載，斷定此爲宋宋敏求所撰《河南志》，源出於韋述《兩京記》，而内容更爲詳贍。據宋代相關記載，可知唐代有關宮省方位等圖書在宋時已極爲珍重，數百年後能得是書則更可寶貴。遂據是書，復采金石之書及諸家傳記文集，並參考程大昌《雍録》、李好問《長安圖》等書，纂成是書。

宋敏求先有《長安志》一書，以唐韋述《西京記》疏略不備，又博采羣籍，參校成書，於長安城郭、官府、山川、道里、津梁、郵驛以至風俗、物產、宮室、寺院，纖悉畢具，城内坊市及士大夫第宅，皆一一明其方位，司馬光以爲較之韋記其詳不啻十倍。又宋氏《河南志》一書，與《長安志》凡例稍異，亦稱贍博，然乾隆間編纂《四庫》時已稱不存，故徐松自《永樂大典》重見此書，至爲可喜。惟繆荃孫以爲徐氏自《大典》所抄《河南志圖》爲元人所撰《元河南志》，並非宋氏《河南志》。然後人研究唐兩京城規制及建築均需利用是書，故仍爲珍貴文獻。

徐氏自序之年當已成書，而後仍不斷補充，直至道光二十八年（1848）謝世前，仍以新見資料交由張穆校補入書。張穆於道光二十年起協助徐松校訂整理，所補不多，亦未一一標示，惟卷一"大安宮"下注文，標有"穆案"字樣，卷五"陶化坊"之"河南府參軍張軫宅"注文後，又記徐氏逝世前後補充資料情形，稱"星伯先生卒於道光二十八年三月初一，此條則將屬纊之前四五日手書示穆，令補入書中"。徐氏道光二十八年逝世後刊刻行世，即靈石楊氏《連筠簃叢書》本。而北京大學圖書館另藏有稿本，中有數條注文及徐松案語，刻本中已删去。

徐氏是書於唐兩京外城、皇城、宮城及城内各坊、官署、苑囿、渠道、廨宇、寺觀及名家府宅，均博徵典籍，一一詳考，以究明其歷史沿革及規制、名稱、方位等，又能辨明前人諸書所記之誤。卷一至卷四爲《西京》，卷前有圖，收《西京外郭城圖》、《西京三苑圖》、《西京宮城圖》、《西京皇城圖》、《西京興慶宮圖》，卷五爲《東都》，有《外郭城圖》、《東都苑圖》、《宮城皇城圖》、《上陽宮圖》。各圖列示兩京外郭城與皇城、宮城及主要宮殿、各坊方位及名稱，可與正文對照閱讀。

此本據天津圖書館藏清道光二十八年楊氏刻《連筠簃叢書》本影印。繆荃孫所刊《藕香零拾叢書》收程鴻詔道光三十年《唐兩京城坊考校補記》，中華書局 1985 年有方嚴點校本，河南人民出版社 1992 年有閻文儒等《兩京城坊考補》，三秦出版社 2006 年有李健超《增訂唐兩京城坊考》，均能利用後人考古及更多文獻於徐書作補充辨正，可參考。（劉韶軍）

涼州異物志一卷　（清）張澍輯（第 732 册）

張澍，輯有《三輔決録》，已著錄。

書前有張氏自序,稱漢代以來以"異物志"爲名之書甚夥,《隋書·經籍志》、《新唐書·藝文志》均著録有《涼州異物志》,然卷數不同。《博物志》、《水經注》所引則作《涼土異物志》,作者及時代未詳,張氏以後世諸書所引文字多與《史記·大宛傳》正義所引宋膺撰《涼州異物志》相同,又謂漢晉之時敦煌宋氏俊才如林,文采多麗,故實有可能爲宋膺所撰,然無確證,未能斷言。乃據《太平御覽》、《北堂書鈔》、《水經注》、《齊民要術》、甄權《本草》、陳藏器《本草拾遺》等書搜輯是書佚文,並其所附原注一並輯入,又據《初學記》、《藝文類聚》、《水經注》、《博物志》等書所引是書原文校勘文字異同;據《漢書》、《後漢書》、《北史》、《白氏六帖》、袁山松《後漢書》、《晉起居注》、《抱朴子》、《齊東野語》等書考訂書中所記事物,所記事類有山川、河流、物產、動物、神話人物、舟船、古國等。1993年《西北師大學報》載王晶波文《涼州異物志佚文考辨》,稱張氏所輯是書混有其他《異物志》之文,經其考證,張氏所輯凡五十四條,而可確認爲《涼州異物志》者僅十四條,且均爲四言韻文;於張氏《涼州異物志》爲宋膺所作説則予否定。可供閲讀是書時參考。

此本據上海辭書出版社圖書館藏清道光元年張氏刻《二酉堂叢書》本影印。（劉韶軍）

沙州圖經　（唐）佚名撰（第 732 册）

是書又名《沙州志》或《沙州都督府圖經》,爲中國現存最早之方志圖經,作者爲唐人,已佚其姓名。是書於清末發現於敦煌石室,首尾殘缺,已非完本,存五百一十行,原件現存巴黎法國國家圖書館。宣統元年（1909）,伯希和攜部分敦煌遺卷至北京,羅振玉等人從中抄録若干種,刊印爲《敦煌石室遺書》,其中即收是書殘卷影印本。

沙州初設於東晉成帝咸康元年（335）,時前涼王張駿以敦煌、晉昌、高昌三郡及西域都護、戊己校尉、玉門大護軍三營設爲沙州,治所在敦煌。是書所記内容有唐代沙州府縣設置及其沿革、河流、水渠、湖澤、堰、堤、鹹鹵、鹽池水、驛站、州學、縣學、醫學、社稷壇、雜神、異怪、廟、冢、堂、土河、古城、古長城、墨池、祥瑞、歌謡、古跡等。其中所記水渠、湖泊、池堰諸如苦水、獨利河、興湖泊等均不見於其他地書;所記城塞、驛路,多有補古今地志之不及;所記十六國時諸涼遺事,可正明人纂輯之誤。因之,羅振玉稱此圖經把不盈握,而有稗史地學之宏,頗有史料價值。

是書成書時間,學界有多説。羅振玉認爲成於開元年間;王仲犖更認爲成於開元四年（716）;王重民、周紹良又認爲作於武后之世;日本池田温則稱於上元三年（676）後十數年間逐漸成形,武周證聖元年（695）作大量增補,開元初又有部分調整,永泰二年（766）沙州升爲都督府後,遂改稱《沙州都督府圖經》。按沙州升都督府之時間,中華書局排印本和上海古籍出版社標校本《唐會要》均作永徽二年（652）,其底本分別爲武英殿聚珍本和江蘇書局本,池田温則據《四庫全書》本及敦煌文書考證,認爲"永徽"乃"永泰"之誤。

本書據《敦煌石室遺書》殘本影印。（劉韶軍）

新疆識略十二卷首一卷　（清）松筠纂修（第 732 册）

松筠（1754—1835）,瑪拉特氏,字湘浦,蒙古正藍旗人。先爲理藩院筆帖式,後爲軍機章京,擢駐藏大臣,嘉慶間官陝甘總督、伊犁將軍等、武英殿大學士。道光間以都統銜休致,卒謚文清,入伊犁名宦祠祭祀。更著有《品節録》、《綏服紀略》、《伊犁總統事略》等。《清史稿》有傳。

是書實由徐松撰成。嘉慶十七年（1812）

冬，徐松在湖南學政任上因事流放伊犁惠遠城，時松筠任伊犁將軍，曾命汪廷楷、祁韻士等編成《西陲總統事略》。又命徐松修訂增補，書成，於道光元年（1821）由松筠獻呈，道光賜名《新疆識略》，並爲之序，稱歷代於西域僅能羈縻，未有隸入版圖者，至此，自古弗率之民列諸編户，然其地幅員廣闊，未有志書，因命松筠司其事，以其任伊犁將軍有年，於當地情事知之有素。書既編成，有圖有表有論，於古跡、土俗、物産略而弗書，而河山、城郭、兵食、財賦、儲備、畜牧等事，則條分件繫，述之甚詳，可爲後來續事修輯者有所藉手。又命交付武英殿刊刻行世。

徐氏爲撰是書，遍遊新疆，詳記其地山川曲折、建置、錢糧、兵籍、地理險要、河流湖泊、地形地貌、治理措施，又繪《新疆總圖》及南北兩疆、伊犁全圖。卷首載録清帝所撰詔書詩文，記頌平定準噶爾、大小和卓木叛亂之事，間有小字爲之注，疏釋相關史實甚詳。全書則分《新疆總圖》、《北路輿圖》、《南路輿圖》、《伊犁輿圖》、《官制兵額》、《屯務》、《營務》、《庫儲》、《財賦》、《廠務》、《邊衛》、《外裔》等類。

書前又記武英殿刊校是書者名録，以和碩瑞親王綿忻等二人爲總理，實録館總裁汪廷珍等人爲總裁，其餘提調、纂修、協修、收掌、監造等事各有官員若干。後有凡例，爲松筠所纂。全書並未題徐松之名。

此本據上海辭書出版社圖書館藏清道光元年武英殿刻本影印。（劉韶軍）

山東考古録一卷　（清）顧炎武撰（第 732 册）

顧炎武，有《聖安記事》等，已著録。

《四庫全書總目》地理類存目提要稱舊本題顧炎武撰，載吳震方《説鈴》中。然《説鈴》載炎武書四種，其三皆雜剟《日知録》，此書之文獨《日知録》所不載。末題"辛丑臘月望日庚申，是日立春"，蓋作於順治十八年（1661）。王士禎《居易録》記炎武嘗預修《山東通志》，此書或即是時稿本云云。本書雜考山東古地名、人名，辨正史傳記謬誤，尤以考究地名居多。元人于欽所作《齊乘》，專述三齊輿地，向來推爲善本，欽以華不注爲靡笄山，記臺城在濟南東北十三里，炎武皆有辨正。以華不注爲例，《山東考古録》之《辨靡笄》曰"《齊乘》'華不注亦名靡笄山'，非也。《左傳》云'從齊師於莘'，云'六月壬申，師至於靡笄之下'，云'癸酉，師陳於鞌'，曰'逐之，三周華不注'，曰'醜父使公下，如華泉取飲'，其文自有次第，鞌在華不注之西，而靡笄又在其西可知，《金史》長清有酈笄山"，考證綿密，詞約而覈，頗資參正。今人陳美慧、吳澍時有《〈山東考古録〉與〈日知録〉之關係考述》一文，認爲《山東考古録》若干内容，可視爲《日知録》部分初稿，亦可參考。

此本據浙江圖書館藏清光緒十一年吳縣孫谿槐廬家塾刊《顧亭林遺書補遺》本影印。另有《龍威秘書》本、《藝苑捃華》本。（田君）

續山東考古録三十二卷首一卷　（清）葉圭綬撰（第 733 册）

葉圭綬，生卒不詳，字子佩，滄州（今河北滄州）人，道光十五年（1835）舉人，精研輿地之學，更著有《乾象易知録》、《習察編》、《知非齋詩草》等。事跡略見是書葉氏自序及杜受田、孔憲庚等人序。

是書續《山東考古録》，成書於道光二十八年，體例與顧書殊異，卷首爲《圖考》、《總沿革》，正文三十二卷，詳考山東各府、州、縣之歷史沿革及山川變遷，辨正《水經注》、《清一統志》諸書之訛失。作者遍采典籍，如歷代正史地志、《春秋釋地》、《水經註》、《括地志》、《元和郡縣圖志》、《太平寰宇記》、《元豐九域志》、正續《通典》、正續《文獻通考》、《路史》、《齊乘》、《禹貢錐指》、《讀史方輿紀要》諸書，更通覽各府、州、縣方志,兼及家譜,摭取有關山東地理者,復與實地考察相結合,甄別比對,辨誤訂正,論證翔實。例如本書卷十六,於青州府高苑縣,考"周秦狄邑",云"《史記》'田單攻狄,三月不下',按即漢狄縣,《後漢志》臨濟下劉昭注《地道記》曰'狄伐衛懿公',按伐衛之狄非此",圭綬取典籍與實地覈驗,加小註曰"縣有衛靈公塚,按《魏志》長樂縣有王陵塚,衛靈疑王陵之訛",此等考證甚夥,條分縷析,卓而有識,頗具參考價值。

此本據浙江圖書館藏清咸豐元年葉氏蝸角尖廬刊本影印。另有光緒八年山東書局刊本。（田君）

板橋雜記三卷附錄一卷 （清）余懷撰（第733冊）

余懷（1616—1696）,字澹心,一字無懷,號曼翁、廣霞,又號壺山外史、寒鐵道人,晚年自號鬢持老人。祖籍莆田（今福建莆田）,生於南京,後遷居蘇州。生活於明末清初,絶意功名,博覽群書,更著有《東山談苑》、《味外軒稿》、《研山堂集》等。事跡參見《江南通志》卷一七二、清鄭方坤《全閩詩話》卷九。

是書作於康熙三十二年（1693）,所記爲明末南京秦淮河南岸事,上卷《雅遊》,記述秦淮河畔梨園、燈船、妓院、貢院等;中卷《麗品》,記述尹春、李十娘、葛嫩、顧媚、董小宛、李香、寇媚等秦淮群豔事,又附珠市名妓;下卷《佚事》,記述金陵、瓜洲、嘉興等地各種人物佚事。附錄則有宋蕙湘、燕順、趙雪華、沈周《盒子會詞》等。據余氏自序稱,是書所記狹斜艷冶之事,實即一代之興衰,千秋之感慨,蓋以金陵爲帝王建都之地,公侯戚畹,甲第連雲,宗室王孫,翩翩裘馬,皆取於斯地,雅麗遊冶之事及其人物,實爲世代興衰之徵候。知是書寓有深意,未可僅以艷冶之書觀之。又是書所記當時南京遊樂風俗及其細節,爲瞭解明末社會物質與精神生活之資料,亦屬可貴。

此本據天津圖書館藏清瓣香閣抄本影印。（劉韶軍）

百城煙水九卷 （清）徐崧 （清）張大純輯（第733冊）

徐崧,生卒不詳,字松之,號朦庵居士,吳江（今屬江蘇蘇州）人。明遺民,與錢謙益、萬斯同、徐乾學、尤侗、金聖歎等人交遊。更著有《縞紵集》、《雲山集》、《纈林集》等。事跡參見《清詩紀事》明遺民卷。

張大純,生卒不詳,字文一,號松齋,長洲（今屬江蘇蘇州）人。貢生,與徐崧爲莫逆之交。著有《古文廣義》、《松齋詩草》、《姑蘇采風類記》等。《吳郡名賢圖傳贊》載其事,稱爲著是書而采風三吳,百城攬勝,鍵戶讀書,有功志乘。

徐崧喜山水,遍遊蘇州、吳縣等地山水名勝,訪問山僧士民,徵録方志碑碣,搜討逸詩遺文,據以綴集成書,未及完成而歿,張大純重加纂輯,刊行於康熙二十九年（1690）,記事止於康熙十九年。是書涵蘇州府及所屬吳縣、長洲、吳江、常熟、崑山、嘉定、太倉州、崇明等地。簡述歷史沿革、築城始末、占地面積、城門城樓、山川形勝、寺觀名刹、園林宅第、名勝古跡、風土人情、土風謡諺、方言俗語等,又輯録唐至清初詩家登臨諸處懷古抒情之作。其中所記多爲歷代名人及其故居亭園,如唐代白居易與虎丘白堤、陸龜蒙與魯望古宅、皮日休與徐修矩宅、寒山子與寒山寺,宋代蘇舜欽與滄浪亭、范仲淹與天平山及文正書院、范成大與石湖別墅、文天祥與忠烈祠,元代倪雲林與獅子林,明代唐伯虎與桃花塢、文徵明與停雲館、張溥與五人墓、王世貞與太倉弇山園、王世懋與太倉澹圃,清初錢謙益和柳如是與常熟紅豆莊、吳偉業與太倉梅村別業、尤侗與亦園等。書前有尤侗序,稱是一書取《華嚴》南詢之意以名之。

《四庫全書總目》卷七十六地理類存目收有是書，提要稱是書於山水古跡所述簡畧，而收錄題詠詩文極多，仿效祝穆《方輿勝覽》之例，以詞藻爲尚，而不重考證歷史沿革。祝書於前人著述采擷甚富，是書所收率爲近人之作以及己詩，則又出祝書下云云。然是書所載涉及較廣，朱彝尊編《日下舊聞》亦曾采擷，後人纂修蘇州史志，考證文化故實，亦多徵引。

此本據上海圖書館藏清康熙二十九年刻本影印。（張全曉）

揚州畫舫録十八卷　（清）李斗撰（第733冊）

李斗（1749—1817），字北有，一字艾塘，亦作艾堂，別號畫舫中人，儀徵（今江蘇儀徵）人。諸生，一生未仕。與袁枚、阮元、焦循、汪中、淩廷堪等人交往。著有《永報堂集》、《防風館詩》、《艾堂樂府》等。傳畧見清毛慶善《湖海詩人小傳》卷四五。

是書記述清代揚州風土民情，卷首有乾隆五十八年（1793）袁枚，嘉慶二年（1797）阮元、謝溶生序及作者乾隆六十年自序。前十六卷按揚州郡城區劃，分題草河録上下、新城北録上中下、城北録、城南録、城西録、小秦淮録、虹橋録上下、橋東録、橋西録、岡東録、岡西録、蜀岡録，其中《草河録》等又有插圖三十一幅。末二卷題爲工段營造録及舫扁録，分記清代建築工程營造法式與揚州著名畫舫額匾題辭。

是書成於李斗寓居揚州期間，以目見耳聞，記載賢士大夫流風餘韻及詼諧俚俗之談。撰作時間自乾隆二十九年至六十年，前後歷時三十年。體例仿酈道元《水經注》，分地載人物及事，縷述揚州山川形勝、運河沿革、文人詩文、園林寺觀、文物古跡等，兼采詩詞楹聯、論學名篇、風俗傳説、營造法式，並結合名勝記述名流學士，各綴小傳或行狀。

是書於乾隆六十年自然盦初刻刊行，後迭

經翻刻，至清末有方睿頤石印本，流傳漸廣。此本據上海圖書館藏清乾隆六十年自然盦刻本影印。（張全曉）

吳風録一卷　（明）黃省曾撰（第733冊）

黃省曾（1490—1540），字勉之，號五嶽山人，吳縣（今屬江蘇蘇州）人。嘉靖十年（1531）中舉。從王守仁、湛若水遊，學詩於李夢陽。更著有《申鑒注》、《西洋朝貢典録》、《五嶽山人集》等。《明史》有傳。

是書縷述蘇州風俗，一事一記，凡二十五條。如記吳人善畫，吳時曹弗興能畫《赤龍兵符圖》，置龍水旁，應時雨足。張僧繇丹青絕代，傳説於金陵安樂寺畫四龍，點睛則飛去。其後吳人善畫者猶多。又記吳人善書者，張弘善篆，張彭祖善隸，右軍每見其縑素尺牘則藏之，張旭草書入神品，至今吳人善書者有宋克、徐有貞、李應禎、吳寬、祝允明等，皆著名書家。又記吳人好蓄玩器，稱顧阿瑛好蓄玩器書畫，爲南渡遺風。至今吳俗，權豪家好聚三代銅器、唐宋玉、窰器、書畫，至有發掘古墓而求者。有王延喆者藏三代銅器多達萬件，數倍於《宣和博古圖》所載。又記吳人好貨殖，自沈萬三廣辟田宅，富累金玉，故俗以求富爲務，書生惟藉進身爲殖生階梯，鮮與國家效忠。又記吳人好遊托權要，自蘇師旦以韓氏書史受諸將賄，至今吳人好遊托權要起家，求入學庠者，肯捐百金圖之，以大利在後；持廉而不營産者，則目爲癡。又記官府毀祠謀私，謂自江右張鼈山提學來吳，廢七塔、朱明二尼寺以業宦室，胡太守又廢景德等寺爲子游等祠，由是自城至於四郊及西山，率爲權豪所奪，爲書院、園圃、墳墓，而吳之叢林無完全者。至今縣令輩希效，又盡撤古刹以贈權門，否則厚估其值，令釋道納之。可知是書所記一地一時風俗，詢非皮相之談，殊爲珍貴。

此本據湖北省圖書館藏民國二十七年商務

印書館影印明隆慶刻萬曆增修《百陵學山》本影印。（張全曉）

西湖繁勝錄一卷　題西湖老人撰（第733冊）

西湖老人，名氏及生卒不詳。據書中“慶元間油錢”條考之，知作者當生於南宋寧宗時。是書係《四庫》館臣自《永樂大典》卷七六〇三“杭”字條下輯出，原題爲《西湖老人繁盛錄》，今名《西湖繁盛錄》，乃館臣所改。

是書一卷，不分目次，用方言俗語，記述南宋都城臨安飲食譜牒、四時節令、遊藝習俗、城市街坊等。如記當時菜肴多達二百多種，有大片腰子、松花腰子、江魚玉葉、鼎煮羊、蓮子肉、銀魚乾、荳蔲花等名。又記當時杭州節令活動，如寒食前後水上畫船，時西湖內畫船佈滿，頭尾相接，有若浮橋。又分南山龍船、北山頭船以及二船、三船、四船、檻船、搖船、腳船、瓜皮船、小船等，多時達五百餘艘。自二月初八下水，至四月初八方罷。又記端午習俗，初一城內外家家供養，盡插菖蒲、石榴、蜀葵、梔子花之類，又備酒果、香燭、紙馬、粽子、水團，雖小家無花瓶，亦用小罎插一瓶花供養。時茉莉盛開，每妓須戴三兩朵，只戴得一日朝夕。重午時荷花開，納涼人乘湖船泊於柳陰下飲酒。可以想見當時繁盛景象。其他又記時人服飾、禮儀、舞隊名目、月社設置、瓦肆勾欄、技藝活動等。蓋宋自和議既成，不復留意中原，故杭州士大夫但知流連歌舞，是書所述嬉遊之事，以繁華靡麗相誇，亦當時真實氣象。

此本據明《永樂大典》本影印。又有《四庫全書》本等。（張全曉）

台州札記十二卷　（清）洪頤煊撰（第734冊）

洪頤煊，有《諸史考異》，已著錄。

是書前有洪氏道光十三年（1833）自序，稱台州文獻，先有宋代陳耆卿撰《嘉定赤城志》，吳子良及林表民又各撰續志，元代楊敬德撰《赤城元統志》，皆佚不傳。明成化間，謝鐸又撰《赤城新志》，體例悉依舊志。以梁代台州名赤城，故各志以赤城爲名。明人輯補志書，引用古書好改頭換面，故洪氏重爲匯輯，略加考證，宋元以前文獻，擇其雅馴者以補郡志之缺，而近人府州縣志及諸家族譜所載鄉里傳聞，則謹嚴而不濫入云云。正文共三百三十九條，記台州城池、山川、橋樑、物產、人物、舊籍、湖泊、樓閣、殿堂、制度、災祥、書院等。文獻搜羅甚多，名物考證亦詳。如卷一“夷洲”條，引《三國志‧吳主傳》所記黃龍二年（230）遣將軍衛溫、諸葛直率甲士萬人浮海求夷洲、澶洲，所謂澶洲即秦始皇遣方士徐福率童男童女數千人求神山仙藥之洲，既至而不還，其後時至會稽貨布，以所在絕遠，卒不可至，但得夷洲數千人而還。夷洲即臺灣島，是書記載臺灣距大陸里數及風俗、地理等，於研究臺灣歷史頗爲重要。又辨永寧有二，漢代於永嘉設永寧縣，而唐代永寧縣則設於黃巖，不可混淆。又考臨海太守人數及姓名，糾正陳耆卿《嘉定赤城志》之誤，補入失載者十三人。其他人物、制度、地理等事考證頗多，研究台州歷史地理可引爲參考。

此本據浙江圖書館藏清抄本影印。目錄後有台州府城正文堂王希青刊行牌記，或據此刊本抄錄。又有道光十三年刻本、《傳經堂叢書》本等。（張全曉）

閩部疏一卷　（明）王世懋撰（第734冊）

王世懋（1536—1588），字敬美，號麟洲，太倉（今江蘇太倉）人。嘉靖三十八年（1559）進士，王世貞之弟，以父喪歸鄉，後任南京禮部儀制司主事、江西參議、陝西學政、福建提學副使、南京太常寺少卿等。著有《王奉常集》、《窺天外乘》、《藝圃擷餘》等。《明史‧王世貞傳》後有附傳。

是書收入《四庫全書總目》地理類存目，爲世懋居閩時所作雜記，無序跋目錄，亦未分類,又無條目名稱,記錄閩中風土、歲時、山川、鳥獸、草木、物產、與內地物品交易情形、諸郡邑及人文建築等。所錄細膩而富地方特色。如稱閩中諸郡邑,大都依兩溪合處爲勝,自邵武之建陽所過六十里間,是閩西最佳麗地,而閩西諸郡,大都兩山壁立,中行一水,無問巨川細流,中皆悍灘怒石;又如記福建與內地物品交易情形,稱福之紬絲、漳之紗絹、泉之藍、福延之鐵、福漳之橘、福興之荔枝、泉漳之糧、順昌之紙,無日不走分水嶺及浦城小關,下吳越,如流水,其航大海而去者尤不可計,皆衣被天下。再如記閩中橋樑甲天下,皆以巨石梁之,上施榱棟,都極壯麗,以閩水怒而易崩,故以數十重重木壓之,中多設神佛像,香火甚嚴,亦厭鎮之意,最著者爲萬安石橋等等,均可備采取。

此本據中國科學院圖書館藏明萬曆四十五年陳于廷刻《紀錄彙編》本影印。（劉韶軍）

閩小紀四卷　（清）周亮工撰（第734册）

周亮工(1612—1672),字元亮,又號緘齋、櫟園等,原籍祥符(今屬河南開封)人,後居金陵(今江蘇南京)。崇禎十三年(1640)進士,後爲濰縣知縣、浙江監察御史等。入清後任兩淮鹽運使、福建按察使、布政使、左副都御史、户部右侍郎等。著有《賴古堂集》、《讀畫樓畫人傳》、《印人傳》等。《清史列傳》卷七九、《福建通志》卷二八有傳。

是書前有康熙五年(1666)汪楫序,稱周氏於閩任官時能禦災捍患,爲功甚巨,而是書不錄此事,僅紀福建昆蟲草木等細事,使人忘其功,此爲周氏著書之志。又有黄虞稷序,稱周氏於閩覽察時物,如是者數十載,故於閩之聞見最廣。是書所記爲全閩軼事舊聞、方物土產、方言俚語以及人文之盛,工伎之巧,洞壑之奇、物類之夥,以見福建風土閎博、文物富麗、習俗醇粹、人情忠厚。又有康熙丁未六年(1667)范驤序、孫洠如序、羅燿序等,知是書

當撰成於其時。是書不分類,分條雜記諸事,爲筆記體。卷一記福建動物、植物、人物。卷二記風土習俗、洞壑奇景、人物逸事、禽鳥物產等。卷三記人物、物產、風俗、山川等。卷四多記閩人詩句,除士大夫詩外,又記婦女、貧士、鬼怪、隱士、禪師、道士等人物所作詩及詩集,並閩中藏書等。卷末有謝國楨跋,稱周氏《尺牘新鈔》等爲人熟知,而《讀畫録》、《閩小紀》、《印人傳》等世不多見,《説鈴》所收《閩小紀》爲删節本,是本則首尾完足。所記福建清初人物逸事頗多,可爲讀史之助。

此本據清康熙周氏賴古堂刻本影印。（劉韶軍）

莆陽比事七卷　（宋）李俊甫撰（第734册）

李俊甫,生卒不詳,字幼傑,莆田(今福建莆田)人,宋寧宗嘉定十年(1217)進士,《(乾隆)福建通志》卷五一有小傳。

書前有萬曆三十三年(1605)林兆珂刻是書敘、陳讜所撰是書舊序及嘉定七年(1214)林璪跋,知是書成於宋嘉定時,重刻於明萬曆間。莆陽志書,前此有鄭橋《莆陽人物志》及趙彦勵、陸炎《莆陽志》,均已散失,故是書尤爲寶貴。

是書據史書及諸家文集、碑碣書牘,並參諸故老,多方采擷以成,以四字句紀事,各句下則詳加注説。卷一述莆田郡縣沿革,稱"閩分八郡,莆有三邑",八郡即建、劍、汀、邵、福、興、泉、漳,三邑即興化、莆田、仙遊。又述周圍山水、寺觀、户口及官宦所居、當地謠諺、前代名賢及本朝進士。卷二記身居高位之名人佚事,有葉容、陳俊卿、龔茂良、鄭僑、潘慎修、方慎言、蔡襄、陳睦中、林震、薛元鼎等,所謂"林家九牧、陳氏五侯"。卷三記御筆賜字,詔書不名等榮顯之人,如蔡襄、陳俊卿等,又記治學有專長者,如沖晦先生、徐復、張弼等。此外則記忠惠之家、孝友之門,循良爲冠,以詩名家有文行世者,載有邑

人文集詩卷。卷四記列入元祐黨籍之莆人六名及慶曆諫臣蔡襄，又記莆人丐者留詩、異人異語、恥附秦黨等事。卷五記邑人力止童貫、合擊大淵、疏彈子厚、詩諷荊公，其中述及陳傅良、葉適成就永嘉理學等事。卷六記太守德政，郡齋盛事。卷七記鯉湖九仙、龜峰二師等道佛人物逸事及傳說。是書記載莆陽姓氏甚詳，如陳姓三十八分支、林姓三十九分支、方姓二十四分支，又載錄莆陽人著作一百五十三種，於瞭解宋代莆田地方史事可資參考。

此本據《宛委別藏》清影抄本影印。（劉韶軍）

臺灣隨筆一卷 （清）徐懷祖撰（第734冊）

徐懷祖，生卒不詳，字燕公，松江（今屬上海）人。見《四庫全書總目》卷七七地理類存目是書提要。

存目提要謂是書自序稱"乙亥之春，再至閩漳，復有臺灣之行"，蓋作於康熙三十四年（1695），記臺灣風土及自閩赴臺海上行程，俱不甚詳備，但就其所身歷者言之云云。是書稱臺灣於古無考，惟明末有莆田人周嬰《遠游編》，載《東番記》一篇，稱臺灣爲臺員，蓋閩人發音如此云。所記爲臺灣山嶺、平原及土人之事。稱明天啟時顏思齊引日本人來屯其地，後鄭芝龍亦來臺灣，不久荷蘭人前來借地，於其地築城而不歸還。清順治十八年（1661）鄭成功發自廈門從臺灣東鹿耳門入臺，擊敗荷蘭人，荷蘭人棄城離去。至康熙十八年（1679）清廷平定臺灣，其後福建沿海但有商船可以航行於海上，故陸上遣使赴臺皆借商船來往。又記有當時海船形制，並稱亦有荷蘭人海船前來通商，其船遠遠大於閩人商船，且製造精巧。又記航海之事，風浪極大而舟行甚難，謂海上有颶風、颱風，航海需用羅經，又記臺灣及澎湖險要港口，如雞籠山、鹿耳門等。稱臺灣番民種類甚多，然未能詳

述其事。其物產有與中原不同者，如波羅蜜，則移植於荷蘭。書末簡要敘述廈門至臺灣航海行程及廈門航海至浙江、上海日程等。

此本據清《學海類編》本影印。（劉韶軍）

宋東京考二十卷 （清）周城撰（第734冊）

周城，生卒不詳。《四庫全書總目》卷七十七地理類存目有是書提要，稱周城號石匏，嘉興（今浙江嘉興）人。是書前有雍正九年（1731）王珣序，稱周城客居開封三年，搜集開封相關資料以成此書。以建隆以前東京非宋，靖康而後宋不東京，故專紀北宋東京一百七十年間事蹟。每條援引舊書，列其原文，仿朱彝尊《日下舊聞》之體，而資料博贍遠不如朱書。又多載雜事，務盈卷帙，此外一臺而數名，多彼此牴牾，而無所考證，其精核又不及彝尊云云。

是書所采書籍多達三百餘種，如《太平御覽》、《三朝寶訓》、《三朝聖政錄》、《兩朝寶訓》、《四朝國史》、《兩朝志》、《聖朝職略》、《九朝通略》、《皇朝政略》、《建隆遺事》、《聖宋掇遺》、《國朝會要》、《續會要》、《中興會要》、《神宗實錄》、《哲宗實錄》、《東都事略》、《讕語長言》、《續文獻通考》、《異林》、《紺珠閑錄》等，保存罕見典籍資料頗多。其體例仿朱彝尊《日下舊聞》。全書五百餘條，分題京城、四京、宮城、殿閣、諸司、三省、官治、壇、臺、池、園、苑、樓、閣、館、門、亭、堂、宅、宮、觀、寺、祠、廟、院、山嶽、河渠、溝洫、岡、堆、坡、陂、堤、閘、洞、潭、渡、泊、關、槳、井、墓四十二類，類下又有細目。各類先總敘，其後逐條排列古籍有關記載，間附周氏所論，於相關史事有所考證。如卷十四"相國寺"條，引《談叢》、《夢溪筆談》、《王氏畫苑》、《圖畫見聞志》、《夢華錄》、《燕翼詒謀錄》、《塵史》、《演繁露》、《鐵圍山叢談》、《歸田錄》、《聞見後錄》、《默記》、《國老談苑》、《石林詩話》、《鶴林玉露》、《癸辛雜識》、《智

囊補》、《祥符縣志》、《無錫縣志》、《筠廊偶筆》等書,詳述相國寺樓門、壁畫、塑像、貿易、僧人生活及皇帝賜觀等事。按今人崔文印有《清周城〈宋東京考〉辨析》一文,謂是書大多因襲明李濂《汴京遺跡志》,改竄處亦多粗謬,可參看。

此本據天津圖書館藏乾隆六年刻本影印。

（張全曉）

廣東新語二十八卷　（清）屈大均撰（第734冊）

屈大均（1630—1696）,初名邵龍,號非池,又名邵隆,字騷餘,又號翁山、介子、萊圃,番禺（今屬廣州）人。有詩名,與陳恭尹、梁佩蘭合稱嶺南三大家。南明永曆帝時曾任中秘書,後以抗清失敗,於番禺雷峰海雲寺出家,康熙十二年（1673）,吳三桂起兵時,屈氏復出監軍於桂林,後返番禺,不復出。更撰有《翁山詩外》等詩集三種,《翁山文外》等文集二種,以及《四朝成仁錄》、《廣東文集》、《廣東文選》等。《清史稿‧陳恭尹傳》後有附傳。

屈氏以明代已用“廣東”之名,故有關著作皆以“廣東”爲名而不用“嶺南”,以示不忘前明之意。是書自序稱就《廣東通志》所載增補,已有者略之,而新載者求詳,舊有者十之三而新增者十之七,故名《新語》。所述廣東事物,一類爲一卷。《天》、《地》、《山》、《水》、《石》等類,記述廣東氣候、地形山貌、湖泊泉池、名勝古跡及諸山石質。《神》、《人》、《女》、《事》等類,記廣東民間傳說、神話、歷代名人、孝女烈婦、民間風俗。《學》、《文》、《詩》、《藝》等類,記廣東理學名家、詩文名人及其著作、書畫印章等。《食》、《貨》、《器》等類,記廣東稻麥豆茶油鹽、金銀銅鐵珠玉、刀劍鐘鼓戰車等物。《宮》、《舟》、《墳》等類,記廣東臺館祠廟園林、船舶戰艦、陵墓塚塔等。《禽》、《獸》、《鱗》、《介》、《蟲》等

類,記廣東各種動物雜類。《木》、《香》、《草》等類,記花木、香料、花草等,《怪語》類記神怪報應等事。每記一事,輒加考辨,驗以身經,徵以目睹,故多較可信。如記田土,有沙田、洋田、坑田、萍田、旱田、城田、潮田之分,並述其生產與占有情況及主佃關係,於清初遷海情況記述亦詳,稱康熙元年下遷海令,居民倉卒奔脫,野處露棲,死者成千上萬。二年再遷,三年又遷,民人養生無計,死者數十萬。又記廣東民俗,如佛山放鷗會、海豐放水燈、廣州中秋放燈火、東莞田了節,均有地方特色。又記廣東食品及物產,如荼蘼露、糖梅、紫窩菜、珊瑚、琥珀、龍腦香、勾漏砂、機銃、水車、酒器等。《文》類記廣州方言土語及其來源,亦頗有價值。

是書有康熙三十九年水天閣原刻本及乾隆間翻刻本。此本據清康熙水天閣刻本影印。

（劉韶軍）

廣西名勝志十卷　（明）曹學佺撰（第735冊）

曹學佺（1571—1646）,字能始,號石倉,侯官（治今福建福州）人。萬曆二十三年（1595）進士,曾任南京戶部郎中、四川按察使、廣西右參議等,後遭魏忠賢黨羽參劾,罷官家居。南明唐王時爲禮部尚書,唐王敗亡,自縊而死。更著有《五經可說》、《石倉詩文集》、《蜀中廣記》等。《明史》有傳。

天啟間曹氏曾謫官廣西,是書記廣西名勝古跡。首爲《總敘》,概述廣西沿革及州縣建置,其後按桂林府及其州縣、平樂府、梧州府、柳州府、慶遠府、潯州府、南寧府、右江土司、左江土司諸目分述各地名勝古跡。皆先敘府州縣設置沿革,再敘地理山川名勝、驛站樓亭、人物事跡、古跡典故等,每述名勝,先明方位,復依時代敘其掌故。無類目,各事間用〇號區隔。雖雜記無序,然多有可補正史所略者。引書亦多,史書諸志外,更有《風土記》、《靈川志》、《水經注》、《方輿勝覽》、《全州

志》、《卧山郡國志》、《輿地廣記》、《西事珥》、《永固縣志》、《金石略》、《集古録》、《明遜國記》、《月山叢談》、《嶺右遷客録》、《地里沿革論》，以及韓柳以下諸多唐宋人文集。又記廣西人所撰著作，如明代象州人吕景蒙《柳州府志》、《藏用集》、《定性發蒙》、《象郡學的》等。卷九、卷十則附論治理土司之事。

此本據南京圖書館藏明崇禎三年刻《大明一統名勝志》本影印。（張全曉）

蜀都雜鈔一卷　（明）陸深撰（第 735 册）

陸深，有《聖駕南巡日録》等，已著録。

是書爲陸深任四川左布政使時，記録蜀中山川古跡之作，多爲隨筆劄記。無序跋、目録，亦不分類，不標條目。所記頗雜。如謂蜀人姓多出宋《百家姓》及明《千家姓》之外，蓋自魏晉以來重門閥姓氏，至唐宋時姓氏愈分愈多，故蜀人姓多未見於記載。又論峨眉山之名，以兩山相對似蛾眉，故字當從"虫"不當從"山"。又記四川地震，如嘉靖十五年二月二十八日地震，死者數千人。又記四川氣候與植物，謂蜀都雨多風少，故竹樹皆修聳，而少陵謂"柏森森"者，惟蜀爲然。又記蜀中山水以嘉定爲佳，故自古名人多寓居其間，如漢代揚子雲、晉代郭景純、唐代李太白、宋代蘇東坡及黃山谷、晁公武等。又記灌縣都江堰，有"深淘灘，淺作堰"六字石刻，相傳爲秦李冰鑿離堆時所書，深則以爲恐後人所爲。又據蜀地所見以考經籍，如《禹貢》"岷嶓潛沱"之義難解，深以爲蜀山連綿延亘，凡居左者皆曰岷，右者皆曰嶓，凡水出於岷者皆曰江，出於嶓者皆曰漢，江別流而復合者皆曰沱，漢別流而復合者皆曰潛。故岷謂之汶，即後之汶川，漢謂之漾，或謂之沔，或謂之羌，今沿漢水而東則有寧羌州、沔縣、洋縣、洋、漾聲相近，此皆得名於漢水。此類考證雖未引經據典，然多據實地所見，於詮解經書古義不無助益。又有所記非蜀地之事者，如論正字以

一、止爲文，故兩漢之世不以正紀年，而如魏齊王芳年號爲正始，高貴鄉公爲正元，俱不祥之兆。金煬王有正元、正隆之號，金哀帝亡國之年亦曰正大，元順帝終於至正，似非偶然，由此亦知宰相須用讀書人云云。

此本據浙江圖書館藏明刻《廣百川學海》本影印。（劉韶軍）

蜀典十二卷　（清）張澍撰（第 735 册）

張澍，輯有《三輔決録》，已著録。

書前有道光十三年（1833）楊得質序，稱是書窮歲差之躔度、記山水之源流、辨物產之土宜、傳者舊之故實，能括原委而備具。又有嘉慶二十三年（1817）自序，稱十七年（1812）重修《四川通志》，已乃先行分類輯録典故資料，以備省志采擇，至二十一年而成是書，二十三年刊行云云。是書分題堪輿、人物、居寓、宦跡、故事、風俗、方言、器物、動植、著作、姓氏等類，搜集諸書相關記載編成。《堪輿》類除記各書所載蜀地風水之説外，又考證經典所言蜀地之事，如考《尚書·牧誓》所云"庸蜀羌髳微盧彭濮人"之所在等。《人物》類以爲蜀地險絶，故多生俶詭之人，有靈仙艷姿、經儒文士等，如奇相、蒙山妹嬉、塗山氏、尹吉甫子伯奇、秦精、朱提梁氏女、楚靈王妃巴姬、商瞿等，所録有《蜀梼杌》、《天問》、《蜀本紀》、《琴清英》、《拾遺記》、《華陽國志》、《風俗通義》、《西京雜記》、《搜神記》諸書。《居寓》類則據《世本》、《路史》、《春秋元命苞》、《大戴禮記》、《山海經》等書載録傳説人物曾至蜀地者，如華胥居華渚、女娲遊蜀、伏羲遊蜀、玄囂居江水、青陽降居泜水等。《故事》類據《楚國先賢傳》、《聞見録》、《太平廣記》、《困學紀聞》、《博物志》等，載録歷代蜀地異事，如蛟畏鐵、鬥牛戲、永昌曆、正象曆、季漢户口、工官、蜀中鏤書、掘龍骨等。其他《風俗》、《方言》、《器物》、《動植》、《著作》、《姓氏》等類，均據諸多舊籍雜書載録相關人

物及事跡,引用典籍頗多,所記內容雖瑣細,然有以見蜀地特色,而頗可采取。

此本據浙江圖書館藏清道光十四年張氏安懷堂刻本影印。另有光緒二年尊經書院本。(劉韶軍)

續黔書八卷 （清）張澍撰（第735冊）

張澍,輯有《三輔決錄》,已著錄。

書前有張氏嘉慶九年(1804)自敘,題"知貴州思州府玉屏縣事",因知任玉屏知縣時撰成。初名《黔中紀聞》,以田霞綸著有《黔書》,又改稱《續黔書》。分條記事,不分類。首題星野、地界,又雜記諸事,題作捍水議、苗警、驛站、夫馬、治盜、毒蠱、假銀、詛盟、茂學篇、修文昌宮記、祭三閭大夫文、李白至夜郎辯、王昌齡墓、謁王陽明先生祠記、盤瓠、紫姑、黔中、夜郎、龍標、廢牂柯郡、牂柯江、萬卷書巖、遊紫氣山記、飛鳳山、遊白雲山記、鮎魚洞、諸葛洞、聖泉、石棺、風鬼等。

是書存張氏多篇遊記及詩,可以考見張氏在貴州行跡感懷,如《祭三閭大夫文》、《謁三閭大夫祠詩》、《謁王陽明祠》等,其《十八先生墓》一文,記明末永明王與李定國謀誅孫可望失敗,十八人被捕不屈而死事,可補正史所未備。又有《茂學篇》,乃勸諸生進學。《夫馬》,記述貴州與外省交通,後附《輿夫謠》,可知當時交通之難。《黔中》,後附《黔中曲》十三首,詠歎貴州山水風俗。《遊白雲山記》,附《建文帝君臣論》等。

是書所記方言、俗字、風物等,尤可重視。如《俗字》,記黔南各郡民苗訟牒中所用俗字,與字書所載讀音不同。《方言》,記苗族、瑤族語言。其他各篇多載貴州物產風俗、歷史地理及相關制度,如官鑄、鹽、茶、女酒、革器、洞錦、鐵笛布、苗刀、燕麥、梓栯、卭竹、蘭、長壽草、海棠、蠟樹、箐雞、人首魚、鱸魚、九香蟲等。所記雖瑣細繁雜,然多有他書所未及者,頗有價值。

此本據中國科學院圖書館藏清嘉慶刻本影印。(劉韶軍)

蠻司合誌十五卷 （清）毛奇齡撰（第735冊）

毛奇齡,有《王文成傳本》,已著錄。

是書紀錄明代湖廣、貴州、四川、雲南、兩廣地區土司始末及各族風俗民情,爲毛氏撰修《明史・土司傳》所餘稿本。卷一先概述蠻司源流沿革,略謂漢代統稱西南至東南少數民族爲"蠻",蓋承《禹貢》、《詩經》之所稱。各族均有大姓爲其首領,以召喚其族各部落,唯朝廷未於其地建置州司,故又稱土官土吏。明襲元制,仿蜀、漢、晉之制,分授各族首領以官職,使其自行治理其族所領地區,所授官吏遍布於其族。此爲以虛名收實利之制,實即以蠻治蠻;若有變亂,則以蠻攻蠻,於是又有土兵之法,朝廷用兵,時亦征調土兵。於是土司、土官、土吏、土兵及賦稅、差役、駐防、守禦等制度相繼建立,其名號則有宣慰司、招討司、安撫司、長官司等。此種種制度初定於明洪武時,後有所改動云云。概述後就明代湖廣等地土司,分卷詳記其主要首領及相關制度、分佈、沿革、人物、重大史事等。其中概述與湖廣合一卷、貴州兩卷、四川四卷、雲南四卷、兩廣(按原文如此。檢《明史・土司傳》廣東瓊州府附廣西思陵下,未單列廣東土司)四卷,總十五卷,以合述各地土司,故名合誌。是書敘述南方各族土司制度、人物、歷史變遷甚詳,爲研究南方少數民族史重要史料。

此本據天津圖書館藏清康熙刻《西河合集》本影印。(劉韶軍)

殊域周咨錄二十四卷 （明）嚴從簡撰（第735—736冊）

嚴從簡,生卒不詳,字仲可,號紹峰,嘉興(今浙江嘉興)人。嘉靖三十八年(1559)進士,後任婺源縣丞、行人司行人、刑科右給事中、工科給事中等。更著有《安南來威輯略》、《詩教》、《使職文獻通編》等。《(雍正)浙江通志》卷一九〇有傳。

是書前有萬曆十一年(1583)吏部尚書嚴清序及萬曆二年嚴從簡題詞,題詞後有按語,稱是書所輯詳今事而略古事,蓋漢唐以來自有成史,不必再贅,故僅述其大綱,而明朝撫馭各夷之事,其文獻典藏於秘館,世莫易窺,必盡著之,故成是書以詳其事云云。"殊域"指中土四邊各民族乃至諸國家,按地理方位分東夷、南蠻、西戎、北狄等類,東方有朝鮮、日本;南方有琉球、安南、占城、真臘、暹羅、滿剌加、爪哇、三佛齊、渤泥、瑣里、古里;西方有蘇門答剌、錫蘭、蘇禄、麻剌、忽魯謨斯、佛郎機、雲南諸夷、吐蕃、佛箖、榜葛剌、默德那、天方國、哈密、吐魯番、赤斤蒙古、安定阿端、曲先、罕東、火州;北方有撒馬兒罕、亦力把力、于闐、哈烈、韃靼、兀良哈、女直。全書分述各民族地區及所錄國家山川地理、風俗人情以及物產等。所據資料取自明朝廷歷年頒發敕書、來往使節所作文字記録,及行人司所藏文書檔案等。敘事詳細,有歧説則並列史料,注明出處。正文後有按語並輯録有關詩文。因將女直列入東北夷,故清朝列爲禁書。是書載録文獻多而詳,如日本、琉球、鄭和下西洋等均有較多資料,於研究中外交通、各國及民族地區歷史均有參考價值。

此本據國家圖書館藏明萬曆刻本影印。(劉韶軍)

咸賓録八卷　(明)羅曰褧撰(第736冊)

羅曰褧,生卒不詳,字尚之,豫章(今江西南昌)人,萬曆十三年(1585)舉人,著有《雅餘集》等。

《四庫全書總目》卷七十八地理類存目有提要,稱是書刊於明萬曆中,分列諸國之事。欲誇明代聲教之遠,故曰"咸賓",實多非朝貢之國云云。全書分《北虜志》、《東夷志》、《西夷志》、《南夷志》。《北虜志》分韃靼、兀良哈二部。韃靼下又分熏粥、獫狁、匈奴、回紇、蒙古、瓦剌、小王子、河套等目;兀良哈下分東胡、鮮卑、乞伏氏、契丹、吐谷渾等目:詳記明九邊設置及沿革。《東夷志》記朝鮮、女直、日本、琉球。朝鮮下分嵎夷、方夷、淮夷、貊人、沃沮、高句麗、夫餘、馬韓、辰韓、新羅、百濟等;女直下分肅慎氏、挹婁、勿吉、黑水靺鞨、渤海、唐黑水府、生熟女真、建州、海西、奴兒干都司等;於日本記其自漢建武帝時朝貢受封至明代倭寇及其風俗、地理等事,於琉球則記其歷史及遣使、朝貢等事。《西夷志》記哈密、高昌、土魯番、魯陳、天竺、婆羅、撒馬兒罕、亦力把力、佛菻、蘇門答剌、于闐、祖法兒、鑒邦、哈烈、天方、默德那、古里、溜山、阿丹、南巫里、白虎松兒、阿速、乞力麻兒、牒幹、黑葛達、黑婁、哈失哈力、呵哇、麻林、加異勒、敏真誠、八答黑商、須文達那、火剌札、失剌思、納失者罕、瑣里、西洋瑣里、吐番等,述其地理、歷史、風俗特產及與中土交往情況。《南夷志》記述今東南亞至印尼以南凡三十餘地區及國家,如安南、占城、真臘、爪哇、暹羅、柯枝、討來思、沙哈魯、百花、答兒密、滿剌加、錫蘭山、忽魯謨斯、啞魯、大小具南、亦思把罕、甘把里、小葛蘭、古俚班卒、呂宋、合貓里、碟里、打回、日羅夏治、賓童龍、交攔山、剌撒、彭亨、渤泥、古麻剌、蘇禄等,又記時稱南中諸夷,有滇、哀牢、勞深、靡莫、鈎町、南詔、曲靖、鶴慶、金齒、緬甸、老撾、播州、黎州、建昌、松潘、貴南、羅羅、犵狫、龍家、仲家、宋家蔡家、五溪、三江、黎人、蜑人、馬人、伶人、僚人、僮人等。是書但記中土周邊地區及國家,不記西方諸國來華交往之事。引書多達三百四十餘種,搜羅宏富,保存珍貴史料較多。

此本據國家圖書館藏明萬曆十九年劉一焜刻本影印。另有民國胡思敬輯《豫章叢書》刻本。(劉韶軍)

西遊録注一卷 （元）耶律楚材撰（元）盛如梓删略（清）李文田注（第736册）

耶律楚材（1190—1244），字晉卿，號玉泉老人，法號湛然居士，契丹族，蒙古名爲吾圖撒合里，遼太祖耶律阿保機九世孫。初於金朝任開州同知、左右司員外郎等，成吉思汗十年（1215）依成吉思汗，後扈隨西征。窩闊台汗繼位後，任中書令。更編有《西征庚午元曆》，修訂《大明曆》，著有《湛然居士文集》。《元史》有傳。

盛如梓，生卒不詳，號庶齋，衢州（今浙江衢州）人，元時曾任崇明縣判官。著有《庶齋老學叢談》等。見《四庫全書總目》卷一二二雜家類《庶齋老學叢談》提要。

李文田，有《元史地名考》等，已著録。

成吉思汗十四年耶律楚材隨汗西征，前後七年，返燕京後撰作是書，名爲《西遊録》，時在成吉思汗卒後其子拖雷監國之年（1228）。與丘處機《長春真人西游記》皆爲作者親歷其地，就其所見記述，並稱十三世紀記述天山以北及楚河、錫爾河、阿姆河地區歷史地理之名著。

書僅一卷，分上、下部，上部記自北京出發西遊行程及西域各城情形，下部考論《長春真人西遊記》所記地理等事。是書刊行後流傳不廣，以致湮滅無聞。盛如梓《庶齋老學叢談》曾節録其中西遊地理部份八百餘字，至清代，李文田乃就盛氏節本爲注。李氏注釋，多注年月、地名、山川、人名、物產、風俗等，其中多引耶律楚材《湛然居士集》相關詩文以及《史記》以來歷代正史並《西陲要略》、《萬里行程記》、《松漠紀聞》、《北邊備對》、《北使記》、《大唐西域記》、《長春真人西游記》、《皇輿西域圖志》、《西域水道記》、《西域圖考》、《至元譯語》、《職方外紀》、《庶齋老學叢談》等書，又附俞浩《西域考古録》所引《西遊録》及俞氏注文。

是書有光緒間李文田門人江標《靈鶼閣叢書》本，又有宣統間羅振玉刻《玉簡齋叢書》本。此外，劉世珩《聚學軒叢書》有《西遊録略注補》一卷，由清代范壽金補李文田注，國家圖書館藏有李聞顯補李文田注本，皆可參考。1926年，日本神田信暢於日本宮內省圖書寮發現《西遊録》足鈔本，國內乃有王國維鈔本及羅振玉《六經堪叢書》本。

此本據清光緒二十三年江標刻本影印。（劉韶軍）

長春真人西游記二卷 （元）李志常撰（第736册）

李志常（1193—1256），字浩然，號真常子，觀城（今山東範縣）人。丘處機十八弟子之一，元太宗十年（1238）任全真道掌門。更著有《又玄集》。《（雍正）山東通志》卷三〇有傳。

是書記述長春真人丘處機率門徒西行覲見成吉思汗於西域雪山之經過。成吉思汗十四年（1219）冬，汗遣使赴山東詔請全真道領袖丘處機赴西域。次年正月，丘處機率門徒李志常等十八人自萊州啟程北上，歷時兩年餘，行程萬餘里，十八年歸後撰成是書。上卷記述西遊道路里程、山川形勢、民風習俗、氣候語言、珍禽異木及丘處機沿途所作詩詞等。下卷記述丘處機覲見成吉思汗、東返、燕京傳道及羽化前後之事。正文後附録成吉思汗於癸未羊兒年（1223）三月、九月、十一月所頒三道邀丘詔書，又有癸未年及丙戌年（1226）燕京行尚書省石抹公、御史大夫等邀丘住持燕京天長觀請柬，又列記丘處機隨行十八弟子名單，中有虛静先生趙道堅、沖虛大師宋道要、清和大師尹志平、虛寂大師孫志堅、道元大師李志常等，又有從師護持蒙古四人姓名。是書卷題爲“長春真人游記，門人真常子李志常述”。卷前有西溪居士孫錫戊子（1228）序，知成書於此時。是書於元史、全真教、中西交通、西域地理、民俗等研究，均有重要史料價值。

此書據《宛委別藏》清抄本影印。另有清道光二十八年靈石楊氏《連筠簃叢書》本、《清朝藩屬輿地叢書》本、《正統道藏》本等。（劉固盛）

古今游名山記十七卷總録三卷　（明）何鏜輯（第 736 册）

何鏜（1507—1585），字振卿，號賓巖，麗水（今浙江麗水）人。嘉靖二十六年（1547）進士，後爲江西提學僉事、廣東按察使等。更著有《中州人物志》、《括蒼彙紀》等。事跡見《四庫全書總目》卷七四《括蒼彙記》提要及《（雍正）浙江通志》卷一三三。

《四庫全書總目》卷七十八地理類存目有是書提要，稱是書采史志、文集所載遊覽之文，以類編輯。首爲《總録》，分《勝記》、《名言》、《類考》三篇，《勝紀》、《名言》録自古諸書關於山川遊覽之言，引據諸書有《尚書》、《穆天子傳》、《史記》、《莊子》、《列仙傳》、《韓詩外傳》、《新序》、《戰國策》、《説苑》、《論語》、《高士傳》、《淮南子》、《漢書》、《真仙通經》、《武夷山志》、《世説》、《晉書》、《傳燈録》等。《類考》録諸書所載古人遊歷名山大川事跡及道家洞天福地，並山水遊賞之賦。三篇後分述北京、南京及各省名山，又録古今人名山遊記。書前有嘉靖四十二年（1563）黃佐序、嘉靖四十三年吳炳序、王世貞序、王稺登序等。吳序稱校正是書，以命梓人，知是書刊行於嘉靖四十三年時。書前凡例稱是書專收登覽名山遊記，賦則酌收一二，詩則興寄多方，牽喻靡一，故未收入。諸遊記作者著其世代爵里，不詳其餘。卷末有何鏜嘉靖四十四年後序，稱是書於嘉靖四十四年刻成，初采柳河東永、柳諸記，益以《蘭亭》、《桃源》諸名篇，又參徐可繩備録金精、衡、岱諸作及大梁李川父所著《乙巳春遊録》、都太僕《遊名山記》、《喬太宰海嶽行記》等，時時以名集文記

指示，廣所未備。

此本據北京大學圖書館藏明嘉靖四十四年廬陵吳炳刻本影印。（劉韶軍）

名山游記一卷　（明）王世懋撰（第 737 册）

王世懋，有《閩部疏》，已著録。

世懋政事之暇，喜好山水之遊。是書含《京口遊山記》上下篇、《遊匡廬山記》、《東遊記》、《遊二泉記》、《遊鼓山記》、《遊石竹山記》、《遊九鯉湖記》等篇，附《遊溧陽彭氏園記》，爲其生平所遊之可記者。京口諸山，以金山、焦山、北固山鼎足爲三，世懋嘗數遊之。《京口遊山記》上篇記其萬曆癸酉（1573）招隱山之遊，下篇方記此次焦山、北固之遊，而不及金山。《遊匡廬山記》記世懋萬曆丁丑（1577）五月江西廬山之遊。《東遊記》記同年秋山東一帶之遊。《遊二泉記》記九月廬山文殊臺瀑布即今所云秀峰瀑布及三疊泉之遊。《遊鼓山記》記萬曆丙戌（1586）福州鼓山之遊，《遊石竹山記》、《遊九鯉湖記》記此次石竹山、九鯉湖之遊。《遊溧陽彭氏園記》爲江蘇溧陽彭氏園之遊，雖非山而得附焉。

卷末有萬曆丙戌世懋跋，蓋爲鼓山以下三記作，後合刻諸記，仍綴於末。

此本據國家圖書館藏明萬曆刻本影印。（劉韶軍）

王太初先生五岳遊草十二卷　（明）王士性撰（第 737 册）

王士性（1547—1598），字恒叔，號太初，又號元白道人，臨海（今浙江臨海）人。萬曆五年（1577）進士，先後爲確山知縣、四川參議、南京鴻臚寺正卿等。好遊歷，所到之處，於巖洞草木均悉心考證，並搜訪地方風物遺事，詳加記載，更著有《廣遊志》、《廣志繹》、《東湖志》、《吏隱堂集》、《玉峴集》等。《明史·王宗沐傳》後有附傳，《（雍正）浙江通志》卷一八一有傳。

《四庫全書總目》卷七十八地理類存目有是書提要，稱士性於諸地爲官，遍遊五嶽，又遊名山以十數，經歷者十州，遊必有記，有圖有詩，統題曰《五嶽遊草》，以該其餘云云。按王氏遊歷及遊記與徐霞客相仿佛，然較霞客早生四十年，所記皆身所親見，後顧炎武撰作於是書多有引用。書前有康熙三十年（1691）馮甦重刻序，稱是書兩經剞劂，藏板俱失，所存僅斷簡殘編而已，故爲修輯，校改錯字，重加刊刻。又有康熙三十年潘耒序，稱王氏於諸名山無不窮探極討，一一著爲圖記，發爲詩歌，刻畫意象，能使萬里如在目前。名利之人不知宇宙之廣，日月之大，讀是書能使人置身物外，曠觀遠覽，世間名利之累盡可冰釋。此外又有康熙三十一年林雲銘序及萬曆十九年（1591）王士性自序，知是書當成於萬曆間。全書分題嶽遊、大河南北諸遊、吳遊、越遊、蜀遊、楚遊、滇粵遊等篇，各篇內又分諸山之遊，並釐爲上下，上篇紀文，下篇紀詩，另附圖共三十五幅。末二卷爲《雜志》，記各地山水地理、風土習俗、山水勝概、磯島、陵墓、洞壑、古樹、碑刻、古跡、樓閣、書院、蠱毒、仙佛、物産、奇石、温泉、方音等。是書記載明代山川名勝甚多，可以考見明代中國山河之貌。

此本據中國科學院圖書館藏清康熙馮甦刻本影印。（劉韶軍）

北遊録　（清）談遷撰（第 737 册）

談遷，有《國榷》，已著録。

是書無卷數，記述順治十年（1653）至十三年間京遊見聞及所作詩文。書前有朱之錫序及談氏自序，正文分題紀程、紀郵、後紀程、紀詠、紀聞、紀文等類，各類前有小序，述其概要。《紀程》記順治十年閏六月甲子朔至十月癸亥朔自嘉興至京城之行程及沿途所見，稱一路芻蕘之口不甚核，碑碣之詳不及搜，又稱天啟初寧海葛生記鎮江入京之費，日析里算，僅三緡有奇，相距三十餘年，津塗艱劇，費

且十倍云云。《紀郵》篇則紀在京遊覽所見，爲免零落失散，故編輯之。中言訪宣武門左天主堂，有西人湯若望，萬曆時航海至廣州，從江浙入燕，今官太常寺卿，領欽天監事，敕封通元教師。又記萬曆間利瑪竇來中國，卒後敕葬於阜成門外等事。《後紀程》記順治十二年自天津向南至德州而回之行程。《紀詠》則記遊歷途中所作詩，《紀文》則記所作賦、序、記、傳、書等，中有《六十自壽序》一篇，時在順治十年十月。《紀聞》記各地見聞，如吏部楹聯：「功名身外事，大就何妨，小就何妨；富貴眼前花，早開也得，晚開也得。」爲萬曆初冢宰張瀚所立。又有《海運新考》篇，記淮安至天津海運行程；王弘慶《片石語》，記夏周秦漢至唐代碑文；《五穀》篇考證五穀之名；《衚衕》篇記北京衚衕；《八旗》篇，考其沿革，《國俗考》，記滿族習俗，其他記人物、遺事、制度、典籍等，可以考見清朝初年社會情景。

是書未刊刻，僅有抄本。此本據國家圖書館分館抄本影印。（劉韶軍）

進藏紀程一卷　（清）王世睿撰（第 737 册）

王世睿（1674—1745），字道存，號龍溪，章丘（今山東章丘）人。康熙五十四年（1715）進士，官瀘州知州等。著有《龍溪草堂集》。參見《四庫全書總目》卷一八四別集類存目《龍溪草堂集》提要。

雍正十年（1732）王世睿奉旨前往烏斯藏（烏思藏），向藏王頗羅鼐轉交朝廷賞賜封印、金幣等，是年九月自成都出發，途程二萬里，歷雪山砂嶺，食糌粑酪漿，爰攝敍行程以志大概。略謂九月發成都，經打箭爐、里塘、巴塘、江卡、乍丫（今西藏察雅）、察木多（即頭藏昌都）、洛龍宗、説班多、冰壩、拉里（今西藏嘉黎）、江達（今西藏工布江達）、墨竹工卡、得慶，至烏斯藏（西藏前後藏之通稱）。往返九閲月，返回後撰成是書。所記涉及行

程、路途所見並各處歷史沿革、地理、山川、土俗、人員、制度等事，及風景、土俗、夷情、物產等，可借以瞭解清代自四川至西藏沿途情形。如記烏斯藏城（今拉薩）西域活佛之寶刹，爲諸番職貢之所會，喇嘛僧人卓錫而處之地，距後藏班禪喇嘛所駐之地有八日之程，其城東西七八里，南北三四里，街廛數四，忽斷忽聯，草樹溪流，亦隱亦現云云。又記活佛達賴喇嘛之事，稱西域諸國敬之如神。尤於當時西藏藏族宗教制度及其禮儀記載甚詳，爲研究清代西藏宗教史之重要資料。

此本據清道光沈氏世楷堂刻《昭代叢書》本影印。（劉韶軍）

辛卯侍行記六卷　（清）陶保廉撰（第 737 册）

陶保廉（1862—1938），字拙存，號淡庵居士。秀水（今屬浙江嘉興）人。早年隨其父陶模至甘肅、新疆等地，後任浙江大學堂總理、陸軍部軍机司郎中、資政院議員等。民國時，在上海、浙江編校書籍，更著有《測地膚言》、《求己錄》，又據梁玉瑜所述，編錄《醫學問答》。生平見是書王樹枏、何澤普、丁振鐸等人序跋，並參徐一士《一士類稿》及嘉興市地方史志辦公室存《陶葆廉小傳稿》等。

保廉父陶模光緒間曾任甘肅、直隸、陝西等地按察使、布政使以及甘肅、新疆巡撫、陝甘及兩廣總督等職。光緒十年（1884）設新疆行省，十七年陶模任甘肅新疆巡撫，赴烏魯木齊就任。保廉隨行，記錄沿途見聞，而成是書。以此年爲辛卯年，故名《辛卯侍行記》。卷一記述自陝西赴京入覲行程，卷二記自天津返回陝西省城行程，卷三至卷六記自陝西省城前往新疆省城行程。書前有光緒二十一年及二十二年丁振鐸、王樹枏序；卷末有光緒二十三年何澤普跋。

陶氏父子此行，經秦、晉、趙、魏、齊、燕及月氏、鮮卑、車師、蒲類之地以達新疆，一路記述山川關隘、道路分歧、户口多寡、風俗物產、行程日月、酬應往來、城邑建置沿革、水道郵程等，多據典籍所載詳考古今地名、方位、沿革，又附記大道分歧之路，如洛陽歧路、懷慶北路、衛輝歧路、德州歧路、蘭州歧路，及山東臨清運河沿途地名等。保廉又精於輿地之學，雖無古代地圖可參考，輒據親履所見，参諸多古籍，詳加考察。以山爲經，以水爲緯，以古書所載方向里數定其沿革，又參考方言土音考證地名變遷。前人所記新疆地理之參差舛誤，亦多有辯證，如《禹貢》所載積石、豬野、黑水、三危等地名皆有考辨，可資參考。又就當時社會情勢發表論議，如至天津書坊購書，謂如今不能不究心洋務，故須知洋文，然偏嗜西法者則稱華文不便，可以廢棄而專用英文，則不思之甚云云，故又比較中文、英文各自特點，以明不可偏廢。此類皆可借以瞭解當時西學傳入中國之情形及中國學術之變化。

此本據清光緒二十三年養樹山房刻本影印。（劉韶軍）

環遊地球新錄四卷　（清）李圭撰（第 737 册）

李圭（1842—1903），字小池，江寧（今屬江蘇南京）人。見《續碑傳集》卷四五。

書前有光緒四年（1878）李鴻章序，稱光緒二年（1876），美國建國一百周年，於費城開設會院，展覽各國寶玩古器、日用服御、生潛動植諸物，區分部畫，中國等三十六國赴會參展，稱爲"費城賽奇公會"。李圭由東海關稅務司德璀琳推薦，前往赴會，在費城縱觀四月有餘，又遊華盛頓、哈佛、紐約等地，會後則自費城抵英國倫敦、法國巴黎遊覽參觀，復由地中海經蘇彝士運河、紅海、錫蘭、新加坡、西貢、香港返國。因就途中所見詳加記述，而成是書。泰西諸國爲富強計，就鐵路、電線車、船砲、機械之類轉相仿效，而於商務更爲重視措意，以爲舍此則無以立國，此即當時世界之時勢。故是書於各國物產、道里、政教、機器製造、人心風俗，均能細觀而詳載，謂有志之士果能殫心考究,略其短而師其長,則必有益於國家,其意又不在名物考證一端云云。又有光緒三年李圭自序,稱光緒二年美國創辦百年大會,約請中國各地工商人士送物參會,又請中國總稅務司赫德援引奧國賽會之例,選派各國海關稅務人員參會,於是李圭得以赴會。時李圭爲德璀琳秘書,德璀琳囑圭將會内情形及所聞見者詳細記載,帶回中國以資印證。故就會院規制情形、善法良器等,分別采擇記録成篇,稱爲《美會紀略》,其他遊歷各國見聞,亦詳加記述,稱爲《遊覽隨筆》、《東行日記》,三者合爲一書,總名《環遊地球新録》云云。其中《美會紀略》包括會院全圖、美國設會緣起、會院總略、各物總院、機器院、繪畫石刻院、耕種院、花果草木院、美國公家各物院、女工院、總理會務官公署等,《遊覽隨筆》記述費城、華盛頓、哈佛、紐約、倫敦、巴黎見聞,又記幼童觀會、華人寄居美國始末、蘇爾士運河述略、中外旅居商民述略、交遊西國淺要説、自來水説、客寓説、西人待客説、車聲説等,《東行日記》則爲行程日記,並附地球全圖。

此本清光緒刻本影印。（劉韶軍）

北邊備對一卷　（宋）程大昌撰（第737册）

程大昌（1123—1195）,字泰之,休寧（今安徽休寧）人。宋高宗紹興二十一年（1151）進士,纍官至權吏部尚書,出知泉州、建寧,光宗時徙知明州。更著有《程文簡集》、《禹貢論》、《易原》、《雍録》、《演繁露》等。《宋史》有傳。

書前有程大昌自序,稱孝宗淳熙二年（1175）進講《禹貢》,孝宗壽皇詢問塞外北虜山川地理,未能詳對。光宗紹熙年間（1190—1194）,奉祠家居,乃撰是書。據諸書采録古來北方民族地理及要事,共二十一則,以緣起於講筵顧問,故名爲《備對》云云。是書先述中國四方周邊地理,次述古來北方民族與中原政權之交涉,歷述周世"太王之獯鬻、宣王之玁狁、幽王之犬戎、桓公（按當指齊桓公,參《史記・匈奴列傳》）之山戎",與戰國以來北狄變遷,乃至後來契丹、回紇、匈奴等事,又述自古修長城以防北方少數民族,涉及西北大漠、玉門、陽關、居庸關、天山、陰山、燕然山、焉支山、浚稽山、金山等重要關隘及山脈等。

此本據明刻《歷代小史》本影印。（劉韶軍）

邊政考十二卷　（明）張雨撰（第738册）

張雨,生卒不詳,字惟時,南京（今江蘇南京）人。嘉靖時進士,曾任雲南御史、兩廣僉都御史、巡按陝西監察御史等。見是書張雨引。

是書又稱《全陝邊政考》,前有張雨嘉靖二十六年（1547）引言,稱時爲甘肅巡按、監察御史,奉都察院劄子,核查三邊四鎮軍馬糧草地形關隘及歷代守邊鎮撫經略等事。張雨引言後爲嘉靖二十五年（1546）都察院所發劄子,題爲"申明舊議覈實邊政以弭虜患事",稱每三年一次,命各巡按御史閲視各鎮軍馬器械、體察將官賢否,要求圖畫地形,以核形勝;核道里遠近之實,以豫策援;核關隘要害之實,以資籌料;核諸司職掌之實,以待事功;核士馬芻糧之實,以酌盈縮;核古今經略之實,以權利病;並及周邊部族種類及其歷年活動並貢納等事。雨因據核查所得資料彙編成書。

是書分題地輿圖、三夷紀事、三夷紀類、北虜河套、西域諸國、西羌族口、列傳等,《地輿圖》下分《三邊四鎮總圖》、《榆林鎮圖》、《寧夏衛圖》、《固原衛與靖虜及蘭州圖》、《階州文縣西固城圖》、《洮州衛岷州衛河州衛圖》、《西寧衛圖》、《莊浪衛圖》、《涼州衛鎮番衛永昌衛圖》、《甘州衛山丹衛圖》、《肅州圖》等,各圖後則附所屬地域範圍、州縣、部領軍官職數、兵員人數、糧草儲備、要害之地及下屬營、

堡、城、驛、墩、牆等,《列傳》則分《北虜經
略》、《西域經略》、《西羌經略》三類,下則列
敍周代以來諸大臣將軍等鎮撫北方及西方各
族之事,所記人物有南仲、尹吉甫、蒙恬、周亞
夫、衛青、李廣、張騫、班超、薛仁貴、趙充國、
馬援、高遵裕等。是書於當時西北甘肅地區
邊防制度、人員、分佈及其他諸多細節都有記
述,所列諸圖各附相關資料,爲瞭解明代西北
邊防之重要文獻。

此本據民國二十六年上海商務印書館影印
《國立北平圖書館善本叢書》第一集明嘉靖
刻本影印。(劉韶軍)

全邊略記十二卷　(明)方孔炤輯(第 738 冊)

方孔炤(1590—1655),字潛夫,號仁植,桐
城(今安徽桐城)人,方以智之父。萬曆四十
四年(1616)進士,天啟間爲職方員外郎,魏
忠賢當政時罷職,崇禎時又任尚寶司卿、右僉
都御史、湖廣巡撫。張獻忠由鄖陽渡河,孔炤
與戰失利,遭彈劾下獄。起復,督大名、廣平
軍務。李自成攻陷北京後,孔炤南奔,後歸隱
回鄉。更著有《周易時論》、《環中堂集》等。
《明史·鄭崇儉傳》後有附傳。

書前有方氏崇禎元年(1628)自序二則,稱
所任職方司員外郎,起《周禮》職方氏,職掌
天下地理及其輿圖,並辨各地部族及人民,周
知其利害。明代部中公文記述此類事宜多有
缺失,於諸邊事務多有不詳,而歷朝《實錄》,
秘府所藏,又不能遍誦,於是據所管窺,而纂
成是書云云。

全書分題薊門略、大同略、宣府略、陝西延
綏略、甘肅略、寧夏略、蜀滇黔略、兩廣略、海
略、遼東略、腹裏略、師中表與神勢圖。各略
所記爲明代各地邊防守衛及用兵部署方略,
如《薊門略》記洪武元年高帝命大將軍徐達
等議取元都,詳載全過程及諸人方略與實際
措施等;各略後以“職方氏曰”作評述。如
《薊門略》後論古北口、喜峰口俱爲天險,北

人南下用兵多避之,如金人起遼東,西拔大
同,則由居庸關入,遼人起遼左,亦由宣、大入
於居庸,元人起和林,於開平甚近,亦不由古
北諸路,乃南取宣、大,由紫荆入,而南攻居
庸。《遼東略》後引宋代李綱邊政盛衰,關乎
中朝氣習語,進而評述曰,明守遼東非爲無
人,乃中朝不能用人,甚或樂其敗,借封疆以
報睚眥,故遼東一敗而海內精銳大略耗盡。
卷十二爲表、圖:《師中表》,記載明太祖以來
薊州、大同、宣府、延綏、甘肅、寧夏、蜀滇黔、
兩廣、沿海、遼東、腹裏諸地用兵大事及其年
份,自洪武元年至天啟七年;《神勢圖》,乃明
代全國總圖及各地山水地勢及關隘城堡駐兵
守衛圖,計十八圖並有序。表以記武功,圖以
示一統,所謂“表圖畢具,而久安長治之道睹
矣”,則卷十二略當於全書總挈。卷末有崇
禎六年門人劉中藻後序,此或即是書刊刻
之年。

此本據北京大學圖書館藏明崇禎刻本影
印。(劉韶軍)

**三關志十卷(存地理總考三卷、武備考一卷、
兵食考一卷、馬政考一卷、官師考一卷)**
(明)廖希顔撰(第 738 冊)

廖希顔(1509—1548),又名廖會泗,字叔
愚,茶陵(今湖南茶陵)人。嘉靖十一年
(1532)進士,後爲工部主事、山西提學副使、
浙江按察使。更著有《思復堂詩文集》。
《(雍正)湖廣通志》卷五五有傳。

書首有孫繼魯等二序並廖氏誌引,略謂三
關乃雁門關、寧武關、偏頭關,爲山西北邊重
鎮,全晉安危以三關爲重,而畿輔以西及黃河
以北安危則以全晉爲重,故三關之守日益嚴
密,關務繁重,如任將、設險、選徒、行師,則三
關得與大同爭雄並重。因就三關考按地形沿
革,稽核武備軍儲,究明署置往事,撰成是書
云云。先爲《地理總考》三卷,前有《三關總
圖》、《雁門關圖》、《寧武關圖》、《偏頭關

圖》,各圖詳列各關所處地區及所設城堡、關隘、衛所等,下題沿革、分野、疆域、城堡、公署、邊牆、敵臺、墩臺、山川、陵墓、水泉等目;次爲《武備考》一卷,下題衛所官、常備官軍、募軍、改撥軍、民壯、軍器、額造派料、新製、各城堡現貯等目;再次爲《兵食考》一卷,下題輸輓支放事宜、監牧官攢倉場、屯政屯地子料等目;又次《馬政考》一卷,下題太僕寺事宜、倒失陪補秋青草則例、孳生騎操走遞馬騾各驛等目;末爲《官師考》一卷,下題巡撫、太僕、兵備、户部、儒學、總兵、參將、遊擊、守備等目。廖氏誌引稱總爲十卷,今本僅存七卷如題記。

此本據國家圖書館藏明嘉靖二十四年刻本影印。(劉韶軍)

三雲籌俎考四卷　(明) 王士琦撰 (第 739 册)

王士琦(1551—1618),字圭叔,號豐輿,臨海(今浙江臨海)人。萬曆十一年(1583)進士,後爲南京工部主事、兵部郎中、福州及重慶知府、四川按察副使、山東布政使、河南及山西布政使、右都御史、大同巡撫等,終刑部左侍郎。更著有《封貢紀略》、《東征紀略》。《清一統志》卷二九六、《(雍正)浙江通志》卷一七三有傳。

是書首爲《安攘考》,考述歷代攻伐安撫北方民族之事,自周顯王三十六年趙國築長城,至明萬曆四十一年卜失兔襲封入貢。卷二爲《封貢考》,記述明廷於俺答汗及其派系首領等歷次封爵、所定規約法度、所授官職、民族語言等,自隆慶五年至萬曆四十一年止。卷三爲《險隘考》,繪有《大同鎮總圖》、《陽和道所轄新東二路圖》、《東路參將分屬圖》、《分巡冀北道所轄北東路暨不屬路圖》、《大同道所轄中北西威遠三路圖》、《中路參將分屬圖》、《威遠路參將分屬圖》、《分守冀北道所轄西井二路圖》、《井坪參將分屬圖》,各圖皆附文字説明。卷四爲《軍實考》,記述各處官

軍人員、馬騾、糧草、折色銀數目及總數,又按分巡道分屬各處另計其數,又有《主餉歲額》、《客餉歲額》二目,記述本鎮兵餉每年數量及其變化;《馬政事規》、《兵馬沿革》、《屯田》等目,分記有關事項。卷末有謝國楨跋,稱是書爲萬曆刊本,《四庫全書》未曾著録。所謂三雲指雲中、雲東、雲西。明太祖滅元後,其族類北走,而後山陝之邊時遭侵擾,英宗時有土木堡之變,嘉靖時招撫俺答汗,封爲順義王,此後休兵數十年。士琦與其父先後任大同巡撫,熟悉三雲防禦之事,故是書所記,可補《明史》所未詳云。

此本據民國二十六年上海商務印書館影印《國立北平圖書館善本叢書》第一集明萬曆刻本影印。(劉韶軍)

宣大山西三鎮圖説三卷　(明) 楊時寧撰 (第 739 册)

楊時寧(1537—1609),字子安,原籍江西鄱陽,後爲河南祥符(今河南开封)人。隆慶二年(1568)進士,授曲沃知縣,歷任兵部郎中、山西按察司僉事,官至兵部尚書。更著有《大同分營地方圖》。《(雍正)河南通志》卷五七有傳。

書前有自序,署"宣大總督楊時寧",稱明朝以燕京爲都,宣府、大同、山西三鎮護衛其左翼,地處緊要。宣、大爲古雲中、上谷,山以西爲古并州境,北鄰大漠,西瞰河套,自古即爲戎馬之場,成祖時以重兵駐於三鎮,則三鎮較九邊尤重,朝廷須知三鎮形勢要害、兵糧實虛、戰守利便,楊氏遂命三鎮文武將吏各繪圖條説,纂成是書云云。先爲《三鎮總圖》,又列《宣府鎮總圖》、《大同鎮總圖》、《山西鎮總圖》,各鎮總圖之後爲該鎮所屬各路分圖,又有該路所轄各衛、堡分圖。《三鎮總圖》後更有錢糧歲額和兵馬原額,各總圖及有關分圖均有圖説。是書編纂由楊氏主持,附有纂集人員:大同巡撫張悌、巡撫山西白希繡爲同

纂,樊東謨、李芳、陳所學、劉汝康等人爲校正。書末有彭國光、張俤、白希繡後序,彭氏時爲宣府巡撫,卷末最後一行有"萬曆三十一年(一六〇三)仲冬吉旦"一行,則當刊刻於此時。

此本據明萬曆刻本影印。(劉韶軍)

兩浙海防類考續編十卷　(明) 范淶撰 (第739冊)

范淶(約1560—1610),字原易,號晞陽,休寧(今安徽休寧)人。萬曆二年(1574)進士,官至福建右布政使。更著有《休寧理學先賢傳》、《范子㖦言》、《晞陽文集》等。《(雍正)江南通志》卷一六四有傳。

是書收入《四庫全書總目》地理類存目,乃據浙江汪啟淑家藏本,提要稱先有胡宗憲作《籌海圖編》,後續者有《海防考》、《海防類考》諸書,萬曆二十九年范淶任浙江右布政使時據諸書增廣而成是書,故稱《續編》,述江浙兵衛、巡防、餉額各事宜頗爲詳備,惟多錄案牘之文。《江南通志》列范淶於《儒林傳》中,自宋以來儒者以性命爲精言,以事功爲霸術,於兵事尤所惡言,《通志》作者恐妨范淶醇儒之名,故諱言此書。然古之聖賢,學期實用,又未嘗日日畫太極圖云云。是書有萬曆三十年范淶序,稱是書備載三十年間浙江海防沿革,原有舊籍記述斥候、阨塞、營哨、繕廢、入寇、奏捷、占候及舟械圖式等,咸摘要彙附,共成一書云云。又有萬曆三年浙江右參政滕伯輪序,稱嘉靖三十一年(1552)倭寇內犯,明廷出兵掃平,此後兵馬饋餉、烽堠墩亭、軍械樓船、賞罰練習得以完備,《籌海圖編》、《海防考》等書均有詳細記載,其後近二十年,謝廷傑督撫浙江時命屬臣纂成《兩浙海防類考》,記述輿圖、阨塞、建置、兵額等事。是書則於萬曆二十九年至三十年間編成,范氏命浙江各衙門將相關文書檔案彙聚送核,編成是書云云。前有《浙江輿圖敘》、

《兩浙輿圖》、《全浙海圖》、《浙海指掌圖》、《倭夷寇道圖》、《倭國圖》等,後則分述兼考論浙江兵防、沿海衛所、巡司、臺寨、各區戰船、水陸官兵、官軍兵船員名、防守地方哨道,乃至哨探、糧餉、兵器、練兵、官捕、禁約、占候等等,而以倭事爲尤詳。所記較《武經總要》、《紀效新書》所載繁富而切於實用,而其中《辨倭真僞》、《王官使倭事略》、《倭奴朝貢事略》、《倭國事略》、《浙江倭變記》及《遇難殉節考》等篇,則爲明代中日關係與浙江平倭重要史料,亦有以見全書重心所在。

此本據中山大學圖書館藏明萬曆三十年刻本影印。(劉韶軍)

海防纂要十三卷圖一卷　(明) 王在晉撰 (第739—740冊)

王在晉(?—1643),字明初,號岵雲,太倉(今江蘇太倉)人。萬曆二十年(1592)進士,後爲中書舍人,歷官江西布政使、山東巡撫、兵部左侍郎、兵部尚書,經略遼東、薊鎮等處防務。復改南京兵部尚書、告歸,起復後,官至兵部尚書以事削籍歸,尋卒。更著有《岵雲集》、《三朝遼事實錄》、《越鐫》等。《明史·王洽傳》後有附傳。

書前有萬曆四十一年(1613)河南道監察御史高舉序及浙江按察使、湖廣提督學政王在晉序,序後爲凡例,稱據前此之《籌海圖編》、《籌海重編》、《海防類考》等書擇要編成,海疆輿地皆加收錄,又載東北少數民族之事。所載廣、福、浙、直、山東、遼東各省沿海事宜,皆按省分述;朝鮮爲倭侵占,故於明廷經略朝鮮之事記述尤詳;以倭寇近犯琉球,故又錄琉球之事。作戰所用船器雖不列圖,亦以文字說明以備利用;車戰、安營、出阨等事,雖非海防所急,然於兵書不可不載;明朝至朝鮮路程亦加備錄;軍隊紀律法令、新舊通倭禁例亦均入錄。所參考書目,其《籌海圖編》已開列者則省略不錄,唯列《圖編》未收之書,

有《皇明祖訓》、《大明令》、《大明會典》、《大明律》、《皇明資治通鑑》、《蕭皇大謨》、《兩朝憲章錄》、《皇明奏疏類鈔》、《皇輿考》、《邦政條例》、《兵部新頒禁例》、《海道路程》、《海道針經》、《武場程策》、《紀效新書》、《練兵橄》、《平倭復國編》、《全閩約法》、《優恤成規》、《水陸條議》、《舟師占驗》、《東海籌略》、《定海備倭紀略》等數十種。

是書分題山海輿地圖、沿海事宜、外國考程途針路、朝貢通考、朝鮮復國經略、禦倭方略、船器攻圍法、經略事宜、大捷考、獲夷紀略、行軍法令、功令、祭禱、醫藥、選日、占驗等類，《輿地圖》收有《輿地全圖》、《鎮戍總圖》、《廣福浙直山東總圖》、《山東沿海之圖》、《遼東連朝鮮圖》、《東北諸夷圖》、《東南濱海諸夷圖》、《東南海夷圖》、《日本國圖》、《周天各國圖》、《日本島夷入寇之圖》等。各類之內又錄諸多文獻，如《條陳海防事宜議》、《保護洋船議》、《浙江要害論》、《江淮要害論》、《遼東軍餉論》、《朝鮮考》、《琉球考》、《日本考》、《本朝備倭通貢考》、《禦倭方略》、《防海七事》、《兵器説》、《火器説》、《戰船説》等。《大捷考》又具列明代平倭諸次取勝之戰。所載《外國考程途針路圖》，詳述當時自福州赴大琉球來回路程，明確標有釣魚島、黃麻嶼、黃尾嶼、赤尾嶼等島嶼方位及名稱，爲研究釣魚島問題之重要史料。

此本據上海圖書館藏明萬曆四十一年刻本影印。（劉韶軍）

西陲今略不分卷 （清）梁份撰（第 740 冊）

梁份（1641—1729），字質人，南豐（今江西南豐）人。師事彭士望、魏禧，重經世之學，五十歲後遊歷陝西、寧夏、青海、雲南、貴州及中原數省，考山川形勢，訪成敗得失，探風土人情，搜遺荒軼事，撰成是書。更著有《帝陵圖説》、《懷葛堂文集》等。《清史稿》有傳。

梁氏曾三赴西北實地考察，撰成是書。前

有《梁質人西陲三書序》，稱份爲人魁奇，知兵好奇計，曾率鄉人十數禦賊寇千餘而賊不敢犯。畏流俗人知，乃衣短後衣，策匹馬，遊歷天下。以秦爲周漢唐都，故首至秦，周覽久之，乃由西安而東北，至榆林，又北至寧夏，西北至西寧、河州、涼州、甘肅、嘉裕關，經太華山、潼關、函谷關而歸。記其道里、山川、阸塞、城堡、兵衛、蕃部、法制、戰守、饋饟、屯牧、風俗，著《西陲亥步》二卷、《圖説》四卷、《今略》八卷。

按《四庫全書總目》卷七十五地理類存目有《秦邊紀略》提要，稱不著撰人名氏，而據書中記事知爲康熙間人作，蓋當時僅有傳鈔本，而梁氏爲明朝遺民，有所隱諱之故。是本題"西陲紀略"，卷前錄朱書《梁質人西陲三書序》，次從《秦邊紀略》中補入《秦邊紀略》卷一"全秦邊衛"部份，後分河州、西寧衛、西寧邊堡、莊浪衛（雍正時改爲平番縣）、甘州衛、肅州衛、寧夏衛、寧夏邊堡、延綏衛、延綏邊堡、河套、套內山川、河套古跡、外疆、哈密衛、嘉峪關至哈密路程、近疆西夷傳、河套部落等處，一一分述各處城堡、兵守、地理、沿革、邊防設置、關口、山河等，間附治理邊防之論。書末有繆荃孫跋，考證是書作者。又附劉獻廷《廣陽雜記》、楊賓《晞髮堂集》，錄梁質人遺事若干條，可考知梁氏爲人及事跡。

是書成書後曾經修訂，又經輾轉傳鈔，故版本甚多，略而言之，有李培《灰畫集》本，題"秦邊紀略"，流傳最廣。又有同治十一年（1852）吳坤修刊本，亦題"秦邊紀略"，爲最早刊本。其他鈔本甚多，如光緒十九年（1893）李文田家鈔本，係從繆荃孫藏本轉鈔，並用李慈銘藏《秦邊紀略》鈔本及《畿輔叢書》本校補，將朱書《杜溪文集》中《梁質人西陲三書序》錄於卷首，是諸鈔本中晚出而較精之本。李氏鈔本雖爲善本，然仍有缺漏，如所缺《嘎爾旦傳》即爲重要史料，日本學者内藤湖南有《秦邊紀略之嘎爾旦傳》，專門介紹此傳，足見其價值。

此本據國家圖書館藏清光緒十九年李文田家抄本影印。（劉韶軍）

皇朝藩部要略十八卷皇朝藩部世系表四卷

（清）祁韻士撰（第740冊）

祁韻士（1751—1815），字鶴皋，又字諧庭，別號筠祿、訪山，壽陽（今山西壽陽）人。乾隆四十三年（1778）進士，曾任翰林院編修，充國史館纂修，改擢中允，户部郎中，嘉慶中坐事戍伊犁。未幾赦還，卒於保定書院。更著有《西陲總統事略》、《西陲要略》、《西域釋地》、《萬里行程記》等。《清史稿》有傳。

《要略》分《内蒙古》二卷、《外蒙古喀爾喀部》六卷、《厄魯特》六卷、《回部》二卷、《西藏》二卷，凡五種十八卷，詳述蒙、回、藏各部歷史。書前有道光十九年（1839）李兆洛序，稱是書以年月日編次，述各部歸附、叛服及封爵等事以爲綱領，而後分標各藩事跡，其所纂《蒙古回部諸王公列傳》仿《史記》紀傳體，而《要略》則仿《通鑑》編年體云云。其中《内蒙古要略》紀事自清太祖努兒哈赤癸巳年（1593）至順治十三年（1656），《外蒙古喀爾喀部要略》自天聰九年（1635）至乾隆四十九年（1784），《厄魯特要略》自清太宗崇德二年（1637）至乾隆四十九年，《回部要略》自順治三年至乾隆五十三年，《西藏要略》自崇德二年至乾隆五十三年。《要略》後爲《藩部世系表》四卷，分《内蒙古表》、《外喀爾喀表》、《西套以西各部表》，附錄《不列外藩各部表》，各表分職號爵名、世系、初封、子、孫、曾孫、元孫、六世等列，以各部相關情況實於表内。

《要略》後有其子祁寯藻道光二十五年（1845）跋，稱其父有《自訂年譜》，其中記載自乾隆四十七年編纂《蒙古回部王公表傳》之事，始將清内府大庫内所貯清字紅本全部

調出翻閱搜查，凡有關外藩事跡者概爲檢出讀畢，擇其緊要者由滿文譯成漢文，薈萃成册以備編纂取材，有底册凡數十帙。再按各部落爲王公立傳，歷時八年而成書，進呈後著錄於《四庫全書》，名曰《欽定外藩蒙古回部王公表傳》。書成後，底册藏之家篋，五十餘年後視學江蘇，以底册屬寶山毛嶽生編輯，又請江陰宋景昌補表四卷，則全書凡二十二卷，總題《藩部要略》。又七年，請張穆校補訛脱，乃刊版印行云云。故《要略》題"前史官壽陽祁韻士纂，寶山毛嶽生編次，江陰宋景昌校寫，平定張穆覆審"，《世系表》題祁韻士纂，江陰宋景昌增輯，大興徐松重訂，平定張穆覆校。

此本據天津圖書館藏清道光筠淥山房刻本影印。（劉韶軍）

朔方備乘六十八卷首十二卷圖二幅　（清）何秋濤撰（清）黃彭年等輯補（第740—742冊）

何秋濤，有《王會篇箋釋》等，已著錄。

黃彭年（1824—1890），字子壽，號陶樓，貴筑（今貴州貴陽）人。道光二十七（1847）年進士，後授編修，同治初入駱秉章幕，卒於湖北布政使任上。嘗掌教蓮池書院，應李鴻章之聘修《畿輔通志》。更著有《陶樓詩文集》、《東三省邊防考略》、《金沙江考略》、《歷代關隘津梁考存》、《銅運考略》等。生平見徐世昌纂《清儒學案小傳》卷一九。

是書原題黃宗漢輯補，然據書後黃彭年跋，是書何秋濤著，光緒間由其子呈李鴻章，李托黃彭年等編輯修復，而黃宗漢已於同治三年（1864）故去，則輯補者實爲黃彭年，而非黃宗漢。

平江張穆應祁寯藻之請，校刻其父祁韻士《皇朝藩部要略》，又著《蒙古遊牧記》爲之補充，未竟而卒，何秋濤整理補充而成。事後秋濤以俄羅斯與我國北方接境，乃采錄官私載

籍,著成《北徼彙編》,又廣搜俄羅斯及其與我國接壤地區歷史地理及中俄交涉史料,參考中外著述,擴充此書爲八十卷,咸豐八年(一八五八)由兵部尚書陳孚恩呈覽咸豐,咸豐大加讚賞,賜名《朔方備乘》。卷首十二卷爲《聖訓》、《聖藻》及《欽定諸書》,記述清太宗至道光時期關於邊境事務之上諭,摘録《平定羅刹方略》、《欽定大清一統志》、《欽定皇朝通典》、《欽定皇朝文獻通考》、《欽定大清會典》等書有關中俄邊境交涉資料。其後六十八卷,其大目分爲《聖武述略》、《北徼界碑考》、《北徼條約考》、《俄羅斯館考》、《雅克薩城考》、《漢魏北徼諸國傳》、《國朝北徼用兵將帥傳》、《俄羅斯互市始末》、《土爾扈特歸附始末》、《考訂諸書》、《辨正諸書》、《表》、《圖説》等,各目下又有細目,《圖説》所收諸圖,均有解説。

是書正本毀於第二次鴉片戰争中,後來副本又毀。秋濤逝世後無人整理,光緒間,秋濤子何芳徠將殘稿呈交直隸總督李鴻章,李則托黄彭年與畿輔通志局編輯恢復原稿。書末有光緒七年(1881)黄彭年跋,稱何氏遺稿朱墨參差,前後舛錯,間有缺簡,幸原目具在,可尋檢補綴整齊,乃與知縣吳壽坤等及畿輔通志局諸人共相審校,費時十年剗剚始完。是書記述至道光季年止,至光緒時更歷三十餘年,中俄分界又有變化,欲加續編,因故未成,仍命其子編修黄國瑾繪成《俄國全圖》及《中俄分界圖》,與是書相輔而行。又附例目一卷,故是書共八十一卷。後翰林院編修李文田作《朔方備乘札記》,就是書有所考校。

此本據湖北省圖書館藏清光緒七年刻本影印。(劉韶軍)

朔方備乘札記一卷 (清)李文田撰(第742册)

李文田,有《元史地名考》等,已著録。

本書後有光緒二十一年(1895)江標跋,稱是書爲乃師李文田讀《朔方備乘》時所作校注,由吳縣孫宗弻彙總録定,江氏則爲刊刻行世云云。是書考訂《朔方備乘》訛誤不確處,於書中少數民族語詞尤多辨識。如卷十五有"失必兒",李氏以爲即"鮮卑"二字對音,今俄羅斯"錫伯利",亦爲"失必兒"對音。又有"萬乞兒吉思",李氏以爲"萬乞"即"靺鞨"、"勿吉"對音。而"額爾古納河"即《元史・速不台傳》"班朱納海"、《元祕史》"巴渚納海子";"孫可勒河",即《元祕史》"桑沽兒河";"闊灤海子",即《元祕史》"闊連海子"。或據當時地名釋之,如"伊吾城",李氏以爲即今哈密;"烏孫故地",即今伊犁;"自伊列河以西","伊列"即今伊犁;"西至雷翥海",即今鹹海;"西臨西海",即今里海;"龜兹"即今庫車;"罽賓"即今克什米爾;"石國"即今塔什罕;"劍海",即《元史》謙河、欠河;"夏臘",即希臘;"也兒地石河",即今額爾齊斯河;"民呀國",即孟加拉;"網買",即孟買;"都耳基"、"都魯機",即土耳其;"阿付顏尼",即阿富罕;"破魯斯",即普魯士;"阿里曼",即日耳曼;"空科爾汗",即匈牙利。《備乘》之《元曷思麥里傳》述曷思麥里"與其主札剌丁戰於月亦心揭赤之地",《札記》乃引《元祕史》載征札剌丁時太祖於玉籠傑赤下營,證"月亦心揭赤"即玉籠傑赤,"亦心"乃戀字誤分;又,"敗之於斡歡河","歡"字爲"難"字之誤。又有論説,如"自準噶爾爲中國所滅,俄羅斯亦震我兵威,故二百載無邊患",李氏以爲"彼自於歐洲各國戰無虛日,非畏我也,和我爾"。其他地名與諸書所載不同者多有考證,引書自《元史》、《元祕史》外,又有《輟耕録》、《長春西遊記》、《明鄭大郁四夷考》、《舊唐書》、《北史》、《瀛環志略》、《職方外紀》等。故是書爲讀《朔方備乘》之必備參考書。

此本據清光緒江標刻《靈鶼閣叢書》本影印。(劉韶軍)

西洋番國誌一卷　（明）鞏珍撰（第 742 冊）

鞏珍,生卒不詳,明永樂、宣德間人。《四庫存目提要》載其宣德時曾隨鄭和下西洋,然仕履始末未詳。

《四庫全書總目》卷七十八地理類存目有是書提要,稱宣宗時復命鄭和等人出使海外,時鞏珍隨從往還三年,記述所歷諸國而成是書。書前有永樂十八年(1420)、十九年、宣德五年(1430)皇帝勑書,命太監楊慶、鄭和等前往西洋忽魯謨廝等國公幹,備船六十一隻並所用各色物品云云,此爲他書所未見。又有宣德九年鞏珍序,稱宣宗命正使太監鄭和、王景弘等率官兵數萬,乘駕寶舟百艘,前往海外,開詔頒賞,遍諭諸番,珍隨行,往還三年,航海中惟觀日月升墜以辨西東,據星斗高低以度量遠近,斲木爲盤,書刻干支,浮針於水以指向行舟云云,此皆當時航海用具及方法。又稱於閩、廣、浙選取船民慣經下海者,稱爲火長,用作船師,以針經圖式付與領執。而所乘寶舟,體勢巍然,巨無與敵,蓬帆錨舵,非二三百人莫能舉動。所至二十餘國,人物不同,居止有別,氣候常如春夏,而無秋霜冬雪,土産風俗各不相類。甫至各國則頒賜物品,其番王酋長相率拜迎奉領而去,舉國之人奔趨欣躍,不勝感戴,又各具方物及異獸珍禽,遣使隨寶舟赴京朝貢。所記各國事跡,或目及耳聞,或在處詢訪,悉憑通事轉譯,中有希詫變態、詭怪異端,或傳譯舛訛,莫能詳究者云云。是書皆依原初記録序集成編。所記諸國及地區,有占城、爪哇、暹羅、舊港(三佛齊)、啞魯、滿刺加、蘇門答剌、那姑兒、黎代、喃勃里(南浡里)、溜山、榜葛剌、錫蘭、小葛蘭、柯枝、古里、祖法兒、忽魯謨廝、阿丹、天方等,各國歷史沿革、風俗、宗教、物産、制度、地里、方位等皆一一詳述。

是書寫成後未刊。此本據國家圖書館藏清彭氏知聖道齋抄本影印,卷末有 1952 年 7 月 22 日向達跋,稱是書自彭氏知聖道齋著録以後湮没無聞,後知周叔弢前輩藏有知聖道齋抄本鞏氏原書,遂因其哲嗣周一良先生之介,假迎録副。另有丁氏《竹書堂》抄本,藏南京圖書館。（劉韶軍）

亦政堂訂正瀛涯勝覽一卷　（明）馬歡撰（第 732 冊）

馬歡,生卒不詳,字宗道、汝欽,自號會稽山樵,會稽(今浙江紹興)人。通波斯語、阿拉伯語,永樂十一年(1413)、十九年、宣德六年(1431)隨鄭和三次出使西洋,任通事、教諭。爲紀念馬歡,我國南沙群島今有一島名爲馬歡島。生平略見《欽定續文獻通考》卷一○八、清梅文鼎《曆算全書》卷一等。

是書即馬歡三次所歷諸國之記録,所述國家及地區有占城、爪哇、舊港、暹羅、滿刺加、啞魯、蘇門答剌、那孤兒、黎伐、南浡里、錫蘭、小葛蘭、柯枝、古俚、溜山、祖法兒、阿丹、榜葛剌、忽魯謨廝等,於各地均記述其地理方位、航海里程、歷史沿革、風俗土産、宗教民風、動物異物。又記鄭和下西洋時與各地交往之事,如記永樂時鄭和至舊港,時有陳祖義者,洪武間挈家逃避於此,爲將橫甚,摽掠過客,鄭和率卒擒祖義,而命廣東人施進代之爲將。又記永樂七年命鄭和冊封滿刺加國,賜其將領銀印官服,爲王,自是滿刺加不役屬暹羅王。其王攜妻子赴京謝,願修職貢,上賜舶還。又記永樂七年蘇門答剌王來貢,十年遣使入其國,後其國假子弑王,永樂十一年鄭和擒之,送京伏法。又記永樂五年鄭和以誥命賜古俚其王,升賞其將領,皆冠帶勒石美之。又記永樂九年詔中使賜命阿丹國,其王遠迎謹甚。諸如此類,皆可考知明與諸國相互關係。

此本據中國科學院圖書館藏明亦政堂刻《陳眉公家藏彙祕笈》本影印。（劉韶軍）

星槎勝覽四卷　（明）費信撰（第 742 冊）

費信,生卒不詳,字公曉,永樂七年(1409)、十年、十三年、宣德六年（1431）四次隨鄭和出使海外，任通事、教諭。行事略見是書序及《（乾隆）崑山新陽合志》卷二四。

是書前有正統元年（1436）費信序，稱永樂以來，鄭和、王景弘、侯顯等人多次出海，開導九夷八蠻，欽賜璽書禮幣，今上繼位後，詔止海舶及遠征之役。臣永樂、宣德間，多次隨中使至海外，經諸番國，前後二十餘年，歷覽風土人物，采輯圖寫成書，名《星槎勝覽》云云。

是書先述永樂七年太宗皇帝命正使太監鄭和、王景弘等統官兵二萬七千餘人，於九月自太倉劉家港駕海舶前往諸國，十月至福建長樂太平港，十二月自五虎開洋，其後順次記所到諸國及地區，有占城、靈山、昆侖山、賓童龍、真臘、暹羅、假馬里丁、交欄山、爪哇、舊港、重迦羅、吉里地悶、滿剌加、麻逸凍、彭坑、東西竺、龍牙門、九州山、龍牙加貌、阿魯、淡洋、龍涎嶼、翠蘭嶼、錫蘭、溜山洋、大葛蘭、小葛蘭、柯枝、古里、榜葛剌、卜剌哇、竹步、木骨都束、阿丹、剌撒、佐法兒、忽魯謨斯、天方等。於諸國及地區分述地理方位、風俗民情、宗教習俗、國家制度、物產異物。是書分前後集，前集所記，皆費信親歷國家地區。後集所記，則采輯舊說傳聞而成。是書於正統元年定稿，其原本詞多鄙蕪，後經周復俊刪析，錄成淨本，分爲四卷，由陸深收入儼山書院版《古今說海》。

此本據南京圖書館藏明嘉靖二十三年陸氏儼山書院刻《古今說海》本影印。（劉韶軍）

諸夷考三卷 （明）游樸撰（第742冊）

游樸（1526—1599），字太初，號少澗，福寧（今福建霞浦）人。萬曆二年（1574）進士，後爲四川成都推官、大理寺評事、刑部山西司郎中、廣東按察副使、湖廣右參政等，後辭官歸鄉。曾參與編纂《（萬曆）四川總志》、《福寧州志》等，更著有《藏山集》、《嶺南稿》、《滿山社草》、《石倉詩選》、《武經七書解》、《浙江卹刑讞書》等。後人編成《游參知文集》。《清一統志》卷三三四、《（雍正）福建通志》卷四八有傳。

書前有萬曆二十年（1592）游樸序，稱蔡汝賢曾有《東夷圖說》，載朝鮮等二十餘國，記其地理山川風俗等。嘉靖年間有倭寇之禍，游氏乃據《海圖說》、《炎徼紀聞》、《廣東通志》、《廣西通志》及《東夷圖說》，編成《諸夷考》一書，兼及近日朝鮮、日本之事。卷一所記有倭汛、古哩、榜葛剌、蘇禄等七十三國（或地區），內容遠出《東夷圖說》，尤於日本國事多有補充。卷二記苗人、羅羅、仡佬、峒人、僰人、傜人、僮人、僚人、黎人、蜑人、馬上等少數民族。卷三記滇夷（西南夷），先以“西南夷風土記”總述之，更依天度、風氣、地里、山川、草木、鳥獸、魚蟲、五穀、種類、飲食、居處、婚姻、刑罰、生理、俗尚、交易、城郭、器用、歲朔、禮節、邪術、土產、戰陣、形勝、夷情等目分述，於中國南方及西南少數民族地區歷史地理風俗等記載甚詳。

此本據國家圖書館藏明萬曆二十年刻本影印。（劉韶軍）

西洋朝貢典錄三卷 （明）黃省曾撰（第742冊）

黃省曾，有《吳風録》，已著録。

《四庫全書總目》卷七十八地理類存目有是書提要，稱是書紀西洋諸國朝貢之事，自占城迄天方，凡二十三國，國各一篇，篇各有論，記其道里、風俗、物產、器用、言語、衣服等，然非《明史·外國傳》所載全部朝貢之國。卷末有孫允伽、趙開美（按殿本作進美）二跋云云。書前有正德十五年（1520）黃氏自序，稱永樂帝命鄭和自福州五虎門駕船出洋，往復近三十年，至二十餘國，隨行之人著有《星槎勝覽》、《瀛涯勝覽》等書，所載諸國不盡朝貢之國，而是書則僅記述鄭和下西洋時所得朝貢之國，凡二十三國，有占城、真臘、爪哇、三佛齊、滿剌加、浡泥、蘇禄、彭亨、琉球、暹羅、阿魯、蘇門答剌、南浡里、溜山、錫蘭、榜葛剌、小葛蘭、柯枝、古里、祖法兒、忽魯謨斯、阿丹、天方等，並記述各國朝貢事云。

此本據清道光二十一年錢氏《指海》本影印。卷末有道光二十一年(1841)錢熙祚校梓字樣，而《四庫》提要所稱孫、趙二跋無存。（劉韶軍）

使琉球録一卷 （明）陳侃撰（第742冊）

陳侃，生卒不詳，明嘉靖時任吏科左給事中，見是書自序及《明史·琉球傳》。

書前有嘉靖十三年(1534)陳侃自序，稱嘉靖十一年琉球中山國王尚真之子尚清以其父去世而上表請封，遂奉命與副使高澄出使琉球，自此年仲夏由福建出海，至十月朔返閩云云。書後有嘉靖十三年高澄後序，稱曾取諸書考琉球之事，見其為説頗異，此次出使其國，得於見聞，又親加詢訪，以見風俗之變而於後之奉使者不無小補云云，則是書之撰作，高澄當與有力焉。

是書正文先為《使事紀略》，記述此次出使琉球緣由及經過，後為《群書質異》，就《大明一統志》、《嬴蟲録》、《星槎勝覽》、《集事淵海》、《通典》、《使職要務》、《大明會典》等書所記琉球制度、歷史、人物及與中國交往事跡，以此次出使所訪見加以考辨。再後為《天妃靈應記》，記述航海之人信天妃之神保佑之事。又附《夷語夷字》即日語詞彙及所用假名，分題天文、地理、時令、花木、鳥獸、宫室、器用人物、人事、衣服、飲食、身體、珍寶、數目、通用等類，皆用漢字記日語詞彙發音等。是書又録嘉靖十一年八月皇帝頒賜琉球國詔書二道、嘉靖十一年為已故琉球中山王尚真諭祭文一道，又録陳侃出使返國後所上奏摺、琉球國中山王尚清所上奏摺、陳侃等人所上辭謝賞金奏摺、陳侃等人所上航海遇險

而蒙皇上精誠感格天地以致百神呵護奏摺、禮部乞祠典以報神功奏摺、陳侃等人關於周咨訪以備采擇奏摺等，據此可知當時航海習俗及明朝與琉球來往等事。

書後有謝國楨跋，稱是書《四庫全書》未見著録，明刊《紀載彙編》、明抄本《秘册叢説》采録是書《使事紀略》一卷，故是書所缺略者可據《秘册叢説》補入。此外《明史·琉球傳》亦記載嘉靖五年琉球中山國王尚真卒，其世子尚清於六年來貢，因報訃，使者返回時落海溺死，九年又遣使來貢並請封命，十一年嘉靖命給事中陳侃等持節往封，並還卻其贈，十四年琉球貢使來，仍以所贈黄金四十兩進於朝，乃敕陳侃等人受之等事，可與是書所載對證。又是書輯《明一統志》等書所載琉球諸事，中多未見之本，此類皆可參證相關記載之真偽。

本書據民國二十六年(1937)商務印書館《國立北平圖書館善本叢書》第一集影印明嘉靖刻本影印。（劉韶軍）

使琉球録二卷 （明）蕭崇業 （明）謝杰撰（第742冊）

蕭崇業，生卒不詳，字允修，號乾養，雲南臨安衛(今雲南建水)人。隆慶五年(1571)進士，後為右僉都御史、兵科給事中、户科給事中等。曾出使琉球，事見《明史》。

謝杰(?—1604)，字漢甫，長樂(今福建長樂)人。萬曆二年(1574)進士，後為行人，奉命出使琉球。又任右副都御史、巡撫南贛等，官至南京户部尚書。更著有《白雲集》等。《明史》有傳。

萬曆七年(1579)六月至十月，蕭崇業為户科給事中，謝杰為行人司行人，奉命前往琉球，封尚永為中山王。返後據嘉靖年間陳侃及郭世霖兩次出使琉球所撰《使琉球録》，又據親身所歷封王行事、儀節撰著成書，亦名《使琉球録》。是書前有萬曆七年十一月蕭

崇業序,記述出使及成書事。序後有《琉球過海圖》,所圖,自廣石至琉球那霸,中有小琉球、雞籠嶼、彭佳山、釣魚嶼、黃尾嶼、赤嶼、馬齒山等海中島嶼,圖後有蕭崇業論說。更錄萬曆四年皇帝詔書,略謂命蕭崇業爲正使、行人謝杰爲副使,往封琉球國中山王。又錄萬曆帝頒與琉球中山國尚求之敕諭、祭祀已故中山王尚元之《諭祭文》、《諭祭祈海神文》、《諭祭報海神文》,亦皆附蕭氏論說。其後爲《使事紀》,記述宣德二年(1427)至萬曆七年歷次遣使詔封琉球中山王之事,及此次出使經過及見聞,卷末附錄陳侃《與琉球中山王世子書》及蕭崇業論說。其後又有《造舟》、《用人》、《敬神》之目,記述航海相關之事,後附陳侃《天妃靈應記》、高澄《臨水夫人記》、《天妃顯異記》、郭汝霖《廣石廟碑文》、蕭崇業《重修廣石廟碑記》等。卷下錄陳侃等人《群書質異》,後附蕭崇業及禮部相關奏摺及復文,又錄陳侃奏摺等。最後爲《藝文》,收錄宣德五年以來有關官員出使琉球相關詩文,後附《夷語夷字》,錄自陳侃《使琉球錄》;其末爲《皇華唱和詩》,爲蕭崇業、謝杰在琉球所作詩文。

此本據上海社會科學院圖書館藏臺灣學生書局《明代史籍彙刊》影印明萬曆刻本影印。(劉韶軍)

使琉球錄二卷　(明)夏子陽 (明)王士楨撰 (第742冊)

夏子陽(1552—1610),字君甫,號鶴田。萬曆十七年(1589)進士,後爲紹興推官、兵部給事中。萬曆三十四年出使琉球冊新任中山王,後授通奉大夫、太常寺卿。事見《明史・琉球列傳》。

王士楨,生卒事跡不詳,是書上下卷首題"兵科給事中玉山夏子陽編,行人司行人泗水王士楨(禎)同編"。按是書手抄,"禎"、"楨"前後不一,難以核定,故兩存之,以俟

知者。

是書前有序,不著年月姓氏,又載萬曆三十一年遣使詔敕,《諭祭文》、《諭祭海神文》等,又錄明代宣德三年(1428)以來出使琉球官員姓氏,此次出使,正使爲夏子陽,副使爲王士楨(禎)。後爲《琉球過海圖》,與陳侃等書不同,圖記過海地名更爲清晰,有西山、天后宮、廣石、祭海壇、梅花所、白犬嶼、東沙山、小琉球、關塘嶼、雞籠嶼、彭佳山、花瓶嶼、釣魚嶼、黃尾嶼、粘米山、翁居山、馬齒山、那霸港等,又記琉球相關地名名勝,如迎思亭、那霸里、天妃宮、天使館、土麻里、前王廟、天界寺、琉球舊王殿、今國王殿、中山碑樓、歡會門、漏刻門、圓覺寺等,圖後有夏子陽論說。

卷上先爲《題奏》,錄當時出使相關文書,後爲《使事紀》,記述出使經過,後爲《禮儀》、《造舟》、《用人》、《敬神》等,記述出使相關事宜。卷下爲《群書質異》,錄自陳侃書,又附《舊使錄》,分《嘉靖甲午使事紀》、《嘉靖辛酉使事紀》、《萬曆己卯使事紀》三篇,簡述此三次出使琉球事。後爲謝杰《琉球錄撮要補遺》,爲《使琉球錄》摘要,分題原委、使禮、封舟、啟行、敬神、國俗、御倭、事權、恤役等目,中附《日東交市記》,乃以《使琉球錄》未錄而補記。此後爲《夷語夷字》,抄自陳侃書。

此本據上海社會科學院圖書館藏臺灣學生書局《明代史籍彙刊》影印抄本影印。(劉韶軍)

瀛環志略十卷　(清)徐繼畬撰 (第743冊)

徐繼畬(1795—1873),字健男,號牧田、松龕,五臺(今屬山西忻州)人。道光六年(1826)進士,歷官福建布政使、廣西福建巡撫、閩浙總督等,終官太僕寺卿。更著有《後漢書批註》、《兩漢郡國今地考略》、《沿邊十郡考略》等。《清史稿》有傳。

書前有道光二十八年(1848)徐繼畬識語,敘成書緣由,稱述地理必須有圖,而西洋繪圖

更爲可據。道光二十三年因公駐廈門，美國人雅裨里攜有地圖冊子，繪刻極細，因從中鉤摹十餘幅，又請雅氏譯爲中文，粗知各國之名。次年再至廈門，又得見地圖二冊，較雅氏地圖更爲詳密，又尋得西人漢字雜書數種及其他書籍若干種，每與西方人相見，即請教求問，於海外諸國地形時勢得知涯略，於是依圖立説，采擇諸書之可信者，衍之爲篇。或有新聞，則據以修改增補，稿數十易，前後費時五年而成書付梓，題名《瀛環志略》云云。

是書以圖爲綱，據西人地圖書籍鉤摹，河道僅畫最著者，山嶺僅畫其大勢，城邑僅標其國都，其餘從略。各國疆域、形勢、沿革、物産、時事，皆取之西人雜書及月報、日報，不復注其出於某書。西人利瑪竇、艾儒略、南懷仁等人通習漢文，所著亦據以參考，以知各國興衰。外國地名譯音不一，故又將譯音異文注於文中，以便辨認。外國地名、人名難以讀斷，故是書行文將地名、人名悉行鉤出，附以豎線，以醒眉目，亦後世人名地名綫之先行。是書題徐繼畬輯著，陳慶偕、鹿澤長參訂，霍明高采譯。首爲《地球圖》，之後爲亞洲，有《亞細亞圖》、《清一統輿地全圖》、《亞洲東洋二國圖》、《南洋濱海各國圖》、《南洋各島圖》、《東南洋大洋海各島圖》、《五印度圖》、《印度以西回部四國圖》、《西域各回部圖》，再後爲歐洲、非洲、美洲各國圖，以及《南亞墨利加各國圖》、《亞墨利加海灣群島圖》等。各圖後均有文字説明，記述各國歷史、地理、氣候、宗教、風俗、制度、物産等。引用諸史之外，又有《天下郡國利病書》、《海國聞見録》、《泛海小録》、《薄海番域録》、《呂宋紀略》、《海島逸志》、《文獻通考》、《萬國地理書》、《西藏志》等。

是書初名《輿地考略》，道光二十四年初成，又改名《瀛環考略》，後有所修改，最終定名《瀛環志略》，道光二十八年刊刻於福建撫署，同治五年（1866）由總理衙門重刻。是書

問世較魏源所編《海國圖志》一百卷本早四年，在當時影響甚大。其中介紹英國議會制度及美國華盛頓其人其事，稱泰西古今人物唯華盛頓可以稱首。其讚華盛頓之文，後由寧波府鐫刻贈送美國，砌於美國華盛頓紀念塔內壁。

此本據天津圖書館藏清道光二十八年福建撫署刻本影印。另有咸豐十一年日本阿陽對嵋閣刻本、同治五年重訂本、光緒二十四年上海掃葉山房本。（劉韶軍）

海國圖志一百卷　（清）魏源撰（第743—744冊）

魏源，有《元史新編》等，已著録。

林則徐曾主持編譯《四洲志》，魏源又參考其他書籍加以補充，道光二十二年（1842）編成是書，初爲五十卷，道光二十七年增補爲六十卷。徐繼畬《瀛環志略》問世後，魏氏又參考該書，於咸豐二年（1852）增補爲一百卷。是書前有光緒元年（1875）左宗棠序、道光二十二年魏源原序、咸豐二年魏源後序。魏氏原序稱是書爲以夷制夷而作，爲以夷款夷而作，爲師夷長技以制夷而作。又謂是書所言爲兵機，非用兵之本，根本在於去人心之積患，即以憤與憂使天道由傾否而之泰，人心由違痹而之覺，人才由革虛而之實。去偽、去飾、去畏難、去養癰、去營窟，則人心之寐患祛。以實事程實功，以實功程實事，毋馮河，毋畫餅，則人材之虛患祛。寐患去而天日昌，虛患去而風雷行云云。此即魏氏所思救國之道。

是書先爲《籌海篇》，分《議守上》、《議守下》、《議戰》、《議款》四篇，主旨在以守爲攻，以守爲款，用夷制夷。後爲海國沿革各圖、地球正背面圖、亞細亞州各國圖等，詳列世界各國地圖八十幅，又有《南洋西洋各國教門表》、《中西曆法同異表》、《中西紀年通表》、《國地總論》、《籌海總論》、《夷情備采》、《仿

造戰船議》、《火輪船圖記》、《鑄炮鐵模圖
記》、《仿鑄洋炮議》、《炸彈飛炮説》、《炮車炮
圖説》、《西洋用炮測量記》、《西洋炮臺記》、
《西洋自來火銃法》、《攻船水雷圖記》、《西洋
技藝雜述》、《西洋遠鏡作法》、《地球天文合
論》等篇,詳述世界各國歷史、地理、制度、宗
教、曆法、物産、軍事、科技等。是書所據資
料,除《四洲志》外,又引其他中土著作八十
多種及西人著作二十種,如英國馬禮遜《外
國史略》、葡萄牙馬吉斯《地理備考》等,内容
豐富,影響頗大。

　　此本據北京大學圖書館藏清光緒二年魏光
燾平慶涇固道署重刊本影印。(劉韶軍)

朝鮮紀事一卷　(明)倪謙撰(第744册)

　　倪謙(1415—1479),字克讓,上元(今屬江
蘇南京)人。正統四年(1439)進士,後爲編
修,曾出使朝鮮。復因人誣告而流放,成化初
年復職,官至南京禮部尚書。更著有《遼海
編》、《倪文僖集》等。《(雍正)江南通志》卷
一六五有傳。

　　《四庫全書總目》卷五十三雜史類存目有
是書提要,稱是書爲景泰元年(1450)倪謙奉
使朝鮮頒詔紀行之作,自鴨綠江至王城一千
一百七十里,所歷賓館二十有八。時朝鮮國
王、世子並稱疾不見,亦不迎詔,争之不得,亦
無可奈何。蓋以明朝新有土木堡之變,國勢
危疑。

　　紀述此行沿途所居賓館甚詳,自正月由遼
東起程,逐日記録所經之地及相距里數,進入
朝鮮後,則記各處迎接情形及朝鮮官員朝服
禮儀制度等。書中稱中國境内自遼東抵鴨綠
江舊有八站,時已荒廢,可知當時中朝疏於來
往之狀。又記倪氏以朝鮮國王及世子稱病不
見,而稱將捧詔還國,由朝廷另行處置,故世
子扶病相見,而諸王子及百官紛紛來見,朝鮮
又送女樂數輩以奉倪氏之歡,倪氏則峻辭拒
卻云云。諸如此類,可以瞭解當時中朝來往

禮數及相互關係。

　　此本據遼寧省圖書館藏明抄本影印。
(劉韶軍)

海外紀事六卷　(清)釋大汕撰(第744册)

　　釋大汕,生卒不詳,字石源,吳縣(今屬江
蘇蘇州)人,因有訟案而亡命廣東,爲廣州長
壽寺僧人。是書題"嶺南長壽石濂汕禪師
著",又署"嶺南長壽石頭陀大汕厂翁撰",故
又稱石和尚。見書首辛丑春杪摩西識語。

　　《四庫全書總目》地理類存目有是書提要,
稱康熙三十四年(1695)春,大越國王阮福周
聘大汕前往該國説法,越歲而歸,是書記大越
國風土及海上見聞。書前有摩西識語,稱大
汕得茅山勑勒法,能役鬼神,安南王聞之,遣
使禮聘至國,大加崇信。歸國時獲金寶巨萬,
於是修廣州長壽寺,極花木之盛,多與貴豪酬
接,後爲臬使許興嗣杖遣回籍云云。是書前
有康熙三十八年仇兆鼇、徐釚、毛端士及大越
國王阮福周序。仇序稱是書發經世名言,於
大越國山川、形勝、風土、謠俗能詳其曲折,可
補山經、海志、《職方記》、《王會圖》所不及。
徐序稱康熙二十三年曾晤石公和上,十五年
後又見石和上,得見是書及所作詩集。阮序
稱長壽本師老和上從康熙三十四年春抵國,
至次年夏,晨夕禪論之餘,就綱常倫紀及事物
精粗條分縷析,裨益政治實多,録其一二而成
書,總名《海外紀事》云云。

　　是書記述大汕禪師應大越國王阮福周之邀
赴大越國講法緣起,又記一路行程、沿途見聞
及大越國物産、風俗、貢賦、商貿,並附隨時所
作詩文、與大越國大臣來往書信等。又記大
越國王請求爲菩薩戒弟子,大汕爲其立約,要
求大越國至中國朝廷入貢請封,以正名號,以
及減少中越邊界糾紛,設學宮以育人才,以儒
學施教於國等。此外則記述至大越國所行佛
教活動、相關禮儀器物以及所講佛法之文,如
《示去非禪人》、《爲酒過者説》、《示阿叒知

藏》、《示可中侍者》等篇,有以見當時佛教南傳情形。

此本據國家圖書館藏清康熙寶鏡堂刻本影印,此本卷四、五、六均有缺葉。(劉韶軍)

日本考五卷　(明)李言恭撰　(明)郝杰撰 (第744册)

李言恭(1541—1599),字惟寅,號秀巖、青蓮居士,盱眙(今江蘇盱眙)人。明開國功臣李文忠八世孫,萬曆二年(1574)襲封臨淮侯,後爲總督京營戎政。更著有《貝葉齋稿》、《青蓮閣集》。參見《四庫全書總目》存目是書提要及謝國楨跋。

郝杰,字彥輔,蔚州(今山西蔚縣)人。嘉靖三十五年(1556)進士,與李言恭合編是書時爲協理京營戎政都察院右都御史兼兵部右侍郎,後任南京兵部尚書。見《四庫全書總目》存目是書提要及是書所題銜名。唯《四庫提要》其姓名作都杰,蓋誤郝作都。

《四庫全書總目》卷七十八地理類存目有是書提要,稱李言恭督京營戎政時,都(當爲郝)杰爲右都御史。時倭患方劇,二人乃共掇所聞,纂爲此書,記日本山川地理及世次土風,又詳載日本字書譯語等。是書首載《日本國圖》,圖後有簡介,其後爲《倭國事略》,述其歷史,又分題畿内部、驛、户、課、島名、寄語島名、倭船、倭好、寇術、倭刀、沿革、疆域、畿州郡島、國王建都、屬國、山川、土産、國王世傳、君臣禮節等細目數十,詳述日本國各種制度事務等。其中《倭船》、《倭好》、《倭術》、《倭刀》等目述當時日本造船、作戰陣勢、作戰習慣、日本刀類型及製造方法等。

是書卷末有謝國楨跋,稱是書明李言恭、郝杰同撰,刊於萬曆間,載録《戒嚴王思行成表》,《明史·日本傳》據以采入。所記日本民物、風俗、語言、文字可補《明史》所未備。而所記明代倭寇以薩摩、肥後、長門三州之人居多,其次則大隅、築前、築後、博多、日向、攝摩、津州、紀伊、種島、豐前、豐後、和泉之人,乃與薩摩通商而附行前來。又稱明代士大夫多著有關日本之書,如薛俊《日本考略》、鄭若曾《日本圖考》、侯繼曾《日本風土記》、鄭若曾《籌海圖邊》、宋應昌《經略復國要編》等,而記述日本民物、風俗、語言、文字,則以是書爲最備云云。

此本據民國二十六年上海商務印書館影印《國立北平圖書館善本叢書》第一集明萬曆刻本影印。(劉韶軍)

日本國志四十卷首一卷　(清)黄遵憲撰 (第745册)

黄遵憲(1848—1905),字公度,嘉應(今廣東梅州)人,光緒二年(1876)舉人,歷任户部主事、駐日參贊、駐舊金山總領事、駐英參贊、江南洋務局總辦、湖南長寶鹽法道、署理湖南按察使等。更著有《人境廬詩》、《日本雜事詩》等。《清史稿》有傳。

書前有光緒十三年(1887)黄遵憲自序及光緒二十年薛福成序。薛序稱咸豐、同治以來,日本迫於外患,廓然更張,廢群侯,尊一主,斥霸府,聯邦交,百務並修,氣象一新,慕效西法,罔遺餘力,富强之機,轉移頗捷,循是不輟,當有可與西國爭衡之勢。其創制立法亦頗炳焉可觀。自今以後,或因同壤而世爲仇讎,有吳越相傾之勢,或因同盟而互爲唇齒相援之形,時變遞嬗,遷流靡定,惟勢所適,未敢懸揣。然使稽其制而闕焉弗詳,覘其政而瞢然罔省,此究心時務之士所深恥。故創著是書,采集群書至二百餘種,費時八九年,於中國更新進步頗有助益云云。黄氏自序稱光緒二年出任駐日本參贊官,即古時之小行人外史氏之職,不采風問俗則無以副朝廷咨諏詢謀之意,因創爲是書。書未成,又奉命任駐美國總領事官,至光緒十一年秋由美返回,辭謝諸大官聘任之請,閉門家居,專意編纂是書,又閱兩載而書成。又感嘆昔日契丹國主稱"我於宋國之事纖悉皆知,而宋人視我國事如隔十重雲霧",今日本士夫類能讀中國書,考中國之事,而中國士夫好談古義,固步自封,於泰西、日本均不能詳知其事,故撰是書以資國人瞭解日本國情,以免不知己不知彼而致敗之禍。

是書用史書志類體,分十二志:《國統志》、《鄰交志》、《天文志》、《地理志》、《職官志》、《食貨志》、《兵志》、《刑法志》、《學術志》、《禮俗志》、《物産志》、《工藝志》。書前有凡例,闡明撰書動機及編纂之難。書中於日本明治維新所述尤詳,如維新後各項舉措及其官制、兵制、教育與殖産興業等,皆可爲中國效法。後序又論西方及日本強盛原因與方法,以爲中國當降心相從。書中又以"外史氏曰"發表評論,分析日本變革經過及得失利弊,并推論於中國。是書又制八十九表,地理則重視用圖,皆能補文字敘述之不足。

是書所用資料,薛福成稱有二百餘種,惜未列出,書中敘事亦不注明出處。近年王寶平通過比對,以爲是書於姚文棟《日本國志》抄撮甚多。按姚《志》僅有稿本,未能刊行,又姚《志》實亦抄自日本内務省地理寮地志課塚本明毅等人所編《日本地志提要》等,是書《物産志》則多抄自此書;而《學術》、《禮俗》、《物産》、《工藝》等志,則多抄自日本村瀬之熙《藝苑日涉》;姚志列舉參考書有九十九種,是書參考則多達二百餘種,則又過之。

此本據南京圖書館藏清光緒十六年廣州富文齋刻本影印。又有光緒二十四年浙江書局重刊本。(劉韶軍)

中山傳信錄六卷附中山贈送詩文一卷

(清)徐葆光撰(第745册)

徐葆光(?—1723),字亮直,長洲(今屬江蘇蘇州)人。康熙五十一年(1712)進士,曾授爲翰林院編修,康熙五十七年任册封琉球

國王副使,返國後呈獻是書。更著有《二友齋文集》、《海舶集》等。參見《四庫全書總目》卷七八地理類存目是書提要及《清史稿·朝鮮傳》等。

書前有康熙六十年汪士鋐序及徐葆光自序,稱諸史及《通典》、《星槎勝覽》等書所載琉球之事多有舛漏,明陳侃出使後始有專書記錄其事,後蕭崇業、夏子陽等人所撰《使琉球錄》則多抄襲舊書,清時張學禮《使略雜錄》、汪楫《中山沿革志》、《雜録》仍有闕略。此次出使,在中山前後八閱月,求得《中山世鑑》及山川圖籍,又與其大夫通文字譯詞者遍遊山海間,詳考其名物制度,以與見聞互證,去疑存信,又多繪圖以補文字之不足,則琉球國之事可以詳知云云。

是書卷一首爲《封舟圖》,詳記當時海船體制,又以文字説明建造封舟始末,並述封舟規制,記全船尺寸並明代封舟尺寸。其後記渡海兵役人數及類別、定更法,所用針盤、玻璃漏圖、航海針路圖。其圖上爲南,下爲北,右爲西,左爲東,與現代地圖正相反。又記自福建閩安鎮出五虎門航海至琉球那霸地圖,中有島嶼東沙、澎湖、雞籠頭、花瓶嶼、彭家山、釣魚臺、黄尾嶼、赤尾嶼、姑米山等,圖後有文字説明。後又有《前海行日記》及《後海行日記》,可以考見此次經歷見聞。又記嘉靖十三年以來歷次封舟渡海日期,保存有關歷史資料。又記風信及風暴日期,爲重要海上氣象資料。最後爲《天妃靈應圖》、《天妃靈應記》、《諭祭海神文》、《春秋祀典疏》等,可知當時航渡求神保佑之習俗。卷二爲《封宴禮儀》,記述封舟到港、天使館、行香、諭祭、册封、儀仗、中秋重陽宴、中山王謝恩表疏、禮部議覆疏等,亦有圖多幅,卷三記中山王世系,又記中國與琉球自宋淳熙十四年以來封貢往來事跡。卷四爲《琉球地圖》及文字説明,又記其星野、潮汐、《三十六島圖》及文字説明,後列其地各處名勝古跡。卷五記官制、冠服、

儀從、氏族、取士、封地、土田、曆法、禮儀、國學、禪宗、僧祿等,多有圖示。卷六記風俗、屋舍、米廩、器具、女集、舟轎馬、弓箭、月令、土產、字母、琉球語,多有插圖。書尾有康熙六十年長祥後序,序後爲中山王、國相、王弟、國丈及其他官員、禪師所作詩文。

此本據天津圖書館藏清康熙六十年二友齋刻本影印。(劉詔軍)

琉球國志略十六卷首一卷　(清)周煌撰(第745冊)

周煌(? —1784),字景垣,號海珊,涪州(今重慶涪陵)人。乾隆二年(1737)進士,曾爲翰林院編修,充《八旗通譜》館纂修官、國史館纂修官。乾隆二十一年封爲副使,出使琉球。三年後回國,任侍講學士。乾隆四十年任《四庫全書》總閱,後爲工部、兵部尚書、都察院左都御史。更著有《海山詩稿》等。《清史稿》有傳。

書前有乾隆二十二年周煌進呈是書奏疏,後爲凡例、采用書目及全書目錄,卷首載順治、康熙、雍正、乾隆所頒詔勅、諭祭文,後爲《琉球星野圖》、《琉球國全圖》、《琉球國都圖》、《諭祭先王廟圖》、《册封中山王圖》、《中山王圖》、《球陽八景圖》、《封舟圖》、《羅星圖》、《針路圖》等,正文分題星野、國統、封貢、輿地、風俗、山川、府署、祠廟寺院、勝蹟、爵秩、賦役、典禮、兵刑、人物、物產、藝文、志餘等類,類下有子目。是書分類設目較前此記琉球國諸書更爲完備,合乎志書之例。采用書籍有《明史》、《明一統志》、《清會典》、《清一統志》等正史、會典、地志、類書,更有明清有關琉球之志録多種,以及琉球國之《中山世纘圖》、《中山世鑑》、《中山詩匯集》等,凡七十餘種。

此本據天津圖書館藏清乾隆二十四年漱潤堂刻本影印。(劉詔軍)

職官類

歷代職源撮要一卷　(宋)王益之撰(第746冊)

王益之,生卒不詳,字行甫,金華(今浙江金華)人。宋淳熙十四年(1187)進士,曾官大理寺司直。著有《西漢年紀》、《漢官總録》、《職源》等。事跡略見《四庫全書總目》卷四七《西漢年紀》提要。

是書爲王益之憂居時所編,徐澄、倪瑀等人分任其事,王觀之彙總合成。前有慶元二年(1196)《歷代職源序》,謂《職源》一書述職官演變、源流,於前代創置之制度名號、宋代沿襲者、元豐年正名者、中興後併省者,各題其要點而置於篇端,於官號故實、職任典掌、前賢遺跡、先朝訓辭亦取其雅馴者臚列其下。一事若諸書所記不同,則兼記之;官之冗散,諸書未收者,則僅立存目。《職源》原書五十卷,久佚,《歷代職源撮要》爲《職源》之卷一,保留《職源》精華梗概。此本末有《直齋書録解題》關於《職源》之著録及張鈞衡跋語。

是書所述,必窮其源流。如述三師,歷陳殷、周、秦、漢等朝三師演變,并述北宋三師詳情,末云靖康末以僕射爲宰相,三公止爲階官,不與三省之政。三師下分述太師、太傅、太保,明其職任。正文之下多有注,如"太傅"下"周、畢之任"注:《史記》云:"成王即位,畢公、周公並爲之。"又如"左右丞相"下注:"左右丞相,宰執。成湯以伊尹爲右相,仲虺爲左相。秦悼武王二年始置丞相官,樗里疾、甘茂爲左右丞相,金印紫綬,掌丞天子助理。漢高帝即位,置一丞相。孝惠、高后置左右丞相。"又如"參知政事"下有"魚頭公",注云:《拾遺録》:"魯宗道爲參政,忠鯁自任,時人稱曰魚頭公,蓋以魚鯁目之也。"是書記述職官源流簡潔明晰,可資考證職官源流衍變。

是書有《適園叢書》本及《續金華叢書》本。此本據民國三年張氏刻《適園叢書》本影印。（高山）

古今官制沿革圖一卷　（明）王光魯撰（第746冊）

王光魯，生卒不詳，字漢恭，淮安（今江蘇淮安）人。諸生，爲周亮工門人。精於考訂，著有《閱史約書》《碧漸堂詩草》等。事跡略見《四庫全書總目》卷五○《閱史約書》提要。

是書以圖表列述各類職官衍變，自大至小，由公孤、諸部尚書至勳封、中官，並圖列政府官屬諸屬官名目及古有今無、古卑今貴等官名。每頁圖表分兩欄，右列朝代名稱，左列官名，官名之下略作注解。如《公孤政府沿革》圖，首行爲秦公孤名稱（丞相、御史大夫），次行爲漢初兩府公孤名稱（丞相、太尉），此行"丞相"下注"御史大夫爲副"，第三行爲武帝後公孤名稱，如左欄"丞相"條云"與司徒通職，哀帝設司徒罷丞相"，由此可知秦至漢初三公名稱之變。又如《諸部尚書沿革》載秦代"尚書令爲少府屬官"，漢代尚書五曹有"常侍曹、二千石曹、三公曹、民曹、客曹"，東漢合中都官與尚書五曹爲六曹，常侍曹改爲吏曹，二千石曹增設尚書一人名中都曹，三公曹及民曹、客曹所掌之事則有不同，由此可知諸部尚書之沿革。《四庫全書總目》卷八十職官類存目有是書提要，稱是書記歷代官制升降沿革記述頗詳，然考據多所未備。明宜興路進校刊金履祥《通鑑前編》，首列古今官制，未著撰人姓名，與是書校對則悉合，當即光魯本云云。

此本據國家圖書館明刻本影印。（高山）

歷代宰輔彙攷八卷　（清）萬斯同撰（第746冊）

萬斯同，有《明史》，已著録。

是書作於京師修史時，以表格列述歷代宰輔。萬斯同重視史表之用，稱馬、班史皆有表，而《後漢》《三國》以下無之，不知史之有表，所以通紀、傳之窮云。《四庫全書總目》卷八十職官類存目有是書提要，稱是書取秦、漢以迄元、明宰輔，分職繫名，以便檢核。於官制增損異同之處間附案語。然不著拜罷年月，較諸史表例更爲簡略。唐代使相，以其爲藩鎮加官，故不載録，然如李克用、朱全忠、王智興、李載義、韓建等位冠三師，亦只屬優以空銜，未嘗入輔，又一概列之，則義例未能畫一云云。是書於歷代宰輔沿革頗便檢核，如卷一立《秦代左右丞相》《御史大夫》兩目，其下列舉秦代任此職位者姓名，條目下或有雙行小字作注，末或有按語，如"御史大夫"後有按語，稱《漢書·百官公卿表》言太尉秦官，是秦時已有太尉。"漢太傅"下有按語，稱其秩上公，位丞相上，高后時置，尋罷，文帝時復置。"漢丞相"後有按語，稱韓信、曹參、樊噲嘗爲左丞相，曹參與灌嬰、尹恢又嘗爲右丞相，以將兵在外不預朝政，故不入《公卿年表》。漢制，丞相以列侯爲之，自公孫弘由布衣登用，封平津侯，厥後丞相非由列侯者，皆拜相後封侯。此類按語能簡要説明職官源流變遷，頗便利用。

此本據國家圖書館清抄本影印。（高山）

中書典故彙紀八卷　（清）王正功撰　（清）趙輯寧校補（第746冊）

王正功，生卒不詳，字拙餘，別字羗山，錢塘（今屬浙江杭州）人。雍正十三年（1735）以乙科應内閣中書試，後爲襄陽府同知。生平略見是書序跋。

趙輯寧，生卒不詳，乾嘉間人，字素門，錢塘（今屬浙江杭州）人。著有《淺山堂詩集輯補》。生平略見是書序跋。

是書爲中書故事之彙集。書前有仁和杭世駿序及王正功序，書後有吳慶坻、劉承幹、趙輯寧跋語。杭序稱是書"義寓勸懲"。王序則略述是書成書經過及框架，自稱任職中書近二十年，中書各房周歷殆遍，儤直之暇於列朝檔案目覽手鈔。後佐理襄郡，政務清閒時取前所抄録者，以官制、職掌、儀式、恩遇、建置、題名、雜録爲目分成七册，凡史册所載有關於中書典故者皆彙紀之，歸田後整理成書。王氏以爲，稗官野史、諸子、説部之書，雖考核未盡精詳，而逸事流傳頗多可采；惜楚北藏書之家少所收藏，故不能多録云云。又據王序落款，此書或成於乾隆三十年（1765）。三十三年，王氏出此書請趙輯寧校補。趙據記憶所及補入三百餘條，又據鮑氏知不足齋、杭氏道古堂之書校正訛字並補入四十餘條，五十七年夏又補若干條。書後吳慶坻跋語云："此書考古事則原本經史，考本朝事則録官書及私家撰述，采摭頗富。"

是書抄録匯總各書所述職官名稱、沿革，或有按語，可與所引互參。如卷一録《閱史約書》，稱舍人最早爲秦尚書郎，後又有按語，稱《周禮·地官》有舍人上士二人，掌宮中之政，舍人之名始於此。又如卷一録《晉書·職官志》：晉初置舍人、通事各十人。按語稱《宋書·百官志》有晉初置舍人一人、通事一人之説，兩種記載，可供對照參考。再如卷一引《宋書·百官志》：宋中書令一人，中書舍人一人，中書侍郎四人。按語稱宋中書監令在第三品，中書侍郎在第五品，而獨不著舍人之品。《志》又云凡新置不見此諸條者，隨秩位所視，則宋時中書舍人在令下、侍郎上，當是第四品。此類考訂於檢索職官沿革不可忽略。

此本據民國五年劉氏刻《嘉業堂叢書》本影印。（高山）

南臺舊聞十六卷　（清）黄叔璥輯（第746册）

黄叔璥（1680—1758），字玉圃，號篤齋，順天大興（今屬北京）人。康熙四十八年（1709）進士，後任湖廣道御史、浙江道御史，爲清代首任臺灣巡察御史。在臺時常巡行各地，考察攻守險隘、海道風信。更著有《臺海使槎録》、《南征紀程》、《臺灣縣學碑記》、《廣字義》等。事跡略見《四庫全書總目》卷六四傳記類存目《南征紀程》提要。

是書成於康熙六十一年，是年六月黄叔璥抵臺，參酌各代史書，附以見聞，分十三類，記述歷代御史建官命職源流及御史居官奉職之事。《四庫全書總目》卷八十職官類存目有是書提要，稱其詳述御史典故，凡十三門。每事各注所出之書，頗爲詳備云云。按南臺，即王士禎《分甘餘話》所謂都察院可稱南臺，不可稱西臺。蓋唐以中書省爲西臺，御史臺爲南臺。是書所據文獻有《漢書》、《唐書》、《通典》、《唐六典》、《文獻通考》等。書前凡例稱是書爲監察御史而記，某官事蹟卓然，則附提綱之後，爲臺官表式。所涉明代之事，《明史》成書前雜取稗官野史，《明史》成書後悉取《明史》。所附按語亦頗有見，如卷一《御史臺·都察院》引《周禮·春官》文後，又引吳氏、魏氏、邱氏等人考辨之説，皆有益於職官研究。

此本據華東師範大學圖書館藏清刻本影印。（高山）

漢官六種十卷　（清）孫星衍輯（第746册）

孫星衍，有《（嘉慶）松江府志》等，已著録。

六種原作者之可考見者如次：

王隆，生卒不詳，字文山，左馮翊雲陽（今陝西淳化）人，約東漢初年前後在世。王莽時任爲郎，東漢建武時任新汲令。傳略見《漢官解詁序目》。

胡廣，生卒不詳，字伯始，東漢南郡華容（今湖南華容）人。前後歷事六帝，曾任司空、司徒、太尉、太傅等。更著有《百官箴》四十八篇。《後漢書》有傳。

衛宏，生卒不詳，字敬仲，東海（今山東郯

城)人，東漢光武帝時在世。曾作《毛詩序》，又集西漢雜事，更編有《漢書舊儀》四篇。《後漢書》有傳。

應劭(約153—196)，字仲遠，東漢汝南郡南頓縣(今河南項城)人。靈帝時舉孝廉，後任泰山太守。博學多識，更著有《風俗通義》等。郝氏《續後漢書》卷六六有傳。

蔡質，生卒不詳，字子文，東漢陳留(今河南杞縣)人，蔡邕叔父。靈帝時曾任衛尉，後以罪下獄死。傳略見《漢官典職儀式選用序目》及《後漢書·蔡邕傳》。

丁孚，生卒不詳，三國時吳國太史令，曾與項峻同編《吳書》，見《三國志·吳志》。

《漢官六種》十卷，爲孫星衍所輯漢代官制諸書，收入《平津館叢書》，涵《漢官》、《漢官解詁》、《漢舊儀》、《漢官儀》、《漢官典職儀式選用》、《漢儀》六種共十卷，皆東漢時所出關於漢代官制儀式之作，以均已亡佚，故此六種十卷皆爲輯佚之書，已非原文。

《漢官》一卷，原作者已佚其姓名，原書已佚。《隋書·經籍志》有《漢官》五卷，應劭注。《後漢書·應劭傳》稱應劭綴集舊聞，著《漢官禮儀故事》，孫星衍以爲應劭所撰祇此一書，而《漢官》別爲一書，不知何人所撰，應劭僅爲之作注。諸書所引多作應劭《漢官》、應劭《漢官儀》，彼此混淆，唯《續漢書·百官志》劉昭注引兩書分作無名氏《漢官》及應劭《漢官儀》，不相混淆。又有《漢官目錄》者，孫星衍乃錄《續漢書·百官志》所引《漢官》及《漢官目錄》，輯爲《漢官》一卷。是書記述公卿員吏人數、品秩，並記諸郡郡治距京師里數，所記官制多不見於《漢書·百官公卿表》及《續漢書·百官志》，故可補史志之不足。

《漢官解詁》一卷，漢王隆撰，東漢胡廣注。原名《小學漢官篇》，共三篇，記述漢代公卿及內外官職名稱、職掌，亦收錄少數民族政權官稱。正文爲四言韻文，便於誦讀。順帝時胡廣作注，書名亦改爲今名。原書已佚，孫星

衍據《續漢書·百官志》劉昭注、《北堂書鈔》、《太平御覽》、《初學記》、《藝文類聚》、《周禮天官疏》等書輯其佚文，僅成一卷。以王隆原書爲正文，胡廣注則列於其下，書末附胡廣《漢制度》十條。每條佚文之末，以小字注明出處，以備檢核。

《漢舊儀》二卷《補遺》二卷，漢衛宏撰。《後漢書·衛巨集傳》稱衛巨集著《漢舊儀》四卷，《隋書·經籍志》著錄《漢舊儀》四卷，衛敬仲撰，則作者當爲衛宏。或衛巨集亦撰《漢舊儀》，然《隋書·經籍志》以後所著錄者，當爲衛宏之書，非巨集之書。又是書或名《漢書儀》，南宋陳振孫《直齋書錄解題》則作《漢官舊儀》三卷，題漢議郎東海衛敬仲撰，或云胡廣撰。原書已佚，《永樂大典》本作《漢官舊儀》二卷。孫星衍即據聚珍版《永樂大典》本，依衛宏本傳輯《漢舊儀》，又自他書如《北堂書鈔》、《太平御覽》、《太平寰宇記》等輯其佚文，別作補遺二卷。是書記述漢代官制，又涉及禮制，如籍田、宗廟、春桑、酎、祭天等，故後世或將是書列入儀注類。

《漢官儀》二卷，東漢應劭撰。是書原爲十卷，獻帝遷都於許，舊章湮滅，應劭綴集舊聞而作是書。其書或稱《漢官鹵簿圖》，或稱《漢官名秩》，原書已佚。此二卷本，乃孫星衍據《續漢書·百官志》補注及《北堂書鈔》、《太平御覽》、《初學記》、《藝文類聚》、《通典》、《唐六典》等書輯出。各條佚文後以小字注明出處。其所述官職沿革較爲完備，且多舉當朝授官實例爲證。

《漢官典職儀式選用》二卷，東漢蔡質撰。《隋書·經籍志》著錄。諸書或省爲《漢官典職》、《漢官典職儀》，原書已佚。孫星衍據《後漢書》、《續漢書·百官志》補注及《北堂書鈔》、《太平御覽》、《初學記》、《藝文類聚》、《文選》注等書輯爲一卷。各條佚文後以小字注明出處，諸書所引文字或有異同，則略加校勘。是書於當時謁見禮式，如靈帝立

宋皇后儀、安帝於德陽殿會朝百官儀等多有記載,可供參考。

《漢儀》一卷,三國吳丁孚撰,《隋書·經籍志》未見著録,《新唐書·藝文志》著録爲丁孚《漢官儀式選用》一卷,原書已佚。孫星衍據《漢書·宣帝紀》注、《續漢書·百官志》補注、《後漢書·章帝紀》注、《初學記》及《通典》諸書輯出十三條佚文,合爲一卷。卷首有孫星衍敍録,每條佚文之末以小字注明出處,諸書所引有異者,則略事校勘。

孫星衍輯漢代官制六種爲一編,於漢代官制、儀制研究頗便觀覽。是書之前曾有元代陶宗儀輯録應劭《漢官儀》一卷,僅十六條,且未標明出處。《四庫全書》亦輯衛宏《漢官舊儀》及《補遺》四卷,清王仁俊又輯《漢舊儀》、《漢官儀》各一條。孫氏輯本體例較前此諸輯爲嚴謹,所輯内容亦較前人爲多。後黃奭有《黃氏逸書考》所録則全取孫氏所輯,唯增按語,然刊刻疏略,又增訛誤。要之孫氏輯本較他人所輯種類更全,輯文更多,出處亦詳加注明,考辨亦較審慎,然漏引、誤引者亦復不少。

此本據華東師範大學圖書館藏清嘉慶孫氏刻《平津館叢書》本影印。（黃河）

漢州郡縣吏制考一卷　（清）強汝詢撰（第746册）

強汝詢,生卒不詳,字菎叔,號賡廷,溧陽（今江蘇溧陽）人。咸豐九年（1859）舉人,曾爲曾國藩幕僚。更著有《大學衍義續》、《春秋測義》、《金壇見聞記》等。生平略見《續碑傳集》卷四六。

是書卷首有強汝詢自識,稱自封建制變爲郡縣制,官制唯漢爲善,故參考諸書,述次漢代官制大略。分述漢代州、郡、縣、鄉、亭各級職官,又以雙行小字加注,書末則附強氏雜論,評述歷代地方官制得失。參考之書主要有前後《漢書》及注、《續漢書·百官志》、《續

漢書·郡國志》、《東觀漢記》、《通典》等。是書考察地方官制沿革頗爲詳備,如考刺史之官,於其官制由來、名稱變更、職權調整、禄石多寡及其利弊得失,無不詳述。又如里魁、什伍之職也有記載,稱里魁掌一里百家,什主十家,伍主五家,以相檢察。注文或考釋正文,或注明史料出處,或附録相關事實。如治中從事一職後附注引《袁紹傳》,稱紹起兵討董卓,冀州牧韓馥與衆人謀議當助袁氏抑董氏,治中劉惠則稱興兵爲國,安問袁、董云云。所記地方低級官職,是其特色。

此本據國家圖書館藏清劉履芬抄本影印。（黃河）

漢官答問五卷　（清）陳樹鏞撰（第746册）

陳樹鏞（1859—1888）,新會（屬今廣東江門）人。曾隨番禺陳澧問學,自六經至諸史無不詳究。更著有《文獻通考正誤》等。《碑傳集三編》卷三四有傳。

是書卷首有陳樹鏞自識,稱其門人柯有儀、沈藻清讀《漢書》,苦於《百官表》簡略不明,故撰此書,以考釋《漢書·百官公卿表》所記官職。卷一至卷三分述丞相、太尉（大司馬）、御史大夫、太傅、太師、太保、將軍、尚書、太常、光禄勳、衛尉、太僕、廷尉、大鴻臚、宗正、大司農、少府等職,卷四分述執金吾、太子三師、三輔、諸尉、加官等,卷五則釋爵制及地方官制。是書資料以前後《漢書》及注、《續漢書·百官志》及注、《漢官》諸書爲主,文中注明出處。歷來考究漢代官制之作較多,故是書注意吸收前人成果,如錢大昕《三史拾遺》、王鳴盛《十七史商榷》、顧炎武《日知録》等,皆以小字注於文中。陳氏以漢宣帝以後,政權歸於尚書,而《漢書·百官公卿表》不列尚書,故詳考西漢昭、宣以下領尚書事者及尚書執掌,以補《漢書·百官公卿表》之不足。是書專治西漢官制,考證詳實,於漢代官制研究頗可參證。

此本據南京圖書館藏清光緒二十五年刻《端溪叢書》本影印。（黃河）

季漢官爵考三卷 （清）周廣業撰（第747冊）

周廣業（1730—1798），字勤圃，號耕厓，寧伊橋（屬今浙江海寧）人。乾隆四十八年（1783）舉人。清廷編纂《四庫全書》時，擔任校勘。後居家著述，更著有《孟子四考》、《廣德州志》、《經史避名匯考》等。《清史列傳》卷六八有傳。

《三國志》無志與表，蜀漢典章制度湮滅難稽，周氏遂取《蜀志》所載，考其闕疑，仿《續漢書·百官志》及《宋書·百官志》之例，作《官職考》、《封爵考》，合爲《季漢官爵考》。書前有周德興序、周廣業自序，書末有吳騫、蔣師爚題跋。廣業以蜀漢爲正統，故以是書爲《漢書·百官公卿表》、《續漢書·百官志》之續作，仍以記官名、建設始末、執掌、員數、秩禄爲主，前書表志已有記載者不再重複。各條末詳附當朝人名以爲實例，此爲《宋書·百官志》之體。諸書所載有異同者，另以小字作注。是書所考蜀漢官爵制度較爲完備，可補史志之不足。

此本據國家圖書館藏清周氏種松書塾抄本影印。（黃河）

三國職官表三卷 （清）洪飴孫撰（第747冊）

洪飴孫（1773—1816），字孟慈，又字佑甫，陽湖（今屬江蘇武進）人，洪亮吉之子。嘉慶三年（1798）舉人，官湖北東湖縣知縣。更著有《史目表》、《世本輯補》等。《清史列傳》卷六九有傳。

飴孫以魏、蜀、吳官制名承漢制，實有異同，如曹魏不變官名，而執掌多有調整，且改禄秩爲九品，官署紛更升降，官制與漢殊異。吳、蜀雖承漢制，增省亦多。三國官制爲兩晉南北朝官制建置之先行，而陳壽《三國志》無表志以記之，故洪氏考辨三國官制，作成是書，

以補正史之闕。

是書之表以國別分爲三欄，每欄先列職官，比較三國建置異同，並以小字注文考辨其異。職官後則記居官之人，以證此官有無，並以小字注其居官時間、遷轉官職等。是書志表合一，綴輯《後漢書》、《三國志》、《晉書》、《宋書》諸史本紀志傳，兼及《通典》、《藝文類聚》、《北堂書鈔》等書而成。記載詳實，考證精審，於三國官制研究可資參考。

此本據南京圖書館藏清道光二年李兆洛刻本影印。另有光緒十七年廣雅書局刻本，民國九年徐紹榮彙編重印。（黃河）

晉官五種 （清）黃奭輯（第747冊）

黃奭（1809—1853），字右原，原名黃錫麟，甘泉（治今江蘇揚州）人。道光十二年（1832）舉人。出身鹽商之家，篤嗜漢學。纂《黃氏逸書考》，又名《高密遺書》，共輯佚書二百八十餘種，更著有《爾雅古義》等。《清史列傳》卷六九有傳。

五種作者之可考者如次：

傅暢（？—330），生卒不詳，字世道，北地泥陽（今陝西耀縣）人。選東宮侍講，又任秘書丞，石勒時任爲大將軍右司馬。更著有《晉諸公敘贊》、《公卿故事》等。《晉書》有傳。

荀綽，生卒不詳，字彥舒，潁川潁陰（今河南許昌）人，晉尚書令荀勗之孫。晉懷帝時任下邳太守、司空從事中郎，永嘉末年爲石勒俘虜，任爲參軍。更著有《晉後書》。《晉書》有傳。

黃氏輯書甚多，是書即其中之一，皆晉代官制之書，五種爲《晉官品令》、《晉百官名》、《晉公卿禮秩》、《晉故事》、《晉百官表注》。五書早佚，黃氏據諸家類書、史注輯得遺篇殘句，編排成書。此五種成書皆早於《晉書》，史料價值頗高。

《晉官品令》一卷，諸書皆失載，作者不詳。

黃奭據《北堂書鈔》、《太平御覽》輯得佚文十二條,編爲一卷。是書記述晉代官職品級,如晉承襲曹魏九品中正制,《宋書·百官志》、《晉書·職官志》記載不詳,而是書記司馬氏爲品第一,武冠絳服,佩山玄玉。所記除涉職官冠佩輿服外、亦記員數及執掌、官員選舉等。

《隋書·經籍志》載《魏晉百官名》五卷、《晉百官名》三十卷、《晉官屬官名》四卷,皆不著作者姓名。後世諸書引用其書,書名亦不一致,如"百官名志"、"晉王公百官名"、"晉武帝百官名"、"晉東宮官名"、"明帝東宮僚屬"、"齊王官屬名"、"大司馬僚屬"、"庾亮僚屬名"、"庾亮參佐名"等,當爲是書卷名篇名。黃奭據《世說新語》注、《太平御覽》、《三國志》、《文選》注諸書輯得佚文三十三條,編爲一卷,名《晉百官名》。是書多敘列官員姓字爵里,類似後世官員名冊。

《晉公卿禮秩》一卷,晉傅暢撰。《隋書·經籍志》載傅暢撰《晉公卿禮秩故事》九卷,《舊唐書·經籍志》作《晉公卿禮秩》九卷。黃奭據《北堂書鈔》、《太平御覽》、《藝文類聚》、《初學記》、《續漢書·輿服志》注及《文選》注諸書輯出佚文三十四條,編爲一卷。是書記晉代百官冠佩輿服、禄田絹匹等。

《晉故事》一卷,亦傅暢撰。《隋書·經籍志》載《晉故事》四十三卷,《舊唐書·經籍志》作《晉故事》三卷。黃奭據《太平御覽》、《藝文類聚》、《初學記》諸書輯出佚文五條,附於《晉公卿禮秩故事》之後。以《太平御覽》引是書嘗謂"傅暢晉故事",且體例與傅暢前書略同,故黃奭以爲是書撰者亦爲傅暢。是書記晉代百官儀禮、禄秩絹疋,如謂尚書令軺車黑耳後户,僕射但後户無户耳,中書監令如僕射。核《晉書·輿服志》,兩處"後户"前均脱"有"字,"無"字後衍"户"字。黃奭僅輯其佚文而未校正。又所輯有"租賦"一條,記述晉代賦稅制度,爲《晉書》、《通典》所未詳

載者。

《隋書·經籍志》有荀綽《晉百官表注》十六卷,《三國志》裴松之注引作《晉百官表》,《續漢書·百官志》劉昭注引作《晉百官表注》,《北堂書鈔》、《太平御覽》或作《晉書百官表》、《晉書公卿表》不一。黃奭據《續漢書·百官志》注、《三國志》裴松之注及《北堂書鈔》、《初學記》、《藝文類聚》、《太平御覽》諸書所引,輯出佚文七十餘條,編爲一卷。是書記述晉代職官制度,有冠佩、輿服、員數、執掌、俸禄等事,其中"封爵"、"縣侯"、"關內侯"、"直郎"、"俸錢"等條,均不見於《晉書》。

黃奭所輯《晉官五種》,雖非完秩,以成書較早,仍可補正史之不足。

此本據上海辭書出版社圖書館藏《漢學堂叢書》本影印。(黃河)

唐尚書省郎官石柱題名考二十六卷卷首一卷附錄一卷　(清)勞格　(清)趙鉞撰(第747冊)

勞格(1819—1864),字季言,仁和(屬今浙江杭州)人。父經元、兄權均精於治學,格致力研究唐史,精於校勘。富有藏書,藏書室名"丹鉛精舍"。更著有《唐御史臺精舍題名考》,並續完其父《唐折衝府考》。見閔爾昌《碑傳集補》卷五〇。

趙鉞(1778—1849),字雩門,一字星甫,仁和(屬今浙江杭州)人。嘉慶十六年(1811)進士,後任泰州知州。著《唐尚書省郎官石柱題名考》、《唐御史臺精舍題名考》,以年老而未成書,託勞格續成。見閔爾昌《碑傳集補》卷五〇、徐世昌《大清畿輔先哲傳·孝友傳》。

郎官石柱,即唐代尚書省内題名刻石,記載唐開元至大中時一百五十餘年郎官姓名及任免情況。歷經千年,斷裂風化,缺損嚴重,難以辨讀。清人王昶、趙魏先有整理,遺漏和錯

誤仍多,趙鉞、勞格又廣搜事實,詳加考證,撰成是書,較王昶所考增多十餘倍。

是書由趙鉞首創,勞格續成,又由勞格友人丁寶書整理編次。書前有丁寶書序,首一卷載例言、陳九言《尚書省郎官石記序》、目錄,末一卷附錄諸書有關記載。正文以職司分卷,依左司、吏部、司封、司勳、考功、户部、度支、金部、倉部、禮部、祠部、膳部、主客等十三部門記其郎中及員外郎,而以所屬郎官姓名作子目。每條先列郎官姓名,後附考證,詳考其人履歷。所采之書以新、舊《唐書》、《唐會要》、《資治通鑑》爲主,次及《元和姓纂》、《古今姓氏書辨證》諸姓氏書。凡諸類書如《太平廣記》、《文苑英華》有所引者,以小字注於文中。又有諸書所記不同者,則考異以爲詮釋。其中石刻全缺及部分殘缺不全者,均一一加以訂補。是書考證精密,采摭豐富,於唐代諸部郎官等制度研究頗可參證。

此本據浙江圖書館藏清光緒十二年丁氏刻《月河精舍叢鈔》本影印。另有清光緒十年歸安丁氏刻本。(黄河)

唐御史臺精舍題名考三卷首一卷末一卷

(清) 趙鉞 (清) 勞格撰 (第748册)

趙鉞、勞格,有《唐尚書省郎官石柱題名考》,已著錄。

御史臺精舍碑,唐開元十一年(723)立,崔湜撰碑文,梁昇卿隸書,趙禮刻。碑陰、碑側及碑額有唐初至天寶元年(742)御史官員近千人題名,然題名時有重複,多者三見四見,最晚者有天寶元年後御史五十餘人,知非開元十一年一時之刻。趙鉞、勞格先後據碑刻姓名,由史志、類書搜集相關史料,依次考列其人履歷,彙成是書。是書正文三卷,首一卷載崔湜所撰碑文,次及此書姓氏目錄,末一卷附錄諸書所載御史臺精舍碑之事,體例與《唐尚書省郎官石柱題名考》相似,以人名爲綱,次附考證,並注明出處,凡八百三十一人。

所采之書以新、舊《唐書》、《唐會要》爲主,次及《元和姓纂》、《古今姓氏書辨證》等,又據《太平廣記》、《文苑英華》等類書所引,以小字注於文中。諸書所記不同者,則考異以爲辨釋。如卷一盧懷慎,《舊唐書·盧齊卿傳》載長安初盧齊卿薦盧懷慎爲御史,考異稱《新唐書》同,《會要》在長安二年,《太平廣記》引作三年云云。此類可比較諸書記載異同,於唐代官制研究頗有價值。

此本據浙江省圖書館藏清光緒六年丁氏刻《月河精舍叢鈔》本影印。(黄河)

唐折衝府考四卷

(清) 勞經原撰 (清) 勞格校補 (第748册)

勞經原,生卒不詳,字笙士,嘗從臧鏞堂、胡功載問學,與嚴元照、徐新田、朱以升爲友。是書編纂未成而卒,由其子勞格續成。見閔爾昌《碑傳集補》卷五〇。

折衝府爲唐代府兵制基層組織,分佈全國,《新唐書·地理志》記載不詳,勞經原、勞格父子考索新舊《唐書》,參以傳記、地理之書,旁及諸家文集、石刻碑誌,纂成是書。書前有趙鉞序,書末有勞檢跋。卷一輯錄新舊《唐書》、《唐六典》、《通典》、《文獻通考》、《唐會要》、《玉海》、《樊川文集》等書所記折衝府之事,卷二至四詳考關內道、河南道、河東道、河北道、山南道、隴右道、淮南道、江南道、劍南道、嶺南道各州所置折衝府名。凡《唐志》所載諸折衝府,均詳引史料爲證,繫於所屬州後。見於他書者,補於每州之後。諸府所隸之衛有可考者,則列衛名於府上。或折衝府不可考其所在之州,則彙爲補遺,附於卷四後。有與諸州地名相同而疑在某州者,亦不臆斷。共補府數一百零九,合《唐志》所載四百四十八府,共五百五十七府。是書考證精密,搜羅完備,於唐代地理、官制研究均有參考價值。

此本據湖北省圖書館藏清道光二十一年勞

氏丹鉛精舍刻本影印。另有清光緒二十六年南陵徐乃昌刻本。（黃河）

續宋宰輔編年錄二十六卷　（明）呂邦燿撰（第 748 冊）

呂邦燿，生卒不詳，字元韜，錦衣衛籍，順天（今北京）人。萬曆二十九年（1601）進士，官至通政司右參議。事跡略見《畿輔通志》卷六二。

宋徐自明有《宰輔編年錄》，於平章事、參知政事、樞密使、知樞密院事、同知簽書樞密院事，皆著其名位，詳其除罷黜陟之由。編年繫日，自宋太祖建隆間迄宋寧宗嘉定八年（1215）。呂邦燿曾刊行徐自明《宰輔編年錄》，故作是書以續之。

《續宰輔編年錄》，自寧宗嘉定九年（1216）至衛王昺祥興二年（1279），體例仿徐書。是書宰輔拜罷日月，參用《宋史》及柯維騏《宋史新編》。宰輔人品行事以《宋史》爲主，間采《歷代名臣奏議》有關資料，又多擷私乘小說。是書所引書有《宋史》、《困學紀聞》、《三朝野史》等三十五種。徐書紀述宰輔拜罷時間及其原由，至其人行事本末，以正史有傳則略而不述；而是書乃並朝廷之事廣爲摭錄，正史以外，又附益諸書之說，雖便省覽，然不免繁雜。

此本據北京大學圖書館藏抄本影印。另有明天啓元年刻本。（黃河）

宋中興學士院題名一卷中興東宮官寮題名一卷中興行在雜買務雜賣場提轄官題名一卷　（宋）何異撰（第 748 冊）

何異（約 1130—約 1210），字同叔，號月湖，撫州崇仁（今江西崇仁）人。紹興二十四年（1154）進士，後爲右正言、秘書監、寶章閣學士等。更著有《月湖詩集》等。《宋史》有傳。

《宋中興學士院題名》，錄宋建炎至嘉定間翰林學士院題名，卷首有沈該序，卷末有錢大

昕跋。《中興東宮官寮題名》，錄資善堂官、王府官、東宮官題名。《中興行在雜買務雜賣場提轄官題名》，錄行在雜買務雜賣場提轄官題名，卷首有新安汪泳序。三書體例相同，先列人名，下以雙行小字附其履歷，記述在該官署期間遷轉情況。陳振孫《直齋書錄解題》稱，監察御史臨川何異同叔撰《中興百官題名》五十卷，其後則大多亡佚，後據《永樂大典》輯出，爲原書部分篇目。

此本據上海辭書出版社圖書館藏清光緒二十二年繆氏刻《藕香零拾》本影印。《宋中興學士院題名》另有清光緒十二年武林丁氏刻本單行。（黃河）

大元官制雜記一卷　（清）文廷式輯（第 748 冊）

文廷式（1856—1904），字道希，又作道羲、道溪，號云閣、芸閣，別號純常子、羅霄山人等，萍鄉（今江西萍鄉）人。光緒十六年（1890）進士，後爲翰林院侍讀學士。與黃紹箕、盛昱、汪鳴鑾、張謇等爲翁同龢門下六君子，主張變革，後被參劾革職。戊戌政變後，出走日本，更著有《純常子枝語》、《云起軒詞鈔》、《文道希先生遺詩》、《云起軒文錄》、《聞塵偶記》、《春秋學術考》等。

是書記述元代官制，爲元《經世大典·治典》佚文，據《永樂大典》輯出，內容有按察司、肅政廉訪司、行大司農司、巡行勸農司、都水庸田使司、修內司、營繕司、繕工司、廣誼司、翊正司等，記述諸司建置緣起、官員設置、執掌、官署建築等，其中行大司農司、巡行勸農司則《元史·百官志》所未載，都水庸田使司大德五年建置之事，《志》亦未記。故可補《志》之不足。書末有王國維跋。

此本據上海辭書出版社圖書館藏民國五年上海倉聖明智大學印《廣倉學宭叢書》甲類本影印。（黃河）

402 續修四庫全書總目提要 · 史部

大明一統文武諸司衙門官制五卷 （明）陶
承慶校正（明）葉時用增補（第 748 冊）

《大明一統文武諸司衙門官制》五卷,不著
撰人名氏。書前凡例稱官制舊有成書,久而
多訛,後兩淮運司有翻刻,但未訂正,因據
《大明會典》、《大明一統志》、《廣輿圖》及現
行事宜采輯成編,末署臨江府新喻縣丞陶承
慶校正、吉安府廬陵縣末學葉時用增補。二
者生平不詳。

是書前四卷記明代萬曆初年以前官制,各
卷以孔子四教之言爲名,卷一《文集》,載《輿
地總圖》、《九邊總圖》、《四夷總圖》、京師文
物階勳、中央官制及南北直隸官司設置,卷二
《行集》,載山東、山西、陝西、河南諸省官制,
卷三《忠集》,載浙江、江西、湖廣、四川諸省
官制,卷四《信集》,載福建、廣東、廣西、雲
南、貴州諸省官制,卷五附載新官上任儀式、
鄉飲酒禮等雜儀。是書多記輿地,諸省、各州
皆詳述疆界,又附載各地名人、物產,乃合職
官、地理爲一書,爲是書特點。

此本據國家圖書館藏明萬曆四十一年寶善
堂刻本影印。（黃河）

諸司職掌十卷 （第 748 冊）

洪武二十六年(1393),明太祖命吏部與翰
林儒臣仿《唐六典》之例,按諸司設官分職編
類成書,名《諸司職掌》,記明開國至洪武二
十六年間創建設置主要職官。是書所記官職
分爲十門,即吏、戶、禮、兵、刑、工六部及都察
院、通政司、大理寺、五軍都督府,詳記其官制
及職掌。是書爲明初重要法典,明代中央官
制系統一目瞭然,弘治十五年(1502)編《大
明會典》是書爲重要依據。

此本據國家圖書館藏明刻本影印。另有嘉
靖間南直隸鎮江府丹徒縣官刊《皇明制書》
本、萬曆七年保定巡撫張鹵校刊《皇明制書》
本。（黃河）

銓曹儀注五卷 （明）唐伯元撰（第 749 冊）

唐伯元(1540—1598),字仁卿,澄海(今屬
廣東汕頭)人。萬曆二年(1574)進士,後任
江西萬年知縣、泰和知縣、海州判官、南京戶
部主事、禮部主事、尚寶司丞、吏部考功文選
郎中等。更著有《二程年譜》等。《明史》
有傳。

書前有唐伯元萬曆二十四年序,稱是書專
記朝廷官吏間各種禮儀,搜羅掌故,又考據諸
司職掌,以見明初官制建置之意。卷一記堂
官禮儀,卷二記內閣九卿、翰林、科道等官與
六部長官相見禮儀,卷三記廳司官員禮儀,卷
四記堂官、司官、廳官相互間禮儀,卷五記雜
類禮儀。書末有蔡應麟跋,稱古人區分禮與
儀,而二者實不可分,官員於廷廟堂署之間,
有尊卑統承之別,無儀則無以爲禮,隆、萬以
還駸失明初禮儀,多有陵替,故唐氏稽歷年成
規與諸司典故而彙輯成書,記述官員之間揖
讓周旋之節,以求明統紀,尊朝廷,肅官僚。
所記甚詳,於研究明代官制禮儀可稱珍貴。

此本據南京圖書館藏明萬曆刻本影印。
（黃河）

官爵志三卷 （明）徐石麒撰（第 749 冊）

徐石麒(1578—1645),字寶摩,又字虞求,
嘉興(今浙江嘉興)人。天啟二年(1622)進
士,後爲工部主事,因忤魏忠賢而被革職。崇
禎間復官,後爲吏部尚書。南明亡國,自縊
死。《明史》卷二七五及《東林列傳》卷一一
有《徐石麒傳》,《明史·藝文志》有徐石麒
《可經堂集》,《明史》本傳記其字爲寶摩,《東
林列傳》則稱又字虞求。《四庫全書總目》卷
八十職官類存目有是書提要,亦作徐石麒。
是書卷一卷二下題明嘉興徐石麟虞求輯,卷
三則作徐石麒虞求,當從《明史》、《東林列
傳》、《四庫總目》作徐石麒,麟字誤。

是書細述明代官吏制度,卷一分記封建、品
秩、入流、未入流、文武散官、文勳武勳、封贈、

宗室禄米、公侯伯俸給、文武官俸給、吏員俸米、蔭敍、鬻官、試職、會推、考滿、休沐、豁宿、致仕、策免、德政碑、王祠、戒石銘等類，卷二分記宗人府、六部及各部所屬、太倉、都察院、御史委差、巡撫、通政使司、大理寺、太堂寺、鴻臚寺、光禄寺、太僕寺、國子監等類，卷三分記十三省布政使司、提刑按察使司、都轉運鹽使司等類，或考述其起源與沿革，或述明代設置。《四庫全書總目》職官類存目是書提要稱所述大抵爲《通典》、《文獻通考》所載。

此本據上海圖書館藏清抄本影印。（黃河）

南廱志二十四卷　（明）黃佐撰（第 749 册）

黃佐，有《革除遺事》等，已著録。

明太祖吳元年（1367）於南京建太學，景泰時，國子祭酒吳節撰太學志書十八卷，嘉靖初，祭酒崔銑重加編纂而未成。黃佐得其遺稿，又據吳節所撰，修訂編成是書，記述明朝南京太學制度。書前有黃佐序、吳節序、凡例及引書目録，正文分《事紀》、《職官表》、《雜考》、《列傳》等類。《事紀》仿《資治通鑑》編年體，備載太學歷年之事，《職官表》以年表之體，列記太學職官名録，《雜考》仿《史記》八書體，記述太學規制、謨訓、禮儀、音樂、儲養、經籍等事，《列傳》爲太學職官撰傳，傳後有論贊。其中《音樂考》，則據其所撰《樂典》詳論古樂。《經籍》考由當時助教梅鷟撰成，敍事本末具有。是書成於嘉靖二十二年（1543），今本有萬曆間事，則爲後人續添。

此本據華東師範大學圖書館藏民國二十年江蘇省立國學圖書館影印明嘉靖二十三年刻增修本影印。（黃河）

四譯館增訂館則二十卷新增館則一卷

（明）呂維祺輯　（清）曹溶增　（清）錢綖補（第 749 册）

呂維祺（1587—1641），生卒不詳，字介儒，號豫石，新安（今河南新安）人。萬曆四十一年（1613）進士，擢吏部主事，崇禎間官至南京兵部尚書，李自成破洛陽，被執死節。更著有《明德堂文集》、《音韻明燈》等。《明史》有傳。

曹溶，有《崇禎五十宰相傳》及《年表》等，已著録。

錢綖，生卒不詳，元城（今河北大名）人，順治丁亥科（1647）進士，曾任淅川知縣、副都御史、太常寺少卿等。事跡略見《畿輔通志》卷六三、《河南通志》卷三七。

明弘治七年（1494）始設四夷館，爲外國來中國之人擔任翻譯，兼及訓練翻譯人材，太常寺少卿督其事。四夷館本有《館則》，崇禎三年（1630），呂維祺重加增訂。至康熙十二年（1673），《館則》多有散佚，太常寺少卿袁懋德出資增修刊刻，補入清朝館職題名及曹溶、錢綖所增。是書記述四夷館建置沿革以及官職選授、典制、訓規、官方、俸廩、經費、儀注等事，其《雜誌》等類又載館内禮儀及各種雜事，另有《題名》一類，記載太常寺卿及太常寺少卿姓名及屬員，又載諸館職官題名，又有《文史》一類九卷，載館内各種文章史籍。是書詳載明清四夷館制度、人物、沿革及雜事，研究四夷館可引爲參考。

此本據華東師範大學圖書館藏民國三十七年《玄覽堂叢書》三集影印明崇禎刻清康熙十二年袁懋德補刻增修後印本影印。（黃河）

錦衣志一卷　（明）王世貞撰（第 749 册）

王世貞（1526—1590），字元美，號鳳洲，又號弇州山人，太倉（今江蘇太倉）人。嘉靖二十六年（1547）進士，官至刑部主事，以疾辭。世貞家富藏書，學問淵博，著有《弇州山人四部稿》、《弇山堂別集》等。事跡見錢大昕撰《弇州山人年譜》。

有客詢錦衣衛事，世貞以見聞答之，歸而録成是書。按錦衣衛相關制度已有《明會典》、《明史·職官志》加以記載，是書所述置衛年份、官制、品級較爲詳備，與諸書大致相同，而於錦衣衛人物事跡記載較多，尤以紀綱、錢寧、陸炳三人事跡爲最詳，稱三人爲惡，致國家危殆。以是書記述較詳，故徐乾學建議《明史》當參照是書撰《錦衣列傳》。

此本據復旦大學圖書館藏明萬曆四十五年陳于廷刻《紀錄彙編》本影印。（黃河）

欽定吏部銓選則例二十一卷 （清）錫珍等撰 （第750冊）

錫珍，生卒不詳，蒙古鑲黃旗人，額勒德特氏。光緒七年（1881）進士，後爲吏部尚書、鑲白旗滿洲都統、管理戶部三庫事務等，爲清末重臣。《清史列傳》卷五三有傳。

是書於雍正十二年（1734）由吏部編成，乾隆、嘉慶、光緒朝均續加修纂。光緒朝續修時，吏部尚書鑲白旗滿洲都統管理戶部三庫事務錫珍爲總負責人，與修者有吏部堂官徐桐、松溎、許應騤、李鴻藻、徐郙、熙敬、寶鋆等數十人，書前詳列其名。是書分《滿洲官員品級考》、《蒙古官員品級考》、《滿洲官員則例》、《漢官品級考》、《漢官則例》五大類，類下按官員級別詳述各類職官，如各部職掌、品級、銓選規定及違法行爲處分細則等，於清代官吏銓選制度記述甚詳。

此本據遼寧省圖書館藏清光緒十二年刻本影印，其中《漢官品級考》卷二原缺，據天津圖書館藏本配補。（黃河）

樞垣記略二十八卷 （清）梁章鉅撰 （清）朱智等補 （第751冊）

梁章鉅，有《三國志旁證》，已著錄。

朱智，生卒不詳，字茗笙，錢塘（今屬浙江杭州）人。咸豐元年（1851）舉人，後任工部主事、軍機處章京、通政使副使、大理寺卿、太僕寺卿、兵部侍郎等。傳略見是書卷一九。

雍正時設軍機處辦理機密要政，可比宋朝樞密院，故軍機處又稱樞垣。梁氏嘉慶、道光

年間任軍機處章京，得以閱覽軍機處檔案資料，遂於道光三年（1823）分類編成是書。書前有和碩恭親王序、梁章鉅自序，書分《訓諭》、《除授》、《恩敘》、《規制》、《題名》、《詩文》、《雜記》七類，共十六卷，記敘與軍機處相關上諭、軍機處規制、歷任軍機大臣、軍機章京及軍機處官員軼事並所作詩文，各類均按時間先後編排，至道光二年止。光緒元年（1875），軍機處章京朱智等人又奉和碩恭親王之命，按是書體例加以續編，自道光二年至光緒元年，全書增至二十八卷。清代官修史書如《大清會典》、《清朝通典》、《清朝通志》等，於軍機處制度與人物、事跡記載簡略，是書專記軍機處制度、人物、事跡，可補史志之缺。

此本據浙江圖書館藏清光緒鉛印本影印。（黃河）

樞垣題名四卷 （清）吳孝銘輯 （第751冊）

吳孝銘，生卒不詳，字伯新，武進（今江蘇武進）人。嘉慶十四年（1809）進士，後任工部主事、入直軍機處、宗人府府丞等。《續碑傳集》卷一六有傳。

是書目錄作四卷，而正文不分卷。由吳孝銘始撰，後由其同僚增補而成。孝銘任軍機處章京時，多聞前朝舊事，後又充任方略館收掌提調，得見石室金匱之藏，故據見聞及方略館文獻，搜集歷來入直軍機處四百餘人姓名，編成是書，詳考雍正至道光朝入直軍機諸臣。書後有道光七年（1827）十月孝銘跋，知孝銘所記自雍正八年（1730）軍機處初建，迄道光七年止。道光十八年，七峰別墅刻印此書，軍機處官員又增入道光七年至道光十八年人物題名。書分《滿洲軍機大臣題名》、《漢人軍機大臣題名》、《滿洲軍機章京題名》、《漢軍機章京題名》四類，皆先列姓名，下敘其爵里官職、入直時間，如英和，正白旗滿洲人，嘉慶九年六月由戶部侍郎入直，官至協辦大學士、

户部尚書,贈三品卿銜。其不可考者則闕如。

是書有道光七年武進吳氏七峰別墅初刻本。此本據浙江圖書館藏道光十八年七峰別墅刻增修本影印。（黄河）

内閣志一卷　（清）席吴鰲撰（第 751 册）

席吴鰲,生卒不詳,由是書題名及書後附《大學士記》,知爲常熟（今江蘇常熟）人,乾隆時於内閣任職七年,其餘不詳。

席氏在閣七年,後返家鄉,追憶當年所見所知,撰成是書。先序内閣衙門所在,次及内閣職官設置,又記諸官在閣座次禮儀,如稱大學士堂上南向坐,虚其中以敬至尊,滿左漢右,學士東西向坐,亦滿左漢右。侍讀學士升堂,大學士或起或不,侍讀以下侍立問對,與學士皆對揖。又記内閣諸官執掌及大學士職權,所言較史志詳備。卷末附大學士記,記席氏在閣時所事滿漢大學士諸人姓名事跡,如其登陟所由及封爵卒謚等。是書所記皆其親眼所見,故頗爲可信,可補正史之不足。

此本據上海辭書出版社圖書館藏民國九年影印清嘉慶張氏刻《借月山房彙鈔》本影印。（黄河）

内閣小志一卷附内閣故事一卷　（清）葉鳳毛撰（第 751 册）

葉鳳毛,生卒不詳,字超宗,號恒齋,上海（屬今上海市）人。雍正六年（1728）時任内閣中書,轉内閣典籍,後以疾告歸。是書自序署其官職爲前儒林郎内閣掌典籍印誥勅撰文中書舍人南書房軍機處協辦兩充殿試收掌官推升府同知,更著有《説學齋集》。餘事不詳。

是書爲葉氏辭官後追憶舊聞而作,書前有鳳毛乾隆三十年（1765）自序,書末有顧作偉跋。是書所述内閣之事,分題其地、其官、執事、儀文、姓氏等項。《其地》記内閣署,記内閣地址及所屬廳房,《其官》則記閣臣職官設置及諸職員數、品階,《執事》則記大學士執掌及所屬漢本房、滿本房、漢票簽、滿票簽等諸亭房職責,《儀文》則記學士以下遷轉之制、滿漢稱謂、閣臣相見儀禮等,《姓氏》則記同僚姓氏,並略述其事蹟。是書所載爲葉氏在閣十年所見,頗爲詳悉。書後附《内閣故事》,雜録《春明夢餘録》、《可齋筆記》、《玉堂漫筆》、《世廟識餘録》、《瑣綴録》等二十餘書所記内閣故事,可資明清兩代官制研究參考。

此本據上海辭書出版社圖書館藏道光十八年錢氏守山閣刻《指海》本影印。（黄河）

國朝御史題名不分卷　（清）黄叔璥撰（清）戴璐等續補　國朝滿洲蒙古御史題名不分卷　（清）蘇芳阿撰（第 751 册）

黄叔璥,有《南臺舊聞》等,已著録。

戴璐（1739—1806）,字敏天,號菔塘,一號吟梅居士,歸安（治今浙江湖州）人。乾隆間進士,後任工部郎中、太僕寺卿等。於朝廷及地方任官四十年,熟悉當時典章、科舉及文壇掌故。更著有《藤陰雜記》、《石鼓齋雜記》、《吴興詩話》等。生平見是書"乾隆四十五年"及姚鼐《惜抱軒文後集》卷七。

蘇芳阿,字樹藩,號春圃,滿洲鑲紅旗人,瓜爾佳氏。曾任户部員外郎、山東道御史、工科給事中。生平見是書"道光十二年"。

黄氏所撰記載順治元年（1644）至光緒二十六年（1900）二百餘年間清廷漢人御史官員姓名。編成後,又經戴璐等人數次續編。其體例,以時間先後編排姓氏,題名下敘其字號、籍貫、功名、遷轉,不可考者則闕如。如馮右京,字左知,山西代州人,順治丁亥進士,由國史院庶吉士改福建道御史,巡視漕務,巡按山東,外轉荆西道。蘇芳阿又撰《國朝滿洲蒙古御史題名》,記光緒十六年以前滿洲、蒙古御史官員姓名。蘇氏仿黄書體例,後由愛興阿等人續編。此二書記録清朝滿漢御史姓名,雖不盡完備,仍可補充正史之不足。

此本據山東省圖書館藏清光緒刻本影印。
(黄河)

國子監志八十二卷首二卷 　(清) 文慶等撰
(第 751—752 册)

文慶(?—1856),字孔修,費莫氏,滿洲鑲
紅旗人。道光二年(1822)進士,歷任軍機大
臣、内大臣、翰林院掌院學士、武英殿大學士
等職。爲官嚴正,器量淵深,主張重用漢官,
保用曾國藩、胡林翼等。《清史稿》有傳。

乾隆四十三年(1778),梁國治等奉敕編撰
《欽定國子監志》六十二卷,收入《四庫全
書》。至道光十二年,此書未曾刊刻,亦未增
修,故李宗昉請增輯之。是年十二月文慶、李
宗昉等奉旨修撰,至道光十四年告成。是書
首二卷爲《聖諭》、《天章》,紀皇帝褒崇先聖、
訓示儒林之言。正文則分爲《廟志》、《學
志》、《辟雍志》、《禮志》、《樂志》、《官師志》、
《禄廩志》、《金石志》、《經籍志》、《藝文志》
等,後有《志餘》以載紀事、綴聞、雜記。書末
附引書目録。是書與梁國治書合爲一編,增
乾隆末年至道光初年有關國子監詔令、事例、
奏議、題名、石刻等,頗爲詳贍。

此本據國家圖書館藏清道光抄本影印。又
有清道光十四年武英殿刻本。(黄河)

最新清國文武官制表二卷 　(第 753 册)
撰者不詳。

是書列述清朝晚期官員制度,計有政務處、
軍機處、憲政編查館、宗人府、内務府、内閣、
翰林院、外務部、吏部、民政部、度支部、禮部、
學部、陸軍部、法部、農工商部、郵傳部、理藩
部、都察院、大理院、欽天監、太醫院、鑾儀衛、
順天府、各省、東三省、十一司、外藩、河道、鹽
政、關稅、領侍衛府、八旗驍騎營、護軍營、内
府三旗王公府屬五旗、圓明院内府三旗、陵寢
武職、步軍營、各省駐防官、各省綠旗營、常備

軍、東三省督練處、海軍艦隊、宗室封爵、世
爵、封贈、文官品級、八旗綠營武官品級、常備
軍武官品級、文官銓敍等,凡四十九類,多以
表格列其官職名稱、歷代沿革以及品級、封
爵、銓敍、員數等,如第九爲外務部衙門官制,
有外務部衙門官制表、清國公使館表、清國領
事館表、清國外交官品級表等。其部門體制
已與以前有所不同,反映晚清政體已有所變
革。所述詳備,可據以瞭解晚清官府部類及
其設置。

此本據南京圖書館藏清末石印本影印。
(黄河)

臣軌二卷 　(唐)武曌撰 (第 753 册)

武曌(624—705),文水(今山西文水)人。
初爲唐太宗才人,高宗時初封昭儀,晉皇后。
683 年至 690 年作爲中宗、睿宗之皇太后臨
朝稱制,後自立爲帝,改國號"周"。中宗復
位,上尊號"則天大聖皇帝",後遵其遺命改
稱"則天大聖皇后",以皇后身份入葬乾陵。
更著有《樂書要録》、《垂拱集》等。兩《唐書》
有本紀。

武則天在位時多徵召文學之士爲之編書,
如《列女傳》、《臣軌》、《百僚新戒》等。《臣
軌》,傳本題武曌撰。成書之年爲上元二年
(675),或云長壽二年(693),日本傳本題垂
拱元年(685)。是書又名《臣範》,《四庫全
書》收録《帝範》而未收《臣軌》。書前有御製
序,稱已爲太子及諸王撰修身之訓,是書則爲
群公列辟提出忠告之規,期望臣子引爲事上
軌模、言行准繩,謂臣子應正心誠意、愛國忠
君。上卷五章分題同體、至忠、守道、公正、匡
諫,下卷五章分題誠信、慎密、廉潔、良將、利
人。又以六正六邪區分大臣,正直之臣有聖
臣、大臣、忠臣、智臣、貞臣、直臣,邪惡之臣則
爲具臣、諛臣、奸臣、讒臣、賊臣、亡國之臣。
書中多引《老子》、《莊子》、《文子》、《淮南
子》等道家典籍,闡發道家清净無爲之義。

是書正文頂格書寫,另有低格注釋,或解釋詞義,或梳理文義,或雜引諸書以爲注,注者不詳何人。

原書久佚,嘉慶間阮元輯印《宛委別藏》,從日本活字《佚存叢書》本收入是書。後又有《粤雅堂叢書》本。此本據《宛委別藏》本影印。(張全曉)

作邑自箴十卷　(宋)李元弼撰(第753册)

李元弼,字持國,生卒事跡不詳。是書前有北宋徽宗政和七年(1117)自序,有"濫縮銅章"之語,知元弼爲徽宗時郡縣長官。末有"淳熙己亥中元浙西提刑司刊"字樣,知是書當刊於南宋孝宗時。

李氏公務之餘,與鄉老先生諮詢爲政之道,附以心得,而成是書。首四卷論爲政之要,分《正己》、《治家》、《處事》三門,共一百三十餘則,所言多常日瑣事,蓋防微杜漸以自勉。卷五至卷九爲《規矩》一門,共一百餘則,分題知縣戒約、勸諭民庶榜、約束者壯榜等項,俱縣吏爲政必需之文。卷十爲《登途須知》、《備急藥方》二類,則縣官上任旅途所必備。是書所記,可借以瞭解宋代縣級官員執政詳情,其中又涉及宋代婚俗、會社、民風、賦税、刑法等事。宋人此類著作今多不存,是書仍爲完帙,彌足珍貴。

是書多影宋鈔本,同治初丁禹生曾以活字印行。又有常熟陳揆影宋鈔本,民國十七年(1928)張元濟據以影印,編入《四部叢刊續編》。此本據民國十七年《四部叢刊續編》影印影抄宋淳熙刻本影印。(張全曉)

爲政善報事類十卷　(元)葉留撰(元)陳相注(第753册)

葉留,生卒不詳,字景良,號友竹,處州(今浙江麗水)人。隱居不仕。事跡參見是書前陳顥序。

陳相,生卒不詳,每卷署"後學陳相良弼註",知其字良弼,餘不詳。

書前有延祐六年(1319)集賢大學士陳顥序,稱葉氏編成是書,爲政者讀之而知文武之政,於政治不無小補。又有延祐三年(1316)葉留自序,知其書成於此時。是書以時代爲序,采録春秋至宋從政有功者百一十名之言行,以爲居官者楷模,所録各事均列有標題,如《家無私情》、《古稱遺愛》、《辭寶不貪》、《陰德治獄》等,各條紀事末附所出書名。所采之書除儒家經籍及歷代正史外,尚有《宋名臣言行録》、《夷堅志》、《江湖紀聞》、《揮塵録》、《吉凶影響録》等,書中主張善有善報思想,於官箴書中別具一格。後有陳相就書中人物及名物加以簡注。

阮元進呈《四庫》未收書時,以是書清抄本列入《宛委別藏》。後又收入《叢書集成三編》。此本據《宛委別藏》本影印。(張全曉)

實政録九卷　(明)吕坤撰(第753册)

吕坤(1536—1618),字叔簡,號心吾、新吾,自號抱獨居士,寧陵(今河南寧陵)人。萬曆二年(1574)進士,後爲户部主事、山東參政、山西按察使、陝西右布政使、山西巡撫、左僉都御史、刑部左侍郎等,與沈鯉、郭正域爲萬曆間"三大賢"。更著有《實政録》、《呻吟語》、《去僞齋集》等。《明史》有傳。

是書爲吕氏居官時所作,書前有吕氏《明職引》一文,署萬曆壬辰(二十年,1592)都察院右僉都御史吕坤書,中稱百司庶府各顧名而思職,緣職而盡分,人人皆滿其分量,則天下無事矣。今天下無一事不設衙門,無一衙門不設官,而政事日窳,民生日困,則吾輩溺於其職之故。知吕氏撰是書乃爲救官吏治民之弊,其書卷一爲《明職》,詳述各級地方官吏應盡之職;卷二至卷四爲《民務》,述官吏養民、教民、治民之道;卷五爲《鄉甲約》,題鄉甲會規、鄉甲至要、鄉甲會圖等項。卷五以前爲吕氏巡撫山西時所作。卷六爲《風憲約》,題提刑事宜、按察事宜等項。卷七爲《獄政》,題監犯、倉犯、驛犯、辨盜等篇。卷六、七爲吕氏任山西按察使時所作。卷八卷九爲《督撫約》,敘養兵、守城之策。書中内容原多單行,其門生巡按湖廣監察御史趙文炳於萬曆二十六年(1598)合爲一書校刊行世,總題《實政録》,書前有趙文炳序。

此本據國家圖書館藏明萬曆二十六年刻本影印。(張全曉)

治譜十卷續集一卷 (明)佘自强　**附録一卷**(明)王肯堂撰(第753册)

佘自强,字健吾,生卒事跡不詳。是書前有崇禎十二年(1639)胡璇序,稱之爲中丞,中丞本指御史中丞,明時都察院副都御史即相當於御史中丞,知佘氏曾任此官。胡序中其姓作余,而正文卷題下則作佘。

王肯堂,生卒不詳,字宇泰,金壇(今江蘇金壇人)。王樵之子。萬曆十七年(1589)進士,官至福建布政司參政。精醫理,著《醫科證治準繩》,盛行於世。又工書法,輯《鬱岡齋法帖》數十卷,更著有《尚書要旨》、《論語義府》、《鬱岡齋筆麈》、《律例箋解》等。事迹附見《明史·王樵傳》、《明史·吴傑傳》。

是書分天、地、人、和四部份,卷一至卷四爲《初選》、《到任》、《堂事》、《詞訟》等門,爲天;卷五至卷八爲《錢糧》、《人命》、《賊盜》、《獄囚》等門,爲地;卷九、卷十爲《待人》、《雜事》兩門,爲人;續集名爲《祥刑要覽》,則爲和。《要覽》内又分題職掌、操守關係、明寬嚴、練性、慎官評、定賢否、官評體式、官評底本等項。是書所述皆當時爲官須知之事,如卷一《初選》門題根柢、戒鑽營、衣服、貸負、防嫌、在京交際、訪地方事、講律招、製禮物、送行、雇脚、艱苦地方等條,皆爲任官初選之時所應注意事項。另有附録,爲王肯堂所輯,收鄒元標《書刑戒後》、王肯堂《慎刑説》、吕坤《刑戒》、高攀龍《申嚴憲約責成州縣疏》等

文。是書所論明代爲官治民之事甚詳悉,可供後人瞭解明代社會歷史之詳情。又有不少資料可補正史之不足,如卷五《錢糧》門内記一條鞭法,稱隆慶前差役煩瑣,至張居正當國,除漕南二米不折外,其他一切應徵應役等項,盡以折銀方式一並徵收,此外别無雜派,故謂之一條鞭,此極簡極便之法;而後人行一條鞭法,不明一條之義,又分春秋兩糧,分作條鞭、大糧兩項,致使一年賦税分几處收櫃,頭緒多端,差役繁擁,擾民生事云云。則知明時賦税制度演變之複雜,初非僅據明文規定所可概括。

是書由李模等人於崇禎十年刻於建業,後胡璇於崇禎十二年刻於京師。此本據國家圖書館藏崇禎十二年胡璇刻本影印。(張全曉)

牧鑑十卷 (明)楊昱撰(第753册)

楊昱,生卒不詳,字子晦,别號東溪,汀州(今福建汀州)人。正德十四年(1519)舉人,後爲龍南督學、朝城令、都昌知縣,致仕歸家,學者稱東溪先生。《(乾隆)福建通志》卷四八有傳。

《四庫全書總目》子部雜家類有是書提要,稱是書以經史百家之言有關政治者,裒輯成書,分爲《治本》、《治體》、《應事》、《接人》四類云云。其類下有目,如《治本》下題學問、心術、克勵、器度等目,凡一百九十一條,《治體》下題上下、寬嚴、煩簡、急緩、因革等目凡七十七條,《應事》下題教化、撫字、農桑、催科等目共三百一十九條,《接人》下題士夫、僚屬、吏卒、小民等目共二百四十一條。每目先述經傳之言,次紀古人政績,後集學者議論。各類有小序,述其大旨及去取標準。嘉靖三十四年(1555)汀州府同知李仲僎作序而後刊刻行世。

此本據國家圖書館藏明嘉靖三十四年李仲僎刻本影印。後又有道光間《得月簃叢書》本。(張全曉)

牧津四十四卷　（明）祁承㸁撰（第754 册）

祁承㸁，有《宋西事案》，已著録。

是書采輯歷代循吏事實，分類編次。書前有李宗廷、潘師道、顧宗孟序及祁氏天啟四年（1624）自序，又有小引三十二則，説明是書分類及其先後次序之意。首爲《輯概》一卷，凡五篇，分題考名、稽制、述意、論世、辨類，總括是書撰述大意。正文三十二類，分題經濟、消弭、匡定、節義、當機、惠愛、化導、勤職、集事、政才、政術、真誠、清德、砥躬、風力、守正、嚴肅、惇厚、忠信、明決、得情、察奸、矜慎、平恕、執持、識見、崇體、任人、治賦、救荒、詰盜、儒治。類前有小引，闡明輯録緣起。類中以人爲目，分述其事，且有議論。是書搜羅宏富，祁氏自序稱其事自民生利害至國計安危，古人言行可爲榜樣者，則據正史記傳諸書加以采録，或取全文，或摘一事，語繁則删以就簡，事雜則覆以取精。《四庫全書總目》卷八十職官類存目有是書提要，則稱是書徵采既廣，不無煩碎叢雜之病云云。

此本據湖北省圖書館藏明天啟四年刻本影印。（張全曉）

百僚金鑑十二卷　（清）牛天宿撰（第755 册）

牛天宿，生卒不詳，字觀薇，號次月，章丘（今山東章丘）人。順治六年（1649）進士，後爲江西安遠知縣、工部員外郎、延安知府、瓊州知府等，曾修纂《瓊郡志》十卷，又著有《四書正宗》、《安政三略》、《厚俗令書》、《海表奇觀》等。事跡略見《四庫全書總目》卷八〇職官類存目是書提要。

是書前爲總論七卷，以中外職官爲序，就古之稱職者載其事迹，又以歷代官職沿革置於諸條之首，卷八至卷十，分題廉潔、度量、用人、刑賞、恬退、忠烈、武功七門，各有小序，而後羅列歷代相關史實，以述爲官者各類事跡。卷十一載録古人論爲官箴銘訓頌之文，又附己作，卷十二自敘治粵政績及所發公文、條約、文章等。書前有牛氏康熙八年（1669）自序，稱閲歷代爲官治民之事，積久成帙，至各地爲官，均以書中人物事跡以爲鏡鑑云云。

此本據中央民族大學圖書館藏清忠愛堂刻本影印。（張全曉）

政學録五卷　（清）鄭端撰（第755 册）

鄭端（1639—1692），字司直，一字德信，棗強（今河北棗強縣）人。順治十六年（1659）進士，後爲工部主事、安徽布政使、江蘇巡撫等。留心學術，折服朱熹之學，又喜軍事韜略之學，更著有《朱子學歸》、《日知堂文集》等。《大清畿輔先哲傳》卷三有傳。

是書爲鄭氏任職水部時收集資料，依呂坤《實政録》、佘自强《治譜》兩書參酌損益而成。卷一分題内閣、六部、科道等目，述各部職掌、制度變化，卷二記地方官制，題直省、督撫、布政司、按察司、提學道等目，其中《直省》又分述各省形勢、物産、風俗之類。卷三至卷五抄掇群書，載録爲政應行事宜，分題初任事宜、日行規則、居官立政、四事箴、十害箴、徵收錢糧等目，目下又分若干條，堪稱詳備。多載大臣奏疏，每爲他書所不載，可資參考。書中引呂坤《實政録》、佘自强《治譜》，或以"呂坤曰"等標出，或不標出處，如卷三一條鞭采自《治譜》，卷五大半録自《實政録》，則均不標出處。

此本據上海辭書出版社圖書館藏清光緒五年王氏謙德堂刻《畿輔叢書》本影印。（張全曉）

佐治藥言一卷續一卷　（清）汪輝祖撰（第755 册）

汪輝祖，有《元史本證》等，已著録。

汪氏早歲入幕府，於諸州縣幕内任事三十四年，故於佐人爲治，深得要領。尤善治獄，能平情静慮，侔鏡揣形，探得真相，排除冤案。後任寧遠知縣等，是書即其長年爲官經驗總結。初爲指導後輩學幕佐治而作,以"良藥苦口利於病"之説定名《佐治藥言》。是書正編四十則,後回鄉讀書著述,續得二十六則。正編四十則,分題盡心、盡言、得失有數、虚心、立品、素位等項。其意在律己以立品爲先,佐人以盡心爲尚;儉爲立品之基,勤爲盡心之實;讀律以裕體,讀書以通用。是書出自汪氏切身體會,切實可行,故素爲幕學圭臬。其中亦有奇談怪論,因果報應之類,紀曉嵐《閲微草堂筆記》多有采入。

是書有乾隆五十一年(1786)初刻本,收入鮑廷博《知不足齋叢書》,又有乾隆五十四年雙節堂自刻本、光緒十八年(1892)《入幕須知》合刻本等。此本據上海圖書館藏雙節堂刻本影印。(張全曉)

學治臆説二卷續説一卷説贅一卷　（清）汪輝祖撰（第 755 册）

汪輝祖,有《佐治藥言》,已著録。

汪氏僑居長沙時多有同僚造訪,相互以吏事商榷,其子繼培、繼壕録所聞,積久成帙。汪氏歸鄉後,姻友亦有來問入幕爲吏之事者,長子繼坊又録之。後以三子所録彙爲是書,《佐治藥言》已言者則删,故是書可與《藥言》互補。書前有乾隆五十八年(1793)汪氏自序,知書成於此時。是書區分條目共一百二十四則,一事一題,題作盡心、官幕異勢、志趣宜正、自立在將入仕時、訪延賢友、得賢友不易、幕賓不可易視等。後又有所續作,爲《續説》一卷,後則附《説贅》一卷。《佐治藥言》專言佐人治事,是書則言親自治民。其範圍不出州縣,故所説皆就州縣之治而言,己所未行政事則略而不言,如水利、荒政等,至於郵驛、工程等事,以有專門條律,亦不贅言。

是書有清刻《欽頒州縣指南七種》合刻本、張應時嘉慶十年(1805)至道光五年(1825)《書三味樓叢書》本等。此本據南京圖書館藏清同治元年漕運總督、江寧布政使吳棠望

三益齋《汪龍莊先生遺書》刻本影印,遺書收汪氏《學治臆説》及《續説》、《説贅》,《佐治藥言》及《續言》,《病榻夢痕録》及《録餘》,《雙節堂庸訓》等。(張全曉)

吏治輯要一卷　（清）倭仁撰（第 755 册）

倭仁(1804—1871),字艮峰,烏齊格里氏,蒙古正紅旗人。道光九年(1829)進士,曾任同治之師,後爲副都統、工部尚書、文淵閣大學士等,反對興辦洋務。有《倭文端公遺書》。《清史稿》有傳。

倭仁雜録歷代爲官正直清廉之事數十則而成是書,郵示其子福咸以爲鑒戒。是書據經史諸書或掇原文,或綜事跡,以古人爲官治民之事爲榜樣,以求自省。前有光緒元年(1875)升泰序,稱倭仁自稱爲官治民須居之無倦,行之以忠,無欲速,無見小利等,體此數語而力行之,爲政之道思已過半云云。是書所録諸事皆不標題目,亦不分類,爲隨手所記,所述均爲前代學者爲官佳話,如程顥爲晉城令,於民告之孝弟忠信,張載爲雲巖令,以惇本善俗爲先,陸象山知荆門軍,軍民有所訴,可隨時造於庭。書中多引前人名言,大意在教子廉政愛民、克己奉公,如記真德秀在長沙以四事自勉,曰"律己以廉、撫民以仁、存心以公、爲事以勤",此類皆可引爲後人鑑戒。

是書有清光緒元年升泰安求我齋《倭文端公遺書》刻本,又有光緒二十年山東書局刊本等。此本據南京圖書館藏光緒元年升泰刻本影印。(張全曉)

牧令書輯要十卷　（清）徐棟原輯　（清）丁日昌選評（第 755 册）

徐棟,生卒不詳,字致初,安肅(今河北徐水)人。道光二年(1822)進士,後爲工部主事及陝西興安、漢中、西安等地知府,究心吏治,頗有政聲。更著有《保甲書》等。《清史稿·劉衡傳》有附傳。

丁日昌(1823—1882),字禹生,又作雨生,號持靜,廣東豐順人。道光間中秀才,初爲江西萬安、廬陵知縣,後爲曾國藩幕僚,又任蘇淞太兵備道、兩淮鹽運使、江蘇布政使、江蘇巡撫、福州船政大臣、福建巡撫等。酷愛搜聚典籍,爲清代三大藏書家之一,請莫友芝等人爲之編輯《持靜齋書目》、《持靜齋藏書記要》等,更著有《丁禹生政書》、《撫吳公牘》等。《清史稿》有傳。

徐氏輯録清初以來有關地方吏治奏疏、論說、函牘,編成《牧令書》二十三卷,分題治原、政略、持家、用人等類,各類收録諸人文章,皆標明篇目、作者。書成於道光十八年(1838),二十八年重訂付梓,并附刻《保甲書》四卷。同治七年(1868),丁氏任江蘇巡撫,將徐氏《牧令書》删節評點後頒行州縣,改名《牧令書輯要》,僅十卷,於作者更注明其爵里等,仿《經世文編》例,合爲一編,冠於卷首,删去原附《保甲書》。又於全書扼要處加以圈點,附以評議。

是書初有丁日昌同治七年江蘇書局刻本,又有同治八年湖北崇文書局刻本。此本據天津圖書館藏江蘇書局刻本影印。(張全曉)

政書類

古今治平畧三十三卷 (明) 朱健撰 (第756—757 册)

朱健(?—1646),字子强,號蒼崖子,進賢(今江西進賢)人。明天啟元年(1621)舉人,後授邵武推官,坐冤獄被誅。更著有《蒼崖子》等。《(雍正)江西通志》卷七〇有傳。

是書羅列歷朝治平之策,以明沿革得失。書前有崇禎十二年(1639)朱徽序、崇禎十一年朱健自序、雲間社陳子龍序、武林門人鍾鈗序、盟社熊人霖序以及朱健自撰凡例。正文輯録三代至明天啟年間各種典章制度,分題田賦、户役、國計、農政、屯田、水利、貯糧、漕運、錢幣、鹽課、雜征、賑恤、治河、官制、銓選、考課、貢舉、薦辟、學校、律吕、曆法、天文、地理、兵制、邊兵、邊防、馭夷、弭盜二十八類。類下按朝代分述,輯録群書,以述沿革史實,又附評騭,以論利弊得失。如《馭夷》類下"國朝馭夷"目,述明太祖以來馭夷策略,末附撰者論。是書意在經世,以爲食貨爲生民之資,富强乃今世所急,故首以財賦,終以兵防。又以選舉、學校,關乎用人理財;馭夷、弭盜,要在靖亂圖治:故均予評述。是書采輯歷代政書,以諸史志爲宗,漢以前史志不備,則據《周禮》。漢以後諸史彼此不一,則參考"三通"及其他諸書,明代史料尤詳。

是書義例嚴明,二十八類之分各有依據且互有聯繫,注重比類連義,原始要終,散而不亂,頭緒清晰,由此可知諸項制度用意及其演變。

此本據浙江圖書館藏明崇禎鍾鈗刻本影印。(張全曉)

六典通考二百卷 (清) 閣鎮珩撰 (第758—761 册)

閣鎮珩(1846—1911),初名正衡、字嵩陽,後改名鎮珩、字季蓉,自號北嶽山人,世稱閣北嶽,祖籍四川,後爲湖南石門(今湖南石門)人。屢試不第,遂專事課藝、著述,譚延闓、李執中、郭東史、吳恭亨等出其門下。更著有《石門縣志》、《北嶽山房文集》、《北嶽山房詩集》、《越遊日編》等。生平見錢仲聯《清詩紀事·咸豐朝卷》。

是書前有閣氏自序,稱客浙時讀秦蕙田《五禮通考》,疑其采取雜、議論歧,且五禮特六典之一,未爲完具,遂自光緒十四年(1888)起草,光緒二十七年撰成是書,凡二百卷。博采史傳雜說,依《周禮》天官、地官、春官、夏官、秋官、冬官之類考定沿革,綜述歷代官制、吏制、幣制、學制、典制、禮制、樂制、軍制、刑制,旁及歷代俸禄、官政、習俗、醫巫、方技、漕運、航行、災害、曆法、疆域、建築、工藝、鑄造，條理井然，史料翔實，爲"三通"後又一通志類要籍，可據以瞭解遠古至清末諸種制度及其演變。書成後閻鎮珩自費雕版印刷數百部。

是書述各種官職制度，均能溯源考流，如卷一《冢宰》，溯自堯舜時代，直至宋靖康末年之流變，然後以按語作總結，以爲冢宰即《書》所稱阿衡，亦曰冢宰，漢平帝時加王莽爲宰衡，兼此二義。又謂周之冢宰即後世吏部尚書，二者雖不可等同，然追溯官職演變歷史軌跡，於後人研究歷史頗爲有助。

此本據湖北省圖書館藏清光緒二十九年北嶽山房刻本影印。（高山）

古今法制表十六卷　（清）孫榮撰（第761册）

孫榮，生卒不詳，據是書署名，知其字澍楠，富順（今四川富順）人。

是書原名《九通政要表》，孫榮以"九通"內容繁博，因就書中各項制度，分門編年，列爲簡表，以條貫古今職官制度，有歧誤疑難，則旁參他書以作考證，乾隆以來制度變化據《會典》、奏疏及名人著述，加以補充。是書意在闡明古今制度沿革及利病得失，每表前皆有序說，表中時有按語，綜合古今以論其中是非優劣，常引西方政制以資比較，欲明中國制度所宜保存、改良處，擬據西方政制之長，以補中國制度之不足。全書分題田賦、錢幣、戶口、職役、征榷、市糴、土貢、國用、選舉、學校、職官、禮制、樂制、兵制、刑法、封建十六類，類下均有詳細數據，依時代排列，於古今演變可一目了然。各類下又有細目，如《田賦》類下分《綜覈古今異同》、《水利》、《屯田》、《官田》、《八旗田制》五表，并附歷代條例。其中《綜覈古今異同表》分爲時代、田制、定墾、賦率四欄，分載夏禹以來各代數據，如夏代田制爲一夫五十畝，定墾總數，賦之三類貢、助、徹均按什一比率征收，又加按語考

論三代什一、秦稅十五、漢卅稅一之率，並謂商鞅前爲國家分授之田，雖什一不嫌重，秦漢以後稅百姓自有之田，三十稅一不爲輕。其他各項均按此法編排，可知古今田稅制度之變。《水利表》分爲時代、人名、渠地、功效四欄，以載各地各代水利資料，每欄多有雙行小字注，補表中所述之未備。書前有清廷學務處按語，稱此表徵引宏備，體製謹嚴，可使學者、教者執簡御繁，故書成後即予頒行。是書資料豐富，編排有序，於"九通"所載制度可以簡馭繁，頗便利用。

此本據湖北省圖書館清光緒三十二年刻本影印。（高山）

續文獻通考二百五十四卷　（明）王圻撰（第761—767册）

王圻（1530—1615），字元翰，上海（屬今上海市）人。又，所編《三才圖會》自序題"洪州王圻譔"，因疑洪州爲祖籍。嘉靖四十四年（1565）進士，後爲清江、萬安知縣，擢御史，以事出爲福建按察僉事，更黜爲邛州判官，後任陝西布政使參議等。旋致仕歸里。著有《洪洲類稿》、《三才圖會》、《宋史纂要》、《稗史類編》、《香雪林集》等，主纂《（萬曆）青浦縣志》。《明史·陸深傳》後有附傳。

王圻依馬端臨《文獻通考》體例續編是書，《文獻通考》終止之年爲宋嘉定間（1208—1224），是書收錄資料則早起遼太宗會同二年（939），下迄明萬曆三十年（1602），爲《文獻通考》之續修。書前有《續文獻通考引》，稱《文獻通考》詳於文而略於獻，故是書增《節義》、《謚法》、《六書》、《道統》、《氏族》、《方外》六考，以補《文獻通考》之不足。其中《節義》、《道統》、《方外》三考，乃受鄭樵《通志》啟發，《氏族》、《六書》、《謚法》三考則直接繼承《通志》，如是書《韻學·六書圖》與《通志·六書略·六書圖》大略相同。各考之下分卷標目，如《田賦考》增黃河、太湖、三江

和河渠四目,《國用考》增海运一目,《學校考》增書院義學一目。是書明以前多據宋、遼、金、元史,於明代則輯録諸多書籍,多爲他書所不載。隆慶四年河決邳州、王氏又親與疏通膠萊河之役,訪問親歷或知情者,采入是書,如使用福船加強海防等,故所述頗可據信。於新增五考外,又多增人物傳記,此又仿自《通志》。是書内容豐富,可與《大明会典》參用。

有萬曆三十一年曹時聘,許維新刻本。此本據明萬曆三十年松江府刻本影印。（高山）

三國會要二十二卷首一卷　（清）楊晨撰（第 767 册）

楊晨（1845—1922）,名保定,字定孚、蓉初,晚號月河渔隱,黄巖（今屬浙江台州）人。光緒三年（1877）進士,後爲御史,補山東道監察御史、補江南道御史、四川道御史、工科給事中等,立朝敢言,奏疏多有收入《東華録》者。更著有《三國志劄記》、《崇雅堂詩文稿》、《台州藝文略》、《台藝金石略》等,刻《台州叢書》。生平見朱汝珍《詞林輯略》卷九。

湯成烈《季漢書》闕魏、吳,錢儀吉《三國會要》采録不廣且稿本殘闕,故楊氏仿徐天麟《兩漢會要》而作是書。自光緒十二年秋草創,與唐景崇考證古書、孫詒讓商榷義例,光緒二十五年付刊。是書載三國典章制度,分題帝系、曆法、天文、五行、方域、職官、禮、樂、學校、選舉、兵、刑、食貨、庶政、四夷十五門,軼事、雜録附後,時加小注,考證是非,又注意探討官制沿革。是書所收材料廣博,可補《三國志》之不足,而於三國時官職名稱及其沿革研究頗有助益。

此本據復旦大學圖書館藏清光緒二十六年江蘇書局刻本影印。（高山）

南朝宋會要不分卷　（清）朱銘盤撰（第 767—769 册）

朱銘盤（1852—1893）,字曼君,泰興（今江蘇泰興）人。光緒八年（1882）舉人,曾與張謇同入廣東水師提督慶軍統領吳長慶幕府,又與周彦升、張季直等從軍朝鮮。著有《桂之華軒詩文集》等。《清史稿》有傳。

是書爲稿本,天頭多有手寫批注,不分卷,分題帝系、吉禮、凶禮、軍禮、賓禮、嘉禮、樂、輿服、文學、曆數、封建、職官、選舉、民政、食貨、兵、刑、方域、蕃夷等十九類,記録南朝宋典章制度及沿革,多據梁沈約《宋書》、蕭子顯《南齊書》、唐姚思廉《梁書》與《陳書》、李延壽《南史》、魏徵《隋書》等。所引以《宋書》爲主,舉篇名而不舉書名,出他書者則具舉書名篇名。探討一事,往往搜羅各書相關資料,以究其詳。如《吉禮·儀注》條,即引《南史·何承天傳》、《蔡廓傳》、《宋書·禮志三》等相關記述,南朝宋儀注之事因得知其詳。諸如此類,皆有薈萃之功,便於利用。

此本據國家圖書館藏稿本影印。（高山）

齊會要不分卷　（清）朱銘盤撰（第 770—771 册）

朱銘盤,有《南朝宋會要》,已著録。

是書記録南朝齊典章制度及沿革,不分卷,分題帝系、吉禮、凶禮、軍禮、賓禮、嘉禮、樂、輿服、文學、曆數、封建、職官、選舉、民政、食貨、兵、刑、方域、蕃夷等十九類。所引史料多據梁沈約《宋書》、蕭子顯《南齊書》、唐姚思廉《梁書》與《陳書》、李延壽《南史》、魏徵《隋書》等,其引書體例,凡出《南齊書》者僅標篇名而例不舉書名,出他書者則各舉書名篇名,蓋以《南齊》爲主也。因將分散資料彙聚一書,於瞭解南朝齊各種制度詳情及其演變頗稱方便。如《凶禮·謚法》條蒐集《南齊書》、《南史》、《梁書》等傳記所述謚號及受謚者姓名,並以注文補充相關史事,則於謚號之意頗便理解。又如《軍禮·講武》條集《南齊書·武帝紀》及長沙威王晃、周盤龍、魏虜、劉係宗等多人本傳,述武帝講武時令周盤龍領馬軍、永明元年武帝於玄武湖水部軍講武、二年駕幸玄武湖講武、四年駕幸宣武堂講武等事,於是可知當時講武之習。又如《文學·諸家著述》集所用諸史紀傳及《隋書·經籍志》所載,可視爲蕭齊一代《經籍志》。此類,皆有薈萃之功,便於相關專題研究。

此本據國家圖書館藏稿本影印。(高山)

梁會要不分卷　(清)朱銘盤撰(第772—773冊)

朱銘盤,有《南朝宋會要》等,已著録。

是書記録南朝梁典章制度及沿革,不分卷,分題帝系、吉禮、凶禮、軍禮、賓禮、嘉禮、樂、輿服、文學、曆數、封建、職官、選舉、民政、食貨、兵、刑、方域、蕃夷等十九類。史料多取自梁沈約《宋書》、蕭子顯《南齊書》、唐姚思廉《梁書》與《陳書》、李延壽《南史》、魏徵《隋書》等,所引以《梁書》爲主體,體例同《宋會要》等。是書將諸書分散資料彙聚一處,頗便研究專項制度及其演變。如《文學·畫學》引《梁書》、《南史》諸紀傳書,知當時元帝、陸杲、劉瑱等人之善畫,《文學·弈學》引《梁書》、《陳書》、《南史》諸紀傳列述高祖、柳惲、武帝、朱昇、陶弘景、庾詵、到溉、陸瓊等人善弈之事及當時圍棋興盛之勢。諸如此類,皆有以見當朝歷史與社會狀況。

此本據國家圖書館藏稿本影印。(高山)

陳會要不分卷　(清)朱銘盤撰(第774冊)

朱銘盤,有《南朝宋會要》,已著録。

是書記録南朝陳典章制度及沿革,不分卷,分題帝系、吉禮、凶禮、軍禮、賓禮、嘉禮、樂、輿服、文學、曆數、封建、職官、選舉、民政、食貨、兵、刑、方域等十八類。所據史料取自梁沈約《宋書》、蕭子顯《南齊書》、唐姚思廉《梁書》、《陳書》、李延壽《南史》、魏徵《隋書》等,而以《陳書》爲主,引書體例同《宋會要》、《齊會同》。是書將諸書分散資料加以彙聚,

頗便研究相關制度。如《吉禮·宗廟》引《隋書·禮儀志二》、《陳書》諸帝本紀,合而觀之,則當時宗廟祭祀制度可得知其詳。

此本據國家圖書館藏稿本影印。(高山)

南朝會要不分卷　(清)錢儀吉撰(第775冊)

錢儀吉(1783—1850),初名達吉,字藹人,號衎石、新梧,嘉興(今浙江嘉興)人。嘉慶十三年(1808)進士,後爲户部主事、刑科給事中、工科給事中,曾主講粵東學海堂、河南大梁書院。長於地理與史學,有仙蝶藏書所,爲浙江著名藏書家。更著有《碑傳集》、《三國兩晉南北朝會要》、《補晉書兵志》等。《清儒學案》卷一四三有傳。

是書爲錢儀吉《南朝會要》初稿,楷書抄寫,部份由侍人姚靚抄寫,錢氏審定,中縫書"清秘閣"三字,多有錢氏修改痕跡。全書分題帝系、禮、刑法、職官、學校、民政、食貨等類,據《通典》、《南史》、《宋書》、《南齊書》、《梁書》、《陳書》、《隋書》等書彙聚史料。所引皆標示出處,然既爲稿本,故目次編排或有不當,如《帝系》皇后、皇太子之間隔以禮、刑法,《禮》之吉禮分爲兩部,《刑法》大赦、曲赦、雜赦宥與《刑》律令、形制分列,知非定稿。部份引文後有按語,如《禮·吉禮·南北郊》引《南齊書·禮志》之文,後引秦蕙田考證之語。《禮·吉禮·風伯雨師》引《隋書·禮儀志》,其後又有補注,考證其事之源流。是書偶有版本校勘語,如《禮·吉禮·朝日夕月》引《南齊書·禮志》,注引《魏志》、《通典》以校其異文。是書爲會要體,將各史同類內容彙聚而成,故於專題事項頗便瞭解梗概,此可救紀傳體之不足,故自有其價值。

本書據上海圖書館藏稿本影印。(高山)

宋會要不分卷校記不分卷　(清)徐松輯 葉渭清撰(第775—786冊)

徐松,有《漢書西域傳補注》等,已著録。

葉渭清（1886—1966），字左文，開化（今浙江衢州）人。光緒二十九年（1903）舉人，曾於南京國民政府教育部及京師圖書館任職，1933年受北平圖書館之聘爲《宋會要輯稿》編印委員，曾任浙江省第一屆政協特邀代表、浙江省文史館館員。更著有《元槧宋史校記》等。傳見浙江省地方志委員會編《浙江通志》。

嘉慶十四年（1809）徐松任全唐文館提調兼總纂官，簽注《永樂大典》時遇有《宋會要》，即另紙標識，授寫官録副，得五六百卷，徐氏未曾整理而卒。稿本式樣有兩種，一種半頁十一行、行二十一字，一種半頁八行、行二十八字。其稿後歸廣雅書局，張之洞督兩廣時聘繆荃孫、屠寄校勘，僅成《職官》一門。此稿後爲劉翰怡購得，延請劉富曾、費有容重加釐定，於徐松原稿多有删補。民國二十二年國立北平圖書館請傅增湘、陳垣、章鈺、余嘉錫、徐森玉、趙萬里、葉渭清等人爲編印委員，加以校訂，而成如今所見之書云云。是書分題帝系、后妃、樂、禮、輿服、儀制、瑞異、運曆、崇儒、職官、選舉、食貨、刑法、兵、方域、蕃夷、道釋等十七門，記述宋太祖至寧宗各類史實，爲宋代史料淵藪。惟原書久佚，所存者經寫定，按韻分入《永樂大典》，徐松輯出後諸家編排不同，已面目全非，舛誤甚多。雖然，以是書史料豐富，仍於宋史研究有重要價值。

此本據國家圖書館藏稿本影印，另有廣雅書局本、嘉業堂本。（高山）

大元聖政國朝典章六十卷新集至治條例不分卷 （第787冊）

是書爲元代詔令、條格、案例分類彙編，簡稱《元典章》，分題詔令、聖政、朝綱、臺綱、吏部、户部、禮部、兵部、刑部、工部十類，始元世祖中統元年（1260），至仁宗延祐七年（1320）。所附《新集至治條例》，簡稱《新集》，分題國典、朝綱、吏、户、禮、兵、刑、工六

部八類，不分卷，記事止於至治二年（1322）。各類下又有目，目下列舉條格事例，故全書共有八類、四百六十七目、二千三百九十一條。是書無序跋，不知編者姓名及刊刻時間。書中載録元代朝廷暨行省檔案，止於延祐七年十一月，則成書或在元仁宗末季或英宗登基之後，以刻書字體判斷，當是建陽書坊刊刻。沈家本認爲是書雖非官修之書，然經官府刊佈以資遵守，非胥吏鈔記可比。是書開明清律例六部分類法，記述元代各種制度，爲研究元朝社會及其法律之重要史料。如卷三十《禁治居喪飲宴》，稱近年風俗日薄，父母之喪，小斂未畢即茹葷飲酒，略無顧忌。送殯時亦用管弦歌舞導引，循柩焚葬之際張筵排宴，不醉不已，泣血未乾即享樂如此，若不禁約，深爲未宜。今後居喪送殯不得飲宴動樂，違者示衆斷罪，所在官司申禁不嚴，罪亦及之云云。是書行文有書面語，而詞訟文字又常用當時口語，聖旨、令旨及省臺文件亦多以口語硬譯蒙古語，其語法與漢語不同，又有許多奇特詞彙，真實反映當時語言變化。

是書有光緒三十四年（1908）董康據杭州丁氏家藏鈔本刊刻本，沈家本作跋，世稱沈刻本，然錯誤極多。民國二十年（1931）陳垣據故宮藏元刻本校點，撰《元典章校補釋例》。另有元代坊刻本，藏臺北故宮博物院。南京圖書館1972年據臺灣故宮博物院影印元刻本影印，此本即據後者影印。（高山）

通制條格（存二十二卷） （元）拜住等纂修 （第787冊）

拜住（1298—1323），蒙古扎剌兒氏，爲木華黎、安童後裔。至大二年（1309）襲宿衛長，後爲太常禮儀院使、中書平章政事、中書左丞相、右丞相，喜好儒學，通曉漢族禮儀，更制定頒行《大元通制》。《元史》有傳。

元仁宗即位初年，命人將開創以來政制法程可著爲令式者，編纂成書，分制詔、條格、斷

例三類,介於條格及斷例之間者則彙輯爲別類,延祐三年(1316)成書,名爲《風憲宏綱》。又命樞密、御史、翰林、國史、集賢等臣加以修定,至英宗至治二年(1322)始審定頒行,名爲《大元通制》,凡八十八卷,後僅條格部分内容流傳至今,故名《通制條格》。現存二十二卷,即卷二至九、卷十三至二十二、卷二十七至三十,分題户令、學令、選舉、軍防、儀制、衣服、禄令、倉庫、厩牧、田令、賦役、關市、捕亡、賞令、醫藥、假寧、雜令、僧道、營繕等類。史料價值頗高。

是書另有原國立北平圖書館1930年影印本。此本據天津圖書館藏民國十九年北平圖書館影印明抄本影印。(高山)

皇明制書二十卷 （明）張鹵輯（第788冊）

張鹵,生卒不詳,字召和,號滸東,儀封(今河南蘭考)人,生卒不詳,約於明神宗萬曆前後在世。嘉靖三十八年(1559)進士,後爲右副都御史、保定巡撫、大理寺卿、南京太常寺卿等。著有《滸東集》。生平見明焦竑《國朝獻徵録》卷六八,清孫奇逢《中州人物考》卷四等。

是書爲明正德前法令彙集,收書十四種,有洪武《大明令》、《大誥》、《諸司職掌》、《禮制》、《禮儀定式》、《教民榜文》、洪武《資世通訓》、洪武《學校格式》、洪武《孝慈録》、《大明律》、正統《憲綱》、洪武《稽古定制》、《大明官制》、《節行事例》等,内容涉及六部法令、六部及都察院、通政使司等部門職掌、各種禮制禮儀、學校制度、法律制度、官職制度等,又有《教民榜文》、《資世通訓》,則爲教化訓導民衆之文,有以見明代初期各種制度與社會狀況、民風習俗等。

是書有明鎮江府丹徒縣刻本、明萬曆七年張鹵刻本、无名氏不分卷刊本、嘉靖刻本及朝鮮刻本等,卷數亦不一致。此本據明萬曆七年張鹵刻本影印。(高山)

大明會典二百二十八卷 （明）申時行等修 （明）趙用賢等纂（第789—792冊）

申時行,有《召對録》,已著録。

趙用賢(1535—1596),字汝師,號定宇,常熟(今江蘇常熟)人。明隆慶五年(1571)進士,歷任檢討、吏部侍郎等。著有《松石齋集》、《因革録》等。《明史》有傳。

是書始纂於明弘治十年(1497),十五年纂成,共一百八十卷,正德、嘉靖、萬曆時陸續增補至二百二十八卷。書前有弘治十五年、正德四年(1509)、萬曆十五年(1587)御製序及弘治、正德、嘉靖、萬曆四朝纂修是書詔諭,又列引用書目及弘治、正德、萬曆時纂修凡例及萬曆間相關來往文書。體例仿《唐六典》、《元典章》,依據《諸司職掌》、《皇明祖訓》、《大誥》、《大明令》、《大明集禮》、《洪武禮制》、《禮儀定式》、《稽古定制》、《孝慈録》、《教民榜文》、《大明律》、《軍法定律》、《憲綱》等書及南京、北京各文武職衙門開報相關文册彙總編成。書前列萬曆重修官員。總裁爲申時行、許國、王錫爵,副總裁爲沈鯉、沈一貫、朱賡等七人,纂修爲趙用賢、劉元震等十七人,其他催纂、謄録、收掌等官員數十人。是書按明朝廷各文武職衙門分類纂述其職責與相關規定,首爲宗人府,其次則按六部各司述其官制、職責及相關規定,如吏部先述其京官、南京官、外官三類官制,又述選官、推升、保舉、改調、開設裁併官員、還職官員、給假、功臣封爵、推封、襲封、土官承襲、文官封贈、蔭敘、誥勅、散官、吏員、吏役參撥、行移勘合、勳級、資格、帖黄、丁憂、侍親、更名復姓、雜行、考覈、責任條例、朝覲考察、舉劾、致仕、事故、訪舉等項事務及其詳細規定,其他各衙門均按此例詳述其官制、職責與規定,並附以歷年事例。是書以文職衙門爲主,武職職守沿革爲輔。各官職名稱前後有變化者,則書其原名,注中説明後改之名,若另開公署之官,則用其新名,而注明原來名稱。《四庫全書總目》卷八一史部政書類收是書正德四年重刊本,題作《明會典》,一百八十卷,提要稱嘉靖八年復命閣臣續修五十三卷、萬曆四年又續修二百二十八卷,然編纂《四庫全書》時未見其本,且不知存佚云云。然據今人徐鵬、劉遠遊《四庫提要補正》,鞠明庫《四庫全書緣何不收萬曆〈大明會典〉》所考,修《四庫》時內府藏有萬曆刊本,因其所載女真史事爲清廷所忌,故棄而不錄。

此本據明萬曆內府刻本影印。另有《四庫》所收正德四年刊本及天啓元年張京元刻本等。（高山）

明會要八十卷　（清）　龍文彬撰（第 793 冊）

龍文彬(1821—1893),字擷菁,號筠圃,永新(今江西永新)人。同治四年(1865)進士,官至吏部主事,曾主講友教、經訓、鷺州、章山、秀水、聯珠及蓮洲書院。更著有《永懷堂詩文鈔》、《明紀事樂府》、《周易繹説》等。《清史列傳》卷六七有傳。

是書分題帝系、禮、樂、輿服、學校、運曆、職官、選舉、民政、食貨、兵、刑、祥異、方域、外蕃十五類,子目凡四百九十八,前有例略,稱據徐天麟《兩漢會要》所分類目,惟《祥異》類移至《方域》類前,子目亦略有增益,如《嘉禮》子目經筵、日講、視學、旌表等,皆爲增入,以志創置之意。又有《職官》之宰輔識量、《兵類》之料敵、誘敵、間諜、鄉導、刑類之決斷、守正等條,則仿《唐會要》、《通典》,爲徐氏類中所無之目。各類目下均述其事蹟,以資稽覈而備法鑑。又仿《唐會要》附有駁議、《東漢會要》附有按語及雜引他説之例,輯錄御批及他書所論並附己見。是書有所徵引則注明書名,若引《明史》則僅標某志、某傳、某表,不標《明史》以從省。所引他書僅舉書名而不詳注篇名以別於正史。是書除引用正史及莊史、萬史外,其他引書多達二百餘種。他書如有譌誤,則以按語略爲辨正。是書《外

蕃》類,分東、東南、南、西南、西、北,分述朝鮮、日本、雞籠山、琉球、安南、暹羅、蘇門答臘、烏斯藏、沙洲衛、赤斤蒙古、意大里亞、伊里巴拉、韃靼、烏梁海等國家與地區。

此本據浙江圖書館藏清光緒十三年永懷堂刻本影印。又有光緒廣雅書局刻本。（高山）

欽定大清會典一百卷　（清）　崑岡等修　（清）　吳樹梅等纂（第 794 冊）

崑岡(1836—1907),字筱峰,清宗室,正藍旗人,和碩豫通親王多鐸七世孫。同治元年(1862)進士,歷任翰林院編修、內閣學士、左都御史、理藩院尚書、工部尚書、文淵閣大學士等。《清史列傳》卷五七有傳。

吳樹梅(1845—1912),字變臣,號毓春子,歷城(治今山東濟南)人。光緒二年(1876)進士,後爲翰林院編修、官至內閣學士、湖南學政等,清帝退位後隱居。曾與修《山東通志》,著有《浙使紀程詩》等。生平見朱汝珍輯《詞林輯略》卷九。

清代康熙、雍正、乾隆、嘉慶時曾四次奉敕纂輯會典,至光緒二十五年(1899)再次續修完成。是書前有光緒二十五年御製《續修大清會典序》及會典館正總裁崑岡《上書表》,後附參與續修諸官。總裁官有崑岡、徐桐、剛毅、孫家鼐四人,副總裁官有熙敬、啟秀等六人,漢文總校官兼漢總纂官有吳樹梅、張百熙、榮慶、朱祖謀四人,其他參與官員有漢文總校官、提調官、纂修官、協修官、詳校官、校對官、書庫收掌官、纂修處收掌官等百餘人。書前有凡例,稱《會典》以官統事,以事隸官,如《周官》六典、《唐六典》,各官衙門相關事例以官職所在分門分目記其因革損益,按年排比。此次續修所增內容自嘉慶十八年(1813)至光緒二十二年,凡有關典禮之事,概予纂入。凡此期制度及事例,皆附錄於《嘉慶會典》各門類之後,惟《神機營》及《總理各國事務衙門》爲新增門類,分別列於《前

鋒護軍步軍諸營》之後及《内務府》之後。《嘉慶會典》共八十卷,《事例》九百二十卷,此次增修後《會典》達一百卷,其次序,首爲宗人府,其次内閣、六部等衙門,文職衙門在前,武職衙門附於後;《事例》增至一千二百二十卷。又乾隆朝續修時,遵乾隆之命,《會典》已與《事例》分開成書,而相關圖形仍附於《會典》内,嘉慶時又將相關圖形分出,故《會典》外又成《大清會典事例》及《大清會典圖》二書,與《會典》配合而行。

是書有清光緒二十五年内府鈔本。此本據清光緒石印本影印。（高山）

欽定大清會典圖二百七十卷 （清）崑岡等修 （清）劉啟端等纂（第795—797 册）

崑岡,有《欽定大清會典》,已著録。

劉啟端,字正卿,寶應（今江蘇寶應）人。光緒時爲翰林院編修,當時續修《大清會典》,與夏孫桐同任《大清會典圖》總纂官。生平見朱汝珍輯《詞林輯略》卷九。

乾隆時續修《會典》將《會典》、《事例》分開,而圖仍附《會典》内。嘉慶時續修《會典》八十卷,《事例》九百二十卷,《圖》四十六卷。光緒時續修,《圖》增至二百七十卷,分題禮、樂、冠服、輿衛、武備、天文、輿地七類,各類下又有細目,各目下收圖多幅。如《禮類祀典》下有《天壇總圖》、《圜丘壇圖》、《圜丘壇告祭位次圖》、《圜丘壇正位陳設圖》、《配位陳設圖》、《從位陳設圖》、《告祭陳設圖》、《大雩位次圖》等。是書分類與嘉慶時續修《會典》圖有所不同,新增圖式甚多。圖後各有説明文字,與圖配合,更易理解其意。

此本據清光緒石印本影印。另有光緒二十五年内府鈔本。（高山）

欽定大清會典事例一千二百二十卷 （清）崑岡等修 （清）劉啟端等纂（第798—814 册）

崑岡、劉啟端,有《欽定大清會典圖》,已

著録。

康熙、雍正時所修《會典》,《事例》與《會典》不分,乾隆時始分爲二書,《會典》一百卷,《則例》一百八十卷,《會典》載政令大綱,《則例》備沿革細目,二者互爲補充。嘉慶時續修《清會典》八十卷、《圖》四十六卷,《則例》改稱《事例》,凡九百二十卷,光緒時續修《會典事例》一千二百二十卷,另有《圖》二百七十卷。此爲清代最後一次續修《會典》、《事例》、《圖》,故内容最爲完備。書前有凡例八條,稱嘉慶十七年（1812）續修之後已有七十餘年,期間制度演變、事例新出,當加以增補。體例仍據嘉慶《事例》,凡廟朝典禮、官司職掌皆據現行制典,沿革損益詳加記述。編纂方法,則由會典館纂修官赴皇史宬抄撮《實録》中有關典例内容,又遴選學者,核查嘉慶十八年以來案件,纂輯成編,更由會典館大臣詳加核校。

是書分類甚細,自宗人府、内閣、六部、各院寺府監以及武職各營乃至新增之總理各國事務衙門,均列有多項具體事務及其詳細規制,如《吏部》下分官制、滿洲及漢員銓選、開列、遴選、升補、除授、處分、守制、終養、籍貫、世爵、封贈、蔭敘、土官、書吏、各省吏額等。清朝廷各衙門部司職掌、沿革、制度等相關事例均有詳細記述,實爲研究清朝廷政治體制及其運作之史料淵藪。

此本據清光緒石印本影印,又有光緒二十五年内府抄本。（高山）

吾學録初編二十四卷 （清）吴榮光撰（第815 册）

吴榮光（1773—1843）,原名燎光,後改榮光,字殿垣、伯榮,號荷屋,南海（今廣東佛山）人。嘉慶四年（1799）進士,後任編修、監察御史、工科給事中、湖南巡撫等。好金石之學,更著有《歷代名人年譜》、《筠清館金石志》、《辛丑銷夏記》等。《清史列傳》卷三八有傳。

吳氏以當代典禮於人生日用深有關係,應詳考而深繹,遂撰是書。道光八年(1828)至十年間據《大清會典》、《大清通禮》、《刑部律例》、《學政全書》、《五部則例》等書抄録其中有關人心風俗、政教倫常者,後任湖南巡撫,請黃本驥考訂、論次,由其弟吳彌光、學生陳傳均校讎,至道光十二年成書。首題典制,録相關政令等,以下分題政術、風教、學校、貢舉、戎政、仕進、制度、祀典、賓禮、婚禮、祭禮、喪禮、律例等類,各類下又有若干細目,目下又有子目,以大型官書中相關内容重新分類一一條列,則更切於實用。是書除録各書原文外,又多加按語,以抒心得,如卷九"報祀"條按語稱,遇水旱之災,地方官可設壇致禱,鄉民不可奔禱於山魈野魅之祠,而棄捍水築防之力,以所求山鬼野神不能救水旱之災云云。亦有以見有關典制暨民風民俗。

此本據中國科學院圖書館藏清道光十二年吳氏筠清館刻本影印。(高山)

石渠餘紀六卷 (清)王慶雲撰(第815册)

王慶雲(1798—1862),字家鏡,又字賢關,初號樂一,又號雁汀,閩縣(治今福建福州)人。道光九年(1829)進士,後任侍講學士、户部右侍郎、陝西及山西巡撫、四川及兩廣總督等。更著有《石延壽館文集》等。《清史列傳》卷四六有傳。

是書原名《熙朝政記》,定稿時改爲今名。據書中内容推斷,當作於咸豐間。是書大旨在拾取政治之餘以補官方文獻之闕,乃據《大清會典》、《清文獻通考》、《清實録》、《國史列傳》、《中樞政考》、《賦役全書》以及邸報並私人文集,收羅清初至咸豐間有關經世濟民之事,彙爲一書。卷一記賑貸蠲免、河夫河兵、科舉授官,卷二記吏治考察、軍政兵額,卷三記地丁錢糧、歲出歲入,卷四記漕運倉儲、屯田墾荒、圈地牧場、旗人生計,卷五記制錢

礦政、鹽法茶課,卷六記關稅互市等。是書各篇多以"紀"爲名,如《紀節儉》、《紀免科》、《紀鹽法》、《紀引課》等,又有表,如《直省鹽課表》、《直省關稅表》、《工部五關稅課表》等,所記内容推至前明,則一事歷史演變得以清晰考見。卷一《紀節儉》,備引各類數據,比較明末與清初宮中用度之數,其中引康熙四十五年(1706)諭旨,稱皇上撙節簡約至極,時光禄寺年用銀十萬兩,工部二三十萬兩,較前朝省十分之九。卷一《紀免科》,概述明中後期增賦之事,如三餉之類,而清代則革除三餉、荒田免租、減免浮糧,然朝廷政令並非全得落實,其中又有小吏欺上瞞下之弊。是書於明清時期財政經濟皆能考證沿革,史實簡明,數據精當,可見作者之用心。

此本據上海辭書出版社圖書館藏清光緒十六年龍璋刻本影印,另有清抄本、寧鄉黃氏刻本等。(高山)

皇朝續文獻通考四百卷 劉錦藻撰(第815—821册)

劉錦藻(1862—1934),原名安江,字澂如,吳興(今浙江湖州)人,清末藏書家劉承幹之父。光緒二十年(1894)進士,後任户部主事、工部都水司行走、内閣侍讀學士等,民初任參政院參政。更著有《堅匏庵詩文集》、《南潯備志》等。《碑傳集三編》卷四〇有吳郁生所撰《劉澂如學士行狀》,《散原精舍詩文集》卷一七有陳三立撰錦藻墓誌銘。

劉氏以一己之力續《清文獻通考》,據清代實録、會典、則例等纂成是書。《清文獻通考》原有二十六考,是書復增《外交》、《郵政》、《實業》、《憲政》四考,則全書共三十考,一百三十六目。劉氏自光緒二十年通籍後,即網羅典籍,詳加考訂,初稿自乾隆五十一年(1786)至光緒三十年,成書三百二十卷,辛亥革命後續加增補,至宣統三年(1911)止,民國十年(1921)定稿,共四百卷。所增四考是其創

新,如《實業考》分類編年,廣輯相關詔令、學者專著及外國人論述,《憲政考》彙集清末憲政豐富文獻,《外交考》能如實反映晚清外交諸事,《郵傳考》記述晚清郵電、交通變遷。其舊有二十六考亦多與時增益,如《征榷考》較《清三通》增加厘金、洋藥,《國用考》增加銀行、海運,《兵考》刪去車戰,增加長江水師、海陸軍、戰船等目,《經籍考》收書多於“清三通”,於書目編排、書籍源流均有詳説,爲《四庫全書總目》之後重要目録。

是書先成之三百二十卷,有光緒三十一年劉氏堅匏庵鉛印本,又有 1921 年四百卷之堅匏庵鉛印本。此本據民國時期商務印書館影印《十通》本影印。(高山)

大唐郊祀録十卷 　(唐)王涇撰(第 821 册)

王涇,生卒與事跡不詳。書前有王涇《上書表》,官銜爲朝散郎前行河南府密縣尉太常禮院修撰,按《新唐書・禮儀志》記載,貞元中有太常禮院修撰王涇考次歷代郊廟沿革之制及其工歌祝號,並圖畫壇屋陟降之序,撰《郊祀録》十卷;《藝文志》有王涇《大唐郊祀録》十卷,唐德宗貞元九年(793)上書。當即是書。

是書詳記唐朝廷各種祭祀禮制,分題辨神位、視牲器、卜日、齋戒、玉帛、牲牢、奠獻、祈禱、祭服、雅樂、雜例、祀禮、冬至祈穀、雩祀、明堂、朝日、夕月、風師、雨師、靈星、五龍、五方感生帝、九宮貴神、祭祀皇地祇、神州地祇、太社、太稷、岳鎮海瀆、饗禮、所祭之神及帝等目。博引群經諸史、漢魏諸儒傳、六朝隋唐諸禮官議及《唐六典》、《開元禮》等,詳其因革,兼及名物訓詁,遇有異同,則隨文注釋。其中祀九宮貴神於東郊、升風師雨師爲中祀、岳鎮海瀆封爵、風雨雷師樂章等,爲《開元禮》所未載,可補一代典制之缺。

是書有道光末年錢氏《指海》本。此本據民國四年張氏刻《適園叢書》本影印。(高山)

太常因革禮一百卷(缺卷五十一至六十七)　(宋)歐陽修等撰(第 821 册)

歐陽修(1007—1072),字永叔,號醉翁、六一居士,永豐(今江西永豐)人。宋仁宗天聖八年(1030)進士,後爲知制誥、翰林學士、樞密副使、參知政事、兵部尚書等。與宋祁合修《新唐書》,與修《崇文總目》,撰《五代史記》,又編《集古録》,著作彙編爲《歐陽文忠公文集》。《宋史》有傳。

宋太祖時命儒臣修撰《開寶通禮》,仁宗時王皞又修《禮閣新編》,其後賈昌朝等重新編定爲《太常新禮》,仁宗嘉祐時,歐陽修奉敕重定此書,治平間成書,宋英宗賜名《太常因革禮》。分題總例、吉禮、嘉禮、軍禮、凶禮、廢禮、新禮、廟儀等類,各類下又有子目不等,如《總例》子目二十八,《吉禮》子目三十七。共計百卷、八門、一百八十五目。是書郡齋、直齋二家已失載,清時阮元自舊鈔本影寫,已佚十七卷,即卷五十一至卷六十七,書中又多闕文,無從訪補。其書除據《開寶通禮》、《禮閣新編》、《太常新禮》外,又參取會要、實録、《禮院儀注》、《禮院例册》、《封禪記》、《明堂記》、《慶曆禮儀》等,宋太祖至仁宗四朝典禮,具備其中,足資考鏡。書前有歐陽修序,稱《開寶通禮》爲一代成法,故是書以《通禮》爲主,有變化者則據他書補充,又有所謂新禮,乃《通禮》所未有之禮,而太祖建隆以來不復施用者則稱爲廢禮,而於立廟有關者則稱爲廟儀。

此本據清《宛委別藏》本影印。(高山)

中興禮書三百卷(存二百四十七卷)　(宋)禮部太常寺纂修 (清)徐松輯(第 822—823 册)

徐松,有《漢書西域傳補注》等,已著録。

是書分題吉、嘉、賓、軍、凶五禮,其下有子目六百八十,記述南宋高宗建炎年至孝宗淳熙十一年(1184)間郊祀、明堂、朝獻、親饗、耕耤、高禖、内禪、登位、上尊號、慶壽、朝會、册命、慶典等禮儀及相關樂舞、器服、詔令等。書成於南宋淳熙十一年，無刊本流傳，抄本亦罕見，《四庫全書》未曾著録。是書由徐松自《永樂大典》輯出校定，未及刊印，幾經流轉傳抄，咸豐時有沈炳垣重加釐定，共二百四十七卷，今藏國家圖書館。書前有沈炳垣手記、宋王信序及詔書三則。沈氏記有存某卷、佚某卷，並敘述是書版本流傳及沈氏校對之事，稱徐松校定本流落川中，後自重慶書肆購入，今傳抄者即此本。遂將全書重加排定，而原書中有修改挖補之處，年久脱落，又有零星碎片、細字散夾書中，不能一一校正，其中前後脱誤、倒置者又無刊本讐對，則仍爲未完之書。是書所載宋時禮儀制度甚詳，足資考證。

此本據國家圖書館藏清蔣氏寶彝堂抄本影印。（高山）

中興禮書續編八十卷（存卷一至卷三、卷五至卷九、卷十一、卷十三至卷二十二、卷三十、卷三十五至卷八十） （宋）葉宗魯纂修（清）徐松輯（第 823 册）

葉宗魯，生卒不詳，麗水（今浙江麗水）人。宋孝宗淳熙二年（1175）進士，後爲太常主簿、湖南提舉、朝散大夫、提舉淮東常平茶鹽、提舉荆南常平茶鹽、太府寺丞等。

徐松，有《漢書西域傳補注》等，已著録。

是書分題吉禮、嘉禮、賓禮、凶禮四類，依孝宗淳熙時所編《中興禮書》體例，據南宋禮部太常寺案牘，續記宋孝宗朝各種典禮儀式制度，於宋寧宗嘉泰二年（1202）成書，然無刊本流傳。後由徐松自《永樂大典》中輯出編定，仍未刊印，復經流傳轉抄，更有闕佚，咸豐年間沈炳垣重加排次勘定，今藏國家圖書館。是書所記當時禮儀甚詳，可據以考察南宋禮樂制度。如卷一《郊祀大禮》記淳熙十二年行郊祀大禮，所設神位有昊天上帝、皇地祇及太祖皇帝、太宗皇帝、天皇大帝、神州地祇以

下並衆星，共七百七十一位，可知當時祭祀禮儀之細節。

此本據國家圖書館藏清蔣氏寶彝堂抄本影印。（高山）

皇明典禮志二十卷 （明）郭正域撰（第 824 册）

郭正域（1554—1612），字美命，江夏（今屬湖北武漢）人。明神宗萬曆十一年（1583）進士，後爲編修、禮部侍郎等，與沈鯉、吕坤並稱萬曆“三大賢”。更著有《批點考工記》、《韓文杜律》等。《明史》有傳。

是書記述明代自朱元璋稱吳王至萬曆時諸種典禮儀制，所列禮儀類目甚細，自皇帝至庶人、僧道、軍士、生員諸種人等，均有相關禮儀及規定，細目有自登極儀、大朝儀等朝儀至立春、冬至等節俗禮儀、各色人等之巾服規制，鉅細皆備，實爲考察明代社會禮儀之重要資料。

此本據浙江圖書館藏明萬曆四十一年劉汝康刻本影印。（高山）

王國典禮八卷 （明）朱勤美撰（第 824 册）

朱勤美，事跡不詳，據是書題名，爲奉勅督理宗學、周王府宗正。《明史》卷六九《選舉志》稱諸王若宗子衆多，則分置數師，或於宗室中推舉一人爲宗正，領其事。知宗正爲諸侯王宗族内負責宗子教育之官。據《明史·藝文志》，勤美著有《王國典禮》、《諭家邇談》、《公族傳畧》、《祥符縣志》等。

是書前有萬曆四十三年（1615）巡按河南監察御史張至發序、河南右布政使臧爾勸序及兵部職方清吏司主事王弘祖序，則周王封於河南，是書作於此時。全書分題聖訓、玉牒、講讀、冠禮、婚禮、爵秩、冠服、宫室、儀仗、禄采、田地、祀禮、之國、錫命、慶祝、入覲、奏事、宴饗、喪禮、事例、管理、宗學、獎勸、懲戒、秩官、儀賓、兵衛、倉庾、支鹽、諱禁等類，類下

各有細目若干。

書前有凡例七則,稱是書采自諸祖訓、實錄、會典、集禮、條例,按上述類目先錄諸書原文,若有變例或新議,則以小字附注原文之下,以爲參證。又稱皇明典禮定自建文,而近來所行國章,亦加采錄。所述事例,各照列朝次序紀錄,則前後變化可以瞭然。各條之下朱勤美又附加按語,以抒己見。書中遇有藩王之名則不書全字,於周王及始祖鎮平王名諱亦避而不書,知勤美爲明宗室周王後裔。

此本據國家圖書館藏明萬曆四十三年周府刻天啓增修本影印。(高山)

孔廟禮樂考六卷　(明)瞿九思撰(第824冊)

瞿九思,有《萬曆武功錄》,已著錄。

書前有萬曆三十五年(1607)巡按湖廣監察御史史學遷序,即史氏刊刻是書之年。又有大泌山人李維楨序。是書卷一爲初稿,論孔廟廟制、神主、號稱、釋奠、釋菜、祭器、樂章、舞佾、舞容、啟聖祠、名宦鄉賢祠、群祀等。此後爲正文,首列明代各帝王訓誥,再敘廟貌,下有《郡縣建廟之始》、《撤郡縣太公廟三皇廟黃帝廟而專祀孔子》、《郡縣先農祭非隆於孔子》、《孔廟在郡縣非褻孔子》、《廟制議》、《大成殿説》、《文廟説》等專論十數篇。卷二論配享制度,有《配位説》、《位次説》及《從祀人物考論》、《考定東西廡位次》等,附記周、漢、宋、明儒年表。卷三、卷四爲《禮議》、《樂議》,論議孔廟種種禮樂制度,有釋奠之始、釋奠儀注、祝文、祭祀程序及所用器物種種名稱等。卷五、卷六爲《從祀議》、《從祀考》,考論從祀人物及相關禮儀。是書於孔廟從祀配享、姓名、位次、堂室、廡廊、門泮、舞曲、歌曲、樂器、祭器、釋奠、釋菜、拜祝、灌獻、犧牲、粢盛、醴齊、葅羞、采章、節奏,均一一詳述,遵從古典,又合乎時制,可資考證明代孔廟及相關祭祀制度。

此本據華東師範大學圖書館藏明萬曆史學

遷刻本影印。(高山)

滿洲四禮集　(清)索寧安輯(第824冊)

索寧安,生卒不詳,嘉慶年間在世,曾任鑾儀衛主事、禮部主事、內閣侍讀、御史等,曾參與《續通典》編纂,任提調官。參見《八旗通志》卷二。

是書由《滿洲祭天祭神典禮》、《滿洲婚禮儀節》、《滿洲慎終集》、《滿洲喪葬追遠論》、《滿洲家祠祭祀儀注》五書合刻而成。《慎終集》有乾隆二年(1737)北谷氏自序,據其後跋文可知北谷氏爲索寧安之父。索寧安有《滿洲喪葬追遠論》自序,稱先君創始,作《慎終集》以示儀則,余輩勉續《追遠論》四十則,知是書自北谷氏乾隆二年撰《慎終集》始,至嘉慶元年(1796)索寧安等人撰成其他四書,方成完璧。全書追述滿洲祭天、祭神、婚禮、喪葬、家祠、祭祀等禮儀風俗。其中《滿洲祭天祭神典禮》依據《欽定滿洲祭祀典禮》及索家舊存儀注,並與故老習知禮儀之人參訂而成。又有《滿洲婚禮舊規》,追述滿洲原有婚俗禮儀。《滿洲慎終集》記述滿族喪葬舊制。《滿洲喪葬追遠論》爲《慎終集》之餘論。《滿洲家祠祭祀儀注》追述滿族家祠祭祀儀節。據是書所記,可知滿洲舊時祀俗及後來吸收漢族禮儀情況。

此本據清華大學圖書館藏清嘉慶六年省非堂刻本影印。(高山)

國朝宮史續編一百卷　(清)慶桂等輯(第824—825冊)

慶桂,有《欽定剿平三省邪匪方略》,已著錄。

清乾隆七年(1742)鄂爾泰、張廷玉等人編纂《國朝宮史》,乾隆三十四年告成,爲清前中期宮廷史,彙集宮廷相關資料,如宮闈禁令、宮殿建置、內廷事務、典章制度、官修書籍等,分題訓諭、典禮、宮殿、經費、官制、書籍六門,收入《四庫全書》。嘉慶十一年(1806)大學士慶桂奉旨纂《國朝宫史續編》,仍分六門如前,子目則有所增加,彙載乾隆二十六年至嘉慶初年清朝宫廷資料,可借以瞭解清代宫廷制度及人物活動。

此本據遼寧省圖書館清嘉慶十一年内府抄本影印。(高山)

品官家儀考四卷士人家儀考四卷　(清)林伯桐撰(第826册)

林伯桐(1778—1847),字桐君,號月亭,番禺(今屬廣東廣州市)人。嘉慶六年(1801)舉人,後任德慶州學正。更著有《修本堂稿》、《史記蠡測》、《毛詩通考》等。《清史列傳》卷六九有傳。

林氏以冠婚喪祭爲教家之要、保家之本,遂搜集資料編成是書,分《品官家儀考》、《士人家儀考》兩部。《品官家儀考》分題品官冠儀及考證、品官婚儀及考證、品官喪儀及考證、品官祭儀及考證,於古來品官家儀諸禮制綜合整理考論。《士人家儀考》分題士人冠儀及考證、笄儀及考證、婚儀及考證、喪儀及考證、祭儀及考證,考校自古以來士人家儀諸禮制。於諸禮儀,皆先詳述其制,更附專論詳考相關禮儀制度歷史沿革及有關情況,足資古代士人家禮研究之用。如《品官家儀考證·冠儀考證》下有《冠禮三加今亦可用考》,稱冠禮用三加實有深意,謂冠無常月,寒暑皆可,夏月初用袷紗小帽,次用雨纓帽,後用夏緯帽,則爲三加。冬月初用袷緞小帽,次用緞邊冬緯帽,後用絨邊冬緯帽,則爲三加。均欲化其躐等之心,勉以漸進之意,故好禮者所當酌用。諸如此類,非特述其儀制,更揭示其中所含儒家理念,頗可啟發後人。

此本據上海辭書出版社圖書館藏清道光二十四年林世懋刻《修本堂叢書》本影印。(高山)

歷代紀年十卷(存卷二至卷十)　(宋)晁公邁撰(第826册)

晁公邁,生卒不詳,字伯咎,號傳密居士,鉅野(今山東鉅野)人。曾任開封府户曹參軍、通判撫州、廣東提舉常平、權市舶司。更著有《百談集》等,事跡略見《渭南文集》卷一四《晁伯咎詩集序》。

是書先列帝王生平、謚號等,再列在位紀元及起止年,再列其后、其子及下屬官員。唯卷二載曹魏帝王,以曹操爲曹丕所追尊,故未列紀元、皇后、帝子、下屬官員等。是書強調王朝正統,如卷五以皇帝規格收錄武則天,然仍稱之爲則天順聖皇后。卷八記述古代封建事跡,歷數夏、周二代所封諸國,詳説各封國起源演變。如夏封越,稱越爲禹之苗裔,少康庶子,封於會稽以守禹之祀,自號於越,不與中國通,後二十餘世,與吳王闔閭戰,句踐立,始見於《春秋》。卷九記述僭稱帝王者,如新室之末有隗囂,記其姓字及起事經過,更始時起兵天水,後受公孫述朔寧王之號。建武九年(33)死,少子純繼位,建武十年,光武遣軍來攻,純降,前後據隴右十二年。卷九之末附安史之亂後各藩鎮姓名。卷十記盜賊之稱王者,如晉益州刺史趙廞據成都反,自稱益州牧,年號太平,爲李特所殺。卷十末附歷代年號,以首字相同者聚爲一類,年號下注明使用該年號之帝王。是書後有晁子綺、包履常跋,並有國朝典禮簡要記敘。

此本據國家圖書館藏宋紹熙三年盱江郡齋刻本影印。(高山)

歷代帝王曆祚考八卷音釋一卷歷代紹運國系之圖一卷歷代紹統年表一卷歷代年號考同一卷　(明)吳繼安撰(第826册)

吳繼安,生平不詳,休寧(今安徽休寧)人,見《千頃堂書目》卷四。

是書前有其兄吳繼京序,稱繼安取歷代帝王歷年紀號及其姓系彙纂成《曆祚考》,書中所載非特年系,並記其苗胤、國都、葬地、謚法及興亡始末、篡統僭據,所記帝王自伏羲迄元代末,甲子紀年自帝堯甲辰至元順帝至正二十七年丁未(1367),各朝代之後則總計年數,各帝年號於本人之下,亦記其年數。是書以國統爲綱、帝王爲目,姓系、年數、太子、諸王、改元稱號皆注其下,篡逆、僭僞亦附於其中,以求年數合、事跡全。《曆祚考》前有《歷代紹運國系之圖》一卷、《音釋》一卷、《歷代年號考同》一卷、《歷代紹統年表》一卷。《國系圖》排列伏羲以來帝王先後繼位關係,《音釋》爲是書生僻或多音字注音,《歷代年號考同》詳列帝王所用相同年號,《年表》以六十甲子爲綱,下列所屬朝代年份。《曆祚考》於古之帝王皆述其稱號緣由,其主要事跡、都城所在地及後裔所在等,於春秋諸國則先總述,再以國別分述其君王,則當時衆多諸侯之國歷史可得其概要。

此本據國家圖書館藏明萬曆刻本影印。(高山)

歷代紀元彙考五卷　(清)　萬斯同撰(第826冊)

萬斯同,有《明史》等,已著録。

書前有康熙四十二年(1703)温睿臨序,稱四十一年正月先生著《歷代紀元彙考》八卷,至四月而先生殁,然書尚未完成,故所刊僅五卷云云。是書類歷史年表,所記帝王紀元,自唐堯元載甲辰年至明崇禎十七年甲申(1644),以年爲經、以歷朝紀元爲緯,表記歷代帝王年份及相應干支,展卷而知曆數長短、年代久近、一統分割、禪繼正譌。遇有大事年份則加簡注,如舜三十四載,注稱禹攝位。唐、虞紀年用“載”字,夏用“歲”字,商用“祀”字,周及以後朝代用“年”字。又時加按語考證其事或説明所據,如卷一稱夏一十七帝,四百四十歲;又辨起帝堯元年甲辰,迄夏桀末年乙未,共五百九十二年,按語謂帝堯元載《竹

書紀年》在丙子,羅泌《路史》在戊寅,章俊卿《山堂考索》在癸未,今據皇甫謐、邵康節、金仁山之説定爲甲辰。

此本據復旦大學圖書館藏清康熙四十二年刻本影印,又有抱經樓本、奉化李氏刻本等。(高山)

紀元編三卷末一卷　(清)　李兆洛撰(第826冊)

李兆洛,有《歷代地理志韻編今釋》等,已著録。

是書後有李氏門人六承如跋,稱自唐代封演《古今年號録》、後蜀杜光庭《年號類聚》以來,多有編輯列代紀元之書,然多亡佚不存,清代有章學誠《紀元韻編》、江永《紀元部表》、萬斯同《歷代紀元彙考》等,各書編輯之法不同。李氏校刊葉維庚《紀元通考》後,又命六承如另立一表,以紀歷代年號,以便檢索云云。是書卷上記載漢武帝建元元年(前140)至清同治十年(1871)間各朝帝號、年號及改元年分干支,並附《歷代僭竊年號》、《外國年號》、《道經雜記所載年號》、《擬議不用年號》、《錢文年號》等。《僭竊年號》彙録漢至清嘉慶間僭竊之號,各附起止年月。《外國年號》收録柔然、交趾等國年號,《道經雜記所載年號》據道經、《蜀記》、俳諧文等書摘録。卷中則詳載歷代干支,以表格列出干支及帝王紀元年數,並附建元以前歷代甲子表,以據《竹書紀年》,故自黃帝元年庚寅至周代共和元年庚申(前841),不詳標各年干支,惟列元年干支及甲子、甲午,以三十年爲一世。卷下爲《紀元編韻》,二字年號依後一字按韻編排,注明帝號,以便檢索;餘三字、四字、六字年號則不按韻排列,附於後。末一卷先爲《紀元編韻補》,稱後得梁曜北《元號略》,多出七十餘,更有日本年號,不能盡增,故作《編韻補》;次爲《紀元編補韻》,稱改元編號忌與前世謚號、陵名相犯,因編陵名以資考核。謚號

繁稱無從悉避,故不一一列出,單字陵名亦不列。是書分類彙編歷代年號,要在便於檢索。

此本據湖北省圖書館藏清道光十一年董學齋刻本影印。(高山)

謚法三卷　(漢) 劉熙撰 (晉) 孔晁注 (清) 孫彤輯 (第 826 冊)

劉熙,生卒不詳,字成國,北海(今山東昌樂)人。東漢經學家,程秉、薛綜、許慈等嘗從劉熙問學。官至南安太守。更著有《釋名》、《謚法》、《孟子注》(今逸)等。生平參見《三國志》之《韋曜傳》、《程秉傳》、《薛綜傳》及清畢沅《釋名疏證・序》。

孔晁,生卒不詳。更著有《尚書義問》、《春秋外傳國語注》等。《隋書・經籍志》收錄此二書,並注明晁爲"晉五經博士",其他事蹟不詳。

孫彤,生卒不詳。據是書署題"二品恩蔭中憲大夫候選道承德孫彤校集",知爲承德(今河北承德)人,恩蔭忠憲大夫候選道。

《謚法》一書,多稱東漢劉熙作。是書孫彤自序據《逸周書》、《大戴禮記》、《隋書・經籍志》等書所載之説,考證以爲劉熙、孔晁僅爲《謚法》作注,非原書作者。故是書以《逸周書・謚法》爲正文,錄劉熙、孔晁兩家注,又以他書所引《謚法》而未載於《逸周書》内者附後,並詳列諸書引文異同以事考校,於謚法用字多有改動,可稱一家之言。

此本據湖北省圖書館藏清嘉慶孫氏刻《問經堂叢書》本影印。(高山)

謚法通考十八卷　(明) 王圻撰 (第 826—827 冊)

王圻,有《續文獻通考》,已著錄。

書前有趙可懷序,稱王氏輯有《續文獻通考》,其中《謚法》一種,抽出另梓云云。是書搜集君后以至臣庶及嬪寺外夷所用謚法。書前有凡例,稱據實錄、野史輯錄明代各種謚號,附於《續文獻通考・謚法》下,以補全其書云。卷一有《謚法總紀》、《謚法釋義》兩篇,彙錄前代典籍述及謚法之文,説明謚法名義、沿革、應用規則、謚號名義及是書載錄謚法之例。卷二至卷十六載錄上古至明代謚號,下分帝王、帝后、宗室、公主、諸臣、親王、郡王等,名目各代略有差異,於陳勝單立一目,王莽、武后、西夏、劉豫俱稱"僞謚",五代諸國則稱"僭國謚";卷十七則包括"先聖先賢先儒謚"、"隱逸謚"、"歷代私謚"、"皇明私謚"、"歷代婦人謚"、"皇明婦人謚"、"異代追謚"等目;卷十八則爲"宦者謚"、"儒家謚"、"道家謚"三目。是書自君王、皇后、名臣乃至異端、宦寺、夷狄、篡逆之人,凡有謚號者並加載錄,上古黄帝、顓頊諸帝所用謚號,則據《史記索隱》、《通典》諸書備加載錄,以求原由;於先聖先賢則別爲一目,以示褒崇,並載錄歷代私謚。搜集資料較全,可資考證。

本書據大連市圖書館藏明萬曆二十四年刻本影印。(高山)

漢晉迄明謚彙考十卷皇朝謚彙考五卷　(清) 劉長華撰 (第 827 冊)

劉長華,生卒不詳,字椒泉,號滌浮居士,書内自題崇川劉長華,則爲南通(今江蘇南通)人。

是書又名《歷代名臣謚法彙考》,前有光緒七年(1881)王廷楨序、咸豐五年(1855)劉長華自序,知其成書於此時。是書卷一爲《謚解》、《謚字》,錄史上所用謚號諸字各種解釋,如"文"有經緯天地、修德來遠、勤學好問、道德博聞、慈惠愛民、敏而好學、愍民惠禮、剛柔相濟、忠信接禮、修治班制、施而中禮等義,"武"有克定禍亂、保大定功、威強敵德、剛強直理、剛強以順、闢德斥境、折衝禦侮、刑民克服等義。卷二以下則分上謚一字、中謚一字、上謚二字、中謚二字、下謚二字等類,分別載錄相關謚號及其釋義。是書用

《文獻通考》之例,於史書所載歷代私諡亦録以備考。於諡法體例及使用詳情則加以歸納,如西漢初諡用二字者,宗室惟齊王、趙王二人,勳臣惟留侯、鄧侯二人,餘皆一字,其後若冠軍、博陸、博山、昌武、成都各侯得諡二字,或由勳烈,或由恩澤,然不多見。東漢初,宗室、勳臣之諡多取一字,惟逯鄉、新息二侯諡用二字。東漢末,又有胡廣、袁逢、楊賜等人均用二字諡。魏代諡號無取二字者,晉代宗室、勳臣諡號則一字二字互用,而以一字者爲多。後附《皇朝諡彙考》,據《清會典·諡法》、潘世恩《熙朝宰輔録》、鮑康《皇朝諡法考》等書,載録清代諸王、貝勒以下及文武大臣諡號及其釋義。文武大臣中祖孫父子並得諡者,則加注標明。道光十五年(1835)至同治七年(1868)間得諡之年月,知者注明,未悉者從略。或有追加諡號或追削諡號者,亦逐一注明。

此本據清光緒刻民國陳氏慎初堂印本影印。(高山)

皇朝諡法考五卷續編五卷　(清) 鮑康撰 (清) 王鵬運續撰 (第827册)

鮑康(1810—1881),字子年,號觀古閣主人、臆園野人,歙縣(今安徽歙縣)人。道光舉人,後爲夔州知府。清代金石學家、錢幣理論家、收藏家。更著有《觀古閣泉説》、《大錢圖録》等,編入《觀古閣叢刻》。傳略見《昭代名人尺牘續集小傳》卷一六。

王鵬運(1849—1904),字幼霞,又作佑遐,號半塘老人、鶩翁,原籍山陰(今浙江紹興),祖父時遷居臨桂(今廣西桂林)。同治九年(1870)舉人,光緒時任内閣侍讀、江西道監察御史、禮科給事中等,後任教於揚州儀董學堂、上海南洋公學。善填詞,與況周頤、朱孝臧、鄭文焯並爲"清末四大家"。著作頗多,删定爲《半塘定稿》及《剩稿》。《碑傳集補》卷一○有況周頤撰《王鵬運傳》。

《皇朝諡法考》五卷所收清諡號至同治八年(1869)八月止,凡一千六百二十八人,分爲親王、貝勒、公侯、文臣、武臣等類。先録《清會典·諡法》中、下册所載諡號用字及其釋義,再詳列清代各類獲諡之人,並以小注詳述其得諡緣由,由此可以考見王公大臣所受待遇之變化。如多爾袞諡爲"忠",注稱乾隆四十三年(1778)奉特旨昭雪,復爵予諡。又稱烈親王後改封禮親王、又改封康親王,鄭獻親王後改封簡親王,豫通親王後改封信郡王,肅裕親王後改封顯親王,克勤郡王後改封衍禧郡王、又改封平郡王,均非初封之名,不足昭示後世,悉命復還始封爵號。潘世恩《易名録》僅載文臣之諡,未書親王、貝勒、武臣之諡,是書依潘書例,據《會典》次序,編成五卷。若係宗室人物,雖有封爵,又授他職者,則列入文武大臣一類,僅有封爵而無官職者則附於王諡之後,貝勒以下追諡者多未詳注。是書爲潘世恩《易名録》補輯,於名家文集多有輯録,後又參校國史,復加補苴。

《續編》五卷末有王鵬運光緒十七年(1891)跋,稱鮑康《諡法考》成於同治三年,其後又於同治五年、八年有所續補,此外徐沅青、翁海珊又有續補之作,至光緒三年(1877)止,然各自爲書,尋檢不易,王氏遂與鮑印享考訂商榷,將鮑康之後續修補入者及至光緒十六年得諡之人,重加排次,彙爲續編,完成於光緒十六年,以上接鮑書之末,而體例一仍鮑書。所收清代人物諡號,每人之下或有小注説明得諡、改諡、追諡緣由及其時間,如卷一諡"忠"之王有僧格林沁,注稱奉特旨配享太廟,時間在同治朝。

此本據湖北省圖書館藏清同治三年增修本影印。(高山)

經史避名彙考四十六卷　(清) 周廣業撰 (第827册)

周廣業,有《季漢官爵考》,已著録。

避名之例始於周,其後歷代沿用,日趨繁縟,禁忌至夥。是書據經史諸書纂集歷代避名之事,卷首有周廣業《自敘》、《編撰例言》,正文爲《原名》二卷、《序例》一卷;帝王由周迄明避諱之名二十卷;宮掖以下及雜避諱二十三卷,分題有宮掖、儲副、藩封、戚畹、官僚、宦寺、親屬、師友、道釋、閨閣、神祠、遠服、雜諱十三類,末附吳騫跋。避諱爲中國特有之風俗,歷代典籍在在可見,而年代懸隔,聲蹟消沉。歷代避諱專書,並不多見,東漢應仲遠《諱議》、晉陳承祚《釋諱》,撰述較早,且久已亡佚,清劉錫信《歷代諱名考》,僅一卷,有失賅備。本書成稿於清嘉慶年間,彙錄歷代記載,以經史政書爲綱領,以諸子百家爲條目,旁徵博引,考證精當,陳垣《史諱舉例》譽之爲"可謂集避諱史料之大成";又稱廣業嗜書如命,遇疑必究,窮三十年之光陰,於歷代避諱史實,多有留心,"有當者即疏記之,久之叢稿裒然",遂汰其雷同,件繫條貫,采掇群言,正其謬誤,易稿達七八次,方成此帙云云。其編撰體例,以正統史觀爲指歸,所謂"叛逆"皆作附錄,不單列卷,例如本書卷六至九,以漢、後漢、季漢序之,分述兩漢三國,以劉漢爲正統,其中卷九,專述三國避諱,廣業不依陳壽史例,視蜀漢爲"季漢",以魏、吳附載其下,值得注意。所見稿本,較爲整飭,蓋改定待刊之稿。據吳騫跋語"君仲子勳常茂才以手所輯《經史避名彙考》見示,且屬校其魯魚",則本書復經其子輯訂,吳騫爲之校勘。考諸本文,如廣業《自敘》之署名,原爲"嘉慶二年歲次丁巳閏六月立秋後二日,海寧周廣業",此稿於簡端改作"海甯",乃避清道光帝名諱。蓋《自敘》撰於嘉慶朝,未及避道光諱,而仲子勳常處道光朝,故改"寧"爲"甯",適可與吳跋相映以共證此稿本乃廣業身後勘訂之稿,當屬最終定本,極具價值。

此本據國家圖書館藏清鈔本影印。(田君)

歷代諱名考一卷　（清）劉錫信撰（第 828 冊）

劉錫信,生卒不詳,據本書自序,知其字桐村,順天通州（今北京通州）人。更著有《潞城考古錄》。

歷代避諱專書並不多見,東漢應仲遠《諱議》、晉陳承祚《釋諱》,久已亡佚,錫信《自序》云"第前代著述家如年號、謚法之類皆有專輯之書,惟避諱更改名物至夥,向無專書紀錄,斯亦藝林之闕也",於是留意搜討,裒而集之,分爲十二類,援引證據,間附己見,成《歷代諱名考》一卷云云。本書成於乾隆年間,早於周廣業《經史避名彙考》,而不及周書詳盡,然發凡起例,亦具特色。概而言之,周書詳列史實,備載歷代諱例,記錄典籍人物諱名作某,旨在考證詳明,便於覈驗;而本書揀擇史實,分題星神、歲時、謚號、禮樂、宮室、官制、地理、姓氏、人名、書籍、鳥獸、花木十二類,以諱改易名爲綱,摘錄避帝王名諱而改易之名物,旨在發明示例。如《地理》類"漢文帝諱恒,改恒山郡爲常山郡",《官制》類"漢武帝諱徹,改徹侯爲通侯",《宮室》類"魏明帝起芳林園,後避齊王芳諱,改爲華林園",《禮樂》類"唐武后名曌,改詔書爲制書",《人名》類"宋人書中'盧懷慎'作'懷謹','烏重胤'作'重嗣','李匡威'作'康威',皆避太祖、孝宗諱也",諸如此類,可資辨偽考證之用。

此本據上海辭書出版社圖書館藏清光緒五年王氏謙德堂刊《畿輔叢書》本影印。(田君)

科場條貫一卷　（明）陸深撰（第 828 冊）

陸深,有《聖駕南巡日錄》等,已著錄。

陸深生平所撰劄記,其子楫彙刊爲《儼山外集》,《科場條貫》即其中卷二二。《四庫全書總目》政書類存目有是書提要,評曰"於前後損益之制,臚列頗詳",《書目答問》亦有著錄,列於《雜史類·掌故》之屬。本書記載要言不煩，尤於明洪武至嘉靖間科舉條式，多所留意，頗有史料可采，如所記“洪武三年庚戌始開科取士，士之就試者一百三十三人，中式者七十二人，主試則御史中丞劉基、治書侍御史秦裕伯，同考則翰林侍讀學士詹同弘、文館學士睆稼、起居註樂韶鳳、尚寶丞吳潛、國史宋濂，而序出於濂”，歷史掌故，臚列明晰；又云“洪武十七年始頒行《科舉定式》，三年大比，各次年會試，鄉舉猶未限名也，吏胥不許應試則在四年之詔”。諸如此類，於明代科舉研究，足資參考。

此本據復旦大學圖書館藏明嘉靖二十四年陸楫刻《儼山外集》本影印。（田君）

辟雍紀事十五卷辟雍考一卷辟雍紀事原始一卷辟雍軼事一卷附錄一卷　（明）盧上銘（明）馮士驊撰（第 828 册）

盧上銘，生卒不詳，字爾新，廣州府東莞（今廣東東莞）人。崇禎年間，官南京國子監典簿。傳略見《四庫全書總目》卷八三政書類存目《辟雍紀事》提要及《廣東通志》卷三七。

馮士驊，生卒不詳，字仲先，吳縣（今江蘇吳縣）人，崇禎八年（1635）進士。更著有《春秋三發》等。事略見《江南通志》卷一二三及談遷《棗林雜俎・聖集》。

《辟雍紀事》記事自洪武元年訖崇禎十年（1637），記載明代太學掌故，撰者曾任職明南京國子監，故所述詳於南監，而北監亦附見焉。是編依年記事，於教育之規，激勵之典，敘列故實，條貫繫聯；所涉人物，大抵略注生平，唯於祭酒、司業等主要官員，敘述詳備。其間制度原委，纖悉具載，多有史料可采。例如洪武二十九年（1396）三月，云“祭酒胡季安坐胡惟庸黨得罪免，命學正吳啟署祭酒，博士楊淞署司業。上以‘師嚴則道尊，道尊則德立’，特召二人諭勉之”，此年“四月，署監事吳啟以六堂師生不分優劣，無以激勸，請上

命禮部會同翰林院詣國子監，考試甄別高下，送吏部以次擢用。上命魏國公徐輝祖監之，得士鐵鉉等（鉉後死靖難）”。此等記載，於國子監制度研究頗爲重要，值得關注。本書卷首有《辟雍考》一卷，就官秩、職掌、創修、錢穀四者，考證太學制度沿革；《辟雍紀事原始》一卷，蓋明國子監初爲國子學，此篇所述自甲辰至丁未，即朱元璋即吳王位，至建元洪武稱帝以前四年有關國子學之史實，而《辟雍紀事》始於洪武元年，接續其後，故此卷題名“原始”，以明國子監之所繇昉。書後《辟雍軼事》一卷，録無可繫年者，補《紀事》之所遺，又《附錄》一卷，收録《名賢雜詠》、馮士驊所撰《紀盛典》、盧上銘所撰《文廟重修頌》，係與正編相關之資料，可供參考。全書體例賅備，明代國子監歷史大備於此。

此本據南京圖書館藏明崇禎刻本影印。（田君）

皇明貢舉考九卷　（明）張朝瑞撰（第 828 册）

張朝瑞，有《忠節録》，已著録。

是書繫年條貫，彙考明代科舉之制。卷首有《貢舉紀略》，登載“三試皆元”、“會元登狀元”、“解元登狀元”、“解元中會元”諸名録，以及狀元年老、年少之屬，體例類説部，内容近掌故，可備觀覽。正文第一卷，於有明科舉沿革之故，分類纂録，言之頗詳，然雜引諸儒之論，亦不免蕪雜處，如引桂有三種，紅爲狀元，黃爲榜眼，白爲探花，以證三鼎甲名稱所自起，不可爲據。卷二至卷九，起洪武三年庚戌（1370），迄萬曆十一年癸未（1583），刊載歷科三試諸榜，殿試之榜全録，會試之榜摘録前五，鄉試之榜惟録各省第一，又彙録會試考官、試題及所刻程文之目，備列有明一代試題，諸經出題情況，至爲詳悉，可資考證。例如試題詳略，舉《春秋》經文命題略甚，如“盟密”、“夾谷”之類，不具首尾，而其他諸經，皆具首尾。蓋明代舉業於《春秋》，

惟主發揮胡安國之《春秋傳》,如《四庫全書總目提要·春秋大全》條所云"有明二百餘年,雖以經文命題,實以《傳》(按胡安國《傳》)文立義",是以《春秋》雖名列學官,實以胡傳當經文,而其他諸經命題猶主經文,故不同如此。要之,本書纂輯科場史料,條理清晰,於名姓籍貫之異同,考證詳覈,於明代科舉研究,足資參考。

此本據北京大學圖書館藏明萬曆刊本影印。(田君)

欽定學政全書八十卷　(清) 素爾訥等撰
(第 828 冊)

素爾訥,生卒不詳,清乾隆朝大臣,據《清史稿·高宗本紀》所載,歷任中央諸部長官,乾隆三十四年(1769)任刑部尚書,三十五年調戶部尚書,三十六年官理藩院尚書,《清史稿·藝文志》政書類銓選科舉之屬著録"《學政全書》八十卷,乾隆三十九年素爾納等奉敕撰",是年素爾訥任理藩院尚書、署理禮部尚書。

是書編於清乾隆朝,由禮部主持清理,起順治元年迄乾隆中期,以相關諭旨檔案爲依據,兼及臣工條陳之有關學校者,繫年彙編,次第纂修而成,頒發全國,一體遵照。取材以行政檔案爲主,俱按門編入,共成八十卷,裝爲六函,進呈乾隆御覽,欽定發下,是以題名《欽定學政全書》。卷首所録奏疏,論及纂修事宜,云禮部另繕副本,移送武英殿刊刻印刷,交部頒發,直省一體遵照,其未經刊發以前,如有欽奉諭旨暨臣工條奏應行載入者,仍隨時添輯云云,則其內容乃文件彙編性質。多有史料可采,如述清代承襲奉祀制度之弊,康熙二十五年議准,聖賢嫡裔有充奉祀生者,仍給衣頂,確開名數報部。雍正二年議准,先賢有祠宇處,查明嫡裔,給與印照,爲奉祀生。但事久弊生,無論有無祠宇、是否賢裔,稱係同姓,即給印照,各省督撫及衍聖公並不將奉祀生名數報部,致有假造印照,冒濫充補等弊行。令衍聖公會同山東巡撫、學臣覈實查明。其各省奉祀生,令該督撫、學臣通行嚴查云云,又云"乾隆五年又議准,奉祀生事故出缺,將從前原頒部照繳銷,以杜假冒"云云。所述繫年以陳,眉目清晰,政策沿革,頗爲詳悉。他如學宮事宜、學校條規、采訪遺書、頒發書籍、崇尚實學、書坊禁例、學政事宜、考試事例、諸省學額等,均涉及清乾隆中期以前教育制度、文化政策等諸多方面,研究者可依類循年,便於查考,足資采獲。

此本據遼寧省圖書館藏清乾隆三十九年武英殿刻本影印。(田君)

登科記考三十卷　(清) 徐松撰 (第 829 冊)

徐松,有《漢書西域傳補注》等,已著録。

《清史稿·藝文志》著録"《登科記考》三十卷,徐松撰",而《清史稿·文苑列傳》徐氏本傳則稱爲"《唐登科記考》",名雖異而實爲一書。唐代有進士題名録,略記同榜者之姓名、郡望、年齡、行第等。歷科進士題名漸夥,後人據以整理擴充,撰集《登科記》,且由私撰到官修,爲彙録科第之專書。唐五代《登科記》至宋代已殘缺,樂史、洪适所補作後亦亡佚。清代惟馬端臨《文獻通考·選舉二》尚存唐《登科記》總目,徐松以此爲綱領,廣討博蒐,纂輯科舉文獻,詳加考訂,成《登科記考》三十卷。前二十四卷爲唐代,卷二十五、二十六爲五代,卷二十七録登第年代失考者,卷二十八至三十爲"別録",彙集散見資料。以所輯主體乃唐代科第,是以名《唐登科記考》。

是書取材宏富,據《舊唐書》、《新唐書》、《唐會要》、《文苑英華》、《冊府元龜》、《玉海》、《太平廣記》、《永樂大典》及唐宋以來文集、筆記、詩話、方志,掇取科舉掌故附注其下,乃至登科之試文亦皆輯佚附載。唐人登科記本不載明經科,而是書於明經之可考者亦繫年補入。資料詳贍,考證精闢,如開元二年進士科,徐松引據《永樂大典》"賦"字韻,按曰"雜文之用賦,初無定韻,用八韻自此年始",又開元五年博學宏辭科,松云"博學宏辭置於開元十九年,則此猶制科也"。李慈銘《越縵堂讀書記》評曰"體例秩然,考據精博",不啻唐五代之科舉史料編年,且唐代以科舉取士,歷史人物多科舉出身,可藉此考究其生平。本書亦有疏漏,近人岑仲勉有《登科記考訂補》(載《歷史語言研究所集刊》第十一本)。後世出土唐代墓誌,爲徐松所未見,可資參正。

此本據上海辭書出版社圖書館藏清光緒十四年《南菁書院叢書》本影印。(田君)

制義科瑣記四卷　(清) 李調元撰 (第829冊)

李調元(1734—1803),字羹堂,號雨村、童山蠢翁,羅江(今屬四川德陽)人。乾隆二十八年(1763)進士,歷任廣東提學使、吏部通永兵備道等,因得罪權相和珅而遣戍伊犁,後返鄉治學著述。著有《童山全集》,含詩話、詞話、曲話、劇話、賦話五十餘種。《(嘉慶)四川通志》卷一五四、《清史列傳》卷七二有傳。

制義亦稱制藝,即八股文,《明史·選舉志》云"其文略仿宋經義,然代古人語氣爲之,體用排偶,謂之八股,通謂之制義"。姚華《論文後編》述其來歷:"熙寧中,王安石創立經義,以爲取士之格。明復仿之,更變其式,不惟陳義,並尚代言,體用排偶,謂之八比,通稱制藝。"李調元《自序》曰"我朝承前明之法,以八股選士,則其盛又前古所未有者",是書題名"制義科",乃明清舉業之謂也。其間掌故,雜載於高文典冊、稗官野史,文人學士多喜談而樂道之,調元於誦讀之餘,隨見摘抄,自明洪武開科以至乾隆年間,共得百十條,勒成一書,足備觀覽。本書之體例,以專題敘列,詳其始末,內容涉及科舉制度,

如《制義開科之始》、《初設科舉條格記》、《頒行科舉成式》、《狀元坊》等,兼采科舉特例,如《洪武罷會試》、《三加禮》、《不名》等,多記趣聞軼事,如《兄弟鼎甲》、《典史中狀元》、《詔許歸娶》、《賜錠》、《梓潼帝君》等。所記又多一時樂道之事,例如《傳鼓》條,云"魏允中爲諸生,副使王世貞大器之,歲鄉試,世貞戒門吏曰'非魏允中解元,無伐鼓以傳也',榜發果然",又《啞子》條,載"徐相國元文赴試金陵,一船家啞子忽迎曰'狀元來矣',後魁天下,造一船與之,俾溫飽終身。"此類雖非盡爲可據,然零金碎玉,亦屬不少,可資博聞。

此本據北京大學圖書館藏清乾隆李氏萬卷樓刻《函海》本影印。(田君)

欽定科場條例六十卷首一卷　(清) 杜受田等修 (清) 英匯等纂 (第829—830冊)

杜受田(1788—1852),字芝農,濱州(今山東濱州市)人。道光三年(1823)進士,選庶吉士,授編修,直上書房,授文宗讀書十餘年。咸豐即位後,以帝師身份,官至禮部尚書、協辦大學士,咸豐二年(1852)赴山東、江蘇賑災,卒於途,追贈太師、大學士,諡文正。因管理禮部事務,領修《科場條例》。《清史稿》有傳。

英匯,生卒不詳,據卷首署名,時任禮部儀制司幫辦掌印郎中,署禮部主客司掌印、記名御史,爲本書總纂兼纂修官。

清代之科場條規,承繼前代經驗,益發纖密,《大清會典》、《欽定禮部則例》皆有記述,而以《欽定科場條例》最爲詳盡,條例十年增修一次,旨在爲科舉行政、防弊事宜,提供法理依據。此書完成於咸豐二年,見科舉制度登峰造極之餘暉,處晚清科舉廢弛衰亡之前夕,其體例完備,規則綿密,可謂集歷代科舉法規之大成。卷首一卷,載進呈奏疏,正文六十卷,規範科舉考試之政策細節。卷首奏

疏云"臣部(指禮部)所纂《科場條例》,悉載考試事宜,每逢會試,頒發知貢舉及主考等官;鄉試頒發各直省監臨、布政使暨典試各員:以示遵循,所關綦重",其内容涵蓋"現行事例"、"例案"、"駁案"及"舊例",相關之法規,條分縷析,便於官員查閱,援例處理。例如本書第三十六卷之"編列坐號",首敘現行事例,"先查明號座若干,再將號戳照號座數目點明,通行攪攬,交四所官分手戳印,監臨、知貢舉、監試、提調,眼同防範,不得假手吏胥,致滋買囑聯號之弊"云云,所附載舊例爲嘉慶十八年,"各省駐防生監,於本省鄉試編列旗字號,另額取中。於入場時,照依順天鄉試之例,另編坐號,毋令與民籍士子互相攪混",又附載駁案,雍正六年有生員陳埠奏稱"官生不宜另入號房考試"等語,駁稱"若將官生編入民號,則官卷、民卷額數彼此不相妨礙,恐有不肖舉子希圖結交搢紳,或暗中受賄,反滋前倩作代筆之弊,應將所奏'官生編入民號'之處毋庸議"。諸如此類,悉載沿革因由,至爲詳細,於考試制度之研究,提供大量案例,頗具史料價值。

此本據南京圖書館藏清咸豐二年刻本影印。(田君)

增補貢舉考略五卷首一卷　(清)黃崇蘭撰(清)趙學曾續撰(第830—831册)

黃崇蘭,生卒不詳,懷寧(今安徽懷寧)人。曾任寧國府涇縣學官。更有《明貢舉考略》等。事略見法式善《陶盧雜録》卷三。

是書前兩卷爲《明貢舉考略》,後三卷爲《國朝貢舉考略》,各有卷首一卷,列舉三試皆元者,會元登狀元、榜眼、探花、傳臚者,解元登會元、狀元、榜眼、探花、傳臚者,狀元、會元官一品者等等,體例類説部,内容近掌故,頗似《皇明貢舉考》卷首之《貢舉紀略》,可備觀覽。正文爲簿録之體,開列表格,依類相

從,《明貢舉考略》取《明史》之《選舉志》、陸深之《科場條貫》、張朝瑞之《皇明貢舉考》以及《隆萬十八科進士履歷考》,以次彙編,參互校訂而輯成;《國朝貢舉考略》則輯清鄉試、會試題名録,復取《清秘述聞》、《槐庭載筆》諸刻校兑,自補所闕以成。崇蘭《弁言》之題署爲"嘉慶癸亥十二月望日",則是書初成於嘉慶八年(1803),而考諸内容,述及道光二十七年(1847)丁未,則其後續資料,蓋爲趙學曾所續撰。又據卷首題簽,爲"道光甲辰"重鐫,即道光二十四年,則二十四年迄二十七年之部分,當屬書板刻成之後,另行續板增刊,匯入印刷而總成一書。又正文之中,屢見批改之處,其爲學曾所補,抑或爲後人之讀書筆記,尚待考定。本書記載簡略,繫年條貫,依省類分。因試録另有專書,故正文於典試官僅録其籍貫、官階,中式者惟録舉首一人,簡記試題,餘皆從略,是以未免遺漏,然按表格形式,以年份、地區彙纂科舉史料,眉目清晰,易於檢索,可與試録之詳載,參互查考。

此本據國家圖書館藏清道光雙桂齋刊本影印。(田君)

改設學堂私議一卷勸設學綴言一卷　(清)劉光蕡撰(第831册)

劉光蕡(1843—1903),字焕唐,號古愚,咸陽(今陝西咸陽)人。光緒元年(1875)舉人,試禮部不第,絶意仕途,主講涇陽、味經、崇實等書院,與康、梁等人有聯繫,主張變法圖強。更著有《煙霞草堂詩文集》。事跡見《清儒學案》卷一九一。

劉光蕡主講味經書院十二年,講求傳統學問,亦究時務、重西學、開新風,頗具維新意識,《改設學堂私議》即由康有爲題簽。本書可謂劉氏教育改革宣言,反映其改革主張,提出訂立新學制之建議,有云"縣設小學,經師一人、術師一人、武師一人,仍三老、嗇夫、游徼,或即以今儒學、教諭、訓導爲之。此三人

亦無論本縣外籍,合縣鄉學師延請,但必須高等學堂卒業者",“經師掌一縣禮俗教化,與士子講論經史聖賢道德、中外政治得失",“術師掌一縣財貨,農工商各業,倉庫收發、工匠營造各事",“武師掌一縣兵刑,刑名訟詞、團練、追捕、監獄等事",又另設經義、治事兩齋,鄉學之卒業者入經義齋,縣學之卒業者入治事齋。蓋光蕡認爲,學制規模已備於縣,以此爲基礎,府設中學,諸項事宜,亦類三師之制。觀其要旨,乃以學師兼治官府之事,係學以致用、以用促學之議,可見劉氏之維新與經世思想,乃從教育入手,以古訓載新義,拳拳之心,急於拯救國家頹勢。後附《勸設學綴言》,倡言天、地、物各變,所以啟人之懼心,使人人急爲學、急爲羣,以自求安全之本源,主張“今日設學於鄉,當朔望集鄉人,以外患提醒人心,使人人憂危恐懼,非急爲學、急爲羣不能生存斯世,則士吏兵農工無人不學,即無人不智不勇,合四萬萬人之智力以治生業而處斯世,何有貧弱之患而爲外人所欺侮哉",其旨在反駁設學無益論,以教育設學爲手段,望藉此改觀中國之氣象。綜觀《綴言》之思想,其以變求存、托古改制,與康、梁維新派頗相契合。

此本據上海辭書出版社圖書館藏民國九年思過齋刻《煙霞草堂遺書》本影印。(田君)

京師大學堂章程不分卷　梁啟超撰(第831冊)

梁啟超,有《戊戌政變記》,已著錄。

是書書内標名《欽定大學堂章程》,俗稱《京師大學堂章程》。是書未標撰者,學術界公認爲梁啟超撰,《飲冰室合集·集外文》(北京大學出版社2005年版)上册内所收《代總理衙門奏擬京師大學堂章程》即是,乃戊戌變法時梁氏爲總理衙門所擬。

是書不分卷,共分八章。首章爲《全學綱領》,標舉京師大學堂辦學宗旨爲“激發忠愛,開通智慧,振興實業",“造就通才",強調中外教育均以培養學生倫常道德之德育爲重,因此修身倫理一門較其他學科更爲重要,實爲培植人材之始基。二章説明辦學科目,分爲政治、文學、格致、農業、工藝、商務、醫術七大學科;政治科分政治學、法律學;文學科内分經學、史學、理學、諸子學、掌故學、詞章學、外國語言文字學七門;格致科則分爲六門:天文學、地質學、高等算學、化學、物理學、動植物學;工藝科又分爲八門:土木工學、機器工學、造船學、造兵器學、電氣工學、建築學、應用化學、采礦冶金學。由此可知當時大學教育之規模與内容。此後數章分論學生入學、學生出身、設官、聘用教習、堂規建置等事。是書爲近代中國最早之現代大學辦學章程,具有重要文獻價值。

此本據北京大學圖書館藏清光緒二十八年四川學務處刻本影印。(劉韶軍)

萬曆會計録四十三卷(存卷一至卷五、卷七至卷四十三)　(明)張學顏等撰(第831—833册)

張學顏(?—1598),字子愚,號心齋,肥鄉(今河北肥鄉)人。嘉靖三十二年(1553)進士,後任曲沃知縣、工科給事中、山西參議、右僉都御史、遼東巡撫、右副都御史、户部尚書,深得張居正倚重,奏納《清丈條例》,後爲兵部尚書。《明史》有傳。

嘉靖中,國力日衰,帑藏空虚,入不敷出。神宗即位後,張居正當國,整頓弊政,於簿書條例尤所究心。户部尚書王國光於萬曆四年(1576)二月編定《會計録》進呈,神宗下旨嘉獎,令户部再加訂證,繕寫進覽。以國光有病,事遂中止。至萬曆六年,户部尚書張學顏會同諸司訂正舊本,編修成帙,萬曆九年進呈,定名爲《萬曆會計録》。

是書四十三卷,第六卷已佚,存四十二卷。卷首爲張學顏、王國光進書表奏,卷一記舊額現額、歲入歲出總數,附十三司分理各省直田糧歲額。卷二至卷十六分列浙江、江西以至直隸等省田賦。卷十七至卷二十九記遼東、薊州以至固原等鎮餉額。卷三十至三十七分別記述內庫、光祿寺及宗藩祿糧供應數額,文武百官及營衛俸糧等。卷三十八至四十三記述屯田、鹽法、茶法、錢法、鈔船料商稅及雜課等。

是書編例,先考本部册籍,復求耆舊諸臣家藏,參互考訂;舊額新增,備述端委,類分款列,悉明數目。當時朝廷即以此爲復舊制、考舊額,充帑庾、足常用之依據,並用以防止吏胥舞文、豪强去籍諸弊病。及清順治十三年(1656),朝廷猶令各直省錢糧則例,俱照萬曆間爲準。秦漢間確立會計制度,唐代曾編訂國計簿,宋明兩代多次編纂會計録,至今大體完整留存者僅有萬曆及光緒兩朝所纂,而以萬曆録爲較詳。欲考求明萬曆至清初經濟史、財政史,當以此書爲重要文獻。

是書有萬曆九年刻本,民國二十二年由國立北平圖書館自山東購入,今即據此影印。(滑紅彬)

重訂賦役成規不分卷　(明) 熊尚文等撰 (第 833 册)

熊尚文(?—1825),字益中,豐城(今江西豐城)人。萬曆二十三年(1595)進士,後任汝寧府推官、福建提學、湖廣督學、工部右侍郎等,清介自持。更著有《蘭臺讀史日記》、《倭功始末》、《督撫楚臺奏議》等。《(道光)豐城縣志》卷一三有傳。

揚州當南北孔道,煩費視他郡爲甚。所行賦役舊有成規,相沿既久而生弊端,熊氏嘗檢泰州倉口銀一款,五千之數,供公家用者僅五之一。因遍核他州,汰去虛冒銀二萬有奇。遂與當時揚州府各官日夜磨勘,議革冗濫,凡虛數如倉口銀之類一切報罷,減免丁糧銀四萬餘,改去協濟銀一萬餘,請免節省銀六千

餘,裁剪雜辦銀三千餘,並將各州邑減存之數分款編輯,以成是書。

是書不分卷,前有萬曆四十三年熊尚文序,記述揚州府詳議各州縣賦役錢糧款目,何款當留存,何款當減免等。次爲揚州府錢糧總數統計及分解各項,次詳記各州縣錢糧數目,分原額總數、續增總數、減免總數、實徵總數以及稅糧、條鞭、雜項出辦等目,巨細不遺,於瞭解明代地方稅收有重要價值。

此本據北京大學圖書館藏明萬曆四十三年刻本影印。(李勤合)

蘇松歷代財賦考一卷請減蘇松浮糧疏稿一卷居官備覽一卷　(第 833 册)

不著撰人名氏,或謂作者爲周夢顔。周夢顔(1656—1739),字安士,一字思仁,號懷西居士,崑山(今江蘇崑山)人。諸生,更著有《陰騭文廣義》、《萬善先資集》、《欲海回狂》等。傳見《光緒崑新兩縣續修合志》及《清代七百名人傳》。周氏又有《蘇松財賦考圖説》,與本書内容基本一致,疑係本書所據以增訂之原本,有道光九年(1829)刊本。

明代江南蘇、松二郡賦稅最重,二郡之田爲天下八十五分之一,所出賦爲天下十三分之二。以元末張士誠曾盤踞此地,朱元璋建明,遂以蘇、松二郡租額爲官糧,作爲報復,後又有續增。清代江南賦稅承舊而未省減,江南官紳多倡減浮糧稅租,有顧炎武《蘇松二府田賦之重》、陸世儀《蘇松浮糧考》、蔣伊《蘇郡田賦議》、王聞炳《蘇松浮賦考》等十餘種,本書爲其中之一。是書考蘇、松兩郡歷朝賦額制度,查近代所加增,摘其大要,彙成一編。記述大禹以來歷朝賦額,詳述明代賦額以蘇、松爲尤重。清代賦額悉照萬曆初年,蘇、松浮糧依舊。雖順治十一年(1654)有豁免袁、瑞二府重稅、康熙元年(1662)豁免南昌府重稅等例,然蘇、松二郡如故。其他更有漕米加增、漕糧改折、白糧改折等,則康熙間蘇、松賦

額又重於順治初年。

是書前附《蘇松兩郡遥祝萬壽圖》,《請減
浮糧擬奏稿》及清代歷次蠲免袁、瑞等府浮
賦上諭,附康熙四年江蘇巡撫韓世琦等人奏
減蘇、松浮糧疏稿一卷,又附《居官備覽》一
卷,輯錄歷代故事數則,謂居官當爲國本計,
爲黎民輕徭減賦。是書於考察清初江南賦稅
詳情,可資參考。

是書有康熙刻本,國家圖書館、華東師範大
學圖書館有藏,皆有缺頁,華東師範大學圖書
館藏本所缺尤多。此本據國家圖書館藏本影
印。無錫市圖書館有榮德生藏本,爲足本。
（滑紅彬）

賦鏡録四卷明賦考二卷　（清）施端教輯
（第 834 册）

施端教(1603—1674),字匪莪,泗州(今安
徽泗縣)人。以貢生爲宣城訓導、范縣知縣、
東城兵馬司指揮。更著有《六書指南》、《唐
詩韻匯》、《嘯閣文集》等。傳見施閏章《學餘
堂文集》卷二〇《東城兵馬司指揮施君匪莪
先生墓誌銘》。

是書取歷代賦稅制度變化而縷述考辯,以
爲鏡鑑,故名"賦鏡録"。卷一記述堯、三代、
兩漢、魏、晉賦稅變化,卷二述唐以後賦稅變
化,卷三述宋、遼、金、元賦稅變化,卷四述明
朝賦稅政策變化,止於萬曆。全書先頂格書
寫各朝賦稅重要事項,次低格附記詳細資料,
間附己意,略爲評點。大意謂古時國家收取賦
稅,欲取天下之財供天下之用,非厲民以自養,
統治者損有餘以補不足,儲存財賦以待水旱大
災及緩急賑貸之用。輕徭減賦能富國安民,若
搜刮民脂民膏以滿足私欲,頭會箕斂,終致敗
亡。書後附《明賦考》上下卷,論明代賦稅諸
問題。書中引用王鏊《震澤長語》、霍韜《天戒
疏》、周忱《户口論》等書及政府文檔,論述明
代户部財賦總數及其財用出入原因、邊地米價
變化、黃册制度、一條鞭法等,是書以抄撮資料

爲主,間附論述,欲以史實爲鏡鑑,使人知其是
非,於研究古代賦稅變遷可資參考。

此本據中國人民大學圖書館藏清康熙嘯閣
刻本影印。（李勤合）

程賦統會十八卷首一卷　（清）劉斯樞輯
（第 834 册）

劉斯樞,生卒不詳,字魁若,南昌(今江西
南昌)人,更著有《諸藩類考》,其他事跡不
詳,見是書萬成蒼序。

是書前有劉氏同鄉萬成蒼康熙丁酉
(1717)序,稱劉氏治學重經濟賦稅之事,挾
所學游四方,當事者争相延禮,劉氏以會計經
濟之才入人幕府。是書蓋爲任職幕府時作,
以清初京師及十五行省爲綱,一百五十七郡
爲目,一千三百八十五州邑爲細目,記其程
途、土産、賦額,故名"程賦統會"。全書十八
卷,卷首爲各省輿圖,卷一至十六記京師及十
五行省程途、賦額,卷十七記九邊賦稅,卷十
八記朝鮮、日本、安南等國貢賦情况,雖通貢
之國,史册已著其名者均加采録。後附《諸
藩類考》,考述卷十八未能記録之外藩及内
地少數民族賦稅。是書搜羅廣泛,保存不少
珍貴史料,可見當日各地物産及經濟狀况。
乾隆四十六年(1781)兩江總督薩載奏禁毁
劉氏《諸藩類考》一書,謂其中《女直考》一篇
有違礙之處。是書卷十八收有《女直篇》,或
其《諸藩類考》已被禁毁,而《女直篇》賴是書
得以保存。

此本據清華大學圖書館藏清康熙刻本影
印。（李勤合）

錢穀視成二卷　（清）謝鳴篁撰（第 834 册）

謝鳴篁,生卒不詳,字筠初,號蒼筤居士,南
豐(今江西南豐)人。壯歲游吳中,精通會計
之學,入當時藩司幕府三十餘年。清張洽
《山居圖》有謝鳴篁跋,署"南豐謝鳴篁",鈐
印"鳴篁"、"筠初"。《南豐縣志》稱其著《蒼

篋存稿》、《續稿》。傳略見《（光緒）江西通志》卷一一一。

書前有謝氏乾隆五十三年（1788）自序，稱已將隱退，其子年猶未冠，爲子承父業，爰就所學及所經歷，舉其大要，編成是書。

是書記述徵收錢糧各種事項，分類編寫，釐爲二卷。上卷首設“律例”，律例刑名雖非錢穀內容，然亦不可不窺，不然隨處觸礙。次敘“款項”、“徵收”、“解支”、“奏銷”等目。“款項”之細目，碎繁不一，有本色、折色、正項、雜項等，其他細款節目難以悉舉。謝氏詳述“立簿”事項，備列各種簿式樣本。又稱“徵收”爲催科之政，宜寓撫字於其中。“解支”款項並徵收於民，百姓但知完銀、完米，不知所完爲何項之銀、何項之米，謂之“統徵”。及輸之於官，則需條分縷析，某款解某衙門，某項給某官某役，謂之“分解”。解款項分緩急先後，其中紛繁，全賴隨時登記，以免舛錯遺漏。丁田出離錢糧，應造奏銷。除漕項銀米歸糧道辦奏外，其餘地丁等項均歸藩司衙門奏銷。奏銷程式甚爲複雜，災年奏銷又有不同。又附各種冊式十五種。卷下敘“交代”、“災賑”、“詞訟”等項，又有“盤查存目”。“交代”指前後交接，“災賑”，則有官府所頒《災賑章程》，指導救災事宜，仍需隨時隨地，相機而行，謝氏將成災及未成災以前注意事項細細舉列，提出及早預防之策。又謂“詞訟”則以見解爲主，呈狀一到，要識得何處是僞，又要看出此事將來作何結局。此皆謝氏經驗之談，據以可知當時官府徵收賦稅諸種細節以及與法律、詞訟、救災相關之事。是書又爲教子而作，故編例有類教科書，誠爲瞭解古代錢糧徵收制度之重要資料。

此本據湖北省圖書館藏清抄本影印。（李勤合）

錢穀金針二卷　（第 834 冊）

是書不著撰人姓名，封面題琴生氏手抄，據是書內容，知作者爲乾隆間人，曾爲江西藩司幕僚，專管錢穀徵收。

分上下兩卷，詳細記錄徵收錢穀注意事項，作者蓋爲當時江西藩司幕府師爺。前有目錄，有缺漏。卷上以論爲主，首論《錢穀入門》，謂起解宜知緩急，支給宜知扣缺，徵册宜查核清楚，比簿宜立法分限，徵收解給宜分別立簿等等。其後分《交代論》、《除弊論》、《交盤論》、《奏銷論》，分別論述前後任之間交代事宜，清楚錢糧徵收種種弊端方法，交代盤查方法，奏銷錢糧注意事項等等。如“除弊”一項，即有查核徵册除弊法、拆封除弊法、散給兵米除弊法、盤收倉穀除弊法、接收倉廠除弊法、杜絕鼠雀除弊法、查算孤貧口糧除弊法、查算站夫工食除弊法、會點錢漕經承除弊法等等，極其詳細。卷下以錢糧徵收款目爲主，記有《漕糧徵收款目》、《江西省漕糧事宜》、《倉穀款目》、《皇木毛竹》、《城工》、《住俸降俸分別扣解款目》、《降級降職扣解銀數》、《支扣俸銀數目》、《支扣養廉銀款目》等等。

是書記載詳實，頗便當時幕府錢穀徵收人員操作，亦爲今日留下珍貴經濟史料，從中可見當時賦稅情況，亦可考見當時官員俸禄制度。如新喻縣令鮑某乾隆三十八年（1773）十一月調署龍泉縣令，旋調德化，三十九年四月批准，但至四十年尚未到任，而新任新喻縣令張某已於三十九年六月到任，其間俸禄、養廉發放頗爲複雜，最終斷定鮑某因未到任，只能食俸，未便食養廉銀。

此本據中國科學院圖書館藏清抄本影印。（李勤合）

兩浙南關榷事書不分卷　（明）楊時喬撰 （第 834 冊）

楊時喬（1531—1609），字宜遷，號止庵，上饒（今江西上饒）人。嘉靖四十四年（1565）進士，後爲工部主事、吏部員外郎、吏部左侍郎等。時吏部尚書李戴告退，楊時喬即署部事。卒後，詔贈吏部尚書。更著有《周易古今文全書》、《馬政記》等。《明史》有傳。

書前有隆慶元年（1567）楊氏自序，稱據舊志而補以新制參酌而成是書。分題建書、敕書、署書、宦書、役書、例書、單書、額書、貯書、牙書、估書、河船書、雜書、漕書，其中《建》、《署》、《宦》、《役》、《例》、《估》諸書俱從舊志，其他各書皆當時司關諸公酌行之制。又附議論與簡注，以考相關時間及其人用心。書前有《浙江省城抽分關廠總圖》，浙江省城各處收稅關口及相關設施。是書《建書》記稅商之法及其沿革；《敕書》記楊時喬相關奏疏及皇帝諭示，有嘉靖二年（1523）、四十四年及萬曆三十二年（1604）事；《署書》記相關廠署之事；《宦書》記相關職官設置及前後任職官員；《役書》記與賦稅有關差役之事；《例書》記相關法律及諸多案例；《單書》記徵稅具單以備稽察之事，如抽驗清單、各關報單等；《貯書》記稅銀驗收貯庫之事；《額書》記徵收諸物折銀數額；《牙書》記商業交易中間牙人之事，即交易中介人，如有上下二牙，後改買木中牙及賣木中牙等；《估書》記木材買賣各類材板估量制度及標準；《河船書》記收稅運貨相關河船制度；《雜書》記稅收關廠與府縣雜項事務；《漕書》則記所收物品漕運之事。引書有《榷吏志》、《關吏志》、《都水使者志》等，均爲罕見文獻，所記各項制度及其沿革，可資考見明代杭州關稅徵收詳情，於研究明代賦稅史頗有價值。

此本據國家圖書館藏明隆慶元年自刻本影印。（劉韶軍）

榷政紀略四卷奏疏一卷莅政八箴一卷
（明）堵胤錫撰（第834冊）

堵胤錫（1601—1649），字錫君，又字仲緘，號牧遊，原爲宜興（今江蘇宜興）人，後寄籍無錫（今江蘇無錫）。崇禎十年（1637）進士，

後任長沙知府，南明隆武時任湖北巡撫，永曆時任兵部尚書。著有《堵文忠公集》。《明史》有傳。

宣德四年（1429），以鈔法不通，於各地設鈔關，命商人納鈔，當時有濟寧、徐州、淮安、揚州、上新河、滸墅、九江、臨清、北新諸鈔關。北新關位於杭州城北北新橋，當吳楚閩越之衝，崇禎十三年，胤錫主管北新鈔關，期間整頓稅務，因作《榷政紀略》紀其事。是書卷一《申禁令》，録胤錫任内所出到任日牌示、遊客關防示、書帖關防示、内衙關防示、禁鑽差示、任滿示、禁乞恩示等，意在令行禁止，革除弊政，禁止胥吏殘害客商。卷二《明貫制》，則因天啓、崇禎以來，北新關稅額屢增，較之初額，幾至四倍，乃奏請户部，將最初定額及歷年新增一併勒石，申明畫一，以杜奸胥。卷三《革長單》，録《禁革長單碑文》及《禁革長單》兩告示及《禁約城南牙脚告示》，以革長單之弊。卷四《祛包漏》，録《禁諭積包示》並《募格》、《禁諭長單人包稅示》、《諭牙人漏稅示》等，蓋欲祛除當時牙人包單、嚼商蠹課之弊。後附奚太沖、陳禹山、高方周、沈蘭亭、沈明吾等攬貨漏稅案。書後又附《奏疏》一卷，録其任内三疏。又有《莅政八箴》一卷，録其自箴八條，附廳堂匾對數則，皆以約己恤商爲意。

是書輯録胤錫主政北新鈔關時案牘，爲明末鈔關原始史料。如卷二所記明末鈔關迭經增稅數額及卷四所記當時包單漏稅諸案例，皆關稅史重要史料，頗可珍貴。

此本據國家圖書館藏明崇禎刻本影印。（李勤合）

常稅則例二卷 （第834冊）
是書不著撰人名氏。

目録稱"則例彙總"，凡兩卷，詳細記載清代福建省廈門、泉州、南臺、涵江等地海關日常貨物稅則。其中有綢緞紗羅錦、冠帽靴鞋

襪、珊瑚瑪瑙晶、金銀銅鐵錫、糖蜜乾果油、漆
器杉木樟料等名目,既有奢侈品,亦有被褥蚊
帳等日用品。各目之下按貨品羅列其厘金
數額。

是書可以詳細考見當時海關貿易稅則情
況,爲經濟史重要資料。如卷一記春綢每匹
稅四分,下又記廈門每匹爲兩分,泉州每匹亦
爲兩分,南臺則不同,執行優惠稅率,進口十
四以外每百匹折六十五匹,每匹兩分,十四以
內不折匹數,每匹一分六厘,出口不分內外,
每匹一律兩分。又如杉木徵稅,當時南臺九
折,廈門對折。今存世類似資料尚有國家圖
書館藏愛蓮書屋鈔本《閩海關常稅則例》。

此本據北京大學圖書館藏清雍正古香齋刻
本影印。(李勤合)

粵海關志三十卷　(清)　梁廷枏撰　(第
834—835 册)

梁廷枏,有《南漢書》等,已著録。

是書三十卷,分題皇朝聖訓、前代事實、口
岸、設官、稅則、奏課、經費、禁令、兵衛、貢
舶、市舶、行商、夷商、雜識等類,全面記述
廣東海關各種制度與史事。《皇朝聖訓》載
録順治六年(1648)至道光三年(1823)清代
釐革苛稅、整飭關務及通商惠民等類上諭。
《前代事實》考察海關歷史淵源與制度沿
革,追溯兩漢六朝通商之事,唐宋以來市舶
制度,直至清代設立海關。《口岸》記述粵
海關所屬各大小口岸分佈及方位,有正稅之
口三十一處,稽查之口二十二處,掛號之口
二十二處,按東、西、南三路羅列,並就其地
勢爲圖。《設官》簡述自唐至明有關設官制
度,而詳述清代粵海關職官制度,如監督職
責、制度、屬員設置、吏役配備等,後附《職
官表》,載自康熙二十四年(1685)至道光十
八年粵海關主要職官姓名和在任年月。
《稅則》包括事例、正稅、估值、各口稅貨、歷
年徵數、耗折、徵存撥解、歸公例等項内容,

其中所記各種貨物稅率、歷年徵稅數額都較
詳備,爲研究清代對外貿易的寶貴資料。
《奏課》記載粵海關内部管理制度,分考核
與報解,其宗旨在於加強責任,通過嚴出納、
重考核、察盈餘、催報解、稽遲緩,提高海關
管理效率,堵塞腐敗漏洞,避免稅銀流失。
《經費》主要介紹粵海關財政開支項目及數
額。《禁令》則記載清王朝海外貿易各種規
章制度。《兵衛》記載自内洋至黄埔航道必
經之處守備狀況。《貢舶》、《市舶》介紹來
華貿易國家,納貢船隻稱爲貢舶,貿易商船
則稱爲市舶。歸入貢舶管理之國有暹羅、荷
蘭、義大利、英吉利、琉球等國,歸入市舶管
理之國有美利堅、日本、俄羅斯、越南、吕宋
等國。《行商》載洋行商人,《夷商》則記録
外國商人。《雜識》搜録有關海外貿易之舊
聞異事,包括海中雜占、廣州潮、瓊州潮、崖
州潮、海中澳塔、東洋記、東南洋記、南洋
記、小西洋記和大西洋記等。

是書資料來源於官方檔案文獻,其中有大
量統計資料,如卷二十四載《歷年夷船來數
附表》,詳載乾隆十六年(1751)至道光十八
年間來粵商船數,計有五千二百六十六艘外
國商船來廣州貿易。是書爲中國古代第一部
海關專志,史料詳瞻,頗具價值。

此本據復旦大學圖書館藏清道光刻本影
印。(李勤合)

絲絹全書八卷　(明)　程任卿輯　(第 835 册)

程任卿,生卒不詳,婺源(今江西婺源)人,
諸生。萬曆六年(1578),以涉嫌倡議請徽州
府衆縣分攤歙縣絲絹事下獄,以謀反罪論,判
監候處決。幸得余懋學爲之辯冤,得以減刑
充軍,後更授把總,歸鄉。《(康熙)婺源縣
志》卷一〇有傳。

明初,江南徽州一帶土田賦稅,穀物稻麥之
外,又徵收絲絹,以折抵麥租之數,然徽州僅
歙縣鄉民承擔。隆慶間,歙縣帥嘉謨倡議理

應由徽州府所屬六縣分別攤派,得户部支持。萬曆五年,婺源縣因之民變,任卿由此獲罪,於死囚牢中,爲己辯冤,乃搜集自隆慶四年(1570)至萬曆七年間帥嘉謨倡議首呈、按院批文、會議帖文以及府按文移、告示檔、當時鄉官來往書信,彙集成書,分題金、石、絲、竹、匏、土、革、木八卷,於事件之原委始末,述其肯綮,以鳴不白之冤。所收皆當時原始文獻,可以考見明代賦税制度、審判制度及官民糾紛、吏治腐敗之詳情。

謝國楨謂是書無異明代徽州府衙門一批卷宗,與徽州房地契約均有史料保存價值;又謂程氏同帥嘉謨同爲申請六縣均攤絲絹者,此説則誤,蓋程氏爲婺源人,所倡正與帥氏相反。

謝國楨稱此書有萬曆七年稿本存世,藏人民日報社圖書館。此本據國家圖書館藏明萬曆刻本影印。(李勤合)

大元海運記二卷　(元)趙世延(元)揭傒斯等纂修(清)胡敬輯(第835册)

趙世延(1260—1336),字子敬,成都(今四川成都)人。祖輩爲雍古族人,居雲中以北,後遷居成都。先後任監察御史、四川肅政廉訪使、參知政事、集賢大學士、奎章閣大學士、中書平章政事等,於軍國利病、生民休戚,知無不言,曾校定律令,彙次《風憲宏綱》。《元史》有傳。

揭傒斯(1274—1344),字曼碩,號貞文,富州(今江西豐城)人。延祐初年由布衣薦授翰林國史院編修官、應奉翰林文字、知制誥,曾任總裁官以修遼、金、宋三史。《遼史》成後,以疾卒於史館。有《揭文安公集》。《元史》有傳。

胡敬(1769—1845),字以莊,號書農,仁和(治今浙江杭州)人。嘉慶十年(1805)進士,後爲翰林院侍講學士。嘗預修《秘殿珠林》、《石渠寶笈》,輯《國朝院畫録》,又任《全唐文》、《治河方略》、《明鑑》總纂官。著有《崇雅堂詩鈔》。《清史列傳》卷七三有傳。

至順元年(1330),詔世延、傒斯等纂修《皇朝經世大典》,《大元海運記》即其中之一。《皇朝經世大典》已失傳,《大元海運記》由胡敬自《永樂大典》輯出。是書上卷分年紀事,收録有關海運漕糧案牘文件。下卷分類紀事,分題《歲運漕糧數目》、《江南及南北倉鼠耗則例》、《海運水脚價鈔》、《海漕水程》、《航道設標》、《潮汛氣象》等。其中《海漕水程》記至元十九年(1282)、二十九年、三十年等年海運航行路線及變化,有以見當時已掌握季風變化及南太平洋西部黑潮暖流,又記載當時航海設置導航設備等,如在長江中沙淺聚集處,專設號船停泊,豎立旗纓,指領糧船出淺;直沽海河口海岸上,則於龍山廟前築起高堆,設立標望,晝懸布幡,夜掛火燈,指引糧船進港等。是書詳録崑山太倉劉家港至天津直沽航線,並歷年運糧數字、耗損石數,又記船隊番號船名及各年所用船數,如至順元年,全國用船一千八百隻,自劉家港所運即六百一十三隻,占全國糧船數三分之一强。又記元仁宗延祐元年(1314)自劉家港開出官民運糧船隻一天最多者達一千六百五十三艘。又記當時所用海船有遮洋船、鑽風船等,並指南針使用等事;又載元代海運制度,如至元二十一年,實行"官本船"法,至元三十年頒布《市舶則法》,故由是書可考見元代海運制度變遷。

此本據南京圖書館藏清抄本影印,爲丹鉛精舍勞氏咸豐元年鈔自胡書農輯本。又有恬養齋羅氏鈔本、羅振玉《雪堂叢刻》刻本等。(李勤合)

漕河圖志八卷　(明)王瓊撰(第835册)

王瓊,有《晉溪本兵敷奏》,已著録。

明朝財政仰依東南富庶之地,明成祖遷都北京後,承元代海運之制,轉輸江南糧餉。永樂九年(1411),朝廷疏浚舊渠,貫通通州至揚州三千里運河,廢海運而用漕運。漕河縱貫南北,跨越數省,其間涉及水道分合、泉流衆寡、陂塘大小、閘堰廢置及管理制度、維護準則諸多事務,難以徧覽盡知。故成化間王恕總理河防,曾整理典籍公牘,編成《漕河通志》。至王瓊督管漕運,乃因王恕舊志而增損之,於弘治九年(1496)編成是書。

是書卷前有王氏自序,卷一有《漕河圖》,於河道、城邑、湖泊、港口、閘堰一一標明,則三千里運河概況可一目了然。次述明代漕河建置經過及大通橋河、白河、衛河、黃河、汶河、泗河、沂河、沁河諸河源委,又次紀錄漕河所經郡縣及堤岸分界、支流閘堰湖陂名數等。後載諸河考論,考究諸河古今變遷形勢及修治難易等事。又載漕河夫役之數、經用之費、禁戒條例、水程遠近、職制損益等,又輯錄奏議十篇,取其已施行者以備參考,未施行者以備采用。其後又錄碑記四十六篇,其中所紀鑿渠築防、建閘置堰本末及水之利害等,足以參互考求諸河水勢及歷代治法。又載詩賦四十一篇,以吟詠之間可以考見諸河形勢,故錄以備參。末載漕運糧數、漕運官軍船隻數、運糧加耗則例、運糧官軍行糧及賞賜諸事,卷末有何宗理跋語。

王恕《漕河通志》已佚,故是書爲現存最早運河專志。王瓊治理漕河三年,參照舊志,又經實地勘查,編制圖志。凡河道閘座、漕舟水材費用,皆考稽畫一,著入漕志。於漕河古今變遷、修治經費、漕運糧數與官軍行糧及歷朝漕河奏議、碑記等無不備載,可正《明史・河渠志》等相關史料記載之誤。

《四庫全書總目》地理類存目錄浙江鄭大節家藏本,僅三卷,已非完書。此本據南京圖書館藏明弘治刻本影印,惟卷末何宗理跋有闕文,日本前田氏尊經閣藏閩中蔣氏三逕舊藏本,跋文完整。(滑紅彬)

漕運通志十卷　(明)謝純撰　(第836冊)

謝純,生卒不詳,字梅岐,甌寧(今福建建

甌)人。正德二年(1507)舉人,嘉靖十一年(1532)出任海州知州,清介敢爲,後棄官歸。《(康熙)建寧府志》卷三四有傳。

明武宗末年,北勞邊士,南平宸濠之亂,國事紛紜,差催煩擾,漕政因而大壞,弊病百出。世宗即位後,即擇楊宏任漕運總兵,整飭漕運,數年間,革弊布新。漕運舊雖有志,然事變日異,楊宏病其未備,博采群書,旁徵案牘,考其始終,觀其會通,約於常典,編成《漕運通志》初稿。《明史・藝文志》有楊宏《漕運志》四卷,或即此稿。楊氏後又延請甌寧舉人謝純爲之增益潤色,博考古今沿革,成書九卷。後因《漕渠》文繁,分爲二卷,即爲是書。

是書卷一、卷二爲《漕渠表》,首有導言,簡述先秦以來治渠通漕大事。次爲《漕河圖》,繪製自揚州儀真至北京城漕河示意圖,後列表十一,記錄明代京杭運河及其相關河湖、泉洪、閘壩、淺灘變遷及現狀,兼記相關陸路情況。卷三爲《漕職表》,簡敘先秦以來漕運職官設置,後列文職《尚書、都御史、主事表》,武職《總兵、副參、把總表》,《運河沿線府、州、縣、閘官表》三表,又附《都察院、户部分司、刑部分司、工部分司表》及《總兵府、提舉司表》兩公署表。卷四爲《漕卒表》,下設《南京二總》、《湖廣總》、《江西總》、《浙江總》、《中都總》、《江北二總》、《江南二總》、《山東總》、《遮洋總》九表,詳錄各總運糧衛所名稱、官弁額數、運糧旗軍數、漕船數、運糧數以及運糧衛所增損情況。卷五爲《漕船表》,記錄各總、各都司造船地點、船數、船料、船式以及場地設施、軍餘辦料銀、人匠工食銀等事項。卷六爲《漕倉表》,記錄北京、通州各倉以及淮安、徐州、臨清、德州四倉位置、建設年代、倉廒數量。卷七爲《漕數表》,設《歲數》、《派數》、《運數》諸表,記述各典型年份漕運糧數,各省份漕糧加耗比例及運送漕糧定額。卷八爲《漕例略》,記述永樂元年(1403)至嘉靖十五年(1536)間漕運政策演變。卷九爲

《漕議略》,記述西漢以來歷代名臣所論有關之事。卷十爲《漕文略》,輯録宋元明三朝關於通運、通漕各類碑文序記七十一篇。是書設六表三略,以表格形式記述漕政有關内容,簡明扼要,一目了然。各類專表之前,簡要記述歷代沿革,縱横剖析,經緯相承,本末互見。《漕文略》輯文章七十餘篇,其中歐陽玄《河防記》等數篇,可補各家《文集》之缺。

此本據國家圖書館藏明嘉靖年間刻本影印。書前有嘉靖七年廖紀本、嘉靖九年唐龍序、嘉靖四年謝純序,知書成於嘉靖四年,刻於嘉靖九年。書中卷三、卷八載有嘉靖十五、十六年間事,卷八有嘉靖三十八年王廷奏疏,知此書迭經增補。(滑紅彬)

欽定户部漕運全書九十六卷　(清) 載齡等修 (清) 福趾等纂 (第836—838册)

載齡(？—1883),愛新覺羅氏,字鶴峰,滿洲鑲藍旗人。道光二十一年(1841)進士,後爲内閣學士、光禄寺卿、都察院副都御史、工部左侍郎、都察院左都御史、兵部尚書、吏部尚書、協辦大學士、體仁閣大學士等。《清史稿》有傳。

福趾,生卒不詳,據是書卷首所載纂修人員銜名,知其光緒元年(1875)任户部雲南司主事。時户部奏准設"漕運全書館",被選調爲總纂官,後升户部員外郎,因光緒八年雲南軍費報銷案遭削職發配。事見朱壽朋《光緒朝東華録》光緒九年五月條。

雍正十二年(1734),御史夏之芳奏請纂修《漕運全書》,以後每十年續修一次。嘉慶十七年(1812),御史倪琇以《漕運全書》祇有鈔本,恐訛誤衆多,奏請刊印。户部以嘉慶十六年前例案增補後刊行,道光二十四年(1844)再次增補刊行,至同治十三年(1874),三十餘年間《漕運全書》未經續修。光緒元年,户部奏請續纂《漕運全書》,以咸豐初年南漕停運,改爲海運,或河海兼行,章程互異,後又開

啓海運、江浙減賦、衛幇停歇等,尤須詳加酌定。乃選派雲南司熟悉漕務之滿漢司員充當纂修等官,將道光二十四年至同治十三年(1874)止諭旨及内外臣工條奏分門别類,逐案編次,詳細釐定,並令倉場侍郎、漕運總督各衙門將漕運外辦章程未經奏諮報送備案者,限期檢鈔成册,送交户部,於光緒二年彙輯成書。

是書首有光緒元年、二年户部奏摺,記述編纂過程,次列監修、與修、纂修、校對等官員名録。全書分題漕糧額徵、徵收事例、兑運事例、白糧事例、通漕運艘、督運職掌、選補官丁、官丁廩糧、貼費雜款、計屯起運、漕運河道、隨漕解款、京通糧儲、截撥事例、撥船事例、采買搭運、奏銷考成、挽運失防、通漕禁令、盤壩接運、海運事宜、規復河運、灌塘渡運等門,每門又分若干目,如《漕糧額徵》門下分《兑運額數》、《改徵折色》、《白糧額數》、《蠲緩陞除》、《改折抵兑》、《變通折徵》六目。是書雖係續修增訂之作,革新處亦不少,所列舊目十之八,添立新目十之二。同治年間永減江浙二省賦税,爲漕務變通大事,亦詳録其事。舊志所載《運河總考》,分析源流最爲簡明,而同治四年試辦河運以來,米船經行已改舊規,遂將運河原委重加考訂。是書意在存檔資治,輯録大量政府文書及檔案資料,於研究清代漕運可稱重要史料。

此本據中國科學院圖書館藏清光緒二年刻本影印。(滑紅彬)

海運續案六卷　(第838册)

是書不著撰人,據書中内容判斷,當係清廷户部編纂。

元明清三朝定都北京,江南賦税跨越三千餘里向北解運。元代用海運,明永樂間疏通舊渠,改海運爲漕運。清承明制,亦采用河運,設重臣管理漕務。由於河運耗費過大,黄河屢次決口淤阻河道,故有重啓海運之議。

道光六年（1826）初試海運，二十八年重開海運，又因青浦教案而中止。咸豐元年（1851）以運河淤塞，朝廷命諸臣討論漕運之事，最終定爲河海並運：蘇、松、常、太白糧海運，其餘仍爲河運。是書即咸豐初年討論及施行海運文獻彙編。

是書卷一、卷二收錄諭旨、奏章，收錄户部尚書孫瑞珍、江南道監察御史張祥晉、兩江總督陸建瀛、江蘇巡撫楊文定、浙江巡撫常大淳、山東巡撫劉源灝等官員於咸豐初年關於海運之奏章及御批，其中孫瑞珍、張祥晉、陸建瀛、楊文定等主張開通海運，浙江巡撫常大淳則稱難以試行海運。此外爲議定章程之奏章，參照先前海運成案制定《海運章程》十條，規定海運糧數、約束水手辦法、各省護送事宜等。卷三收錄本部諮文及接收咨呈，記錄户部關於海運組織及執行情况。卷四收錄差次劄咨，含有關海運差使等公文。卷五、卷六分别爲船册、米册，記載漕運船隻及糧數統計表，記述蘇州、松江、常州、鎮江、太倉四府一州各縣船隻及海運漕白二糧等細目。是書所載皆爲當時大臣討論海運奏章及官府諮文、海運檔案等，爲咸豐初年開啓海運原始資料，殊爲寶貴。

此本據北京大學圖書館藏清抄本影印，封面題咸豐壬子（1852）年，知於此年編成刊印。（滑紅彬）

河漕備考四卷歷代黄河指掌圖説一卷

（清）朱鋐撰（第838册）

朱鋐，生卒不詳，號墰廬，虞山（今江蘇常熟）人。據是書雍正三年（1725）朱氏自序，知爲康熙、雍正間士人，卷一《河漕總論》中又自稱以治河之説授學徒，則又或任教職。餘事不詳。

朱鋐雖非朝廷命官，然於漕運頗爲留心。漕河河道與黄河相交，清濁交會，多有淤塞潰决之患，漕船行駛極爲不便，至有傾覆之險。

明代以來黄河屢决，漕河亦因此而屢爲疏浚，頗改故道。康熙六次親閱河工，整頓漕運，成效甚著。朱鋐覽河道總督張鵬翮所進、己所收輯歷朝帝王治河上諭及臣工奏請纂修成書等疏，又讀治河諸臣所論治河方略，遂采輯舊聞，附以己意，編成是書，以期有裨於河工。是書首爲朱鋐自序，正文以專題考訂治河諸事。卷一首爲《河漕議》，論漕河宜分不宜合等治河至要事宜二十條；次爲《河漕總論》，謂不察天地大全、不明國家大計、不效古今大法、不具天下大慈、不懷天下大廉、不備天下大智者不可以治河，爲以下各論之總説；次爲《黄河考》等三篇，叙黄河源流及其要害之處；次爲《漕河考》等七篇，叙漕河里程遠近及水道夷險。卷二首爲《淮河考》等四篇，叙淮河源流里程及夷險；次爲《歷代河淮交會考》，記黄河歷次改道南侵與淮河交會之史實；次爲《歷代河决考》，録黄河歷次决口氾濫之時月郡邑。卷三首爲《歷代治河考》，録歷代治理黄河史實及治河經驗；次爲歷代漕運考，叙元明清三代漕運之事，明其因革便宜，以期盡善；次爲《河性考》、《河身考》、《地形考》，叙黄河之水文特徵。卷四爲《防守》、《塞决》、《各堤》、《各壩》、《閘工》、《治埽》、《挑濬》、《土方》、《石工》、《物料》諸考十篇，叙治河工程技術諸事宜；後附《歷代黄河指掌圖説》一卷，稱黄河變而無常，數千年來改道數百十次，故稽考史料，明黄河歷代變遷之跡，原有圖二十九幅，各有説明，叙黄河改道情形，唯圖已佚，僅録其説。

朱氏以爲黄河爲患已久，士大夫若非平素研習，一旦有事，必束手無措，故爲諸生講授治河之説。此書爬梳典籍，櫛比史料，《河性考》等三篇記録黄河水文資料，《防守考》等十篇輯録治河工程技術資料，皆有助於考訂當時治河情實。卷一《河漕議》，總結歷代治河得失成敗原因，集作二十條原則，誠爲古代治理黄河寶貴經驗，極具借鑒意義。

此本據國家圖書館藏清抄本影印。是書僅有此本,書中《黃河考》、《漕河考》題下所附細字小注及文中細字眉批旁批等,與正文字跡一致,則此本或爲著者稿本。(滑紅彬)

寶泉新牘二卷　(明)陳于廷輯(第838冊)

陳于廷(1566—1635),字孟諤,宜興(今江蘇宜興)人。萬曆二十三年(1595)進士,後爲光山、唐山、秀水三縣知縣,徵授御史。因上書論救給事中汪若霖、尚書王紀等人,得罪魏忠賢,斥爲民。崇禎時任南京左、右都御史,以上疏不合帝意,削籍歸家。更著有《定軒存稿》。《明史》有傳。

元惠宗至正十年(1350)置諸處寶泉都提舉司,掌管熔鑄錢幣,次年又於地方設置寶泉提舉司。朱元璋爲吳王時於應天府設立寶源局,鑄大中通寶,又於江西設寶泉局。稱帝後更於各省設寶泉局,鑄洪武通寶。明成祖遷都北京後,於北京設寶源局,隸工部。明熹宗天啓二年(1622)於户部設寶泉局,由户部右侍郎監領,後由户部錢法侍郎主管。陳氏天啓三年任户部右侍郎,據公牘載録若干而成是書,所收公牘皆當時户部有關鑄錢事務者,如户部協佐錢法山東清吏司員外郎鄒潘屢次呈報假錢氾濫,乃至鑄錢工匠偷工減料事,稱爐頭茅建、匠頭餘太、看火諸匠張應鰲等九人,通同作弊,偷工減料,謀取私利。又如當時户部官錢於錢背增加"户"字防僞,本貯藏於庫,以備邊餉急需,並未流通,不意民間先有户字錢,銖兩既輕,輪廓復窄,觸手立辨其假,有王明、張元德等人販賣此等假錢,可見民間私鑄、私貿盛行等等。卷中又開列天啓二年正月初七日開鑄起至四年正月十二日奏繳止,陸續解發過錢等數目,皆是當時經濟史第一手資料,至爲可寶。

此本據國家圖書館藏明天啓四年刻本影印,惟卷二有缺頁,最後一頁位置疑有錯亂。(李勤合)

歷代錢法備考八卷　(清)沈學詩撰(第838冊)

沈學詩,生卒不詳,據是書自序,知其字志言,仁和(治今浙江杭州)人,約生活於嘉慶前後。丁福保《歷代錢譜目録》卷二著録此書,亦未言及沈氏生平。

書前有沈氏嘉慶元年(1796)自序,謂錢之爲物,人所同好,而各朝錢幣,其象形、字文、體書、輕重等事則罕見考究。錢幣諸譜或簡略不詳,或缺失未備,又有重復及錯誤,於是詳加稽考校對,存是去非,正訛補闕,彙爲是書。所載以時代爲序,歷考各朝錢幣。卷一卷二記先秦古刀布品、刀幣及秦、漢、三國、晉代錢幣,卷三至卷六記南北朝、隋、唐、五代、宋代、遼、金、西夏、劉豫政權及元代錢幣,卷七記明代錢幣,卷八記外國錢幣及年代不明錢幣。以錢幣各由不同政權所鑄,故又以政權分類,以歷代正統朝代錢幣爲正品,篡權偏安之類爲僞品,同時並立政權爲附品。如王莽所鑄爲西漢僞品,蜀漢所鑄爲正品,魏、吳所鑄爲蜀漢附品,史思明所鑄爲唐僞品,十國所鑄爲五代僞品,遼、金、夏、劉豫所鑄爲宋僞品,徐壽輝、陳友諒、張士誠、韓林兒、明玉珍等所鑄爲元僞品,南明諸政權所鑄爲明附品,李自成、張獻忠、孫可望、吳三桂、吳世璠、耿精忠等所鑄爲明僞品等。是書詳考各錢時代、形制、大小、輕重、字文、書體等,先秦古刀布幣繪有圖形。卷一又有《總論》,敘述古今錢幣制度諸問題,如謂太昊氏以來即有錢,時謂之金,錢之名始見於《管子》、《國語》、《吕氏春秋》等書。泉之始蓋僅一品,周景王始爲二品,王莽改貨,至有十品。鐵錢自公孫述始。歷代之錢,或失之太重,或失之太輕,惟漢五銖錢與唐開元錢最爲折衷。書中旁徵博引,屢有精論,如卷三《隋附雜品》後論五銖錢起於漢孝武帝元狩元年(公元前122)而終於隋季,其間各政權所鑄五銖錢品種繁多。又如卷四總結錢稱元寶自唐高祖始,錢文稱泉寶自唐高宗始,錢文稱重寶自唐肅宗始。又稱開元錢終唐之世未嘗斷鑄,與後世改元便更鑄之制不同。卷五記宋太宗改元淳化,更鑄錢,自後每改元必更鑄,皆曰元寶而冠以年號,改元更鑄自宋太宗始。所引諸書如《文獻通考》、《古今考》、《周禮》、《名義考》、《華陽國志》、《群書考索》、《稗史類編》、《貴耳集》、《獨醒雜志》、《鐘官圖經》、《古金待問錄》等譜,皆於文中一一注明,頗便檢核。

　　本書據復旦大學圖書館藏清抄本影印。（李勤合）

錢幣芻言一卷續刻一卷再續一卷　（清）王鎏撰（第838冊）

　　王鎏（1786—1843）（鎏,一作鎏,今從此刻本）,原名仲鎏,字子兼、亮生,號荷盤山人,吳縣（治今江蘇蘇州）人。屢試不第,以幕僚爲生,後隱於書肆。更著有《鄉黨正義》、《四書地理考》、《堅舟園文集》等。張履《積石文稿》卷一七有《王君亮生傳》。

　　道光間,中國白銀外流,銀荒加劇,王氏乃撰此書論議鈔幣發行等事。全書分《錢鈔議》、《私擬錢鈔條目》、《先正名言》、《友朋贈答》四部。《錢鈔議》十篇,闡述王氏禁銀及發行紙鈔理論,謂三代以後必君足而後民足,猶父母富而子孫亦免於貧焉,欲足君莫如操錢幣之權。今欲操錢幣之權,必行鈔以收銀,使銀賤而不爲幣,行鈔以收銅,使銅多而廣鑄錢,則國用常足。主張發行紙幣,認爲紙幣爲理想貨幣,取之不盡,凡以他物爲幣皆有盡,惟鈔無盡。用鈔能除鴉片之禍,防止白銀外流,且僞鈔之禁易於假銀。《私擬錢鈔條目》,記王氏發行鈔幣具體措施,如鈔分七等,面額由一貫至千貫,交錢莊代爲發行,造鈔必特選佳紙,製作精良。鈔分省流通,攜至他省時由當地官局掉換當地鈔幣使用。稅收收鈔,唯一貫以下征錢。鑄錢分當百、當十、當一三等。用鈔倍價收民間銅器鑄錢,禁止

銅器買賣。又制定以鈔換銀之法,令錢莊憑鈔收銀,以一分之利給錢莊。此外,百姓在一年內交銀易鈔,給一分之利,二年,給五厘之利,百姓用鈔納稅,每鈔一貫作一貫一百文用。五年或十年後鈔法盛行,則禁銀爲幣,但銀可作爲商品買賣。許商人用鈔按半價向政府買銀,民間遺留藏銀亦按半價折賣。行鈔初官俸加一倍,本俸用銀,加俸用鈔,鈔法通行後官俸加數倍,一律用鈔。對外貿易祇許以貨易貨,或令外人以銀易鈔後再買貨。《先正名言》,爲王氏彙集歷代主張發鈔言論,以佐己說。《友朋贈答》,載王氏與包世臣、陸嵩等人往來討論本書信函。王氏書成後,繼續撰文闡發其鈔幣理論,上書當時朝中大臣,推薦己書,討論行鈔之法,收於是書《續刻》、《再續》中。是書總結歷代鈔法,紙幣發行措施設計嚴密,超越古人,是書甫出,便引發鴉片戰爭前後中國貨幣討論,爲當時貨幣研究重要理論著作。

　　是書初刊於道光十一年（1841）,名《鈔幣芻言》,有堅舟園刊本。後於十七年修訂,改名《錢幣芻言》,並附《錢幣芻言續刻》、《錢幣芻言再續》,有藝海堂刊本。此本據復旦大學圖書館藏清道光藝海堂刻本影印。（李勤合）

鈔幣論一卷　（清）許楣撰（第838冊）

　　許楣（1797—1870）,字金門,號辛木,海寧（今浙江海寧）人。道光十三年（1833）進士,後任户部主事,三年後告病回家,晚年講學於通州（今江蘇南通）敦善書院。更著有《真意齋文集》等。程晼《嘯雲軒文集》卷六有傳。

　　鴉片戰爭前後,英國等向中國大量輸入鴉片,導致中國銀荒,爲救其害,時論蜂起,如王鎏《錢幣芻言》,主張禁止白銀貨幣,發行紙鈔,大量印刷以搜羅財富,引發貨幣問題爭論。包世臣《安吳四種·再答王亮生書》、魏源《聖武記》於王氏主張皆有批駁,許氏《鈔幣論》即專爲批駁王說而作。

是書有《通論》八篇、《鈔利條論》十八篇、《造鈔條論》七篇、《行鈔條論》十八篇、《禁銅條論》二篇、《鑄大錢條論》一篇、《雜論》五篇,各就王氏所論逐條批駁。意謂紙鈔與金銀貨幣根本不同,天生五金,各有定品,銀不可代金,紙亦不可代錢。紙鈔不過是紙,若以紙取錢則爲良法,而以紙代錢則爲弊法。是書以爲貨幣須爲有價商品,貨幣與其他商品交換,須按彼此價值等價交換。金屬幣與紙幣有貴賤之分、實虛之別,兩者不能混同。王鎏以紙代錢,弊多利少,將驅銀出洋,錢莊虧空,民間藏銀悉化爲紙,物價波動等。又稱國家強勢,無限制發行紙鈔,實爲掠奪人民財富,故主張白銀爲最理想貨幣,當時所以銀貴錢賤,蓋以鴉片擾亂國内金融秩序,導致白銀外流。而王鎏之説更將驅銀出洋,加速外流。

此本據中國科學院圖書館藏清道光二十六年許氏古均閣刻本影印。前有道光二十六年許楗序,後有陳其泰跋。(李勤合)

古今鹺略九卷補古今鹺略九卷 (明) 汪砢玉撰 (第 839 册)

汪砢玉(1587—?),字玉水,號樂卿,自號樂閑外史,原爲徽州(治今安徽歙縣)人,後寄籍嘉興(今浙江嘉興)。崇禎中,任山東都轉運鹽使司判官,是書有汪氏自序,所署即此官銜。更著有《珊瑚網》等。

《四庫全書總目》卷八十四政書類存目有是書提要,稱是書前後兩編,後編爲補遺。皆分題生息、供用、職掌、會計、政令、利弊、法律、徵異、雜考九門。是書撰於明末財政匱乏之際,汪氏欲恢復漢代牢盆之制,由官府供給民衆煮鹽大鍋牢盆以製鹽,而由官府統一收購運輸而分銷。又載歷代製鹽及管制諸法,如宋代轉般法等。惟時勢已異,古時制度不可盡用於後世,故其意雖善而勢不可行。是書徵引務爲浩博,多據古典,亦多不切時勢。然是書搜羅歷代製鹽銷鹽制度及其沿革有關

資料,可資考證其中變遷,故仍具史料價值。

此本據國家圖書館藏清抄本影印。(劉韶軍)

鹽政志十卷 (明) 朱廷立等撰 (第 839 册)

朱廷立(?—1566),通山(今湖北通山)人。嘉靖二年(1523)進士,官至禮部侍郎,嘉靖八年(1529)任河南道監察御史,負責清理兩淮鹽政,得以查考古今鹽制興廢沿革,編成是書。更著有《兩崖集》等。其門人兵部尚書劉體乾撰有墓誌銘,《明一統志》卷五九有傳。

書前有明嘉靖八年唐龍序,稱朱氏清理兩淮鹽政,致力釐革,自警有九誡,修法有五事,戢奸有十五要,訓商有九令云云。是書按類搜集歷代資料,可考數千年鹽政變遷沿革。《四庫全書總目》卷八十四政書類存目有是書提要,稱是書分七門,門下各分子目,共三百九十四目,以所録制詔疏議每篇爲一目,故子目繁多。按《四庫》所據爲兩江總督采進本,未詳采進之本究爲何本。此本則爲明嘉靖間刻本,分題出産、建立、制度、制詔、疏議、評論、鹽官、禁約八類,較《四庫》存目本多出《評論》一類,此本第八類爲《禁約》,亦非《四庫》存目本所稱"禁令"。檢是書目録及内文,卷之八均爲《評論》,書前凡例亦言"録評論以俟取舍",知是書本有《評論》一類,共分八門。《四庫》存目提要又稱是書子目爲三百九十四,此本子目實爲二百九十八。因知此本與《四庫》所收本多有不同。是書據《兩淮運司志》《兩淮鹽法事宜》《兩淮條約》等八十餘種史料,輯述夏朝以來歷代鹽法制度,此本所分八類,類下又有細目,如《建立》類下又有"官制表"、"署治表";《制詔》類下有"漢弛山澤詔"、"罷鹽禁詔"、"寬福建鹽禁詔"、"兩淮折税詔"等目;《疏議》類下有"漢文學大夫議"、"包拯論陝西鹽法疏"、"曹弘禁私販疏"等,諸如此類,於歷代製鹽銷鹽制度記述極詳,頗具史料價值。《評論》類下又

有"呂祖謙論鹽法"、"朱廷立自警九誡"等目,於相關官員管理鹽政亦有詳細論議。

本書據浙江圖書館藏明嘉靖刻本影印。（劉韶軍）

鹺政全書二卷　（明）周昌晉撰（第839冊）

周昌晉,生卒不詳,字衷玄,鄞縣（今屬浙江寧波）人。萬曆四十一年（1613）進士,後爲巡按福建,風采凜然,貪墨之吏望風而去,有司膺薦者,例有餽金,悉推却不受,後居家數十年,灌園自給,品操甚高。雍正《福建通志》卷一九〇有傳。

書前有天啟七年（1627）巡按福建監察御史兼理鹽法明州周昌晉自序,稱福建鹽賦所入舊爲二萬九千餘,較淮鹽僅爲十五之一,較浙與粵亦僅爲三分之一,天啟時則加額一萬七千兩,故閩商不任其重,周氏上任以來則務求潔己惠商,通引完課,故撰是書布之章程,期有章可循,不誤其事云云。是書分上下卷,分題鹽敕、鹽律、鹽官、鹽署、鹽產、鹽課、鹽餉、鹽會、鹽運、鹽引、鹽丁、鹽限、鹽界、鹽倉、鹽船、鹽牙、鹽桶、鹽斤、鹽秤、鹽票、鹽捕、鹽籍、鹽禁、鹽疏、鹽議、鹽碑等類,依類輯入相關敕書、制度及有關職官、官署、章程、律例、產物、人工、設施、交易、工具之文字資料,故稱"鹽政全書",可資瞭解明代官府管理鹽政之詳情。

此本據國家圖書館藏明天啟七年活字印本影印。（劉韶軍）

河東鹽政彙纂六卷　（清）蘇昌臣輯（第839冊）

蘇昌臣,生卒不詳,襄平（今遼寧遼陽）人,屬漢軍正紅旗。蔭生,曾任潞安府同知、興化知府、山東提刑按察使、山西河東都轉運鹽使、江西督糧道等。《欽定八旗通志》卷二三七有傳。

是書前有康熙三十年（1691）戶部右侍郎前巡按山西督理河東鹽課監察御史徐誥武序,稱鹽官之設於河東尤重,十六年曾任此職,後有奉天蘇公涖兹土,涖事三載,編成是書,號曰彙纂鹽政始末及古今官司損益,條分縷析,詳述其事云云。又有康熙二十九年浙江道監察御史前巡視河東鹽政郝惟謙序,稱康熙二十七年冬奉命巡視,與蘇氏朝夕商榷,具疏條奏。其後蘇氏將數年來所講求而施於政者彙成一書,名爲《河東鹽政彙纂》,以明古今異宜、規制得失、利弊相因,參鏡前謨,以示後人云云。序後爲蘇昌臣康熙二十九年所定凡例六條。卷一先列《河東解池渠堰圖》,詳示河東各處鹽池,再分述解池、女鹽池、六小池、花馬池等鹽池沿革,又有按語條述蘇氏之論,並載錄歷代人物所撰相關文章奏疏及官府相關規制。卷二爲《運治》類,列庶政十二則,即星野、疆域、明禋、敷教、典禮、興賢、坊集、廨宇、武備、保釐、儲積、恤政等。卷三記禁垣、姚暹渠、諸堰五十條、近池山澤等,以述鹽政相關規制及鹽池附近堰渠山澤。卷四記述官司、師儒,有《河東鹽課監察御史年表》、《河東都轉運鹽使題名記》及河東儒學教授、訓導及考中進士、武榜中式、貢生等名單,又附錄明代呂柟《運司學進士題名記》等文。卷五分題引目、課目、商販、種治、掣放等目。卷六則題行銷幅員、運發道里、禁緝、令甲等目,記述河東鹽政相關事務及其制度。

此本據復旦大學圖書館藏清康熙刻本影印。（劉韶軍）

長蘆鹽法志二十卷援證十卷　（清）黃掌綸等撰（第840冊）

黃掌綸,生卒不詳,字展之,號吟川,閩縣（今屬福建福州）人,後入籍順天府。曾任國子監典簿、天津府學教授。更著有《吟川詩鈔》、《春倪草堂集》等。《津門詩鈔》卷二八有傳。

雍正二年（1724），長蘆巡鹽御史莽鵠纂修《長蘆鹽法志》十六卷，乾隆五十七年（1792），穆騰額重修，後因題請更正引式諸事，重修之事未竣其功。嘉慶十年（1805），珠隆阿復命官重修，纂輯成書。其編纂監定官爲直隸總督顏檢及巡視長蘆鹽政兼管天津鈔關副使珠隆阿，督修官爲索諾木札木楚，提調官爲長蘆天津分司運同莊士寬，纂修官則爲候選國子監典簿前署天津府學教授黄掌綸等人。

是書卷首爲題本、職名、凡例、總目。卷一、卷二爲《諭旨》，收録順治元年（1644）至嘉慶十年帝王關於鹽政之詔令。卷三、卷四爲《天章》，載録清代帝王所作有關長蘆鹽政之詩文碑銘聯額。卷五爲《盛典》，記録康熙、雍正、乾隆、嘉慶四帝巡幸、賞賜、垂恩長蘆之事。卷六爲《優恤》，記敘水旱災年朝廷減免長蘆商竈課額事宜。卷七爲《律令》，輯録《大清會典》所載鹽政條律及其他有關律令，分爲律例、考成、緝私三類。卷八爲《場竈》，以長蘆場竈丁户自有專册，此卷僅録地丁、户口、灘蕩、鍋鑊增減變遷及近年新開草蕩灘地。卷九、卷十爲《轉運》。卷十一、卷十二爲《賦課》。卷十三、卷十四爲《職官》，輯録長蘆鹽場生産、運輸、管理各環節相關資料，並附表於各類之後，如《引地》、《引額》、《掣配》、《鹽價》表，《直隸》、《河南》轉運二表，於歷任職官爵里姓氏，則立《職官》二表。卷十五、卷十六爲《奏疏》，專録有關敷陳利弊、調劑商竈等事宜之奏疏。卷十七爲《人物》，記録長蘆一地志行文學、潛德幽貞之士。卷十八爲《文藝》，輯録有關長蘆詩歌碑文。卷十九爲《營建》，記録長蘆鹽商捐建行宫等處建築。卷二十爲《圖識》，爲各鹽場、官署、書院之圖，圖後均附説明文字。其後爲《援證》十卷，分題歷代優恤、律令、場竈、轉運、賦課、職官考、職官傳、奏疏、人物、文藝、營建等，輯録清代之外歷代鹽法沿革，詳其因循創革。

是書《奏疏》、《人物》、《藝文》三門仍依舊志，以事增續，舊志《商政》、《竈籍》、《職官》、《宦蹟》各門合併爲《轉運》、《賦課》、《職官》。又新增《天章》、《盛典》、《優恤》、《營建》諸門，爲舊志所無。又載人物、藝文等，故是書頗似長蘆地方志，已超出鹽法範圍。

此本據天津圖書館藏清嘉慶十年刻本影印。（滑紅彬）

欽定重修兩浙鹽法志三十卷首二卷　（清）延豐纂修（第840—841册）

延豐，生卒不詳，據是書纂者銜名，時爲巡視兩浙鹽政兼管杭州織造事務，餘不詳。

是書實爲官修，總裁官爲浙江巡撫提督軍務兼理糧餉阮元、欽命巡視兩浙鹽政兼管杭州織造事務延豐，監修爲兩浙江南都轉鹽運使張映璣等人。總纂官爲方略館提調馮培、國史館纂修官潘庭筠，其他協修、分輯、校勘等官員多人。雍正六年（1728）浙江巡撫李衛兼管鹽政時修《兩浙鹽法志》，至嘉慶六年（1801），延豐以舊志纂修已有七十餘年，相關事務多有變化，遂奏請重修，並會同阮元等人設局纂修，嘉慶七年，由杭州書局刻版印行。

是書卷前爲奏摺、職名、總目、凡例，卷首《詔旨》録清代帝王關於鹽政詔令。卷一《疆域》，記録産鹽行鹽經界及路途歷程、關卡隘口等。卷二《圖説》，爲各鹽場、官署之圖，附文瀾閣、崇文書院、紫陽書院圖，每圖後附解説。卷三、卷四《課額》，記録各鹽場産鹽定額。卷五《引目》，條列正引、票引、餘引等條目。卷六、卷七《場竈》，詳載場竈情況。卷八《筶地》，記録筶鹽情況。卷九《掣驗》，記録官署掣鹽驗引諸事。卷十至十二《奏議》，輯録有關兩浙鹽政奏疏。卷十三、卷十四《律令》，輯録鹽政相關法律令文。卷十五、卷十六《條約》，輯録鹽政有關各條約。卷十七《成式》，詳録鹽法中引貼單樣式，以便查核。卷十八《優恤》,載朝廷惠商恤民事蹟。卷十九、卷二十《沿革》,敘歷代鹽法沿革事宜及其得失利弊。卷二十一至二十三《職官》,敘清代兩淮鹽政官制及歷任官員,政績卓異者詳載其事蹟。卷二十四至二十六《商籍》,分題科目、貢選、人物、列女四類,記録兩浙商籍人物及忠孝貞節者。卷二十七至三十《藝文》,録有關鹽政利弊之文。是書以爲鹽法重在經制,即建立規範制度,使官民商竈各有所依,故鹽法志編纂與郡國山川諸志有別,所纂各門均於鹽政有密切關係。是書體例完備,資料豐富,於研究兩浙鹽政不可或缺。

此本據上海辭書出版社圖書館藏清同治刻本影印。(滑紅彬)

四川鹽法志四十卷首一卷　(清) 丁寶楨纂修 (第 842 册)

丁寶楨,有《丁文誠公奏稿》,已著録。

書前爲奏疏,收光緒七年(1881)、八年丁氏所上編纂是書奏摺,總纂爲都察院右都御史四川總督丁寶楨,提調爲四川通省鹽茶道崧蕃、四川分巡建昌兵備道唐炯、辦理滇黔邊計鹽務夏時,編輯爲禮部主事羅文彬,另有校定、檢校等官多人。有凡例若干條,又列徵引書目,有聖祖、世宗、高宗聖訓硃批諭旨及《明史》《四庫全書總目提要》《欽定皇輿表》《欽定續通典》等一百四十餘種。

卷首收録順治八年(1651)至光緒八年聖諭、順治二年至嘉慶九年(1804)蠲恤詔、道光元年(1821)敕文、乾隆帝御製《火井詩》等。正文四十卷,含井廠圖、井鹽圖説(有鑿井、汲井、煮井、發運等圖)、器具圖説、沿革、行鹽疆域圖、長江運道圖、本省計岸及行鹽道里表、湖北雲南貴州等首州縣計岸邊岸及行鹽道里表、濟楚、官運、水利、頒引、配引表、積引、各票、井課、引税、羨餘、権額統表、納解、歸丁、積欠、票整、商捐、經費、歷代鹽官表、公

廨、局卡、鹽倉、編甲、關隘、各岸緝私、吏部考成則例、户部鹽法則例、兵部綠營處分例、刑部律例、紀事等類目。是書據衆多典籍搜輯有關四川鹽政資料,爲研究四川鹽政史之重要資料。

此本據清光緒刻本影印。(劉韶軍)

重修兩淮鹽法志一百六十卷首一卷　(清) 王定安等纂修 (第 842—845 册)

王定安,有《湘軍記》等,已著録。

清康熙三十二年(1693)始纂《兩淮鹽法志》,雍正六年(1728)續纂,乾隆十三年(1748)再續,嘉慶十一年(1806)三續。道光十一年(1831)兩江總督陶澍整頓兩淮綱鹽,創行淮北票鹽、淮南票鹽,咸豐時淮南就場征課,設廠收税,湖廣、江西各岸借運鄰鹽,同治時變通兩淮票鹽。太平天國曾佔領金陵、揚州等鹽運重地,相關故籍舊案因兵亂而散逸殆盡。兩江總督曾國荃於光緒十五年(1889)設局,命王定安重修《兩淮鹽法志》。王氏遍稽舊籍,廣爲諮訪,閱時三載纂成是書。進呈後又經户部核定覆勘,簽駁一千三百餘條,至光緒二十九年魏光燾復命孫志焄等人校正付梓。

是書卷首有敘、奏疏、凡例、職名、總目、目録,正文分十二門,首爲《王制》門,彙録清代皇帝有關兩淮鹽法詔書、朱批及康熙、乾隆二帝巡視江南時所作有關淮鹽之詩文,以及吏部、户部、刑部涉及鹽政之律例。次爲《沿革》門,敘歷代淮鹽演變因革,從漢至宋爲上卷,金至明爲下卷,較舊志加詳十之七。次爲《圖説》門,凡垣棧遷移、河道改徙、局卡分佈,均繪製成圖,考其源流。次爲《場竈》門,敘淮鹽生產諸事。次爲《轉運》門,詳敘淮鹽轉運沿革及現行措施。次爲《督銷》門,敘淮鹽官督商銷諸事宜。次爲《徵権》門,敘淮鹽生產、運輸、銷售各環節抽税諸事宜。次爲《鄰税》門,敘太平軍時淮鹽受阻,私商由鄰

省運鹽至淮販賣，有司設局收取厘金等制。次爲《職官》門，首以表格列敍歷代鹽政官制，後詳論清代淮鹽管理官制，並製《職名表》，列明以來淮鹽諸職位官員，其末爲《名宦傳》，録唐以來治理淮鹽名臣一百三十九人。次爲《優恤》門録清代諸帝寬假舊通優恤兩淮鹽政之旨，以彰惠商恤竈之意。次爲《捐輸》門録淮商於國家有事之際慷慨捐輸之事。末爲《雜記》門，輯録名卿巨儒所論淮鹽之文。

是書詳記嘉慶十一年以來八十餘年間兩淮鹽法巨細諸事。八十年間，陶澍、陸建瀛、太平軍、曾國藩、李鴻章皆於鹽法有所變更，是書皆加詳録。是書體例亦較舊志有所調整，如舊志立《人物》門，廣羅行述，並及列女，無關鹽政，是書則皆删去。舊志立《經費》門，近似簿書，且綱法經費已爲陳跡，是書則散入諸門。舊志無藝文，是書則録名卿鉅儒所論淮鹽之事者辟爲《雜記》門。

此本據中國科學院圖書館藏清光緒三十一年刻本影印。（滑紅彬）

救荒活民類要不分卷　（元）張光大撰（第846 册）

張光大，生卒不詳，字致可，號中庵，攸州（今湖南攸縣）人。曾任桂陽路儒學教授，後任職於瓊州。至元丁丑（1337）曾重修瓊州學宫。事見《（正德）瓊臺志》。

《千頃堂書目》卷九有張光大《救荒活民書》八卷，與是書當爲同一書，而分卷不同。元天曆二年（1329）至至順二年（1331）間，全國大饑荒，史稱庚午、辛未歲大侵。至順元年，完者禿任桂陽路總管，盡力救恤災傷，又命儒學教授張光大編纂歷代救荒之事萃爲一書，供當政者參考。張氏參考南宋董煟《救荒活民書》等編成是書。董書上卷考古證今，中卷條陳當時救荒之策，下卷備録名臣賢士議論。張氏又據當時情況，博采救荒合行

事務，準今酌古，分爲二十目，取其簡要可行者采入是書。是書前有完者禿序，稱是書三卷，其目二十，刊刻時則未標明卷數。是書首爲《經史良法》，據歷代經史文獻摘録救荒良法，又録元代有關水旱蟲蝗災傷、農桑荒政之制，末述帝王至縣令各級救荒職責。其次爲《救荒綱》，下分二十目，以積蓄爲主，附義倉、社倉、常平倉各條規。書中張氏分析元代常平倉、義倉制度之弊病，並提出解決方案。救荒二十目與綱相輔，分題發廩、勸分、遣官、弛禁、遏糶、不抑價、通鄰郡、借官本、鬻爵、度僧道、興工、禱祀、恤流離、治盜賊、檢旱、減租、貸種、捕蝗、恤災、掩遺骸等。再次爲《救荒報應》及《救荒仙方》，多從董書直接轉引。是書於元代荒政利弊有詳細記載，有以見元代救荒制度及其實情。書中又稱元代義倉由豪富控制，不僅挪用義倉之糧，又爲貪官污吏侵吞，民遇災荒反受困於義倉，故張氏強調義倉重在用人，以期惠及於民。

是書有元至順間刻本，此本據國家圖書館藏明刻本影印。（滑紅彬）

荒政要覽十卷　（明）俞汝爲輯（第846 册）

俞汝爲，生卒不詳，字毅夫，華亭（屬今上海松江）人。明隆慶間（1567—1572）進士，先後任山東僉事、沁州知州、工部侍郎等。更著有《缶音集》、《長水塔記》、《南京兵部車駕司職掌》。《（乾隆）大清一統志》卷一二〇、《山西通志》卷一〇八有傳。

書前有萬曆三十五年（1607）劉日升、張鼐、金汝勵序，知書成於此時。卷一至卷三爲《詔諭》、《奏議》、《總論》，詔諭爲明洪武元年（1368）至萬曆十七年皇帝諭旨，奏議爲正統五年（1440）至萬曆十六年大臣奏疏，總論爲前代各種救荒議論，自《周禮》至明代焦竑。卷四爲《平日預備之要》，收録修舉水利、備荒減災諸法。卷五爲《水旱扞禦之要》，卷六爲《饑饉拯救之要》，卷七爲《荒後寬恤之

要》,此三卷備列防禦水旱災害、賑災救民之法。卷八爲《遇荒得失之鑒》,有"救荒善政"四十九條及"失政殃民"二十三條。卷九爲《備荒樹藝》一十九條,收録洪武年間有關種桑種棗之詔令。卷十爲《救荒本草》,録五十餘種可供食用之野菜。

此本據上海圖書館藏明萬曆三十五年刻本影印。(劉韶軍)

孚惠全書六十四卷　(清)　彭元瑞等纂修（第 846 册）

彭元瑞,有《五代史記注》,已著録。

是書題"欽定孚惠全書",孚惠意謂恩澤遍覆天下。卷前有乾隆六十年(1795)《進書表》。是書載録乾隆時各年蠲免各地賦税、積欠或蠲緩賑減等諭旨及御製詩文,分題普蠲錢漕、減除舊額、巡幸蠲免、差役蠲緩、偏隅蠲緩、偏隅賑借、截撥減價、平糶減價、京廠常賑、蠲除積通等類。《普蠲錢漕》記乾隆時期多次承康熙朝普蠲惠民措施,如乾隆十年(1745)普免各直省地丁錢糧,蠲除天下額徵正賦二千八百多萬。其他各類則記各地因受災或巡幸等惠受程度不同之減免。其中多載乾隆因蠲免減除緩征賑救等事而作詩文,詩中皆有小注以釋句意。是書爲研究乾隆時期賦税徵收之重要資料。

此本據上海辭書出版社圖書館藏民國羅振玉石印本影印。羅振玉本據彭氏知聖道齋藏進呈副本校印。(劉韶軍)

治河通考十卷　(明)　劉隅撰（第 847 册）

劉隅(1490—1566),字叔正,號範東,東阿(今山東東阿)人。嘉靖二年(1523)進士,累官至右僉都御史、副都御史。更著有《範東集》、《古篆分韻》等。《(雍正)山東通志》卷二八有傳。

書前有嘉靖十二年崔銑序,稱吳山巡撫河南時,命前御史劉隅輯河書,開封顧守鐸

刻板。書後又有吳山後序,稱命下謫許州判官劉隅等人就近時所刻《治河總考》一書重加輯校,改名爲《治河通考》。卷首有《河源圖》,繪出黃河自昆侖至山東入海全程。卷一爲《河源考》,據《尚書》以下諸史書及後人所注考證黃河源頭,卷二爲《河決考》,記述周定王以降歷年黃河決口之事,卷三至卷九爲《議河》、《治河》考,記述自陶唐氏至明嘉靖間諸家於黃河治理所發論議,卷十爲《理河職官考》,記述虞舜至明嘉靖時歷代治河職官沿革。卷十末有崔瑗《漢河隄謁者箴》,又録嘉靖十四年前後治理河道諸臣所上治河奏疏,其中詳列護堤用柳之法,有卧柳、低柳、編柳、深柳、漫柳、高柳之分。是書收録歷代關於黃河源頭、決口以及治河諸論,於黃河治理史頗具參考價值。

此本據上海圖書館藏明嘉靖十二年顧氏刻本影印。(劉韶軍)

河防芻議六卷　(清)　崔維雅撰（第 847 册）

崔維雅(?—1662),字大醇,號默齋,大名(今河北大名)人。順治三年(1646)舉人,後爲濬縣教諭、儀封知縣,更歷任河南按察使、湖南廣西布政使、大理寺卿等。善於治水,主張疏導引河,使水有所歸,故屢有功而後不爲患。更著有《兩河治略》。《清史稿》有傳。

是書卷首有康熙十三年(1674)李霨序,稱崔氏治河主張沿用大禹之法,順水之性以治水,其要爲因時制宜、因勢利導。又有姚文然同年序,稱崔氏自滎陽、陽武、中牟、儀封以至淮揚兩岸,皆親行考察,於其險阻要害能條分縷析,列爲圖説,佐以確議。又有崔氏同年自序,可知是書成於此年。正文卷一爲《黃河總圖》、《淮揚運河全圖》、《黃運兩河説》,卷二、卷三爲《黃河淮揚圖説序》及鄭州南岸王家橋、原武縣南岸小潭溪、中牟縣南岸黃練集等十二處《河患圖》及《治河説》,卷四、卷五

爲《條議》，收錄《酌淮揚疏築之宜議》、《築桃清南岸大堤議》、《挑桃源七里溝上源引河議》等五十道，縱論治理河患諸事，卷六爲《或問辯惑》，就治河疑難之事設問作答，有《治河治漕辯》、《河決運道無阻辯》、《高寶迤帶閘河辯》等二十五道。後附《三上緊要事宜》、《總河題補河廳疏》、《總河題補河道疏》及督撫薦語。崔氏有治河實踐經驗，且就各地決口處論治河，故所論切實可行。

此本據南京圖書館藏清康熙刻本影印。另有存素堂刻本等。（劉韶軍）

天一遺書不分卷　（清）陳潢撰（第847冊）

陳潢（1637—1688），字天一，一作天裔，號省齋，秀水（今浙江嘉興）人。自幼不喜八股文章，年輕時研習農田水利之書，並至寧夏、河套等處實地考察，於治理黃河頗有心得。順治十六年（1659）至康熙十六年（1677）間，黃、淮、運河連年潰決，陳氏過邯鄲呂祖祠，題詩壁間，河道總督靳輔引爲幕客，後授按察司僉事銜。康熙二十七年，以屯田擾民而被彈劾撤職。更著有《河防述言》、《河防摘要》，附載於靳輔《治河方略》中。《清史稿》有傳。

是書前有咸豐四年（1854）楊象濟題記，稱靳輔治河之功得陳氏天一之助，靳氏治河疏稿皆以陳氏治河説爲主。此年夏購得陳氏遺稿，題名《天一遺書》，其中《河防述言》爲張靄生所作，曾刻於陸氏《切問齋文鈔》中，而所言皆陳天一之事，故不復區別云云。是書分條述錄，分題防守堤壩工程善後事宜、搶頂衝大略、堵塞支河、攔河壩、挑水壩及圖、挑掘引河、堤工走漏、裹頭、合龍、探埽已未着地聽樁法、堵合漫口説、出馬頭、上埽下埽、釘椿、釘橛絆纜、壓土托搜、記楸頭滾肚、走漏埽工、減水壩滾水壩、造減壩事宜、造閘規式、石壩則例、題定各地漕規、黃運兩河紀略等等，詳述黃河防治及救險相關工程及方法。後有《約言六條》，即築堤、修守、下埽、防險、形

勢、訓練六項。又有《黃河全圖引》，分題河性、審勢、估計、任人、源流、防堤、疏濬、工料、因革、善守、雜志、辨惑等項。是書所記於治理黃河諸事極爲詳明，可資後人參考。

此本據國家圖書館藏清咸豐四年楊象濟抄本影印。（劉韶軍）

治河全書二十四卷　（清）張鵬翮撰（第847冊）

張鵬翮（1649—1725），字運青，號寬宇，遂寧（今四川遂寧）人。康熙九年（1670）進士，授刑部主事，累遷河道總督，主持治黃，多有成效。更著有《河防志》、《奉使俄羅斯行程錄》等。《碑傳集》卷二二、《清史稿》有傳。

是書卷一、卷二收錄康熙二十三年至四十二年間治河上諭及張氏等人所上治河奏疏，卷三爲《運河全圖》及《運河圖總説》，卷四至卷十二收錄各地治河事宜及圖説，如《通州香河武清三州縣運河事宜》、《天津運河事宜》、《山東下河上河事宜》、《河南黃河圖説》、《淮河全圖》及《圖説》等，卷十三收錄官制、修防事宜等，卷十四至卷二十四收相關章奏，如論多建減壩、請開支河、河南堤工、停止屯田、勘閲河道、黃運兩河水勢等。是書以張氏治河實際經驗爲主，詳述康熙時治河之事，爲黃河、運河、淮河等治理史之重要史料。

此本據天津圖書館藏清抄本影印。（劉韶軍）

三峽通志五卷　（明）吳守忠撰（第848冊）

吳守忠，生卒不詳，高安（今江西高安）人。曾任龍巖知縣，任上主修《龍巖縣志》，後升歸州知州。事見《（同治）高安縣志》卷一〇及光緒重刻《龍巖州志·政績志》等。

書前有萬曆十九年（1591）吳氏引言，稱是書據《明一統志》及楚、蜀《通志》與荊州、夔州等地方志，收錄三峽山川、官署、制度、詩文、人物等。卷一先述三峽異同，再述三峽中額設公署衛所，以下爲《夔峽考》，就夔州府

各處名勝古跡一一臚列,有白帝城、八陣磧、丞相廟、瞿唐峽、灩澦堆等三十處;《巫峽考》,列述巫峽名勝,有陽臺山、望江亭、高唐館、巫峽、神女廟等三十三處;《歸峽考》,列述其地名勝,有寇萊公祠、秋風亭、白雪亭、向王城、破石峽、清水灘等六十一處。又收歷代文人詠三峽之詩、賦、記等。卷二至卷四收録歷代文人詠夔峽、巫峽、歸峽之詩、詞、曲、賦、歌、記、碑銘、序等。卷五附録,記述帝王、聖賢、名宦、鄉賢、達人於三峽所留行跡,又記偏安竊據、神異諸事、守江集議、峽俗叢談、峽志雜録等。是書羅列三峽各處名勝古跡,載録歷代文人吟詠之作,遊覽三峽者可參考之。

此本據上海圖書館藏明萬曆十九年刻本影印。（劉韶軍）

復淮故道圖説不分卷　（清）　丁顯撰（第848冊）

丁顯,生卒不詳,據是書光緒十五年《導淮爲今日急務説》篇末署名,知當時爲睢寧縣學訓導,其他事跡不詳。

自咸豐五年(1855)黃河改道北徙,淮河主流南下入江後,淮揚水災頻繁。同治年間丁顯力主復淮故道,並繪圖貼説,是書即所上諸議,爲清末民初"復淮説"之嚆矢。卷首收録同治六年(1867)曾國藩《爲籌撥直隸安徽協款修復淮瀆事宜》奏摺及户部議覆,後即丁氏所繪《江淮河濟沂泗漳汶運道全圖》及所上諸議,計有同治五年所擬《黃河北徙應復淮水故道論》、《擬復淮水故道章程》,同治六年《再擬導淮捷議》,同治七年《改訂導淮補議》、《擬淮北水利説》、《導淮別議議》、《黃淮分合管議》、《黃河復由雲梯關入海説略》,同治十一年《一邊出土節略》,光緒十五年(1889)《導淮爲今日急務説》等。

此本據南京圖書館藏清同治八年集韻書屋刻本影印,最後一篇題光緒十五年,當爲後來補入。（劉韶軍）

畿輔安瀾志五十六卷　（清）王履泰撰（第848—849冊）

王履泰,生卒事跡不詳。

書前有乾隆三十九年(1774)御製《題武英殿聚珍版十韻並序》,中稱校輯《永樂大典》並蒐訪天下遺籍得萬餘種彙爲《四庫全書》,以雕版不易,耗時久而未成,董武英殿事金簡稱可用活字法印刷,既不濫費棗梨,又不久淹歲月,用力省而程功速,以活字版之名不雅馴,因以聚珍名之云云。是書即武英殿版本,故以此序載於書首。後爲是書凡例,稱是書采集古今地理諸書及史書、方志彙編而成,原名《水利考》,後由乾隆改名"安瀾",又以是書專志直隸之水,故名《畿輔安瀾志》。是書體例仿《水經注》,詳述諸水以爲綱,援引諸書以爲目。全書共考河道二十四,每篇分十一門,題原委、故道、附載、堤防、二汛、橋渡、修治、經費、官司、祠廟、水利等名,分類記述河道源流、故道、支流、防汛、工科費用、河上橋梁及渡口、管轄職官及官署、有功之人、農業灌溉等事。所述諸河以永定河爲主,桑乾河次之,桑南則有唐河、沙河、滋河、滹沱河、漳河、衛河,桑北則有洋河、榆河、白河、潮河、灤河。永定河由西而南,則有淶水、易水、府河、清河、大陸澤、寧晉泊、滏河,永定河由北而東,則有大通河、薊運河、陡河、沙河。如此聯絡貫注,使所記直隸諸水道頓見系統,有條不紊。書中引述各書,有訛誤處則以"謹按"略加辨證。諸河修堤防汛之事,則録至嘉慶十二年(1807)止。

此本據天津圖書館藏清武英殿聚珍版印本影印。（劉韶軍）

永定河志十九卷首一卷　（清）陳琮撰（第850冊）

陳琮(1731—1789),字國華,號蘊山,南部(今四川南部)人。乾隆二十一年(1756)舉人,補清河縣丞,後任固安知縣、南河同知、永

定河道臺。以治水有功，受乾隆接見，因獻
《永定河全圖》。《南部縣志》第三十四篇
有傳。

是書前有乾隆五十四年（1789）凡例，知是
書成於此年，時陳琮官職爲署直隸永定河道。
卷首先載皇帝諭旨，分《諭旨》、《宸章》二部
分，收康熙三十一年（1692）至乾隆五十二年
（1787）皇帝有關永定河之聖旨、康熙八年至
乾隆五十五年皇帝所撰有關永定河之碑文、
記、詩、匾、楹聯等；其次爲《巡幸紀》，記述康
熙三十二年至乾隆五十三年皇帝巡幸永定河
地區事跡。正文先爲永定河圖，有《永定河
簡明圖》、《永定河源流全圖》、《永定河屢次
遷移圖》、《永定沿河州縣分界圖》等；次爲
《職官表》，收錄治理永定河各種職官，有總
河、副總河、巡撫、南北岸分司、南北岸同知、
總督、河道、通判、守備、外委等；次爲考，有
《古河考》、《今河考》、《工程考》、《經費考》、
《建置考》等，其中《工程》、《經費》二考内容
甚詳；次爲奏議，收錄康熙、乾隆間諸多官員
關於治理永定河所上奏疏，各奏疏前詳具日
月以便查覽；末爲附錄，記述永定河石景山至
三角淀地區古跡與碑記等。是書爲永定河專
志，記述清前期有關永定河治理及相關職官
制度、大臣奏議，可據以考察當時永定河流域
水文及治理詳情。

此本據北京大學圖書館藏清乾隆内府抄本
影印。（劉韶軍）

通惠河志二卷　（明）吳仲撰（第850册）

吳仲（1482—1568），字亞夫，號劍泉，武進
（屬今江蘇常州）人。正德十二年（1517）進
士，授江山知縣，後遷處州知府、巡按直隸監
察御史，官至太僕寺少卿。生平見明雷禮輯
《國朝列卿紀》卷一五四。

通惠河即元郭守敬所鑿通州運河，十里設
一閘，又名閘河，用於輸運漕糧，元世祖忽必
烈賜名通惠河。明初河道湮塞，成化間曾加

疏濬，正德又欲疏通，而終未成。嘉靖六年
（1527），吳仲以監察御史巡按直隸，以河湮
廢，而南糧陸運頗爲不便，遂奏請疏濬河道。
次年吳氏與何棟、尹嗣忠、陳璠等人主持治理
河道一百六十四里、閘壩二十四處，於是舟楫
通利，漕運暢行。是書有嘉靖十二年工部尚
書秦金等人奏疏，稱嘉靖九年吳仲改任浙江
處州知府，道經河旁，念日遠人非，故掇拾古
今事跡，編成一書，名《通惠河志》。是書末
有吳仲此年《上書表》，嘉靖御批送史館，采
入《會典》，工部刊行。而秦氏以是書尚有圖
文差訛，校勘後再次呈報，准予刊行。是書又
有嘉靖三十七年汪一中序，稱公暇就是書重
加考訂，則當於是年復校刊刻。

卷上爲《通惠河源委圖》、《通惠河圖》、《通
惠河考略》、《閘壩建置》、《公署建置》、《修河
經用》、《經理雜記》、《夫役沿革》、《部院職
制》，卷下爲《奏議》、《碑記》二類。卷上所載
二圖爲現知最早通惠河圖；《考略》記述通惠
河歷史沿革；《閘壩建置》記述全河閘壩位
置、始建時間、閘名沿革及修繕等事；《公署
建置》記述大通橋督儲館、慶豐閘公館、平津
上閘公館、平津下閘公館、普濟閘公館、石壩
公館及都水分司等公署位置、間數及修建時
間；《修河經用》記述元至元二十九年（1292）
至明嘉靖七年間治河工程及所用人役、物資、
費用，其中記述嘉靖七年修河工程情況、委用
人員及耗用材料最詳；《經理雜記》記載通惠
河閘運撥船數量、各閘兩岸工部官地等事；
《夫役沿革》記述閘官、閘史、閘夫、經紀、車
户、脚夫設置、名額、職責等；《部院職制》記
述景泰二年（1451）至嘉靖間治河與督管糧
運職官名稱、名額、職責及添裁等事。卷下
《奏議》收錄吳仲等人治河奏摺，《碑記》收錄
元代宋褧、歐陽玄，明代楊行中、蔣淩漢等人
所撰修治碑記，其中楊行中文作於嘉靖三十
年、蔣淩所撰則在隆慶二年（1568），知是書
隆慶間又有補刻。卷末收吳仲嘉靖九年《上

書表》及嘉靖御批。

此本據南京圖書館藏明嘉靖刻隆慶增修本影印。（劉韶軍）

水利集十卷　（元）任仁發撰（第851冊）

任仁發（1254—1327），字子明，一字子垚，號月山，1953年上海青浦出土《任仁發墓誌》，則籍於是地，元時屬松江府，尚無"青浦"建置。十八歲中鄉舉，元成宗大德年間任都水少監、浙東道宣慰副使等。因著《浙西水利議答錄》等。又爲元代著名畫家，以畫馬與人物著稱，更著有《書史會要》等。事跡見《墓誌》。

《四庫全書總目》卷七十五地理類存目有《浙西水利議答》提要，稱又名《水利文集》，元任仁發撰。明梁惟樞《內閣書目》稱任仁發以吳松江故道湮塞，震澤氾濫，爲浙西害，乃上疏條陳疏導之法，凡十卷。書前有至大元年（1308）任仁發《浙西水利序》，又有趙孟頫跋，稱任氏出示《水利議答錄》，又有延祐二年（1315）許約《跋水利書後》，則書名似未統一。

是書卷一載大德二年（1298）至泰定三年（1326）間治理浙西水利相關奏疏。卷二爲《水利問答》，就浙西水利設問解答。卷三收錄《尚書·堯典》及《周禮》中治水議論，及元人奏疏中有關浙西水利之論。卷四記述元代歷次修建浙西水利工程及所用人力物力等事。卷五收錄大德年間任氏所發治理吳松江等處水利工程文移。卷六收錄宋范仲淹、趙子瀟、蔣璨、郟亶、郟僑等人所上奏疏，其中論及江南圩田、疏導太湖暨吳松江、吳中水利水害及浙西水利方法等事。卷七收錄宋單鍔所撰《吳中水利書》、宋趙霖奏進《石倉大勢圖本》及其言水利書、《宋會要》所記水利事，又表錄浙西太湖等地切要河港。卷八收錄元至元三十一年（1294）至大德十一年中書省、江浙行省、都水監等官府部司所上治理浙西水

利相關奏疏。卷九爲《稽古論》及胡恪、蕭振乞、蘇軾、史才、朱熹關於浙西吳中水利所上奏疏以及楊誠齋《圩丁詞》、韓无咎《永豐行》。卷十收錄《營造法式》中關於水利工程技術之內容。書後有抄本跋，稱前七卷爲元刻，後三卷即閣中抄本。又稱清朝以東南爲根本，然數十年不理江南水道，致令歲歲苦於乾潦，匪徒病民，抑亦厲國云云。然抄者及其年代不明。

此本據上海師範大學圖書館藏舊抄本影印。（劉韶軍）

邦畿水利集説四卷九十九淀考一卷　（清）沈聯芳撰（第851冊）

沈聯芳，生卒不詳，字蕺山，元和（今屬江蘇蘇州）人。乾隆二十一年（1756）舉人。參是書汪喜孫跋及《九十九淀考·自序》署名。

書前有葉景葵辛未年（1931）跋，稱自湖南書估購得是書，原題杭世駿輯，缺失前序之半，附《九十九淀考》一卷；前有沈聯芳自序。著者熟悉北直水道利病，非身親民事歷有年所者不能道。殊不類杭世駿生平，疑非董浦所撰，苦無佐證。檢《傳書堂書目》載《邦畿水利集説》原稿二冊，沈聯芳撰，現歸東方圖書館，因假得之，校讀一過，乃知題杭世駿者，乃書估作僞欺人。乃補抄道光三年（1823）沈欽裴序及道光二年汪喜孫跋，補完嘉慶八年（1803）沈聯芳自敍。原稿有龔自珍校語及圈點，以朱筆照錄，又將全書詳加校勘，補正譌奪，亦用朱筆，不復識別。陳漢嘗欲付刊而未果。校讀未竟，適日本飛機轟炸閘北，商務印書館工廠被焚，東方圖書館亦被縱火焚毀，損失極大。此本原稿，因借校而倖存，即日鄭重繳還，留作紀念云云。是書所錄分運河、子牙河、滹沱河、滏陽河、南北二泊、永定河、唐河、漳河、衛河等北京西南諸河及其支流，又有京東諸水及其支流，並將應修各工按急工、緩工兩類列於後。以上四卷，卷五則爲

《九十九淀考》，前有嘉慶五年（1800）沈氏中序。

是書所記最近史實爲嘉慶六年大水，合卷首八年自敘觀之，當成書於嘉慶六至八年之間。蓋經營直隸水利，莫盛於康、雍兩朝，乾隆以後則官吏虛應故事，京畿治水利害參半，嘉慶時則水利大壞，難求其利而只求避害。沈氏於直隸爲官十餘年，目驗口詢，會合衆説，興利除弊，於發展京畿農田水利倡爲“四難”、“四宜”、“四不宜”之説。其所陳方策，皆心得之談，故是書爲嘉慶以來論直隸水利最爲深切著明之作。

此本據上海圖書館藏清抄本影印。（劉韶軍）

畿輔水利議一卷 （清）林則徐撰（第851冊）

林則徐，有《林文忠公政書》，已著録。

是書封面題“畿輔水利經進稿”，書中則題“畿輔水利議”。書前有林氏總敘，未題年月，稱建都在北，轉粟自南，故京城一石之儲，常縻數石之費，雍正三年（1725）嘗命怡賢親王總理畿輔水利營田，數年間墾成六千餘頃，其後功雖未竟，而時效已有明徵。京畿水田之利，自宋代何承矩，元代托克托、郭守敬、虞集，明代徐貞明、丘濬、袁黄、汪應蛟、左光斗、董應舉議行，皆有成績，清朝大臣如李光地、陸隴其、朱軾、徐越、湯世昌、胡寶瑔、柴潮生、藍鼎元亦多有奏疏，故彙集前人所議，分十二事詳議之，分題開治水田有益國計民生、直隸土性宜稻有水皆可成田、歷代開治水田成效、責成地方官興辦無庸另設專官、勸課獎勵、緩科輕則、禁擾累、破浮議懲阻撓、田制溝洫、開築圩壩田地計畝攤撥、禁占墾礙水淤地、推行各省等目。林氏曾於道光元年（1821）應道光即位《求賢詔》而上書，論列直隸水利，是書更博採前人論説，引據典籍近六十種，詳論其事，約成書於道光十二年，宋以來相關論議均聚於是書，頗具薈萃之功。書後又附林則徐本傳，可以考見林氏一生事跡。

此本據遼寧省圖書館藏清光緒二年林氏刻本影印。（劉韶軍）

潞水客談一卷 （明）徐貞明撰（第851冊）

徐貞明（？—1590），字伯繼，號孺東，貴溪（今江西貴溪）人。隆慶五年（1571）進士，官至監察御史、領墾田使。《明史》有傳。

元代都於北京，每年需從東南調運糧食，爲此修鑿大運河轉輸漕糧，然轉輸不便，又改用海運。年歲既久，弊病日生，兼風濤不測，盜賊出没，剽劫覆亡之患不可勝言。故虞集、脱脱等人皆建議於畿輔興辦農田水利。明永樂時遷都北京，京師糧餉仍賴江南供給，故重疏大運河，又改海運爲河漕，而運河水源不足，又與黄河相交，黄河氾濫，運道便告淤塞，故維修運道及轉輸漕糧所費巨大。徐貞明、汪應蛟等人又議於畿輔地區興修水利，開闢農田。是書爲徐氏前往通州潞河途中所作，以主客答問形式論述興辦畿輔農田水利有益處十四項。書成於萬曆三年（1575），又名《西北水利議》，前有萬曆四年張元忭序，後附李世達、王一鶚來書，後有李世達、王一鶚序及萬曆四年李楨（按：疑爲李禎，參《明史》卷二二一）《書潞水客談後》、朱鴻謨後跋。其後順天巡撫張國彦、副使顧養謙曾按徐貞明所論，於薊州、永平、豐潤、玉田等地興修水利，頗見成效。萬曆十三年命徐氏與諸臣實地勘察，再議興修水利，户部尚書畢鏘等人議定後上奏萬曆批准，命徐貞明爲監察御史、領墾田使，至次年即於平谷等地開墾水田近四萬畝。後太監勳戚等以京郊開墾水田有損自身利益，從中阻撓，又有御史王之棟等人上疏稱水田不可行等，萬曆遂命徐氏停止其事，徐氏請假回鄉，四年後鬱悶而亡。

此本據寧波市天一閣博物館藏明萬曆刻本影印。明徐光啟《農政全書》及《明經世文編》等書曾録其全文。（劉韶軍）

淮南水利考二卷　（第851冊）

胡玉縉《四庫未收書目提要續編》有是書提要，稱是書有序，而失前半葉，序末不署名，故不知撰人。序中稱平江伯陳公總漕於淮，則當爲陳瑄。《明史・陳瑄傳》稱瑄洪武間以戰功升四川行都司都指揮同知，建文帝時督水師守長江，以所率水師降燕王，封爲平江伯。正德年間守淮安，督漕運，疏浚運河，開淮安清江浦導淮安西管家湖水流入淮河，深濬徐州至濟寧河道，興築沛縣至濟寧南旺湖長堤，開泰州白塔河通往長江，自淮河至山東臨清按水勢設閘四十七處，使漕運暢通無阻，經理河漕三十年，多有建樹。是書載錄歷代治淮事跡，於陳氏之事多有記述。

是書作者，已無記述，卷末有葉遇春跋，稱是書作者自隱其名，無他本可證，細閱之知係胡應恩纂，以書中稱隆慶五年（1571）王宗沐以都御史總漕運，曾修高加堰，淮縉紳周于德、周表、胡效謨、胡應恩皆與其事。是書卷下記王宗沐修高加堰事，錄學士丁士美《重修高加堰記》，中云周于德爲都督僉事、周表爲參將、胡效謨爲澂江守、胡應恩爲合浦令，皆勞於堰事，其葉三十七記效謨及應恩之言。卷下又記萬曆四年（1576）王宗沐重修西長堤等，錄王氏《淮郡二堤記》，中稱以餉金六千致鄉先生周于德、周表、胡效謨、胡應恩築焉。據此而言，胡應恩雖參與其事，似亦未可斷定爲是書作者。按清胡渭《禹貢錐指》卷十三中之下曾引《淮南水利考》，注云：“閻百詩謂余，此書二卷，沭陽胡應恩作，蓋侍郎璉之後。”此則明言作者爲胡應恩。胡璉爲沭陽人，據明《（萬曆）淮安府志》及1996年《沭陽胡氏族譜》，胡璉有子胡效忠、胡效謨，效忠有子名胡應征、胡應嘉，應恩當爲胡璉孫輩，則其説可信。是書多采《尚書》、《史記》以來諸家史志及《水經注》、《地理志》、《水利書》等，編年記載歷代淮南治水之事，於明代陳瑄等人治理淮河之事記述尤詳，如稱永樂

十四年（1416）陳瑄奏請建板閘，與前四閘合爲五閘，以河水調節運河之水，遂爲運道二百餘年之大利。然而紀事至萬曆五年（1577）止，所稱二百餘年，則又有所不合。

此本據南京圖書館藏明刻本影印，北京圖書館另有抄本。（劉韶軍）

山東水利管窺略四卷　（清）李方膺撰（第851冊）

李方膺（1695—1755），字虬仲，號晴江，別號秋池，寓居金陵借園，又號借園主人，南通州（今江蘇南通）人。曾任樂安知縣、蘭山知縣、潛山知縣、署滁州知州等，後遭誣告而罷官。更著有《梅花樓詩抄》。傳見《國朝耆獻類徵初編》卷二二九。

封面題“山東水利管窺略”，又有陳祺壽題識，稱《（光緒）通州志・藝文志》著錄此書，曩得之金陵市上，歲在乙卯夏。按乙卯當爲1915年。書前有乾隆五年（1740）李方膺序，稱雍正八年（1730）、乾隆三年兩修小清河，均受命查勘，前後費時五年，上自其發源地章丘東南之東嶺、長白山，下至入海處，就其中湖泊支流及被患村莊，皆身親其地，於水之淺深、河面寬窄，悉爲丈量，九縣要害，通局蓄泄亦詳爲相度，於是彙爲一書以備參考。卷一首爲《小清河議》，稱小清河即古之濟水，又述其水道所逕、發源之地、各處要害等。次爲《小清河辨》，論其水利水害等事。卷二爲《小清河問》、《小清河商》，述此河與周圍地方距離遠近、潮勢強弱、海水倒灌、修治工程等事。卷三爲《小清河支》、《小清河程》，記小清河支流及距離等。卷四爲小清河流域章丘、鄒平、長山等縣水利事。卷末有方膺姪曾孫李琪道光十年（1830）跋，稱方膺任蘭山知縣時，奉命查勘小清河後所撰，指畫六百里之形勢、條陳七邑之利病。乾隆五年曾刊行，而湮没無聞，故又重校刊行云云。是書詳述小清河源流形勢，論及沿途各縣水利興修之事，

可資後世參考。

此本據南通市圖書館藏清抄本影印。
（劉韶軍）

敕修兩浙海塘通志二十卷首一卷　（清）方

觀承等修（清）查祥等纂（第851册）

方觀承（1698—1768），字遐穀，號問亭，一
號宜田，桐城（今安徽桐城）人。雍正十年
（1732）時爲定邊大將軍福彭幕僚，隨軍出征
準噶爾，後累官至直隸總督，督理直隸二十
年，皆掌治水之事，奏上治河方略數十道，並
邀趙一清、戴震編成《直隸河渠書》一百三十
餘卷，又與秦蕙田同撰《五禮通考》，更著有
《問亭集》等。《清史稿》有傳。

查祥，生卒不詳，字星南，號穀齋，海寧（今
浙江海寧）人。康熙五十七年（1718）進士，
後官編修，曾充律例館纂修官，更著有《雲在
樓詩》、《咸齋文鈔》，《鶴徵後録》有傳。《四
庫全書總目》卷一八四别集類存目有《雲在
詩鈔》提要，則稱祥爲康熙六十年進士，未知
孰是，待考。

是書總裁爲閩浙總督喀爾吉善、方觀承及
浙江巡撫提督軍務永貴，督修有浙江布政使
王師、葉存仁等，此外則有監修、總理、提調、
總修、分修等官，其中總修官，有查祥及杭世
駿，二人均原任翰林院編修。

書前有乾隆十六年（1751）方氏自序，時爲
直隸總督兼都察院右都御史，稱防備海水之
患惟有塘，浙東六郡皆賴一線之塘以爲保障，
而仁和、海寧、海鹽、平湖等邑有潮汐衝齧，颶
風時作，險要又倍於他邑，清繼前代以來改土
塘爲石塘，改民修爲官修，使杭、嘉、紹有數百
里長堤，屹如砥柱。任浙江巡撫時，於乾隆十
四年召集屬官編輯《海塘通志》，因移命北
行，屬永貴繼纂，至十五年告成，故十四年以
後事未及載録。序後有凡例，稱海塘爲防海
而非堤海，元代葉恒纂《海堤録》，明代黄光
昇等著《海塘録》，僅詳餘姚、海鹽之塘，是書

則詳述浙江全省海塘。卷首爲《詔諭》，載雍
正元年（1728）至乾隆初年皇帝相關詔諭。
卷一爲《圖説》，有海塘北岸及南岸全圖及杭
州、嘉興、紹興、寧波、台州等地海塘圖並杭州
江塘圖，各圖均有文字説明。卷二、卷三紀述
列代興修海塘事，自唐貞觀至清乾隆時。卷
四至卷七述清代建築，卷八以下分題工程、物
料、坍漲、場竈、職官、潮汐、祠廟、兵制關隘、
江塘、藝文等類。是書援引諸史志傳、《明實
録》、浙江省志、各府州縣志及歷代官員所上
奏疏等。《藝文》類收録明清兩代有關浙江
海塘之文，有明趙維寰《海寧縣海塘議》、陳
所學《海鹽縣防海議》、任三宅《修蕭山縣北
海塘議》、濮陽傅《上虞縣海塘湖塘要害
議》等。

此本據北京大學圖書館藏清乾隆刻本影
印。（劉韶軍）

軍政條例類考六卷　（明）霍翼輯（第852册）

霍翼，生卒不詳，據《畿輔通志》卷五九，孝
義（今山西孝義）人，嘉靖時進士。據薛應旂
序，霍氏時爲侍御史。

書前有嘉靖三十一年（1552）浙江按察司
副使薛應旂序，稱思齋霍公奉命清理兩浙軍
政，究觀典章，博采群情，參酌成書，釐爲六
卷。卷前録宣德四年（1429）兵部尚書爲條
例事所上奏章以及御批，卷一爲《軍衛條例》
五十三條，如軍衛定清軍官、收軍文簿等。卷
二爲《逃軍條例》二十六條，如逃軍窩家問
遣、逃軍不首並里鄰問遣等。卷三爲《清審
條例》六十三條，如清勘開立卷宗、繳單不許
捏弊等。卷四爲《解發條例》，如軍解、解軍
要審壯丁等。卷五、卷六爲各地巡按大臣各
年所上奏章及兵部批覆、御批等，皆爲論議軍
政條例之事。如"清理軍伍以蘇民困事"六
條、"申明舊例祛時弊以裨軍政發安地方事"
二條等。此皆當時奏疏公文等，所録軍政條
例皆標明年份，自成化十三年（1477）至嘉靖

三十一年,堪稱當時軍政條例原始文獻,於研究明代軍隊紀律及相關管理頗有史料價值。

此本據國家圖書館藏明嘉靖三十一年刻本影印。(劉韶軍)

軍政事宜一卷 (明)龐尚鵬撰(第 852 冊)

龐尚鵬(1524—1580),字少南,號惺庵,南海(今屬廣東佛山)人。嘉靖三十二年(1553)進士,官至右僉都御史、福建巡撫,後因得罪張居正而免職。更著有《百可亭摘稿》等。《明史》有傳。

書前有序,稱提督軍務兼巡撫福建等地右僉都御史龐氏爲申明節制之法以肅軍政而編寫此部條例。萬曆五年刊行,凡七十六條,於軍隊各種行動、任務及人員均作詳細規定。含遴選督管哨兵哨官哨隊、選兵之法、募兵之法、訓練士兵、戰陣疏密、練將法、兵器配備使用及練習法、軍隊紀律及獎懲措施等,甚爲細密,以至兵士擾民責打軍棍數、各級將佐相見禮儀等均有明確規定。

此本據國家圖書館藏明萬曆五年刻本影印。(劉韶軍)

軍政備例不分卷 (明)趙堂撰(第 852 冊)

趙堂,生卒不詳,江陵(今湖北江陵)人。進士,曾任監察御史,據是書,知時爲廣信知府。

書前有趙氏自序,稱據皇帝制誥及《會典》、《律例》等書,取其有關於軍政者萃爲一書,總名《軍政備例》。分題十類:清理、冊籍、逃故、清解、優恤、替放、首補、調衛、改編、逃絕。其下又分細目,題如清查軍人總數具奏、久委任以責成功、軍籍迴避、禁革查冊奸弊、廣東五府軍丁改本省、雲貴夷人改本省、查點軍士及奸弊等,所收均爲制誥及《會典》等書原文。是書由教授彭士奇等人校正刊行。

此本據天津圖書館藏清抄本影印。(劉韶軍)

禦倭軍事條款一卷 (明)李遂撰(第 852 冊)

李遂(1504—1566),字邦良,號克齋,又號羅山,豐城(今江西豐城)人。嘉靖五年(1526)進士,累官至右僉都御史,嘉靖三十六年,提督淮陽軍務,督兵抗倭,有戰功,遷南京兵部右侍郎,再遷南京兵部尚書。長於用兵,更著有《督撫經略疏》等。《明史》有傳。

前有李氏自序,稱爲明什伍以肅軍令事而編纂是書,因命各將領官員人等將所部兵勇清理編冊上報云云。是書於軍隊各項事務作詳細規定。如每兵勇照統一牌式自置懸牌一個,一面書寫姓名、年貌、籍貫、人役、技藝及伍長、同伍姓名等,一面書寫軍門號令;每五人爲伍,選技勇稍優者爲伍長,亦自置懸牌一個;每二十五人爲甲,選才力稍優者爲甲長,自置懸牌一個;每一百二十五人爲隊,擇有身家才力及千百戶堪委者爲隊官,置號牌二個;每六百二十五人爲哨,擇指揮及千戶、百戶有謀勇者爲左右哨長,各統三百人左右;每三千一百二十五人爲軍,由參將、遊擊、留守、守備、把總等官爲帥,置硃紅大字兵符二片。更將所有人員編造花名冊送報,又附懸牌、號牌、兵符樣式。此外則爲《軍門紀律》、《行軍號令》二類,詳列相關規定。是書可資瞭解明代軍隊編制及其治理詳情。

此本據國家圖書館藏明嘉靖刻藍印本影印。(劉韶軍)

地水師四卷 (明)潘鳳梧撰(第 852 冊)

潘鳳梧,生卒不詳,桐鄉(今浙江桐鄉)人,隆慶時舉人,著有《治河管見》等,參見清《浙江通志》卷一三九及清《續文獻通考》卷一七〇。

是書全名爲《地水師邊略奏疏》,題"貴州鄉試中式舉人潘鳳梧奏"。所謂地水師,乃指《周易》第七卦師卦,由地與水組成,上卦爲坤卦,即地,下卦爲坎卦,即水。此卦卦辭稱"師,貞,丈人吉,无咎"。象辭稱"師,衆也;貞,正也。能以衆正,可以王矣。剛中而應,行險而順,以此毒天下,而民從之,吉又何咎矣"。象辭稱"地中有水,師。君子以容民畜衆"。潘氏即據此以説地水關係,以爲地無水則純地,是謂戰場,須地中有水,方爲帝王用兵之道,其主旨爲神武而不殺。書前有萬曆十七年(1589)上書奏疏,稱是書分爲四部,卷一爲《邊略》,明《周易》地水師爲馭虜之長策;卷二爲《圖演》,據《周易》地、水二卦作圖演示,以明《易經》中"有水者無征伐,無水者用行師",益見有止戈之義、神武不殺之威;卷三爲《條陳》,據地水師條陳開方河固守之策及屯田之益;卷四爲《或問》,辨南北之地不甚相遠,溝河之制極爲便益。

此本據大連市圖書館藏明萬曆刻本影印。(劉韶軍)

欽定中樞政考七十二卷　(清)明亮(清)納蘇泰等纂修　(第853—855冊)

明亮(1736—1822),富察氏,字寅齋,滿洲鑲黄旗人,都統廣成之子,孝賢高皇后之侄。先授整儀尉,後爲鑾儀衛鑾儀使、伊犁領隊大臣、寧古塔副都統。曾參與平定大小金川之亂,授四川總督,官至武英殿大學士,卒謚文襄。《清史稿》有傳。

納蘇泰,生卒事跡不詳,據本書纂修者名錄,時爲兵部武選司郎中。

清代八旗、綠營軍政規章,每隔十年修編一次。是書自嘉慶二十年(1815)至道光五年(1825)間纂成,分爲《八旗中樞政考》三十二卷、《綠營中樞政考》四十卷,合爲一書。記載清代軍隊官員品級、補放、奏派、封蔭、改武、世職、儀制、通例、公式、禁令、宮衛、倉庫、俸餉、户口、田宅、營伍、軍政、議功、關津、巡洋、緝捕、雜犯、軍馬、訓練、兵制、營造、學政、營制、銓政、揀選、考拔等相關制度及規定。書前有嘉慶二十年至道光五年間兵部奏報續

編《中樞政考》公文。編纂人員有兵部堂官明亮、伯麟、董誥、章煦等四十五人,及提調官、纂修官、校對官、翻譯校對等數十人,皆爲兵部官員。

此本據遼寧省圖書館藏清道光五年兵部刻本影印。(劉韶軍)

欽定兵部處分則例七十六卷(八旗三十七卷綠營三十九卷)　(清)伯麟(清)慶源等纂修　欽定兵部續纂處分則例四卷　(清)長齡(清)慶源等纂修(第856冊)

伯麟(?—1824),瑚錫哈哩氏,字玉亭,滿洲正黄旗人。乾隆三十六年(1771)舉人,授兵部筆帖式,嘉慶間歷邊圻十六年,官至兵部尚書,拜體仁閣大學士,卒謚文慎。《清史稿》有傳。

長齡,有《長文襄公自定年譜》,已著録。

慶源,事跡不詳。

《處分則例》編纂者有兵部堂官伯麟、玉麟、晉昌、松筠等二十六人,提調官文綆等人,總纂修官慶源、纂修官糜良哲等以及校對官、翻譯總纂修官、翻譯纂修官、翻譯校對官等多人。書前有嘉慶二十五年(1820)至道光三年(1823)兵部纂修是書奏報文書等,稱自嘉慶二十年開始纂修,至道光三年告成。是書輯録有關處分條例、事例,八旗、綠營分別論列,以下分題公式、選舉、考劾、限期、給假、休致、封蔭、倉庫、俸餉、户口、恤賞、解支、田宅、關禁、海禁、儀式、印信、考試、軍政、郵政、馬政、營伍、禁衛、議功、軍器、火禁、緝捕、雜犯、緝逃、刑獄、提解、緝私、巡洋、營造、漕運、河工等類。

《續纂處分則例》前有相關奏疏,自道光四年至九年,亦分八旗、綠營二類,而不分類目,只列條目,題如造冊送考、禁止行圍買賣牲畜、糾參揭報劣員、官員宿娼犯姦、拏獲賭具、買良爲娼、東三省承緝盜犯、京城内重盜案件、東三省番役誣良、八旗官員兵丁告假、官

員家口赴任漏請路引、官員脱逃、兵丁閑散逃走等。是爲處分則例之補充。

此本據上海圖書館藏清道光兵部刻本影印。（劉韶軍）

欽定中樞政考續纂四卷　（清）長齡（清）景善等纂修（第 857 册）

長齡，有《長文襄公自定年譜》，已著録。

景善（1823—1900），馬佳氏，字弗亭，滿洲正白旗人。官至禮部右侍郎。更著有《景善日記》。《清史稿》有傳。

書前有道光九年（1829）、十二年纂修是書奏疏，由兵部堂官長齡、玉麟、松筠、穆彰阿等人主持纂修，又有提調官、纂修官、校對官等，如嵩濂、德興、周彦、景善、承志等人。是書纂輯道光四年（1824）至十二年間增訂補充之八旗、綠營則制、條例，並未如《中樞政考》詳具全部類目，僅録有關修訂補充條文。卷一爲八旗部分，條目題如翼長揀選陵寢總管、不識滿洲蒙古文不准保送總管、補放山海關協領等官、停止年班進京、旗人出外滋事、滿洲蒙古出旗爲民、兵丁閑散逃走、旗人收回田産限制、巡查圍場不准攜帶鳥槍、營伍認真操演、新疆官兵訓練操防等條。卷二、三、四爲綠營部分，條目直隸等省營制、開列水師人員、直隸各省諸營題缺、軍營奏升人員、直隸等省保送河營千總、武舉隨營差操學習、臺灣千總以下人員期滿調回内地、喇嘛出口請票、嚴禁民間私藏抬槍鳥槍等。

此本據遼寧省圖書館藏清道光十二年刻本影印。（劉韶軍）

欽定户部軍需則例九卷續一卷欽定兵部軍需則例五卷欽定工部軍需則例一卷　（清）阿桂（清）和珅等纂修（第 857 册）

阿桂（1717—1797），章佳氏，字廣廷，號雲崖，滿洲正白旗人，大學士阿克敦之子。乾隆三年（1738）舉人，授鑲紅旗蒙古副都統，長期成守西北邊疆，屢統大軍，用兵持重，官至武英殿大學士兼軍機大臣，卒謚文成。曾平定伊犁、緬甸、大小金川之亂。《清史稿》有傳，又那彦成撰有《阿文成公年譜》，本書已著録。

和珅（1750—1799），字致齋，滿洲正紅旗人，鈕祜録氏。乾隆三十四年（1769）襲世職，授侍衛，四十一年兼内務府大臣，後任户部、兵部尚書，柄政二十餘年。嘉慶繼位，責令自盡。傳見《清史稿》、《清史列傳》卷三五。

書前有乾隆四十一年至五十年户部、兵部、工部爲編纂是書事所上奏章，參與編纂之人有軍機大臣及原任軍機大臣阿桂、和珅、梁國治、福康安、慶桂、福長安、福隆安等，户部、兵部、工部堂官曹文埴、瑪興阿、紀昀、金簡、德成等，以及軍機處行走司員及户部、兵部、工部司員等。是書彙集清廷用兵作戰時所成軍需條款舊例及雲南等省所上軍需條例等，統一分類，由乾隆欽定頒發。其中《欽定户部軍需則例》九卷六十五條，分題俸賞行裝、鹽菜口糧、騎馱馬駝、運送脚價、整裝安家工食口糧、采買辦解、折價抵支、雜支費用等類。《欽定兵部軍需則例》五卷四十條，分題一二品大臣出師應得廩糧車馬、出征官兵應得廩糧車馬、出師官兵應給鍋帳數目、安塘夫馬工料、軍功議敘功加級紀録、陣亡傷亡分別襲職、議敘土司軍功等類。《欽定工部軍需則例》一卷十五條，分題配製火藥、製造鉛彈、製造火繩、鑄造炮位炮子、設窯燒炭、一切軍需器械、製造地雷火彈、製辦皮衣、配製炸藥、配製弩藥、修理道路、搭造橋樑、製造渡船等類。全書凡十五卷一百二十條。

此本據華東師范大學圖書館藏清乾隆五十年刻增修本影印。《欽定户部軍需則例》另有乾隆五十三年户部刊本。（劉韶軍）

欽定軍器則例二十四卷　（清）董誥（清）特通保等纂修（第 857 册）

董誥（1740—1818），字雅倫，一字西京，號蔗林,富陽(今浙江富陽)人。乾隆二十九年(1764)進士,歷任禮、工、戶、吏、刑部侍郎,《四庫全書》副總裁,奉命輯《滿洲源流考》,充武英殿總裁。又任軍機大臣、戶部尚書等。善畫,有《西湖十景圖》。《清史稿》有傳。

特通保,生卒事跡不詳。

前有嘉慶十六年至二十一年(1811—1816)兵部奏報編纂是書奏疏,後列纂修官員名單。總纂爲兵部堂官及前任堂官董誥、明亮、吳璥、勒保、福慶等,此外則有提調官、纂修官、漢書及清書校對官、翻譯官等數十人。是書分題條例、八旗、駐防、綠營、水師五類。各類下又有細目不等,所分甚細密。如《條例》下題稽察官兵器械、各省兵丁兼習長矛額數、紫禁城各門堆撥軍器、撥補軍器、出師官兵應給鍋帳數目、盧溝橋演放炮位、存留鳥槍地方等目。《水師》下題福州、湖南、湖北、廣州等地駐防額設戰船並配船軍械數目等。他皆類此。是書足資瞭解嘉慶時清朝軍隊部署及裝備情況。

此本據浙江圖書館藏清嘉慶二十一年兵部刻本影印。(劉韶軍)

欽定福建省外海戰船則例二十三卷首一卷 (第858冊)

不著撰人。

是書述清乾隆年間福建省外海戰船種類、大小、編號、分佈、製造方法及規格等。卷首爲《奉天外海戰船做法》,此船又稱爲奉天大趕繒船,詳細規定戰船尺寸、規格、用料等。卷一爲《各省外海戰船總略》與《福建省外海戰船總略》,《各省外海戰船總略》稱各省設立外海戰船尺寸不同,要皆隨江海之險,合駕駛之宜,以供巡防操演之用。其修造定例有康熙二十九年(1690)核定標準,自新造之年後三年小修,六年大修,九年後若尚能使用則再次大修,否則即拆造。《福建省外海戰船總略》,稱福建省額設外海戰船三百隻,有趕

繒、雙篷、艍哨等類船隻,《總略》則就各類船隻規定其修造使用等制度,次爲趕繒船目次、雙篷船目次,詳列種類船隻名號及所屬地方及軍營,如臺灣協標右營有澄字號十隻,澎湖協標右營有寧字號十隻等。卷二以後爲《福建省外海戰船做法》,分題趕繒船做法十七則、雙篷船做法十則及杉板頭哨船做法規則。要之,乃以福建及所屬澎湖、臺灣、淡水等地爲主,而以"奉天"、"各省"有關情況爲背景,詳述外海戰船戰略及各類戰船製作方法、用工用料及詳細價錢等,故書題云云。

此本據南京大學圖書館藏清刻本影印。(劉韶軍)

皇朝兵制考略六卷 (清)翁同爵撰(第858冊)

翁同爵(1814—1877),字玉甫,常熟(今江蘇常熟)人。翁心存次子,以父蔭授兵部主事,曾任鹽運使、陝西及湖北巡撫、湖廣總督等。《清史列傳》卷五四有傳。

前有咸豐十一年(1861)兵部武選司員外郎翁氏自序,稱治國之道莫急於治兵,兵可百年不用,不可一日不備,自隋以來各朝兵員數目均可考察,如隋伐高麗時爲一百一十三萬人,唐貞觀時六十餘萬人,宋代自開寶年間至治平間其數不等,最多時達一百二十五萬人,明代則以嘉靖時兵最多,計九十七萬,是書則主要就清代兵額等詳列其數。全書分題直省兵額表、列朝兵制、列朝兵餉紀略、滿漢各營馬匹數附馬乾草料、滿漢各營槍炮數附製造火藥單、各省戰船數。如《直省兵額表》,據康熙二十八年《會典》附康熙二十四年餉額,乾隆二十九年《會典》、乾隆五十年《通考》、嘉慶十七年《會典》、道光元年《中樞政考》、道光三十年兵部冊檔、戶部北檔房所錄近年撥餉數目,而依京巡捕營及直隸等省分列其數額。其他各類目皆如此,詳錄清代相關制度及諸多具體數額等,於考察清代兵制兵額

均爲重要資料。

此本據復旦大學圖書館藏清光緒元年武昌節署刻朱墨套印本影印。（劉韶軍）

歷代武舉考一卷　（清）譚吉璁撰（第 859 册）

譚吉璁（1623—1679），字舟石，嘉興（今浙江嘉興）人。初以國子監生試第一，授弘文院撰文中書舍人，後爲延安府同知、山東登州知府。更著有《嘉樹堂集》、《延綏鎮志》、《肅松録》等。《碑傳集》卷九一有傳。

是書考述漢至明代武舉制度，以爲三代時學未分文武二途，西漢隴西、天水、上郡、北地等處郡國均有材官、騎士，未嘗設武舉一科，當時求將，多出於餓隸黥徒、鼓刀販繒之類，至漢武帝元封五年（前 106）始下詔求茂才異等，從中選拔將相及出使絶域之人，漢成帝時亦下詔命北邊各郡舉勇猛知兵法之人，其後平帝、安帝及東漢光武帝、順帝、靈帝均曾下詔求可爲武將之人。後至唐代武后長安二年（702）始置武舉科，專立一科，與進士並列爲二，其後又述北宋蘇洵請復武舉以及明初所設武學科目等，知是書乃就漢以來選拔可爲武將之人略加敘述，初非歷代武舉之詳考。

此本據上海辭書出版社圖書館藏清道光十一年晁氏木活字印《學海類編》本影印。（劉韶軍）

歷代馬政志一卷　（清）蔡方炳撰（第 859 册）

蔡方炳（1626—1709），字九霞，號息關，崑山（今江蘇崑山）人。明季諸生，康熙十八年（1679）舉博學鴻詞科，以病辭不就，潛心理學，更著有《歷代茶榷志》、《恥存齋集》等。《清史列傳》卷七一有傳。

是書論歷代馬政制度及其特點，述及宋、明、清茶馬交易之事。稱周代以戎馬定井田之賦，知馬政與軍事關係至重，據先秦文獻可知當時馬匹制度之大略，如有六馬之分，就馬之材質高下、毛色純駁作區判；當時天子諸侯皆有養馬制度，至戰國時，魏武侯曾問吳起畜卒騎之法。漢初馬匹之價至貴，天子不能具醇駟；嗣後馬政制度逐步建立完善，景帝時已有專門職官及人員養馬，數量至三十萬匹；武帝時則馬匹最盛，稱衆庶街巷有馬，阡陌之間成群，塞上馬布野而無牧；至馬援更講究相馬之法，曾鑄造馬匹標準樣式，稱爲馬式。唐代得突厥馬、隋朝馬，亦設專官養馬，自貞觀至麟德四十年間馬匹達七十餘萬，於岐幽涇寧之間設八坊以養之，地廣千二百三十頃，仍不足，遂將河西闢爲養馬之地。宋代養馬更有詳細分等分類及規定，亦有專官負責。此後直至清代馬政之事均有考述。故是書可爲考證中國古代馬政發展史之用。

此本據上海辭書出版社圖書館藏清道光十一年晁氏木活字印《學海類編》本影印。（劉韶軍）

馬政志四卷　（明）陳講撰（第 859 册）

陳講，生卒不詳，字中川，或字子學，遂寧（今四川遂寧）人。正德十五年（1520）進士，爲翰林院庶吉士、累官至山西巡撫等。更著有《中川集》、《陝西茶馬志》、《如鳥集》等。《（雍正）四川通志》卷九有傳。

書前有嘉靖三年（1524）陳講自序，稱嘉靖元年奉命按治陝西馬政，於西涼得敝篋敗紙，啟而視之，皆馬政之故，於是據以撰茶馬、鹽馬、牧馬、點馬四事以述馬政之制。《四庫全書總目》卷八十四政書類存目有是書提要，略謂此書作於嘉靖三年，時陳講以御史巡視陝西馬政。其中《茶馬》卷記以茶易番馬之制，《鹽馬》卷記納馬中鹽之制，《牧馬》卷記各寺苑監畜牧之制，《點馬》卷記行太僕寺各軍衛稽核馬匹之制；然其制度至明代末年，已因奸商私販、官吏冒支而弊端甚多，不可糾改。故是書所列，大抵具文而已云云。是書各卷下又有子目若干，如《茶馬》卷下題差發、禁諭、巡察、課茶、商茶、私茶、招易、給領、食茶、池井、課額、引目、鹽法、召中、鹽司等目,其他各卷亦各有子目若干條。所述頗爲詳盡,於瞭解明代馬政殊有價值。

此本據寧波天一閣博物館藏明嘉靖三年刻本影印,卷四原缺,據四川省圖書館藏明嘉靖十一年重修本補。(劉韶軍)

保甲書四卷(存卷一、卷二、卷四)　(清)徐棟輯(第859冊)

徐棟,生卒不詳,字致初,直隸安肅(今河北徐水)人,安肅古稱遂州,故自序稱古遂州人。道光二年(1822)進士,後爲工部主事、郎中等。更編有《牧令書》、《保甲書》。《清史稿》有傳。

書前道光二十八年李燁序及道光十七年徐氏自序,稱保甲法甚約而治甚廣,嘗得陽明先生稱讚,議者往往以爲保甲僅能弭盜,則未之思。是書分《定例》、《成規》、《廣存》、《原始》四部,以求監古尊令、備式充類。於保甲法詳求其利弊。《定例》下收《戶部則例》、《刑部條例》。《成規》下收錄葉佩蓀《保甲事宜稿》、葉世倬《清查保甲說》、王鳳生《越中從政錄》之《保甲事宜》及《宋州從政錄》之《保甲檄示》、李彥章《思恩府新編》之《保甲事宜》、劉衡《庸吏庸言》之《保甲團練章程》、張惠言《論保甲事例書》等,皆爲據當地實情所定保甲詳例。《廣存》下收錄陸世儀《論治邑》、顧炎武《里甲》、藍鼎元《棉陽學準》、戈濤《獻縣志保甲序》、龔景瀚《請設立鄉官鄉鐸議》、沈彤《保甲論》、晏斯盛《社倉保甲相經緯議》等。《原始》下收錄陸曾禹《康濟錄》之《嚴保甲》、劉洪《里甲論》。據此類論議可以詳知清代各地保甲制度之細節,匯聚一書,頗便研究。

此本據遼寧省圖書館藏清道光二十八年李燁刻本影印。(劉韶軍)

杭州八旗駐防營志略二十五卷　(清)張大昌輯(第859冊)

張大昌,生卒不詳,字小雲,仁和(今屬浙江杭州)人。光緒十五年(1889)舉人,充浙江官書局分校。更著有《養餘叢稿》等。參見是書俞樾序。

書前有光緒十九年(1893)葉赫瓜爾佳崧駿序及俞樾序。俞序稱清於順治二年(1645)設杭州梅勒章京,爲杭州駐防之始,後又改爲杭州總管、杭州將軍、副都統等,其軍營在杭州西偏。道光間曾有巴爾達氏廷玉著《城西古蹟考》,於滿洲駐防營中忠孝節義、文學武功之事及列朝遺蹤古蹟、寺觀橋樑無不備載,可補志書之未備。其後又經兵亂,多有忠義之士及朝廷褒崇賜恤等事,而記載闕如,姓名湮沒。張小雲則據《東華錄》、《江南聞見錄》、《宗室王公列傳》、《滿漢名臣列傳》、《八旗通志》成此一書,上溯定浙之初,歷載建牙之盛,備紀守營之烈,旁及河渠坊巷之名,較道光《古蹟考》更爲完備云云。是書分題定浙志功、靖匭志威、平藩志伐、迎鑾志恩、分駐志謨、科第志例、籌海志防、守營志烈、經制志政、馭祿志儲、建牙志盛、祠宇志典、孝烈志節、撰述志目、寺院志勝、河梁志派、坊巷志舊、彙錄志餘等,又附《歷次從征將士表》、《鄉會試題名表》、《籌海陣亡將士表》、《守營陣亡將士表》、《歷任將軍都統年表》等。所錄各條均注明出自何書,頗便檢核。

此本據上海辭書出版社圖書館藏清光緒浙江書局刻本影印。(劉韶軍)

荊州駐防八旗志十六卷首一卷　(清)希元等纂修(第859冊)

希元(?—1894),字贊臣,伍彌忒氏,蒙古正黃旗人。咸豐元年(1851)一品蔭生,承襲一等繼勇侯,同治時曾充冊封朝鮮國王副使,後爲正紅旗漢軍副都統、荊州左翼副都統、杭州將軍、荊州將軍、吉林將軍、福州將軍等。更著有《西伯利亞東偏紀要》。《清國史·新辦國史大臣傳》有傳。

卷前有光緒六年(1880)希元序,稱康熙二十二年(1683)始定荊州駐防之制,然荊州軍事,《荊州府志》略而不詳,同治九年(1870)以都統佐理荊州,與將軍巴玉農商議欲仿《八旗通志》例創爲《駐防志》,因移任他處,將軍作古,事竟不成。光緒二年(1876)復鎮荊州,五年開局城中,嚴定凡例,延聘師儒,分任纂校,搜輯叢殘,國史未登者參以家乘,傳聞未實者證以公評,五閱月而編纂成書云云。是書分題制詔、建置、風土、食貨、學校、武備、職官、選舉、仕宦、人物、列女、藝文等類。圖有《荊州滿營全圖》、《帥府圖》、《左右都統府署圖》、《輔文書院圖》、《承天寺圖》等。各大類下又有細目。是書詳載八旗軍駐防湖北、湖南沿革及相關制度與風俗、人物等,卷前列有編纂諸官職名、例言、圖考,任是書總裁者爲希元、祥亨、恩來、魁玉等,此外則有提調、參訂、纂修、分修、采訪、校對、監局、繪圖、謄錄等官。可資研究參考。

此本據湖北省圖書館藏清光緒五年荊州軍署刻本影印。(劉韶軍)

駐粵八旗志二十四卷首一卷 (清)長善等修 (清)劉彥明等纂 (第859—860册)

長善(?—1889),字樂初,他塔拉氏,滿洲正紅旗人,裕泰之子。累官至山海關副都統、廣州將軍等,於廣州經營十餘年,使當地駐軍皆成勁旅。更著有《芝隱室詩存》。《清國史·滿漢文武大臣畫一列傳後編》有傳。

劉彥明,生卒不詳,編纂是書時爲舉人補用筆帖式,任總纂,見本書。其餘不詳。

書前有光緒五年(1879)廣州將軍長善序,序稱清朝八旗軍一半駐守京師,其餘則分防沿海沿江及各直省等地,朝廷於雍正至乾隆間曾修《八旗通志》,然於各地八旗駐防尚有

未詳,廣東一地於康熙、乾隆時先後調撥漢軍三千及滿洲兵一千五百駐防,各設八旗,此外又有督撫提鎮經制之兵。長善自同治八年(1869)任廣州將軍,爰委協領開局,延八旗者聞之士纂輯是書,光緒十年(1884)又加續修。主纂有長善、果勒敏、尚昌懋、吉和等人,此外有提調劉秉和等、收掌成達等、總纂樊封、劉彥明等,分纂許標等及采訪、校對、繪圖、校刊等官員。書前有光緒五年長善等人所上纂書奏摺,目錄前又有按語。稱廣州八旗駐防已有一百九十餘年,其間兵額增減、政令沿革、簡閱講肄、軍伍儲胥類有記載,未可湮沒,故編纂是書以存其詳。首一卷録皇帝敕諭,次述官兵額設,又附增損原委、裁撤水師旗營改設步軍營、户口,正文分題建置志、經政略、職官表、選舉表、人物表、人物志、雜記等類。各類下又有若干細目不等,卷末則附録旗境故蹟。是書詳述清代廣東廣州駐軍制度、設施、部署及其變化詳情,可補乾隆時所修《八旗通志》之不足。

此本據上海辭書出版社圖書館藏清光緒五年廣州龍藏街韶元閣刻十年增修本影印。(劉韶軍)

廣州駐防事宜二卷 (清)慶保輯 (第860册)

慶保,生卒不詳,字祐之,號蕉園,章佳氏,滿洲鑲黃旗人。嘉慶間任福州副都統,道光六年(1826)爲廣州將軍。著有《蘭雪堂集》。《清國史》卷三〇《慶桂傳》後有附傳。

此本首頁題《八旗事宜》,分上下二卷。前有道光九年慶保序。是書編纂於長善《駐粵八旗志》之前。其序稱康熙二十一年(1682)削平三藩後於邊腹要地特建親軍大鎮,廣州始置將軍及左右副都統,前後調京城八旗漢軍三千駐防,乾隆二十一年(1756)減漢軍一半而改派滿洲軍一千五百名,其後人員及制度多有變化,故纂是書以記其詳云云。是書詳述廣州域界、省城、駐

防官兵額數及世職、駐防官兵户口錢糧馬匹總數、滿漢男婦丁口數目、官兵俸餉數、官兵領鹽繳價數目、官兵器械官造自備各項數目、水師旗營船隻炮位及管守官兵名數、操演各項技藝並炮位海螺船隻雲梯各定期、槍手兵額及支用藥鉛數目以及消防、兵營書館、墳地等輔助建置、設施及各級官衙等,據此可以詳知當時廣州駐軍官兵額數、各種設施及所需物資等,於研究清代軍隊駐防事務頗有史料價值。

此本據國家圖書館分館藏清抄本影印。

（劉韶軍）

水師輯要不分卷　（清）陳良弼撰（第860册）

陳良弼,生卒事跡不詳。抄本題下署澤園陳良弼識。

是書不分卷,亦無序跋,不詳其成書年月,内題《船式説》、《各船説》、《配船水兵》、《趕繒船備用器械》、《配駕官兵》、《出師號令》、《臨陣殺賊》、《灣泊船隻》、《水操略言》、《潮汐論》、《外海潮汐》、《行船占日月風雲》、《八卦風雨》、《行船宜避暴風》、《或問篇》、《地輿總論》、《海疆總論》、《粵海圖説》、《粵東圖説》、《洋船更數説》、《閩海圖説》以及福建、臺灣、澎湖、浙江、江南、京東等海圖並《圖説》、《七省邊海總論》等篇,多有圖與文字配合。《臺灣圖説》篇中記有鄭成功收復臺灣及康熙時施琅平定鄭克塽之事。《或問篇》中記事有乾隆五十六年字樣,則是書成書當在乾隆五十六年（1791）後。《洋船更數説》篇後附外國水程更數並所出土産,記有吕宋、蘇禄、汶來、舊港、蘇六甲、暹羅、柔佛、安南、柬埔寨、東京（今越南河内）、東洋（即日本）、法蘭西、英咭嚟等國,據此又可知是書完成當在道光年間以後。

本書據中山大學圖書館藏清抄本影印。

（劉韶軍）

外海紀要不分卷　（清）李增階撰（第860册）

李增階（1774—1835）,字益伯,號謙堂,同安（今福建同安）人。李長庚從子,嘉慶三年（1798）隨長庚征剿海盜,先後任廣東水師提督、南洋總巡大臣等。參見臺灣故宫博物院圖書文獻處清國史館傳包70200808-4號。

書前有蔡勳《外海水程戰法紀録》序,稱將軍自少隨其從叔忠毅伯建牙海上三十餘年,身經大小百餘戰,是書隨時隨事紀載於篇,大略專主水戰而記述江浙閩粵四省洋面以至外洋,標明程途遠近。又有李景沆跋及識語,稱是書以訓水師將士。是書不分卷,亦無目録,先論水師須諳水務、明戰法,題兵船宜堅固、舵工宜選擇、器械宜具足、遇敵宜知所用、火攻宜講究、風雲沙礁宜詳慎等項。後有道光八年（1828）李增階跋,書於粵東虎門提署,更附《廣東外海洋面水程記》,記述廣東、廈門、瓊州等往各地航行水程以及風雲天氣、沙線礁石、逐月流水變化、潮水、蒸海水法等,爲當時航海經驗之總結。

本書據福建省圖書館藏清道光刻本影印。

（劉韶軍）

廣州永康等砲臺工程不分卷　（清）顧炳章等輯（第860册）

顧炳章,生卒不詳,號鑒堂,海鹽（今浙江海鹽）人。監生,道光後期以候補通判分發廣東,昇任署理廣州、虎門同知事等。曾重刻《顧華陽集》,顧華陽指唐代顧況,炳章自題六十九世孫。更著有《虎門内河炮臺圖説》等。生平見是書有關文件署銜及《顧華陽集》序。

是書無序跋,有目録四條,題爲查勘廣州城北門外陸路永康等炮臺兵丁炮械、監修大黄滘炮臺工程、查驗大黄滘炮臺内炮架、查勘西安西固兩臺炮位。書中收録道光二十三年（1843）、二十四年、二十七年、二十九年間顧氏並工程其他從事人等與總理省城登覆所、總理廣東善後局、兩廣鹽運使司、廣東布政使司、廣東按察使司、廣東督糧道等有關工程及炮位炮械之來往文書及對承辦紳士、匠人之喻示,乃相關文件匯抄,可資瞭解當時修建炮臺及相關兵丁人數、炮位炮械等設施。

此本據廣東省中山圖書館藏清稿本影印。(劉韶軍)

江南製造局記十卷附一卷首一卷　(清) 魏允恭等纂修 (第 860 冊)

魏允恭,生卒不詳,據是書題名,時任江南機器製造局總辦、三品銜湖北試用道。光緒三十一年 (1905) 曾石印《王陽明先生傳習錄》,題 "邵陽魏允恭",知當爲湖南邵陽人。

是書卷首有魏氏稟報公文,稱曾國藩、李鴻章曾任江南製造局管理大員,其創造之端、成效之跡應編輯志乘以記述,遂派員至各分廠考察相關情形,隨時編輯,紀事自同治四年 (1865) 曾國藩、李鴻章於上海創設江南製造局起,至光緒三十一年 (1905) 止。全書由圖、表、略組成,圖分建置圖、製造圖二類,其下各有圖若干幅,表分《建置表》、《製造表》、《會計表》、《征繕表》、《存儲表》、《職官表》,略分《考工槍略》、《考工炮略》、《考工火藥銅引子彈略》、《考工煉鋼略》,末附《仿造克鹿卜炮説》。是書於江南製造局創辦緣起、歷史沿革、制度設施、人員編制、各類産品以及製造技術均記述頗詳,爲研究江南製造局歷史及相關技藝之珍貴資料。

此本據上海辭書出版社圖書館藏清光緒三十一年上海文寶書局石印本影印。(劉韶軍)

律十二卷　(宋) 佚名撰　**律音義**　(宋) 孫奭等撰 (第 861 冊)

孫奭 (962—1033),字宗古,博州博平 (今山東茌平) 人。宋太宗端拱二年 (989) 以九經及第,後爲莒縣主簿,歷國子監直講、翰林侍講學士、判國子監、兵部侍郎、龍圖閣學士、

太子少傅等。更著有《經典徽言》、《樂記圖》、《五經節解》、《五服制度》,爲漢代趙岐《孟子注》作疏,收入《十三經注疏》。《宋史》有傳。

書前有阮元《揅經室外集》是書提要,稱《宋史·刑法志》云宋法制因乎唐律令格式而隨時增損。《律》共分十二門,分題名例律、衛禁律、職制律、户婚律、廐庫律、擅興律、賊盜律、鬬訟律、詐僞律、雜律、捕亡律、斷獄律,自魏李悝、漢蕭何,更三國六朝以至隋唐,因革損益皆備。宋天聖中,孫奭撰音義,就《律》正文中專名及字義加以注釋。如釋 "名例":"王物之謂名,統凡之謂例,法律之名既衆,要須例以表之,故曰名例。" 又述歷朝制定名例之事,稱漢作九章散而未統,魏朝始集罪例,號爲刑名,晉賈充增定《律》二十篇,齊趙郡王叡等奏上《齊律》十二篇,並曰名例,後循而不改。《音義》卷末列有關諸臣銜名,有楊中和、宋祁等人,又有 "天聖七年四月日准敕送崇文院雕造" 十五字,據此可知是書爲北宋所刊。

此本據國家圖書館藏宋刻宋元遞修本影印,卷前録有顧廣圻《思適齋集》中《書律十二卷音義一卷後》,卷末有錢泰吉識語及咸豐乙卯邵懿辰跋,均就此本加以考證。(劉韶軍)

慶元條法事類八十卷(存卷三至卷十七、卷二十八至卷三十二、卷三十六、卷三十七、卷四十七至卷五十二、卷七十三至卷八十)　(宋) 謝深甫等纂修　**開禧重修尚書吏部侍郎右選格二卷** (第 861 冊)

謝深甫 (1139—1204),字子肅,臨海 (今浙江臨海) 人。乾道二年 (1166) 進士,歷官至參知政事,復拜右丞相,封魯國公,卒謚惠正。《宋史》有傳。

書前録有《提要》一篇,未署撰人名氏,内容大致與胡玉縉《四庫未收書目提要續編》

中是書提要相近,而文字略有不同。《提要》以爲《直齋書録解題》著録謝深甫嘉泰二年(1202)所上《嘉泰條法事類》八十卷即爲是書無疑,以奉詔修纂時在慶元,成書之時爲嘉泰年間,故名稱有所不同。是書現爲殘本,有國家圖書館藏清鈔本,殘缺不全。書後又附《開禧重修尚書吏部侍郎右選格》二卷,不著撰人,胡玉縉據《宋史·寧宗紀》所載,稱慶元二年(1196)詔命重修吏部七司法,開禧元年(1205)陳自強等人上之,疑即此處所附二卷。陳自強,《宋史》有傳。

現存清鈔本正文分題職制、選舉、文書、權禁、財用、庫務、賦役、農桑、道釋、公吏、刑獄、當贖、服制、蠻夷、畜產、雜門等十六門,門下又分若干類,如《文書》門下又分題詔敕條制、敕降、文書、程限、行移、架閣、給納印記、雕印文書、毀失、私有禁書等目,由此可知當時文書編纂相關制度。各類均按敕、令、格、式分別排列,敕爲刑律條文,令爲行政條文,格爲獎罰等級,式爲文書格式。今存本雖非全本,然於宋代刑法、服飾、財政、農業、賦税、宗教、官吏、周邊民族等事均有詳細記述,且有不少內容僅見於是書,足補史志之缺。

此本據國家圖書館藏清鈔本影印。(劉韶軍)

重詳定刑統三十卷附録一卷　(宋)竇儀撰
校勘記一卷　劉承幹撰　(第862册)

竇儀(914—967),字可象,漁陽(今屬北京)人。五代後晉高祖天福年間進士,曾爲滑、陝、盂、鄆四鎮從事,後漢時爲右補闕、禮部員外郎,後周時爲翰林學士、禮部侍郎等,宋太祖時爲工部尚書兼判大理寺、翰林學士,俄加禮部尚書。更著有《端揆集》。《宋史》有傳。

劉承幹,有《晉書斠注》,已著録。

書前有竇儀《進刑統表》,稱與蘇曉、奚嶼、張希遜等人於宋太祖建隆初年奉詔重定刑統,編成後名爲《建隆重詳定刑統》,簡稱《宋刑統》)。全書十二篇,分題名例律、衛禁律、職制律、户婚律、廄庫律、擅興律、賊盜律、鬥訟律、詐僞律、雜律、捕亡律、斷獄律,篇下分門,凡二百零九門,計五百零二條,分爲三十卷,另有詳細目録一卷,總全書共三十一卷,頒行後由大理寺刻板印行。是書律條正文之下附有注文及問答,與《唐律疏議》例同。律文之後附收敕、令、格、式、敕文等,後於太祖乾德四年(966)、神宗熙寧四年(1071)、哲宗元符二年(1099)多次修改。是書引用《唐律疏議》,又收唐開元二年(714)至宋太祖建隆三年(962)間所頒有關刑事法律之敕令格式,可考唐至宋初刑法制度變遷之詳。此本卷後又有附録,載録《宋會要》、《直齋書録解題》、《困學紀聞》、《考古質疑》等書相關記事。後附劉承幹刻印時所作《校勘記》,卷末有民國十一年(1922)沈曾植跋,稱天一閣有是書影宋鈔本,爲海內孤本,書中"禎"字缺筆,蓋已在仁宗以後,劉氏刻入叢書,稍變其體,故爲校其異同,附記於後。其後爲民國十年(1921)劉承幹跋,稱據范氏天一閣所藏《宋刑統》宋舊鈔本刻印行世。

此本據民國十年劉氏刻《嘉業堂叢書》本影印。(劉韶軍)

御製大誥一卷　(明)朱元璋撰　(第862册)

朱元璋(1328—1398),字國瑞,鍾離(今安徽鳳陽)人。元末參加郭子興紅巾軍反元,後封爲吳國公,又自稱吳王。元至正二十八年(1368)於南京稱帝,國號明,年號洪武,廟號太祖。《明史》有紀。

書前有洪武十八年(1385)十月《御製大誥序》,稱元處華夏九十三年之治,使華風淪没,彝道傾頹,今將害民事理,昭示天下諸司,敢有不務公而務私,在外贓貪,酷虐吾民者,窮其原而搜罪之,斯令一出,世世守行之云云。是書分七十四條,詳列各種名目,令人知當行不當行,題如君臣同游、官親起稿、胡元制治、軍人妄給妻室、張夢弼私遞贓私、户部行移不實、教官妄言、頒行大誥等。是書以大誥爲名,以《尚書》有《大誥》篇,取君對臣民誥訓之意,故是書並非正式刑律法令,乃朱元璋對臣民訓教之書,所收各條或爲案例,或爲訓誡,或爲警示。是書末條"頒行大誥第七十四"稱朕出此誥,昭示禍福,一切官民諸色人等,户户有此一本,若犯笞杖徒流罪名每減一等,無者加一等,所在臣民,熟觀爲戒云云。是欲臣民以此爲戒,以知禍福。卷末有洪武十八年劉三吾後序,稱自今官欽遵之爲官箴,不敢非法以害民;民欽遵之爲彝訓,不敢違法。據此可知頒布大誥實爲明初治理社會之一策。

此本據清華大學圖書館藏明洪武内府刻本影印。另有明洪武二十年太原府刻本等。(劉詔軍)

御製大誥續編一卷 （明）朱元璋撰（第862 册）

朱元璋,有《御製大誥》,已著録。

是書爲《御製大誥》之《續編》,書前有洪武十九年(1386)三月《御製大誥續編序》,稱復出是誥,大播寰中,敢有不遵者,以罪罪之,具條於後云云。卷末又有十九年十一月二十五日所頒上諭,稱朕於機務之隙,特將臣民所犯,條成二誥,頒示中外,使家傳人誦,得以懲戒而遵守之云云。是書所收共八十七條,題目如申明五常、明孝、驗商引物、有司不許聽事、互知丁業、官吏下鄉、濫設吏卒、擅差職官、民拿下鄉官吏、禮部盜出財物、教人受贓、鈔庫作弊、刑獄、匿奸賣引、朝臣蹈惡、剋減賑濟、關隘騙民、居處僭分、吏卒贓私、市民不許爲吏卒、交結安置人、牙行、查踏水災、婚娶、頒行續語等,與《御製大誥》類似,有案例、誥訓、警告三類内容,蓋爲《御製大誥》之續補,而於當時臣民行爲規範多有詳細規定,並稱朕所以命知丁者,但願民得其壽爾,若不申明

先王之教,使民恣肆冗雜,構非成禍,身墮刑憲,將不得其死者多矣。若遵朕申明之教,皆入仁壽之鄉,樂天之樂,豈不快哉云云。此即其誥訓之意。

此本據清華大學圖書館藏明洪武内府刻本影印。(劉詔軍)

御製大誥三編一卷 （明）朱元璋撰（第862 册）

朱元璋,有《御製大誥》等,已著録。

卷前有洪武十九年(1386)十二月《御製大誥三編序》,稱以前二誥,良民君子,欽遵有益,人各獲安,邇來凶頑之人不善之心猶未向化,朕復出誥以三示之,敢有不欽遵者,凡有所犯,比誥所禁者治之;又稱此誥三頒,良民君子家傳人誦,以爲福壽之寶云云。是書所録凡四十三條,題如臣民倚法爲奸、進士監生不悛、公侯佃户、沽名肆貪、空引偷軍、違誥縱惡、秀才剁指、李茂實胡黨、指揮林賢胡黨、陸和仲胡黨、作詩誹謗、造言好亂、蘇州人材、馮叡累貪不悛、官吏長押賣囚、著業牌、農吏、代人告狀、庫官收金、戴刑肆貪、排陷大臣、拖欠秋糧、驛丞害民、頒行三誥等,仍以已有案例加以訓戒,於懲治犯罪種種酷刑亦有詳細説明,如族誅、凌遲、梟首、挑筋、去指、斷手、砍腳等,欲臣民畏懼重刑而不敢犯罪。所述案例亦能反映明初文人受罪之重,如《進士監生不悛》條,列有進士監生三百六十四名犯罪之事,其中進士犯死罪者有王本道、羅師貢、陳宗禮等人,其他處以流、徒、杖刑者不等,所列進士、監生均有官職,如監察御史、工部主事、漢陽知府等,並列其罪行。此爲瞭解明初懲治官吏之實例,頗有史料價值。

此本據清華大學圖書館藏明洪武内府刻本影印。(劉詔軍)

大誥武臣一卷 （明）朱元璋撰（第862 册）

朱元璋,有《御製大誥》等,已著録。

書前有洪武二十年(1387)十二月《大誥武臣序》,稱以胡璉、陳勝、彭友文等人上壞朝廷法度,下苦小軍等罪,而頒行此誥。序文甚長,皆爲口語,洵爲朱元璋口吻。是書凡三十二條,題作冒支官糧、常茂不才、耿良肆貪害民、梅義交結安置人、餓死軍人、擅收軍役、呪詛軍人、科斂害軍、教人作弊、打死軍人、賣放胡黨、縱賊出没、奸宿軍婦、以妾爲妻、私役軍人、生事害民、生事苦軍、排陷有司等,多爲軍人武臣所犯罪行。序文具列誥訓對象爲管軍衙門在京都督府及在外各都司各級武官,可知當時武職官員級别。

此本據清華大學圖書館藏明洪武内府刻本影印。(劉韶軍)

大明律三十卷條例一卷　(明)劉惟謙等撰(第862册)

劉惟謙,生卒不詳,原名劉惟敬,初爲大理寺卿,洪武四年(1371)爲刑部尚書,六年命詳定新律。《明史》有傳。

《明史・藝文志》有《大明律》三十卷,洪武六年命刑部尚書劉惟謙詳定篇目,合六百零六條,九年復釐正十三條。又有《更定大明律》三十卷,洪武二十八年命詞臣同刑部參考比年律條,以類編附,共四百六十條。是書有嘉靖時新頒條例,則非劉惟謙所定《大明律》原書。卷題下署"江西布政使司左參政河南按察使范永鑾重刊",書中有《大明律讀法凡例》,稱是書以《大明律》爲主,附以現行條例,俱備録全文,又録《御製大誥》等書與刑名相關内容,附於律例之後,正德、弘治間所行新例等,則以小字分注於各條之下,以作參考,稱爲"附考",嘉靖以後法司所議而定於令者,則大字書於弘治條例之後,稱"嘉靖新例",又據解律諸書所釋,選擇隱奥難解者作爲參注,稱爲"集解"。此類皆當是重刊者增補内容時所定凡例。

書前有洪武三十年五月《御製大明律序》、

洪武七年刑部尚書劉惟謙等《進大明律表》,並録弘治十一年、十三年、正德十六年相關詔旨,又録《御製大誥序》等。正文首爲《律圖》,收《六贓圖》、《五刑圖》、《獄具圖》、《喪服圖》等。諸圖實爲表,以示明律相關内容。正文分題名例律、吏律、户律、禮律、兵律、刑律、工律等類,各類下又有條目,如《名例律》下有五刑、十惡、八議等四十七條,全書凡四百六十條。引用諸書有《皇明祖訓》,《大誥前編》、《續編》、《三編》,《大誥武臣》,《大明令》,《憲綱》,《大明會典》等,保存洪武至嘉靖間律令及其變化,可供研究明代律例參考。

此本據國家圖書館藏明嘉靖范永鑾重刻本影印。(劉韶軍)

大明律釋義三十卷　(明)應檟撰(第863册)

應檟(1494—1554),字子材,遂昌(今浙江遂昌)人。嘉靖五年(1526)進士,授刑部主事,遷山東布政使,擢兵部右侍郎、總督兩廣軍務,嘉靖二十二年時爲湖廣提學副使,見是書應檟跋。

跋稱檟自嘉靖六年備員法曹,究心律文,每有所得,隨條附記,大率本之疏義,直引諸書而參以己意,可爲治獄之助,故謄寫成書。

是書收録《大明律》原文,可與嘉靖間范氏重刊《大明律例》中所收《大明律》原文對勘,而内容又有新增,如律圖有《新增收贖鈔圖》。是書在《大明律》原文後標以"釋義"加以注釋,並述及洪武以來律令變化,如《名例律》中五刑條,《釋義》先釋笞、杖、徒、流、絞五字之義,稱凌遲處死、充軍、遷徙又五刑之外者,又云國初笞杖決、徒流配其贖銅錢之類,特爲老幼婦人、醫樂户及誣輕爲重者設耳,迨後始有有力納米諸例,蓋因時足國,取漢人入粟贖罪之遺法,然終非太祖立律之本意,而民之所以易犯也。應氏富有執法經驗,故所釋於研究明律可資參考。

此本據上海圖書館藏明嘉靖三十一年廣東

布政使司刻本影印。（劉韶軍）

大清律集解附例三十卷大清律續纂條例四卷
大清律例校正條款一卷　（清）沈之奇注
（清）洪弘緒訂（第 863 册）

　　沈之奇，生卒不詳，字天易，秀水（今屬浙江嘉興）人。游幕三十餘年，潛心刑名之學，所至院司府州縣閱歷讞牘甚多，於法律事務頗爲熟悉。事見本書題署及蔣陳錫敘。

　　洪弘緒，生卒不詳，字皋山，武林（今浙江杭州）人。事見本書題署及張嗣昌序。

　　是書封面題《大清律輯注》，秀水沈天易先生原本，於康熙五十四年（1715）刊刻行世，有是年巡撫山東等地都察院右副都御史蔣陳錫敘，稱沈天易究心名法，成《律例注釋》一帙。後因沿襲日久，因革不同，與新頒律例多有不合，洪弘緒乃重加參訂，合者存之，不合者去之，乾隆十年（1745）完成，次年刊刻。書前有康熙五十四年沈之奇撰凡例，稱諸多解律之書雖各有發明，然尚未詳盡，且多穿鑿傅會，故是書采輯諸家者居半，出於己見者亦居半，諸書謬誤處且爲世所遵信者，則爲之指正。又稱《大清律集解》足發律之精意，兼補律之未備，間有與本文之義別出不可泥者，則謹爲辨釋，或有上下彼此參錯之處，則爲刊刻之誤。翻刻之板甚多差誤脱落之處，則據部頒原本加以較正，仍有刊刻之誤，則不敢臆改云云。

　　是書三十卷，乃就《大清律例》律文及條例文加以注釋，其體例爲先引《律例》原文，再加輯注，於其中名詞、文化背景、歷史典故等一一注解。其中《律圖》部分注釋置各圖之後，一一解釋圖中名詞。《名例》以下諸篇，則分上下欄，下欄爲《大清律集解附例》原文，先爲《大清律》及《集解》，後爲所附條例，上欄則爲沈氏輯注。沈氏所注僅《大清律例集解》及附例，而是書後又附《大清律續纂條例》及《大清律例校正條款》，前者補入乾隆

五至十年新增條例，分爲四卷，後者爲原刻律例有續經奏准後有所增删，及字句誤刊改正而不便入於《續纂條例》中者，單獨彙爲一卷，此非輯注，乃增補條例及校勘改正之文。

　　是書彙集當時最具權威之律學研究成果，諸如《讀律管見》、《律例箋釋》等，對各家律學著作觀點條分縷析，並附以己見，公認爲有清一代輯注派律學著作之代表作。

　　此本據北京大學圖書館藏清乾隆十一年刻本影印。（劉韶軍）

欽定大清現行新律例四十五卷（大清現行刑律案語三十九卷核訂現行刑律六卷）　（清）
沈家本等編訂（第 864—865 册）

　　沈家本，有《諸史瑣言》等，已著録。

　　是書封面題爲《大清現行刑律案語》，宣統元年秋季法律館印。書前有光緒三十四年（1908）修訂法律大臣法部右侍郎臣沈家本及俞廉三奏摺及御批，奕劻等奏編纂《現行刑律》摺及御批等，其後爲《大清現行刑律案語》凡例，説明此次修訂現行刑律相關事項，如删除原有吏、户、禮、兵、刑、工之名，而依新定三十門次序編輯，原有律文沿自前明，此次修訂則據當時情勢有所芟削。可知《大清現行刑律》就原有《大清律例》修改而成，是書乃就此次修訂各條詳加説明，就原律、原例中保持原貌不作修改者及有所修改、移改、移併、删除、續纂者，分條列出並酌加解釋。如"五刑"原律有所修改，原例十五條中有修改一條、移改三條、移併一條、删除九條、續纂三條；"十惡"、"八議"原律仍舊而不改；"比引律條"原例二十條，修併十五條、删除五條；"督捕則例"原例一百一十條，移改一條、移併五條、删除九十六條。所改、移、併、删、續纂處均加案語，其餘各門類均有所修改補充。《案語》共三十九卷，其後爲《核訂現行刑律》六卷，前有宣統元年（1909）十二月奕劻等人所上奏摺，稱沈氏所奏《現行刑律案語》經憲

政編查館核議後以爲尚有應行斟酌者,故就此類再加考訂説明,而成《核訂現行刑律》六卷,則於《案語》又有所修訂。

此本據天津圖書館藏清宣統元年法律館鉛印本影印。(劉韶軍)

刑部比照加減成案三十二卷首一卷　(清)許槤(清)熊莪撰(第865册)

許槤(1787—1862),初名映漣,字叔夏,號珊林、樂恬散人,海寧(今浙江海寧)人。道光十三年(1833)進士,後爲直隸知縣、山東平度知州等,善決疑獄。更著有《洗冤録詳義》、《古均閣寶刻録》等。事跡見《海寧州志稿》卷二八及譚獻《許府君家傳》。

熊莪,生卒不詳,字璧臣,天門(今湖北天門)人。曾官刑部主事、江西臨江知府等。著有《寄情草堂詩鈔》。事略見《晚晴簃詩匯》卷一二二。

道光十四年許序稱《吕刑》有“上下比罪”之文,上下即加減。律外有例,已備上下之比,仍不能盡入於例,又因案以生例,故斷獄尤視成案。後至京師得識李方赤、熊璧臣,二君並官刑部,每言比照加減之法,剖析入毫芒。熊氏校《加減成案》,遂取熊氏手校本,並借李方赤本、姚聖常本,與熊氏參互考訂,提其要領,凡折獄皆可依類折衷,然案爲獄已成者,獄爲案未成者,執已成之案斷未成之獄,仍不能必獄無枉濫,則折獄又自有本云云。又有道光十四年熊莪序,稱刑部任職十餘年,縱觀諸曹舊案,其最善者莫如《比照加減成案》,可以補《律例》所未備,故手録一過以資省覽。後與許珊林往復論究,删訛訂謬,勒爲成書云云。是書因署杭州許槤、安陸熊莪同訂,分題名例、吏律、户律、禮律、兵律、刑律、工律等類,類下又有目,目下細分子目,各録具體案例,用以説明如何衡量用刑輕重,以求合乎刑律。所録諸多案例,頗能反映清代社會現實諸方面,故是

書可爲研究清代歷史之助。

此本據天津圖書館藏清道光十四年刻本影印。(劉韶軍)

刑部比照加減成案續編三十二卷　(清)許槤等撰(第866册)

許槤,有《刑部比照加減成案》,已著録。

是書爲許氏《刑部比照加減成案》續編,前有道光二十三年(1843)自序,知成書於此時。自序稱朝廷任刑法官員者,多任官後始學刑律,學而未精已遷官離去,而黠胥猾吏則長年以此爲業,於刑獄畸輕畸重知之甚悉,又知前任官員折獄過程與衡量標準,而對新任官員則竊匿案情,或有情事相同而科罪不同之案,則尤秘而不輕出。因此新官若檮昧不事事,則祇能任由此類黠猾胥吏上下其手。官員中或有忠信明決之士,據《律例》斷案,而黠胥猾吏則徐出成案,稱“某年某省某案,前官議如是”,則官員面赤而不敢復言獄事,實不知某年某省某案又有不如是議者。必久於其職,博聞疆識,始能不由胥吏操縱。今《律例》頒行天下,《成案》獨藏刑部,《加減成案》刻已十年,嗣後又輯近年成案,悉心去取,於情之兩歧者尤慎之又慎云云。遂續成三十二卷,刊刻行世,體例及門類與前書相同,而所收爲道光十四年至二十三年間各地各類案例,可與前書合觀。

此本據浙江圖書館藏清道光二十三年刻本影印。(劉韶軍)

欽定王公處分則例四卷　(清)宗人府纂修(第866—867册)

清代設宗人府管理皇家宗室事務,掌管皇室宗族名册,撰寫帝王族譜,記録宗室子女嫡庶、名字、封號、世襲爵位、生死時間、婚嫁、謚號安葬、引進賢能,記録罪責過失等。是書爲宗人府所纂皇家宗室人員犯罪處分條例,前有《查例章程》,稱向來文武官員處分,吏、兵

二部原有定例,惟王公多係世職,處分固亦相同,然爵俸原本有所不同,是以不能一體辦理,故宗人府特定《王公處分則例》,其例雖與文武各員有殊,而其律仍與文武各員無異云云。是書就宗室王公人等所犯罪行一一規定如何處罰,以爲後世作則,部、類、目亦收案例,故稱《則例》。卷前又收《議處舊章》、《引律議處》、《處分條款》、《降級兼議罰俸分別抵銷以及降革》、《照例減議》、《自行檢舉》、《罪名相因》、《議處事件不得增删例文》等規定。正文則分題公式、選舉、考劾、限期、封蔭、文移、營私、本章、雜記、倉庫、營造、户口、俸餉、卹賞、承催、解支、災賑、祀典、儀式、印信、考試、軍政、營伍、禁衛、軍器、火禁、緝捕、緝逃、服色、曠職、審斷、刑獄、賭博、犯贓、竊盗等類,類下各有細目若干。據是書可以考見清代宗室管理制度及懲罰過失犯罪之規定。

此本據中國科學院圖書館藏清咸豐刻本影印。(劉韶軍)

三流道里表 (清)徐本(清)唐紹祖等纂修(第867册)

徐本(1683—1747),字立人,錢塘(治今浙江杭州)人。康熙五十七年(1718)進士,歷任編修、湖北布政使、安徽巡撫、左都御史、工部尚書、東閣大學士兼禮部尚書、辦理軍機大臣等。《清史稿》有傳。

唐紹祖(1669—1749),字次衣(一作賜衣),號改堂,江都(今江蘇江都)人。康熙四十八年(1709)進士。由庶吉士改刑部主事、湖州府知府、刑部員外郎,又任《大清律例》纂修官等。更著有《改堂先生文鈔》。事跡略見《四庫全書總目》卷一八四《改堂文鈔》提要及雍正《浙江通志》卷一二二。

書前有乾隆八年(1743)徐本等爲編纂《三流道里表》所上奏章及諭旨批覆,中稱雍正十二年有按察使何師儉條奏流罪三等,僅開列某省流犯分流某省,而具體里數與地點均未詳定,因請統一規定以便執行,刑部遂遵批覆諭旨,依據《輿圖》及《會典》内《軍衛道里表》所載道里遠近分爲三等,注明府屬,詳加酌定,編成是書,乾隆八年有旨刊刻爲準云云。其後爲是書編纂凡例以及編纂人員職銜。總裁官爲徐本、三泰、史貽直、來保,纂修官以刑部貴州清吏司郎中唐紹祖爲首,又有周琬、阿林泰、兆珠納、圖南、涂錫禧等人,均爲刑部官員。

是書内容涵括當時各省所屬府州三等流犯應流地方,以表格明列地名及距離里數,如順天府流二千里處有山西寧武府屬寧武等縣,二千五百里有陝西延安府屬膚施等縣,三千里有陝西榆林府所屬德州、米脂等縣,其餘各省各府所定三等流放里數及相應府縣地點等亦分表明列,如貴州遵義府三千里罪犯流放地在江西九江府所屬瑞昌等縣。可知清朝廷於三流刑罰已具統一規定,可供研究古代流刑制度參證。

此本據遼寧省圖書館藏清乾隆八年武英殿刻本影印。(劉韶軍)

督捕則例二卷 (清)徐本(清)唐紹祖等纂修(第867册)

徐本、唐紹祖,有《三流道里表》,已著録。

清初爲追捕旗下逃人,於順治十年(1653)設兵部督捕衙門,掌管捕獲逃人,並制定《督捕則例》,以明逃人及其窩主懲處法例。書前有康熙十五年(1676)兵部奏疏,後爲編纂是書職官。有户部尚書索額圖、刑部尚書熊賜履、户部尚書梁清標、都察院左都御史介山等人。其後則爲徐本乾隆八年(1743)所上奏疏,稱《則例》遵行已七十餘年,未經修輯,内有諭旨改定而《則例》未加改動者,又有舊例與現今欽定刑律互異者,或事一而例歧,或情同而罪異,故奏請重加修緝,於舊例一百十三條,或分或併,或删或增,修定爲一百又三條,書成則由武英殿監造刊刻。是書詳細規定追捕逃人各項律例,其名目分題八旗逃人分別次數治罪、窩逃及鄰佑人等分別治罪、十日內拏獲不刺字、逃人自回自首、攜帶同逃、逃人另犯他罪、旗人私出境外、逃人外娶之妻所生子女、賣身行詐等。

此本據遼寧省圖書館藏清乾隆八年武英殿刻本影印。(劉韶軍)

提牢備考四卷　(清)趙舒翹撰(第867冊)

趙舒翹(1848—1901),字展如,長安(屬今陝西西安)人。同治十三年(1874)進士,後爲刑部主事、鳳陽知府、浙江布政使、江蘇巡撫、刑部左侍郎、刑部尚書、軍機大臣、順天府尹等,義和團起事,趙氏主張撫而用之,《辛丑條約》簽訂後,賜死。遺稿由友人王步瀛編成《慎齋文集》、《慎齋別集》,又著有《溫處鹽務紀略》等。《清史稿》有傳。

提牢,爲清代官名,刑部內設提牢主事,滿、漢各一人,管理部內監獄,簡稱提牢。是書前有光緒十一年(1885)趙氏自序,稱刑部提牢一職,管理南北兩監,事繁責重,素稱難治,己卯年(光緒五年)八月任此職,一年之內考校此中情弊,微有所得,遂就淺見所及臚著於冊。卷末有作者識語,稱提牢在西曹爲衆獄關鎖要地,事例煩雜,而向無成書,即前人所立章程亦半多散軼,初任者則一切茫然,遇事罔知所措,迨稍覺熟悉而又將去任。舒翹知其弊,搜輯數年,始克成帙云云。其中又就諸事附以論說,直抒胸臆。是書載錄提牢管理監獄之制,分爲《囚糧考》、《條例考》、《章程考》、《雜事考》四類。其中《雜事考》彙錄李文安《貫垣紀事詩》、溧水濮文暹《提牢瑣記》、宋邦傅《祥刑古鑑》及王陽明《提牢廳壁題名記》等。據是書內容可知清代提牢制度嚴密,於收監、出監之檢查,囚糧、囚衣、病囚待遇之查驗,獄囚之點視,以及提牢官之值班等制度,均有詳規,由此可考見清代牢獄制度。

本書據上海辭書出版社圖書館藏清光緒刻本影印。(劉韶軍)

刑案匯覽六十卷首一卷末一卷拾遺備考一卷續增刑案匯覽十六卷　(清)祝慶祺撰(第867—872冊)

祝慶祺,生卒不詳,號松庵,會稽(今浙江紹興)人,道光初任刑部云南司胥史,後入閩浙總督孫爾準幕府。事跡略見是書鮑書芸序。

書前有道光十四年(1834)鮑書芸序,稱天下刑案匯於刑部,詳加核議,故刑部歷年成案文牘浩如淵海,欲分門別類,裒集一書以便檢閱,以研究未精,未遑從事。後於揚州見祝松庵有其所錄《例案》一編,遂托祝氏編纂是書,未及完成,祝氏至閩督孫文靖公幕府任職,至道光十二年始重加研究,費時三年,成書六十卷,臚列陳案及刑部說帖,分門別類,名爲《刑案匯覽》。據是書凡例稱,刑部說帖始自乾隆四十九年(1784),由刑部各司於各省彙報題奏咨文及審辦詞訟,逐一核覆後擬稿,呈堂官審閱,或無相關律例及情節疑似,則交律例館覆核,核定後再繕具說帖。五十年來所存說帖極多,僅按年匯冊,未及分類,難以檢核,是書則據現行律例分類重編,以便檢閱,於道光十四年刊行云云。

《匯覽》輯錄乾隆元年至道光十四年刑案五千六百四十餘件,按《大清律例》分題名例律、吏律、戶律、禮律、兵律、刑律、工律諸類,各類下又分若干目,各目下載案例,如《刑律》下分十類一百零一目,載有數百案例,各案前注明案發地及年月,各卷前有詳細目錄。又有卷首一卷,錄《赦款章程》;卷六十後有卷末一卷,錄《刑部事宜》,下有刑部額設官員及各項事宜、各省題咨案件分別歸司辦理、案情疑難重大再行派員審辦、官員降革案件移咨吏兵二部、本部查辦緩決三次減等章程

等刑部相關資料,後爲《拾遺備考》,録相關
奏章公文等以釋刑律有關條文。其後祝慶祺
又編《續增刑案匯覽》十六卷,收道光十三年
至十八年間刑案一千六百七十餘件。

此本據山東省圖書館藏清道光十四年至二
十年棠樾慎思堂刻本影印。另有道光二十四
年金穀園重刻本、咸豐二年棠樾文淵堂刻本、
光緒八年廣東省城西湖街藏珍閣刻本及道光
二十九年味塵軒續增本等。(劉韶軍)

新增刑案匯覽十六卷　(清)潘文舫撰(第
872 册)

潘文舫,生卒事跡不詳,據是書何維楷序,
知爲熙州(今甘肅臨洮)人。

書前光緒十二年(1886)何序稱,熙州潘君
文舫等博搜精擇,商訂編輯,一仿前書體裁,
衷成此帙云云。封面題作“新增刑案匯覽三
編”,光緒庚寅新刊,紫英山房印行,則刊行
於光緒十六年。是書凡例略稱:體例一遵祝
慶祺《刑案匯覽》,所收案例自道光二十二年
(1842)至光緒十一年;前書有條目而無案例
者增入三十條;前書已全鈔律目,兹不復贅,
酌將名例及六部律牌録於條目内,並將目録
改爲單行大字以醒目;歷年部頒新定專條及
隨時變通酌辦通行章程等全行增入;前集所
録説帖無多,則於邸鈔及近時諸名臣奏議暨
友人隨筆中廣爲搜輯;部中議駁各案、邸鈔
成案未奉部覆定案者間亦録及;所輯除部頒
新例及通行章程外,多爲例無專條可資援引
比附加減定擬之案;軍興以來凡營務、釐務、
團練、游勇相關犯罪之案前書所無,録以補
缺;自《曾文正公奏議》内録出陳國瑞、李世
忠互鬥案,雖未合前集體例,然以其筆墨簡
括,擬議精當,録備一格;咸豐八年(1858)
順天科場案,非特前集所無,且自古以來不
多見者,乃録以備查考,云云。全書仍依清
律門目分類編輯,共七門二十四類一百零一
目,目下各列相關案例,各案末注明年月及

資料來源,書後附有《刑部事宜十條》)。是
書與《刑案匯覽》均爲瞭解清代各類案件及
相關社會事件之珍貴資料。

此本據北京大學圖書館藏清光緒十六年紫
英山房刻本影印。又有光緒十二年皖省聚文
堂刻本。《刑案匯覽》、《續增刑案匯覽》及是
書又有光緒十四年上海圖書集成局合印本。
(劉韶軍)

駁案彙編四十一卷　(清)朱梅臣輯(第
873—874 册)

是書合《駁案新編》、《駁案續編》、《秋審實
緩比較彙案》三種爲一編,朱梅臣輯。《駁案
新編》全士潮輯,《續編》無編者之名,《秋審
實緩比較彙案》爲桑春榮等纂。

朱梅臣,生卒事跡不詳,據卷首劉瑞芬序知
爲山陰(今浙江紹興)人。

全士潮,生卒不詳,字秋濤,乾隆間曾任刑
部司務廳司務、陝西司主事、總辦秋審兼湖廣
司督催、律例館纂修等,見是書纂修者銜名。

桑春榮(1802—1882),字柏儕,順天宛平
(今屬北京)人。道光十二年(1832)進士,授
編修,歷官雲南臨安知府、雲南巡撫、署雲貴
總督、刑部尚書等。《清國史》卷九七有傳。

《駁案新編》三十二卷,凡例稱收録乾隆元
年(1736)至四十九年駁案(凡三百一十九
件,依清代律例類目編排,然檢所録,最晚者
至乾隆五十八年,或爲彙輯者或他人所補)。
凡欽奉上諭指駁改擬及内外臣工援案奏准永
爲定例者皆加收録云云。每案先敘該督撫原
題,後恭録諭旨,次敘内外衙門原奏,以知其
案因何駁正,並某條律例因何改定。有乾隆
四十六年山西道監察御史刑部律例館提調阮
葵生序,稱是書由全君秋濤偕同曹諸君子,取
近年駁案彙輯成編云云。又據凡例,乾隆三
十六年刑部各司衙署失火,案牘不全,故又采
同人手録並詳查堂行通行各簿,按諭旨年月
以次編輯。

《駁案續編》七卷,彙輯乾隆後期至嘉慶二十一年(1816)駁案六十二宗,收録大臣上報各地案例,有犯罪發遣僞造赦文假印、妻罵夫祖父而夫擅殺、積匪糾竊勒贖窩分、索欠搶奪公牛毆傷事主身死等案,編排體例與《新編》盡依清代律例類目釐分者有所不同。

《秋審彙案》二卷,收咸豐元年(1851)至光緒九年(1883)案例,按年月排列,其首標明地域,如"川"、"奉"、"直"、"山東"、"江西"等,與《駁案新編》按清律類目編排不同。書前有光緒九年京都擷華書局印本字樣,又有光緒五年桑春榮序。

是書前有光緒九年江西提刑按察使劉瑞芬序,稱朱梅臣將乾隆四十六年全士潮等人所刊《駁案新編》三十二卷、嘉慶二十一年《駁案續編》七卷、光緒八年桑春榮《秋審實緩比較彙案》二卷,彙爲一書,使司刑者易於翻閱云云。光緒十年刊行。

此本據北京大學圖書館藏清光緒十年刻本影印。《駁案新編》卷十一至十五據復旦大學藏本配補。(劉韶軍)

約章成案匯覽五十二卷　(清)　顏世清編(第 874—876 册)

顏世清(1873—1929),字韻伯,連平(今廣東連平)人。進士出身,曾任直隸洋務局會辦,民國時爲直隸都督府外交廳長、北京大總統府軍事參議、井陘礦務局督辦、奉天巡按使署政治顧問、財政部印刷局局長、張家口稅務監督等。爲當時著名畫家、收藏家。更著有《宜泉閣詩》,編有《光緒乙巳年交涉要覽》等。

是書封面題北洋洋務局纂輯,上海點石齋承印。有光緒三十年(1904)袁世凱序,稱國際交往之法律,無人能擅立法之權,故今日國際法占主位者莫如條約。此前曾有彙纂、類編及分類輯要等書,而所載止於光緒二十五年,其後又有相關條約等,遂命顏世清續纂是

書,增益圖表,旁注年月,以便檢核。又有光緒三十一年張百熙、楊士驤序,稱袁氏以顏世清總其事,設局兩載,纂成是書。又有顏世清所撰例言,稱是書體例門類較以前諸書有所損益更易,所收條約等自康熙二十八年(1689)至光緒三十年,二百餘年中外交涉之事備記於此,其後則逐年編爲一本,仿海關貿易册式,不斷接續,永以爲例云云。是書分甲乙二篇,甲篇載條約,乙篇載章程、成案。二篇皆各分二十門,題作訂約、交際、疆界、開埠、租借、通商、行船、禁令、獄訟、聘募、招工、游學、游歷、傳教、償借、鐵路、礦務、圍法、郵電、賽會等,門下或分類若干。甲篇先列門類總目,再按國別分成十卷,卷一至卷九涵十九國,卷十則爲《各國統共約章》。各條約均按立約年月先後爲次,每卷後附《檢查門類表》,指明條約各款分屬各門。乙篇則依二十門分成四十二卷,每門分一卷至數卷不等,每卷又分卷上、卷下,分別載録章程、成案,亦有不分上、下而僅載成案者。所定門類較前此諸書多有更正,如《游學類》原屬於《傳教門》,是書則另立《游學》一門。所收章程、成案據外務部及北洋檔案録出,成案爲有關訂立條約章程之奏摺等,又多附圖表,如《各國立約年月表》、《各口岸通商開埠原始表》、《大清輿圖》等。圖用彩印,表較原書增加六表,如《有約各國一覽表》、《各國派駐華使臣編年表》等。此外文中又多有各類圖形,如卷二十三《行船》門有中外各國輪船旗式,包括大清國旗,大清商旗,北洋水師全軍將領旗、日本國官民旗、高麗國旗、英國皇旗、英國官旗、英國民旗等。

此本據上海辭書出版社圖書館藏清光緒三十一年上海點石齋石印本影印。(劉韶軍)

歷代刑法考七十八卷　(清)　沈家本撰(第 877 册)

沈家本,有《諸史瑣言》等,已著録。

是書據歷史文獻考察中國歷代刑法各項内容,起唐虞至明代。先《總考》四卷,以五刑制度爲基礎,考察歷代沿革。次《分考》十七卷,以具體刑法分類,敍述歷代演變。其後《赦考》一卷、《律令》九卷、《獄考》一卷、《刑具考》一卷、《行刑之制》一卷、《行刑之數》一卷、《死刑之數》一卷、《唐死罪總類》一卷、《充軍考》一卷、《鹽法、私礬、私茶、酒禁、同居、丁年考》合一卷、《律目考》一卷、《漢律攈遺》二十二卷、《明律目箋》三卷、《明大誥峻令考》一卷、《歷代刑官考》二卷,按目分列,縷析條分,於相關資料文獻一一考訂,至爲精核。是書從訓詁入手,引經據典,追根溯源,旁徵博引,以求闡發本意,同時吸收清代學者如段玉裁、桂馥、王筠等研究成果。沈氏於歷代律法,側重漢律、唐律及明律,其漢律研究尤爲本書精華所在,《漢律攈遺》二十二卷,占全書近三分之一,分量最重。於相關史料探隱發微,力求窮盡,考辨多引漢人之説以釋漢律,俾久已亡佚之漢律大體可觀,貢獻尤大。後人稱是書爲中國刑法律例史料長編,乃中國古代刑法史之系統之作。

附有《寄簃文存》八卷,爲關於法律之學術論説彙編,卷一爲有關法律之奏議,卷二至卷五爲論、説、考、釋、斷獄、答問、書信等,就法律專門問題一一論説,卷六至卷八,爲相關法律文獻之序跋、書後,多有精闢論斷與校勘成果,至今仍爲研究者所利用。

此本據上海辭書出版社圖書館藏民國刻《沈寄簃先生遺書》本影印。（劉韶軍）

船政不分卷　（第 878 册）

是書不著撰人,亦無序跋。據書中《案呈》部分所載相關奏疏公文等,知爲嘉靖二十一年（1542）至二十五年前後,南京兵部關於建造戰船所列圖式、案呈及相關禁約、買木、造修等規定。先爲《圖示》,畫有快船式樣及平船式樣,圖中詳標船身各部位名稱,其後《案呈》,收録嘉靖二十一年至二十五年南京兵部呈報造船事宜奏疏公文等,更後爲《題例》,收録禁約、買木事宜、造修事宜相關公文。書中就造船各部件規格作詳細規定,如開鋸六號楠木壹根,長三丈九尺三寸二分,圓六尺九寸八分,解板八塊,製作左標板長二丈九尺,頭厚一寸八分,大面闊一尺七寸等;又載造船相關規制,如稽財用、搭蓬席、查底船、算板片、遵定式、核物料、禁故板、精造作、裁冗費、謹提防等,更詳記造船用料及其價格,如拆造快船一隻,領楠木玖根,共該價銀玖拾兩玖錢肆厘貳毫伍忽柒微玖纖叁塵,領釘伍百貳拾伍斤,每百斤價銀壹兩陸錢,共銀捌兩肆錢。要之,分目明細,數據詳備,是此書之長。

此本據寧波市天一閣博物館藏明嘉靖刻本影印。（劉韶軍）

南船紀四卷　（明）沈啓撰（第 878 册）

沈啓（1501—1569）,字子由,號江村,吳江（今屬江蘇蘇州）人。嘉靖十七年（1538）進士,後爲南京工部主事、湖廣按察副使等。更著有《吳江水利考》、《家居稿》、《南北稿》、《西臺稿》、《越吟稿》、《楚吟稿》、《雞巢嶺稿》、《杜律七言註》、《南廠志》等。明王世貞《弇州山人四部稿》卷八一有傳。

是書封面題乾隆六年重刻本,沈江村著,本衙藏板。先録嘉靖二十年南京工部營繕清吏司主事沈啓奏疏,卷一爲各類船隻《圖數》,含黄船、戰巡船、後湖金水河船、快船、裁革船等,《圖數》繪有各類船隻圖形,並標明船體各部位名稱,然後爲文字説明,如黄船爲皇帝御用之船,又分預備大黄船、一般大黄船、小黄船、匾淺黄船等,分别説明各部分名稱及其規制尺寸等,其餘戰船、巡船等均依此例繪圖並説明其規制,故稱"圖數"。卷二爲《因革例》,含黄船、匾淺黄船、馬快船、金水河船等,記載明代前期各衛所駐軍所配戰船數量、修造規定及歷年裁革與增造等。卷三爲《典司》，記載南京工部都水清吏司與龍江造船廠等部門編制及船廠所屬地產等。卷四爲"例"，含《造船》、《收船》、《收料》、《料餘》、《稽考》五例，記載造船、收船、收料、料餘與考核等規章制度。書中有嘉靖二十年相關奏疏，而刊刻於嘉靖三十二年之《龍江船廠志》亦多處引用是書，知成書當在嘉靖二十年至嘉靖三十二年間。卷末有沈氏八世孫沈守義乾隆六年跋，稱是書爲其先祖嘉靖中任南京工部營繕司主事兼署龍江提舉司造船主事時所撰，當時船政廢弛，弊端叢生，故撰是書，呈部准行。後書板不存，惟家藏印本二冊，因以原本重翻刊行云云。是書記載明代各類官船式樣、建造及使用制度等，據此可以考知明代造船技術詳情。

此本據南京圖書館藏清乾隆六年沈守義刻本影印。（劉韶軍）

船政新書四卷　（明）倪涷撰（第 878 冊）

倪涷，生卒不詳，字霖仲，上虞（今浙江上虞）人。萬曆二年（1574）進士，後爲南京兵部車駕司員外郎、兵部郎中、安福知縣、瓊州知府、荆州知州等。事見《（雍正）江南通志》卷三七、《（雍正）浙江通志》卷二八〇。

書前有萬曆十六年南京禮部尚書姜寶序，稱倪氏整頓船政之事，而成是書云云。書中先錄題稿部咨七道、稟揭文移九道，更分題弊害緣由、調度大綱、派丁編銀、募夫着船、買給料價、修造船隻、查扣銀兩、夫役工食、差撥驗裝、看守禁約、申明職掌、會計、客問、慮後、紀事、解戇、黃船等類，以述船政之事。各類下又有細目。是書可與《南船紀》配合以考知明後期戰船修造等事。

此本據上海圖書館藏明萬曆刻本影印。（劉韶軍）

龍江船廠志八卷　（明）李昭祥撰（第 878 冊）

李昭祥，字元韜，松江（今屬上海）人。嘉靖十六年（1537）進士，後爲蘭溪知縣、南京工部主事，派駐龍江船廠，管理船廠事務。《（雍正）浙江通志》卷一五五有傳。

據是書歐陽衢序，知書成於嘉靖三十二年（1553），全書述明代龍江船廠歷史及制度，分爲八志。《訓典志》載謨訓敕諭，又記典章，錄律例，附以成規。《舟楫志》記船之名數及其形制，題有制額、器數、圖式等目。《官司志》記相關職官，題有郎中、主事、提舉等，凡役於此廠者皆得附見。《建置志》記述廠內山川形勝、道里廣狹、署宇沿革、坊舍廢置。《斂財志》下分述地課、木價、單板、雜料等費用。《孚革志》記述革除船廠弊政等事，分題收料、造船、收船、佃田、看料等目。《考衷志》記造船工料等事，分題稍食、量材二目。《文獻志》記歷代船制之始由，分題創制、設官、遺蹟三目。是書繪有船圖二十六幅，又詳述船廠建置，如船廠提舉司、幫工指揮廳爲管理指揮部門，而鐵作房、木作房、細木作房、篷作房、索作房、纜作房、油漆作房等，則爲製作車間。是書與《南船紀》等書均爲考察明代造船技術及管理制度之重要史料。

此本據上海辭書出版社圖書館藏民國三十六年國立中央圖書館影印《玄覽堂叢書續集》本影印。（劉韶軍）

繕部紀略一卷　（明）郭尚友撰（第 878 冊）

郭尚友（1569—1647），字善孺，濰縣（今山東濰坊）人。萬曆二十九年（1601）進士，後歷官工部郎中、山西副使、山西按察使、河南布政使、保定巡撫、户部右侍郎兼都察院右僉都御史、總督漕運、户部尚書等。更著有《漕撫奏疏》、《愛勞軒答問草》。事跡見民國《濰縣誌稿》。

此書爲郭氏卸任工部營繕清吏司郎中、升任山西副使時所撰，載錄任職工部三年間所上奏疏，彙集任內一應事由，撮其切要，分爲二十條,呈求堂官批准存司以永著爲例。其中改革工程透領預支、嚴格審查工程預估款項、新領款項必須帶完往日欠款、皇極門(後稱太和門)中道用石不必拆除、楠木難得難運可酌改用柁木以及琉璃瓦燒製、門殿興作、山臺兩廠傳造器物、寶源局鑄造錢采購銅料、臨清燒製城磚、大內工程踏勘、內監提督工程、十庫貯存物料、冒破等弊多源自中涓掣肘、湖廣大木運輸、鋪車灰窯夫匠、工部修會之役、工部派送監工員役等事,均有相應措施消除弊端。是書所撮二十條,主要針對三類問題:經費、物料、工程監督。工程監督尤爲敏感,癥結在於內官提督內外工程。郭氏力主外工不用內官提督,有以見明代後期官僚集團與宦官集團矛盾之尖銳。後有工部尚書《表彰賢勞摺》,稱郭氏能停一切不急之工、祛百務浮淫之蠹,隨事節裁,使積弊盡釐、漏洞盡塞,望吏部能破格加升,以示旌酬。書前有萬曆四十二年任家相序,亦稱郭氏爲范蠡、陶侃。是書流傳不廣,《明史·藝文志》亦不載,然據其所載可以考知萬曆後期朝廷監管工程之事,於明史研究亦可資參證。

此本據國家圖書館藏明萬曆四十二年任家相等刻本影印。(劉韶軍)

工部廠庫須知十二卷　(明) 何士晉纂輯 (第 878 冊)

何士晉(? —1627),字武莪,宜興(今江蘇宜興)人。萬曆二十六年(1598)進士,後爲工科給事中、廣西巡撫、兵部右侍郎、總督兩廣軍務兼巡撫廣東等。《明史》卷二三五有傳。

《明史·藝文志》著録是書爲《廠庫須知》。萬曆三十六年士晉巡視工部廠庫,七年後復來,與各司官員討論廠庫管理之事,定出章則,纂成是書。書前有萬曆四十三年林如楚序及工科給事中何士晉序。先收巡視題疏、本部覆疏、《廠庫議約》、《節慎庫條議》;以下則按營繕司、修倉廠、清匠司、繕工司、琉璃黑窯廠、神木廠、山西大木廠、臺基廠、虞衡司、寶源局、街道廳、驗試廳、盔甲王恭廠、都水司、通惠河、六科廊等司廠,分述其官職名稱、職掌、年例、規則、會有、外解、議論諸事。書卷題下署何士晉纂輯,廣東道監察御史李嵩訂正,屯田清吏司主事李純元等人考載,其餘同編之人又有營繕司、虞衡司、都水司等屬員。

此本據上海辭書出版社圖書館藏明萬曆四十三年林如楚刻本影印。(劉韶軍)

新編魯般營造正式六卷(存卷一至卷三) (第 879 冊)

是書不著撰人,僅存卷一至卷三。卷一現存第一葉前二行爲"金安頓照退官符三煞將人打退神殺居住者永吉也"二十一字,據明萬曆本《魯班經匠家鏡》相關條款,知此爲《起造立木上樑式》之文。其後爲《請設三界地主魯般仙師文》。各版本《魯班經》均有此文,或名爲"請設三界地主魯班仙師上樑文"。各版本此文頭尾文字相同,中間則多增文字,其中有"今爲厶路厶縣厶鄉厶里厶社奉大道第子厶人"字樣。元代習慣用"厶",爲"某"字俗體,明清版本則皆改作"某"。文後有圖,圖示正七架、地盤、真尺,其後又有《定盤真尺》文,文後有詩,贊頌修建屋宇先須求得平正等。卷末有"新編魯般營造正式卷之一"字樣,其中"魯"誤作"曾"。卷二爲《水鴨子圖》、《斷水平法》、《魯般真尺式樣》及文字解説,後附魯般真尺財、病、離、義、官、劫、害、吉八字詩各一首,又有《本門詩》、《曲尺詩》及圖以及《推匠人起工格式》等。卷三有《五架房子格》、《造屋間數吉凶例》、《五架屋圖》、《九架屋圖》、《秋千架圖》等。卷中及卷末均有缺葉,然仍可考知明代民間木匠建造房屋技藝及觀念。

此本據寧波市天一閣博物館藏明刻本影印。(劉韶軍)

園冶三卷　（明）計成撰（第879冊）

計成（1582—?），字無否，號否道人，吳江（今屬江蘇蘇州）人。少有繪名，性好搜奇，早年遊歷燕楚，中年歸吳，擇居潤州（今江蘇鎮江），爲人建假山而成名，先後主持建造常州東第園、儀徵寤園等處園林，事後記述園林圖式，初名《園牧》。曹元甫改名爲《園冶》。書成於崇禎四年（1631），七年由阮大鋮刊刻。其人事跡略見是書闞鐸《識語》及計氏自序。

此本前有民國二十年（1931）朱啓鈐序，稱古來王侯第宅罕有留遺甚久者，獨於園林之勝，歌詠圖繪，傳之不朽。江表諸州，至今猶多以名園著。園林結構之術，今已不絕如縷，不可坐視湮没云云。是書爲明末專論園林藝術之作，北平圖書館有其殘卷，與家藏影寫本合爲三卷，陶湘付諸影印，後從日本内閣文庫借校，重付剞劂。後有闞鐸長篇識語，並有崇禎四年自序、崇禎七年阮大鋮序、八年鄭元勳題詞。是書日本有鈔本，卷首題"奪天工"三字，故書名又稱《奪天工》。日本内閣文庫另有阮大鋮刻本，刻工爲皖城劉炤。《掇山》一篇爲是書精要，内中如園山、廳山、樓山、閣山、書房山、内室山諸條，爲北地所稀，即揚州亦不多見。此篇又用等分平衡法，此法見於《世説新語》，稱建淩雲臺，先稱平衆木輕重，然後造構，乃無錙銖相負，向來匠工以此爲美談。是書於此法尤所注意。其餘《門窗》、《牆垣》、《鋪地》諸篇，力矯流俗，於匠人所謂巧制、所謂常套，去之惟恐不速。更能於廢瓦破磚務求利用，多具匠心。又《裝折》篇論園屋裝修如何處理曲折與端方之關係，深得虛實、高下、顯隱、疏密、方折之理；並附屏門、仰塵、床榻、風窗等部件式樣，其中柳條式床榻爲宋元以來民家定法，又欄杆百樣，層出不窮，不用古之回文萬字，力矯國人好以文字作花樣之通病。以明代傳奇中所畫房屋及其裝設，與是書比照，若合符節。全書冠以《興造論》，以下爲《園説》，含《相地》、《立基》、《屋宇》、《裝折》、《門窗》、《牆垣》、《鋪地》、《掇山》、《選石》、《借景》十篇，有圖二百三十餘幅，爲明代南方園林建造之珍貴史料。

此本據天津圖書館藏民國二十一年中國營造學社鉛印本影印。（劉韶軍）

新鐫工師雕斲正式魯班木經匠家鏡三卷　（明）午榮（明）章嚴撰（第879冊）

據是書署名，午榮爲北京提督工部御匠司司正，章嚴爲局匠所把總，二人餘事不詳。

版心題"魯班經"，乃是書簡稱。魯班，指春秋末魯國人公輸班，後世木工奉爲祖師。書前已有殘缺，所存先爲諸種式樣圖像，有五架、七架、九架、鞦韆架、門樓、正七架、王府宮殿、司天臺、廳堂廟宇、涼亭、水閣、橋亭、鐘鼓樓、牛欄、馬廄、大床、鏡架等式，圖後爲正文，題"新鐫工師雕斲正式魯班木經匠家鏡"。卷一先述魯班仙師源流，然後述人家造屋主體部份及主要工序，亦附及王府宮殿、寺觀庵堂等同類部份；卷二述人家居宅之附屬部份建造，如倉廒、鐘樓、六畜廄欄等，以及床、屏、棹、椅等器物製作；卷三述門牆須正及其與周邊環境如道路、水池、山石等相互關係，圖文並行。全書所述，尤其是一、三兩卷，以禁忌、風水爲主，製作則略列格式而已。然所及諸法式，如魯班真尺、斷水平法等；所列之格式，如正三架至正九架堂屋規制等；所引與營造有關之俗詩俗文，以及有關相宅卜地之要領等，亦有以考見明代江南民間房屋修建規制、習俗等。

此本據北京大學圖書館藏清乾隆間刻本影印。（劉韶軍）

工程做法七十四卷　（清）允禮等撰（第879—880冊）

允禮，有《西藏日記》等，已著錄。

是書修纂者以和碩果親王允禮爲首，另有

韓光基等十四人,據書前雍正九年(1731)、十二年奏疏,知是書將營造壇廟、宮殿、倉庫、城垣、寺廟、王府及一切房屋油畫裱糊等項工程做法及應需工料,詳細酌擬,經核實造冊而爲工程條例,上報朝廷批准頒行。凡七十四卷,其中卷一至卷二十七述木架構作法,卷二十八至卷四十述斗拱作法,卷四十一述各項裝修,卷四十二、四十五述石作,卷四十三、四十六述瓦作,卷四十四述發券作法,卷四十七述土作作法,卷四十八至卷六十述各項作法之用料,卷六十一至卷七十四述各項作法之用工。

是書根據所建房屋規格分爲多種,檁數有玖、柒、陸、伍之分,各檁又有大小式之分,建築形式及各項工程法制分類甚細,於諸種造作及其規格、用料、式樣等均有詳細記述,並有圖式多幅。其中《畫作》一項,記載清代宮殿建造中各式畫法類別及用料、用工等,部分畫法又有規制説明,所記畫法與雍正九年《内庭工程做法》所載畫作比較,均爲三十六種,去其重複,二者共五十四種,分爲琢墨彩畫、五墨彩畫、地仗彩畫、蘇式彩畫四類,足以考見清代宮殿建造中各類畫作方法及規格,於今日研究清代宮殿建築仍有重要價值。

此本據上海圖書館藏清雍正十二年刻本影印。(劉韶軍)

滇南礦廠圖略二卷　(清)吳其濬撰(清)徐金生繪　(第880冊)

吳其濬(1789—1847),字瀹齋,號雩婁農,固始(今河南固始)人。嘉慶二十二年(1817)進士,官至山西巡撫,兼管鹽政。更著有《植物名實圖考》等。《清史稿》有傳。

徐金生,爲雲南東川知府,其他事跡不詳。

是書卷一爲《雲南礦廠工器圖略》,有《冶煉圖》、《礦山圖》、《礦洞圖》、《開采礦石流程圖》、《冶煉圖》、《窯》及《工具圖》等,圖後有

《滇礦圖略》分類概述十六篇,後附宋應星《天工開物》之《五金》、王崧《礦廠采煉篇》、倪慎樞《采銅煉銅記》、王昶《銅政全書》中之《諮詢各廠對》。卷二爲《滇南礦廠輿程圖略》,先繪雲南及鄰省圖,次爲《雲南府輿圖》,再次爲雲南各州府輿地圖,圖後按銅礦、銀礦、金錫鉛鐵礦、帑、惠(附《户部則例》)、考、運、程(附王昶《銅政全書》之《籌改尋甸運道移於剥隘議》)、舟、耗、節、鑄等,共記雲南銅礦三十二處、錫廠一處、金廠四處、銀廠二十五處、鉛廠四處、鐵廠十四處及其生產情況,其中如湯丹銅礦、箇舊錫礦,至今仍在開采。是書所録《采銅煉銅記》,於銅礦礦石品位、找礦方法、礦體産狀及開采技術均有精闢論述,所收王昶《銅政全書》中二篇,以原書已失傳,故尤可珍貴。

此本據中國科學院圖書館藏清刻本影印。另有道光二十四年刻本。(劉韶軍)

銅政便覽八卷　(第880冊)

是書不著撰人,嚴中平先生《清代雲南銅政》認爲"當是嘉、道間布政使幕僚中人所成"。是書分題廠地、附例、京運、陸運、局鑄、采買、雜款等類,先就雲南主要銅礦寧台、得寶坪、大功、香樹坡、雙龍、湯丹、碌碌、大水溝、茂麓、樂馬、梅子沱、人老山、箭竹塘、長發坡、小巖坊、者囊、鼎新等及其子廠之設場及場址、銅斤産量、收購銅斤數量及價格、采買例限、違限處分等作詳細記録。其次詳載雍正至嘉慶朝雲南所設鑄錢局十一家之鑄錢數量、鑄錢成本、開爐時間、銅鉛比例、銅鉛價格、匠工工食等。更就運輸京銅之線路、數量、運脚以及各省采買滇銅等情況作詳細記載和説明。是書於雲南銅礦開采及雲南銅政史、貨幣史資料保存尤多,堪與中國第一歷史檔案館所存相關資料參證。

光緒十三年夏,路南知州陳先溶得是書鈔本,布政使曾紀鳳刻印行世。此本據雲南省

圖書館藏清刻本影印。（劉韶軍）

政問録一卷　（明）唐樞撰（第 880 册）

唐樞（1497—1574），字惟中，號子一，歸安（治今浙江湖州）人。嘉靖五年（1526）進士，曾任刑部主事。更著有《易修墨守》、《周禮因論》、《春秋讀意》等。《明史》有傳。

書前有隆慶二年（1568）唐樞門生丁應詔序，稱是書於帝王經綸之略、王霸之辨、昭代典章制度之詳，皆能揚榷訂證，又於其因革損益之宜、補偏救弊之術，能静思博采，得其條貫。就門人執疑而發其端緒，久而成秩，録成是書云云。全書以問答形式闡述治理國家各種制度及相關學術之事。全書僅一卷，不分類，亦無標題，蓋隨時就門人疑問而答，本無統系。書中所言頗有獨到之處，如論爲政要識當代治體、要知歷代治體各有所尚，如秦尚申韓、漢尚黄老、唐尚管晏、宋尚佛、本朝尚朱文公學。又如論經術所以經世務，於先王之書當師其意，若議事以制，則當從今之法。又論立法欲求盡善無弊，則須立廣照、遠圖、密察三事。照不廣則宜此不宜彼，圖不遠則利今不利後，察不密則得迹不得情：三事立，則所立制度少有弊端。

此本據中國科學院圖書館藏清咸豐六年唐氏書院刻《木鐘臺全集》本影印。（高山）

治鮮集三卷　（清）林華皖撰（第 880 册）

林華皖，生卒不詳，字凝山，號彭叟，莆田（今福建莆田）人。順治時拔貢，後任新樂知縣，聽訟無留獄，徵糧無耗羨，撫按薦爲循良第一，康熙六年（1667）任廣東連州知州，八年任安順知府。《清一統志》卷一九、《畿輔通志》卷六九有傳，亦可參《安順府志》卷三二。

書前有順治十六年（1659）、十七年王崇簡、粘本盛、邵燈等序及林氏自序。林氏嘗爲新邑令，新邑爲古鮮虞地，書名即治理鮮虞之意。粘本盛序稱是書所載皆性命經濟之言，援引上下千百年之事例，其中徵徭、郵防、聽讞之説，無不洞剔情弊。勝蹟、輿俗之記則類似《水經注》、《風俗通》諸書。邵燈序稱是書於方輿、水利、風俗及學校農桑、詰奸治賦之事，無不備述，終則主静致和，爲盡性了命之學。林氏治鮮有黄老之風，故書名《治鮮》，亦有老子"治大國若烹小鮮"之意。是書收林氏論政之文，分爲《説》、《略》、《紀》三部，各有六篇，其目題作動静、晝夜、琴川、行願、勸士、訓農；慎封、徵賦、驛郵、聽讞、徭役、市集；徵乘、修學、河渠、古跡、風俗、存異：就爲政之道多方論説。如《慎封略》稱居官當寬徭息争，與民休息，然無慎防之術、發摘之方，亦不能綏民，綏之之道在防與緝而已，以下更詳述防緝諸法。由此可悟道家無爲之治亦非一事不爲，其中要妙，唯歷經其事者知之。

此本據中國科學院圖書館藏清順治十七年郝應第刻本影印。（高山）

趙恭毅公自治官書類集二十四卷　（清）趙申喬撰（第 880—881 册）

趙申喬（1644—1720），字慎旃，號松伍，武進（今屬江蘇常州）人。康熙九年（1670）進士，後任商丘知縣、刑部主事、浙江布政使、浙江巡撫、湖南巡撫、左都御史、户部尚書。著有《趙恭毅公賸稿》等。《清史列傳》卷一二有傳。

書前有雍正五年（1727）及七年魏廷珍、徐士林、倪岱序及其孫趙侗㲄雍正五年序，略謂趙氏爲官之日所書奏疏、告示等各類公文均不留底稿，後有院從事何祖柱苦心搜輯八年而後遺稿大備，彙成《自治官書類集》二十四卷，又獨力捐貲鋟板行世云云。是書彙聚趙氏生前所撰各類文書，分題奏疏、咨文、告示、牌檄、批詳、讞斷、藝文、藥案略存等類。《奏疏》自康熙四十二年至四十九年，《咨文》至《讞斷》均分題吏政、户政、禮政、兵政、刑政、工政等目,《藝文》則分題祝詞、序記、對聯、去思等目,《藥案》下分題浙藩詳文、牌檄、告示,浙撫奏疏,户部奏疏、藝文、呈詞、書啟、衰榮録、湖南崇祀名宦録、常州府崇祀專祠録等目,末卷則收行述、跋文、小引。全書所收各類公文奏疏足見趙氏爲官各地盡其職守,所述甚詳,可補正史所闕。又《藝文》中收對聯一類,亦頗爲少見,所撰聯亦多佳對,如"但願民安若堵,何妨署冷如冰";"一片丹心,霞點湘波千載赤;幾滴碧血,竹含嶽麓萬年青"。均稱有格。

此本據中國科學院圖書館藏清雍正五年何祖柱懷策堂刻本影印。(高山)

巡臺録二卷　(清) 張嗣昌撰 (第 881 册)

張嗣昌,生卒不詳,浮山(今山西浮山)人。貢生,雍正時任廈門海防同知、興化知府、漳州知府、福建按察使、福建布政使、分巡臺廈道(雍正五年改臺灣道)等。事跡略見《(乾隆)福建通志》卷二七、《世宗憲皇帝硃批諭旨》卷二一四之五載福建總督郝玉麟奏摺。

張氏於分巡臺灣道三年任職期滿之時,撿拾在任期間所撰文辭彙爲一書,記述治理臺灣之事,故名《巡臺録》,乾隆間范咸《重修臺灣府志》、余文儀《續修臺灣府志》、王必昌《重修臺灣縣志》之《藝文志》均有著録。所述皆張氏親歷,足資瞭解雍正時臺灣情狀。如雍正九年(1731)大甲西社番變,十年,嗣昌前往安撫被難民番,是書卷上《報明難民》即記此行之詳。其時朝廷有詔墾諭令,張氏則屢頒告示曉諭民衆,其《特籌勸墾》稱各處居民多來自内地,其中不乏有力之人,而貧窮無措之户更比比皆是,雖欲遵示開墾,而牛種籽粒亦無所從出,故倡請富足之户捐銀三百兩以助貧民之需,而於情願捐資報墾者,則計其數,旌敘以示鼓勵,由此報墾數目大增。又《飭行會議》稱有人建議當時開墾番地,於承買之人給銀五錢,官府給照爲業,張氏以爲番

社荒埔肥瘠不同,僅給價銀五錢,非番所願,且啟奸民彊買之端。故不必官爲定價,可聽民自向番黎照值議價,兩相甘願,開明四至,呈官印契,給照報墾云云。此類措施頗爲可行,於當時臺灣墾荒之政多有助益。此外《飭查地利》記贌社之事,亦能反映明清之際臺灣土地制度之變遷,故是書於研究臺灣開發史實爲重要史料。

此本據中國科學院圖書館藏清雍正刻本影印。(高山)

西江視臬紀事四卷續補一卷　(清) 凌燽撰 (第 882 册)

凌燽,生卒不詳,字約銘,號劍山,定遠(今安徽定遠)人。進士,曾任巡察保定等處監察御史、江西按察使。事跡略見《(雍正)畿輔通志》卷六〇。

是書爲凌氏江西按察使任内草擬文件之彙編,分題條奏、詳議、文檄、條教四類,後有《續補》一卷。書前有乾隆八年(1743)陳守創序及凌氏自序,凌序稱是書所收各類公文亦有取舍,《條奏》類非經通行者不入,《詳議》、《文檄》類之循行故事、期會簿書、條駁事件者不入,《條教》類非關民俗之切急者不入,知所書並非當年全部所擬公文。陳序稱書中所收各類公文上自官府、下迄委巷,大者命盜兵防,細者婚姻田土,及喪葬祠祀之規、市肆牙儈之害,皆有關風教,而語辭無不懇切詳摯云云。所記涉及當時所行保甲制。如《請清詞訟行保甲議》稱侍郎鍾奏請力行保甲,實足戢止盜源,地方若有盜案,則保、甲、牌長應分別懲責,以期稽察嚴密而盜匪自戢。又有《保甲團練議詳》,記載江西推行保甲詳情,如挨户編查,刊刻門牌,將本户姓名、年歲、丁口、籍貫、生業一一開注,畸零小户則聯入附近甲内,地方印捕各官應每年挨户查點,使來歷不明及面生可疑之輩無駐足之地。又記當時查禁民間不法宗教之事,如《設牌勸

緙羅經詳》稱朝廷於師巫邪術,律禁甚明,應
將各條律例逐一摘出,並將奉憲查禁緣由刊
刷簡明告示,貼於高脚木牌,每里給牌一面,
令保、甲肩牌,沿門傳諭。其私印經卷則概行
呈繳,悔過自首者免罪。又稱須嚴查匪類,凡
庵堂、寺院、歇店等處,如有來歷不明之人,相
關保甲一併懲處。又命各鄉設立約長,值日
宣講《聖諭廣訓》。諸如此類,足以瞭解當時
地方治理之制度,頗有史料價值。

此本據中國科學院圖書館藏清乾隆八年劍
山書屋刻本影印。(高山)

治臺必告錄八卷 (清) 丁曰健輯 (第882 冊)

丁曰健,生卒不詳,字述安,懷寧(今安徽
懷寧)人。道光十五年(1835)舉人,後爲福
建糧儲道、臺澎兵備道加按察使司銜、提督
學政,同治二年(1863)平定臺灣叛亂。參見
是書題名及丁氏自序。

丁氏前往臺灣赴任時,福建巡撫徐宗幹授
以《治臺必告錄》一書,收錄前人論述治理臺
灣奏疏公文等,附以自撰相關公文。丁氏同
治五年以疾引歸,於是書重加校訂,又增入己
撰《平臺藥言》,合爲一書。書後有同治六年
黃紹芳後序,稱丁氏使黃氏校正是書,則書成
於此年。是書前三卷爲徐宗幹所編前人論
議,采自藍鼎元《鹿洲文集》、魏源《聖武紀
略》、謝金鑾《蛤仔難紀略》、鄧傳安《蠡測彙
抄》、周凱《內自訟齋文集》、姚瑩《東溟文
集》、《東槎紀略》及劉韻珂、熊一本、仝十年、
史密等人文章,所收有《平臺紀略總論》、《康
熙戡定臺灣記》、《臺灣番社紀略》、《與倪兵
備論捕盜書》、《防夷奏疏》、《奏開番地疏》、
《覆籌辦番社議》、《上劉玉坡制軍論臺灣時
事書》、《籌辦番地議》等數十篇,卷四卷五爲
徐宗幹《斯未信齋存稿》、《斯未信齋文集》內
相關文章,如《會奏嘉義匪徒滋事一案附
摺》、《會奏審辦盜匪附摺》、《議委員留署辦
事》、《學政議》等。卷六至卷八爲丁曰健《平

臺藥言》,其中收錄丁氏撰《諭同誅首惡解散
脅從札示》、《奏請頒鑄臺灣道關防片》、《賞
加二品頂戴恭謝天恩摺》、《會奏臺屬早稻收
成摺》、《請卹清單》、《大中丞樹人憲臺七十
述懷詩並記》、《修造臺澎提學道署初記》等。
丁氏文中有"治臺方略"六條,即"籌餉宜寬
備,生力軍宜速調,賞罰宜嚴申,行師宜間道
出奇,文武員弁宜慎選,彰斗克復後餘黨當嚴
搜",爲親身治臺經驗總結,而《請卹清單》詳
列平定臺灣叛亂作戰中死亡人員名單,此類
均爲研究臺灣史之重要史料。

此本據上海辭書出版社圖書館藏清同治六
年知足知止園刻本影印。(高山)

盛京典制備考十二卷 (清) 崇厚輯 (第
882 冊)

崇厚(1827—1893),字地山,號子謙、鶴
槎,滿洲鑲黃旗人,完顏氏,麟慶次子,崇實之
弟。道光二十九年(1849)舉人,後任三口通
商大臣、直隸總督、奉天將軍、盛京將軍等。
同治間參與重修英、法租界條約、葡萄牙等國
通商條約等,光緒四年(1878)出使俄國時擅
自簽訂《里瓦幾亞條約》,因遭彈劾入獄。
《清史稿》有傳。

是書前有光緒四年崇厚自序,稱光緒二年
署理盛京將軍,協領崇善持手錄特忍庵將軍
任兵司時《記載》一書,記述盛京各種制度、
歷史等甚詳,惟此書年歲已久而傳寫頗有訛
漏,且政制已有諸多變化,故與友人釐定增輯
而重新編次,並錄其兄崇實奏議數篇及崇厚
等人奏疏等。是書分題輿圖、疆域、城池、宮
殿、壇廟、太廟、山陵、殿閣尊藏、將軍檔庫恭
儲、廟寺、祀祠、宗室覺羅事宜、內務府事宜
等,末一卷爲奏議摺片及上諭一道。全書記
述後金至光緒年間盛京各項制度甚詳,如
《城池》類記述盛京城天聰五年(1631)改築
後之規制,城牆高三丈五尺、厚一丈八尺,周
長九里三百三十一步,設有城門八座,東南西

北各開二門,其名爲撫近、内治、德盛、天佑、懷遠、外攘、地載、福勝。諸如此類皆爲研究盛京歷史之寶貴資料。

此本據天津圖書館藏清光緒四年奉天督署刻本影印。(高山)

晉政輯要四十卷 (清) 剛毅修 (清) 安頤纂 (第 883—884 册)

剛毅(1837—1900),字子良,滿洲鑲藍旗人,他塔拉氏。筆帖式出身,光緒初爲刑部郎中,曾平反楊乃武與小白菜一案,後任山西巡撫,甲午戰争後任軍機大臣,八國聯軍攻占京師,隨慈禧太后逃亡西安,死於途中。《清史稿》有傳。

安頤,編纂是書時爲鹽運使銜道員用候補知府。

是書編成於剛毅任職山西巡撫時,約當光緒十三年(1887)前後,乃據前山西巡撫海寧乾隆五十四年(1789)所編八卷本《晉政輯要》補充擴展而成。書前有光緒十三年剛毅自序,光緒十四年山西布政使張煦序、山西按察使嵩崑序,光緒十五年撫粵使者馬丕瑶序,並録乾隆五十四年《晉政輯要》海寧序及鄭源璹序。編纂是書時剛毅爲督辦,高崇基、張煦、嵩崑、馬丕瑶、沈晉祥爲總理,安頤爲總纂,其他又有提調、纂修、協修等官數十人,書前又有重修凡例。剛毅自序稱《晉政輯要》爲治晉必讀之書,然自乾隆以來已有百年,規制多有變遷,故命有司搜尋文案、徵考事實,重爲編輯云云。是書專收政事之制,而疆域、地理、天文、分野及人物、藝文等類皆省略不録。全書按朝廷六部分題吏、户、禮、兵、刑、工六制,各制下又有小類,如《户制》下有户口、田賦、雜賦、雜税、關税、錢法、鹽法、庫藏、倉庾、恤政等小類,全書實有專目及附目四百餘項,清代山西典制據是書可知其詳。所録各類制度又附例案、奏議、章程等,以現行制度爲綱,歷年例案爲目,所述制度又按冀寧、雁平、河東、歸綏四道分列所屬府、廳、州、縣以及綏遠、右衛、太原、大同等處駐軍。所載各條甚詳,又多引《清會典》等,故可與《會典》等書相參證。

此本據湖北省圖書館藏清光緒刻本影印。(高山)

宰惠紀略五卷 (清) 柳堂撰 (第 884 册)

柳堂(1843—1929),字純齋,扶溝(今河南扶溝)人。光緒十六年(1890)進士,光緒二十一年任山東惠民知縣,後又任山東東平知州,左遷德平、樂陵知縣等。著有《筆諫堂全集》。事跡略見許鼎臣選《勐庵先生詩選》所附《柳堂小傳》。

是書爲柳堂任山東惠民知縣時施政記録,柳堂自序稱任惠民知縣五年,凡有裨於地方者,無不勉爲之,如黄河窩鋪改調夫局,疏濬徒駭河淤塞,籌修城費,栽護城柳,以及整頓義學等,凡大事,唯災賑一事另有日記,餘皆記於是書。書前有光緒二十六年柳堂自序及識語,又有李鳳岡題辭及二十七年徐世光序、傅旭安序。是書不分類目,逐條記述治理惠民時所行諸事。如二十六年記義和團事,稱是年春山東巡撫出示各州縣,嚴禁義和拳會,時本縣境内尚未有此類組織及活動,而至夏四月,則縣城東關有寧津宋姓童子二人,教人降神,童子皆學爲遊戲,柳氏聞知即驅逐出境。至六月半,鹽山縣匪首王、劉二人自慶雲縣糾聚匪徒千餘人,逕入郡城,謀縈糧臺。柳氏含垢忍辱,見以客禮,争以口舌,彼人窮於詞,柳氏又暗中散其脅從,翦其羽翼。又記當時應對基督教傳入,乃於全縣義學二十處、鄉學五百餘處,皆頒《聖諭衍説》及《聖諭俚歌》,《衍説》供學童學習,《俚歌》則使民人及小兒習讀。務使家喻户曉、深明大義,實力奉行,久而不怠,以禦外教。又記改治河窩鋪爲調夫局一事,稱光緒二十二年爲防黄河汛期,原有窩鋪之制日久弊生,與紳士李心恕謀,將窩鋪七十五座改爲調夫局五處,每局分段防汛,各段不滿二十里。又立章程十條,稟明巡撫,批准立案,永爲定章。三年以來,不僅節省經費,亦使治河與農工兩不相誤。諸如此類,皆柳堂治理惠民所行政績,頗可考見當時縣官行政之詳。

此本據山東省圖書館藏清光緒二十七年筆諫堂刻本影印。(高山)

時令類

玉燭寶典十二卷(存卷一至卷八、卷十至卷十二) (隋)杜臺卿撰 (清)楊守敬校訂(第885冊)

杜臺卿,生卒不詳,字少山,曲陽(今河北曲陽)人。歷北齊、北周、隋三朝,曾任著作郎。更著有《韻略》等。《隋書》有傳。

楊守敬,有《隋書地理志考證》等,已著録。

《隋書》稱開皇初杜臺卿以《禮記·月令》爲主,又據蔡邕《月令章句》、《逸周書》、《夏小正》、《易緯通卦驗》、崔寔《四民月令》等相關資料,彙成一書,取名《玉燭寶典》,每月一卷,凡十二卷。月下分正説、附説,記述每月節令及習俗。黎庶昌編《古逸叢書》時收入此書,略謂是書久佚,世以陳振孫曾有解題,因謂是書亡於宋後,然明代陳第《世善堂書目》載有是書十二卷,知於明代尚有完書,至清代已不見,至光緒間楊守敬於日本得鈔校本十一卷,僅缺卷九云云。是書博引經子古注,如卷一正月孟春引杜預注,稱“人君即位,欲其體元以居正,故不言一年一月”,此可與杜預《左傳經傳集解》參校;卷一“其日甲乙”下注稱“乙之言軋,時萬物皆解孚甲,自伸軋而出者也”,可與《史記·天官書》、《律書》相參證。

此本據清光緒十年黎庶昌日本東京使署刻《古逸叢書》本影印。(高山)

唐月令注一卷補遺一卷唐月令考一卷 (唐)李林甫等撰 (清)茆泮林輯(第885冊)

李林甫(?—752),小字歌奴,唐宗室。唐玄宗開元二十二年(734,按此據兩《唐書·玄宗紀》,《舊唐書》本傳作二十三年)至天寶十一載(752)間宰相,追封太尉、揚州大都督。兩《唐書》有傳。

茆泮林(?—1845),字雩水,高郵(今江蘇高郵)人。道光間諸生,家徒四壁,喜藏書,室名梅瑞軒,費時二十年輯録《唐月令注》、《世本》、《楚漢春秋》、《伏侯古今注》、《三輔決録》、《古孝子傳》、《司馬彪莊子注》、《淮南萬畢術》、《計然萬物録》、《郭氏玄中記》等逸書十種,又編訂《孫莘老年譜》,注《甓社餘聞》。《清儒學案》卷一八〇有傳。

《禮記·月令》至唐陸德明《經典釋文》、孔穎達《正義》並無異説,沿用鄭玄注。李林甫作相時抉摘微瑕,唐玄宗又附益唐代時令,改易舊文,稱爲《御刊定禮記月令》,林甫與陳希烈、徐安貞、劉光謙、齊光乂等人又作注解,並改易篇卷次第,自《禮記》第五易爲第一,使居《禮記》之首。宋人認爲所改非古,於是恢復舊貌,仍以鄭注《月令》爲準。據鄭樵《六經奧論》,知宋時監本仍用唐注,朱子作《儀禮經傳通解》,既載《月令》鄭注,又附唐人注,其中經文或據《唐月令》刪定,而所定立春爲正月之節,至今相承不改。

朱彝尊《經義考》載《唐月令》,而稱未見李林甫等人注,茆氏因據《太平御覽》、《白氏六帖》、《歲華紀麗》、《事類賦》諸書輯佚,以類書所引多有後人所改,茆氏又細加辨別,分出林甫注與鄭注,與《唐月令》經文一並録出,輯成《唐月令注》。又間下己意,多有發明。是書卷前有茆泮林道光丁亥(1827)二月自識、李林甫等人《唐月令注》上書表、羅泌《書唐月令後》,並茆泮林《唐月令考》,茆氏據《經義考》所引《新唐書》、《冊府元龜》、《宋三朝國史藝文志》及晁公武、葉夢得、羅泌、陳振孫、張參、鄭樵諸家所論《唐月令》，追述《唐月令》重修流傳之跡。《唐月令注》正文先列唐玄宗所定經文，次列李林甫注文，一一標明出處。諸書或有異，則細加校勘，以定是非。《補遺》一卷乃其後所輯録，體例同前。

此本據上海辭書出版社圖書館藏清道光十四年梅瑞軒刻《十種古逸書》本影印。又有《漢學堂叢書》本、《鶴壽堂叢書》本等。（張全曉）

唐月令注續補遺一卷　（清）茆泮林輯（清）成蓉鏡增訂（第885冊）

茆泮林，輯有《唐月令注》等，已著録。

成蓉鏡（1816—1883），字芙卿，自號心巢，寶應（今江蘇寶應）人。諸生。博通經學、小學、輿地之學，於金石審訂尤爲精確。著有《周易釋爻例》、《尚書曆譜》、《切韻表》等。事見《清史稿》及《清史列傳》卷六七。

茆泮林輯録《唐月令注》後，又取《内經素問》王冰注校讎同異，以補唐注之遺，凡搜經文及注中不同説法皆備載之，並附《辨經義雜記》一條，匯爲是書。正文録王冰《内經·素問》注所引《唐月令》異文，依《唐月令注》體例，先列唐玄宗經文，次列李林甫等人注。以春夏秋冬爲序，計有經文三十四條，注文十一條。經文首條“其數八”下標明是書體例，謂所録出自《内經》王冰注，下加按語以辨異同，並稱“後倣此”云云。故第二條起，不再加按。所附《辨經義雜記》則就臧玉林《經義雜記》中所及《内經》王冰注引《月令》之文詳爲辨析，臧氏稱王冰《内經》注引《月令》頗多後世之書，如崔寔《四民月令》、孫思邈《千金月令》之類，而非《禮記》、《吕覽》本文。茆氏辨曰王冰所引當爲唐明皇刊定之《禮記·月令》，與《禮記·月令》本文有異，王冰注《素問》在唐肅宗時，正《唐月令》新頒之後。後世校刻《素問》時又有增入或脱誤者。成蓉鏡則就茆泮林所考又加校勘，稱校椠者屢次

挍字，以至誤將“次季冬小寒之節”與“次大寒”兩條合爲一條。諸如此類，皆可資參證。

此本據上海辭書出版社圖書館藏清光緒二十四年王氏刻《鶴壽堂叢書》本影印。（張全曉）

唐月令續攷一卷　（清）茆泮林撰（清）成蓉鏡增訂（第885冊）

茆泮林，輯有《唐月令注》等，已著録。

成蓉鏡，增訂《唐月令注續補遺》，前條已著録。

茆泮林先有《唐月令考》一卷，此爲續考，僅二葉。據孫愐《唐韻》各韻部諸字注中所引《禮記》之文以考辨《唐月令》本文原作何字。如一東“桐”字注引《月令》“清明之日桐始華”，十六蒸“鷹”字注引《月令》“驚蟄之日鷹化爲鳩”等等，以爲所用字皆依唐明皇所定《唐月令》本。又考辨《説文》、《廣韻》、《方言》、《廣雅》、《字林》、《玉篇》、《通典》諸書所引《月令》文之異同，如謂三十諫“鴈”字，《説文》本作“雁”；《廣韻》以“鴈”爲正字，引《禮記》“孟春之月鴻鴈來賓”，而“雁”字同出。又如謂一屋“菊”字，《説文》本作“鞠”；《廣韻》以“菊”爲正字，引《禮記》“季秋之月菊有黄花”，又引《禮記》“鞠衣”之鞠作鞠，而《唐月令》正是如此等。此類皆可據《唐月令》之文以爲參證。故卷末稱“《唐月令》一書未可以不學議之也，爰復爲續考之如此”。而成蓉鏡則僅於“鴻鴈來賓”下加按語稱“賓疑《廣雅》誤衍”一條，別無增訂。

此本據上海辭書出版社圖書館藏清光緒二十四年王氏刻《鶴壽堂叢書》本影印。（張全曉）

歲時廣記四十卷首一卷末一卷（存卷一至卷五、卷七至卷四十）　（宋）陳元靚撰（第885冊）

陳元靚，生卒不詳，福建崇安（今福建建

寧)人,自署"廣寒仙裔"。是書劉純引言稱之爲隱君子。又有知無爲軍巢縣事朱鑑序,鑑爲朱子之孫,元靚與之相識,則元靚爲宋理宗時人。陸心源《皕宋樓藏書志》有《群書類要》、《事林廣記》,題"西潁陳元靚編"。陸心源《儀顧堂續跋》稱陳元靚爲廣寒先生之裔(廣寒先生之子陳遜爲宋哲宗紹聖四年(1097)進士),陳元靚既爲廣寒先生後裔,故自稱"廣寒仙裔"。

《四庫全書總目》卷六七史部時令類有是書四卷本提要,書僅四卷,非全帙,爲明人節本,提要述及之劉純後序,或即此本劉純引。提要又稱其書《宋史・藝文志》不著録,惟見於錢曾《讀書敏求記》,稱前列圖説,分四時爲四卷。此四卷本爲曹溶《學海類編》所載,卷首無圖説,書中據《月令》、《孝經緯》、《三統曆》等書録有關時令節序之事,按月分隸,共有春令四十六條、夏令五十條、秋令三十二條、冬令三十八條云云。

此四十卷本前有劉純引及朱鑑序。前爲卷首,收《月令主屬大全圖》等二十幅,有圖説,以叙曆法之屬。卷一至卷四分記四季,各季先引《禮記・月令》、《周書・時訓》等,以孟、仲、季爲序,叙其物候,再列述本季時令風俗。卷五至卷四十分記全年四季令節風俗,有元旦、立春、人日、上元、正月晦、中和節、二社日、寒食、清明、上巳、佛日、端午、朝節、天貺節、三伏節、立秋、七夕、中元、中秋、重九、小春、下元、冬至、臘日、交年節、歲除等。又有末卷曰《總載》,述諸種避忌與占雨時日;末爲"北人打圍"、"龜兹戲樂"二則,蓋以其非中原令俗而附焉。全書實共四十二卷。所述各時令習俗,先引諸説出處,再叙其事實。引書多爲南宋以前書,故頗有文獻考證價值。

此本據復旦大學圖書館藏清光緒間《十萬卷樓叢書》本影印。(張全曉)

賞心樂事一卷　(宋)張鑒撰(第 885 册)

張鑒(1153—1211),即張鎡,字功甫,號約齋居士。祖籍成紀(今甘肅天水),後徙居臨安(治今浙江杭州)。張俊曾孫,以祖蔭官奉議郎,後爲司農少卿。善畫竹石古木,亦工書。更著有《南湖集》、《玉照堂詞抄》、《仕學規範》等。事略見《四庫全書總目・仕學規範提要》及《桐江續集》卷八。

書前有張氏自序,稱晚年掃軌林間,不知衰老,領略花鳥泉石,節物千變,適意時輒徜徉小園,有風景與人爲一之感。於是記述一年十二月燕遊次序之名目,名爲《四並集》云云。是書排列每月賞心樂事,唯有名目而無詳説,如正月樂事有歲節家宴、立春日春盤、人日煎餅會、玉照堂賞梅、天街觀燈、諸館賞燈、叢奎閣山茶、湖山尋梅、攬月橋看新柳、安閑堂掃雪。二月樂事有現樂堂瑞香、社日社飯、玉照堂西緗梅、南湖挑菜、杏花莊杏花、南湖泛舟、群仙繪幅樓前後毬、綺互亭千葉茶花、馬塍看花,十二月有綺互亭檀香臘梅、天街閣市、南湖賞雪、安閑堂試燈、湖山探梅、花院蘭花、瀛巒勝處觀雪、二十四夜餳果食、玉照堂看早梅、除夜守歲等。所叙皆當時文人士大夫風流雅事,亦可知南湖四時風物。

周密《武林舊事》卷十收録此篇全文,流傳甚廣。本書據國家圖書館藏清《水邊林下叢書》本影印。(張全曉)

月令纂言一卷　(元)吳澄撰(第 885 册)

吳澄(1249—1333),字幼清,晚字伯清,號草廬,崇仁(今江西崇仁)人。舉進士不第,宋亡後隱居著述。至元二十一年(1284),元世祖忽必烈下詔求賢,吳澄被徵入都,不官而歸。後辟爲江西儒學副提舉,又爲國子司業、集賢直學士、翰林學士等。更著有《吳文正集》。《元史》有傳。

是書纂集元代以前月令制度,並詳加考證。從吕不韋集諸儒著《十二月紀》、淮南王劉安作《時則訓》、凡漢代學者《月令》注至唐代《月令注》，均加徵引，考鏡源流，纂成是書。依春夏冬四季，逐月排列一年十二月所行月令。諸條之下，旁徵博引，探其源委，證其是非。如《禮記·月令》記季春之月"生氣方盛，陽氣發泄，句者畢出，萌者盡達，不可以內。天子布德行惠，命有司發倉廩，賜貧窮，振乏絕，開府庫，出幣帛，周天下，勉諸侯，聘名士，禮賢者"，吳氏則廣徵鄭氏、孔氏、陳氏諸說，並輔以己說以爲詮釋。孟春之月"日在營室，昏參中，旦尾中"，吳氏考證以爲《月令》以上所記日躔中星，蓋呂不韋時如此，其前後則各不相同，由孔疏所載二曆及《唐月令》，可見日躔中星不定，約七十餘年差一度，以今曆與《月令》相比，度數相去愈遠云云。吳澄又稱逐月政令之作，當俟時而行之，如《記》所稱孟春修封疆、季春利堤防、孟夏毋起土功、仲夏班馬政、季夏行水殺草、孟秋納材葦、仲秋勸種麥、孟冬築城郭、仲冬伐木取竹箭、季冬講武習射禦等皆是，即《堯典》所謂"敬授人時"。亦有不俟時而行之者，如布德和令、行慶施惠、養幼少、省囹圄、賜貧窮、禮賢者、行爵出祿、選士厲兵、任有功、誅暴慢、明好惡、修法制、養衰老、恤孤寡等。所考，於"月令"用意多有揭示。

此本據上海圖書館藏清抄本影印。（張全曉）

四時氣候集解四卷 （明）李泰撰（第885冊）

李泰（1373—？），字淑通，鹿邑（今河南鹿邑）人。明洪武三十年（1397）進士，官至詹事府通事舍人，後居金陵，以教授生徒爲業。更著有《經史觀象》等。事跡見《（光緒）鹿邑縣志》卷八。

是書雜錄時令，引用諸說。書成於洪熙元年（1425），刊於景泰六年（1455），前有李氏自序及王謹序，後有姚福後序。其自序稱以陰陽推移，而有歲時代謝。四時氣候見於周公之《時訓》，呂不韋則取以爲《月令》，而前人訓釋各有異同。考之《易經》不得其詳，稽之《禮記》僅知其概，乃檢閱群籍，凡論述其事明白可曉而議論詳細者，悉爲錄出，附以己意，匯輯成編云云。是書分春夏秋冬四時，各爲一卷，按月載錄六氣十八候，則四時十二月凡二十四氣七十二候，除卷一略有殘缺外，其餘諸卷皆稱完備。如卷二記夏時氣候，按四、五、六月之序，臚列立夏節：螻蟈鳴，蚯蚓出，王瓜生；小滿節：苦菜秀，靡草死，麥秋至；芒種節：螳螂生，鵙鳥始鳴，友舌無聲；夏至節：鹿角解，蟬周始鳴，半夏生；小暑節：溫風至，蟋蟀居壁，鷹始摯；大暑節：腐草爲螢，上潤溽暑，大雨時行。計六氣十八候。其餘諸卷，體例仿此。是書搜輯諸書資料較詳，可供後人探究節至氣候。而李氏又多出己意以考證其事，每有發明。如卷三記九月"鴻雁來賓"，《月令注》以雁於仲秋至者爲主，季秋後至者爲賓，高誘則以八月來者爲父母，九月來者爲其子。李氏則以爲大曰鴻，小曰雁，先來者爲鴻故爲主，後來者爲雁故爲賓，父子之說未必是。諸如此類，可資參考。

此本據上海圖書館藏明景泰六年胡廷璨刻本影印。（張全曉）

熙朝樂事一卷 （明）田汝成撰（第885冊）

田汝成（1503—？），字叔禾，錢塘（治今浙江杭州）人。嘉靖五年（1526）進士，後爲南京刑部主事、廣東提學僉事、福建提學副使等。更著有《西湖遊覽志》、《西湖遊覽志餘》等。《明史》有傳。

是書以月令爲序，詳述明代杭州歲時生活，自正月朔日至臘月除夕，以立春、立夏、立秋、霜降、立冬、冬至、上元、中和、花朝、七夕、中秋、重九等節爲主。自官府祀典至百姓日用，無不備載，更收錄民謠諺語及文人詩詞吟詠。所記多爲田氏親歷，兼以文筆曉暢，故覽之可增廣見聞，亦資考證史實。如三月三日，民俗以爲北極佑聖真君生辰，杭州佑聖觀修崇醮事,士女皆至,亦有就家啟醮、酌水獻花者,城內更有百戲演出,可知當時杭州崇奉北極佑聖真君之風。諸如此類,足資研究明代杭州風土民情。

是書原爲《西湖遊覽志餘》卷二十,後人將其摘出單獨刊行。此本據浙江圖書館藏明刻《廣百川學海》本影印。另有《重訂欣賞編》本、《稗乘》本、《續説郛》本等。（張全曉）

帝京歲時紀勝一卷 （清）潘榮陛撰（第885 册）

潘榮陛,生卒不詳,字在廷,號止軒,大興（今屬北京）人。雍正年間曾任宮闕制作督銷之職,後又奉值史館,得以閲覽内府圖書。更著有《月令集覽》、《婚儀便俗》等。事跡略見本書自序。

是書以一年十二月歲時節令爲序,記述清代北京歲時風俗、風土景物、典制儀禮等。初刊於乾隆二十三年（1758）,卷首有潘氏自序及姚成烈、顧學乾題詞。其自序稱皇都歲時令節及風土景物,典儀之盛遠邁前古,不可茫無記述,故彙集諸書成此一編,略記熙朝景物儀文之盛云云。潘氏爲北京人,諳熟京師歲時風俗,所記或親身經歷,或耳聞目睹,頗爲生動真實。潘氏生當乾隆初年,海宇静謐,人物富庶,故帝都歲時生活頗爲豐富,如正月有元旦、立春、初八祭星日、初九天誕日、上元、燕九、填倉等節,二月有中和節、龍抬頭日、花朝、道誕、觀音會等,三月有清明、蟠桃宮廟會、東岳廟會,四月有立夏、四月八日浴佛會、碧霞元君廟會、藥王廟會,五月有端陽、夏至,六月有六月六日,七月有立秋、七夕、中元、地藏會,八月有中秋,九月有重陽,十月有寒衣節、下元節,十一月有冬至,十二月有臘八、臘月二十三、除夕等。是書詳細記述此類歲時節令,又於當時京城花市、什刹海、釣魚臺、琉璃廠店、木偶戲、跑旱船、踢毽子、烟火、溜冰、廟會、放河燈等均有細緻描寫,堪稱清代京師

社會生活風俗畫卷。如記北京琉璃廠,述其所處方位及門街橋廟樓林之制,又記其地圖書寶玩及秦樓楚館,寶馬香車,可知當時琉璃廠興盛景象。此類有以見當時北京文化生活細節,實爲研究北京地方史之寶貴史料。

此本據清華大學圖書館藏清乾隆刻本影印。又有清刻本、《北平史迹叢書》本等。（張全曉）

七十二候考一卷 （清）曹仁虎撰（第885 册）

曹仁虎（1731—1787）,字來殷,號習庵,嘉定（今屬上海）人。乾隆二十六年（1761）進士,歷官翰林院編修、侍講學士等,曾任清朝《平定準噶爾方略》纂修官,清朝《續通志》、《續文獻通考》、《續通典》纂修兼總校官。更著有《宛委山房詩集》、《蓉鏡堂文稿》等。《清史稿》有傳。

是書以乾隆曾有七十二候詩,故於諸書搜羅相關資料彙集成書,詳加考辨,鏡别異同。卷末曹氏識語稱乾隆就古來所傳七十二候曾有考證,如以鹿麋皆解角於夏,而改仲冬爲鹿角解;謂鷹鳩無互化之理;豺獺豈知報本之誠,虹藏於小雪,則氣已稍遲;雉雊之於小寒,則時猶太早;蜃蛤成於大水,原非親見之言:諸如此類皆加考證,遂改定七十二候,又御製《七十二候詩》,故撰是書以證成乾隆之説。曹氏諳熟典章,治學嚴謹,於七十二候之事詳加考辨,如謂觀象授時起於上古,其後由四時而分八節,由八節而分二十四氣,由二十四氣而分七十二候,立法漸密。所引書有《禮記》、《吕氏春秋》、《通卦驗》、《逸周書》、《淮南子》諸書及馬融、鄭玄、王應麟諸説,附以己意,考求七十二候源委。以爲北魏始以七十二候頒爲時令,唐開元時又改從古義,以《逸周書·時訓解》爲準。然唐所定七十二候亦有不合時宜者,是書於此亦多有考證,且引述史料極富,足供後人深入研究。

此本據上海辭書出版社圖書館藏清嘉慶吳

氏聽彝堂刻《藝海珠塵》本影印。（張全曉）

月令粹編二十四卷　（清）秦嘉謨撰（第885冊）

秦嘉謨，生卒不詳，字味芸，江都（今江蘇江都）人。更著有《世本輯補》等。生平略見《世本輯補》秦氏自序。

是書前有嘉慶十七年（1812）吳錫麒序及陳壽祺序，略謂是書仿元費著所撰《歲華紀麗》及清代董穀士、董炳文同編之《古今類傳》，成書於十六年。序後有凡例，稱《歲華紀麗》簡而未備，《古今類傳》雜而不純，或列正史於雜家之中，或次唐宋於漢晉之上，是書則先經後史，後附子部及雜家小説，各按時代先後排列，采擇必照原書；明代馮應京、戴任共輯《月令廣義》，首載政典，次載養生，與月令無關，故不用此例；前人詩詞，原可引用，《類傳》所取或非佳作，亦非實典，故不收録云云。是書先列《圖説》，後總述歲令及各月令，再按春夏秋冬四季分述，又附閏月令及晝夜時刻，卷末又有補遺，並以蔡邕《明堂月令章句》作爲補編。《圖説》類下收有《月令主屬大全圖》、《氣候循環易見圖》等共二十圖，均有文字説明。所録各月月令，以時爲序，輯録群書，極爲詳細。如卷一總述歲令，列有祠靈星、書板言事、三年不窺園等數十細目。又如述三月節令：初一萬春節，初二祭馬謖，初三馬射、射兔、真武會，初五禹生日，初六吉祥現，十三日長春節、雕兔，二十日天倉開，二十二日嘉會節，二十三日天妃誕，二十四日尚齒會，二十八日梯航成書、東岳生辰等。則凡有關歲時月令之事者均加匯録。卷末所附物候亦多於通常七十二候，徵引書目除歷代正史外，又有《東方朔外傳》、《十洲記》、《説苑》、《古瑞命記》、《軒轅内傳》、《拾遺記》、《襄陽耆舊傳》、《水經注》、《玄中記》、《齊民要術》、《雲笈七籤》等數十種，蔚爲大觀。

此本據清嘉慶十七年秦氏琳琅仙館刻本影

印。（張全曉）

節序日考四卷　（清）徐卓撰（第885冊）

徐卓，生卒不詳，字犖生，號萏牖，休寧（今安徽休寧）人。道光十三年（1833）進士，曾主講黟縣與祁門書院。更著有《休寧碎事》、《更漏中星表》、《經義未詳説》等。生平見《（道光）休寧縣志·文苑》。

是書前有徐氏自序，此本僅存半頁，以此殘文合四卷所載，可見其結構大略如次。卷一分春、夏、秋、冬四部，大抵以序所謂"天時迭運"述四季節氣物候類節目，四季各有數十目。卷二、三則序所謂"人事繼之"，分述一年十二月各月人文節目。卷四復以一年"三百有六旬有六日"，依月日之次敘各日節目。其分卷難稱合理，故前後每多同節而異稱。如五月五日、九月九日，前後所録異名均達十數種，而諸多民俗亦因之得以保存。某些地方性節日習俗，亦有所考證，如廣東田了節，引《嶺南隨筆》："七月十四日，東莞爲田了節，以其時新穀始生，兒童折蘆管吹之，謂之吹田了。"又輯録外國節日習俗，如高麗國上元節、勃泥國歲節、天竺國臘日等。是書取資甚廣，多有今已佚失而賴此以存一鱗半爪者，可以備考。

此本據國家圖書館藏清嘉慶刻本影印。（張全曉）

金石類

天下金石志十五卷附録一卷　（明）于奕正撰（明）孫國敉校補（清）翁方綱校並跋（第886冊）

于奕正（1597—1636），字司直，宛平（今屬北京）人。著有《釣魚臺記》，與劉侗合著《帝京景物略》。事見周亮工《因樹屋書影》。

孫國敉（1582—1648），原名國光，字伯觀，六合（今屬江蘇南京）人。《明史》無傳，《千頃堂書目》及《明史・藝文志》誤作國莊。天啓五年(1625)進士,後爲福建延平府學訓導、內閣中書舍人。精於鑒賞及碑版、法書。更著有《六合冶山志》、《棠邑枝乘》、《燕都遊覽志》等百餘種。傳見《(光緒)六合縣志》卷五。

翁方綱(1733—1818),字正三,號覃溪,大興(今屬北京)人。乾隆十七年(1752)進士,歷任編修、司業,累至內閣學士,曾先後督廣東、江西、山東學政。更著有《易附記》、《禮記附記》、《經義考補正》、《兩漢金石記》等。事見《清史稿》、《清史列傳》卷六八。

是書按地區分別載錄自周《石鼓文》至元明時期天下碑版、金石之地點、撰書人姓名年月等信息,偶有考證之語。甚便檢索,然亦有疏漏處。如《漢衛尉衡方碑》錄入"陝西"條目下,然石在山東泰安岱廟。又如唐顏真卿《顏氏家廟碑》今存陝西碑林,而是書以爲在山東曲阜縣。又,杭州碑林現存宋高宗御書石經,而此書不載。據《因樹屋書影》所載,于奕正寓於京師,晚年始游江南,卒於旅。是以見聞不廣,有此疏漏。據書前葛正笏序,顧亭林曾據平生所見一一手寫,補足此書。足見此書疏漏之多。書前金鉉序及劉侗《略述》,極意讚美,不足道也。又《略述》,稱孫雪居誤以《郙閣頌》在冀郡、潁川《荀淑碑》在潁上;黃州周少魯搜錄冀州碑刻缺董仲舒《漢贊》,搜錄宛平金石缺《天寧寺隋碑》等等。是書可正孫雪居書者十之有四,可增補周少魯書者十之有七。所論尚稱平允。

孫國敉所校補者皆可補足是書。如稱應州(今山西應縣)大安寺碧峰和尚二塔,明洪武年間刻有《御賜碧峰詩》及宋濂所撰《塔銘》,在山門內;鄆城(今山東鄆城)縣有劉敬仲撰並書之《冉子祠記》,等等。

翁方綱校跋亦有益於補正是書。如書首題識據後周天和二年(567)《華嶽頌》下跋語"万紐于瑾撰"五字斷句之誤,以明此書內紅筆非顧炎武所識,而係孫國敉所作。

是書曾收入民國會稽顧氏金佳石好樓石印之顧燮光輯《顧氏金石輿地叢書》第一集。此本據國家圖書館藏明崇禎刻本影印。(高山)

金石萃編一百六十卷 (清) 王昶撰 (第886—891 冊)

王昶,有《(嘉慶)直隸太倉州志》,已著錄。

是書彙集石刻文字,另錄銅器銘文十餘條。全書收錄一千五百餘種,自周至宋,遼、金石刻亦有收錄,明代出土之《曹全碑》、《張遷碑》亦著錄其中。《曹全碑》立於東漢中平二年(185),爲隸書名碑,明萬曆初年陝西郃陽縣舊城出土,1956 年移入西安碑林博物館。《張遷碑》篆額爲《漢故穀城長蕩陰令張君表頌》,立於東漢中平三年,明代出土於無鹽(今山東東平),今存山東泰安岱廟。是書編纂歷時五十餘年,參與考訂增補者有朱文藻、錢侗等二十餘人。王昶自序稱參稽薈萃山經、地志、叢書、別集等書中所涉金石,覈其異同、審其詳略而成是書,以備考證之用。又據書前朱文藻跋,王昶編錄是書時遇有金石則隨見隨錄,乾隆五十九年歸里,乃發篋陳編,取所錄金石摹文詳加考訂,閱數年而成編,又招朱文藻、錢侗等人協助校訂,嘉慶十年(1805)始刊刻成書云云。宋人洪适《隸釋》、《隸續》所收漢碑併錄之,且仿洪書體例編定。全書於石刻、銅器名稱下注明大小、文字、存放地點及保存情況,再錄器物原文,欲使讀者展卷而如見古物,使論金石者取足於此,不煩他求。原文爲篆書或隸書之金石,則依原樣摹寫並加訓釋,文字爲楷書之金石則以楷書抄錄,石碑碑陰、碑側及題跋之類皆一一照錄。原文之後附以史籍中相關資料,前人未言及者復引經據典,末則附以按語以考論之。是書爲金石學之名著,刊印以來影響甚廣,後之續作如陸耀遹《金石續編》、王言《金石萃編補略》、方履籛《金石萃編補正》、陸心源《金石續編》等，皆由是書濫觴，而可光大金石之學者也。

是書有明嘉慶間自刻本、經訓堂刻本等。此本據清嘉慶十年刻同治錢寶傳等補修本影印。（高山）

金石萃編未刻稿三卷　（清）王昶撰（第891 册）

王昶，有《（嘉慶）直隸太倉州志》等，已著録。

是書録元碑八十通，本無書題，不分卷，初不知爲何人所作。此本卷次爲羅振玉釐析。卷中《至順二年加封啟聖王》等敕旨後附有錢大昕跋尾，其後有朱書“文藻校”三字，與所附錢大昕跋尾字跡相同，因知跋尾爲朱文藻手鈔錢大昕文；而《金石萃編》終成於朱文藻、錢侗兩人：則是書乃《金石萃編》未刻之稿所録之碑，正已刻之所闕。其體例與《金石萃編》相同，每碑題名之下注明石之高度、寬度、行數、字數、書體及石之所在，碑文之後附以諸家跋尾。是書載有雲南石刻九通，按王昶曾於乾隆五十一年（1786）任雲南布政使，極力搜訪雲南石刻，此即於雲南任上訪得。羅振玉於北京廠肆偶得此書，析爲三卷，並補目録於書前，編入《嘉草軒叢書》付印。是書富於史料價值，如卷上所載元《終南山重陽祖師仙跡記》，先述儒、道義理，以爲二家於佐理帝王一也；再述重陽先人事蹟甚詳，間多奇異之説，如母孕二十四月而生之類；末題劉祖謙記、姚燧書並題額；碑後引《弇州山人稿》、《咸陽金石遺文》、《書畫跋跋》、《石墨鐫華》、《庚子銷夏記》、《關中金石記》等書關於此碑之語，如《咸陽金石遺文》稱是碑在縣西北二十里，《書畫跋跋》以爲元時仙教大興，仙跡詭異者甚多，《庚子銷夏記》稱姚燧之書法模仿顔真卿而秀拔樸厚等，皆使人於是碑有所知。又卷上所載元《大元國京兆府重修宣聖廟記》，有以見

元時振興儒學之舉措；元《府學公據》，碑文所稱諸官員、使臣之軍馬不得於宣聖廟安下及聚集等等，則知元時維護儒學及學校之舉。他如元《重立文廟諸碑記》、元《陝西學校儒生頌德之碑》、《有元重修玉清萬壽宮碑銘》等，皆爲元代文教活動之史料。是書爲《金石萃編》系列之一，於考證經史亦不無助益，亦可知悉元代碑刻大概情況，與《金石萃編》共用可也。

此本據民國七年羅振玉影印《嘉草軒叢書》本影印。（高山）

讀金石萃編條記一卷　（清）沈欽韓撰（第891 册）

沈欽韓，有《漢書疏證》等，已著録。

是書爲沈欽韓重注《昌黎文集》時翻檢《金石萃編》唐代碑録部分時所作辨證及糾誤。於校勘、訓詁多有發明，內容涉及職官、地理、文字、史實等。如《張琮碑》“除左衞長史”一句，《金石萃編》不知其爲何衞；而沈氏據《唐六典》所載“隋左右衞置長史一人”及清朝所沿用之官制，推斷張琮爲左衞大將軍長史。《平百濟碑》“泗水挺袄，九廔遂戮”句，《金石萃編》不知九廔爲何；沈氏則據《淮南子·本經訓》“堯使羿殺九廔於凶水之上”高誘所注“九廔，水火之怪，爲人害，北狄之地有凶水”，以明九廔爲水火之怪。《令賓墓誌》“南陽人也”句，《金石萃編》以爲河陽古無南陽之名；沈氏據《左傳·僖公二十五年》所記“晉於是始啟南陽”、《水經注·清水篇》所記“修武，故寧也，亦曰南陽”及應劭《地理風俗記》“河內，殷國也，周名之爲南陽”，以證南陽之稱古已有之。《大德寺造像建閣碑》有“齋主功土”句，《金石萃編》失考；沈氏以爲“功土”乃“公士”之誤，並引《册府元龜》、《續通鑑長編》及《河東州刺史王府君碑》“新昌縣開國子公士”句以爲證。全書駁正王昶《金石萃編》者甚多，讀者須合二書同觀方得

其要旨。

此本據上海辭書出版社圖書館藏民國九年江陰繆荃孫刻《煙畫東堂小品》本影印。（高山）

金石萃編補略二卷　（清）王言撰（第891冊）

王言，生卒不詳，字蘭谷，仁和（今屬浙江杭州）人，嘉慶二十三年（1818）舉人，曾任文林郎、嚴州府壽昌縣學訓導。更著有《桂陽草堂集》等。事略見《晚晴簃詩匯》卷一二七。

是書搜録《金石萃編》所失録自漢至唐碑版四十餘種，倣《萃編》之體例，録其全文，未加按語以成。之所以不録唐以後碑版，蓋言以爲唐後碑版雜以字帖，取捨難分，種類又多，補不勝補。是書所録多爲碑刻、墓誌，先録全文，更附按語，於碑拓年月、書法、文字、形制、保存狀況、內容、史實、出土地點等問題皆有詳盡分析闡述。王言此書乃爲補足《金石萃編》而作，唯書中所録四十餘種碑刻，僅貞觀十四年（640）濮陽令于孝顯碑爲前此諸家所未録，雖然，就其收録碑拓及按語觀之，是書於考校金石及文字作用不小。如卷一《爨龍顏碑》後王言跋語述西南蠻歷史，云爨龍顏祖爲晉寧、建寧二郡太守、寧州刺史，父亦爲晉寧、建寧二郡太守、寧州刺史，及爨龍顏仍爲寧州刺史，故言以爲爨氏祖孫自行襲爵，鎮據一方，未必書承朝命；逮爨氏自王蠻中，《唐書》直以兩爨蠻目之；中原西南，聲教不通，習俗亦異，文章書法，欲求如劉宋時之製作而不可得。幸有此碑於一千三百餘年之後面世，乃知爨氏之所由來，本非蠻人。史實之一端，由此碑亦由此書而明。又卷一《凝禪寺浮圖頌》，言以爲是碑楷書而兼隸法，方整嚴密，在唐碑之上，當爲鄭鑒所書；又論《周驃騎將軍鞏客卿墓誌》書法，以爲字乃北派，頗有隸意：此類頗有助於書法史研究。又如卷一《中郎將石府君墓誌》下論左衛中

郎將官名，云此官漢承秦制，晉武帝始省去，南北朝宋孝武帝大明年間復置，齊因之；據此而斷石府君爲宋齊間人亦無不可。此類則由職官演變以考人事，亦屬有見。

本書據清光緒八年刻本影印。（高山）

金石萃編補正四卷　（清）方履籛撰（第891冊）

方履籛（1790—1831），字彥聞，大興（今屬北京）人。嘉慶二十三年（1818）舉人，官福建閩縣知縣。學問眩博，工詩詞及駢文，尤嗜金石文字，嘗歷游冀兗青豫，遇殘碑斷碣必手拓其文，所積幾萬種。更著有《伊闕石刻録》、《（道光）河内縣志》、《萬善花室集》。《清史稿》有傳。

是書共録碑文、墓誌等五十種，於中州碑版采録爲多。上起梁，下至元，中有元人石刻十八種。體例仿王昶《金石萃編》及陸耀遹《金石續編》，先釋全文再附以跋尾及考證。書中所録多爲鮮見者，足以補《金石萃編》、《金石續編》之闕，而於元人蒙古文字及當時謰體俗語，皆有恰當之分部及分析。其中所録碑版字畫之詭異、體例之蕪雜、文詞之俚鄙，亦多非經見者，可以廣金石之例。如《梁永陽昭王蕭敷墓誌》，歐陽修、趙明誠、錢大昕、王昶等人皆未及見之，王厚之《復齋碑録》及于奕正《天下金石録》亦僅存目而未載詳情。方氏偶於友人劉青園處得觀此拓，因詳記之。又如《梁永陽敬太妃墓誌》，惟見於陶宗儀《古刻叢鈔》，而爲歐陽修、趙明誠等所未曾見；是書所拓幾無缺損，可一一是正陶氏所録；碑文以"鼇"爲"鼇"等異寫之字，則皆當時通用之文，由此拓亦可見文字變遷之跡。是書於書法亦有涉及，如《周豫州刺史淮南公杜君之墓誌》按語，以是拓與歐陽通《道行碑》筆法無二，推定必其手書；又稱是拓爲墓誌而有篆額，古所稀見，則於金石規制研究有所補益。

是書有清抄本、清辨志書塾抄本、清光緒二十年石印本傳世。此本據光緒二十年石印本影印。（高山）

潛研堂金石文跋尾六卷續七卷又續六卷三續六卷　（清）錢大昕撰（第891冊）

錢大昕，有《元史氏族表》等，已著録。

是書不録碑版原文，題名之左即附跋語。錢氏於金石碑刻源流考訂甚詳，如卷一《吉日癸巳》、《琅琊臺刻石》等皆是。又每多考證僞作，質疑前記。如定卷一《岣嶁山銘》爲僞作；於卷一《比干墓銅盤銘》下駁薛尚功、張邦基之誤，又云此銘文字奇古，自非漢以後物，其以爲封比干者則無確證，但相沿已久，姑存其名爾。至如卷一《石鼓文》之跋語稱古文"旂""游"本一字、"云"與"員"亦相通；卷一《嶧山刻石》下以是碑"攸"字寫法異於《説文》所録，疑徐鉉傳寫摹刻之誤：此類皆有助於文字學訓詁學研究。錢氏爲史學大家，故尤善以史證合參，如卷一《五鳳二年刻石》碑文云五鳳二年爲魯三十四年，而依《漢書·諸侯王表》則五鳳二年當爲魯孝王三十三年，則與《五鳳二年刻石》所記不合，錢氏以爲，史文中年歲記載固多牴牾，刻石出於當時，宜取以爲準。又如卷一《孔廟置百石卒史碑》下，錢氏考察漢代官制云，公牘之書寫，首以相與長史並列，其後僅署相一人之名，《史晨碑》亦有此例，此乃漢時公牘之例。再如卷一《郃陽令曹全碑》下錢氏云官府所居曰寺，並舉碑文"燔燒城寺"、"開南寺門"、"繕官寺"等語以證之；又云漢時重清議，故雖邊方人士猶知敦孝友以立名譽，曹全之重親致歡見於鄉諺即其例。凡此，皆史碑相映成輝，足見所長。

是書有清嘉慶四年黄廷鑑抄本、嘉慶十年刻本、《潛研堂全書》本。此本據上海辭書出版社圖書館藏清嘉慶十年刻本影印。（高山）

金石後録八卷　（清）錢大昕撰（第892冊）

錢大昕，有《元史氏族表》等，已著録。

《金石後録》爲錢大昕所見金石之目録，以隨見隨録，故傳本多有不同。《潛研堂金石文跋尾》則爲其金石筆記，見於《跋尾》中之金石，《金石後録》中均有其條目。是書各條下記該器物之年代、地點等。卷一録三代至隋刻石二百六十通；卷二録唐刻石二百六十二通；卷三録唐至五代刻石六十七通；卷四録宋刻石二百四十七通；卷五録宋刻石二百四十六通；卷六録宋刻石二百六十二通及安南刻石一通、劉豫齊刻石三通；卷七録遼、金、元刻石二百四十二通；卷八録元刻石二百四十八通。是書蒐羅豐富，而較具系統：如録唐顔真卿碑刻較全，可爲書法史之參考，於唐代墓誌研究亦大有參檢價值；卷一《蘭亭序》，則録有東陽本、國子監本、寧波范氏本、涿州馮氏本、真定梁氏本、慈溪姜氏本、玉枕本、大字本等，洵屬不易。

此本據國家圖書館藏清袁氏貞節堂抄本影印。（高山）

兩漢金石記二十二卷　（清）翁方綱撰（第892冊）

翁方綱，有《天下金石志》校，已著録。

翁方綱尤精金石之學，是書參以《説文》，考證至精。卷一爲兩漢《年月表》，每一欄分紀年、時事、金石文目三段，兩漢時期與金石相關之大事綱舉目張，一目瞭然。蓋是書編録金石，或以地或以事類分别之，故首卷貫繫年月以條敘之。卷二爲全書目録，卷末附《歐陽文忠公集古録目次考》、《洪文惠公隸釋隸續目次考》，以辨正《集古録》、《隸釋》、《隸續》三書目次。卷三以下録述兩漢各金石，據拓本迻録漢碑之字，不得已乃據摹本，再不得已則據前書之著録。每録一碑必明言據某本而録。翁氏善以經史小學功底融入金石考論。如卷中於甎文形制考索甚詳，使人讀之即能想見瓦當樣貌。又如《禮器碑》下考證"敕"字，即由字音而獲正確結論。又如《漢石經殘字・魯詩二段》後按語，先引婁機《漢隸字原》注"石經《魯詩》殘碑'宧女莫我肯勞'，《魏風》作'貫'"，又引顧藹吉《隸辨》所云"《魯詩》、《毛詩》互有不同，宧與貫未可即爲一字"以駁之；更引《説文》宧、藘二字之解説以明許慎師毛氏，故《説文》不盡與《魯詩》相應云云。又有由碑刻而生發史事、名物考證者，如卷四《漢建初尺款》下論云，《隋志》所列十五尺一周尺，即劉歆之銅尺、建武之銅尺、祖沖之之銅尺、荀勖令劉恭所造之尺，亦即晉前尺者，即其好例。

此本據清乾隆五十四年北平翁方綱南昌使院刻本影印。（高山）

金石三跋十卷授堂金石文字續跋十四卷
（清）武億撰（第 892 册）

武億（1745—1799），字虛谷，一字小石，號半石山人，室名授經堂，偃師（今河南偃師）人。曾官山東博山縣知縣。更著有《經讀考異》、《群經義證》、《讀史金石集目》等，後集有《授堂遺書》。事具朱珪《知足齋文集》卷五武億墓誌銘及法式善《存素堂文集》卷四《武虛谷傳》。

《金石三跋》含《金石一跋》、《金石二跋》、《金石三跋》，凡十卷，《授堂金石文字續跋》十四卷。是書於每一名目之下不引金石原文，直述金石源流及考證按語。書中多有與前人相異之結論，如卷一《周石鼓文》跋語稱石鼓"爲漢人所製"，雖未必定論，亦足資參考。同文又論及天子六駕爲漢制，亦可參取。又如卷一《漢銅釜銘》下以釜銘既稱長信宮賜館陶家，以《漢書・外戚傳》證之，有竇太后將崩，"遺詔盡以東宮金錢財物賜長公主嫖"之語，故疑此銅釜亦賜於此時；按趙明誠提出此釜爲長信宮竇太后賜館陶公主家物，億續證以古書傳注，且論述長信宮得名由來，字字確鑿，可資參考。卷一《漢太室石闕正銘》下則以石闕正面銘文尚可辨識，然自歐、趙以至近代諸家如葉封《嵩陽石刻記》、顧炎武《金石文字記》皆未

收入，此編録入則可補闕遺；又論"崇高"、"嵩高"兩稱並行，引韋昭所注《國語》"崇、嵩古字通"以明之。此類甚多，足見武氏考證不可謂不精審，讀者宜有取之。

《授堂金石文字續跋》卷一《周西宮襄戎夫盤銘》下釋"西宮"云，古命士以上，父子皆異宮而居，故因所居以爲氏；而"襄"則此人之謚號，"戎夫"爲其字。所釋頗精當，則此書亦《金石三跋》後續佳作也。

《金石三跋》、《授堂金石文字續跋》有《授堂遺書》乾隆本、《授堂遺書》道光本。此本據上海辭書出版社圖書館藏清道光二十三年刻《授堂遺書》本影印。（高山）

平津館金石萃編二十卷補編不分卷　（清）
嚴可均輯（第 893 册）

嚴可均（1762—1843），字景文，號鐵橋，烏程（治今浙江湖州）人。嘉慶五年（1800）舉人，官建德縣教諭，引疾歸。嚴氏博聞強識，精考據之學，與姚文田同治《説文》，爲《説文長編》，亦謂之《類考》，更著有《金石題跋》、《鐵橋漫稿》，又萃輯《全上古三代秦漢三國六朝文》。《清史稿》有傳。

是書爲補足王昶《金石萃編》之作。1933年《圖書館學季刊》載陳準《平津館金石萃編跋》，稱嚴氏編書皆因卷帙浩繁，多不自刻，往往贈人刊行，即署他人之名。嚴氏屢承孫星衍校書之聘，故此書署孫氏平津館之名。又稱是書原缺卷十五、十六、十七，後由近人餘杭褚禮堂德彝先生補葺云云。

是書正編二十卷又補編不分卷，後有芝閣識語，稱內缺失十五至十七卷，又十八卷中缺五至九頁云云。芝閣爲凌瑕號，其著《癖好堂收藏金石目録》，中有《平津館金石萃編》十七卷又二册，嚴可均寫本，本二十卷，缺宋碑三卷，故僅十七卷。今檢此本，十五、十六、十七卷已配補；十八卷之五至九頁猶缺如。合陳準文觀之，知當爲褚氏補葺本。另清朱

記榮《國朝未刊遺書志略》亦收録《平津館金石萃編》二十四卷,題嚴可均編。合此可知,是書雖署孫星衍平津館之名,而編者確爲嚴可均一人當可無疑。

是書於王氏《金石萃編》已有者皆不重録,僅於其下注"已見王氏《萃編》"六字及某年月日而已,其餘每録一碑,必詳其年月、尺寸、廣狹、碑額碑陰及文字之體勢、諸家之考釋等,悉仿王書體例。如卷一《孔子觀延陵君之子葬題字》,先有雙行小字説明碑刻尺寸、字數、地點等;更詳録碑刻文字及前人關於此碑之評語;後附作者跋語,其中亦引録前代書籍關於此碑之評語。又《孔子題字》下按語以《史記·孔子世家》所載爲據,斷言孔子未嘗至吳,進而斷此碑爲後人僞託之作。卷二《元儒先生婁壽碑》下引《隸釋》所云以爲"朱爵司馬"書作"朱即司馬"、"脩"作"攸",乃如《校官碑》以"剗"作"戔",省其文也。此類足補王氏《萃編》之闕,亦便於後人之金石研究。是書《補編》收有《成陽靈臺碑》、《涼州刺史魏元丕碑》等,可爲金石家之參考。

此本據上海圖書館藏清嘉業堂抄本影印。（高山）

金石續編二十一卷首一卷　（清）陸耀遹撰（第 893 册）

陸耀遹(1774—1836),字紹聞,號劭文,陽湖(治今江蘇常州)人。與叔父陸繼輅齊名,時稱二陸。道光元年(1821)舉賢良方正,授阜寧縣教諭,工詩文,好金石文字。更著有《雙白燕堂詩文集》等。傳見《清史列傳》卷七二。

是書乃陸耀遹撰,陸增祥編定並刊版。陸增祥更著有《八瓊室金石補正》,編定是書時以王昶《金石萃編》爲範式,釐定陸耀遹原書爲目録一卷、碑録二十卷、外國一卷,並補足原書之闕、糾正原書之訛謬、排列原書器物之優劣、删汰原書所收僞作,旁采諸家題跋、補充已解,以成今本。書前有李兆洛、蔣因陪、陸增祥、何紹基等人題識,於此書多有説明。是書卷首目録前有《例言》十條,稱是書專録王昶《金石萃編》所未備之金石;《金石萃編》有録無文者可補全則補,不可補者則仍登録條目;於《金石萃編》舛錯之處則據他書是正;《金石萃編》各條目次第先後參錯之處予以校正。卷一《成山宫銅渠斗款》下録款文曰"神爵四年",增祥述神爵年號及成山宫之由來,並云"此器本先生所藏而編中僅列諸目,未録其文",更於陸耀遹原書稿本情況略作介紹,使人知此物之詳情。又如卷一《萊子侯石刻》下先録石刻原文,續録顔逢甲跋文、王金策跋文、黄本驥跋文、馮雲鵬與馮雲鵷《金石索》、瞿中溶《古泉山館金石文跋》於此刻之評介,末附按語,稱自漢武帝推恩令下而"（諸侯之）支庶畢侯",又引顔師古所注"侯所食邑皆書其郡縣於下,其有不書者,史失之"以明此刻之萊子侯乃王子侯之食邑於萊者,足補班史所闕,唯未審萊子侯爲何王之後。是書以補足《萃編》爲目的,可爲金石學研究之參考。

是書有清陸增祥校訂並跋之稿本,有清陸鼎輪校、同治十三年毗陵雙白燕堂刻本。此本據清同治十三年毗陵雙白燕堂刻本影印。（高山）

金石學録四卷　（清）李遇孫撰（第 894 册）

李遇孫,字慶伯,號金瀾,嘉興(今浙江嘉興)人。嘉慶六年(1801)優貢生,官處州府學訓導,工詩及古文辭,爲時所推,尤邃金石之學。更著有《括蒼金石志》、《芝省齋碑録》、《尚書隸古定釋文》等。傳見《清史列傳》卷六九。

陸心源《金石學録補》稱"嘉興李氏遇孫本若璩閣氏、西沚王氏之説,輯古人之講求金石者,爲《金石學録》四卷"。李遇孫以宋元以來金石之書甚多而講求金石之人未有著録,於是上溯三代以迄近世,凡爲金石學者,雖僅釋一器剔一碑,亦無不蒐羅薈萃而録之,共得五百餘人,都爲四卷。是書卷一前半蒐羅自《左氏傳》起至《後漢書》中所涉及之金石器物,卷一後半至卷四則記述歷代金石學人生平事蹟,一如書前阮元序所言。是書《例目》稱,自經典、《史記》、《漢書》以迄唐、五代隸卷一內,蓋以唐以前不過一鱗片甲;自宋迄明金石學人列爲卷二,俱聞歐陽修之風而興起者;卷三、卷四則分別爲"國朝上"、"國朝下"。是書遵四庫館通例,以御纂諸書如《欽定西清古鑑》、《御製重刻石鼓文序》等冠於清朝著述之首;古鼎彝以有款識者爲重,故是書於《左傳》所載鼎彝僅增録《禮至銘》一條,《國語·晉語》所載録《商銘》一條,《大學》所載録《湯盤銘》一條,《史記》所載録《柏寢銅器》一條,《漢書》所載録《美陽鼎》一條,《後漢書》所録載《仲山甫鼎》一條,皆以有銘文而録之。是書録諸家姓氏而各詳其所著之書,舉凡有專録一地、僅釋一碑或有文集散見、劄記偶及者無不見載,無著述之人如亦稱好古、爲諸家所引重者,亦録其姓氏;收藏古甎、瓦當之人亦並録之。此外尚有若干不録之情況,可參是書《例目》。是書頗見訪求之功,如卷一所記《左傳》僖公二十五年之銘、昭公三年讒鼎之銘、昭公七年正考父之鼎等,皆由典籍搜羅而出,可爲作金石學史之用;卷二"劉敞"條下云,劉敞於長安得先秦古器數十,愛其款識文字奇古,因以考知三代制度與先儒所説不同者,著《先秦古器記》,復指明劉敞《先秦古器記》之主要內容;卷四"武億"條下稱武億輯《偃師遺文記》,晉關中侯劉韜墓誌石,今藏其家,此則足爲碑石尋訪之線索。

是書有清道光間李氏芝省齋刻本,清凌霞校並跋之抄本,民國二十三年羅氏石印《百爵齋叢刊》本。此本據民國二十三年羅氏石印《百爵齋叢刊》本影印。（高山）

金石索十二卷首一卷　（清）馮雲鵬（清）馮雲鵷輯（第 894 冊）

馮雲鵬（1765—1839）,字晏海,通州（今江蘇南通）人,曾客居金陵、東阿、曲阜等地,工詩文篆法。更著有《掃紅亭詩集》、《崇川金石志》等。事跡見《晚晴簃詩匯》卷一二三。

馮雲鵷（1779—1857）,字集軒,通州（今江蘇南通）人,馮雲鵬季弟,嘉慶十六年（1811）進士,歷任東阿、曲阜知縣及膠州知州。更著有《續金石圖》等。生平見《（光緒）滋陽縣志·宦績志》。

據書前自序,嘉慶二十一年（1816）馮雲鵷仕瑕丘,馮雲鵬暇則與之訪尋古跡,搜拓金石,嘉慶二十五年秋始命畫工繪圖,三年而竣,凡三十餘萬言,皆雲鵬手自鈔訂,器物、銘文之考證則與雲鵷參榷之。是書十二卷,《金索》、《石索》別部,不相混淆。前六卷爲《金索》,收録商周至宋元時鐘鼎、兵器、璽印、銅鏡等,皆有圖録及文字拓片;後六卷爲《石索》,收録歷代石刻、磚瓦,亦皆有拓本及釋文。拓本精緻,字畫花紋細入毫芒,金石形象直觀,使人一見而知原物之貌。書前有鮑勳茂、辛從益、徐宗幹等人序言。是書考釋金石學規制、專名頗見功力。如《金索》卷一之《木鼎》,先繪器物外形,再附銘文拓本,銘文爲"作父考孟木工冊",末附按語,稱此器銘爲木,鼎彝之銘多自識其名,如魯有后木、楚有子木;銘文稱"冊"作,則意在顯昭此器爲君所賜,正是作器時論譔功烈,酌之祭器自成其名以明著於後世者。《金索》卷一之《亞尊》銘文爲"亞弓",古者射必有飲,而亞則有廟室之義,馮氏以爲此或爲射宮飲器。《金索》卷一之《冊卣》銘文爲"冊父乙",馮氏釋云,卣所以承君之賜,故銘冊以紀君命,父乙爲廟器之次序。《金索》卷一《蟠夔敦》無銘文,馮氏記述其形制後云,敦制原無一定之規,即《博古圖》所云製作不同、形器不同者,《禮圖》乃謂鏤龜爲蓋、繪形赤中,合此器形制與《博古圖》所載,知《禮圖》之説未足爲憑。《金索》卷一之《夔鳳豆》引《爾雅》所載"木豆謂之豆",馮氏引《禮記·明堂位》之説以明豆不專以木,且引《博古圖》載銅豆以證禮家泥於木豆之失。《石索》卷二之《漢永元三處閣石刻》,有釋文及跋文,跋文引《古刻鈔》所説以明東漢刻石字方二三寸;引許蔡《迨刻記》所説以知是刻在范功平摩崖之西五十餘步,字畫大小不等而筆意精妙,去地數寸必偃而可得,太守李公作屋護之。是書又多收録秦漢璽印,或可補《十鐘山房印舉》之疏漏。

此本據清道光滋陽縣署刻後印本影印。(高山)

金石苑六卷　(清)劉喜海撰(第894—895册)

劉喜海(1793—1853),字燕亭、吉甫,別號三巴子,諸城(今山東諸城)人。曾官四川按察使、浙江布政使,清代著名藏書家、收藏家。更著有《海東金石苑補遺》,專收朝鮮金石碑版,另有《長安獲古編》、《古泉匯考》等。生平見支偉成《清代樸學大師列傳·金石學家列傳第十八》、李放《皇清書史》卷二〇。

是書記蜀中金石一百八十二種,多前此未見者。每一鼎彝石刻之下,先照録原樣拓本,更附以按語,説明該器物存放地點、流傳情況並作文字考釋等。如卷一石刻《漢逍遥洞仙集留題》,標目下先以雙行小字指明此石大小、字數、字體,更依原石描樣,後將文字雙鉤膽録,較清晰;所附按語稱,石刻原文所記“漢安”爲漢順帝改元之年(142),彼時無楷書,故此石隸書正文旁之“東漢仙集留題洞天”八字楷書或爲後人所增;按語又稱王象之《興地碑目考》,葉九苞《金石録補》未收録此碑,僅《金石萃編》收録。又如卷一《漢巴郡太守樊敏碑》,經劉氏考校,知碑文“飲汝”洪适《隸釋》作“飲汝”,“光和之末”洪适誤作“光和之中”,“嘗窮”洪适誤作“當窮”,再下一字碑文作“治”洪适誤作“台”。再如卷一《漢楊宗闕》按語稱,《隸釋》及諸書皆作楊宗墓銘凡十六大字“漢故益州太守楊府君諱宗字德仲墓闕”,“牧”誤爲“太守”,當以是書所

載《漢楊宗闕》爲正,乃十五字。是書凡此皆考證精審,多獨到之見,可爲金石研究之助。

此書有稿本傳世,又有清道光年間刻本。此本據清道光刻本影印。(高山)

攗古録二十卷　(清)吴式芬撰(第895册)

吴式芬(1796—1856),字子苾,號誦孫,海豐(今山東無棣)人。道光十五年(1835)進士,官至内閣學士、禮部侍郎。長於音韻訓詁之學,精於考訂及琴棋書畫。更著有《金石彙目分編》、《陶嘉書屋鐘鼎彝器款識》、《雙虞壺齋日記八種》等。吴氏又爲封泥之早期發現者、研究者,曾與陳介祺合撰《封泥考略》。生平可參彭藴章《内閣學士吴公墓誌銘》、高均儒《續東軒遺集·祭海豐吴禮部文》等。

是書二十卷,著録三代至元朝金文一千七百八十一種、石刻一萬五千二百三十種、磚瓦文一千一百零五種、木刻六種、玉文四種、磁文二種,共計一萬八千一百二十八種。每種先列器物名,名下以雙行小字指明該器物銘文之書體、存放地點、年代等信息。鼎彝銘文有楷書釋文,石刻以楷書著録原文,無按語跋語之類。是書搜録器物之全、種類之多、數量之大冠於同類之書,可謂盡心力於此,可供檢索之用。

是書有清許瀚訂補、陳介祺批注之稿本;清宣統元年抄本。此本據宣統刻本影印。(高山)

八瓊室金石補正一百三十卷目録三卷八瓊室金石札記四卷八瓊室金石祛僞一卷八瓊室元金石偶存一卷　(清)陸增祥撰(第896—899册)

陸增祥(1816—1882),字星農、莘農,太倉(今江蘇太倉)人。道光三十年(1850)一甲一名進士,授翰林院修撰,官至湖南辰永沅靖道,好學博覽,精金石學。更著有《八瓊室文稿》等。見《(宣統)太倉州志》卷二五。

是書於王昶《金石萃編》之後,補入後出鼎彝二千餘種,《萃編》疏誤,則據舊本及精本

訂正。體例差同,采校益慎。何紹基服其精審。是書補正王氏之書甚多,王昶《萃編》所載不復列,惟以今墨本校之。其文字有完缺隱現,則援《經典釋文》例,拈句摘字而詳注之。《萃編》所載凡千五百餘通,既多漏采,書成後出土者亦夥。是書就所獲拓本或借之僚友者,凡《萃編》所遺,一一録入。《萃編》自唐以下悉用正書寫定,是書斷自兩晉,古文篆籀仍摹其體,俾讀者知原刻之文。溪山巖洞諸題刻,《萃編》或類列或分次,初未劃一,是書本年代先後悉以類從。《萃編》於諸家題跋偶有失載者,是書校正所及,因亦采入,其標題時代雖無舉正亦行登載,如劉、梁殘碑之類。三代彝器則《萃編》所載無多,是書亦不録而別入《札記》。又《萃編》鏡銘始於唐甀文,是書擇有建元年月者載之,餘亦詳《札記》。是書考論頗精,如卷一《羽陽宮瓦當文》下,以《澠水燕談録》所載“秦武公作羽陽宮在鳳翔寶雞縣界”與瓦當出土地點對勘,以知其地即羽陽宮舊址。即是好例。

《八瓊室金石札記》卷一則搜録諸如陸紹聞《金石續編序》之類金石書序跋及相關文章;卷二以下則爲陸氏札記匯録。《八瓊室金石祛偽》則爲陸氏有懲於碑估安託與好事者作偽,就所見可疑金石辨偽之匯録,各件器物之下有簡單按語。《八瓊室元金石偶存》則爲元代金石之著録。

此本據民國十四年劉氏希古樓刻本影印。
(高山)

八瓊室金石補正續編六十四卷　(清)陸繼輝撰(第899—901冊)

陸繼輝(1839—1905),字蔚庭,太倉(今江蘇太倉)人,陸增祥子。同治十年(1871)進士,散館授編修,直史館,任河南汝寧知府。好金石,善繪畫。更著有《龍門造像釋文》等。生平見朱汝珍輯《詞林輯略》卷八。

是書乃補足《八瓊室金石補正》之作,收録兩漢至宋、金時期各類甀文、碑刻、造像、題記、墓誌、經幢等石質文獻兩千餘種。每一名目之下,先以雙行小字標明書體、地點,偶有抄録前賢論及該物之語(如卷一《本初甀文》即先引馮雲鵬《石索》及陸心源《千甓亭磚録》語),更附該金石之簡單介紹。是書考證精詳,如卷一收録甘露二年八月《潘氏甀文》,跋語即論述甀中“甘露”爲西漢年號甚詳,又論甀文“甘”字,盡引古書爲證。卷一《建初甀文》以建初紀元者古有東漢章帝劉炟、晉李特一年、後秦姚萇八年、西涼李暠九年,陸氏斷此甀當爲東漢章帝建初九年物。卷一《永壽殘石》剥泐尤甚,陸氏據是碑“刻石作封”語度之,稱殆爲墓碑;又辨稱若據是碑第六行“永壽元年”字樣,當爲漢桓帝時物,若據第一行“庚辰”推其年代,則順帝永和五年、獻帝建安五年與永壽元年爲近,然未可斷定,此則陸氏之審慎處。卷一《龜兹左將軍劉平國刻石》下先引施補華《澤雅堂文集》所敘及是刻雙鉤本跋語以明是刻之發現、拓印、保存等情況,後附按語陳述是刻之背景,以爲西域諸國終東漢之世叛服不常,而龜兹猶用漢正朔,則羈縻未絕;漢桓帝永壽四年六月改元延熹,是刻遠在西域,故八月尚用永壽紀年。卷一《議郎殘石》述晉、北魏職官,以爲晉武帝泰始九年(273)省併蘭臺,置符節御史掌其事,而《晉書·職官志》不復載蘭臺之名,疑當時已廢之;然《魏書·官氏志》云魏天興四年(401)罷外蘭臺御史,總屬內省,若依魏拓跋氏官號多沿晉舊則魏晉間固有蘭臺御史之官矣。卷二十四記述《龍興觀道德經并兩側題名》,以河上公注本、王弼注本與家藏五種石刻本相比較,證以文字、文句異同,知古石刻之可貴,並稱世間真舊本必以景龍碑爲最,其異同數百事,文誼簡古,遠勝今本者甚多;今合蘇靈芝書御注本及河上公、王弼與《釋文》所載,參互校勘,條舉得失,足證此刻之善。又有卷二十二《法果寺碑》,述撰文者姚璹及其先世職官、生平甚詳。此類足資參考。

此本據上海圖書館藏稿本影印。（高山）

金石録補二十七卷續跋七卷　（清）葉奕苞撰（第901册）

葉奕苞（1630—1687）,字九來,號二泉,室名經鋤堂,崑山（今江蘇崑山）人。諸生,康熙十八年（1679）薦試博學鴻儒,未中,鄉中頗有狂名,好金石,擅書畫,能詩及戲曲。更著有《經鋤堂詩文集》、《續花間集》、《經鋤堂樂府》等。生平見支偉成《清代樸學大師列傳·金石學家列傳第十八》。

據書前《金石録補自序》,知是書由王子宛仲所藏二十種及葉氏舊蓄二十餘種漢唐舊碣石刻組成,皆爲趙明誠《金石録》所未收者。葉氏仿趙氏之例,作辨證跋語以志一時之見,故稱是書爲《金石録補》,意謂補趙氏所未録者,又仿其例也。《自序》定體例如下:拓本無碑額則書題以冠之;記書碑年月以備考;録鐫字人姓名;補趙明誠及洪适所未録之漢碑;存宋刻唐帖如張旭、懷素等人;録有目無拓之漢碑目録。全書風格,魏禧《金石録補題辭》稱爲"簡古有風味,足與古金石稱"。卷一《夏商鐘銘》中一器名《父作旅》,葉氏以"旅"字有衆義,而稱此器爲一組鼎彝之一,非獨此一件。卷一《周甫仲鼎銘》中有"司徒南仲佑世惠僉立中庭"語,葉氏以爲"立"字當讀如位,並遍引前賢以明此。卷一《秦平陽尺銘》,明徐獻忠《金石文》以爲是物爲權,而葉氏以爲是尺,並引《説苑》所載"度量衡以粟生之,十粟爲一分,十分爲一寸,十寸爲一尺"以明之。卷一《漢器銘》,葉氏以漢武帝建元紀元後凡器物皆用當時年號,此器止云"五年"而無年號,則必建元以前之物。卷一《漢元嘉刀銘》下有銘文"宜侯王大吉羊",葉氏引《春秋繁露》"羊之爲言祥也",稱此羊字作祥解,並論先秦佩刀之制甚詳。由此類可

知,是書非止金石研究之助,亦有助於考經證史。書後有海昌蔣光煦跋文一篇,以爲是書博洽倍於《金石録》、《金石續録》。

《金石録補續跋》爲是書之補充,亦有可觀處。卷一《楚鐘銘》下摘録顧炎武《金石文字記》之説,俾人知春秋時諸侯國之僭越在諸侯王而不在自紀其元,如《春秋》即直書魯國紀年是也。

本書有清鮑廷博、趙一清校補,丁丙跋之稿本;清翁方綱抄本;清道光二十四年別下齋刻本;又有光緒丁亥孟秋行素草堂藏板《槐廬叢書》本。此本據清道光二十四年別下齋刻本影印。（高山）

金石學録補四卷　（清）陸心源撰（第901册）

陸心源,有《宋史翼》等,已著録。

是書光緒五年（1879）初作時僅二卷,補《金石學録》所未録之明清二代金石學人,自漢至清凡一百七十人;光緒十二年更搜採群書,證以見聞,又得一百六十餘人,重加編次,定爲四卷。如與李遇孫《金石學録》合觀,則有八百餘人。未收與作者同年代者,即書前陸氏序言所稱"余書斷自已往,懼標榜也"。是書駁正李氏《學録》者不少。例如卷一《陳勰》條下稱,陳勰爲金石學之祖,李遇孫以首録金石者爲梁元帝《碑英》則非。卷一《郭緣生》條下述郭氏《述征記》二卷記有《城陽靈臺碑》、《伍員祠碑》等,爲郭氏記述地理時順便敘述該地石刻;李遇孫以爲此法始於酈道元及魏收,而陸氏以爲實起於郭氏《述征記》,酈道元、魏收乃用其例耳。卷一《戴祚》條下記戴祚字延之,而《隋書·經籍志》以戴祚、戴延之爲二人,《新唐書·藝文志》則有戴祚無戴延之;陸氏以封演《封氏見聞記》及《水經注·洛水》所記相對比,知戴祚即戴延之,《隋書·經籍志》當更正。所載更有釋道安、裴松之、顧野王、徐鉉、蔡襄等人,皆可與史傳相參校。如卷一載徐鉉事蹟,稱其撰《古鉦銘碑》一卷,並記述其釋讀建陽某村人

所獲金器之銘文一事。由是知是書選取人物事蹟皆與金石相關者,非與金石相關者則不錄。卷二《陸游》條下云陸游曾於建安公署集中原、吳蜀漢碑爲十四卷,又曾親至焦山搨《瘞鶴銘》,是則亦以陸游爲金石學人也。此類皆可助金石學史研究。

此本據上海辭書出版社圖書館藏清光緒刻《潛園總集》本影印。(高山)

獨笑齋金石攷略四卷首一卷　(清) 鄭業斆撰 (第 901 册)

鄭業斆(1842—1919),字君覺,號幼惺,長沙(今湖南長沙)人。補博士弟子員,光緒二年(1876)入左宗棠幕,光緒十年入彭玉麟幕,後以知府分派直隸,管理天津營務。生平致力於訓詁、考據之學,更著有《獨笑齋金石文考》、《五代史纂誤訂正》等。生平見閔爾昌《碑傳集補》卷二〇。

是編爲考釋之作,條目之下即考釋之語,於金石不作介紹亦未錄原文。是書所論博而且精,於前人識斷多有駁正。如卷一《石鼓文》條下釋"亞箬其華"之亞箬,以爲當讀如"惡若",云"古亞、惡通用,即沃若也"。卷一《吉日癸巳刻字》下以碑文誤寫篆文"巳"爲"己",而判斷此刻爲後人不諳六書之所爲。又如卷一《嶧山碑》條下論"黔首"一詞之起源,以《史記・秦始皇本紀》所云"(始皇時)更民曰黔首"爲非。卷一《琅邪臺刻石》下引書以證"五大夫"官名自周季迄漢魏俱有之,至謂封五株松爲大夫則始於應劭《漢官儀》,後世詞人多踵其誤。卷二《豫州從事尹宙碑》碑文"支判流僊",鄭氏以爲僊即遷字,二字古通用,並引《釋名》、《漢書・王莽傳》等文例以證之;並論翁方綱、顧炎武以碑文"僊"字左旁从辵省之非。鄭氏此書考證較詳,多有裨於考證經史,非徒金石也。

此本據中國科學院圖書館藏清光緒十三年刻本影印。(高山)

鐘鼎款識一卷　(宋) 王厚之輯 (第 901 册)

王厚之(1131—1204),字順伯,號復齋,諸暨(今浙江諸暨)人,南宋著名金石學家、理學家、藏書家。乾道二年(1166)進士,歷官淮西通判、江東提刑。好金石之學,刻意搜訪彜器及金石拓本,爲較早整理、收集印譜之學者。更著有《復齋金石錄》、《考古印章》等。事具《宋元學案》卷五八及《(康熙)諸暨縣志》、《會稽續志》等書。

此書影拓原樣,旁以楷書標明器物名稱,並注明出土地點、收藏者姓名,有銘文釋文及簡單説明,不附按語。因阮元曾影刻宋本原書,故此本所錄多有阮元題跋,以隸書別於王厚之原釋文,摹拓精詳,細膩美觀。器物銘文之所以明瞭者,皆借阮元道出,語多切要。如《商鹿鍾》後阮元跋語,稱《商鹿鍾》前之器爲《董武鍾》,銘文第五字爲"吳",與"虞"字古通借;銘文第一字作"揰",似"董"字,並引《周禮・春官》九拜之四"振動"鄭注"動讀爲董,書亦或爲董"以明之,又引《左傳・昭公三年》"余髮如此種種"《經典釋文》作"董董"以爲佐證。《商子父癸鼎》阮元以銘文中字以釋明"成,平也"、"平,成也"之義,謂不觀此銘文,則莫窺其字之意象,而知漢儒平、成轉注,經師相傳之所由來者遠矣。《商飲》銘文爲單字"飲",阮元稱《博古圖》有《飲爵》,其字作畬,是則文字古今異形之例也。王厚之是書賴阮元以傳,書中器物之釋亦多阮元之語,故視此書爲王厚之輯錄而阮元續成可也。

此本據嘉慶七年積古齋影刻宋本影印。此本有阮元跋本、許瀚批註並跋本,曾收入民國十年海寧陳乃乾輯《百一廬金石叢書》。(高山)

十六長樂堂古器款識攷四卷　(清) 錢坫撰 (第 901 册)

錢坫,有《(乾隆)韓城縣志》,已著錄。

是書所錄皆器物中足證文字之源流者、足辨經史之譌舛者、有裨於學識者,至於泉刀小品如有可發明史書者亦載入,因知此書乃爲補益學問而作,非徒考古存古也。是書共録殷商至李唐有銘文之鼎彝四十九件,先描器物外形,再録銘文拓片,後附校釋之語,以漢建初慮虒銅尺爲標準尺寸。如卷一《商父乙鼎》下,先述器物各處尺寸,後釋銘文"子册孫册父乙",以"子""孫"二字左右相對,兩字下分別有兩"册"字,錢坫釋之爲子孫世世有符命。卷一《商父執刀觚》銘文 🖊,釋作"父執刀",錢氏以《宣和博古圖》所録商器《立戈觚》與此銘文相同,斷爲商代器物。錢氏以文字名家,所著此書亦重於文字考釋。如卷一《商父丁角》下錢氏據銘文稱"年"爲"祀",又有"父丁"之名,斷此器爲商器。卷一《周寰鼎》下錢氏釋銘文"載"爲國名,即今衛輝府(今河南衛輝)考城縣;古文"命"、"令"同用;"肇"即"肇"字;"攻"字省攴而從又;"敵"作"啻",古文敵字從啻而即通於啻;銘文"獵載東反"謂從東而反;銘文"陝征"謂以獵載之兵征陝。凡此,多有可取者。

此本據南京圖書館藏清嘉慶元年自刻本影印。另有清阮元、丁艮善題簽、許瀚校本。(高山)

積古齋鐘鼎彝器款識十卷　(清)　阮元撰(第 901 册)

阮元,有《疇人傳》等,已著録。

是書由阮元集己與江德量、朱爲弼、孫星衍、錢坫、江藩、張廷濟等人所藏鼎彝拓本款識匯爲一書,計五百六十件,交由朱爲弼編定審釋成書,宗旨在於聚一時之彝器摹勒爲書,以使永傳不朽。書前有阮元《商周銅器説》上、下篇及《商周兵器説》,申明阮氏關於商周銅器之觀念;又有朱爲弼《後敘》一篇。阮氏所云"器者所以藏禮""吾欲觀三代以上之道與器,九經之外舍鐘鼎之屬曷由觀之"皆爲不刊之論。是書分三部分,卷一、卷二爲商器款識,卷三至卷八爲周器款識,卷九、卷十爲秦漢器款識。所收有王厚之《鐘鼎款識》中器物,如董武鐘、鹿鐘、旅鐘等,皆據王氏書拓本摹入。是書於各器物下簡介其出土地點、時間等,又有精覈考釋。如卷一《鹿鐘銘》下云古鹿字通泉,並引《尚書大傳》"大麓"之麓訓爲録證之。又如卷一《旅鐘銘》下據《爾雅·釋詁》"旅,陳也",以爲彝器凡言旅者皆臚陳之義。卷一《册册父乙鼎銘》,阮元以爲有爵禄者始作祭器,而爵禄之賜必受册命,故周器銘往往有"王呼史册命某某"等語;商人尚質,但書册字而已;子爲父作器,則稱父以天干爲名字,無論貴賤皆如此,則不必定此器之"父"爲君。卷一《虎父丁鼎銘》有亞形中有虎之字,阮元以爲亞乃兩弓相背之形,異於他説。所釋大率類此,多有可取。

此本據華東師範大學圖書館藏清嘉慶九年刻本影印。又有光緒五年刻本,光緒八年抱芳閣刻本。(高山)

筠清館金石文字五卷　(清)　吳榮光撰(第 902 册)

吳榮光,有《吾學録初編》,已著録。

是書内容分二類,一曰款識,二曰碑碣。其碣與《金石萃編》、《積古齋鐘鼎款識》所録悉同者仍存其目,二書所無者則悉録全文。金文概依《積古齋鐘鼎款識》之例原本影抄,使人一目瞭然;石文則依《金石萃編》之例照録原碑行款字數,不分篆隸,悉以楷書付梓。因客居他鄉,書籍鮮少,榮光僅就之前所録金石考訂成書,惟謹於校讎原文,是其所長。是書較歐陽修、趙明誠兩家書僅存碑目而不全載原文者更加詳備。於每一器末皆標明所有者,則知乃彙聚同好所有而成。此書多發凡起例,如卷一《商仲夷尊銘》下稱古器凡言旅者皆祭器,如此器是也;凡言從者乃出行之器,如"從鈃""從鐘""從彝"等是也。並言祭器不逾境,逾境者用器耳。卷一《商月形卣銘》爲廟形中有庚字、子辛及月形,所云"廟形"即阮元於《積古齋鐘鼎彝器款識》卷一《虎父丁鼎銘》下所説亞形,又云庚者名也,子即紀月地支,辛爲紀日天干,月形字則爲"哉生明"

之形,亦爲紀日之符號。是書多精審之見,於金石研究不無裨益。

此本據上海辭書出版社圖書館藏清道光二十二年吳氏刻本影印。（高山）

從古堂款識學十六卷　（清）徐同柏撰（第902 册）

徐同柏（1775—1854）,原名大椿,字籀莊,號壽臧、少孺,嘉興（今浙江嘉興）人。貢生。精研六書篆籀,多識古文奇字,工篆刻,能詩。更著有《從古堂吟稿》、《清儀閣古印考釋》等。《廣印人傳》有傳記。

書前有阮元、葉志詵、何紹基、陳介祺跋語。是書共録金石器物百四十三件,包括商周鼎彝、秦磚漢瓦、古泉等。先録拓本,再附釋文,後續按語。於金石文字闡釋精確,引證恰到好處。如《商子丁鼎銘》釋銘文"子"字作連貝飾頸形,蓋古嬰兒之象;又於書頁中縫下端記"同里沈氏雪浪齋藏器",指明器物出處。又如卷一《周史懋壺銘》有"王在旁亭濕宫寝命史懋路算"之語,徐氏釋旁亭爲旁邑之亭;濕宫寝謂澤之宫寝,濕澤聲近義同;路,正也;並引《周禮·太史》"凡射事,飾中舍算執其禮",以明是器所言之事蓋陳禽習射而命懋正其事也。卷二《周鄩專鼎銘》有"惟九月既望甲戌王各于周廟"之語,徐氏以爲"各"字爲"格"字之省,"格廟"謂特格廟,並引《周禮·大宗伯》之注"王將出,命假祖廟"以明之。由是書所載,可窺金石學之門徑。

是書有徐同柏稿本,清阮元、葉志詵、何紹基、陳介祺跋之徐同柏稿本,清抄本,葉德輝跋之清抄本。此本據上海辭書出版社圖書館藏清光緒三十二年石印本影印。（高山）

攈古録金文三卷　（清）吳式芬撰（第902 册）

吳式芬,有《攈古録》,已著録。

是書每卷三册,三卷凡九册。所收款識或據原器精拓,或爲舊拓摹本。書中所收鼎彝依銘文字數排列,由一字乃至於四百九十又七字,字數多者可敵古文《尚書》之一篇。釋文間或附以各家之説,皆以根據經典、探討六書、推闡經義爲主,治古文《尚書》者可以此爲佐證。是書所釋文字,多爲後代學者所認可。如卷一之一《手奉舟鐸銘》吳氏説其字爲兩手奉舟形,又釋爲"受"字,以爲"受,中从舟,上爫下又皆手也"。卷一之一《介彝銘》,"介"形似"个"字,王引之《經義述聞》以爲"个"即"介",然猶以个爲隸省,吳氏據此彝銘文知古經"介"字多作"个",非爲隸省。卷一之一《父丁爵銘》"父丁"二字爲陽文,吳氏舉徐同柏、張世南、楊慎三人關於款、識之解釋:徐同柏説款,刻也;識記也;張世南《遊宦紀聞》云款爲陰字,識爲陽字。楊慎云鐘鼎文隱起而凸曰款,以象陽;中陷而凹曰識,以象陰。吳氏以楊慎之説爲是。卷一之一《豕形立戈爵銘》作宀下有豕形及立戈形,吳氏先引許印林之説以爲宀（室形）乃祭祀之廟,豕形爲牲,立戈形乃銘武功;更稱如此釋字不爲無理,然或可釋爲"家戈"二字,以戈衛家也。卷一之二《女王爵銘》爲"媿女王"三字,吳氏以爲女爲"母"字之省,古文每每通用。卷一之二《祖丁斝銘》爲三乂相累之形及"祖丁"二字,吳氏引徐同柏之説以明乂讀如交,爲自陰之陽之象,積三乂而成卦;並引許瀚之説以明三乂相累之形古皆釋爲"世"字,爲三十相承,亦取象於"系"字。卷一之二《臧伯鼎銘》爲"臧伯作彝"四字,吳氏引許瀚之説以明銘文釋"臧"不確,釋"國"字爲佳。是書多引他人之説以釋字,間亦斷以己意,於讀釋鼎彝銘文頗有助益。

是書有清丁艮善校之稿本、吳重憙吳幽校之稿本。此本據上海辭書出版社圖書館藏清光緒二十一年吳重憙刻本影印。（高山）

攀古樓彝器款識二卷　（清）潘祖蔭撰（第903 册）

潘祖蔭（1830—1890）,字在鍾,號伯寅,又號少棠,吳縣（今屬江蘇蘇州）人。咸豐二年

（1852）一甲三名進士，授編修，官至工部尚書，卒贈太子太傅，諡文勤。嗜學，通經史，收藏甚富，曾藏有大盂鼎、大克鼎。更著有《滂喜齋藏書記》等，編有《滂喜齋叢書》、《功順堂叢書》。門生葉昌熾爲其藏書著有《藏書紀事詩》。《清史稿》有傳，又見李慈銘《潘文勤公墓誌銘》。

是書共收彝器四十七件，每件先録彝器圖像及銘文拓本，更附以校釋語，於器物源流、文字考釋皆有獨到謹慎之見解。如卷一《邾鐘銘》，潘氏先引周孟伯之説以明是器乃邾肇與敵戰勝，以所得兵作器而紀其功之辭；又引《説文》、《玉篇》等以證銘文"嫠"字以"繄"與"諧"釋之尤爲明切，亦或本作"變"字之省，變更也，《周禮·大司樂》有六變、九變之文，謂遞扣其音調，盡而更也。又如卷一《史誦鼎銘》按語稱銘文"瀘"之下字仍當讀友，"旅瀘友里"絶句，友，助也，里、理通，古刑官，《漢·藝文志》有黄帝李法，李亦即理。卷一《匽侯鼎》銘文爲"匽侯敢作父辛尊"，潘氏引張孝達等人之説以明"匽侯"當是燕侯，《左傳》"高郮"《世本》作"高偃"，本爲一字，以聲相近而爲二字，燕、晏古相通借者多。卷一《季念鼎》銘文爲"季念作寶鼎其永寶用"，劉喜海《長安獲古編》亦著録，潘氏以爲念即豫字，《古文四聲韻》作辱。卷一《季保彝》銘文有"季保作寶尊"之語，張孝達以爲左人右子之形舊釋爲保不確，當爲"仔"，潘氏未予否定；實則保、仔古文同字，非二字也。是書所論多精審之語，可資參考。

此本據上海辭書出版社圖書館藏清同治十一年滂喜齋刻本影印。（高山）

愙齋集古録二十六册釋文賸稿二卷　（清）
吴大澂撰（第 903 册）

吴大澂（1835—1902），初名大淳，字止敬、清卿，號恒軒、白雲山樵，晚年號愙齋，吴縣（今屬江蘇蘇州）人。清同治七年（1868）進士，歷任編修、陝甘學政、廣東巡撫、河道總督、湖南巡撫等，曾參與中俄邊界談判。精於金石鑒賞，善畫山水、花卉，長於篆書，曾主講龍門書院。更著有《權衡度量考》、《恒軒所見所藏吉金録》、《愙齋文集》等。《清史稿》有傳。

是書書名爲吴昌碩所題，綫條渾厚老辣，結構緊湊細緻。敘文以爲《説文》所采古文、籀文非孔子六經之舊簡，故求之《説文》而不可通者往往於《經典釋文》得之，陸德明當時所見古書、古文必有所據，亦可由鼎彝銘文以證。如"來"字古文或从乇，他書所未聞，獨《爾雅·釋訓》"不諫不來也"，《經典釋文》作"徠、逨"，此可於《散氏盤》、《單伯界生鐘》銘文證之。古"兽"字與"獸"通，他書不常見，《書敘》"往伐歸獸"，《經典釋文》作"兽"，此條亦可由《邾鐘銘》"余兽綏武"而得證。吴氏曾集拓本千數百種，益以沈韻初所藏舊拓數十種，編輯而成商周吉金文十一卷、秦漢各一卷，漢以後吉金拓本一卷，共成十四卷，詳加考釋，付之石印，幾與原拓本無異；則是書所收吉金之來源甚明，印刷質量亦精。是書於鼎彝文字拓片旁附以釋文，間有按語校釋。如第一册《兮仲鐘銘》有"兮仲作大桼鐘"，吴氏即云"兮仲"疑爲"羲仲"之省，或云兮、猗二字古通，並引《説文》及古訓爲證。第一册《邾鐘銘》，吴氏以爲"邾"當即"莒"，並引《説文》"莒"字解"齊謂芋爲莒"，以明莒國之莒从艸者非本字。卷一《鄭邢叔鐘銘》有"鄭邢叔作霝龢鐘用妥賓"字樣，吴氏以"妥"字即古"綏"字，鐘銘之中多以樂嘉賓之文，"用綏賓"者用以燕樂賓客，則明非宗廟祭祀之器。吴氏長於《説文》古籀，其《説文》之學，或即與其鼎彝之學相表裏，是書所記則可與其《説文》之學共參。《釋文賸稿》二卷，乃吴大澂膳録鼎彝銘文之文稿，行書書寫，有魏晉風度。

是書有不分卷、十二卷、附《敦文考釋》一卷《爵文考釋》一卷三種稿本。此本據上海辭書出版社圖書館藏民國六年上海涵芬樓影

印本影印。（高山）

奇觚室吉金文述二十卷首一卷　（清）劉心源撰（第 903 冊）

劉心源（1848—1917），又名文申、崧毓，字亞甫，號冰若、幼丹，自號夔叟、龍江先生，嘉魚（今湖北洪湖）人。光緒二年（1876）進士，爲翰林院庶吉士，授翰林院編修，後歷任戶、工兩科給事中、京畿道監察御史、四川夔州知府，中華民國湖北民政長等。長於金石，尤擅鐘鼎文、石鼓文、魏碑。更著有《奇觚室三代六書存》、《奇觚室古音》等，傳見清朱汝珍輯《詞林輯略》卷九；又見沃丘仲子（費行簡）《近代名人小傳》“官僚”部分。

此書於劉氏官御史時所成《古文審》一書基礎上增訂而成，書前有吳光燿、陶鈞序。每一鼎銘下先附拓片，拓片下附釋文，左續以考釋之文。考釋文字必先言器物所在，或爲誰所有。考校精審，多有己見。如卷一《康侯鼎銘》第三字，前人有釋爲手、毛、屯、封等字者，劉氏以爲釋作“封”較有據。卷一《寧母鼎銘》文爲“寍女父丁”，劉氏以爲“女”字讀如“母”，古金石鼎彝多見，“寍女（母）”爲地名，《左傳·僖公七年》經文有“盟于寧母”之句，《春秋釋例》所記高平方與縣有泥母亭，音讀即如寧，此鼎蓋記地名者；又引他說，以爲寧乃姓，寧女爲其父作此鼎，是以稱父丁。卷一《亞鼎銘》文爲“亞”字形內有“卑尊父·（丁）”四字，劉氏先引《說文繫傳》、《說文通訓定聲》、《禮記·喪大記》注等關於“丁”字之解說，再釋丁字，以爲“·”乃象釘平視之形，“·”蓋古文釘字之最初者，小篆“丁”字則象立視釘形；天干之丁字乃借字，非本義，許慎《說文》之說失之。卷一《旁鼎銘》文爲“旁庫作尊誹”，劉氏以爲“庫作”連文，猶《春秋》所書“初作”，並舉虎敦等器之銘文“庫作”以證之，又稱末一“誹”字當是地名。凡此，皆足參取。

此本據上海辭書出版社圖書館藏清光緒石印本影印。又有稿本及清光緒十七年龍江樓自刻本。（高山）

古籀拾遺三卷　（清）孫詒讓撰（第 904 冊）

孫詒讓，有《周書斠補》等，已著錄。

《古籀拾遺》爲孫氏考訂商周青銅器銘文之作，成書於同治十一年（1872），光緒十四年（1888）經孫氏校訂後於溫州雕版，光緒十六年問世。書前有孫氏篆書序言及《宋政和禮器文字考》，書後有劉恭冕跋文《商周金識拾遺》。《宋政和禮器文字考》收錄《牛鼎》、《甲午簋》、《鋓鼎》、《欽崇豆》等宋代出土之器，皆有所校，所論器物源流皆精詳。是書分三卷，卷上由宋薛尚功《鐘鼎彝器款識》中選取十四條，卷中由清阮元《積古齋鐘鼎彝器款識》中選取三十條，卷下由清吳榮光《筠清館金石錄》中選取二十二條，均詳加考校。先錄鼎彝原文，隨文註釋，後附按語校釋，於前人考訂之失多有駁正。如卷上《商鐘銘》下考證“貸”字字形、“貸”“貣”二字古通、“永保”二字字形、古保、寶二字通用。卷上《己酉戎命彝》銘文有“九月隹王●祀世昌”等字樣，孫氏以爲“●”當爲“十”字，凡金文“十”字多作中間凸出之●形，稍變其形即爲●，《卯敦銘》文“錫女馬十四”之“十”字即作●形。卷上《鄯子鐘銘》有“用匽以喜”數字，其中“匽”字或釋爲“匰”，宋呂大臨釋爲“宴”，孫氏駁此二說，並云當釋爲“匽”，匽、宴同聲孳生之字，古可通用，故此器借匽爲宴，“用匽以喜”，蓋古人鐘銘之常語。卷上《聘鐘銘》有“●令宰僕易聘鍾十又二”數字，“●”字前人多釋爲“宮”，孫氏以爲“宮”字從“宀”，而此字從“∩”，中不聯屬，與宀不同，此實爲“公”字之繁文，此器銘文從兩○者即從厶而重之以就繁縟，古籀偏旁多重疊，古鼎彝銘文多此例；“公令宰僕易聘鍾十又二”，令與命通，易乃賜字之省，聘蓋受賜者之名,是句意爲"公命宰僕賜聘以鍾十二"。孫氏以古文名家,所釋文字皆有所據,多可爲後人參校。

此本據上海辭書出版社圖書館藏清光緒十六年刻本影印。(高山)

古籀餘論三卷　(清)孫詒讓撰(第904冊)

孫詒讓,著有《周書斠補》等,已著録。

《古籀餘論》撰成於清光緒二十九年(1903)。1926年容庚以王國維所得鈔本校補五百餘字,付燕京大學國學研究所募人刊刻。後戴家祥得孫氏三稿又補千餘字,1929年刊成印行。原書分二卷,共考釋吳式芬《攈古録金文》中重要青銅器銘文一百零五篇;容庚校刻時改爲三卷以與《攈古録金文》卷次相應。是書爲《古籀拾遺》成書後孫氏又見鼎彝之心得,有駁正己說處,亦有校正前人之說處。如卷一《子册父辛鼎銘》爲"子册克父辛",孫氏引《大保敦銘》、《曾伯黎簠銘》相近字形以明第三字當爲"克"。卷一《召夫角》銘文爲"亞"字形内有"憲夫"二字,舊釋爲"召夫",此銘文金文多有,如《召夫足跡鼎》、《亞形召夫尊》、《召夫卣》、《册命父癸鼎》等,吳氏考證舊釋"召"字當爲"憲"字之省,由《伯憲盉銘》"憲"字字形可證;"憲夫"當爲合文,亦有鼎銘銘文可證。卷一《女壬爵銘》舊釋爲"媿女壬",孫氏以爲銘文"媿"字左半从犬,當爲左犬右鬼形之字,《盂鼎銘》即有此字;"女壬"二字平列,似當爲"妊"字,媿方氏或爲妊姓,媿妊疑即媿方氏之女。卷一《鐎王彝銘》爲"鐎王作旅",孫氏考訂銘文首字"鐎",與舊釋不同,謂鐎乃器名,《説文》有鐎斗,即《史記·李廣傳》之刁斗,而此彝即刁斗;孫氏又以爲銘文當回環讀作"王作旅鐎",古金文例變化不拘,不足異也。是書共收一百零五器,每器一篇,每篇先舉古籀文,並指出"舊無釋"或"舊釋某",再辨舊釋之失。是書與《古籀拾遺》同爲孫氏研究金文典範之作。

此本據民國十八年燕京大學刻本影印。(高山)

陶齋吉金録八卷　(清)端方輯(第904冊)

端方(1861—1911),字午橋,號陶齋,托忒克氏,滿洲正白旗人。光緒八年(1882)舉人,歷任員外郎,湖廣、兩江、直隸總督,宣統元年爲川漢、粵漢鐵路督辦。倡導新式教育,曾創辦暨南學堂,喜好金石書畫。更著有《端忠敏公奏稿》等。《清史稿》有傳。

是書成於光緒三十四年(1908),書前端方《敍》述吉金書之簡史。是書爲端方所藏器之圖集,三代以上器物爲三卷,秦漢以下器爲四卷,又有南北朝以來造像一卷,共計三百五十九事,包括《青銅禁》、《克鼎》、《攸從鼎》、《師酉鼎》等著名青銅器。參與商定是書體例者有李葆恂、黃君復、陳慶年,繪圖者有管琳、黃廷榮,整理輯録者爲郝萬亮。是書先録器物圖像,再記載出土時間、地點、尺寸,並附銘文拓片。未有考證文字,圖像印製精美絶倫,可謂天下一品。

此本據清光緒三十四年石印本影印。(高山)

陶齋吉金續録二卷補遺一卷　(清)端方輯(第904冊)

端方,有《陶齋吉金録》,已著録。

《續録》所收,卷一三十一件、卷二四十三件、補遺八件,共計八十二件青銅器,皆爲《陶齋吉金録》所未收。此書體例一如《陶齋吉金録》。所收《沇兒鐘》、《克鐘》、《克鼎》、《伯晨》等皆重器,爲世所寶。《補遺》體例同《續録》,收器有《王孫鐘》、《立戈姒辛鼎》、《作旅尊》、《中益口簠》、《立戈父戊鬲》、《子形觚》、《子徒觶》、《秦辭鍑》等八件。

是書有稿本傳世。此本據清宣統元年石印本影印。(高山)

寰宇訪碑録十二卷　（清）孫星衍（清）邢澍撰（第 904 册）

　　孫星衍，有《（嘉慶）松江府志》等，已著録。

　　邢澍（1759—1823），字雨民，號伀山，甘肅階州（今武都）人。乾隆五十五年（1790）進士。曾任浙江永康知縣、長興縣知縣、饒州府知府等。好古博聞，精考碑版，著有《關右經籍考》、《金石文字辨異》、《守雅堂稿輯存》等。《清史稿》有傳。

　　此書主要依據邵晉涵參與編撰《四庫全書》時所見石刻，鄭樵《金石略》副本，孫氏親見摹拓，王昶、錢大昕、阮元、翁方綱、武億等人郵寄孫氏之拓片，加上邢澍所藏石刻拓本編纂而成。所録起於周，終於元，著録各地石刻、磚瓦七千八百四十九通，歷時二十年方成書。每一名目下注明書體、撰書人姓名、年代、題記、碑陰文字、存放地點及收藏者等。清嘉慶前之碑刻目録以本書最爲詳備，可供查檢之用，雖無原文校釋與按語，然述源流，明出處，亦足見功力。如卷一《秦十二字瓦》下稱，瓦當文盡出關中，始載於宋人著録，如宋王闢之《澠水燕談録》卷八、元李好文《長安圖志》即著録秦《羽陽千歲》瓦當。卷一《禹陵窆石題字》，孫氏據《太平寰宇記・會稽縣》所引《輿地記》，歸此刻於三國孫氏。後人間有補苴此書者，如趙之謙《補寰宇訪碑録》、羅振玉《再續寰宇訪碑録》、劉聲木《續補寰宇訪碑録》，此外，又有羅振玉《寰宇訪碑録勘誤》、劉聲木《寰宇訪碑録校勘記》、《補寰宇訪碑録校勘記》、《再續寰宇訪碑録校勘記》等校訂之作。

　　此本據華東師範大學圖書館藏清嘉慶七年刻本影印。又有光緒九年江蘇書局刻本、光緒十年吳縣朱記榮刻本等。（高山）

補寰宇訪碑録五卷失編一卷　（清）趙之謙撰（第 905 册）

　　趙之謙，有《（光緒）江西通志》等，已著録。

　　是書歷時十九年方告竣，共收一千八百二十餘件碑刻，依時代次列，由秦至元，其時代可確定者則著録書碑日及甲子。於朝鮮碑刻亦依其時代先後著録數十種，不復分列。時代無法確定者列於卷首，乃仿《寰宇訪碑録》之例。如卷一《紅崖古字》，俗稱《諸葛誓苗碑》，趙氏於鄒漢勛所倡導之殷高宗伐鬼方刻石說、莫友芝所倡導之三危禹蹟說皆不取，疑爲苗民古書，然代遠失考，夏后殷周未容臆斷，姑且從闕。卷一朝鮮南海《錦山摩崖》，趙氏列秦徐福題名及殷箕子書兩說，亦未下斷語。此二碑皆時代不確定者也。是書多以文史佐考訂，如卷一浙江海寧蔣氏家藏秦篆書《佐弋瓦》，趙氏據《史記・秦本紀》“佐弋竭”定爲秦瓦。又如卷一上海趙氏家藏秦篆書陰文《衞字瓦范》，趙氏以爲埏埴造瓦，舊無定稱而鑄金有范，據《通俗文》“規模爲范”之義，仍定此物爲造瓦之范，由此物亦知秦瓦埏埴之工藝。凡此，足資石刻研究之參考，洵爲續《寰宇訪碑録》之佳作。

　　《失編》一卷爲滄州王侶樵編定之《滄州金石志》，皆《補寰宇訪碑録》所未著録者，王氏以墨本相贈，因編爲《失編》附於卷末。

　　此本據清同治三年刻本影印。另有清章餘慶鈔本傳世，曾收入清光緒中吳縣朱氏《行素草堂金石叢書》。（高山）

平津讀碑記八卷續記一卷再續一卷三續二卷　（清）洪頤煊撰（第 905 册）

　　洪頤煊，有《諸史考異》等，已著録。

　　洪頤煊爲孫星衍幕僚，讀孫氏平津館所藏碑刻，見前輩諸君題跋不無未盡之處，間有所獲，則記於左方，積八卷，顏曰《平津館讀碑記》。翁方綱稱此書博洽，可與錢大昕《金石跋尾》相匹敵，王昶《金石萃編》精密不逮此書；洪氏則自信雖才能遠不及洪文惠公，然所見石刻過之。書前有翁方綱、李鑾宣、許宗彦等人序。洪氏作此書之旨，以其足以取證經史,而翁方綱則以爲金石可資證經者二十之一,足證史者則處處有之。卷一《石鼓文》引《後漢書·鄧騭傳》李賢注"今岐州《石鼓銘》,凡重言者皆爲二字",洪氏以宋人言石鼓見於唐人著録者獨不及此注。卷一《泰山刻石》下述此刻流傳情況,宋大觀中劉跂拓得二百二十三字,爲《泰山秦篆譜》,明北平許口僅得二十九字於榛莽中,移置碧霞元君祠東廡,乾隆五年元君祠失火,此石遂亡。此書考據明審,於唐代史實、地理尤多所得。如卷四唐武德四年(621)四月《秦王告少林寺主教碑》,洪氏以爲是碑之作在李元吉敗於王世充後、竇建德未被李世民擒獲之前。卷四武德五年(622)《觀音寺碣》,據碣文正《舊唐書·太宗本紀》"六月凱旋"爲六月駐蹕廣武,七月凱旋。卷四《左光禄大夫皇甫誕碑》,以爲所記"誕贈弘義郡公",足補《隋書·地理志》之闕。卷四《鄭州等慈寺碑》碑末貞觀四年(630)五月顏師古結銜"琅邪縣開國子",可正《舊唐書·顏師古傳》所稱"貞觀十一年進爵爲子"之誤。如此類者甚多,足資考證經史之用也。

此本據浙江圖書館藏清嘉慶二十一年刻本影印。光緒十二年刊《行素草堂金石叢書》亦收此本。(高山)

語石十卷　葉昌熾撰(第905册)

葉昌熾,有《緣督廬日記抄》,已著録。

《語石》爲葉氏由所藏八千餘通碑刻中選取四百八十六通編定,分爲十卷,上溯古初,下迄宋元,爲不得碑刻之學入門途徑者而作。内容涉及製作名義、標題發凡、書學升降、藏弆源流、摹拓裝裱、軼聞瑣事,且分門別類不相雜厠。其體例非同歐、趙、潘、王,不作考釋,不爲輯録,但示學者以津途。卷一講述各代碑刻;卷二分地域講述各地碑刻;卷三、四、五記述碑刻種類及形制;卷六記述碑刻文字體例等;卷七簡述各代碑刻書者;卷八依身份簡述書者及字體;卷九陳述碑刻文字之制度;卷十陳述拓本、裝潢及收藏。所言多淺近,爲初學者易曉。如卷一論陳倉《石鼓》是成周古刻,海内石刻當奉之爲鼻祖;卷一論世傳墓誌始於《顏延年墓誌》,晉以前無有;卷一論阮元南方書法長於簡札、北方書法長於碑榜之説,以爲此論雖不誤,然南朝非無碑版文字,《昭明文選》即有王仲寶、王簡棲、沈休文碑文三首。卷二論宋元碑刻聲價不敵唐碑,然可遇而不可求。卷三論碑之有穿,所以麗牲,亦所以引緯,後世立碑,但以述德敘事而失其本義,遂不盡有穿也;唐前造像墓誌多陳陳相因之辭,然或有敕定頒行之體式,故未可譏爲蹈襲,惟唐時文士亦有剽竊之實,如《雷大岑造像》前半鈔《聖教序》,故韓昌黎慷慨於此;隋前碑刻有書人名可考者,南朝陶貞白、貝義淵,北朝鄭道昭、趙文淵;論碑刻陽文,則長興雕造經典始用黑字,唐以前石刻惟碑額用陽文,北朝《始平公造像》、《馬天祥造像》皆陽文,爲例外也。諸如此類者,涵蓋碑刻文字、形制、書者、版本、歷史等方面,此書沈子培校訂,後續之作有柯昌泗《語石異同評》。

此本據清宣統元年刻本影印。(高山)

陶齋臧石記四十四卷首一卷　(清)端方撰(第905册)

端方,有《陶齋吉金録》,已著録。

是書爲端方仿王昶《金石萃編》之例,輯録歷年搜羅藏弆之石刻及拓本七百餘種以成,與《陶齋吉金録》並爲端方得意之作,自稱"非所藏者不入"、"實事求是"。按金石家自歐陽修、洪适以來,多據拓本而成書,據原石者僅郡邑之方志;以一人藏石都録成書者自《陶齋臧石記》始,由龔錫齡、況周頤、李詳、陳慶年、黎經誥同爲勘定,其中龔錫齡爲實際編定者。所記碑之大小尺寸,皆就最高廣處度之,以清工部營造尺爲準。所録碑文,點畫悉依原字録入，惟篆隸但釋以楷字。是編考證多翔實之論。如卷一諸條：《本始三年九月甲子造甄泉范》下云，凡有西漢年號之泉范皆五銖泉范；《居攝二年都司空》下云西漢都司空未詳所據，然依清《欽定歷代職官表》知爲刑曹官屬；《測景日晷》下陳日晷及計時制度甚詳；《武孟子買田玉券》下稱昔人姓名有省下一字者，如申包胥稱申包、鄭當時稱鄭當、曹叔振鐸稱叔振，考之今人於戲謔時亦有省名字之法；《陽三老石堂畫象題字》下釋國三老、縣三老、鄉三老，以爲必當時朝廷及至郡縣行此禮，有等差者爲其類也；《永建五年墓石題字》述刻石形制與端方舊藏一石形制相類，彼石有"黃腸"字樣，可定爲墓道之石，則此石亦必漢人墓道之石，并釋"黃腸"，引《漢書·霍光傳》"光薨，賜便房、黃腸題湊各一具"，注"以柏木黃心致累棺外，故曰黃腸"以明之；《泠攸石題字》云"泠"與"伶"通，《左傳·成公九年》"晉侯見鍾儀，問其族，曰，泠人也"《正義》云"泠氏世掌樂官而善，故後世名樂官爲伶官"，泠亦當時大姓，春秋時秦有泠至、周有泠州鳩、漢有下相侯泠耳、元帝功臣馴望侯泠廣、又有泠褒、泠豐，《元和姓纂》於泠姓一無所引，今此石有泠攸，益足補《元和姓纂》之闕。所辨均考證精覈，於金石、文史多有發明。

此本據清宣統元年刻本影印。（高山）

鐵雲藏龜　（清）劉鶚撰（第906冊）

劉鶚（1857—1909），字鐵雲，又字公約，號老殘，自署洪都百煉生，丹徒（今屬江蘇鎮江）人。劉鶚一生信奉太谷學派，從事實業，投資教育。致力於數學、醫學等實際學問，好收集書畫碑帖、甲骨金石。更著有《鐵雲藏陶》、《老殘遊記》、《勾股天元草》等。羅振玉《五十日夢痕録》有《劉鐵雲傳》。

是書爲著録甲骨文首倡之作，《抱殘守缺齋藏三代文字》第一種，由劉鶚於所集五千餘片龜甲中甄選略明晰者千餘片，依西方技術拓印。是書僅録甲骨文拓片，無名稱、釋文、校釋文字。劉氏稱甲骨文爲"殷人刀筆書"，實爲創始之卓識；而甄識藥材龍骨，發現古文字材料甲骨，開創之功，更不可磨滅。是書之後多有續作，上虞羅振玉輯《鐵云藏龜之餘》，沈尹默、金祖同等人輯有《鐵云藏龜拾零》，葉玉森輯有《鐵云藏龜拾遺》，嚴一萍編《鐵云藏龜新編》。

此本據上海辭書出版社圖書館藏清光緒三十年抱殘守缺齋石印本影印。（高山）

契文舉例二卷　（清）孫詒讓撰（第906冊）

孫詒讓，有《周書斠補》等，已著録。

孫氏苦於劉鶚《鐵云藏龜》無釋文而不能暢讀，又喜暮年得睹龜甲，乃以兩閱月校讀審釋，以爲甲文與金文相近而筆畫尤減省，象形多形聲少，人之名號多以甲乙爲紀，甲文中已有"商"、"周"、"衛"等字，由此而知劉鶚推定甲文爲商周時物不誣；乃就其所通者略事甄述，以補商代文字之未識者，而紬繹倉頡之後史籀之前文字流變之跡；於其所不知者，則闕而不論。又，孫氏以爲《尚書·洪範》"一曰五行"至"畏用六極"六十五字亦本之甲文，是論亦足參考。是書所論多爲後學所承用，如論天干，以爲乙、己二字與小篆同，餘則多異，如甲字作十；論十二地支，"子"字爲篆書寫法之變體，"丑"字寫法略同金文云云。又駁以"貞"字爲"問"字之舊説，並確定甲文作"貝"字形者爲貞之省。劉鶚有云"凡稱問者有四種，曰哉問、曰厭問、曰復問、曰中問"，孫氏於此皆有駁正；更論亙貞、穴貞、告貞、兄貞、立貞、出貞、内貞、品貞、永貞等九貞者，皆爲劉鶚所未言，合大貞等五貞爲十四貞。是書所論，每能發凡起例，如卷上云，凡云某日卜者，率不冠以某月，其紀日兼紀月者唯一事，云"三月丁口卜，韋貞"，是僅見之變例；其恒例，紀月多置於文中，或別以小字識於下旁云云,即其好例。是書爲甲文問世以來較早考釋文字專著之一,所示甲骨文例多爲切中肯綮之論,乃古文字研究必備之典。

此本據上海辭書出版社圖書館藏民國六年《吉石盦叢書》影印稿本影印。（高山）

京畿金石考二卷 （清）孫星衍撰（第906册）

孫星衍,有《(嘉慶)松江府志》,已著録。

孫氏考宋人金石諸書及家藏直隸石刻,分附於郡縣之下,釐爲二卷,未見之碑及傳聞之誤則記其所出。每一條目下僅記該件時間、書體、書者、出土地點、現存地點,不作考釋,不録釋文。如卷上《晉王密立魏征北將軍建成鄉景侯劉靖碑》,孫氏未見,據《水經注》所載而録。卷上《唐雲麾將軍李秀殘碑》下記載李邕撰並行書、郭卓然摹勒並題額,及時間、地點、保存情況,此則今所可見者。卷上《唐心經》下以方志所記爲誤,故又據《金石文字記》著録並正方志之誤。是書爲京畿直隸地區金石名目彙録,於考證京畿地區金石存留情況有參考價值。

此本據浙江圖書館藏清光緒十年後知不足齋刻石印本影印。又收入清光緒十四年吴縣朱紀榮《行素草堂金石叢書》。（高山）

長安獲古編二卷補遺一卷 （清）劉喜海撰（第906册）

劉喜海,有《金石苑》,已著録。

是編器物題名之下先録器物外形圖,更附銘文拓本,爲圖録類金石書;圖像精美,文字拓録精準清晰,書板印製美觀大方。由金甫刻圖,惜尚未告竣而劉喜海殁,故爲未完成稿。原本四册,後有散逸;庚子之變後書板歸劉鶚,因予補刊;原缺標題者由銅梁王孝禹補刊,印數百部。卷一共收鼎彝之屬四十三件,卷二共收詔版、銅鏡、瓦當、魚符、虎符等三十八件,《補遺》則收封泥、璽印四十一件。所收不可謂多,然皆極有收藏、考證之價值。其

中秦二世詔版三件、龜符一件等皆爲稀世之寶。是書可備查檢金石目録。

是書有清戴熙、陳介祺批校之稿本傳世。此本據上海辭書出版社圖書館藏清同治劉氏刻光緒三十一年劉鶚印本影印。（高山）

常山貞石志二十四卷 （清）沈濤撰（第906册）

沈濤,生卒不詳,字西雍,號匏廬,嘉興(今浙江嘉興)人。嘉慶十五年(1810)舉人,道光年間任直隸正定知府,調廣平知府,咸豐初署江西鹽法道,隨巡撫張芾拒太平軍,後授興泉永道,未到官,卒。精於訓詁、文字,嗜金石。更著有《銅熨斗齋隨筆》、《説文古本考》等。《清史稿》有傳。

是書開篇明義,提出金石之學實與輿地之學相表裏。沈氏治真定郡二十閲月,訪獲漢唐以來穹碑巨幢二百五十餘種,其中前人所著録、海内金石家所未見者十之五六。湯璥、邊浴禮助沈氏考校搜覽,段錫田以篆隸諸體摹寫全文,張復、宗金枝校讎,歷五六年成書二十四卷。先原文照録碑文,更附按語校釋,按語於碑刻名稱、時間、地點、發現保存流傳情況多有詳盡介紹,可補王昶《金石萃編》之闕。如卷一周《壇山刻石·吉日癸巳》條下所録李中祐題文:“荒且僻歷”四字,《萃編》漏録;“自亳社之鎮鎮”,《萃編》僅録一鎮字;所録匠人王和刻字下《萃編》無“吴口書”三字;《萃編》又漏“至元……副使口公”一行。是書又於前代金石書多所考訂,如卷一《吉日癸巳》條下據是刻跋語,以爲訪得者爲郡守王君,鑿取者爲縣令劉莊,龕壁者爲權守李中祐,可正《金石録》以州將鑿龕廧壁之誤;又如卷一《祀三公山碑》“蝗旱鬲并”句,諸家皆釋“并”字爲“我”,沈氏引《後漢書·陳忠傳》“鬲并屢臻”章懷太子注及《後漢書·郎顗傳》“則歲無鬲并”,以明是“鬲并”非“鬲我”。諸如此類,皆信實可靠。

此本據清道光二十二年刻本影印。（高山）

山右石刻叢編四十卷目録一卷　（清）胡聘之撰（第907—908冊）

胡聘之（1840—1912），字蘄生、萃臣，號景伊，天門（今湖北天門）人。清同治四年（1865）進士，授翰林院庶吉士，曾任内閣侍讀學士、太僕寺少卿、順天府（今北京）知府、山西布政使、山西巡撫。撫晉期間辦洋務：開煤礦，采石油，辦新學，修鐵路，創山西機器局，爲山西近代工業之發端。傳見中國第一歷史檔案館藏《清代官員履歷檔案全編》第六册，亦見朱汝珍輯《詞林輯略》卷八。

是書著録山西石刻，可與史書及地方文獻互證。序稱可考證者八事：地域、戎備、官制、物産、水利、鹽法、封置、故實。以時間順序排列，由後魏正光始，至元代至正終，共録碑刻七百二十餘通。各碑之下先以雙行小字略述保存情況、大小、字數、書體、存放地點等，更録碑文，後附按語。是書於職官、史實及文字等論述甚詳。如卷一《董成國等造像記》碑文有幢主、軍主、都維那等名稱，下引《隋書·百官志》以明後魏職官之設定；又言魏正光三年有寺塔之禁，故彼時不作寺塔而造像；又言“統”及“維那”皆僧官，而唐後碑版於興建寺塔者即稱維那，不爲僧之專號。又如卷一《鹿登等卅人造像記》下論鹿姓、豫氏之源流，碑主之鹿姓乃由後魏阿鹿桓阿氏所改，豫氏出於畢氏，畢氏出於姬姓，《通志·金石記》未著録，此則可補《通志》之不足。此類甚多，皆有裨於考證經史、補益書傳者。書後有繆荃孫後序，讀之可知此書大概。

此本據清光緒二十七年刻本影印。又有稿本傳世。（高山）

關中金石記八卷　（清）畢沅撰（第908冊）

畢沅，有《晉書地理志新補正》等，已著録。

此書爲畢沅任陝西巡撫時所作，收録上自秦漢下至金元金石七百九十七種，關内、山南、河西、隴右悉録之，編年撰記，有考證史傳、釐定文字之功。畢沅曾整修西安碑林，於文物之保存、金石碑刻之收藏有大貢獻，盧文弨序言稱“儒林傳爲盛舉”。是書先列金石碑刻名目，次行著明年代、書體、地點，更附按語，不録碑銘。是書於文字異同極爲留心，如卷一《繹山碑》下“繹”字《史記》作“嶧”，“動”字寫如“勳”；並考證古“重”與“童”通，“強”作“強”等。所記又多可發明史實，如卷一《敦煌太守裴岑紀功碑》所述呼衍每與爲難，裴岑以本郡兵三千捍禦而克敵全師之事，可爲史傳之佐證；卷一《楊孟文石門頌》下引《華陽國志》所載及洪适之説以明碑文“楊君厥字孟文”中厥字爲語助，《水經注》稱是碑爲《楊厥碑》誤，且據碑中以“犍”爲“楗”而斷定《石門頌》爲漢中太守楗爲武陽王所立。書末有錢坫、洪亮吉、孫星衍三人跋語。

此本據上海辭書出版社圖書館藏清乾隆經訓堂刻本影印。（高山）

雍州金石記十卷記餘一卷　（清）朱楓撰（第908冊）

朱楓（1695—？），字排山，號近漪，嘉興（今浙江嘉興）人。致力於金石研究，更著有《秦漢瓦圖記》、《古今待問録》，輯《印徵》。事跡略見《印徵自序》。

朱氏於乾隆十六年（1751）入秦，羈留十載，得漢唐碑二百種，五代及宋元時金石弗録。二百種中爲古人所未見者十有二三。是書誌所得之一方金石，都爲十卷、記餘一卷，以時代先後爲次，自秦至唐；各條名目之下先記撰書人、字體，更述流傳、保存、地點、文字、形制等，後附按語及校釋説明，偶有照録碑刻原文者。卷一《秦嶧山石刻》下即録宋鄭文寶《嶧山石刻記》，使人知是碑源流。卷一《郃陽令曹全碑并陰》下照録碑陽及碑陰之文，並指出《金石文字記》誤將碑陰第一行

"縣三老"認作"故三老"。卷一《漢析里橋郙閣頌》下指出《集古録》"太守阿陽李君"中"太守"下脱去"漢陽"二字,又誤碑主李翕爲李會;又論"潔"字爲"濕"字之誤甚詳,可解顧炎武之疑。卷一《漢十三字殘碑》記是碑爲郘陽縣康氏所藏,而《宰莘退食記》以爲是碑不存於世,非是。卷一所録《晉蘭亭序》爲上黨本,朱氏録董其昌跋語,使人知此本源流。卷三《蘭陵長公主碑》稱長公主爲太穆皇后之孫,而《唐書·蘭陵公主傳》稱其爲太穆皇后之族子;碑文稱太宗十九女,而史載太宗二十一女:皆可以正史傳之誤。卷四《珍州榮德縣丞梁師亮墓誌銘》按語引顧炎武之説,以爲梁師亮字永徽,古人無避忌如此,又引《金石文字記》所云,稱碑凡大周年作者,"天"字寫如"而"形,"星"字寫如○形,皆武后所改。是書所録大多爲唐碑,於考證唐史尤有裨益。

此本據華東師範大學圖書館藏清乾隆刻《朱近漪所著書》本影印。（高山）

關中金石文字存逸考十二卷首一卷 （清）毛鳳枝撰（第908冊）

毛鳳枝,生卒不詳,字子林,號蟬叟,甘泉（治今江蘇揚州）人。好經史、輿地、金石、考據、經濟、辭章之學,著有《寓意于物齋詩文集》、《關中石刻文字新編》、《汲古閣兩漢書校勘記》等。《（民國）續陝西通志稿》有傳。

是書所録金石自秦始,商周不録,以關中郡縣爲別,都爲一書,凡二十餘萬言,光緒元年（1875）夏始作,十五年（1889）秋告成。是書以集存散逸金石爲重,不盡録原文;於新出碑誌則録其要略且詳加考證;歐陽修、趙明誠二家所録金石不悉載,惟於其中晦而復顯者備録而詳加考校,如《劉沔碑》、《焦梵碑》;所載墓誌能實指其處者即云現在某所,否則以葬地爲歸屬。是編專以石刻爲據,惟石刻久逸又無拓本者方據傳寫本録入。書首列引用金石書目,有《集古録》、《金石録》、《金石萃編》等。是書《路詮墓誌》下據《新唐書·宰相世系表》以斷墓主爲路姓;稱《杜君夫人墓誌》篆書墓誌蓋"永康陵"之號得之於《新唐書·禮樂志》,《嚴震經幢》之姓得之《新唐書》、《舊唐書》本傳;《華嶽廟碑》,《華嶽志》誤爲唐碑,毛氏據《魏書·外戚傳》考訂爲北魏興光二年碑;《嶧山刻石》下云是碑碑文可補《史記·秦始皇本紀》之闕,碑文"陀及五帝莫能禁止"之"陀"當作"阤",有連延之義,"陀及五帝"即"延及五帝"。此類皆有以見毛氏金石學頗能貫通史學、小學、輿地、職官、姓氏諸學。毛氏感慨於前人之著録今已十失七八、新出土者又易爲好事者藏弄而使古人之作顯而復晦,久而無徵,故爲此書以存之,期於不忘云云。是編可爲金石研究之參考、史實研究之佐證。

此本據清光緒二十七年會稽顧家相刻本影印。（高山）

關中石刻文字新編四卷 （清）毛鳳枝撰（第909冊）

毛鳳枝,有《關中金石文字存逸考》,已著録。

是書爲毛氏遺稿,經顧燮光整理成書,可與《關中金石文字存逸考》參讀。如卷一《西嶽廟神道石闕題字》、《暉福寺碑》可參看《關中金石文字存逸考》卷八相應條目之記載。是書於每一條目下先以雙行小字録碑刻年代、次述是否可參看《關中金石文字存逸考》、尺寸、字數、書體、碑額等,再次録碑刻全文,末附按語。卷一《暉福寺碑》下毛氏以得碑額故,知是碑爲《暉福寺碑》,而可正趙明誠《金石録》、孫星衍《寰宇訪碑録》以未見碑額而題是碑爲《三級浮圖碑》之不審;又稱是碑題爲"大代",即元魏"魏"、"代"之稱同用之一例;更辨碑文"祇桓"當作"祇洹","孰能"當作"孰能","軌摹"當作"規模"。卷一《魏氏造像記》詳録造像記文字,可補《金石萃編》僅録題名數行且多遺漏之不足。卷一《邑義一百六十人等造像記》碑文有"真姓虛寂"、"復願國祚遐延"、"山積右生"等,毛氏指出"姓"當作"性","復"當作"伏","右"當作"有",此皆造像文字多用別字、錯字、借字之例。是書與《關中金石文字存逸考》堪稱雙璧,可爲史家之一助。

此本據民國二十四年會稽顧氏石印本影印。(高山)

邠州石室録三卷　（清）葉昌熾撰（第909冊）

葉昌熾,有《語石》,已著録。

邠州古爲關隴交匯處之新平郡(今陝西省彬縣),與涇接壤,城西二十里大佛寺石室甚夥,有唐宋元人之題刻。葉昌熾歸田後始出所藏拓本著録,共得唐碑二十二通、宋六十四通、金一通、元十六通,凡百有三通,排纘釐訂,又一年方脱稿,距光緒丁亥(1887)吳大澂以其視學西陲時所録邠州石刻舊稿授昌熾,已踰三十載。書前有葉昌熾、劉承幹序,又有《游邠州大佛寺記一篇》,可資參考。是編先録碑刻名目,次以雙行小字標明字數、碑刻形制等,再次以原樣謄録碑刻文字,可見原碑剥泐處,末附按語以校釋考訂。書中王堯臣、蔡延慶、李丕旦諸刻文字滅失之處皆考訂鈎勒以成,可稱著力。拓本中原尚有檀峪王鴻業、蜀地范文光兩通,書法精妙而葉書未收,蓋葉氏以邠州姜嫄《公劉廟碑》范文光題字在崇禎六年、王鴻業結銜陝西軍政都指揮不類宋元戎秩,當爲明刻,故不録。卷一《元□造象》碑文首字"元"下草押似"巖"字,葉氏稱歐陽修《集古録》有"五代時帝王將相署字一卷",所謂"署字"者皆草書其名,俗謂"畫押";魏晉以來法書題名,多題於首尾紙縫處,或謂之押縫,或謂之押尾,如此造像以畫押入石者甚少。是書多存邠州地區古碑刻,是地方石刻之存録,可爲地方史實考證

之用。

此本據民國刻《嘉業堂金石叢書》本影印。(高山)

山左金石志二十四卷　（清）畢沅（清）阮元撰（第909—910冊）

畢沅,有《中州金石記》,已著録。

阮元,有《積古齋鐘鼎彝器款識》,已著録。

山左爲山東舊稱,以其在太行山以東名之,"兼魯、齊、曹、宋諸國地",乾隆年間分十府、二州。乾隆五十八年(1793)秋,阮元奉命視學山左。次年冬畢沅巡撫齊魯,以其所撰《關中金石記》、《中州金石記》二書付阮元。兩賢參此二書,商榷條例,編撰《山左金石志》。是書薈萃山東(阮序稱十一府、二州)之碑碣,又各出所藏彝器、錢幣、官私印章,彙而編之;畢沅移督三楚時,是書之修飾潤色皆出阮元;嘉慶丙辰(1796)秋書成,凡二十四卷,一千三百餘件。朱文藻、何元錫、武億、黃小松助此書之成,趙魏校勘,聶劍稿本《泰山金石志》、段松苓《益都金石志》亦皆録入此書。

是書於金器皆以乾隆五十八年至六十年在山左者爲斷;於碑刻皆以目驗者爲斷,石刻、拓本皆毀如《嶧山刻石》者則不録入;舊録有名而搜羅未到、舊未著録而新出於榛莽泥土中者亦未録入。是書仿洪适之例,録其全文,附以辨證,記其廣修尺寸、字徑大小、行數多少,讀之瞭然如寓碑於目。書前有錢大昕、阮元序文。是書可以資經史、篆隸證據者甚多。如卷一《犧尊》下以該器形制與《博古圖》同,則知王肅注《禮》所云"犧尊全刻牛形鑿背爲尊"之可據,不獨魯郡《齊子尾送女犧尊》如之。卷一《四足鬲》下引《爾雅》"鼎款足者謂之鬲",《博古圖》言其用與鼎同,祀天地、鬼神,禮賓客必以鼎,常餁則以鬲,其制,自腹所容通於足,取爨火易達,故常餁用之;又考《周禮》,鬲爲陶人所司,然與鼎同用,則不專

爲陶器,此可由《漢書・郊祀志》所載"禹收九牧之金鑄鼎,其空足曰鬲"得證。是書所論多可爲金石學者參考。

此本據湖北省圖書館藏清嘉慶二年阮氏小琅嬛僊館刻本影印。(高山)

山左訪碑錄十三卷　(清) 法偉堂撰 (第910冊)

法偉堂(1843—1907),字容叔,號筱山,膠州(今山東膠州)人。光緒十五年(1889)進士,授知縣,曾任濟南師範教習所所長。清末金石學家、音韻學家、方志學家、教育家。曾參與《山東通志》編纂,更有《校勘説文解字》、《校勘經典釋文》、《校勘唐一切經音義》等。事見《(民國)增修膠志・人物》。

是書以山東地區府縣分區爲經、年代先後爲緯,分別著錄出土碑刻名目。每一名目下以雙行小字標明書體、行數、年代、地點及前人之書或地方志是否著錄。遇有疑義則作簡略説明,如卷一《千佛崖造象》,作者以爲當作《王元等百餘人設齋造象記》,時間爲永淳二年(683)六月。又如卷一宋《濟南沈君玉殘字》,孫星衍錄之於初唐諸造象之後,題曰《濟南沈君王殘字》;作者據《鄭秉德等題名》內所載"濟南沈君正同弟天粹"之語,疑"天粹"即君玉之字(天對君、粹對玉,名、字相配),且君正、君玉亦兄弟聯名之例,因據此而改次此碑於宋代之下;又以孫氏所錄"沈君王"爲"沈君正"之譌。是書校正阮元《山左金石志》數百處。如卷一《張文忠公家訓碑諭》,阮元《山左金石志》附於元至順三年(1332),以爲祠建於至順二年,碑當立於建祠以後;法氏以碑陰有至正十四年(1354)跋語,與趙明誠《金石錄》所記相合,因附於至正十四年下。是書爲碑名之目錄,偶有校正前賢之語,可備參考檢索之用。書後有湘潭羅正鈞跋語。

此本據清宣統元年山東提學署石印本影

印。曾收入民國十八年(1929)顧燮光輯《顧氏金石輿地叢書》第一集,會稽顧氏金佳石好樓排印石印本。(高山)

江寧金石記八卷江寧金石待訪目二卷　(清) 嚴觀撰 (第910冊)

嚴觀,生卒不詳,字子進,江寧(今屬江蘇南京)人,嚴長明之子。更著有《湖北金石詩》、《元和郡縣補志》等。事見《清史列傳》卷七二。

書前收有錢大昕尺牘一篇,稱是書最爲該洽,按圖以索,可無遺漏;錢氏尺牘後張敦仁按語亦稱此書可備一方之掌故。是書以時間爲序,起自秦漢,訖於宋元。卷一至卷七爲碑刻文,卷八爲碑刻詩詞。卷前凡例稱是書非見存者不錄,非目擊手拓則寧付闕如,欲使考古者有所徵信;所采碑刻仿洪适《隸釋》之例,具錄全文,附以考證,欲備掌故,不計文之工拙;所錄碑以額爲題,有額有題者則以首行入考證內,書、撰人名及立碑年月概置於後;以八分、行楷爲題額,篆字爲篆額,乃依潘氏《金石例》;碑刻文字有漫漶者則旁書"缺"字,缺字多者則書缺幾字;是編多先哲未見者,如黄履《金陵雜詠》、僧普莊《辟支佛塔記》等即是云云。所收先錄全文,後附考證之語,如卷一秦《嶧山刻石》後按語,即錄李處巽、朱天與、李登等人所記以明之,又嚴氏所記,如"嶧"《史記》作"繹","金石刻因明白矣"《史記》作"石刻因明白矣","勳"作"勤"等,皆有裨於考證金石文字與史實。卷一《校官之碑》,嚴氏先引濟陰單禧之跋語,再論漢碑制度,以碑文後分三横列綴以題名,乃漢碑常式;又引錢大昕之説,以爲《釋名》所云"誄,累也,累列其事而稱之"、《廣韻》"誄,壘也,壘述前人之功德",則誄本爲哀死而作,今日百姓頌其官長而稱誄,失其義,後世宜不以之爲例。

《江寧金石待訪目》爲嚴氏所輯江寧金石

未經目覩者,附於《江寧金石記》之後,體例同《江寧金石記》。

是書收集考證江寧地區金石較為審慎,可為地方志金石類之補充,亦可為考經証史之助。

此本據上海辭書出版社圖書館藏清嘉慶九年刻本影印。(高山)

武林金石記十卷附碑刻目(存卷一至卷五、卷七至卷十) (清)丁敬撰(第910冊)

丁敬(1695—1765),字敬身,號鈍丁、龍泓山人等,錢塘(治今浙江杭州)人。乾隆初年舉鴻博,不就。好金石,工詩,善畫,精篆刻,為浙派開山祖師,西泠八家之一。更著有《硯林印存》、《龍泓山人印譜》等。傳見《清史列傳》卷七一。

武林為杭州舊稱。據書前丁傳《武林金石記殘本序》,稱鮑淥飲自荒貨店中購得《武林金石記》殘本,僅四、五、七、八、九、十共六卷,第九卷、十卷及目錄僅殘紙數頁,亦不詳作者姓氏。店主倪姓,乃疑著者為倪山友。又憶嘗抄得山友所著《六藝之一錄》凡例兩條,一記著有《武林金石記》,抄撮《西湖志》之所載而成;一記丁傳父丁敬曾著《武林金石錄》,趙一清嘗為之序,乃知此殘本采自《西湖志》,而《西湖志》此文原本於丁敬《武林金石錄》,山友先生不没人善,又恐人不知《西湖志》中金石之本於丁敬,用心亦厚云。乃編訂成書,又自《西湖志》相關部份補錄,並補趙一清《敍武金石錄遺事》於前。是書收錄唐宋以來金石刻文大小近三百通。卷一為御書題識之類,僅錄金石原文,無考校之語。卷二為學宮碑刻,其中《南宋高宗御書石經》下述石經興廢甚詳。卷三不全,所錄為武林金刻,如《净慈寺鐘》等。卷四為梵寺經幢之類,如《靈隱寺經幢》、《天竺寺經幢》等。卷五、卷七為南山摩崖,如《家人》卦摩崖、《樂記》、《中庸》摩崖等。卷六闕。卷八為各種題記、題名。卷九、卷十為各種碑文,如《虎跑寺碑》等。是書所記有阮元《兩浙金石志》失載者,有可據此書增補阮《志》闕字者,如此則與阮《志》合觀,方為全璧。卷十後有《附碑刻目》一卷。書後有丁傳跋三篇及魏錫曾識語一則,況周頤後序一則,吳隱後識一則。

此本據民國五年吳隱西泠印社活字印《遯盦金石叢書》本影印。(高山)

兩浙金石志十八卷補遺一卷 (清)阮元編 (清)阮福補遺(第910—911冊)

阮元,有《疇人傳》等,已著錄。

阮福,生卒不詳,字賜卿,儀徵(今江蘇儀徵)人,阮元次子。蔭生,官至甘肅平涼知府。更著有《滇筆》、《孝經義疏補》等。事略見《清朝續文獻通考》卷二五九。

阮元為政浙江時,曾編錄浙人詩數千家刊成《兩浙輶軒錄》,修護帝王、賢哲之墓刊成《防護錄》,此書則為其以餘力搜訪摹拓金石碑刻而成。與其事者有趙魏、何夢華、許宗彥等人。道光四年(1824),粵中有鈔本十八卷,較原稿之文有所删改,鐘鼎錢印等不定屬浙物者多所删削,是即此李溎刻本之所本。是書依時間為序,收錄由秦漢至元至正年間浙江所見之金石碑刻,凡六百五十八件。先錄原文,偶附前代於是物之評介,後附按語説明金石碑刻文字、字體、地點、存世情況等。如卷一《秦會稽石刻》,先錄石刻原文,因會稽碑於康熙間為石工磨去,故是書又錄申屠駉識語一篇,再附按語説明。又卷一《秦嶧山石刻》下亦先錄原文,再附王永仁刊刻記一篇;並一一論述是碑"攸"、"及"二字非復先秦寫法,是碑用韻之法,古讀"久"如"己",自"皇帝曰"以下為無韻之文等。又卷一《漢建元二年甎》條目下則於按語提及原文,並稱據甎文"故民"可知此人為官於斯。又卷一《漢傳送甎》甎文有"傳送下出銀艾"、"功曹傳送下壽"、"功曹傳送"等字,阮氏據《後漢書·輿服志》所載“功曹皆帶劒三車從導”，以爲此功曹乃當日所屬掾史，故爲傳送墓甎。此件又多有考證文字正俗者，不復贅録。是書考訂兩浙金石碑刻，大有裨於方志之寫定。《補遺》一卷，體例同《兩浙金石志》。

此本據清道光四年李澐刻本影印。（高山）

東甌金石志十二卷　（清）戴咸弼輯（清）孫詒讓校補（第911冊）

戴咸弼，生卒不詳，字鼇峰，嘉善（今浙江嘉善）人，道光二十三年（1843）舉人，官溫州府教授。事略見《清朝續文獻通考》卷二六八。

孫詒讓，有《周書斠補》等，已著録。

戴咸弼與孫詒讓父孫衣言齊年。自孫衣言歸自金陵，戴氏時借孫氏藏書以考訂金石文字，又囑孫詒讓爲之補校；詒讓又以所得石刻及晉宋六朝甎文增益戴書，遂成此十二卷，編入孫衣言所編《永嘉叢書》中。是書所録上起西晉，迄於有元，凡三百八十餘種，與李遇孫《栝蒼金石志》相埒，體例亦仿之。是書仿王昶《金石萃編》、李遇孫《栝蒼金石志》之例著録金石碑刻尺寸，以漢建初慮虒尺爲準。摩崖、篆書碑版、篆額等多依石刻摹寫，正文之隸書則以楷書謄録。凡碑刻已佚而見於前人金石書録及諸家記載者，別爲佚目編入附録，略有考證。好事者假託古人之僞作則不録。摩崖題名等無紀元可考者，各從其人時代先後列入；其人無從確定時代者則附於各朝之末；朝代亦無可考者則別入附録。得於外地之金石、甎文亦編入附録。是書考證之精詳、援據之浩博，足補《兩浙金石志》、《寰宇訪碑録》等所未備，如所載溫州郡庠五通宋元碑刻即是。書前有孫衣言序、王棻序、郭鍾岳序各一篇。是書於史實多所發明。如卷一晉《陳卓人甎文》下，孫氏以凡生時豫作之冢壙謂爲壽壙（如今人言壽衣），並引《後漢書·光武紀》李賢注所稱“壽陵”爲證。卷一《大安殘甎文》有“大安二年”字樣，諸史以大安紀元者凡三，遼道宗、金衛紹王、夏李秉常，皆非是甎出土地之正朔，而晉永寧二年（302）十二月改元太安，正壬戌之歲，甎文“大安”即“太安”之異文。此類甚多，可資參考。

《附録》一卷則收納古今名蹟今不獲見者、雖見而疑其僞者、無疑而未勒石者。是書又有《續志》成編，集明洪武迄崇禎凡二百餘種金石，爲李遇孫書所未備。

此本據天津圖書館藏清光緒九年瑞安孫氏刻本影印。另有清光緒二年溫州郡庠活字印本。（高山）

吳興金石記十六卷　（清）陸心源撰（第911冊）

陸心源，有《宋史翼》等，已著録。

書前有楊峴序一篇，李延達校録。是書仿《安陽金石記》之例，凡吳興金石肇自三代，斷乎宋元者，皆注明存佚以備參考。鼎彝磚瓦按時代編入，已有專書著録者則不録。碑版必録全文，漫漶剥落者則據他書補爲旁注。用工部營造尺度金石之大小，取合今制以便考量。後人重摹之石刻則依原刻時代編定，如明人重摹唐《大光和尚神異碑》等。前人於所録碑版有考證精確之題跋者，則删其繁複，標明出處，悉著於編，後附作者按語。是書於鼎彝原形描述甚細，尺寸一一標注。於鼎彝文字考證亦詳，如卷一《魯公鼎》下引阮元之説，以爲“卤”即古文“魯”，東方濱海地多鹼卤，故以爲名，並引《路史·國名紀》所云“魯，卤也”以證；又駁正“魯公不當祭文王”之説，以爲《左傳·襄公十二年》載魯有文王廟，並引《周禮·春官》注所言“王子弟立其祖王之廟，其祭祀王皆賜禽焉”等，以明魯公非不祭文王。又如卷一《伯頵鼎》，銘文有“辟伯吳姬”等語，陸氏指陳以“俣伯”釋

"辟伯"者非,且吴、虞二字古通。卷一《格伯
簋》銘文有"癸子"之説,孫氏以爲是則爲兼
兩日言之,並引《博古圖》所載《商兄癸卣》之
"丁子"、《周伯碩鼎》之"乙子"以明此説。此
類甚多,可資參詳。

此本據清光緒刻《潛園總集》本影印。
(高山)

栝蒼金石志十二卷續栝蒼金石志四卷　(清)

李遇孫撰(清)鄒柏森校補(第 911—912 册)

李遇孫,有《金石學録》,已著録。

鄒柏森,生卒不詳,字殷甫。海寧(今浙江
海寧)人。諸生,官嚴州教授。著《嚴州金石
録》。見《嘉業堂藏書志·群書序跋》卷一載
劉承幹《嚴州金石録跋》。

栝蒼,此指浙江處州,栝蒼即括蒼,隋置括
蒼縣,以境内括蒼山得名,爲隋唐時括州、處
州州治所在地。阮元巡撫浙江時編成《兩浙
金石志》,而於支郡括州偏遠僅録二十八種,
遺漏頗多。李遇孫效法阮書補輯而成《栝蒼
金石志》,收唐至元金石,並收西晉、劉宋刻
石各一,較阮書多收括州(清時爲處州)碑銘
一百零七種,共一百三十五種;鄒柏森重加搜
葺,增補二十餘種。是書如《兩浙金石志》,
先録全篇文字,後附跋語,所跋必注明出自何
書。於金石碑刻分年代録入而不分縣,且以
親見搨本者方録入;於摩崖題名,以有年號、
有姓氏可考者録入,如青田"混元峰"三字郡
志以爲唐人書,然無款識,則不濫登;將無紀
元可考之摩崖題名一概編入卷末。是書仿王
昶《金石萃編》之例,於唐宋隸書皆從正書録
之,且從《萃編》之體例及尺度登録金石尺
寸。是書所録晉葛稚川《靈崇》二字、劉宋謝
康樂《石門洞詩》皆爲《兩浙金石志》所未録,
當是見存括州最早之石刻。雍正十一年
(1733)所修《處州郡志》未録宋乾道五年
(1169)范成大《通濟堰規條碑》、紹定五年
(1232)葉武子《奏免浮財物力碑》等,此數碑

皆表彰前賢,是書收録之。是書之編校,王尚
賚、王尚忠與有力焉。如卷二所録諸暨縣令
郭密之《石門山詩刻》二首,《郡志》與阮元
《兩浙金石志》亦載,而後者所録後一首缺十
一字,此本則僅缺二字。又三者所録多有異
文,如其一有"乘□廣儲偫"、其二有"倚棹皆
可究"、"伊昔兹爲守"、"清詞冠宇宙"之句,
"偫"字《兩浙金石志》作"仕","棹"字《兩浙
金石志》作"袓","伊"字《郡志》作"夙",
"守"字《兩浙金石志》作"壽","詞"字《郡
志》作"詩",尚賚一一據拓本核正。卷二《松
陽淳和觀銅鐘銘》下王尚賚駁正阮元《兩浙
金石志》"在松陽縣卯山永寧觀"之説,以爲
卯山離舊市三里,係山觀而非永寧觀。此
類皆於舊載有所補正。書前有潘紹詒、胡元
熙、張祖基、吴方文等人序。

《續栝蒼金石志》,李遇孫輯,鄒柏森校補,
王尚賚參校,王宗訓同校,體例同《栝蒼金
石志》。

此本據清同治十三年處州府署刻光緒元年
潘紹詒增修本影印。又有清譚學鎔跋之稿
本。(高山)

安徽金石畧十卷　(清)趙紹祖撰(第 912 册)

趙紹祖(1752—1833),字繩伯,號琴士,涇
縣(今安徽涇縣)人。道光元年(1821)舉孝
廉方正。曾任滁州訓導、廣德州訓導。專心
經史百家乃至於碑版書畫,無心政務,皆在官
月餘而罷去。精熟經史,修《安徽省志》,更
著有《新舊唐書互證》、《金石文鈔》、《安徽人
物志》等。傳見《續碑傳集》卷七六。

是書輯録安徽各地碑版金石,以府縣爲別,
每一府縣下又依時代爲序。所載於金石名目
之下以雙行小字記其年代、書者、地點等,不
録金石原文,部分金石略録原文大意,後附校
釋之語,以雙行小字"趙紹祖識"標示。金石
已見他書或有他人言之者,則略録其書記載,
並以雙行小字注明是何書何人。是書於前代

碑版金石多有考證。如卷一薛道衡撰《隋舒州容璨大師碑》，已佚，趙氏引唐獨孤及《覺寂碑》(此碑亦見是書卷一)之説，謂禪師號僧燦，碑版之文，隋内史侍郎河東薛道衡、唐相國刑部尚書贈太尉河南房琯繼論撰之，是以知薛道衡有《容璨碑》。卷一《唐太平興國寺碑》，《安慶府志》以爲元創明修，趙氏據《輿地紀勝》所載以爲乃唐高宗調露年間碑刻，則可正《安慶府志》之譌。卷一徐浩書《唐天柱山司命真君碑》，趙氏引宋徐閌中《真源萬壽宮記》所云，司命真君洞府在灊山，唐明皇嘗夢與之接，於是發内庫繪帛遣使入山創立廟宇，以證天柱觀始建於唐。卷一《元三孝堂記》有"晉王祥、孟宗，唐徐仲源孝蹟並著於望江"之語，趙氏以爲三孝惟徐仲源爲望江人，王祥、孟宗皆寓公。是書爲安徽一省金石彙録，可備方志采用，亦可爲好金石者參助。

此本據南京圖書館藏清道光十四年古墨齋刻本影印。(高山)

閩中金石志十四卷　(清)　馮登府撰(第912册)

馮登府(1783—1842)，字雲伯，號勺園、柳東，嘉興(今浙江嘉興)人。嘉慶二十五年(1820)進士，授江西將樂縣知縣，後任寧波府教授。通經學，工古文，精篆刻，好金石。更著有《石經閣文集》。事見《碑傳集補》卷四八。

是書於閩中金石，依時代順序排列。每一名目下以雙行小字注明器物收藏者、時間等，並依原器格式以楷書謄録原文，更録先賢於此器之評介，後附按語。卷一《虢叔大林鐘》，先引阮元、陳均、趙魏之説，再附按語；銘文中"旅"字諸家多釋爲"衆"，馮氏以爲當是"魯"字，乃虢叔名，又謂銘文"帥"爲"率"之假借。卷一《梅仙山石刻》下，馮氏疑何喬遠《閩書》所稱"韓元吉建堂，榜曰梅仙山，後

守李詥修復，扁曰梅山"有訛，蓋韓元吉淳熙中知建寧州、李詥爲李訦之誤。卷一《出師頌》下引《金石時地攷》所説，以爲是碑爲蕭子雲書，在福州府學；而《閩書》作蕭子南，乃雲字章草之誤。卷首劉承幹序稱，是書定名《金石志》，而金文不及碑刻百分之一；且所收尚存之閩中金文僅《閩王延翰鐵香爐銘》、《宋集慶寺鐵井欄文》及閩開元、永隆、大德三錢可靠，若《虢叔鐘》本非閩物，《佗若梁鼎》、唐鐘、宋銅牌鐵卷等真贋不可考。是書所録金石存佚並載，糅雜不分，體例未臻妥善。至如《劉子羽神道碑》、《延康殿學士曹輔墓誌》及鼓山鳥石、武夷等山之題名等，是書多所遺漏，搜采不甚完備云云。是書於閩中石刻收録較多，可備地方石刻考證之用。瑕瑜互見，讀者宜審慎。

此本據民國劉氏希古樓刻本影印。(高山)

中州金石攷八卷　(清)黃叔璥撰(第912册)

黃叔璥，有《南臺舊聞》等，已著録。

中州爲河南省古稱。是書爲黃叔璥官河南開歸道時所輯録，成於乾隆辛酉。所録中州金石，自商至明，又以十府三州分目編爲八卷，條理秩然，然亦有失檢處，如卷八陝縣蘇軾《蜀岡詩》重複録入。是書於中州金元以前片石尺碣悉爲登入，部分條目下亦編入前賢之論。其體例有所未安：所載金石皆不著其存亡，如自序中言漢時碑板僅存其七，而所載漢代金石乃至一百二十種，此或爲黃氏據前人著述概爲録入；每一名目下之立石年月、撰書人姓名等或有或無，宜一一著明，不可考證者則宜標"闕"以明之，方足徵信；書中重刻、存疑之金石亦不著録其所由來，宜爲補足，以明紀實之意；又書中郡縣地名有古今沿革之異，或前人著録之州縣當時有異名者，未加注明，宜加注。以上種種或以輯録是書時未嘗親見原物，僅據舊書或郡縣志之故，正如其自序所謂，就目擊者標識本末，餘所未見而

耳聞者亦録也。是書於考證碑文亦有可取之處，如卷一《二體石經〈易〉〈書〉殘碑》下對比石刻與今本異同甚詳，並云伏生今文《尚書》無《武成》，至孔氏古文《尚書》乃有，劉氏、王氏、程子皆更定次序各有不同，朱熹始推成定本；又言《尚書·洪範》篇"明作晢"此殘碑"晢"作"晰"，亦可爲文字考訂之參考。

此本據湖北省圖書館藏清乾隆刻本影印。（高山）

中州金石記五卷　（清）畢沅撰（第 912 冊）

畢沅，有《晉書地理志新補正》等，已著録。

中州爲河南省古稱。是書於每一名目之下先列時代、書體、地點等，再附金石碑刻保存之詳細情況，或謄録原文，或載前賢之書有關於此金石碑刻者。卷一《嵩山太室神道石闕銘》下云碑文"嵩高"字作"崇見"，漢時尚無"嵩"字，經典有作"嵩"、"崧"者皆後人所改；碑文"並天四海"乃以"並"爲"普"，並、普聲相近，於五音同爲羽，故《説文》"普"字以並爲聲，徐鉉删"聲"字非也。卷一《宛令李孟初神祠碑》下云此碑書法疏秀，似《韓仁銘》，當爲唐書法家蔡有鄰所本。是書觀察碑刻文字點畫細膩，如卷一《開母廟石闕銘》下訂正顧炎武《金石文字記》及葉封《嵩陽石刻記》，並云"月中兔杵臼詹"諸字形爲漢時篆書之紕繆；又秦隸既行，六書之學日微，碑文"緜"作"絃"、"眠"從"氏"（按原文如此，"氏"疑爲"氏"）、"條"從"彳"俱爲別體；碑文"竿"字寫作"芉"，顧炎武以是字爲"芉"則非也。卷一《聞熹長韓仁銘》下以褚峻稱是碑文辭不叶於聲爲非，並引《釋名》"銘，名也，記名其功也"以明碑刻銘文固不必有韻；又褚峻摹"勛"字誤作"勋"。卷一《帳構銅銘字》銘文云"景初元年五月十日中尚方造，長一丈，廣六尺，澤漆平坐，帳上廣構銅，重二斤十兩"，畢氏釋銘文"帳上廣構銅"云，構之言蓋，廣之言橫，乃橫木裏銅，所以蓋帳者。此

類甚多，足以校正文字、核對經史。洪亮吉後序稱，曾借畢沅碑數百通校史傳闕遺，得史文之誤者十之三，以史文正碑石之失者亦十之一，可見是書之用。

此本據清乾隆刻《經訓堂叢書》本影印。（高山）

安陽縣金石録十二卷補遺一卷　（清）武億撰（清）趙希璜補遺（第 913 冊）

武億，有《金石三跋》，已著録。

趙希璜（1746—1806），字子璞，一字渭川，長寧（今廣東新豐）人。乾隆四十四年（1779）舉人，曾任河南安陽知縣。好金石，擅繪畫，有《羅浮煙雨圖》。更著有《（嘉慶）安陽縣志》、《研筡齋文集》、《四百三十二峰草堂詩鈔》等。事見《國朝詩人徵略》卷四五。

據武億《偃師金石遺文補録》原序，知此書爲修縣志時，武氏據前此所積累之金石文字別加釐定編入縣志者。是書依年代順序釐爲十二卷，起自商朝，迄於元至正十八年（1358）；每一名目之下先附鼎彝拓片、碑刻則以隸、楷録文，下附銘語釋文，其已見諸前賢書籍者則部分謄録，末續按語。亦收有佚碑，非全經目驗。如卷一《定國寺浮圖碑》即據《温侍讀集》增補。按語頗見考訂之功，如卷一《兄癸彝》下，武氏以河亶甲所居相地即鄴郡，且文中稱"九祀"，推斷此器爲商代金器；並釋"兄癸"爲商代兄弟相及之辭。卷二《法懃禪師塔銘》碑文云"雲門寺法懃禪師……河東伊氏縣人也割髮景明寺，據邑鉅鏕"，畢氏以爲"伊"當作"猗"，"鏕"當作"鹿"，而字從金者自漢《尹宙碑》已然，皆當時別體字。此類可爲考證經史及文字之助。

此本據清嘉慶二十四年刻本影印。（高山）

偃師金石遺文補録十六卷　（清）武億撰（清）王復續補（第 913 冊）

武億，有《金石三跋》等，已著録。

王復(1747—1797)，字敦初，號秋塍，秀水（治今浙江嘉興）人。曾官偃師知縣。更著有《樹萱堂集》、《晚晴軒集》。《清史稿》有傳。

據書前錢坫序文，知武億先有《偃師金石遺文》一書，王復官偃師知縣時廣爲搜訪又得碑若干，與武氏書並加詮釋，輯成《偃師金石遺文補録》。《偃師金石遺文》乃武氏擇《安陽縣金石録》書稿之按跋，釐定成書，欲使後人因其所記以考遺文，因遺文以證方志。《偃師金石遺文補録》以年代爲序，起自周，終於元，共十六卷。於金器下或録原形及文字，若爲亡佚之器則不録；於碑刻之下或以楷書謄録全文。前賢已有著録者則録其説，並附按語，按語前以雙行小字標明“億”或“復”。卷一《齊刀》下王復按語以刀背形如“十卜”二字者爲“十貨”，古布多有此種文字，當爲記刀之次第。卷一《劉公鋪銘》下武氏按語以爲童鈺不知銘文“劉公”爲誰乃失引，可據《左傳》所載推定劉公乃王季子，爲劉亭受封之始者；武氏並以劉累之後在周爲唐杜氏，明《括地志》所云恐未足信。卷二《姜纂造像碑》碑文有“清信士姜元略志隆邦國”數語，顧炎武以今人出錢布施爲信士，乃避宋太宗御名，凡“義”字皆改爲“信”；武億則以爲北朝高齊間已有“清信士”之稱。卷二《宋買造像記》，武億指出碑文別字甚多，如“瀾”作“爛”、“莊”作“庄”、“慕”作“暮”、“辨”作“辯”、“澗”作“睸”等。是書考證史實多精審之語，足資參考。

是書有清嘉慶二年刻本，《偃師金石遺文》有清乾隆五十三年小石山房刻本。此本據南京圖書館藏清嘉慶二年刻本影印。（高山）

湖北金石志十四卷　楊守敬撰（第 913 册）

楊守敬，有《隋書地理志考證》等，已著録。

是書無序跋，無撰著者姓名，或以爲繆荃孫所作，未成定論。卷一《祖口爵》按語有“乙酉春守敬歸家省親”數字，或即可據此暫定

是書爲楊守敬所作。是書曾作爲《湖北通志·金石志》之底稿而印行，是以不著撰書人姓名，兩書卷數、編排體例、篇目内容等基本相同。是書可校正《湖北通志·金石志》之處不少。如卷一《楚良臣余義鍾》，《湖北通志·金石志》記銘文有“初吉口亥”四字，據是書可知奪“丁”字。卷四《玉泉寺大通禪師碑》碑文有“長安中”三字，《湖北通志·金石志》誤“長安中”爲“長安年”，據是書可正之，此處孫星衍《寰宇訪碑録》亦誤。卷六《鄂政碑記》碑文有“與江陵府會不倅”數字，《湖北通志·金石志》與《文苑英華》皆誤“陵”爲“嶺”。是書校正《（嘉慶）湖北通志》訛誤處亦不少。如卷八《王洙等峴山詩刻》所載范仲淹詩“覽古忽感慨”一句，《（嘉慶）通志》誤爲“思感慨”；李淑詩“官邪俗淪祭不屋”一句，《（嘉慶）通志》誤“淪”爲“論”；李宗易詩中有“南夏”二字，《（嘉慶）通志》誤爲“南紀”。卷九蘇軾前後《赤壁賦》下論及吹洞簫者爲誰，據清虞兆漋《天香樓偶得》所引詩句“西飛一鶴記何詳，有客吹簫楊世昌”以明之。是書計約三十二萬言，引證涉及經史子集一百八十餘種，包羅金文、初唐“六體奇書”、蒙古口語等，考據、義理、辭章皆有涉及，儒釋道三家靡不涵蓋，唐宋以降大家之文學代表作均有收録，研究湖北地方金石著録情況及文字、歷史考證者宜讀此書。

此本據上海辭書出版社圖書館藏民國十年朱印本影印。（高山）

粤東金石略九卷首一卷附九曜石考二卷（清）翁方綱撰（第 913 册）

翁方綱，有《天下金石志》等，已著録。

是書爲翁氏著録金石初始之作，乃其在粤研究輯録金石之重要成果，亦爲廣東史上首部金石學著作，阮元主編之《廣東通志·金石略》即多用此書資料。首卷爲康熙、乾隆宸翰二十八條；卷一爲廣州府金石六十七種；

卷二爲南海神廟金石六十七種;卷三爲清遠、禺峽山刻石三十九種,西樵山二十六種;卷四爲韶州府金石二十二種;卷五爲韶州府金石二十六種;卷六爲韶州碧落洞諸刻石二十四種、南山諸刻石二十七種、泐溪石室五種;卷七爲連州金石四十四種;卷八爲肇慶府七星巖諸刻石六十二種、三洲巖諸刻石十五種、陽春巖二種;卷九爲肇慶府金石十種、惠州府十三種、潮州府三十三種、嘉應州二種、高州府三種、廣州府一種、雷州府五種、瓊州府十三種;《九曜石考》上下卷收九曜石諸刻二十八種。二者合計五百六十二種,都爲十二卷。是書於每一名目之下先著録金石地點、年代、撰書人姓名、行數、字體及題跋之類,後附按語。是書論及碑刻書法,如卷一《廣州府學元碑》下云“楷帶篆法”。又多考證精確之語。如卷一《宣聖兗公小影碑》下稱顔子唐贈兗國公,宋因之,元至順時始贈復聖公,此碑在改贈之前,故仍兗國公之號。卷一《廣州府學宮圖碑》,翁氏記云,碑在《宣聖兗公小影碑》碑陰,有記述修造工費一段,文特委曲詳悉,此則合昔人所稱店賬舖卷皆可鋪敘爲文者,可見昔人辦事不苟之處。卷一《大鑒禪師殿記》,翁稱碑文與碑額皆在光孝寺六祖殿前,陳宗禮記、冷應澂題蓋、王應麟書,並云寺東禪室後池上有鄺湛若隸書“洗硯池”三大字,旁有草書“鄺露”二字,寺又有米芾書三世佛名凡十二字。是書所記粵東金石皆詳細如此,可備廣東一方金石之考鏡。

此本據清乾隆三十六年刻本影印。另有陸增祥抄本傳世。(高山)

目　録　類

漢書藝文志條理六卷首一卷　(清)姚振宗撰(第914册)

姚振宗(1842—1906),字海槎,小字金生,山陰(今浙江紹興)人。父仰雲,字秋墅,雅嗜典籍,於揚州建造師石山房,搜集頗豐。振宗隨父治目録學,卓然大宗,更著有《汲古閣刊書目録》、《師石山房書録》、《漢書藝文志拾補》等。《清史稿》有傳,又有陶存煦《姚海槎先生年譜》。

周秦學術之淵源,古昔典籍之綱紀,《別録》、《七略》之外,非《漢書・藝文志》而無由津逮。振宗有感於宋以來考證是志者僅王應麟而已,而王氏學非專門,例多駁雜;清代考證雖興,而於是志大率不過數條,罕有爲全書解釋者。當時流行《漢書・藝文志》之本,分條荒謬,其實班固立法,部次井然,皆有條理。先此,振宗撰《漢書藝文志拾補》時,即有心推求義例,斗尋端緒,每有關涉,即便疏記;采擇既多,因條分縷析,彙成是書,以還《漢志》本來之條理。

書前有《敘録》一卷,遍録《史記》、《漢書》、荀悦《漢紀》、阮孝緒《七録》、《隋書・經籍志》、劉知幾《史通》、鄭樵《通志・校讎略》、馬端臨《文獻通考》、焦竑《國史經籍志》、朱彝尊《經義考》、《四庫簡明目録》、章學誠《校讎通義》等書有關古今學術興衰、圖書弆藏、簿録體例之言,間加按語,考核異説,申以己見,可當一部中國目録學史。又有《敘例》一篇,記本書之緣起及凡例。

正文依六略分爲六卷,《六藝》、《諸子》二略又各分上下,其餘四略各爲一卷。於《漢志》,不論正文、注文皆頂格大書,每條志文之後,則低一格備引諸書以爲説,廣涉撰者生平、篇卷次第、學術大旨等;或有意蘊未盡者,則附以按語,率低兩格,姚氏疏悉爲雙行小字,逐條疏理《漢志》之文。是書既爲條理《漢書・藝文志》而作,乃着意發明《漢志》義例,如卷一之上“易經十二篇施孟梁丘三家”下,按語發明篇首“總省”之例云:“志於一篇之中,各有章段,此三家經自爲一段,冠諸篇首,《七略》當分别著録,而各繫以説。《隋

志》'簿録篇'所謂'剖析條流,各有其部'者
是也。班氏立志,力求簡要,故總爲一條,其
下《書》、《詩》、《禮》、《春秋》、《孝經》並同此
例,唯《論語》則仍從《七略》分著三條也。"又
如卷一之上"丁氏八篇"之下發明"蒙上省
文"之例云:"自周氏至此凡七家,皆蒙上文
'易傳'二字,志欲其簡,故省文。"於《漢志》
著録各篇次第亦多有討論,而與章學誠持論
多異。

此本據上海辭書出版社圖書館藏民國浙江
省立圖書館鉛印《師石山房叢書》本影印。
(李勤合)

漢書藝文志拾補六卷 （清）姚振宗撰（第914冊）

姚振宗,有《漢書藝文志條理》,已著録。

王應麟著《漢書藝文志考證》,補《漢志》未
予著録者二十七部,振宗乃踵武其事,作《漢
書藝文志拾補》,大凡六略所補三十三種二
百七十四家三百六部,附録《讖緯》一種十一
家十一部,總三十四種二百八十五家三百一
十七部,仍班《志》舊例,以《六藝》、《諸子》、
《詩賦》、《兵書》、《數術》、《方技》六略次其
部居,分爲六卷,漢以前之典籍《藝文志》失
載者略具於斯。

是書六略次第雖依原書,各略之目則有所
變通:《六藝略》原有九目,此附以《讖緯》一
目,成十家;《詩賦略》原有五目,易爲《總
集》、《別集》二目;《方技》一略四目,則僅補
《經方》、《神仙》二目,《醫經》、《房中》無所
補則闕如。每卷按類列舉書目,其經手校目
見者乃一一著明卷數,不可考者僅著部數而
已。其下低格徵引諸書以明來源,間附按語
以爲詮解。每略之末仿《漢志》綴以後序以
撮述大意。

據其敘例,所補之書大率依據應劭《風俗
通義·氏族》、《氏族篇》以下各氏姓書,及
《汲冢書》、讖緯之書、《漢書》、《隋志》等。

《通志·藝文略》以下所記三代秦漢人道家、
兵家、術數家、神仙家之書,雖出依託,限以時
代,正出漢人之手者,亦具列之。振宗秉承漢
學實事求是之旨,每說明其所出,然是書既以
補《漢書·藝文志》爲職志,以不遺盡納爲宗
旨,故所補或有牽強者。如卷一"《易經》十
二篇,田氏"下按語即云:"田生傳經,未嘗爲
傳。顏氏注已分別言之。《經義考》著録'田
何《易傳》',節去《崇文目》'說者'二字,而
云'自爲章句',似田生實爲章句者,非也。"
是振宗亦知其著録之書,非盡當也。又《漢
志》著録之書有別本行世,亦予著録,如《易
家候陰陽災變書》,振宗即疑爲《漢志》中《雜
災異》三十五篇之別本,然仍予著録,即此
類也。

此本據上海辭書出版社圖書館藏民國浙江
省立圖書館鉛印《師石山房叢書》本影印。
(李勤合)

後漢藝文志四卷 （清）姚振宗撰（第914冊）

姚振宗,有《漢書藝文志條理》等,已著録。

范曄《後漢書》無《藝文志》。當時記後漢
一代藝文者,如蔡邕、袁山松、王儉等人書已
不可考。後人欲識後漢書目,舍《隋志》莫
由。而《隋志》不能無遺,故近世多補撰《後
漢書·藝文志》者。厲鶚《補後漢藝文志》,
僅見於文廷式《補晉書藝文志》之序;洪飴孫
《補後漢書藝文志》,僅見於《授經堂書目》;
勞潁《補後漢書藝文志》,僅見於錢泰吉《甘
泉鄉人稿》;錢大昭《補續漢藝文志》二卷,僅
著書目撰人,甚爲疏略,且多不備;侯康《補
後漢書藝文志》四卷,內容較詳,惜未完稿,
更闕集部。振宗感錢、侯二志之不完,因部別
自編。不言補者,不自以爲補舊史之闕也。

是書四卷,經史子集各爲一卷,大略以後世
部類爲準,而以書之有無爲斷,如經部之五經
總義,史部之載記、史鈔、史評,子部之雜藝
術,集部之文史皆後起之目,當時實有其書,

故立其類。計經部十一類,分題易、書、詩、禮、樂、春秋、孝經、論語、五經總義、小學、讖緯;史部十五類,分題正史、編年、雜史、起居注、載記、史鈔、史評、故事、職官、儀制、刑法、雜傳記、地理、譜系、簿錄;子部十二類,分題儒家、道家、法家、兵家、農家、雜家、小説家、天文家、曆算家、五行家、醫家、雜藝術家;集部四類,分題楚辭、文史、別集、總集,並附佛道:凡四部四十二類,附佛道。類下又間分目若干,如《道家》分題注述、撰注二目;《曆算》分題正曆、雜曆、漏刻、律曆並曆議、算數五目;《楚辭》分題注解、撰著二目等。人物、撰著之時限,悉以獻帝遜位之年爲斷。

其書先列撰者及著作,其卷數可考者則備舉。次則徵引諸書以考撰者生平、著錄來源、撰著大旨,間附按語,以暢餘蘊。搜羅之廣,逾越前人,計經部書二百四十七部,史部書一百九十六部,子部書二百二十六部,集部書(附佛道)四百三十八部,合計一千一百又七部。亦有不錄者:一,僞書不錄,如《宋史・藝文志》所載馬融《忠經》;二不可確考者不錄,如隋唐《經籍志》有《説文音隱》四卷,不著撰人,雖疑爲服虔著而不能定,故不錄;三虚妄不實者不錄,如史傳所載諸文,或據《名臣奏》,或據《臺閣故事》,或采自家傳、別傳及附傳,未必各有其集,凡此之類,並從略。

振宗撰此書時,不得見顧櫰三《補後漢書藝文志》,然顧書引書篇目,或注或否,或詳或略,甚至互訛。曾樸《補後漢書藝文志並考》雖於諸志爲最後出,而未見顧、姚之書,其體例有意仿阮孝緒《七錄》,凡七志,著錄書籍五百九十部,遠不及振宗之書。是故紀後漢一代藝文者,仍以振宗此書爲最精要。

此本據民國五年張氏刻《適園叢書》本影印。又有《師石山房叢書》本。（李勤合）

三國藝文志四卷　（清）姚振宗撰（第 914 册）

姚振宗,有《漢書藝文志條理》等,已著錄。

據《隋書・經籍志》,魏晉間目錄類書有鄭默《中經》、荀勖《新簿》(《中經新簿》)。及二書散亡,而三國藝文無徵矣。侯康《補後漢書藝文志》外,又作《補三國藝文志》,惜爲未完之稿。振宗因於《後漢藝文志》後,續加采獲,撰成是書。書亦不稱補,蓋與《後漢藝文志》一致,不以爲補舊史之闕,而自成一家也。

是書體例一如《後漢藝文志》。依四部分爲四卷,經部十一類,分題易、書、詩、禮、樂、春秋、孝經、論語、五經總義、小學、讖緯;史部十三類,分題正史、編年、雜史、史鈔、史評、故事、職官、儀制、刑法、雜傳記、地理、譜系、簿錄;子部十二類,分題儒家、道家、法家、名家、農家、雜家、小説家、天文家、曆算家、五行家、醫家、雜藝術家;集部二類,分題別集、總集,並附佛道,凡四部三十八類,附佛道二類。其部類亦以書之有無爲斷,相較《後漢藝文志》,史部少《起居注》、《載記》二類,子部增《名家》而去《農家》,集部少《楚辭》、《文史》二類。

其書著錄次第,不似侯康以正統爲念,大率依《三國志》之魏、蜀、吳爲先後,然又不盡依此。侯《志》以人類書,此則以書類人。魏人以卒於黄初改元之後、咸熙禪晉之前爲斷;蜀人以卒於章武之後、炎興之前爲斷;吳人以卒於黄武之後、天紀之前爲斷。然亦有變例,如鄭默、楊偉皆入晉而卒,而默之《中經》、偉之《景初曆》皆爲魏時所作,故亦列於此志。

振宗之目錄學,非斤斤於補目,而貴能詳考精識,故爲人重。觀其各錄中按語,常能熔版本校勘、目錄、考證於一爐,每能勝於時人,而剔抉昔人之誤。如《周易講疏》本爲隋何妥著,侯《志》乃誤爲何晏,時本《隋志》誤爲何安,振宗一一考出,不予收錄。振宗嘗自言,目錄之學,言其粗,則臚列書名,略次時代而已;言其精,則實有校勘之學寓乎其中,而考證之學且遞推遞進至無窮盡。

此本據民國五年張氏刻《適園叢書》本影

印。又有《師石山房叢書》本。（李勤合）

補晉書藝文志四卷附録一卷補遺一卷刊誤一卷　丁國鈞撰　丁辰注（第 914 册）

丁國鈞（？—1919），字秉衡，號秉衡居士，常熟（今江蘇常熟）人。師從黃以周。更撰有《晉書校文》等。傳略見鄭偉章《文獻家通考》卷二〇。

丁辰，國鈞之子。

國鈞曾爲《晉書》作注，乃於其暇專力補其所闕藝文之志。以《晉書》與《隋書》相先後，乃以四部爲準。時限上自泰始，凡三國之人身入晉者則加采擇。而義熙一朝（按此書《略例》原文如此，然義熙後晉尚有元熙一年又六個月），作者雖衆，以晉宋易代之際，則無預斯録。至若阮籍、嵇康、陶潛、徐廣等人，則因《晉書》有傳，其著述一例掇列。是書創新之處在附録《存疑》、《黜僞》二目，其有身入宋、魏而書成於晉時者，或訛書流布，入各史志或書目者，或書名撰人舛訛不能證明者悉入此二目。

是書收羅廣富，凡一千七百餘種，而采自隋唐史志者十之六，采自群籍者十之四。其所采群籍有《釋文敘録》、《世説新語》、《神仙傳》、《論語義疏》、《華陽國志》、《高僧傳》、《經義考》等。每條之下，必作按語，一則注明出處，二則考訂歧異，亦甚精審，此則由國鈞子辰執筆。書成之後，國鈞續有《補遺》一卷；而辰復有《刊誤》一卷，備列分類不當及收録不當、復出當删者五十五條。

《晉書》無《藝文志》，學者惟循《隋志》耳。光緒時，學者蜂起補之，國鈞父子之外，尚有文廷式《補晉書藝文志》六卷、秦榮光《補晉書藝文志》四卷、吳士鑑《補晉書經籍志》四卷、黃逢元《補晉書藝文志》四卷等四家。文氏所收材料較富，然無序跋，恐非手訂。秦氏脱稿後續有補充，由其子編定付印，其後附石刻一百三種，爲他補志所無。吳氏獨名“經籍志”，且與丁氏同爲《晉書》全書校注而作，吳氏有《晉書斠注》，丁氏有《晉書校文》。黃書亦爲未定之稿，殁後方行，其書各類皆撰小序。各家參録之書，吳《志》最多，文書在二千餘部，其他均在千餘部。各志互有詳略，大致以丁氏稍勝，學者須兼采並參。

此本據上海圖書館藏清光緒刻《常熟丁氏叢書》本影印。（李勤合）

隋書經籍志考證五十二卷　（清）姚振宗撰（第 915—916 册）

姚振宗，有《漢書藝文志條理》等，已著録。

史志目録，兩《唐書》之前，《漢書·藝文志》外，惟《隋書·經籍志》。後世以其與《漢志》並尊，則不特以《隋志》爲史籍目録學之第二部著作，亦因其定四部、撰小序，而自後諸志則不復繼述。清代以來，考補疏證者有十家之多，如章學誠、錢大昕、章宗源、姚振宗、張鵬一等人均有著作傳世。而振宗之前，以章宗源《隋書經籍志考證》最爲精審。然章書僅存史部，著録多有未備。振宗既有《漢書藝文志拾補》、《漢書藝文志條理》以演王應麟之所未盡，又有《後漢藝文志》、《三國藝文志》以補錢大昭、侯康等人所未備，乃復爲是書以補苴章書之殘闕。

是書五十二卷，以《隋志》四部四十類爲據，除《集部·别集類》卷帙過重，析爲十三卷，其餘各以類爲卷。類中復有分類，分類至繁者爲子部“五行”類，含三十三分類。每類之後，附論以明章法。

振宗以爲，《漢志》之下，存者惟《隋志》最古，網羅十數代，古人遺制咸在是書，然其文略，非加考證無以明其本末内涵。目録之學，貴乎有所考證。考證尤必提要，非斤斤於佚文之一端，而必於一書之本末源流推尋端緒。是故凡撰人爵里、著書指歸，靡不條貫證明之，務使一書源委大概可見，而佚文有無及其多寡之數，亦約略可稽。其所取資之書，大率以《舊唐書·經籍志》、《新唐書·藝文志》爲多，其他如《通志·藝文略》、《子略》、《宋史·藝文志》、《崇文總目》、《玉海》、《文獻通考》、《經義考》、《小學考》等書，皆有采獲；更得嚴可均《全上古三代秦漢三國六朝文》沾溉。《隋志》之文皆大字臚列，所采史傳及諸家考證之文皆低二字，自爲按語則低三字。

是書失誤之處亦復不少，此則振宗亦有所自知。一則藝文志包羅甚多，一人之力，終有所限；二則限於條件，如《建康實錄》、《高僧傳》等書求之累年不獲，皆所未睹。是誠不可苛求於前人也。

此本據浙江圖書館藏開明書局鉛印《師石山房叢書》本影印。（李勤合）

補五代史藝文志一卷 （清）顧懷三撰（第916冊）

顧懷三，生卒不詳，字秋碧，江寧（今江蘇南京）人。補歲貢生。工詩賦，通訓詁，尤擅長史學。更撰有《補後漢書藝文志》、《風俗文直音》、《燃松閣集》等。傳略見支偉成《清代樸學大師列傳》。

新、舊《五代史》皆無藝文之志，《崇文總目》及《宋史·藝文志》所載又無從區別，顧氏乃據五代人自爲書廣爲搜輯，仿經史子集例分類條列，以成是書。

是書一卷，雖仿前史經史子集分類，實際變動則頗大。其經部不分類，而史部分題史部、霸史、雜史、表狀、格令、儀注、聲樂、小學、曆算九類，唯不冠史部總名，僅《舊唐書》、《五代紀》等紀傳體史書及實錄冠以史部之名，其他皆稱類，又聲樂、小學，他家多歸經部，此則雜史部中，曆算多歸子部，此亦置史部中。子部分題儒家、道家、釋家、雜家、技術、輿地、小說七類，傳統屬於史部之輿地類則置於此處。集部分題總集、詩文集兩類，而不稱別集。每類後必計部、卷，凡收補圖書七百三十三部，一萬一千七百九十卷。

是書經部、史部書目之前，有徵引正史之文，述五代有關刻經、修史之事，俾讀者有以瞭解當時書籍修撰、印行、流傳等情況。並附作者按語，多有考證，如徵引馬端臨《文獻通考》、沈括《夢溪筆談》、孔平仲《說苑》、王明清《揮塵錄》、陶岳《五代史補》、朱翌《猗覺寮雜記》、葉夢得《石林燕語》、陸深《河汾燕閒錄》、胡應麟《少室山房筆叢》、郎瑛《七修類稿》等書，以考雕版印刷之始，極爲浩博。而於史部下各類，僅能列舉書名、卷數、撰人，鮮有考證。前後詳略迥異，判若二書。又其書所采皆不注出處，恐非定稿。

是書所收，亦有唐宋人撰著。如《霸史類》"《荆湘近事》十卷，陶岳撰"，按陶岳，宋真宗時人，有《五代史補》傳世。蓋朝代更替，人物去取，最易致誤，非詳考其人撰著年代且嚴訂入錄標準，則必有所失。

此本據上海辭書出版社圖書館藏清光緒刻《廣雅書局叢書》本影印。又有文瀾書局光緒壬寅《史學叢書》本等。（李勤合）

宋史藝文志補一卷 （清）倪燦撰（第916冊）

倪燦（1626—1687），字闇公，號雁園，上元（治今江蘇南京）人。康熙十六年（1677）舉人，十八年召試博學鴻儒科，列一等二名，授翰林院檢討，與修《明史》，書法、詩格，妙絕一時。更著有《雁園集》等。傳見《清史稿》及《碑傳集》卷四五。

倪燦曾預修《明史》，所撰《藝文志序》，與浙江姜宸英《刑法志序》並稱佳構。惟《明史·藝文志》一改前代之例，而專紀有明一代之著述，宋元以前不錄；而《元史》無《藝文志》，《宋史·藝文志》咸淳以後多闕，是書乃補《宋志》所闕，並及元人著作，又附以遼、金。稿成之後，僅抄本流傳。盧文弨取之與吳騫校本相參考，復加校訂，析其稿爲《宋史藝文志補》與《補遼金元藝文志》兩書，梓以傳之，卷前並錄燦之《明史藝文志序》。惟是書作者多有争議,盧文弨據《明史藝文志序》而歸爲燦著,而以黃虞稷《千頃堂書目》爲別本,姚名達亦主之。王重民、王欣夫則以爲黃虞稷爲實際作者。

是書一卷,卷首列四部各類目,凡經部十一類,分題易、書、詩、春秋、三禮、禮樂書、孝經、論語、孟子、經解、小學;史部十八類,分題國史、正史、通史、編年、雜史、霸史、史學、史鈔、故事、職官、時令、食貨、儀注、政刑、傳記、地理、譜牒、簿錄;子部十三類,分題儒家、雜家、農家、小說家、兵書、天文、曆數、五行、醫方、雜藝術、類書、道家、釋家;集部八類,分題制誥、表奏、騷賦、別集、詞曲、總集、文史、制舉。大致以前代四部之序,略有變動,如有關《孟子》諸作,前代多歸《子部·儒家類》,此則入經部,並單獨設類,其下注曰:“前代皆入儒家,今特爲一類。”又如名、法諸家,前代藝文志多獨立設類,此則附於《雜家》。類下間亦細分,如《經部·小學類》下,又分題訓詁、書、數、蒙訓四種。

是書收錄頗富,凡經部九十四家,九百卷;史部八十五家,二千七百四十九卷;子部一百五十六家,三千五百八十二卷;集部三百四十三家,五千三百一十一卷:綜六百七十八家,一萬二千七百四十二卷。書名前標以撰者姓名,書名之下,多注撰者字號爵里,間有考證。如《論語類》下《石洞紀聞》十卷”下注:“《內閣書目》云:元泰定間人,不知姓氏,釋《論語》意。案:宋饒魯嘗建石洞書院,著有《語孟紀聞》,與其門人史詠、自亨相問答,當即此書。”又如《小說家類》“劉昌《石廬浦筆記》十卷”下考證此劉昌字興伯,清江人,與北宋劉昌別爲一人。其注語有“黃《志》云云”者,黃指黃虞稷,當爲盧文弨氏案語以區別於盧氏所認定之作者倪氏。

此本據上海辭書出版社圖書館藏清光緒刻《廣雅書局叢書》本影印。又有盧氏抱經堂《群書拾補》本、《八史經籍志》本、文瀾書局光緒壬寅《史學叢書》本等。（李勤合）

補遼金元藝文志一卷 （清）倪燦撰（第916冊）

倪燦,有《宋史藝文志補》一卷,已著錄。

倪燦撰《明史藝文志》稿,嘗以《元史》無《藝文志》,《宋史·藝文志》咸淳以後多闕,乃並取所闕以補之,又附以遼、金。稿成之後,僅抄本流傳。盧文弨取之與吳騫校本相參考,加以校訂,遼金元三朝名爲《補遼金元藝文志》,統爲一編,與《宋史藝文志補》同刊。海寧張錦雲有《元史藝文志補》,盧氏曾取以補之。

是書體例一準《宋史藝文志補》,不分卷。書名之下,多注撰者字號爵里,間及生平,或爲考證,唯已與盧文弨注文混一,難以辨識。如《經解類·四書解》中“董彝《四書經疑問對》八卷”下注云:“字宗文,進士。吳槎客云:‘此至正辛卯建安同文堂刊本,予家有之。《經義考》以爲常熟董彝,非也。’”其中言吳槎客云云,自是盧氏之言。

是書各類書目按遼、金、元次序排列,各朝書目之首冠以朝代名稱。收錄亦富,凡經部五百二家,三千九百八十四卷;史部二百九十四家,六千四百五十五卷;子部三百八家,四千五百五十卷;集部六百六家,七千二百三十一卷:綜一千七百十家,二萬二千二百二十卷。其中以元代居多,金代次之,遼代又次。

《遼史》、《金史》、《元史》皆無《藝文志》,清代爲遼、金、元補藝文志者有多家,專補遼代者如厲鶚《補遼史經籍志》、楊復吉《補遼史經籍志》、繆荃孫《遼藝文志》、王仁俊《遼史藝文志補證》、黃任恒《補遼史藝文志》;專補金代者如龔顯曾《金藝文志補錄》、孫德謙《金史藝文略》、鄭文焯《補金史藝文志》等;專補元代者如張錦雲《元史藝文志補》等。錢大昕《元史藝文志》名雖爲元史而作,而實兼收遼、金著作。其他兼收三朝藝文之書尚有金門詔《補三史藝文志》、吳騫《四朝經籍志補》等。諸書之中，當以錢書最爲精密，收羅亦較倪氏爲富，然要以倪氏之書爲最早。倪燦等人當時但爲仿唐時《五代史志》之例，補宋、遼、金、元之藝文，不意竟成清代補正史藝文志之濫觴。

此本據上海辭書出版社圖書館藏清光緒刻《廣雅書局叢書》本影印。又有盧氏抱經堂《群書拾補》本、《八史經籍志》本、文瀾書局光緒壬寅《史學叢書》本等。（李勤合）

元史藝文志四卷　（清）錢大昕撰（第916册）

錢大昕，有《元史氏族表》等，已著錄。

明修《元史》無《藝文志》，元人王士點《秘書監志》雖記秘書監先後入庫圖書若干部册，然不記書名，遂使元代藝文無從可徵。大昕向在館閣，留心舊典，曾欲改造《元史》，後因事而廢，惟《世系表》與《藝文志》稿存焉。黃丕烈見而善之，出其藏書，共爲校訂，因以刻行。

是書依經史子集分類，四部各爲一卷。四部之下分若干類，經部十二類，分題易、書、詩、禮、樂、春秋、孝經、論語、孟子、經解、小學、譯語；史部十四類，分題正史、實錄、編年、雜史、古史、史鈔、故事、職官、儀注、刑法、傳記、譜牒、簿錄、地理；子部十四類，分題儒家、道家、經濟、農家、雜家、小説家、類事、天文、算術、五行、兵家、醫方、雜藝、釋道；集部八類，分題別集、總集、騷賦、制誥、科舉、文史、評注、詞曲。其中多有與傳統分類次第不同者，如經部適應當時少數民族政權翻譯漢語經典之情況，特設《譯語》一類，專記少數民族文字經典；子部設《經濟》一類；集部設《制誥》一類等。

大昕撰作是書，所見元、明諸家文集、志乘、小説數百種，而於黃虞稷《千頃堂書目》、倪燦等人《補遼金元藝文志》、焦竑《國史經籍

志》、朱彝尊《經義考》等書采獲尤多，其精審有過前人。如郝經《玉衡貞觀》，黃、倪兩家俱入《故事類》，此書時已不傳，惟其自序保存於《陵川集》，爲天文星象之書，《山西通志》列於天文類，大昕從之。又倪氏多有誤宋人爲元人者，如計有功、王厚之、葉隆禮、程端蒙等，大昕悉考以改之。倪《志》又有一書兩出，如《醫方類》有竇默《瘡瘍經驗全書》十二卷，又有竇漢卿《瘡瘍經驗全書》十二卷，漢卿即默字，倪不考而兩收之；又如滕賓《萬邦一覽集》倪《志》見《史鈔類》，又見《地理類》；而張宗説《紀古滇説集》一卷，倪《志》見《霸史類》，張宗道《紀古滇説集》一卷，又見《地理類》，按其人實名道宗，既非宗説，亦非宗道：凡此之類，大昕俱考而正之，其後出轉精如此。後魏源撰《新元史》，其《藝文志》則全錄錢氏此書。

是書有清嘉慶吳門黃氏家刻本、同治十三年江蘇書局刊《元史》附刊本、光緒十九年廣雅書局刊本、《潛研堂全書》本等。此本據上海辭書出版社圖書館藏《潛研堂全書》本影印。（李勤合）

國史經籍志六卷　（明）焦竑撰（第916册）

焦竑，有《國朝獻徵錄》等，已著錄。

萬曆二十二年（1594），大學士陳于陛建議明神宗纂修國史，並力薦焦竑主持。焦竑即領其事，先修《經籍志》。後《國史》未成，而志仍稱《國史經籍志》。

是書於經史子集外增"制書"一部，各部分別成卷，另附《糾謬》一卷，凡六卷。《制書》部分題四類：御製、中宮御製、敕修、紀注時政；經部分題十一類：易、書、詩、春秋、禮、樂、孝經、論語、孟子、經總解、小學；史部分題十五類：正史、編年、霸史、雜史、起居注、故事、職官、時令、食貨、儀注、法令、傳記、地理、譜牒、簿錄；子部分題十六類：儒家、道家、釋家、墨家、名家、法家、縱橫家、雜家、農家、小

説家、兵家、天文家（附曆數）、五行家、醫家、藝術家、類家；集部分題六類：制詔、表奏、賦頌、別集、總集、詩文評。凡五十二類。分類細緻而不免繁蕪，墨、名、法、縱橫諸家書目不多，而得各列一家，如墨家僅著録書五部而已。類下間分子類，亦有子類之下僅録一書者，如《詩》類下《詩緯》然。其類目設置之最大特點爲設"制書"一部冠其首，所以崇皇權而兼重當代。

是書仿鄭樵《通志》例，通紀古今，不論存佚，而非專記一代藏書，亦非僅録一代撰著。所采宋以前圖書大致本鄭樵《通志·藝文略》，元以後之書則參考馬端臨《文獻通考·經籍考》及明代前期諸家書目。書目著録，以書名、卷數爲主，其著者可考者，則附以注釋。其注釋或有或無，體例不一，除撰者外，或注書之主旨，如《昭鑒録》五卷，注曰"訓親藩"；或注篇卷分合，如《慎子》一卷，注曰"四十二篇，隋唐分十卷，今亡九卷"；或注撰著時代，如《唐循資格》一卷，注曰"天寶中修"。不一而足，似秉承"泛釋無義"之主張。

是書有小序，制書一部後有一序，經史子集四部中，除《詩文評》附見無序外，其他各類均有序，述立類之由，學術流變，語多精要。所附《糾謬》一卷，於歷代簿録如《漢書·藝文志》、《隋書·經籍志》、《唐書·藝文志》、《唐四庫書目》、《宋史·藝文志》、《崇文總目》、《通志·藝文略》、《郡齋讀書志》、《文獻通考·經籍考》等之得失，俱有細考，洵爲目録學之名著。

此本據復旦大學圖書館藏明徐象橒刻本影印。又有萬曆三十年陳汝元函三館刻本、咸豐三年粵雅堂刊本等。（李勤合）

七略別録佚文一卷　（漢）劉向撰（清）姚振宗輯　**七略佚文七卷**　（漢）劉歆撰（清）姚振宗輯（第 916 册）

劉向（前 77—前 6），字子政，初名更生，沛（今江蘇沛縣）人，楚元王交玄孫。曾任郎中、給事黃門、散騎諫大夫、給事中。元帝即位，擢爲宗正，以忤宦官下獄，尋爲中郎，復下獄，免爲庶人。成帝即位，召拜中郎，領護三輔都水，遷光禄大夫、中壘校尉。著述宏富，更有《新序》、《列女傳》、《説苑》等。《漢書》有傳。

劉歆（？—23），字子駿，沛（今江蘇沛縣）人，劉向子。漢成帝時，與父向領校群書，王莽時任國師，主張古文經學。著《三統曆譜》等。《漢書》有傳。

姚振宗，有《漢書藝文志條理》等，已著録。

成帝河平三年（前 26），詔命光禄大夫劉向等整理校勘宮中藏書，向校經傳、諸子、詩賦，步兵校尉任宏校兵書，太史令尹咸校數術，侍醫李柱國校方技，向總司其事。每校定一書，向即條其篇目，撮其旨意，録而奏之，故謂之《別録》。

《別録》原書早佚，或云亡於唐末五代，或云亡於北宋真宗大中祥符年間，莫可詳究。今有輯本多種，清嚴可均《全漢文》、洪頤煊《經典集林》、陶濬宣《稷山館輯補書》、張選青《受經堂叢書》、顧觀光等均輯有《別録》。馬國翰《玉函山房輯佚書》、王仁俊《玉函山房輯佚書續編》亦各有輯本，皆題作《七略別録》，王仁俊別有《別録補遺》一卷。姚振宗輯文亦作《七略別録》，蓋姚氏等人以爲《別録》稿雖成於向手，而實由歆總其成於《七略》之後，所謂《七略別録》者，《七略》之外別有此一録也。

姚氏輯文分題輯略、六藝略、諸子略、詩賦略、兵書略、數術略、方技略七部，凡敍録八篇，佚文一百五十三條，附録一十九條。又卷首敍録三章三十四條，分敍《別録》本末、評論衆家輯本及新編《七略別録》體例。此輯本設有《輯略》，頗爲衆家譏評。姚氏《敍新編七略別録第三》辯之曰："荀悦《漢紀》稱：劉向典校經傳，考集異同，云'《易》始自魯，商瞿子木受於孔子'。以下云云,並與《漢書·儒林傳》、《釋文敘錄》相同,而與劉中壘敘奏之文頗不相合。後復推求,知爲《別錄》中《輯略》之文。苟氏節取而爲《紀》,班氏取以爲《儒林傳》,陸氏取以爲《敘錄》。各有所取,亦各有詳略,而其爲《輯略》之文審矣。"

姚氏輯本雖晚出,然用力至勤。其書取資嚴本、馬本最多,凡與此二本同者,則注明嚴、馬,而不復具記所出,有出於二本之外者,則詳注所出,以備檢核。其修正前人處亦復不少,如馬本引《水經注》中劉向敘《晏子春秋》之文而非《晏子敘錄》語,姚氏俱一一辨出。前人有但舉書名而別無他語者則併入《七略》。姚氏既爲《漢書藝文志條理》,於《別錄》體制特爲留意,諸書引文稱"劉向"者,皆改爲"臣向",其引文大異者,則並爲錄存,有繁難不可解者則略爲引申。

向整理群書未畢而卒,哀帝復使向子歆紹父業而克成之。歆於是總群書,而奏其《七略》,故有《輯略》、《六藝略》、《諸子略》、《詩賦略》、《兵書略》、《術數略》、《方技略》。其書早佚,後世輯本有洪頤煊、嚴可均、顧觀光、章宗源諸家。姚振宗於《別錄》輯本之外,復有《七略》輯本。其書《輯略》之外,餘六略輯得三十八種,六百三十四家,一萬三千三百七十九篇,圖四十五卷。書前有敘,分別敘《七略》本末、《七略》各輯本及新輯《七略》之體例。

《七略》雖亡,而其内容曾爲班固《漢書·藝文志》所取,又陸德明《經典釋文敘錄》亦曾據依,與《漢志》互有詳略,均爲姚氏所據。凡采自《漢志》者皆不注出處,從嚴本采入者則注明"嚴本",間引他書如《文選注》、王應麟《漢志考證》等則詳予注明。

《七略》不同《別錄》,七篇各有起訖,姚氏輯本俱爲分析,儼然《七略》之具體而微者。《漢志》之序,多節略《七略》之文,其注亦因《七略》而爲也,其所改易,自非《七略》舊文,

姚氏俱不拘泥而予錄存。惟據史志從省之例,凡史志缺省之文,多予補足,如"易傳"每條之下皆加"易傳"二字,"章句"亦然。其有歧異及不可解者,則附以按語。

此本據復旦大學圖書館藏稿本影印。又是書列入《快閣師石山房叢書》,有民國十八年浙江省立圖書館鉛印本。(**李勤合**)

崇文總目輯釋五卷附錄一卷 （宋）王堯臣等撰（清） 錢東垣等輯釋（清） 錢侗補遺（第 916 册）

王堯臣(1003—1058),字伯庸,虞城(今河南虞城)人。仁宗天聖五年(1027)進士,曾任知制誥、翰林學士、樞密副使、參知政事等。仁政愛民,頗有政聲。《宋史》有傳。

錢東垣(？—1842),字既勤,號亦軒,嘉定(今上海嘉定)人。錢大昭子。嘉慶三年(1798)舉人,官浙江松陽、上虞知縣。少承家學,與弟錢繹、錢侗潛研經史金石,時稱"三鳳"。治學沉博而知要,著有《小爾雅校證》、《補經義考》、《勤有堂文集》等。《清史稿》有傳。

錢侗(1778—1815),字同人,號趙堂,嘉定(今上海嘉定)人。東垣之弟。嘉慶十五年(1810)舉人。通訓詁,精音韻,亦工篆刻。更著有《孟子正義》、《九經補韻考》。《清史稿》有傳。

宋仁宗景祐元年(1034)閏六月,以三館秘閣所藏有謬濫不全之書,遂命翰林學士張觀等人將館閣正副本看詳,定其存廢,僞謬重複,並從刪去。内有差漏者,令補寫校對。仿《開元四部》,著爲目錄,因詔翰林學士王堯臣、史館檢討王洙、館閣校勘歐陽修等校正條目,討論撰次,於慶曆元年(1041)十二月編成,賜名《崇文總目》。

《崇文總目》卷數,各書記載不同,有六十卷、六十四卷、六十六卷、六十七卷諸説,共著錄藏書三萬六百六十九卷。分經史子集四

部,經部九類,史部十三類,子部二十類,集部三類,凡四十五類。每類有序,各類書目前總計此類部、卷之數,每書首列書名,次卷數、最後爲撰人或注釋者之姓名,每書皆有提要注釋。

原書已佚,現存版本有三:一爲寧波天一閣藏明抄宋版《崇文總目》,一卷;一爲清乾隆年間編《四庫全書》時,由《永樂大典》輯出者,共十二卷;一爲清嘉慶四年(1799)錢東垣等輯釋本,共五卷,補遺一卷。今傳宋版《崇文總目》有目無釋,因鄭樵曾譏其泛釋無義,文繁無用,朱彝尊乃謂因鄭而删。其實今傳宋本爲當時交付諸州軍照目搜訪佚書所用,其目下多注"闕"字可證。有目無釋,取其便於尋檢耳,全本《崇文總目》佚失另有他因。

錢氏輯釋本分爲五卷,原經部八卷合爲卷一,史部十五卷合爲卷二,子部之前十五卷合爲卷三,又十八卷合爲卷四,集部十卷合爲卷五。此本參考天一閣本及《四庫全書》輯本,曾從《歐陽文忠公集》、《文獻通考》、《玉海》等書中輯錄原書注釋,又參考《南豐文集》、《東觀餘論》、《郡齋讀書志》、《直齋書錄解題》、《通志》、《困學紀聞》等書數十種,共輯得原序三十篇,原釋九百八十條,引證四百二十條,俾《崇文總目》之原貌略具。其中原釋或無從考見,乃爲博稽史志,補釋撰人,有標卷參差,稱名錯雜,以及闕漏之字,訛舛之文,則隨爲考證,或引他説,以作商榷。如"《朱鄴賦集》三卷"下注明《通志》載爲一卷,又如"《沃焦山賦》一卷"下注引陳詩庭説"沃"下疑脱"山"字等。又有《附錄》一卷,則搜集各書有關《崇文總目》之記載、評論,共引《歐陽文忠年譜》、《通志》、《經義考》、《四庫全書總目》等凡二十二種,頗便瞭解《崇文總目》源流利弊。

此本據上海辭書出版社圖書館藏清嘉慶刻《汗筠齋叢書》本影印。又有《粵雅堂叢書》本、《後知不足齋叢書》本等。(李勤合)

内閣藏書目錄八卷　(明) 孫能傳 (明) 張萱等撰 (第917册)

孫能傳(約1590—1665),字一之,號心魯,寧波(今浙江寧波)人。萬曆四十四年(1616)進士,官至工部員外郎。更著有《謚法纂》、《益智編》等。《奉化縣志》有傳。

張萱(1557—1641),字孟奇,號九嶽山人,別署西園,博羅(今屬廣東惠州)人。萬曆十年(1582)解元,官至平越府知府。經史百家,靡不淹通,富有藏書,更著有《匯雅》、《西園存稿》等。《(康熙)廣東通志》卷一六有傳。

明楊士奇等曾編有《文淵閣書目》,然每書僅録書名及册數,後人譏爲内閣帳簿。萬曆中,孫能傳、張萱等人取閣中書重加檢校,至萬曆三十三年編成《内閣藏書目録》八卷。凡收圖書二千四百餘種,分爲十八部,不盡守四部之規。卷一分題聖制、典制二部;卷二分題經、史、子三部;卷三題集部;卷四分題總集、類書、金石、圖經四部;卷五分題樂律、字學、理學、奏疏四部;卷六分題傳記、技藝二部;卷七題志乘部;卷八題雜部。其改《文淵閣書目》以千字文序次而用分類法,唯分類錯亂,多有可議,尤其卷八《雜部》,小説、詩集、年譜、史鈔等,幾乎各類皆有。

惟是書於書名之外,略注撰人姓名、官職,間有解題,述文旨大略,較之楊士奇目,差可備考,如"《徵吾録》"下注云:"嘉靖間,鄭端簡公曉既輯《吾學編》及《今言》二書,又即二書撮其大且要者爲《徵吾録》二卷。又取經史解説大意爲《古言》二卷。"

是書雖號稱内閣藏書目録,而内閣藏書不盡於此,如釋、道二氏之書,即多缺略。每書多注册數全或不全,而於原書卷數不盡著,蓋與《文淵閣書目》一致,爲便於内閣稽核查找而編。然今欲窺有明一代館閣所儲,惟此二書而已。

此本據國家圖書館藏清遲雲樓抄本影印。又有張均衡《適園叢書》本。（李勤合）

欽定天祿琳琅書目後編二十卷　（清）彭元瑞等撰（第917册）

彭元瑞（1731—1803），字輯五，一字掌仍，號芸楣，南昌（今江西南昌）人。乾隆二十二年（1757）進士，後授編修，官至工部尚書，協辦大學士。充《高宗實錄》總裁，與修《秘殿珠林》、《石渠寶笈》等，更著有《恩餘堂輯稿》、《五代史記注》等。《清史稿》有傳。

清乾隆九年，詔命擇内府宋、元、明善本四百二十九種，藏於乾清宫昭仁殿内，題其藏書處曰“天祿琳琅”。乾隆四十年，于敏中等編成《天祿琳琅書目》十卷。嘉慶二年（1797），乾清官火災，所藏“天祿琳琅”善本被焚。乾清官重建後，復檢善本書入藏，乃由彭元瑞等編爲《天祿琳琅書目後編》二十卷，亦稱《天祿琳琅書目續編》。

《後編》書目體例一如前帙。先按版本時代劃分，同一時代版本，更依經、史、子、集四部分類排列。而其規模有拓而愈大、析而愈精者。前編四百二十九部，金刻僅一部，遼版則無，後編則載宋、遼、金、元、明各代刻本及影宋抄本、明抄本，合計六百六十三部。

每書著録書名、函、册，各有解題。提要首舉篇目，次詳考證，次訂鑒藏，次臚闕補。尤注重於版刻年月，歷代收藏者之時代、爵里、印記、授受源流及版本缺佚情況。其考證版本，廣引前人序跋。諸書如有御製詩文題識，則録於“鑒賞”之首，其他舊跋，亦爲附録。藏書之印，悉以楷書摹入，原印文字種類、形狀、印色及位置各項，皆標示清楚。藏書著録“鑒賞”，自錢曾《讀書敏求記》啟其端緒，而以《天祿琳琅書目》及《後編》爲奠基之作。

是書於版本著録有不確之處，葉德輝《書林清話》“天祿琳琅宋元刻本之僞”條認爲，

《後編》所載宋版書不如《前編》可據，如所收《重廣補注黄帝内經素問》二十四卷第四部，每板心有“紹定重刊”四字，宋版無此體式，必書商作僞，加印其上；《太玄經》十卷，校勘圖後刻“萬玉堂”三字，爲明仿宋刊本；《增刊校正王狀元集注分類東坡先生詩》爲元刻本等。

此本據清光緒十年長沙王氏刻本影印。（李勤合）

常郡八邑藝文志十二卷　（清）盧文弨輯（清）莊翊昆等校補（第917册）

盧文弨，有《讀史札記》等，已著録。

莊翊昆，生卒事跡不詳，據是書序，知其號新渠遁叟，武進（今屬江蘇常州）人，生活於咸豐前後。

乾隆末年，盧文弨主講常州龍城書院，得與修《常州府志》。改前志《藝文》爲《經籍》，止載總目，又別采歷代常州“諸家別集中有關掌故與夫前志所録暨散見於他書者，甄録而彙編之”，題作《常州藝文志》，自爲序。不特收常州八邑人士之著作，亦兼録四方仕宦遊處常州而作者。府志未成，是書亦未得刊行。文弨旋歸道山，稿歸莊翊昆所藏。翊昆懼稿本久而散佚，乃於咸豐九年（1859）以聚珍版校補刊行，題名《常郡八邑藝文志》；又稱《常郡藝文志》、《常州藝文志》，惜間有淆亂。咸豐本後遭毁壞，至光緒十六年（1890），翊昆族弟毓鋐等人復加校補印行。

盧文弨原志未知是否分卷，莊翊昆校補本分爲十卷，至莊毓鋐校本，則釐爲十二卷。其中卷一録詔制敕誥、諭祭文、表、疏、議、論、説、頌、書、啟，卷二、卷三、卷四録記，卷五、卷六録序，卷七録跋、碑、銘、贊、箴、哀辭、祭文、上樑文，卷八録賦，卷九録古歌辭、四言詩、五言古詩，卷十録七言古詩，卷十一録五言律詩、五言長律，卷十二録七言律詩。蓋以體裁區分卷次，各體又以時代爲序。其中卷十

《七言古詩》自唐至元,似未編完。其目録中有"續補"、"續"字樣之條目,當係翊昆所補,其有"董志補"、"董志"條目者,疑係補自董潮編纂《(乾隆)陽湖縣志》。

此本據上海辭書出版社圖書館藏民國十二年重印光緒本影印。蓋莊氏後裔莊籙見光緒本世間存者無多,是書所記《漆園九老會》詩爲其十一世祖所倡,因懼鄉邦文獻之湮没,先德之失墮,爰檢遺梓重爲印行。書後莊籙跋落款癸亥,當民國十二年,又云光緒本閲今三十餘年,與光緒十六年(庚寅)差合。因知此本所據,初非原刻。(李勤合)

海寧經籍志備考不分卷　(清)吳騫撰(第918冊)

吳騫(1733—1813),字槎客,號兔牀,海寧(今浙江海寧)人。有藏書樓名拜經樓,藏書極富。更著有《愚谷文存》、《拜經樓詩集》等。事跡見《清史列傳》卷七二。

是書又名《海昌經籍志備考》。騫以海寧自東晉以來,名賢著述頗多,舊志記載漏略舛訛、先後失次亦復有之,遂留心搜討鄉賢典籍數十年,露鈔雪購,頗費苦心,爰爲增補訂正,重加編次,以成是書。

是書不分卷,大略分爲兩部分,一爲《海寧名宦修志目》,一爲《海寧名賢著書目》。後者於一般著述之外又分出《名媛》、《方外》兩類。每書著録書名,其卷數可考者,則予注明。一人有多種著作則集中著録,撰人標於最後。撰人名跡稍晦者,則略加注釋,如"《約心編》"下注云:"吳應鳳著。公字爾期,騫曾伯祖,孝子玉章公考也。"或説明書旨,如"《敬修堂説造》"下注云:"記元末群雄及開國靖難諸臣事。"或有疑難,則作考證,如"《(老子道德經)治綱》一卷"下注云:"案,《義疏治綱》一卷,此'義疏'二字衍文。"所據之書有《通志》、《澹生堂書目》、《傳是樓書目》、《千頃堂書目》、《四庫書目》、《經義考》、《説郛》、《讀書敏求記》、《浙江通志》等,甚至《山西通志》、《道藏》等亦在搜檢之列。亦有親見者,如"《藤溪叢書》三百二十卷"下即注云"騫嘗親見叢書稿"。

孫殿起《販書偶記》所載舊鈔本首有嘉慶五年(1800)吳騫自序,後有周廣業跋,又有小清儀閣鈔本。此本據國家圖書館藏稿本影印,書前有周廣業辛亥乾隆五十六年(1791)序,又有吳騫自序,不著年月。其中多有續補痕跡,筆跡與原文不一,其中一條有"敬璋案"語,則曾經陳敬璋校補。(李勤合)

温州經籍志三十三卷首一卷外編二卷辨誤一卷　(清)孫詒讓撰(第918冊)

孫詒讓,有《周書斠補》等,已著録。

是書爲孫氏早年之作。同治己巳(1869)夏始屬稿,條緒粗立。歷時八年,稿曾兩易,至光緒三年(1877)完稿。復以見聞所域,搜採未宏,乃作《徵訪温州遺書約》,勤搜廣訪。然此後殫心盡力於經子小學,遂不遑董理舊著。至民國初年,已蟲蛀頗重,冒廣生曾函請省府撥款刊刻而未果,至民國十年(1921)始由浙江圖書館刊印。

是書三十三卷,另有《外編》二卷、《辨誤》一卷,別稱《永嘉經籍志》,記載舊温州所屬六縣,自唐至清道光間,温州人或有關温州之著述,計一千三百餘家,一千七百五十九部,其中佚一千二百一十五部,未見二百七十九部,存二百二十七部,闕三十八部。圖書分部以《四庫全書總目》爲圭臬,其體例遠軌馬端臨《文獻通考》,近宗朱彝尊《經義考》,立例謹嚴。凡書目皆分以存、佚、闕、未見四目。每書之下皆有解題,大抵以敘跋爲首,目録次之,評議之語又其次也。其有遺事叢談,略綴一二。苟地志已具,則無貴繁徵。苟有申證精奧,規檢訛誤,一得之愚,則殿於末簡。其敘跋原文,不削一字,年月繫銜亦仍其舊,其有名作孤行、散徵他籍者,則備揭根柢,並著卷篇,庶使覽者得以討原,易於覆檢。

此編於時代斷至嘉、道,見存者著述不收,於地域區別極嚴,尤注意父子籍貫有變動者。大抵自內而出者,録父而删子,以父尚温産而子則異籍也;自外而入者,存子而缺父,以子已土著而父猶寓公也。其非本地人著作而有關於地方文獻者,則入《外編》,不與本郡著述相雜,以爲搜討舊聞之助。至於僞作假名之類,或他書誤題爲温州人著作者,均加考證,悉入《辨誤》。

是書允爲近代彙志一郡地方文獻書目之祖,各地聞風繼起者有項士元《台州經籍志》、胡宗懋《金華經籍志》、陸惟鑒《平湖經籍志》、丁祖蔭《常熟藝文志》、朱振采《豫章藝文志》、廖平《井研藝文志》等,足見影響之廣。然其紕繆奪漏,自非能免,所云"未見"、"已佚"之書,或未加著録之書,往往間有出現。孫氏後人延釗有《校勘記》四卷,可資參考。至若不録高明《琵琶記》及譜牒等書,在今固不可取,在昔則爲時代觀念局限,固難苛責也。

此本據上海辭書出版社圖書館藏民國十年浙江公立圖書館刻本影印。書前有民國十五年補刊劉壽曾序。(李勤合)

阮氏七録一卷附考一卷　(梁) 阮孝緒撰
(清) 臧庸輯考 (第 919 册)

阮孝緒(479—536),字士宗,南朝梁陳留尉氏(今河南尉氏)人。幼以孝聞,性沈静,不仕,年十三通五經。所居唯一床,竹樹環繞,讀書其中,學養精進。更著有《高隱傳》、《正史削繁》等。《梁書》、《南史》有傳。

臧庸(1767—1811),本名鏞堂,字在東,更字西成,號拜經,武進(今屬江蘇常州)人。與弟禮堂俱事盧文弨,後客阮元幕,助輯《經籍纂詁》、《十三經注疏校刊記》。更著有《拜經日記》、《拜經文集》、《孝經考異》等。《清

史稿》有傳,今人陳鴻森又有《臧庸年譜》。

孝緒少愛墳籍,長而弗倦,每披録簿録,多有缺然,乃決心搜集天下書目,創編新録。凡遺文隱記,均加搜集。王公縉紳之館,苟能蓄積墳籍,必思致其名簿。又經時人劉杳等幫助,遂總集衆家,得爲《七録》。

是書七録,分内外二篇。内篇五:《經典録》一,紀六藝,凡分九部;《記傳録》二,紀史傳,凡分十二部;《子兵録》三,紀子書、兵書,凡分十一部;《文集録》四,紀詩賦,凡分四部;《技術録》五,紀數術,凡分十部。外篇二:《佛法録》,凡分五部;《仙道録》,凡分四部。取法劉歆《七略》、王儉《七志》等分類法,又以劉孝標《文德殿目録》爲藍本,斟酌古今,融會而成。

是書創新之處在於正式設史部大類。荀勖雖隱含史部,而未有明確部名,王儉《七志》復將史傳置於《經典志》下,直至《七録》之《記傳録》,史部方確然獨立。此乃史籍應有之地位,蓋劉向之世,史書甚寡,乃附見《春秋》,誠得其例,至齊梁時,衆家紀傳,倍於經典,猶從此志,實爲繁蕪。孝緒又以圖畫宜從所圖歸部,故隨其名題,各附本録;譜既注記之類,宜與史體相參,故載《記傳》之末:乃取消《七志》之《圖譜志》,以圖譜歸併至《記傳録》。孝緒分《記傳録》爲十二部,分題國史、注曆、舊事、職官、儀典、法制、僞史、雜傳、鬼神、土地、譜狀、簿録,史部分類之完善體系從此建立。其中除"鬼神"外,餘皆爲後世采用,僅名目略有變化,如改"國史"爲"正史",改"注曆"爲"編年",改"儀典"爲"儀注",改"土地"爲"地理"等等。其他如繼承《七志》以佛、道分設二録,並由附録提升至正式分類,亦奠定此二類圖書後來之地位。

孝緒尤繼承《七略》之解題傳統,所收群書四萬餘卷,皆討論研核,標判宗旨。其書《目録》之後附自撰《序録》二卷,當即解題之單行本。以個人之力,完成此三倍於《七略》之

巨著,實爲難得。

是書原十二卷,已佚。其自序等文保存於《廣弘明集》等書,藏庸加以輯佚考釋,成《七録佚文》一卷、《附考》一卷。《佚文》一卷,多有鏞堂案語,引《釋文敘録》等書疏證疑難;《附考》一卷則搜集《梁書》、《南史》等有關傳記、目録之文,間加案語,以爲《七録》之助。

此本據國家圖書館分館藏清抄本影印。《七録》又有王仁俊《玉函山房輯佚書續編》輯本,則只有佚文,無疏釋考證。（李勤合）

晁氏寶文堂書目三卷　（明）　晁瑮撰（第919 册）

晁瑮（1507—1560）,字君石,號春陵,晚號鏡湖,開州（今河南濮陽）人。嘉靖二十年（1541）進士,曾任翰林檢討、司經局洗馬等職。家富藏書,藏書樓曰寶文堂。曾與修《大明會典》,領修《清豐縣志》,更著有《鏡湖遺稿》等。生平見《濮陽碑刻墓誌》載周世選撰《明故奉訓大夫司經局洗馬鏡湖晁公暨配二張孺人合葬墓誌銘》。

是書三卷,上卷分題御製、諸經總録、易、書、詩經、春秋、禮、四書、性理、史、子、文集、詩詞等十三類,中卷分題類書、子雜、樂府、四六、經濟、舉業等六類,下卷分題韻書、政書、兵書、刑書、陰陽、醫書、農圃、藝譜、演算法、圖志、年譜、姓氏、佛藏、道藏、法帖等十五類,凡三十四類。其上卷分類大致以經史子集爲本,然又不盡依從,而中卷、下卷則盡出己意,別成一格。蓋以私家藏書簿録,以所藏部數多寡立目也。

是書收書凡七千八百二十九種,尤其《子雜》、《樂府》二類下所收元明話本、小説、雜劇、傳奇,爲其他書目所少見。其中如《樂府》類著録《吕真人九度國》、《諸仙慶壽記》等六十餘種,均爲僅見,其價值不言而喻。

是書著録項目僅有書名,而無撰人等項。

其下注明版本者較多,如"内府刻"、"順天刻"、"成化刻"、"閩新刻"、"元刻"、"抄"等。至於部數全、缺,亦予著録,如《子雜》類下《讀書疑》注云:"欠二之二。"偶有小注,論及書旨,如《子雜》類下《捕盜公移》下注云"常天敘西洪李事";《雙節集》下注云"張給事二妾"。此亦爲私人藏書目録之特點,皆爲搜求典藏之便,故是書爲歷代藏書大家所珍視,清人黄虞稷、程晉芳等皆有所藏。

是書無刻本,惟抄本流傳,此本據國家圖書館藏明抄本膠卷影印。（李勤合）

徐氏家藏書目七卷　（明）　徐𤊹藏並撰（第919 册）

徐𤊹,有《榕陰新檢》,已著録。

徐氏爲明代著名藏書家,萬曆三十年（1602）據其藏書編成書目,唯書目卷首《藏書屋銘》、《題兒陸書軒》所題時間一爲萬曆甲辰（1604）,一爲萬曆丁未（1607）,且書目中多有天啓、崇禎間著者,可知編成後續有增加。是書最早見於黄虞稷《千頃堂書目》卷十《簿録類》,稱爲《徐氏家藏書目》,道光七年（1827）劉燕庭味經書屋抄本始以徐𤊹書齋紅雨樓而改題爲《紅雨樓書目》。

是書徐氏自序及《千頃堂書目》皆著録爲七卷,原本已佚。今道光味經書屋抄本亦爲七卷,但據其書後識語可知,其所得之本殘缺,所謂七卷乃劉氏重爲分析,以合原數也。其七卷之目,卷一經部,卷二史部,卷三、四爲子部,卷五、六、七爲集部。經部分題易、書、詩、禮等十三類,與一般類目差別不大。史部則分題正史、旁史、本朝史、人物等衆多類目,其中地方志以省爲目,乃其自家藏書特色。子部則分題諸子、子、道、釋等十數類。集部分題總集、總詩、詞調、詩話、啟劄、四六、連珠、家集、别集等類。所收别集區劃,本朝前按時代,至本朝則按省府,至爲詳盡,亦足見其藏書特色。

其目經史子三部僅著録書名、卷數而已,卷數偶缺,著者或有或無,間注著者時代、爵里。自卷七别集起,皆有撰人小傳,計千餘人。小傳依字、籍貫、功名、歷官等次第撰寫,井然有序,甚爲可寶,如“南京·蘇州府”下“楊基《眉庵集》十二卷”小傳曰:“字孟載,本蜀嘉州人。父仕江左,遂家吴中。國初以薦累官山西按察使。平日之詩甚富,盛年稿已散失,今流傳人間十無二三。天順間郡人鄭教授刊行,萬曆中浙江參政陳邦瞻合高、楊、張、徐爲國初四大家。太學生汪汝淳重梓之。”又《子部·傳奇類》著録小説、戲曲書目頗多,與《寶文堂書目》所載同爲小説史及戲曲史之重要資料。

是書七卷本之外,又有四卷本流傳,繆荃孫等人均曾見之。四卷本經史子集四部各爲一卷,與七卷本細目亦有區别。如七卷本本朝别集按省府區分,而四卷本則無,而有“明初諸家姓氏”、“明集諸家姓氏”、“明詩選諸家姓氏”等目,其撰人小傳亦較七卷本爲略,如前引楊基傳,四卷本卷四“明詩選諸家姓氏”下作:“楊基,孟載,吴郡人。洪武間歷官山西按察使。有《眉庵集》。”然四卷本有閩人著作及“處士”、“閨秀”、“高僧”等目,皆爲七卷本無,此當即七卷本所缺之册。是知七卷、四卷各據原本抄寫,七卷本雖照原書抄寫而佚一卷,四卷本雖爲全本,而改易卷數,删節文字,亦非舊貌。

此本據國家圖書館藏清道光七年劉氏味經書屋抄本影印。(李勤合)

百川書志二十卷 (明)高儒撰(第919册)

高儒,生卒不詳,字子醇,號百川子,涿州(今河北涿州)人。嘉靖時武弁,性好藏書,家有志道堂藏書樓。生平略見自撰《百川書志序》。

高儒家素有藏書,復經訪求經營,達萬卷之數。以書無目,猶兵無統馭,政無教令,聚散無

稽,遂編《百川書志》。六年考索,三易成編。

是書二十卷,收録圖書二千一百一十九種,依四部分類,下分九十三目。卷一至卷三爲《經志》,有《易》、《書》、《詩》、《禮》等十六目;卷四至卷六爲《史志》,有《正史》、《編年》、《起居注》、《雜史》等二十一目;卷七至卷十一爲《子志》,有《儒家》、《道家》、《法家》、《名家》、《墨家》等三十目;卷十二至卷二十爲《集志》,設有《秦漢六朝文》、《唐文》、《宋文》、《元文》、《聖朝御製文》等二十六目。

是書著録書名卷數,下有解題。或略注撰人,如卷一《大學章句》一卷,下注“宋朱文公章句”;或詳篇數,如卷二《司馬氏居家雜儀》一卷下注“凡二十條”,卷三《顔子》二卷下注“内外十篇”;或述版本,如卷八《傳奇》一卷,下注“皆神仙恢譎事,《通考》稱三卷,又分六卷,今止二十二事,恐非全書”;或考作者,如卷八《論孟古義》一卷,下注“或曰止齋著,又曰王從之著,未詳孰是”;或略述大旨,如卷十《政和經史證類備用本草》三十卷,下注“凡十類,總載圖形,並陳藏器,餘諸藥一千七百四十六種,益以諸家方書及經子傳記、佛書道藏二百四十七家,凡該明乎物理功用者,各附於本草之左”:不一而足,不爲泛釋。

是書《史志》立有《野史》、《外史》、《小史》等目,而將小説、戲曲采入,頗異他家。如《野史類》收《三國志通俗演義》、《忠義水滸傳》等書,《外史類》收王實甫、關漢卿之戲曲,《小史類》收瞿佑《剪燈新話》等。其《三國志通俗演義》下解題云:“據正史,采小説,證文辭,通好尚,非俗非虚,易觀易入,非史氏蒼古之文,去瞽傳詼諧之氣,陳敘百年,該括萬事。”足見高氏見解不俗。

是書王士禎《居易録》嘗稱引之,黄虞稷、周在浚《徵刻唐宋秘本書目》亦列其名,而久無刻本。至民國三年(1914),葉德輝始據朱彝尊曝書亭寫本、繆荃孫藏抄本、吴印臣藏抄本相校勘,次年刊行,是爲《觀古堂書目叢

刊》本。此本據上海辭書出版社圖書館藏觀古堂本影印。（李勤合）

萬卷堂書目四卷 （明）朱睦㮮撰（第919册）

朱睦㮮，有《聖典》，已著録。

是書題或作"萬卷堂"，或作"聚樂堂"，又有"藝文目"、"藝文志"、"藝文記"、"藝文目録"等稱，朱氏既築萬卷堂庋藏其書，宜以"萬卷"題其目，故自序亦作《萬卷堂家藏藝文自記》。

其書通連經、史、子、集四部爲一册，其初並不分卷，有作一卷者，亦不分卷之謂也。王聞遠《孝慈堂書目》、陸漻《佳趣堂書目》所載，長沙葉氏觀古堂藏本俱是，皆題《萬卷堂書目》，其源蓋出於同一本也。錢曾《也是園書目》及黄虞稷、周在浚《徵刻唐宋秘本書目》録有四卷本，陳景雲注《絳雲樓書目》謂此目六卷，黄虞稷《千頃堂書目》録有十六卷本，均後人編次。

朱氏萬卷堂有堂五楹，所藏書環列其中，仿唐人法，分經史子集，用各色書簽識别，是書即據以簿録。經類十一，分題易、書、詩、春秋、禮、樂、孝經、論語、孟子、經解、小學，收書六百八十部；史類十二，分題正史、編年、雜史、制書、傳記、職官、儀注、刑法、譜牒、目録、地志、雜誌，收書九百三十部；子類十，分題儒、道、釋、農、兵、醫、卜、藝、小説、五行家，收書一千二百部；集類三，分題楚辭、别集、總集，收書一千五百部。

是書别集又以時代分題"漢魏六朝"、"宋"、"元"、"明"等類，其明人文集收録特富，多他目無載者，可補明代藝文志之闕。

是書久無刻本，後人傳抄，多有改易，是以有一卷、四卷、六卷等諸多不同。光緒癸卯（1903），葉德輝據所藏本刊行，原書不分卷，葉氏就四部分爲四卷。此本據上海辭書出版社圖書館藏《觀古堂書目叢刊》本影印。是本中間分類略有改易，如史部"雜史"後增

"史評"、"起居注"、"奏議"等類，"職官"改爲"官制"，"刑法"改爲"法家"，"譜牒"改爲"譜傳"，"目録"改爲"書目"，而缺"制書"、"傳記"二目；子部，缺"卜"、"藝"兩目；集部"楚辭"、"别集"、"總集"之外，增"女史"、"總集"、"雜文"、"類書"、"宗室"等類，想經後人改易也。又自序稱人代姓名，各具撰述之下，今本著録，書名卷數之下，唯有撰人，不具朝代，或亦經後人改易。（李勤合）

世善堂藏書目録二卷 （明）陳第藏並撰（第919册）

陳第（1541—1617），字季立，號一齋，連江（今福建連江）人。諸生，隨俞大猷、譚綸等抗倭，任遊擊將軍，居薊州鎮十年，致仕歸。精熟五經而兼及子、史、集群書，更著有《毛詩古音考》、《屈宋古音義》、《薊門兵事》等。生平見道光二十八年（1848）陳斗初撰《一齋公年譜》及民國三十五年（1946）金雲銘撰《陳第年譜》。

第性嗜書，家雖富藏而不覺足，乃遊歷天下更求之，又嘗抄書於諸家，故得積萬餘卷，遂編目以備自檢。

是書上下兩卷，其目不過粗爲位置，以類相從，爲便查檢而已，與四部頗有不同。經類十二目，分題周易、尚書、毛詩、春秋、禮記、二戴、周禮、儀禮、禮樂、孝經、諸經、爾雅；四書類五目，分題大學、中庸、論語、孟子、四書總編；諸子百家類三目，分題諸子、輔道諸儒、各家傳世名書；史類十八目，分題正史、編年、鑒選、明朝紀載、稗史野史並雜記、語怪各書、實録、偏據僞史、史論、訓誡書、四譯載記、方州各志、典制、律例、詔令、奏議、譜系、類編；集類十二目，分題帝王文集、歷代大臣將相文集、兩漢魏晉六朝諸賢集、唐諸賢集（南唐附）、宋元諸名賢集、皇明諸名賢集、緇流集、閨閣集、詞曲、諸家詩文名選、金石法帖、字學；各家類十三目，分題農圃、天文、時令、曆

家、五行、卜筮、堪輿、形相風鑒、兵家書、醫家、神仙道家、釋典、雜藝。其中《四書》單獨設類，又將傳統子部分爲諸子百家、各家兩大類，而將"各家"置於"集類"之後，均極特異。亦有類目僅收書數種，如"鑒選"收書僅兩種，"緇流集"收書八種，"閨閣集"收書六種。

其目多注撰人，偶有時代、籍貫及小傳，如卷下"緇流集"中"《杼山集》十卷"下注："唐僧皎然，謝靈運十世孫。"卷下"皇明諸名賢集"中"《南粵五先生集》"下注："王佐，字彥舉，原河東人，隨父官籍南海。汪廣洋，高郵人，亦官南海，故並集。"

此本據清乾隆六十年鮑氏刻《知不足齋叢書》本影印。其中並收錄有陳第及其後裔撰書，如"經類"《周易》下之《伏羲圖贊》二卷及"各家類"《兵書家》下之《薊門兵事》，其下皆注"一齋公"。"經類"《周易》下又有《易用》六卷，注云"先祖心一公"；《易用補遺》二卷注云"先父問心公"。心一爲陳第長子陳祖念號，問心爲陳祖念子陳肇復字，則此本經陳第玄孫陳元鍾修定。（李勤合）

澹生堂藏書目八卷藏書約一卷庚申整書小記一卷庚申整書例略一卷　（明）祁承㸁藏並撰（第919 册）

祁承㸁，有《宋西事案》等，已著錄。

祁氏出身書香世家，生性嗜書，雖曾爲官，然一生精力，耽耽簡編，節衣縮食，典衣銷帶，猶所不顧，雖内子之物，亦有供市書之值者。後治曠園，有曠亭，爲遊息之所；有東書堂，爲讀書之所；又有澹生堂，則爲其藏書之庫。

祁氏非僅藏書，亦善於編目。與子孫約，有書目每五年一爲編輯。萬曆四十八年（1620），祁氏整理家藏，作《庚申整書小記》及《庚申整書例略四則》。記中以"墨兵"比藏書，以"部署整捌"比書籍分類：架插七層，籍分四部，若卒旅漫野而什伍井然，如劍戟摩霄而旌旗不亂，此部勒之法；目以類分，類以

部統，暗中摸索，惟信手探囊，造次取觀，若執鏡而照物，此應卒之法。其他尚有"用寡法"、"用衆法"、"聯絡駕馭之法"、"堅壁清野之法"、"用寡以御衆之法"、"因糧於敵之法"等等。此外又有因、益、通、互整書之例四則，其中"通"、"互"，啟章學誠"別裁"、"互著"之端緒。祁氏之目錄學不僅有實踐，亦有理論總結，洵爲我國目錄學一高峰。

《澹生堂藏書目》即在此一理論指導下編制而成，類目詳明，超邁前人。其目分經史子集四部，各部下列本部類目，多分三級，少數分至四級。有經部十一類，六十三目；史部十五類，六十八目；子部十三類，八十二目；集部七類，三十二目：凡四十六類，二百四十五目。其分類以類聚得體、多寡適均爲要，不以因襲前人爲嫌，不以增益分類爲懼，"約史"、"叢書"、"餘集"均爲首創。

祁氏藏書不以宋槧爲貴，而以實用爲先，又以爲學不通今，安用博古？是故凡涉國朝典故者，不特小史宜收，即有街談巷議，亦爲盡采。其目收府縣志四百餘種，元、明以來傳奇戲曲八百餘部。又多抄本，其所抄書，多世人所未見，校勘精核，紙墨潔淨。

是書原寫本不分卷，每頁八行，每行分上下兩欄，上欄書名，下欄又分兩行載卷數、册數或套數、篇數及撰人姓氏、時代。多抄本流傳，有明抄本、清錢氏萃古齋抄本、沈氏鳴野山房抄本、清嘉慶汪氏藝芸書舍抄本等，俱不分卷。惟清宋氏漫堂抄本分八卷，凡經部一、史部二、子部三、集部二，書前又有《藏書約》一卷、《庚申整書小記》一卷、《庚申整書例略》一卷。此本據國家圖書館藏此本影印。又有《紹興先正遺書》本十四卷。（李勤合）

天一閣書目四卷天一閣碑目一卷　（明）范欽藏（清）范邦甸（清）范懋敏撰（第920 册）

范欽（1506—1585），字堯卿，又字安卿，號

東明,鄞縣(今屬浙江寧波)人。嘉靖十一年(1532)進士,歷任隨州知州、袁州知府等,累官至兵部右侍郎。更著有《四明范氏書目》、《天一閣集》等。生平略見《龍津原集》卷二《贈中丞東明范公序》)。

范欽性喜藏書,集書七萬餘卷。曾自編書目,黃宗羲等人亦曾爲之編目,均佚。現存最早之目爲康熙年間范懋柱等編《天一閣書目》凡五卷。阮元督學浙江,乃於嘉慶八年(1803)主持重編書目,至十三年刻行,參編者有范欽後裔邦甸、懋敏等人。

是目以四部爲次,而首列御賜書目、進呈書目等。凡四卷。卷一之一,分題御賜書、御題書、御題圖、進呈書,經部爲卷一之二,分題易、書、詩、禮、春秋、經總、四書、樂、小學九類;史部爲卷二,分題正史、編年、紀事本末、別史、雜史、詔令奏議、傳記、史鈔、載記、時令、地理、職官、政書、目録、史評十五類,自《地理》起分爲二子卷;子部爲卷三,分題儒家、兵家、法家、農家、醫家、天文、術數、藝術、譜録、雜家、類書、小説、釋家、道家十四類,自《類書》起分二子卷;集部爲卷四,分題楚辭、別集、總集、雜著、詩文評、詞曲,另有《補遺》、《范氏著作》兩類附此,分四子卷。通録圖書四千又九十四種,五萬三千七百九十九卷,除去卷一之一著録之御賜、進呈書外,計三千三百九十三種,三萬八千五百二十七卷。後又附乾隆五十二年(1787)范懋敏編《天一閣碑目》及《續增》,碑目按時代區分,共記夏至元碑七百餘通。

是目體例爲阮元手訂,略仿《四庫全書總目》,著録書名、卷數、撰人名氏、版本、刊行時間等,並録重要序跋、印章等,著録詳細,足資考證,洵爲天一閣諸目中之佳本。後天一閣藏書頻頻散失,光緒年間,薛福成據閣中餘書編《天一閣見存書目》四卷,著録圖書二千餘種。1930年,楊欽夫編《天一閣圖書目録》,僅著録九百六十二種。1937年,馮貞群

編《鄞縣范氏天一閣書目内編》十卷,亦僅著録一千五六百種。

此本據浙江圖書館藏清嘉慶十三年揚州阮氏文選樓刻本影印。有言十卷者,則就子卷總數而言。或題阮元編,則其主持者;或題汪本編,則其校刻者。俱此本也。(李勤合)

絳雲樓書目四卷補遺一卷　(清) 錢謙益藏並撰 (第920册)

錢謙益(1582—1664),字受之,號牧齋,又號蒙叟、梧下先生、東澗遺老等,常熟(今江蘇常熟)人。明萬曆三十八年(1610)進士,崇禎初官禮部侍郎,後任南明弘光政權禮部尚書。又降清,授禮部侍郎,《明史》副總裁。詩文甚負盛名,更著有《初學集》、《有學集》、《列朝詩集》等。《清史稿》有傳。

謙益藏書,幾埒内府,後不幸遭火災而損失幾盡。是目著録圖書千餘種,自非錢氏藏書全部。類目只一級,凡分七十三類。依次分題:經總、易、書、詩、禮、樂、春秋、孝經、論語、孟子、大學、中庸、小學、爾雅、經解、緯書、正史、編年、雜史、史傳記、故事、刑法、譜牒、史學、書目、地志、子總、儒家、道學、名家、法家、墨家、雜家、縱橫家、農家、兵家、釋家、道家、小説、雜藝、天文、曆算、地理、星命、卜筮、相法、壬遁、道藏、道書、醫書、天主教、類書、僞書、六朝文集、唐文集、唐詩、詩總集、宋文集、金元文集、國初文集、文集總、騷賦、金石、論策、奏議、文論、詩話、本朝制書、本朝實録、本朝國紀、傳記、典故、雜記等。其目雖不分四部,然受四部之影響自可見,惟《地志》、《僞書》、《天主教》等目頗見新意,又將明代史籍文獻分《本朝制書》等六類置於最後,或爲謙益撰修明史之備。

現存《絳雲樓書目》多抄本,刻本惟《粤雅堂叢書》本而已,或分四卷,或分七十四卷。四卷本分卷或有不同,一般自《經總》至"地志"爲卷一,《子總》至《壬遁》爲卷二,《道

藏》至"國初文集"爲卷三,《文集總》至《雜記》爲卷四。劉喜海味經書屋抄本則以《騷賦》至《雜記》爲卷三,以《道藏》至《文集總》爲卷四,似有意調整,使明代史籍部分位置移前。又其《金石》類後增一《書畫》類,成七十四類,"本朝"皆改爲"明朝"。至將"明朝國紀"頂格抄寫,使書類、書名格式相淆,又改"明朝制書"爲"明朝制書實録"等等,則明顯手誤。

七十四卷本實以七十三類分卷,另有《補遺》一卷,合爲七十四,原藏上海郁松年宜稼堂,後轉入丁日昌持静齋。其《補遺》已由葉德輝刊入《觀古堂書目叢刊》。又有黄永年藏順治間抄原本,不避康熙玄燁之諱,亦不題《絳雲樓書目》,其書則分類九十,略顯雜亂,著録版本較一般抄本爲詳。

是目著録簡單,僅書名而已,間注册數,書名前或冠撰人姓名,偶及版本,而僅注宋元版,明版不注,蓋亦藏書家之簿記也。其間錯訛重出時見,惟其中收録明人著作甚多,兼有明前珍本秘笈,固爲可寶。

此本據國家圖書館藏清嘉慶二十五年劉氏味經書屋抄本影印。（李勤合）

錢遵王述古堂藏書目録十卷 （清）錢曾藏並撰（第 920 册）

錢曾（1629—1701）,字遵王,號也是翁,常熟（今江蘇常熟）人。牧齋族孫,爲牧齋注《初學》、《有學》二集。承絳雲樓餘緒,又與吴偉業、曹溶、毛晉父子等相往還,傳抄善本秘笈。生平所嗜,宋槧爲最,有藏書樓"也是園"、"述古堂"、"莪匪樓"三處。更著有《也是園藏書目》、《讀書敏求記》等。傳見《國朝耆獻類徵》卷四二七。

錢氏曾撰《也是園藏書目》,收録圖書三千八百餘種,然僅記書名、卷數,實圖書帳簿之册。是目收録圖書二千二百餘種,雖不及《也是園藏書目》之富,然亦有不見於其中

者。且著録較詳,依次記撰人姓名、書名、卷數、册數,間附雙行小字注記版本。版本注記詳贍,除"宋板"、"元板"、"抄"外,另有"高麗抄本"、"宋本影抄"、"宋板影抄"、"北宋本影抄"、"閣宋本抄"、"閣宋本影抄"、"閣本抄"、"内府抄本"、"元抄"、"北宋本校過"、"元本校過"、"牧翁批"等名目,乃成版刻目録而頗可貴。

是目蓋錢氏仿焦竑《國史經籍志》體例,參以己意而撰,自謂如甲乙帳簿,非成一家之書目也。書分十卷,多用一級類目,卷一題經、易、書、詩、春秋、禮、禮樂七類;卷二題易數、道學、韻學、六書、金石、書畫、小學、數術八類;卷三題史、雜史、傳記、編年、政刑、儀注、職官、科第、兵家、營造、姓氏、譜牒、年譜、雜編、女史、較書、外夷、釋部、仙傳、神二十類;卷四題國朝、地理總志、别志、輿圖、名勝、山志、遊覽、人物志、文獻、掌故、書目十一類;卷五題子、子雜、小説家、天文、占驗、六壬、太乙、奇門、軍占、曆法、形家十一類;卷六題醫書、本草、素問、難經脈訣、方、傷寒、針灸、女科、幼科、風科、眼科、外科、卜筮、星命、相法、藝術、文房、器玩、博古、農家、歲時、清賞、服食、花木、鳥獸二十五類;卷七題文集、詩集、疏諫、類書、詩話、四六、詞七類;卷八題佛藏一類;卷九題道藏、符籙二類;卷十題曲、古今雜劇、續編雜劇三類。共九十五類。所分類目或纖細入微,如醫家分有十二目,其中"風科"僅著録一種,而列爲一級類目;"佛藏"、"文集"、"詩集"亦列爲一級類目,殊嫌不當。

此本據國家圖書館藏清錢氏述古堂抄十卷本影印。原本當爲稿本,多有改動痕跡,如卷七《類書》類下有"鄭樵《通志》二百卷",上注"史",當是改入史類,此類尚有不少。是目流行抄本不分卷,伍崇曜曾刻入《粤雅堂叢書》,析卷爲四,分類七十八,較十卷本不同。（李勤合）

汲古閣珍藏秘本書目一卷　（清）毛扆藏並撰（第 920 冊）

毛扆（1640—約 1713），字斧季，常熟（今江蘇常熟）人，毛晉子，陸貽典婿。諸生。家學有自，工小學，尤精校勘，有名於時。行事略見《清史列傳·毛晉傳》所附。

毛扆繼承其父毛晉汲古閣藏書，續有增益，至六萬餘卷，《汲古閣珍藏秘本書目》所收乃其中善本。是目一卷，凡著錄圖書四百六十五種，二千餘本。依四部著錄，子部書偏多，又分題小說家、明朝人小說、天文、兵家、醫家等類。

是目之特點不在分類，而在著錄。其著錄以書名、本數爲主，或冠以"宋板"、"元板"、"宋抄"，版本具體情況多以小字注於書名之下，如"舊抄"、"綿紙朱砂格舊抄"、"綿紙紅格舊抄"、"綿紙從宋板抄"、"綿紙宋本影抄"、"宋板影寫"、"綿紙舊抄"、"元板精抄"、"叢書堂抄本"等等。

小注不僅注明版本，亦注作者、校勘情況，如《孔平仲說苑》六卷"下注："孔平仲，字毅父。"又如"《睽車志》五卷一本"下注："郭象，字次象。"他如"《此事難知》一本"下注云："綿紙舊抄本。與《東垣十書》中細校，大有不同，此爲至寶。""《能改齋漫錄》十六本"下則注："此書從內閣宋本抄出。內閣本原缺第二卷，今焦弱侯先生藏本完全者，以第一卷後半僞作第二卷，當以此本爲正。"凡此皆足資考證。

此本據國家圖書館藏清嘉慶五年黃氏士禮居刻本影印。又有嘉慶三年吾德寧抄本等。（李勤合）

季滄葦藏書目一卷　（清）季振宜藏（第 920 冊）

季振宜（1630—？），字詵兮，號滄葦，泰興（今江蘇泰興）人。順治四年（1647）進士，歷任浙江蘭谿知縣、刑部主事、浙江道御史、巡視河東鹽政等職。更著有《靜思堂詩稿》等，編有《唐詩》，爲康熙時所編《全唐詩》主要依據之一。《清史稿》有傳。

季氏好藏書，多得錢曾述古堂及毛晉汲古閣舊藏，所藏多宋元佳本。《季滄葦藏書目》即以其所藏宋板書目爲主體，是以首爲"延令宋板書目"（按延令爲泰興別稱）。是目著錄不論次第，經史子集錯雜，雜亂無章：易、尚書、禮、春秋之後，忽有莊、荀等子，又雜《文選》等集，次又有《資治通鑑》、《史記》等史，復又有諸子、史書、文集等。又如同爲《史記》，而"廿五本"、"廿四本"、"四十本"處置不同；《後漢書》在《前漢書》之前，《三國志》在《後漢書》之前，似隨手抄寫以爲帳簿也。

《延令宋板書目》後又有《宋元雜板書》，多注"宋刻"、"元板"、"抄本"等，亦有不注者，分爲經、史、古文選、韻書、子書、文集、詩集、類書、雜部、內典、儒書、醫書、方輿等類，亦有宋元後書雜入，如《大明一統志》九十卷、《高啓詩集》十八卷等。其後又有《崇禎曆書總目》、《經解目錄》兩目，不注版刻，當爲附目。

是書後歸黃丕烈氏，刻入《士禮居叢書》，正文每頁中縫題有"季目"二字。黃氏又借嘉定瞿木夫、海鹽黃椒升兩家藏本，互相校勘，撰爲案語，附於各條之下。案語中"瞿本"、"黃本"者，皆此類也，如"宋程秘《洛水集》廿六卷"下注："案：'秘'，瞿本'祕'；'洛'，瞿本'名'；'名'是'洺'之誤。黃本'洺'。"版刻之後，黃氏續有校語，則附於書後。

黃氏案語不特校其異同，亦注各書流向，於目錄類群書中獨樹一幟。如"宋刻《播芳文粹》"下注："案：此書今歸眠琴山館。"季氏藏書多流向士禮居，如"元禮部《吳師道集》二十卷"下注："案：此書是元刻，今歸士禮居。"又如"《黃山谷集》三十卷《後集》六卷"下注："案：此書《後集》今歸士禮居。"

此本據國家圖書館藏清嘉慶十年黃氏士禮

居刻本影印。又有《粵雅堂叢書》刻本等。
（李勤合）

傳是樓書目六卷 （清）徐乾學藏（第 920 冊）

徐乾學（1631—1694），字原一，號健庵，崑山（今江蘇崑山）人。康熙九年（1670）一甲三名進士，授編修，官至刑部尚書。曾充《清會典》、《大清一統志》副總裁，《明史》總裁官，編有《通志堂經解》，更著有《讀禮通考》、《澹園集》等。《清史稿》有傳。

乾學藏書甚富，多有毛晉、錢曾等家散出之書，建傳是樓以儲之，謂惟是可傳子孫也。《傳是樓書目》即爲其家藏書目，不分卷，按實際藏書排架順序編目，排架以千字文順序編號，自“天”字至“帝”字，每字一櫥，每櫥四格或五格，每格一著錄。此種目錄不僅可以查驗書目，亦便於檢索書籍。

因排架按四部分類次列，故書目實際亦基本按四部分類，各部細分子目，設類較詳，如史部分題正史、通史、編年記録、運曆等三十七類。詳細如此，實屬少見。其中或不免過於瑣碎者，如《祥異》類收書僅兩種。有些類目分至三級，亦有支離之處，如《子部·五行家》之《龜卜》、《夢占》均只收一種書。分類深入乃分類進步之表現，《傳是樓書目》細緻之分類雖爲排架之需要，亦足見當時學者對於分類法之探索。

是書存世抄本較多，嘉慶年間，劉喜海得問字堂畢氏抄本，至道光丙戌（1826）得查氏隱書樓抄本，別集嘉靖以下皆不全。逾年，復得葉氏平安館藏抄全本，乃抄爲六冊：自“天”至“月”字爲經部一冊，自“辰”至“調”字爲史部一冊，自“雲”至“水”字爲子部一冊，自“玉”至“珠”字爲集部一冊，自“野”至“重”字爲集部又一冊，自“麟”至“帝”字復爲史部，又一冊，即劉氏味經書屋抄本。此本據國家圖書館藏清道光八年劉氏味經書屋抄本影印。（李勤合）

四庫未收書提要五卷 （清）阮元撰（清）阮福編（第 921 冊）

阮元，有《疇人傳》等，已著録。

阮福，有《兩浙金石志補遺》，已著録。

《四庫全書》修成之後，阮元等人以爲有應收而未收之書，乃搜集進呈內府。每進一書，則仿《四庫提要》之式，隨奏提要一篇。參與編纂者有鮑廷博、何元錫等人，而元亦親加改定。後由元子福等收集得一百七十三篇，題曰《四庫未收書提要》，編入《揅經室外集》。

是書成諸名家衆手，亦解題目録中佳者。其體例仿《四庫提要》，先述撰人姓氏、傳記生平，繼論本書大旨，並考各書源流。於版本來源亦多交代明白，此爲《四庫提要》所少見者，如卷一包希魯《說文解字補義》提要載：“此書從至正刊本影寫。”又如卷四華佗《中藏經》提要載：“今吳中有趙孟頫手寫本，分上中下三卷。”

是書多得久佚之書，如華佗《中藏經》，載明正統《道藏缺經目録》，久不傳，而由阮氏發現。但亦有誤收之書，或考證失誤者，如卷一所收《嚴氏明理論》三卷，《後集》一卷，誤爲嚴器之撰，實爲成無己撰，蓋以所見非全本，又深信《宋史·藝文志》之說，致有此誤。又有已撰寫提要而未進呈者，如《元秘史》，具見嚴傑附識。

是書由阮福於道光二年（1822）編纂，分爲五卷，爲最初刻本。此本據南京圖書館藏清刻《揅經室外集》本影印。所憾者不依四部，經史雜陳，子集淆亂。至光緒八年（1882），傅以禮乃重加編次，分爲經、史、子、集四卷，並增提要一篇，改題《揅經室經進書録》。（李勤合）

八千卷樓書目二十卷 （清）丁丙藏（清）丁仁編（第 921 冊）

丁丙（1832—1899），字嘉魚，又字松生，晚號松存。錢塘（屬今浙江杭州）人。富有資財,喜藏書,曾助修文瀾閣,又於戰亂時主持振撫局、難民局、掩埋局、醫藥局等慈善事業。更著有《善本書室藏書志》、《庚辛泣杭録》等十餘種。生平見《續碑傳集》卷八一俞樾《丁君松生家傳》。

丁申、丁丙兄弟之祖父丁國典、父丁英皆好學嗜書,築"八千卷樓"以藏之,後毁於兵。申、丙兄弟復事收集,重建"八千卷樓",以藏四庫著録之書及欽定《圖書集成》、《全唐文》,又建"後八千卷樓"以貯四庫未著録者,"小八千卷樓"以儲宋元刊本及明刊、精抄精校之善本,是目即爲其藏書之總目。按孫峻書序乃丁丙"編目二十卷,命和甫孝廉録之",以丁丙爲主;羅矩書序則曰丁丙"命哲嗣和甫孝廉編纂書目",是以丁立中和甫爲主,稍有不同。

是目據《四庫總目》分類編次。經部三卷:卷一易、書;卷二詩、禮、春秋、孝經;卷三五經總義、四書、樂、小學。史部六卷:卷四正史、編年、紀事本末、別史、雜史、詔令奏議;卷五傳記、史鈔、載記、時令;卷六、卷七、卷八地理;卷九職官、政書、目録、史評。子部五卷:卷十儒家、兵家、法家、農家、醫家;卷十一天文演算法、術數、藝術;卷十二譜録、雜家;卷十三雜家、類書;卷十四小説家、釋家、道家。集部六卷:卷十五楚辭、別集;卷十六、卷十七、卷十八別集;卷十九總集;卷二十詩文評、詞曲。

是書之著録,以書名、卷數爲主,其下注撰人及版本。同書有多個版本,則悉注其下,甚便使用。如卷一"《周易本義》十二卷"下注:"宋朱子撰。元刊本;王陽明手寫本;日本刊本;明正統刊本;方氏覆咸淳本。"所憾失之簡略,各本間之區别未有反映,亦似藏書簿記也。全書以頂格著録《四庫總目》收入之書,低一格著録《四庫總目》附存之書,低兩格著録《四庫》未收之書,眉目清晰,既與其藏書佈局相應,亦便讀者省覽。作爲丁氏藏書總

覽,宜與《善本書室藏書志》合觀。

丁氏後家道衰落,不得已將藏書售於江南圖書館。爲志紀念,民國十二年(1923)由丁申孫丁仁將此目以仿宋聚珍版印行。此本據民國十二年鉛印本影印。影印本題丁仁撰,是誤以刻者爲撰者。(李勤合)

清代禁毁書目四種 (清) 姚覲元編 (第921 册)

姚覲元(?—1902),字彦侍,歸安(治今浙江湖州)人。道光二十三年(1843)舉人,後任四川川東道、廣東布政司。著有《大臺山房詩文集》等。傳見《昭代名人尺牘續集小傳》。

清乾隆時編《四庫全書》,寓禁於徵,凡有反滿抗清及於清不利言辭者或全書盡毁,或部分抽毁,或少量删改,爲此刊列禁毁書目,頒行全國,命各地將禁毁書列目上報,所毁之書三千種以上。至光緒初年,文網已弛,覲元收集各種禁毁書目,編成是書。據書末姚氏跋文,是編收録三本。其一爲"館本",前有《四庫》館總裁英廉乾隆四十七年奏本二道並上諭,奏本各頁中縫題《銷毁書目原奏》,下分二目:《全毁書目》與《抽毁書目》;姚氏所本爲其家藏。其二爲"浙本",前有乾隆五十三年浙江督撫覺羅瑣奏本,及浙江布政使司有關行文,内含《軍機處奏准全毁書目》、《軍機處奏准抽毁書目》、《浙江省查辦奏繳應毁書目》、《外省移咨應毁各種書目》四目,全本中縫均題《禁書總目》,據姚氏跋,知爲姚氏得吴文昇、章壽康、繆荃孫三家藏本互校刊定。其三可稱爲"豫本",乃覲元弟凱元由京師訪得,首録乾隆四十三年十一月初四日上諭一道,並有"河南布政使榮柱敬刊"題署,該本中縫均題《違礙書目》,内含《應繳違礙書籍各種名目》、《續奉應禁書目》二目。據以上種種,可知全書題稱"四種",當以館本"全毁"、"抽毁"二目爲二種,恐非姚氏本意。館、浙、豫三本所載録之時間不一,編刊

者之層級有異,故内容互有詳略,可參看以知乾隆三十九年至五十三年間禁燬圖書事件由中樞至地方之動向。三本所列群書,以時代論,大抵爲明中後葉至當時著作,唯《唐詩鼓吹》,爲元人郝天挺編撰,以後人許訂本有錢謙益序,而入抽燬之列;以部類論,史部、集部爲最,次則子部,經部極少,限於錢謙益、吕留良、艾南英等人所著。又《禁書總目・軍機處奏准抽燬書目》下附《應燬錢謙益著作書目》與屈大均、金堡、吕留良、王錫侯、徐述夔、卓長齡、戴移孝及子戴昆、孔繼汾、尹嘉銓、李清十二人專目,及《甘肅省續查出尹嘉銓著作各書》、《山西省續查出石刻詩文》、《專案查辦悖妄書目》。凡此皆有以見所禁所抽之重輕所在。

三本編次均不依四部,凡全燬書目,除少數外,僅羅列書名、撰人,甚或不著撰人;凡抽燬書目,則更附記抽燬内容及原因。二類外之附件,則偶有按語。各類之按語頗有史料價值。如《外省移咨應燬各種書目》中《古今小品》等書下注稱以上五種查有錢謙益、沈德潛序文,並列龔鼎孳、金堡諸人姓氏,應請抽燬;亦有述及作者生平資料者,可資參考,如《軍機處奏准全燬書目》中《張静生遺集》下,注稱明張纘撰,十卷前乃其祖張選遺文,係嘉靖初人,語無干礙云云;亦有注明書之異名者,頗便考鏡源流,如《軍機處奏准全燬書目》中《通鑑補要》注稱此即《歷朝捷録》改名。《昭代紀要》下注稱此即《明通紀》改名。

是書問世後又有鄧實編《補遺》、孫殿起撰《清代禁書知見録》。1957 年商務印書館出版《清代禁燬書目》,曾據吴文升小殘卷齋所藏傳抄足本,將姚氏書目中删節部分補足,又據别本補遺,故最爲完整。

此本據上海辭書出版社圖書館藏清光緒十年刻《咫進齋叢書》本影印。封面總題“清代禁燬書目四種”,有“杭州抱經堂書局印行”字樣。（李勤合）

禁燬書目不分卷　（第 921 册）

清乾隆時編《四庫全書》,對各地進呈之書有詞義違礙者加以銷燬。復擴大範圍,命各地繼續收繳查核進呈違礙書籍,軍機處派員檢核,開列略節清單,逐批上奏。此禁燬書目即當時各次上奏清單之抄本,共計十批。每批清單前原有軍機處奏摺,説明情况,今有缺。如第一批書有六十二種,三百九十二本,若計重複之本,則共有四千三百八十九本,另有零散卷數;第二批書六十八種,四百零二本,更有重複之本,共計一千二百七十二封又一百四十五本。每批數量不等,十批合計五百餘種。最後一批清單附有抽燬書目,與姚覲元《軍機處奏准抽燬書目》相同,其餘均爲全燬書目。全燬書目亦有與姚覲元編《禁燬書目》相同者,而均詳於彼。每書後皆將其中違礙字眼、干犯之處注出。

此目因係軍機處進呈之禁燬書清單,主要用於清點書目,説明銷燬原因,所以編次無序,僅列書名、本數。惟於略節内説明撰人及該書違礙之處,有外省已經檢出者,有軍機處復核檢出者,一併於略節中聲敍,可見當時文禁之嚴。所録圖書大多因使用於滿族清廷不敬之字眼而遭禁燬,其有違礙字句或憤激之辭、指斥之詞者更在所不免,如《陋軒詩》下注:“查《陋軒詩》係吴嘉紀撰,詩中詞多憤激,應請銷燬。”又如《續群書備考》下注:“查《續群書備考》係明袁儼撰,書中語有指斥,應請銷燬。”即使村塾蒙本、缺諱之筆亦不放過,皆在調查之列,如《鑒史便讀》下注:“查《鑒史便讀》係何敷五撰,乃村塾課蒙之本,原不成書。原序刻於康熙四十九年,而廟諱未經缺筆,殊爲悖妄,應請銷燬。”即使原書已作挖空處理,亦在禁燬之列,如《束雲鄉詩》、《蒿庵集》等書即是。

此本據國家圖書館分館藏清抄本影印。（李勤合）

書目答問四卷叢書目一卷別録一卷國朝著述諸家姓名略一卷　（清）張之洞撰（第 921 册）

張之洞，有《張文襄公奏議》等，已著録。

是書爲清末著名書目，撰於張氏督學四川時，以諸生問應讀何書，何本爲善，故作是書。所録之書，分經史子集叢五部，强調學有家法，實事求是，義例嚴謹，考證詳該，涉及實用，詩文名家，並於各書記其典要及所適之用。

是書於四部之下又設多層小類，如經部下分題"正經正注"、"列朝經注經説經本考證"、"小學"三類，《正經正注》類下又分題"合刻本"、"分刻本"、"諸經讀本"等。史部所立《古史》類，爲《四庫總目》所無。一類之中，以義例相近者使相比併，更敍時代，俾門徑秩然。又因叢書可賅群籍，搜殘存佚，故別立《叢書》一類。又附有《別録》一卷，所録分題"群書讀本"、"考訂初學各書"、"詞章初學各書"、"童蒙幼學各書"等。書末附有《國朝著述諸家姓名略》。

是目著録書名、卷數、撰人、版本，以小注説明。一書有多個適用本子，則一一列出。其版本選擇與一般鑒賞家大異，其所謂善本爲精校精刻本，以便學習，而非佞宋之類。凡無用者、空疏者、偏僻者、淆雜者不録；古書爲今書所包括者不録；注釋淺陋者、妄人刪改者、編刻訛謬者不録；古人書已無傳本而今人尚無刊行者不録；舊槧舊抄，偶一有之，而無從購求者不録。如《尚書》類下特注明："不知今古文之別者不録。"間有今人之書確有精義者，雖知難求，亦爲附録，蓋備人物色並望好事者刊行之，如"《尚書後案》三十卷"下注："周用錫《尚書證義》未見傳本；臧琳《尚書集解》一百二十卷，臧鏞堂補，未刊。"

凡類下多指明如何讀書，如《正史》類名下注："事實先以正史爲據。"《小學》類後注："此類各書，爲讀一切經史子集之鈐鍵。"書名下亦間或注明注意事項，如《一切經音義》、《華嚴音義》兩書下注："二書所引古書及字書古本甚多，可資考證，故國朝經師多取資焉，與彼教無與也。"

是書光緒二年（1876）初刻於四川，光緒五年王秉恩貴陽重刻，校改二百餘處，其後葉德輝、陳垣、李慈銘諸人均有訂正，尤以范希曾《書目答問補正》爲著名。此本據復旦大學圖書館藏清光緒刻本影印。（**李勤合**）

小學考五十卷　（清）謝啟昆撰（第 922 册）

謝啟昆，有《西魏書》等，已著録。

朱彝尊《經義考》，統考歷朝經義書目，於文字音韻訓詁之書，僅録《爾雅》二卷，餘皆不著録，謝氏因補之而撰作是書。蓋以訓詁、文字、聲韻者，體也；音義者，用也：體用具而後小學全，故於敕撰之外，分爲四類。凡五十卷，首二卷録敕撰之書，如《康熙字典》、《欽定音韻闡微》等；卷三至卷八録訓詁類書，則續《經義考》而著録《爾雅》之類，並推廣至於《方言》、《通俗文》之屬，收有自《爾雅》至清胡文英《吳下方言考》等著作；卷九至卷二十八録文字類書，著録《史籀》、《説文》之屬，收有自《史籀》至清江聲《六書説》等著作；卷二十九至卷四十四録聲韻類書，著録《聲類》、《切韻》之屬，收有自李登《聲類》至清戴震《轉語》等著作；卷四十五至卷五十録音義類書，著録訓讀經史百家之書，收有自王肅《周易音》至張敦頤《韓柳音釋》等著作。

是書體例仿朱氏《經義考》，每書詳載撰人姓名、書名、存佚及原序跋、各史著録、諸家評論之語，較朱氏之書更爲詳密。《經義考》引文多作"某人曰"，此則皆注明出處。引文之後，時加按語，介紹版本，考鏡源流，如卷十一徐鉉等《校定説文》按語歷數徐鉉、徐鍇、李燾等校本及王昶藏宋刊本、周錫瓚藏宋刊本、明葉石君所抄宋本、明趙靈均所抄宋本等。《經義考》於同時師友著作，並皆收入，此書則一律不收，而於按語中附及之，如卷四十四戴震《轉語》後按語："聲韻之學,今日爲盛,東原門下,有金壇段氏玉裁,著《六書音均表》五卷、《詩經韻譜》一卷、《群經韻譜》一卷、《漢讀考》六卷,皆不朽之作。"詳述清代音韻學之發展,直爲一代音韻學之史。其間又多有糾謬補偏,考證前人訛誤之處,如卷十四顏延之《纂要》下按語云:"《山東通志》有何承天《爾雅纂文》十卷、顏延之《爾雅纂要》一卷,即《纂文》、《纂要》二書,蓋其體侶《爾雅》,遂妄加二字於上也。"所按精義迭出,不可勝數。

是書亦有疏誤,如畢沅《釋名疏證》有楷字、篆字兩刻本,内容稍有不同,而篆字刻本爲定本,此書則祇收楷字本。其他收錄不全者亦或有之,後有黎經誥撰《許學考》以補其闕。

是書由啟昆子付梓而未及廣行,後其孫質卿於咸豐二年(1852)重又校刻,書前有錢大昕、姚鼐之序,並有錢大昕致謝氏函一通。另有自序一篇及蔣湘南重刊序。此本據浙江圖書館藏清咸豐二年謝質卿刻本影印。又有光緒戊子浙江書局本。(李勤合)

南濠居士文跋四卷　(明)都穆撰(第922册)

都穆(1459—1525),字玄敬,號南濠,吳縣(今屬江蘇蘇州)人。明弘治十二年(1499)進士。曾任禮部郎中,加太僕少卿。更著有《南濠詩話》、《西使記》、《寓意編》等書。生平略見《國朝獻徵錄》卷七二。

是書爲都氏題跋之彙編。前二卷錄書籍跋,四十五篇;卷三錄書法名跡題跋,三十二篇;卷四錄繪畫題跋,二十四篇。另有碑刻題跋兩卷,此祇存目,別題《金薤琳琅》行世。

都氏富藏書畫,頗多宋刻,亦有當代人著作。所題有家藏,亦有友人刊刻,經史子集無所不包而以集部居多。都氏又嘗奉使秦中,搜訪金石遺文,故見識廣博,所作題跋多有精審者,如卷二《通鑑綱目》跋語破朱子手筆之

舊説,而考定爲朱子發凡起例,門人執筆;卷二《諸子粹言》引《夷堅志》考證該書作者爲朱南功等,皆爲有功。

是書所題多當代作品,兼以都氏熟悉典故,故其題跋不僅爲藝術鑒賞之語,且多記作者生平逸事,足資考證。如卷三《吳文定公及第後謝恩表稿》跋語云:"成化壬辰科進士凡二百五十人,而狀元爲吾鄉吳文定公。故事,狀元宴禮部,受冠服之後,當率諸進士上表謝恩,此則公所作表稿而藏於其子中書舍人奭。公領鄉薦時名列第三,是科會試第一,及廷試復登榜首,入翰林爲修撰,至學士,進大宗伯,專典内制,天下之人無不知有公者。"又如卷四《陶氏畫册》跋語:"嘗記弘治己未秋,予以進士寓大興隆寺,(陶)孟學嘗一顧我。時爲客留飲他僧之室,孟學候久之,意予歸遲,遂拂衣去。蓋其爲人縱放,頗負奇氣,賦詩作字,皆清美可觀,不特畫也。"

此本據國家圖書館藏明刻本影印。又有清知不足齋抄本。(李勤合)

紅雨樓題跋二卷　(明)徐𤊹撰(第923册)

徐𤊹,有《榕陰新檢》,已著錄。

據是書卷上所收《紅雨樓藏書目敘》與鄭杰序,徐氏藏書可五萬三千餘卷,自編書目四卷,多有題跋。順治十六年(1659)林佶自徐氏《紅雨樓集》中錄出題跋一百四十餘條,僅有抄本,流傳不廣。嘉慶三年(1798)鄭杰由所得徐氏藏書中重又抄輯,得序跋八十四篇。書首鄭杰序題曰《紅雨樓題跋初編小序》,與書名小異,核之篇目,所云"初編"當爲至古樂府爲止前六十篇,以下則以三"又"字領起,錄《神交篇》以下二十四篇,當爲初編後復得續錄者,至林佶所編,鄭氏當未得見。

是書分作上下兩卷,有題書籍者,有題書畫者,有題碑文者。筆致清新似小品,亦多可寶者。如卷上《武林舊事》跋語考證是書作者爲周密。又如卷下《雅宜山人集》跋語記撰

人王寵初生平，足資考證，有云："王寵初，字履仁，後更履吉。凡八試不第，以年資貢禮部，入太學。讀石湖二十年，手寫經書，皆一再過。少學於蔡羽，與兄履約，少同筆硯，未嘗少離。生於弘治甲寅，卒於嘉靖癸巳，享年四十。娶徐氏，生一子，名子陽，太學生，娶唐寅女，文徵明志其墓。"

其間亦有記當代人逸事者，可資考證者，如卷上《六書正義綱領》跋語記徐氏與是書作者吳敬甫交往；或記藏書苦樂，堪爲佳話，如卷上《丁鶴年詩》跋語云："萬曆戊戌歲，偶得寒疾，乍起櫛沐，體猶委頓。忽有持《丁鶴年詩》來售，余捐藥債購之，據床吟誦一過，倏然病已，因記之。"

此本據國家圖書館藏清嘉慶三年鄭杰刻本影印。又有繆荃孫《重編紅雨樓題跋》，則集林、鄭兩本而重爲編次，上卷爲書籍，下卷爲碑帖書畫，收入清宣統二年（1910）《峭帆樓叢書》。（李勤合）

讀書敏求記四卷　（清）錢曾撰（第 923 冊）

錢曾，有《述古堂藏書目錄》，已著錄。

錢氏家富藏書，更有《也是園藏書目》、《述古堂書目》等，此書依四部，分作四卷。卷一經部題經、禮樂、字學、韻書、書、數書、小學七類；卷二史部題史、時令、器用、食經、種藝、豢養、傳記、譜牒、科第、地理輿圖、別志十一類；卷三子部題子、雜家、農家、兵家、天文、五行、六壬、太乙、奇門、曆法、卜筮、星命、相法、宅經、葬書、醫家、針灸、本草方書、傷寒、攝生、藝術、類家二十二類；卷四集部題集、詩集、總集、詩文評、詞五類。其分類大小或可斟酌，如史部將正史、編年、雜史等歸爲一類而不細分，而所題傳記、器用、食經、種藝、豢養等反自成一類；子部所題卜筮、星命、相法、宅經、葬書及醫家、針灸、本草方書、傷寒皆作一類而過細，所題宅經、曆法則皆收書一種。

是目著錄詳細，大過《也是園藏書目》、《述古堂書目》。書名、卷數之下，多有題跋之語，或寥寥數語。如卷一蘇東坡《易解》九卷下僅云："明初人抄本，繕寫極精好。"又如卷四《後邨詩話》等僅注作者而已。或發議論，如卷三《顏氏家訓》下論秦火後書亡云："嗟嗟，秦火之後書亡有二，其毒甚於祖龍之炬。一則宋時之經解。逞私說，馮臆見，專門理學，人自名家，漢唐以來諸大儒之訓詁注疏，一概漫置不省，經學幾幾乎滅熄矣。二則明朝之帖括。自制義之業盛行，士子專攻此以取榮名利祿，五經旁訓之外何從？又有九經、十三經，而況四庫書籍乎？三百年來士大夫劃肚無書，撑腸少字，皆制義誤之，可爲痛哭者也。"藏書家發此議論者幾希，而曾爲其一。

論者或以爲此爲錢氏家藏善本書目，然其中所載至有僞書，如卷三《白猿經》一卷下注曰："此僞書也，不必存之。"是錢氏自知僞書，豈善本耶？又有多本僅錄撰人而已，不明何本，焉知俱是善本？今有抄本題曰《述古堂藏書目錄題詞》，或近其實。唯其中多論版本之語，蓋版本鑒賞家之語也。如上引卷三《顏氏家訓》七卷下跋語續云："是書爲宋人名筆所錄，淳熙七年嘉興沈揆取閣本、蜀本互爲參定，又從天台故參知政事謝公所校五代和凝本，辨析精當，後列考證二十三條爲一卷。沈君學識不凡，讎勘此書，當時稱爲善本。兼之繕寫精妙，古香襲人，置之几案，真奇寶也。"其間又有論藏本之闕全、授受源流、祖本子本、版式、行款、字體、字墨等等，影響至遠。

是書所收之書一說六百一種，一說六百三十四種，蓋錢氏書成之後續有所增。流傳甚廣，抄本外，有雍正四年吳興趙孟升松雪齋刻本，後又有雍正六年濮梁延古堂印本，與雍正四年本並無不同。其他尚有乾隆十年嘉興雙桂草堂本、道光五年《文選樓叢書》本、章鈺《錢遵王讀書敏求記校正》本等。此本據國

家圖書館藏雍正六年濮梁延古堂刻本影印,其中有清吳志忠録黃丕烈批校,周星詒批註並跋、蔣鳳藻、陸心源等人批註。（李勤合）

經籍考不分卷 （清）盧文弨撰（第923册）

盧文弨,有《讀史札記》等,已著録。

是書不分卷,以時代爲次,分題明、宋、元（附金一種）三部分,著録三朝經籍,各代大致以《易》、《書》、《詩》、《禮》、《春秋》、《四書》爲次。凡收經部書籍一百五十七種,其中明代,《易》類書籍四十七種、《書》類三種、《詩》類十九種、《經總》類一種、《禮》類六種;宋代,《詩》類九種、《爾雅》類一種、《禮》類一種、《春秋》類十二種、《四書》類十種;元代,《易》類十一種、《禮》類一種、《經總》類一種、《春秋》類二十一種、《四書》類十三種。另,明代雜有清陸隴其《讀禮志疑》一部,然著録不全,當爲誤收。

是書少見著録,其體例略仿朱彝尊《經義考》。著録書名、卷數,他書著録有不同者則注於下。其下乃著録撰人時代、籍貫、姓名、字號等,然後詳録該書序跋,間引他書有關考證者,如宋真德秀《大學衍義》後著録明宣德時陳祚上書請進、嘉靖六年（1527）御賜重刊及陸容之評語。亦有僅著撰人而無序跋者。

其間又有冠"輔"名按語者多處,其中一處作"元輔",皆低格撰寫。此當爲盧氏引陸元輔之語以爲考證,不當低格書寫,蓋抄工之誤也。全篇冠"文弨"之按語者僅兩條,即明高攀龍《周易孔義》下云:"《明史》又有《大易易簡説》三卷。"明董斯張《補王伯厚詩考》下云:"謂'以其議非而正之'是李善語,不當並引。""文弨"二字蓋抄工增之,盧氏自己恐未注明,蓋全書非止兩條,如明吳桂森《周易像象》末云:"此書在燕京從董孝廉德其處借觀抄本。"此必盧氏按語,而未冠文弨之名。

然此書盧氏按語終究不多,且多不關考證,

似未曾用力,或爲未完之稿也,或爲補朱氏《經義考》而撰。如明王樵《尚書日記》下不録王樵自序而録于明照序,後按語云:"樵自序見《經義考》,又有李維楨一序,殆其初刻,此于明照校閲者,乃後刻定本也。"又明唐樞《周禮因論》後按語云:"此書載《經義考》而無序跋,故補録於此。"又宋黃度《周禮説》下録葉適序,末云:"按,《宋史》本傳:度志在經世,而以學爲本,作《詩書周禮説》。今朱氏作《經義考》,失載此序,見《水東日記》,録之。"以上各條,皆可爲證。

此本據北京大學圖書館藏清抄本影印。（李勤合）

平津館鑒藏書籍記三卷補遺一卷續編一卷
（清）孫星衍撰（第923册）

孫星衍,有《（嘉慶）松江府志》等,已著録。

孫氏富藏書,爲宦他方,則攜須用書籍相隨,暇時與名士相參校訂撰述。及官外臺,歲秩優厚,頗購善本及内府未收之書,而有仿阮元采進四庫遺書之意。因恐後人無從稽核,故爲此《鑒藏書籍記》,後又取家中所藏舊版可觀者爲續編。

孫氏既重版刻,是書乃以宋版、元版、明版、舊影寫本、影寫本、外藩本爲次,卷一録宋、元版;卷二録明版;卷三録影寫本及藩本。《補遺》、《續編》則各類均有。凡收書三百餘部。

是目著録内容整齊,書名、卷數下皆爲解題,解題按撰人題名、序跋、版式、收藏圖印順序著録,内容詳實,俾人見目如見書,鑿鑿可考。有與他録不同者,皆一一辨析,如卷一《駱賓王文集》解題云:"前有《唐書》本傳,明刻《駱集》有四卷、六卷、八卷之本,此本乃元時所刻,與晁氏《讀書志》、陳氏《書録解題》卷數相同。據《書録解題》,卷首有魯國邾雲卿序,而此本無之。"雖印章亦爲詳考,辨別真僞,如卷二明版《中華古今注》下云:"據左圭自序,宋時有刊本,此本驗其板樣,當是明人所刊","收藏有'元美'白文方印,又有'文氏天祥'白文方印,是書賈偽作。"其宋、元版中有後補刊頁,亦詳爲注明。如卷一元版《玉海》下解題云:"每葉廿行,行廿字。《玉海》原板藏江寧府學,近年始毀於火,據乾隆五十六年補板印本,元板僅見一二。此本雖亦有正德二年、嘉靖庚戌至丁巳補葉,以視近世行本,真不啻天淵之隔矣。"

此書多得洪頤煊協助,洪氏考證之辭作爲注釋,附於此書,增色不少。其間多有版本考訂,如卷二明版《墨子》解題列其篇目亡佚後云:"洪頤煊曰:《書錄解題》稱《漢志》七十一篇,《館閣書目》有十五卷六十一篇者,多訛脱不相聯屬。是無題十篇,宋本已缺,有題八篇缺,當在宋本後。"

此本據國家圖書館藏清道光二十年陳宗彝獨抱廬刻本影印。又有光緒六年會稽章氏刻《式訓堂叢書》本、光緒十二年德化李氏《木犀軒叢書》本、光緒三十年吳縣朱紀榮《校經山房叢書》本等。(李勤合)

經籍跋文不分卷　(清)陳鱣撰(第923冊)

陳鱣(1753—1817),字仲魚,號簡莊,海寧(今浙江海寧)人。嘉慶三年(1798)舉人,精研文字訓詁,長於校勘輯佚,富藏書。更著有《續唐文》、《論語古義》、《簡莊文鈔》等。傳見《碑傳集補》卷四八、《清史列傳》卷六九。

陳氏與錢大昕等人交善,專心訓詁之學,校勘宋刻,考證異同。晚客吳門,與黃丕烈互攜宋鈔元刻,往復易校,校畢即爲一跋。晚年手自寫定,凡十九篇,皆經部著作,此吳騫序言所謂強於記誦而專意於經學者也。除元板一篇外,餘俱宋板:《易》類三部,爲宋本《周易注疏》、宋本《周易集解》、宋本《周易本義》;《書》類兩部,爲宋本《尚書孔傳》、宋本《書集傳》;《詩》類兩部,爲宋本《毛詩》、元本《毛詩注疏》;《禮》類五部,爲宋本《周禮注》、宋本

《儀禮注》、宋本《禮記注》、宋本《禮記注疏》、宋本《禮記集説》;《春秋》類兩部,爲宋本《春秋經傳集解》、宋本《穀梁傳單行疏》;《論語》、《孝經》、《爾雅》、《孟子》、《四書》各類均一部,爲宋本《論語音義》、宋本《孝經注》、宋本《爾雅疏》、宋本《孟子音義》、宋本《四書》。

是書跋文旨在疏其異同,兼記刊版之年月,册籍之款式,收藏之印記,足見陳氏之浩博而精審。如《宋版周易注疏跋》,先羅列孔穎達《周易正義序》、《新唐書·藝文志》、《郡齋讀書志》、《直齋書錄解題》、《館閣書目》、《舊唐書·經籍志》等記錄異同,以辨是書本十三卷,兼《略例》爲十四卷,十卷本乃妄人所併;復稱經注與疏合刊起於南北宋之際;本書附刻音義又在慶元以後,更論正德本、閩本、監本、毛本及十行本、九行本、八行本等不同;又就書中避諱字考論版刻時間,以宋本校今本脱誤多處,考論精賅,令人歎止。

限於時代條件,亦有考證不確者,如《宋本四書跋》云未詳泳澤書院何地,而不知泳澤書院在浙江上虞,建於元代(前)至元間。

是書有《別下齋叢書》初刻本。此本據湖北省圖書館藏清光緒四年成都葉氏龍眠山房刻本影印,書後有管庭芬、許洪喬跋。(李勤合)

百宋一廛書錄一卷　(清)黃丕烈撰(第923冊)

黃丕烈(1763—1825),字紹武,號蕘圃,又號復翁、抱守主人、士禮居主人、佞宋主人等,長洲(今屬江蘇蘇州)人。乾隆五十三年(1788)舉人,嘉慶時爲六部主事,旋棄官回鄉,著述終老。其所撰藏書題跋由後人輯爲《士禮居藏書題跋記》、《蕘圃藏書題識》等行世,並刊刻《士禮居叢書》。傳見《清史列傳》卷七二。

黃氏藏書,尤嗜宋刻,是以有"佞宋主人"

之號,專築一室以藏宋本,名曰"百宋一廛",是書即百宋一廛室所藏宋本書録。據書前黄氏自序,知其欲仿宋人晁、陳兩家例,輯録一書,繫以題識,名曰《所見古書録》。因故遷延未成,乃就宋本書先成簿記,謂之《百宋一廛書録》。

書目專記宋本,自季滄葦《延令宋版書目》始,惟季《目》又與其他書目合刊。是書所收宋本書雖完缺各半,然皆世所罕秘者,非特時刻惡抄未可同日而語,即影寫宋本亦不能附驥以行。書衹一卷,不標類目,暗依四部編次,一書異本,分別著録。如《後漢書》一書,即著録十六行十六字本、二十行十八字本、二十行二十字本等五部。書名單獨一行,另行起撰爲提要。其提要撰寫體例統一,不似黄氏題跋,較爲隨意。大抵先以行款、字體、目録、題名、序跋、牌記、藏章印記等鑒別其刊刻時代、刊刻人、刊刻地或抄寫時代、流傳情況,然後敍述卷帙完缺、補佚、校勘情況,品評版本高下。其校勘諸本,多能從文本出發,非一般藏書家不讀書可比也,如《中興館閣録續録》下論顧抱沖家所藏影宋本與宋刻本有數葉混裝,殊爲謬妄,即以兩本前後字句不聯、內容有誤爲證。

黄氏佞宋而不惟宋,其提要多有遠見卓識,發人之所未見。如《通鑑釋文》下云"宋刻之有用者,史部亦在所急,非第以舊本爲珍",則以珍本之外有有用之急也。又如《皇朝編年備要》下引《潛研堂文集》之跋後云"此又可備宋代職官考,故並著之於此",則於版本校勘之外留心職官世務也。

是書成於嘉慶八年(1803)六月,不入《士禮居叢書》。其首次刊刻,爲民國初年吳興張鈞衡《適園叢書》本。此本據國家圖書館藏清勞格抄本影印,有殘缺。黄氏又有《百宋一廛賦注》,亦記其所藏宋本書,惟較此爲略。(李勤合)

士禮居藏書題跋記六卷　(清)　黄丕烈撰 (第923册)

黄丕烈,有《百宋一廛書録》,已著録。

黄氏藏書多得自毛氏汲古閣、錢氏絳雲樓等著名藏書家,所藏既富且精,名重一時。黄氏又長於校勘,每得一書,必反復鑒賞,題跋一過。自二十八歲爲《大戴禮記》作跋始,數十年持之以恒,甚至一書多跋,一題再題,多至五跋。所作題跋,精於鑒別,兼擅文辭,世稱"黄跋"。

是書六卷,卷一録經部書籍題跋十四篇,卷二録史部書籍題跋六十三篇,卷三、卷四録子部書籍題跋一百七篇,卷五、卷六録集部書籍題跋一百五十七篇,凡收黄氏題跋三百四十一篇,多宋元舊刻或著名校本、抄本,爲黄氏藏書之精華。

黄氏擅長版本鑒別,所見亦廣,論述版本文字尤多,諸如宋版、元版之別,初刻、覆刻、手抄本之異,均極寶貴。或利用刻工印記、紙張、字體、行格、避諱、體例以及前人記載審定版本,或用相同之書一一對勘,蛛絲馬跡亦不略過。如卷三北宋本《新序》嘉慶辛酉秋九月跋語云:"他遇宋諱如殷、如竟、如完、如構,皆未缺筆,每葉上填大小字數,下注刻工姓名,皆與餘本異,雖行款悉同,而字形活變,不能斬方。彼此相較,真如優孟衣冠矣。始知宋刻本一翻雕而神氣已失,不必在異代也。"又如卷三北宋本《説苑》下跋語,比較北宋原版與咸淳重刊本異同;舉卷六《陽虎得罪》條"非桃李也"四字爲例,以論書之初刻重刊之別,原版與修版之殊,均極精細。

題跋亦記藏書之經歷,如卷三殘宋本《普濟方》跋語述黄氏葬兒嫁女,入不敷出,幾幾乎坐卧不寧,因書買索值過高而無力購買此書,後念念不忘,終以番餅貼以他書方得之。諸如此類,書中多有之,蓋繆荃孫所謂文筆雖多蕪累,而溺古佞宋之趣,時流溢於行間者也。

是書亦保存有毛晉、毛扆、錢曾、何焯、錢大昕、孫星衍、鮑廷博、顧廣圻、陳鱣、潘耒多人題跋，頗有僅見者。如卷三北宋本《新序》所載嘉興金錫爵跋，其中有云蕘圃墨守初刻，必以不同初刻者即爲誤，頗發人深省。

黄氏殁後，其題跋方由後人結集刊行。清光緒十年（1884）吴縣潘祖蔭輯刻《士禮居藏書題跋記》六卷爲最早，後又有江標刻繆荃孫輯《士禮居藏書題跋記續》二卷、鄧秋湄刻繆荃孫輯《士禮居藏書題跋再續記》二卷、金陵書局刊繆荃孫等輯《蕘圃藏書題識》十卷、《蕘圃刻書題識》一卷、李文裿輯《士禮居藏書題跋補録》、王大隆輯《蕘圃藏書題識續録》四卷、《蕘圃藏書題識再續録》三卷等。

此本據清光緒十年潘祖蔭滂喜齋刻本影印。（李勤合）

鄭堂讀書記七十一卷　（清）周中孚撰（第924—925 册）

周中孚（1768—1831），字信之，又字鄭堂，烏程（治今浙江湖州）人。嘉慶六年（1801）拔貢，官奉化教諭。善目録學。更著有《孝經集解》、《逸周書注補正》、《鄭堂札記》等多種。生平略見書前戴望《外王父周先生述》，又見《續碑傳集》卷七二。

周氏曾爲上海藏書家李筠嘉編《慈雲樓藏書志》八十卷，《鄭記》實脱胎於《慈雲樓藏書志》，然編中增入周氏自藏之書或自别家過録之書。《鄭記》稿本周氏生前未刊刻，去世後多次易手，幾經輾轉，後爲吴興劉承幹所得，僅殘存七十一卷：卷一至卷十四爲經部，分題孝經、經總義、禮、樂、詩、書、春秋、四書、小學等類；卷十五至卷三十五爲史部，分題正史、編年、紀事本末、别史、雜史、詔令、奏議、傳記、史鈔、載記、時令、職官、政事、政書、律書、目録、史評各類；卷三十六至卷六十九爲子部，分題儒家、兵家、法家、農家、醫家、天算、術數、藝術、語録、雜家、類書、小説家、釋家、道家；卷七十至卷七十一爲集部，僅存别集一類。民國十年（1921）劉氏將其刻入《吴興叢書》。

是書著録嚴整有序，每書書名卷數下小字注版本，另行爲解題。解題以撰人姓名及其小傳始。《四庫全書》如有著録，則注明，並記歷代主要書目著録情況。更節録原書序跋，參以己意，略述書旨，品評得失，或有文字校勘，則隨文記録。末尾歷數序跋及藏書題記等等。其著録取法《四庫全書提要》而有所變通，如《四庫提要》一般於書名下祇注記"某家藏本"、"某處采進本"，提要中亦少涉及版本。是書則書名下必記版本，如《禮記章義》十卷，注"寅清樓刊本"，《月令氣候圖説》一卷，注"函海本"，《三禮目録》一卷，注"拜經堂刊本"等等，均極明瞭。惟是書著録版本多非宋元珍本，故討論版本校勘甚少，間亦有論及，如卷一文淵閣傳寫本《御注孝經》一卷下提要云："是書順治中雖曾鏤板印行，而民間流傳甚少。朱彝尊從禮部尚書杜臻得見寶藏，謹録之，以弁《經義考》之首。是本從文瀾閣寫本恭録，前有提要一篇，與曹氏刊本所載全然各别，此當屬館臣初擬本，後復别爲撰定云。"

是書最大價值在於補續《四庫全書總目》之未及，概有三端：其一，是書所録，凡四千餘種，多有《總目》未收之書，據統計，《鄭記》所收未見於《總目》者一千五百九十二種，其中清人著作九百餘種，如段玉裁《經韻樓集》等；其二，録《總目》已收但缺略不全之書，如明鄭麟趾《高麗史》一百三十九卷，《總目》作二卷；其三爲收入《總目》未收之版本，如《鄭記》收唐寫本《大唐郊祀録》等，《總目》闕收。周氏以一己之力，撰此巨著，考證精詳未必勝過《四庫總目提要》，然亦有精彩者，故被視爲《四庫全書提要》之續篇。如卷二十二《鄭端簡公年譜》，解述該書之演變，又據書末馮皋謨後序考證此書編次者爲姑蘇錢景山，論定者爲鄭端簡之子鄭叔初。又如卷四十一《難經真本說約》,解考證是書爲明李敬僞託之本等等。

此本據上海辭書出版社圖書館藏民國十年劉氏嘉業堂刻《吳興叢書》本影印,劉氏間有注釋,則冠以"承幹案"。後商務印書館從《慈雲樓藏書志》殘本又輯得佚文若干,成《補遺》三十卷,可參看。(李勤合)

愛日精廬藏書志三十六卷續志四卷　(清)張金吾撰 (第925冊)

張金吾(1787—1829),字慎旃,號月霄,昭文(今屬江蘇常熟)人。道光諸生,補博士弟子員,嘗赴省試,未售即棄去,一生篤志藏書,乃成藏書大家。更著有《金文最》等。傳見《碑傳集補》卷四八。

是志卷一至卷七爲經部,分題易、書、詩、禮、春秋、孝經、五經總義、四書、樂、小學各類;卷八至卷二十爲史部,分題正史、編年、紀事本末、別史、雜史、詔令奏議、傳記、載記、地理、職官、政書、目錄、史評等類;卷二十一至卷二十八爲子部,分題儒家、兵家、法家、醫家、天文算法、術數、藝術、譜錄、雜家、類書、小說、釋家、道家等類;卷二十九至卷三十六爲集部,分題楚辭、別集、總集、詩文評、樂府等類,共三十六卷。又有《續志》四卷,經、史、子、集各一卷。

是書雖曰藏書志,然所著錄,要爲宋元舊槧及鈔帙之有關實學而世鮮傳本者,其習見之書概不登錄,明以後書籍,收羅較易,僅擇其尤秘者間錄數種,餘俱從略,非一般藏書家全面登錄入藏圖書之目錄也。又以闡明經訓、考證古今爲宗旨,不以百氏雜學爲重,故經、史兩門收錄較備。別集爲古人精神所萃,亦兼收並采,不名一格。至若藝術、譜錄、九流、小說以及二氏類書,則擇其稍古而近理者略存數種,以備家數。

是書著錄內容謹嚴有序,書名、卷數之下記

注版本,另行著錄撰人時代、姓名。張氏尊崇《四庫提要》,凡《四庫》已著錄者不置一詞,否則略附解題,以識流別,醫家則以未曾究心而闕如。其解題不拘一格,本泛釋無義之例,或僅記書之完闕,如卷二十四抄本《文房四譜》下云:"卷一'列仙傳'條下脫四十二條,卷二'毛穎傳'下脫魏傅公《選筆銘》,卷三'張彭祖'條下脫九條,餘闕文訛字約有二百八十餘處。"或記版本題識,寥寥數字,如卷三十一《翠微先生南征錄》下云:"板心有汲古閣三字。"或有評論,亦極簡略,如卷三十一《翠微先生北征錄》下僅云:"皆兵家言。"亦有評論考證者,如卷二十四《白虎通德論》下解題以無名氏跋即劉平父撰,又以劉氏不輕改古文爲篤信好古,謹慎不苟。又如《續志》卷二《資治通鑑綱目》下考證云:"有建安宋慈惠父校勘一行。案,宋慈惠父即編《提刑洗冤集錄》者,蓋淳祐間人也。又案,《咸淳毗陵志》卷八'秩官門'有宋慈,亦當淳祐時,未知即此人否?"

其所載序跋,尤極有識,除個例外斷至元止,又凡世有刊本或載於集中者,以及經部之見於《經義考》、《小學考》,唐文之見於《全唐文》者,只著明某某序跋,而不錄全文,餘則備載全文。

是書初爲四卷,有嘉慶二十五年活字本。後續有增編至三十六卷,復有《續志》四卷,乃成今本,有道光七年自刊本。此本據華東師範大學圖書館藏光緒十三年吳縣靈芬閣集字版校印本影印。(李勤合)

曝書雜記三卷　(清)錢泰吉撰 (第926冊)

錢泰吉(1791—1863),字輔宜,號警石,又號深廬,嘉興(今浙江嘉興)人。以廩貢生官海寧訓導近三十年,後主講海寧安瀾書院。喜藏書,室曰"冷齋"。更著有《甘泉鄉人詩文稿》、《海昌備志》等。《清史稿》有附傳,又見《續碑傳集》卷七九曾國藩《錢君墓表》。

古人藏書，爲防受潮、蟲蛀，有曝書之法，本書即錢氏夏日曝書，隨筆寫録之作，凡得筆記百餘則，分作兩卷，亦即管庭芬所謂説部之創格、著録之變體也。

是書收録内容廣泛，雜記古今群籍，不拘一格。如"十三經字數"條記乾隆石經字數與鄭耕老所記之多寡，其意實在勉勵後學，雖中人以下，祇要堅持讀書，定能有成。又如卷二"拙老人寫十三經"、"記所見喜抄舊籍人"亦此類。他如"《明文在》"條評論明文總集，自程敏政《文衡》至黃梨洲《明文案》、《明文海》、黃百家《明文授讀》等，而最愛薛氏《明文在》，以其書閲十五年而始成，明潔爲主，於僞體區別甚嚴，欲觀唐、宋、元、明之文者，以《文在》繼姚氏、呂氏、蘇氏之後，庶幾塗轍不謬。又如"郭氏汗簡"條記朱彝尊喜勸人刻字書，又云字學當以《説文》爲宗，古文奇字聊廣聞見則可，若好奇成癖，亦是一病。錢大昕《潛研堂文集》卷二十七《跋汗簡》嘗論《汗簡》灼然可信者，俱出於《説文》，其他偏旁詭異不合者，固未敢深信也。泰吉舉此以爲可法。

其他考證精義亦復不少，如"鄭康成戒子書衍字"條引陳仲魚《元本後漢書跋》、《金石萃編》所載史氏碑文及阮元《山左金石志》之碑跋證原書無"不"字，阮元最初之文見於《小滄浪筆談》卷四，亦見載於《山左金石志》，後又撰定其文，題曰《金承安重刻唐萬歲通天史承節撰後漢大司農鄭碑跋》，收入《揅經室二集》卷七，謂自錢氏此篇出，而後四方學者，益知碑文石刻，大有益於考史也。其他如"宋刻漢書殘本"、"拜經樓宋本漢書"等條，記宋本《漢書》之完闕，校勘文字同異，皆足資參考。

尚有記載書籍之成書經過、學術淵源、内容要旨、版本優劣、校勘異同以及藏書掌故等等，如"海昌郭棐忱所録詩評"、"蘇詩評本"等條記郭夢元生平及朱彝尊、查初白之關係，

多藉以考見姓名行事，頗多參考價值。

此本據華東師範大學圖書館藏清道光十九年《別下齋叢書》本影印。又有清光緒六年《式訓堂叢書》本，三卷，係增補錢氏咸豐以後所記而成，商務印書館《叢書集成初編》本即據《式訓堂叢書》重排。更有光緒三十年孫黻槐廬家塾《校經山房叢書》本。（李勤合）

鐵琴銅劍樓藏書目録二十四卷　（清）瞿鏞撰（第 926 册）

瞿鏞（1794—1846），字子雍，常熟（今江蘇常熟）人。道光十八年（1838）歲貢生，官寶山縣訓導。藏書逾十萬卷。更著有《續海虞文苑》、《鐵琴銅劍樓詞草》、《集古印譜》等。生平略見《（同治）蘇州府志》卷一〇二。

瞿氏藏書樓原名恬裕齋，後因得鐵琴、銅劍，故改爲鐵琴銅劍樓。其藏書目經鏞手訂，先爲《恬裕齋藏書記》，後經擴充，成《鐵琴銅劍樓藏書目録》二十四卷。是目編次門類，一依《四庫全書總目》之例。卷一至卷七爲經部，分題易、書、詩、禮、春秋、孝經、五經總義、四書、樂、小學十類；卷八至卷十二爲史部，分題正史、編年、紀事本末、別史、雜史、詔令奏議、傳記、史鈔、載記、時令、地理、職官、政書、目録、史評十五類；卷十三至卷十八爲子部，分題儒家、兵家、法家、農家、醫家、天文算法、術數、藝術、譜録、雜家、類書、小説家、釋家、道家十四類；卷十九至卷二十四爲集部，分題楚辭、別集、總集、詩文評、詞曲五類：共四十四類。更設有三級類目。計收録圖書一千一百九十四種，其中宋刻一百七十三種、金刻四種、元刻一百八十四種、明刻二百七十五種、鈔本四百九十種、校本六十一種，其他七種。

是書所録，以元人著述爲斷，蓋明清人著述，原擬爲續編。每書之下皆注明版本，然後爲提要。提要記卷帙存缺、行幅字數、序跋印記，尤重板本異同，校正俗刻、舛僞、脱失。如

卷一宋刊本《周易》十卷,將其經文與通行本、相臺岳氏本比勘。又如宋刊本《周易兼義》九卷之下,則以此本與阮元南昌府學重刊宋本及瞿氏家藏宋單注本、宋八行注疏本及校勘記所引岳本、錢本比勘,並附長篇校勘記於後。王欣夫以此條及《左傳注疏》十行本、《穀梁注疏》宋監本,各附校勘記,體例極善,謂爲創例。

《恬裕齋藏書記》原有《例言》一篇,不載於是目,其中有言書之本末已詳《四庫總目提要》者,不復贅述;間有前人未及發明,或偶然筆誤者,則略舉一二,以備參考;書有後出未經采入《四庫》者,略著原委,以備後人訪求,不致湮沒。因知此目可用以補《四庫提要》之不足。如《四庫提要》中《梧溪集》提要云:"是書傳本差稀,王士禎囑其鄉人楊名時訪得明末江陰老儒周榮起手錄本,乃盛傳於世。榮起號硯農,究心六書,毛晉汲古閣刊版,多其所校。"是書元刊本《梧溪集》下解題則云:"原吉此集刊於至正己亥,有周伯琦序。景泰七年重修,程敏政有序。是本存卷五至卷七,其卷一至卷四毛氏抄補。卷末有朱筆題記,云虞山觀庵陸貽典校補於汲古閣下,丁巳九月下浣。卷首有'毛晉'、'士禮居藏'二朱印。"諸如此類者甚多,頗資參考。

瞿氏家藏,皆出於耕養之餘,數代勤收善藏,盡得前人藏彝舊帙,若萬卷樓楊氏、脈望館趙氏、汲古閣毛氏、述古堂錢氏、淡生堂祁氏、静思堂季氏、傳是樓徐氏、潛采堂朱氏、倦圃曹氏、千頃堂黃氏,以及晚近之小讀書堆顧氏、百宋一廛黃氏、藝芸書舍汪氏、邑中愛日精廬張氏、稽瑞樓陳氏等,尤以稽瑞樓爲多。又有孫道明、吳方山、秦酉岩、宋蔚如諸公所手錄者,趙清常、馮已蒼、孫潛夫、錢遵王、毛斧季及晚近之黃蕘圃、顧澗濱諸公所手校者,真可謂極一時之富。其中所載版本、題記、序跋皆足珍貴。又此目經三代修訂,經季錫疇菘耘、葉昌熾鞠裳諸名家校讎,真清季目錄中

之尤佳者。

是書咸豐七年(1857)曾先刊經部三卷,版片毀於戰火。光緒二十四年(1898)復雕版印行,即常熟瞿氏家塾刻本,前有咸豐七年宋翔鳳序,後有光緒五年張瑛序及光緒二十四年瞿啟甲跋,此本即據光緒二十四年本影印。又有光緒二十三年董康誦芬室刊本,無張瑛序及瞿啟甲跋。(李勤合)

滂喜齋藏書記三卷 (清)潘祖蔭撰 葉昌熾編 潘承弼增補 (第926冊)

潘祖蔭,有《攀古樓彝器款識》,已著録。

葉昌熾,有《緣督廬日記抄》,已著録。

潘承弼(1907—2004),字良甫,號景鄭,吳縣(今江蘇蘇州)人。潘祖蔭姪孫,藏書家,目録學家,早年受業於章炳麟、吳梅門下,後任職於合衆圖書館、上海圖書館,精版本學。著有《著硯樓書跋》。傳見臺灣學者蘇精著《近代藏書三十家・潘承厚潘承弼寶山樓》。

是書三卷,依經史子集順序編次,卷一經部、史部,收經部書十八部、史部書十七部;卷二子部,收書四十一部;卷三集部,收書五十四部。凡收書一百三十部,其中宋刻本五十八部、金刻本一部、元刻本二十九部、明刻本十九部、清順治刻本一部、舊刻本二部、日本與高麗刻本十四部、影宋抄與舊抄本六部。所藏版本多有極品,如宋刻《金石録》殘卷、楊守敬日本訪得宋刻《廣韻》等,是以甫一印出,即有人函借其書。

是目書名卷數之下又記函冊之數,書名之前冠以"宋刻"、"元刻"、"日本刻"等字。另行提要則記撰人等等,詳記行款、題跋、印記,兼記藏書掌故,尤重版本源流,蓋以所藏皆爲珍本也。如卷一記宋刻殘本《金石録》十卷,提要概述此本從馮硯祥至儀徵江立、趙晉齋、芸臺阮元、玉雨堂韓氏,最終入藏滂喜齋之過程,更録名家題跋十數,如吳應溶、江藩、顧廣圻、汪喜孫、阮元、劉文如、奕繪、顧太清、翁方

綱、程荃、姚元之、洪頤煊、程同文、陳均等等，阮元甚至數題。其中洪頤煊跋以別本相校，記載頗詳。

是書爲潘祖蔭延請葉昌熾所編，原二卷，後增補爲三卷。書成後，曾於光緒末年鐫刻成版，並出朱印樣本。然因繆荃孫據以索書，遂斳不發售，流佈極少。民國十四年（1925），海寧陳氏慎初堂先有鉛印本行於世，然錯舛頗多，且序中於潘氏子孫多有微詞。潘氏後裔乃於民國十七年以原版印刷行世，書前後有王季烈序、潘承厚跋，具言此書成書經過，澄清事實。

此本據潘景鄭藏民國十七年本影印，其目録中有"姪孫承弼增編"字樣，然所補實少。（李勤合）

宋元舊本書經眼録三卷附録二卷　（清）莫友芝撰（第926冊）

莫友芝，有《（道光）遵義府志》等，已著録。

是書共録宋金元明舊刊及舊抄本一百三十種，凡三卷，卷一録宋刻本四十六種，卷二録金元刊本三十種、明刻十六種，卷三録舊抄（稿）本三十八種，皆莫氏由同治四年（1865）至八年，訪書江浙滬所見善本之實録，其中多有郁松年宜稼堂、丁日昌持靜齋、張廷濟清儀閣、丁丙八千卷樓、瞿鏞鐵琴銅劍樓等藏書，亦有清人著作，如周中孚《鄭堂讀書記》等。又附録二卷，卷一爲書衣題識，四十三種，取自友芝所題書衣，皆其家藏佳本。卷二爲金石碑帖題語，五十一種。

是書所録皆經眼時隨筆志之，以備循覽，或解題，或考其版本，或僅記行式，或録其序跋，或記其藏書印記。亦有個別條目爲其子莫繩孫整理此稿時拾補，如卷三《吉金古文釋》、《舊館壇碑考》等，其書名下注以"此跋拾補"者即是。所記有簡而又簡者，如卷一《新刊名臣碑傳琬琰集》下僅云："半葉十五行，行二十五字。"卷三《爾雅新義》下僅云："宋陸

佃撰此書，《四庫》未著録。"亦有記版本源流較詳者，如卷一宋景祐本《漢書》記此本以景祐本爲主，補以元本、曹溶藏本，又記此書藏家自凝香閣至黃丕烈、汪閬源以至張氏、郁氏、豐順丁氏，頗有益於考證。然亦有誤者，如卷三寫本《長春真人西遊記》下云鞏經室始著録此書者即是。

是録雖考證較少，且目録所及，多已見録於他家書目，然以著録內容不盡相同而仍有補充之功，亦有向來未見著録者，則更具參考價值。又其所記皆爲所見而非所藏，因開一代新體，即卷首所謂亦目録之一家也，爲近代目録學家海內外訪書者所樂用，如楊守敬《日本訪書志》、傅增湘《藏園群書經眼録》、羅振常《善本書所見録》等，均有所資取。

此本據清同治十二年獨山莫氏刻《影山草堂六種》本影印。另有光緒十年上海還讀樓校刻本等。（李勤合）

楹書隅録五卷續編四卷　（清）楊紹和撰（第926—927冊）

楊紹和（1830—1875），字彥合，號勰卿，聊城（今山東聊城）人，楊以增子。同治四年（1865）進士，曾任翰林院編修，文淵閣校理、通議大夫，卒於官。傳見《（宣統）聊城縣志》卷八。

楊以增以藏書聞名，創"海源閣"。紹和繼承父志，亦專心於收藏圖書。其家藏書有怡親王及毛晉、錢謙益、徐乾學、季振宜、黃丕烈、汪士鐘等人舊藏，與瞿氏"鐵琴銅劍樓"有"南瞿北楊"之稱。其中如宋版《詩經》、《尚書》、《春秋》、《儀禮》、《史記》、《漢書》、《後漢書》、《三國志》等深爲楊以增喜愛，至顏其室曰"四經四史齋"。

是書爲楊氏藏善本書目，正編五卷，收四經四史齋及紹和續藏之善本，以四部編次，卷一經部收書三十八種，卷二史部收書三十一種，卷三子部收書三十種，卷四、卷五集部收書七

十二種。《續編》四卷,以紹和繼得黃丕烈、汪士鐘之善本爲主,亦以四部爲次,卷一經部收書四種,卷二史部收書十六部,卷三子部收書四十六種,卷四集部收書三十二種。正續合計,共收書二百六十九種,其中宋本八十五種,金本三種,元本三十六種,明本十二種,校本一百七種,鈔本二十六種。書前總目及正文書名皆冠以版本,每卷首另有目録,統計本卷宋本幾何、元本幾何等等。原擬有《三編》之作,未果。

每書著録書名、卷數外更附函册之數,提要體例不盡一致,大多詳引前人題跋之後,記其行式印章,間附案語題識,如正編卷一宋本《周易本義》十二卷之提要,先記得書經過,次有自爲題識,引《四庫總目提要》、《日知録》敘《周易》程傳朱注之變化,復引海寧簡莊陳鱣跋以言此本勝於俗本處,及錢大昕序有關刻書者吳革之考證,後又補記行式、印章。又如宋本《楊寶學易傳》二十卷則先録鄭希聖、朱良育題跋,復有楊氏題識及行式、印章之記。然如元本《禮書》一百五十卷下,解題中記其行式,並言有南豐縣主簿林子沖二跋及福州路儒學教授林光大後序,却未録此二跋一序。其他有跋無案語者亦多,至若《續編》,則如自序所云,爲其子鈔寄原書序跋,而由紹和手加甄録而已,案語自然更少。

楊氏案語,敘藏弄源流者多,亦間有考證,如正編卷二宋本《兩漢博聞》下考撰人楊侃及刻者胡元質之生平,又據胡元質撰《左氏摘奇》之題識考出是書爲乾道壬辰刻於姑孰郡齋。又如正編卷三宋本《脈經》下依《四庫總目提要》、《延令書目》等諸家書目及何大任序,考此本爲據紹聖小字本重雕之本。楊氏所藏之書,多有珍本,又多經名家收藏題識,是以僅其所録各家題跋已彌足珍貴。惟其中亦有版本認定錯誤,如所記宋本《春秋經傳集解》、宋本《東萊左氏博議》,均爲明本;宋本《履齋示兒編》,應爲元本;元本《史記集解索隱》,應爲明正統本;宋本《脈經》應爲明嘉靖本等等。

是書有光緒二十年楊氏家刻本,後版片散落都市,爲董康購獲,董康補刊一百九十餘版,重爲印行。此本據上海辭書出版社圖書館藏民國元年董康補刻本影印,影印本題光緒二十年刻本,不確。（李勤合）

宋存書室宋元秘本書目四卷　（清）楊紹和藏並撰（第 927 册）

楊紹和,有《楹書隅録》,已著録。

楊氏海源閣爲清末北方藏書樓第一家,與常熟瞿氏鐵琴銅劍樓並峙海内,時有"北楊南瞿"之稱。所藏宋元本專貯一室,號"宋存書室"。其家藏書目,紹和及其子保彝均有編纂,另有《海源閣書目》、《海源閣藏書目》、《海源閣宋元秘本書目》等多種,其中若干有續補。《宋存書室宋元秘本書目》爲紹和於《楹書隅録》、《楹書隅録續編》之外專記其宋元本之書目。

是書依四部區分,不標卷次,各部依宋本、元明本、校本、鈔本次序排比,每類版本則先著録《楹書隅録初編》、《楹書隅録續編》之書,並有小計,注明以上若干種編入《初編》,若干種編入《續編》,然後著録《初編》、《續編》以外之書。每類版本皆有統計數字,如"經部共宋本二十三種"、"經部共元明本二十四種"等,各部不再統計總數。凡經部收書七十四種,史部七十六種,子部九十六種,集部一百五十一種,其中宋本一百三種,元明本九十五種,校本一百三十三種,鈔本六十六種,共三百九十七種。

是書著録簡單,每書僅著録書名、卷數、册數、函數,並冠以宋本、元本、明本、明翻宋本、校本、校宋鈔本、校舊鈔本、校元本、校明鈔本、鈔本、舊鈔本、精鈔本、影宋鈔本、朱鈔本等版本名稱,僅爲簿記之用。以著録體例相較,是書與江標刻《海源閣藏書目》大體相同,然遠較江《目》完整。如江《目》於各部宋本、元明本、校本、鈔本無統計數字,是書皆有。江《目》有應入《初編》《續編》而誤入《初編》《續編》以外者,有應入《初編》而誤入《續編》者,且江《目》著録三百六十三種,而此編著録三百九十七種,超過江《目》三十四種。其中此編著録而江《目》闕如者四十三種,間亦有江目著録而此編反無者。

此本據國家圖書館藏清楊氏海源閣抄本影印。(李勤合)

善本書室藏書志四十卷附録一卷 (清)丁丙撰(第927冊)

丁丙,有《八千卷樓書目》,已著録。

丁氏八千卷樓有三:"八千卷樓"藏《四庫》著録之書,"後八千卷樓"貯《四庫》未著録之書,"小八千卷樓"儲宋元刊本及明刊、精抄精校之善本,又曰"善本書室",是目即爲善本書室之書目。

書凡四十卷,卷一至卷五經部,收書三百六十七種,卷六至卷十四史部,收書四百五十七種,卷十五至卷二十二子部,收書五百九十四種,卷二十三至卷四十集部,收書一千二百三十五種。四部合計二千六百五十三種。分類悉以《四庫》,如經部之下分題易、書、詩、禮、春秋、孝經、五經總義、四書、樂、小學等十類,小學下又分題訓詁、字書、韻書之屬。另有附録一卷,爲丙子立中輯時賢所撰丁氏藏書樓諸記及丙自記。

是志收録圖書於清末藏書家中頗有特色。丙自謂其藏書約有四端,即舊刻、精本、舊抄、舊校。其中收録明代刻本一千一百六十三種,抄本亦有一千餘種。丙以明代嘉靖以前刻本多翻宋槧,正統、成化刻印尤精,故另闢蹊徑,著力搜集明刊本,其他名人抄本、校本亦足可貴。是志於書名卷數之下除注明刊本外,更注明曾藏何處,經何人所校等,當取法於《皕宋樓藏書志》,爲一般目録所無。如

《南華真經》十卷原爲會稽鈕氏世學樓所藏、《宋玉集》二卷原爲趙氏培陰堂所藏、《陶靖節先生文集》八卷原爲朱彝尊所藏、《梁陶貞白先生文集》一卷原爲何夢華所藏等。名家校本如惠棟、何焯、黃丕烈、盧文弨、顧廣圻、孫星衍等人所校,亦爲注明。

是書有解題,與《八千卷樓書目》不同。各書著録頂格記書名、卷數,注以版本及藏家、校家,另行低格著録撰人、注者等,又次行低二格爲解題。其解題多臚列前序後跋及藏書印記,尤詳於版本源流,即丙自跋所謂每書列其文字異同之大致,名人收藏之源流而已。惟多節録原書序跋,或抄引他書,而少有己見,如卷二明嘉靖刊本《周禮句解》十二卷解題録陳儒之序及《四庫總目提要》之考證,卷九影寫元本《元統元年進士題名録》録錢大昕之跋,卷二十二《元真子》一卷解題引錢曾《讀書敏求記》等等。轉引摘抄大多注明來源,亦有例外者,如卷二十一鈔黄蕘圃藏本《青瑣高議》解題改寫《四庫提要》云"副樞不署名,亦不記歲月,疑坊賈所爲",而《提要》原文作:"不稱名而舉其官,他書亦無此例,其爲里巷俗書可知也。"

是書之撰作,據丙子立中跋語,自丁酉光緒二十三年(1897)秋日始,己亥之春始脱稿,先後一年有餘,丙跋則謂戊戌二月已成稿,則不及一年也。或戊戌成稿後,復有修訂抄繕,至己亥春定稿。

此本據光緒二十七年錢塘丁氏自刻本影印。(李勤合)

皕宋樓藏書志一百二十卷續志四卷 (清)陸心源撰(第928—929冊)

陸心源,有《宋史翼》等,已著録。

是書爲陸氏皕宋樓藏書之目。陸氏藏書有守先閣、皕宋樓及十萬卷樓之分,守先閣藏普通書籍,皕宋樓及十萬卷樓則專藏善本,尤以皕宋樓所藏爲宋元刊本及名人手鈔手校之

本,最爲珍貴。光緒三十一年(1905),皕宋樓藏書爲日本三菱財團購買,藏於静嘉堂,國人震撼,引爲恥事,陸氏此志愈加引人注目。

是書有正志一百二十卷,卷一至卷十七爲經部,卷十八至卷三十八爲史部,卷三十九至卷六十六爲子部,卷六十七至卷一百二十爲集部;《續志》四卷,卷一、卷二及卷三前半部分爲經部,卷三中間部分爲史部,卷三後半部分及卷四前半部分爲子部,卷四後半部分爲集部。

陸氏此書,仿張金吾《愛日精廬藏書志》之例,載舊槧舊抄之罕見流傳者,惟張氏以元爲斷,此則斷於明初,習見之書概不登載;凡《四庫全書總目》及阮元《四庫未收書目提要》、張金吾《愛日精廬藏書志》已著録者,均采其說,有未見者,則另撰提要;所載序跋斷至元人,明初人所罕見者,間録一二,凡世有刊本暨作者有專集通行,其序跋已載入集中,及經部之見於《通志堂經解》,唐文之見於《全唐文》,並書已刊入《十萬卷樓叢書》者,均不更録;先輩時賢手跡題識,皆古書源流所繫,悉爲登録;收藏印記,間録一二,不爲備載;間有考識,則冠以“案”字;宋元珍本備載行款、缺筆,以備考核。

因有一定之規則,故各篇著録格式一致,頂格著録書名、卷數,下以小字注明版本,另行著録作者、原書序跋、後人題跋、解題、案語。其中版本之下或注明某某藏、某某校,或無版本項,僅注某某校而已,如卷一百二十《竹屋癡語》下僅注“毛斧季手校本”,卷二《三易備遺》下於“舊抄本”之外別注“趙素門舊藏”,卷六十九《劉賓客文集》下於“明刊本”外別注“汲古閣舊藏”,卷一百二十《詞源》下於“影元抄本”外別注“黄蕘圃舊藏”等等。而解題非每篇皆有,當本泛釋無義之訓。除録《四庫全書總目》(冠以“欽定四庫全書總目云”)、阮元《四庫未收書目提要》(冠以“擘經室外集”)、張金吾《愛日精廬藏書志》(冠以

“張氏金吾曰”)等書外,亦録他書有關考證者,皆注明來源,如卷八《東萊吕太史春秋左傳類編》下引《直齋書録解題》及程端學《春秋本義》等。案語多記行式、印記,間有考證,如卷十一《三山陳先生樂書》後案語,於記行式印記外考證是書校勘者林宇沖生平。亦有注明參見《儀顧堂集》者,如卷三《周易本義附録集注》十卷、卷五《詩説》十二卷後案語等皆是。

陸氏雖號稱富藏宋元之本,然是志收録不盡宋元之書,亦有不少明刊本,如卷二《楊氏易傳》、卷三《易纂言》等。且有以明刊誤爲宋刻,或以南宋爲北宋,或以修補充爲原本者,如以明嘉靖宗文堂刻《藝文類聚》爲元宗文堂刻本等等,須予注意。

此本據光緒八年刻《潛園總集》本影印。
(李勤合)

儀顧堂題跋十六卷儀顧堂續跋十六卷
(清)　陸心源撰　(第930冊)

陸心源,有《宋史翼》等,已著録。

《儀顧堂題跋》十六卷,卷一爲經部藏書跋二十二篇,卷二至卷五爲史部藏書跋七十五篇,卷六至卷九爲子部藏書跋八十三篇,卷十至卷十三爲集部藏書跋九十一篇,卷十四至卷十六爲碑誌信劄書畫跋四十八篇,前十三卷藏書跋凡二百七十一篇。又有《續跋》十六卷,卷一至卷四爲經部藏書跋七十三篇,卷五至卷八爲史部藏書跋六十三篇,卷九至卷十一爲子部藏書跋六十五篇,卷十二至卷十四爲集部藏書跋七十一篇,卷十五至卷十六爲書畫信劄墓誌跋三十五篇,前十四卷藏書跋凡二百七十二篇。有時一書兩三跋,如卷十五《趙文敏致袁文清劄卷》兩跋,卷五《郡齋讀書志》、《宋元學案》及卷十六《臨淮王李光弼碑》皆三跋。又元槧《吳越春秋》亦有兩跋,分別載卷四及《續跋》卷七;宋槧《咸淳毗陵志》亦有兩跋,分別載卷四及《續跋》卷八。

是書所跋之書,既有宋槧元刊等珍本,其目錄中冠以"宋槧"、"北宋刊"、"元槧"、"影宋"者皆是,亦有精抄本,如卷三毛抄天聖明道本《國語》等。既有前代著述,亦有近人著述,後者如卷四《(雍正)江都縣志》、卷五《拜經樓藏書題跋記》、《續跋》卷八阮元修《廣東通志》等。所錄之書大多爲陸氏所藏,亦有少數爲別家所藏,如卷六宋本《孔子家語》即爲蕭敬孚所藏,陸氏嘗得觀覽而跋於其後。

是書與《皕宋樓藏書志》抄掇別家議論而少有己見不同,其中於圖書内容之介紹評論,撰人生平爵里之考證,版本弆藏、刊刻源流之探究,多精彩之論,與當時僅重版本者多有不同。陸氏尤精於宋史,擅長人物考訂,著有《宋史翼》、《元祐黨人傳》、《湖州府人物志》等,此書跋語中考訂人物之處亦最有價值,如卷五《衢本郡齋讀書志》跋引晁序、《四川通志》、《建炎以來繫年要錄》、《桯史》、《宋史》、《臨安志》等書考查晁公武生平事蹟至詳;又如卷九《宋朝事實類苑》跋引《(弘治)衢州府志》、《寶慶四明志》、《建炎以來繫年要錄》、《江西通志》、《赤城志》、《赤城新志》等書考證江少虞事蹟等等。

又可注意者,《皕宋樓藏書志》聲稱於《四庫提要》"何敢復贊一詞",此書則不同,於《提要》多有勘誤,如卷一《周易口義》以《提要》云倪天隱始末未詳,而引彭汝礪《鄱陽集》等書補證其事蹟。又如《職官分紀》,《提要》以書中有元祐年號,而孫逢吉爲隆興進士,相距百年,不可能撰此書,《續跋》卷十一明鈔《職官分紀》跋乃遍考各書,知宋時孫逢吉有三人,著此書者非隆興進士,而是杭州富春人,《浙江通志》有傳。

與《皕宋樓藏書志》類似,此書版本鑒別亦有失誤,如誤以明本《萬寶詩山》爲南宋麻沙本等等。此既爲資力所囿,亦爲時代條件所囿,無可諱言。

《儀顧堂題跋》於光緒十六年(1890)刊行,《儀顧堂續跋》於光緒十八年刊行,均收入《潛園總集》,此本據復旦大學圖書館藏清刻《潛園總集》本影印。（李勤合）

拜經樓藏書題跋記五卷附錄一卷　（清）吳壽暘撰（第 930 册）

吳壽暘(1771—1831),字虞臣,號蘇閣,海寧(今浙江海寧)人,吳騫子。事略見本書序跋及管庭芬纂《海昌備志》。

吳氏藏書自壽暘之父吳騫始。騫築拜經樓,藏書五萬餘卷,多名家藏本,如錢謙益、錢曾、查慎行、季滄葦、盧文弨等,又有名家題跋其上,如吳偉業、周亮工、朱彝尊、顧廣圻等。騫亦善校書,黃丕烈每以一二古書相質,吳騫亦常題跋其書上。惜騫無目錄之撰,其題跋亦未結集,至壽暘始有《拜經樓藏書題跋記》之輯纂。

是書五卷,收吳騫及諸家題跋及壽暘解題案語,略以四部分類,卷一錄群經小學,收題跋六十一條;卷二錄正史載記,收題跋四十九條;卷三錄地理目錄,收題跋三十條;卷四錄諸子雜家,收題跋七十九條;卷五錄別集總集,收題跋一百二條:凡三百二十一條。

是書於每種僅錄書名,而不記卷數、撰人等項,有所記者,則雜於題跋案語中。錄諸家之跋亦非照錄原文,而多加案語,或述該書藏弆源流,或記行式版記,所引題跋前冠以某某云字樣,如吳騫跋前冠以"先君子"字樣,使諸家題跋與壽暘案語渾然一體,儼然一篇完整文章,此有別於諸家題跋之記也。吳騫跋語亦多述版本校勘而於書之内容少有涉及,如卷一《詩集傳》下先述此書乃陳簡莊爲吳騫所購及該書印記,下錄吳騫之跋,考此本爲晉藩所藏,爲後山之本。又如卷三《咸淳臨安志》下案語述此書蓋鮑廷博由平湖高氏處得,又歸吳騫,而高氏又得之季氏傳是樓,復稱其源流更詳見後附鮑跋,中錄吳騫之跋僅考證卷數缺佚。亦有闡發精義者,如卷二

《南部新書》下以六朝人最精音韻之學,周興嗣《千字文》妙處尤在雙聲疊韻,斷不容改"呂"爲"召"。有時亦透露當時書壇逸事,如卷一《嘯堂集古録》中騫跋述該書借出遭人作僞之事。

有時一書記多跋,如卷一《逸周書》録吳騫、顧廣圻、盧文弨、陳鱣四跋,又如卷三《咸淳臨安志》下録沈㷍、周廣業、朱彝尊、吳焯、杭世駿、吳騫、鮑廷博等七跋。諸家之跋或爲題寫,或爲吳氏抄録,如《咸淳臨安志》中朱、吳、杭、鮑四跋即爲吳騫過録,又如卷二《季漢書》之周廣業跋亦爲過録。間亦録書信等有關者,如卷一《嘯堂集古録》録盧文弨與吳騫書。

各書題跋不盡録,如卷一《周易兼義》僅有壽暘自記,末云"先君子跋見《愚谷文存》中",别家題跋亦有不録者,如卷二《南部新書》下云吳騫録有王聞遠及鮑廷博二跋及其他跋文六條,而實僅録吳騫及陳鱣跋而已。

諸書或無跋者,壽暘則自爲解題,其中多記行式、版本、印記,文字異同。亦有不少條目僅寥寥數語,略作説明而已,如卷一《方言》及卷二《海寧倭寇始末》等。有時亦考撰人字號生平,如卷一《易學全書》下引《千頃堂書目》述撰人卓爾康爵里,並指明《明史》有傳。

是書壽暘纂畢而久無刊刻,傳至其子之淳,蔣光煦得録副本,於道光二十七年(1847)刻入《别下齋叢書》。此本據清道光二十七年海昌蔣氏刻本影印。另有光緒五年章氏《式訓堂叢書》本、光緒三十年朱氏《校經山房叢書》本等,俱出自蔣氏刻本。(李勤合)

日本訪書志十七卷　(清)　楊守敬撰(第930册)

楊守敬,有《隋書地理志考證》等,已著録。

光緒五年(1879),守敬應駐日公使何如璋之邀任隨員,東渡扶桑。時當日本維新之際,頗欲廢漢學,古籍幾欲論斤估值。又兼日人重唐以前本子,而視宋元本爲常見,守敬因訪之書肆,又得到友人森立之等相助,多獲佳本。後日人漸昂其值,守敬或以所攜漢魏碑版易之,或觀賞抄録之,或數番議價至破慳得之。當時每得一書,即略爲考其原委,别紙記之,久之得廿餘册,即爲《日本訪書志》初稿。歸國後續有補撰,原擬與同人互相考證,爲之提要,惜少同好,少有訂補。至光緒二十三年始付刻梓,歷五年刊成。

是志十七卷,卷一至卷四爲經部,卷五至卷六爲史部,卷七至卷十一爲子部,卷十二至卷十四爲集部,卷十五至卷十七爲佛經。凡收書二百餘種,以小學、醫書爲多,經部四卷,小學占兩卷;子部五卷,醫書亦占兩卷。所收多宋元刻本及日本、朝鮮刊本,而海内孤本有宋三山黃唐刻《尚書注疏》、北宋天聖本《齊民要術》殘稿等。

是志體例,著録書名、卷數,下注版本,有已刻入《古逸叢書》者,亦予注明。凡習見之書不載撰人名氏,罕見者則詳録姓氏,間考爵里。每書均有解題,重在各書版刻藏弆源流及文字異同,如卷二《唐玄宗開元注孝經》下比較此本與石臺重注本之異同;又如卷三《爾雅注》考證此書爲翻蜀大字本,卷末又云此本原爲日本室町氏所刻,尚存東京高階氏,又比勘該本與阮元、段玉裁校本之不同。

又仿張金吾《愛日精廬藏書志》之例,凡《四庫》未著録者,宋元以上並載序跋,明本則擇有考證者載之,行款框廓亦詳於宋元而略於明本。不憚繁冗之病,有時於原書體式内容著録頗詳,蓋以兵燹之後,又收拾於瀛海之外,苟不詳書,將有疑其爲郢書燕説者,且慮録中之書將來未必一一能傳,存此崖略,以爲好古者觀也,如卷八古鈔本《宣報記》三卷下録唐臨序外又詳録《宣報記輯本》、《宣報拾遺輯本》目録;又如卷十七古鈔《王子安文》亦備録其目録等等。

是志成於駐日使館，當時研究條件有限，原擬歸國後修訂，惜事與願違。後精力衰頹，襄助乏人，無奈稍作清理，予以刊刻。初以《日本訪書志初編》雕刻，欲備日後再續，即晦明軒稿本是也。後又棄“初編”之名，以《日本訪書志》刊行。此本亦不無舛誤，如卷三《爾雅注》解題中云已刻入《古逸叢書》，依例當於書名下注明而闕如。又如卷十六《分類補注李太白詩集》版心有“別集”字樣，且頁碼不連，乃補前集部之文未可編入之佛經部分，卷十七僅收古鈔《王子安文》一卷，亦非佛經。凡此蓋以是書刊刻歷時五年，衰頹無暇歟？此本初刻於丁酉之年（1897），欲釐爲十六卷，故版首黃志孚署簽爲“《日本訪書志》十六卷”、“光緒丁酉嘉平月鄰蘇園開雕”，而守敬辛丑自記亦作十六卷，知卷十七爲最後補刻者。各書或稱十六卷，或稱丁酉本，亦此故也。儘管有不足種種，然守敬開我國士人海外訪書之先河，此志亦爲海外訪書第一志。

此本據光緒鄰蘇園刻本影印。王重民《日本訪書志補》、劉昌潤《日本訪書志續補》，皆可參考。（李勤合）

日本訪書志補一卷　（清）楊守敬撰　王重民輯（第 930 册）

楊守敬，有《隋書地理志考證》等，已著録。

守敬《日本訪書志》十七卷，乃其日本訪書之部分，故亦稱《日本訪書志初編》，意謂斯編之後，尚有《續編》，惜未果而逝。守敬卒後，藏書售歸北洋政府，藏於故宫博物院圖書館，當時編有《大高殿所藏觀海堂書目》一卷及《故宫所藏觀海堂書目》四卷。王重民任職故宫博物院圖書館時，得見守敬遺書，乃擇其手跋不見於《日本訪書志》者，參之他書，輯成《日本訪書志補》。

是書補録楊志圖書四十六種，其中經部十七種，史部六種，子部十二種，集部十一種。

書名、卷數之下，小字注以版本，有日本古抄本、日寫本、元麻沙本、《古逸叢書》校本、影寫北宋本等等。所收之書亦有見於《日本訪書志》者，則王氏所輯爲其志未收之題識。觀各書題識後所記日月，有光緒壬午（光緒八年，1882）、癸未等記於東京使館者，如影日本古抄卷子《春秋經傳集解》、日抄本《净土三部經音義》；亦有光緒乙酉記於黃岡學舍者，如日本舊抄《論語義疏》；光緒壬辰記於鄰蘇園者，如日本古抄本《周易》；更有記於宣統年間者，如元麻沙本《新編婦人良方補遺大全》，至若壬子記於上海寓廬者，如宋刊本《南齊書》，則已當民國元年。

其題識所及，多類《日本訪書志》之解題，唯不及其詳耳，如日本古抄本《周易》六卷題記引《隋志》及新舊《唐志》述《周易》卷數變易及此本行式，並以《經籍訪古志》、唐石經本、岳刻本、山井鼎校本相校，記其文字異同。時有一書多題者，如元刊本《和劑局方》下先有光緒壬午記其行式，並引《玉海》、《直齋書録解題》等論其增減等；後又有壬午九月廿二日再記以此本與大德甲辰余志安勤有堂本、《曝書亭集》載建安高氏日新堂刊本、明崇禎丁丑朱葵刊本、《學津討原》刊本等比勘；復有癸未五月更記以此本與日本丹波元胤《醫籍考》稿本比勘，最後附《太平惠民和劑局方序》。亦有簡單題識，如卷末日本覆宋刊本《山谷内集》，僅記此本有不見於他本之黃埩跋，陳三立欲購而未果乃借刻之事。總之，此書可與《日本訪書志》同觀。

是書初載《圖書館學季刊》二卷三期，有書目三十七種，題記三十六篇，題曰《日本訪書續志》。後續有增補，民國十九年（1930）作爲《中華圖書館協會叢書》第三種排印，其中偶有刻工之誤，如元刊本《和劑局方》題識中一處將“陳師文”刻爲“陳師友”，卷末日本覆宋刊本《山谷内集》下“未有其子黃埩跋”當爲“末有其子黃埩跋”等等。此本據華東師

範大學圖書館藏 1930 年《中華圖書館協會叢書》鉛印本影印。（李勤合）

校讎通義四卷　（清）章學誠撰（第 930 册）

章學誠，有《文史通義》等，已著録。

章氏入朱筠幕府修《和州志》時，編《藝文書》一篇，基於“辨章學術，考鏡源流”之宗旨，著録州人著作，又仿《七略》撰《序例》、《輯略》，後以《和州志藝文書序例》之名刊入《文史通義外篇》。乾隆四十四年（1779），章氏撰《續通志校讎略》四卷，不幸遭賊竊，所幸友人藏有前三卷，修《史籍考》時，章氏又重新修訂，即今之《校讎通義》。

是書與《文史通義》爲姊妹篇，闡述章氏校讎學理論。吾國典籍汗牛充棟，目録之書蔚爲大宗，然如余嘉錫所言，有目録之學，有目録之書，而治目録學之專著，則唯章氏此書，他如鄭樵《通志校讎略》、祁承㸁《庚申整書例略》等，皆未成專著，惟胡應麟《經籍會通》差可比擬。

是書四卷。《内篇》三卷爲原稿，卷一爲通論，卷二、卷三爲討論《漢書・藝文志》之作；各卷以標題立論，卷一至卷三共十八章一百二十八條。《外篇》一卷爲王宗炎所輯章氏有關論文。章氏以爲校讎之義始自劉向父子，將以辨章學術，考鏡源流，推闡大義，條別學術異同，非後代藏書家編次群書目録所可比，須深明於道術精微及群書得失之故，始能言校讎。南宋鄭樵欲探究劉向父子校讎之旨，卻於班固《漢書》過於鄙薄，批彈太過，故不能平氣據《漢志》以求劉氏微旨，則於古人校讎之大體終有所未窺，未能推闡劉向父子校讎之業，不能究悉其是非得失之所在。故章氏著是書，於學術淵源有所甄別。

是書於道光十三年（1833）由章學誠次子華紱刊印行世，民國十一年（1922）由吳興劉承幹嘉業堂據王宗炎校訂本收入《章氏遺書》刊行。此本即據《章氏遺書》本影印。（譚漢生　李勤合）